为视界奉献精彩
offer brilliance up to the world

北京吉乐电子集团有限公司是专业从事LED封装、Light bar和应用照明产品研发、制造的高新技术企业。企业拥有全球先进的光电产品封装、制造设备和光电产品检测、试验设备。

吉乐集团致力于各种显示背光源和应用照明领域中的SMD LED 产品研发、生产、销售和服务。产品以侧发光（008、335、020、010）、顶发光（3014、3528、3020、5050、5630、3535、7030）、各种型号规格的大功率LED（1W、0.5W）为主，已形成了LED封装、LED Light bar和应用照明的产业链。

吉乐集团严格实施ISO9000质量管理体系和ISO14000环境管理体系。产品完全符合国际通行的RoHS环保要求。

吉乐集团始终坚持“质量是企业的生命、持续提升质量水准、满足客户对产品和服务的需求”这一方针，努力打造全球LED业内知名企业。

吉乐集团诚挚期望与客户携手发展，共创辉煌。

欢迎国内外客户通过多种方式与我公司合作。

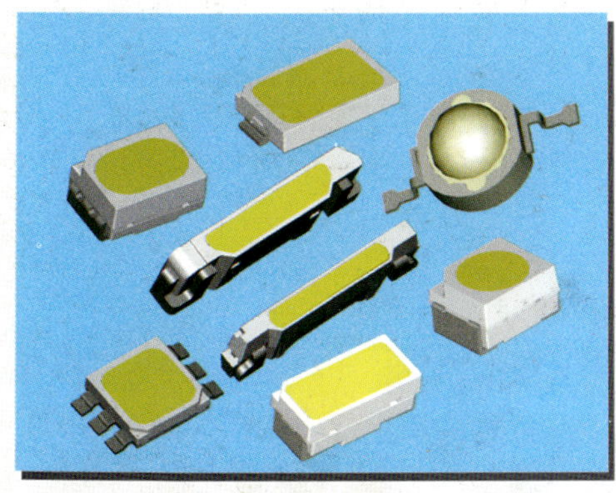

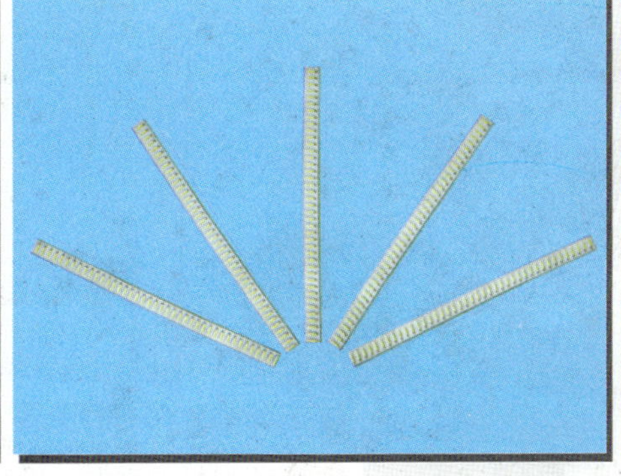

单位名称：北京吉乐电子集团有限公司
Beijing Jile Electronics Group Co.,Ltd.
详细地址：北京市朝阳区酒仙桥南路5号
No.5 Jiuxianqiao South Road,Chaoyang District,Beijing
邮政编码：100016　电话：64371542　传真：64376545
联系人：李先生 手机：18611126256　樊先生 手机：13911088963
E-mail：jingjile@public.bta.net.cn　网址：www.jile-e.com.cn

地址:郑州市高新区冬青街20号
电话:0371-6798891108/8971/8972/8973
传真:0371-67988970
网址:www.samost.com.cn

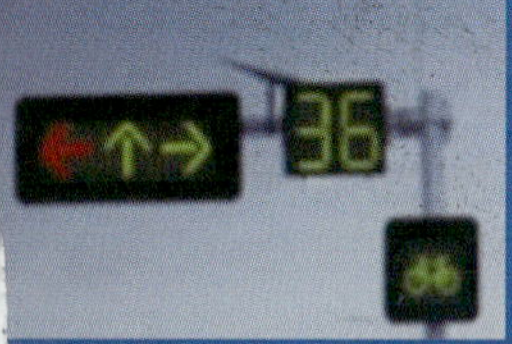

LED交通信号灯

大功率LED路灯

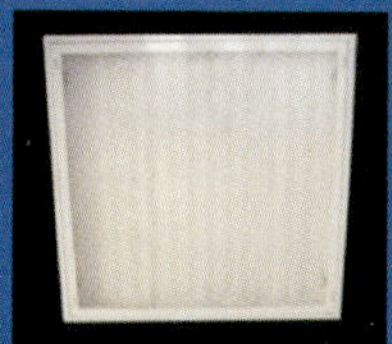
LED吸顶灯

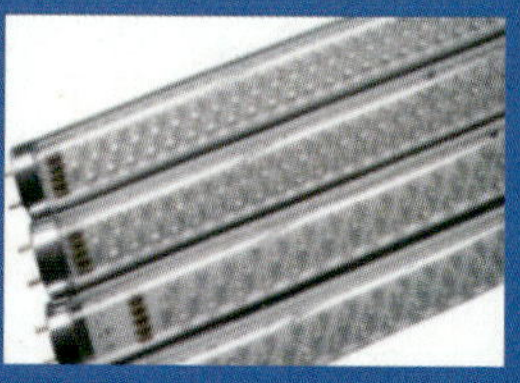
LED日光灯

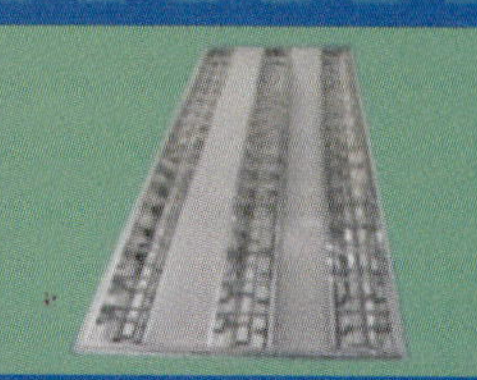
LED格栅灯

LED球泡灯

公司成立于2000年9月，注册资本7580万元，是一家国家高新技术企业、省重点转型升级企业、省50家高成长型高新技术企业、省双百企业、省重点上市后备企业、省企业技术中心、省LED光源工程技术研究中心。

公司是一家定位于LED全系列产品及ITS智能交通系统综合解决方案为目标，集研发、生产、销售、提供系统综合解决方案为一体的高新技术企业。

公司具有计算机系统集成资质，公路交通工程专业承包监控系统、通信系统、收费系统工程资质、城市及道路照明工程专业承包资质，安全技术防范工程资质等多个系统集成资质，可承接多种系统工程。

公司经过几年的发展，现已在郑州、深圳、福建、青岛、海口等建立多个生产、销售基地。未来将以LED和ITS为发展重点，通过自主核心科技，紧跟产业发展步伐。本着技术创新、市场创新、管理创新的基本理念，积极开拓、务实经营、创造财富、服务社会，与各界朋友一道为LED产业和智能交通的发展贡献力量。

48瓦LED格栅灯实景图

5瓦LED球泡灯实景图

芯，照见世界。

武汉华灿光电有限公司
Wuhan HC SemiTek Co., Ltd.

www.HCSemiTek.com

Neo-Neon 银雨

http://china.neo-neon.com

新产品

月产能:30万个/月

■LED灯泡系列产品采用超高亮大功率LED光源，无频闪、无辐射、节能环保、比传统白炽灯节电80%以上，超长寿命50,000小时，是替换传统白炽灯和卤素灯的最佳选择。

LED灯泡系列产品

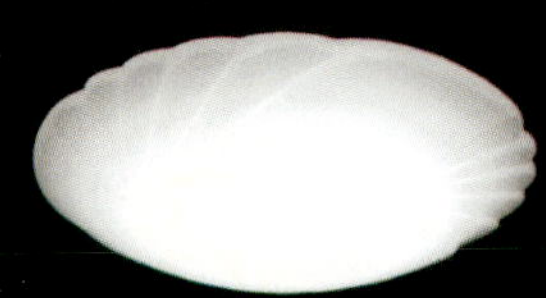
LED吸顶灯系列产品

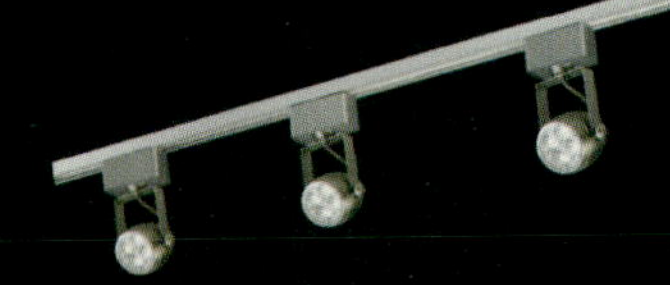
LED轨道灯系列产品

香港私人别墅
LED灯泡产品应用

海南三亚别墅
LED吸顶灯产品应用

日本Clayton酒店
LED轨道灯产品应用

香港真明丽集团
鹤山市银雨照明有限公司
(股票代码：01868.HK/911868.TW)

中国大陆工厂
地　址：广东省鹤山市共和镇
电　话：(86) 750-8300941
传　真：(86) 750-8300940
电　邮：chinamarket@yinyu.cn
网　址：china.neo-neon.com

CN-2100295

# 中国心，中国“芯”

真明丽集团-鹤山市银雨照明有限公司成立于1978年，早在1997年就开始研制并推广LED照明应用产品。2006年12月集团在香港联合交易所上市，股票代码：01868.HK，2009年12月集团又在台湾发行TDR,股票代码：911868.TDR。

现今NEO-NEON银雨已经发展成为集LED芯片，LED封装和LED应用及照明产品研发与生产，以及全球市场行销的大型企业集团，是全球率先实现LED领域垂直整合的上市公司，是全球LED应用及照明领航者，产品畅销全球100多个国家和地区。

**率先于亚洲荣获美国能源之星认证的LED家居照明企业**

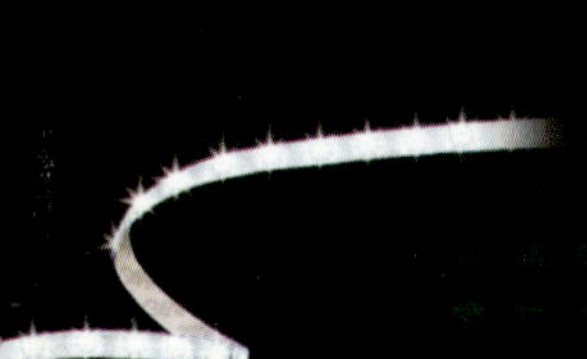
LED贴片灯系列产品

SMD3528 LED筒灯系列产品

LED T8 日光灯管系列产品

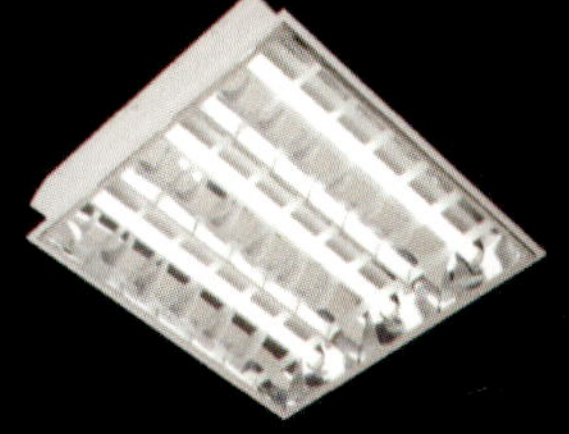
LED T8/T5 格栅灯系列产品

LED柔性霓虹灯系列产品
中国发明专利号ZL 2004 1 0032066.5

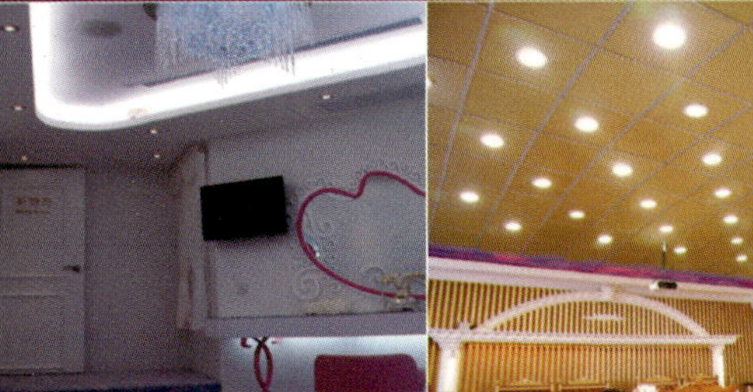
香港彩福皇宴酒家
LED贴片灯产品应用

真明丽集团VIP会议室
LED筒灯产品应用

广东省科技厅
LED T8日光灯管产品应用

大连港灯光改造项目
LED格栅灯产品应用

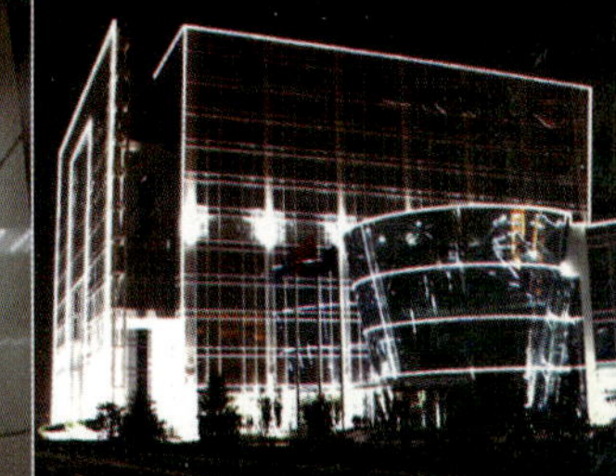
青岛空港物流加工区亮化一中治天工
LED柔性霓虹灯产品应用

**香港公司**

地　址：香港尖沙咀科学馆道9号新东海商业中心地铺及地库一楼
电　话：(852)27862133
传　真：(852)27862479
电　邮：hongkong@neo-neon.com

**台湾公司**

地　址：台北市信义区基隆路一段176号13楼
电　话：886-2-77180999
传　真：886-2-27609488
电　邮：neoneon@ms3.hinet.net

LED 室内照明　. LED商业照明　. LED彩色显示屏

Handson 汉德森

- 国家LED照明产品标准起草单位
- 国家863计划LED照明产品研制单位
- 江苏省科技成果转化项目承担单位
- 中国照明电器协会半导体照明专委会副主任单位

公司简介

南京汉德森科技股份有限公司成立于1999年3月，注册资金5000万人民币。现代化、园林式的汉德森科技园座落于南京江宁科学园内，占地面积12万平方米，建筑面积9.6万平方米。

汉德森是以提供高品质的大功率LED全彩屏、LED酒店照明、办公照明、工业照明、道路照明、隧道照明产品和半导体照明解决方案的专业厂家，是国内LED照明行业规模较大的专业制造企业之一。公司拥有防静电无尘LED封装车间、国内规模较大的LED照明和LED显示产品生产厂房以及行业先进的专业生产设备，LED灯泡、LED筒灯、LED射灯、LED灯管、LED路灯和LED隧道灯等各类照明产品年生产能力达1500万套；LED全彩显示屏的年生产能力达10万平方米。

客服热线：400-828-9266

南京汉德森科技股份有限公司
NANJING HANDSON CO.,LTD.

地址：江苏省南京市江宁科学园汉德森科技园　邮编：211100
网址：Http://www.handson.com.cn
电话：025-52176666　传真：025-52175666

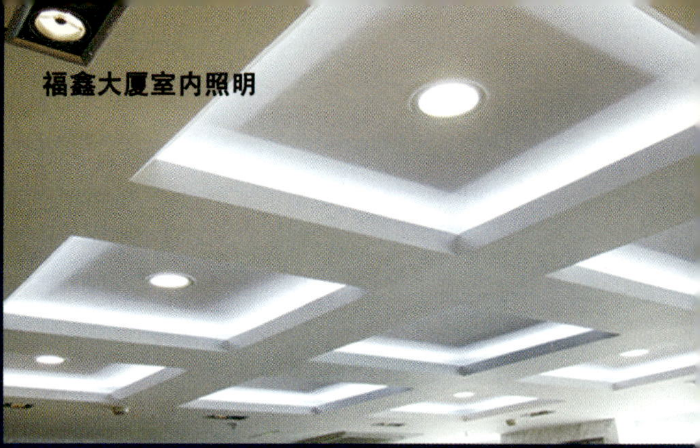

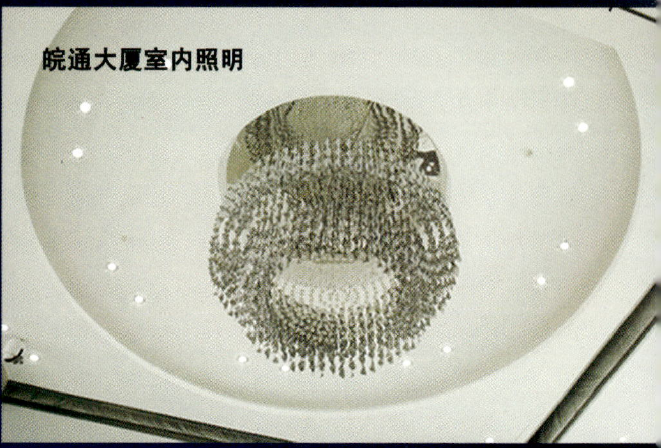

杭州士兰明芯科技有限公司
Hangzhou Silan Azure Co.,Ltd.

做中国高品质的"芯"

Make best quality
"LED chip"
in China

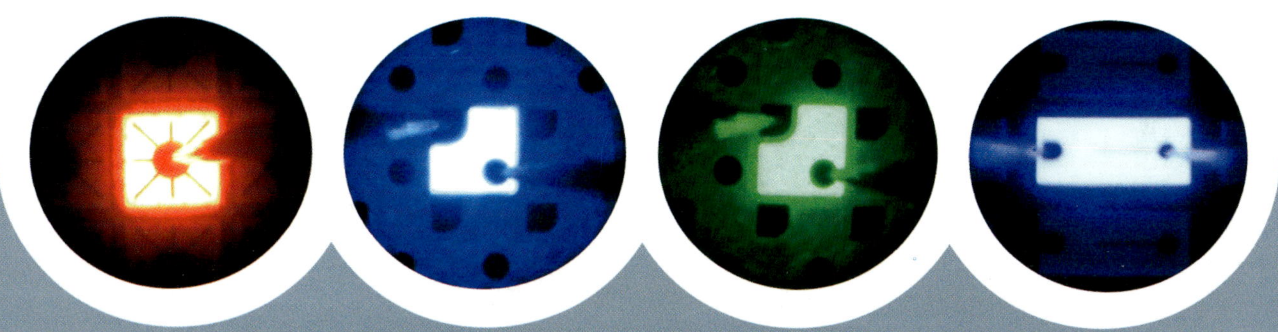

质量成就品牌，科技创造明芯！

杭州士兰明芯科技有限公司
地址：中国·杭州市下沙经济技术开发区东区10号路300号，310018 电话：+86-571-86708329 传真：+86-571-86708319 网址：www.silanazure.com

深圳办事处
地址：中国·深圳市福田区天安数码城数码时代大厦A座711室，518040 电话：+86-755-83476089 传真：+86-755-25334561

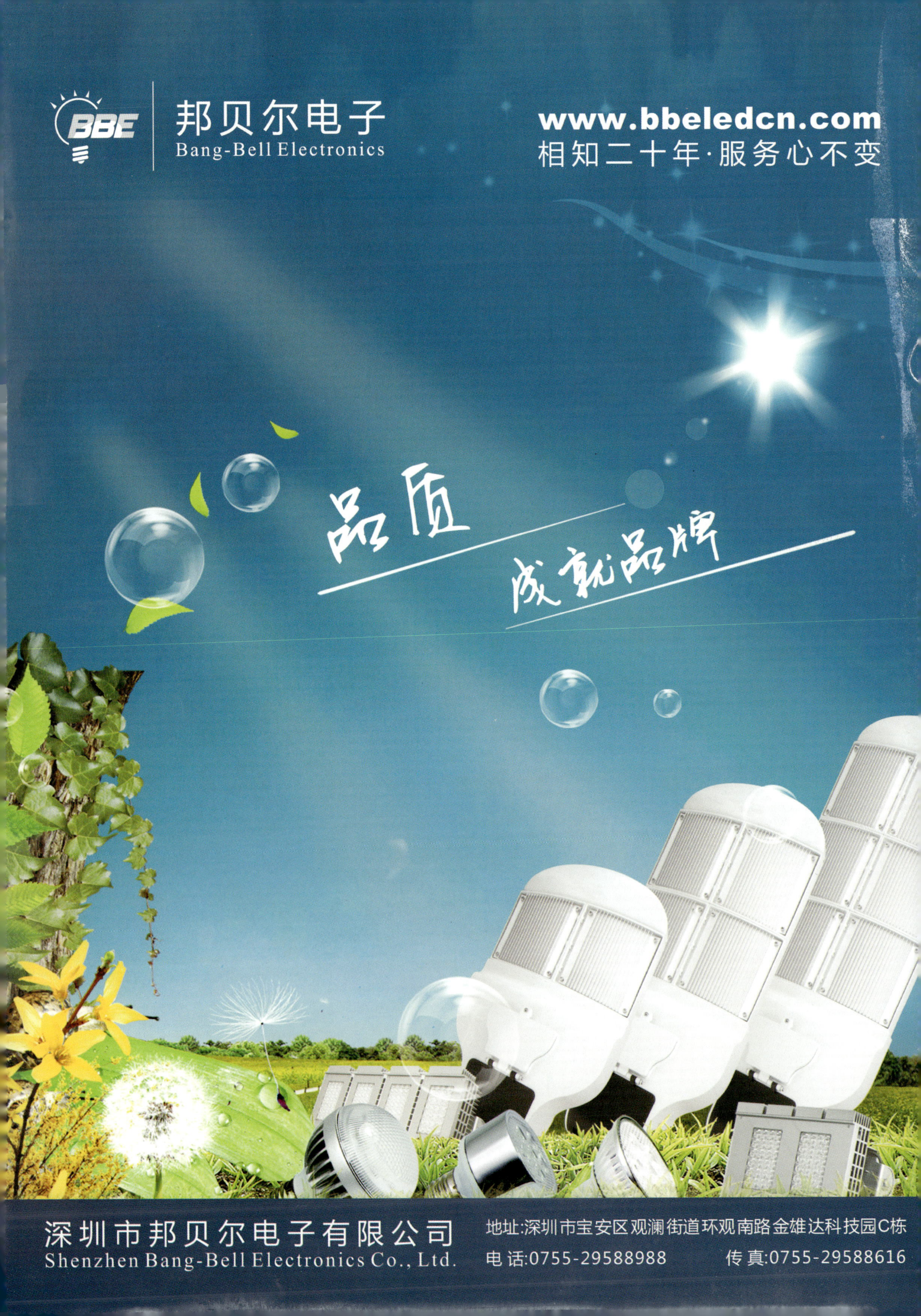

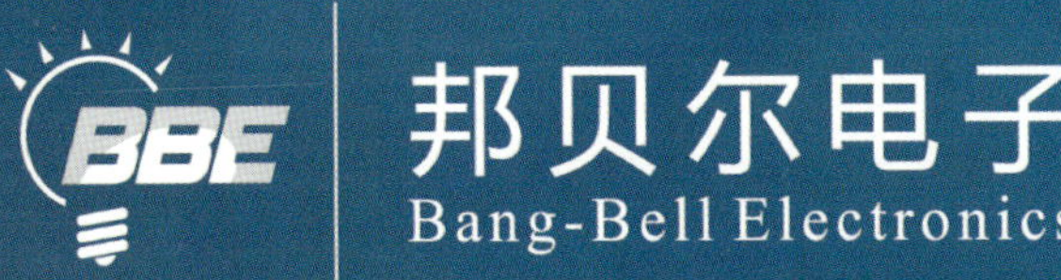

BBE
邦贝尔电子
Bang-Bell Electronics
www.bbeledcn.com
相知二十年·服务心不变
品质
成就品牌
深圳市邦贝尔电子有限公司
Shenzhen Bang-Bell Electronics Co., Ltd.
地址:深圳市宝安区观澜街道环观南路金雄达科技园C栋
电 话:0755-29588988
传 真:0755-29588616

inspur 浪潮

浪潮华光

用“芯”为中华争光

外延片

红黄蓝绿高亮度LED芯片

自主创新突破关键技术

规模生产成就产业先锋

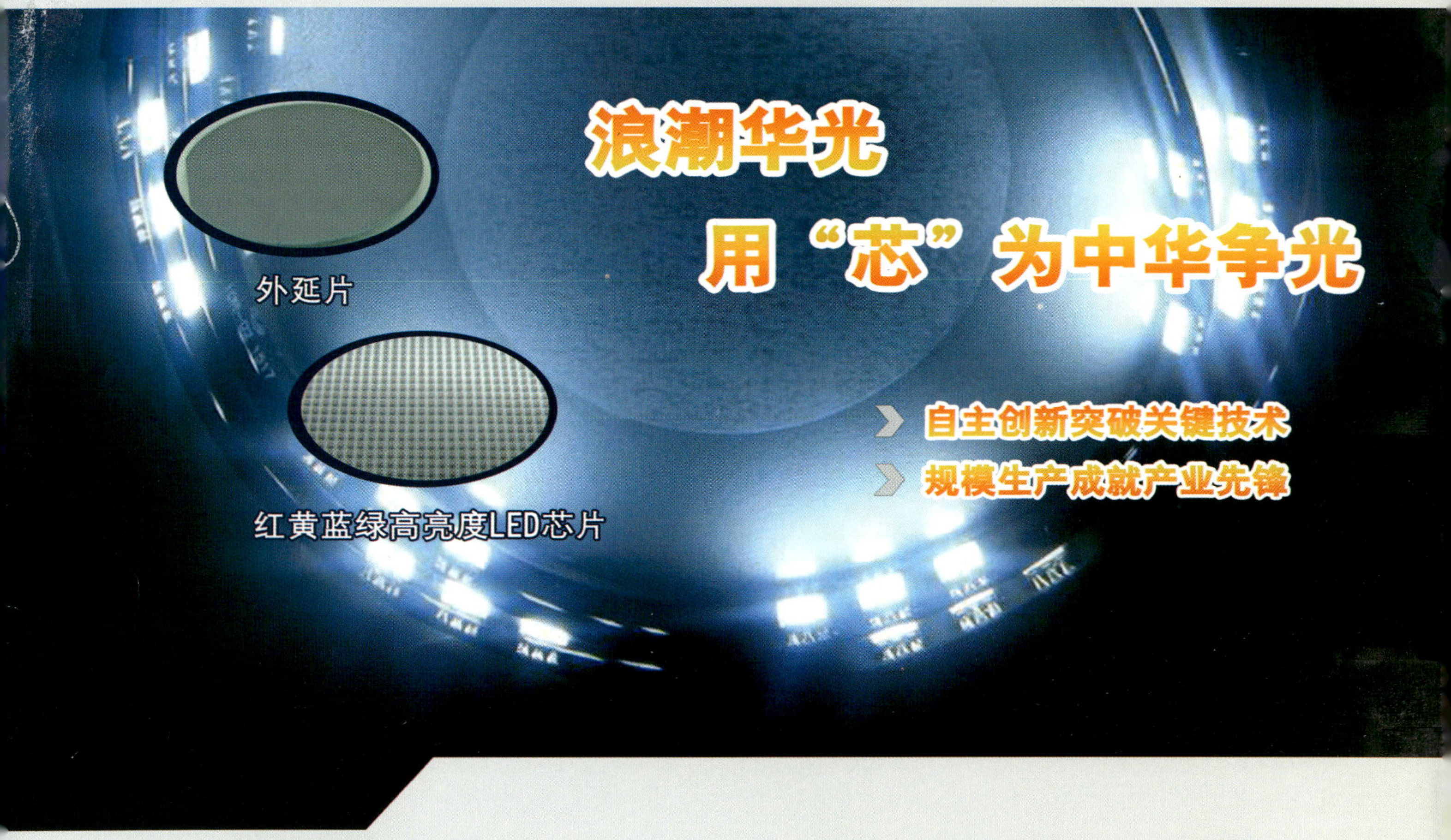

- 国内同行业中同时具有全色域LED、民用LD外延材料制备、管芯生产、器件封装及应用产品一条龙生产技术的企业
- 国内率先取得LED技术突破并量产的企业，超高亮度LED外延片性能指标达到国内领先水平
- 率先通过ISO9001质量体系认证和ISO14001环境体系认证，拥有严格的质量控制体系
- 承担包括国家863计划在内的多部委项目，拥有发明专利20多项，鉴定成果7项
- 自主研发的AlGaInP材料体系红、橙、黄LED外延片与管芯产品已实现低成本大批量生产
- 引进多台GaN MOCVD进行蓝绿LED研发和生产从而实现LED产品全光谱范围的覆盖

作为国内半导体光电子外延材料及管芯研发、生产的先驱企业，浪潮华光始终坚持自主创新并着眼于扩大产业化规模，所生产的产品主要面向显示屏和高端护栏管等中高端市场，广泛应用于大屏幕、交通信号灯、背光源、车辆照明、亮化、通用照明以及其他相关领域，力求以更低的成本为我们的合作伙伴提供技术领先、性能稳定的全系列产品，共绘民族光电产业的美好未来！

**山东浪潮华光光电子有限公司**

一厂地址：山东省济南市高新技术开发区天辰大街1835号
电话：86-531-88877508 88877530
传真：86-531-88877510
邮编：250101

二厂地址：山东省潍坊市高新区金马路9号
电话：86-536-8102678 8102679
传真：86-536-8102688
邮编：261061

華精旗誠 **LED 成套设备**

**青岛华旗科技有限公司**
**QINGDAO HUAQI TECHNOLOGY CO.,LTD.**

青岛华旗科技有限公司（“青岛精诚华旗微电子设备有限公司”）成立于1993年，为专业的半导体工艺设备及先进材料专用设备研发、制造厂家。多年来致力于为半导体照明（LED）厂家提供先进的专用设备，承接并出色完成了一系列国家重点项目（“863项目”）专用设备的设计制造。

## • HVPE(氢化物汽相外延系统)

- 以蓝宝石/SiC等为衬底外延生长GaN厚膜或晶体；
- 工艺片尺寸：2/4inch（1片/3片）；
- 立式/卧式结构；
- 应用：科研院所、大专院校及工厂的研发及厚膜、自支撑衬底的制造等。

## • MOCVD(金属有机化学汽相淀积系统)

- 用于生长2～4英寸的III-V族氮化物、II-IV族砷化物等的外延片；
- 设备规格：小型2inch（1片/3片/6片），生产型48片(研发中)；
- 可与大学、科研院所单位合作完成相应的整机制造；
- 可按要求提供相应的组件，如气路单元制造、气瓶柜、反应室设计制造、尾气处理等；
- 应用于LED、太阳能电池等领域。

## • RTP（快速热处理系统）/真空快速热处理

主要用于LED芯片活化、合金、快速退火、离子注入退火、高浓度浅PN结制造、芯片的微缺陷消除等。

- 满足2"～12"晶圆；
- 生产效率高，满足生产线大批量生产需要；
- 真空双腔结构，自动送片出片（推拉/悬臂/软着陆）；
- 工业计算机控制系统，操作方便简捷，对炉温、进退舟等动作进行自动控制；
- 处理方式：电阻加热/电磁感应/卤钨灯。

## • 提供配套的设备

- **烤盘炉**
- **气瓶柜**
- **气瓶架**
- **SCRUBBER（尾气处理）**

**提供相应的成套设备及解决方案**

**业务咨询：4008-110044**

地址：青岛市李沧区北峪路1022号　电话：0532-80929577 87081038　传真：0532-87688709
http://www.jcmee.com　E-mail:jchq@jcmee.com　邮编：266100

股票代码：002449

流光溢彩 42 年

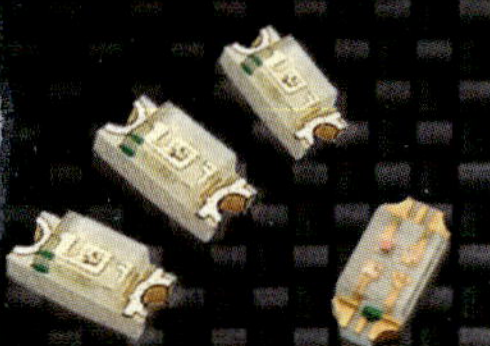


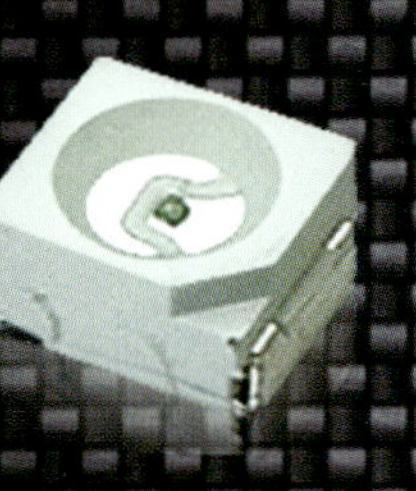

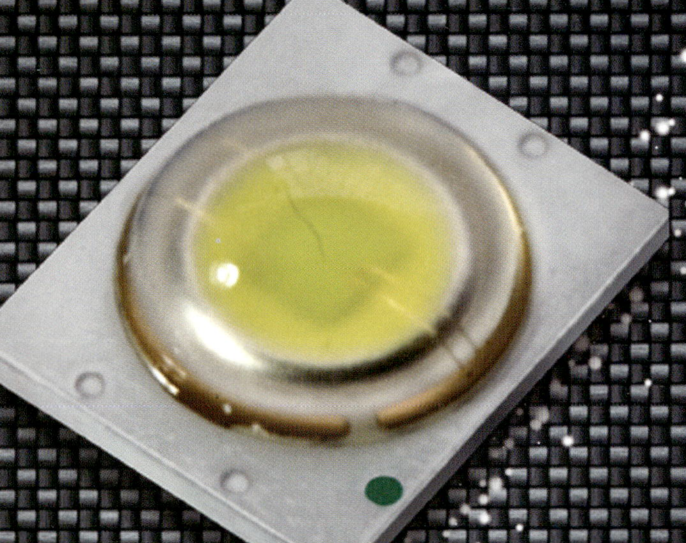

LED器件 • LED组件 • LED照明

佛山市国星光电股份有限公司

地址：广东省佛山市禅城区华宝南路18号

电话：（86-0757）83980208　传真：（86-0757）82100200

邮箱：nationstar@nationstar.com

网址：www.nationstar.com

国家863计划项目承担单位

国家火炬计划重点高新技术企业

国家科技支撑计划承担单位

广东省500强企业&制造业100强企业

拥有博士后科研工作站和院士工作室

引领绿色照明未来

生迪LED室内照明系列

浙江生辉照明有限公司
ZHEJIANG SHENGHUI LIGHTING CO.,LTD.

SENGLED 生迪

公司地址：浙江省嘉兴市秀洲工业区加创南路 电话：0573-83963002 传真：0573-83963001
上海办事处 地址: 上海市民合路153号6号楼5108室 电话：021-60958117 传真：021-60958116
北京办事处 地址: 北京市朝阳区东三环南路58号富顿中心A座2508室 电话：010-58673055 传真：010-58673076
山东办事处 地址: 济南市三孔桥灯具市场鲁能康桥17号楼1104室 电话：13808939405

更多信息请登陆：www.shenghuilighting.com
或拨打全国统一服务电话：400-8164-666

迪源 AquaLite

# 迪源—功率芯片引领LED照明

**武汉·中国光谷半导体照明工程研发及产业联盟理事长单位**

迪源光电是由留美归国知名专家团队创立，中美风险投资基金共同投资的中外合资 LED 照明芯片制造高科技企业。公司总投资5亿元人民币，占地面积100亩，建有生产厂房2万平方米，购置了逾百台套先进的进口生产设备。公司年生产高亮度外延片24万片、大功率芯片4亿只、小功率芯片24亿只。

迪源光电专注于LED照明芯片的研发和生产，是国内具有大规模生产能力的LED大功率芯片生产企业。 公司国际化的技术管理团队拥有世界一流、国内领先的外延片和芯片技术，承担了多项国家863计划重大专项，拥有多项国家发明专利。迪源光电量产的照明芯片发光效率超过每瓦100 流明，广泛应用于LED路灯、日光灯、筒灯、球泡灯等照明灯具以及LED背光源模组。

**主要芯片产品介绍：**

| 产品规格 | 芯片尺寸(mil) | 发光波长(nm) | 光通量(lm) | 主要用途 |
|---|---|---|---|---|
| B45 | 45x45 | 450-460 | 120 | 路灯、隧道灯、筒灯、球泡灯 |
| B38 | 38x38 | 450-460 | 100 | 庭院灯、筒灯、球泡灯 |
| B30 | 30x30 | 450-460 | 95 | 庭院灯、筒灯、球泡灯 |
| B24 | 24x24 | 450-460 | 45 | 日光灯、手电筒、球泡灯、背光源 |
| B20 | 17x23 | 450-460 | 35 | 日光灯、手电筒、球泡灯、背光源 |
| B15 | 10x23 | 450-460 | 7 | 日光灯、球泡灯、背光源 |

武汉迪源光电科技有限公司
WWW.AQUALITE-LED.COM

总部
电话：027-87986330
传真：027-87986301
地址：武汉市东湖新技术开发区光谷一路227号

深圳办事处
电话：0755-29764316
传真：0755-29764315
地址：深圳市宝安30区前进一路诺铂广场2013室

杭州办事处
电话：0571-88970261
传真：027-87986415
地址：杭州市西湖区世纪新城4栋1303室

致力于打造芯片-光源-灯具“综合集成”核心能力
致力于成为L E D照明综合解决方案提供商

勤上光电 LED照明专家

LED户外照明 LED轨道交通照明 LED室内照明 LED显示屏
LED景观照明 LED车灯照明 LED光艺术 LED商用照明

全球客服热线：400 880 0816
（售后服务点遍布全国）

勤上光电股份有限公司
KINGSUN OPTOELECTRONIC CO.,LTD

地址:广东东莞常平勤上半导体产业园 电话:0769-83395678 传真:0769-83395679
http://www.kingsun-china.com P.C:523565

# 厦门华联电子有限公司

XIAMEN HUALIAN ELECTRONICS CO., LTD.

www.xmhl.com

厦门华联电子有限公司成立于1984年8月8日。公司始终坚持以质取胜，走高新技术、不断创新之路，取得显著成绩，被列为市百家重点工业企业、全国重点高新技术企业。2000年至2008年连续两届任中国光学光电子行业协会光电器件专业分会理事长单位，2009年至今任中国光学光电子行业协会光电器件专业分会副理事长单位，2004年至今任国家半导体照明工程研发与产业联盟主席单位。

公司配备美国、荷兰、日本等国际先进水平的现代化半导体光电器件、微电脑控制器生产线，拥有一套完整的设计开发系统和高素质的设计队伍，具备软硬件开发能力，公司研发中心被授予“省级技术中心”称号。历年承担并完成国家项目34项，其中国家火炬计划项目10项、国家重点新产品6项、国家产业化项目6项、国家863计划项目4项、国家科技攻关项目2项、科技创新基金项目2项、信息产业电子信息发展基金项目4项。2010年国家批准设立“博士后科研工作站”、“TOP型LED封装及应用产品产业化”被国家有关部委评为“国家高新技术产业化示范工程”。公司通过管理体系一体化整合认证，亦即2000版ISO9001质量管理体系、ISO14001环境管理体系及GB/T28001职业健康安全管理体系，建立三者兼容的全面质量管理体系，是国内最具实力的半导体光电器件、LED照明产品、微电脑控制器生产企业之一。公司在厦门市火炬开发区、思明区前埔工业园分别拥有2.4万平方米面积自建工业厂房。

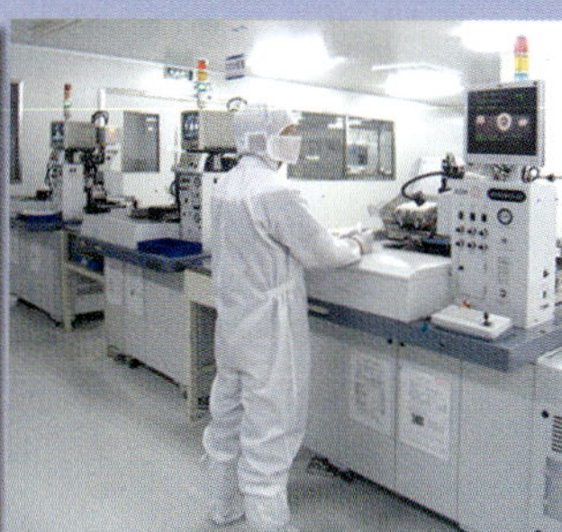
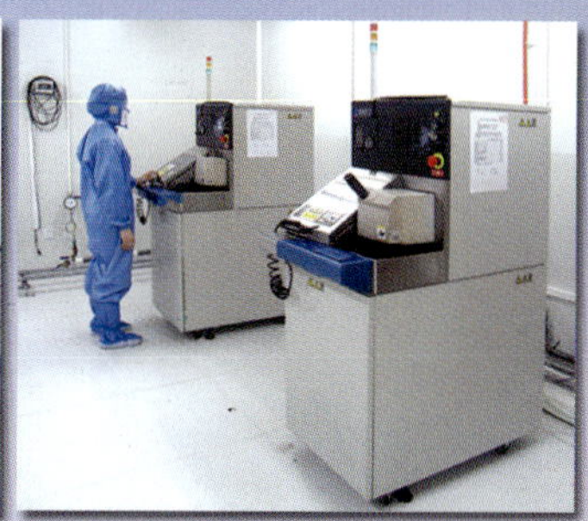

配备大规模超净厂房，净化级别10000级，局部1000级，并配有美国K&S，荷兰ASM，台湾新美化等先进的全自动设备。

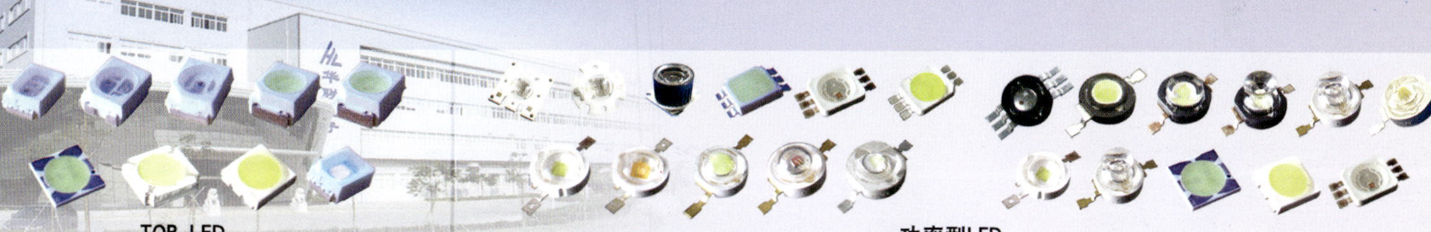

TOP LED　　功率型LED

球泡灯

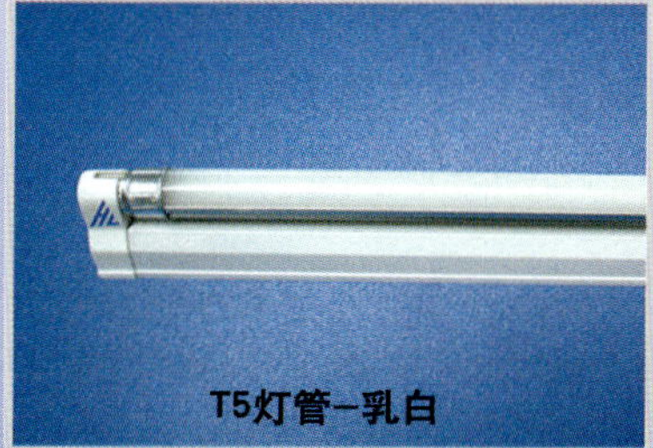

T5灯管-乳白

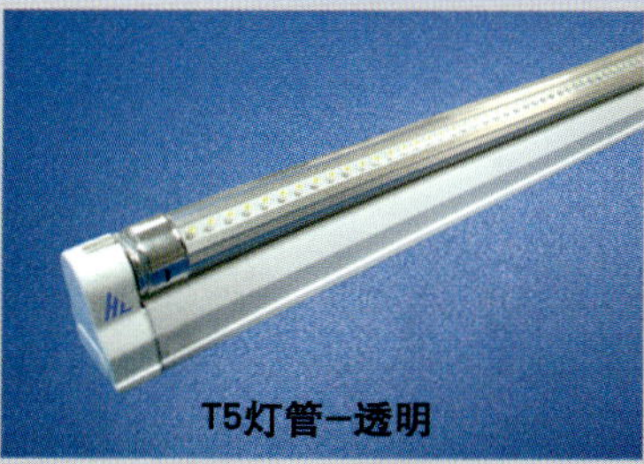

T5灯管-透明

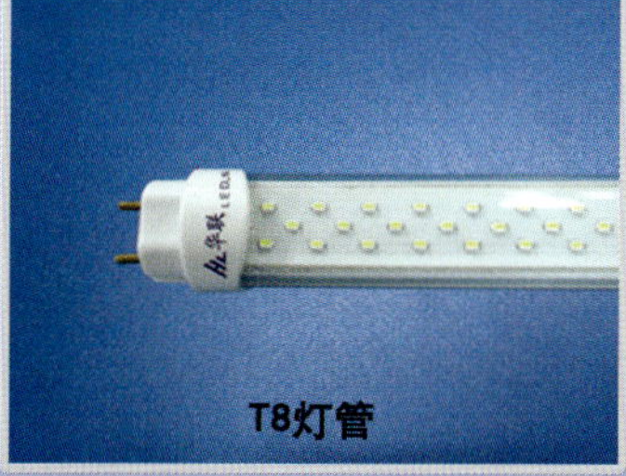

T8灯管

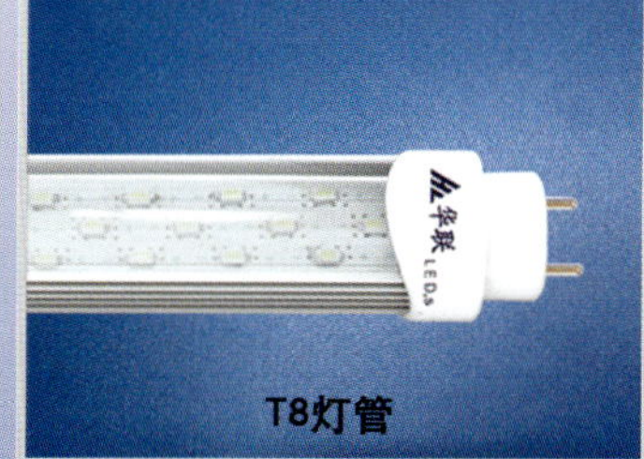

T8灯管

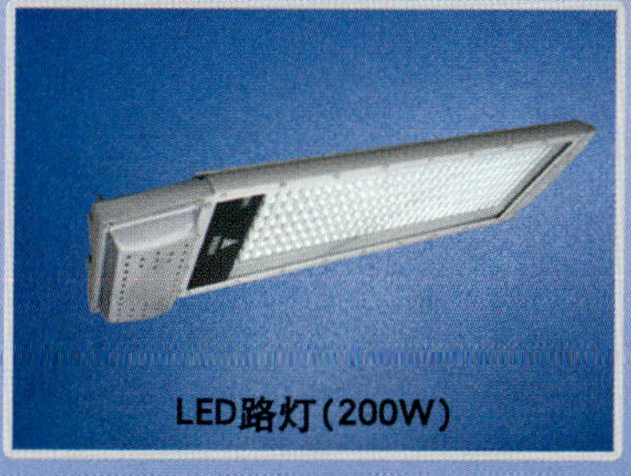

LED路灯(200W)

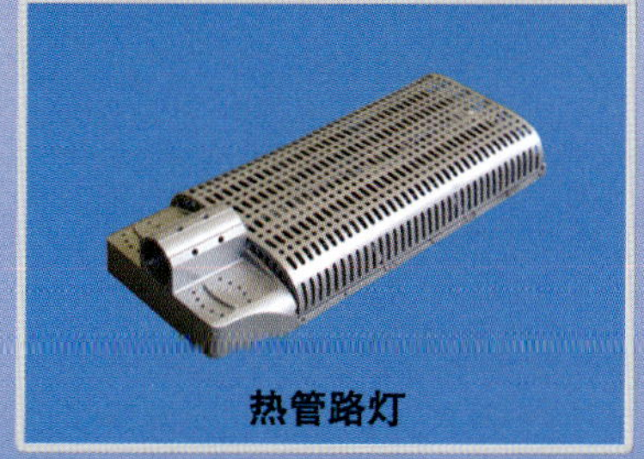

热管路灯

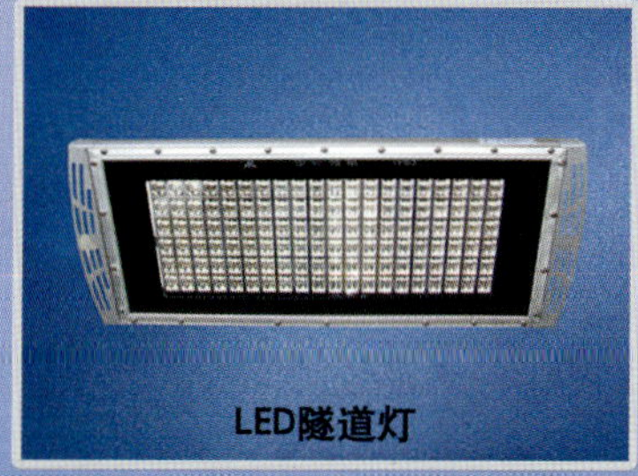

LED隧道灯

新区地址：中国厦门思明区前埔路502号华联电子大厦　邮编：361008

电话：86-592-2950777 / 2950777-1599 / 2950777-1599

用芯照亮你 世界更精彩

Enlighten a better world with APT LED

# 高亮度LED集成芯片领导品牌

**产品优势：**

- 具有完全自主核心知识产权的“倒装焊”和“多芯片模组集成”技术
- 低功耗、高光效、低热阻、超高ESD防护能力
- 可定制超大功率LED模组芯片，良率高

晶科电子（广州）有限公司致力于研发、生产和销售用于半导体照明的高亮度、高可靠性的大功率氮化镓蓝光LED芯片、多芯片模组以及芯片级光源产品，**产品广泛应用于城市照明、商业照明、特种照明、汽车照明、各种背光源等领域**，是国内具有大规模生产能力的大功率、高亮度LED芯片研发制造企业，致力于打造高亮度LED集成芯片领导品牌。

**晶科电子(广州)有限公司**

ATP ELectronics Ltd.

地址：广州市南沙区南沙资讯科技园软件楼南101

RM101, South Softeare Building, Nansha Information Technology Park, Nansha District, Guangzhou

Tel: +86 (020) 3468 5193

深圳办事处

Tel: +86 (0755) 2912 3395

网址：www.apt-hk.com

Meiming 大连美明外延片科技有限公司

DALIAN MEIMING EPITAXY TECHNOLOGY CO., LTD.

LED 外延片：

445nm-475nm 蓝、白光 LED 外延片

510nm-540nm 绿光 LED 外延片

565nm-640nm 黄绿、黄、橙、红黄 LED 外延片

用户特殊需求的外延片

LED 芯片

户内外显示

蓝、绿光 LED 芯片

黄绿、黄、橙、红光 LED 普通芯片和功率型芯片

照明

蓝白光 LED 普通芯片和功率型芯片

背光源

蓝白光 LED 条形芯片

用户特殊需求的 LED 芯片

中国．大连经济技术开发区黄海大道 1 号

电话（TEL）：86-411-87340397

传真（FAX）：86-411-87340923

网址 HTTP://www.Lumeiopto.com

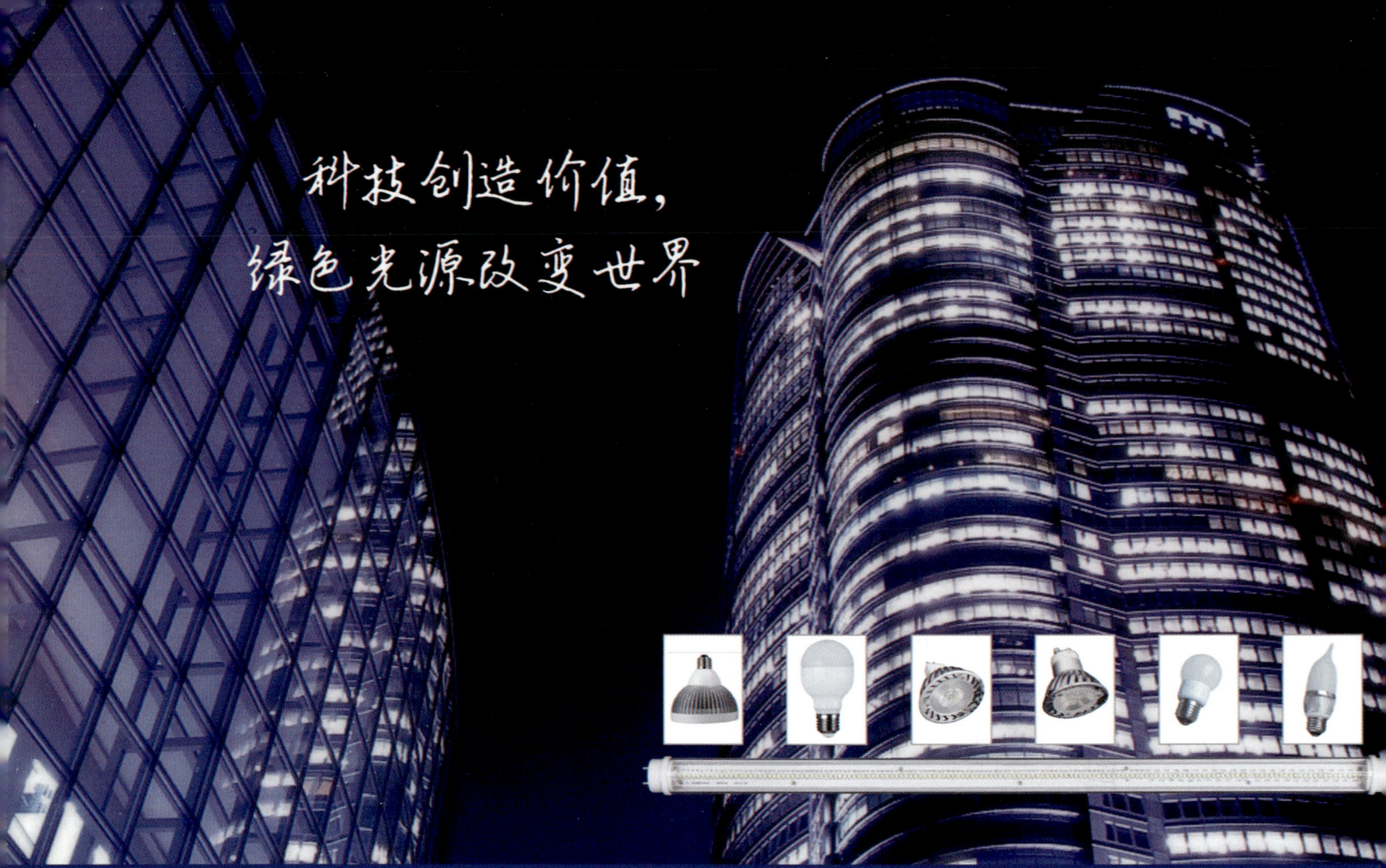

科技创造价值，
绿色光源改变世界

# 浙江中宙光电股份有限公司

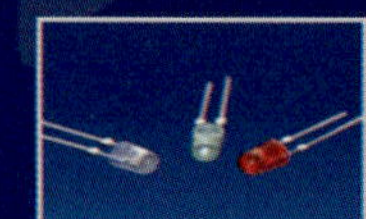
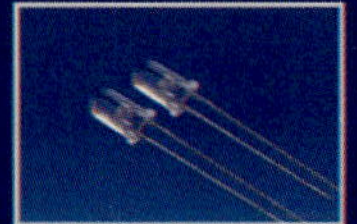

## 公司简介 Company Profile

浙江中宙光电股份有限公司成立于2004年，注册资金6600万，是以从事超高亮度、高功率LED封装及高性能LED照明应用产品研发、生产和销售为核心业务的高科技光电企业，是华东地区规模较大的LED封装企业之一和国家“半导体照明工程”重点企业。公司汇聚了30多位LED制造方面的技术专家，并与浙江大学、浙江工业大学等高校和科研机构建立了长期合作关系，先后承接863项目、国家创新基金、国家火炬计划等的国家重点科研项目。公司秉承“诚信、尊重、勤奋、进取”的企业精神，建立了完善的企业品质、生产、技术、人力资源和财务管理体系，通过了ISO9001质量管理体系认证、ISO/TS16949.2002认证、ROHS环境认证。公司力争成为技术力量雄厚、客户基础广泛、产品竞争力强的最优秀的LED封装和LED应用企业。

电话：0571-89285538 88830060
地址：浙江 杭州 余杭经济开发区昌达路111号
网址：www.z-light.com.cn

# 半导体照明产业发展年鉴

# （2010—2011）

国家半导体照明工程研发及产业联盟
北京半导体照明科技促进中心　　编
台湾光电半导体产业协会

机械工业出版社

《半导体照明产业发展年鉴（2010—2011）》基于多渠道集成的数据资料，围绕技术创新、市场应用、标准检测和产业发展的热点及难点问题，科学发布、深度论述，为各级政府、企业和相关机构的科学决策提供有力支撑。

本书全方位收集整理的行业最新知识和信息，将方便相关企业和科研院所的研发、设计、制造、经营、供销等人员查阅和使用，也可供大专院校相关专业师生参考。

**图书在版编目(CIP)数据**

半导体照明产业发展年鉴. 2010—2011/国家半导体照明工程研发及产业联盟等编. —北京：机械工业出版社，2011.5
ISBN 978-7-111-34897-9

Ⅰ.①半… Ⅱ.①国… Ⅲ.①半导体技术-应用-照明-中国-2010-2011-年鉴 Ⅳ.①F426.63-54

中国版本图书馆 CIP 数据核字（2011）第 100483 号

机械工业出版社(北京市百万庄大街 22 号　邮政编码 100037)
策划编辑：牛新国　　责任编辑：牛新国
封面设计：赵颖喆　　责任印制：杨　曦
北京圣夫亚美印刷有限公司印刷
2011 年 8 月第 1 版第 1 次印刷
210mm×297mm ·47 印张·12 插页·1507 千字
标准书号：ISBN 978-7-111-34897-9
定价：398.00 元

凡购本书，如有缺页、倒页、脱页，由本社发行部调换

| 电话服务 | 网络服务 |
|---|---|
| 社服务中心　：(010)88361066 | 门户网：http://www.cmpbook.com |
| 销 售 一 部　：(010)68326294 | 教材网：http://www.cmpedu.com |
| 销 售 二 部　：(010)88379649 | **封面无防伪标均为盗版** |
| 读者购书热线：(010)88379203 | |

# 《半导体照明产业发展年鉴（2010—2011）》
## 组 织 机 构

**指导单位：** 国家半导体照明工程协调领导小组办公室

**组织承办：** 国家半导体照明工程研发及产业联盟
北京半导体照明科技促进中心
台湾光电半导体产业协会

**协办单位：** 台湾工业技术研究院
集邦科技股份有限公司
香港光电协会
生茂光电科技股份有限公司
武汉华灿光电有限公司
北京吉乐电子集团有限公司
杭州士兰明芯科技有限公司
浙江生辉照明有限公司
深圳洲明科技股份有限公司
东莞勤上光电股份有限公司
武汉迪源光电科技有限公司
厦门华联电子有限公司
深圳市邦贝尔电子有限公司
山东浪潮华光光电子有限公司
南京汉德森科技股份有限公司
青岛华旗科技有限公司
佛山市国星光电股份有限公司
真明丽集团－鹤山市银雨照明有限公司
晶科电子（广州）有限公司
路明科技集团

**媒体支持：**《半导体照明》杂志
中国半导体照明网

# 《半导体照明产业发展年鉴（2010—2011）》编审委员会

## 顾　问

师昌绪　中国科学院院士，中国工程院院士
　　　　国家自然科学基金委员会特邀顾问
马颂德　原科学技术部副部长，中国技术创业协会理事长
周炳琨　中国科学院院士，中国光学学会理事长
甘子钊　中国科学院院士，北京大学物理系教授
王启明　中国科学院院士，中科院半导体所研究员
蒋民华　中国科学院院士，山东大学教授
王占国　中国科学院院士，中科院半导体所研究员
郑有炓　中国科学院院士，南京大学物理系教授
刘颂豪　中国科学院院士，华南师范大学教授
苏　锵　中国科学院院士，中山大学教授
周　廉　中国工程院院士，西北有色金属研究院名誉院长
王　圩　中国科学院院士，中科院半导体所研究员
陈良惠　中国工程院院士，中科院半导体所研究员
夏建白　中国科学院院士，中科院半导体所研究员
牛憨笨　中国工程院院士，深圳大学光电子学研究所所长
曹　镛　中国科学院院士，华南理工大学材料学院教授
李晋闽　中国科学院半导体研究所所长
　　　　国际半导体照明联盟顾问委员会专家
甘子光　中国照明学会名誉理事长
王锦燧　中国照明学会理事长
吴初瑜　中国照明学会副理事长
陈燕生　中国照明电器协会理事长
叶关荣　中国照明学会视觉与颜色专业委员会主任
张国旗　国际半导体照明联盟顾问委员会共同主席
　　　　荷兰 Delft 大学教授，飞利浦公司半导体照明院士
李秉杰　台湾光电半导体产业协会理事长，台湾晶元光电董事长
　　　　国际半导体照明联盟常务理事
詹益仁　台湾光电半导体产业协会秘书长
　　　　工业技术研究院电子与光电研究所所长
　　　　国际半导体照明联盟顾问委员会专家

## 主　编

吴　玲　国际半导体照明联盟主席
国家半导体照明工程研发及产业联盟秘书长
北京半导体照明科技促进中心主任

## 副主编

阮　军　国家半导体照明工程研发及产业联盟常务副秘书长
北京半导体照明科技促进中心副主任

## 编　委（音序）

曹殿生　陈皓明　陈弘达　陈伟民　陈哲良　程德诗　储于超　邓电明　董志江
樊邦扬　范玉钵　方志烈　高汝森　关积珍　郭延生　郝洛西　何开钧　胡　燕
华桂潮　华树明　江风益　江忠永　蒋国忠　简奉任　康玛水　兰有金　李宝山
李　刚　李国平　李晋闽　李　军　李盛远　李旭亮　梁秉文　梁　毅　林科闯
林洺锋　刘定林　刘纪美　刘木清　刘　榕　刘容生　刘　胜　刘升平　刘世平
刘文弟　刘　洋　刘　镇　吕　芳　罗　毅　牟同升　牛萍娟　潘建根　裴小明
彭万华　邱　勇　屈素辉　任奉波　荣浩磊　邵运蒸　沈　波　沈光地　沈锦祥
施毓灿　石　修　史　杰　宋恒毅　宋贤杰　唐国庆　王　钢　王国宏　王军喜
王康平　王向武　王垚浩　吴恩柏　吴启保　吴文峰　武晓明　肖国伟　肖志国
谢拥军　徐　淮　徐　坚　徐连城　徐现刚　许福贵　闫春辉　杨海峰　杨杰晶
杨克武　余彬海　俞安琪　恽为民　曾一平　张国义　张家骅　张　明　张日光
张　荣　张万生　章海骢　赵　英　赵建平　郑铁民　周凤英　周均铭　周　鸣
周太明　周　详　朱健强　朱明华　朱慕道　朱晓东　庄卫东

## 编　辑（音序）

曹峻松　陈炳欣　陈　雷　程　翔　王　琴　樊国辉　樊　龙　冯亚东　付　原
耿　博　郝建群　何亚萍　梁　静　穆桂斌　潘冬梅　宋　美　苏海平　屠立玫
王滨秋　王鄂生　王　美　吴鸣鸣　徐　杰　薛景照　杨兰芳　张文军　赵璐冰

# 序 言

照明是地球上所有生物生存的重要前提条件。拥有无限潜能的第三代半导体材料的出现带来了照明光源及光产业的又一次革命，不仅使百年传统照明工业迎来了电子化大规模的数字技术时代，而且应用还涉及信息、交通、医疗、农业等领域，其数字化的特性是即将到来的物联网时代的技术支撑之一，必将引发人类生产、生活方式的巨大变化。

面对半导体照明这一具有巨大创新空间的新兴产业，各国政府纷纷出炉新的发展策略，一场抢占战略性新兴产业制高点的速度战已在全球打响，并日趋白热化。中国只有抓住这一重要的机遇期，加快抢占半导体照明技术与产业的制高点，才能赢得全球低碳、绿色战略性新兴产业竞争中的这一关键战役，成为半导体照明产业的强国，并继续引领全球下一轮经济增长的浪潮。

两岸半导体照明产业已有一定的基础和条件。大陆已初步形成了完整的研发体系和产业链，具备了一定的产业规模，特别是在基础研究及下游应用方面具有较好基础。台湾拥有先进的上游技术、人才积累及管理经验。两岸产业有着很好的互补优势，且大陆和台湾同根同源，在半导体照明产业交流与合作方面也有着良好的基础。海峡两岸面临半导体照明这个战略性新兴产业千载难逢的发展机遇，应当加强交流与合作，共同抢占国际产业制高点，共同培育华人品牌，争取在国际半导体照明产业中占有一席之地。

国家半导体照明工程研发及产业联盟此前组织编写的两部年鉴都有台湾同业的参与。本部年鉴联盟携手台湾光电半导体产业协会共同编写，希望能够为两岸业界的信息交流、探讨两岸产业发展经验及问题搭建一个平台。希望两岸半导体照明产业年鉴越办越好，为促进两岸业界交流和沟通起到积极的作用。

国际半导体照明联盟主席
吴　玲　国家半导体照明工程研发及产业联盟秘书长
北京半导体照明科技促进中心主任

# 目　录

## 第三部分　产业篇

## 第五部分 市场篇

# 第六部分　标准与检测篇

## 第七部分 专利篇



## 第八部分 索引篇



## 第九部分 纪事篇

## 附 录

# 第一部分

# 综 述 篇

半导体照明产业发展年鉴（2010—2011）

半导体照明产业发展年鉴（2010—2011）

# 第一章　特别评述

## 半导体照明节能产业的发展原则与战略

曹健林

中华人民共和国科学技术部副部长

半导体照明是转变经济发展方式、改造传统产业、实现可持续发展的重要手段，也是我国七大战略性新兴产业的重要发展方向。2010 年，我国半导体照明产业增长速度超过 30%，产业规模超过 1200 亿元。目前，半导体照明的光效已大大高于传统照明与显示光源，其中景观照明节能 70% 以上，室内照明节能 60% 左右，液晶电视背光源节能 50%，路灯节能 40%，节能效果初步显现。

我国是世界第二发电和用电大国，3/4 以上的发电为燃煤，造成环境的严重污染。2009 年我国发电总量 36506 亿千瓦时，照明用电约 4300 亿千瓦时，占电力总消耗的 12%，占能源消耗的 5.9%，且每年以 5% ~10% 的速度增长。专家预测，按目前的照明平均光效算，2015 年我国照明用电将达到约 6000 亿千瓦时，如果半导体照明能占到普通照明市场的 30%，可年节电超过 1500 亿千瓦时，使照明用电总量保持在 2009 年的水平。由此可为单位 GDP 能耗降低贡献约一个百分点，相当于年节约标准煤超过 5250 万吨，减排 1.3 亿吨。

在国际竞争日益激烈的形势下，中国的半导体照明产业在高速发展，潜力巨大的同时，也面临着严峻挑战。美国、日本、欧洲、韩国和中国的台湾地区都在加大研发力度，积极扩充产能；各国在技术竞争的同时，专利、标准、人才的竞争也达到白热化。因此，需要研究和分析我国半导体照明领域的发展态势，制定半导体照明节能产业发展“十二五”规划，明确未来五年我国半导体照明节能产业的战略目标和重点。

结合发展现状和未来趋势，我国半导体照明产业的发展需要“政府推动”与“市场带动”相结合。首先是科学统筹，合理规划，在政府宏观政策引导下充分发挥市场配置资源的基础性作用，鼓励公平竞争，形成有利于产业发展的创新环境和公平的市场环境，调动各市场主体的积极性，促进半导体照明节能产业持续健康发展。

在技术研发和应用推广层面应以技术创新为支撑、市场需求为导向，一方面加强研发，坚持创新驱动；另一方面要以应用促发展，带动集成创新，实施一批效果明显的半导体照明应用推广项目，培育新的消费热点，迅速扩大终端市场的消费需求。同时不断完善商业模式与服务模式，促进半导体照明节能产业健康稳定发展。

在产业发展方面，要着眼于培育战略性新兴产业，大力实施产业创新工程和应用示范工程，集中推进半导体照明产业发展；另一方面，鉴于传统白炽灯、荧光灯企业都面临转型压力，要充分发挥半导体照明产业的辐射带动作用，推动传统照明产业升级换代；还要推进显示、信息、汽车等关联产业的结构优化和战略升级，促进相关产业的协同发展。

在推动产业发展的实施过程中则需要“整体推进”与“重点跨越”相结合。在引导全产业链加快发展的同时，选择有比较优势和较好基础的环节集中突破，争取在一些重点环节实现跨越式发展。要依托国家高技术产业基地建设，支持重点优势地区建立产业高地，形成区域特色优势明显、大中小企业共生、配套体系齐全的产业集群，最终促进半导体照明产业的均衡协调发展。

2010 年是半导体照明进入通用照明的元年，未来 3 ~5 年是半导体照明节能产业发展的关键时期，在激烈的全球竞争的形势下，我们要充分认识到产业发展的紧迫性，制定科学的发展战略。

首先，要根据不同技术和产业层次对我国半导体照明产业发展的影响程度，确定不同的优先支持次序，实施重点优先战略。重点支持节能效果显著、全生命周期性价比优良的产品示范与推广。对有一定规模优势、产品优势、市场优势和竞争优势的产品，通过节能产品补贴等形式，扩大市场应用，促进我国“十二五”节能减排目标的实现。集中支持半导体照明产业化共性关键技术及基础性研究，解决企业面临的技术难题，提供企业生产制造和工程应用的成套技术解决方案，构建我国半导体照明产业发展技术基础。尽快以创新的体制机制建立国家半导体照明公共技术研发平台，加强人才梯队建设。加强半导体照明标准和检测认证体系建设，研究制定和完善测试方法、产品的标准/规范，提高检测机构检测能力，实现测试方法和标准的统一，为推进我国半导体照明产业健康发展提供基础性保障，抢占国际竞争话语权。鼓励传统照明企业的转型与升级，实现“照明大国”向“照明强国”的转变，带动信息显示、数字家电、汽车、装备、原材料等产业发展，创造相关领域内的就业机会。

同时，通过实施产业链优化整合战略，抓大扶强，培育龙头企业，发挥核心企业的产业示范和带动作用，提升产业集中度。支持上游芯片企业并购重组，限制低水平重复建设；支持中游封装企业加大技术集成和垂直整合；支持下游应用企业加强技术集成和商业模式创新，鼓励企业参与创新应用；加大 MOCVD、HVPE 及 ICP 等核心设备的国产化力度，实现衬底材料、MO 源等关键原材料国产化。

其次，要以全球化的开放视野，实施产业生态系统同步发展战略，构建国际化的产业服务体系。以产业联盟和创新型企业建设为抓手，建设国际展示交易中心，吸引国内、国际知名厂家进驻，开展演示交流、宣传、教育、培训，并提供增值服务；引进国际化高端人才、培养国内产业骨干人才；通过专利战略与标准化，以下游牵制上游，掌握核心产品的控制权；建立供应链管理，探索新的商业与服务模式。

最后，要遵循“优势互补、分工协作、合作共赢”的原则，依据产业技术掌控能力以及市场需求分布，确定产业发展的科学布局。在国际交流、科研、信息、人才、服务等方面有优势的京、津、唐地区，建设开放的、国际化的共性技术平台，建立国际联盟总部基地，成为产业参与国际竞争的引擎与辐射源，形成创新及服务引领区；在产业集中、投资环境好的珠三角、长三角等地区，集中建立产业链完整、具有国际竞争力的产业集群，加大产业规模，培育龙头品牌企业，构建物流、交易、检测及产业配套的产业生态体系，形成产业核心区；在中西部地区部分人力资源基础比较好，并有高技术发展环境的地区，鼓励在现代农业、医疗、国防等领域的照明创新应用，以及新能源与新光源结合的特色应用，形成特色发展区。通过这种产业生态系统同步发展战略的实施，逐步建立优势互补、互利共赢的产业协作体系，形成发展合力。

半导体照明对于资源节约和环境保护，对于中国提升产业结构，占据未来世界高技术产业领先地位具有重要的意义。我们要在战略上充分重视半导体照明产业，以科学的布局、长远的发展战略来推动半导体照明产业又好又快的发展。

# 发挥联盟作用，推动半导体照明产业健康发展

师昌绪
中国科学院院士 中国工程院院士 国家半导体照明工程研发及产业联盟指导委员会主任

现在国产芯片的光效已经达到100lm/W以上，高于节能灯的光效了，替代白炽灯、卤素灯等低效照明产品可节能70%以上，而且技术还在不断提高。另外LED在景观照明、舞台照明及艺术表现上有很大的优势。2010年全国半导体照明的产值已突破了1200亿元，未来3~5年可能以50%左右的速度增长。2010年在深圳召开的超过1500多人参加的国际半导体照明论坛宣布国际半导体照明联盟（ISA）成立，并选举国家半导体照明工程研发及产业联盟秘书长吴玲为ISA主席，说明中国在半导体照明产业上不仅有一定的基础，也在国际上有一定的地位。看来国家将半导体照明列为战略性新兴产业的一部分是非常正确的。它不仅仅是一个具有划时代性质的高技术，也是一个万亿规模的产业。从此，我们将看到100年传统的照明工业将要进入到一个电子化、数字化的大规模高科技时代了。

但我们也应看到，目前在我国半导体照明产业的发展中还存在很多问题，诸如企业规模太小、自主创新能力不强、产学研结合松散、围绕产业技术创新链的合作不够等问题尚未得到很好解决。如何有效地凝聚各种创新资源，建立以企业为主体、市场为导向、产学研结合的技术创新体制与机制已成为现实而紧迫的任务。现在半导体照明产业可以说到了发展的关键时刻，我认为，通过联盟来组织协调产业发展，实现产学研的有机结合，带动整个行业水平的提高，提升我国半导体照明产业的核心竞争力是一个很好的方式。

联盟的成员以企业为主体，同时也包括科研院所、大学和地方行业组织，不仅为产业界和学术界搭建良好的交流合作平台，在为企业服务的同时，也为政府提供可靠的信息。联盟在努力促进产业发展的同时，也在与时俱进地不断加强自身建设。据我了解，现在联盟已经建立了很好的信息平台，既有《半导体照明》杂志，也有中国半导体照明网站。另外，联盟每年定期举办一些交流活动，还召开一次半导体照明国际论坛，至今已经连续举办了七届，是目前国内行业内最大的一个论坛，档次也很高，而且一年比一年好，知名度也越来越大，吸引了不少外国知名大企业的高层人士前来参加。为中国的企业与国际企业的交流、了解国际行业产业发展信息搭建了一个非常好的平台，有助于产业的发展。联盟还将组建新技术宣传、培训及展示中心；也准备建立支持节能服务的采购平台，类似供应链管理，积极探索新的节能产业的服务模式，这些都是一个新兴产业发展不可或缺的环节。为了这些目标的实现，联盟团结各路专家、有关企业为各部委提供服务的核心。

2010年，由联盟牵头启动了国家科技支撑计划“半导体照明应用系统技术集成与示范”项目，以抢占创新应用制高点为目标，开发低成本、替代型和多功能创新型半导体照明产品及系统。在对共性技术研发平台的强烈需求下，依托联盟的新的体制机制，除国家的科研经费支持外，联盟核心企业已经签署协议，将共同投入资金建设公共研发平台，解决产业急需的规格化、标准化高端应用产品共性关键技术和系统集成，这一平台的建立已经显现出一个真正科研与企业相结合的国家工程研究中心的雏形。利用这一平台还可加强与国际交流，解决国际化共性技术的研发，使我国LED产业迅速赶上国际水平。因此希望政府能够支持联盟建立体制、机制上有所创新的、开放性的国际化共性技术研发平台，充分发挥联盟的作用，并鼓励其建立以市场为导向的产业服务模式，推动半导体照明产业健康发展。在不太长的时间内，中国一定能成为世界半导体照明的产业强国。

# 对中国半导体照明产业发展的两点建议

张国旗

荷兰 Delft 大学教授 飞利浦公司半导体照明院士 半导体照明开放创新高级总监

国际半导体照明联盟顾问委员会共同主席

光是地球上几乎所有生物生存的重要前提条件。半导体照明（SSL）是基于数字化照明及光产业的革命，正在成为一个国际性新兴战略产业。它以能耗低、寿命长、响应快、无污染、易维护、易控制、可靠性高、色彩丰富等特点成为下一代照明技术的必然选择，拥有巨大的产业、经济、科技和社会效应。SSL 不仅开创了照明光源的新革命，其应用已远远超过传统照明的局限，涉及人类社会及生活的许多领域，比如医疗与保健、情感与知觉、农业与食品、交通和安全、智能化等。它所带来的不仅是规模数以万亿计的潜在市场，更潜藏着发展节能环保、低碳经济、转变经济发展方式、调整传统照明产业结构、培育新经济增长点的巨大能量。它是中国在全球低碳、绿色新兴战略产业竞争中的一个关键战役。

## 一、中国半导体照明产业的发展现状

我国自 2003 年启动“国家半导体照明工程”以来，产业与技术取得了长足的发展。2009 年 9 月国家发展和改革委员会等六部委联合发布了《半导体照明节能产业发展意见》，明确了我国半导体照明产业的发展目标、战略及政策措施，使其正式上升为国家战略；为了以应用带动加快技术创新，2009 年科学技术部启动了“十城万盏”半导体照明试点示范工程，有力地引导并推动了技术创新及产业发展的步伐，加快市场形成，增强了社会对 SSL 的认识，取得了良好的社会效益；2010 年 9 月，国家发展和改革委员会又联合住房和城乡建设部、交通运输部印发了《关于组织申报半导体照明产品应用示范工程项目的通知》，通过 SSL 产品应用示范项目的国内公开招标，进而促进 SSL 产业的发展。这些举措成为政府推动绿色节能产业发展的成功典范，受到国际产业界与各国政府的高度关注。

尤其值得一提的是，国家半导体照明工程研发及产业联盟是一个专业高效的非盈利机构，以其市场化的机制、国际化的视野、从国家总体利益战略出发，构建了中国 SSL 技术的创新链、完善了产业供应链，有效地提升了国家 SSL 产业的价值链。同时，凭借其营造的产业信息交流服务平台、人才支撑计划、丰富的国际合作经验与运作知识、国际交流网络等有效促进了 SSL 产学研及产业链上下游的实质性合作，在国际学术和产业界树立了权威性。2010 年 10 月，成立了首个由中国牵头的战略性新兴产业国际组织：国际半导体照明联盟（ISA）。

## 二、中国半导体照明面临严峻挑战和巨大隐患

首先，世界各国间的竞争日趋激烈，各国政府纷纷出炉新的发展策略，以抢占战略新兴产业制高点。美国不仅于 2000—2010 年投资 5 亿美元实施“国家半导体照明研究计划”，确保美国在 SSL 技术领域强大的竞争力，还将 SSL 产业作为金融危机之后重振美国制造业的重要抓手，予以重点扶持；为确保欧洲的知识经济和创新产业地位，欧盟选择了六个关键支撑技术（KET），正在制定专门的激励措施，SSL 产业在四项关键支撑技术中得到了显著体现；日本除以财政补贴拉动市场外，还破例出台了专门针对 SSL 产业的激励措施；韩国将 SSL 定为国家绿色增长战略产业，以政府采购的形式拉动市场，促进研发，以进入世界前三强为目标。

其次，SSL 已成为国际巨头的战略重点。欧司朗、通用电气、日亚、三星等公司在掌握着雄厚产

业和 LED 核心技术的基础上，每年投入巨资进行技术研发，以保证领先的行业地位。这些国际跨国公司在 SSL 研发项目上的年投入皆在数亿美元之上，远远超过了我国 863 计划 5 年的总和。我国 SSL 产业研发投入严重不足，力量分散，缺乏产业共性技术研发平台，无法支撑产业的快速发展。

再有，我国 SSL 产业扶优扶强的市场培育机制尚未有效建立，导致行业企业规模小、创新能力低、资源分散，缺乏龙头品牌，不能有效形成规模效益。

## 三、对中国半导体照明产业发展的两点建议

### 1. 加快抢占知识产权与技术的制高点

加大半导体照明的研发投入。统筹规划，除对重大科技项目进行资助外，加强中央与地方政府间的协调合作，特别是尽快合力建立及重点扶持两个国家级的世界一流的研发中心，使其成为整个中国半导体照明产业发展的核心技术力量，增强国家半导体照明的科技创新能力。

（1）以国内优势研究机构为依托，组建半导体照明国家重点实验室，重点开展产业链前端长期基础研究，在核心新材料、器件、设备及共性关键技术取得知识产权的突破。资金主要以国家的投入为主，为国家 SSL 产业的长期发展提供知识及核心专利的支撑，使国家根本摆脱核心专利上的被动局面。

（2）在产业链中下游组建开放式的半导体照明国家创新中心，以共性核心技术为重点（比如封装与模块、测试方法和标准、散热质量与可靠性、系统集成及优化、驱动与电子、光学设计、绿色设计回收、多用途多功能的照明创新应用等），为企业提供快速最优的解决方案，提升产业核心竞争力。在比利时 IMEC 开放创新模式的基础上，创立新的组织形式与体制机制，整合国内产业资源（资金、技术、人才、信息等），吸引国际顶尖人才及团队。资金先期以国家投入为主，企业参与为辅，三年后做到 50% 国家投入，50% 企业参与。集成整合资源，优势互补，协作共享。借鉴“两弹一星”的经验，政府以持续稳定的投入与扶持，保证产业创新链长期可持续发展。该中心争取在五年左右做到专利数量、产业影响取得世界第一的地位。

### 2. 充分发挥联盟的作用，创立新的产业服务模式

联盟应在政府的指导下，在半导体照明国家重点实验室与半导体照明国家创新中心的发展方向及规划上起主导作用，确保企业在知识产权与技术创新中的主体地位。同时，鼓励联盟突破管理模式，建立立足于全国 SSL 产业为开放性的、市场为导向的公共服务平台和商业模式。

这两点建议是半导体照明微笑曲线的两个制高点，如图 1.1-1 所示。只有快速有效地占领这两个制高点，中国才能成为世界半导体照明的产业强国。

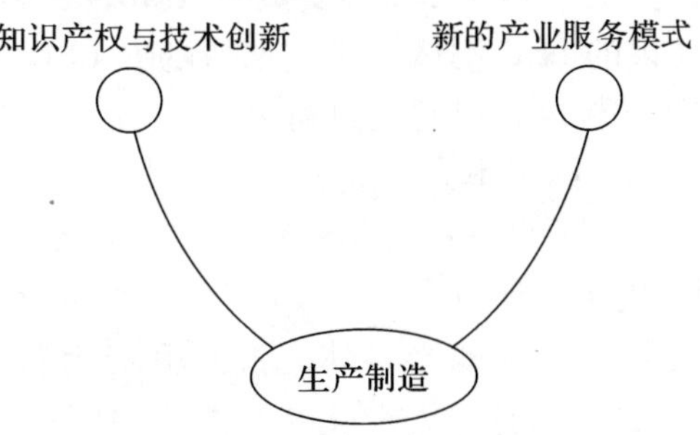


图 1.1-1　半导体照明微笑曲线

# 让 LED 照亮全球，让台湾发光

詹益仁
台湾光电半导体产业协会 台湾工业技术研究院电子与光电研究所

随着国际原油价格不断上涨，面对节能减排与绿色环保的发展趋势，以 LED 为主的半导体照明光源，在发光效率持续提升与成本降低的驱动下，可望加速进入到通用照明应用中，通过政策鼓励使用节能产品推动 LED 照明产业，已成为各国政府共同发展的目标。

中国台湾地区 LED 产业发展的 30 年历程，不仅见证了中国台湾地区经济的起飞，更跟随着 LED 的国际发展脚步成长，从低阶红光步入 RGB 全彩世界，到白光 LED 时代的启动，以性价比优势，在国际 LED 产业中大放光芒。

由于 LED 光源不仅节能环保，还具备高度方向性、体积小、易与系统整合设计、色彩饱和度高、演色性佳、颜色逼真等优点，因此在全球绿色能源议题成为热点的时刻，这些优势让 LED 在显示产业与汽车照明产业都抢占极高的渗透率。当前，照明产业正积极引入 LED 光源，如何发展更具安全性、人性化与生活化的产品，通过 LED 光源与应用端结合，将半导体照明的发展推向另一个更广阔的空间，是整个 LED 照明产业深刻思考的议题。我们认为发展并提升 LED 本身的技术，并积极推动将相关的产品导入市场，是未来亟待努力的方向。

随着照明级高功率 LED 芯片研发技术的突破，LED 的效率将大幅提升，可望加速照明级 LED 芯片价格向下修正。LED 发光效率目前仍是呈现持续增长的情形，相较于其他传统光源技术进展已趋成熟，LED 发光效率仍有进步空间。根据美国 DOE 预测，2015 年冷白光 LED 封装体的发光效率有可能提升至 215lm/W，暖光部分亦有可能达到 184lm/W；成本部分，2015 年预期可达到 500lm/美元的水平，LED 封装体的成本自 2010—2015 年降低 2.8 倍。而 LED 灯具成本结构中，LED 封装体所占成本由 2010 年的 38.8% 降至 2015 年的 28%。除了发光效率的突破以及成本的降低外，各公司也积极在提高质量与产能的各种技术上作努力，例如提高晶圆尺寸、提升散热技术。LED 应用产品特性所发展的系统设计以及关键组件，例如扩散板等，也成为技术创新突破的重点。

除了技术的发展以外，在 LED 标准及检测规范方面，因为标准可以主导市场产品规格，而透过标准制定才有机会达到市场规模，检测规范的目的则是保障产品质量，建立消费者信心，这也是如今各国竞相推动标准制定的原因。目前，如国际照明委员会（CIE）、国际电工委员会（IEC）以及中国大陆地区，都已经陆续提出了建议的 LED 测试标准，期望随着 LED 测试标准的制定，使得不同封装形式的 LED 能有一致且可靠的测试标准，以建立具有公信力的 LED 验证平台。中国台湾地区标准制定的脚步已在加速并呈现具体效益，除了率先完成 LED 路灯标准 CNS 15233，还完成了 17 份 LED 照明产业标准。海峡两岸也正通过搭桥项目积极合作构建标准及测试验证平台，期望通过两岸共推产业标准，共同争取全球 LED 照明市场主导地位。

LED 受瞩目的产业地位，已经让单纯的半导体光源跃升成为新一代照明系统不可或缺的组件。如何运用 LED 的产业发展经验，通过创新、人性化、智能化照明技术、快速导入市场机制，都是当前 LED 照明需要加速发展的重点。在加速发展 LED 的重点项目推动下，相关资源投入及配套措施展现出将 LED 产业推向国际舞台的决心，相信通过相关单位的努力及两岸于产业标准等议题上的携手合作，我们的努力将促使照明发生重大改革，再创另一个明星产业，期望光电半导体成为未来两岸经济发展的核心支柱，共同为两岸的经济繁荣奋斗。

# 第二章　回顾与展望

## 抓住产业发展关键时期 培育半导体照明战略性新兴产业

吴玲
国家半导体照明工程研发及产业联盟

半导体照明包括发光二极管（LED）和有机发光二极管（OLED），亦称固态照明，具有耗电量少、寿命长、色彩丰富、耐振动、可控性强等特点，是继白炽灯、荧光灯之后照明光源的又一次革命。

半导体照明应用领域广泛、产业带动性强、节能潜力大，是转变经济发展方式、调整传统产业结构、培育新的经济增长点的抓手。由于半导体照明产业的专利、标准、人才竞争日趋激烈，同时抢占战略性新兴产业制高点的关键时刻已经到来，世界各国纷纷加强对半导体照明产业的支持力度。

### 一、国内外半导体照明产业发展态势

#### 1. 国际半导体照明产业发展态势

近年来，全球半导体照明产业发展迅猛，技术突破日新月异，应用领域不断拓宽。同时，许多国家从战略高度对半导体照明产业进行了部署，如将半导体照明产业列为战略性高技术产业，从国家层面推动其技术研发；各国纷纷出台政策开展半导体照明产业的示范应用与推广，发布白炽灯等低效照明灯具的禁、限令等。此外，半导体照明产业专利、标准、人才的竞争达到白热化程度，国际巨头强势进入该行业，使产业整合速度加快。

#### 2. 我国半导体照明产业发展态势

我国高度重视半导体照明技术创新与产业发展，启动了国家半导体照明工程；科学技术部在973计划、863计划、支撑计划中均给予半导体照明技术研发支持，并启动了“十城万盏”半导体照明应用试点示范工程；国家发展和改革委员会牵头联合六部委（国家发展和改革委员会、科学技术部、工业和信息化部、财政部、住房和城乡建设部、国家质量监督检验检疫总局）出台了《半导体照明节能产业发展意见》，并启动了三部委（国家发展和改革委员会、住房和城乡建设部、交通运输部办公厅）半导体照明产品应用示范工程招标。

（1）我国半导体照明产业关键技术研发取得成效。

目前，我国已初步形成了从上游外延材料与芯片制备到中游器件封装及下游集成应用比较完整的技术创新产业链。2010年，产业化功率型LED芯片封装白光后光效超过100lm/W；我国在国际上首次推出硅衬底功率型氮化镓（GaN）基LED芯片，并已实现产业化，封装白光后光效超过90lm/W；国内深紫外LED器件的研发也处于国际水平；功率型白光LED封装技术接近国际先进水平，该种光源光效可达到120lm/W（LED灯具光效60～75lm/W，白炽灯光效15lm/W，荧光灯/节能灯光效60～90lm/W）。“十一五”期间，863项目中半导体照明技术研发承担单位已申请专利1176项，其中，发明专利747项、国外发明专利36项。

我国在LED下游应用领域申请的专利数量近年来上升很快，与国际基本同步，在道路等功能性

照明应用领域走在国际前列。截至2009年12月31日，我国LED相关专利申请共28912件，其中，应用方面的专利接近60%，不过在LED上游专利方面仍缺乏原创性。然而在下一代核心技术方面，由于全球LED在上游仍有许多技术问题要解决，我国与国际处在同一起跑线上，有实现跨越式发展的机会。

（2）我国半导体照明产业规模迅速扩大。

我国半导体照明产业发展迅速，已初步建立完整的产业链。据国家半导体照明工程研发及产业联盟（CSA，下称联盟）统计，2010年，我国半导体照明产业规模已达到1200亿元，其中，上游外延芯片产值50亿元，中游封装产值250亿元，下游应用产值900亿元。“十一五”期间，我国半导体照明产业年均增长率接近35%，预计“十二五”期间，产业年均增长率将达到38%，到2015年产业总体规模有可能超过6000亿元。

我国半导体照明产业在规模扩大的同时，产业结构也在不断完善。如我国GaN基LED芯片2003年还完全依赖进口，而到2010年其国产化率已达到50%，并且其技术水平与国际差距也正逐步缩小。目前，我国在封装、应用领域已形成全球制造优势，并在某些领域具备了创新优势。同时，我国半导体照明产业以中小企业为主的产业格局也在发生变化，产业整合序幕已经拉开，产业结构将进一步提升。

（3）我国半导体照明产业部分示范应用居世界前列。

我国半导体照明的示范应用起步早、范围广、种类多、影响大，有效提高了半导体照明产品的社会认知度，特别是半导体照明产品集成创新也显示了一定的节能效果。如北京奥运会上大放光彩的全球最大单体LED建筑“水立方”，通过使用5万平方米的LED景观照明，与荧光灯相比可节能70%以上，年节电近80万kW·h；上海世博会整个园区LED芯片用量约10.3亿只，场馆室内照明光源中约80%采用LED灯，向世界展示了LED照明的璀璨前景；哈尔滨结合“冰雪文化艺术节”，应用寒地LED产品约5万盏，替代率90%以上，年节电200万kW·h，消除20万只荧光灯的汞污染（约4000g汞）；国产芯片、器件与控制系统集成成功应用于建国60周年天安门广场的LED全彩显示屏；通过联盟组织捐赠的国家大剧院“复兴之路”演出大屏幕，体现了科技对文化的支撑作用；广州亚运会除开幕式采用约10万盏LED灯来装扮现场效果外，体育场馆等基础建设也大量使用了LED照明产品。

“十城万盏”半导体照明试点示范工程对于推动半导体照明产品的应用也起到了积极作用，我国已成为LED球泡灯、射灯、筒灯、管灯等的全球制造基地，制造能力和出口量均居全球首位。

（4）我国半导体照明产业的标准检测体系建设正在逐步推进。

在国家标准化委员会、科学技术部、工业和信息化部等政府部门的引导下，在联盟的协调和相关协会、学会的推动下，我国已制定完成并公布了12项国标和10项行标；同时，联盟牵头制定了8项应用产品测试方法和技术规范（其中关于LED路灯的测量方法部分成果被美国能源部引用）。



## 二、我国半导体照明产业发展中存在的问题

虽然我国半导体照明产业有了一定的基础，呈现出很好的发展势头，但是面对激烈的国际竞争，仍然存在很多问题。

### 1. 我国半导体照明产业可持续发展的技术支撑不够

目前，我国在半导体照明领域的研发支持力度不足、力量分散，如飞利浦一年的研发投入是4400万欧元，相当于我国863计划“半导体照明工程”重大项目五年的总和（3.5亿元人民币，约合3500万欧元）。我国半导体照明企业、研发机构投入不够、研发力量薄弱，特别是缺少开放性创新体制机制的公共技术研发平台，如国家重点实验室、国家工程研究中心等。

我国半导体照明产业中核心设备，如金属有机物化学气相沉积（MOCVD）等尚依赖进口；上游外延材料、核心器件虽已实现了量产，但仍处于中低端水平，缺乏低成本、高可靠的核心器件；中游封装及下游集成应用虽然实现了大批量生产，发展速度很快，但仍缺乏应用系统集成技术和创新应用

研究；缺乏低成本、替代型、规格化半导体照明应用产品。

**2. 我国半导体照明产业资源不集聚、产业格局急需整合**

我国半导体照明生产企业共有近4000家企业，2010年总产值达1200亿元（平均3000万元/家），但是这些企业规模普遍较小、比较分散，因此产业集中度不高。我国大陆中低端芯片企业产值小、数量多。2010年，我国大陆LED芯片企业销售额排名前10位的总和小于台湾地区晶元光电一家公司的销售额。近年来，虽然我国在上游MOCVD的投入很大，但由于高端技术人才的缺乏以及产业链的不均衡发展，可能会出现结构性过热与结构性短缺的矛盾现象。目前，我国应用企业数量虽然很多，但缺乏龙头品牌企业，所以我国半导体照明产业链仍需进一步优化。

我国半导体照明产业的区域分布呈现分散化趋势。长三角、珠三角已有一定的产业基础，但各区域间缺少统筹协调与互动合作，使产业资源缺乏有效配置，区域发展的合力不足；个别地方政府在缺乏技术支撑的条件下，存在盲目招商引资现象，出现地方保护及低水平重复建设等问题，同时产品同质化、低劣产品扰乱市场的问题也很严重。

**3. 我国半导体照明产业标准、检测体系亟待健全**

我国半导体照明产业标准认证体系建设缺乏整体规划。虽然我国已制定了12项国标和10项行标，但大部分是术语、定义、测试方法、安全要求等标准，且与现有应用设计标准不配套。由于半导体照明技术发展迅速，国标的制定过程较长，刚发布的标准已经落后于行业需求，因此，对于光源及灯具性能要求可采用技术规范或指南的形式，既对产品性能提出要求，又能够随着技术发展快速更新产品。产业联盟牵头制定了8项产品性能的技术规范，但这些规范目前的推广和执行力度还不够。

我国半导体照明产业的标准检测实行多头管理，但是整体协调性差。半导体照明是一项跨行业、跨学科、跨领域的技术，与半导体照明有关的标准委员会有国家标准化委员会管理的全国照明电器标准化技术委员会等7个，但各委员会间缺少沟通协调，造成行业标准的不一致性和不配套性。

国内检测机构测试评价方法和标准不统一，检测能力参差不齐，各检测实验室数据不一致，结果互认困难。另外，部分半导体照明产品标准及技术要求与国际分类不相符，给产品出口带来隐患。

**4. 我国半导体照明产业发展模式急需创新，发展环境有待完善**

作为新技术引导的战略性新兴产业，半导体照明产业的发展需要新的发展模式来支撑，而当前我国促进产业健康发展的服务支撑体系尚未建立，发展环境亟待优化，如结构性人才紧缺，急需高端人才、创新团队及熟练的技术工人；功能性照明的市场受价格等因素影响没有启动，产品推广难度较大，急需培育新兴的半导体照明创新应用市场；节能环保的消费理念尚未形成，宣传、培训、新技术与新产品体验等工作需要加强；新的商业推广模式和节能服务模式（EMC）需要进一步探索，虽然出台了六部委的指导意见，但可落实的政策还不够，缺乏对目前已有节能效果产品的补贴政策。

## 三、对我国半导体照明产业发展的建议

未来3~5年将是半导体照明节能产业发展最关键的时期。我国半导体照明产业应当抓住这个千载难逢的机会，充分认识发展的紧迫性，在激烈的全球竞争形势下，利用半导体照明应用端的牵引作用，突破半导体照明基础研究和下一代核心技术，同时进一步优化半导体照明产业链，力争跻身国际半导体照明产业强国。

**1. 加强公共研发平台建设，保障我国半导体照明产业的可持续发展**

国家应支持集中建立以创新体制机制为主体的国家工程研究中心，立足解决半导体照明产业急需的光、电、热、机械、软件、智能化控制系统等共性关键技术，并为产业健康可持续发展提供技术支撑，力争使国家工程研究中心成为国际化开放的公共研发平台。

同时需建立国家重点工程实验室，开展前沿性半导体照明技术研究，抢占下一代白光核心技术的制高点。

### 2. 优先推进高端应用产业化，抢占半导体照明新产品的控制权

我国半导体照明的发展应集中力量在我国具有较强竞争力的高端应用环节，统筹技术开发、工程化、标准制定、市场应用等环节，推动要素整合和技术集成，完善相应的产品市场推广模式，努力在半导体照明高端应用环节实现产业的重点跨越。我国半导体照明的发展，要优先发展政府办公、商业、工业及公共照明等具有较大发展空间和节能潜力的室内高端照明产品及系统；重点发展路灯、隧道灯等我国率先进入全球市场的户外高端照明产品及系统；通过与智能化控制系统结合，提升半导体照明产品附加值。

### 3. 大力推进我国半导体照明产品关键材料、器件与装备国产化进程，加快产业整合速度

我国半导体照明产业应通过自主技术创新、结合集成创新，突破高光效、高可靠、低成本的核心外延材料、芯片和器件产业化技术，从而推进我国关键材料、器件与装备的国产化进程。我国应重点支持拥有自主知识产权的半导体照明核心器件的研发并扩大其产业规模，开发大尺寸衬底外延片、垂直结构芯片、衬底级集成产业化技术；推进新型封装结构、模组及系统的开发与应用；支持大面积白光 OLED 的研发与产业化；着力抓好半导体照明核心装备技术的引进、消化、吸收、再创新和集成创新，促进 MOCVD 设备制造商与材料工艺研究机构及用户之间的联合研发与产业化合作，推进芯片、封装、灯具自动化生产线的工艺装备和光电热等检测评价设备的开发应用与产业化，鼓励采购国产装备；支持大尺寸衬底、高纯金属有机化合物（MO 源）、新型荧光粉等关键材料的研发及产业化，提高我国半导体照明产品关键材料配套能力。

### 4. 我国半导体照明产业应实施标准、专利、人才战略，完善产业服务体系

我国应加强对半导体照明标准的战略研究，进一步完善标准检测认证体系。对于那些技术尚不成熟，但产业需求较急迫、产品性能要求较高的，应尽快组织研究制定具有指南意义的技术规范，完善应用设计标准体系与安装技术规范；对技术相对成熟、产品基本定型的照明产品，应逐步建立安全、性能、能效等方面的认证评价体系；应加强对示范工程项目，尤其是国家投资项目的照明节能评估工作。

我国应加强对检测认证机构能力的监督和考核。加强国家、区域和地方检测平台的衔接和互动，建立网络式的检测平台，做好各级检测平台测试方法比对，实现测试方法和标准的统一；根据对检测机构硬件基础、人才团队及检测能力的评估，结合区域布局，认定具有检测认证资质的认可实验室，进行定期考核和能力比对；加强对检测队伍的技术培训，提高人员的专业水平和检测能力。

我国半导体照明产业应多参与甚至是主导国际标准制定工作，抢占国际话语权。我国应充分发挥在半导体照明产品应用技术方面的优势，在半导体照明产品测试方法、测试设备及规格接口标准化等尚未成熟的领域加强研究，参与国际标准的制定，形成统一的测试方法和技术标准规范；借助国际半导体照明联盟（ISA），建立国际标准对话机制，提升我国在国际标准制定过程中的影响力。

我国半导体照明产业的发展，还要大力推进半导体照明创新人才与创新团队的建设，实施“半导体照明人才专项”工程，大力推进半导体照明创新人才与创新团队的建设，制定合理的人才培养方案，多层次、全方位地进行人才培养，以满足半导体照明产业各个领域的人员需求。

我国应加快开展半导体照明知识产权战略研究，实施远近结合的专利战略：一方面，通过外围包抄和重点渗透，在国外专利技术的基础上，通过对其核心专利进行改进，提高技术效果，从而申请其外围专利；另一方面，从长远考虑进行前瞻部署，实施专利突围，通过制定专利规划指导技术研发方向，对有可能形成中国特色的技术路线有所侧重，占领该半导体照明专利的未来制高点；此外，探索专利池的运行模式和知识产权的共享机制，组建我国半导体照明产业专利池，共同投入、利益共享，突破专利壁垒，抵御专利风险。

要促进我国半导体照明产业的发展，还需要构建国际一流的半导体照明信息、设计、展示、体验及交易中心；推广合同能源管理等节能服务模式，积极培育节能服务机构，鼓励专业化的节能服务公司为半导体照明企业应用工程提供设计、培训、融资、改造、运行管理节能服务。

### 5. 推动半导体照明产品在专用及其他领域的应用，带动相关产业的发展

我国政府应鼓励消费类电子产品企业和汽车企业参与LED模组和系统的开发与产业化，抢占平板电脑等中小尺寸新产品应用市场，提高大尺寸液晶电视应用比例，提高LED灯在汽车照明市场的渗透率。

我国半导体照明产业应大力开发推广LED在农业应用、医疗保健、通信、交通安全等专用领域的创新示范应用，如视力保护等医疗应用。加大矿灯、防爆灯、景观照明、影视演艺照明、显示屏、投影等成熟专用产品的标准化、规格化力度，并开展这些方面的大规模应用。

另外，我国应依据各地区优势特色及需求，科学规划，建立创新及配套能力突出的半导体照明产业化基地。

总之，半导体照明产业已经具备资源能耗低，材料制备、产品制造和应用三个阶段全生命周期能耗已低于传统照明的条件；它的产业带动系数大，是制造业的重要组成部分，如它可以带动信息显示、数字家电、汽车、装备、原材料等领域的发展；它同时可以提供较多就业机会，属于技术与劳动双密集型的产业；它还具备综合效益好等战略性新兴产业的特征。受技术进步和市场需求的双重拉动，半导体照明产业正进入高速发展时期，全球半导体照明产业格局也处于调整中。而我国已成为承接全球半导体照明产业转移的重点区域，并成为全球半导体照明产业体系中发展最快的区域，具备跨越式发展的条件，我们应该抓住千载难逢的发展机遇，成为半导体照明产业强国。

# 国家半导体照明工程研发及产业联盟 2009—2010 年工作回顾及展望

阮军

国家半导体照明工程研发及产业联盟

随着金融风暴的逐渐减弱以及中国政府对半导体照明产业的重视和扶持，中国半导体照明产业正从朝阳期迈向稳步发展期。半导体照明在中国的应用领域不断扩大，从 2008 年北京奥运会到 2009 年国家大剧院《复兴之路》显示屏以及 2009 年国庆 60 周年天安门广场巨幅显示屏，再到上海世博会和广州亚运会上 LED 的广泛应用等，LED 照明科技带来的节能环保功效和绚丽的亮化效果让世人为之一振。在利好的大环境下，国家半导体照明工程研发及产业联盟（以下称“联盟”）加快在 LED 应用推广、产学研合作、技术创新、助力政府、服务企业、推进合作等方面的步伐，并且取得了实质性的进展，为掀开中国半导体照明产业新的发展篇章贡献微薄之力。

## 一、紧跟国家半导体照明工程步伐，注重产学研合作，推进技术创新，规范半导体照明行业发展环境



### （一）结合政府工程和项目，协调推进产学研、上下游合作，从战略层面上开展半导体照明技术创新合作

#### 1. 为政府五年规划提供支撑

2009—2010 年，正值“十一五”验收以及“十二五”规划和启动的重要时期。为了配合科技部做好“十一五”重大项目的验收工作以及为“十一五”863 重大项目成就展储备信息，同时为“十二五”重大项目战略规划和立项的顺利启动做好支撑服务，在科技部指导下，联盟协同半导体照明工程项目管理办公室开展了一系列具有成效的工作。

“十一五”时期，联盟配合科技部组织召开“十一五”863 计划“半导体照明工程”重大项目战略研讨会，协助编制项目指南，参与动态现场考核和项目验收，进行成果总结。联盟梳理总结出“十一五”重大项目成果和亮点，开展了一系列项目宣传和展览活动。在第七届中国国际半导体照明展览会上开辟“十一五”863 计划“半导体照明工程”重大项目成果展专区，制作了成果视频宣传片，取得了良好的宣传效果。

2009 年是“十二五”半导体照明战略规划和启动期，根据科技部“十二五”项目启动工作的整体安排，联盟组织专家研讨并编制“十二五”半导体照明重大项目立项建议书、“十二五”科技支撑计划项目可行性研究报告以及 863 计划重大项目实施方案，配合科技部组织召开“十二五”半导体照明发展战略研讨会，为科学部署和推动半导体照明核心技术的研发与产业化以及“十二五”项目顺利启动做前期准备。同时，联盟还承担起国家科技支撑计划“半导体照明应用系统技术集成与示范”重点项目和 863 计划“高效半导体照明关键材料技术研发”重大项目的组织管理工作，联合 17 家机构申报“半导体照明产品检测与质量认证平台建设”项目。

#### 2. 配合“十城万盏”试点示范工程的组织与实施

2009 年科技部启动了“十城万盏”半导体照明应用工程试点工作。在“十城万盏”实施过程中，联盟配合科技部，开展应用试点城市方案座谈会，力求在实施方案、组织领导、保障措施、运营

模式和产业链建设等方面实现稳健、科学和顺利的推进。与此同时，联盟协助科技部开展测试平台的调研工作，对全国半导体照明检测平台建设提出建议。2010 年 7 月至 9 月，联盟受科技部委托对“十城万盏”21 个试点城市实施历时两个月的实地调研，以对下一步决策和工作部署提供支持。

### 3. 其他工作

2009 年，联盟协助国家发展和改革委员会等六部委编写了《半导体照明节能产业发展意见》（以下简称《意见》），该《意见》对推动产业健康发展，培育新的经济增长点，扩大消费需求，促进节能减排有重要指导意义。同时，联盟还承担了国家发展和改革委员会“逐步淘汰白炽灯，加快推广节能灯”（PILESLAMP）项目《半导体照明产品替代低效照明产品的技术路线及政策建议研究》课题。

2009 年国庆 60 周年，在科技部的领导下，联盟组织国内权威专家，联合有较强技术优势的 863 计划成果单位，以联合捐赠、统一协作的方式，共同完成对国家大剧院《复兴之路》LED 显示屏系统的技术开发与制作，提供支撑服务等工作，聘请行业专家全程给予技术保障与咨询，仅用了一个月的时间，含有大量异形结构的近 300 ㎡的室内全彩 LED 显示屏系统从设计、生产到安装、调试一气呵成，顺利实现了国家大剧院首演的圆满成功。此项工作得到了中央领导的一致肯定和好评，刘延东同志指出科技部推动产业联盟为文化事业提供科技支撑，是政治意识、大局意识的体现。

2010 年 1 月，联盟被科技部等八部委批准为 36 家试点的产业技术创新战略联盟之一，正在协助科技部启动“十二五”863 计划和科技支撑计划。联盟已成为国家半导体照明科技计划研究制定和组织实施的重要载体，在国家科技创新体系建设中发挥了较好的作用。

## （二）规范中国半导体照明行业发展环境，引导产业健康成长

### 1. 组织编写半导体照明相关技术规范

2007 年联盟成立“标准化协调推进工作组”，致力于协调和推进我国半导体照明标准化工作。近两年，联盟牵头部分核心成员企业及测试机构，已经联合制定、修订了 8 项技术规范，具体有《整体式 LED 路灯测量方法》、《半导体照明试点示范工程 LED 道路照明产品技术规范》、《LED 隧道灯》、《半导体照明试点示范工程 LED 道路和隧道照明现场检测及验收实施细则》、《寒地 LED 道路照明产品技术规范》、《自镇流 LED 筒灯》、《反射型自镇流 LED 照明产品》及《照明用 LED 驱动电源通用规范》等。同时，在联盟的积极配合和支持下，全国照明电器标准化技术委员会制定了 12 项国标，工业和信息化部半导体照明技术标准工作组制定了 9 项行标。

本着开放合作的态度，联盟还积极同海内外标准检测机构进行对话交流，已经与美国环保署（EPA）、美国技术标准局（NIST）、美国固态照明技术与系统联盟（ASSIST）等组织建立了标准沟通渠道。同时，作为世界银行/国际金融公司（IFC）“照亮非洲”项目中国唯一授权的合作机构，联盟推荐国家电光源质量监督检验中心（北京）成为“照亮非洲”项目的合作实验室，参与“照亮非洲”项目“离网照明质量保障战略”，在国际半导体照明标准工作中积极表达中国的声音。值得一提的是，在联盟的积极推动下，海峡两岸在标准和技术规范方面的合作也取得可喜的进展，2010 年 2 月份两岸签署检测数据比对、测试方法研究合作意向书，共同开展检测方法研究。联盟还通过举办标准检测研讨会，利用联盟网站（www. china-led. net）、《半导体照明》杂志、《半导体照明》工作简报、电子杂志/电子周报等平台宣传推进半导体照明标准的进展。

### 2. 建立检测信息发布平台

2009 年 6 月以来，联盟携手国家电光源质量监督检验中心、国家半导体器件质量监督检验中心，在中国半导体照明网（www. china-led. net）搭建“半导体照明产品检测信息发布”平台，以规范半导体照明器件开发和应用产品市场。目前已发布五轮器件检测和 LED 路灯、隧道灯检测结果。通过检测数据的定期发布，进行半导体照明产业宏观数据指标检测跟踪，积累并建立我国半导体照明企业产品数据库，规范半导体照明器件开发和应用产品市场推广，为消费者提供准确、有效的产品采购和设计指导，畅通制造商与检测机构间信息交流渠道。

**3. 开展专利分析和知识产权战略研究**

在专利池工作组构架上，依据《联盟专利池管理办法》，2009—2010 年联盟向广大成员单位征集专利，并对收集到的 178 篇专利进行分析。同时，联盟承担了国家知识产权局“中国半导体照明知识产权战略研究”课题，在全面了解行业知识产权现状、掌握行业技术创新对知识产权的具体需求的基础上研究起草了切实可行的、以行业整体知识产权战略布局为基础的知识产权工作方案与政策建议。

## 二、建立同 LED 科技需求相结合的现代化服务体系，拓展服务渠道，打造服务品牌

联盟自成立以来，始终以满足成员需求，提升行业发展为宗旨，为企业和政府、科研院所间搭建沟通的桥梁。联盟在保障服务质量的基础上，不断增设会员服务项目，满足成员单位不同需要。

### （一）发布行业数据报告，编辑出版学术资料

每年联盟以问卷统计方式对成员单位经营状况进行两轮调查，及时了解成员单位的发展状况，收集整理上市公司年报、产品及市场信息。在调研基础上，整理发布半导体照明行业数据。与此同时，在国家半导体照明工程协调领导小组办公室的支持下，联盟联合国内知名院士、技术与行业管理专家，并邀请我国台湾、香港资深专家共同编撰的《中国半导体照明产业发展年鉴》，自 2006 年开始已连续出版发行两部。《年鉴》在突出权威性与实用性的同时，通过大量的数据，真实地记录我国半导体照明技术及产业的发展变化情况，为国内外各界人士了解、研究我国半导体照明产业提供翔实的信息和准确的数据。




### （二）打造国际化、专业化品牌会展，拓展产业国际合作

经过 7 年的发展，联盟举办的会议和展览活动在业内具有了相当的影响力和知名度，并逐步树立了中国国际半导体照明展览会暨论坛（CHINASSL）和上海国际新光源 & 新能源照明展览会暨论坛（Green Lighting）两个国际会展品牌。2010 年，联盟更是集中力量全面实施会展项目品牌化、专业化、国际化总体战略，加快市场运作步伐，实现项目品牌塑造，并进一步朝着品牌维护与阶段扩张发展。

**1. 创建品牌化、专业化、国际化的精品会展**

联盟已成功举办七届“中国国际半导体照明展览会暨论坛”（CHINASSL）。CHINASSL 2010 的展会面积、展商数量和参会人数均为历届之最。来自 16 个国家和地区的 1570 位注册代表参加了论坛。论坛全面涵盖了设备、材料、技术与产品制造等环节，从技术、专利、标准、政策、市场、资本、设计、营销和产业结盟等多个层面，探讨了 LED 如何走向大发展。CHINASSL 2010 展览面积达 $15000m^2$，海外参展面积进一步扩大，比上一届增长了近 50%，吸引了海内外 263 家半导体照明企业参展，展览会的专业性与国际化水平进一步得到提升。14 个“国家级半导体照明产业化基地”中的 10 个（深圳、厦门、南昌、大连、扬州、石家庄、天津、杭州、西安、潍坊）同时参展。展览在全国的影响力进一步增强，吸引了 1 万余名专业观众到场参观与采购。

上海国际新光源 & 新能源照明展览会暨论坛（Green Lighting 2010）是国内唯一定位于推动新光源与新能源照明发展的国际性会展活动。绿色、创新、快速发展的中国照明产业，全面展示来自全球该行业先进的生产制造设备、材料以及各种应用领域的产品。同时，跨行业的研讨与交流，为企业提供更多的思路和选择。第四届上海国际新光源和新能源照明论坛共有 787 名来自海内外政府主管部门、行业协会、院校、研发单位的专家、学者以及国际知名公司企业高管参与和分享了国内外新光源和新能源照明的最新进展，会议还就产业、政策、技术、市场和重大应用示范、标准检测等方面问题进行了深入交流和讨论。

**2. 举办“创新大赛”、“优秀产品评选”，鼓励和提升中国半导体照明产业自主创新能力**

联盟成功举办了三届“国家半导体照明产品及应用创新大赛”，在秉承了以往两届大赛弘扬创新精神，实现中国半导体照明新兴产业的跨越式发展的传统之外，第三届国家半导体照明创新大赛还邀请在校学生踊跃参加，鼓励青年学生的创新意识和创新精神，为培养未来半导体照明的创新人才塑造环境。

## （三）培育平面＋网站＋电子周报的多元一体化媒体全方位服务产业

为了引导中国半导体照明行业稳步发展，树立良好的舆论导向及创造健康的发展环境，联盟着力打造平面＋媒体＋电子周报的多元一体化媒体平台，通过丰富服务内容，提高服务质量，拓展服务渠道等措施，将网络的快捷性、杂志的深度性以及周报的丰富性有效融合，为企业带来全方位的资讯和知识，切实满足行业不同群体的需求。

**1. 《半导体照明》杂志稳步发展**

联盟主办的《半导体照明》杂志是旨在引领产业健康发展的综合性平面媒体。杂志内容以市场为导向、政策为指导、产业为基础，集前瞻性、导向性、可读性和实用性于一体。核心读者为国内外半导体照明相关企业、科研机构、政府、投融资机构及相关领域的高层管理者和决策者。截至目前已经成功出版14期，应广大读者要求，改双月刊为月刊，增强了信息传播频率和容量。《半导体照明》杂志已经储备了较好的专家资源，成立了由68位国内知名院士、专家、骨干企业代表组成的“国家半导体照明工程研发及产业联盟指导委员会暨《半导体照明》杂志即中国半导体照明网指导委员会”。杂志持续关注影响产业发展的重大事件，报道权威人士的独到见解，紧跟行业热点事件，开辟863专栏、十城万盏专题报道，已经建立了相对固定的读者群体，投放量近5万册。

**2. 中国半导体照明网（www. china-led. net）节节攀升**

中国半导体照明网（www. china-led. net）是国家半导体照明工程唯一官方信息发布平台，形成了相对成熟的服务流程和规范，始终坚持为半导体照明行业提供真实、全面的信息。随着网站影响力的逐步扩大，引导产业积极、健康发展的作用愈加明显。经过三次改版，网站内容更加全面，布局更加合理，表现形式更加多样。中国半导体照明网正处于稳步发展期，在内容的建设上力争做到全面、快速、客观、准确，新闻发布数量及质量稳步增长；并通过原创深入报道及大量的专题制作，确保网站在内容方面的深度和可读性；目前网站月均浏览量1000万次以上，年专题制作量近30个，原创文章400多篇。为了紧跟国际步伐，拓展企业视野并增加网站信息量，联盟还专门开设英文网站，翻译和介绍国外最新行业动态、专业基础知识以及新闻资讯等，为会员提供国内外最前沿和最全面的信息资源。

**3. 《中国半导体照明》电子周报成功发行**

《中国半导体照明》电子周报是国内唯一立足半导体照明产业，关注全球发展趋势的电子期刊，精选行业内每周发生的热点资讯和热门事件，向3万名读者及时发送产业最新发展动态，以其时效性、便捷性等特性赢得了读者的好评。

## （四）以人为本，搭建系统化、全方位培训平台，创建人才数据库

联盟人力资源服务部立足于当前LED产业现状，针对中国LED企业特点，帮助企业系统解决人力资源问题，助力LED企业成长。

**1. 组织创办关键技术培训、探索培训新模式**

2009—2010年联盟共举办了12场专题培训。培训主题涉及外延芯片、封装技术、道路照明、产品设计等关键技术，邀请了学术界、产业界的专家担当讲师，累计近千名企业和科研单位的技术人员参加了培训；同时，在深入了解企业的培训需求以及产业人力资源状况的基础上，人力资源服务部设计并初步建成了网络学习平台。该学习平台旨在为企业和产业从业人员提供便捷、高成效、低成本的

学习模式。目前，网络学院已经拥有48门专业类课程，180门通用管理类课程。

### 2. 半导体照明产业高校人才引进计划

为了帮助半导体照明企业解决人才紧缺问题，人力资源服务部于2010年10月启动了“半导体照明产业高校人才引进计划”。此次高校人才引进计划覆盖全国的84所相关高校，其中23所高校举办了宣讲会，11所高校举办了专场招聘会，参加现场招聘会的学生超过5000人。共有65家LED企业参加了129场次的专场招聘会，企业现场收到简历总计超过8000份。

### 3. 产业人力资源调查与研究

2009年3月至8月，联盟培训部策划并组织完成了半导体照明产业第一份“人力资源状况调查报告”。联盟培训部邀请了国内外人力资源管理专家，对调研进行了系统的规划。通过问卷调查和企业实地访谈以及专家访谈等方式收集了大量的数据和信息，对产业人力资源状况做出了系统的描述和诊断。在科学、严谨的数据处理分析基础上完成了调研报告，分析发现了当前人力资源管理存在的问题，并提出了相应的解决方案。

### 4. 半导体照明行业职业资格规范

为解决行业人才发展问题，人力资源服务部于2010年下半年启动了半导体照明专业技术人员职业资格规范项目。项目规划了半导体照明产业专业技术人员职业资格规范的结构，按产业链分为外延芯片、封装、应用三大类，每一类分初、中、高三个级别。目前，已经完成了封装工程师的职业资格规范以及培训体系和考核认证体系的各项工作。

# 三、开放共赢，开展区域、两岸及国际合作，提升中国半导体照明产业国际竞争力





联盟自成立以来始终坚持对外开放的心态，十分注重同区域间、两岸及国际上的合作交流。随着联盟影响力的不断扩大，区域合作交流频繁，两岸合作进入实质阶段，国际联盟的成立更是奠定了联盟国际合作的基础，对外交流与合作之路愈走愈宽。

## （一）开展区域合作，与地方联盟积极互动

为了畅通同地方联盟间的沟通渠道，增加国家联盟和地方联盟间的信息交流与沟通合作，国家联盟积极吸纳各个地方联盟为成员单位。截至目前已吸纳来自天津、上海、厦门、深圳、广东、江苏、宁波等在内的7家地方联盟，双方将在信息咨询、标准检测、会议展览等方面开展深度合作。2010年7月到9月，联盟受科技部委托，在地方联盟的支持和配合下，针对全国21个城市开展“十城万盏”调研活动，实地了解各地“十城万盏”工程的实施情况，明确地方未来发展方向，共同探讨示范工程实施中的问题并提出解决方法。

## （二）两岸合作步入新阶段

两岸关系正处于历史性转折时期，特别是2010年“两岸经济合作框架协议”的签订，为两岸产业界的合作提供了重要机遇。经过两岸半导体照明业界同仁的共同努力，各项工作取得了良好的进展。

### 1. 组织赴台湾地区参加“两岸LED照明产业合作及交流会议”

2009年6月联盟第二次组团赴台湾地区参加“台北光电周”，进行科技和产业考察。通过实地考察促进了两岸业界的相互了解，增进了两岸企业、研究机构间的交流与合作。同期，还参加了由台湾“工业技术研究院”与科技部海峡两岸科技交流中心共同主办，联盟协办的“两岸LED照明产业合作及交流会议”。此次交流会两岸半导体照明界400余人齐集一堂，共同探讨两岸LED照明产业的长期合作与发展，并首次达成海峡两岸六点共识和五项具体合作意向。

### 2. 担任海峡两岸LED照明合作项目工作小组召集人

为切实加强两岸半导体照明产业合作，促进两岸和平发展，根据国台办要求，2009年10月，由国家发展和改革委员会牵头，国台办、科技部、工信部、财政部、住建部等参与，成立了海峡两岸半导体照明合作项目协调小组和工作小组，全面推进和落实两岸半导体照明合作。联盟吴玲秘书长担任工作小组召集人，负责研究海峡两岸LED照明合作的有关事宜，落实两岸合作的具体工作。一年来，两岸半导体照明合作取得可喜进展。联盟协助组织召开了六次工作会议，进行了两次交流互访，召开“两岸LED照明产业合作及交流会议”，签署了两岸合作开展检测数据比对、测试方法研究；合作建立信息交流平台；开展半导体照明试点示范项目合作；共同开展特殊气候条件下可靠性研究等四项合作意向。

## （三）国际合作深入发展

### 1. 把握先机，发起成立国际半导体照明联盟（International SSL Alliance，ISA）

为促成国际间政府机构、政府间组织、非政府组织在半导体照明产业领域的广泛合作，实现半导体照明产业共性、通用、关键技术的协作创新，向全世界推广基于半导体照明技术的生态、社会和经济系统，促进人类绿色照明事业的进步与发展，2010年10月16日联盟发起成立国际半导体照明联盟（International SSL Alliance，以下简称ISA）。ISA由国家半导体照明工程研发及产业联盟、美国光电产业发展协会、韩国光子产业发展协会、中国台湾光电半导体产业协会、澳大利亚和新西兰照明工程学会组成。未来ISA将在发布战略性研发蓝图及全球半导体照明产业路线图，发起及协调全球示范工程、提升公众对半导体照明的了解，促进在标准与检测方法方面的对话与合作，发展产业生态系统（人才、教育与培训等），发展公共关系、推广SSL应用等方面展开合作。

### 2. 开拓进取，继续做好“照亮非洲”项目

作为世界银行/国际金融公司（IFC）“照亮非洲”项目中国唯一授权的合作机构，联盟积极开展该项目在国内的宣传，协助国内企业开拓非洲市场。在2009年4月上海“第三届新光源＆新能源论坛”上，世界银行国际金融公司“照亮非洲”项目负责人参加会议并做了关于“照亮非洲”项目的主题报告，并且实地考察了8家国内知名半导体照明企业。2010年5月联盟再次组团参加“照亮非洲”全球商务会议和展览会，参加人数近50人，参展企业超过20家，参与企业已获得订单2亿多美元。同时联盟还推荐成员单位国家电光源质量监督检验中心（北京）（NLTC）成为“照亮非洲”项目的合作检测机构，为非洲市场的照明产品提供检测服务。

第七届中国国际半导体照明展览会暨论坛（CHINASSL 2010）期间，中国科技部曹健林副部长与肯尼亚科技部基莱米·穆维利亚副部长共同签署了关于建立中肯高效离网照明中心和中肯半导体照明示范工程的谅解备忘录。根据上述谅解备忘录，双方将在“中非科技伙伴计划”框架下，在肯尼亚建立中肯高效离网照明中心和中肯半导体照明示范工程，推动两国半导体照明领域的科技合作。中国科技部指定国家半导体照明工程研发及产业联盟（中心）为中方执行机构。

### 3. 西学东鉴，组团出国考察，借鉴国际先进经验

应广大成员单位要求，联盟先后多次组团分别赴日本、加纳、美国、肯尼亚、马来西亚进行考察和走访，参与人数近百人，企业数十家。分别参观了Osram、Philips Lumileds、Avago、Nichia、Dominant等国际先进企业和美国拉斯维加斯国际照明展，组织企业参加SPIE展览等，为企业搭建了交流沟通的平台，帮助企业了解国际技术发展水平，开拓商机，提高国际竞争力。

## 四、探索专职化新模式，建立科学的组织和管理制度

2010年在联盟第五次全体会议上，顺利完成了第二届联盟换届工作，选举产生第三届联盟常务理事单位21家，理事单位48家，截至2010年12月联盟已经成为拥有212家成员单位的大家庭。会议还一致通过了“国家半导体照明工程研发及产业联盟章程（第三次修订稿）”，并形成了新一届联

盟领导班子：秘书长吴玲，研发执行主席李晋闽，产业执行主席范玉钵，以及由知名学者、骨干企业领导、地方联盟负责人组成的副秘书长 15 名。

2009 年联盟秘书处增加专职工作人员，现有工作人员 41 人，其中博士 4 人，硕士 6 人，海归人员 3 人，已建立起一支想干事、能干事、干成事的专业化服务团队。第二届联盟大会期间，秘书处制作并发送 37 期工作简报、13 期“联盟简讯”、1 期“产业数据简报”。秘书处平均每月接待政府、企业、协会等来访、来电数十次，为他们提供专业技术知识咨询、入会咨询、提供市场合作信息等服务。同时秘书处开始探索专职化的有效模式与推进成员技术创新合作的方式方法，完善内部管理制度和工作规范，整合工作部门，理清服务边界，力争为成员单位提供更专业、更高效的服务。

## 五、发展展望

“十一五”期间国家半导体照明工程取得了令人瞩目的成绩，为国家“十二五”半导体照明工程的规划和启动奠定了良好的基础。未来几年将是中国半导体照明产业发展的关键期和机遇期，联盟将以现有工作成果为基础，继续发挥比较优势，凝聚和整合产业有效资源，促进产学研、上下游合作，规范产业发展环境，提升现代化产业服务质量，与成员单位一起把握机遇，实现跨越式发展。

### （一）发挥优势，辅助政府工作，重点发展 LED 产业技术创新合作

在“十二五”期间，将国家科技支撑计划“半导体照明应用系统技术集成与示范”重点项目和 863 计划“高效半导体照明关键材料技术研发”重大项目的组织管理工作作为未来工作的重中之重，积极做好联盟联合 17 家机构申报的“半导体照明产品检测与质量认证平台建设”项目。联盟还将配合科技部“十城万盏”试点示范工程建设，制定、修订更多的技术规范，协助科技部高新司开展检测平台调研工作，参与试点示范工程检测验收工作，确保工程质量，以实际应用促进产业科学、健康发展。

联盟配合科技部组织开展半导体照明联合创新国家重点实验室建设，探索承担国家重大技术创新任务的组织模式和运行机制，通过国家级研发平台的建设实现企业、大学和科研机构等在战略层面上的有效结合，制定半导体照明技术路线图，突破产业发展瓶颈。同时，充分发挥半导体照明技术创新战略联盟的组织优势和技术创新集成作用，协助科技部政体司开展技术创新战略联盟建设，探索产学研合作的信用、责任和利益相关机制，集成和共享技术创新资源，加强分工与合作，通过技术辐射，带动形成一批拥有自主知识产权、知名品牌和较强市场竞争力的骨干企业群，实现技术上的重点超越和产业上的重点跨越。

### （二）坚持“人才、标准和专利”三大战略，走可持续发展道路

人才战略是标准、专利的基础，也是整个半导体照明行业可持续发展的根本，联盟制定了相应的人才培养计划。首先从联盟自身团队的建设开始，引进高端专业技术人才，培养具有国际化水平和创新能力的团队；其次以战略为依托，制定中国 LED 产业人力资源发展报告，为企业进行个性诊断，帮助企业设定组织和人才协调发展的人才开发目标，尝试设定职业资格标准，建立包含专项人才培养和特殊培养在内的模式，形成中国半导体照明行业人才库。

行业标准对于引导产业发展，规范产品和市场有着举足轻重的作用，制定与国际标准接轨的国家标准对于提高国内企业的竞争力和保护本国国际贸易十分重要。未来，联盟将在标准化协调小组框架下，继续做好技术规范制定等基础性工作，如球泡灯、荧光灯、轨道交通站台、舞台灯等方面的技术规范，作为产品质量评价和试点示范工作验收依据；建立网络式检测平台，做好“半导体照明产品检测信息发布”工作，及时公布器件和灯具的品种、性能、节能效果、价格等情况；探索海峡两岸共同制定标准的可行性，并进行比对测试研究；与国外标准化机构建立交流与合作机制，参与国际标准的研究与制定。

专利战略建设需要持之以恒，在今后的工作中，联盟将重点展开专利战略研究和实施，构建组织

模式实现国内LED企业专利联合，打破国际社会对LED专利的垄断，并提高专利的使用效率，提升LED行业的整体竞争力。

### （三）坚持“以企业为根本”的理念，实现科技同现代服务业的有机结合

联盟服务将始终与LED科技发展需求保持一致，通过服务质量的提升、品牌的建设以及内容的与时俱进等，力争成为行业发展的风向标。联盟将终坚持服务企业、满足市场需求的原则，致力于提升《半导体照明》杂志专业性水平，加大中国半导体照明网的信息处理能力和内容含量，打造展会及论坛品牌，提供个性化咨询，满足企业人才需求。

联盟办公室是整个中心的管理部门，承担中心整体运营管理工作。因此，对于办公室管理的专业性要求十分严谨，未来发展规划中，联盟将提高中心办公室执行能力，保障目标实现、稳定合作关系、加强机制创新、规范管理制度。办公室将积极探索专职化的有效模式与运行机制，增强比较优势，打造和培养专业的服务队伍，建立科学合理的人才储备及培养模式。

### （四）继续开展并深化两岸及国际间的互助合作，帮助中国企业走出去

两岸在半导体照明产业的交流与合作方面具备良好的基础。未来两岸产业的分工与合作将根据两岸共同发展诉求，就《两岸LED照明产业合作框架》进行协商，将具体工作落实到检测技术和标准研究、专利战略研究、试点示范合作、研发合作、两岸交流互访等问题上。

联盟始终积极为中国企业搭建参与国际项目、拓展国际市场的平台。在推进国际合作方面，未来的工作有：在国家体系内，联盟将积极组织成员单位申报或联合申报国家相关国际合作项目；作为科技部指定的中肯高效离网照明中心和中肯半导体照明示范工程中方执行机构，开展高效离网照明技术的引进、示范与培训，以及高效离网照明产品的检测与展示工作；积极开展出国考察活动，形成科学、严谨的考察报告；争取参与国际LED标准制定，抢夺中国在国际市场上的话语权；充分发挥国际半导体照明联盟的影响力，发布战略研发蓝图和产业路线图，建立全球示范工程，促进国际标准、检测对话与合作等。

## 六、结语

经过多年的酝酿和积累，中国半导体照明产业将迎来井喷式发展，联盟将抓住这一历史机遇，积极迎接挑战，发挥比较优势，凝聚产业力量，争做产业发展风向标。同时一如既往地服务成员单位，紧跟科技发展步伐，建立能够满足企业需求的高效、便捷的现代化服务体系，为企业创造健康的行业发展环境，在国际合作、人才战略、行业咨询等方面给企业支持和引导，联盟将与企业共同努力，推进半导体照明行业实现质的飞跃，为中国乃至全球的环境事业画上浓墨重彩的一笔。

# 台湾地区 LED 产业发展趋势与展望

林志勋　林原庆

台湾工业技术研究院产业经济与趋势研究中心

2010 年全球发光二极管（Light - Emitting Diode，LED）市场一扫 2009 年金融风暴阴霾，较 2009 年增长 80%。这里将针对 2010 年全球市场特别是中国台湾地区 LED 产业发展概况进行分析，并进一步分析 2011 年全球市场特别是中国台湾地区 LED 产业的变化。

## 一、全球 LED 市场发展

### 1. 一扫阴霾的 2010 年全球 LED 组件市场

全球能源价格持续高涨，促成具有节能优势的 LED 成为备受瞩目的明星产业。在节能环保的诉求下，各国政府推出许多政策刺激 LED 市场与产业发展。在政策推动下，除了既有 LED 厂商积极扩大生产规模外，其他大型企业也积极投入此市场，期望获得新兴市场的商机与利润。

政府政策支持配合厂商积极投入，使得 LED 产业得以顺利度过 2008—2009 年的产业低潮期，市场规模仍能维持小幅增长趋势。2010 年全球经济复苏，配合 LED 背光液晶电视与 LED 照明两大新兴市场增长，使得 LED 组件市场规模达 125 亿美元，较 2009 年增长 80%（见图 1. 2-1）。

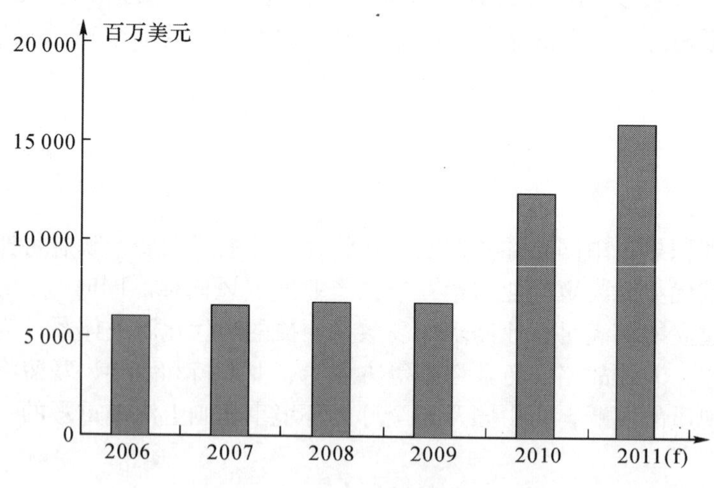


图 1. 2-1　全球 LED 组件市场规模

注：以 LED 封装为统计基础，资料来源于台湾工业技术研究院（2011）

看好 LED 在液晶电视背光源市场以及照明市场渗透率增长，厂商纷纷于两大应用市场努力。观察 2010 年市场发展情况，LED 于 LCD - TV 背光源采用的渗透率不断提升，而 LED 照明产品则不断在市场上推陈出新。

2007 年笔记本电脑开始采用 LED 背光源，发展至 2010 年其市场渗透率已达 90%。液晶电视与监视器自 2009 年开始引入 LED 背光源应用，由于 LED 背光模块价格持续下降，配合液晶电视与监视器厂商为创造产品差异化，积极引入 LED 背光设计，预计 LED 背光模块在液晶电视与监视器市场的发展，将遵循笔记本电脑市场快速增长的模式。

照明市场部分，不论是室外照明、商用照明、室内照明还是办公室照明，LED 节能、长寿命与弹性设计的优势，推动了照明市场产品的创新。传统照明大厂期望采用 LED 作为新一代光源以迎合市场趋势，新进入的厂商也选择LED作为进入照明市场的切入点，以致LED照明产品种类自2009年后快速增长。

2. 韩国LED产业快速崛起

韩国发展LED产业历史比欧美国家晚，大型化、自主化、垂直整合为其产业发展特性。在大企业与政府扶持下，目前韩国产业在产品特性已与起步早的国家和地区并驾齐驱。LED背光液晶电视是2010年带动全球LED市场增长的关键，而韩国Samsung公司与LG公司成为引领这一趋势的关键厂商。在系统市场需求的带动下，2010年韩国LED产业规模大幅度增长，成为全球第二大LED组件供应国，市场占有率达24%。Samsung LED、LG Innotek及首尔半导体名列全球前十大高亮度LED组件供货商。部分国家和地区在全球LED组件市场占有率如图1.2-2所示。

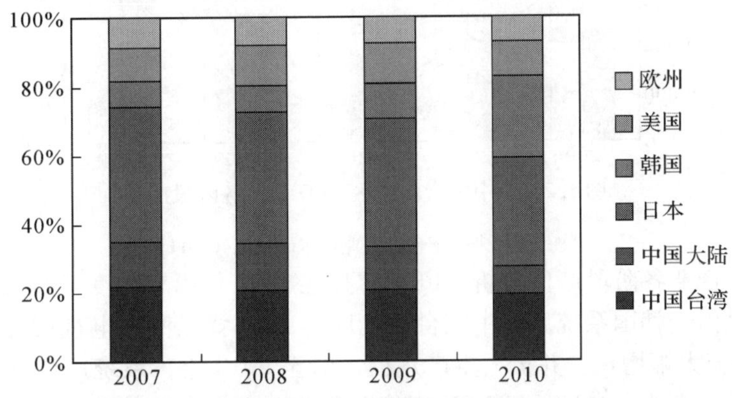


图1.2-2 部分国家和地区在全球LED组件市场占有率

注：以LED封装为统计基础，资料来源于台湾工业技术研究院（2011）

3. 2011年全球LED市场持续增长

展望2011年，LED背光模块是带动市场增长的主要动力，中国大陆持续扩充产能。预估2011年整体市场规模将达159亿美元，较2010年增长27%左右。

在LED背光模块价格持续下滑的趋势下，在LED背光液晶电视、监视器等市场渗透率将分别增长至50%及40%左右。在照明应用方面，由于照明应用产品的多元化，灯具种类繁多且各地需求与偏好均不相同，目前厂商的产品布局以标准化的LED灯泡、LED灯条以及路灯等开始投入，或以小规模区域市场为目标的室内照明灯具为主。短期来看，政策的迫切执行与各国政府的推动力度仍大于终端消费者需求，白炽灯的强制禁用政策预期将促使LED光源更早进入市场。

除了背光模块以及照明两大应用外，LED的应用其实仍相当多元，未来在汽车外部与内部照明、大型广告牌应用、医疗照明、农业应用等，都是业界正积极寻找适合LED特性的下一个关键应用领域。即使市场规模不大，小众且利基型的市场应用仍有其商机存在，如何淘汰传统光源，利用LED的特性创造更新更好的质量，使LED有机会更快速地导入市场，小众市场的利润与商机仍值得市场关注与期待。

## 二、中国台湾地区LED产业发展

中国台湾地区LED产业发展至今已近30年，由于LED下游封装技术与资金障碍较低，自1973年台湾地区便进入此领域发展，主要技术源自于美国德州仪器公司。20世纪80年代台湾地区产业价值链发展进一步扩展至芯片制程；90年代通过技术扩散，及海外学子的投入，台湾地区LED产业开始转向上游外延制程发展。2001年更通过本身技术能力提高，以及扩展韩国市场，成功涉足GaN系LED市场。

1. 创下佳绩的2010年

经历近30年发展，除了上游部分原材料供应能力弱外，台湾地区LED产业已构建出相当完整的价值链，在全球产业竞争中也扮演着重要的供应角色。虽然2008年及2009年受到金融风暴影响，产业表现不佳，但2010年受惠于全球经济持续复苏，系统厂商在中大尺寸背光源产品中持续引入LED作为背光源，以及LED照明市场持续渗透下，台湾地区LED产业规模持续增长（见图1.2-3）。

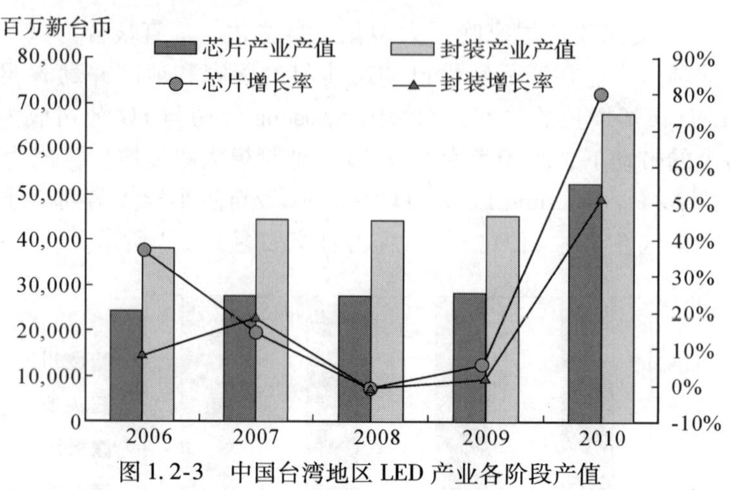


图1.2-3　中国台湾地区LED产业各阶段产值

注：资料来源于台湾工业技术研究院（2011）

就台湾地区LED产业各阶段产值分析，LED芯片在2009年第二季度开始大幅复苏，增长幅度超过LED封装。主要是由于韩国系统厂以中国台湾地区为LED背光液晶电视用芯片主要供应来源，使台湾地区芯片厂商销售大幅增长，并扩大生产规模。时至2010年，系统厂商在中大尺寸背光源持续引入LED以及持续扩大产能，台湾地区LED产值于第三季度达到最高峰，虽第四季度受制于LED背光液晶电视需求不如预期，产值呈现衰退现象，但整体而言，2010年台湾地区LED芯片端产值达520亿元新台币，较2009年大幅增长80%左右。

LED封装组件部分，由于种种原因使得台湾地区厂商在中低端市场占有率逐渐下降。2010年全球经济全面复苏，使得终端市场需求增加，以及厂商持续往LED背光液晶电视和照明市场发展，因此2010年台湾地区LED封装产值为680亿元新台币，较2009年大幅增长52%左右，创下相当不错的成绩。

### 2. 以中国大陆地区市场为平台，产业结构由分工趋向整合

大陆地区发展LED的历史与台湾地区相当，但早期受限于人才与技术发展不如预期，以致整体发展速度比台湾地区缓慢。但大陆地区以庞大的市场基础，加上多年来台湾地区厂商技术与人才外溢，与台湾地区的竞争由LED封装领域进一步扩至LED芯片领域。

大陆地区为发展LED产业，通过政策倾斜与设备及研发经费补助，积极扶植LED厂商朝上中游的外延与芯片制程进行垂直布局。大陆地区MOCVD累积机台数在2009年时仅为128台，2010年大幅扩增至300台以上，以目前各厂商的设备下单量预估，至2011年将更高达800台以上，超越台湾地区现有的MOCVD机台规模。且大陆地区厂商的机台皆为2in×42片以上的新款机台，与台湾地区以旧型机种为生产主力相比，产能差距会进一步扩大。

虽然MOCVD设备从安装、量产到良率水平的提升，都需要专业技术人员一段时间的投入调整，使得中国大陆地区外延产能在短时间内开出有限。未来数年内，大陆地区厂商必然从低端芯片市场开始，逐步向中高端芯片市场拓展，台湾地区LED产业将面临大陆地区厂商的挑战。

在2010年之前，台湾地区LED产业主要朝专业分工的产业形态发展，除了为掌握原料供应稳定而进行小规模策略性投资之外，厂商大多专注于自有技术研发与产能规模提升，以水平整合方式进行联盟与并购。然而，在面对中国大陆地区厂商扩产的情况下，台湾地区LED外延厂商纷纷自2010下半年起加速启动了面向下游应用端布局的垂直性整合策略。

台湾地区LED外延厂商具备长期生产经验与高阶技术能力，已获得下游客户端的合作信赖，在考虑自身规模与资源有限的情况下，不以入股或并购下游厂商方式，而大多采取与大陆地区下游客户共同合资设立新厂，或签订战略合作协议的模式，巩固产能持续扩张。

代表厂商为晶电、璨圆与新世纪光电，其中晶电更是将此模式发挥得淋漓尽致。晶电联合其他台湾地区LED厂商，如亿光、光宝科、台达电等，建立起强势的LED产业链技术优势，取得了大陆下游应用厂商的合作信赖，与中国电子信息产业集团（CEC）以及冠捷、创维、康佳等企业，在大陆地区设立新厂，不但确保了未来迈向严峻竞争的市场拓销能力，更使得两岸LED产业强势集团俨然成形。

虽然台湾地区LED厂商针对此产业变局已积极进行策略应对，采取巩固下游的策略，以及集团化的实力措施，大幅强化了台湾地区LED产业的竞争力。然而，在背光应用市场供需日渐饱和，而照明应用市场未出现显著增长前，预计LED产业在未来数年，仍将面对激烈的价格下滑与渠道争夺的严峻挑战。

### 3. 2011年台湾地区LED产业增长率达30%左右

中大尺寸背光源导入LED是不变的趋势，因此台湾地区厂商仍可深耕中大尺寸LED背光源发展。不过需注意在LED背光液晶电视部分，台湾地区厂商相当依赖韩国系统大厂订单，但在2009年下半年及2010年韩国LED厂商积极扩厂，因此台湾地区厂商需积极开发其他客户及提升自身的技术能力，以避免韩国系统厂商转而扶持其本国LED厂商效应。

此外，LED照明由于具有节能优势，使得各国积极推动LED照明产业发展，大陆地区在LED照明推动上更是不遗余力，各级政府积极推动LED照明相关建设，使得台湾地区厂商开始将大陆地区视为“市场”经营，若台湾地区厂商可获取相关市场，对于台湾地区LED产业的发展将有相当大的帮助。2011年在LED背光源及LED照明需求持续带动下，预计台湾地区LED产业将持续增长，LED芯片产值将增长至880亿元新台币，LED封装产值将达1170亿元新台币，为台湾地区LED产业开启新的篇章。

### 4. 产业竞争力更新与强化

台湾地区LED产业发展30多年，凭借着优秀的人力资源与产业群聚，在制造端建立起低价格高质量的制造能力，并在全球LED产业中占有一席之地。然而近年来由于种种原因，使得台湾地区LED产业面临极大的竞争。

台湾为浅碟型经济形态、研发资源相对少、风险承受度低，难以支撑前瞻、突破性LED科技发展，想通过技术突破，大幅提升台湾地区产业竞争力的难度相当大。比较可行的做法是投入“促成技术系统（Enabling Technology System）开发”，与大陆地区市场建立合作互补的关系，并构建出“出手快、出手重、缩手快”的产业发展体制，反映市场与技术快速变迁，降低发展风险，并以此为基础，整合资源，提升产业竞争力。

# 2010 年半导体照明产业十大事件

## 国际半导体照明联盟（ISA）在中国宣布成立

在 2010 年 10 月 14 至 16 日举办的第七届中国国际半导体照明论坛上，全球首个新兴产业的国际联盟——国际半导体照明联盟（International SSL Alliance，简称 ISA）正式宣布成立。ISA 定位为非营利性的非政府组织，使命是通过全球范围内的进取精神、资源与力量的联合与合作，来促进全球半导体照明产业和应用的快速发展以及创造绿色和可持续发展的人类社会。今后，ISA 将在国际半导体照明领域担当产业科研服务者的角色，加强与促进地区间的技术、人才、标准以及检测方法方面的交流，加强公众对固态照明产品的认知，以加快其推广速度。

ISA 将主要吸纳有独立法人资格的、在半导体照明产业及研究领域具有一定影响力的协会、学会、企业、大学、科研院所成为联盟成员。现有成员组织主要包括中国国家半导体照明工程研发及产业联盟（CSA）、中国台湾光电半导体产业协会（TOSIA）、美国光电产业发展协会（OIDA）、韩国光产业振兴会（KAPID）、澳大利亚和新西兰照明工程学会（IESANZ）。

## LED 点亮世博，实现世界最大规模 LED 集成应用

2010 年的上海世博会上，半导体照明技术的大规模、创新性应用，成为最大的亮点之一。2800 多种应用、10.3 亿颗 LED 芯片、“一轴四馆”乃至整个园区绚丽多变的夜景灯光均依赖这项新技术营造，实现了世界上首次最大规模的 LED 照明技术集成应用，更向世界展示了 LED 照明的璀璨前景。

本次世博会上 LED 最有代表性的应用领域包括室外景观照明、信息显示、室内功能照明、指示等。在公园、场馆、绿地、广场、重大活动等场所应用 LED 灯具达到 20 万盏以上，LED 照明总造价约为 5 ~7 亿元。

据初步估算，整个世博园区内 80% 以上的夜景照明光源采用 LED 技术，综合节能效率可达 70% 以上。世博场馆室内照明光源中约有 80% 采用了 LED 绿色光源，相较于普通白炽灯省电达 90% 左右。通过创意设计和技术理念的演绎，LED 照明带给了参观者前所未有的视觉体验。

## Cree 白光大功率 LED 光效达到 208lm/W

美国 LED 芯片制造商 Cree 公司在 2010 年 2 月 6 日宣布其白光大功率 LED 芯片光效突破 208lm/W。该测试是在 350mA 电流和标准测试环境下进行的，相关色温为 4579K。在 2010 年 10 月第七届中国国际半导体照明展览会暨论坛上，Cree 公司执行副总裁与首席运行官 Steve Kelley 在作题为“全球半导体照明产业策略与愿景”的报告时透露，Cree 正在致力于 208lm/W LED 的量产工作，计划在 2013 年实现量产。

## 上游芯片投资热潮涌动，国内 MOCVD 设备激增

LED 照明产业符合节能低碳的要求，技术成长空间很大且具有巨大的市场潜力，而上游更是集中了整个产业链 70% 的利润，再加上 2010 年液晶电视背光等市场的启动，国内外众多企业、投资者纷纷投资建厂，订购 MOCVD，扩大产能。三安光电在芜湖经济技术开发区总投资 120 亿，建设 LED

产业化基地，计划在3年内安装200台MOCVD；同方光电在南通投资30亿，建设LED半导体产业基地，计划在3年内安装96台MOCVD；上海蓝光将在合肥投资100亿元，建设合肥彩虹蓝光LED项目。此外，还有佛山旭瑞、湖南华磊、鼎元光电、德豪润达……根据国家半导体照明工程研发及产业联盟的统计，至2010年的年底有300台MOCVD安装完毕，预计到2012年会接近1000台，到2015年会超过1500台。

## 替代潮渐起，LED室内照明市场发展势头强劲

2010年3月，东芝宣布终止了普通白炽灯的生产业务，并推出亮度相当于白炽灯40W的5.5W LED灯。松下电工于2010年3月8日发布了住宅用新产品“LED FreePa筒灯”和“LED筒灯”等。7月，夏普推出6款LED灯泡。在日本照明巨头的带动下，2010年日本半导体照明市场特别是LED球泡灯有了非常快速的增长，截至2010年4月，LED球泡灯的销售额已经占到日本零售店照明灯泡的56%，按照数量计算，也已经占到18%，比2010年1月份上涨了9%。欧美市场上，飞利浦、欧司朗也纷纷推出LED室内照明新品，并一致认为到2015年LED照明将超越传统光源市场，2020年LED将大幅成长至照明市场的75%以上。受国外市场的带动，国内企业纷纷转向并推出了以替代为主的各种LED筒灯、射灯、荧光灯等室内照明产品，创出了2010年各大照明展上LED室内照明产品超过一半的现象。

## 政策措施接连出台，2010年产业发展环境利好

2010年10月18日国务院办公厅正式发文《国务院关于加快培育和发展战略性新兴产业的决定》，明确了现阶段要重点培育和发展的节能环保产业、新一代信息技术产业、生物产业、高端装备制造产业、新能源产业、新材料产业、新能源汽车产业等七大战略性新兴产业，半导体照明位列其中。除了《决定》外，此前已有《关于认定2009年度国家高新技术产业化基地和现代服务业产业化基地的通知》、《关于组织申报半导体照明产品应用示范工程项目的通知》等政策措施出台，支持我国的半导体照明产业发展。

## LED光源灯具“能源之星”标准生效实施

能源之星（Energy Star）是一项由美国政府主导，主要针对消费性电子产品的能源节约计划。在经过了3次的草案发布后，美国能源部（DOE）在2009年12月3日发布了LED光源灯具“能源之星”标准的确认版本，并于2010年8月31日生效实施。使用对象包括非标准灯、装饰灯及反射灯，未来将会加入其他类灯种，目前主要针对替换灯。能源之星标准对整体式LED灯提出了光效、光通、光强、色温、显色性、包装、噪声、光通维持率等多方面要求，还要求整体式LED灯进行快速循环压力测试。

## 国星、乾照上市，资本热捧LED

受到资本市场的热捧，2010年半导体照明成为制造上市公司的主要行业之一。7、8两月，连续两家以LED为主营业务的公司——国星光电和乾照光电，先后登陆深交所中小板、创业板市场。7月16日，国内主要的LED封装企业之一佛山国星光电在深交所中小板上市，发行5500万股，融资约15亿元。8月12日，国内四元系红、黄光LED芯片生产企业厦门乾照光电在创业板市场上市，发行2950万股，融资近13亿元。

## 半导体照明吸引力日增，航母级企业纷纷入局

2010年半导体照明产业迅速发展，成为国家重点扶持的战略性新兴产业，吸引了越来越多包括央企背景在内的大型企业集团跨入这个行业。比如在12月3日北京市中关村科学城第二批建设项目签约仪式上，彩虹集团表示将投资90亿元人民币，在未来5年内，建成每年360亿颗LED芯片封装能力、年产600万片LED背光产品以及一定规模的LED应用产品的研发及生产基地。此外，中电集团、中材集团等有央企背景的集团公司也在加快进军半导体照明的步伐。

除此之外，2010年非央企背景的上市公司进入LED行业的消息也时有耳闻。如比亚迪近日投资12亿元人民币全面涉足从LED外延片、封装再到照明应用的LED上中下游的完整产业链。有消息称目前其已在惠州建设LED研发生产基地，订购了数十台MOCVD，并已到货5台。而中芯国际、康佳、雷士、TCL、亚明等也纷纷通过投资、并购等手段布局半导体照明。

此外，飞利浦、GE、欧司朗、松下、东芝、索尼、日立、三星、LG、台积电、友达、台达电等，无论是已在照明领域长期经营的公司，还是新入局者，都投入了巨大的精力，在LED照明领域抢攻圈地。半导体照明已成为国内外众多企业积极争夺的新热点。

## 以资本为手段，晶元合纵连横动作不断

2010年10月我国台湾地区最大的LED芯片供应商晶元光电与中国电子信息产业集团联合宣布投资7000万美元在厦门合资成立开发晶照明公司，将主要研发、生产及销售LED外延芯片、光源模组与照明产品。目前，晶元光电在我国大陆地区投资的LED事业还包括设在常州的晶品光电、设在厦门的晶宇光电（晶电100%持股）、设在广州的晶科电子（晶电持股为16.7%）等，而山东的冠铨则是与联电集团合作，晶元光电只投入资金，并没有参与营运。除此之外，2010年可以列数出晶元光电的资本整合动作还包括：5月份与广铨结成战略，晶元光电持有其47.88%的股份，成为第一大股东；6月份与亿光、冠捷共同出资成立亿冠晶（福建）光电有限公司，业务范围包括设计、销售、生产及供应LED灯条、LED封装及其他LED相关部件及模组，以及提供售后服务；9月份与丰田合成宣布合资成立丰晶光电，允许双方可使用各自的专利；11月与艾迪森科技合作，开发室内照明。

# 第二部分

# 政 策 篇

半导体照明产业发展年鉴（2010—2011）

半导体照明产业发展年鉴（2010—2011）

# 全球半导体照明产业政策概述

储于超
集邦科技 LEDinside 绿能事业部

由于气候变迁、全球暖化、石油危机与石油价格飙涨等，LED 等绿色能源产业也逐渐受到各国的重视。各国政府纷纷推出相关配套措施以支持光电产业发展。许多国家和地区也相继订立出禁止白炽灯使用时间表，如图 2.1-1 所示。

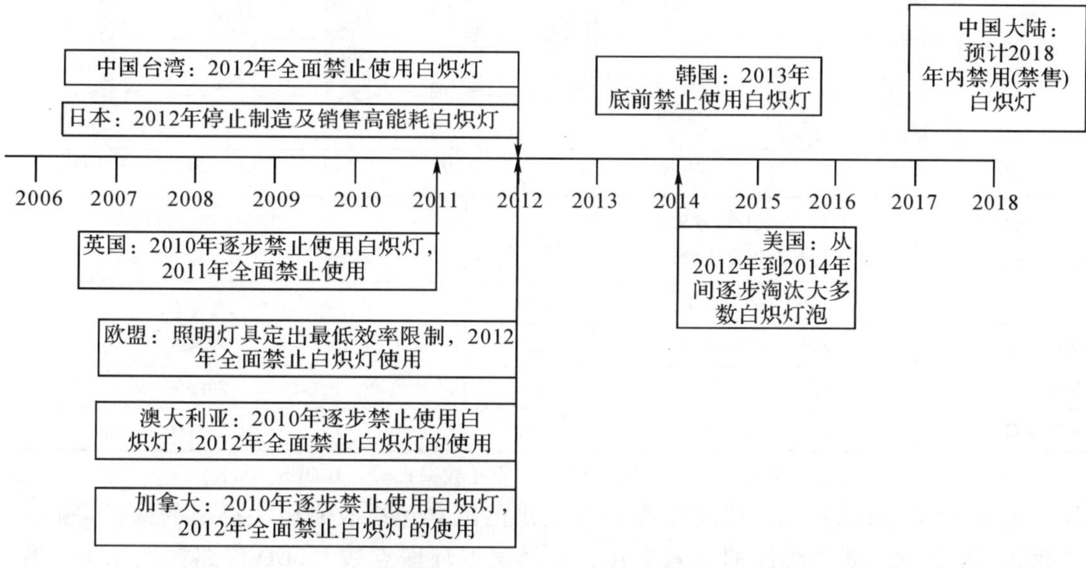


图 2.1-1　禁止白炽灯使用的进程（数据来源：LEDinside 整理）

此外，许多国家和地区也推出方案振兴半导体照明产业发展，主要分为以下的两种方式（见图 2.1-2）：一是以终端消费者为目标市场，以期提升消费者在绿色产业包括 LED 及产品上的认知与购买意愿，如日本与美国；二是出台推动产业发展的政策或是示范工程，如中国、韩国。

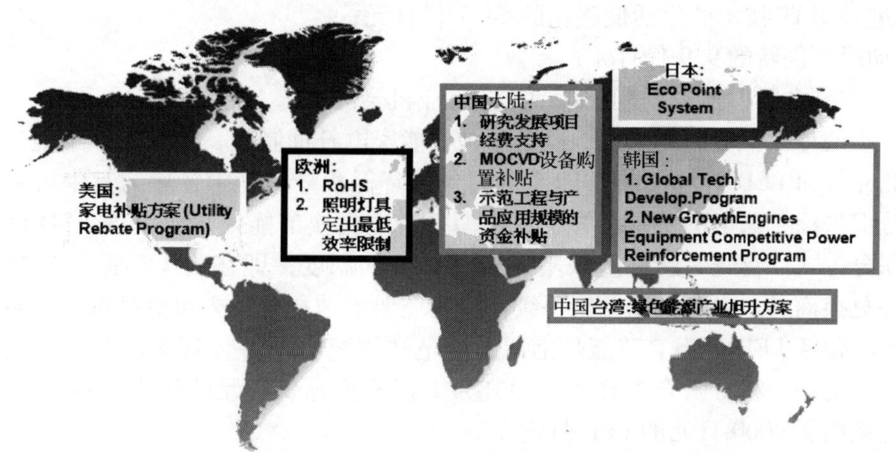


图 2.1-2　半导体照明产业政策相关配套政策推动方式（数据来源：LEDinside 整理）

**日本**

以推动终端消费者市场的日本为例，无论在上、中、下游发展皆为齐全、完善，且拥有专利与设备开发能力，因此政策主要是针对通过产品补贴达到减排目标。

日本为了达到京都议定书中2020年的减排目标，也就是届时成员国的温室气体排放量应降低到基准年度（1990年）温室气体排放总量的55%，日本需在2020年前达到减少基准年度温室气体排放总量的20%。除此之外，日本、加拿大、波兰与匈牙利皆订立2008—2012年的中间目标，期望达到降低6%的基准年度温室气体排放总量。但是，在2007年的温室气体排放量却远远高出基准年度的温室气体排放量，特别是商业部门与家计单位部门，增加最为明显，如图2.1-3所示。

为了提升绿色环境的概念，日本在整体半导体照明发展策略上，期望通过绿色创新成为环境与能源大国。在LED走向高效率化、低价化与普及化的趋势下，制定目标为2020年高效率下一代照明达到100%流动普及率。日本政府在推动上以技术开发、新市场发展、市场普及与建立国际标准为主要方向。

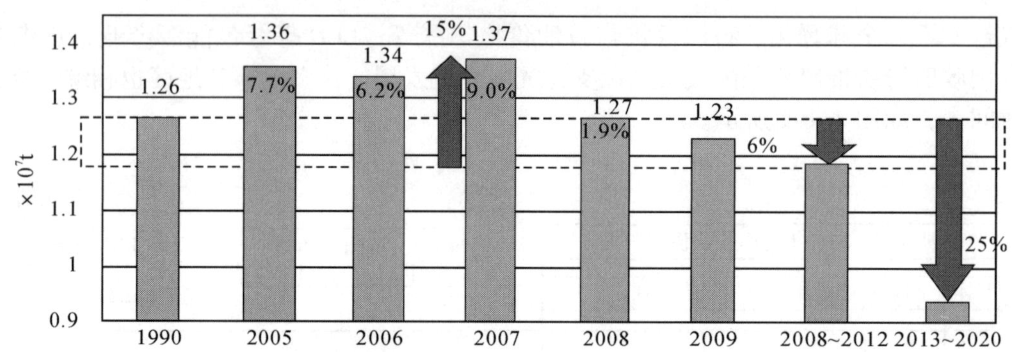


| 温室气体排放量（×10⁷t） | 2007年二氧化碳排放量（与基准年度比较） | 目标值 | 需降低多少以达到京都议定书目标 |
|---|---|---|---|
| 工业部门 | 476（-1.3%） | 504 | |
| 交通运输 | 249（+14.6%） | 250 | |
| 商业部门 | 233（+41.7%） | 165 | 29.2% |
| 家计单位 | 180（+41.4%） | 137 | 23.9% |

图2.1-3　2007年日本温室气体排放量（数据来源：JLDES，IWR）



从日本照明市场中可以看到，持续推动LED发展的因素包括政府机关提出的绿色采购法，对民营企业节能法规的强化，扩大道路照明效率化，以及家电环保点数，LED道路照明示范工程等政策方案。因此，2010年替换式LED灯泡与灯管在日本相当受青睐。

日本经济产业省的包括2683.1亿日元的信息政策预算（见图2.1-4）在内的第2次补充预算案于2010年1月28日获准通过。信息政策预算的具体内容包括：

1）延长环保积分（Eco-point）制度的2321.4亿日元（延至2010年底）；

2）用于推进基于IT技术的生活低碳化的54.7亿日元；

3）用于推动绿色创新的9.9亿日元；

4）用于扶持在日本国内推进创造低碳型产业就业机会的297.1亿日元。

其中，以日本的环保积分制度来说，这是一种节能家电补助制度，经由购买节能家电，累积环保积分点数兑换商品，而LED灯泡也在2010年4月纳入环保积分制度中，成为其中可兑换商品，为的是利用环保积分促进绿色家电的普及。为了促进消费者能更换节能效果更高的LED灯泡等，日本政府变更了环保积分方式。首先，新制度采用"实时兑换"制度，即在购买环保积分对象商品时当场获得环保积分并兑换商品。而通常的兑换手续需要在注册申请积分后方可兑换商品。可利用新制度实时兑换的环保商品包括LED灯泡、节能灯泡以及充电式镍氢电池等。其次，在实时兑换这些环保商品时，将从原先仅能用1积分折合1日元，提升为1积分折合2日元的优惠政策。也就是说用2000积分即可实时兑换购买4000日元的LED灯泡。

原本在2010年的预算案中计划环保积分制度将在2010年底结束，但由于日元升值所带来的影响，日本政府在2010年下半年提出了对2011年的预算修正案，将原先用节能家电补助的环保积分点数减半，并延长至2011年3月。以2011年的预算修正案中，在环保积分制度上规划了777.3亿日元，相当于8.6亿美元，同时也拨出一定预算用于住宅安装太阳能及电动车购买补助。同时，对于补助产品要求上也趋于严格，从必须符合省能源标章四星的产品，提升为需符合省能源标章五星的产品。根据日本电球工会资料指出，2010年度的灯泡销售额为3362亿日元，与2009年相比，增长97.9%。其中，LED灯泡在2010年销售量与2009年相比，增长6倍之多，销售量总计高达1160万个，换算为金额，相当于350亿日元，显示LED照明市场潜力大且增长迅速。此外，2011年2月LED灯泡销售量与2010年同期相比，增长4倍之多，达87.2万颗LED灯泡销售量，虽然仅占整体照明市场（含车用照明）的6%，目前日本LED照明市场，受惠于环保积分政策补助，大幅刺激需求，但也由于LED灯泡主要是经由环保积分点数兑换的，补助结束后的LED灯泡市场发展仍需要再观察。

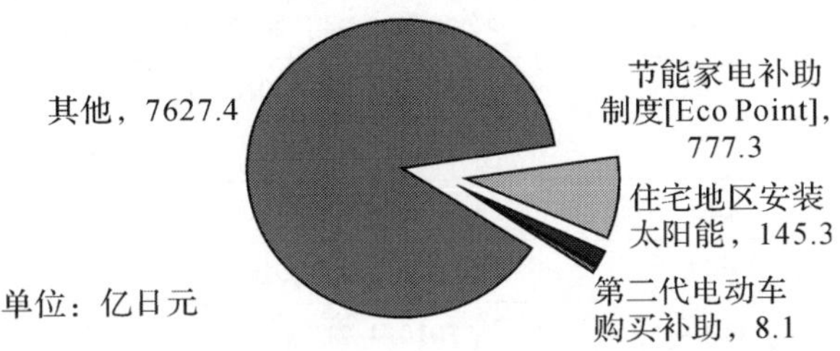


图2.1-4　2011年预算修正案中绿色能源产业的预算金额
（数据来源：日本经济产业省（2010年），LEDinside整理）

日本目前除了经济产业省、环境省等的补助政策之外，各地方自治体近年也实施各自的节能补助政策，2010年度有32个县的地方自治体实施，其中针对LED灯照明的补助依个人或事业单位由数万到数百万日元不等。

除了政府政策推动外，日本民间企业也大力支持节能措施方案。例如东芝（TOSHIBA）公司宣布在2010年3月正式停止生产白炽灯产品，松下（Panasonic）公司在2011年起也停止生产白炽灯泡。LED在日本照明市场的渗透率如图2.1-5所示。

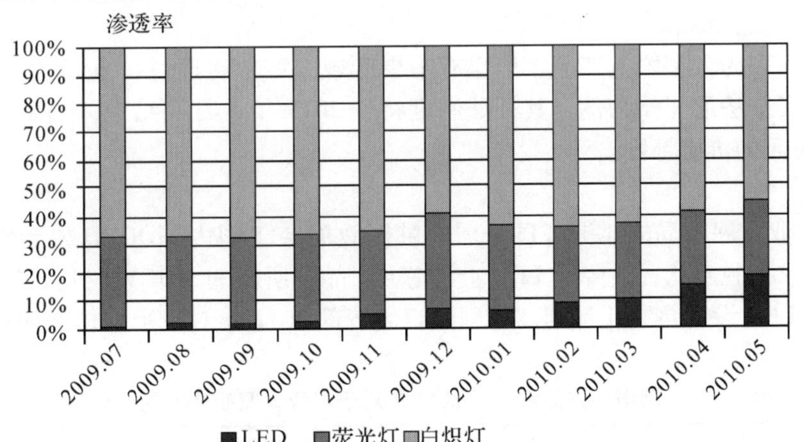


图2.1-5　LED在日本照明市场的渗透率（数据来源：GFK Japan，LEDinside）

**美国**

以针对消费者市场进行补助的美国主要分为由联邦政府推动的2009年振兴与再投资法案（the American Recovery and Reinvestment Act of 2009）及各州政府所推动的家电补贴方案（Utility Rebate Program）。这两个方案的产品补助规划以通过“能源之星（Energy Star）”认证的产品为主。以2009年振兴与再投资法案来看，共计3亿美元投入各州政府，由美国各州和各地区设计自己的水电补贴计划，共计56个计划已获得美国能源部（DOE）的认可，旨在鼓励民众使用节能产品，其方案进行期间依各州的预算花费结束为止。

根据美国环境保护署能源局的数据显示，截至2011年5月6日，仍有21个区域的补助在进行中，共计补助金额高达9783.4万美元（见表2.1-1）。

**表2.1-1 美国家电补贴计划仍在进行的区域**

| | 补助金额/千美元 | 开始日期（年/月/日） |
|---|---|---|
| 亚拉巴马州 | 4473 | 2010/4/19 |
| 阿拉斯加州 | 658 | 2010/3/16 |
| 加利福尼亚州 | 35267 | 2010/4/22；2010/7/29 |
| 科罗拉多州 | 4739 | 2010/4/19 |
| 哥伦比亚特区 | 568 | 2010/10/25；2011/3/25 |
| 路易斯安那州 | 4232 | 2010/4/24；2010/8/9 |
| 缅因州 | 1263 | 2010/5/1 |
| 蒙大拿州 | 928 | 2010/5/24；2010/12/10 |
| 新罕布什尔州 | 1262 | 2010/4/19；2010/4/21 |
| 新泽西州 | 8331 | 2010/2/1；2010/4/1；2010/4/9；2010/7/1 |
| 北达科他州 | 615 | 2010/4/6 |
| 俄勒冈州 | 3636 | 2010/1/1；2010/7/1 |
| 宾夕法尼亚州 | 11944 | 2010/4/21 |
| 田纳西州 | 5963 | 2010/4/22 |
| 佛蒙特州 | 596 | 2010/1/15；2010/3/6；2011/4/22 |
| 弗吉尼亚州 | 7454 | 2010/4/28；2010/5/28；2010/9/1；2011/3/1 |
| 西弗吉尼亚州 | 1741 | 2010/6/17 |
| 北马里亚纳群岛 | 100 | 2011/5/7；2011/5/21；第三阶段尚未公布 |
| 美属维京群岛 | 104 | 2010/2/1；2010/11/22 |
| 其他地区 | 3960 | 2010/12/6 |
| 共计 | 97834 | |

注：数据来源于美国环境保护署能源局。

虽然补助的项目多为大型家电产品，但也有不少区域或城市将通过“能源之星”的LED产品列入补助项目中。以宾夕法尼亚州为例，其补贴制度将于2011年5月底结束，当中，LED灯具与灯泡提供最高10～15美元的价格补贴。

**韩国**

以推动LED产业发展布局的亚洲各国来看，韩国政府鉴于国内MOCVD机台设备需求大增，且全部依赖进口。为求摆脱此状况，降低LED上游芯片/晶粒所需的MOCVD机台设备的进口，韩国知识经济部积极开展LED设备自制化计划。韩国知识经济部2011年对于半导体照明产业的推动预算规划如表2.1-2所示。

**表2.1-2 韩国知识经济部于2011年对于半导体照明产业的推动预算**

| 主管部门 | 项目 | 2010年专款百万美元 | 2011年专款百万美元（建议） |
|---|---|---|---|
| MKE | Elec. & Inform. Dev. Industry Program | 109 | 110.6 |
| MKE | Global Tech. Develop. Program（LED） | 23 | 20 |
| SMBA | SMB Renovation Tech. Program | 178 | 178 |
| MKE | Global Tech. Develop. Program（OLED） | 5.8 | 5 |

（续）

| 主管部门 | 项目 | 2010 年专款百万美元 | 2011 年专款百万美元（建议） |
|---|---|---|---|
| MKE | New Growth Engines Equipment Competitive Power Reinforcement Program | — | 25 |
| Total | | 315.8 | 407 |

注：数据来源于韩国知识经济部（2010 年 12 月），LEDinside 整理。

由表可见，MOCVD 机台自制计划主要是以 Global Tech. Develop. Program 与 New Growth Engines Equipment Competitive Power Reinforcement Program 两大主要方案推动。预计 2010—2012 年投入相当于 4500 万美元用于推动 MOCVD 机台设备自制、引进工艺自动化系统、开发高速封装/检测设备。目前周星工程有限公司已完成 MOCVD 机台开发。

**欧盟**

欧盟虽然没有对 LED 产品进行补助，但对于其产品规格定出一系列相当严格的规范。以 2010 年 9 月修订的“电气、电子设备中限制使用某些有害物质指令（RoHS）”将 LED 灯泡与灯具列入规范当中，并适用于北美与欧洲地区。欧盟于 2010 年 9 月 24 日发布最新的 RoHS 指令 2010/571/EU 排外条款修订，半导体照明或显示系统中，用于色彩转换的 II－VI 族 LED 中所含镉（每平方厘米发光区域中，Cd 含量小于 10μg），此项豁免将于 2014 年 7 月 1 日截止。加上环保规章对耗能产品（EuP）指令中，对于耗电的灯具、照明与齿轮机组也开始淘汰使用。欧洲废弃电子电器产品规章（WEEE）指令中还规定，制造商和进口业者有义务回收所有类型的灯具、相关照明与齿轮机组，且回收作业的费用应反映在灯具价格上。这些规定对于有意朝欧洲市场发展的 LED 企业或是当地的渠道与代理商，都是需要注意的。

欧盟对照明灯具定出最低效率限制，共分为五个阶段，从最高瓦数（100W 以上）的低效率灯具开始进行管制淘汰，管制进程如表 2.1-3 所示。预计在白炽灯禁用政策与灯具最低发光效率限制的双重政策下，LED 照明产品会在欧洲市场有更显著增长。

**表 2.1-3 欧盟对照明灯具定出的最低效率限制**

| 灯具规格 | >100W | 75～100W | 60～75W | 40～60W | 25～40W | <25W |
|---|---|---|---|---|---|---|
| 2009—2010 | 18lm/W 以上 | | | | | |
| 2011—2012 | 20lm/W 以上 | 14lm/W 以上 | 14lm/W 以上 | | | |
| 2013—2014 | | 17lm/W 以上 | 16lm/W 以上 | 13lm/W 以上 | | |
| 2015—2016 | | | | 15lm/W 以上 | 11lm/W 以上 | 10lm/W 以上 |
| 2017—2018 | | | | | 14lm/W 以上 | 12lm/W 以上 |

其他国家，如加拿大、俄罗斯、澳大利亚除了在陆续宣布淘汰白炽灯泡计划外，尚未针对半导体照明进行更深入的政策推动，而是依赖民间企业与消费者对绿色环保意识的提高。而印度政府目前则是积极推动节能灯的使用，但已有企业开始注意 LED 照明的优点，未来 LED 照明市场大有潜力。

# 2009—2010年中国大陆半导体照明产业政策综述

王美
国家半导体照明工程研发及产业联盟

2009—2010年我国大陆半导体照明产业发展突飞猛进，产业规模迅速扩大，成为全球半导体照明产业发展最快的区域，据国家半导体照明工程研发及产业联盟的统计数据显示，2010年，我国大陆芯片产值达到50亿元，较2009年的23亿实现倍增。LED封装产值达到250亿元，产量则由2009年的1056亿只增加到1335亿只。应用领域的整体规模达到900亿元，整体增长率达到50%。我国大陆半导体照明产业开始进入一个快速发展的周期，而预计未来3~5年内，我国大陆半导体照明产业规模和产业格局将发生较大的改变，在国际半导体照明产业体系的地位和影响也将大大增强。

产业的快速发展很大程度上受益于政府的大力支持，从2009年底至2010年，国家和地方政府出台了众多直接或间接影响半导体照明产业发展的政策，使得产业发展环境有了明显改善。

## 一、国家层面政策：积极谨慎、点面结合

从2009年《半导体照明节能产业发展意见》出台开始，每一次政策的出台都备受业界关注。2010年国家层面政策的接连出台，让半导体照明产业一时间成为“耀眼的明星”，除了引起国内业界的高度关注外，也牵动着全球半导体照明产业的神经。



就半导体照明产业整体而言，较受关注的是2009年4月正式发布的《电子信息产业调整和振兴规划》（以下简称《规划》）和2009年9月，国家发改委、科技部、工信部等6部委联合制定发布了《半导体照明节能产业发展意见》（以下简称《意见》），以及2010年10月，国务院发布的《国务院关于加快培育和发展战略性新兴产业的决定》（以下简称《决定》）。其中，《规划》明确将半导体照明纳入其中，提出将“加快电子元器件产品升级。充分发挥整机需求的导向作用，围绕国内整机配套调整元器件产品结构，提高片式元器件、新型电力电子器件、高频频率器件、半导体照明、混合集成电路、新型锂离子电池薄膜太阳能电池和新型印刷电路板等产品的研发生产能力，初步形成完整配套、相互支撑的电子元器件产业体系。”

《意见》则对半导体照明产业发展的现状与趋势，存在的主要问题及未来发展的指导思想、基本原则、发展目标及重点领域进行了全面的说明，明确了我国大陆半导体照明节能产业的发展目标以及实现目标的七大政策措施。作为国家针对半导体照明节能产业发布的第一个指导性文件，《意见》引起了业内外人士的极大关注，认为对引导产业健康理性发展具有积极意义。而从此后的一系列政策来看，《意见》相当于拉开了一个序幕，成为部委联合行动的起点。

《决定》提出了节能环保、新一代信息技术、生物、高端装备制造、新能源、新材料、新能源汽车等七大战略性新兴产业。半导体照明是节能环保领域中重要方向之一，在新材料领域也明确将“半导体照明材料”列出。

产业发展指导政策之外，半导体照明的示范工程也在开展，其中，最受关注的是“十城万盏”和三部委的联合招标。2009年4月，为应对全球金融危机，突破制约产业转型升级的核心关键技术，培育应用市场，推动节能减排，科技部启动了“十城万盏”半导体照明试点示范工程，同意在天津市、石家庄市、保定市、大连市等21个城市开展半导体照明应用工程试点工作。

“十城万盏”经过近2年的实践表明，通过试点示范应用，有利于发现和解决半导体照明产品在实际应用中出现的问题，对技术创新与产业发展起到了积极的作用。截至2010年9月，21个试点城市已应用160万盏LED灯具，节电超过1.64亿千瓦时，我国大陆半导体照明技术创新与照明应用走

在了世界前列。国际上对我国大陆“十城万盏”评价很高，认为是以应用促发展，推动技术集成创新的很重要的措施。

2010年8月，国家发改委办公厅、国家住建部办公厅及交通部办公厅联合发布了《关于组织申报半导体照明产品应用示范工程项目的通知》，决定组织开展半导体照明产品应用示范工程，在不同气候条件的地区，选择20个半导体室内照明应用项目、15个半导体路灯应用项目和15个半导体隧道灯应用项目开展示范。目的是验证产品，促进半导体照明产业健康有序发展，为制定政府补贴政策提供经验及更大规模的推广应用做准备。此次示范工程意义重大，再一次显示出中国政府发展半导体照明这一战略性新兴产业的积极的态度，同时，在工程实施中，为保障产品质量，三部委发布了《半导体照明产品技术要求（2010版)》，严格规定了示范项目招标的技术指标，对入围企业可参与的示范工程数和产品供应量也做了规定，表现出了在推动上的谨慎部署。

除了示范工程，2009—2010年，半导体照明相关的合作或研究项目也在开展。2009年3月，国台办牵头设立海峡两岸产业协调小组，半导体照明被确立为海峡两岸产业合作试点项目。2009年10月，发改委发文正式成立以发改委环资司司长谢极为召集人的海峡两岸LED照明合作项目协调小组和以国家半导体照明工程研发及产业联盟秘书长吴玲为召集人的工作小组，实质性推进海峡两岸LED照明项目合作工作。此后，两岸在产业发展、搭建交流平台、标准检测互认等方面展开一系列合作。

2010年2月，国家电光源质量监督检验中心（北京）与台湾工研院照明检测实验室共同签订检测平台协议，在检测数据对比、测试方法研究等方面进行合作。2010年6月，两岸半导体照明产业合作与交流会议开幕式暨两岸半导体照明合作签约仪式举行，签署“共建信息交流平台”、“开展可靠性和失效机理研究”、“开展半导体照明试点示范工程”等三项合作意向。两岸步入合作新阶段。

目前，关于四项合作意向在两岸工作小组的推动下均已取得一定进展，两岸测试比对工作、合作制定技术规范已开始，国家电光源质量监督检验中心（北京）已与台湾工研院进行两轮送样比对工作；两岸共同开展试点的广州市地铁示范工程和厦门路灯示范工程工作也在积极的推进当中。2011年，两岸在已有合作基础上将探索研发与专利合作机制、探索通过示范工程开展相关技术规范的研究制定等工作。两岸半导体照明产业各有优势，而国家层面对两岸合作的推动，对于两岸产业发展具有重要的影响。有利于两岸产业互补，优化两岸产业结构，在两岸在技术标准制定层面的合作，也会深刻地影响国际市场，提升两岸企业的国际竞争力。

2010年8月，《半导体照明产品替代低效照明产品的技术路线及政策建议研究》项目启动，此项目是由国家发展和改革委员会（NDRC)、联合国开发计划署（UNDP)、全球环境基金（GEF）共同发起的“中国逐步淘汰白炽灯、加快推广节能灯（PILESLAMP)”系列项目中重要课题之一，由北京半导体照明科技促进中心承担。“中国逐步淘汰白炽灯、加快推广节能灯”合作项目执行期为2009—2012年，GEF赠款1400万美元。项目主要内容是研究提出中国淘汰白炽灯、推广节能灯的路线图和专项规划，加快推进中国白炽灯生产企业转型，推广普及节能灯。目前，各国都在积极地推进淘汰白炽灯，此项目的实施对LED应用发展起到很好的推动作用。

2010年9月，“十二五”国家科技支撑计划“半导体照明应用系统技术集成与示范”项目和“十二五”国家863计划新材料领域“高效半导体照明关键材料技术研发”重大项目先后通过论证。其中，支撑计划项目主要针对当前白光LED光源与照明灯具可靠性低、性价比不高、非标准化、检测方法与手段缺乏等问题，解决高可靠、低成本、标准化LED室内外照明光源、灯具及系统集成技术，高功率、多用途、特殊照明领域技术，智能化、网络化控制系统技术，高效、高可靠LED驱动电源技术，LED光源及灯具失效机理与可靠性问题研究，半导体照明测试方法研究及检测与质量认证平台建设等综合技术问题。863项目则对半导体照明上中游产业发展的核心关键共性技术，从前沿技术研究、产业化关键技术等方面进行了具体部署，确定了大尺寸硅衬底白光LED制备技术、150lm/W白光LED技术研究、高可靠低成本白光LED产业化关键技术、白光OLED照明关键技术等重点研究任务。此外，项目还将在实施过程中探索体制机制上的创新。

支撑计划项目将以半导体照明产业技术创新战略联盟为组织单位，着力探索企业参与建设的开放式共性技术创新平台的运行机制和共享模式，建立以企业为主体、市场化、多元化投融资和促进成果转化的有效机制。863项目将根据不同的任务采取多样化的组织方式，充分发挥半导体照明产业技术创新战略联盟的作用，加强产学研的实质性合作，保证项目的顺利实施。

此外，2009—2010年国家出台的一些相关政策也涉及半导体照明。比如2010年1月，国家科技部发布了《关于认定2009年度国家高新技术产业化基地和现代服务业产业化基地的通知》，认定77家基地为国家高新技术产业化基地，其中，天津、杭州、武汉、东莞、西安为5家国家半导体照明工程高新技术产业化基地，宁波为国家新能源与节能照明高新技术产业化基地。建设高新技术产业化基地目的在于充分发挥高新技术产业化基地的聚集、辐射和带动作用，实现人才、基地、项目协调发展，推动知识、技术、人才、资金、政策等要素聚集，加速高新技术成果产业化，提升高新技术产业自主创新能力等。可以说，半导体照明工程高新技术产业化基地的认定，反映了国家对半导体照明这一战略性新兴产业地位和作用的重视。

2010年4月，国家发改委、财政部、人民银行、税务总局四部委联合发布《关于加快推行合同能源管理促进节能服务产业发展的意见》。2011年2月，中国财政部、税务总局联合下发了《关于促进节能服务产业发展增值税、营业税和企业所得税政策问题的通知》，《意见》从加大资金支持力度、实行税收扶持政策、完善相关会计制度、进一步改善金融服务4个方面提出了政策措施，将发展节能服务产业纳入各级政府重要的议事日程。《通知》则进一步细化落实《意见》，促进节能服务产业发展。

合同能源管理（EMC）的其实质就是以减少的能源费用来支付节能项目全部成本的节能业务方式。这种商业模式有助于使LED照明产品初次购买价格高、市场难以打开的困境得到转变，大大降低用能单位节能改造的资金和技术风险，充分调动用能单位节能改造的积极性。但由于目前我国从事EMC领域的多是一些小公司，配套的政策、支持还不到位，融资困难，这种新的模式发展还难以适应当前推进节能工作的需要。《意见》和《通知》的发布，在促进节能服务产业发展的同时，对于半导体照明产业的发展将具有积极意义。

2010年7月，发改委发布了《国家发展改革委关于开展低碳省区和低碳城市试点工作的通知》，根据《通知》，广东、辽宁等五省和天津、重庆、深圳等八市将首先开展低碳试点工作，与此结合，2011年交通运输部确定选择天津、重庆、深圳等10个城市开展低碳交通运输体系建设试点工作。试点主要包括建设低碳型交通基础设施，建设智能交通工程等六项内容。交通领域的应用是LED的重要发展方向，无论是发改委还是此次交通运输部的低碳试点，都被认为对LED在车辆、地铁、城市照明、商业连锁以及酒店照明等应用有很大的帮助。

从2009—2010年一系列国家层面政策来看，在节能减排、环境保护的全球趋势下，国家对半导体照明这一战略性新兴产业的意义的认识在逐步加深，对其战略地位的重视程度也在逐步加大。政策的出台与半导体照明产业的发展程度密不可分，随着半导体照明产业的技术进步、应用不断扩展的基础上，国家层面对半导体照明产业发展的指导也在逐步加强，从初期科技部推进为主，到发改委、工信部、住建部、交通部联合推进，体现了国家层面上有序、合力推进的特点。从政策内容来看，从《半导体照明节能产业发展意见》到《关于组织申报半导体照明产品应用示范工程项目的通知》，体现出了方向引导与示范工程支持点面结合的特点。

2010年国家半导体照明工程研发及产业联盟受国家发改委环资司委托于2010年11月启动了《半导体照明产业发展"十二五"规划编制研究》，将围绕专利、标准、技术、产业服务支撑体系、不同细分应用市场等产业发展的各个方面展开研究，详细制定室内照明发展路线图和室外照明发展路线图，加紧部署半导体照明战略性新兴产业的发展。这标志着半导体照明作为战略性新兴产业已经进入了国家层面正式启动、产业快速发展的新阶段。

## 二、地方层面政策：措施具体，各有侧重

除了国家层面的政策，近两年非常引人注意的是地方对发展半导体照明产业的支持，半导体照明

成为各地推动节能减排、加快转变经济发展方式的重要抓手，各种政策也纷纷出台，引起国内外业界的关注（地方政策内容，详见政策汇编）。

地方出台的政策方案涉及产业发展的方方面面，比如资金应用支持、技术研发创新、商业模式探索、人才建设等。各地半导体照明产业实际不同，方案措施内容不一，侧重点也有所不同。其中，广东、扬州等地出台的一些方案措施较为突出，也备受业界关注。

广东省人民政府出台《关于加快发展 LED 产业的若干意见（征求意见稿）》，（以下简称“《意见》”），提出了发展广东省 LED 产业的多项建议措施，比如强化关键共性技术科研攻关、加强知识产权和技术标准工作、建立健全产业公共服务平台等。其中为建立 LED 照明产品应用推广体系，促进市场健康有序发展，提出组织实施 LED 照明产品应用试点示范工程，并安排专项资金支持。同时，鼓励实施新型商业模式，并提出资金补助或奖励，税收方面的优惠等多种发展措施。比如“对符合相关规定的节能服务企业采用合同能源管理方式实施的节能改造项目给予资金补助或奖励”、“对采用合同能源管理模式的各地地方政府，省财政给予补贴，补贴专项用于合同能源管理有关支出、鼓励和支持 LED 生产企业采取 BOT 方式承接高速公路隧道灯光工程、城市景观灯工程等公共服务照明工程”等。

补贴政策一直备受业界关注，就 2009—2010 年来看，广东省江门和扬州市的相关优惠或产业扶持政策非常突出。

为加快江门高新技术产业开发区（以下简称江门高新区）LED 产业集聚，做大做强 LED 产业，江门市发布了《关于加快建设广东省战略性新兴产业（江门绿色光源）基地暂行优惠办法》，提出了鼓励采用新设备和技术等众多优惠内容，其中对购置设备的补贴及租厂房的租金优惠，力度之大，引起了很大的关注，比如“对一次性购置 LED 外延片生产用全新 MOCVD 设备 5 台以上（含 5 台）的新增或扩建投资项目给予资金补贴，最高可补贴 1200 万/台”、“被认定为市级以上高新技术企业或民营科技企业的 LED 企业。厂房面积在 500 平方米（含 500 平方米）以内的企业，给予零租金优惠；面积在 501 平方米至 2000 平方米部分给予 50% 租金补贴优惠，《办法》出台之前就已租用厂房的企业，只要在一年内通过认定，可从租用厂房之日起享受该政策”等，《办法》出台后曾被称为“全国最优惠的政策”。

扬州市的补贴政策力度也较大，扬州市政府曾发布《市政府办公室关于印发扬州市发展科技创新型经济奖励扶持政策相关实施细则的通知》，其中《扬州市“三新”产业奖励扶持政策实施细则》，提出扬州市“三新”产业专项奖励资金 2009 年 1500 万元（由市财政统筹安排，以后随财政经常性收入的增长逐年增加），用于奖励“市区”（含邗江区、广陵区、维扬区、市经济开发区、化工园区）的“三新”产业项目、LED 和太阳能光伏产品应用、“三新”产业技术标准制定。《扬州市 LED 外延片生产用 MOCVD 设备购置补助资金管理实施细则》中提出对满足条件的企业进行补助，补助标准为：市、区两级财政对符合条件的蓝绿光 MOCVD 补贴资金可达 1000 万元/台，红黄光 MOCVD 补贴资金可达 800 万元/台（市、区两级财政各承担 50%）。

对半导体照明产品应用的支持也是地方政策关注的内容之一，各地出台的政策中都不同程度的有所涉及。其中，为支持应用的发展，东莞市 2010 年先后发布了《东莞市 ELD 照明应用示范工程补贴暂行办法》、《东莞市推进 LED 产业发展及应用示范实施方案》（以下简称“《方案》”）等。其中，《方案》中提出，“通过推广应用，促进半导体照明产业的发展，争取到 2015 年，把部分干道路灯新装或改造成为 LED 路灯，计划每年 1 万盏，累计安装 LED 路灯 8 万盏；争取在部分新建的办公楼、商业大厦、大型广场等大型公共建筑走廊，地下车库以及建筑物室内采用 LED 照明，有条件的可用太阳能（或风光互补）供电。在部分示范应用工程的 LED 照明产品中采用国产芯片试验，促进国产芯片研发和生产”等。

《山西省半导体照明产品应用试点工程实施方案》中提出，“2010 年—2015 年，通过各级政府补贴，共推广各类 LED 照明产品 500 万支（盏）以上”的实施目标。省级对示范工程进行工程项目资金补贴，补贴方式上，“按照示范工程采取直接补贴建设单位的方式，按照申报项目补贴资金总额的 70% 预拨建设单位，建设单位采用省级招标确定的半导体产品供货企业签订正式合同并完成项目节能专项验收后，再行清算剩余30%的补贴资金”。补贴标准上，提出“城市道路、高速公路隧道、省级重点工程等市政公用工程，按照中标产品价格的30%进行补贴；循环经济试点园区和企业、宾馆商场及其他照明应用示范工程，按照中标产品价格的10%进行补贴”等。

深圳对应用示范的支持力度也很大，其中，《深圳市推广高效节能半导体照明（LED）产品示范工程实施方案》提出，“鼓励采用合同能源管理（EMC）等投融资模式进行节能改造和LED照明产品应用。对承担政府投资项目LED应用示范工程的企业，市财政按照经核定的LED灯具价格的10%给予补贴，并贴息3年；对承担企业投资项目LED应用示范工程的企业，市财政按照经核定的LED灯具价格的30%给予补贴，补贴资金专项用于合同能源管理有关支出。同时对单项工程灯具总额分不同档次进行补贴，比如，其中单项工程灯具总额在1000万元以下的，财政补贴最高不超过300万元。”同时提出“鼓励示范工程承担企业开展深圳LED照明产业的应用标准、行业标准、地方标准和产品的标准化、模块化研究。每研究出台一类（项）深圳地方技术规范，市财政按照经核定的该技术规范研究投入的50%给予奖励。”

另外，《西安市半导体照明（LED）示范工程专项资金管理暂行办法》中提出，市级财政每年整合安排不少于2500万元，作为半导体照明（LED）示范工程专项资金。其中专项资金的90%作为LED照明工程补贴资金；专项资金的10%用于支持LED照明产品研发、产业化、技术标准研究推广等公共服务。申请补贴的示范工程项目总投资不得低于500万元。对于纳入《实施方案》的城市道路照明、旅游景区照明、绿地广场照明、室内照明、大型公共场所照明中灯具采购部分给予补贴。

半导体照明是高技术产业，技术的研发创新是增强产业竞争力的重要支撑，很多地方政策中对技术研发也非常关注，比如《安徽省半导体照明产业技术发展指南》中提出关键共性技术（比如LED材料关键技术、LED封装关键技术、LED工艺技术研究等）、关键装备及配套产品开发（比如开展MOCVD装备为核心的整机制造技术、半导体照明关键配套产品的研发、LED照明驱动电路设计技术研究、以量子阱结构为基础的LED器件结构的技术研究等）、应用产品（比如大功率LED光源的产业化技术、车用LED系统集成技术、平板显示新型LED背光源应用技术等）、标准体系建设等优先领域和发展重点。并提出加快半导体照明研发平台建设、加强知识产权保护、推进公共服务平台建设、产业载体平台建设等创新公共平台建设的措施。



人才对于新兴的半导体照明产业的重要性不言而喻，很多地方提出了非常优惠的条件以更好地吸引人才。比如，《南昌市LED产业发展规划（2009—2015年）》中，提出要不断引进LED专业人才。通过完善现在的人才引进政策，对企业引进具有LED产业的高层次人才，可以在住房、职称评定、子女就学等给予优先解决。受益财政给予安家补贴；专业技术职务，可由用人单位自主聘任，不受年限和岗位职数限制，破格晋升专业技术职务；子女求学也可以集中安排，集中接送等。

地方政策纷纷出台，在促进产业发展的同时，也曾引起业界对地方招商引资、产业低水平重复建设，资源浪费等问题的广泛探讨和担忧，尤其是对购买MOCVD设备等的补贴，曾一度引起业界对市场需求增长无法与产能扩张速度相匹配而出现产业产能过剩等问题的担忧。

随着产业发展的进一步成熟，经过一轮的支持发展，各地对产业的认识正在趋向客观，产业发展政策也呈现出步入理性轨道的趋势，比如提出大量优惠政策的扬州就将逐步结束其政策。据悉，对于关注度颇高的产业上游的发展，国家“十二五”规划中也将考虑实行合理规划，并对规划区域进行重点扶持，更好、更科学地促进产业发展。

## 三、展望2011：补贴、认证、商业模式探索等备受关注

2010年的产业政策在对整个产业链的支持力度方面做了一定的调整，比如相比前两年，除了支持产业链上中游外，2010年的政策开始对下游有了一定的关注和支持，2011年已经拉开序幕，一些发展趋势也开始显现。其中，“补贴”、“认证”、“商业模式”成为关键词。

2011年初先后召开的地方“两会”的政府报告，纷纷将发展节能环保等战略性新兴产业作为重点，比如，2011年四川政府工作报告中提出“加强节能减排提高生态文明水平”，突出工业节能，严

格控制"两高"及产能过剩行业发展。深入推进建筑、交通运输、公共机构等重点领域节能。大力推广合同能源管理，实施重点节能工程和节能产品惠民工程等。而陕西省十一届人大四次会议政府工作报告则提出"积极培育战略性新兴产业。继续支持航空、航天、新一代信息技术、新能源、新材料、生物技术、节能环保等产业发展，在太阳能光伏和半导体照明产业上率先突破"等内容。

在技术不断发展，产品应用不断扩大的背景下，产品的认证逐渐提上日程。2011 年 1 月中国质量认证中心（CQC）发布 4 个 LED 照明产品节能认证规则（《LED 筒灯节能认证规则》、《反射型自镇流 LED 灯节能认证规则》、《普通照明用自镇流 LED 灯安全与电磁兼容认证规则》、《LED 道路/隧道照明产品节能认证规则》)，3 个 LED 照明产品节能认证技术规范《LED 道路/隧道照明产品节能认证技术规范》、《LED 筒灯节能认证技术规范》、《反射型自镇流 LED 灯节能认证技术规范》发布，中国 LED 节能认证工作正式启动，LED 产品有望早日进入国家"节能产品政府采购清单"及"节能产品惠民工程"补贴目录。据悉，半导体照明节能产业发展"十二五"规划详细制定了室内照明发展路线图和室外照明发展路线图。政府补贴很有可能将根据此路线图进行制定。

综合各种因素，2011 年的产业发展政策值得期待，政策的目的在于给予产业一定的支持，促进产业尽快地成长起来，能起到扶持、催化作用，形成有利于产业发展的政策环境和市场环境，最后走向以市场为主导的发展方向。如何在政策环境趋好的形势下，把握利用政策机遇，发展强大产业，以强者的姿态走好未来的路应是业界思考和努力的方向。

# 第二章　国家政策汇编

## 国务院关于加快培育和发展战略性新兴产业的决定

国发［2010］32号

各省、自治区、直辖市人民政府，国务院各部委、各直属机构：

战略性新兴产业是引导未来经济社会发展的重要力量。发展战略性新兴产业已成为世界主要国家抢占新一轮经济和科技发展制高点的重大战略。我国正处在全面建设小康社会的关键时期，必须按照科学发展观的要求，抓住机遇，明确方向，突出重点，加快培育和发展战略性新兴产业。现作出如下决定：

### 一、抓住机遇，加快培育和发展战略性新兴产业

战略性新兴产业是以重大技术突破和重大发展需求为基础，对经济社会全局和长远发展具有重大引领带动作用，知识技术密集、物质资源消耗少、成长潜力大、综合效益好的产业。加快培育和发展战略性新兴产业对推进我国现代化建设具有重要战略意义。

（一）加快培育和发展战略性新兴产业是全面建设小康社会、实现可持续发展的必然选择。我国人口众多、人均资源少、生态环境脆弱，又处在工业化、城镇化快速发展时期，面临改善民生的艰巨任务和资源环境的巨大压力。要全面建设小康社会、实现可持续发展，必须大力发展战略性新兴产业，加快形成新的经济增长点，创造更多的就业岗位，更好地满足人民群众日益增长的物质文化需求，促进资源节约型和环境友好型社会建设。

（二）加快培育和发展战略性新兴产业是推进产业结构升级、加快经济发展方式转变的重大举措。战略性新兴产业以创新为主要驱动力，辐射带动力强，加快培育和发展战略性新兴产业，有利于加快经济发展方式的转变，有利于提升产业层次、推动传统产业升级、高起点建设现代产业体系，体现了调整优化产业结构的根本要求。

（三）加快培育和发展战略性新兴产业是构建国际竞争新优势、掌握发展主动权的迫切需要。当前，全球经济竞争格局正在发生深刻变革，科技发展正孕育着新的革命性突破，世界主要国家纷纷加快部署，推动节能环保、新能源、信息、生物等新兴产业快速发展。我国要在未来国际竞争中占据有利地位，必须加快培育和发展战略性新兴产业，掌握关键核心技术及相关知识产权，增强自主发展能力。

加快培育和发展战略性新兴产业具备诸多有利条件，也面临严峻挑战。经过改革开放30多年的快速发展，我国综合国力明显增强，科技水平不断提高，建立了较为完备的产业体系，特别是高技术产业快速发展，规模跻身世界前列，为战略性新兴产业加快发展奠定了较好的基础。同时，也面临着企业技术创新能力不强，掌握的关键核心技术少，有利于新技术新产品进入市场的政策法规体系不健全，支持创新创业的投融资和财税政策、体制机制不完善等突出问题。必须充分认识加快培育和发展战略性新兴产业的重大意义，进一步增强紧迫感和责任感，抓住历史机遇，加大工作力度，加快培育和发展战略性新兴产业。

## 二、坚持创新发展，将战略性新兴产业加快培育成为先导产业和支柱产业

根据战略性新兴产业的特征，立足我国国情和科技、产业基础，现阶段重点培育和发展节能环保、新一代信息技术、生物、高端装备制造、新能源、新材料、新能源汽车等产业。

（一）指导思想

以邓小平理论和“三个代表”重要思想为指导，深入贯彻落实科学发展观，把握世界新科技革命和产业革命的历史机遇，面向经济社会发展的重大需求，把加快培育和发展战略性新兴产业放在推进产业结构升级和经济发展方式转变的突出位置。积极探索战略性新兴产业发展规律，发挥企业主体作用，加大政策扶持力度，深化体制机制改革，着力营造良好环境，强化科技创新成果产业化，抢占经济和科技竞争制高点，推动战略性新兴产业快速健康发展，为促进经济社会可持续发展作出贡献。

（二）基本原则

坚持充分发挥市场的基础性作用与政府引导推动相结合。要充分发挥我国市场需求巨大的优势，创新和转变消费模式，营造良好的市场环境，调动企业主体的积极性，推进产学研用结合。同时，对关系经济社会发展全局的重要领域和关键环节，要发挥政府的规划引导、政策激励和组织协调作用。

坚持科技创新与实现产业化相结合。要切实完善体制机制，大幅度提升自主创新能力，着力推进原始创新，大力增强集成创新和联合攻关，积极参与国际分工合作，加强引进消化吸收再创新，充分利用全球创新资源，突破一批关键核心技术，掌握相关知识产权。同时，要加大政策支持和协调指导力度，造就并充分发挥高素质人才队伍的作用，加速创新成果转化，促进产业化进程。

坚持整体推进与重点领域跨越发展相结合。要对发展战略性新兴产业进行统筹规划、系统布局，明确发展时序，促进协调发展。同时，要选择最有基础和条件的领域作为突破口，重点推进。大力培育产业集群，促进优势区域率先发展。

坚持提升国民经济长远竞争力与支撑当前发展相结合。要着眼长远，把握科技和产业发展新方向，对重大前沿性领域及早部署，积极培育先导产业。同时，要立足当前，推进对缓解经济社会发展瓶颈制约具有重大作用的相关产业较快发展，推动高技术产业健康发展，带动传统产业转型升级，加快形成支柱产业。

（三）发展目标

到2015年，战略性新兴产业形成健康发展、协调推进的基本格局，对产业结构升级的推动作用显著增强，增加值占国内生产总值的比重力争达到8%左右。

到2020年，战略性新兴产业增加值占国内生产总值的比重力争达到15%左右，吸纳、带动就业能力显著提高。节能环保、新一代信息技术、生物、高端装备制造产业成为国民经济的支柱产业，新能源、新材料、新能源汽车产业成为国民经济的先导产业；创新能力大幅提升，掌握一批关键核心技术，在局部领域达到世界领先水平；形成一批具有国际影响力的大企业和一批创新活力旺盛的中小企业；建成一批产业链完善、创新能力强、特色鲜明的战略性新兴产业集聚区。

再经过十年左右的努力，战略性新兴产业的整体创新能力和产业发展水平达到世界先进水平，为经济社会可持续发展提供强有力的支撑。

## 三、立足国情，努力实现重点领域快速健康发展

根据战略性新兴产业的发展阶段和特点，要进一步明确发展的重点方向和主要任务，统筹部署，集中力量，加快推进。

（一）节能环保产业。重点开发推广高效节能技术装备及产品，实现重点领域关键技术突破，带动能效整体水平的提高。加快资源循环利用关键共性技术研发和产业化示范，提高资源综合利用水平和再制造产业化水平。示范推广先进环保技术装备及产品，提升污染防治水平。推进市场化节能环保

服务体系建设。加快建立以先进技术为支撑的废旧商品回收利用体系，积极推进煤炭清洁利用、海水综合利用。

（二）新一代信息技术产业。加快建设宽带、泛在、融合、安全的信息网络基础设施，推动新一代移动通信、下一代互联网核心设备和智能终端的研发及产业化，加快推进三网融合，促进物联网、云计算的研发和示范应用。着力发展集成电路、新型显示、高端软件、高端服务器等核心基础产业。提升软件服务、网络增值服务等信息服务能力，加快重要基础设施智能化改造。大力发展数字虚拟等技术，促进文化创意产业发展。

（三）生物产业。大力发展用于重大疾病防治的生物技术药物、新型疫苗和诊断试剂、化学药物、现代中药等创新药物大品种，提升生物医药产业水平。加快先进医疗设备、医用材料等生物医学工程产品的研发和产业化，促进规模化发展。着力培育生物育种产业，积极推广绿色农用生物产品，促进生物农业加快发展。推进生物制造关键技术开发、示范与应用。加快海洋生物技术及产品的研发和产业化。

（四）高端装备制造产业。重点发展以干支线飞机和通用飞机为主的航空装备，做大做强航空产业。积极推进空间基础设施建设，促进卫星及其应用产业发展。依托客运专线和城市轨道交通等重点工程建设，大力发展轨道交通装备。面向海洋资源开发，大力发展海洋工程装备。强化基础配套能力，积极发展以数字化、柔性化及系统集成技术为核心的智能制造装备。

（五）新能源产业。积极研发新一代核能技术和先进反应堆，发展核能产业。加快太阳能热利用技术推广应用，开拓多元化的太阳能光伏光热发电市场。提高风电技术装备水平，有序推进风电规模化发展，加快适应新能源发展的智能电网及运行体系建设。因地制宜开发利用生物质能。

（六）新材料产业。大力发展稀土功能材料、高性能膜材料、特种玻璃、功能陶瓷、半导体照明材料等新型功能材料。积极发展高品质特殊钢、新型合金材料、工程塑料等先进结构材料。提升碳纤维、芳纶、超高分子量聚乙烯纤维等高性能纤维及其复合材料发展水平。开展纳米、超导、智能等共性基础材料研究。




（七）新能源汽车产业。着力突破动力电池、驱动电机和电子控制领域关键核心技术，推进插电式混合动力汽车、纯电动汽车推广应用和产业化。同时，开展燃料电池汽车相关前沿技术研发，大力推进高能效、低排放节能汽车发展。

## 四、强化科技创新，提升产业核心竞争力

增强自主创新能力是培育和发展战略性新兴产业的中心环节，必须完善以企业为主体、市场为导向、产学研相结合的技术创新体系，发挥国家科技重大专项的核心引领作用，结合实施产业发展规划，突破关键核心技术，加强创新成果产业化，提升产业核心竞争力。

（一）加强产业关键核心技术和前沿技术研究。围绕经济社会发展重大需求，结合国家科技计划、知识创新工程和自然科学基金项目等的实施，集中力量突破一批支撑战略性新兴产业发展的关键共性技术。在生物、信息、空天、海洋、地球深部等基础性、前沿性技术领域超前部署，加强交叉领域的技术和产品研发，提高基础技术研究水平。

（二）强化企业技术创新能力建设。加大企业研究开发的投入力度，对面向应用、具有明确市场前景的政府科技计划项目，建立由骨干企业牵头组织、科研机构和高校共同参与实施的有效机制。依托骨干企业，围绕关键核心技术的研发和系统集成，支持建设若干具有世界先进水平的工程化平台，结合技术创新工程的实施，发展一批由企业主导，科研机构、高校积极参与的产业技术创新联盟。加强财税政策引导，激励企业增加研发投入。加强产业集聚区公共技术服务平台建设，促进中小企业创新发展。

（三）加快落实人才强国战略和知识产权战略。建立科研机构、高校创新人才向企业流动的机制，加大高技能人才队伍建设力度。加快完善期权、技术入股、股权、分红权等多种形式的激励机制，鼓励科研机构和高校科技人员积极从事职务发明创造。加大工作力度，吸引全球优秀人才来华创

新创业。发挥研究型大学的支撑和引领作用，加强战略性新兴产业相关专业学科建设，增加急需的专业学位类别。改革人才培养模式，制定鼓励企业参与人才培养的政策，建立企校联合培养人才的新机制，促进创新型、应用型、复合型和技能型人才的培养。支持知识产权的创造和运用，强化知识产权的保护和管理，鼓励企业建立专利联盟。完善高校和科研机构知识产权转移转化的利益保障和实现机制，建立高效的知识产权评估交易机制。加大对具有重大社会效益创新成果的奖励力度。

（四）实施重大产业创新发展工程。以加速产业规模化发展为目标，选择具有引领带动作用，并能够实现突破的重点方向，依托优势企业，统筹技术开发、工程化、标准制定、市场应用等环节，组织实施若干重大产业创新发展工程，推动要素整合和技术集成，努力实现重大突破。

（五）建设产业创新支撑体系。发挥知识密集型服务业支撑作用，大力发展研发服务、信息服务、创业服务、技术交易、知识产权和科技成果转化等高技术服务业，着力培育新业态。积极发展人力资源服务、投资和管理咨询等商务服务业，加快发展现代物流和环境服务业。

（六）推进重大科技成果产业化和产业集聚发展。完善科技成果产业化机制，加大实施产业化示范工程力度，积极推进重大装备应用，建立健全科研机构、高校的创新成果发布制度和技术转移机构，促进技术转移和扩散，加速科技成果转化为现实生产力。依托具有优势的产业集聚区，培育一批创新能力强、创业环境好、特色突出、集聚发展的战略性新兴产业示范基地，形成增长极，辐射带动区域经济发展。

## 五、积极培育市场，营造良好市场环境

要充分发挥市场的基础性作用，充分调动企业积极性，加强基础设施建设，积极培育市场，规范市场秩序，为各类企业健康发展创造公平、良好的环境。

（一）组织实施重大应用示范工程。坚持以应用促发展，围绕提高人民群众健康水平、缓解环境资源制约等紧迫需求，选择处于产业化初期、社会效益显著、市场机制难以有效发挥作用的重大技术和产品，统筹衔接现有试验示范工程，组织实施全民健康、绿色发展、智能制造、材料换代、信息惠民等重大应用示范工程，引导消费模式转变，培育市场，拉动产业发展。

（二）支持市场拓展和商业模式创新。鼓励绿色消费、循环消费、信息消费，创新消费模式，促进消费结构升级。扩大终端用能产品能效标识实施范围。加强新能源并网及储能、支线航空与通用航空、新能源汽车等领域的市场配套基础设施建设。在物联网、节能环保服务、新能源应用、信息服务、新能源汽车推广等领域，支持企业大力发展有利于扩大市场需求的专业服务、增值服务等新业态。积极推行合同能源管理、现代废旧商品回收利用等新型商业模式。

（三）完善标准体系和市场准入制度。加快建立有利于战略性新兴产业发展的行业标准和重要产品技术标准体系，优化市场准入的审批管理程序。进一步健全药品注册管理的体制机制，完善药品集中采购制度，支持临床必需、疗效确切、安全性高、价格合理的创新药物优先进入医保目录。完善新能源汽车的项目和产品准入标准。改善转基因农产品的管理。完善并严格执行节能环保法规标准。

## 六、深化国际合作，提高国际化发展水平

要通过深化国际合作，尽快掌握关键核心技术，提升我国自主发展能力与核心竞争力。把握经济全球化的新特点，深度开展国际合作与交流，积极探索合作新模式，在更高层次上参与国际合作。

（一）大力推进国际科技合作与交流。发挥各种合作机制的作用，多层次、多渠道、多方式推进国际科技合作与交流。鼓励境外企业和科研机构在我国设立研发机构，支持符合条件的外商投资企业与内资企业、研究机构合作申请国家科研项目。支持我国企业和研发机构积极开展全球研发服务外包，在境外开展联合研发和设立研发机构，在国外申请专利。鼓励我国企业和研发机构参与国际标准的制定，鼓励外商投资企业参与我国技术示范应用项目，共同形成国际标准。

（二）切实提高国际投融资合作的质量和水平。完善外商投资产业指导目录，鼓励外商设立创业

投资企业，引导外资投向战略性新兴产业。支持有条件的企业开展境外投资，在境外以发行股票和债券等多种方式融资。扩大企业境外投资自主权，改进审批程序，进一步加大对企业境外投资的外汇支持。积极探索在海外建设科技和产业园区。制定国别产业导向目录，为企业开展跨国投资提供指导。

（三）大力支持企业跨国经营。完善出口信贷、保险等政策，结合对外援助等积极支持战略性新兴产业领域的重点产品、技术和服务开拓国际市场，以及自主知识产权技术标准在海外推广应用。支持企业通过境外注册商标、境外收购等方式，培育国际化品牌。加强企业和产品国际认证合作。

## 七、加大财税金融政策扶持力度，引导和鼓励社会投入

加快培育和发展战略性新兴产业，必须健全财税金融政策支持体系，加大扶持力度，引导和鼓励社会资金投入。

（一）加大财政支持力度。在整合现有政策资源和资金渠道的基础上，设立战略性新兴产业发展专项资金，建立稳定的财政投入增长机制，增加中央财政投入，创新支持方式，着力支持重大关键技术研发、重大产业创新发展工程、重大创新成果产业化、重大应用示范工程、创新能力建设等。加大政府引导和支持力度，加快高效节能产品、环境标志产品和资源循环利用产品等推广应用。加强财政政策绩效考评，创新财政资金管理机制，提高资金使用效率。

（二）完善税收激励政策。在全面落实现行各项促进科技投入和科技成果转化、支持高技术产业发展等方面的税收政策的基础上，结合税制改革方向和税种特征，针对战略性新兴产业的特点，研究完善鼓励创新、引导投资和消费的税收支持政策。

（三）鼓励金融机构加大信贷支持。引导金融机构建立适应战略性新兴产业特点的信贷管理和贷款评审制度。积极推进知识产权质押融资、产业链融资等金融产品创新。加快建立包括财政出资和社会资金投入在内的多层次担保体系。积极发展中小金融机构和新型金融服务。综合运用风险补偿等财政优惠政策，促进金融机构加大支持战略性新兴产业发展的力度。



（四）积极发挥多层次资本市场的融资功能。进一步完善创业板市场制度，支持符合条件的企业上市融资。推进场外证券交易市场的建设，满足处于不同发展阶段创业企业的需求。完善不同层次市场之间的转板机制，逐步实现各层次市场间有机衔接。大力发展债券市场，扩大中小企业集合债券和集合票据发行规模，积极探索开发低信用等级高收益债券和私募可转债等金融产品，稳步推进企业债券、公司债券、短期融资融券和中期票据发展，拓宽企业债务融资渠道。

（五）大力发展创业投资和股权投资基金。建立和完善促进创业投资和股权投资行业健康发展的配套政策体系与监管体系。在风险可控的范围内为保险公司、社保基金、企业年金管理机构和其他机构投资者参与新兴产业创业投资和股权投资基金创造条件。发挥政府新兴产业创业投资资金的引导作用，扩大政府新兴产业创业投资规模，充分运用市场机制，带动社会资金投向战略性新兴产业中处于创业早中期阶段的创新型企业。鼓励民间资本投资战略性新兴产业。

## 八、推进体制机制创新，加强组织领导

加快培育和发展战略性新兴产业是我国新时期经济社会发展的重大战略任务，必须大力推进改革创新，加强组织领导和统筹协调，为战略性新兴产业发展提供动力和条件。

（一）深化重点领域改革。建立健全创新药物、新能源、资源性产品价格形成机制和税费调节机制。实施新能源配额制，落实新能源发电全额保障性收购制度。加快建立生产者责任延伸制度，建立和完善主要污染物和碳排放交易制度。建立促进三网融合高效有序开展的政策和机制，深化电力体制改革，加快推进空域管理体制改革。

（二）加强宏观规划引导。组织编制国家战略性新兴产业发展规划和相关专项规划，制定战略性新兴产业发展指导目录，开展战略性新兴产业统计监测调查，加强与相关规划和政策的衔接。加强对各地发展战略性新兴产业的引导，优化区域布局、发挥比较优势，形成各具特色、优势互补、结构合

理的战略性新兴产业协调发展格局。各地区要根据国家总体部署，从当地实际出发，突出发展重点，避免盲目发展和重复建设。

（三）加强组织协调。成立由发展改革委牵头的战略性新兴产业发展部际协调机制，形成合力，统筹推进。

国务院各有关部门、各省（区、市）人民政府要根据本决定的要求，抓紧制定实施方案和具体落实措施，加大支持力度，加快将战略性新兴产业培育成为先导产业和支柱产业，为我国现代化建设做出新的贡献。

国务院

二〇一〇年十月十日

# 关于组织申报半导体照明产品应用示范工程项目的通知

发改办环资［2010］2082 号

各省、自治区、直辖市及计划单列市、副省级省会城市、新疆生产建设兵团发展改革委（经贸委、经信委）、住房城乡建设厅（建委、建设交通委、建设局、市政市容委）、交通运输厅（局、委）：

为贯彻落实《关于进一步加大工作力度确保实现“十一五”节能减排目标的通知》（国发〔2010〕12 号）和国家发展改革委等六部委《关于印发半导体照明节能产业发展意见的通知》（发改环资〔2009〕2441 号）要求，进一步推动绿色照明工程，促进半导体照明节能产业健康有序发展，国家发展改革委、住房城乡建设部、交通运输部决定组织开展半导体照明产品应用示范工程。现将有关事项通知如下：

一、在不同气候条件的地区，选择 20 个半导体室内照明应用项目、15 个半导体路灯应用项目和 15 个半导体隧道灯应用项目开展示范。

二、每个省、自治区、直辖市及计划单列市、新疆生产建设兵团可根据《半导体照明产品应用示范工程实施方案》（见附件一）和《半导体照明产品技术要求（2010 版）》（见附件三），针对每种类型产品应用示范可申报 2 个备选项目。

三、填写申报材料（见附件二）及其电子文档（光盘）共六份，并于 9 月 30 日前分别报送至国家发展改革委、住房城乡建设部和交通运输部各两份。

联系人及电话：

| | | |
|---|---|---|
| 蒋炳荣 | 国家发展改革委环资司 | （010）68505570 |
| 柴　博 | | （010）68519036 |
| 严盛虎 | 住房城乡建设部城建司 | （010）58933058 |
| 葛　媛 | 交通运输部政策法规司 | （010）65293750 |

附件：一、半导体照明产品应用示范工程实施方案

二、半导体照明产品应用示范项目申报表（略）

三、半导体照明产品技术要求（2010 版）

国家发展改革委办公厅

住房城乡建设部办公厅

交通运输部办公厅

二〇一〇年八月三十日

**附件一：半导体照明产品应用示范工程实施方案**

## 半导体照明产品应用示范工程实施方案

二〇一〇年八月

为贯彻落实国务院节能减排工作要求，进一步推动绿色照明工程，促进半导体照明节能产业健康有序发展，组织实施半导体照明产品应用示范工程，特制定本方案。

## 一、适用范围

本方案适用于采用半导体（以下简称 LED）反射灯、筒灯、路灯、隧道灯等进行商业建筑、道路、隧道等照明设施的新建和改造工程项目。

## 二、实施步骤

### （一）组织确定示范项目

省级发展改革（经贸、经信）部门负责组织 LED 室内灯（反射灯、筒灯）备选示范项目。省级住房城乡建设部门负责组织 LED 路灯和城市道路隧道灯备选示范项目。省级交通运输部门负责组织 LED 公路隧道灯备选示范项目。

国家发展改革委会同住房城乡建设部、交通运输部对各地上报的备选示范项目进行综合评审，确定示范项目名单。

### （二）招标选择入围企业

国家发展改革委会同住房城乡建设部、交通运输部按照《半导体照明产品技术要求（2010 版）》（见附件三）统一组织招标，确定入围 LED 照明产品生产企业、产品规格型号、协议供货价格、产品质量及售后服务等。

### （三）确定协议供货企业

示范项目实施单位从入围 LED 照明产品生产企业名单中选择供货企业，并签订供货协议。

### （四）示范项目实施推进

示范项目所在地区的主管部门根据示范工作总体要求组织项目实施。

### （五）示范项目督导验收

省级主管部门应加强对示范项目实施过程的监督指导。示范项目完成后，由示范项目实施单位会同协议供货企业提出项目验收申请，国家发展改革委会同有关主管部门组织专家组进行验收及后期跟踪测试。

### （六）经验的总结与推广

通过对示范项目的跟踪测试和分析研究，客观评价 LED 照明产品在实际应用中的技术成熟度，发现问题、总结经验。条件成熟时，适时组织更大规模 LED 照明产品推广应用。

## 三、示范项目组织实施要求

### （一）申报示范项目基本要求

1. 应用 5000 盏以上 LED 室内照明产品进行建筑照明设施新建、改造项目；应用 500 盏以上 LED 路灯、隧道灯进行次干道、支路或隧道照明设施新建、改造项目。

2. 拟建设项目的环境光干扰较少。

3. 设计方案优于或满足现行照明设计国家有关标准和《半导体照明产品技术要求（2010 版）》（见附件三）。

4. 申报项目获得地方有关部门的批准或备案。

### （二）申报示范项目需提交材料

1. 示范项目申报表（见附件二）。

2. 示范项目实施方案。

内容包括项目目标、实施模式（如合同能源管理）、实施步骤、进度安排、照明设计方案、资金筹措安排、投资回收分析、节能减排效果分析、跟踪测试等。

3. 申报项目批准或备案证明。

4. 项目申报单位资质、资信证明。

### （三）示范项目实施要求

示范项目实施单位须从入围 LED 照明产品生产企业名单中选择供货企业，并严格按照项目实施方案，认真组织项目实施。

### （四）示范项目验收要求

1. 示范项目验收文件。

2. 示范项目实施综合报告，内容包括设计、技术应用、施工建设、运行管理、节能效果、经济效益、用户监测报告等。

3. 国家级电光源检测机构等出具的 LED 照明产品应用效果检测报告。

## 四、LED 照明产品供货企业要求



### （一）LED 照明产品生产企业投标要求

1. 在中华人民共和国境内合法注册的制造企业，具有独立法人资格，经营范围中需包含 LED 照明产品制造；

2. 注册资金不低于 5000（含）万元，企业资产负债率不超过 60%；

3. 企业信用与财务状况良好，近 2 年无违法行为和不良诚信记录；

4. 有较强的研发能力，并已获得一定的研发成果，有相应的检测仪器和设备，生产工艺和产品在行业中具有先进性；

5. 从事 LED 照明产品生产原则上不低于三年，有一年以上成功应用案例；

6. 产品符合《半导体照明产品技术要求（2010 版）》，并提供国家级电光源检测机构出具的 LED 照明产品检测报告；

7. 具有完善的售后服务体系，履行约定的质量承诺。

### （二）LED 照明产品生产企业供货及服务要求

入围的 LED 照明产品生产企业应严格按照与示范项目实施单位签订的协议，提供相应的产品及服务。

## 五、相关政策

1. 示范项目通过合同能源管理模式组织实施的，可按有关规定享受国家有关合同能源管理的优惠政策。

2. 示范项目可根据有关程序，申请国家发展改革委中央预算内投资项目资金补助。

## 六、奖惩机制

（一）通过验收的项目，由国家发展改革委、住房城乡建设部、交通运输部共同颁发国家 LED 照明产品应用示范项目证书和标牌，并予以公示。项目实施结果优秀的，将推荐参加中国人居环境范例奖的评选。

（二）具有下列情形的项目，取消示范资格：

1. 达不到国家相关技术要求和项目设计要求的；

2. 任务下达一年内未组织实施的；

3. 任务实施两年内未申请验收的。

（三）实施企业产品质量达不到企业在投标时承诺的技术指标和服务的，或不满足道路、隧道、商业建筑等照明标准要求的，取消其供货及入围资格，并予以通报。

**附件二：半导体照明产品应用示范项目申报表（略）**

**附件三：半导体照明产品技术要求（2010 版）**

# 半导体照明产品技术要求（2010 版）

## 一、名词解释

此名词解释针对本规则进行规定。

### （一）LED 照明产品

#### 1. 反射型自镇流 LED 灯

类似于 MR16、PAR20、PAR30 和 PAR38 的，含有 LED 光源和保持其稳定燃点所必需的元件并使之成为一体的，灯头符合 GU10、B22、E14 或 E27 的 LED 灯，这种灯在不损坏其结构时是不可拆卸的。

#### 2. LED 筒灯

LED 光源和保持其启动和稳定燃点所需元件一体化的，或驱动装置分离式的，LED 下射灯。

#### 3. LED 道路/隧道照明产品

满足道路/隧道照明要求的组合式 LED 照明装置，除了发光二极管（LED）作为光源发光外，还包括其他部件，例如光学、机械、电气和电子部件，并将这些部件组合成一个整体。

注：所指 LED 道路照明产品其驱动控制装置可为分离式结构。

### （二）规格

根据产品类型不同对 LED 照明产品作不同的规格划分。

其中，反射型自镇流 LED 照明产品划分为 MR16、PAR20、PAR30 和 PAR38 四种规格；LED 道路/隧道照明产品以额定光通量划分为 3000lm、5400lm、9000lm 和 14000lm 四种规格。

### （三）额定值

额定工作条件下上述 LED 照明产品的参数值，该值由产品生产商或责任销售商指定，包括额定光通量、额定相关色温和额定功率等参数。

### （四）初始值

为使新出厂的LED照明产品达到性能稳定以进行评估，对产品进行规定小时数的老炼并在产品达到稳定工作时所测得的参数值称为产品的初始值，初始值用于评价LED照明产品的初始性能，包括初始光通量、初始光效、初始相关色温、初始显色指数等参数。

注：在目前条件下，考虑到LED照明产品的技术发展水平，结合产品的实验室测试结果统计分析，本规则中定义初始值为对LED照明产品进行1000h老炼后产品稳定工作时的参数值。

### （五）光束角和中心光强

在通过反射型自镇流LED照明产品光束轴线的平面上的两条给定直线之间的夹角，这两条直线分别通过灯的正面中心和发光强度为中心光强50%的发光点。

此处所指中心光强是指反射型自镇流LED照明产品在光束轴线上测得的发光强度值，单位为坎德拉；所指光束轴线是指对反射型自镇流LED照明产品光强分布，其周围的光强度分布大体呈对称状态的轴线，该轴线不一定与通过灯头的灯轴线或垂直于基准面的灯轴线相同。

### （六）光通维持率

在规定条件下对LED照明产品进行燃点，在寿命期间内燃点达到一特定时间时所发出的光通量与初始光通量的比值，用百分数表示。

注：本规则中，对反射型自镇流产品、LED道路/隧道照明产品和LED筒灯进行了3000h、6000h和10000h光通维持率的规定。



### （七）显色指数维持

是指产品在规定条件下燃点，在寿命期间内燃点达到一特定时间时的LED照明产品的显色指数。

注：本规则中，为考察室内LED照明产品的颜色随时间的变化，给出了反射型自镇流LED照明产品和LED筒灯的3000h显色指数变化要求。

### （八）平均寿命和额定寿命

产品在规定条件下燃点，当一定比例（X）的LED照明产品光通维持率达到一特定值（Y）时的累计燃点时间，称为产品的平均寿命。产品生产商或责任销售商所指定的该寿命称为产品的额定寿命。

注：本规则中平均寿命是指50%的LED照明产品光通维持率达到70%时的累计燃点时间，即，X＝50%，Y＝70%。

## 二、适用范围及指标规定

### （一）反射型自镇流LED照明产品

#### 1. 适用范围

本部分针对反射型自镇流LED照明产品，规定了MR和PAR系列LED照明产品的技术要求，其中包括产品的规格分类、初始光通量、初始光效和光通维持率等基本光学性能指标，电气等安全要求及无线电骚扰特性等。

适用范围如下：

—额定电压220VAC50Hz；

—灯头符合GU10、B22、E14或E27；

—产品类型类于MR16，PAR20，PAR30，PAR38。

## 2. 相关技术要求

产品的基本技术要求如下：

（1）适用电压范围：额定电压90%～106%范围内应能正常工作；

（2）适用环境要求：-10℃～40℃的条件下应能正常工作，同时尚应满足具体使用地的环境温度、湿度和腐蚀性等其他特殊要求；

（3）安全指标：达到表1中各项规定；

（4）基本性能要求：满足表2的规定；

（5）寿命：不低于30000h。

**表1　反射型自镇流LED照明产品安全指标要求**

| 序号 | 评定参数 | 指标要求 |
|---|---|---|
| 1 | 安全要求 | 采用GB 24906-2010的适用规定条款；<br>产品标记除应满足上述标准要求外，尚应给出额定光通量、额定相关色温、显色指数、光束角和中心光强、额定寿命和功率因数等相关信息 |
| 2 | 骚扰电压 | 符合GB17743-2007的要求 |

**表2　反射型自镇流LED照明产品基本性能要求**

| 序号 | 评定参数 | | | 指标要求 |
|---|---|---|---|---|
| 1 | 功率 | （实测功率-标称功率） | | ≤（标称功率×15%+0.5）W |
| 2 | 功率因数 | 实测平均值 | MR16 | ≥0.5 |
| | | | PAR20 | |
| | | | PAR30 | ≥0.7 |
| | | | PAR38 | |
| | | （宣称值-实测值） | | ≤0.05 |
| 3 | 初始光通量 | （初始光通量/额定光通量×100%） | | ≥90%且≤120% |
| | | MR16 | | ≥200 |
| | | PAR20 | | ≥300 |
| | | PAR30 | | ≥480 |
| | | PAR38 | | ≥640 |
| 4 | 初始光效 | 额定相关色温≤3500K | | ≥55 |
| | | 3500K＜额定相关色温≤6500K | | ≥60 |
| 5 | 光束角 | | | ≤60° |
| 6 | 中心光强 | | | 见附表1 |
| 7 | 光通维持率 | 3000hrs | | ≥96% |
| | | 6000hrs | | ≥92% |
| | | 10000hrs | | ≥86% |
| 8 | 初始显色指数 | 平均值 | | ≥85 |
| | | 单只产品 | | ≥82 |
| 9 | （初始显色指数：3000hrs显色指数） | 平均值 | | ≤3 |
| | | 单只产品 | | ≤5 |
| 10 | 初始相关色温 | 额定相关色温2700K | | 2725 ± 145 |
| | | 额定相关色温3000K | | 3045 ± 175 |
| | | 额定相关色温3500K | | 3465 ± 245 |
| | | 额定相关色温4000K | | 3985 ± 275 |
| | | 额定相关色温4500K | | 4503 ± 243 |
| | | 额定相关色温5000K | | 5028 ± 283 |
| | | 额定相关色温5700K | | 5665 ± 355 |
| | | 额定相关色温6500K | | 6530 ± 510 |

## （二）LED 筒灯

### 1. 适用范围

本部分针对 LED 筒灯，规定了 LED 筒灯的技术要求，其中包括产品的规格分类、初始光通量、初始光效和光通维持率等基本光学性能指标，电气安全要求及无线电骚扰特性等。

适用范围如下：

—额定电压 220VAC50Hz；

—整体式 LED 筒灯，或自带驱动装置 LED 筒灯，或驱动装置分离式 LED 筒灯

### 2. 相关技术要求

产品的基本技术要求如下：

（1）适用电压范围：额定电压 90%～106% 范围内应能正常工作；

（2）适用环境要求：-10℃～40℃的条件下应能正常工作，同时尚应满足具体使用地的环境温度、湿度和腐蚀性等其他特殊要求；

（3）安全指标：达到表 3 中各项规定；

（4）基本性能要求：满足表 4 的规定；

（5）寿命：不低于 30000h。

**表 3 LED 筒灯安全指标要求**

| 序号 | 评定参数 | 指标要求 |
|---|---|---|
| 11 | 安全要求 | 采用 GB7000.201 或 GB7000.202 的相关规定；<br>标记除应满足上述标准规定外，尚应提供额定光通量、额定相关色温、显色指数和额定寿命等信息 |
| 12 | 骚扰电压 | 符合 GB17743-2007 的要求 |
| 13 | 谐波电流限值 | 符合 GB17625.1-2003 的要求 |

**表 4 LED 筒灯基本性能要求**

| 序号 | 评定参数 | | | 指标要求 |
|---|---|---|---|---|
| 1 | 功率 | （实测功率-标称功率） | | ≤（标称功率×15%+0.5）W |
| 2 | 功率因数 | 实测平均值 | 实测功率≤5W | ≥0.50 |
| | | | 5W≤实测功率≤15W | ≥0.70 |
| | | | 实测功率＞15W | ≥0.90 |
| | | （宣称值-实测值） | | ≤0.05 |
| 3 | 初始光通量 | （初始光通量/额定光通量×100%） | | ≥90%且≤120% |
| | | MR16 | | ≥200 |
| | | PAR20 | | ≥300 |
| | | PAR30 | | ≥480 |
| | | PAR38 | | ≥640 |
| 4 | 初始光效 | 额定相关色温≤3500K | | ≥60 |
| | | 3500K＜额定相关色温≤6500K | | ≥65 |
| 5 | 区域光通分布 | （60°区域角范围内区域光通/初始光通量） | | ≥75% |
| 6 | 光通维持率 | 3000hrs | | ≥96% |
| | | 6000hrs | | ≥92% |
| | | 10000hrs | | ≥86% |

（续）

| 序号 | 评定参数 | | 指标要求 |
|---|---|---|---|
| 7 | 初始显色指数 | 平均值 | ≥80 |
| | | 单只产品 | ≥77 |
| 8 | （初始显色指数：3000hrs 显色指数） | 平均值 | ≤3 |
| | | 单只产品 | ≤5 |
| 9 | 初始相关色温 | 额定相关色温 2700K | 2725 ± 145 |
| | | 额定相关色温 3000K | 3045 ± 175 |
| | | 额定相关色温 3500K | 3465 ± 245 |
| | | 额定相关色温 4000K | 3985 ± 275 |
| | | 额定相关色温 4500K | 4503 ± 243 |
| | | 额定相关色温 5000K | 5028 ± 283 |
| | | 额定相关色温 5700K | 5665 ± 355 |
| | | 额定相关色温 6500K | 6530 ± 510 |

## （三）LED 道路/隧道照明产品

### 1. 适用范围

本部分针对道路和隧道照明，规定了 LED 道路和隧道照明产品的基本技术要求，其中包括产品的规格分类、初始光通量、初始光效和光通维持率等基本光学性能指标，电气安全要求及无线电骚扰特性等。

本规则适用于额定电压 220V、频率 50Hz 交流供电的 LED 道路/隧道照明产品。

本规则不适用于直流或太阳能、风能供电的 LED 道路/隧道照明产品。

### 2. 相关技术要求

产品的基本技术要求如下。

（1）适用电压范围：额定电压 90% ~106% 范围内应能正常工作；

（2）适用环境要求：-20℃ ~50℃的条件下应能正常工作，同时尚应满足具体使用地的环境温度、湿度和腐蚀性等其他特殊要求；

（3）安全指标：达到表 5 中各项规定；

（4）基本性能要求：满足表 6 的规定；

（5）寿命：不低于 30000h。

**表 5　LED 道路/隧道照明产品安全指标要求**

| 序号 | 评定参数 | 指标要求 |
|---|---|---|
| 1 | 安全要求 | 采用 GB7000.5-2007 的规定条款；<br>防尘、防固体异物和防水等级应为 IP65 或 IP66；<br>产品标记除满足 GB7000.5-2007 的条款规定外，尚应提供额定光通量、额定相关色温等信息 |
| 2 | 骚扰电压 | 符合 GB17743-2007 的要求 |
| 3 | 谐波电流限值 | 符合 GB17625.1-2003 的要求 |
| 4 | 浪涌试验 | 符合 GB18595-2001 的要求 |

**表 6　LED 道路/隧道照明产品基本性能要求**

| 序号 | 评定参数 | | 指标要求 |
|---|---|---|---|
| 1 | 功率 | [（实测功率 - 标称功率）/标称功率 ×100%] | ≤15% |
| 2 | 功率因数 | 实测值 | ≥0.95 |
| | | （宣称值 - 实测值） | ≤0.05 |
| 3 | 额定光通量 | 3000/5400/9000/14000 | |

（续）

| 序号 | 评定参数 | | 指标要求 |
| --- | --- | --- | --- |
| 4 | 初始光通量 | （初始光通量/额定光通量×100%） | ≥90%且≤120% |
| 5 | 初始光效 | 额定相关色温（CCT）≤3300K | ≥80 |
| | | 3500K<CCT≤6500K | ≥85 |
| 6 | 光通维持率 | 3000hrs | ≥96% |
| | | 6000hrs | ≥92% |
| | | 10000hrs | ≥86% |
| 7 | 额定相关色温 | 步长 | 100K |
| | | 限值 | ≤6500K |
| 8 | 初始相关色温 | 初始相关色温－额定相关色温（T） | $\leq 0.0000108 \times T^2 + 0.0262 \times T + 8$ |
| 9 | 配光分布 | LED道路照明产品 | 达到《CJJ45-2006城市道路照明设计标准》照明设计要求 |
| | | LED隧道照明产品 | 达到《JTJ026.1-1999公路隧道通风照明设计规范》照明设计要求 |

## 三、试验方法

### （一）安全要求测试

对反射型自镇流LED照明产品、LED道路/隧道照明产品和LED筒灯，分别参照GB 24906-2010和GB7000.1进行测试。

### （二）电磁兼容测试

LED照明产品的骚扰电压、输入谐波电流限值和浪涌试验分别按照GB 17743、GB17625.1和GB/T 17626.5进行测试。

### （三）光电性能测试

#### 1. 试验一般要求

（1）实验室环境条件

光电参数测量应在环境温度25℃ ±1℃，相对湿度最大为65 %的无对流风的环境中进行。寿命试验环境温度为25℃±15℃，应该保证照明产品周围的气流是由该产品所造成的正常对流气流，不允许有照明产品的振动和冲击。

（2）电源电压要求

产品测试所用的电源应该在50Hz的额定工作频率下提供220V正弦波形的电压，以保证测试过程中谐波含量不超过3%。在稳定期间，电源电压应稳定在额定值的±0.5%范围内；测量时，电源电压应稳定在额定值的±0.2%范围内；寿命试验的电源电压应稳定在±2%以内。

#### 2. 老炼和寿命试验

在满负荷条件下进行老炼和寿命试验，试验中反射型自镇流LED照明产品和LED筒灯为连续点灯，LED道路/隧道照明产品为燃点11.5h，关断0.5h，关断时间不计入老炼和寿命时间。

#### 3. 稳定判定条件

稳定时间随产品不同而不同，稳定状态通过如下方法判定：30分钟内对光输出和电功率进行至少3次读数，以15分钟的读数计算，光输出和电功率的偏差应低于0.5%。

#### 4. 电参数的试验

反射型自镇流LED灯老炼1000h后，用数字功率计测量灯功率、线路功率因数。

#### 5. 光度参数的试验

（1）光通量和颜色参数的试验

产品在经过老炼规定时间后达到稳定工作状态时使用积分球测试系统或分布光度计测试系统测试产品的光通量和颜色参数，其中，LED 道路/隧道照明产品的光通量应采用分布光度计测试系统进行测定，测试参照 GB/T 9468。

（2）光通维持率的试验

按照规定进行 LED 照明产品的光通测量试，光通维持率由一定时间光通量和初始光通量计算得出。

（3）光束角和中心光强

对反射型自镇流 LED 灯老炼 1000h 后，在产品光电性能稳定后参照进行 GB/T 19658 测试。

## 四、参考和引用标准

GB 24906—2010　普通照明用 50V 以上自镇流 LED 灯 安全要求

GB7000. 1—2007　灯具 第 1 部分：一般要求与试验

GB7000. 5—2005　道路与街路照明灯具　安全要求

GB7000. 201—2008　灯具 第 2-1 部分：特殊要求 固定式通用灯具

GB7000. 202—2008　灯具 第 2-2 部分：特殊要求 嵌入式灯具

GB 17743—2007　电气照明和类似设备的无线电骚扰特性的限值和测量方法

GB 17625. 1—2003　电磁兼容 限值 谐波电流发射限值（设备每相输入电流≤16A）

GB/T 18595—2001　一般照明用设备电磁兼容抗扰度要求

GB/T 17626. 5—1999　电磁兼容 试验和测量技术 浪涌（冲击）抗扰度试验

IESNA LM—79—08　IES Approved Method for the Electrical and Photometric Measurements of Solid-State Lighting Products

GB/T 9468—2008　灯具分布光度测量的一般要求

GB/T 19658—2005　反射灯中心光强和光束角的测量方法

ENERGY STAR Program Requirements for Luminaires Eligibility Criteria — Version 1. 0, DRAFT 1

ANSI C78. 377—08　Specifications for the Chromaticity of Solid State Lighting Products

CJJ 45—2006　城市道路照明设计标准

JTJ 026. 1—1999　公路隧道通风照明设计规范

**附表 1　LED 照明产品中心光强最低要求（cd）**

| MR16 | | | | | | | |
|---|---|---|---|---|---|---|---|
| | | 初始光通量（lm） | | | | | |
| | | 150 | 250 | 300 | 350 | 400 | 500 |
| 光束角（°） | 10 | 2387 | 3592 | 4305 | 5079 | 5900 | 7598 |
| | 20 | 996 | 1498 | 1796 | 2119 | 2461 | 3169 |
| | 30 | 505 | 760 | 911 | 1075 | 1248 | 1607 |
| | 40 | 311 | 469 | 562 | 663 | 770 | 992 |
| | 50 | 234 | 352 | 421 | 497 | 578 | 744 |
| | 60 | 213 | 321 | 384 | 454 | 527 | 679 |

| PAR20 | | | | | |
|---|---|---|---|---|---|
| | | 初始光通量（lm） | | | |
| | | 300 | 350 | 400 | 500 |
| 光束角（°） | 10 | 1922 | 2239 | 2601 | 3478 |
| | 20 | 894 | 1042 | 1210 | 1618 |
| | 30 | 494 | 578 | 671 | 898 |
| | 40 | 328 | 382 | 444 | 593 |
| | 50 | 258 | 301 | 350 | 468 |
| | 60 | 243 | 283 | 329 | 440 |

（续）

| PAR30 | | | | | | | | |
|---|---|---|---|---|---|---|---|---|
| | | 初始光通量（lm） | | | | | | |
| | | 400 | 500 | 650 | 750 | 900 | 1000 | 1250 |
| 光束角（°） | 10 | 4371 | 5549 | 7760 | 9561 | 12786 | 15289 | 22686 |
| | 20 | 20 | 1893 | 2403 | 3360 | 4140 | 5536 | 6620 |
| | 30 | 30 | 977 | 1240 | 1734 | 2137 | 2858 | 3417 |
| | 40 | 40 | 601 | 763 | 1067 | 1315 | 1758 | 2103 |
| | 50 | 50 | 441 | 560 | 783 | 964 | 1290 | 1542 |
| | 60 | 60 | 386 | 489 | 685 | 843 | 1128 | 1349 |
| PAR38 | | | | | | | | |
| | | 初始光通量（lm） | | | | | | |
| | | 650 | 750 | 900 | 1000 | 1250 | 1500 | 1800 |
| 光束角（°） | 10 | 8922 | 10544 | 13245 | 15191 | 20311 | 25199 | 29575 |
| | 20 | 3647 | 4310 | 5414 | 6210 | 8303 | 10301 | 12090 |
| | 30 | 1777 | 2100 | 2638 | 3026 | 4046 | 5020 | 5891 |
| | 40 | 1032 | 1220 | 1533 | 1758 | 2350 | 2916 | 3423 |
| | 50 | 715 | 845 | 1061 | 1217 | 1628 | 2020 | 2370 |
| | 60 | 590 | 698 | 876 | 1005 | 1334 | 1667 | 1957 |

注：其他光束角和初始光通量的 LED 照明产品的中心光强最低值可根据附表采用差值计算。

# 国务院关于进一步加大工作力度确保实现“十一五”节能减排目标的通知

国发［2010］12号

各省、自治区、直辖市人民政府，国务院各部委、各直属机构：

2006年以来，各地区、各部门认真贯彻落实科学发展观，把节能减排作为调整经济结构、转变发展方式的重要抓手，加大资金投入，强化责任考核，完善政策机制，加强综合协调，节能减排工作取得重要进展。全国单位国内生产总值能耗累计下降14.38%，化学需氧量排放总量下降9.66%，二氧化硫排放总量下降13.14%。但要实现“十一五”单位国内生产总值能耗降低20%左右的目标，任务还相当艰巨。为进一步加大工作力度，确保实现“十一五”节能减排目标，现就有关事项通知如下：

一、增强做好节能减排工作的紧迫感和责任感。“十一五”节能减排指标是具有法律约束力的指标，是政府向全国人民作出的庄严承诺，是衡量落实科学发展观、加快调整产业结构、转变发展方式成效的重要标志，事关经济社会可持续发展，事关人民群众切身利益，事关我国的国际形象。当前，节能减排形势十分严峻，特别是2009年第三季度以来，高耗能、高排放行业快速增长，一些被淘汰的落后产能死灰复燃，能源需求大幅增加，能耗强度、二氧化硫排放量下降速度放缓甚至由降转升，化学需氧量排放总量下降趋势明显减缓。为应对全球气候变化，我国政府承诺到2020年单位国内生产总值二氧化碳排放要比2005年下降40%～45%，节能提高能效的贡献率要达到85%以上，这也给节能减排工作带来巨大挑战。各地区、各部门要充分认识加强节能减排工作的重要性和紧迫性，切实增强使命感和责任感，下更大决心，花更大气力，果断采取强有力、见效快的政策措施，打好节能减排攻坚战，确保实现“十一五”节能减排目标。

二、强化节能减排目标责任。组织开展对省级政府2009年节能减排目标完成情况和措施落实情况及“十一五”目标完成进度的评价考核，考核结果向社会公告，落实奖惩措施，加大问责力度。及时发布2009年全国和各地区单位国内生产总值能耗、主要污染物排放量指标公报，以及2010年上半年全国单位国内生产总值能耗、主要污染物排放量指标公报。各地区要按照节能减排目标责任制的要求，一级抓一级，层层抓落实，组织开展本地区节能减排目标责任评价考核工作，对未完成目标的地区进行责任追究。到“十一五”末，要对节能减排目标完成情况算总账，实行严格的问责制，对未完成任务的地区、企业集团和行政不作为的部门，都要追究主要领导责任，根据情节给予相应处分。各地区“十二五”节能目标任务的确定要以2005年为基数。各省级政府要在5月底前，将本地区2010年节能减排目标和实施方案报国务院。

三、加大淘汰落后产能力度。2010年关停小火电机组1000万千瓦，淘汰落后炼铁产能2500万吨、炼钢600万吨、水泥5000万吨、电解铝33万吨、平板玻璃600万重箱、造纸53万吨。各省级政府要抓紧制定本地区今年淘汰落后产能任务，将任务分解到市、县和有关企业，并于5月20日前报国务院有关部门。有关部门要在5月底前下达各地区淘汰落后产能任务，公布淘汰落后产能企业名单，确保落后产能在第三季度前全部关停。加强淘汰落后产能核查，对未按期完成淘汰落后产能任务的地区，严格控制国家安排的投资项目，实行项目“区域限批”，暂停对该地区项目的环评、供地、核准和审批。对未按规定期限淘汰落后产能的企业，依法吊销排污许可证、生产许可证、安全生产许可证，投资管理部门不予审批和核准新的投资项目，国土资源管理部门不予批准新增用地，有关部门依法停止落后产能生产的供电供水。

四、严控高耗能、高排放行业过快增长。严格控制“两高”和产能过剩行业新上项目。各级投资主管部门要进一步加强项目审核管理，今年内不再审批、核准、备案“两高”和产能过剩行业扩大产能项目。未通过环评、节能审查和土地预审的项目，一律不准开工建设。对违规在建项目，有关部门要责令停止建设，金融机构一律不得发放贷款。对违规建成的项目，要责令停止生产，金融机构一律不得发放流动资金贷款，有关部门要停止供电供水。落实限制“两高”产品出口的各项政策，控制“两高”产品出口。

五、加快实施节能减排重点工程。安排中央预算内投资333亿元、中央财政资金500亿元，重点支持十大重点节能工程建设、循环经济发展、淘汰落后产能、城镇污水垃圾处理、重点流域水污染治理，以及节能环保能力建设等，形成年节能能力8000万吨标准煤，新增城镇污水日处理能力1500万吨、垃圾日处理能力6万吨。各地区要将节能减排指标落实到具体项目，节能减排专项资金要向能直接形成节能减排能力的项目倾斜，尽早下达资金，尽快形成节能减排能力。有关部门要在6月中旬前出台加快推行合同能源管理，促进节能服务产业发展的相关配套政策，对节能服务公司为企业实施节能改造给予支持。

六、切实加强用能管理。要加强对各地区综合能源消费量、高耗能行业用电量、高耗能产品产量等情况的跟踪监测，对能源消费和高耗能产业增长过快的地区，合理控制能源供应，切实改变敞开口子供应能源、无节制使用能源的现象。大力推进节能发电调度，加强电力需求侧管理，制定和实施有序用电方案，在保证合理用电需求的同时，要压缩高耗能、高排放企业用电。对能源消耗超过已有国家和地方单位产品能耗（电耗）限额标准的，实行惩罚性价格政策，具体由省级政府有关部门提出意见。省级节能主管部门组织各级节能监察机构于今年6月底前对重点用能单位上一年度和今年上半年主要产品能源消耗情况进行专项能源监察审计，提出超能耗（电耗）限额标准的企业和产品名单，实行惩罚性电价，对超过限额标准一倍以上的，比照淘汰类电价加价标准执行。加强城市照明管理，严格控制公用设施和大型建筑物装饰性景观照明能耗。



七、强化重点耗能单位节能管理。突出抓好千家企业节能行动，公告考核结果，强化目标责任，加强用能管理，提高用能水平，确保形成2000万吨标准煤的年节能能力。省级节能主管部门要加强对年耗能5000吨标准煤以上重点用能单位的节能监管，落实能源利用状况报告制度，推进能效水平对标活动，开展节能管理师和能源管理体系试点。已经完成“十一五”节能任务的用能单位，要继续狠抓节能不放松，为完成本地区节能任务多做贡献；尚未完成任务的用能单位，要采取有力措施，确保完成“十一五”节能任务。中央和地方国有企业都要发挥表率作用，加大节能投入，加强管理，对完不成节能减排目标和存在严重浪费能源资源的，在经营业绩考核中实行降级降分处理，并与企业负责人绩效薪酬紧密挂钩。

八、推动重点领域节能减排。加强电力、钢铁、有色、石油石化、化工、建材等重点行业节能减排管理，加大用先进适用技术改造传统产业的力度。加强新建建筑节能监管，到2010年底，全国城镇新建建筑执行节能强制性标准的比例达到95%以上，完成北方采暖地区居住建筑供热计量及节能改造5000万平方米，确保完成“十一五”期间1.5亿平方米的改造任务。夏季空调温度设置不低于26摄氏度。加强车辆用油定额考核，严格执行车辆燃料消耗量限值标准，对客车实载率低于70%的线路不得投放新的运力。推行公路甩挂运输，加快铁路电气化建设和运输装备改造升级，优化民航航路航线。开展节约型公共机构示范单位建设活动，2010年公共机构能源消耗指标要在去年基础上降低5%。加强流通服务业节能减排工作。加大汽车、家电以旧换新力度。抓好“三河三湖”、松花江等重点流域水污染治理。做好重金属污染治理工作。抓好农村环境综合整治。支持军队加快实施节能减排技术改造。

九、大力推广节能技术和产品。发布国家重点节能技术推广目录（第三批）。继续实施“节能产品惠民工程”，在加大高效节能空调推广的基础上，全面推广节能汽车、节能电机等产品，继续做好新能源汽车示范推广，5月底前有关部门要出台具体的实施细则。推广节能灯1.5亿只以上，东中部地区和有条件的西部地区城市道路照明、公共场所、公共机构全部淘汰低效照明产品。扩大能效标识实施范围，发布第七批能效标识产品目录。落实政府优先和强制采购节能产品制度，完善节能产品政府采购清单动态管理。

十、完善节能减排经济政策。深化能源价格改革，调整天然气价格，推行居民用电阶梯价格，落实煤层气、天然气发电上网电价和脱硫电价政策，出台鼓励余热余压发电上网和价格政策。对电解铝、铁合金、钢铁、电石、烧碱、水泥、黄磷、锌冶炼等高耗能行业中属于产业结构调整指导目录限制类、淘汰类范围的，严格执行差别电价政策。各地可在国家规定基础上，按照规定程序加大差别电价实施力度，大幅提高差别电价加价标准。加大污水处理费征收力度，改革垃圾处理费收费方式。积极落实国家支持节能减排的所得税、增值税等优惠政策，适时推进资源税改革。尽快出台排污权有偿使用和交易指导意见。深化生态补偿试点，完善生态补偿机制。开展环境污染责任保险。金融机构要加大对节能减排项目的信贷支持。

十一、加快完善法规标准。尽快出台固定资产投资项目节能评估和审查管理办法，抓紧完成城镇排水与污水处理条例的审查修改，做好大气污染防治法（修订）、节约用水条例、生态补偿条例的研究起草工作。研究制定重点用能单位节能管理办法、能源计量监督管理办法、节能产品认证管理办法、主要污染物排放许可证管理办法等。完善单位产品能耗限额标准、用能产品能效标准、建筑能耗标准等。

十二、加大监督检查力度。在今年第三季度，国务院组成工作组，对部分地区贯彻落实本通知精神情况进行检查。各级政府要组织开展节能减排专项督察，严肃查处违规乱上“两高”项目、淘汰落后产能进展滞后、减排设施不正常运行及严重污染环境等问题，彻底清理对高耗能企业和产能过剩行业电价优惠政策，发现一起，查处一起，对重点案件要挂牌督办，对有关责任人要严肃追究责任。要组织节能监察机构对重点用能单位开展拉网式排查，严肃查处使用国家明令淘汰的用能设备或生产工艺、单位产品能耗超限额标准用能等问题，情节严重的，依法责令停业整顿或者关闭。开展酒店、商场、办公楼等公共场所空调温度以及城市景观过度照明检查。继续深入开展整治违法排污企业保障群众健康环保专项行动。发挥职工监督作用，加强职工节能减排义务监督员队伍建设。

十三、深入开展节能减排全民行动。加强能源资源和生态环境国情宣传教育，进一步增强全民资源忧患意识、节约意识和环保意识。组织开展好2010年全国节能宣传周、世界环境日等活动。在企业、机关、学校、社区、军营等开展广泛深入的“节能减排全民行动”，普及节能环保知识和方法，推介节能新技术、新产品，倡导绿色消费、适度消费理念，加快形成有利于节约资源和保护环境的消费模式。新闻媒体要加大节能减排宣传力度，在重要栏目、重要时段、重要版面跟踪报道各地区落实本通知要求采取的行动，宣传先进经验，曝光反面典型，充分发挥舆论宣传和监督作用。

十四、实施节能减排预警调控。要做好节能减排形势分析和预警预测。各地区要在6月底前制定相关预警调控方案，在第三季度组织开展“十一五”节能减排目标完成情况预考核；对完成目标有困难的地区，要及时启动预警调控方案。

各地区、各部门要把节能减排放在更加突出的位置，切实加强组织领导。地方各级人民政府对本行政区域节能减排负总责，政府主要领导是第一责任人。发展改革委要加强节能减排综合协调，指导推动节能降耗工作，环境保护部要做好减排的协调推动工作，统计局要加强能源监测和统计。有关部门在各自的职责范围内做好节能减排工作，加强对各地区贯彻落实本通知精神的督促检查，确保实现“十一五”节能减排目标。

国务院

二〇一〇年五月四日

# 国务院办公厅转发关于加快推行合同能源管理促进节能服务产业发展意见的通知

国办发［2010］25号

各省、自治区、直辖市人民政府，国务院各部委、各直属机构：

发展改革委、财政部、人民银行、税务总局《关于加快推行合同能源管理促进节能服务产业发展的意见》已经国务院同意，现转发给你们，请认真贯彻执行。

国务院办公厅

二〇一〇年四月二日

**附件：关于加快推行合同能源管理促进节能服务产业发展的意见**

# 关于加快推行合同能源管理促进节能服务产业发展的意见

发展改革委 财政部 人民银行 税务总局



根据《中华人民共和国节约能源法》和《国务院关于加强节能工作的决定》（国发［2006］28号）、《国务院关于印发节能减排综合性工作方案的通知》（国发［2007］15号）等文件精神，为加快推行合同能源管理，促进节能服务产业发展，现提出以下意见：

## 一、充分认识推行合同能源管理、发展节能服务产业的重要意义

合同能源管理是发达国家普遍推行的、运用市场手段促进节能的服务机制。节能服务公司与用户签订能源管理合同，为用户提供节能诊断、融资、改造等服务，并以节能效益分享方式回收投资和获得合理利润，可以大大降低用能单位节能改造的资金和技术风险，充分调动用能单位节能改造的积极性，是行之有效的节能措施。我国上世纪90年代末引进合同能源管理机制以来，通过示范、引导和推广，节能服务产业迅速发展，专业化的节能服务公司不断增多，服务范围已扩展到工业、建筑、交通、公共机构等多个领域。2009年，全国节能服务公司达502家，完成总产值580多亿元，形成年节能能力1350万吨标准煤，对推动节能改造、减少能源消耗、增加社会就业发挥了积极作用。但也要看到，我国合同能源管理还没有得到足够的重视，节能服务产业还存在财税扶持政策少、融资困难以及规模偏小、发展不规范等突出问题，难以适应节能工作形势发展的需要。加快推行合同能源管理，积极发展节能服务产业，是利用市场机制促进节能减排、减缓温室气体排放的有力措施，是培育战略性新兴产业、形成新的经济增长点的迫切要求，是建设资源节约型和环境友好型社会的客观需要。各地区、各部门要充分认识推行合同能源管理、发展节能服务产业的重要意义，采取切实有效措施，努力创造良好的政策环境，促进节能服务产业加快发展。

## 二、指导思想、基本原则和发展目标

### （一）指导思想

高举中国特色社会主义伟大旗帜，以邓小平理论和“三个代表”重要思想为指导，深入贯彻落

实科学发展观，充分发挥市场机制作用，加强政策扶持和引导，积极推行合同能源管理，加快节能新技术、新产品的推广应用，促进节能服务产业发展，不断提高能源利用效率。

### （二）基本原则

一是坚持发挥市场机制作用。充分发挥市场配置资源的基础性作用，以分享节能效益为基础，建立市场化的节能服务机制，促进节能服务公司加强科技创新和服务创新，提高服务能力，改善服务质量。

二是加强政策支持引导。通过制定完善激励政策，加强行业监管，强化行业自律，营造有利于节能服务产业发展的政策环境和市场环境，引导节能服务产业健康发展。

### （三）发展目标

到2012年，扶持培育一批专业化节能服务公司，发展壮大一批综合性大型节能服务公司，建立充满活力、特色鲜明、规范有序的节能服务市场。到2015年，建立比较完善的节能服务体系，专业化节能服务公司进一步壮大，服务能力进一步增强，服务领域进一步拓宽，合同能源管理成为用能单位实施节能改造的主要方式之一。

## 三、完善促进节能服务产业发展的政策措施

### （一）加大资金支持力度

将合同能源管理项目纳入中央预算内投资和中央财政节能减排专项资金支持范围，对节能服务公司采用合同能源管理方式实施的节能改造项目，符合相关规定的，给予资金补助或奖励。有条件的地方也要安排一定资金，支持和引导节能服务产业发展。

### （二）实行税收扶持政策

在加强税收征管的前提下，对节能服务产业采取适当的税收扶持政策。

一是对节能服务公司实施合同能源管理项目，取得的营业税应税收入，暂免征收营业税，对其无偿转让给用能单位的因实施合同能源管理项目形成的资产，免征增值税。

二是节能服务公司实施合同能源管理项目，符合税法有关规定的，自项目取得第一笔生产经营收入所属纳税年度起，第一年至第三年免征企业所得税，第四年至第六年减半征收企业所得税。

三是用能企业按照能源管理合同实际支付给节能服务公司的合理支出，均可以在计算当期应纳税所得额时扣除，不再区分服务费用和资产价款进行税务处理。

四是能源管理合同期满后，节能服务公司转让给用能企业的因实施合同能源管理项目形成的资产，按折旧或摊销期满的资产进行税务处理。节能服务公司与用能企业办理上述资产的权属转移时，也不再另行计入节能服务公司的收入。

上述税收政策的具体实施办法由财政部、税务总局会同发展改革委等部门另行制定。

### （三）完善相关会计制度

各级政府机构采用合同能源管理方式实施节能改造，按照合同支付给节能服务公司的支出视同能源费用进行列支。事业单位采用合同能源管理方式实施节能改造，按照合同支付给节能服务公司的支出计入相关支出。企业采用合同能源管理方式实施节能改造，如购建资产和接受服务能够合理区分且单独计量的，应当分别予以核算，按照国家统一的会计准则制度处理；如不能合理区分或虽能区分但不能单独计量的，企业实际支付给节能服务公司的支出作为费用列支，能源管理合同期满，用能单位取得相关资产作为接受捐赠处理，节能服务公司作为赠与处理。

### （四）进一步改善金融服务

鼓励银行等金融机构根据节能服务公司的融资需求特点，创新信贷产品，拓宽担保品范围，简化申请和审批手续，为节能服务公司提供项目融资、保理等金融服务。节能服务公司实施合同能源管理项目投入的固定资产可按有关规定向银行申请抵押贷款。积极利用国外的优惠贷款和赠款加大对合同能源管理项目的支持。

## 四、加强对节能服务产业发展的指导和服务

### （一）鼓励支持节能服务公司做大做强

节能服务公司要加强服务创新，加强人才培养，加强技术研发，加强品牌建设，不断提高综合实力和市场竞争力。鼓励节能服务公司通过兼并、联合、重组等方式，实行规模化、品牌化、网络化经营，形成一批拥有知名品牌，具有较强竞争力的大型服务企业。鼓励大型重点用能单位利用自己的技术优势和管理经验，组建专业化节能服务公司，为本行业其他用能单位提供节能服务。

### （二）发挥行业组织的服务和自律作用

节能服务行业组织要充分发挥职能作用，大力开展业务培训，加快建设信息交流平台，及时总结推广业绩突出的节能服务公司的成功经验，积极开展节能咨询服务。要制定节能服务行业公约，建立健全行业自律机制，提高行业整体素质。

### （三）营造节能服务产业发展的良好环境

地方各级人民政府要将推行合同能源管理、发展节能服务产业纳入重要议事日程，加强领导，精心组织，务求取得实效。政府机构要带头采用合同能源管理方式实施节能改造，发挥模范表率作用。各级节能主管部门要采取多种形式，广泛宣传推行合同能源管理的重要意义和明显成效，提高全社会对合同能源管理的认知度和认同感，营造推行合同能源管理的有利氛围。要加强用能计量管理，督促用能单位按规定配备能源计量器具，为节能服务公司实施合同能源管理项目提供基础条件。要组织实施合同能源管理示范项目，发挥引导和带动作用。要加强对节能服务产业发展规律的研究，积极借鉴国外的先进经验和有益做法，协调解决产业发展中的困难和问题，推进产业持续健康发展。

# 关于印发半导体照明节能产业发展意见的通知

发改环资［2009］2441号

各省、自治区、直辖市及计划单列市、副省级省会城市、新疆生产建设兵团发展改革委、经贸委（经委、经信委、工信委、工信厅）、科技厅（科委）、财政厅（局）、住房城乡建设厅（建委、建设局）、质量技术监督局：

为推动我国半导体照明节能产业健康有序发展，培育新的经济增长点，扩大消费需求，促进节能减排，国家发展改革委、科技部、工业和信息化部、财政部、住房城乡建设部、国家质检总局联合制定了《半导体照明节能产业发展意见》。现印发给你们，请结合实际贯彻落实。

附件：半导体照明节能产业发展意见

国家发展和改革委员会
科学技术部
工业和信息化部
财政部
住房和城乡建设部
国家质量监督检验检疫总局
二〇〇九年九月二十二日

**附件：半导体照明节能产业发展意见**

## 半导体照明节能产业发展意见

半导体照明是继白炽灯、荧光灯之后照明光源的又一次革命。半导体照明技术发展迅速、应用领域广泛、产业带动性强、节能潜力大，被各国公认为最有发展前景的高效照明产业。为推动我国半导体照明节能产业健康有序发展，培育新的经济增长点，扩大消费需求，促进节能减排，特制订本意见。

## 一、半导体照明节能产业发展现状与趋势

半导体照明亦称固态照明，是指用固态发光器件作为光源的照明，包括发光二极管（LED）和有机发光二极管（OLED），具有耗电量少、寿命长、色彩丰富、耐震动、可控性强等特点。上游产业外延材料与芯片制造，属于技术和资金密集行业；中游产业器件与模块封装以及下游产业显示与照明应用，属于技术和劳动密集行业。

20世纪90年代以来，半导体照明技术不断突破，应用领域日益扩展。在指示、显示领域的技术基本成熟，已得到广泛应用；在中大尺寸背光源领域的技术日趋成熟，市场占有率逐步提高；在功能性照明领域的技术刚刚起步，处于试点示范阶段。此外，医疗、农业等特殊领域的半导体照明技术方兴未艾。

近几年，半导体照明产业发展迅速，美国、日本、欧洲、韩国、我国台湾地区在不同领域具有较

强优势，全球产值年增长率保持在 20% 以上。我国先后启动了绿色照明工程、半导体照明工程，在十大重点节能工程、高技术产业化示范工程、企业技术升级和结构调整专项、863 计划新材料领域中先后支持半导体照明技术的研发和产业化项目，具备了较好的研发基础，初步形成了完整的产业链，并在下游集成应用方面具有一定优势。2008 年我国半导体照明总产值近 700 亿元，其中芯片产值 19 亿元，封装产值 185 亿元，应用产品产值 450 亿元。从长远发展看，世界照明工业正在转型，许多国家提出淘汰白炽灯、推广节能灯计划，将半导体照明节能产业作为未来新的经济增长点。随着我国产业结构调整、发展方式转变进程的加快，半导体照明节能产业作为节能减排的重要措施迎来了新的发展机遇期。

## 二、半导体照明节能产业发展存在的主要问题

虽然我国半导体照明节能产业发展取得积极进展，但是还面临着许多急需解决的问题。

### （一）专利和核心技术缺乏

目前半导体照明的主流技术专利多为发达国家所控制，企业发展面临的专利风险日益加大。核心装备 MOCVD（金属有机源化学气相沉积设备）基本依赖进口。研发投入不足，缺乏支持基础理论研究的长效机制，共性技术研发平台尚不完善，关键技术研发没有形成合力。

### （二）产业整体水平较低

我国半导体照明生产企业超过 3000 家，其中 70% 集中于下游产业，且技术水平和产品质量参差不齐。国产 LED 外延材料、芯片以中低档为主，80% 以上的功率型 LED 芯片、器件依赖进口。企业规模小，集中度低，产品不定型，不利于形成竞争优势和知名品牌。





### （三）标准和检测体系尚未建立

检测设备、检测方法研发和标准制定工作不能适应产业快速发展的要求。半导体照明产品的标准与检测体系建设亟待完善，权威检测平台尚未建立，无法对现有半导体照明产品进行质量评价或认证。

### （四）低水平盲目投资现象严重

目前不少地方将半导体照明节能产业作为发展的重点产业，加大支持力度，但也同时存在盲目投资、低水平建设的现象，一些地方政府不顾经济效益对道路照明进行盲目改造，过度投入景观照明，导致产业无序竞争，产品质量良莠不齐，资源浪费严重，影响消费者信心，不利于产业健康发展。

## 三、半导体照明节能产业发展的指导思想、基本原则、发展目标及重点领域

### （一）指导思想

全面落实科学发展观，围绕扩内需、保增长、调结构、惠民生，大力实施绿色照明工程，以增强自主创新能力和扩大绿色消费需求为主线，以抢占未来竞争制高点为目标，以市场为导向、以企业为主体、以试点示范工程为依托，以改善制约产业发展环境为手段，形成一批拥有自主知识产权、知名品牌和较强市场竞争力的骨干企业，实现技术上的重点突破和产业上的重点跨越，培育振兴我国半导体照明节能产业，推动节能减排，促进经济平稳较快发展。

### （二）基本原则

坚持扩大内需与长远发展相结合。发展半导体照明节能产业代表世界照明工业的未来发展方向，不仅是应对金融危机、保持经济平稳较快发展的重要突破口，也是催生新技术革命、培育新兴产业、促进节能减排、应对全球气候变化的重要途径。坚持产业发展与结构优化相结合。发展半导体照明节能产业，要从区域产业实际出发，注重推动传统照明行业的结构优化，提升半导体照明上下游企业的资源整合和产业集中，带动关联产业的协同发展，实现区域产业结构的优化升级。

坚持技术引领与需求带动相结合。半导体照明节能产业要以技术创新为支撑、社会需求为导向谋求发展。企业在遵循产业发展规律、增强自主创新能力的同时，要努力把握市场脉搏，积极拓展消费市场，形成以市场应用促进科技创新、以科技创新带动市场需求的良性循环。

坚持政府引导与市场机制相结合。发展半导体照明节能产业要在政府宏观政策引导下充分发挥市场配置资源的基础性作用，创新体制机制，形成有利于产业发展的政策环境和市场环境，调动市场主体的积极性。

### （三）发展目标

到 2015 年，半导体照明节能产业产值年均增长率在 30% 左右；产品市场占有率逐年提高，功能性照明达到 20% 左右，液晶背光源达到 50% 以上，景观装饰等产品市场占有率达到 70% 以上；企业自主创新能力明显增强，大型 MOCVD 装备、关键原材料以及 70% 以上的芯片实现国产化，上游芯片规模化生产企业 3 ~ 5 家；产业集中度显著提高，拥有自主品牌、较大市场影响力的骨干龙头企业 10 家左右；初步建立半导体照明标准体系；实现年节电 400 亿千瓦时，相当于年减排二氧化碳 4000 万吨。

### （四）重点领域

技术与装备。支持 MOCVD 装备、新型衬底、高纯 MO 源（金属有机源）等关键设备与材料的研发；开展氮化镓材料、OLED 材料与器件的基础性研发；支持半导体照明应用基础理论研究，包括光度学、色度学、测量学等；攻克半导体照明产业化共性关键技术，包括大功率芯片和器件、驱动电路及标准化模组、系统集成与应用等技术。

照明产品。开发和推广替代白炽灯、卤钨灯等节能效果显著、性价比高的半导体照明定型产品；开发和推广停车场、隧道、道路等性能要求高、照明时间长的功能性半导体照明定型产品；发展中大尺寸液晶显示背光源、汽车照明等增长潜力大的半导体照明产品；发展医疗、农业等特殊用途的半导体照明产品。

服务体系。完善具有国际水平的半导体照明产品检测平台；支持建立公共信息服务、跨学科设计创意以及人才培养平台；鼓励开展节能诊断、咨询评价、产品推广、宣传培训等服务；推广合同能源管理、需求侧管理等节能服务新机制。

## 四、半导体照明节能产业发展的政策措施

### （一）统筹规划，促进产业健康有序发展

各级发展改革、经贸、科技、工业和信息化、财政、住房城乡建设、质检等主管部门要按照职责分工，各司其职，加强协调，形成合力，积极推进半导体照明节能产业健康有序发展。加强对半导体照明节能产业发展的指导，严格落实国家产业政策和项目管理规定，科学规划，合理布局，避免盲目扩张和低水平重复建设，不断提高产业集中度，推动区域产业专业化、特色化、集群化发展。加强城市道路照明、景观照明新建和改建工程的论证工作，统一规划设计，避免盲目拆换和过度亮化。

## （二）继续加大半导体照明技术创新支持力度

科技部、国家发展改革委、工业和信息化部等部门要继续通过国家973计划、863计划、高技术产业化示范工程等渠道，加大对半导体照明领域的科学研究和技术应用的支持力度；有效整合和利用现有科技资源，加强国家重点实验室、国家工程实验室、国家工程中心建设，形成基础科学研究的长效机制以及成果可转移、利益可共享的合作开发机制。通过引进消化吸收再创新，联合各方集中攻克MOCVD装备等核心技术。组织实施“十城万盏”工程，结合市场需求，不断强化产品的集成创新。进一步实施专利战略，建立专利池，增强产业核心竞争力。

## （三）稳步提升半导体照明产业发展水平

国家发展改革委、财政部、科技部、工业和信息化部、住房城乡建设部等部门以及地方政府要加大投入，积极引导社会投资，重点支持有一定规模和技术实力，特别是拥有自主知识产权的企业，通过技术改造扩大生产规模，提升核心竞争力和产业化水平。组织实施半导体照明试点示范工程，通过中央预算内投资支持一批示范项目，包括道路、工矿企业、商厦和家庭等功能性照明的新建和改造，并加强监督和评估。支持优势企业兼并重组，提高产业集中度和规模化水平，培育形成一批龙头企业和知名品牌。

## （四）积极推动半导体照明标准制定、产品检测和节能认证工作

国家质检总局、国家发展改革委、财政部、工业和信息化部、科技部、住房城乡建设部要加强半导体照明产品相关基础标准、产品标准和测试方法标准的研究，加大检测设备投入，提高国家级检测机构对半导体照明产品的检验和测试能力。尽快制定出台重点支持和推广半导体照明产品的技术规范。研究建立半导体照明标准体系，逐步出台产品的检测标准、安全标准、性能标准和能效标准，积极参与国际标准制定。针对不同的半导体照明产品分重点、有步骤地研究开展节能认证工作。




## （五）积极实施促进半导体照明节能产业发展的鼓励政策

各级财税、发展改革、科技等部门要推动落实国家对生产新型节能照明产品的企业，从事国家鼓励发展的项目进口自用设备以及按照合同随设备进口的技术及配套件、备件，在规定范围内免征进口关税的优惠政策。鼓励采购国产MOCVD装备，建立使用国产装备的风险补偿机制，支持关键装备国产化。推动将半导体照明产品和关键装备列入节能环保产品目录，享受相应鼓励政策。推动将半导体照明产品纳入节能产品政府采购清单。在道路、工矿企业、商厦和家庭等领域选择推广相对成熟的半导体照明产品，条件成熟时纳入财政补贴政策支持范围。

## （六）广泛开展半导体照明节能的宣传教育和人才培养

各地区、有关部门要积极开展科学的舆论宣传，正确认识半导体照明产品的优势和不足，科学投资，理性消费，为半导体照明节能产业发展营造良好的舆论环境。抓好人才培养，支持高等院校、职业学校、研究机构开设相关学科教育。引导人才合理流动，创造良好的人才培养、引进和流动环境。

## （七）加强区域和国际间的交流与合作

有关部门要研究出台相关措施，加快海峡两岸半导体照明在标准、检测、应用等领域的交流与合作。积极推动与联合国开发计划署、全球环境基金等国际组织和有关国家政府，在逐步淘汰白炽灯、加快推广节能灯等领域的合作，提出我国逐步淘汰白炽灯、加快推广节能灯以及半导体照明产品的路线图和专项规划。开展半导体照明国际技术交流，与有关国际组织和国家建立合作机制，引进国外的先进技术和管理经验，不断拓展半导体照明国际合作的领域和范围。

# 关于进一步做好电子信息产业振兴和技术改造项目组织工作的通知

发改办高技［2009］1817号

各省、自治区、直辖市及计划单列市、新疆生产建设兵团发展改革委、工业和信息化主管部门：

《电子信息产业调整和振兴规划》颁布以来，国务院各部门、各地方高度重视规划落实工作，成效初步显现。为进一步加强对电子信息产业的技术进步和技术改造的指导，推进关键领域重点项目建设，防止低水平重复建设，发展改革委、工业和信息化部联合编制了《电子信息产业技术进步和技术改造投资方向》，现印发你们。

2011年底前，重点产业振兴和技术改造专项涉及的电子信息产业项目原则上应按本投资方向组织实施，请根据区域优势和地方发展规划，选择好发展方向和重点领域，做好项目组织工作。

附件：电子信息产业技术进步和技术改造投资方向

国家发展改革委办公厅 工业和信息化部办公厅

二〇〇九年九月三日

**附件：电子信息产业技术进步和技术改造投资方向**

## 电子信息产业技术进步和技术改造投资方向

| 项目领域 | 项目名称 | 实施内容 |
| --- | --- | --- |
| 一、半导体集成电路 | 集成电路产品设计 | 重点支持计算机及网络、通信、数字音视频用关键芯片，智能卡芯片、工业控制芯片、汽车专用芯片等设计 |
| | 集成电路芯片制造 | 重点支持8～12英寸生产线集成电路芯片制造 |
| | 集成电路封装测试 | 重点支持球栅阵列封装（BGA）、系统级封装（SIP）、芯片级封装（CSP）、方型扁平无引脚封装（QFN）、倒扣封装（flipchip）、多芯片组装（MCM）等集成电路新型封装测试 |
| | 集成电路专用材料 | 重点支持8～12英寸电子级单晶硅及硅片、光刻胶、靶材、引线框架等专用材料生产 |
| | 集成电路公共服务 | 重点支持集成电路公共服务平台、集成电路研发中心建设及应用服务 |
| | 半导体发光二极管 | 重点支持大功率、高亮度半导体发光二极管的外延片和芯片制造、封装、光源模块及相关材料等；支持半导体照明相关标准制定与公共检测平台建设 |
| | 半导体电力电子器件 | 重点支持功率场效应管（VDMOS）、绝缘栅双极型晶体管（IGBT）、快恢复二极管（FRD）等新型半导体电力电子器件的开发与产业化 |
| 二、平板显示和彩电 | TFT-LCD、PDP面板 | 重点支持规划布局内高世代TFT-LCD生产线建设和PDP生产线扩能升级 |
| | TFT-LCD、PDP模组与整机 | 重点支持规划布局内骨干企业平板模组、平板电视生产线建设，平板显示整机与模组一体化设计和制造 |
| | OLED显示产品 | 重点支持骨干企业OLED显示产品研发及产业化 |
| | 平板显示产业配套材料 | 重点支持驱动IC、LED背光源、玻璃基板等关键配套材料及专用设备研发和产业化 |

（续）

| 项目领域 | 项目名称 | 实施内容 |
|---|---|---|
| 三、通信设备 | TD-SCDMA 移动通信系统 | 重点支持 TD-SCDMA（增强型）及后续演进技术的系统、终端、核心芯片及测试设备产业化，研发测试环境及业务平台建设 |
| | 高速智能光网络 | 重点支持高速远距离智能光网络设备的产业化 |
| | FTTx 光纤接入系统及关键器件 | 重点支持 FTTx 系列光纤接入产品、高速光收/发模块、光电耦合器件、光有源器件、光电交换器件以及光无源器件和 MEMS 光开关等光通信器件的开发和生产 |
| | 宽带无线接入系统 | 重点支持具有自主知识产权的宽带无线接入系统、终端及核心芯片研发及产业化，推动新一代宽带无线接入技术（含数字集群功能）在重点领域的行业应用 |
| 四、数字音视频 | 高清播放系统及关键件 | 重点支持基于自主音视频标准的高清播放系统及关键件的研发及产业化 |
| | 数字电视前端设备 | 重点支持数字电视发射设备、演播室设备等数字电视前端设备的研发及产业化 |
| | 数字电影设备 | 重点支持高清数字投影机及关键件、数字音响系统等数字电影设备的研发及产业化 |
| | 数字电视终端 | 重点支持数字电视接收机设备（含一体机）、微型投影机、IPTV（网络电视）等终端产品的研发及应用 |
| | 数字电视公共服务平台 | 重点支持基于自主音视频标准的数字电视内容综合服务平台建设，建立数字电视专利池，制定和完善相关配套标准 |
| 五、计算机产业及下一代互联网 | 便携式计算机 | 重点支持优势企业笔记本计算机研发中心建设，以及便携式计算机产品自主设计生产、关键零部件和配套件研发产业化 |
| | 高性能计算机、服务器、工业控制计算机 | 重点支持服务器研发中心建设；高性能计算机、中高端服务器、海量存储设备、嵌入式计算机、工业控制计算机及检测产品等的自主设计生产 |
| | 计算机外部设备及耗材 | 重点支持打印机、扫描仪、移动存储、投影仪、多功能一体机等外部设备及关键零部件生产；环保彩色墨水、彩色照片喷墨纸开发生产；再生墨/粉盒生产线改扩建 |
| | 下一代互联网设备及应用 | 重点支持兼容 IPV4/IPV6 的网络互联设备、多媒体终端、网络安全设备、管理和计费设备、无线移动互联网设备、传感器网络设备、物联网开发生产及应用 |
| | 自主 CPU 计算机产业化及应用 | 重点支持采用自主 CPU 研制高性能计算机、低成本计算机、行业应用终端、税控收款机、工控机、数控系统等产品生产 |
| | 数字化 3C 产品 | 重点支持新型数字化消费电子产品（数字相机、电子书、手机电视、导航终端等）、闪联产品（计算机、电视、投影仪、网关等）、WAPI、数字家庭等产品自主研发、产业化及应用 |
| | 应用电子产品与工业监控系统 | 重点支持电子标签（RFID）、汽车电子、机床电子、医疗电子、金融电子、工业控制及检测等产品的开发、产业化及推广应用 |
| 六、软件、信息服务和信息安全 | 嵌入式软件 | 重点支持智能手机嵌入式软件、汽车电子嵌入式软件、车载信息系统软件的研发环境和服务保障体系建设 |
| | 数字内容 | 重点支持数字内容加工处理的工具、平台、环境和公共服务能力建设，支持动漫游戏等产业发展 |
| | 重点行业软件研发和示范应用 | 重点支持企业管理、产品研发、生产制造等领域的应用软件以及行业解决方案的研发和产业化。支持工业、农业以及政府部门、公共服务等重点领域国产软件的示范应用 |
| | 软件与信息技术服务公共平台 | 重点支持协同研发、标准研制及验证、软件测试与质量保障、知识产权保障、人才培训等行业公共服务支撑能力建设。建立涵盖共性技术、标准验证、软件评测、知识产权、培训共享等平台资源库。搭建分布式资源、共性技术应用、应用服务等共享环境。支持基于 SaaS 等模式的开放共享服务 |
| | 应用及管理软件公共服务平台 | 重点支持工业自动化软件研发与测试平台、汽车电子软件研发及测试平台、车载信息系统软件研发联调平台、企业管理软件研发及测试平台、信息系统集成多项目管理平台、信息系统工程监理管理平台、数据托管服务平台等 |
| | 信息安全与服务 | 重点支持防火墙、安全隔离与信息交换、通信安全、信息安全审计与监控、统一威胁管理、入侵检测/入侵防御等系统安全产品，以及网站恢复、数据备份恢复、安全操作系统、安全数据库、移动存储安全产品、可信计算等数据安全产品开发和产业化；支持系统设计、咨询、评估、检测、认证等信息安全服务业发展 |

（续）

| 项目领域 | 项目名称 | 实施内容 |
| --- | --- | --- |
| 七、电子基础产品 | 微小型表面贴装元器件 | 重点支持超小型片式多层陶瓷电容器、片式电解电容器、片式钽电容器、片式电感器、片式压电陶瓷频率器件、片式压电石英晶体器件、集成无源器件等研发和产业化 |
| | 其他新型电子元器件 | 重点支持汽车传感器、MEMS传感器及其他新型、高性能传感器，支持声表面波器件、微波介质器件等高频频率器件和无刷化、智能化的微特电机等研发和产业化 |
| | 高端印制电路板及覆铜板材料 | 重点支持高密度互联多层印制电路板、多层挠性板、刚挠印制电路板、IC封装载板、特种印制电路板；鼓励节能减排工艺发展，重点发展环保型的高性能覆铜板、特殊功能覆铜板、高性能挠性覆铜板和基板材料等研发和产业化 |
| | 新型绿色电池及材料 | 重点支持大容量、高可靠性锂离子电池和聚合物锂离子电池，氢动力电池，锂离子电池高性能/低成本正负极材料、高性能隔膜材料等研发和产业化 |
| | 其他新型电子材料 | 重点支持电子级多晶硅材料、高性能磁性材料、电子功能陶瓷材料等研发和产业化 |
| | 电子专用设备及测量仪器 | 重点支持新型电子元器件专用设备、半导体和集成电路专用设备、多晶硅和单晶硅专用设备、太阳能电池专用设备、新型显示器件专用设备，通信测试仪器、数字音视频及数字电视测试仪器、半导体和集成电路测试仪器、电子基础测试仪器等研发和产业化 |

# 科技部有关同意开展十城万盏照明工程工作的复函

国科发高［2009］189号

天津市、河北省、辽宁省、黑龙江省、上海市、江苏省、浙江省、福建省、江西省、山东省、河南省、湖北省、广东省、四川省、重庆市、陕西省人民政府：

为发挥科技支撑作用，促进经济平稳较快发展，着力突破制约产业转型升级的重要关键技术，推动节能减排，有效引导我国半导体照明应用的健康快速发展，扩大半导体照明市场规模，拉动消费需求，促进产业核心技术研发与创新能力的提高，迅速提升我国半导体照明产业的整体竞争力，经我部研究，同意在天津市、河北省石家庄市、河北省保定市、辽宁省大连市、黑龙江省哈尔滨市、上海市、江苏省扬州市、浙江省宁波市、浙江省杭州市、福建省厦门市、福建省福州市、江西省南昌市、山东省潍坊市、河南省郑州市、湖北省武汉市、广东省深圳市、广东省东莞市、四川省成都市、四川省绵阳市、重庆市、陕西省西安市等21个城市开展半导体照明应用工程（以下简称十城万盏）试点工作。

十城万盏试点工作的实施主体和责任主体是试点城市人民政府，希望你们切实加强组织领导，着力解决运营模式和产业链建设等问题，抓紧制定试点工作方案并认真组织实施，同时将试点工作中取得的经验和遇到的问题及时告我部。

二〇〇九年四月二十八日

# 第三章　地方政策汇编

## 产业规划

### 宁波市半导体照明产业发展规划纲要（节选）

（2006—2020年）

2007年5月31日，经宁波市政府批准，宁波市科技局和宁波市经委发布了《宁波市半导体照明产业发展规划纲要（2008—2020年）》，引导宁波市半导体照明技术和产业的快速发展。主要内容摘录如下：

#### 一、宁波具有较好的半导体照明产业基础

宁波LED产业以LED封装及LED照明应用为主，LED应用产品如灯具、手电筒等在国内占有重要地位。其他产业环节也有较好基础。

宁波LED产业的主要劣势在于产业层次较低、产业链不完整、企业规模较小、人力资源匮乏；面临的风险主要来自日益激烈的产业竞争、日新月异的创新步伐，以及专利、标准等方面的发展风险。



#### 二、国际产业态势

市场潜力巨大，新的产品应用领域不断涌现；产业规模不断扩大，国际知名厂商合作步伐明显加快，产业链中成熟技术逐渐向劳动力成本低的地区转移；技术创新步伐明显加快，知识产权及标准成为竞争热点；各国政府重视，研发投入加大。

#### 三、国内产业态势

市场潜力巨大，应用产品开发与示范工程建设成效显著；民间资本积极介入，产业投资力度不断增大，已有较好的产业基础；产业化关键技术及装备取得重大突破；半导体照明产业链相关资源的整合成为必然，部分区域正在形成自己的产业特色。

#### 四、规划原则

市场导向，远近兼顾；引进合作，注重创新；突出特色，重点跨跃；科学统筹，持续发展。

#### 五、目标与任务

##### （一）发展目标

第一阶段（2008年）：促进传统灯具产业的融合与升级，在LED背光等高端应用领域取得突破；

扩大封装产业规模，实现外延芯片环节零的突破；相关产业产值达到150亿元，培育应用龙头企业3~5家，封装龙头企业2~3家，外延芯片企业2~3家。

第二阶段（2010年）：在LCD背光等领域形成特色产品与核心产业；成为周边区域重要的封装生产及研发基地；扩大外延芯片产业规模；构建完善的产业配套体系，形成集群效应；相关产业产值达到350亿元，并培育一批具有国际市场竞争力的LED灯具、LCD背光以及封装、芯片企业。

第三阶段（2020年）：至2020年，产业规模超过1000亿元，并在照明、背光、景观、配套材料、控制电路等领域形成国际竞争优势，打造国内和国际半导体照明产业核心集聚区。

### （二）重点任务

三项任务：一是通过工程示范与政策引导，着眼于优势企业，促进LED与传统灯具产业的融合；二是通过招商引资与产业承接，加大薄弱环节的引进与承接，并完善产业配套体系；三是通过区域合作与专业协作，着眼于整个长三角地区整合资源，增强市场竞争能力与可持续发展能力。

五项具体工作：一是建立半导体照明产业联盟，加强产业间合作，为产业持续创新发展提供支撑平台；二是搭建公共研发创新平台，成为资源有效整合、成果中试及后期产业化示范平台；三是建设公共信息服务平台，建立围绕用户需求的全方位信息服务系统；四是建设示范引导工程，展现宁波特色、满足功能需求，起到示范带动和展示作用；五是培育跨区域合作机制，推进多层次的区域互动与合作，加大资源整合范围。

## 六、重点领域及项目

### （一）重点领域



以大功率LED为代表的封装领域；LCD面板用LED背光领域；LED照明灯具领域；电源驱动芯片及模块领域。

### （二）重点项目

上中游（外延芯片）产业项目：瞄准中高端市场，以引进为主，发展外延芯片产业；实现GaN芯片20亿只/年、四元系芯片36亿只/年以上。下游（封装）产业项目：在近期将宁波封装能力提升达36亿只/年以上，在中高端市场形成较大市场影响力；在近期形成1.2亿只/年的大功率高亮度LED的生产能力；支持相关企业取得技术突破，切入照明、汽车、背光等应用市场。

LED照明灯具项目：将宁波照明灯具中LED灯具的比例在近期提升到40%以上；提升产品档次和附加值，增强灯具产业的综合竞争力。

LCD显示器LED背光应用：发展LED背光模组，占据关键应用领域；为LCD产业的进一步发展提供配套保障，形成宁波特色的LED应用；在2008年形成15亿元以上、2010年形成60亿元以上的规模。

LED结合太阳能照明灯具项目：发展太阳能结合的LED灯具产业；发展高端产品、扩展产品领域；通过科技创新提高产品的集成技术和智能化水平；增强可靠性和太阳能电池利用效率。

半导体照明配套产品：增强大功率驱动及控制电路和模组设计、生产能力，奠定白光应用基础；LED引线框架，近期达到10亿只/年，成为重要的引线框架制造基地；2~3年形成5吨/年的键合金丝生产能力，成为国内最大的封装专用材料基地。

公共设计检测评价平台建设：建立商业化的设计、测试、评估平台。提供专业、精准、快捷的设计、测试、认证及实验室租赁服务，为LED性能测试提供技术及平台保障，解决中小企业科技人才和研发设备缺乏的困境，增强宁波LED的研发能力。

示范景观工程项目：在“三江六岸”及周边区域建设LED景观应用示范工程；建设科技节能、绿色照明的城市景观，提供更好的文化、休闲、娱乐场所，充分展现LED的特色和优势；促进相关产业的发展和产品的应用。

## 七、空间布局与运营机制

### （一）空间布局

在空间上形成以产业核心区为中心，产业辐射区和产业承接区为大规模制造基地的相互协调、合理分工、有机协作的产业布局。

产业核心区：以高新产业区为主体，瞄准技术含量高、产品附加值大、市场前景好的产业，集中一批较大规模的企业和研发、服务机构，成为研发、信息、市场、人才等服务中心。

产业辐射区：依托宁海为中心的南部地区和以余姚为中心的北部地区，以 LED 封装及应用产品制造生产为主要产业，建立完备的产业配套体系。

产业承接区：依托宁波保税区及出口加工区，承接我国台湾省等 LED 产业领先地区的产业转移，以 LED 背光源等产业为突破口，建成外向型的 LED 产业发展区。

### （二）运营机制

建立政府、行业组织、企业、研发机构、服务机构等单位分工合作、相互协调的运营机制。

## 八、保障措施

1）健全行业组织机构，完善产业服务职能；
2）以企业为主体，建立健全技术创新体系；
3）制订有效的产业促进政策，完善投、融资机制；
4）建立多层次区域互动与区域合作机制；
5）建设有效的人力资源保障体系。



# 山东省半导体照明产业发展规划（节选）

（2008—2010 年）

2008 年 3 月 3 日，山东省政府发布了由省发展改革委、信息产业厅编制了《山东省半导体照明产业发展规划（2008—2010）》，以加快山东省半导体照明产业的发展，促进产业结构的优化升级和经济发展方式的转变。主要内容摘录如下：

## 一、产业发展形势

### （一）国内外产业发展形势（略）

### （二）我省产业发展现状

我省半导体照明技术研究和产业化发展起步较早，目前产品涉及衬底材料、外延片、芯片、器件封装和应用产品等领域，在高亮度 LED、LD 外延片及芯片制造、大功率器件封装和 LED 显示屏、路灯、景观照明等已形成一定的产业优势，并具有较强的自主研发能力。在碳化硅衬底材料、高亮度红/蓝光外延片及芯片等领域，我省在技术研发和产业化方面也都处在全国先进行列。目前，半导体照明产业已在我省济南、潍坊、威海、滨州、济宁、烟台、青岛等地形成了一定的产业聚集。

但与国内先进省市相比，我省在衬底材料的产业化、外延材料和管芯制造的规模化、大功率器件的封装等方面还有一定差距，应用产品的产业规模也还很小。发展中存在的不足和问题主要有：政策支持力度不够，缺乏系统支持半导体照明产业发展的专项政策；企业小而散，缺少龙头企业和产业化领军人才带动，尚未形成规模优势和聚集效应；产业链不完善，应用产品研发生产能力薄弱，上下游配套能力尚未形成；资金投入不足，基础研究、应用研究和产业化资金短缺，风险投资机制不健全；产学研结合不够，高校科研机构的科研优势未能充分发挥出来，很多基础研究、应用研究成果不能及时产业化。

## 二、发展思路和目标

### （一）指导思想

认真贯彻党的十七大精神，全面落实科学发展观，以科学发展、和谐发展、率先发展为指导，坚持有所为有所不为的原则，加强基础研究，推动产业化，拓展应用领域，以市场拉动发展、以研发带动发展、以应用促进发展，努力提高我省半导体照明产业的科技创新能力和核心竞争力，为节能减排和创新型、节约型社会建设做贡献。

### （二）发展思路

“十一五”期间，要抓住半导体照明产业发展的重大机遇，充分发挥我省在半导体照明产业研发和生产方面的比较优势，以重点企业为龙头，以优势领域为基础，以科技创新、技术改造、合资合作、产学研联合为手段，以集群化、规模化、产业化为发展方向，加强规划指导，明确发展重点，培育龙头企业，抓好技术研发，鼓励产业聚集，巩固基础、疏通瓶颈、完善产业链、促进应用，与上下游产业发展有机结合，形成技术水平高、生产规模大、配套能力强、区域特色明显的具有国际竞争力的绿色照明产业，成为我省高新技术新亮点，建成全国重要的半导体照明产业基地。

### （三）发展目标

到2010年，在功率型SiC衬底材料、LED和LD外延片等半导体照明上游产业领域，技术研发和产业化方面达到世界先进、国内领先水平；在管芯制作、器件封装等中游产业领域，培育5家以上规模化生产企业，产业规模达到国内前列；在应用产品等下游产业领域，培植规模以上企业达到100家以上，销售收入过亿元的企业20家。

促进化合物单晶、管壳框架、封装材料、荧光粉、化学试剂、激光晶体、固体激光器制造及其他相关制造业发展，形成完善的半导体照明产业链。

自主创新能力显著增强，建设10家省级企业技术开发中心，3～5家国家级企业技术开发中心，两家省级工程研究中心或工程实验室。

LED和LD产品在手机、电脑、汽车、家电等电子产品指示，以及背光源、显示屏、普通照明、通讯、指示、存储、游戏、军事、医疗等方面得到了广泛应用。

到2015年，在产业关键技术上有新的更多突破，形成比较完整的高端产业链和创新链，建成具有国际水平的技术研发平台，掌握一批核心技术，培育一批具有国际竞争力的公司，建成我国半导体照明产业重要的产品科研开发、生产制造基地。

## 三、发展重点

### （一）产业布局

根据我省当前半导体照明产业的发展现状和产业分布，按照有利于发挥优势，突出特色，产业合理分工，优化配置资源，上、中、下游产业合理承接，促进产业聚集的原则，在“十一五”期间，充分发挥我省已形成的大企业带动优势、主导产品与技术研发和生产优势、产业相对聚集优势，以

SiC 衬底材料及 LED、LD 外延片研发生产和各类 LED、LD 管芯制作及封装生产为重点，培育济南衬底和外延片的生产基地；潍坊 LED 管芯制造基地；青岛背光源生产基地；滨州 LED 显示屏生产基地，带动烟台、威海、东营、济宁等市以 LED、LD 封装及各类应用产品的生产为主体的外围产业群。

### （二）技术发展重点

SiC 单晶衬底材料生长及其加工技术研发及产业化；功率型 LED、LD 管芯制备技术；蓝、绿、紫外 GaN LED 外延材料生长技术；大功率芯片规模化封装技术；大功率 LED 封装材料和工艺；MOCVD 等外延生长、芯片加工设备及原材料；LED 灯具系统设计及应用集成技术；太阳能/LED 结合技术研究。

### （三）产业发展重点

**1. 打造一个技术依托，培育一个龙头企业**

山东大学晶体材料所和山东华光光电子公司要进一步发挥技术优势和产业龙头作用，实行更紧密的合作关系，瞄准国际技术发展前沿，加强创新能力建设，攻克瓶颈制约技术，实施一批产业化项目，加快规模膨胀，抢占国内半导体照明产业发展制高点，力争到 2010 年建成国内一流的半导体照明产业研发和生产基地，成为国际光电子产业的重要组成部分。

**2. 突破三个产业化关键技术**

进一步加大投入，巩固我省在半导体照明材料和外延片制造方面的研发和产业化优势；重点突破碳化硅衬底材料及蓝光二极管的产业化技术，突破高亮度发光管外延片规模化生产技术，突破大功率发光管管芯制造及封装的大规模流水线生产技术。

**3. 发展四大产业集群**

以山东大学晶体材料所的现有技术和人才为依托，以山东华光光电子公司为基础，加大政府投入，吸引社会投资，扶持发展衬底及外延材料产业。

以华光光电子、瑞森华光、英克莱等企业为基础，加强引导，支持发展大功率半导体发光管/激光器外延材料、管芯制备，形成产业化、规模化的芯片制造业。

以潍坊新能、威海东星、天一光电、英克莱等企业为基础，跟踪先进技术，贴近应用产品，加大研发和产业化投入，加强招商引资，引导发展大功率发光器件封装产业。

大力发展应用产品。随着技术的进步和价格的降低，半导体照明产品的应用领域将从高端市场如汽车外信号灯、大屏幕显示等向中低端市场如交通信号、路灯、草坪灯室内照明等扩展。我们要抓住发展机遇，在政府采购、资金扶持等方面制定优惠政策，引导发展半导体照明应用产品，重点支持背光源、汽车、照明三大领域的应用，在路灯、景观照明、LED 大屏幕显示、白光照明等领域形成特色产业集群。

## 四、政策措施

### （一）加强政府引导

把半导体照明作为引领未来增强经济竞争力的产业，纳入全省经济和社会发展战略，加强组织领导，建立扶持政策，推动发展。省级专项资金，要优先支持我省半导体照明产业。以奖励、补助、贴息等形式实施产业化专项，在外延材料及管芯制造、大功率发光器件封装、应用产品开发、应用项目等领域分别实施 2 ~ 3 个产业化示范工程，引导和促进半导体照明产业链的完善和发展。制定政府采购、应用示范、价格补贴政策等，促进半导体照明的推广应用。省建设部门研究出台我省半导体照明产品推广应用的强制性政策措施，财政部门出台应用半导体照明产品的补贴办法，各市、县逐年提高在道路交通照明、综合环境等亮化工程中半导体照明产品的应用比例，地级以上城市，每年要安排不少于 5 项半导体照明示范工程，十一届全运会场馆和配套设施的室内照明，要部分采用半导体照明。

在满足技术要求的前提下，省内各级半导体照明工程，要优先采用我省企业生产的产品。

### （二）完善风险投资机制

必须引进新体制，吸引社会资金的投入。半导体照明上游产业，以吸引风险投资为主，有条件的市可设立创业投资引导资金进行引导。下游产业以吸引金融机构和社会投资为主，并通过政策优惠和政府采购等引导下游低端产品的生产，推动应用，从而带动高端产品发展。根据高技术产业的特点，适当增加技术股所占比例。

### （三）提高创新和产业化能力

加强产学研联合，建立企业研发中心，提高产业创新能力。充分利用我省高校以及全国高校和科研院所的技术人才优势，积极吸引省外、国外大企业、高等院校和科研机构在我省半导体照明企业设立实验室、研究机构和技术转化基地，推动产学研紧密结合，提高研发能力。对晶体材料、碳化硅衬底材料等比较成熟的技术，加大政府投入，创新体制机制，吸引社会资金，尽快使其产业化，发挥出应有效益。

### （四）加强人才队伍建设

支持省内高等院校开设半导体照明专业和专业技能课程，加强师资队伍、课程和教材建设，为我省培养光电子专业人才和高级技工。对目前省内的半导体照明高级人才实施特殊保护政策。抓紧智力引进工作，重点是LED专业技术带头人和高级管理人才，在引进国际先进水平的LED产业项目的同时，鼓励以项目带技术和人才。落实对职务技术成果完成人和在科技成果转化中做出突出贡献的人员的报酬及奖励政策，充分发挥他们的积极性与创造性。



### （五）加强半导体照明标准化工作

研究制定一些密切联系生产实际、实用先进的标准，主要组织开展材料、芯片、器件及模块的测试方法、名词术语和符号、可靠性实验等方面的标准和相关产品规范的研究制定以及技术标准体系的制定。企业应注重自身标准体系建设，注意和国际标准接轨。

### （六）加快相关配套产业发展

加快太阳能综合利用，大力发展太阳能光伏产业，形成从太阳能发电到半导体照明完整的绿色照明生态产业链。大力发展荧光材料、金丝/硅铝丝封装材料等新型电子材料产业以及模具制造等配套产业，相互促进，共同发展。

# 江门市绿色（半导体）光源产业发展规划（节选）

（2009—2015年）

2009年12月10日，《江门市绿色（半导体）光源产业发展规划（2009—2015年）》经江门市政府十三届59次常务会议审议通过并执行，以指导市绿色（半导体）光源产业又好又快发展，增强产业综合竞争力。主要内容摘录如下：

## 一、国内外产业发展形势（略）

## 二、我市产业发展现状

我市以半导体照明、荧光节能灯为代表的新兴绿色光源产业快速发展。半导体绿色照明已基本形成从外延、芯片到封装应用的产业链雏形，封装和应用企业已经形成了一定的集聚效应；稀土发光材料销量处于全国首位，占全国15% ~20%的市场份额。我市逐渐成为广东省绿色（半导体）光源的重要生产基地之一。区内重点企业注重研发投入和人才引进，已聚集了一批高端技术人才；建成广东省（江门）绿色（半导体）光源产业基地公共信息服务平台。

我市绿色（半导体）光源产业目前仍存在企业整体规模较小、龙头骨干企业的带动作用还不明显；LED 主要集中在下游封装应用领域，中上游外延和芯片较薄弱；缺乏行业领军人才等问题。

## 三、发展思路

以科学发展观为指导，坚持前瞻性与可行性相结合，通过政府推动，统筹协调，以市场为导向，企业为主体，按照“突破上游、做大中游、扩大应用”的原则，进一步完善产业链，增强产业集聚度。依托现有产业基础，通过引进、消化吸收、再创新，提高企业自主创新能力和产业核心竞争力，积极培育龙头企业和知名品牌；加强园区规划和建设，建设展示交易服务和检测研发公共服务平台，进一步优化产业发展环境；完善投资机制，积极引进各种资金，支持绿色（半导体）光源产业快速发展。

## 四、发展目标

按照“一核心园区，多个辐射区”的发展布局，以江门市高新技术产业开发区为核心园区，辐射蓬江区荷塘灯饰产业园、鹤山共和工业区和台山工业园等区域，通过部省、省市共建的方式，争取将我市建成在国内外有影响力的绿色（半导体）光源产业基地，使绿色（半导体）光源产业成为全市工业的支柱产业，争取建设成为国家级绿色（半导体）光源产业基地。至2015年，绿色光源产业规模超过500亿元，其中核心园区产值达300亿元，辐射园区产值200亿元。半导体照明产业形成从外延、芯片、封装到应用比较完整的产业链，产品质量和档次得到较大提高；培育5 ~10个规模居国内领先地位，具有国际竞争力的名优品牌和龙头骨干企业；建成1 ~2个国家级、省级工程（技术）研究中心、检测认证中心或重点实验室，掌握一批具有自主知识产权的核心技术；建成具有影响力的绿色（半导体）电子商务平台。

2009—2010年，绿色（半导体）光源产业产值达到100亿元，培育绿色光源应用龙头企业2 ~3家，LED 封装龙头企业1 ~2家，LED 外延芯片企业1 ~2家，稀土荧光粉企业1家，太阳能电池龙头企业1 ~2家。促进灯具产业升级，在车用LED 灯、高亮度LED 照明、节能灯、太阳能电池等应用领域取得突破，启动检测研发公共服务平台建设。

2011—2013年，绿色光源产业产值达到300亿元，其中核心园区产值达150亿元，并培育一批竞争力强的企业。成为周边区域重要的生产及研发基地；建成国家级LED 检测中心；扩大LED 外延芯片产业规模；构建完善的产业配套体系，形成集群效应。

至2015年，绿色光源产业规模超过500亿元，其中核心园区产值达300亿元，并在LED 照明、景观、路灯、显示屏、背光源、汽车灯、配套材料、控制电路等领域形成国际竞争优势，打造国际和国内绿色光源产业核心集聚区。

## 五、发展重点

### （一）产业发展重点

1. 半导体照明。积极引进 MOCVD 及其他核心设备、新型衬底、高纯 MO 源（金属有机源）等制造企业和技术；重点扶持LED 外延和芯片项目，扶持封装企业做大做强，积极扩大应用产品的聚集度。支持其他行业企业和资金进入半导体照明产业领域。

支持大功率白光 LED 产品研发及生产；重点支持 LED 背光模组、汽车及摩托车 LED 照明器具；开发和推广新型通用照明产品；开展 LED 灯具的智能照明集成控制系统研究和智能信息显示技术及相关产品的开发；发展医疗、农业等特殊用途的半导体照明产品；发展与太阳能结合的半导体照明灯具产业。增强大功率驱动及控制电路、模组设计和生产能力。

2. 节能灯。重点支持稀土发光材料项目；支持环保高效的稀土发光材料、新型长寿命的电极及相关材料、无铅玻璃等产业化技术；优先支持一级能效节能灯的制造和工艺技术；支持高效二次光学系统设计研究和灯具的智能照明集成控制系统研究；支持节能灯加工关键工艺设备及检测仪器。

### （二）公共服务体系

依托国内外高校和研发机构、相关政府职能部门和区内重点企业建立我市绿色（半导体）光源公共信息服务平台，建立国家级绿色（半导体）光源检测中心，建立研发设计中心、人力资源培训中心，建立面向行业服务和投融资服务中心和产品展示交易平台。

### （三）产业布局

广东省（江门）绿色（半导体）光源产业基地以市高新技术产业开发区为核心园区，辐射蓬江区荷塘灯饰产业园、鹤山共和工业区和台山工业园。

江门市高新技术产业开发区重点发展绿色（半导体）光源上中游产品，发展 LED 外延、芯片、核心装备制造项目，发光材料及背光、汽车电子和太阳能光伏电池，引导国内外绿色光源企业逐步向该园区聚集。建立包含技术创新、产品检测、产业咨询、展示交易和各种配套服务在内的公共服务平台，成为国内 LED 产业技术创新示范基地和产品研发生产基地。

蓬江区荷塘灯饰产业园重点发展下游应用产品，鼓励企业积极采用新技术、新工艺，加快现有灯饰企业的升级改造，提高产品的科技含量和竞争力。

鹤山共和工业区要发挥龙头企业的带动作用，推动中下游企业聚集，充实壮大中下游产业及配套产业，积极发展绿色节能灯具。

台山工业园重点发展 LED 封装及应用，发展 LED 显示、背光、汽车电子等新应用领域，继续充实壮大中下游的生产规模。利用电力资源丰富的优势，发展 LED 衬底项目。

### （四）示范工程

按照 LED 照明产品的节能特性、有关场所的应用条件和典型性、代表性、可推广性的示范要求，选择标志性建筑、城市道路、高速公路、隧道、轻轨、广场、居民住宅小区等分批开展示范工作。

支持和鼓励采用合同能源管理等投、融资模式进行节能改造和推广绿色照明产品。政府部门和城市公共建筑应优先使用绿色照明产品。

### （五）品牌建设

通过政府引导和扶持，积极推动重点产品品牌培育和建设工作；打造广东省（江门）绿色（半导体）光源产业品牌，扩大在国内外的知名度和影响力。

## 六、保障措施

### （一）健全组织体系，强化合作机制

强化政府统筹协调作用；建立产业联盟，发挥行业协调作用。

### （二）加大政策扶持力度

制定和落实产业扶持政策；加大财政支持力度；实施人才培养和引进政策。

### （三）以企业为主体，建立健全技术创新体系和产学研合作机制

鼓励企业创建工程技术中心，加强技术引进工作，通过引进、消化吸收、再创新的形式快速提高企业的技术创新能力。

### （四）完善投融资机制

成立江门市绿色（半导体）光源产业发展基金，扶持发展市场前景好、技术含量高、经济效益显著的项目；引导政策性和商业性金融机构在资金、信贷方面重点支持绿色（半导体）光源产业；鼓励企业利用资本市场进行融资，优先支持行业龙头企业上市。

### （五）转型与招商并举，加快产业集聚

引导本地企业升级转型；周边 LED 应用集群配套企业招商；承接七大产业基地的产业转移；注重对欧美、日本及我国台湾省地区的招商。

# 深圳市 LED 产业发展规划（节选）

（2009—2015 年）

2009 年 3 月 7 日，《深圳市 LED 产业发展规划（2009—2015 年）》经深圳市政府同意，印发执行。主要内容摘录如下：

深圳市已设立“深圳国家半导体照明工程产业化基地联席会议”，积极推进 LED 产业发展。目前，基本形成“衬底材料—外延片—芯片—封装—应用”相对完整的产业链，为产业发展奠定了良好的基础。未来 5～10 年，是现代 LED 技术产业化应用大规模展开、分工格局快速形成的重要阶段。如果能在这个阶段形成推动 LED 产业快速发展的有利条件，深圳的 LED 产业就有可能在现有的基础上进一步做大做强，抢占国内乃至国际 LED 产业发展的制高点。

《深圳市 LED 产业发展规划（2009—2015 年）》是深圳市 LED 产业科学发展的行动纲领。通过本规划的实施，深圳将建成全国乃至全球重要的 LED 产业研发生产基地，进一步带动深圳产业结构升级，促进深圳经济发展方式转变，推动深圳经济平稳较快发展。

## 一、发展基础与形势

### （一）发展基础

产业总体发展位居全国前列；产业链初步形成，中下游产业环节优势明显；应用领域产业特色明显；产业集聚初步形成；民营，我国香港特别行政区、我国台湾省企业成为产业发展主体；技术创新及成果转化能力不断增强；良好的环境体系正在形成。

### （二）主要问题

产业链高端环节比较薄弱，产品附加值低；企业研发基础相对薄弱，技术创新能力相对不足；龙头企业尚未形成，大企业的带动作用不够；专业人才缺乏，人才引进难度加大；资源有效配置不够，缺少公共服务平台；宣传和示范引导不够。

### （三）面临的形势

全球 LED 产业正处于高速增长阶段；全球产业加速向新兴国家和地区转移；知识产权成为竞争热点；国家对 LED 产业的支持力度加大；深圳正在进入产业优化升级的新一轮发展期；国内 LED 产业竞争激烈。

## 二、指导思想与发展目标

### （一）指导思想

全面落实科学发展观，以“政府扶持、政策引导，科学规划、推进集聚，积极投入、推进研发，注重宣传、打造示范，加快发展、做强做大”为原则，以打造产业核心竞争力为目标，以提高自主创新能力为关键，以改善产业发展环境为手段，广聚发展资源，健全创新体系，优化产业结构，推动深圳 LED 产业做大做强。

### （二）发展目标

#### 1. 总体目标

在白光通用照明、大尺寸 LED 背光源等领域实现突破，继续保持在 LED 封装和 LED 显示屏上全国领先的优势，推动产业链和创新链向高端发展，建设具有国际水平的技术研发及服务平台，培育一批具有国际竞争力的龙头企业，打造若干知名品牌，掌握一批核心技术，建成我国 LED 产业技术创新的示范基地和全球重要的 LED 产品研发生产基地。

#### 2. 近期目标

到 2010 年，深圳将成为国际上有影响、国内一流的产业化环境好、国际化程度高、具有一定的创新能力和产业特色的 LED 产业集聚地。LED 产业规模在年产值 280 亿元以上，保持在封装及应用领域的国内领先地位，力争在产业链中上游环节取得突破；培育和发展 5 家以上产值超过 5 亿元、具有一定技术创新能力、在国内有影响的企业；在封装及应用领域形成若干具有国际先进水平的特色优势产品，培育若干有持续创新能力的重点技术研发中心。




#### 3. 中长期目标

到 2015 年，建成我国 LED 产业技术创新的重要示范基地和全球重要的 LED 产品研发生产基地。产业规模在年产值 1300 亿元以上，在白光通用照明领域实现产业化，形成完善的产业链和创新链；培育和发展一批具有国际竞争力的龙头企业，培育和发展产值超过 100 亿元的企业 1 家以上、产值超过 50 亿元的 2 ~ 3 家、产值超过 10 亿元的 10 家以上；形成若干知名品牌产品，掌握一批核心技术，建成具有国际水平的技术创新和服务平台。

## 三、发展重点

### （一）产业发展重点

#### 1. 衬底、外延及芯片

重点支持大尺寸蓝宝石衬底晶体及 GaN 同质衬底材料的加工和制作项目，支持 GaN 基材料生长和低成本器件制造技术研发及产业化项目；通过发展图形衬底、衬底剥离、新型横向外延、光子晶体技术等多种途径，大幅度提高功率型 LED 芯片的发光效率；重点发展 GaN 基蓝、绿光外延片和四元系 InGaAlP 红、黄光外延片，重点支持高品质、规模化的外延以及芯片产业化项目。

#### 2. 封装

重点发展中高端的封装产品。围绕深圳特色应用产品（照明、背光源、显示屏等）及周边区域下游应用需求（手机、电脑、景观、汽车、家电等），优先支持功率型白光 LED 封装项目、产能在 300KK/月以上的较大规模的 SMD 封装项目。

#### 3. 应用产品

重点发展中、高端 LED 应用产品。优先发展室内照明灯具、城市道路照明灯具、户外装饰照明系统、汽车照明灯、大尺寸 LED 背光源、全彩显示屏、彩屏幕墙、太阳能 LED 应用产品等项目。

**4. 配套及设备**

重点发展 MOCVD \ HVPE 等外延生长设备的国产化、LED 芯片加工关键工艺设备、LED 自动封装设备，包括各类 SMD LED 和功率型白光 LED 专用封装设备，测试和筛选仪器设备；鼓励发展为 LED 配套的拥有自主知识产权的管壳、荧光粉、胶水、支架、专用二次光学器件、专用 IC 等基础材料项目。

## （二）技术发展重点

**1. 衬底、外延及芯片**

重点支持 GaN 基功率型高亮度蓝、绿光外延片及芯片产业化技术、四元系 InGaAlP 高亮度红、黄、绿光外延片及芯片产业化技术。蓝宝石图形衬底制备及 GaN 基 LED 外延生长技术；大尺寸硅衬底 GaN 基 LED 外延材料生长与芯片制造关键技术；新型非极性衬底制备及 GaN 基 LED 外延生长技术；GaN 基自支撑衬底制备及同质 GaN 基 LED 外延生长技术；垂直结构功率型 LED 芯片制造技术；深紫外氮化物材料、器件制备研究。

**2. 封装**

重点支持与集成电路工艺兼容的硅基板 LED 封装新工艺、适合于通用照明的新型光源模块封装形式和工艺、100lm/W 以上大功率白光 LED 封装技术（包括结构优化、降低热阻和改善散热）。

**3. 应用产品**

重点支持应用导向型大功率白光 LED 封装与应用共性关键技术研究；高光效、高显色、功率型白光 LED 产品的开发；环境友好、人眼舒适的通用照明产品的开发；半导体照明中高效二次光学系统设计关键技术研究，大尺寸、超薄、动态平板显示新型半导体照明背光源关键技术研究；LED 灯具的智能照明集成控制系统研究；智能信息显示技术及相关产品的开发。

**4. 配套及设备**

重点支持能替代进口的高效精密自动化封装设备和功率型 LED 固晶、分检测试量产设备关键技术，以及外延芯片产业化生产线设备的研发。开发具有高热导系数的贴片材料、大功率专用 LED 封装支架及新型封装材料（如玻璃、陶瓷、金属、硅胶等）。

## （三）公共服务平台

**1. 研究开发平台**

主要包括技术研发中心、LED 分析测试认证中心和 LED 系统设计中心。

**2. 资源共享平台**

资源共享平台以信息网络的形式，依托 LED 技术产品研发中心、LED 分析测试认证中心、LED 系统设计中心、科技情报机构、标准研究机构、高等院校和图书馆，形成资源共享平台，对 LED 仪器设备、技术数据、图书文献、标准、情报和研发力量等多项要素进行整合，并与外部技术资源形成互联互通。

**3. 成果转化平台**

以创新成果转化为目的，包括技术交易机构等技术推广平台，中试机构、孵化器、加速器等产业化支撑平台和生产力促进中心、风险投资机构等产业服务平台。

**4. 产品展示交易平台**

进行 LED 产品及元器件、辅助材料、设备的展示和交易，包括 LED 产品专业展、专业市场、电子商务网等。

### （四）产业集聚基地

**1. LED 产业集聚园**

LED 产业集聚园包括一个核心区和若干功能扩展区。

LED 产业集聚核心区设在光明高新技术产业园区内，主要包括国家半导体照明工程产业化基地规划用地、光电产业企业加速器和周边高新技术产业生产性服务基地。核心区以政府公共服务平台为依托，集中行业龙头企业，建成集企业总部、中上游产业的研发与生产、生产性服务和生活配套一体的 LED 产业核心集聚区。

功能扩展区，结合光明新区工业区升级改造和市政府规划建设的创新型产业用房，选取若干工业园区，为 LED 应用型生产企业、其他相关配套企业提供集中发展空间。

**2. LED 光景创意园**

LED 光景创意园建设成为光创意设计、产品设计开发、照明设计应用培训的企业集聚基地，一个缩小的城市夜景照明及节能运营的体验中心。

### （五）示范工程

**1. 示范领域**

选择标志性建筑、城市道路、高速公路、隧道、地铁、广场、典型城区等分批开展示范工作，充分体现 LED 照明产品的节能优势和产品应用的多样性。

**2. 近期示范工程项目**

2009 年，实施会展中心、塘明路和科技园高新区等第一批 LED 照明产品示范工程。

2010 年，实施第二批 LED 照明产品示范工程。选择宝安中心区广场、地铁站以及市民中心地下停车场等作为示范点，选择水官高速、湖滨中路、宝安大道机场隧道等典型隧道和部分道路作为示范线，选择深圳湾口岸（F1 摩托艇赛场）片区、福田 CBD 中心区、光明新区等作为示范面。

2011 年，根据 LED 照明技术发展水平，结合场所应用条件，实施大运中心片区、部分政府投资新建的大型公共建筑等第三批 LED 照明产品示范工程，进一步扩大示范范围。

2012 年，在全市非主干道、隧道、地铁站台和车厢全面推广应用 LED 照明产品。

## 四、保障措施

（一）健全组织体系，形成发展合力。加强政府对 LED 产业发展的统筹协调；建立 LED 产业发展专家咨询制度；强化行业协会的作用；建立政府与企业定期对话沟通机制。

（二）完善政策体系，加大扶持力度。整合财政资源，加大财政支持；完善人才政策，推进人才聚集；实施分类扶持，促进企业发展；加强政府引导，推进示范工程；实施品牌战略，加大宣传力度；建立统计体系，完善产业预测。

（三）推进体制创新，提供资金保障。推广合同能源管理（EMC）模式；拓展 LED 产业投资的资金来源；建设完善的创业投、融资渠道。

（四）健全技术体系，提高创新能力。建设公共技术平台；实施专利标准战略；加强 LED 技术引进与消化吸收。

（五）完善服务体系，加强产业配套。进一步完善中介服务；搭建产品展示交易平台；完善培训服务。

（六）优化空间布局，加快产业集聚。统筹产业布局；有序开发和出让 LED 产业用地；整合改造闲置厂房；加快光电产业企业加速器项目建设。

# 杭州市 LED 产业发展三年行动计划（节选）

（2009—2011 年）

2009 年 9 月 10 日，杭州市经济委员会发布了《杭州市 LED 产业发展三年计划（2009—2011 年）》。主要内容摘录如下：

## 一、行动背景

全球 LED 产业发展迅猛；我国抓紧实施 LED 产业发展战略；发展 LED 产业是我市工业转型升级的战略选择。

## 二、行动基础

杭州市 LED 产业发展已有良好基础；杭州市 LED 产业链完整，逐步形成特色；科研力量雄厚，产学研合作基础良好。但是，杭州 LED 产业在高速发展的同时，也存在一些问题，总体上起步较晚，缺少具有一定影响力的龙头企业，与国内先进地区比较尚有较大差距。

## 三、行动思路

### （一）指导思想

全面贯彻落实党的十七大精神，以邓小平理论和“三个代表”重要思想为指导，深入贯彻落实科学发展观，围绕保增长、扩内需、调结构的主线，加快 LED 与工业化融合，以示范工程带动技术突破，以新的应用推动产业发展，实现 LED 产业跨跃式发展。强化自主创新，集聚资源，重点突破，提高关键技术和核心产业的自主发展能力，积极培育龙头骨干企业，迅速做大产业规模，努力形成区域发展新的竞争优势，打造低碳经济，建设“天堂硅谷”。

### （二）基本原则

坚持立足当前与谋划长远相结合；坚持市场运作与政府主导相结合；坚持自主创新与国际合作相结合。

### （三）发展目标

总体目标：以优化产业布局、壮大产业规模、促进产业升级、提升核心竞争力为目标，推动 LED 产业成为杭州经济发展的战略先导产业，产业规模力争“三年翻两番”，把杭州建设成为省内领先、国内具有重要地位和较强竞争力的 LED 产业研发、制造和应用基地，争取认定为国家半导体照明工程产业化基地。

2011 年发展目标

——总量规模翻两番。全市 LED 产业总量力争在 2008 年的基础上翻两番，规模以上企业销售产值达到 100 亿元，年平均增长速度达到 60% 以上。

——龙头企业竞争能力显著提高。加快建设一批拥有自主知识产权和知名品牌、核心竞争力强、主业突出、行业领先的龙头骨干企业，培育年产值超 10 亿元的企业 1 家、5 亿元以上的企业 2 ~ 3 家、1 亿元以上的企业 20 家。

——技术创新能力显著增强。完善以企业为主体的自主创新体系建设，LED 企业设立企业技术（研发）中心 10 家，市级以上高新技术企业 30 家。在发光芯片技术（ZnO 衬底）、封装材料及技术、检测技术及标准、照明设计技术等方面实现技术突破，形成杭州独有的产业特色和技术优势，进一步增强产业竞争能力。

——应用示范项目加快推进。加快实施“十城万盏”半导体照明应用工程试点工作为抓手，通过示范项目应用促进产业发展。以“亮灯工程”、城市景观照明、大型公共建筑照明应用为重点，逐步推进显示指示、道路照明、民用照明应用，争取累计应用 LED 半导体照明灯具 5 万盏以上，使杭州成为省内绿色能源应用的主要基地。

## 四、重点领域和发展方向

1. LED 产品检测技术和设备制造。发挥龙头企业作用，进一步巩固杭州在 LED 测试仪器研发和制造方面国内领先优势，扩大产品领域，形成核心竞争力。

2. 衬底、外延及芯片。重点发展大尺寸蓝宝石衬底晶体及 GaN 同质衬底材料制造，大幅度提高功率型 LED 芯片的发光效率。重点发展 GaN 基蓝、绿光外延片和四元系 AlGaInP 红、黄光外延片，重点支持高品质、规模化的外延以及芯片产业化项目。支持浙江大学研发的 ZnO/ZnMgO 多量子结构 ZnO—LED 原型器件，组织 ZnO—LED 用的芯片材料及其制备等关键技术攻关，外延、芯片、封装等试制，争取形成产业化生产。

3. 封装。立足杭州特色应用产品基础和下游应用需求，重点发展中高端的封装产品，优先支持功率型白光 LED 封装项目、产能在 300KK/月以上的较大规模的 SMD 封装项目，形成 100lm/W 以上功率型白光 LED 封装技术。

4. 应用产品。重点发展中、高端 LED 应用产品，优先发展室内照明灯具、城市道路照明灯具、户外装饰照明系统、汽车照明灯、大尺寸 LED 背光源、全彩显示屏、彩屏幕墙、太阳能 LED 应用产品等项目。

5. 配套及设备。重点发展 LED 芯片加工关键工艺设备、LED 自动封装设备。鼓励发展为 LED 配套的拥有自主知识产权的荧光粉、胶水、支架、专用二次光学器件、专用 IC 等基础材料项目。

## 五、保障措施

加强规划引导，促进产业集聚发展；用足用好政策，加大产业扶持力度；健全技术体系，提高创新能力；加强政府引导，推进示范工程；完善投融资环境，缓解资金困难；加强组织领导，健全管理体制。

# 南昌市 LED 产业发展规划（节选）

（2009—2015 年）

（送审稿）

2009 年 12 月，南昌市科技局编制了《南昌市 LED 产业发展规划（2009—2015 年）（送审稿）》。主要内容摘录如下：

## 一、国内外 LED 产业发展的现状与趋势

### （一）LED 技术与产业特点

### （二）全球 LED 产业发展的现状与趋势

### （三）中国 LED 产业发展的现状与趋势

## 二、南昌市 LED 产业发展的基础与条件

### （一）发展现状

**1. 南昌市 LED 产业发展概述**

经过近三十年的发展，南昌市半导体发光材料与器件在全国已具有明显的比较优势，LED 产业已成为南昌市重点扶持的产业之一。南昌作为我国半导体照明工程产业化基地之一，在国内半导体照明产业中占有重要地位，已经产生了一定的产业集聚效应。南昌已初步形成一个较为完整的产业链，形成了互有分工、关联配套的企业集群；分工涉及 LED 衬底硅材料生产、专用切割刀具、外延片、芯片制造、芯片封装、LED 显示屏、手机背光源及照明等各个生产环节。

**2. 南昌市 LED 产业链分布特征**

南昌市 LED 产业链分布特征为：上游掌控核心专利技术、中游占据优势成熟产能、下游呈现集群发展态势。

### （二）发展优势

国际领先、自主创新知识产权的核心技术和研发团队；深厚的产业基础和完整的产业链；“十城万盏”和“国家半导体照明工程产业化基地”等政策优势；区位优势明显，投资成本低。

### （三）存在的问题

产业链发展不均衡，应用产品产业化能力弱；产业服务体系不完善；LED 产业化专门人才缺乏，人才培养体系尚未建立；LED 产业发展市场开拓不够；政府支持 LED 产业技术研发的投入相对不足。

### （四）机遇与挑战

**1. 南昌 LED 产业发展面临的机遇**

LED 应用符合世界潮流，迎来最佳发展时机；下游应用产品市场需求增加，成为多元投资新热点；技术的发展超过预期，巨大产业潜力将催生龙头企业；LED 产业集聚性更强，集群优势明显；国家标准的出台将有利于 LED 产业的规范化。

**2. 南昌 LED 产业发展面临的挑战**

综合技术实力有待加强；国内企业受到专利壁垒的制约，亟需构建专利防御体系；国内外竞争加剧；人才的流失给南昌 LED 产业的发展带来巨大的损失。

## 三、南昌市 LED 产业发展的目标与思路

### （一）战略定位

基于南昌市 LED 产业的现有基础，以及江西省欲将 LED 产业培育成“千亿产业”的目标，南昌市 LED 产业的发展定位是：巩固和扩展现有在 LED 外延、晶片等方面的研发和生产优势，着力开展具有自主知识产权的半导体照明功率型外延、芯片、封装及照明应用产品产业化关键技术研究，实现产业化；并扩大 LED 产品的应用领域，建立 LED 产业配套工程，形成 LED 产业集聚及辐射效应。南昌市作为江西省 LED 产业发展的领头羊、辐射源，将努力打造成国内一流的 LED 产业技术创新和生产基地，且立足中国、面向全球，努力在世界 LED 产业竞争中占据重要地位。

## （二）规划目标

### 1. 近期目标

通过招商引资、引导民间资本进入LED产业领域和鼓励现有LED企业继续加大投入，扩大企业的整体规模、基地规模，不断提升全市LED产业的经济总量和在全市经济总量中的份额。到2010年，力争全市LED及相关产业实现产值80亿元以上，LED产业作为南昌市支柱产业的地位基本确立。

### 2. 中期目标

继续发挥南昌市LED产业上游产品研发优势，巩固中游芯片制造及产业化的领先地位，支持下游封装及应用产业的发展。大力支持金沙江产业园的建设，完善上中下游产业链，实现LED产业集聚。培育和发展2家以上产值超过50亿元、具有较强技术创新能力、在国内领先的企业，形成若干有特色、有优势、有品牌具备国际竞争力的产品。到2015年，力争全市LED及相关产业实现产值300亿元以上，把南昌打造成技术水平高、产业规模大、配套能力强、区域特色明显的国内一流LED产业基地。

### 3. 长期愿景

到2020年，力争全市LED及相关产业实现产值1000亿元以上，把南昌打造成技术水平高、创新能力强、产业规模大、集聚效应明显的世界一流LED产业研发与生产基地。培育和发展一批产值超100亿元、超50亿元、超10亿元，掌握核心技术、具有国际竞争力的龙头企业，促进全省LED产业，乃至高科技产业的大发展。

## （三）发展思路



根据省、市两级政府提出的全面建设小康、促进经济又好又快发展的总体部署，贯彻落实科学发展的要求，紧紧抓住LED产业国际资本、产业转移和技术发展的良好机遇，以产业化为目标，以市场为导向，以创新为动力，以应用促发展，形成“一个重心、两个龙头、多点扩散、辐射全省”的发展思路。即：以南昌国家高新区为产业布局重心，大力吸引LED企业进驻，形成产业集聚；以晶能光电和联创光电两大企业为龙头，致力发展上、中游的外延材料、芯片和下游的器件封装和LED照明应用；向南昌经济技术开发区、小蓝工业园等园区扩散，主要发展LED的其他应用和照明灯具的各种配件及其他辅助材料；逐步辐射到全省其他地区，利用省内丰富的稀土资源、铜矿资源及铜冶炼技术优势及低廉的劳动力成本优势，重点研究、生产LED照明用高效率荧光粉和高性能铜基散热材料等相关配套产品。

## （四）重点领域

### 1. 产业发展重点

（1）大功率LED芯片产业

重点支持拥有自主知识产权的晶能光电硅衬底发光二极管材料与器件产业化项目，助其在现年30亿粒硅衬底蓝、绿光LED芯片产能的基础上，2010年形成100亿粒芯片的产能，以及完成后续实现年产140亿粒硅衬底蓝、绿光LED芯片的二期工程建设，力争晶能光电成为全球蓝、绿光二极管生产龙头企业。在合适的时机，推动晶能光电红光、白光产品的研发与产业化。支持联创光电引进外来技术发展四元红、黄光外延、芯片项目，助其发展高亮度蓝、绿光外延和芯片，扩大南昌市LED外延、芯片的生产规模，形成系列化、规模化。支持欣磊光电巩固其液相红光、黄绿光芯片生产在国内的领先地位和70%的高市场占有率。

（2）封装产业

重点支持高新区金沙江产业园内封装企业的引进，以及联创光电向中高端封装产品发展，提高产能。根据下游应用需求的趋势，优先支持功率型白光LED封装项目。

（3）应用产业

大力发展景观照明、电器产品指示灯、LED 显示屏、LCD 背光源、交通指示灯、手机和键盘背光源、照相机闪光灯等 LED 传统应用产业；积极拓展城市路灯照明、室内装饰灯、汽车用照明等 LED 新兴应用产业。重点支持 LED 照明、大尺寸 LED 背光源、全彩显示屏等产业的发展，优先发展 LED 大功率照明应用产品，目前晶和照明和联创光电等企业在这方面均有较大的投入。以太阳能 LED 路灯项目为切入点，尝试推进南昌 LED 产业与光伏产业的互动与联合。

（4）配套及设备

利用江西省丰富的稀土资源、铜矿资源及铜冶炼技术优势及低廉的劳动力成本优势，以半导体照明用高性能荧光粉、高性能铜基散热材料、照明灯具各种配件及其他辅助材料为重点研究与发展方向。鼓励发展 MOCVD \ HVPE 等外延生长设备的国产化、LED 芯片加工关键工艺设备、LED 自动封装设备，包括各类 SMD LED 和功率型白光 LED 专用封装设备，测试和筛选仪器设备。

### 2. 技术发展重点

（1）衬底、外延和芯片技术

深入硅衬底 GaN 基核心技术的研究，力争硅衬底发光二极管产品合格率进一步提高。在现有蓝、绿光芯片技术的基础上，力争在红、白光芯片的研发，以及功率型及超高亮度 LED 外延片和芯片制造技术上取得突破。着力申报国家 LED 工程中心，并支持“硅衬底发光二极管材料及器件”申报国家科技进步奖，争取将其列为国家乃至世界标准。

（2）封装技术

力争在高性能 LED 核心封装技术等关键技术和工艺上有所突破，全面提升 LED 产业的技术档次和水平。重点支持与集成电路工艺兼容的硅基板 LED 封装新工艺、适合于通用照明的新型光源模块封装形式和工艺、100lm/W 以上大功率白光 LED 封装技术。

（3）产品应用技术

重点支持应用导向型大功率白光 LED 封装与应用共性关键技术研究；高光效、高显色、功率型白光 LED 产品的开发；环境友好、人眼舒适的通用照明产品的开发；半导体照明中高效二次光学系统设计关键技术研究、大尺寸超薄、动态平板显示新型半导体照明背光源关键技术研究。研制出标准化、系列化的半导体装饰照明及特种照明光源、灯具、LED 光源驱动模块及系统控制模块。解决城市亮化工程、景观照明工程及大型广告显示系统的光源、灯具系统集成控制技术问题。

（4）配套及设备

重点开发制造高导热系数贴片材料、高性能荧光粉、高性能铜基散热材料等方面，以及大功率专用 LED 封装支架及新型封装材料（如玻璃、陶瓷、金属、硅胶等）的技术。

### 3. 产业集聚基地

在产业空间布局上，南昌市 LED 产业发展必须走集聚化道路。

做好南昌高新区的产业集聚，大力建设和发展晶能光电科技园、联创光电科技园、欣磊光电科技园和金沙江产业园四大基地。其中关键是总规划达到 5000 亩[㊀]的金沙江产业园的建设。南昌市应依托高新区具有的比较优势，即晶能光电（江西）有限公司具有完全自主知识产权的硅衬底 GaN 基技术优势、金沙江的投资带动优势、上市公司联创光电的融资优势以及本地的劳动力廉价优势，在培育一批龙头企业的基础上，建设好高新区这个 LED 产业集聚区，形成四大 LED 产业基地：以晶能光电具有自主知识产权的硅衬底技术为基础的 LED 上游产业基地；以欣磊光电芯片生产和出口为主体的 LED 中游产业基地；以上市公司联创光电元器件与应用产品生产为主体的 LED 下游产业基地；以及具有招商引资潜力的金沙江产业园为主体的 LED 产业招商基地。覆盖全市，辐射全省。

在适当时机下，应逐步在南昌经济技术开发区、小蓝工业园等园区发展 LED 产业相关配套产业的集聚。

---

㊀ 1 亩 $=10000/15\text{m}^2=666.\dot{6}\,\text{m}^2$。

### （五）主攻方向

根据产业发展的战略定位和目标、发展思路和重点领域，确定了6个主攻方向和10个重大项目。其中2012年前重点实施7个重大项目，这批项目总投资30亿元，建成投产后可实现年销售收入30亿元以上，远期规划重大项目3个，总投资超过160亿元。

南昌LED技术和产业发展的六个主攻方向为：提高硅衬底GaN基LED外延材料发光效率；开发高亮度红光LED外延材料；芯片结构优化；半导体照明功率型LED封装；半导体照明光源产业化；液晶显示器用LED背光源产业化。

### （六）示范工程

#### 1. 示范领域

选择城市道路、标志性建筑、隧道、车站、体育场馆、广场等公共场所分批开展示范工作，充分体现LED照明产品的节能优势和产品应用的多样性。到2011年“七城会”召开前，完成1.8万盏半导体照明路灯的示范应用。至2016年，LED节能路灯和隧道灯示范应用10万盏。

#### 2. 示范项目

示范应用坚持总体规划，分步实施：

（1）2009年先期组织实施“四路一桥一屏”LED路灯示范应用。

（2）2010年选择6至7条支路（或街坊道路），从外省市LED路灯生产企业中择优选择6至7家企业，组织每家企业试点应用30盏LED路灯，进行性能考核比较。

（3）到2012年，高新区、经济技术开发区、红谷滩新区，各安排LED路灯示范应用1000盏；同时，各县区（“五区四县”）各安排LED路灯示范应用500盏。

（4）加大城市景观LED照明示范应用推广力度。到2012年，在城区和红谷滩新区的高层建筑、典型建筑完成100栋建筑物的景观亮化。其中赣江两岸建筑物30栋，八一大道及周边道路建筑物30栋，抚河故道两岸，即滕王阁文化景区、省科技馆、省博物馆等建筑物20栋，老城区中山路、胜利路、象山路建筑物20栋。




## 四、南昌市LED产业发展的保障措施

（一）组织保障。一是建立三级推进的LED产业发展领导小组；二是建立行业协会，以协同企业实施相关政策的组织架构；三是组建咨询机构，为政府制定政策提供咨询。

（二）技术研发。一要建立三个研究开发中心；二要实施专利、标准战略；三要加大研发投入，保持技术领先。

（三）金融支持。一是实施贷款贴息；二是开辟“贷款绿色通道”；三是建立合同能源管理的“四方融资模式”；四是加大政府投入。

（四）人才支撑。一要不断引进LED专业人才；二要不断地培养LED专业人才。

（五）政府采购。以应用促发展，通过政府采购项目的示范作用，引导LED照明企业产品不断提升品质和效能，增强产品竞争力，并以实际效果为样板，推动LED产品进入公众领域，营造绿色节能环保的市场氛围。同时要严格按照政府采购规程执行采购工作，完善管理和监督，保证政府采购市场的公正和公平竞争。

（六）交流合作。一要建立LED网络资源共享平台。二要依托新闻媒体平台。三要搭建全方位的交流合作平台。

# 成都市 LED 照明产品应用规划（节选）

（2010—2012 年）

2010 年 1 月 7 日，成都市人民政府办公厅印发了《成都市 LED 照明产品应用规划（2010—2012 年）》，以做好 LED（发光二极管）照明产品应用工作，促进我市 LED 技术创新和产业发展。主要内容摘录如下：

## 一、LED 照明发展及应用现状

（一）国内外 LED 发展趋势

（二）我市 LED 照明产业及试点应用现状。

（三）我市发展 LED 照明产业的比较优势。一是我市具有发展 LED 照明产业的较好基础，成都市从事 LED 照明应用产品生产的企业已达 30 余家；二是我市 LED 产业具有较强的科技支撑；三是我市在市政公共场所及设施使用 LED 照明市场潜力巨大。

（四）LED 照明产品推广应用存在的主要问题。一是缺乏统一的标准规范；二是初期一次性投入成本较高；三是 LED 照明技术仍在迅猛发展，LED 照明产品升级换代时间快。

## 二、指导思想和目标

（一）指导思想。以科学发展观为指导，抢抓战略机遇，坚持“政府推动、市场导向、企业为主”原则，发挥市场资源优势，加大招商引资力度，以体制创新和科技创新为动力，以示范工程为突破口，推动 LED 照明技术成果转化和规模化应用。

（二）工作目标。从 2010 年到 2012 年，通过实施 LED 照明产品应用示范工程计划，推广应用照明用 LED 灯 40 万盏，实现示范工程 6.45 亿元投资，其中，全面完成成都市“十城万盏”半导体照明应用工程试点，推广照明用 LED 灯 1.5 万盏；实施“十、百、千、万”LED 照明产品应用示范工程，推广照明用 LED 灯 38.5 万盏。

## 三、示范工程

### （一）重点应用区域

1. 中心城区、旅游景区及 LED 产业所在区（市）县的新建道路、地铁设施和景观建筑；

2. 昼夜长时间照明的公共建筑（设施），光彩亮化标识照明，新建居住小区道路和景观（标识）照明，以及工厂、商场、宾馆（饭店）、医院、学校等企、事业单位；

3. 在技术经济可行条件下，在部分城乡居民家庭照明领域开展应用示范。

### （二）实施产品及标准

《城市道路照明设计标准》（CJJ45—2006）；

《城市夜景照明设计规范》（JGJ/T163—2008）；

《“十城万盏”半导体照明试点示范工程 LED 道路照明产品技术规范》；

《整体式 LED 路灯的测量方法》；

《广东省 LED 路灯地方标准》。

### （三）实施步骤

1. 2010 年至 2011 年，实施“十城万盏”半导体照明应用工程试点计划。用 2 年时间，推广照明用 LED 灯 1.5 万盏，其中道路照明用 LED 灯 1.2 万盏，地铁、景观照明用 LED 灯 3000 盏。

2. 2010 年至 2012 年，在总结“十城万盏”半导体照明应用工程试点计划经验的基础上，再同步实施“十、百、千、万”LED 照明应用示范工程，用 3 年时间推广照明用 LED 灯 38.5 万盏。

### （四）实施模式及配套政策

1. 采用合同能源管理（EMC）、设备租赁等投、融资模式实施政府性投资示范工程。

2. 鼓励各区（市）县组织辖区内企、事业单位投资建设 LED 照明产品示范工程。鼓励商场、宾馆（饭店）采用合同能源管理（EMC）模式实施 LED 照明产品示范工程。

3. 鼓励公共部门、企事业单位和居民家庭采购、使用 LED 照明产品。

4. 培育 LED 产业链，扩大政府绿色采购。

5. 培育应用推广单位。

6. 推广方式。

## 四、保障措施

### （一）成立工作协调机构

### （二）加强监督考核

### （三）落实资金保障

### （四）职责分工

### （五）其他新型节能照明产品支持政策



# 广州市半导体照明产业发展规划（节选）

（2010—2020 年）

2010 年 5 月，市科技和信息化局与市发改委联合制定印发了《广州市半导体照明产业发展规划（2010—2020 年）》，提出了近期、中期和长期发展目标。主要内容摘录如下：

## 一、广州产业基础与条件

### （一）LED 产业发展环境

**1. 基础条件**

广州市明显的地缘和区位优势和完善的交通运输网络为产业发展和创新提供了优良的硬件环境。稳步快速的区域经济和高新技术产业发展，为半导体照明产业提供了雄厚的经济实力和良好的发展环境。广州市产业规划及珠三角产业圈中心城市的定位，为半导体照明发展提供了有利的政策保障。

此外，广州金融资本环境良好，服务体系发达，在对外贸易、国际合作、劳动力资源等方面在全国也具备很多优势。广州集中了华南地区绝大部分的科研力量和具有国家资质的 LED 相关检测平台，院校及科研机构的研发整体实力较强。这些为 LED 产业的发展提供了坚实的服务基础与保障。

**2. LED 市场需求现状**

预计到 2012 年，广东省 LED 产业有望形成规模超 3000 亿元的新兴产业集群，而广州市的 LED

市场需求也将超过1000亿元。

3. LED **产业发展现状**

广州市半导体照明产业体系处于不断发展和完善中，产业已经具有一定规模，产业链已经形成，并具有了自己的特色和优势。从整体上来说，广州市LED企业数量不多，但集约度高，带动能力强，在国内LED产业中处于高端水平，具有很强的创新能力和可持续发展潜力。

### （二）存在的不足

产业发展不集中，尚未形成产业集群，缺乏在国际上有较大影响力的龙头企业；产业链高端环节比较薄弱，外延及芯片企业数量少、规模偏小；封装企业技术水平有待进一步提升；企业研发基础相对薄弱，技术创新能力相对不足，缺乏核心专利；产业技术人才缺乏，高端工艺人才引进难度加大；资源有效配置不够，缺少公共服务平台；国家标准和行业标准的空白影响LED产品质量和技术的提高；宣传和示范力度不够；周边城市如深圳、佛山、东莞等对半导体照明产业发展非常重视，对广州产业资源形成竞争，也给广州半导体照明产业的发展造成一定压力。

## 二、指导思想与发展目标

### （一）指导思想

通过发展面向未来、高端通用和功能性照明的LED产业，做大做强我市LED产业，建设国家级半导体照明应用示范城市，打造国家半导体照明产业基地，带动广州市产业结构调整和优化升级，培育新的经济增长点。

### （二）发展思路

一是坚持以市场为导向，完善产学研用模式，引导产业集聚发展；二是以创新为主线，突出重点领域，强化差异发展；三是坚持科学统筹，坚持内联外引，实现跨越式发展。

### （三）发展目标

1. **近期发展目标**（至2012年）

（1）产业目标

发挥本地LED技术起点高、后发优势强的特点，在外延片生长等关键环节和市场示范应用等关键环节有所突破，形成自己的研发优势和后续竞争储备。引进1～2家外延、芯片具有核心竞争力的龙头企业。通过新建、扩建项目，培育扶持3～5家中、高端封装企业，形成自己的研发优势和后续竞争储备，初步形成从外延材料、外延片生产、芯片制造、封装及特色应用在内的完整产业链。通过建设一批应用示范、政策引导，重点发展5～10家在汽车照明、LED-TV背光源、通用照明等领域的专业LED应用龙头企业。支持企业做大做强，形成2～3个产值过10亿元人民币的LED企业、8～10个产值过亿元人民币的LED应用产品生产企业，扶持1～2家上市公司。实现LED产业及相关产业的年销售收入300亿元人民币以上。

（2）创新与服务目标

充分运用广州现有的产业优势及院校与研究机构的科研实力，对广州市的共性技术难题联合攻关，通过自主创新，形成一批专利技术，避开技术性壁垒，以利于产业良性持续发展；依托行业龙头企业建立一批综合性研发机构，如省、市级企业技术中心和工程中心；鼓励企业间开展各个层面的知识产权战略协作，联合进行专利引进或争取授权，增加谈判能力并降低专利费用，增强专利侵权纠纷应对能力，共同应对产业竞争中的专利障碍，并争取形成一定专利优势；大力扶持一批知名企业、创建系列知名产品，打造半导体照明产业的知名区域品牌。

2. **中期发展目标**（至2015年）

（1）产业目标

按照“生产一代、开发一代、预研一代”的创新战略，从“研究开发、产业化、支撑服务、人才资源”四个关键环节建设一流的LED技术创新体系，为LED产业的发展提供源源不断的技术支持。在白光通用照明级外延芯片、照明应用等方面取得重大技术和产业突破，形成完整的高端产业链和创新链，以及广州独有的产业特色和竞争优势。加快培育和发展一批具有国际竞争力的龙头企业，培育和发展产值超过50亿元人民币的LED企业2～3家、产值超过10亿元人民币的10家以上；实现LED产业及相关产业的年销售收入500亿元人民币以上。

（2）创新与服务目标

相关技术研发中心、产品与工程展示、技术/产品/专利等的专业市场及交易平台、LED分析检测认证中心、LED系统设计中心、节能服务机构、金融资本机构、人才培训与交流中心、公共信息平台等产业配套服务体系的建设初具规模，并为LED产业的良性发展发挥着重要作用。同时，产业具备整体规模，可聚集一大批LED领域的优秀科学家、技术专家和企业家人才队伍，形成一支层次明晰、结构合理、实力雄厚的专业技术人才队伍，熟练的职业技术工人和从事管理、经营和中介服务的企业家群体。

**3. 远期发展目标**（至2020年）

外延芯片、功率LED器件及特色应用照明产品等形成国际领先的竞争优势；争取半导体照明核心产业规模达到1000亿元，带动相关配套与关联产业规模超过3000亿元；实现企业自主创新能力的显著提升，拥有特色产业优势、核心技术和持续创新能力，区域创新体系完善，科技支撑能力显著增强，形成可持续发展的新机制和现代产业发展模式，并培育出多家具有世界影响力的企业；建成“国内一流、国际知名”和具有较强竞争实力的半导体照明产业化集聚区。

## 三、产业发展布局



LED产业基地包括一个核心区和若干专业园区。

### （一）核心区

根据我市产业整体规划布局，充分发挥现有LED产业基础和优势，整合各种创新资源和产业资源，引导建设我市LED产业集聚核心区。核心区主要建设内容包括国家半导体照明产业基地、光电产业企业孵化器与加速器、半导体照明监测中心、半导体照明研发公共服务和周边生产服务性基地。核心区集中行业龙头企业，建成集企业总部、中上游产业的研发与生产、生产性服务和生活配套齐全的LED产业核心集聚区。

### （二）LED专业园区

在全市范围内，结合各区产业特点与优势，形成若干LED专业园区。发挥花都区在LED封装和LED大功率照明灯具制造的优势，建设花都光电子产业基地；发挥荔湾区广东光电科技产业基地在LED-TV背光源产业优势，建设LED高端应用产业园；发挥南沙开发区在LED芯片制造方面的优势，建设LED外延片生长、芯片封装制造上游产业园；发挥广州开发区在LED照明灯具方面的优势，建设LED下游产品制造产业园。

以“一核多园”的模式推动产业区域集约化发展，建设国家级半导体照明产业基地。以基地为依托争取国家、省重大项目落户广州。

## 四、产业发展重点任务

### （一）培育和壮大产业规模

**1. 外延与芯片产业**

广州应充分利用在外延芯片领域已经形成的优势，积极扶持和引进，在大功率芯片方面取得突破。重点发展通用照明和大尺寸 LED-TV 背光源等高端应用的 GaN 基外延和蓝、绿光芯片制造技术。形成月产 1000KK 以上的芯片生产能力，逐步替代进口芯片，在高端应用领域达到 50% 以上的自主配套能力。

**2. LED 封装产业**

重点发展大功率白光 LED 及 SMD 高端封装产品。围绕广州特色应用领域（汽车照明、LED-TV 背光源、通用照明等），通过扩大产能、优化升级现有封装生产线，达到产能在月产 2000KK 以上的规模。

**3. 高端照明产品及应用**

重点发展中、高端 LED 应用产品，优先发展 LED 通用照明（室内照明灯具、道路照明灯具等）、LED-TV 背光源、汽车 LED 照明、高端景观照明、舞台灯光等应用产品及系统。加大 LED 照明在道路照明中二次配光、光色、显色性、光环境等方面的研究力度，完善 LED 技术在道路照明中的应用。

**4. 关键配套产业**

支持高品质荧光粉、树脂和硅胶等封装材料、自动化封装设备的研发和产业化，支持 LED 照明产品的创意设计，有针对性地发展半导体照明相关的电源管理模块及电路控制芯片，在这些领域形成独特的产业特色和竞争优势。支持有关企业和科研院所，制定广东省或广州市 LED 产品应用及技术标准、检测标准等，为 LED 产品的应用和推广提供科学依据。重点扶持有资质的 LED 产品检测认证机构，完善 LED 产品的检测技术、方法和手段，提升产品质量，深化产业发展。

### （二）积极推动应用示范

通过政府引导，积极推广半导体照明产品应用示范，营造市场环境、带动市场需求、鼓励相关部门及企业积极参与，共同推动广州 LED 应用产品的技术集成和创新。

### （三）加强关键技术研发

**1. 功率型、高亮度 LED 芯片制造技术**

研制 GaN 基外延材料、功率型高亮度蓝光 LED 芯片；开发照明级蓝光 LED 芯片及其规模生产工艺；研发具集成功能的 LED 芯片光源技术。

**2. 功率型、高亮度 LED 器件关键技术的研发**

功率型 LED 器件的散热和光学结构设计；LED 器件可靠性研究；适用于蓝光激发的白光功率型 LED 用高效荧光材料的开发；LED 高耐候性封装材料研发；功率型 LED 器件用导热材料和焊接材料研发；功率型 LED 自动化封装设备与工艺研发；高效、高显色指数、长寿命、低热阻的照明用 LED 光源研发；标准化 LED 光源模组制造技术；LED 照明用驱动芯片及电源管理单元研发。

**3. LED 照明应用与系统集成**

重点支持大尺寸 LED-TV 背光源、LED 汽车照明技术开发、数字智能化 LED 照明系统开发、新型半导体照明光源应用系统开发、半导体照明规模化系统集成技术、大功率 LED 照明散热技术等的研究。

**4. 有机发光二极管（OLED）照明器件研发**

重点解决白光 OLED 所涉及的重大工艺、关键技术和材料问题，包括白光 OLED 材料的纯化和量产技术；高效率、高稳定性白光 OLED 的结构设计与制造技术；大面积均匀有机薄膜的制备技术；柔性白光 OLED 的制备技术；OLED 照明产品开发技术等。

### （四）支持企业做强做大

根据产业发展特点，集中资源支持龙头企业做强做大。加强对 LED 产业中优势企业的培育力度，选择一批具有自主知识产权、有核心竞争力、在国内外有一定知名度和品牌的优势企业培育上市，帮助企业发展壮大；加强对 LED 中小企业的科技创新创业扶持，促进产业主体多元化。进一步降低

LED 中小企业创业的门槛，鼓励更多的科技人员创业；为中小企业提供融资服务、信息服务、科技创新公共平台服务等；加快 LED 产业孵化器、加速器建设。

## 五、政策与措施

为保证规划战略目标的实现、推动 LED 产业的快速发展，必须围绕组织保障、创新服务、区域合作、金融支撑与人力资源建设等方面建立有效的机制和政策，并采取相应的方法和措施。

# 梅州市 LED 产业发展规划（节选）

（2010—2015 年）

2010 年 10 月 27 日，梅州市人民政府印发了《梅州市 LED 产业发展规划（2010—2015 年）》。主要内容摘录如下：

## 一、发展形势与产业背景

## 二、产业基础和条件

### （一）LED 产业发展环境



#### 1. 社会经济发展环境

#### 2. LED 市场需求现状

计划到 2012 年，全省 LED 产业有望形成规模超 3000 亿元的新兴产业集群，而梅州市的 LED 市场需求也将超过 30 亿元。

### （二）我市 LED 产业发展现状

我市 LED 绿色照明虽然在显示屏、景观、路灯等应用领域广泛应用，为 LED 产业的进一步发展奠定了良好的基础。但我市 LED 产业目前正处在起步阶段，引进项目多集中在下游封装应用领域，还没有外延和芯片项目。且原有研发基础薄弱，技术创新能力不足，技术研发人才和管理人才缺乏，我市 LED 产业发展任重道远。

## 三、指导思想与发展目标

### （一）指导思想

以科学发展观为指导，以“政府扶持、政策引导，科学规划、加快发展”为原则。以机制模式创新和绿色照明市场应用为动力，走引进、消化、吸收、再创新的路子，扩大应用，做大中下游，积极承接产业转移。通过优化产业发展环境，完善投资机制，积极引进各种资金，大力培育龙头企业和名牌产品，形成产业集聚。以创建广东省绿色照明应用示范城市为突破口，做大做强我市 LED 产业，形成新的经济增长点。

### （二）发展思路

一是坚持以市场为导向，产学研相结合，引导产业集聚发展；二是以创新为主线，突出重点领域，鼓励差异发展；三是坚持统筹规划、外引内联，实现跨越式发展。

### （三）发展目标

以“梅州高新区为核心，辐射各县（市、区）工业园区”的产业布局，通过与省、广州市共建的方式，把我市建成广东省重要的LED产业基地。至2015年，LED产业规模达到80亿元以上，其中核心区产值达50亿元，辐射区产值30亿元。建成2~3家省级工程技术研究开发中心或检测中心。引进国家研究机构、高等院校在梅州建立产学研创新平台、示范基地或产业化基地。掌握一批具有自主知识产权的核心技术；启动检测研发公共服务平台建设，建成绿色照明电子商务平台。引进LED外延片、高亮度LED照明、景观、路灯、节能灯、车用LED灯、显示屏、背光源、配套材料、控制电路、稀土荧光粉、太阳能电池等项目，形成以应用、封装为重点的产业链。培育绿色光源应用龙头企业2~3家，LED封装龙头企业3家，稀土荧光粉企业1家，太阳能电池龙头企业1~2家。培育5~8个具有竞争力的名优产品。通过构建完善的产业配套体系，形成集群效应和竞争优势，努力打造LED产业核心集聚区。

## 四、发展重点

### （一）产业发展重点

鼓励企业和资金进入半导体照明产业领域，引进大功率白光LED产品的技术研发及生产；重点支持LED外延片、大功率LED封装、照明及车用等应用产品开发；开发和推广新型通用照明产品；引进LED灯具的照明集成控制系统技术及相关产品的开发成果；发展与太阳能结合的半导体照明灯具产业。引进大功率LED照明的驱动及控制电路技术、模组设计技术，并尽快形成生产能力。

重点支持引进、开发环保高效的稀土发光材料、新型长寿命的电极及相关材料等产业化技术；重点支持引进、开发高能效节能灯的制造工艺技术；重点支持引进、开发灯具的智能照明集成控制系统技术；重点支持引进、开发节能灯加工关键工艺设备及检测仪器。



### （二）公共服务体系

依托国内高校和研发机构、相关政府职能部门和重点企业建立我市LED照明公共信息服务平台、LED光源检测机构、技术开发中心、产品展示交易平台、人力资源培训中心和面向行业服务及投、融资服务中心。

### （三）产业布局

广东省（梅州）LED产业基地以梅州高新技术产业开发区为核心，辐射带动市辖六县一市一区。重点发展LED中、低端应用产品。优先发展室内绿色节能灯具、城市道路照明灯具、户外装饰照明系统、汽车照明灯、太阳能LED应用产品及系统。形成一定规模后发展LED外延片、芯片、高品质荧光粉等封装材料，形成汽车电子、太阳能光伏电池及中下游产业及配套产业。通过引进自动化封装设备和技术，发展大功率型白光LED封装项目和中、高端LED应用产品，逐步引导国内外LED照明企业向园区聚集。充分发挥龙头企业的带动作用，鼓励企业积极采用新技术、新工艺，建立包含技术创新、产品检测、产业咨询、展示交易和各种配套服务在内的公共服务平台，使梅州成为LED产业技术创新示范基地和产品研发生产基地。

### （四）示范工程

遵循政府主导、市场化运作以及示范带动、循序渐进的原则，通过实施LED照明工程，引进和培育一批LED照明龙头企业。支持和鼓励采用合同能源管理等投、融资模式进行节能改造和推广绿色照明产品，政府部门和城市公共建筑将优先使用绿色照明产品。我市LED照明产品推广应用示范工程建设，将选择在进城大道、东山教育基地、城区主要干道、梅江两岸、城市标志性建筑、广场、居民住宅小区等分批开展，力争在3年内实现全市推广使用约3万盏LED照明灯。

### （五）产业化关键技术

在政府政策的引导和扶持下，着重解决一批制约我市LED产业发展的关键技术，具体包括：

**1. 高亮度LED芯片制造技术**

高亮度红、黄、绿光外延片及芯片产业化技术，引进开发照明级蓝光LED芯片及其规模化生产工艺。

**2. 封装技术**

包括适合于通用照明的新型光源模块封装形式和工艺、100流明每瓦（lm/W）以上大功率和小功率白光LED封装技术（包括结构优化，降低热阻和改善散热，不同色温高效、高显色指数）。

**3. 功率型、高亮度LED器件关键技术**

引进开发功率型LED器件的散热和光学结构设计；引进开发LED用高效荧光材料；引进开发功率型LED自动化封装工艺；引进开发LED照明用电源管理单元技术。

**4. LED照明应用与系统集成技术**

引进开发LED汽车照明技术、新型半导体照明光源应用系统、半导体照明规模化系统集成技术、大功率LED照明散热技术等。

**5. 有机发光二极管（OLED）照明器件研发**

引进开发高效率、高稳定性白光OLED的结构设计与制造技术；引进开发柔性白光OLED的制备技术；引进开发OLED照明产品开发技术等。

### （六）发展壮大企业

根据产业发展特点，集中资源扶持龙头企业做强做大。加强对LED产业中优势企业的培育力度，帮助企业发展壮大；加强对LED中小企业的科技创新和创业扶持。进一步降低LED中小企业创业的门槛，鼓励更多的科技人员创业；为中小企业提供融资服务、信息服务、科技创新服务等。

## 五、政策与措施

为保证规划目标任务的实现、推动梅州LED产业的快速发展，我市将围绕组织保障、政策措施、科技创新、金融支撑、区域合作和服务体系建设等方面建立有效的机制和政策。

# 安徽省半导体照明产业技术发展指南（节选）

（2010—2015年）

2010年10月27日，安徽省科技厅发布了《安徽省半导体照明产业技术发展指南2010—2015年》，主要内容摘录如下：

## 一、发展现状及趋势（略）

## 二、发展思路

1. 总体思路。坚持以应用促发展原则，以抢占未来竞争制高点为目标，以试点与示范工程为依托，重点突破大功率芯片和器件、驱动电路及标准化模组、系统集成与应用等关键技术，形成较完整的产业链和技术创新链。到2015年，建成具有国内领先的技术研发和服务平台，获得一批发明专利、国家和行业技术标准，实现我省半导体照明产业及其他相关配套产业核心竞争能力的整体提升。半导体照明产业实现产值800亿元。

2. 技术路线。半导体照明产业以发光二极管（LED）为主，重点支持衬底、外延及芯片、电源管理模块及驱动、贴片式LED支架等新产品的研发，在半导体照明产业的核心技术取得重大突破；推动封装装备规模化生产，促进应用产品集成化、平台化、系列化的开发；积极跟踪有机发光二极管（OLED）技术的发展，做好技术储备。

## 三、优先领域与发展重点

### （一）关键共性技术

**1. LED材料关键技术**

开展蓝宝石图形衬底制备及GaN基LED外延、新型非极性衬底制备及GaN基LED外延等生长技术；推进GaN基自支撑衬底制备及同质GaN基LED外延生长技术、垂直结构功率型LED芯片制造技术、深紫外氮化物材料及器件制备研究、新型硅基氧氮化物荧光粉等高效发光基质材料的制备其产业化等关键技术的研究；重点支持GaN基功率型高亮度蓝、绿光外延片及芯片产业化技术、四元系In-GaAlP高亮度红、黄、绿光外延片及芯片产业化技术。

**2. LED工艺技术研究**

开展SiC、GaN等新型衬底材料的生长制备技术及其规模化切磨抛等加工工艺研究，实现高端衬底材料的实用化和规模化生产；加快新型硅基氧氮化物荧光粉等高效发光基质材料的后处理和涂敷等工艺研究；立足于现有基础，重点支持GaN衬底、GaN外延层激光剥离、Si衬底外延、大尺寸功率型芯片设计等加工工艺的技术研究。

**3. LED封装关键技术**

开展高光效、高光色一致性封装结构设计与工艺研究，重点解决高取光效率透镜设计、荧光粉涂敷量、形状和均匀性控制、芯片光电参数配合、光色度参数控制等关键技术难题；开展低热阻封装技术与工艺研究，重点解决低热阻界面材料、新型热沉结构与制作工艺研究等关键技术难题；开展高可靠性封装技术与工艺研究，重点解决材料匹配选择、封装结构和工艺过程改进等关键技术难题；实现有效提高LED器件的功率水平、效率和可靠性，保证功率LED长期高效稳定工作。

**4. 有机发光二极管（OLED）照明器件的研发**

跟踪国内外技术发展水平，开展白光OLED重大工艺、关键技术和材料技术研究，重点支持白光OLED材料的纯化和量产技术、高效率、高稳定性白光OLED的结构设计与制造技术、大面积均匀有机薄膜的制备技术、柔性白光OLED的制备等关键技术研发。

### （二）关键装备及配套产品开发

**1. 开展MOCVD装备为核心的整机制造技术**

研究MOCVD系统计算机模拟仿真、反应室设计、制造等关键技术；研究反应室内原料配送混合系统、热场、气场，开展衬底承载和旋转系统、MOCVD控制系统的研究（包括气体输运系统）。重点支持能替代进口的高效精密自动化封装设备和功率型LED固晶、分检测试量产设备关键技术，以及外延芯片产业化生产线设备的研发。

**2. 半导体照明关键配套产品的研发**

鼓励开展为LED配套的拥有自主知识产权的管壳、荧光粉、胶水、专用二次光学器件、专用IC

等基础材料的研发；支持开展铝基、铜基及其他超高导热材料、低热阻、高集成度 LED 封装结构、高可靠性芯片粘接、高效导热的支架或基板设计与研发；推进新型封装树脂材料及封装工艺研究，攻克晶片散热结构、量子保护芯片及驱动电路设计等关键技术，重点支持贴片式 LED 支架、引线框架和新型封装装备和模具制造等关键技术攻关。

**3. LED 照明驱动电路设计技术研究**

研究开发新型智能化半导体照明系统的产业化关键技术、高亮度 LED 照明系统及各种特色照明灯具的系列设计和新产品开发技术；开发简单有效的驱动电路设计研究；重点解决白光 LED 灯具结构、色温、光学系统设计、电路散热、密封、防水、防振、防电压冲击等关键工艺技术。

**4. 以量子阱结构为基础的 LED 器件结构的技术研究**

开展以量子阱结构为基础的宽带 LED 器件结构研究，实现从红色一直覆盖到紫外，满足大尺寸 LCD 背光源，实现带宽、色饱和度、效率及光束质量结构可控。

### （三）应用产品

1. 大功率 LED 光源的产业化技术。
2. 车用 LED 系统集成技术。
3. 平板显示新型 LED 背光源应用技术。
4. LED 结合太阳能、风能照明灯具装配技术。
5. 室内空间照明系列化产品的研发。

### （四）标准体系建设



鼓励企业联合国内外相关高校、科研院所、检测机构和行业组织业，在芯片制造、检测、封装器件等领域的国家标准和行业标准制定方面推动合作、有所作为，提高对产业发展的控制能力。重点支持企业联合科研院所建立国家车用 LED 检测技术标准，加快安徽省 LED 产品应用及技术标准、检测标准的制定。

## 四、创新公共平台建设

**1. 加快半导体照明研发平台建设**

加快组建国家 LED 材料工程技术研究中心；建设 LED 芯片及封装省级工程研究中心。建设省级半导体照明工程技术研究中心。积极推进国际科技合作，深入开展新能源半导体照明产品、基础材料等方面的研发，建设省级、国家级半导体照明封装及应用重点实验室。

**2. 加强知识产权保护**

鼓励企业、高等院校和科研院所通过自主创新，形成一批专利技术，促进产业的良性可持续发展；鼓励企业间开展各个层面的知识产权战略协作，形成一定专利技术优势，打造一批半导体照明产业的知名企业和产品。

**3. 推进公共服务平台建设**

建设一批产品与工程展示、技术与专利等平台，加快 LED 分析检测认证中心和 LED 系统设计中心平台建设。鼓励成立半导体照明行业协会和产学研联盟等产业协调、服务和管理组织；支持技术创新、标准评价体系和人才培育平台建设；建立 LED 公共信息服务平台。

**4. 产业载体平台建设**

整合各种创新资源和产业资源，以“一示范、二基地、三园区”的模式整体推动应用示范和产业集聚协调发展。建设铜陵国家半导体照明应用示范工程城市、合肥国家级半导体照明高新技术产业化基地和芜湖光电产业化基地。此外，加快 LED 孵化器、加速器等产业化支撑平台建设和生产力促进中心、风险投资机构等产业转化中介服务机构建设。

**5. 建设半导体照明产业技术创新战略联盟**

组建以企业为主体、公共平台为依托、高校为支撑的安徽省半导体照明工程产学研战略联盟。

# 东莞“十二五”期间重点推进LED产业发展

近年来，东莞大力推动LED产业发展，促进经济方式转变，目前已形成良好产业环境和工作格局。全市LED产业链比较齐全，共有从事LED照明技术及产品研发、生产及应用的企业超过110家，其中产值超过1亿元企业有10家，超过5亿元的企业有1家。2010年LED产值约80亿元，比去年增长60%，已累计推广LED路灯2.8万盏。东莞市也先后被认定为国家科技部“十城万盏”半导体照明应用工程试点城市、国家半导体照明工程高新技术产业化基地、广东省LED产业基地和广东省绿色照明示范城市，并获批准建设国家半导体光源产品质量监督检验中心（广东）。

## 一、产业特点

### （一）产业链初步形成

东莞LED企业分布在上游外延片，中游芯片，到下游封装、应用及配套材料等各个环节，已形成了比较完整的产业链。目前我市在产业链的中下游已经形成了一定的产业集聚，拥有勤上、帝光、科磊得、邦臣、品元、台达电子、富华等骨干企业，优势比较明显；在关键设备制造和封装应用等方面技术也处于国内领先水平，涌现出凯格、志成华科等优势突出的优势企业。

### （二）应用领域广泛

我市LED产品已经形成包括背光源、显示屏、路灯、室内照明灯管、LED装饰灯、太阳能LED应用、特种工作照明等系列新兴节能照明产品，其产品应用工程遍布国内各地和国际市场，如国家大剧院照明工程、国庆60周年天安门广场大型显示屏、北京绿色奥运道路照明工程、广东省绿色照明示范城市工程、东莞市LED照明示范工程等。

### （三）创新能力不断增强

几年来，通过科技东莞工程政策扶持，逐步涌现出中镓半导体、福地电子、勤上光电、凯格等一批自主创新能力较强的LED企业，先后承担了国家863计划、省重大科技专项、粤港招标专项等重大科技计划项目8项；东莞拥有的LED路灯的发明专利约占全国的一半；中镓半导体引进了一支以著名物理学家、中国科学院院士甘子钊领军的科研团队，在氮化稼衬底材料制备、HVPE和激光剥离设备制造等方面技术达世界一流水平，是目前全球少数几个掌握氮化稼材料产业化技术的科研团队之一；东莞市凯格精密机械有限公司研制的LED封装设备（自动固晶机和焊线机）处于国内领先水平。

## 二、“十二五”发展目标

未来五年，东莞将抓住国际半导体照明技术加速扩散和产业转移的战略机遇，抓住国家推进战略性新兴产业和低碳经济快速发展的有利时机，抓住广东省大力促进半导体照明产业加速发展的重要机会，以促进区域产业结构调整升级和培育东莞战略性新兴产业为目标，以机制模式创新和不断扩大绿色照明市场应用为动力，大力实施“三位一体”战略，即：通过用人机制与模式创新，实现人才国际化；通过技术突破与培育龙头，实现产业高端化；通过引导集聚与基地建设，实现发展集群化；通过开放统筹与省市协作，实现人才、项目、基地一体化。最终将东莞培育成为LED高端制造集聚区、绿色照明推广先行区、新兴产业培育示范区。

争取到2012年，LED企业数量超过150家，产值超1亿元的企业达到15家以上，产值超10亿元的企业达到3家以上，LED相关产业产值达到200亿元，建立3家以上国家或省级企业工程技术中心或研究院，成为产业配套便捷、应用示范突出、制造优势明显的特色产业集群。

到2015年，产业集聚数量超过300家，产值超10亿元的企业达到10家以上，产值超20亿元的企业达到5家以上，培育具有全球影响力的高端创新型企业，LED及相关配套产业产值达到500亿元，成为产业规模大、产业集中度高、持续创新能力强、整体竞争优势突出的现代产业集群，并跻身为国际半导体照明产业链的重要一环。

## 三、扶持措施

“十二五”期间，东莞将从科技东莞工程每年20亿元专项资金中安排5亿元，5年共25亿元促进LED产业发展，主要用于扶持LED产业科技创新、补贴LED应用示范工程、引进LED高端项目、营造有利于LED产业发展的环境。2010年12月，东莞市出台了《东莞市促进LED产业发展的若干规定》，主要措施包括：(1) 如企业购置的MOCVD达到国际先进水平，并且数量不低于15台，则根据设备的先进水平，对每台MOCVD给予800万~1200万元的财政补贴。(2) 选择我市具有优势的产业链关键技术进行重点突破，每个项目资助不少于1000万元。(3) 扶持建立一批与LED产业相关的公共技术性服务平台，每个平台分别给予1000万~5000万元的资助。(4) 对LED重大项目产业化所发生的贷款给予贴息资助，同一单位年度的贴息总额不超过最高1000万元。(5) 对LED应用示范工程按照经核定的LED灯具价格的10%~30%给予补贴，单个工程最高补贴金额不超过1000万元。(6) 每年认定一批东莞市LED创新型企业，按照国家高新技术企业的税收优惠给予奖励。





## 四、具体行动

(1) 关键技术突破行动。选择领先优势突出的10项关键技术开展重点突破，并建立若干公共技术性服务平台及研发平台。

(2) 重大项目产业化行动。选择带动效果明显的10个重大项目进行产业化，从产业化配套资助、贴息资助、装备补贴、MOCVD补贴等方面给予扶持。

(3) 推广应用示范行动。选择应用基础扎实的10个镇（街）和园区，通过示范工程补贴、检测费用补贴、节能服务奖励等措施大力系统推广应用LED产品。

(4) 龙头企业培育行动。选择发展潜力巨大的10家骨干企业，通过LED创新型企业奖励、LED企业上市奖励、LED人才奖励等措施对企业进行重点扶持，鼓励其做大做强。

# 意见通知

## 福建省促进 LED 和太阳能光伏产业发展的实施意见（节选）

（2007—2010 年）

2007 年 4 月 2 日，福建省人民政府办公厅转发了省信息产业厅、发展改革委、经贸委、科技厅、建设厅制定的《福建省促进 LED 和太阳能光伏产业发展的实施意见（2007—2010 年）》，以推进福建省 LED 和太阳能光伏产业发展。主要内容摘录如下：

### 一、发展导向和目标

指导思想：以市场为导向，拓展新的应用领域和优势特色应用产品，提高产业配套能力，打造完整的 LED 和光伏产业链；以应用促发展，引导、推广 LED 和光伏产品的应用，优化产业发展环境，提高产业发展水平；以企业为主体，加强产学研联合与协作，加大人才引进和培养力度，把强化自主创新与引进先进技术消化吸收再创新有机结合起来，逐步形成具有自主知识产权的产业体系；以结构调整为重点，加强企业联合与重组，培植一批龙头骨干企业，壮大产业规模，优化综合布局；以提供环保节能产品为目标，实现产业发展与建设资源节约型、环境友好型社会相结合。

战略定位：以厦门市为核心，辐射福州、漳州、泉州、龙岩，拓展到莆田、宁德、三明、南平等地区，形成海峡西岸半导体照明工程产业化基地；LED 制备技术居国内领先水平，LED 产品层次以中高档为主，LED 产业在全国占据重要地位；立足我省资源优势，大力发展太阳能级高纯度多晶硅材料的生产，促进太阳能光伏产业的发展，成为国内外光伏材料重要的生产基地；完善太阳能 LED 系统产业链，成为全国 LED 和光伏产品集成应用的示范基地；抓住建设海峡西岸经济区的历史机遇，充分发挥我省对台优势，形成优势互补、协同发展的闽台 LED 和光伏产业合作基地。

产业布局：LED 外延片、芯片制造以厦门为中心，着力培育壮大上游龙头企业；LED 封装以厦门、福州为重点，依托骨干企业，带动全省封装工艺技术水平的提升；LED 应用产品生产由厦门、漳州向福州、泉州、龙岩等地拓展，构建具有较强竞争力的 LED 应用产品生产基地。太阳能级低成本高纯度硅材料生产以泉州、龙岩、漳州为发展重点，依托相关企业和高校，突破技术难关，形成国内具有重要地位的太阳能级高纯度多晶硅材料生产基地；太阳能电池生产以厦门、漳州、泉州为主体，扶持骨干企业，提高太阳能电池的综合生产能力；光伏产品应用以闽南三角地区为重点，扶持一批具有国际市场开拓经验的企业，形成光伏应用产品产业集群。

发展目标：到 2010 年，我省 LED 产业总体规模处于国内前列，预计年销售额达到 300 亿元，其中出口额达到 15 亿美元；光伏产业预计年销售额达到 150 亿元，其中出口额达到 7.5 亿美元。LED 和光伏产业从业人员达 4 万人，培育一批具有国内外市场竞争力的名优产品和龙头骨干企业，创国内名牌产品 1～2 项，销售额上 10 亿元企业 8～10 家；形成 2～3 个国家级、省级工程（技术）研究中心、检测认证中心、应用研究中心，能与国内外同行检测比对，技术实力达到国内先进水平，并能与国际接轨；开发一批具有自主知识产权的产品和应用系统，LED 光转化效率达到 80 流明/瓦以上，多晶硅纯度达到 99.9999% 以上，以本省多晶硅为原料的太阳能电池光电转换效率大于 12%（在 AM1.5 下检测）。

## 二、发展思路和工作重点

把政府的引导、扶持作用与市场基础性作用结合起来，把自主创新开发与承接产业和技术转移结合起来，把应用开发与满足市场需求结合起来，突破关键核心技术，拓宽产品应用领域，推进产业又好又快发展。

鼓励自主创新，努力掌握核心技术；拓展应用领域，以应用促产业发展；加强对外合作，增强国际竞争力；推进改革与重组，培植一批龙头骨干企业；实施人才工程，为产业发展提供智力支持。

## 三、政策与措施

### （一）加大对 LED 和光伏产业的扶持力度

"十一五"期间，省政府每年从节能资金中安排部分资金专门用于扶持 LED 和光伏产业发展，资助产业科技攻关和重大技术开发项目，奖励重大科技成果，为发挥 LED 和光伏产品在节能工作中的重要作用创造条件。信息产业主管部门牵头组织有关部门每年择优推荐一批关系产业发展的项目由发改、科技、经贸等有关部门给予重点扶持。对符合条件的 LED 和光伏企业要给予高新技术企业待遇，并积极帮助其申报国家级高新技术企业。信息产业主管部门要联合质量技术监督部门，加快推进产品质量监督与标准制订工作，定期公布该领域的最新成果，宣传推介名优品牌；加大对应用 LED 和光伏产品的宣传、引导、组织与协调等工作，促进新优产品在公共场所和社会上的应用，其所增加的公共服务支出所需部分费用，各级财政应予以支持。建设、交通、公安、交警等部门要在公共建筑、道路、交通信号灯等公共基础设施中大力推广应用 LED 和光伏产品，建设示范工程，增强公众对 LED 和光伏产品的感性认识。鼓励和支持 LED 生产企业采取 BOT 方式承接高速公路隧道灯光工程、城市景观灯工程等公共服务照明工程。建设部门组织制定施工验收标准，以确保 LED 应用工程建设的质量。

要鼓励自主创新，对通过自主创新首先实现 LED 光转化效率和太阳能级多晶硅提纯能力达到国内先进水平并实现产业化的科技成果，要按照《福建省促进科技成果转化条例》、《福建省科学技术奖励办法》等有关规定给予奖励。要加快综合配套市场建设，选择合适区域建立 LED 和光伏产业原材料和零部件的集散市场。在场地使用、税收等方面实行优惠政策，吸引省内外相关企业进驻，力争形成一个在全国有影响力的 LED 和光伏产业配套市场，提高产业的自我配套能力。鼓励扶持我省 LED 和光伏产品扩大出口，有关部门要在国外技术壁垒应对、环保及能效国际认证、国外普惠制关税优惠、出口通关放行绿色通道等方面予以优先扶持和政策倾斜。

### （二）大力实施关键技术科研攻关计划

各有关部门要充分发挥职能作用，大力协同，整合资源，加强对 LED 和光伏产业的支持。组织联合攻关，集中力量争取在一些关键技术上取得突破，快速形成具有自主知识产权的研发成果及产品。要组织省内外专家，在凝炼国内外 LED 和光伏技术发展趋势的基础上，采用产、学、研结合的方式，突破一些 LED 和光伏产业发展的上游前端关键技术。在经过深入市场调研的基础上，选择若干种对全行业有带动性的、能够很快走向市场的特种照明和应用照明产品，研发成功后直接进入企业生产环节，迅速占领相关市场。着重解决影响 LED 及光伏产品性能的关键技术问题，如提高芯片级别的光提取效率、降低器件热阻、提高器件寿命、控制与驱动电路等。

### （三）实行优惠的财税与用电政策

用好用足企业自主创新投入所得税税前抵扣、国家级高新区内高新技术企业所得税减免和国家级企业技术中心进口科研开发用品免征进口税等有关税收激励政策，针对 LED 和光伏产业的特点，5 年内对自行开发、生产、销售的功率型（单管芯 1 瓦以上）白光及超高亮度（光强大于 10cd）的 LED 产品、纯度高于 99.999% 的太阳能电池用多晶硅产品和光电转换效率大于 12% 的太阳能电池（以本省产高纯度多晶硅为原材料制成），专门实行优惠的财税与用电政策：各地政府对生产该产品的企业予以一定数额的奖励；对于企业重大的投资、增资项目或技术升级改造项目在安排企业技术改造贷款贴息项目时给予优先扶持；企业自行开发生产纯度高于 99.999% 的多晶硅产品，其生产用电享受我省促进工业生产发展用电优惠政策。

## （四）鼓励优先采用省内生产的 LED 和光伏产品

建立财政性资金采购自主创新产品制度，将 LED 和光伏产品列入节能环保产品目录，省财政厅会同信息产业主管部门及时公布我省 LED 和光伏产品推荐采购目录及其技术指标。全省各级政府需要采购 LED 和光伏产品及服务，必须优先购买列入目录的产品。对被列入推荐目录的省内 LED 和光伏产品，要根据科技含量、节能环保等特性，在招投标中给予一定幅度的加分。建立激励自主创新的政府首购制度，省内企业或科研单位生产或开发的试制品和首次投向市场的产品，技术先进，质量优良，且具有较大市场潜力的，经认定，政府进行首购。鼓励省内企、事业单位在选购上述产品或系统时，优先考虑省内产品或与省内相关单位合作开发和建设。

## （五）建立有效的投、融资机制

完善以政府投入为引导、企业投入为主体、其他投入为补充的多元化、多渠道投、融资机制，培育规范的投资中介组织，逐步拓宽现有资本市场的范围。要按照产业政策和信贷政策联动的要求，充分发挥政府的组织、协调作用，搭建解决银行和企业资金供需洽谈平台，切实解决银企双方资金供需信息不对称问题，有效引导金融机构增加对 LED 和光伏产业的信贷资金投入。引导企业积极使用各类新型金融产品，拓宽融资渠道，逐步增加技术开发投入，成为科技投入的主体。建立健全投、融资担保机制，鼓励政策性金融和商业金融机构对 LED 和光伏产业在资金、信贷方面给予重点支持。积极组织企业参与高层次的招商引资活动，有目的地寻找国（境）外大公司、大财团合作，引进资金。支持优势企业创造条件在国内主板和中小企业板上市，向社会公开发行股票和各种债券进行筹资。积极创造条件，建立健全产权交易市场，实现非上市企业的资本流动，拓宽投资的退出渠道，吸引社会和民间资本以及风险基金投入 LED 和光伏产业。

## （六）建立公共技术服务平台

在进一步完善厦门国家半导体照明产业化基地配套设施的基础上，建立若干公共技术服务平台。如建立福建半导体照明产品检测认证中心和福建省光伏产品检测认证中心；建立福建省 LED 和光伏产业应用研究中心。

## （七）加强与台湾相关产业的交流与合作

以“4.8”台交会、“6.18”项目成果交易会、“9.8”投洽会等展会为平台，通过办学术研讨会、洽谈会、交易会、展销会、互相参观考察等各种形式，为开展技术合作、成果交易、贸易投资等创造条件。采取各种优惠政策，吸引台湾省 LED 和光伏产业龙头企业来闽投资办厂。充分发挥两岸专业的民间组织的沟通联系作用，促进两岸具体产业对接与项目合作。加强与台湾省 LED 业界合作，共同与国际权威机构检测比对，以提高我省 LED 检测水平。

## （八）成立福建省光电子行业协会

## （九）加强人才队伍建设

加大人才培养和引智力度。支持省内高等院校开设光电子专业和专业技能课程，改善办学条件，加强师资队伍、课程和教材建设。大力吸引海外优秀留学归来人员和在外工作的闽籍专家来闽工作或聘为技术顾问，鼓励以项目带技术和人才。做好在职人员的再教育和技术培训工作，吸引国内、外著名大学和科研机构共建博士后流动站、工程硕士联合培养点、高年级大学生和研究生的社会实践基地。积极选派专业技术人员出国（境）培训；外事等有关部门要简化因公出国、出境人员的审批手续，方便企业高、中级技术管理人员参与国际交往。落实对职务技术成果完成人和在科技成果转化中做出突出贡献的人员的报酬及奖励政策。

# 南京市经委、市科技局<br>关于加快全市 LED 产业链发展的意见（节选）

2007 年 10 月 16 日，南京市政府办公厅转发了市经委、市科技局拟定的《关于加快全市 LED 产业链发展的意见》。主要内容摘录如下：

## 一、明确目标，理清思路

总体思路是：紧紧抓住 LED 产业国际资本和技术加速转移扩散的良好机遇，以产业化为目标，以市场为导向，以创新为动力，以应用促发展，夯实封装基础，寻求芯片突破，推动市场应用，形成产业集聚。到“十一五”末基本建成完整的 LED 产业链，产业规模达到 50 亿元，成为国家半导体照明产业基地。到 2015 年，全市 LED 产业规模力争突破 200 亿元。

## 二、发挥科教优势，建设产业基地

利用全市 LED 产业链企业与国内外科研院所、高校、企业集团的产学研合作平台，联合建立开放型的自主创新体系。依托南京众多科研院所与重点企业研发与产业化的雄厚基础，在大功率 LED 应用、LED 显示屏、LED 交通信号控制等技术领域建立 LED 产业联盟，集中人力、财力、物力，全力支持技术攻关与产品提档，支持与促进 LED 产业联盟的形成。扶持产业内领军企业的技术中心建设，全力打造 LED 产业链重点企业成为国家级技术中心。以创建国家级半导体照明产业基地为目标，做好合理产业布局。在电子信息产业总体布局内，形成 LED 产业链新布局，在江宁、高新、新港开发区规划建设 LED 产业特色园区，实现产业研发、生产与应用的错位发展，形成三足鼎立、相互支持、互动发展的良好格局。江宁开发区重点在封装领域形成强势，高新开发区重点在外延生长、芯片研发领域取得突破，新港开发区重点在工程与应用领域形成巨大产能。



## 三、加大研发力度，发展重点产品

围绕 LED 器件、LED 显示屏、LED 液晶背光源、LED 照明四大产品群，推进企业加大研发力度，提升产品档次，促进产品结构优化升级。提高 LED 器件产品制造能力，不断提升产品档次，增大市场占有率。通过加大投入，引进先进封装生产线、对重点企业的产能产量有效放大，力争在 LED 器件产品领域发展一批具有我市特色的拳头产品。以液晶显示用大尺寸 LED 背光源技术作为突破口，支持 LED 背光模组研发与产业化。充分利用我市平板显示产业的集聚优势，促进笔记本电脑、显示器产品和其他 LCD 产品的技术进步与升级。加强 LED 景观照明、室内照明和汽车照明等领域新产品的研发与产业化力度。研发基于网络化的 LED 信息显示技术智能化数字公交系统，开发太阳能与 LED 相结合的绿色环保照明系统。立足汽车仪表照明、小功率 LED 转向光源，促进优势企业进入汽车照明配套体系，开拓广阔汽车电子市场。以应用促发展，通过实施城市照明示范工程，带动 LED 照明市场的应用走向深入。有选择地对城市道路照明和亮化景观工程进行试点和应用，推广使用绿色照明工程。

## 四、培育领军企业，推进产业集聚

以打造南京LED产业链领军企业成为国家级企业技术中心为目标，支持企业在产业上、中游的研发与产业化。在加快全彩LED显示产品研发与生产的同时，引导企业向上、中游产业延伸，重点支持外延芯片的生长、功率芯片的封装技术、散热技术等。通过实施龙头拉动，带动一批产业链配套企业步入发展快车道。鼓励和支持全市产业链配套企业，主动适应市场需求，形成全市以行业领军企业为代表的技术与产品供应链，促进周边及其他地区向我市产业集聚。通过招商、招智，引进高技术产品和产业前沿领军人才，实现产业人才队伍良性循环，促进产业规模发展。在招商引资过程中，采取“定产品、定对象、定区域”的方法，瞄准国际LED产业跨国公司，加大力度，引进一批重量级的资本与技术。在吸引跨国公司转移产业制造能力的同时，引导设计与研发力量向南京产业基地转移与集聚。

## 五、加强政策引导，形成产业发展合力

成立LED产业链发展推进小组，由市经委牵头，市科技、发改、财政、税务、国土、规划、市政、市容等部门积极参与，协调和解决产业发展中的重大问题。市科技局在高新技术产业、软件产业和重大科技成果转化等方面给予LED产业链重点支持，负责国家半导体照明产业基地申报工作；市经委、市科技局负责支持建设国家级、省级技术中心，LED产业链工程中心和重点实验室；市发改委、经委、国土局、规划局等部门对LED产业链的基建、技改项目建设给予重点扶持，推进产业化进程；市建委、市政公用局、市容局等部门将LED景观照明试点工作纳入考核目标，优先采购我市具有自主知识产权的LED照明产品，以应用促发展，推进节能降耗产品的试点使用；市财政每年安排LED产业链发展专项资金，重点支持LED产业链技术创新、示范工程、关键技术研发和推广等。




# 扬州市关于促进LED和太阳能光伏产业发展的实施意见（节选）

（2007—2010年）

2007年10月22日，扬州市政府发布了《扬州市关于促进LED和太阳能光伏产业发展的实施意见（2007—2010年）》，主要内容摘录如下：

## 一、产业发展现状

产业发展初具规模；产业链日趋完善；产业集聚之势开始形成；产业技术水平不断提高；产业创新体系开始构筑；市场应用取得初步成效。

我市LED和太阳能光伏产业虽然取得了长足进步，但仍存在一些薄弱环节：一是LED上游亟待突破，LED和太阳能光伏产业的融合有待深化；二是关键技术有待攻关，公共服务平台建设亟待加强；三是人才和资金短缺，严重制约了产业发展。

## 二、总体思路和发展目标

### 1. 战略定位

以市开发区为核心，建设国家级半导体照明和太阳能光伏产业化基地，成为具有国际影响力的LED产业集群区域和全国重要的高纯硅材料生产基地，LED和太阳能光伏产业成为全市工业的支柱产业。

### 2. 总体思路

以科学发展观为指导，坚持前瞻性与可行性相结合，以企业为主体，市场为导向，政府为引导，认真组织实施《扬州市新光源产业促进计划》和《扬州半导体照明产业化基地发展规划》，强化统筹协调，按照“突破上游、占领高地、做大中游、扩大应用”的原则，推进产业集聚，以高纯硅、高亮度LED外延片及芯片生产为龙头，带动太阳能光伏产业和半导体照明产业协调发展；依托现有产业基础优势，强化引进、消化吸收、再创新，走“半导体照明和太阳能光伏竞相发展与相互融合、扩大在传统照明中应用”的特色道路，加快半导体照明和太阳能光伏产业一体化研究与开发，提升产业核心竞争力，积极抢占国际、国内市场。

### 3. 发展目标

到2010年，全市LED和太阳能光伏产业年销售收入达400亿元以上，占全市工业经济总量8%以上。高纯硅材料产量达3000吨/年以上，单晶硅棒4000吨/年，单晶硅片2亿片/年，太阳能电池600兆瓦/年。MOCVD 20台以上；四元素芯片产能达2000KK/月，高亮度芯片产能达600KK/月；普通封装800KK/月，大功率封装100KK/月。成为国内重要的LED和太阳能光伏制造基地。

## 三、产业布局

以市经济开发区为核心，辐射高邮、广陵、仪征、维扬、宝应等区域，遵循“产业集聚、关联配套、统筹协调、资源共享”的原则，实现区域联动发展的格局。

### 1. 核心区

重点推进扬州经济开发区新光源产业园建设，目标是建成国家级半导体照明和太阳能光伏产业化基地，创建国家级半导体照明和高纯硅材料研发中心。

LED以区内集聚的华夏光电、先丰光电、帝豪电子等一批核心企业为基础，进一步加大产业链招商的力度，引进中电科55所等龙头企业，整合上、下游资源，重点突破大功率高亮度外延片、芯片制造和高端封装，开发白光照明产品，形成“衬底材料—外延生长—芯片制造—后道封装—LED应用”的完整LED产业链。

太阳能光伏产业以顺大公司为龙头，发展太阳能级和电子级高纯度多晶硅材料，建设高纯硅材料研发生产基地，发展半导体级单晶硅棒、切片、高效率太阳能电池及组件、太阳能光伏发电和系统集成。

大力促进LED和太阳能光伏产业的对接融合，打通产业链，积极开发LED和太阳能光伏产业系统集成技术和产品，进一步拓展LED和太阳能光伏产业的应用范围，壮大配套产业规模。

### 2. 辐射区

（1）高邮。依托高邮市高科技光伏产业园、高邮经济开发区LED产业园、郭集室外照明灯具工业园，以顺大半导体公司为龙头，重点发展太阳能单晶硅材料、切片加工、太阳能电池，延伸发展太阳能LED照明灯具，形成“单晶硅棒—单晶硅片—太阳能电池及组件—太阳能LED照明灯具”产业链。

（2）仪征经济开发区。依托天保光伏和史福特等骨干企业，重点发展太阳能电池、室内外LED照明灯具、LED显示屏等。

（3）维扬经济开发区。以中显科技和日利达等为重点，发展砷化镓单晶半导体材料、单晶硅棒、切片、太阳能光伏电池等。

（4）广陵产业园。以曝泰车材、仁林科技为重点，发展汽车照明、各类指示用LED灯泡、节能灯等LED专用照明产品。

（5）宝胜工业园。以宝胜集团为重点发展非晶硅太阳能电池等。

## 四、主要任务和发展重点

### 1. 主要任务

一是坚持引进、消化吸收和自主创新相结合，突破关键技术，扩大产业规模，提升发展质态，实现量能和效能的双突破，增强产业核心竞争力和发展后劲；二是通过工程示范与政策引导，做大做强优势企业，促进 LED 和太阳能光伏产业与传统照明产业的无缝对接和有机融合；三是通过重点园区招商引资与产业承接，完善产业配套体系，实现集聚式发展；四是充分整合现有资源，加强企业间的分工协作，避免重复投资和恶性竞争，实现产业链的有序衔接和资源的合理配置及有效利用。

### 2. 重点领域

（1）LED

外延片。积极采用蓝宝石、SiC 、GaN 衬底，生长高效、高亮度、低光衰、高抗静电外延片，以中电科 55 所为龙头，装备 12 台 MOCVD 及相应芯片生产设备，建成国内技术领先的 LED 外延片生产基地，国宇电子尽快实现 LED 外延片的投产。

衬底。以华夏光电蓝宝石晶棒和中显科技大直径 GaAs 单晶为基础，重点攻克蓝宝石衬底激光剥离等关键技术；同时积极引进 GaN、InGaN、AlInGaP 等半导体材料生产企业，实现高质量大直径 LED 衬底的规模化生产，形成具有自主知识产权的企业技术标准。

芯片。进一步完善现有高亮度 LED 生产线，着力解决蓝光芯片垂直结构、四元红光芯片的 bonding 等关键技术，加快发展高亮度、大功率、大尺寸、低光衰、高抗静电 LED 芯片。

LED 芯片封装。重点解决低热阻功率型 LED 封装技术，以先丰光电、平安数字、佳光为基础，引进境内外大功率封装企业落户，进一步扩大芯片封装生产能力。

LED 背光及照明应用。加快中小尺寸 TFT – LCD 用高效节能 LED 背光源产品的研发与生产，积极鼓励大尺寸 LCD 背光源应用技术及产品的开发，扩大 LED 显示应用范围。加大对大功率照明产品使用寿命、光衰、散热等问题及配套技术的应用研究，重点发展高亮度道路照明灯具、高技术含量、高附加值、高精密度的新型节能艺术灯具、数码灯具、景观灯具、交通信号指示灯、车用 LED 专用照明及指示器、LED 显示屏和全色数码广告牌等。

关键设备和配套产品。重点攻关 MOCVD 设备及生长系统、ICP 刻蚀机、LED 分选设备、检测设备等。

（2）太阳能光伏

（3）产业融合

积极采用风、光、电互补技术提高产品的性能和科技含量，促进半导体照明、太阳能光伏以及传统照明产业的有机融合，加快推进以太阳能电池为光源、以 LED 显示或照明等应用产品和市场的开发。重点发展光电互补 LED 交通信号、户外看板、广告牌、路灯等，以及太阳能储能电池、电源逆变器、智能充电器、太阳能电池控制芯片、可编程电源管理器和驱动电路模块等关键产品及部件。

（4）示范推广

以应用促发展，以示范促应用，扩大 LED 和太阳能光伏技术在室内外照明、信号指示、信息显示等方面的应用，在城区生产、生活等多个领域普遍应用技术成熟、性能稳定的 LED 和太阳能光伏产品。按照政府主导和企业行为相结合的方式，通过道路照明和公共集聚区亮化应用试点、在建（新建）小区和公共设施（场所）的太阳能光伏应用试点、既有公共场所（设施）和小区的应用改造等，全方位推进 LED 照明和太阳能光伏的综合应用，提高我市 LED 和太阳能光伏产业的知名度和影响力。

### 3. 重点项目

2007—2010 年，重点实施 LED 和太阳能光伏项目 32 项，总投资 93 亿元。其中，亿元以上投资项目 18 项。

## 五、政策和措施

1. 加强组织协调，加大政策扶持力度。①成立“扬州市LED和太阳能光伏产业发展领导小组”，搭建企业融资平台。②尽快成立扬州市太阳能光伏行业协会，适时成立LED和太阳能光伏产业联盟。③建立LED和太阳能光伏产业专项发展基金。④对LED和太阳能光伏产业生产企业实行优惠的财税、土地与规费政策。⑤加大政府采购与扶持力度。

2. 鼓励自主创新，提高产业核心竞争力。鼓励和引导企业建立技术开发机构，加大科技投入，加强产学研联合，开展关键技术攻关，加快科技成果产业化，努力掌握核心技术。积极鼓励企业参与国家标准的制（修）订工作。进一步完善扬州国家半导体照明产业化基地配套设施，重点建设“江苏省半导体照明工程技术研究中心”、“江苏省LED检验中心”和“扬州－南京大学半导体照明研究院”，争取建立“扬州LED和太阳能光伏应用研究与检验中心”和“高纯硅材料工程中心”，对企业承担建设公共平台由政府给予一定的资金扶持。

3. 整合产业资源，优化产业布局。依托骨干企业，优化产业布局，以园区为载体建设专业化的生产基地。培育和扶持一批行业骨干企业。鼓励优势骨干企业根据发展需求，实施产业链上、下游企业的战略重组。在大力鼓励我市半导体照明企业与国内外半导体照明大企业的配套协作或战略合作的同时，突出对区域内现有重点企业、核心企业的支持与整合，形成行业协作优势。

4. 围绕产业和技术瓶颈，强化招商引资，完善产业链条。继续强化欧、美、日重点企业的招商引资，抓住台湾LED产业转移的契机，引进一批研发实力强、生产规模大的世界知名企业。重点引进LED外延片、大功率LED封装及半导体与光电关键零组件生产企业。要在引进产业资本的同时，加强核心、关键技术和高层次技术、管理人才的引进，积极鼓励企业在我市设立研发中心。同时，鼓励企业应用新技术、新工艺，集成LED和太阳能光伏技术，加快开发新一代终端应用产品，实现产品的差别化、多样化和风格化。

5. 加大对外交流合作，加快国际化步伐。鼓励企业积极主动利用各类科技资源，引进实施科技合作项目。组织企业参加学术研讨会、洽谈会、交易会、展销会等各类对外交流活动，定期举办新能源、新光源产业论坛，努力拓展新空间，进一步加强与日本、德国等先进国家和地区的交流与合作。加大对LED和太阳能光伏产业重点领域、关键共性技术合作研发的推动力度，鼓励企业通过引进技术、引进人才、委托研发、合作研发等多种手段提高自己的科技创新能力，形成自主知识产权，提升国际市场竞争力。

6. 加大人才培养和引智力度，强化人才支撑。支持本市高等院校为我市培养光电子专业人才和高级技工；鼓励企业通过委培、定向等方式与院校联合培养专业技术人才；加大产业发展紧缺人才引进与利用的力度，特别是LED和光伏专业技术带头人和高级管理人才，大力吸引海外优秀留学归来人员和在外工作的扬州籍专家来扬工作或聘为技术顾问，鼓励以项目带技术和人才。要支持企业做好在职人员的再教育和技术培训工作。

# 厦门市贯彻落实省促进LED和太阳能光伏产业发展政策的实施意见（节选）

（2007—2010年）

2007年12月13日，福建省人民政府办公厅转发了福建省信息产业厅、发展改革委、经贸委、科技厅、建设厅制定的《福建省促进LED和太阳能光伏产业发展的实施意见（2007—2010年）》。明确了福建省LED和太阳能光伏产业的发展方向和战略目标，提出了发展思路和工作重点，制定了有关政策和措施。主要内容摘录如下：

## 一、LED和光伏产业是我市经济发展的战略性产业

大力促进LED和太阳能光伏产业的发展，不仅能形成厦门经济发展新的增长点，也是建设资源节约型社会、环境友好型社会所必需。因此，要将发展LED和太阳能光伏产业提到我市经济和社会可持续发展的战略高度，采取切实有效的措施，培育产业核心竞争力，赢得市场竞争的先机。

## 二、发展思路

以市场为导向，把政府的引导、扶持作用与市场基础性作用结合起来，发挥政府在营造环境、推动集成创新与应用方面的协调作用。通过培育产业规模化生产能力在全国的优势地位，以应用产品为龙头，外引内联带动下游产业的发展。在承接产业和技术转移的基础上培育自主创新开发能力，打造产业可持续发展能力。

## 三、发展目标

从现在开始到"十二五"，LED以发展普通照明和应用产品为主攻方向；太阳能光伏产业主要发展环保节能领域的应用产品。争取到"十二五"中期，我市LED产业从外延、封装到应用形成比较完整的产业链，LED产品质量和档次得到较大提高，在功率型红黄光、小功率及功率蓝绿光和白光普通照明领域实现产业化；培育若干个规模居国内领先地位，具有国际竞争力的名优品牌和龙头骨干企业；形成2~3个国家级、省级工程（技术）研究中心、检测认证中心和应用研究中心，掌握一批具有自主知识产权的核心技术，达到LED光转化效率100lm/W的产业化技术目标。落实省政府提出全省以厦门市为核心，辐射福州、漳州、泉州、龙岩，拓展到莆田、宁德、三明、南平等地区的产业布局，实现"海峡两岸半导体照明工程产业化基地"的战略目标。以太阳能电池及其应用产品制造为重点，通过招商引资和政策扶持，使太阳能光伏产业在我市得到较快发展。

## 四、重点发展领域

### （一）LED

1. LED外延片与芯片制造。重点发展功率型高亮度红黄光、蓝绿光外延片及芯片，并最终实现LED普通白光照明产业化。大力扶持LED基础材料的技术创新。

2. 成品封装。重点发展先进适用的封装技术和产品，包括贴片式封装、柔性基板式封装、白小芯片封装及功率型封装；组合模块；荧光粉及封装材料研究与生产。

3. 应用产品

重点发展两类：一是能同步拉动本地上游、中游产业发展的背光源、汽车照明、城市路灯照明、室内装饰灯等应用产品，实现规模化生产；二是及时发展普通照明产品，取得市场先机。

### （二）太阳能光伏

## 五、建立有效的工作机制

在LED和太阳能光伏产业发展中充分发挥行业组织的作用，建立政府制定产业政策、行业组织组织实施、咨询机构为政府决策服务的工作机制。

## 六、政策措施

### （一）大力推进招商引资

努力引进高档外延芯片制造技术。将太阳能光伏产业列为当前全市招商引资的重点，由市光电子行业协会负责拟定招商引资导向。

### （二）加大财政资金支持力度

加大对 LED 和太阳能光伏产业的财政支持力度，由市科技经费给予 LED 和太阳能光伏产业倾斜支持，主要用于建设产业技术平台；支持重点产品、核心技术的产业化研究开发，以及对引进技术先进性的评估等。

### （三）支持新建项目用地

对新建项目所需用地优先安排用地指标，但必须采用公开招拍挂方式出让，在招拍挂出让方案中设置产业类别、技术水平、投资强度等准入条件，以支持 LED 和太阳能光伏产业集聚发展。

### （四）培育具有国际竞争力的优势企业

瞄准国际先进技术，在上、中、下游各选择若干个已具有较好基础、资产质量优良的企业，从资金、土地、人才引进等方面给予集中扶持，支持企业在发展规模经济中提高技术水平。

鼓励和扶持 LED 和太阳能光伏产业的企业通过中小板上市融资，进一步扩大产业规模，不断提高市场竞争力。





### （五）建设产业研发中心

依托骨干企业，政府从资金、人才引进等方面给予扶持，建设应用技术、封装技术中心；通过产学研合作，建设芯片技术研发中心。

### （六）组织协同发展

一是支持实施以应用产品为龙头，带动上游封装、芯片生产企业与其统一规格，扩大生产规模的技术改造项目。

二是推动封装企业生产技术同步发展，组织企业协同攻关。对各封装企业拥有的技术诀窍，由行业组织协调企业间互相转让。对应用先进封装技术所进行的技术改造，由行业组织对其先进性进行评估后向政府提出给予资金支持的建议。

三是组织企业联合技术攻关、集成技术创新以提高整体技术水平，实现 LED 光转化效率 2007 年达到 70lm/W、2008 年达到 80lm/W、2009 年达到 90lm/W、2010 年达到 100lm/W 的产业化技术目标。

### （七）加强海峡两岸产业合作

### （八）推动全社会应用 LED 产品和太阳能光伏产品

一是推动 LED 产品在本地区手机、平板显示器（LCD 和 LCDTV）、汽车照明等领域里的应用。凡非 LED 产业链企业应用地产 LED 产品提升产品技术含量和档次等项目，符合科技项目申报条件的，可申请科技专项资金扶持。

二是政府采购支持产业发展。由市财政局、经发局、科技局、发改委、贸发局及时公布我市 LED 和太阳能光伏产品推荐采购目录及其技术指标、地产优质产品推荐目录，并推荐进入省政府采购目录和省营销联盟推荐目录。

在LED普通白光照明产品进入市场的初期，通过政府采购，在全市行政机关及财政拨款的事业单位率先使用。

三是建立“绿色能源”应用示范工程，加大LED和太阳能光伏产品推广应用的宣传力度，不断提高社会各界的节能意识，推动太阳能产品的应用。

### （九）造就适应产业发展的人才队伍

充分利用我市各项人才政策，有计划、有步骤地引进、培养和造就一批高素质人才，包括科研人才、工程技术人才、高级技工等。加强职业教育和培训，在本市专科学校中设立相关的专业，培养技术工人。

### （十）加强行业组织建设

# 江西省十大战略性新兴产业（半导体照明）发展规划（节选）

（2009—2015年）

根据省委、省政府确定的《江西省科技创新“六个一”工程实施意见》，为进一步推进我省半导体照明产业发展，特编制本规划。规划以2008年为基准年，规划期为2009—2015年，2012年前着重实施一批重大工程和项目。

## 一、发展基础

### （一）发展趋势

### （二）产业现状

经过30年快速发展，我省在半导体照明领域的科研和产业化方面取得了长足进步，一大批骨干企业从事半导体照明外延片、芯片、器件和照明应用产品的研发和生产，形成了较完整的产业链，并已实现规模化生产。

### （三）主要问题

虽然我省半导体照明产业发展迅速，但仍然面临一些不容忽视的困难和问题，主要表现在：一是产业集群程度较低，产业配套能力较弱，公共服务体系不完善，产业链发展不均衡，应用产品产业化能力仍然不强。二是产业创新能力及新技术产业化步伐有待提高和加快，虽然在硅衬底蓝光半导体照明芯片与器件方面的研发取得了突破，但在亮度方面还亟待提高，硅衬底技术的产业进程亟需加快；其他企业产品档次和附加值低，以中低端产品为主，高端产品少。三是市场开拓仍然不足，由于半导体照明标准尚未建立、产品价格偏高等原因，半导体照明产品还未得到广泛应用，市场未能有效开拓。四是专门人才比较缺乏，人才培养体系尚未建立，高端专业人才流失严重，没有形成系统的高、中、低各类专业人才培养体系。

## 二、发展思路

### （一）指导思想

发挥我省半导体照明产业研发和生产方面的优势，以符合低碳和生态经济为基本要求，以硅衬底等自主创新技术为动力，以骨干企业为龙头，以优势领域为基础，以集群化、规模化、产业化为发展方向，巩固基础，破除瓶颈，完善产业链，促进半导体照明技术推广应用，培育一批具有国际竞争力的企业集团，把江西建设成为一个以南昌为核心区、辐射周边地区、面向全国，技术水平高、产业规模大、配套能力强、区域特色明显的国家半导体照明产业基地。

### （二）发展思路

以功率型高亮度半导体照明器件封装和液晶背光源、特种照明、景观照明和道路交通照明等应用产品为突破口，逐步形成功率型高亮度半导体照明器件封装及芯片、半导体照明光源及灯具等产品的系列化、规模化，扩大片式半导体照明器件和半导体照明芯片的生产规模，形成规模经济。延伸产业链，完善产品配套条件建设，抢占市场，快速提升我省半导体照明产品竞争力。

### （三）规划目标

1）产业链目标。力争到2015年，通过招商引资和自我发展，基本建立完善的产业链和产业配套体系。

2）产能目标。到2015年，形成各类半导体照明外延片100万$in^2$、芯片500亿粒、器件300亿只、路灯20万盏的生产能力，使半导体照明产业真正成为我省支柱产业之一。

3）技术目标。进一步提高硅衬底GaN基半导体照明外延材料发光效率，到2015年半导体照明器件的内量子效率从50%提高到80%左右，达到国际先进水平；开展高亮度红色外延材料制备技术研发，填补我省高亮度红光半导体照明外延材料生产能力的空白；开展大功率芯片封装散热材料和封装模组开发，缩小与国际和国内领先地区的差距；开展普通照明光源关键技术研究和产品开发。

4）市场目标。到2015年，全省半导体照明产业销售收入力争达到1000亿元，年均增长35%左右，占全国市场的30%以上份额，把江西建设成为全球具有竞争力的特色半导体照明产业基地。



## 三、主要任务

我省半导体照明产业发展的重点方向是完善产业链，重点发展液晶背光源、大功率照明产品等应用产品的开发生产；围绕硅衬底半导体照明技术，提高技术水平，加快产业化步伐，迅速占领市场。

### （一）半导体照明材料、芯片

依托晶能光电、联创光电、欣磊光电等核心企业以及金沙江半导体照明产业园红光芯片项目，瞄准中高端市场，加快研发和技术创新，提高技术水平，扩大产能，到2015年产能达到500亿粒。

### （二）半导体照明封装

依托省内众多中低端封装企业，鼓励联合，扶优做强，同时出台优惠政策重点招商引进国外高水平的大功率封装项目，改变目前省内半导体照明封装能力落后的局面。

### （三）半导体照明应用

依托联创光电、昌大光电、晶和照明、江西华烨、联创博雅、联创致光、晶明电子等企业，在半导体照明器件、半导体照明显示屏、半导体照明路灯、半导体照明液晶背光源等应用产品领域，研发新产品，扩大产能，提高产品档次。

### （四）半导体照明配套产业

依托省内的稀土、铜资源和铜加工技术方面的优势，研究并生产半导体照明用高效率荧光粉和高性能铜基散热材料，弥补半导体照明产业链中配套能力严重不足的缺陷。同时以晶能光电、联创光电等骨干企业为龙头，大力引进原料、辅料、设备、工装夹具等上下游相关配套产业，逐步形成产业集群。

### （五）半导体照明关联产业

依托联创电子和联志电子，加大与半导体照明紧密关联的 LCM 模块、光伏电池等产品的生产能力，延长半导体照明产业链，推动半导体照明与光伏两大优势产业互动发展，做大做强。

2012 年前重点实施 12 个重大工程和项目，这批项目总投资 88 亿元，建成投产后可实现销售收入 100 亿元以上，远期规划工程和项目 3 个，总投资超过 200 亿元。具体项目见重大项目表附件。

## 四、相关措施

1）强化自主创新。选择一批优势企业，推动重点企业建立健全技术开发机构，加强产学研紧密联合，依托高校、科研院所，建立工程技术研发中心，为产业升级提供技术支撑。设立半导体照明及显示技术重大科技专项，重点支持硅衬底 LED 材料与大功率器件、半导体照明、大功率半导体照明产品和大屏幕高清晰半导体显示关键技术研发，尽快制定成熟的技术标准。

2）推动产业聚集。坚持大项目带动、抓大促小、重点突破，推进重点区域、重点企业加快发展，落实各项优惠政策，通过招商引资迅速做大规模、占领市场；大力扶持有完全自主知识产权、掌握核心工艺流程的半导体企业，通过联合、兼并和重组，加快形成规模效应和品牌形象，发展一批管理科学、机制灵活、主业突出、核心竞争力强、发展前景好、具有国际竞争力的企业群体。

3）扩大交流合作。加强技术交流合作，引进一批技术水平高、市场潜力大、带动作用强的项目。采取多种形式支持技术和管理人员出国（境）进修，参加国际会议；邀请更多境外学者和专家来赣讲学、合作或参加其他学术活动，通过校企、企企合作，提交流层次，充实合作内容，提高整体国际视野和竞争力。鼓励跨国公司在我省设立技术研发和运营中心，优势互补，共同发展。

4）鼓励市场推广。在政府投资的项目中，逐步使用半导体照明产品替代传统的照明产品，在有条件的设区市建设示范工程。鼓励半导体照明产品生产企业作为投资方参与广场、市政道路、隧道、公共地下空间等场所的照明工程，采用财政补贴的办法，将每年因改用半导体照明产品而实际节约的电费按年度全额奖励给投资者。



# 盐城市人民政府关于加快发展 LED 和太阳能光伏产业的实施意见（节选）

2008 年 6 月 19 日，盐城市人民政府发布了《关于加快发展 LED 和太阳能光伏产业的实施意见》，主要内容摘录如下：

## 一、指导思想和发展目标

指导思想：坚持以科学发展观为指导，致力将 LED 和太阳能光伏产业打造成江苏产业基地；坚持以市场为导向，拓展应用领域和优势特色应用产品，提高产业发展水平；坚持以企业为发展主体，加强产学研联合与协作，加大人才引进和培养力度，把强化自主创新与引进先进技术消化吸收再创新有机结合起来，逐步形成具有自主知识产权的产业体系；坚持以结构调整为重点，着力推进开放式重组，培植一批龙头骨干企业，壮大产业规模，优化综合布局；坚持以提供环保节能产品为目标，实现产业发展与建设资源节约型、环境友好型社会的有机结合。

发展目标：通过 3 ~ 5 年努力，全市 LED 和太阳能光伏产业总体水平处于国内前列，年销售额达到 100 亿元，通过 8 ~ 10 年努力达到年销售额 1000 亿元，培育具有国内外市场竞争力的名优产品和龙头骨干企业，创国内名牌产品1~2只，销售额过亿元企业5~10家，形成2~3个国家级、省级工程（技术）研究中心、工程中心和博士后流动站、检测认证中心、应用研究中心，与国内外同行检测对比，技术实力达到国内先进水平，并能与国际接轨；开发一批具有自主知识产权的产品和应用系统，LED白光转化效率达到200lm/W以上，太阳能电池转换效率达到18%以上，逐步向更高水平迈进，建立起国际一流、国内领先的产业基地。

## 二、主要任务和工作重点

### （一）高起点编制全市LED和太阳能光伏产业发展规划

按照科学定位，塑造产业特色，与其他地区形成错位发展格局的要求，深入研究LED和太阳能光伏产业的发展现状、发展趋势，由市LED和太阳能光伏产业领导小组办公室牵头，亭湖区配合，委托高水平、高资质的规划设计单位编制全市LED和太阳能光伏产业发展规划，明确战略定位、发展思路、发展目标、产业布局、发展战略、发展载体、重点项目和推进措施。立足亭湖，突出大市区，面向全市，形成上游高端龙头企业带动、上中下游企业配套集群的产业发展格局。

### （二）建设LED和太阳能光伏产业园区

在亭湖经济开发区以伯乐达集团和盛发太阳能公司为依托，规划1~1.5平方公里，建立全市LED和太阳能光伏产业核心技术研发中心、关键材料生产中心、人才培训和服务中心；在亭湖南洋经济区设立总面积5平方公里左右的LED和太阳能光伏产业专业园区，与南洋经济区同步规划建设，广泛开展产业专题招商，吸纳上中下游配套企业，鼓励有条件的县（市、区）按照发展规划设立相应的配套园区，为LED和太阳能光伏产业集群发展提供优质载体。



### （三）鼓励LED和太阳能光伏产业项目进入园区集群发展

凡落户亭湖区LED和太阳能光伏产业园区的项目，达到一定规模的，按有关优惠政策优先保证供地；根据产业需求，建设符合专业生产条件的标准厂房，吸引项目入户，可减免一定期限的租金。

### （四）多渠道筹集产业发展资金

1. 扶持产业龙头企业发展。市、亭湖区两级多渠道筹集资金，鼓励市各类投资公司投资LED和太阳能光伏产业龙头企业，专门用于LED和太阳能光伏产业核心技术研发和重大科技成果转化项目的建设。支持LED和太阳能光伏产业龙头企业上市，上市后，风险投资资金可按约定退出。

2. 市、亭湖区两级财政3年内每年按4:6的比例安排500万元，作为LED和太阳能光伏产业专项发展资金，用于对LED和太阳能光伏产业技术平台建设、人才引进、产业规划和企业技术开发、新产品开发的引导资金、标准厂房建设的贷款贴息。项目投产3年内形成的所得税地方留成部分，以奖代补用于扶持企业技术研发和扩张规模。市、亭湖区两级中小企业担保中心优先为LED和太阳能光伏产业项目提供融资支持。

3. 组建盐城市高新技术产业风险投资公司，按照市场化运作的模式，支持全市高新技术产业，特别是LED和太阳能光伏产业的发展，并成立项目公司，负责LED和太阳能光伏产业核心区的建设工作。

### （五）吸引和培养LED和太阳能光伏产业人才

1. 引进领军型高科技人才到我市从事LED和太阳能光伏产业项目开发，一次性给予一定数额启动资金，在LED和太阳能光伏产业专项发展资金中安排；由所在地提供不少于100平方米工作场所和不少于100平方米住房公寓，3年内免收租金。

2. 对我市引进的LED和太阳能光伏产业投资者、高级管理人员和高级技术人员，其家属随从就业的，由所在地劳动部门帮助安置，子女需随从入学的，由所在地教育部门负责安排就地入学，免收借读费。

3. 支持企业推进博士后科研工作站、民营企业博士后科研基地和大学生见习基地建设。对于进入工作站或基地的博士后研究人员，给予一定的项目启动经费补贴；建立工作站或基地的企业应以不低于1.5倍的比例匹配资金。

### （六）开展LED和太阳能光伏产业专业招商

以亭湖区为主，选调专业技术人员组建专业招商队伍，每年安排专门经费，组织开展定向招商、专题招商。对LED和太阳能光伏产业专业招商实行绩效挂钩考核制度。

### （七）大力培育LED和太阳能光伏产业市场

1. 建立LED和太阳能光伏产品政府采购制度。

2. 鼓励市内企事业单位在选购LED和太阳能光伏产品时，优先考虑市内产品或与市内相关单位合作开发和建设。

3. 鼓励扶持LED和太阳能光伏产品扩大出口，有关部门要在技术壁垒应对、环保及能效国际认证、国外普惠制关税优惠、出口通关放行绿色通道等方面予以优先扶持和政策倾斜；支持出口企业设立境外贸易公司和贸易代表处，将产品打入国际市场。

4. 在发展LED和太阳能光伏产业研发机构、生产性企业的同时，规划建设LED和太阳能光伏产业专业性物流市场。

### （八）为LED和太阳能光伏生产企业提供个性化服务

1. 建立重大事项协调会办制度，为LED和太阳能光伏产业发展提供个性化服务。

2. 亭湖区成立LED和太阳能光伏产业发展工作班子，明确专人服务产业发展。

3. 市LED和太阳能光伏产业领导小组负责研究制定全市发展LED和太阳能光伏产业的产业政策、科技政策，指导行业组织开展工作，协调行业组织、企业与政府相关职能部门的关系。建立LED和太阳能光伏产业专家组，为政府部门的决策、行业组织的工作和企业提供咨询服务，为产业发展思路、发展方向、发展战略、技术路线及产业项目把脉，提供决策依据。





# 河南省关于加快发展半导体照明产业的指导意见（节选）

2010年1月26日，河南省发改委、科技厅、工信厅、质监局、住建厅、财政厅联合印发了《关于加快发展我省半导体照明产业的指导意见》，主要内容摘录如下：

## 一、充分认识发展半导体照明产业的重要性

加快发展LED产业，对于我省培育新的经济增长点，促进产业结构优化升级，实现节能减排目标，具有重要意义。各地区、各部门要高度重视发展LED产业，将其作为节能环保产业的重要组成部分，制定有针对性的政策措施，因势利导，积极扶持，努力形成区域发展新的经济增长点。

## 二、我省半导体照明产业发展现状

在国家产业政策指导和推动下，我省LED产业获得较大发展，初步形成了较为完整的产业链，全省新兴LED产业正在逐步形成。

但从总体上来看，我省LED产业发展比较缓慢，与先进地区相比有不小差距，还存在着诸多需要解决的问题，主要表现在：一是产品档次低；二是创新能力差；三是企业规模小；四是产业组织

散；五是产品规格乱。

## 三、我省 LED 产业发展指导思想、发展目标及重点领域

### （一）指导思想

认真贯彻落实科学发展观，按照“集聚发展、产业配套、技术创新、示范带动”的原则，以市场为导向，以企业为主体，以试点示范工程为依托，以提高自主创新能力为动力，引导资源集聚，实施重点突破，提高关键技术研发能力，培育龙头骨干企业，加快做大产业规模，努力形成新的低碳经济增长点。

### （二）2015 年发展目标

——产业规模不断壮大。到 2015 年，规模以上企业年产值达到 200 亿元左右，建成中西部地区重要的 LED 产业科研开发、设计、生产制造基地。

——核心企业竞争能力显著增强。在产业关键技术上不断实现新突破，建设一批拥有自主知识产权和知名品牌、核心竞争力强、主业突出、行业领先的龙头骨干企业。到 2015 年，全省培育年产值超 100 亿元的园区（基地）1 ~2 家、超 10 亿元的企业 3 家。

——自主创新体系逐步形成。不断完善以企业为主体的自主创新体系建设，形成比较完整的高端产业链和创新链，建成具有先进水准的技术研发平台。到 2015 年，全省 LED 企业设立企业技术（研发）中心、省工程技术研究中心和省重点实验室 10 家，省级以上高新技术企业 30 家。



### （三）产业发展重点领域

1. 应用产品。重点发展中、高端 LED 应用产品。近期重点发展城市道路照明灯具、户外装饰照明系统、汽车照明灯、大尺寸 LED 背光源、全彩显示屏、彩屏幕墙、太阳能 LED 应用产品、室内照明灯具等项目，争创国内名牌产品。

2. 封装。重点发展中高端的封装产品。围绕应用产品（照明、背光源、显示屏等）及周边区域下游应用需求（手机、电脑、景观、汽车、家电等），优先支持功率型白光 LED 封装项目、较大规模的 SMD 封装项目及在大功率封装方面拥有核心知识产权的封装项目。

3. 衬底、外延及芯片。重点支持高品质、规模化的外延和芯片产业化项目，及衬底材料的研制项目。

4. 配套及传统产业。重点支持与 LED 相关材料设备的生产研制。以应用产品的发展为基础，初步形成 LED 行业的上游、中游和下游较为完整的产业链。

## 四、推动我省 LED 产业发展的政策措施

（一）加强规划引导。主管部门要积极推进 LED 产业健康有序发展，重点建设郑州、三门峡、许昌 3 个产业基地。

（二）加快技术创新。引导企业加大技术创新投入，加强产学研合作，建设企业技术（研发）中心。鼓励企业、高等院校和科研机构积极承担实施国家、省重大专项和科技计划项目，并予以一定资金支持。建设 LED 公共技术平台。加强 LED 产业核心技术和产品的引进，鼓励企业对引进技术进行消化吸收再创新，提高技术水平和研发能力。重点支持相关企业和研究机构开展先进技术研发，推动科技成果转化应用。研究制定全省 LED 产业发展技术路线图。

（三）加大扶持力度。各地区、各部门要加大投入，积极引导社会投资，重点支持有一定规模和技术实力，特别是拥有自主知识产权的企业，通过技术改造扩大生产规模，提升核心竞争力和产业化水平。选择城市道路、高速公路、大型公共设施、典型城区等，组织实施我省 LED 照明试点示范工

程，积极争取中央预算内投资，适当安排省节能减排资金，支持一批重点示范项目建设。按照同等优先原则，对经过示范工程检验、节能效果显著的我省高效节能LED产品，要优先列入政府采购目录。属政府投资性质的各类固定资产投资项目，涉及照明系统新建或改造内容的，应按照科学合理原则使用LED产品，并优先采用我省LED产品。支持优势企业兼并重组，提高产业集中度和规模化水平，加快培育一批龙头企业和知名品牌。

（四）拓宽融资渠道。充分发挥企业主体作用，提高企业筹集资金能力，鼓励企业通过存量变现、提取技术开发费等方式筹集资金。鼓励金融机构加大对LED产业的信贷支持。加大资本市场运作力度，吸引社会和民间资金，扩大银行贷款、证券市场融资等多种投融资渠道。优先培育优势企业上市。发挥信用担保等机构的作用，为中小型LED企业提供更多融资服务。支持专业节能公司采取合同能源管理等方式，加快LED产品的推广。积极引导境外、省外资金投资建设LED产业链中、上游项目，将LED产业发展项目纳入各地区重点招商引资计划。

（五）完善配套政策。推动落实国家对生产新型节能照明产品的企业，从事国家鼓励发展的项目进口自用设备以及按照合同随设备进口的技术及配套件、备件，在规定范围内免征进口关税的优惠政策。建立使用国产装备的风险补偿机制，支持关键装备国产化。鼓励有条件的地区推广相对成熟的LED产品。对投资超过1亿元的项目，享受重大项目待遇。定期公布全省LED重点生产企业主要产品目录、主要参数和使用范围，引导省内消费者积极采购LED产品。建立完善LED产品质量监督和评测体系。

（六）优化发展环境。支持成立LED产业联盟。引导行业协会参与LED产业发展。鼓励符合条件的组织开展节能诊断、节能评价、技术咨询及基础理论研究。加紧实施LED产业技术人才战略。加强对LED产业的宣传。

# 莆田市关于鼓励和扶持LED光电产业发展的若干政策意见（节选）

（修改稿）

2010年3月，莆田市发布《关于鼓励和扶持LED光电产业发展的若干政策意见（修改稿）》决定在莆田市华林经济开发区樟林片区首期规划1000亩，用于建设莆田市LED光电产业园。主要内容摘录如下：

## 一、加强领导，推进光电产业发展步伐

1. 成立市LED光电产业链发展领导小组，协调和解决产业发展和产业园建设中重大问题。

2. 城厢区作为我市光电产业园项目所在地，相应成立工作领导小组和运营公司，负责产业园的具体建设。

## 二、建立LED产业园专项发展基金

3. 市级财政三年内每年安排300万元，城厢区人民政府财政三年内每年划拨100万元，列为LED光电产业园专项发展基金。

## 三、扶持LED产业园入驻企业发展

4. 凡入驻LED光电产业园的项目，产业园按地价零地价进行供地（具体操作办法略）。

5. 对新建生产型LED光电企业，自投产之日5年内，其所缴纳的企业所得税与增值税市级不予留成、区留成部分（剔除征收成本）前3年的100%、第4～5年的50%，用于奖补助企业扩大再生产或新产品研发。

6. 对新建 LED 光电企业，其缴纳的土地契税市级不予留成，由城厢区财政直接通过财政扶持形式给予奖励。

7. 对新建 LED 光电企业，建设过程中所涉及的城市基础设施配套费、新型材基金、散装水泥基金等行政事业规费全免，不能全免的按减半收取或按最低标准收取。

8. 凡落户 LED 产业园的“三资”项目，产业园按有关优惠政策优先保证供地；或根据项目需求，建设符合专业生产条件的标准厂房，以华林经济开发区的标准厂房租赁价优惠 30% 提供使用。

9. 对 LED 产业园引进的投资者、高级管理人员和高级技术人员，其前三年缴纳的个人所得税市、区留成部分（剔除征收成本）的 100% 全部用于奖励给个人。其子女需随从入学的，由其居住地就近入学，由市教育局负责安排，免收借读费。

10. 市域内城镇所有建设和改造工程项目所用 LED 产品在经专家认定综合性价比合理的前提下，优先选用 LED 光电产业园企业生产的产品。

11. 优先帮助 LED 光电企业申请专项政策扶持，保证国家、省和市各类优惠政策得到落实。

## 四、强化对 LED 产业园企业的服务

12. 建立“一条龙服务”办事制度。

13. 建立重大事项协调会办制度。

14. 建立督查督办制度。

## 五、其他政策意见





# 广东省人民政府办公厅关于加快发展 LED 产业的若干意见（节选）

（征求意见稿）

2010 年 5 月 31 日，广东省科技厅下发了《广东省人民政府办公厅关于加快发展 LED 产业的若干意见（征求意见稿）》，主要内容摘录如下：

## 一、加快 LED 产业发展的重要意义、指导思想、基本原则和主要目标

（一）重要意义。充分运用我省良好的产业基础和市场优势，把加快发展 LED 产业作为我省培育发展战略性新兴产业三个重要突破口之一，主动谋划，超前部署，重点突破，扎实推进，这对于提升自主创新能力和产业竞争力，推进节能减排，打造低碳经济，加快建立现代产业体系和转变经济发展方式具有十分重要的意义。

（二）指导思想。以科学发展观为指导，全面贯彻落实省委十届六次全会精神，坚持政府推动、市场拉动、创新驱动、应用带动，以重点企业为龙头，以优势领域为重点，以科技创新、合资合作、推广示范为手段，以集群化、规模化、产业化为发展方向，加强科技攻关，突破装备制造，完善产业链条，拓展应用领域，抢抓市场机遇，努力打造技术水平高、生产规模大、配套能力强，区域特色明显的具有国际竞争力的绿色照明产业，建成全国重要的 LED 产业基地。

（三）基本原则。“做强产业上游”：坚持自主创新与国际合作相结合原则，通过对关键技术和重要装备的引进消化吸收再创新，提高 LED 产业设计研发及装备制造能力和创新水平。“做大产业上游”：延长产业链，扩大产业辐射带动力，坚持以推广应用促进产业发展的原则，通过市场推动，大力推广 LED 产品，带动相关产业发展。

坚持政府引导和市场运作相结合的原则，通过充分发挥政府政策扶持和市场配置资源的基础性作用，形成 LED 产业整体协调发展的格局。

坚持立足当前与着眼长远相结合的原则，通过整合现有资源，发挥产业优势，建立长效机制，加快 LED 产品推广应用与产业发展。

（四）主要目标。为争用五年左右的时间，全省 LED 产业规模在 2009 年的基础上实现“一年翻一番、三年大发展、五年大跨越”。到 2012 年，LED 产业规模达到 3000 亿元，成为年产值超千亿的新兴产业群，培育产值超 10 亿元的企业达 50 家以上。到 2015 年，基本建立以企业为主体、市场为导向、产学研相结合，覆盖产业链各环节的产业技术创新体系；基本建立能源合同管理模式为先导、技术、产业资本和金融资本融合发展的 LED 产品应用推广体系，基本建立竞争有序、结构优化、保障有力、监管到位的管理服务体系，建成全球 LED 封装中心和最大的产品生产应用基地，培育一批具有国际竞争力的龙头骨干企业，培育一批具有自主知识产权的装备制造和系统集成应用企业，LED 产业技术水平达到国际先进水平。

## 二、建立健全产业技术创新体系，努力提高自主创新能力

（一）强化关键共性技术科研攻关。修订完善广东省 LED 产业技术路线图。科技厅、省发展改革委、工业和信息产业厅在产业关键共性技术联合招投标项目、粤港澳联合招投标项目中设立 LED 关键技术攻关专项，集中现有创新资源重点攻克 LED 产业重大关键技术和共性技术。依托广东省工业技术研究院组建全省 LED 产业研发平台。深入推进省部省院产学研合作，联合国内外知名院校和科研机构，加快突破重大装备、衬底、外延、芯片、封装等上游环节的自主核心技术；加强 LED 路灯、LED 室内照明、LED 特种照明、大屏幕背光显示等应用领域关键技术研究；鼓励发展医疗、农业、汽车、军事等领域 LED 应用产品，扩大产品门类，提升竞争力和发展空间；打造 LED 自主品牌。

（二）培育发展一批 LED 创新型企业。在衬底、外延片、芯片、封装、器件、应用、生产装备和生产材料等 LED 产业环节，重点培育发展一批拥有核心发明专利、自主关键技术及自主名优品牌的 LED 创新型企业。

（三）加强知识产权和技术标准工作。鼓励企业积极研发 LED 核心技术，申请专利；鼓励各市要对本地区单位获得 LED 发明专利授权的企业给予一定额度的财政补助。加大 LED 专利成果转化。开展 LED 产品标杆指数研究与实施。推动重点企业开展研发与标准化同步试点工作。鼓励 LED 龙头企业参与和主导国际国内标准化活动，积极消除国外 LED 技术壁垒。

## 三、建立 LED 照明产品应用推广体系，促进市场健康有序发展

（一）加强 LED 照明产品应用推广的规划导向和行政督导。

（二）组织实施 LED 照明产品应用试点示范工程。落实国务院关于推广应用节能照明产品财政补贴的政策，加快 LED 照明产品的推广应用。省财政在全省发展战略新兴产业投入中，从今年下半年起，连续三年安排专项资金用于组织实施城市照明产品示范工程，通过择优竞争对入选全省城市照明产品示范工程城市给予补贴（具体补贴办法略）。政府投资建设的 LED 照明产品示范工程，按照有关规定作为应急工程管理，纳入重大项目绿色通道。

（三）鼓励实施新型商业推广模式。积极培育一批专业化节能服务公司，发展壮大一批综合性大型节能服务公司。将合同能源管理项目纳入省级预算内投资和省财政节能减排专项资金支持范围，对符合相关规定的节能服务企业采用合同能源管理方式实施的节能改造项目给予资金补助和奖励。全面贯彻落实国家对节能服务产业的税收扶持政策。

（四）广泛开展 LED 产品宣传推广活动。

## 四、建立健全产业支撑配套体系，推进产业集群发展

（一）推进关键装备引进吸收再创新。鼓励研发 LED 芯片加工关键工艺设备、LED 自动封装设

备等替代进口的高效精密自动化封装设备和功率型 LED 固晶、分检测试量产设备关键技术和外延芯片产业化生产线设备。开发具有高热导系数的贴片材料、大功率专用 LED 封装支架及新型封装材料。建立使用国产装备风险补偿机制，鼓励采购国内 MOCVD 设备，支持关键设备国内化。对实现重大关键装备国产化的本省企业一次性补贴 500 万，鼓励企业购买和使用国产装备，对采用本省生产装备的 LED 企业给予采购合同额最高 20% 补贴。

（二）建立健全产业公共服务平台。围绕 LED 产业技术创新需求构建技术研发中心、产品与工程展示中心、技术/产品/专利等的专业市场及交易平台、LED 产品分析检测及认证中心、LED 系统设计中心、节能服务机构、金融资本机构、人才培训与交流中心、公共信息平台等多层次创新平台构成的 LED 产业技术创新系统。

（三）大力推进 LED 产业园区建设。根据 LED 产业链发展的需求，鼓励发展 LED 研发应用产业基地建设，加快广东（南海）新光源产业基地、广州市（花都）LED 产业基地、深圳国家半导体照明工程产业化基地、东莞半导体照明产业园和国家（佛山）显示器产业园、中山国家创新型现代照明产业集群、江门市绿色（半导体）光源产业基地等的建设。

（四）加强 LED 人才队伍建设。加大人才培养引进力度。支持省内高校开设 LED 照明专业和专业技能课程，培养光电子技术人才和高级技工。实施优秀人才奖励政策。鼓励各市采取多种形式奖励有特殊贡献的个人或团队。

## 五、积极实施财税金融激励政策，引导更多社会资金投向 LED 产业

（一）积极实施税收扶持政策。推动 LED 企业全面落实研发费加计扣除等优惠政策。积极帮助符合条件的 LED 企业申报认定国家级高新技术企业，享受相应的税收优惠政策。省内 LED 企业增值税、营业税和企业所得税年税收收入在 1000 万元以上 5000 万元以下的，给予税收地方留成部分 30% 的奖励；年税收收入超过 5000 万元以上部分（含 5000 万元），给予地方留成 50% 的奖励。

（二）积极推进政府采购 LED 产品政策。将 LED 产品列入省级节能环保产品目录，省财政厅会同省经济和信息化委要及时公布我省 LED 产品推荐采购目录及其技术指标。全省各级需要采购 LED 产品及服务，必须优先购买列入目录的产品。

（三）建立健全投融资机制。搭建银企对接合作平台。建立健全投融资担保机制。引导企业积极使用各类新型金融产品。进一步发展壮大广东绿色照明产业投资基金。积极组织企业参与高层次的招商引资活动。支持优势企业创造条件在国内主板和中小企业板上市筹资。积极创造条件，建立健全产权交易市场，吸引社会和民间资本以及风险基金投入 LED 产业。

## 六、加强组织领导，形成 LED 产业发展合力

（一）加强统筹协调工作。成立“广东省 LED 产业发展领导小组”，加强对产业发展的组织和领导。定期召开产业发展联席会议。加快制定省市 LED 产业发展规划，建立推广 LED 产业发展考核评价指标体系。

（二）加大政府财政投入力度。集中各部门创新资源，用好全省发展战略新兴产业投入，对 LED 企业技术开发、公共平台建设、关键共性技术攻关、推广应用示范等给予大力支持。省部门在省各种专项资金中均要安排一定额度的资金用于专项支持 LED 产业发展。

（三）组建广东 LED 产业协会。

（四）加强区域和国际交流与合作。

# 方案措施

## 扬州市促进LED和太阳能光伏产业发展政策实施办法（节选）

为加快扬州市LED和太阳能光伏产业的发展，推进产业结构优化升级，提升产业竞争力，2007年11月5日，扬州市政府印发了《扬州市促进LED和太阳能光伏产业发展政策实施办法》，主要内容摘录如下：

### 一、建立扶持LED和太阳能光伏产业专项发展基金

1. 市政府设立扶持LED和太阳能光伏产业专项发展基金（下简称发展基金），总规模3000万元，分两年到位，主要用于LED和太阳能光伏产业公共技术平台的搭建、载体打造和企业技术开发、新产品开发的引导、应用示范工程补助等。

2. 自开票销售之日起三年内LED和太阳能光伏产业当年新增的增值税和企业所得税市级分成全额转入发展基金，专项用于对LED和太阳能光伏产业的扶持。

### 二、全面落实税费优惠政策

3. 允许LED和太阳能光伏产业生产企业（下简称企业）按当年实际发生技术开发费用的150%抵扣当年应纳税所得额；实际发生的技术开发费用当年抵扣不足部分，可按税法规定在5年内结转抵扣。

4. 凡在我市投资符合国家产业政策的LED和太阳能光伏产业技术改造项目，所需国产设备的40%可以从企业技术改造项目设备购置年比上一年新增的企业所得税中抵免。

5. 企业用于研究开发的仪器设备，单位价值在30万元以下的，可一次或分次摊入管理费用，达到固定资产标准的应单独管理，不再提取折旧；单位价值在30万元以上的，可按规定适当缩短固定资产折旧年限或加速折旧。

6. 凡经有关部门认定属于国家需要重点扶持的高新技术企业自2008年起按15%税率征收企业所得税。

7. 经依法审批设立的外商及我国港澳台商研发机构，经省技术市场管理机构认定，可向当地主管税务机关申请暂免营业税。

8. 投资于中小高新技术LED和太阳能光伏企业的创业风险投资企业，符合条件的，实行税收优惠政策。

9. 企业所有缴省以上规费帮助争取按最低标准收取；本市所有行政事业性规费不能免收的减半征收或按最低标准收取；本市各类中介服务性收费一律按最低标准收取。

### 三、积极帮助向上争取资金

10. 帮助企业完善项目条件，向国家和省争取专项资金。

11. 符合《扬州市工业奖励扶持政策办法》的企业，在享受有关政策扶持标准上上浮30%。

12. 市创业投资公司将LED和太阳能光伏产业作为重点支持发展的产业，对经调研论证具有发展前景的项目优先进行股权投资。

## 四、保障项目土地供应

13. 对企业的项目用地需求，给予重点倾斜和优先安排；对投资规模达到省规定指标的，积极向上争取省点供项目用地计划。

14. 对企业的项目用地采取招标拍卖挂牌方式出让，地价可执行省政府工业用地最低价标准。

## 五、鼓励各类投资主体投资 LED 和太阳能光伏产业

15. 鼓励各类资本进入 LED 和太阳能光伏产业，凡在我市投资的各类 LED 和太阳能光伏企业都享受有关优惠政策。

16. 放宽注册资本限制，专有技术、无形资产作价出资可放宽至占注册资本总额的 70%，允许股份制公司注册资本分期到位。

## 六、大力引进高级技术、管理人才

17. 鼓励企业引进高级技术、管理人才，其引进人才实际发放的工资额在计算应纳税所得额时可据实扣除。企业引进人才家属安置就业，子女安排就近入学，免收借读费。

18. 对自带项目、技术的创业创新型人才（团队），市创业投资公司可参与风险投资，市担保中心帮助进行贷款担保，发展基金给予贴息扶持；创业创新成效显著的，择优给予持续资助。

19. 企业引进的高级科技、管理人员以个人名义购置非经营性物业或汽车的，按其所缴房产契税或车辆购置附加税的 50% 给予补助。



## 七、建设 LED 和太阳能光伏产品应用示范工程，推广节能产品

20. 在全市建立部分 LED 和太阳能光伏产品应用示范基地，帮助企业宣传推广新产品；帮助企业制订行业、产品标准和规范，力争在行业中取得领先地位。

21. 政府采购中鼓励单位采用 LED 和太阳能光伏产品，市域内所有城镇建设和改造工程项目在经专家认定综合性价比合理的前提下，优先选用。

22. 经市 LED 和太阳能光伏产品推广应用领导小组办公室审定的 LED 和太阳能光伏产品应用示范工程，发展基金给予补助，补助金额不超过增加成本部分的 30%。

# 深圳市推广高效节能半导体照明（LED）产品示范工程实施方案（节选）

为深入贯彻落实科学发展观，加快推动我市 LED 产业做强做大，抢占国际 LED 产业发展制高点，进一步拉动社会投资，推进节能减排工作，提升自主创新能力，促进 LED 照明产品的推广应用，2009 年 3 月 7 日，深圳市政府制定并印发了《深圳市推广高效节能半导体照明（LED）产品示范工程实施方案》，主要内容摘录如下：

## 一、指导思想和主要目标

围绕我市节能中长期规划确定的节能目标和任务，以促进我市 LED 照明产业发展为出发点，实施一批起点高、见效快、节能效益明显的 LED 照明产品政府应用示范工程，探索和构建一套具有深

圳特色的高效节能 LED 照明产品效益评价体系，吸引全球 LED 产业向我市集聚，打造高端 LED 产业链，培育一批拥有自主知识产权和核心竞争优势的深圳 LED 企业迅速做强做大，形成我市新的经济增长点，把深圳打造成为全国 LED 产品检测分析中心、研发中心、交易中心、人才中心、LED 基础材料和专用装备配件配套中心。

通过示范工程的实施，全面推动我市道路、隧道、地铁、大型公共建筑等领域照明产品的升级换代，争取到 2012 年，深圳非主干道路灯、隧道灯基本完成 LED 照明改造，新建非主干道、隧道照明全部采用 LED 照明；深圳地铁站台、车厢全部实现 LED 照明；到 2015 年，深圳主干道路灯基本完成 LED 照明改造。

将深圳会展中心、大运会主体育场馆及标志性建筑打造成为具有鲜明深圳特色的 LED 照明精品工程。

通过示范工程的实施，强力带动我市 LED 相关产品和产业的发展，争取到 2010 年，深圳市 LED 相关产业年产值达到 280 亿元以上；到 2015 年，深圳市 LED 相关产业年产值达到 1300 亿元以上。

## 二、实施原则

突出重点，分批实施；点、线、面结合，高起点建设；鼓励创新，培优扶强；政府表率，全民参与；构建体系，形成标准。

## 三、示范工程

### （一）示范领域

按照 LED 照明产品的节能特性、有关场所的应用条件和典型性、代表性、可推广性的示范要求，选择标志性建筑、城市道路、高速公路、隧道、地铁、广场、典型城区等分批开展示范工作。

2009 年实施会展中心、塘明路和科技园高新区等第一批 LED 照明产品示范工程。

2010 年实施第二批 LED 照明产品示范工程。选择宝安中心区广场、地铁站以及市民中心地下停车场等作为示范点，展示包括商业照明、室内照明、建筑物景观照明等 LED 照明产品和应用类型；选择水官高速、湖滨中路、宝安大道机场隧道等典型隧道和部分新建、改建道路等作为主要示范线，展示道路照明、隧道照明等照明产品；选择深圳湾口岸（F1 摩托艇赛场）片区、福田 CBD 中心区、光明新区等作为主要示范面，展示高端应用效果。

2011 年根据 LED 照明技术发展阶段和场所应用条件，实施大运中心片区以及部分新建政府投资大型公共建筑等第三批 LED 照明产品示范工程，进一步扩大示范范围。

2012 年在全市非主干道、隧道、地铁站台和车厢全面推广 LED 照明产品。

政府投资项目节能改造工程应制定 LED 照明改造方案，并列入 LED 照明产品示范工程。

示范工程建设方案要突出 LED 照明产品的技术特点、自主创新内容，要明确示范内容、示范目标，要具有典型性和可推广性。

### （二）LED 照明产品供应企业选择标准

1. 在深圳市注册的具有法人资格的企业，注册资本不小于 2000 万元，或注册资本 1000 万元以上且年产品销售额 1 亿元以上，注册时间两年以上；

2. 具有良好的商业信誉和健全的财务会计制度；

3. 具有履行合同所必需的设备和专业技术能力；

4. 具有依法缴纳税收和社会保险费的良好记录；

5. 参加政府采购活动前 3 年内，在经营活动中没有不良记录；

6. 通过 ISO9000 质量体系认证，具有相应的企业标准，产品通过国家相关具有资质的第三方机构的检测认定；

7. 公司生产的 LED 照明产品已在样板工程中试用，并正常运行半年以上，性能达到节能要求；

8. 具有 LED 照明产品相关的自主知识产权；

9. 优先选择使用本地芯片及封装技术的 LED 照明产品。

## 四、示范政策

### （一）加大财政投入，拉动社会投资

鼓励采用合同能源管理（EMC）等投融资模式进行节能改造和 LED 照明产品应用。对承担政府投资项目 LED 应用示范工程的企业，市财政按照经核定的 LED 灯具价格的 10% 给予补贴，并贴息 3 年；对承担企业投资项目 LED 应用示范工程的企业，市财政按照经核定的 LED 灯具价格的 30% 给予补贴，补贴资金专项用于合同能源管理有关支出。单项工程灯具总额在 1000 万元以下的，财政补贴最高不超过 300 万元；单项工程灯具总额在 1000 万元到 5000 万元之间的，财政补贴最高不超过 600 万元；单项工程灯具总额在 5000 万元以上的，财政补贴最高不超过 1000 万元。同时，研究制定相应的 LED 照明产品示范工程财政补贴办法。

对各区及光明新区按照市政府统一要求组织实施区级 LED 照明产品示范工程，市财政给予各区政府及光明新区投资总额 10% 补贴。

### （二）鼓励研发，促进自主创新

鼓励深圳企业建立 LED 产品研发中心。对于示范工程承担企业建设达到一定规模的 LED 产品研发中心或检测中心，市政府给予一次性政策补贴。

鼓励示范工程承担企业开展深圳 LED 照明产业的应用标准、行业标准、地方标准和产品的标准化、模块化研究。每研究出台一类（项）深圳地方技术规范，市财政按照经核定的该技术规范研究投入的 50% 给予奖励。

加强对示范工程的质量检测与监督工作，对其所用 LED 照明产品实施强制抽检。组织制定以安全、节能、稳定性等为重点的公益性地方技术规范。

### （三）培育 LED 产业链，扩大政府绿色采购

大力扶持本地上、中、下游产业联合体的高效节能 LED 照明产品。将经过示范工程检验，节能效果明显、配光合理的本地上、中、下游产业联合体的高效节能 LED 照明产品列入政府集中采购目录，具体节能指标另行制定并定期调整。

市新建、改建、扩建政府投资项目涉及照明产品的，应在项目建议书、可研报告中明确采购政府集中采购目录中的有关产品。

## 五、保障措施

### （一）加强领导，市区联动

### （二）明确职责，抓紧实施

### （三）加快审批，特事特办

### （四）强化考核，全力推进

# 深圳市促进半导体照明产业发展的若干措施（节选）

2009 年 3 月 7 日，深圳市政府制定并印发了《深圳市促进半导体照明产业发展的若干措施》，主要内容摘录如下：

第一条　制定本措施的目的和依据。

第二条　市政府设立半导体照明产业促进领导小组。领导小组办公室设在市科技信息局，负责领导小组的日常工作。

第三条　市政府自 2009 年起连续 3 年，市各专项资金每年集中 1 亿元资金专项用于支持半导体照明产业。重点扶持中高端半导体照明产业核心技术研发及半导体照明产业终端产品销售及市场拓展。

鼓励我市企业、高等院校和科研机构积极承担国家、省重大专项和科技计划项目，并予以配套支持。

第四条　深圳市科技研发资金每年安排 7500 万元，设立半导体照明技术关键共性技术攻关专项，开展重大关键技术和共性技术研究开发项目。

第五条　在衬底、外延片、芯片、封装、器件、应用、生产装备和生产材料等半导体照明产业环节，重点培育和引进一批拥有核心发明专利、自主关键技术及自主名优品牌的半导体照明企业。

在深圳投资衬底材料、外延片、芯片及相关制造设备等半导体照明产业链薄弱或缺失环节的项目，投资额超过 1 亿元的，享受市政府重大项目待遇，并予以最高 300 万元资助。

在深圳设立符合规定条件的半导体照明研发中心、重点实验室、技术中心、研发检测平台，市科技研发资金或者技术进步资金予以最高 500 万元资助。

第六条　鼓励半导体照明企业开展技术创新、经营模式创新。

半导体照明产品生产企业开展符合规定条件的新技术、新产品、新工艺研究开发项目，市科技研发资金予以最高 300 万元资助。

半导体照明企业进行技术改造，可以享受每年最高 600 万元技术改造贷款贴息和最高 500 万元无息借款资助。

鼓励半导体照明能效贷款试点项目，在试点项目中允许财政资金将节约电费用于支付能效贷款本金，应用半导体照明技术能效贷款项目，市节能贴息资金予以资助。

第七条　在市知识产权专项资金中每年安排 600 万元专项用于专利池建设工作。

第八条　市标准战略专项资金每年安排 300 万元，专项用于组建半导体照明技术标准联盟。

第九条　市政府在光明新区规划建设市半导体照明产业集聚基地，以基地为依托争取国家、省重大项目落户深圳。

鼓励社会各界兴建半导体照明专业园，对经认定的半导体照明产业特色工业园，市技术进步资金予以公共服务平台与配套设施建设资助。

第十条　政府采购目录优先列入半导体照明自主创新产品。政府行政办公用品、政府投资项目中，需采购半导体照明终端产品的，应当优先采购本市企业生产、经认定的半导体照明自主创新产品。

第十一条　在市政道路、高速路、隧道、公共广场、公共地下空间等应用领域，建设若干半导体照明示范工程。

政府投资建设项目中，应当逐步使用半导体照明产品替代传统照明产品。

大运会、轨道交通、高速路、保障性住房等政府投资新建项目，分阶段推广应用半导体照明技术，特别推广应用与太阳能、风能结合的半导体照明技术；市政道路、隧道照明系统更新改造项目中，鼓励采用合同能源管理模式进行节能改造和半导体照明产品应用。

第十二条　对使用本市经认定的半导体照明自主创新产品的建设单位和用户予以财政资助。

对承担深圳市半导体照明应用示范工程的深圳市企业，市财政按照经核定的半导体照明灯具价格给予最高 30% 的补贴，并可给予全额贴息 3 年。

第十三条　在现有产业资金中每年安排300万元，专项用于资助半导体照明企业参加境外半导体照明专业展会，以及在深圳举办“中国国际半导体照明展览会暨论坛（CHINA SSL）”。

第十四条　通过政府购买服务方式，鼓励相关行业协会、中介机构以及其他符合条件的组织，组建中介机构联合服务平台，开展产业发展研究、政府决策咨询、人才培养与交流等产业服务工作。

# 扬州市LED外延片生产用MOCVD设备购置补助资金管理实施细则（节选）

2009年8月6日，扬州市政府办公室随扬州市发展科技创新型经济奖励扶持政策相关实施细则的通知，印发了《扬州市LED外延片生产用MOCVD设备购置补助资金管理实施细则》，主要内容摘录如下：

## 一、补助条件

企业需同时满足以下条件：

（一）投资主体在行业内有较大影响，掌握LED外延片核心技术并具有自主知识产权，在本市工商管理部门登记注册、具有独立法人资格。

（二）投产后生产经营和纳税关系在扬州市区。

（三）所购置的MOCVD达到国际先进水平（蓝绿光MOCVD31片机及以上，红黄光MOCVD 38片机及以上），数量不低于5台。





## 二、补助标准

市、区两级财政对符合条件的蓝绿光MOCVD补贴资金可达1000万元/台，红黄光MOCVD补贴资金可达800万元/台（市、区两级财政各承担50%）。

## 三、资金申请与下达

（一）企业确定设备采购方案后先到县（市、区）科技局进行初审，再到市科技局备案。

（二）企业在设备购置合同生效后，交纳首付款，并开具不可撤销信用证后，正式向市科技局提出补助申请。

（三）市科技局会同市财政局组织审核，考查生产现场。

（四）对符合条件的申请，报请市政府领导批准后，予以立项并下达资金补助计划。

（五）补助资金分三次拨付：设备到厂后拨付40%，设备正常投产后拨付30%，批量生产并实现销售后再拨付30%。市财政局根据市科技局的审核意见和配套资金到位情况，及时拨付市补助资金。

## 四、申报材料

## 五、监督与管理

（一）立项后，由市科技局、财政局与有关企业签订合同，并根据合同对补助资金及设备的使用情况进行跟踪、监督和检查。

（二）设备使用过程中出现重大事项，企业需及时将有关情况报告市科技局。

（三）在设备折旧期内，若企业迁离我市，或将设备转让给第三方，我市将拥有设备净值的全部产权。

（四）企业弄虚作假骗取补助资金的，一经查实，追回拨付的补助资金并依照《财政违法行为处罚处分条例》等法律法规予以处理、处罚。

## 六、附则

本办法自发布之日起执行，有效期暂定为两年。

## 陕西省省级太阳能光伏和半导体照明产业发展专项资金管理暂行办法（节选）

2009 年 11 月 10 日，陕西省财政厅陕西省工业和信息化厅印发了《陕西省省级太阳能光伏和半导体照明产业发展专项资金管理暂行办法》，主要内容摘录如下：

第一条　设立专项资金的依据和目的

第二条　本办法所称专项资金是指省级财政预算安排的专项用于支持全省太阳能光伏和半导体照明产业发展重大建设项目的资金。

第三条　安排专项资金遵循的原则

统一规划，分步实施；突出重点，相对集中；公开公正，严格审核。

第四条　专项资金使用范围

（一）可达到“2012 年 1 元 1 度”光伏发电成本及 1000MW 以上的太阳能光伏重大产业化项目、半导体照明重大产业化项目，太阳能光伏、半导体照明装备制造业项目。

（二）太阳能光伏和半导体照明关键技术和共性技术的研发和产业化项目。

（三）太阳能光伏产业联盟等公共服务平台的建设和运行。

（四）对获得国家部委立项支持的太阳能光伏和半导体照明重大产业化项目进行配套。

（五）经省政府批准的其他支出。

第五条　专项资金使用方式

太阳能光伏和半导体照明资金采取贷款贴息、补助和资本金注入 3 种支持方式。

第六条　专项资金安排贷款贴息或无偿补助的重点建设项目，各市（区）政府要多渠道筹集资金，增加配套投入，并在土地、税费、信贷等方面给予支持。

第七条　专项资金申报条件

（一）在陕西省行政区域内注册，具有独立法人资格，主营业务为太阳能光伏或半导体照明专业领域。

（二）所申报的项目符合国家法律法规、产业政策和市场准入条件，符合陕西省产业发展方向及相关专项规划，能够带动相关配套产业，拉动区域经济发展。

（三）项目审批、城市规划、土地使用、环境保护等建设手续齐全，项目建设银行贷款或自筹资金已经落实，投资结构合理，具备开工条件的新建或合规在建项目。

（四）企业资产及经营业绩良好，管理科学规范，具有较高的资信等级和具备较强的资金筹措能力，资产负债率必须在 60% 以下，具有健全的财务管理机构和严格的财务管理制度，资信良好，无违法违规行为。

（五）其他需要的条件。

第八条　专项资金申报程序

（一）省属国有及国有控股企业经其主管部门初审后，向省工信厅、财政厅申报。

（二）市、县企业按照属地管理原则，由市工业主管部门、财政局初审后联合向省工信厅、财政厅申报。

（三）省财政直管县辖区的企业，由县（市）工业主管部门、财政部门初审后联合向省工信厅、财政厅申报，并抄报项目所在市（区）工业主管部门、财政局。

市、县财政部门在审查项目时，重点审查项目投资总额的真实性、自筹资金的落实情况，特别是项目银行贷款、付息情况等。

年度项目按照项目申报指南申报。具体由省工信厅同省财政厅另行制定并发布。

第九条　专项资金申报需提供的材料

第十条　省工信厅提出专项资金安排建议，省工信厅会同省财政厅根据审批后的专项资金安排意见下达项目计划。

第十一条　省财政厅根据下达的项目计划下达资金预算，项目资金直接拨付企业（单位）。

第十二条　项目单位收到财政部门拨付的专项资金后，按照有关财务规定处理相关账务。

第十三条　实行项目法人责任制和竣工验收制度

第十四条　加强项目和资金管理

各项目单位要使用和管理好省上安排的专项资金，严格执行国家有关政策要求，不得转移、侵占或挪用；不得擅自改变主要建设内容和建设标准。

财政资金必须专款专用，任何单位不得以任何理由、任何形式截留、挪用。各级财政部门要加强对项目资金使用情况的监督检查，防止挤占、挪用。对违反规定的，按照《财政违法行为处罚处分条例》（国务院令第427号）等有关规定处理。

## 江门市促进高新技术产业开发区 LED 产业发展暂行优惠办法（节选）





2009年10月20日，江门市人民政府印发了《江门市促进高新技术产业开发区LED产业发展暂行优惠办法》，主要内容摘录如下：

**第一章　总则**

第一条　制定本暂行优惠办法的目的。

第二条　本暂行优惠办法的优惠对象为自2009年10月以后在市高新区及市授权市高新区管委会管理的蓬江、新会、台山分园区（以下简称各分园区）内注册成立或增资建设、并且纳税关系在市高新区及各分园区的LED项目，包括LED衬底生产、外延片生产、LED芯片生产、LED芯片封装和LED应用及LED产业链相关的材料配套项目。

**第二章　优惠内容**

第三条　对一次性购置LED外延片生产用全新MOCVD设备（规格：蓝绿光MOCVD31片机及以上，红黄光MOCVD38片机及以上）5台以上（含5台）的新增或扩建投资项目给予资金补贴。蓝绿光MOCVD补贴资金1000万元/台，红黄光MOCVD补贴资金800万元/台。

第四条　属于LED衬底生产、外延片生产、LED芯片生产的新建投资项目，在签订投资合同1年内建成厂房，18个月内正式投产的，按已报建建成厂房建筑面积补贴100元/平方米。属于LED芯片封装投资项目，符合上述条件的补贴50元/平方米。

第五条　被认定为市级以上高新技术企业和民营科技企业的LED企业在市高新区及各分园区范围内租用厂房，厂房面积在500平方米（含500平方米）以内给予零租金优惠；面积在501平方米至2000平方米部分给予50%租金补贴优惠。

第六条　市高新区及各分园区内新建LED项目行政事业性收费按《印发江门市（省级）园区工业投资项目“零收费”试行办法的通知》（江府办［2009］75号）执行。其中城市基础设施配套费优惠顺延1年。

第七条　园区内 LED 企业增值税、营业税和企业所得税年税收收入在 1000 万元以上 5000 万元以下的，给予税收地方留成部分 30% 的奖励；年税收收入超过 5000 万元以上部分（含 5000 万元），给予地方留成 50% 的奖励。该奖励专项用于企业新产品研发或扩大再生产，由所在园区在每个财政年度结束后 2 个月内兑现，试行 5 年。

第八条　对 LED 产业发展有重大贡献的企业投资者、创新型领军人才（团队）、高级管理人员和高级技术人员（有博士学历、学位或高级职称），个人所得税地方留成部分 100% 用于奖励给其个人；每年另设立总额 200 万元的 LED 特殊贡献奖，奖励有特殊贡献的个人或团队（具体办法另行制定）。

第九条　市政公共照明及市高新区内公共照明建设和改造工程，如采用合同能源管理模式应用 LED 产品的，在同等条件下优先选用对市高新区及各分园区 LED 产业发展有重大贡献企业的产品。

第十条　LED 企业申请上市参照《印发关于推动江门市区企业改制上市实施意见的通知》（江府［2007］34 号）给予奖励和补助。

第十一条　LED 企业进行自主创新活动符合有关条件的，可向园区所在市（区）科技、经贸和信息产业主管部门申请相关的贷款贴息和扶持资金，并通过上述部门向上级部门争取政策和资金的扶持。

**第三章　优惠申请**

第十二条　MOCVD 补贴申请和批准程序如下：

## （一）补贴申请

1）企业确定 MOCVD 设备采购方案后到所在园区管委会（未设立管委会的分园区由当地政府指定一个部门负责）备案；在设备购置合同生效并交纳首付款或开具不可撤销信用证后，正式向所在园区提出补贴申请。

2）在市高新区落户的项目，由市科技局牵头会同市信息产业主管部门、市财政局、市高新区管委会、江海区政府组织专家进行确认；在各分园区落户的项目，由所在地科技局牵头，会同信息产业主管部门、财政局、分园区管委会负责组织专家进行确认。有关部门应在 5 个工作日内完成确认程序并出具书面意见。

3）所在园区根据确认结果在 5 个工作日内报当地政府批准。

4）当地政府批准后，由所在园区管委会与企业签定 MOCVD 设备补贴合同。

## （二）申报材料

## （三）补贴拨付

MOCVD 补贴资金原则上分三次拨付：设备到厂验收合格后 10 个工作日内拨付 40%，设备试产成功后 10 个工作日内拨付 30%，设备正式投入生产并实现销售后 10 个工作日内再拨付 30%。

第十三条　其他优惠申请和批准程序

**第四章　监督与管理**

第十四条　受惠企业应保证按照投资合同约定的投资强度及进度完成项目投资和建设，否则不能享受优惠，已享受的优惠应如数退回。

第十五条　MOCVD 补贴项目立项后，所在园区应对项目情况进行全程跟踪、监督和检查。在 10 年内，如受惠企业迁离所在园区，或将设备转让、赠与、租赁给第三方并搬离所在园区的，受惠企业应向所在园区退回全部的设备补贴。

第十六条　受惠企业如弄虚作假骗取补贴或奖励资金的，一经查实，追回拨付的补贴及奖励资金，并依法追究相关责任。

**第五章　优惠资金来源和分担**

第十七条　本办法第三条 MOCVD 补贴资金和第七条税收奖励，在市高新区落户的项目由市高新区融资解决，市财政每年在市高新区税收收益中安排一定数额资金用于还本付息，并按市财政、市高新区、江海区政府税收分成比例承担。其他优惠由市高新区融资或在项目产生的税收收益中属市高新区留成部分解决。

在各分园区落户的项目，蓬江、新会分园区由蓬江、新会区政府负责兑现补贴及奖励，并按市财政与蓬江区政府及新会区政府税收分成比例分担；台山分园区由台山市政府负责兑现补贴及奖励。

**第六章　附则**

本暂行办法试行2年（第七条除外），自发布之日起施行。

# 西安市推广高效节能半导体照明（LED）产品示范工程实施方案（节选）

2009年10月23日，《西安市推广高效节能半导体照明（LED）产品示范工程实施方案》经市政府研究同意，印发执行。主要内容摘录如下：

## 一、指导思想

以开展国家“十城万盏”半导体照明试点为契机，以城市照明应用需求为导向，以机制体制创新为突破口，在道路照明、旅游景区照明、室内照明、城市建设重大工程等方面，整体规划，重点突破，逐步推进。

坚持政府引导与市场运作相结合、产品开发与推广应用相结合、本地优势资源与沿海系统能力相结合，高效配置优势资源，加速实施LED照明示范工程，发展产业集群，带动并辐射整个西部。培育一批拥有自主知识产权和核心竞争优势的LED照明企业，形成我市新的经济增长点，使西安成为全国LED研发中心、人才中心、技术应用服务中心。

## 二、主要目标

### （一）总体目标

2009—2011年，共推广和应用LED照明产品5.9万盏（其中道路照明2.3万盏，景观照明1.6万盏，室内照明2万盏）。通过示范工程的实施，全面推动我市道路、旅游景区、地铁、隧道、大型公共建筑等领域照明产品的升级换代。

到2011年，全市市政道路以及高新区、经开区、曲江新区、浐灞生态区、航天基地、航空基地的非主干道基本完成LED照明改造，新建非主干道、隧道照明全部采用LED照明；实施景区照明应用示范，将西安世界园艺博览会园区、大明宫遗址公园和城墙景区打造成为具有鲜明西安特色的LED照明精品工程；西安地铁1号线部分站台实现LED照明。

到2015年，全市主干道路灯部分实施LED照明改造，使高新区、航天基地和浐灞生态区成为全国LED照明应用示范园区。

### （二）产业目标

以试点带应用、以应用促研发、以研发推产业，力争用3~5年时间，把LED照明产业培育成西安高新技术产业新的经济增长点。

到2011年，初步形成自主创新与产品应用结合紧密、技术转移高效、品牌效应显著的LED照明产业集群，年销售收入实现50亿元，培育年销售收入过亿元的骨干企业10家，成为国内知名的大功率LED照明产业聚集区。

到2015年，形成产业结构合理、特色鲜明、国际分工与合作聚集度高的LED照明产业集群，年销售收入实现150亿元，培育年销售收入过10亿元的龙头企业5家，过亿元的骨干企业20家，成为国内一流的大功率LED照明研发应用和产业规模发展的聚集区。

## 三、重点内容

### （一）实施应用示范促进工程

实施市政道路改造，“四区两基地”新区照明建设，世界园艺博览会园区、大明宫遗址公园“双园覆盖”示范，城市广场绿地照明，城墙景区亮化工程。充分利用国家节能减排、政府采购等相关政策，实施示范工程，开展系统集成，促进我市大功率LED照明产品的应用，带动上下游紧密合作，在产业链的主要环节形成龙头品牌企业。

### （二）实施重大项目带动工程

启动实施大功率LED芯片研发生产项目，加速LED芯片的产业化进程；启动实施大功率LED光源集成封装研发生产项目，迅速提升集成封装能力；启动实施大功率LED应用产品研发生产项目，提高产品水平，扩大市场规模。结合省、市政府的工业结构调整和产业振兴规划，依托优势资源，内引外联，增强企业的自主创新能力与综合竞争力。

### （三）实施产业基地建设工程

建设半导体照明工程产业化基地，为企业聚集创造良好环境，争取国家品牌。建设西安半导体照明科技产业园，以光伏、LED照明、半导体器件等为主导，尽快形成产业集群，成为产学研用相结合的先行区和示范区。

### （四）实施自主创新支撑工程

建立西安半导体照明工程技术研究中心和大功率半导体照明科学研究中心，以政府科技计划为引导，优势LED企业为依托，整合技术研究与应用资源，构建产业公共技术支撑与服务平台，加速科技成果转化与技术转移步伐，形成持续研发机制。组织开展半导体照明技术标准和产品规范的研究，组织制定地方技术规范和质量标准，支持企业参与国家技术标准的制定和推广。

## 四、进度安排

按照典型性、代表性、可推广性的示范要求，在城市道路、旅游景区、广场、标志性建筑、地铁、隧道等工程中，有计划、有步骤、分批次开展示范。

2009年，首先启动实施市政道路以及高新区、航天基地、浐灞生态区、世园会园区、城墙景区等区域LED照明示范工程。

2010—2011年，在经开区、曲江新区、航空基地以及城区广场、地铁站台、隧道等区域，实施LED照明示范工程。

2012—2015年，在全市主干道和地铁站台、隧道全面推广LED照明。

## 五、保障措施

### （一）加强领导，建立机构

### （二）加大投入，多方融资

市政府设立LED产业发展及应用示范专项资金，从2009年至2011年，每年从财政预算中安排或整合2000万元，由市财政局安排支持LED照明应用示范。市级相关部门及“四区两基地”，要加大LED照明示范工程投入，并采取多种方式、多渠道吸引社会资金参与建设。充分利用国家和省上有关支持LED产品应用示范和推广绿色照明相关政策，积极争取资金支持，全力推动“十城万盏”试点城市示范工程的顺利实施。

### （三）出台政策，引导示范

研究制定LED照明产品示范工程补贴办法，对纳入示范工程的项目给予补贴。扩大政府采购，形成市场化管理机制。通过示范工程检验，选择节能效果明显、配光合理的LED照明产品列入政府集中采购目录。对LED照明项目所需用地，给予优先安排，在招拍挂出让方案中设置产业类别、技术水平、投资强度等准入条件，以支持LED照明产业聚集发展。

### （四）落实责任，加强考核

# 东莞市推进LED产业发展与应用示范工作实施方案（节选）

2009年11月3日，东莞市政府印发了《东莞市推进LED产业发展与应用示范工作实施方案》，主要内容摘录如下：

## 一、目的意义（略）



## 二、指导思想和主要目标

### （一）指导思想

围绕科学发展观和我市产业发展的总体部署，根据国家和省大力推进半导体照明技术应用推广要求，以“政府引导、政策扶持，科学规划、稳步推进，大力引进、促进集聚，加强研发、示范推广”为原则，以提升产业竞争力为目标，以提高自主创新能力和示范应用水平为关键，以应用示范为突破，以改善产业发展环境为手段，不断延伸和完善LED产业链，做大做强LED产业，使其成为我市新的经济增长点；推动我市节能减排工作，建设资源节约型、环境友好型城市。

### （二）主要目标

1. 在LED照明应用推广方面。要通过推广应用，促进半导体照明产业的发展，争取到2015年，把我市部分干道路灯新装或改造成为LED路灯，计划每年1万盏，累计安装LED路灯8万盏；争取在部分新建的办公楼、商业大厦、大型广场等大型公共建筑走廊，地下车库以及建筑物室内采用LED照明，有条件的可用太阳能（或太阳能风光互补）供电。在部分示范应用工程的LED照明产品中采用国产芯片试验，促进国产芯片研发和生产。

2. 在LED产业技术创新方面。要在LED通用照明、LED背光源等领域实现新突破，继续保持在LED封装和应用、LED显示屏的优势基础上，推动产业链和创新链向高端发展，建设一批高水平的研发和服务平台，培育一批具有国际竞争力的龙头企业，掌握一批关键技术。争取到2015年，基本建成一条较为完整的LED半导体照明产业链，集聚LED照明企业200家以上，LED照明产业年产值150亿元。

## 三、主要任务

### （一）攻克一批 LED 关键技术

1. 衬底、外延及芯片制备技术。包括氮化镓（GaN）基功率型高亮度蓝、绿光外延片及芯片产业化技术、四元素半导体材料铟铝磷化镓（InGaAlP）高亮度红、黄、绿光外延片及芯片产业化技术。

2. 封装技术。包括适合于通用照明的新型光源模块封装形式和工艺、100 流明/瓦（lm/W）以上大功率和小功率白光 LED 封装技术（包括结构优化，降低热阻和改善散热，不同色温高效、高显色指数）。

3. 应用产品关键技术。包括应用导向型大功率白光 LED 封装与应用共性关键技术研究；高光效、高显色、功率型白光 LED 产品的开发；环境友好、人眼舒适的通用照明产品的开发；半导体照明中高效二次光学系统设计关键技术研究、大尺寸超薄、动态平板显示新型半导体照明背光源关键技术研究；LED 灯具的智能照明集成控制系统研究；智能信息显示技术及相关产品的开发。

4. 配套及设备关键技术。包括替代进口的高效精密自动化封装设备和功率型 LED 固晶、分检测试量产设备关键技术，以及 LED 衬底、外延及芯片精密加工设备的研发。开发具有高热导系数的贴片材料、大功率专用 LED 封装支架及新型封装材料（如玻璃、陶瓷、金属、硅胶等）。

### （二）实施一批 LED 重点项目

#### 1. “十城万盏”半导体照明应用示范工程

项目内容：实施为期 3 年的示范工程。

2009 年实施第一批推广项目：在政府投资新建的大型建筑物实施 LED 室内照明示范工程；在东江大堤以及松山湖园区，石龙、石排、石碣、虎门、常平、东城、横沥、清溪等镇街部分干道实施 LED 路灯示范项目，计划新装及改造 LED 路灯 1 万盏，投资额约 5000 万元。

2010 年实施第二批推广项目：在市中心广场、城区文化广场，各镇街新建办公楼、镇中心广场实施 LED 景观照明和室内照明示范工程；在东莞大道、松山湖大道、市区鸿福路、环城路，以及松山湖、虎门港、生态园、沿江新区、各镇街部分干道实施 LED 路灯示范项目，计划新装及改造 LED 路灯 1 万盏，投资额约 5000 万元。

2011 年实施第三批推广项目：在市直各行政事业单位新建办公楼、镇街各行政事业单位新建办公楼、新建火车站、汽车站实施 LED 室内照明示范工程，市内各类公园、休闲广场实施 LED 景观照明示范工程；在市中心区辖区内部分干道、各镇街部分干道实施 LED 路灯照明示范项目，计划新装及改造 LED 路灯 1 万盏，投资额约 5000 万元。

项目组织单位：东莞市推进 LED 产业发展与应用示范工作领导小组。

涉及经费来源：三年共需投入资金约 1 亿 5000 万元，主要由各项目承担单位通过自筹或融资方式解决，同时，积极申请国家科技部、省科技厅和市政府的专项补贴和配套资助。

#### 2. 广东省“千里十万”大功率 LED 路灯产业化示范推广工程

项目内容：主要是在松山湖园区，以及常平、横沥、虎门、清溪、大朗、东城等镇街进行 LED 路灯示范，拟安装 LED 路灯 1 万盏，对 LED 路灯产品的性能进行进一步测试和研究，寻求解决 LED 光效、散热、结构设计的最佳方案。

承担单位：东莞市城市管理局、有关镇街和企业。

涉及经费来源：市财政按省资助经费的 1∶1 配套，其余由工程实施单位自筹。

#### 3. 半导体照明应用工程产品检测与评估基地

项目内容：检测与评估基地的地点设在广东省东莞市质量监督检测中心，包括实验室检测和模拟路面检测两个内容。基地将对有意进入东莞市场的企业所生产制造的半导体照明应用工程产品进行为期5000小时的性能检测与评估。通过检测与评估，为东莞市道路照明建设提供合格的设施制造供应商，保证东莞市半导体照明设施高水平建设、高效能运行。

承接单位：东莞市质量监督检测中心。

涉及经费来源：向国家、省、市财政申请部分检测平台建设经费，向送检单位收取一定检测费用，其他费用自筹。

**4. 中镓氮化镓（GaN）基衬底材料产业化基地**

项目内容：研发生产氮化镓（GaN）基衬底材料，包括氮化镓（GaN）衬底、GaN/Al203复合衬底、PSS图形化蓝宝石衬底，同时研发LED衬底、外延芯片的精密加工设备，设立2～3条有关衬底材料的生产线，实现半导体高端优质材料及有关装备的国产化，进行产业化研究，实现批量化生产。在LED衬底材料的生长、制备方面，研究提出切实可行并具有自主知识产权的技术途径，从源头实现高亮度、大功率LED，并大幅度提高功率型LED芯片的发光效率，降低LED的生产成本，解决LED照明的关键技术问题。

承担单位：东莞市中镓半导体科技有限公司、北京大学宽禁带半导体研究中心。

涉及经费来源：该项目首期两年投资1亿元，部分经费申请国家、省和市政府科技项目资助，大部分经费由企业自筹。

**5. 东莞市福地电子LED芯片制备项目**

项目内容：在芯片制备方面，主要是优化配置四元系铟铝磷化镓（AlGaInP）的红、橙、黄光芯片工艺设备扩大生产能力；完善氮化镓（GaN）基蓝、绿光芯片生产线，达到规模生产能力；建立大功率半导体照明倒装芯片生产线；建立半导体照明光源生产线。通过技术改造，合理配置资源，消除生产瓶颈，使得芯片年生产总值达到1.98亿元。在封装应用方面着重发展车载无线移动终端（MDT）生产、LED路灯生产和列车新型照明光源生产。

承担单位：东莞市福地电子材料有限公司

涉及经费来源：部分经费申请政府科技项目资助，大部分经费由企业自筹。

**6. 勤上大功率LED路灯产业化项目**

项目内容：在产业化方面，引进关键的具有国际先进水平的工艺设备，形成3条大功率LED系列产品生产线。实施大功率LED路灯及其他照明产品科技示范工程。在研发方面，建设和完善由东莞勤上光电股份有限公司和清华大学联合组建的东莞勤上半导体照明技术研究院。研究院以“半导体照明技术与应用的研发和成果转化”为主要发展方向。研究院计划投资5000万元，其中市政府和常平镇人民政府共资助1000万元。

承担单位：东莞勤上光电股份有限公司。

涉及经费来源：部分申请政府科技项目资助，大部分经费由企业自筹。

## 四、保障措施

### （一）建立和健全组织体系

健全政府统筹机构；建立专家咨询机制；发挥行业联盟作用。

### （二）加大投入力度

在我市粤港关键领域重点突破项目招标（东莞专项）资助、市重大科技专项、企业研发投入资助、企业工程中心等科技计划项目中，将向LED产业项目倾斜，重点支持LED产业关键共性技术攻关，鼓励形成具有自主知识产权的LED产业关键技术和标准。

每年选择重点区域分批实施相关示范工程，并给予补贴。对各镇街组织实施的LED照明产品示范工程，市财政按照经核定的LED灯具价格的10%给予补贴。非政府单位、企业参加示范工程并采购符合我市标准的本地LED照明产品，市财政按照经核定的LED灯具价格的30%给予补贴。单项工程灯具总额在1000万元以下的，财政补贴最高不超过300万元；单项工程灯具总额在1000万元到5000万元之间的，财政补贴最高不超过600万元；单项工程灯具总额在5000万元以上的，财政补贴最高不超过1000万元。

大力支持我市企业组建各类研发机构、检测平台、培训中心等，按照科技东莞工程相关配套政策予以重点扶持。

加快引进一批拥有核心技术、自主关键技术及自主名优的LED企业，按照《东莞市引进重大及关键投资项目奖励办法》和《东莞市重大外资项目及关键外资项目引进奖励办法》等政策予以重点扶持。

鼓励社会各界兴建LED产业园、孵化器和加速器，按照科技东莞工程相关配套政策予以重点扶持。

### （三）推动莞台合作（略）

### （四）建立LED产品检测与评估体系

所有参与试点工程的LED产品须送我市质监部门进行检测，在实验室测试达到相关技术指标后，再安排现场测试，在指定路段安装达标LED产品进行为期3~6个月的测试。最后根据测试结果筛选出符合条件的优秀企业和产品纳入我市政府采购目录，并推荐给我市所有用户选择使用。

在项目实施过程中，要从灯具企业筛选、试安装现场测试跟踪，到中期测试评估、验收测试分析等环节，加强对工程质量、建设工期等方面的监督，确保LED路灯安装前、中、后的质量。

### （五）拓宽融资渠道

充分发挥财政资金的引导放大效应，推广合同能源管理模式。

鼓励企业申报国家和省有关部门组织的科技专项，努力争取国家和省有关部门的资金支持。

建立科技贷款风险准备资金，加大资本市场运作力度，吸引银行资金、风险投资资金、私募基金等多种社会融资，广泛吸纳社会民间资金参与LED重大技术项目攻关与新产品开发，加快提升整个产业技术创新水平。

### （六）加快人才引进和培养

1. 充分利用新颁布的人才两个政策。《关于加快引进创新创业领军人才的实施意见》规定，对来东莞工作的创新创业领军人才给予50万~500万元的创业启动资金扶持和20万元的安家补贴。《关于培养科技创新团队和领军人才的实施意见》提出，市财政从2009年起，连续5年每年投入1000万元，扶持资助科技领军人才和后备人才的研修深造、培训活动以及对团队建设所需经费。

2. 加强产学研合作。

3. 多方面引进高技术人才。

4. 多渠道培养专业技术人才。

## 南昌市人民政府<br>关于加快半导体照明产业发展的若干政策措施（节选）

（送审稿）

2009年11月，南昌市政府发布了《关于加快半导体照明产业发展的若干政策措施》，主要内容摘录如下：

1. 积极为半导体照明企业落户提供各项服务。

2. 设立半导体照明产业发展与示范推广应用专项资金。从2009年起，市财政从扶持企业发展资金中，每年安排不低于2000万元专项资金支持半导体照明产品的研发与产业化、公共服务平台建设与维护、示范应用等。各开发区、各县（区）都应安排一定资金用于半导体照明产业发展和推广应用。

3. 对于在我市新设立总部或地区总部且注册资本1000万元（含）以上的半导体照明企业，收益财政全额奖励企业第一年上缴税收地方留成部分。

4. 对于企业当年固定资产项目投资额1000万元以上的，对项目实际发生的银行贷款按人民银行公布的同期贷款基准利率给予为期1年的贴息，最高不超过100万元，贴息资金由市财政和受益财政各承担50%。

5. 鼓励国内外企业、高校、科研院所等单位在我市建立半导体照明研发机构，经有关部门认定为国家、省、市工程技术研究中心和重点实验室，一次性分别给予100万元、50万元、20万元的资金资助。

6. 对半导体照明企业为开发新技术、新产品、新工艺发生的研究开发费，可以在计算应纳税所得额时加计扣除。即未形成无形资产计入当年损益的，在按照规定据实扣除的基础上，按照研究开发费用的50%加计扣除；形成无形资产的，按照无形资产成本的150%摊销。

7. 落实国家对生产新型节能照明产品的企业，从事国家鼓励发展的项目进口自用设备以及按照合同随设备进口的技术及配套件、备件，在规定范围内免征进口关税和进口环节增值税的相关手续，海关和质检部门要为企业提供通关便利。

8. 及时将成熟的半导体照明产品纳入政府采购目录、地产优质产品推荐目录。推动政府首购和政府采购，通过政府采购扶持企业开拓市场。

9. 制订“鼓励本地半导体照明产品进入政府工程的指导意见”。引导社会在庭院照明、楼内应急照明、地下车库照明等方面采用具有自主知识产权的半导体照明产品，给予售价20%财政补贴。



10. 支持企业加强内部员工的培训，按照市政府《关于进一步加强技能人才培养工作的意见》，优先给予补助。

11. 鼓励和支持半导体照明企业和研发机构引进高层次人才。对市人事部门确定的“重点高层次人才”，按市有关政策发放补贴，并对其子女教育、家属就业和医疗保障等给予优先安排。

12. 对在本市从事半导体照明业务的高层次人才和投资者提供出入境及居留便利。

13. 对获得的半导体照明相关专利等知识产权，从市知识产权专项资金中给予申办费用全额补助；对具有重大社会效益或经济效益的知识产权项目给予奖励。

## 江门市推广高效节能半导体照明（LED）产品示范工程实施方案

2009年12月10日，江门市政府印发了《江门市推广高效节能半导体照明（LED）产品示范工程实施方案》，主要内容摘录如下：

### 一、指导思想

全面落实科学发展观，围绕我市节能目标和任务，实施一批起点高、见效快、节能效益明显的LED照明产品应用示范工程，以应用促进产业发展，吸引全球LED产业向我市集聚，打造高端LED产业链，培育一批拥有自主知识产权和核心竞争优势的江门LED企业，形成我市新的经济增长点，将广东省（江门）绿色（半导体）光源产业基地打造成为全国LED产品检测分析中心、研发中心、交易中心、人才中心、LED生产中心。

## 二、工作目标

按照以点带面，以实验示范带动推广应用，循序渐进，逐步推进的原则，在全市范围推广使用高效节能半导体照明（LED）产品。通过示范工程，全面推动我市道路、穿城道路、高速公路、隧道、轻铁、大型桥梁、公共广场、大型公共建筑等领域使用半导体照明（LED）产品，促进照明产品的升级换代。2015 年力争道路照明更换及新建 LED 等绿色照明灯具 91000 盏，主干道亮灯率达 98%，次干道、支路居民生活区亮灯率达 96%。景观照明以江门市三区一市（蓬江区、江海区、新会区、鹤山市）为主要示范区域，使用 LED 等绿色照明灯具达 70% 以上。到 2015 年，预期年节电约 2275 万千瓦时，年节约煤 2821 吨，年减排 $CO_2$ 约 2.2 万吨，年减排 $SO_2$ 约 746 吨，LED 相关产业年产值达到 500 亿元以上。

## 三、基本原则

突出重点，分批实施；以点带面，高起点建设；鼓励创新，培优扶强；政府带头，全民参与；积极探索，形成标准。

## 四、示范工程

### （一）示范领域

按照 LED 照明产品的节能特性、有关场所的应用条件和典型性、代表性、可推广性的示范要求，选择标志性建筑、城市道路、高速公路、隧道、轻铁、广场、居民住宅小区等分批开展示范工作。政府投资项目节能改造工程应制定 LED 照明改造方案，并列入 LED 照明产品示范工程。

### （二）示范计划

按照以点带面的原则，选择“一条道路、一个中心、一个园区、一个镇、一个区域、一个社区”分批建设示范工程。

1. 2009 年启动“大功率 LED 路灯示范工程”和“室内 LED 节能灯示范工程”。以江门市高新区、江门市滨江新区、鹤山市新城区及新建园区等为试点，开展“大功率 LED 路灯示范工程”，并与省科技厅组织的“千里十万”大功率 LED 路灯产业化示范推广工程对接，计划 2010 年在全市范围内完成新安装或改造使用大功率 LED 路灯 10000 盏（各市、区具体指标另行印发）；以江门市行政服务中心为试点，开展“室内 LED 照明示范工程”，计划 2015 年政府部门 LED 使用率达到 70% 以上。

2. 2010 年选择公共广场以及市区各大地下停车场等作为示范点，展示包括商业照明、室内照明、建筑物景观照明等具有广泛用途的 LED 照明产品和应用类型；选择新建、改建道路、穿城道路及大型桥梁等作为主要示范线，展示道路照明、隧道照明等具有广阔推广前景的照明产品；选择北新区等作为主要示范面，展示城市中心城区的道路照明、光景设计、网络化智能控制、交通信号灯等高端应用效果；完成各项示范工程。

3. 2011 年推广绿色照明示范工程，根据 LED 照明技术发展阶段和场所应用条件，实施政府投资大型公共建筑、小区照明、景区亮化等照明产品示范和改造工程，进一步扩大示范范围，LED 使用率达到 40%。

4. 2012 年争取江门非主干道路灯、隧道灯基本逐步使用半导体照明产品替代传统照明产品，新建非主干道、隧道照明全部采用 LED 照明；轻铁江门站站台实现 LED 照明；LED 使用率达到 55%。

5. 2015 年力争江门主干道路灯逐步使用半导体照明产品替代传统照明产品；新改扩建的城市道路 LED 装灯率达 100%，新建公共区域、小区等 LED 装灯率达 80% 以上；LED 使用率达到 70%。

6. LED 绿色光源产业 2010 年产值达到 100 亿元，2013 年达 300 亿元，2015 年超过 500 亿元。

### （三）LED 照明示范工程产品供应企业选择标准

1. 在江门市注册时间两年以上，具有法人资格的企业，注册资本不少于 1000 万元，或注册资本 500 万元以上且年产品销售额 5000 万元以上；

2. 具有良好的商业信誉和健全的财务会计制度；

3. 具有履行合同所必需的设备和专业技术能力；

4. 具有依法缴纳税收和社会保险费的良好记录；

5. 参加政府采购活动前 3 年内，在经营活动中没有不良记录；

6. 通过 ISO9000 质量体系认证，具有相应的企业标准，产品通过具有资质的第三方机构的检测认定；

7. 公司生产的 LED 照明产品已在样板工程中试用，并正常运行半年以上，性能达到节能要求；

8. 具有 LED 照明产品相关的自主知识产权；

9. 优先选择使用本地自主创新的 LED 照明产品。

## 五、政策支持

### （一）加大财政投入，拉动社会投资

1. 鼓励采用合同能源管理等投、融资模式进行节能改造和 LED 照明产品应用。对承担政府投资项目 LED 应用示范工程并采用本市自主创新产品的企业，市财政、经贸部门积极帮助企业争取国家专项补贴资金。

2. 积极支持企业申请纳入国家财政补贴推广高效照明产品政策优惠范围，参与国家节能产品推广招投标，争取成为协议供应商。

3. 制定 LED 应用示范工程认定标准和程序。

4. 积极筹措资金，保障政府投资项目示范工程资金投入。

5. 将政府投资项目示范工程列入年度政府投资计划（草案）报市政府审批，并按照市政府投资项目的有关规定进行管理。

6. 研究制订公共机构示范工程（包括室内照明、路灯照明）合同能源管理节能费用返还的财政支付政策和节能计量标准。

7. 鼓励 LED 照明产品生产企业与设计、施工企业相结合，向生产、设计和施工一体化的方向发展，支持 LED 照明产品生产企业在具备相应的条件后，向建设主管部门申请设计、施工的资质。

8. 积极申报“十城万盏”半导体照明应用工程、“千里十万”大功率 LED 路灯示范工程等国家、省的示范工程，争取国家、省的政策支持，加快我市 LED 路灯推广应用。

### （二）鼓励研发，促进自主创新

1. 鼓励企业在本地区建立 LED 产品研发中心，并为行业提供公共服务，提升自主创新水平。对于示范工程承担企业建设达到一定规模的 LED 产品研发中心或检测中心，参照有关研发中心或工程中心管理规定，给予政策补贴。

2. 鼓励示范工程承担企业开展 LED 照明产业的应用标准、行业标准、地方标准和产品的标准化、模块化研究，帮助企业争取省质监局和省财政厅等部门有关专项资金的支持。

3. 依托我市相关的半导体照明（LED）公共检测技术和工程质量监督平台，加强对示范工程的质量检测与监督工作，对其所用 LED 照明产品实施强制抽检，保证示范工程质量。组织我市相关技术机构、行业协会和龙头企业分批制定以安全、节能、稳定性等为重点的公益性地方技术规范。

### （三）培育LED产业链，推动政府绿色采购

1. 大力扶持本地LED上、中、下游企业的高效节能LED照明产品。将经过示范工程检验，节能效果明显、配光合理的本地LED上、中、下游产业企业的高效节能LED照明产品列入政府集中采购目录，具体节能指标另行制定并定期调整。

2. 市新建、改建、扩建政府投资项目涉及照明产品的，鼓励使用本地自主创新产品。

## 六、保障措施

### （一）加强领导，市、区联动

### （二）明确职责，抓紧实施

### （三）加快审批，增加投入

# 西安市半导体照明（LED）示范工程专项资金管理暂行办法（节选）

2010年3月19日，西安市财政局、科技局、发改委印发了《西安市半导体照明（LED）示范工程专项资金管理暂行办法》，主要内容摘录如下：

第一条　制定本办法的目的和依据。

第二条　市级财政每年整合安排不少于2500万元，作为半导体照明（LED）示范工程专项资金。其中专项资金的90%作为LED照明工程补贴资金；专项资金的10%用于支持LED照明产品研发、产业化、技术标准研究推广等公共服务。申请补贴的示范工程项目总投资不得低于500万元。

第三条　专项资金由西安市国家半导体照明试点工作领导小组（以下简称“试点工作领导小组”）统一管理、集中使用。

第四条　补贴范围：

对于纳入《实施方案》的城市道路照明、旅游景区照明、绿地广场照明、室内照明、大型公共场所照明中灯具采购部分给予补贴。

第五条　补贴对象：

1. 列入《实施方案》任务表中的市级部门和开发区。

2. 集中采用LED照明产品用于新建道路和景区照明的市级其他部门和区县、开发区。

3. 采用合同能源管理等方式参与LED照明工程投资建设的企业。

第六条　采购LED灯具生产供应企业应满足以下条件：

1. 在西安市注册的具有法人资格的生产供应企业；

2. 企业生产的LED照明产品已在样板工程中试用，并正常运行半年以上，性能达到节能要求；

3. 具有LED照明产品相关的自主知识产权；

4. 在经营活动中没有不良记录；

5. 通过ISO9000质量体系认证，具有相应的企业标准，产品通过国家相关具有资质的第三方机构的检测认定；

6. 具有良好的商业信誉和健全的财务会计制度；

7. 具有履行合同所必需的设备和专业技术能力；

8. 三年内无不良缴纳税款和社会保险费等记录；

9. 具有完备的产品销售、安装及良好的售后服务管理能力。

第七条　所采购LED照明灯具应满足以下条件：

1. LED照明灯具性能指标必须达到或超过陕西省地方标准和国家相关技术规范；

2. LED照明灯具必须经过试点工作领导小组办公室备案；

3. 优先选择使用本地芯片及封装技术的LED照明灯具。

第八条　补贴标准：

符合上述第六条和第七条条件的LED示范工程项目，按照如下标准给予补贴：

1. 对于市级财政直接拨款的示范工程，按照经核定的LED照明灯具总价值3%～5%作为后期维护费用给予补贴。

2. 对于非市级财政直接拨款的示范工程，按照不高于经核定的LED照明灯具总价值的30%给予工程补贴。

3. 采用合同能源管理模式参与工程建设的半导体照明企业，按照具体管理模式，给予不高于经核定的LED照明灯具总价值的10%给予工程补贴。

第九条　对于在示范工程中被广泛应用、性能可靠稳定的LED照明产品，将优先纳入市级政府采购产品名录。

第十条　补贴资金由试点工作领导小组统一管理。市财政局对符合申请补贴条件的单位按规定的程序拨付补贴资金。

第十一条　补贴申请程序：

1. 提出申请，提交申请资料。

2. 审查和实际考察。

3. 提出评审意见，上报试点工作领导小组。

4. 对评审意见进行审核研究，确定审核意见。

5. 示范工程开工并按照规定进度组织建设，已完成投资50%以上，并经领导小组办公室考察验收后，市财政局按补贴标准拨付财政补助资金。

第十二条　申请材料。

第十三条　对有下列情形之一的，视情节给予通报批评、扣减补助资金等处罚；情节严重的，取消享受专项补贴资金资格：

1. 提供虚假工程信息的；

2. 示范应用工程LED灯具应用数量未达到规定规模；

3. 采购产品实际销售价格高于采购限价；

4. 灯具供应企业不符合标准。

第十四条　对出具虚假报告和证明材料的相关单位，一经查实，予以公开曝光，并视情节追究其相应法律责任。

补贴资金必须专款专用，任何单位不得以任何理由、任何形式截留、挪用。对违反规定的，按《财政违法行为处罚处分条例》（国务院令第427号）等有关规定，依法追究有关单位和人员的责任。

第十五条　本办法自下发之日起施行，至2011年12月31日截止。

## 关于加快建设广东省战略性新兴产业（江门绿色光源）基地暂行优惠办法（节选）

2010年6月12日，江门市人民政府印发了《关于加快建设广东省战略性新兴产业（江门绿色光源）基地暂行优惠办法》，主要内容摘录如下：

**第一章　总则**

第一条　制定本暂行优惠办法的目的。

第二条　本暂行优惠办法的优惠对象为自2009年10月以后在江门高新区及市授权江门高新区管委会管理的蓬江、新会、台山分园区（以下简称各分园区）内注册成立或增资建设、并且纳税关系在江门高新区及各分园区的LED项目，包括LED衬底生产、外延片生产、LED芯片生产、LED芯片封装和LED应用及LED产业链相关的材料配套项目。

**第二章　优惠内容**

第三条　鼓励采用新设备和技术，对一次性购置LED外延片生产用全新MOCVD设备5台以上（含5台）的新增或扩建投资项目给予资金补贴。红黄光MOCVD 38片机及以上补贴资金800万元/台，蓝绿光MOCVD 31片至44片机补贴资金1000万元/台，蓝绿光MOCVD 45片至55片机补贴1100万元，蓝绿光MOCVD 55片机及以上补贴1200万元。

第四条　对LED衬底生产、LED设备生产和LED芯片封装的新增或扩建投资项目设备投资额度大于1000万元的，一次性给予新增或扩建投资项目设备投资总额6%的资金补贴。

第五条　属于LED衬底生产、外延片生产、LED芯片生产的新建投资项目，在签订投资合同1年内建成厂房，18个月内正式投产的，按已报建建成厂房建筑面积补贴100元/平方米。属于LED芯片封装投资项目，符合上述条件的补贴50元/平方米。

第六条　被认定为市级以上高新技术企业或民营科技企业的LED企业在江门高新区及各分园区范围内租用厂房，厂房面积在500平方米（含500平方米）以内给予零租金优惠：面积在501平方米至2000平方米部分给予50%租金补贴优惠。对一年内通过认定的上述企业，可从租用厂房之日起享受该政策。

第七条　江门高新区及各分园区内新建LED项目行政事业性收费按《印发江门市（省级）园区工业投资项目零收费试行办法的通知》（江府办［2009］75号）执行。其中城市基础设施配套费优惠顺延1年。

第八条　园区内LED企业增值税、营业税和企业所得税年税收收入在1000万元以上5000万元以下的，给予相当于税收地方留成部分30%的奖励；年税收收入超过5000万元以上部分（含5000万元），给予相当于地方留成50%的奖励。该奖励专项用于企业新产品研发或扩大再生产，由所在园区在每个财政年度结束后2个月内兑现，试行5年。



第九条　对LED产业发展有重大贡献的企业投资者、创新型领军人才（团队）、高级管理人员和高级技术人员（有博士学历、学位或高级职称），个人所得税地方留成部分100%用于奖励其个人；每年另设立总额200万元的LED特殊贡献奖，奖励有特殊贡献的个人或团队（具体办法另行制定）。

第十条　鼓励采用合同能源管理等模式应用LED产品，市政公共照明及江门高新区内公共照明建设和改造工程，在同等条件下优先选用对江门高新区及各分园区LED产业发展有重大贡献企业的产品，并对承担政府投资项目LED应用示范工程的企业，按市财政局核定的LED灯具价格给予相当于2年同期银行贷款利息50%贴息补助。大宗用户和城乡居民用户使用LED产品按照《财政部国家发展改革委关于印发〈高效照明产品推广财政补贴资金管理暂行办法〉的通知》（财建［2007］1027号）的有关规定给予补贴。

第十一条　LED企业申请上市参照《印发关于推动江门市区企业改制上市实施意见的通知》（江府［2007］34号）给予奖励和补助。

第十二条　LED企业进行自主创新活动符合有关条件的，可向园区所在市（区）科技、经济和信息化部门申请相关的贷款贴息和扶持资金，并通过上述部门向上级部门争取政策和资金的扶持。

**第三章　优惠申请**

第十三条　MOCVD补贴申请和批准程序如下：

## （一）补贴申请

1. 企业确定MOCVD设备采购方案后到所在园区管委会（未设立管委会的分园区由当地政府指定一个部门负责）备案：在设备购置合同生效并交纳首付款或开具不可撤销信用证后，正式向所在园区提出补贴申请。

2. 在江门高新区落户的项目，由市科技局牵头会同市经济和信息化局、市财政局、江门高新区管委会、江海区政府组织专家进行确认；在各分园区落户的项目，由所在地科技局牵头，会同经济和信息化部门、财政局、分园区管委会负责组织专家进行确认。有关部门应在5个工作日内完成确认程序并出具书面意见。

3. 所在园区根据确认结果在5个工作日内报当地政府批准。

4. 当地政府批准后，由所在园区管委会与企业签定 MOCVD 设备补贴合同。

### （二）申报材料

### （三）补贴拨付

MOCVD 补贴资金原则上分三次拨付：设备到厂验收合格后10个工作日内拨付40%，设备试产成功后10个工作日内拨付30%，设备正式投入生产并实现销售后10个工作日内再拨付30%。

第十四条　其他（衬底生产、设备生产和芯片封装补贴，厂房补贴，租金优惠，税收奖励，示范工程补贴）优惠申请和批准程序如下：

### （一）优惠申请

1. 企业向所在园区提交申报材料。

2. 所在园区在10个工作日内完成审批。

### （二）申报材料

### （三）补贴拨付

1. 衬底生产、设备生产和芯片封装补贴资金在设备正式投入生产后10个工作日内拨付；

2. 厂房补贴资金在建成厂房验收合格后10个工作日内拨付；

3. 租金优惠补贴资金在企业正式投入生产后10个工作日内拨付；

4. 税收奖励由所在园区在每个财政年度结束后2个月内兑现；

5. 示范工程补贴资金原则上分两次拨付；工程合同签订后10个工作日内拨付50%，工程验收合格后10个工作日内拨付50%。

**第四章　监督与管理**

第十五条　受惠企业应保证按照投资合同约定的投资强度及进度完成项目投资和建设，否则不能享受优惠，已享受的优惠应如数退回。

第十六条　MOCVD 补贴项目立项后，所在园区应对项目情况进行全程跟踪、监督和检查。在10年内，如受惠企业迁离所在园区，或将设备转让、赠与、租赁给第三方并搬离所在园区的，受惠企业应向所在园区退回全部的设备补贴。

第十七条　受惠企业如弄虚作假骗取补贴或奖励资金的，一经查实，追回拨付的补贴及奖励资金，并依法追究相关责任。

**第五章　优惠资金来源和分担**

第十八条　本办法第三条 MOCVD 补贴资金和第七条奖励资金，在江门高新区落户的项目由江门高新区统筹解决，市财政每年在江门高新区税收收益中安排一定数额资金用于还本付息，并按市财政、江门高新区、江海区政府税收分成比例承担。其他优惠由江门高新区融资或在项目产生的税收收益中属江门高新区留成部分解决。

在各分园区落户的项目，蓬江、新会分园区由蓬江、新会区政府负责兑现补贴及奖励，并按市财政与蓬江区政府及新会区政府税收分成比例分担；台山分园区由台山市政府负责兑现补贴及奖励。

**第六章　附则**

本暂行办法试行2年（第八条除外），自发布之日起施行。

# 佛山市建设“广东省 LED 产品应用及产业发展综合示范区”实施方案（节选）

2010 年 11 月 22 日，佛山市政府印发了《佛山市建设“广东省 LED 产品应用及产业发展综合示范区”实施方案》，主要内容摘录如下：

## 一、指导思想

在全市范围内组织实施一批起点高、示范效应好、节能减排明显的 LED 照明产品应用示范，力争将我市建设成为“广东省绿色照明示范市”。通过“引进芯片、培育装备、强化封装、拓宽应用、扶持配套”等措施，构建一条以 LED 封装与应用为特色的半导体照明产业链；大力推进 LED 封装与应用产业发展，保持在 LED 产业链下游的领先地位和竞争优势；以 LED 芯片技术引进和 MOCVD 设备国产化为突破口，促使佛山市 LED 产业向中上游延伸；以吸引全球 LED 产业向我市集聚，建立竞争有序、保障有力的市场环境为导向，将佛山市发展成为全省乃至全国 LED 照明产业示范基地，使 LED 产业成为佛山经济发展的支柱产业之一。

## 二、实施原则

突出重点，分阶段实施；政策推动，全民参与；规划先行，统筹发展；创新驱动，示范引领；市区联动，共同推进。

## 三、工作目标

力争到 2012 年，基本建立以企业为主体、市场为导向、产学研相结合、覆盖产业链各环节的产业技术创新体系；基本建立以能源合同管理模式（EMC）为内核，现代供应链管理模式为动力，技术、产业资本和金融资本融合发展的 LED 照明产品应用推广体系；基本建立竞争有序、保障有力的市场环境，使 LED 产业发展成为佛山经济发展的支柱产业之一，LED 照明产业技术水平和整体竞争力步入国内领先行列，全力把佛山打造成为国内重要的 LED 照明产业示范基地，全面实现“三大跃升”：

### （一）产业规模大幅跃升

到 2012 年，佛山 LED 照明产业实现工业产值 200 亿元，年均增长 35%，形成包括装备、材料、芯片、封装、灯具和应用推广的比较完整的产业链。在 LED 产业链中，LED 设备、芯片等上游环节实现产值 60 亿元，LED 封装环节实现产值 40 亿元，LED 应用环节实现产值 100 亿元。

### （二）企业实力大幅跃升

到 2012 年，引进和培育 2 ~3 家 LED 芯片生产企业、1 ~2 家外延生产企业、3 ~4 家具有国际影响力、年产值超过 10 亿元的创新型龙头企业；建立 5 家以 LED 照明企业为依托的产学研创新联盟、工程中心、企业技术中心等行业技术创新平台；分批扶持 3 ~5 家 LED 路灯制造企业产品通过“广东省 LED 路灯产品评价标杆体系”检测并纳入《广东省绿色照明示范城市推荐采购目录》。

### （三）应用示范能力大幅跃升

全市重点道路全面推广 LED 路灯应用，在未来 3 年完成超过 12 万盏高压钠灯的替代改造工程，建成总长1418公里LED路灯应用示范道路，每年节电超过8000万千瓦时。至2012年，全市的主干道路照明和新建公共场所、政府机关办公场所照明基本实现LED照明。

## 四、重点领域

### （一）重大装备领域

支持LED产业重大装备MOCVD的研发与产业化，力争2012年前实现订单生产，打破国外技术垄断，填补国内空白，降低LED芯片生产投资成本和产品应用成本。组织力量重点突破LED电源、键合设备等专用设备核心技术，为LED产品规模化生产创造条件。

### （二）外延芯片领域

重点发展通用照明和大尺寸外延片以及大功率、超高亮度LED芯片，至2012年形成月产400KK以上的芯片生产能力，逐步替代进口芯片，在高端应用领域达到50%以上的自主配套能力。

### （三）封装领域

重点发展大功率白光LED及SMD高端封装产品，至2012年达到产能在月产超2000KK以上规模。

### （四）高端照明产品及应用领域

重点发展中、高端LED应用产品，优先发展大功率LED路灯、LED背光源、LED室内照明、LED汽车光源等应用产品及系统。




### （五）关键配套产业领域

支持LED封装材料、封装设备、散热材料及技术的研发和产业化，支持LED照明产品的创意设计，形成独特的产业特色和竞争优势。

## 五、主要任务

### （一）优化LED照明产业布局

1. 以南海区为先导，禅城和顺德区为支撑，带动高明、三水区共同发展，规划建设LED照明产业示范基地，重点研发道路照明、LED室内照明、汽车照明系列产品，构建一条以下游封装至应用为特色兼顾上游芯片、专用设备制造的LED照明产业链，打造全省乃至全国重要的LED产业示范基地。

2. 以培育一批优势龙头企业作为重中之重。着重支持旭瑞光电快速发展，实现LED芯片国产化；重点扶持在LED领域已形成一定规模优势及品牌效应的国星光电、昭信光电、蓝箭电子、佛山照明等骨干企业，扶持发展LED封装与照明应用模块产业集群。以奇美电子为主体，加快LED背光照明产业集聚。此外，以佛山照明、雪莱特光电、国星光电等3家上市公司为代表，寻求与国内外LED高端企业合作，推动传统照明产业向新兴LED领域转型。

### （二）制定LED产业技术路线图

制定LED产业技术路线图，为产业发展提供行动指南，引导企业有序发展。

### （三）加快LED产业技术突破，提高企业自主创新能力

加大市、区各类科技计划对LED照明领域科技攻关的支持力度，组织协调我市相关企业积极参

与省新兴产业重大科技专项科技攻关工作，重点在功率型 LED 芯片制造、封装、应用与系统集成、重大装备关键配套设备等方面掌握一批具有自主知识产权的核心和关键技术，在产业技术创新整体水平保持与国际同步的基础上，力争在封装、应用环节确立领先优势。

1. 培育和引进具有较强创新能力和国际竞争力的龙头企业。
2. 鼓励和促进 LED 照明中、小企业发展。
3. 积极推动企业开展国际合作。
4. 推动产学研合作，突破共性关键技术。

## （四）着力完善产业配套服务能力

1. 加强公共技术服务平台建设。
2. 推进公共标准服务体系和检测服务平台建设。
3. 促进科技与金融结合。
4. 积极培育节能服务机构。

## （五）积极推进 LED 照明应用示范，争创“广东省绿色照明示范市”

至 2012 年，全市五区及东平新城在建设示范工程的基础上，分期分批完成城镇主干道、隧道 LED 照明改造工程，全市合计完成 12 万盏大功率 LED 路灯安装改造工程，建成总长 1418 公里 LED 路灯应用道路，公共场所逐步使用 LED 照明产品，每年节电超过 8000 万千瓦时，其中禅城区完成 5.7 万盏、850 公里长 LED 道路照明示范工程，完成 10 万盏、40 万平方米的室内照明 LED 示范工程和 8 万盏的室外 LED 亮化工程；南海区完成 2 万盏、150 公里长 LED 道路照明示范工程，完成 4 万盏、16 万平方米的室内照明 LED 示范工程和 1 万盏的室外 LED 亮化工程；顺德区完成 1.2 万盏、150 公里长 LED 道路照明示范工程，完成 1 万盏、4 万平方米的室内照明 LED 示范工程和 0.5 万盏的室外 LED 亮化工程；高明区完成 1 万盏、100 公里长 LED 道路照明示范工程，完成 500 盏、2000 平方米的室内照明 LED 示范工程和 500 盏的室外 LED 亮化工程；三水区完成 1 万盏、140 公里长 LED 道路照明示范工程，完成 1.5 万盏、8 万平方米的室内照明 LED 示范工程和 3000 盏的室外 LED 亮化工程；东平新城完成 1.1 万盏、28.3 公里长 LED 道路照明示范工程，完成 1.1 万盏、10.5 万平方米的室内照明 LED 示范工程和 600 盏的室外 LED 亮化工程。

## （六）建立健全政策法规体系

1. 实行 LED 照明产品政府采购政策，引导和鼓励我市 LED 照明企业积极参与省 LED 照明产品标杆体系检测。推动扶持 LED 照明产品纳入《政府采购自主创新产品目录》，并争取国家高效照明产品推广财政补贴资金支持。各级政府机关、企事业单位和团体组织使用财政性资金进行政府采购 LED 终端产品时，对符合条件的产品应优先采购。

2. 加大知识产权保护力度。

3. 建立统计与考核机制。加强 LED 产业统计分析工作，建立准确反映产业发展状况的统计指标和统计制定，科学统计我市 LED 产业的有关数据，加强对各区产业基地和产业项目建设情况考核。

## （七）鼓励支持配套产业发展

大力扶持灯具五金、塑胶模具、光学玻璃、电源与驱动、散热材料等配套产业的发展。

## （八）加快人才培养与引进

## （九）做好重大项目的招商引资

对引进落户的核心项目，按照《佛山市战略性新兴产业扶持办法》等规定给予补贴。对重点 LED 项目实行重点跟踪、重点服务和重点督查。

## 六、重点建设项目

未来3年，佛山市将围绕LED装备、外延和芯片等产业链上游项目的研发与产业化，LED封装、配件和应用等产业链中下游的拓展与延伸，LED生产和展销基地建设，LED产业公共服务平台建设以及LED照明产品应用示范工程建设等5个重点领域的项目开展，以实现佛山市LED产业的全面快速发展。

（一）LED外延片和芯片生产设备研发及产业化项目。
（二）LED外延片和芯片生产技术引进项目。
（三）LED封装产业升级项目。
（四）全陶瓷外壳LED灯泡研发生产项目。
（五）LED生产用关键原材料配套项目。
（六）LED照明配套产业培育项目。
（七）新型LED背光源研究及产业化项目。
（八）广东新光源产业化基地建设项目。
（九）华南（国际）电光源灯饰城建设项目。
（十）加强广东省质量监督电光源产品检验站的建设。
（十一）半导体照明检测中心建设项目。
（十二）半导体照明工程技术研究开发中心建设项目。
（十三）赛宝（佛山）实验室建设项目。
（十四）广东半导体设计中心建设项目。
（十五）广东省绿色照明示范区建设。
（十六）广东省“千里十万”路灯产业化示范工程。



## 七、保障措施

（一）建立产业发展联席会议制度。
（二）加大财政支持力度。
（三）明确分工，协同推进。
（四）加大宣传力度，营造良好环境。
（五）完善考核机制，加强监督检查。

# 关于加快建设广东省战略性新兴产业（江门绿色光源）基地暂行优惠办法的补充规定（节选）

2010年12月3日，江门市政府印发了《关于加快建设广东省战略性新兴产业（江门绿色光源）基地暂行优惠办法的补充规定》，主要内容摘录如下：

**第一章　总则**

第一条　制定本补充规定的目的。

第二条　本补充规定适用范围。

**第二章　专项资金**

第三条　设立LED产业发展专项资金。从2011年起连续2年，每年安排1.5亿元专项资金，其中江门市本级财政每年安排5000万元，各市、区相应设立专项资金，专项用于支持我市LED封装应用项目投资优惠、科技创新奖励、品牌标准和专利奖励、市场开拓奖励、人才奖励等。

**第三章　项目投资优惠**

第四条　对LED封装的新增或扩建投资项目设备投资给予补贴。设备投资总额5000万元（含5000万元）以下的给予设备总额6%的资金补贴，设备投资总额5000万元以上的，超出5000万元部分给予8%的资金补贴。50%的补贴资金在项目投产后给予安排，余下50%的补贴资金自项目产生税收起在地方税收（增值税、营业税和企业所得税）留成部分逐年给予安排。

第五条　对行业协会、商会、产业联盟等中间组织统一组团投资LED封装及应用项目的，除企业享受相应的优惠外，对组织者在其引进的项目正式投产后，根据投产时实际到位的投资总额（含项目用地、基建和设备购置投入，不含项目建成投产后的追加投资额），1亿元以上的按6‰给予奖励，最高不超过200万元。

第六条　优先保障LED项目用地。

第七条　对LED封装应用投资项目实行“绿色通道”管理。

**第四章　科技创新奖励**

第八条　鼓励LED封装应用企业科技创新。对重大产业化项目、关键技术和共性技术研发攻关、重大新产品新技术研发、公共平台建设（包括电子商务平台、物流平台等）等项目由LED产业发展专项资金采用招标方式给予支持，一次性给予30万~100万元的补贴。

第九条　对被新认定为高新技术企业的，按国家级10万元、市级1万元的标准一次性给予奖励。

第十条　企业获得国家级、省级企业技术中心、工程（技术）研究中心、企业院士工作站、检验测试平台、重点实验室等认定的，按国家级50万元、省级30万元的标准给予一次性资金奖励。企业获得博士后工作站的一次性给予10万元资金奖励。

第十一条　建立我市LED自主创新产品目录，鼓励我市机关事业单位和企业使用本市LED自主创新产品。对采购我市自主创新产品目录中产品的机关事业单位和企业一次性给予采购总额5%的奖励，最高不超过50万元。政府采购项目应在同等条件下优先使用自主创新产品目录的产品。

**第五章　品牌、标准和专利奖励**

第十二条　鼓励LED封装应用企业创建名牌产品。对被评为中国驰名商标、中国名牌产品的，在省政府奖励的基础上，再给予50万元一次性奖励；对被评为广东省名牌产品或省著名商标的给予30万元一次性奖励；评为出口免验企业的可按上述标准给予50万元一次性奖励。

第十三条　企业或相关机构被正式授权为国家或省级专业技术标准化委员会、分委会等技术标准制定机构的按国家级50万元、省级30万元给予一次性资金奖励。

第十四条　鼓励企业主导或参与标准制定工作。主导制定一项地方标准奖励5万元；主导制定一项行业标准奖励10万元，参与制定奖励5万元；主导制定一项国家标准奖励15万元，参与制定奖励5万元；主导制定一项国际标准奖励25万元，参与制定奖励10万元。多个单位同时参与制定同一项地方标准、行业标准、国家标准、国际标准的，原则上只对参与程度最高的一个单位予以奖励。

第十五条　鼓励企业申请国内外专利。国内发明专利授权后每件一次性资助5000元，实用新型专利授权后每件一次性资助500元，外观设计专利授权后每件一次性资助300元。国外发明专利授权后每件一次性资助20000元，每件最多资助2个国家或地区授予的发明专利。

**第六章　市场开拓奖励**

第十六条　鼓励企业参加国内外LED专业展览。对参加经相关部门核准或统一组织的国内外指定专业展的企业给予摊位补助，国外及我国港澳台地区每个摊位补助3万元，最多不超过3个；国内每个摊位补助1万元，最多不超过3个。实际摊位费用低于补助金额，按实际摊位费用补贴，每家企业每年只限申请1次。

**第七章　人才奖励**

第十七条　LED高端人才引进按相关规定给予奖励。

**第八章　优惠申请**

第十八条　优惠申请和批准程序如下：

（一）项目投资优惠须在项目正式投产后一个月内向项目所在地经济和信息化局提交申报资料并

提出申请；其他奖励资助申请采取集中申报受理方式，每年6月、12月向项目所在地市、区经济和信息化部门提交申报资料并提出申请。

（二）项目所在地经济和信息化部门在10个工作日内会同当地科技局、财政局完成审核确认，并出具书面审核确认报告（江门市区项目须报市经济和信息化局、市科技局、市财政局审核确认，其中江门高新区辖区内企业还须报江门高新区管委会审核确认）。

（三）项目所在地财政部门根据审核确认报告，1个月内审批支付补贴资金，其中江门市区项目市本级财政负责部分相应拨付区级财政，由区财政结合承担部分统一拨付享受优惠企业。

**第九章　监督与管理**

第十九条　市经济和信息化局、市财政局和市审计局负责对补贴奖励项目资金进行监管，重点检查补贴奖励资金的使用情况，确保资金足额兑现和正确使用。

第二十条　企业在领取设备补贴后的5年内设备不得迁离所在地，不得转让、赠与、租赁已享受补贴的设备给第三方，否则受惠企业须向所在地退回全部的设备补贴。

第二十一条　受惠企业如弄虚作假骗取补贴、资助或奖励资金的，一经查实，追回拨付的资金，并依法追究相关责任。

**第十章　资金来源和分担**

第二十二条　本补充规定的资金由项目所在地政府财政负责解决，其中江门市区项目由市本级财政、蓬江区、江海区、新会区财政及江门高新区按税收分成比例分担。

**第十一章　附则**

第二十三条　本补充规定由市经济和信息化局和市财政局负责解释。

第二十四条　LED生产设备、测试设备生产及LED产业链关键环节的配套项目（具体项目目录另行公布）可参照享受本补充规定。



第二十五条　本补充规定试行2年，自公布之日起施行。本补充规定的奖励扶持及对应各级政府、部门出台的其他政策的奖励扶持，按从高不重复的原则执行。



## 东莞市促进LED产业发展及应用示范的若干规定（节选）

2010年12月13日，东莞市政府印发了《东莞市促进LED产业发展及应用示范的若干规定》，主要内容摘录如下：

第一条　制定本规定的目的和依据。

第二条　本规定所指的范围。

第三条　加大财政投入力度，从科技东莞工程每年20亿元专项资金中安排5亿元促进LED产业发展，主要用于扶持LED产业科技创新、补贴LED应用示范工程、引进LED高端项目、营造有利于LED产业发展的环境。

第四条　凡被认定为国家高新技术企业的LED企业，可按照规定在高新技术企业证书有效期内减按15%的税率征收企业所得税，具体按照国家高新技术企业优惠政策执行。

每年认定一批东莞市LED创新型企业，对获认定的企业由市财政连续3年对企业实际缴纳企业所得税超出15%的地方留成部分给予全部奖励。

第五条　落实LED企业研究开发费用税前扣除政策，LED企业为开发新产品、新技术、新工艺所发生的研究开发费，未形成无形资产计入当期损益的，在按照规定据实扣除的基础上，按照研究开发费用的50%加计扣除；形成无形资产的，按照无形资产成本150%摊销。具体按照国家有关企业研究开发费用加计扣除优惠政策执行。

第六条　鼓励LED企业通过产学研合作方式组建研发机构。对认定的工程技术研究开发中心、企业技术中心、重点实验室，按照国家级、省级、市级分别给予500万元、300万元、100万元的资助。具体按照我市企业工程技术研究开发中心和重点实验室有关规程执行。

加大投入力度，扶持建立一批与LED产业相关的高水平、综合性检测平台、设计平台和营销平台等公共技术性服务平台，每个平台分别给予1000万~5000万元的资助。

第七条　鼓励LED企业开展关键技术突破。在LED衬底材料、芯片制备、封装模块、应用与系统、重大装备以及配套产业等方面项目，每个资助不少于1000万元。

对企业承担并获得国家、省立项资助的LED关键技术突破项目，市财政分别按照1∶1和1∶0.5的比例给予配套支持。

第八条　培育扶持一批龙头企业。在衬底材料、芯片制备、封装应用、背光显示、关键装备制造、应用服务等产业链各个环节，选择若干家骨干企业，从关键技术突破、重大项目产业化、推广应用示范等方面给予重点扶持。

第九条　实施一批重大产业化项目。选择我市若干个拥有核心技术、具有较强产业带动效果的重大LED产业化项目，每个项目资助不小于1亿元。

对重大项目产业化所发生的贷款给予贴息资助。贷款贴息额按不超过企业上年度实际支付利息的70%给予资助，同一单位年度的贴息总额不超过1000万元，同一项目贴息资助最多不超过2年。

第十条　全面实施LED应用示范工程。从2010年9月起，全市新建干道、高速路、隧道、公共广场、轻轨、地下停车场等公共空间的照明，原则上全面采用LED照明产品。

对采用节能服务模式的工程，优先列入国家、省、市应用示范工程，享受相关补贴政策。

第十一条　建立LED自主创新产品的政府优先采购清单。凡经检测符合要求的LED自主创新产品可列入市政府优先采购清单。在政府投资建设的项目中，需采购照明产品的，应当优先采购LED自主创新产品。政府采购LED自主创新产品时，应将评价体系中的技术部分比重至少提高到50%，并相应降低价格部分的比重。在政府采购文件中，应明确给予LED自主创新产品在评审或投标报价5%~10%幅度不等的价格扣除，或给予价格评标总分值和技术评标总分值的4%~8%幅度不等的加分等政策。

第十二条　对采购和使用LED照明产品的单位和用户予以财政补贴。对各政府单位采购符合我市标准的LED照明产品（包括路灯、景观灯、隧道灯和室内照明灯等），市财政按照经核定的LED灯具价格的10%给予补贴。非政府单位、企业采购符合我市标准的LED照明产品，市财政按照经核定的LED灯具价格的30%给予补贴，单个工程最高补贴金额不超过1000万元。

第十三条　鼓励本地LED产品到符合资质的检测机构进行产品认证或检测，市财政按照认证或检测费用的50%给予资助。

第十四条　鼓励LED企业参加境内外的半导体照明专业展会。参加展览所支付的展位费、特装布展费、公共布展费，市财政按50%的标准给予资助，每个项目最高资助30万元。

第十五条　鼓励我市LED生产企业及相关单位积极参与LED标准化工作。对承担广东省专业标准化技术委员会/分技术委员会秘书处工作的单位，一次性奖励3万元；对承担全国专业标准化技术委员会/分技术委员会秘书处或工作组工作的单位，一次性奖励5万元；对承担国际标准化组织专业技术委员会/分技术委员会秘书处或工作组工作的单位，一次性奖励10万元。每主导制定一项国际标准、国家标准、行业标准、省级地方标准和联盟标准，市财政分别给予100万元、50万元、30万元、10万元和5万元的奖励。具体按照东莞市推进制造业标准化工程实施办法及操作规程执行。

第十六条　鼓励采购和引进高端LED生产线和重大装备。对投资衬底材料、外延片、芯片制备及重大制造设备研制等产业链薄弱或缺失环节项目而新购的国产高端LED研发和生产关键设备，市财政按照国内、东莞市的产出装备，分别按照设备购买实际支付额的40%、60%给予分期补贴；对国内不能生产或国内有生产但主要性能指标达不到要求而必须进口的LED关键设备，市财政按照设备购买实际支付额的30%给予分期补贴。国产装备达到国外同类设备水平的，市财政不再对本类进口设备给予补贴。

对生产高端产品的高端MOCVD设备进行补贴。如购置的MOCVD达到国际先进水平，并且数量不低于15台，则根据设备的先进程度，对每台MOCVD给予800万~1200万元的财政补贴，各级政府补贴总额不超过企业购置设备价格的50%。

第十七条　优先支持LED企业上市融资。注册地在东莞的LED上市后备企业，最高可获得200

万元的上市辅导资助；如若企业成功在国内外证券交易所公开发行上市，市财政给予每家企业连续两年的专项奖励。

第十八条　市财政对采用合同能源管理方式实现项目年节能量100吨标准煤以上（含），其中工业项目年节能量在500吨标准煤以上（含）的节能服务机构给予财政奖励，奖励标准为60元/吨标准煤，每个单位每年最高资助不超过100万元。

对符合要求的第三方节能服务机构，连续三年对其予以资金奖励，奖励数额参照该机构上年度在我市纳税（指企业所得税、营业税和增值税）地方分成相对前一年度增量的30%核定。

节能服务公司实施合同能源管理项目，取得的营业税应税收入，暂免征收营业税，对其无偿转让给用能单位的因实施合同能源管理项目形成的资产，免征增值税；符合税法有关规定的，自项目取得第一笔生产经营收入所属纳税年度起，第一年至第三年免征企业所得税，第四年至第六年减半征收企业所得税。

第十九条　鼓励我市LED企业引进科技创新团队和领军人才。对市级创新创业领军人才，市财政给予50万~500万元的创业启动资金扶持和20万元的安家补贴。具体按照市引进创新团队和领军人才政策执行。

鼓励LED企业建设博士后工作站。市财政对新建设博士后工作站给予30万元的财政补助，对进站和出站留莞工作的每位博士后研究人员给予10万元和20万元的财政资助。积极引导企业开展项目博士研究工作，对开展项目博士研究的企业每个项目给予最高10万元财政资助。

对研发及生产外延、芯片及关键装备等LED高端企业的高层管理人员和高端技术人才缴纳的个人所得税，按前两年地方留成部分的100%，后三年地方留成部分的50%的标准，由同级财政核定发放住房补贴。企业享受奖励的高层管理人员和高端技术人才数量按照企业的投资规模具体核定。

鼓励LED企业加强人才培训。对企业参加由省级以上部门组织的LED专业技术培训费用，市财政给予50%补贴，同一单位年度补贴最多不超过100万元。具体由市科技局会同市财政局制定实施细则。

第二十条　本规定自发布之日起实施，有效期至2015年12月31日。



## 台湾地区促进LED产业发展的措施方案

台湾地区在原有两兆双星及通信产业的基础上，为适应未来节能减碳、人口老化、创意经济兴起等世界趋势，选定生物科技、绿色能源、精致农业、观光旅游、医疗照护及文化创意等为未来重点发展的六大产业。

以绿色能源发展板块来说，台湾地区“经济部能源局”于2010年公布的“能源产业技术白皮书”，主要归纳为16项旗舰方案，与能源产业息息相关的可归纳成三大类：（一）绿能产业发展促进，如“绿色能源产业旭升方案”；（二）低碳城市型塑，设置产业示范平台，如“生态城市绿建筑推动方案”；（三）能源产业科技发展及科技人才培育，如“能源科技计划”等。以下列举与半导体照明相关的政策，其说明如下：

### 一、绿色能源产业旭升方案

为提升绿色能源产业发展，台湾地区“行政院”于2009年4月宣布“绿色能源产业旭升方案”，行动计划的执行期间为2009—2012年。将光电产业、LED光电照明与太阳光电列为主轴，合称主力产业（能源光电双雄）。根据“经济部能源局”的数据表示，预计5年内将投入250亿元新台币推动再生能源与节约能源设置及补助，并至少投入200亿元新台币的研发经费，提升7项绿能产业的关键技术效率及协助建立自主化技术。藉两岸搭桥计划完善产业价值链，扩大市场，以利全球布局，并规划利用试点市场创造绿色产品商机；建构“再生能源、节约能源产品标准及检测平台”，与国际同步，制定产品相关法规、标准。可望带动民间投资2000亿元新台币以上；绿能产业产值可望由2008

年的1603亿元新台币跃升至2015年的1兆1580亿元新台币，并创造约11万个就业机会。“绿色能源产业旭升方案”发展实绩与目标见表2.3-1。

**表2.3-1 绿色能源产业旭升方案发展实绩与目标**

| 年度 | 2009 | 2010（E） | 2015（F） |
|---|---|---|---|
| 产值（亿元新台币） | 2144 | 3500 | 11580 |
| 就业人力 | 37060 | 55000 | 115800 |

目前，台湾地区LED产业推动成果如下：

## 1. 建立自主化技术能力，进行专利授权解决知识产权问题

结合台湾地区LED业者申请业界科专计划，开发UV白光LED封装制程与发光材料整合技术，建立自主白光LED专利技术。

## 2. 开创LED节能照明台湾应用市场

1）推动LED路灯示范计划，已完成47乡镇市，淘汰换用5353盏LED路灯。

2）推动LED交通信号灯淘汰换用计划，2010年度累计全台92%交通信号灯淘汰换用为LED交通信号灯。

3）推动LED道路标示牌示范计划，全台设置3处大型LED标示牌示范应用系统。

## 3. 建立两岸LED产业标准，由两岸标准发展成为全球标准

1）完成与中国国家电光源测试验证中心进行测试能力对比，后续将进行相互认证测试。

2）建立广州及厦门两岸LED照明试点平台，协助台湾产业至大陆推动试点工程。

在LED照明光电发展上，分为五个主要方向同时进行技术突围、关键投资、环境塑造、出口转进及内需扩大，说明见表2.3-2。

**表2.3-2 绿色产业旭升方案中LED照明光电产业行动计划与完成时程**

| 推动策略 | 具体措施 | 行动计划 | 完成时程 | 绩效指标 |
|---|---|---|---|---|
| 技术突围 | 建立自主化技术能力 | 建立白光LED自主化技术，发光效率达到一般照明水平，已建构高值化白光LED生产基地，LED光源跃进国际前三名 | 2012 | 1. 建立150 lm/W白光LED自主化创新组件技术<br>2. 建立关键制程设备MOCVD、HVPE的开发能力，提高LED外延设备国际化 |
| | 成立智权智库及资金解决IP问题 | 成立白光LED照明专利数据库，掌控全球LED照明系统应用IP现况 | 2012 | 成立实时IP动态白光LED照明专利数据库 |
| | | 引荐国发基金或创投公司提供资金投资业界并购国外公司以解决IP问题 | 2010 | 2009年，针对台湾LED扎根议题拟召开鼎谈会，凝聚台湾业者对LED IP议题的共识 |
| | 推进标准模块与创新应用 | 开发标准化模块，并协助台湾LED照明业者建立模块关键零组件技术，性能达到市场化水平 | 2012 | 1. 完成模块标准化规格制定，并运用业界科专辅导业者发展低成本差异化LED照明标准化模块<br>2. 研发高性能LED系统技术，LED组件至系统转换效率>70%；2009年光效为80lm/W<br>3. 2012年完成办公灯具模块开发 |
| | | 开发创新与智能人因应用照明设计 | 2012 | 1. 业界科专进行AC LED等创新应用技术开发<br>2. 引进国外设计公司发展创新应用LED照明设计，协助成立3家LED照明设计公司，完成5件国际合作设计方案<br>3. 进行智慧LED照明研究及实验室建设计划 |

（续）

| 推动策略 | 具体措施 | 行动计划 | 完成时程 | 绩效指标 |
|---|---|---|---|---|
| 关键投资 | 推广灯具市场规模模块技术与大厂 | 建立两岸照明模块标准规格；加速市场扩张，并协助至少5家LED照明模块厂设厂 | 2012 | 建立两岸户外及室内照明模块标准规格 |
| | 成立国际照明企业进军国际市场 | 协助引进全球LED照明大厂 | 2011 | 本计划预定自2011年起开始执行 |
| | | 研议两岸共同成立世界级LED照明企业 | 2012 | 本计划预定自2010年起开始执行<br>2010年，建立常态化产业合作及交流机制 |
| 环境塑造 | 标准及验证国际化 | 建立台湾地区级LED照明实验室，并与国际比对认可 | 2012 | 2010年建立台湾地区级LED照明实验室，并与美国、大陆地区比对认可 |
| | | 建构两岸LED产业标准，由两岸标准发展成全球标准 | 2011 | 完成LED光源加速寿命测试及LED路灯等标准技术交流及比对 |
| | | 建构两岸共通性测试验证平台及互相认可测试认证机制 | 2011 | 1. 参考两岸现行标准，规划与制定LED区域标准<br>2. 2012年建置LED产品检测能量及提供产品检测技术服务，执行实验室间能力比对 |
| | | 借两岸试点计划创造LED照明产品商机 | 2012 | 推动成立两岸试点计划，协助台湾业者开拓大陆LED照明百亿商机 |
| | | 建设LED室内外照明系统产品标准检测验证平台 | 2012 | 1. 2009年，完成LED照明灯具制定标准1种、建设检测技术能量与提供验证平台服务5件<br>2. 2012年，完成建设LED驱动电源供应器、灯具光生物安全性标准、检测技术与验证平台 |
| | 建立LED照明台湾地区计量标准 | 建立LED照明台湾地区计量标准追溯体系及运作 | 2012 | 1. 2012年，与NIST/PTB/NMIJ等实验室进行国际合作2家<br>2. 建立LED照明台湾地区计量标准追溯系统，完成空间分布分光辐射通量标准及标准LED等技术研发 |
| 出口转进 | 协助业者拓展国际市场 | 1. 组织海外参展/拓销团，协助厂商尽快切入国际大厂供应链<br>2. 运用新郑和计划，拓销海外新兴市场 | 2011 | 1. 2009年：预定补助公会参加4项国际照明展<br>2. 2012年：依市场需求，持续补助公会组团前往海外拓销 |
| 内需扩大 | 开创LED节能照明台湾地区应用市场 | 推动LED路灯示范计划 | 2009 | 换装4500盏 |
| | | 淘汰替换25万盏交通信号灯 | 2011 | 2011年年省电0.8亿kWh |
| | | 规定机关全面淘汰换用紧急出口灯（250万具）、紧急照明灯（150万具）、火警指示灯（30万具） | 2012 | 1. 修订“机关及学校全面节能减碳措施”，纳入应淘汰替换紧急出口灯、紧急照明灯及火警指示灯为LED灯规定<br>2. 2012年，透过台湾地区银行共同采购及倡导公职部门加强选用LED照明灯具，完成250万具紧急出口灯、150万具紧急照明灯、30万具火警指示灯淘汰替换 |
| | | 研究制订低效率及高污染性光源退出市场机制 | 2012 | 本计划预定自2011年起开始执行 |

## 二、能源科技计划

依据 2007 年 12 月台湾地区“行政院”科技会第 23 次会议决议通过的“能源科技计划(NEP)”，旨在整合资源、规划能源科技发展策略，遴选台湾地区未来能源科技重点研发领域，以提升台湾地区能源科技研发能量及培育产业科技人才。相关规划内容说明如下：

### 1. 能源科技策略

研究能源政策，探讨节能减碳、新洁净能源、能源管理类、能源产业各类科技策略。

### 2. 再生能源技术

发展太阳能、风力发电、生物质能源、海洋能源、氢能、核能工程及地质能源技术。

### 3. 节能减碳技术

发展净煤、碳捕获与封存技术、冷冻空调、建筑节能、交通运输、工业节能、照明与电器、植林减碳、智能电网、先进读表基础建设等技术。

### 4. 人才培育

加强科学教育基础研究、深化学校能源教育、倡导大众科普教育、技术规范建立与产品应用。

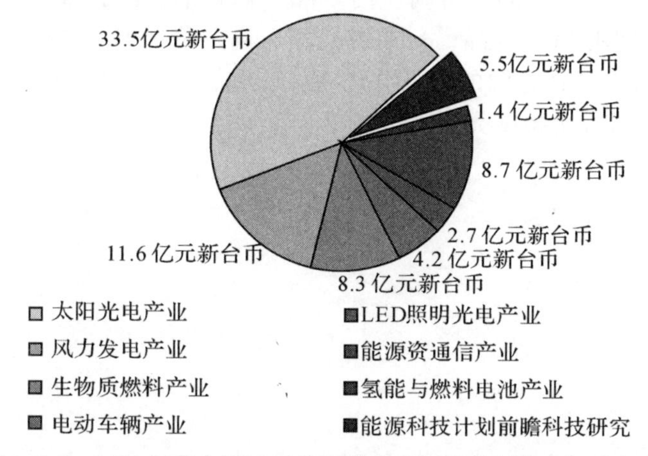


图 2. 3-1　2011 年度台湾地区总预算案“绿色能源产业旭升方案”

数据来源：台湾地区“行政院主计处”，LEDinside 整理

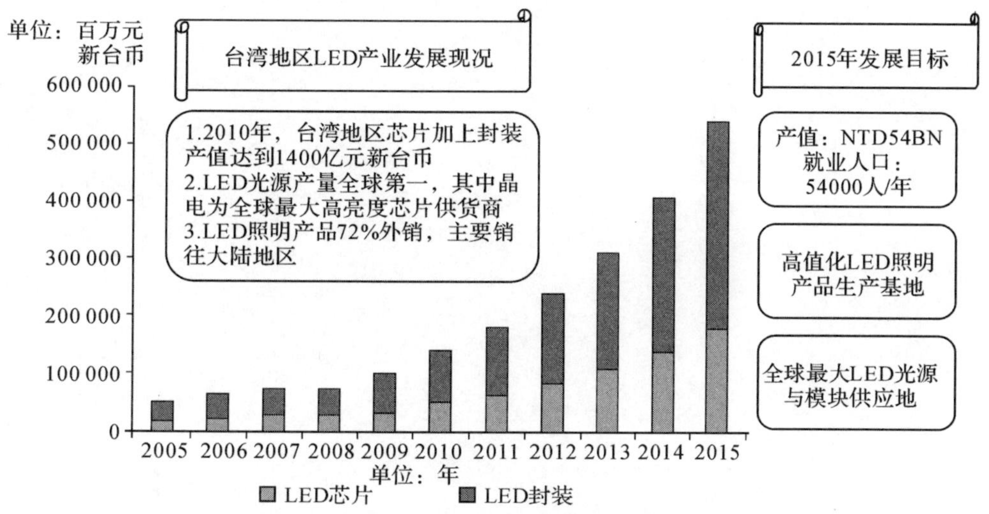


图 2. 3-2　台湾地区 LED 产业现况、主要行动计划及 2015 年愿景与目标

数据来源：“经济部能源局”，LEDinside 整理

此外，台湾地区“行政院主计处”2011年度（2011年1月1日至2011年12月31日）总预算案中，“绿色能源产业旭升方案”共计拨款75.9亿元新台币（见图2.3-1），包括太阳光电产业33.5亿元新台币、LED照明光电产业5.5亿元新台币、风力发电产业1.4亿元新台币、能源资通信产业8.7亿元新台币、生物质燃料产业2.7亿元新台币、氢能与燃料电池产业4.2亿元新台币、电动车辆产业8.3亿元新台币及能源科技计划前瞻科技研究11.6亿元新台币。“经济部”公共建筑太阳光电系统示范计划及LED交通信号灯节能计划预算6亿元新台币。在2011年预计共有70万盏的交通信号灯会安装，并且在2011年之后有130万盏LED路灯会替代传统路灯。并在2015年时，达成LED产值目标5400亿元新台币，就业人数54000人，以期成为全球最大LED光源及模块供应地及高值化LED照明产品生产基地。台湾地区LED产业现况、主要行动计划及2015年愿景与目标如图2.3-2所示。

## 三、节能标章

为鼓励民众使用高能源效率产品，以减少能源消耗，因此通过节能标章制度的推广，增加民众对节约用电的习惯养成与绿色产品认知。目前已通过认证29种产品，共计285家品牌、4461款节能标章产品供消费者选购。产品贴上节能标章图样，即代表能源效率比台湾地区认证标准高10%～50%，不仅仅在质量上提供保障，更能节省能源与电费开支。

为推广LED，台湾地区“经济部”协调“内政部”修正消防法，推广住家及办公大楼等建筑物的出口及避难指示灯，皆使用LED产品，目前有4家厂商，总计107个产品通过节能标章认证。而在室内照明灯具系列，采用LED光源的灯具共计40项产品，各类别有6项产品通过节能标章认证，并采用自家生产的LED灯具作为搭配光源。

# 第三部分

# 产 业 篇

半导体照明产业发展年鉴（2010—2011）

半导体照明产业发展年鉴（2010—2011）

# 第一章　产业发展概述

## 2009—2010 年全球 LED 产业发展概况

储于超

集邦科技 LEDinside 绿能事业部

节能与环保是发光二极管（LED）最大的特色，加上具有反应快、体积小、寿命长、耗电量小等特性，1996 年自白光 LED 开发成功之后，LED 的应用便开始迅速扩展开来，凡举一切与光源相关的领域皆可看见 LED 的应用。

2008 年下半年起受全球金融海啸的影响，造成市场需求急速萎缩冻结，无论是装饰灯、小尺寸显示器背光灯源，还是新发展的 LED 照明市场都明显出现下滑衰退的情形，这样的情形一直延续到 2009 年中之后。而 2009 年开始，LED 开始被应用于液晶显示器与液晶电视，以取代 CCFL 背光源，消费者对于 LED 背光电视的接受度提高，加上 LED 照明市场渐渐的开启，所以 LED 产业并未在这次金融风暴中呈现消退的情形，反而呈现小幅度的增长。2010 年更是 LED 背光电视发光发热的一年，许多厂商纷纷将 LED 应用在电视的背光源上。LED 除了在背光的应用上持续增长外，由于 LED 发光效率大幅提升，2010 年 LED 量产产品效率已可达 130lm/W，在照明领域的应用更在持续加速开发中。

从 2011 年日本东京的照明展及我国台北光电周中可发现，LED 已经从传统取代式应用渐渐往提升生活质量的方向发展。加上全球环保节能的诉求，各国对于白炽灯的禁止政策等，LED 及其照明产品应用需求将持续加温，未来前景一片看好。预计 2010—2015 年将迈入快速爆发期，因应市场的需求增长，业界研发应用更趋多元，也吸引很多人投入这个产业。

### 一、近年来 LED 的应用市场

近两年来最受 LED 市场关注的是 LED 在大尺寸液晶显示器背光及照明市场的应用。在 2009 年背光模块厂开发出的新机种多数都改以 LED 背光源，同时 LED 价格也有明显下滑，而 LED 发光效率提升，因此 2010 年 LED 背光源的大尺寸液晶面板出货量接近 2.5 亿片，渗透率已经超过 40%。而 2011 年全球 LED 背光源大尺寸液晶面板出货量估约 4.0 亿片，将超过使用 CCFL 背光源的大尺寸液晶面板出货量，渗透率超过 50%。LED 应用于笔记本电脑的渗透率也从 2008 年 9% ~10%，提升到 2009 年的 60% 以上，到 2010 年渗透率几乎已经达 88%，预计 2011 年 LED 在笔记本电脑的渗透率可达 98%。2010 年 LED 背光液晶电视全球销货量约 3500 万台，渗透率已经达到 18.1%。到了 2013 年之后，全球采用 LED 背光源的液晶电视面板出货量预估将达到 1.8 亿片，渗透率上升至 70%。LED 背光在液晶电视和笔记本电脑中的渗透率变化如图 3.1-1 所示。

除了 LED 背光外，另外一个受到瞩目的便是照明市场。2010 年 LED 照明产品数量与应用比率有明显增长，不过仍属于导入期或早期采用阶段。一般而言，LED 照明应用分类方法有很多种，依照 LED 用途分为几大类：（1）住宅照明，以取代照明为主的居家照明用品为主；（2）非住宅照明，如工业照明、商业照明及办公室照明等；（3）非建筑照明，以公园等公共设施及道路照明等为主；（4）其他应用，如车用照明及电子产品等；（5）光源。因为 LED 照明产品目前对消费者而言单价还是过高，除了日本因为政府的环保积分政策让 LED 球泡灯在日本创下大量使用纪录外，其余市场对住宅照明用 LED 需求量不高。所以 LED 现在照明市场还是以用电量高的非住宅照明为主要市场。从 2008 年开始，LED 全球照明市场约 20 亿美元的产值，渗透率约在 2.3%；到了 2009 年增长到 26 亿美元，渗透率也达 3.2%；到了 2010 年全球照明市场已经近 40 亿美元，渗透率也达到 4.3%。预估 2011 年开始，随着各国对白炽灯泡的禁止政策与环保意识的提高，渗透率可超过 7%。LED 照明市场及渗透率如图 3.1-2 所示。

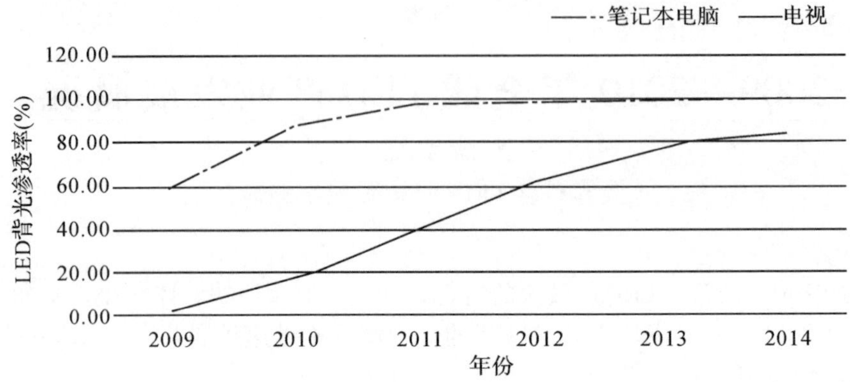


图 3.1-1 LED 背光在液晶电视和笔记本电脑中的渗透率变化
（数据来源：LEDinside，WitsView）

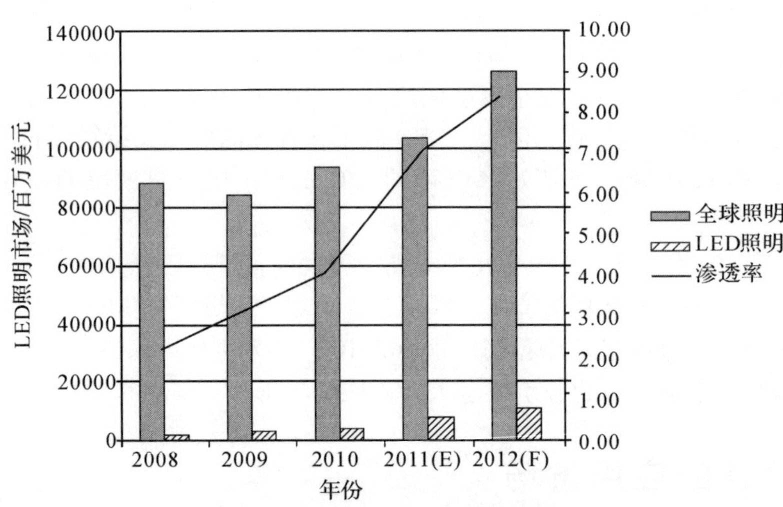


图 3.1-2 LED 照明市场及渗透率

LED 产品应用面目前仍属于开发阶段，随着各国政策陆续制定，2010—2011 年将是 LED 厂商扩厂的重要时期，对于未来数年的繁荣已经成为 LED 产业界的共识。在节能减排的大环境下，LED 本身具有的优势加上技术规格的提升、政策规范的制定，未来 LED 产业发展的空间可说非常宽广，也会更被世人重视。

## 二、LED 区域厂商与市场发展

随着全球 LED 在各项应用领域的蓬勃发展，带动了 LED 市场规模的增长，从 1993 年起，LED 市场每年均以超过两位数的增长率稳定扩张，目前全球 LED 主要生产地区为日本、中国台湾地区、韩国、美国及欧洲。其中日本为最大生产地区，2009 年高亮度 LED 的产值约占全世界产值的 33%，其次为中国台湾地区，韩国是后起之秀，以大尺寸背光源应用异军突起，2010 韩国高亮度 LED 产值（不含 LED 外延芯片）已超越我国台湾。2009 年和 2010 年全球高亮度 LED 产值分布如图 3.1-3、图 3.1-4 所示。

在全球 LED 的供应链中，日本是高亮度 LED 的最大供货商，日本厂商发展的重心仍落在 LCD 背光与一般功率 LED 芯片上，也喜好使用一般功率或是中功率的 LED 作为照明的灯源，如此一来可以解决散热和发光均匀性的问题。而其中两大 LED 供货商，日亚化学（Nichia）和丰田合成（Toyoda Gosei）更是重要的 InGaN、白光 LED 供应厂商。日亚化学拥有的 GaN LED + YAG 荧光粉的专利是目前业界白光发光效率最好的方式，占有 LED 界的龙头地位。而丰田合成则拥有一些重要的白光专利，在 LED 界也占有重要的地位。

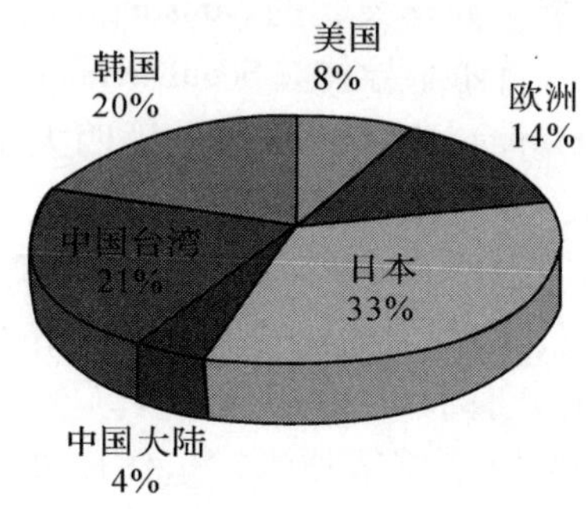


图 3.1-3　2009 年全球高亮度 LED 产值分布（共 53 亿美元）

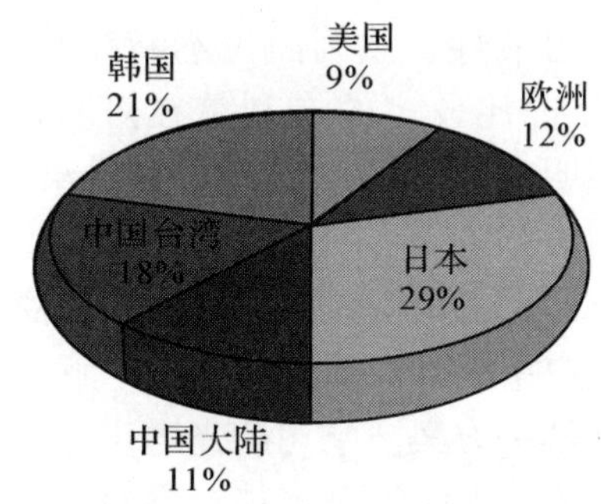


图 3.1-4　2010 年高亮度 LED 产值分布（共 84 亿美元）

为了积极抢占照明市场，日亚化学打破传统直接销售的模式，与德国厂商 Lumitronix LED - technik GmbH 合作，将其发展为日亚化学首个 LED 经销商。在与 Lumitronix 合作之前，日亚化学实行严格的直销模式，由日亚化学亲自负责所有终端客户的销售。不过日亚化学为了抢占更多的市场决定改变营销策略，将德国主要客户转给 Lumitronix，并且透过 Lumitronix 网站做销售，无论是个人客户或贸易商皆可以通过 Lumitronix 买到日亚化学的产品。预估此举会让日亚化学提高相当的市场占有率。

而在政策与终端应用上，日本可以说是 LED 发展非常成熟的国家。尤其是在 LED 照明部分更是世界的先驱，日本政府所提倡的环保积分政策成功地将 LED 球泡灯导入日本市场，2009 年开始到 2010 年 LED 球泡灯的市场几乎是呈倍数在增长，使得 2010 年 LED 球泡灯在日本渗透率达到 16%。目前，日本各大厂商纷纷投入终端应用的行列，其中包括东芝（Toshiba）、夏普（Sharp）、松下（Panasonic）及日立（Hitachi）等。

历经 30 多年的发展，台湾地区完整地建立了 LED 产业上中下游生产供应链，拥有完整的产业链及研发专业技术人才，是全球高亮度 LED 重要生产供应地，2010 年产值占全球产值的 18%，产品涵盖 InGaN、AlInGaP 和 RGB 多晶 LED。台湾地区是全球 AlInGaP LED 的最大供应地。台湾地区行政主管部门于 2009 年 4 月宣布“绿色能源产业旭升方案”，行动计划的执行期间为 2009—2012 年，将 LED 光电照明及太阳光电列为主轴，合称能源光电双雄。

因为 LED 照明市场及其他应用市场不断增长，许多台湾地区中上游芯片厂商近年来不断积极扩厂，MOCVD 机台已成为全球机台密度最高的地区之一，同时，台湾地区已经成为继日本之后，全球第二大 LED 芯片生产地，而四元高亮度晶粒产量成为全球之首。

而受惠于 LED 背光应用的增长，也使得韩国 LED 产业在 2009 年超越欧洲成为全球第三大生产重地。以高亮度 LED 为例，2009 年韩国高亮度 LED 组件的全球市场占有率约为 10%，而 2010 年估计已经增长至 13%，Samsung LED、LG Innotek 及首尔半导体成为全球前十大供货商。近年来，韩国在

LED 市场上影响力正逐渐扩大，但是韩国厂商基本零组件原料仍相当依赖海外购入，韩国认为零组件原料国产化不仅可以提升成本竞争力，也能稳定供需关系。韩国知识经济部计划在 2011 年前推动可量产 6in 外延片的 MOCVD 设备。

韩国因其为全球平面显示器与手机生产大国，因此在 LED 背光源工业的需求十分庞大，再加上韩国政府的鼎力扶持，韩国 LED 产业的发展速度非常快。韩国近年来靠着大尺寸背光应用（如电视等）需求增温，而借着集团、品牌优势，异军突起的 Samsung LED 与 LG Innotek 在短短两年内成功站稳领导厂商的脚步，布局全球。此外，首尔半导体（Seoul Semiconductor）也具有代表性。

以欧司朗（Osram）、飞利浦（Philips）为首的欧洲是第四大生产重地，多样化的产品包括大量的 InGaN 及 AlInGaP。2010 年欧洲地区占全球 LED 产值约 12%，在汽车应用和 LED 照明方面，处于世界领先地位。近年来这两大厂合作密切，2009 年更进一步将交互授权的范围从 LED 组件扩大到 LED 照明灯具，这样的合作显示两家公司想要巩固在 LED 照明市场地位的企图。因为受全球金融风暴的影响，2009 年整个欧洲 LED 产值衰退了 8%。

Philips Lumileds 拥有全球最先进的 LED 制造技术、运作环境和能力，现已成为首家量产 150mm（6in）芯片的 LED 制造商并能每周生产数百万颗 GaN LED，每片 150mm 的晶圆可制造 4 倍于目前 3in 芯片数量的 LED，这种大尺寸晶圆的转变被广泛认为是提高 LED 产量的一个关键途径，能够符合照明工业的要求并确保供应链支持的可靠性。飞利浦正不断在照明应用中利用既有的高技术，带动 LED 固态照明应用的提升。飞利浦目前比较多的专利是在灯具的应用端。但是飞利浦也没有放弃 LED 汽车照明市场，飞利浦的汽车照明事业部门将 LED 芯片供给模块厂，再由模块厂将 LED 模块卖给车灯大厂，利用这样的营销方式切入 LED 车用照明的市场。

欧司朗是西门子工业部门的子公司，也是世界两大光源制造商之一，其子公司欧司朗光电半导体为其客户提供照明、传感器和可视化应用等方面的半导体技术解决方案。母公司欧司朗则提供完整的 LED 产品供应链，包含组件、模块和解决方案。欧司朗光电半导体的两座芯片制造厂将转成 6in 外延芯片厂，同时扩展这两个厂的规模，借此大幅提升产能。通过这一系列的改变，预计在 2012 年底前白色 LED 的芯片制造产能将可提升近一倍。通过此次改变，欧司朗光电半导体得以踏上稳健的发展之路，从国际 LED 市场的增长潜力当中获利。欧司朗本身多年在车用照明市场耕耘，使得该公司目前在车用 LED 市场的能见度很高。目前该公司包含车头灯在内的车用 LED 产品的全球市占率约为 40%。

北美地区，Cree 是最大的供货商，近几年的表现相对亮眼，尤其是在照明应用的高功率 LED 已居全球领先地位。160lm/W 的 XM - L 产品将于 2011 年第四季度开始生产，而其实验室水平已达 208lm/W。而老牌照明灯具大厂通用电气（GE）与 Rambus 进行合作，以布局 LED 照明。

中国大陆由于进入较晚，厂商规模普遍较小，目前在技术掌握上仍与国外大厂有一段距离。在技术与设备上较为落后、专业人力的不足为其瓶颈所在。然而，中国大陆广大的市场需求成为外资纷纷进入中国市场的强大诱因。外部资金的投入，将有效扩大其产业整体产能与竞争强度。

在市场景气及需求加温下，2010 年厂商将受惠于背光及照明应用的推升而有不错的增长。尤其是中国台湾地区及韩国厂商将最受惠于背光应用增长。其中，由于韩国厂商有完整供应链，包括品牌出海口，增长将更为亮丽。而欧、美国家则在各国政府对于 LED 节能环保的政策推动、白炽灯泡的禁用下促成 LED 照明应用增长，相信未来 LED 市场应该也会有不错的增长。

# 2009—2010 年中国大陆半导体照明产业发展综述

王滨秋

国家半导体照明工程研发及产业联盟

多年来，我国经济一直保持较高的增长率，这为 LED 照明产业的发展提供了良好的经济环境。随着我国经济的发展和国民收入的增长，国内对 LED 照明的承受能力也在不断增强，为 LED 的大范围应用奠定了良好的经济基础。当前，我国半导体照明产业正在进入快速发展的关键时期，在全球 LED 产业链中的地位不断提升，综合竞争力不断增强。

## 一、行业发展背景解析

半导体照明具备显著的节能效果与提升 GDP 的潜力，许多国家从国家战略的高度对半导体照明产业进行部署，如列为战略性高技术产业，从国家层面推动技术研发；出台政策开展示范应用与推广，发布白炽灯等高能耗传统照明灯具的禁、限令等。2010 年，半导体照明节能产业被列为战略性新兴产业的重要发展方向，成为转变经济发展方式、提升传统产业、实现社会经济的绿色可持续发展的重要手段。自 2009 年 9 月国家发展和改革委员会联合科学技术部、工业和信息化部、住房和城乡建设部、财政部、国家质量监督检验检疫总局等六部委联合发布《半导体照明节能产业发展意见》以来，半导体照明产业正朝着健康、有序的方向发展。“十二五”期间，我国半导体照明产业将迎来新的发展机遇，对我国实现节能减排、拉动消费需求、带动传统产业的优化升级具有深远的战略意义。同时，在国际竞争日益激烈的形势下，中国的半导体照明产业面临着严峻挑战，专利、标准、人才的竞争达到白热化，产业发展呈爆发式增长态势，我国半导体照明产业已经到了发展的关键时期。

### （一）全球范围能源危机日益严重，节能意识日益增强，为 LED 应用普及带来历史性新机遇

根据英国石油公司预估，自 2003 年起算，石油、天然气、煤等非再生性能源将在 41 年、67 年及 192 年内耗竭，人们的资源危机意识增强，如何提高资源利用率、节约能源已经成为社会发展的重要课题。根据《世界能源统计年鉴》，2010 年全球二氧化碳排放量增长 5.8% 至 331.6 亿吨，增速为 1969 年以来最快。其中，中国 83.3 亿吨，占排放总量的四分之一，排在全球第二位。因此，能源充分利用和绿色节能技术日益受到世界各国普遍重视。推进能源节约，提高能源利用率，倡导绿色消费已经成为全社会普遍关注的重要课题。

半导体照明作为新型高效固体光源，正在引起世界光源工业的一次全新革命，经济效益和社会效益都十分明显，被公认为 21 世纪最具发展前景的战略高技术领域之一，受到包括我国在内的各国政府的高度重视和大力支持。良好的政策发展环境、巨大的绿色消费需求使半导体照明产业已经进入产业大发展的战略机遇期。

### （二）世界各国及跨国巨头正加紧半导体照明产业的全球部署

半导体照明具备显著的节能效果与提升 GDP 的潜力，各国政府十分重视，均作为本国的战略性新兴产业加以扶持，并作为节能减排的重要措施之一，加紧半导体照明产业的全球部署。美国将半导体照明产业作为能源战略的重要组成部分，2000—2010 年投资 5 亿美元实施“国家半导体照明研究计划”；欧盟 2009 年投入 4000 万欧元建设半导体照明共性技术研发平台，并在欧洲第七框架计划中将半导体照明技术列入优先发展主题；日本实施“21 世纪光计划”（1998 年），并于 2010 年将 LED

电灯泡纳入环保点制度积分补贴范围，促进产品的引用推广；韩国2009年将太阳能、半导体照明、混合动力汽车列为绿色增长三大引擎，计划到2015年，确保半导体照明进入30%的通用照明市场，并成为半导体照明产业世界前三强。与此同时，全球相关跨国企业也纷纷大力介入半导体照明领域，除初最早介入的GE、Philips、Osram等国际三大照明跨国公司外，韩国的三星，我国台湾地区的奇美、友达等、我国大陆的清华同方、浪潮集团、彩虹集团等也已经在半导体照明领域进行了大规模的战略布局。

另外，多数发达国家已经制定了严格的白炽灯淘汰计划。其中，欧盟2012年后所有白炽灯将由节能照明灯具替代，到2016年卤素灯也将禁止销售。澳大利亚（2010年）、加拿大（2012年）、美国（2014年）也都制定了限期的“白炽灯禁令”。

### （三）LED技术创新日新月异，应用市场增长迅猛

LED的发展与半导体光电技术、照明光源技术的发展紧密相关，近年来LED创新活跃，发光效率不断提高，而其每一次技术突破都带来产业的迅猛发展。半导体照明技术正处于快速发展时期，就LED的发光效率来看，2009年商用功率型白光LED发光效率已经超过120 lm/W，预计2015年将达到215lm/W。2010年2月，美国Cree宣布其实验室最新研发的高功率白光LED的光效已经达到208lm/W；2010年一季度，韩国首尔半导体公司光效为100lm/W的AC－LED产品开始量产，有可能加快LED照明灯具更加方便、快捷的推广，这种创新速度远远超过了之前的预期。

基于半导体照明技术的不断创新，LED应用市场迅速扩大。随着功率型LED的技术发展，大尺寸液晶背光、矿工灯、阅读台灯等普通照明的辅助照明产品正在不断涌现。2009年全球高亮LED市场规模为54亿美元，2010年达到114亿美元，实现100%的增长

### （四）我国转变经济发展方式、提升传统产业的现实选择，节能环保、发展低碳经济、实现可持续发展的重要途径



我国是传统照明产品的生产、消费和出口大国，最近10年照明行业保持高速增长，年平均增长率在10%－20%之间。据中国照明电器协会统计，2010年我国照明行业产值约3000亿元，白炽灯产量约38.5亿只，CFL节能灯约44.3亿只，卤素灯约12亿只，产品出口量占到总产量的60%左右。但是，我国照明产业大而不强，缺乏一流品牌，利润率低，缺乏国际市场竞争力。而半导体照明技术使我国照明产业有机会摆脱低附加值的组装、代工等生产状态，提升照明工业的国际市场竞争力，使我国成为真正的世界照明产业强国。

2010年我国发电量41413亿千瓦时，已经超过美国（41000亿千瓦时）成为世界第一发电大国，但我国3/4的发电量为燃煤发电，造成了严重的空气和环境污染。照明用电约占我国电力总消耗的12%，且每年以5%～10%的速度增长。LED光效已经高于传统的照明与显示光源，显现出较好的节能效果并得到认可。据专家测算，2015年我国LED在通用照明领域市场占有率将达25%以上、在液晶背光源领域占有率达70%以上、在景观装饰等产品市场占有率达90%以上，可以实现年节电超过1000亿千瓦时，相当于节约3500万吨标煤，减排$CO_2$ 9000多万吨，减排$SO_2$、$NO_X$等40万吨。

## 二、产业发展状况综述

### （一）产业发展规模

我国半导体照明产业正进入快速发展的关键时期，已经成为全球发展最快的区域。目前，景观照明、便携式电子产品背光、显示屏、信号、指示等应用已经成熟，并成为国内主要的应用领域；大尺寸LCD背光、通用照明等应用领域进入快速发展阶段；农业、医疗、通信等创新应用也取得一定进展。

2010年，我国半导体照明产业整体销售收入规模达到1200亿元，其中外延芯片50亿元、封装250亿元、应用900亿元，整体较2009年的827亿元增长45%，如图3.1-5所示。

2010年，在芯片市场供货偏紧和各地政策支持力度加大的背景下，我国外延芯片企业产能迅速

扩充，MOCVD 设备订货量占全球设备订单的 1/3。据统计，2010 年我国已经到厂安装的 GaN MOCVD 超过 270 台，四元系 MOCVD 30 台左右，MOCVD 设备总数达到 300 台左右。全国 40 多家外延芯片企业在未来 3 年的 MOCVD 设备购进计划超过 1000 台。

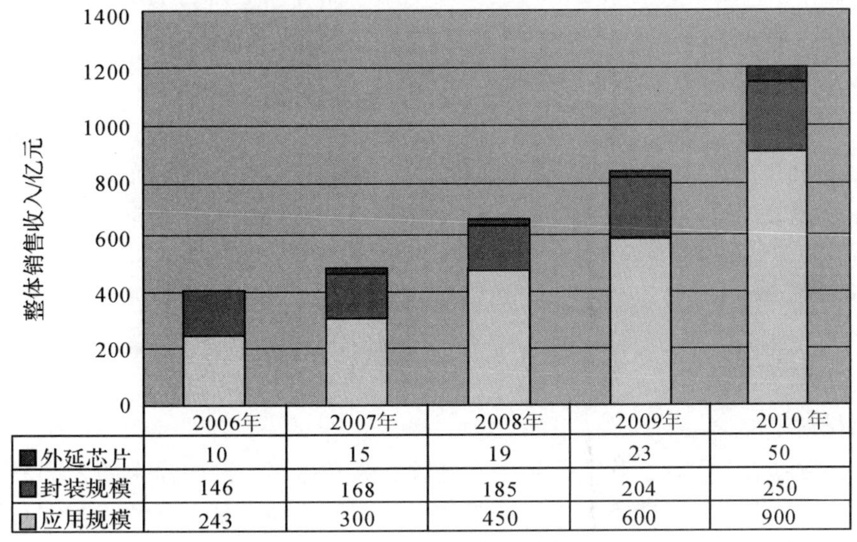


图 3.1-5 国内半导体照明产业规模

（数据来源：国家半导体照明研发及产业联盟（CSA）年度数据，麦肯桥整理）

2010 年，我国芯片产值达到 50 亿元，较 2009 年的 23 亿实现翻番。2010 年国产 GaN 芯片产能增加最为突出，较 2009 年增长 150%，达到 5600kk/月，实际年产量达到 390 亿只，国产率也提升到了 65%。国产芯片的性能得到较大提升，在显示屏、景观照明、信号灯等市场领域已经占据主流地位，在照明、中小尺寸背光等应用领域也逐步获得认可。

2010 年，我国 LED 封装产值达到 250 亿元，较 2009 年的 204 亿元增长 23%；产量则由 2009 年的 1056 亿只增加到 1335 亿只，其中高亮 LED 产值达到 230 亿元，占 LED 总销售额的 90% 以上。

2010 年，我国半导体照明应用的增长非常突出，应用领域的整体规模达到 900 亿元，整体增长率达到 50%。其中，背光应用和通用照明应用的增长最为显著（见表 3.1-1）。基于 LED 在液晶电视等大尺寸背光领域展现的强大增长力，LED 背光行业高速增长，2010 年我国 LED 背光产值的年增长率达到 167%，其市场渗透率不断攀升，LED 背光液晶电视渗透率从 2009 年的 2.3% 上升到 8.9%。随着中国城镇化进程的持续进行以及节能减排的迫切需求，LED 照明产品的市场规模迅速扩大，2010 年增长率达 153%，通用照明将是未来 LED 最具潜力的应用领域，LED 等高效照明产品逐步替代白炽灯等低效照明产品已成为大势所趋。此外，LED 在显示屏、景观照明、信号、指示等应用方面也继续保持了较高的增长速度，见表 3.1-1。

**表 3.1-1 我国 2010 年半导体照明产值及增长率**

| 产业链环节 | | 2009 年产值/亿元 | 年增长率 | 2010 年产值/亿元 |
|---|---|---|---|---|
| 外延芯片 | | 23 | 117% | 50 |
| 封装 | | 204 | 23% | 250 |
| 应用 | | 600 | 50% | 900 |
| 应用领域 | 通用照明 | 75 | 153% | 190 |
| | 背光应用 | 60 | 167% | 160 |
| | 景观照明 | 140 | 50% | 210 |
| | 显示屏 | 120 | 25% | 150 |
| | 信号及指示 | 60 | 8% | 65 |
| | 汽车照明 | 12 | 25% | 15 |
| | 其他 | 68 | 62% | 110 |
| 合计 | | 827 | 45% | 1200 |

（数据来源：国家半导体照明工程研发及产业联盟）

## （二）市场需求构成及特点

我国半导体照明产业的市场需求在不同的产业环节呈现出不同的发展特点，主要表现在关键材料、设备及高端芯片等产业链前端以进口为主，而应用产品等产业链后端以出口为主。

### 1. 关键设备、原材料

（1）关键设备

半导体照明产业最为关键的设备是 MOCVD，我国目前完全依赖进口。全球 MOCVD 设备生产主要被德国的 Aixtron 和美国的 Veeco 两家公司所垄断。预计未来几年，MOCVD 的需求量仍将保持高位，即使两家公司都已宣布了大规模的扩产计划，MOCVD 设备的保有量将有大幅提升，但仍然不能完全满足快速增长的下游需求，预计未来几年 MOCVD 设备将基本保持满负荷开工状态。

2010 年国内安装 MOCVD 数量达到 300 台，我国进口的此类设备已经占到两家公司出货量的 1/3 左右，是全球最大的市场之一。预计未来几年，我国 MOCVD 的需求仍将保持较高增长速度，2012 年保有量预期接近 900 台，2015 年将达到 1500 台数左右。

（2）关键原材料

关键原材料主要包括 MO 源、蓝宝石衬底、硅胶、荧光粉等，国内需求的大部分也由国际市场来满足，主要原因一是由于国内产能不足，扩产受技术所限而迟缓，如 MO 源、蓝宝石衬底等材料；二是受专利和技术水平制约，国内产品未能得到很好的市场推广，如硅胶、荧光粉等。

受益于中国大陆 LED 行业的高速成长，MOCVD 设备的数量迅速提升。除了 MOCVD 设备数量的快速增长外，单位机台消耗的 MO 源的量也将变多。目前中国大陆外延片厂商仍然以 31 片机等中小型 MOCVD 机型为主，后续 45 片、55 片等大型机比重将逐渐增加，单位机台 MO 源用量也将相应增加。

目前全球前三大的蓝宝石基片生产厂商为 Rubicon、Monocrystal、STC，以 2010 年新增以及 2009 年保有的产能计算来看，这三家厂商占据了全球 60% 的蓝宝石晶体的供给。全球晶片正往 4 英寸这样的大尺寸发展，目前全球的蓝宝石基片基本以 2 英寸为主，而日本市场的蓝宝石基片则全部为 4 英寸。未来随着对大尺寸基片的需求增速放量，4 英寸将成为未来的主流尺寸。根据我国 MOCVD 设备的增加和产能预测，我国在 2015 年对蓝宝石衬底的需求将达到 6000 万片以上。

### 2. 外延芯片

2009 年开始，受到芯片需求快速增加的影响，我国外延芯片产能增加迅速。2010 年，我国芯片国产率也提升到了 62%，国产芯片的性能得到较大提升，在显示屏、信号灯、户外照明、中小尺寸背光等高端应用获得认可，大功率芯片的性能和产量也得到很大提升，见表 3.1-2 和表 3.1-3。

**表 3.1-2　芯片国产化率状况**

| 年份 | 2002 | 2003 | 2004 | 2005 | 2006 | 2007 | 2008 | 2009 | 2010 |
|---|---|---|---|---|---|---|---|---|---|
| 国产化率（%） | 全部进口 | 5 | 20 | 28 | 44 | 46 | 49 | 52 | 62 |

（数据来源：国家半导体照明工程研发及产业联盟）

**表 3.1-3　国内芯片需求量及国产率状况（2009—2010 年）**

| 芯片种类 | 2009 年 | | | 2010 年 | | |
|---|---|---|---|---|---|---|
| | 需求量/亿只 | 国产量/亿只 | 国产率（%） | 需求量/亿只 | 国产量/亿只 | 国产率（%） |
| GaN 基 LED | 400 | 182 | 46 | 600 | 390 | 65% |
| AlGaInP 基 LED | 396 | 200 | 51 | 475 | 270 | 57% |
| GaAs/AlGaAs 基 LED | 260 | 170 | 65 | 260 | 170 | 65% |
| 合计 | 1056 | 552 | 52 | 1335 | 830 | 62% |

（数据来源：国家半导体照明工程研发及产业联盟）

虽然我国芯片国产化率已经得到很大提升，但大功率芯片、中大尺寸 LCD 背光芯片等高端芯片部分对进口的依赖仍然较强，如用于路灯等户外照明的大功率芯片 80% 以上仍然依赖进口，背光芯片也主要来源于日本厂商。

### 3. LED 封装

我国 LED 封装市场分为两个部分，一是我国大陆地区的民营 LED 封装企业，其市场以我国大陆地区为主，二是我国台湾地区及韩国、日本、美国等 LED 封装外资企业，其市场主要为国际出口市场。随着我国应用产业规模的迅速提升，第二类企业也在大力开拓国内市场。

2009 年以来，从产品和企业结构来看，国内 LED 封装也有较大改善，SMD 和大功率 LED 封装增长较快，国内需求已从 Lamp LED 为主市场需求逐步向 SMD 和大功率市场转变，与国际市场逐步趋同。同时，我国国内高亮 LED 的市场份额迅速增加，2009 年及 2010 年已经达到 90% 以上（见图 3. 1-6），产业市场结构明显改善。

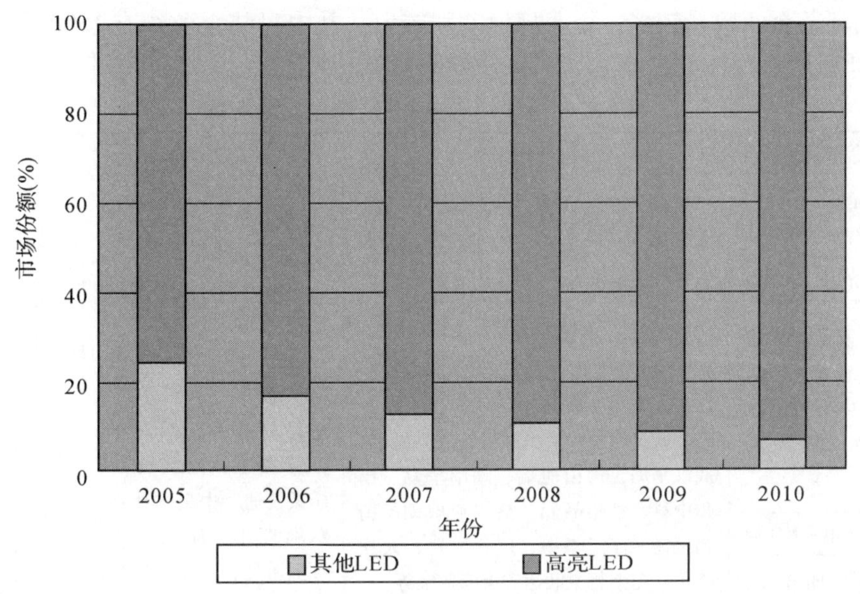


图 3. 1-6　我国高亮 LED 市场份额变化

（数据来源：国家半导体照明工程研发及产业联盟）

### 4. 应用领域

2010 年，我国半导体照明应用的增长更加突出，应用领域的整体产业规模达到 900 亿元，整体增长率达到 50%。其中，背光应用和通用照明应用的增长最为突出。基于 LED 在液晶电视等大尺寸背光领域应用的高速增长，2010 年我国 LED 背光产值的年增长率达到 167%，其市场渗透率不断攀升。随着中国城镇化进程的持续进行以及节能减排的迫切需求，LED 照明产品的市场规模迅速扩大，如图 3. 1-7 所示为我国 2010 年半导体照明应用领域的产值分布。

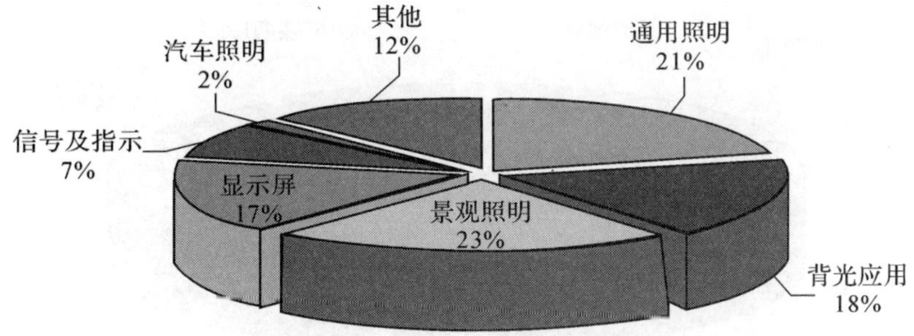


图 3. 1-7　我国 2010 年半导体照明应用领域产值分布

（数据来源：国家半导体照明工程研发及产业联盟）

我国2010年半导体照明应用领域分布如图3.1-7。在我国LED应用市场的构成中，出口市场占了较大的比例，特别是在LED照明、LED背光、LED景观装饰、LED显示屏等主要市场领域，国际市场仍然是相关企业最为关注的市场。如目前LED照明的主流光源为球泡灯，国内产量巨大、价格优势明显，但80%的产品出口至国际市场。国内市场主要集中在LED路灯、隧道灯以及信号、显示等领域。

## 三、行业竞争态势分析

### （一）产业链企业构成

2003年我国从事LED行业的企业约为500家，截止2010年底，我国共有LED企业4000多家。在我国产业链的企业构成中，设备、材料及外延芯片企业数量较少、但企业规模较大，有60家左右；而在封装和应用环节企业数量较多、企业规模差别较大，其中封装企业约有1500家，应用企业2500家左右。我国LED产业链环节主要生产厂商分布见表3.1-4。

**表3.1-4　我国主要LED厂商产业链分布**

<table>
<tr><th>材料体系</th><th>衬底等原材料</th><th>上游：外延芯片</th><th>中游：封装</th><th>下游：应用</th></tr>
<tr><td rowspan="2">InGaAlP</td><td>中科晶电：GaAs<br>中科镓英：GaAs</td><td rowspan="2">厦门三安、山东华光、厦门乾照、大连路美、南昌欣磊、上海金桥大晨等</td><td rowspan="5">佛山国星、广州鸿利、厦门华联、杭州中宙、宁波升谱、江苏稳润、深圳量子、杭科电子、蓝晶科技、天津天星、江苏奥雷、深圳普耐、宁波安迪、中山木林森、深圳瑞丰、深圳万润、深圳雷曼、河北立德等</td><td rowspan="5">真明丽、上海亚明、雷士照明、上海三思、浙江阳光、TCL、北京朗波尔、清华同方、山西光宇、浙江生辉、南京汉德森、江苏、史福特、深圳帝光、深圳珈伟、深圳洲明、深圳伟志、上海小糸、上海鼎晖、西安立明、广州雅江、东莞勤上、北京利亚德、宁波燎原、宁波赛尔富等</td></tr>
<tr><td>南大光电：MO源</td></tr>
<tr><td rowspan="3">GaN</td><td>云南蓝晶，武进欧亚、青岛嘉星、重庆中联、哈尔滨奥瑞德：蓝宝石衬底</td><td rowspan="3">三安光电、杭州士兰明芯、上海蓝光、武汉迪源、清华同方、南昌晶能、武汉华灿、佛山旭瑞、湖南华磊、扬州中科、常州晶元、嘉兴亚威朗、扬州璨扬、江门银宇、广州晶科、大连路美、芜湖德豪润达、上海蓝宝等</td></tr>
<tr><td>南大光电：MO源</td></tr>
<tr><td>大连光明化工、大连科利德：高纯氨</td></tr>
</table>

### （二）产业区域分布状况

从区域分布来看，我国半导体照明节能产业在珠三角、长三角、环渤海地区、海峡西岸四大区域集中了90%左右的半导体照明企业和产值，特别是珠三角和长三角地区，其区域产业规模均占到全国的三分之一以上，产业集聚效应较为突出，具有较为明显的发展优势（见图3.1-8）。2009年开始，随着国内许多地区积极介入半导体照明领域，其中中西部地区的发展较为突出，已经形成了不少较大规模的企业。

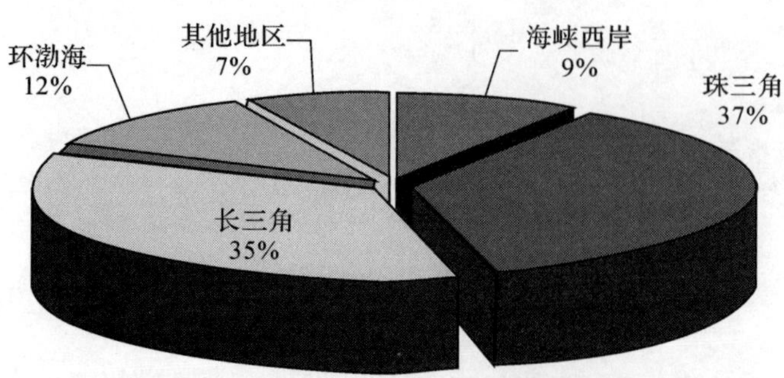


图3.1-8　我国LED区域企业数量分布

（数据来源：国家半导体照明工程研发及产业联盟）

由于半导体照明与节能减排密切相关，非常符合我国节能减排和增加就业的政策，各地方政府都在大力支持本地半导体照明产业的发展。但值得关注的是，这种支持在一定程度上造成了相关项目盲目上马、低水平重复建设的现象，同时在一些示范工程中，相关产品标准和技术规范缺乏，所采用的产品质量参差不齐，造成了不良的示范效应。

## （三）产业整体竞争态势

从产业整体来看，由于LED产业还处于快速发展变化中，产业竞争模式也在不断地发展变化。就近几年的产业发展态势来看，我国LED产业相关企业的竞争主要表现出以下明显的转变。

### 1. 企业垂直化发展趋势明显，全产业链布局受到大企业的重视

与国际半导体照明产业的企业垂直化发展同步，我国相关企业也表现出明显的垂直化发展趋势。国内较大规模的半导体照明企业也开始了业务垂直化发展，如三安集团积极发展半导体照明的封装及应用，真明丽集团向上游外延芯片延伸，清华同方在沈阳和广州建设两个LED液晶模组基地、在南通建设外延芯片基地，彩虹集团在合肥成立合肥蓝光并建设LCD电视生产项目等都反映了这个发展趋势。

不但LED产业内的公司在进行垂直化发展，原本与LED产业无关的大集团、大企业也在利用资本、技术及市场优势进行全产业链的整体布局。浪潮集团收购山东华光并积极向下游应用延伸，德豪润达收购健隆达公司LED封装业务并大力发展上游和下游产业，中材集团控股扬州中科等这都反映了企业垂直化发展、全产业链竞争的发展态势。

### 2. 核心技术及品牌制约企业发展，技术和人才成为关键

目前，半导体照明产业价值链属于生产者驱动价值链，价值链的地位主要取决于外延片和芯片制造核心技术。技术水平、产品品牌、产业资本和经济规模决定了产业链价值分布格局。正因为我国半导体照明企业普遍缺乏核心技术和产品品牌，使得我国半导照明产业集中在生产价值链的底端，而技术专利及营销物流等高端部分被美、日、欧等国际企业占据。因此，在影响企业发展的关键要素中，技术和人才被认为是影响最大的因素。如何突破核心技术、培养人才将是我国未来5年内应该着重解决的问题。



### 3. 部分产业环节发展集中，局部竞争过度有所显现

市场实际上是一条生态链，每个企业都处于其中的一个环节。由于企业规模较小、数量众多，中国的半导体照明行业还没有形成在整个生态链占据优势地位的企业。更多的竞争是许多企业在某一环节或产品上的反复争夺，如芯片企业主要集中在显示芯片，封装企业集中在Lamp LED产品，应用企业则主要集中在路灯、显示屏、景观装饰等产品。对开拓新的应用及进入技术层次较高的领域而进行的技术投入和关注不够，致使在某些领域竞争过于激烈，而在关键领域缺少实力企业。这种状况一方面使我国产业在少数领域竞争过度，逼迫企业大打价格战，造成产品质量参差不齐，不利于市场的发展推广；另一方面，使得技术含量高的领域缺乏投入，对产业整体水平的提升不利。

### 4. 终端应用向通用大众消费领域拓展，品牌和渠道建设成为竞争关键

随着价格的降低和应用的逐步普及，半导体照明已经向大众化、品牌化、日常应用等方向发展。从2009年日本东京照明展来看，国外主要企业在这一方面已经走在国内企业的前面，也证明这将是半导体照明企业产业竞争能力的关键要素之一。目前，国内半导体照明企业在国内主要依靠隐形渠道进行市场开拓，如很多知名企业都将工程渠道作为2009年市场开拓的主要手段，而这些工程也主要针对政府出资或进行补助的工程项目。

结合节能灯的推广发展历史可以判断，品牌和渠道的显性化将最终成为半导体照明产品大面积普及应用的条件之一。目前半导体照明在传统渠道上的品牌缺位，让传统照明品牌看到其中商机而纷纷介入，品牌和渠道建设已经成为决定企业竞争力的关键。企业/产业的价值创造依赖品牌和渠道是产业成熟的一个标志，这也是我国半导体照明产业形态转变的一个信号或标志。

## （四）主要产业环节竞争特点

半导体照明产业链较长，不同的产业链环节企业形态、竞争要素等都有较大差别，不同产业环节的企业面对不同的竞争态势。当前，我国半导体照明产业各环节主要表现出以下特点。

### 1. 外延芯片环节

资本、技术密集，需要一定的经济规模，技术发展快、存在一定技术风险等原因使得进入外延芯片环节的门槛较高。目前，企业受技术和产业规模限制，与海外大企业还存在一定的差距，随着国外企业在国内扩产和国内企业产品逐步向高端渗透，国内芯片产业竞争将趋于激烈。

外延芯片企业间的竞争主要是技术、专利、人才等方面的竞争。技术在产业竞争中的地位非常重要，如果取得技术和专利突破，企业就有机会成为行业领导者。随着产业规模的扩大，企业规模将成为企业竞争力的重要因素。小规模的企业如果不能在技术和产品定位方面具有很强的特色，预计将会被少数大规模企业逐渐整合。

2009 年以来，受到芯片需求快速增加的影响，我国外延芯片产能增加迅速。据统计，国内从事 LED 芯片生产的企业已经超过 50 家，还有多家处于建设之中。随着我国外延芯片产业规模的迅速提升，，预计未来 2 ~ 3 年产业格局将出现较大的调整。由于大多数公司的新增产能至少在初期将以中低端产品为主，随着新增产能的大量投产，国内的中低端市场有可能形成结构性产能过剩。

### 2. 封装环节

我国 LED 封装企业数量众多，据统计具有一定规模的企业数量约有 1500 家以上，主要集中在珠三角和长三角地区。

我国的 LED 封装企业多以低端 Lamp LED 生产起步，经过多年的积累和发展，LED 器件封装的领先厂家已经逐步从低附加值产品向高附加值产品的生产过渡，越来越重视研发和产品品质，在产品结构上也更加重视附加值高的 SMD 和大功率 LED。国内已经形成了一批生产规模大、自动化程度高、技术研发水平高的企业，使得我国 LED 封装产业得到了较快的提升。但整体来看，国内封装企业规模仍然普遍较小，销售额超过亿元的企业仅有 20 多家，产业集中度还处于偏低的状态。

从未来的发展来看，LED 的封装产业环节预计将发生较大的变化，主要在于 LED 的封装形式和封装环节在整个产业链构成中所起的作用将有较大转变。目前，以 SMD、Lamp 为主的封装形式并不被认为是未来的主流封装形式，随着封装形式的逐步演变，企业竞争局势也将随之转变。

### 3. 应用领域

LED 应用领域非常广泛，并且还有众多新的应用不断出现，在一些低端应用领域，竞争已经非常激烈，竞争主要在价格和市场渠道层面展开；在手机、LCD 背光等领域，受产品性能要求和供应体系构成的影响，海外企业仍占据着主导优势；在照明应用领域，利用国内照明产业的制造优势，以及国内相关应用推广政策的支持，我国相关企业发展较快，并在路灯等产品方面处于领先地位。在一些创新应用领域，由于技术门槛较高，市场尚未形成，企业处于产品研发及市场磨合阶段，市场竞争特点尚不明显。

（1）主流应用领域

在景观照明、显示屏、信号、指示等领域，市场竞争较为充分，国内企业具备较强的综合竞争能力，已经占据市场主导地位。

在目前对 LED 产业影响最大的手机等便携电子产品、中大尺寸 LCD 背光等主流应用领域，相关 LED 产品面对的需求方企业规模大、产业集中度高，对产品品质及稳定供应的要求高，并已经形成较为稳定的供应体系，竞争主要发生在台湾地区、日本及韩国等企业之间。与海外企业相比，国内企业规模偏小，尚未建立良好的产品体系和市场渠道，所占的市场份额一直不大。

在通用照明领域，凭借照明产业基础及国内制造优势，近几年我国相关企业取得了较大的进展。我国已经形成了一批产业规模较大并具备较强研发能力的企业，产品品质与国际水平基本同步，但国内企业大多以为代工生产为主，如何建立完善的销售渠道和知名的自有品牌将是我国 LED 照明企业进一步提升国际竞争力的关键。

(2) 创新应用领域

在医疗、航空、农业等前沿市场及不断出现的一些新领域，由于专业性强、技术要求高、整体市场不大等原因，目前竞争并不激烈。

从事创新应用开发的企业主要是由相关专业领域公司结合 LED 技术发展起来，在本领域具有较强的技术和市场优势，细分市场竞争力较强。但由于许多创新应用尚未形成市场规模，其竞争特点还不明显。

## 四、行业发展趋势预测

### （一）产业发展整体展望

(1) 作为国家“十二五”重点发展的战略性新兴产业，LED 在节能减排、带动相关产业转型、转变经济发展方式等方面的作用将逐步加强，并将持续得到国家和各级地方政府的支持。

随着我国经济的快速增长，经济发展与资源环境的矛盾日趋尖锐，2009 年底我国郑重承诺，到 2020 年单位 GDP 的 CO2 排放比 2005 年下降 40% ~45%，这些约束性指标已纳入我国国民经济和社会发展中长期规划。根据我国《“十二五”能源和碳排放预测与展望》，“十二五”时期我国单位 GDP 碳排放量累计将下降 20.7%。推进节能减排，发展低碳经济和包括半导体照明在内的绿色节能产业，不断扩大绿色消费已成为实现我国经济可持续发展的重要和必要内容。

随着 LED 节能减排作用的进一步显现，我国有望陆续出台更为有利的 LED 产业发展促进措施，其政策空间和市场空间都有很大的提升潜力。

(2) 半导体照明市场需求将持续增加，技术继续提升，产业也将保持快速的增长态势，至少在未来 10 年内，产业增长将得到有效的市场需求支撑。

与其他单一技术带动的产业发展不同，半导体照明技术的每一次提升都会带来不同的市场应用发展空间，这使得 LED 的发展周期长。就目前可以预计的市场需求来看，LED 产业至少在未来 10 年内仍将保持快速发展，具体见表 3.1-5。

**表 3.1-5 LED 主流市场发展阶段**

| 时间区间 | 主流市场 | 技术门槛 |
|---|---|---|
| 2001—2004 年 | 指示、信号应用市场 | 10 lm/W |
| 2004—2006 年 | 手机等便携电子产品市场 | 30 lm/W |
| 2007—2009 年 | 笔记本电脑、显示器背光带动 | 60 lm/W |
| 2009—2015 年 | LCD - TV 背光 | 80 lm/W |
| 2011—2020 年 | 通用照明 | 120 lm/W |
| 2020 年，LED 光效将超过 240 lm/W，其在通信、农业、保健、生物等方面的应用也将逐步形成 | | |

（数据来源：相关研究报告，CSA 整理）

(3) 半导体照明技术将带来照明产业发展模式的根本转变，我国传统照明产业格局将面临巨大的产业发展机遇和挑战。

作为第三代半导体技术，半导体照明产业的发展模式与半导体产业具有较大的相似性，而与目前的传统照明形成了巨大差别，随着 LED 在照明领域的推广和普及，必将带来我国照明产业发展模式的革命性变革。LED 作为新一代光源，一方面会为我国带来了产业升级转型的巨大机遇，有望改变大而不强、品牌缺失的现状，打造真正的照明产业强国；另一方面，如果不能正确面对 LED 技术和行业的发展规律，仍然以老的传统照明发展模式来对待新技术的变革，有可能使我国照明产业错失发展机遇，在全球照明产业中的地位也会随之降低。

(4) LED 产业格局必将进行调整，产业集中度的提升、产业布局的进一步完善成为必然，产业发展的主动权将向少数龙头企业集中。

按照半导体相关产业的发展规律，大规模、集中化生产的格局也必将在半导体照明产业实现，我国整体产业格局必将会发生大的变化，企业的整合、产业的集中将是产业格局整合的主线。预计我国产业整合将最先从外延芯片环节开始，2012 年左右将成为此类企业整合的关键年份。预计我国外延芯片产能将逐步集中，形成少数龙头企业带动行业发展的趋势；LED 封装行业的整合需求也非常强烈，大规模集中生产的模式是必然趋势，但行业的整合需要首先实现产品的标准化和模块化；应用产业格局较为复杂，产业整合将主要出现在成熟的应用领域，而在应用形成和探索领域，中小企业将仍然活跃。

## （二）产业市场发展趋势预测

随着全球半导体照明产业规模的扩张及国内产业优势的增强，预计未来我国半导体照明产业将持续保持高速发展态势，2010—2015 年半导体照明产业的复合增长率（CAGR）保持在 30% 左右，到 2015 年，整体产业规模将接近 5000 亿元，国内 LED 产业规模的发展预测如图 3. 1-9 所示。

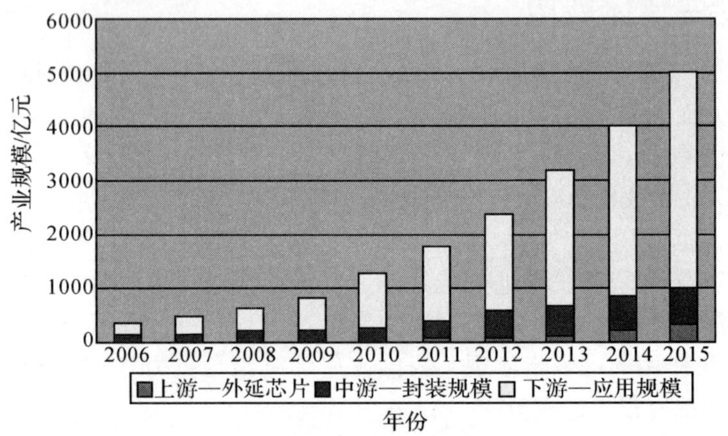


图 3. 1-9 国内 LED 产业规模发展预测
（数据来源：国家半导体照明工程研发及产业联盟）




2010 年我国 MOCVD 数量达到 300 台，外延芯片产能进入一个快速增加时期。根据目前国内企业的扩产计划，预计 2012 年我国 MOCVD 总量将达到 1000 台，虽然芯片整体上出现过剩的可能性较小，但如果国内芯片企业未能迅速提升产品技术性能，占据 25% 的背光和 30% 的照明芯片市场，国内产能将出现结构性过剩，我国外延芯片市场发展预测如图 3. 1-10 所示。

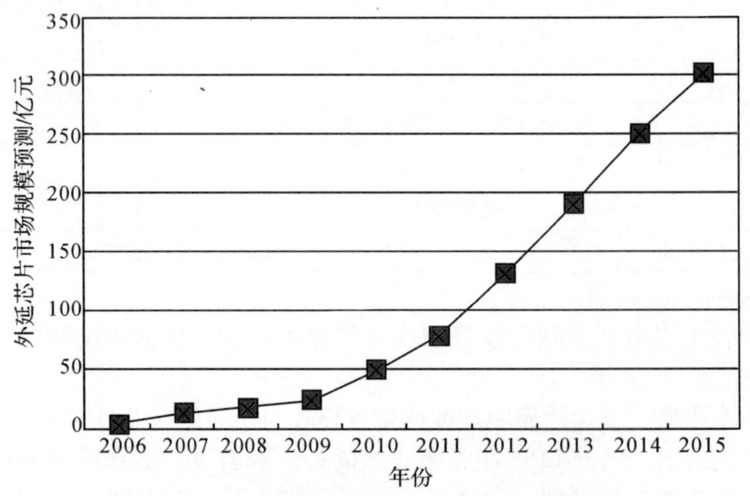


图 3. 1-10 我国外延芯片市场发展预测
（数据来源：国家半导体照明工程研发及产业联盟）

2010 年 LED 封装产业规模达到 250 亿元，成为近几年增长最快的一年。预计随着国内企业逐步向照明、背光等应用领域扩展，SMD、大功率产品成为众多企业扩产目标，我国封装产品结构将持续改善，我国 LED 封装市场的发展预测如图 3. 1-11 所示。

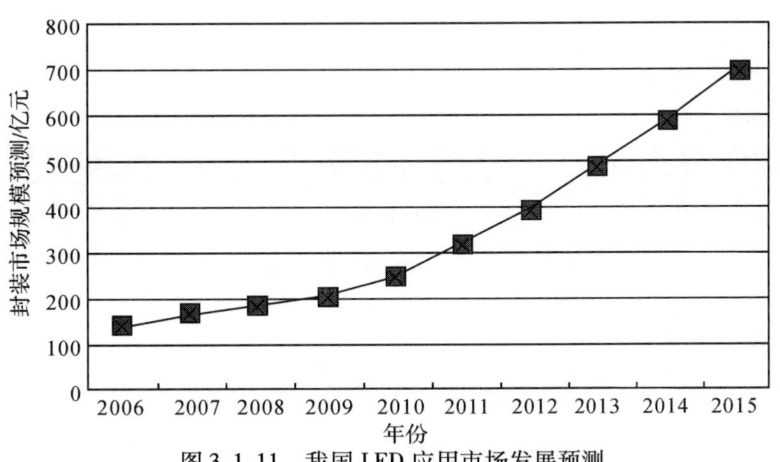


图 3. 1-11　我国 LED 应用市场发展预测
（数据来源：国家半导体照明工程研发及产业联盟）

2010 年我国 LED 应用产业规模达到 1000 亿元，预计 2010 年—2015 年的年均复合增长率可达到 40%，市场总体规模达到 4000 亿元以上，我国 LED 应用市场发展预测如图 3. 1-12 所示。

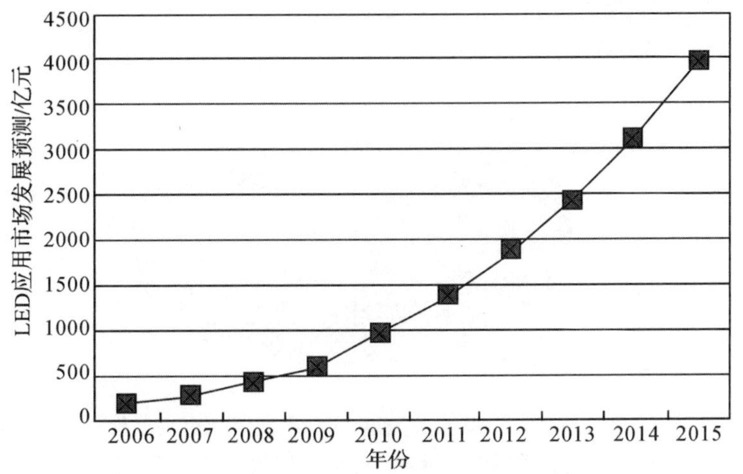


图 3. 1-12　2015 年我国 LED 应用领域市场份额
（数据来源：国家半导体照明工程研发及产业联盟）

预计 2015 年我国最大的 LED 应用市场依次是 LED 照明、LED 背光、LED 景观装饰等。预计 3 ~ 5 年内，我国半导体照明需求仍以替代市场为主，如背光、灯具、信号灯等。5 年以后将以创新市场为主，相关产品的模式将不同于目前产品体系，新的产品体系将成为主流，预计 2015 年我国 LED 应用领域市场份额构成如图 3. 1-13 所示。

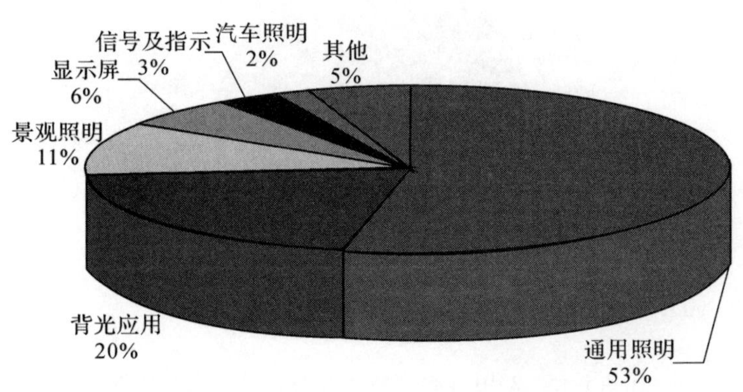


图 3. 1-13　2015 年我国 LED 应用领域市场份额
（数据来源：国家半导体照明工程研发及产业联盟）

# 2009—2010 年中国台湾 LED 产业发展现况与展望

储于超
集邦科技 LEDinside 绿能事业部

## 一、发展概述

在产业结构上，台湾地区是全球可见光 LED 的重要供应中心，由图 3. 1-14 可以看到，2010 台湾地区的高亮度 LED 产值约占全球的 18%（全球总产值为 84 亿美元）。由于台湾地区 LED 产业是由下往上发展，下游的封装产业发展历史最久、厂商数量最多，而上中游的外延片、芯片的切割产业也较完整。

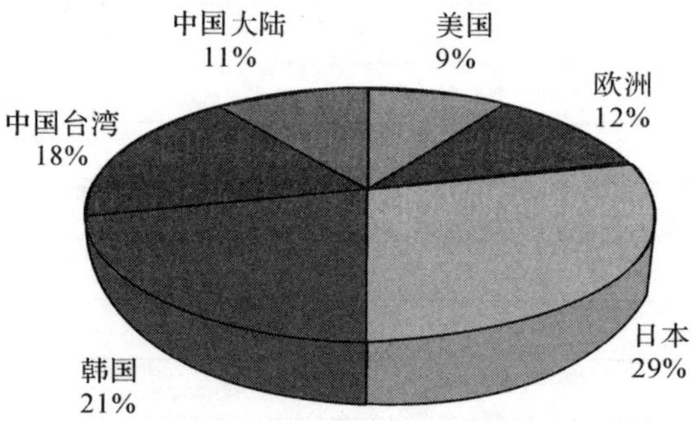


图 3. 1-14　2010 年高亮度 LED 产值区域市场分析
（数据来源：LEDinside，2011 年 2 月）

从 LED 厂商的营收看，2010 年台湾地区 LED 产业的发展表现相当抢眼。据集邦科技（TRENDFORCE）旗下研究部门 LEDinside 统计，2010 年台湾地区上市柜 LED 厂商营收总额约 1073 亿新台币，与 2009 年营收 670 亿新台币相比，年增长 122%。

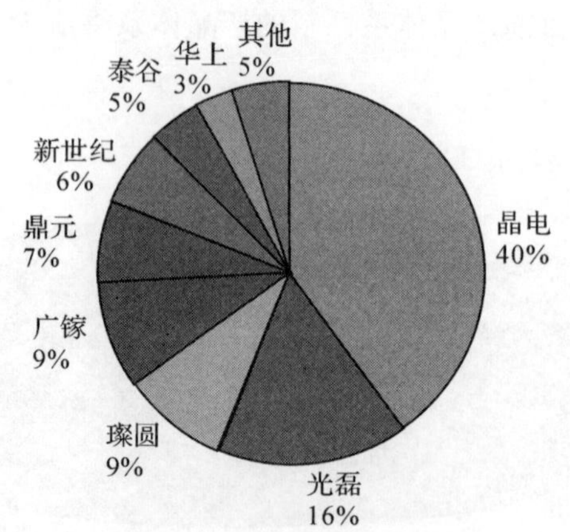


图 3. 1-15　2010 年台湾地区 LED 芯片厂营收比例
（数据来源：LEDinside，2011 年 2 月）

由台湾地区 LED 厂商产值调查可知，台湾地区上游 LED 外延片、芯片产量在全球位居第一，产品组成以蓝绿光 InGaN LED 与四元 AlInGaP LED 产品为主，其中又以蓝绿光 InGaN LED 占最大比例，达到50%以上，其主要应用除了手机背光等成熟市场外，也包括高度增长的液晶显示器背光源、照明应用等市场；而AlInGaP生产厂商主要以晶电、华上、光磊等为主，多数应用在户外广告牌、车用、消费性电子产品、特殊照明等领域。2010年台湾地区LED芯片厂营收比例如图3.1-15所示。

2010年，台湾地区LED产业上游上市柜芯片厂整体营收488亿元新台币，与2009年营收292.7亿元新台币相比，增长率达66.8%，主要是受惠于背光应用需求。而其中的泛晶电集团，包括晶电、广镓、泰谷、南亚营收占整体营收的55%。2010年台湾地区上市柜外延片厂营收排名见表3.1-6，2009—2010年台湾地区上市柜外延片厂营收变化如图3.1-16所示。

**表3.1-6 2010年台湾地区上市柜外延片厂营收排名** （单位：千元新台币）

| 厂商 | 2010年 | 2009年 | 年营收增长率（%） |
|---|---|---|---|
| 晶电 | 19765853 | 12705630 | 55.6 |
| 光磊 | 7673652 | 5407607 | 41.9 |
| 璨圆 | 4627849 | 2093061 | 121.1 |
| 广镓 | 4414727 | 2169388 | 103.5 |
| 鼎元 | 3626773 | 2575901 | 40.8 |
| 新世纪 | 3001367 | 1085975 | 176.4 |
| 泰谷 | 2437913 | 1256892 | 94.0 |
| 华上 | 1203983 | 1001953 | 20.2 |
| 联胜 | 850828 | 515894 | 64.9 |
| 洲磊 | 747450 | 431742 | 73.1 |
| 隆达（Chip Revenue） | 476998 | 28236 | 1589.3 |
| 总计 | 48827393 | 29272279 | 66.8 |

（数据来源：LEDinside，2011年1月）

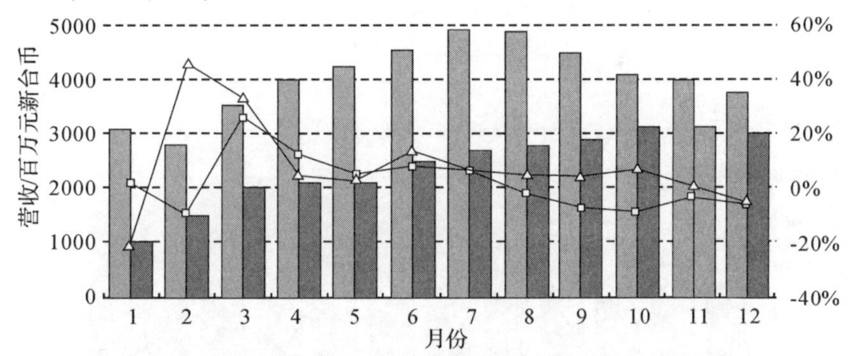


图3.1-16 2009—2010年台湾地区上市柜芯片厂营收分析

（数据来源：LEDinside，2011年1月）

台湾地区下游LED封装厂在2010年的营收也受惠于LED背光应用增长，达585亿元新台币，与2009年营收377.6亿元新台币相比，增长率达54.9%。下游LED封装产品样式种类繁多，产品以表面贴装发光二极管（SMD LED）、传统Lamp、红外线IR组件（Infrared Components）、LED显示器件（LED Display）及高功率LED等为主。2010年台湾地区LED封装厂营收比例如图3.1-17所示，营收排名见表3.1-7，2009—2010年台湾地区LED封装厂营收变化趋势如图3.1-18所示。

**表3.1-7 2010年封装厂营收排名** （单位：千元新台币）

| 厂商 | 2010年 | 2009年 | 年营收增长率（%） |
|---|---|---|---|
| 亿光 | 16667297 | 11208400 | 48.7 |
| 光宝 | 13534899 | 9911777 | 36.6 |
| 隆达（Pkg Revenue） | 7552969 | 2102925 | 259.2 |
| 东贝 | 6770892 | 4003197 | 69.1 |
| 佰鸿 | 5192085 | 4268919 | 21.6 |
| 宏齐 | 3748665 | 2703705 | 38.6 |

（续）

| 厂商 | 2010 年 | 2009 年 | 年营收增长率（%） |
|---|---|---|---|
| 艾笛森 | 3002657 | 1702117 | 76.4 |
| 华兴 | 1318021 | 1091374 | 20.8 |
| 李洲 | 591312 | 715018 | -17.3 |
| 其他 | 120350 | 54128 | 122.3 |
| 总计 | 58499147 | 37761560 | 54.9 |

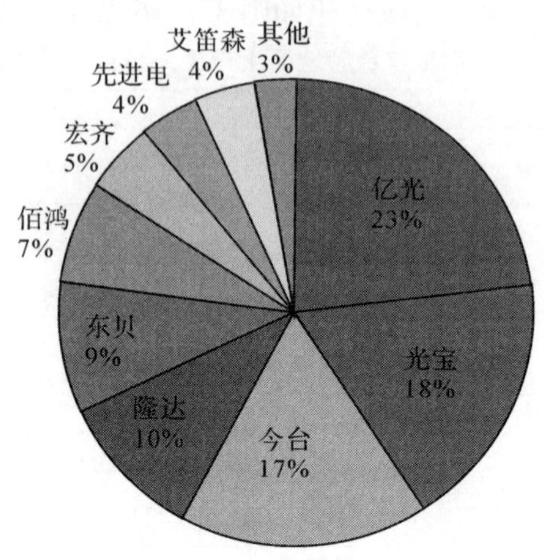


图 3.1-17　2010 年台湾地区 LED 封装厂营收占比

（数据来源：LEDinside，2011 年 2 月）

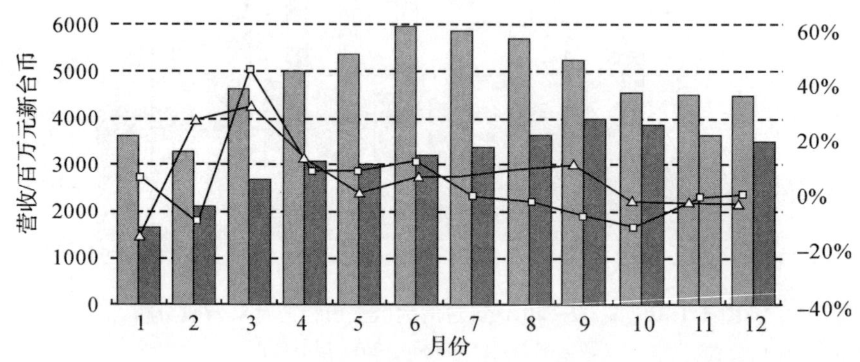


图 3.1-18　2009—2010 年台湾地区 LED 封装厂营收变化趋势

（数据来源：LEDinside）

若从台湾地区 LED 厂商 2010 年的资本支出来看，2010 年由于受惠于 LED 背光源与 LED 照明需求明显升温，产能利用率攀升，台湾地区厂商积极提高资本支出以扩增产，至 2010 年底，台湾地区厂商的资本支出总额达 217.6 亿元新台币，比 2009 年的资本支出总额增加 2.32 倍，其中 LED 外延片、芯片厂资本支出如图 3.1-19、表 3.1-8 所示，LED 封装厂资本支出如图 3.1-20、表 3.1-9 所示。

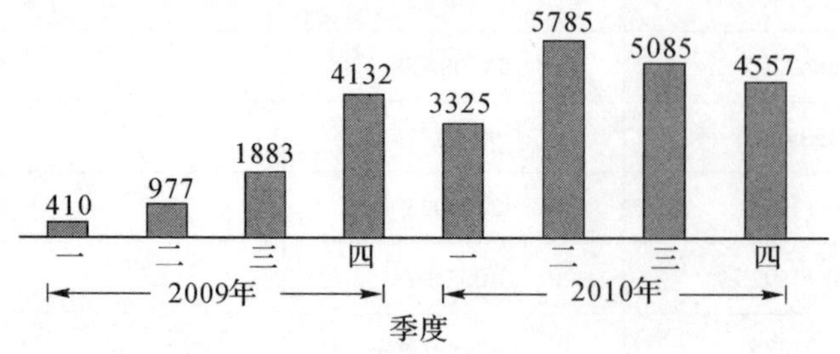


图 3.1-19　2009—2010 年台湾地区上市柜 LED 外延片、芯片厂资本支出（单位：百万元新台币）

（数据来源：LEDinside 整理，2011 年 5 月）

表 3.1-8　2010 年台湾地区上市柜 LED 外延片、芯片厂资本支出（单位：千元新台币）

| | 一季度 | 二季度 | 三季度 | 四季度 | 总计 |
|---|---|---|---|---|---|
| 晶电 | 1247378 | 1107250 | 1386717 | 1275604 | 5016949 |
| 广镓 | N. A | 2095109 | 989481 | 940535 | 4025125 |
| 新世纪 | 619257 | 476608 | 1325981 | 1209354 | 3631200 |
| 泰谷 | 754593 | 885699 | 527967 | 524039 | 2692298 |
| 璨圆 | 469011 | 740858 | 457247 | 381292 | 2048408 |
| 光磊 | 75666 | 198136 | 211454 | 124014 | 609270 |
| 鼎元 | 142614 | 100931 | 185684 | 160327 | 589556 |
| 华上 | 16544 | 180466 | 23 | -58367 | 138666 |
| 总计 | 3325063 | 5785057 | 5084554 | 4556798 | 18751472 |

（数据来源：LEDinside 整理，2011 年 4 月）

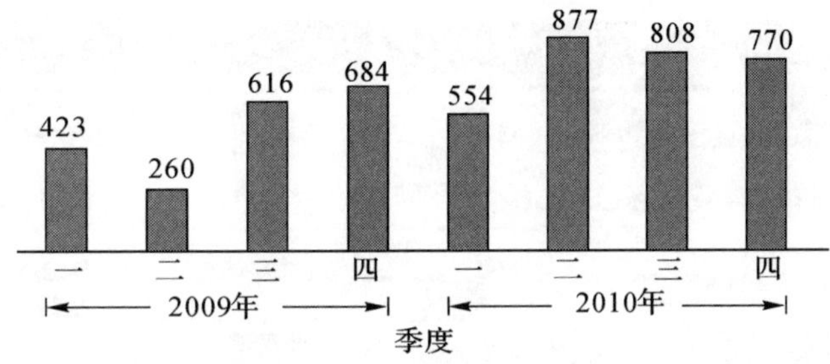


图 3.1-20　2009—2010 年台湾上市柜 LED 封装厂资本支出（单位：百万元新台币）
（数据来源：LEDinside 整理，2011 年 5 月）




表 3.1-9　2010 年台湾上市柜 LED 封装厂资本支出　　（单位：千元新台币）

| 厂商 | 一季度 | 二季度 | 三季度 | 四季度 | 总计 |
|---|---|---|---|---|---|
| 亿光 | 314579 | 322636 | 249427 | 277520 | 1164162 |
| 东贝 | 68296 | 177780 | 161098 | 332466 | 739640 |
| 宏齐 | 119363 | 129912 | 241514 | 167921 | 658710 |
| 华兴 | 17652 | 133379 | 32577 | 40428 | 224036 |
| 艾笛森 | 26089 | 25479 | 44395 | 77875 | 173838 |
| 光宝 | 7313 | 87102 | 79105 | -131005 | 42515 |
| 李洲 | 1151 | 434 | 327 | 5037 | 6949 |
| 总计 | 554443 | 876722 | 808443 | 770242 | 3009850 |

其中外延片厂相对积极扩张产能的包括晶电、广镓、新世纪、泰谷、璨圆等，资本支出投资皆超过 20 亿元新台币；封装厂中则以亿光、东贝、宏齐扩张最为积极。

## 二、产业结构

台湾地区 LED 产业链完整，从上游 LED 外芯片、芯片与中游 LED 封装，乃至下游终端应用，如 LED 背光及 LED 照明灯具等，整个产业链布局完整。这几年由于大尺寸 LED 背光应用与 LED 照明市场的增长快速，使得厂商在这方面的投入更积极。台湾地区 LED 产业的上中下游供应链见表 3.1-10。

表 3.1-10　台湾地区 LED 产业的上中游供应链

| | |
|---|---|
| LED 芯片/晶粒 | 晶电、璨圆、泰谷、广镓、新世纪、华上、南亚、光磊、鼎元、青力 、隆达、联胜、洲磊 |
| LED 封装 | 光宝 、亿光、今台、东贝、宏齐、佰鸿 、华兴 、爱迪生、葳天、研晶、李洲 、隆达、威力盟、荣创等 |

**1. 台湾地区 LED 厂商在 LED 背光应用供应链的发展现况**

目前小尺寸面板几乎 100% 使用 LED 背光源，而 LED 作为笔记本电脑（NB）的背光源渗透率，预估在今年将达到 87%，到明年将达 98% 以上。2009 年开始，LED 也逐渐被使用于用来取代 CCFL 成为液晶监视器和液晶电视等大尺寸面板的背光源，而 LED 的应用在大尺寸背光则将成为推升 LED 产值的重要动力之一。因此，大尺寸背光源的庞大商机吸引着相关厂商积极投入，希望在供应链中占有重要地位。

在传统 LED 厂商中，包括上游的芯片厂晶电、璨圆，中游封装厂光宝、亿光、东贝等都积极通过产品开发、策略联盟的方式及透过与品牌大厂合作来进入 LED 背光供应链，赢得商机，扩大市场占有率。由于台湾地区缺乏终端出海口的品牌大厂资源，因此与国际大厂，如韩国 Samsung、LG 等集团合作，则相对决定了厂商出货增长的机会。例如，东贝透过与韩国厂商 Lumens 的合作，顺利地进入三星供应链，而成为电视 LED 背光源的主要供应厂商之一。LED 背光电视主要供应链如图 3.1-21所示。

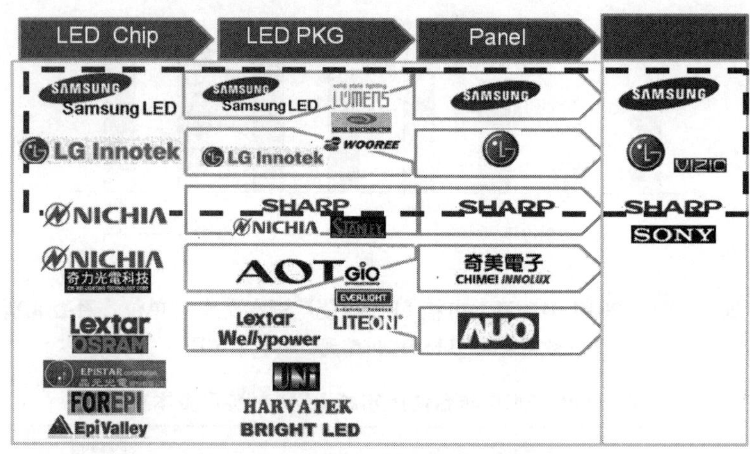


图 3.1-21　LED 背光电视主要供应链

面板大厂中包括友达光电、奇美电子等，则采取集团作战的策略。其中台湾地区最大、全球第三大面板厂友达光电，借由与旗下隆达电子及转投资子公司威力盟成为一条龙式供应链，以提供从 LED 到面板的完整供货模式来深入 LED 背光应用。而与鸿海合并后的新奇美在 LED 布局上，除了集团内的奇力光电、荣创能源、启耀光电外，与日本大厂 Nichia 深入合作，希望借由集团内、外资源整合来抓住 LED 背光的增长机会。

**2. LED 照明市场商机无限，吸引台湾地区厂商积极投入**

随着 LED 的技术与亮度不断提升，LED 已逐渐取代传统光源成为照明应用市场的焦点，国际 LED 照明大厂也积极看多 LED 照明发展，蓄势待发，着眼于每年 80 亿欧元的市场规模。预计在 2015 年前，LED 照明产值将达到照明总产值的 1/2。除了国际大厂态度积极外，台湾地区厂商也积极投入。不论是原来的 LED 光电厂商或是在结构、电子、散热领域有专长的厂商，甚至系统整合厂商也纷纷谋划不同的发展策略，挺进 LED 照明市场。这些厂商中包括专业代工及试图朝自有品牌发展的厂商。中国台湾地区 LED 照明供应链见表 3.1-11。

**表 3.1-11　中国台湾地区 LED 照明供应链**

| | 厂　商 |
|---|---|
| LED 照明模块与灯具 | 台达电、新强、沛鑫、光林、阳杰、鑫源盛、亿光、东贝、宏齐、佰鸿、华兴、艾笛森、隆达、威力盟、康舒、奥古斯丁、中盟、万仕达、安缇亚、泰金宝、优士达、连营、智林、崇越电通、先益 、品能、光硕、华信、华能、力明、趋势、英特明、液光、扬升、东锐等 |

LED 照明供应链广而深，而厂商则利用其不同优势发展出不同策略来加快布局。

从事上游晶粒生产的晶电，在 LED 照明市场的布局，除了与原有供应链上的厂商加强合作，也通过水平扩张的方式，与国外厂商合作，如以 OEM 的方式，进入照明大厂的供应链中。而中游传统

LED 封装厂，如东贝、宏齐、佰鸿等，目前则与终端客户合作，利用公司生产的 LED 进行照明产品的生产与出货。而另一封装大厂亿光，除了进行 LED 及照明的生产与销售外，也以“ZENARO”发展自有品牌。而非传统生产 LED 的厂商，则透过与 LED 厂商合作，稳固 LED 货源，为品牌大厂代工生产 LED 照明产品。其中主要厂商包括泰金宝、台达电等。其中台达电则不仅为国际照明大厂代工生产 LED 灯泡，也试图以“Delta”自有品牌获得认可。

除了以 LED 生产为主进入到 LED 照明产业供应链的厂商外，利用集团资源积极投入这个产业的则包括友达、鸿海、联电及台积电等。友达集团旗下隆达积极布局 LED 照明，隆达透过一条龙垂直生产优势，欲打入全球照明大厂代工供应链。而佳世达则借其在设计能力上的专长，目标是以“0051sdesign”品牌打入高阶照明市场。鸿海为进军 LED 照明市场则由旗下转投资的沛鑫与鸿准精密与天钰半导体合作，联手开发 LED 照明市场。联电则将其布局放在山东省，除了与晶电合作成立冠铨（山东）光电科技布局 LED 外延片与芯片等 LED 上游布局外，也自行投资了 LED 封装厂联盛光电、组装厂宝霖科技等。而台积电也希望透过垂直整合打入 LED 照明市场。台积电于 2010 年 3 月在新竹科学园区举行 LED 照明技术研发中心暨量产厂房动土典礼。台积电目前把重心放在 LED 照明技术、制程、封装与测试的研发与整合，预计 2011 年率先以 LED 光源（Light Source）以及 LED 光引擎（Light Engine）等产品切入市场。

在友达、鸿海、隆达、联电以及台积电相继投入之后，台湾地区 LED 产业有望走向垂直整合。在资源整合，加强集团竞争力的同时，一般认为，没有集团背景的专业 LED 厂接单压力可能逐步增加，而台湾地区 LED 产业有机会持续迈向大者恒大的局面。

LED 照明市场快速增长，台湾地区 LED 厂商凭借过去 30 多年来的技术发展基础及管理能力，势必不会缺席 LED 照明市场。而其发展策略不论是代工、发展品牌，还是利用集团优势抢得商机，所面对的国际大厂的竞争将是台湾地区 LED 厂商能否开创出全新道路的一大挑战。



## 三、产品发展状况

### 1. 大尺寸背光应用 LED 规格发展

由于电视背光在侧入式光源使用的 LED 颗数相较于直下式少，出于使用侧入式光源成本相对较便宜的考虑，2010 年 LED 背光源设计以侧入式背光源为主流。LED 的主流规格也延续 2009 年推出的产品规格，以 top view 5.6mm×3.0mm 的 SMD 产品为主。在 LED 规格上比较大的不同的是除了将平均发光效率由 2009 年的 58lm/W 提升到 62～70lm/W，单颗平均亮度由 24lm 提升到在 26～30lm 外。芯片也由原来的 2 颗 20mil×20mil 的芯片改为 1 颗 20mil×40mil 的大芯片。希望借着效率的不断提升及制程改善来降低成本。例如，LED 背光源的设计，因 LED 的亮度提升及周边材料的设计改良而从原来的 4 边 6 个灯条 改变成只需 2 边 4 个灯条，因所需 LED 颗数的减低，也减少了 LED 背光源的成本。大尺寸背光应用 LED 规格发展变化如图 3.1-22 所示。

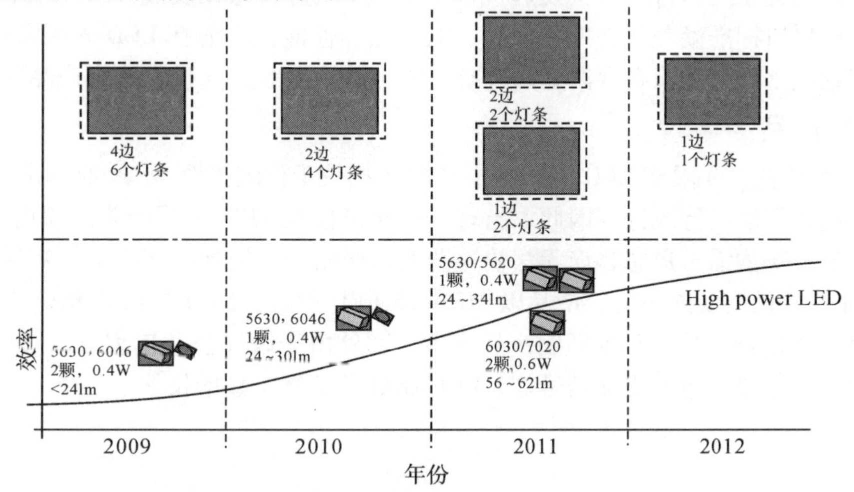


图 3.1-22　大尺寸背光应用 LED 规格发展变化

### 2. 照明应用 LED 规格发展

LED 发展至今，由于其亮度与效率大幅提升，目前量产发光效率达到 130lm/W，因此 LED 已被应用于多种照明产品。由于目前 LED 照明规格还未标准化，市场对于灯具厂商推出的产品好坏难以分辨，且产品开发的规格亦无所依归，因此目前使用在照明的 LED 也种类众多。从传统支架式 5mm lamp、piranha LED、SMD LED 到应用不同封装方式陆续发展出来的单芯片、多芯片大功率 LED 等，都被应用到不同规格与需求的照明产品上。

尽管应用到照明的 LED 种类繁多，通常市场上比较常看到的还是高亮度 5mm lamp、SMD LED，尤其是 SMD LED，被应用于显示屏或一般室内照明，包括灯条、cove light，以及亮度低、功率低的灯泡，如神明灯等。而一般大功率 LED 则是较普遍应用于室外路灯或室内照明，如规格较严谨、亮度较高的球泡灯。

以一般高亮度的 LED 而言，目前投入生产的厂商众多，包括亿光、光宝、东贝、宏齐、佰鸿等；而大功率 LED 部分，则以艾笛森、葳天、齐瀚等为代表。目前台湾地区大功率 LED 的主流量产品水平约在 100lm/W 左右。

而除了一般 DC LED 产品外，台湾地区厂商也积极开发 AC LED。相较于 DC LED，AC LED 除具有不需额外整流变压电路、低电路能量损耗、防静电冲击等特点让它具有广泛的应用价值外，“工研院”独特的桥式芯片设计也让 AC LED 晶粒发光面积大幅增加，提高了发光效率。

“工研院”电光所开发的 AC LED 技术除了已转移至产业界外，电光所也联合晶电、璨圆、今台、鼎元、福华、液光固态、齐瀚、亿光、光宝、中国电器、致茂等 23 家 LED 业者成立台湾地区“AC LED 应用研发联盟”，共同推动 AC LED 上、中、下产业技术交流及合作并透过整合业界力量，拓展应用市场，希望在 2015 年可创造高达 600 亿新台币的商机。



晶电开发的高电压（HV）LED 芯片产品，是在 AC LED 的概念上，外加桥式整流电路，发挥组件最大发光效率。HV LED 主攻室内照明，2010 年第 2 季度推出的 HV LED 发光效率已达 100lm/W。2010 年第 4 季度更发表利用新一代的透明基板转换制程、可增加光子萃取率的细微结构与可提高电流分布均匀度等，使红光 LED 在波长 610nm 下效率达 168lm/W，而再搭配其 162lm/W 的蓝光 LED 芯片，将可生产出效率 150lm/W 的暖白光 LED。

### 3. LED 光引擎发展

为适应各式照明灯具及简易灯具厂商产品开发及缩短流程、加速产品上市的需求，LED 厂商也开发出将数个 LED 组装到基板或电路板（可能会另加光学组件和线路、驱动器等）的 LED 模块（module），或包括 LED 模块连同驱动 IC，光学、机械和散热组件可直接通过自定义的连接器连接到分支电路或灯具的 LED 光引擎（light engine）。由于各家厂商开发出来的 LED 光引擎或模块产品规格不相同使得开发出来的照明产品有着接口兼容性及互换问题，因此，为催生接口规格标准化、实现不同制造商产品间之兼容性及加速 LED 照明产品开发，2010 年 2 月初，包括库柏、欧司朗、松下、飞利浦、东芝等在内的九家照明行业巨头发起成立 ZHAGA 联盟，意在发展 LED 光引擎（light engine）接口的标准，而此接口标准涵盖物理尺寸，光、电、热等性能。目前在 LED 光引擎或 LED 光模块开发较为积极的多数国外厂商，而在台湾地区也有齐翰、威力盟等厂商投入这类产品开发。

### 4. LED 照明产品

全球 LED 照明产业，受限于 LED 光源价格高昂（相较于传统光源）、产业标准未定，以及光形、寿命、可靠性等技术问题尚待改进，因此，出现厂商积极投入 LED 照明产业，却仍无法改变 LED 照明少量多样、利基市场的需求形态，而无法快速普及。受限于台湾地区照明市场规模小，因此台湾地区 LED 照明产业以外销为发展主力，产品以 MR－16 LED 射灯、6～7W LED 球灯泡、T8 灯管、LED 冷冻照明灯、LED 手电筒、矿工灯等照明产品为主。此外由于政府公共工程导入 LED 照明，使得以建筑照明为主的项目型市场包括交通信号灯、LED 路灯需求有明显增长。

## 四、主要 LED 厂商动态

LED 的前景看好，而各国厂商为加强竞争力来抢进庞大商机，无不积极互相结盟，除了往上游或下游整合外，也有纵向联盟，包括跨国结盟。因此，目前台湾地区厂商为加强竞争力也积极与国际厂商合作。

### 1. 晶电与丰田合成合资成立丰晶光电

为下游出海口作布局，LED 外延片大厂晶元光电除与光宝、冠捷等厂商展开合作外，晶电也于 2010 年 9 月与日本丰田合成株式会社达成策略合作。除了为进一步解除 LED 晶粒在各地区销售的专利限制而与其签订交互专利许可协议外，为缩短对客户的应变时间，提升成本优势还与丰田合成在台湾地区设立合资 LED 公司，名为丰晶光电，希望通过丰晶光电，加强 IT 及背光业务，同时扩展 LED 照明业务，并把市场扩展到台湾地区以外。

### 2. 台资企业贴近市场在祖国大陆设厂

近年来由于 LED 绿能产业已成为大陆地区的重点发展产业，因此大陆地区为鼓励企业进入，出台多种利多政策，而台湾地区厂商也为了成本竞争力考虑，而移往大陆地区设厂，以贴近市场。台湾地区厂商在大陆地区投资设厂其中有为提升专利技术与通路而布局，也加速台湾地区 LED 产业向大陆转移，希望能借由两岸的合作，加速 LED 整个产业技术升级及提升竞争力，共享市场繁荣进而创造双赢。

# 第二章 区域发展

## 我国半导体照明产业区域发展现状及建议

国家半导体照明工程研发及产业联盟

半导体照明既是节能环保、发展低碳经济的手段之一，也是转变经济发展方式、调整传统产业结构、培育新的经济增长点的抓手。目前各国都在加紧部署，以期抢占技术和应用的制高点。未来2~5年内半导体照明产业将爆发式增长。在这一关键时期，如能更好地引导区域产业布局，提高产业集中度，培育龙头品牌企业，提升我国半导体照明产业的国际竞争力，在8~10年内我国半导体照明的产业规模有望超过万亿，成为全球半导体照明产业的强国。

### 一、我国半导体照明产业区域分布现状

据国家半导体照明工程研发和产业联盟（CSA）统计，2010年国内半导体照明企业约4000家，产值达到1200亿元，其中上游外延材料和芯片产值50亿元，中游器件封装产值250亿元，下游灯具制造和照明应用产值900亿元。我国已初步形成完整的半导体照明产业链，但企业总体规模小，产业集中度低。

从区域分布来看，我国半导体照明产业分布相对比较集中，初步形成产业集聚。目前，我国85%以上的半导体照明企业和90%以上的产值集聚在珠三角、长三角、环渤海、闽三角四大区域，特别是珠三角和长三角地区，其区域产业规模均占到全国的1/3以上，产业集聚效应较为突出，具有比较明显的发展优势（见表3.2-1）。

**表3.2-1 国内半导体照明四大区域的主要特点及产业链分布**

| 区域 | 特点 | 产业链分布 |
|---|---|---|
| 上海、江苏、浙江（长三角） | 产业配套能力最强，高端应用突出，人才、资金比较集中，外向型特征明显，我国台湾地区企业转移较多 | 上游企业数约20家，占全国37%；中下游企业800多家，占全国23% |
| 深圳、东莞、佛山、广州（珠三角） | 上游技术突出，如旭瑞，封装和应用国内规模最大，企业数量众多，国内、国外两个市场都很活跃，承接海外企业转移较多 | 上游企业数10家，占全国18%；中下游企业2000家，占全国57% |
| 北京、天津、大连、河北（环渤海地区） | 研发机构最集中，企业数量不多，龙头企业在地方的地位突出，地方政府扶持力度大 | 上游企业数15家，占全国27%；中下游企业500多家，占全国14% |
| 厦门、南昌（闽三角） | 外延及芯片产业化规模较大，我国台湾地区企业转移较多 | 上游企业数10家，占全国27%；中下游企业200多家，占全国6% |

珠三角、长三角、环渤海、闽三角四大区域一直是我国LED产业发展的基础所在，每个区域都各具有特色。其中珠三角区域以佛山、深圳、广州、惠州为产业聚集中心，是中国第一大封装基地，具有较好的LED产品应用市场环境，比如LED照明以佛山、中山及深圳为中心，LED应用以广州和东莞为中心，LED显示屏以深圳和惠州为中心，中小尺寸背光以深圳和佛山为中心。而LED产业发展较早的长江区域，拥有最好的投资环境，也是继珠江区域之后，中国第二大封装区域，以上海、苏州、杭州及宁波为产业聚集中心，该区域高端应用突出，人才、资金比较集中，外向性特征明显。环

渤海区域是以北京、石家庄、沈阳、大连及山东为产业聚集中心，其特点是科研单位相较其他区域多，中国的主要知名大学均在此区域，因此研发力量最强，研发机构最集中，在外延芯片研发方面领先，LED 制造技术及设备研究方面都走在全国前列。闽三角区域主要是以厦门、福州、南昌、泉州为产业聚集中心，为中国最大的基板及晶片制造中心，上游投资规模较大，外延及芯片产能较大。

随着国内许多地区积极介入半导体照明领域，特别是比亚迪、中电集团、中材集团等大企业、大资金的介入，目前的这种产业格局将面临新的变化。2009 年开始，我国半导体照明产业区域分布出现分散化趋向，众多地区将半导体照明产业作为扶持重点并致力招商引资来打造产业化基地，其中安徽、湖北、湖南、陕西、山西、重庆、四川等中西部地区发展最为明显。国内半导体照明产业格局正处于变动和重整时期，原来四个集中区域的格局逐渐改变，未来几年将形成多个区域并行发展的态势，但珠三角与长三角仍然具有不可取代的产业基础与投资环境方面优势，将是未来发展的热点区域。

## 二、半导体照明产业区域发展存在的问题

由于半导体照明中下游的资金与技术门槛不高，而且半导体照明与节能减排密切相关、具备劳动密集型特征，非常符合我国节能减排和增加就业的政策，地方政府纷纷支持发展本地半导体照明产业。但是从目前来看，我国半导体照明产业在区域发展中也存在一定的问题。

### 1. 产业基地多而散，总体规模不大

目前，科技部已批建 14 家半导体照明基地，随着国内许多地区的积极介入，我国半导体照明产业区域分布已经出现分散化趋向。由于半导体照明尚处于起步阶段，产业基地在发展过程中暴露出布局不协调、产业化程度不高、示范带动能力不强、总体规模不大等诸多问题，特别是由于人才奇缺，技术创新能力不足，基地产业发展的速度跟不上半导体照明技术的进步，一定程度上制约了产业基地的进一步发展。另外，缺乏国家层面的指导半导体照明产业基地发展的总体规划和实施方案，地方过多的行政干预反而影响了市场机制的调节和产业的健康可持续发展。

### 2. 盲目投资严重，各基地未能形成发展特色

由于众多地区将半导体照明产业作为扶持重点并致力招商引资来打造产业化基地，不顾区域资源优势特点及技术风险，陷入了打造全产业链的同质化竞争中，未能形成区域优势的产业特色。甚至许多地方政府在缺乏技术支撑的情况下盲目投资，埋下了产业发展的隐患。以上游外延芯片为例，全国有 60 多家企业宣称进入该领域，并且是在全国遍地开花，每个基地均对其进行了投资部署，但有产品的约有 40 多家，主要集中在中低端，前 10 家企业加起来的芯片产值约 15 亿，还不足台湾地区晶元光电一家企业的多。在应用产品方面，投资也集中于路灯等个别产品，忽略了高附加值的其他产品的开发。

### 3. 基地产业配套能力不够，不利于龙头企业产生

只有具有较强的产业配套能力，才能极大地降低产品生产的综合成本，同时对培育基地内的龙头企业也会非常有利，还可以吸引外资大规模进入，加强产业的集聚效应。珠三角等沿海发达地区经过多年的累积发展，已形成其他地区无可比拟的产业配套优势，但大部分中西部地区的基地还没有建立起完善的配套能力，不利于产业的可持续发展。

## 三、对半导体照明产业区域发展的建议

建立国家半导体照明产业化基地，在全国范围内建立完整的产业链，使重点优势地区实现产业发展的率先突破，形成区域特色优势明显、大中小企业共生、配套体系齐全的产业集群。这对促进半导体照明产业的均衡协调发展、培育国际化的品牌企业有着重要意义。

### 1. 科学规划、统筹布局、提升产业核心竞争力

以前瞻性、系统性、全局性的视角，抢占未来竞争制高点为目标，加快制定有利于提升产业核心竞争力的总体规划和具体指导意见，把基地建设放到改善制约产业发展环境和城市建设全局中。按照“市场导向、政府引导、统筹发展”的原则，充分发挥市场配置资源的基础性作用，通盘考虑、科学布局，实现基地的梯次化建设。加强不同基地或区域之间产业的组织和协调。

### 2. 突出优势、整合资源、促进基地特色化发展

半导体照明产业化基地的建设，应在考虑全盘的同时，结合原有区域的产业基础及优势，带动关联产业的协同发展，实现区域产业结构的优化升级，促进上下游的资源整合和产业集中。因此，必须考虑以下几点：①区域已形成一定的产业规模、企业达到一定数量，并具有较强创新能力的重点企业；②上中下游产业链布局初步形成，关联产业呈现协调发展；③公共研发平台和检测体系初步呈现。

在以珠三角、长三角地区为核心的区域建立二、三家基地，加大产业规模集中度、建立完善产业链、鼓励相关龙头企业整合资源、积极参与国际竞争、创建自主品牌。在中西部地区，引导在现代农业、医疗、国防等专业领域的创新和高端应用，发展特色产业基地。

### 3. 加强产业配套能力的支持与建设

充分考虑所在区域经济半径内产业的关联性及半导体照明的带动性，围绕基地或区域内主导产业和龙头企业，制定产业配套的区域规划，完善与企业生产、经营、销售过程具有内在经济联系的上游和下游的相关产业、产品、人力资源、技术资源、消费市场主体等支撑条件，提高区域产业配套能力。

# 国家半导体照明产业化基地建设情况

国家半导体照明工程研发及产业联盟

“十五”期间，我国着重通过建设半导体照明特色产业化基地以推动 LED 产业的发展。在 2004 年国家半导体照明工程协调领导小组第二次工作会议上，中华人民共和国科学技术部正式宣布在厦门、上海、大连和南昌建立国家半导体照明工程产业化基地。此后，陆续批建了深圳、石家庄、扬州的国家半导体照明产业化基地。至 2007 年底，我国半导体照明产业形成七大基地的格局。

随着国家半导体照明工程的不断推进，为了充分发挥区域聚集与辐射作用，优化资源配置，变先发优势为竞争优势，形成有自身特色、有国际竞争力、有产业规模的半导体照明产业，以及推动产业结构的调整和优化升级，中华人民共和国科学技术部分别于 2010 年 1 月和 7 月下发通知，再次认定了天津、杭州、武汉、东莞、西安、潍坊为国家半导体照明工程高新技术产业化基地，宁波为国家新能源与节能照明高新技术产业化基地。

至此，我国在长三角、珠三角、闽三角、环渤海及西北等产业优势地区已建立 14 个国家级半导体照明产业化基地。这些基地的建立对加快我国半导体照明产业的空间集聚，推动我国半导体照明产业的快速发展，将发挥积极而重要的作用。

## 厦门国家半导体照明工程产业化基地



厦门国家半导体照明工程产业化基地自 2004 年 4 月由科技部批准成立以来，在厦门市委、市政府的领导下，坚持以科学发展观作为指导方针，以应用促发展，引导、推广 LED 产品的应用，不断提高产业自主创新水平，打造完整的 LED 上、中、下游产业链。厦门基地现已发展成为以厦门为中心，辐射漳州、泉州、福州等地的海峡西岸 LED 产业集群，展现出蓬勃的生机与活力。

从 2004 年以来，厦门 LED 产业呈现超常规、跨越式发展。到 2009 年，厦门 LED 相关产品总产值为 23.97 亿元，并带动相关产值超过 100 亿元，共拥有 LED 企业 100 多家。到 2009 年底，厦门 LED 产业芯片总产量 480 亿粒，实现产值 12.69 亿元，销售 11.67 亿元，其中厦门的国产品牌芯片产量占全国国产芯片 50% 以上，是国内 LED 外延芯片实力最强、规模最大的生产基地。基地内应用产品主要有信息显示、大屏幕显示、背光源、景观照明、交通灯、灯饰灯具及功能性照明等。目前，一个以厦门为核心，并辐射福州、泉州、漳州、莆田等地的海峡西岸半导体照明工程产业化基地大格局已初步形成。

基地现有 LED 企业 100 多家。在 LED 芯片领域，拥有三安光电、乾照光电、晶宇光电 3 家企业，其中，厦门三安光电是国内最大的全色系 LED 外延芯片生产商，厦门乾照光电是全国 LED 外延芯片生产龙头企业，目前上述两家都已成功上市。在封装领域，有以华联电子、光莆电子、信达光电为代表的 20 多家封装企业，封装技术水平也已位居国内前列；在应用领域，涌现出了通士达、利胜电光源、立达信、阳光恩耐、光莆、立晶、漳州富顺、福建苍乐、晨耀、勒斯克等 70 多家企业。厦门基地目前已形成上、中、下游较为完整的半导体照明产业链。

近年来，厦门基地通过研发创新与示范相结合，积极探索工程推广模式，取得了良好的社会效果。2009 年，市科技局投入市科技经费 2000 万元，并带动项目总投资达到 7500 万元，以光电产业技术创新联盟为主，对“半导体照明 LED 外延、芯片和封装关键技术攻关与产业化项目”和“LED 路灯技术创新及示范工程项目”两个项目进行联合技术攻关，避免了企业单打独斗的发展状况，提升了 LED 上、中、下游产业链协作水平，促进了企业自主创新能力和核心竞争力的提高。基地的发展经验体现在以下几个方面：（1）探索体制机制创新建设，产业技术创新联盟运作模式初见成效；

（2）启动“十城万盏”半导体应用示范工程，坚持以应用促发展；（3）推动标准体系建设，为产业发展提供技术支撑；（4）打造公共服务平台，支撑产业快速发展；（5）加强国际交流合作；（6）支持建设行业组织，充分发挥桥梁、纽带作用。

厦门半导体照明产业化基地计划到2012年培育10个年产值亿元以上的应用型骨干企业；到2015年，培育2~3个产业规模居国内领先、具有国际竞争力、年产值10亿元以上的龙头企业，力争厦门LED照明产业实现跨越式发展。近、中期全市LED照明产业规划产值目标：力争在“十二五”期末实现年产值突破100亿元；2012年年产值达40亿元；2015年年产值达100亿元。LED外延片、芯片产业化方面，重点发展功率型高亮度红黄光、蓝绿光外延片及芯片，在“十二五”末实现功率型白光LED芯片光效突破150lm/W，并力争达到160~180lm/W，最终实现LED普通白光照明产业化。功率型LED封装方面，重点发展先进适用的封装技术和产品，包括贴片式封装、柔性基板式封装、白色小芯片封装及功率型封装；组合模块；荧光粉及封装材料的研究与生产。LED照明应用产业化方面，重点发展能同步拉动本地上游、中游产业发展的背光源、汽车照明、城市路灯照明、室内装饰照明等应用产品并发展普通照明产品，实现规模化生产，取得市场先机。

## 南昌国家半导体照明工程产业化基地

在国家科技部和省科技厅的大力支持，市委、市政府的正确领导下，南昌半导体照明产业得到快速发展。半导体照明新产品开发能力不断增强，产业规模进一步扩大，产业链日渐完善，基地集聚效应初步明显，整个行业出现了前所未有的兴旺局面。南昌市半导体照明产业规模也由销售收入8亿元增长到45亿元，半导体照明企业由原来的几家发展到50多家。“硅衬底发光二极管材料与器件”的研发为全球LED三大原创技术之一，具有原创技术产权，迄今为止已申请或获得国际国内各种专利150多项。该项成果打破了目前日本日亚公司垄断蓝宝石衬底和美国CREE公司垄断碳化硅衬底半导体照明技术的局面，形成了蓝宝石、碳化硅、硅衬底半导体照明技术方案三足鼎立的局面。

基地抓住LED产业国际资本、产业转移和技术发展的良好机遇，以产业化为目标，以市场为导向，以创新为动力，以应用促发展，形成“一个重心、两个龙头、多点扩散、辐射全省”的发展思路。即：以南昌国家高新区为产业布局重心，大力吸引LED企业进驻，形成产业集聚；以晶能光电和联创光电两大企业为龙头，致力发展上、中游的外延材料、芯片和下游的器件封装和LED照明应用；向南昌经济技术开发区、小蓝工业园等园区扩散，主要发展LED的其他应用和照明灯具的各种配件及其他辅助材料；逐步辐射到全省其他地区，利用省内丰富的稀土资源、铜矿资源及铜冶炼技术优势及低廉的劳动力成本优势，重点研究、生产LED照明用高效率荧光粉和高性能铜基散热材料等相关配套产品。

基地近期发展的主要目标有：提高硅衬底GaN基LED外延材料内量子发光效率，开发高亮度红光LED外延材料；芯片结构优化，争取提高外量子效率到80%以上；半导体照明功率型LED封装研发方面争取让发光效率达到100lm/W以上；研制开发出符合道路照明和室内照明的半导体照明光源；研制开发笔记本电脑、仪器仪表和20in以上液晶电视用高亮度LED背光源。

南昌LED产业化基地的发展已具备诸多独特优势，主要有以下几点：强有力的组织领导是基地发展的有力保证；持续技术创新是基地发展的根本动力；雄厚的人才队伍是基地发展的制胜法宝；深入开展半导体照明产业与示范应用调研工作。通过招商引资、引导民间资本进入LED产业领域和鼓励现有LED企业继续加大投入，扩大企业的整体规模、基地规模，不断提升全市LED产业的经济总量和在全市经济总量中的份额。2010年，全市LED及相关产业实现产值80亿元以上，LED产业作为南昌市支柱产业的地位基本确立。到2020年，力争全市LED及相关产业实现产值1000亿元以上，把南昌打造成技术水平高、创新能力强、产业规模大、集聚效应明显的世界一流LED产业研发与生产基地。培育和发展一批产值超100亿元、超50亿元、超10亿元，掌握核心技术、具有国际竞争力的龙头企业，促进全省LED产业，乃至高科技产业的大发展。

# 上海国家半导体照明工程产业化基地

2010 年世博会成为上海 LED 照明产业发展的重大契机，上海市政府制定了推动半导体照明产业发展、推广半导体照明应用的相关政策、措施，以大力支持 LED 照明在世博会上广泛应用，半导体照明被列为“世博科技专项”重点聚焦领域，建设了世博轴、中国馆、主题馆“一轴四馆”等标志性重点示范工程，整个世博园区内 LED 照明总造价约在 5 ~ 7 亿元之间。在世博需求的拉动下，上海半导体照明示范应用取得了举世瞩目的成绩。

上海已有半导体照明企事业单位 424 家，其中生产、应用和贸易企业 405 家，从事研发的高校、科研院所 19 家。2005 年以来，上海半导体照明产业规模年均增长率达 30%，2008 年产值为 60 亿元，2009 年实现产值 100 亿元。企业主要集中在浦东、嘉定、闵行、青浦、松江、金山、徐汇和普陀八区，LED 照明企业数占全市 LED 企业总数的 81%。上海正在形成以浦东新区为核心，辐射嘉定、闵行等区域的半导体照明产业格局。按产业链环节分布，上游 6 家；中游 9 家；下游 409 家。从上游外延材料、外延片研发生产到中游芯片制造，下游封装及应用以及模具、支架、电镀等配套材料等，产业链相对完整，产业链各主要环节也已逐步形成一批有一定规模的重点企业。

上海具有较为突出的 LED 研发优势，复旦大学 、同济大学、上海光学精密机械所、上海技术物理研究所、上海光学仪器研究所以及国家光学仪器质检中心等均已形成各自的研发特色。但这些研发机构的成果更多地在江苏、浙江等周边城市进行产业转化，从而使上海成为长三角 LED 研发的领头羊和策源地。

在产业环境建设方面，目前已建立“热学检测实验室”等 4 个专业实验室和“光电功能测试分中心”等 7 个测试分中心。在上海市科委和上海半导体照明工程技术研究中心的积极运作下，先后成立半导体照明专利联盟、上海半导体照明工程技术协会，并在张江高新园区内建设 1.2 万 $m^2$ 的上海半导体照明产业孵化器基地。

上海 LED 产业发展存在的问题主要集中在人力成本、厂房租金、建设成本较高，不适合劳动密集型、产品附加值较低的产业发展。这种制约会造成上海企业向周边区域的转移，目前大多数企业的做法是在上海保留研发中心和一定规模的中高端产品生产，而将更大规模的产能向江苏、浙江为主的周边区域转移。未来上海的产业发展将重点在重大装备、外延芯片、中高端产品制造及研发、创意中心等领域。

上海综合成本较高，企业大多定位在高端产品，品牌意识较强。上海区域品牌的效应对于企业是一大优势，这种优势在与国际高端大客户的合作及承接国内外重点工程方面尤为突出。在装备制造方面有较大优势，政府也准备在此方面进行积极扶持，目前有 3 家公司准备投入，分别是理想能源、中微电子、蓝宝等，有可能成为国内率先突破的区域；在照明、设计、创意、研发等方面优势突出，是相关公司设立全国研发中心的理想所在，雷士公司为代表的研发中心有望成为上海产业特色之一；受上海成本和企业扩张空间所限，目前上海公司的产能扩张大多选择周边区域建立生产基地，而上海本部将加大研发功能建设和高端产品生产。

# 大连国家半导体照明工程产业化基地

大连市在培育高技术战略产业和发展绿色经济推动节能减排的过程中，始终把半导体照明产业作为重点领域来推动，使得半导体照明产业得到快速发展，具备了良好的产业发展基础和巨大的发展潜力。大连市已基本形成产业链和产业集聚，特别是在产业链上游，以芯片和外延片的研发为特色，大连市已在国家半导体产业高端占有一席之地。

全市已初步构建起从衬底材料、外延片制造、芯片封装、终端显示装置、照明灯具到应用的较为完整的产业体系和产业链，上、中、下游企业近 40 家；产业科技创新能力不断增强。在上游产业，大连市以光明化工设计研究院、科利德化工科技有限公司为代表的高纯氨、有机金属化合物等技术具有国内领先水平，已步入大规模产业化发展阶段。美明外延片公司开发的高亮度氮化镓基蓝绿发光二极管外延片，填补了国内高端外延片领域的技术空白。路美芯片开发的低成本大功率氮化镓基倒装LED封装技术，提升了大功率发光二极管的效率和可靠性。在下游产业，长城光电科技发展有限公司研发的LED照明驱动芯片及照明控制系统已广泛应用于城市亮化及景观照明工程；九久光电公司研制的LED路灯、市内照明灯具已经成功打入国际市场；东显电子、东方科脉等企业开发的液晶显示屏和液晶显示模组远销中国香港、日本、韩国及欧美市场，广泛应用于通信工具、家用电器、交通工具、计量器械、仪器仪表等终端产品。

## 深圳国家半导体照明工程产业化基地

在深圳市政府鼓励科技创新政策的推动下，深圳LED产业的技术创新能力逐步增强，已出现了一批自主创新的企业，承担了一批芯片、封装、太阳能LED应用等领域的国家级科研项目和示范工程，在功率型封装、太阳能LED应用、全彩显示屏、LED特种工业照明应用等领域已处于国内领先水平。从企业集聚来看，深圳LED企业分布在上游衬底材料、外延片，中游芯片到下游封装、应用及配套材料、加工及检测设备等各个环节，已形成了国内相对完整的产业链，并在产业链中下游形成了一定的产业集聚。深圳LED企业在背光源、显示屏、太阳能LED应用、特种工作照明等应用市场率先取得突破，使上述几个领域的LED企业得到较快的发展，如LED背光源领域的伟志电子、帝光电子和深华龙科技，LED显示屏领域的联创健和、洲明科技和奥拓电子，太阳能LED应用领域的珈伟，LED特种工作照明领域的海洋王和邦贝尔电子。

深圳目前已有较完整的产业链和配套能力，已经成为国内产业最集中的地区，是全国LED的重要生产基地和贸易中心。深圳LED封装产量约占全国的70%，约占全世界的50%；部分技术领域与世界同步。从企业数量来看，深圳的LED照明企业有1000多家，占全国半导体照明企业数量的50%左右。目前，深圳已成为全球最大的太阳能LED灯具生产和供应基地、全球主要的LED背光源生产和供应基地、国内最大的LED显示屏生产和供应基地、国内主要的LED封装和LED照明灯具生产地区。2009年深圳市LED总产值比2008年增长35%，达到245亿元，其中出口占总销售收入的70%左右。深圳LED专利申请量居全国首位。预计到2015年深圳LED产业产值可达到1300亿元。

## 扬州国家半导体照明工程产业化基地

在国家科技部和江苏省科技厅的领导、关心和支持下，扬州市委、市政府高度重视扬州半导体照明产业化基地建设，着力加强科技创新体系建设，注重提升科技创新能力，不断推进产业集群发展。扬州半导体照明产业形成了国内较完整的产业链，攻克了核心技术、掌握了一系列自主知识产权，成为扬州重点发展的战略性新兴产业之一。扬州国家半导体照明工程高新技术产业化基地经过几年的发展，已形成“衬底材料-外延片-芯片-封装-应用”完整的产业链。基地以国家级经济开发区（扬州经济开发区）为核心，辐射高邮、广陵、仪征、江都、维扬、宝应等区域，遵循“产业集聚、关联配套、统筹协调、资源共享”的原则，实现区域联动发展的格局。

目前，扬州基地内核心企业数已从2006年的30余家激增至2010年的近70家，其中LED外延片、芯片生产企业12家，LED后道封装生产企业5家、LED支架生产企业8家以及众多应用型企业。2009年基地实现产值80亿元，利税5亿元，2010年全年产值超过98亿元，同比增长22.5%。核心企业有扬州中科半导体照明、扬州隆耀光电科技、江苏璨扬光电、扬州乾照光电、扬州银雨、扬州峻茂、扬州艾迪森、江苏史福特、帝豪电子（扬州）、江苏尚扬等。

扬州基地期望抓住半导体照明产业发展的重大机遇，充分发挥基地在半导体照明产业研发和外延片生产方面的优势，以重点企业为龙头，以优势领域为基础，以科技创新、技术改造、合资合作、产学研联合为手段，以集群化、规模化、产业化为发展方向，加强规划指导，明确发展重点，培育龙头企业，抓好技术研发，鼓励产业聚集，巩固基础、疏通瓶颈、完善产业链、促进应用，与上、下游产业发展有机结合，形成技术水平高、生产规模大、配套能力强、区域特色明显的具有国际竞争力的绿色照明产业，建成全国重要的半导体照明产业基地。

至2012年，积极拓展终端应用产品规模，重点实施“五个一”计划（1000万台LED显示器、1000万台LED电视机、1000万台LED笔记本电脑、1000万台E-book、1亿盏LED灯具），实现产值1000亿元。到2015年，在产业关键技术上有新的更多突破，形成比较完整的高端产业链和创新链，建成具有国际水平的技术研发平台，掌握一批核心技术，培育一批具有国际竞争力的公司，建成我国半导体照明产业重要的产品科研开发、生产制造基地。基地将以市经济技术开发区为核心，重点规划建设LED应用产业园，辐射高邮、仪征、广陵、维扬、邗江等县（市）区。市经济技术开发区重点提升高品质外延及芯片产业化技术、功率型LED封装技术、LED室内外照明灯具及系统集成技术、LCD用LED背光源应用技术、太阳能LED产品集成技术等关键技术；高邮、仪征重点发展室内外LED照明灯具和显示屏等；广陵重点发展LED车灯、指示灯、信号灯等；维扬重点发展与文化创意产业延伸产品相配套的LED应用产品。

## 武汉国家半导体照明工程产业化基地

武汉国家半导体照明产业化基地（以下简称“武汉基地”）自成立以来，对于加快武汉城市圈作为国家综合改革试验区建设，推动武汉建设综合性国家高技术产业基地，促进东湖高新区创建国家自主创新示范区具有极其重要的意义。武汉基地具有良好的产业基础和明显的技术优势，已形成从外延片生产、芯片制备、封装到应用产品为一体的LED产业链，大功率LED技术处于国内领先和世界先进水平，这已成为武汉基地的显著特色和亮点。

在外延和芯片领域，主要以武汉迪源光电科技有限公司和华灿光电股份有限公司为主，元茂光电科技（武汉）有限公司也具备一定的芯片生产能力和规模。2010年度，武汉基地内企业外延和芯片产品总销售额约为4.5亿元，主要产品包括大功率LED照明芯片、LED显示屏用蓝绿光芯片等，月产各种芯片3000kk，所产芯片可用于路灯、隧道灯、筒灯、球泡灯、庭院灯、背光源等。

在封装和应用领域，主要分三大方面，分别是LED路灯、LED显示屏以及太阳能与LED光源结合应用。LED路灯领域的企业主要有富士康科技集团鸿富锦精密工业（武汉）有限公司、武汉中科凌云新能源科技有限责任公司等。LED显示屏领域的企业主要有武汉绿色光电股份有限公司、美国海仕光电（武汉）有限责任公司、武汉中航电子有限公司、武汉盟信科技有限责任公司等。太阳能与LED光源结合应用领域的企业主要有武汉日新科技照明有限公司、珈伟太阳能（武汉）有限公司等。2010年度，武汉基地内企业封装和应用领域销售额约为5亿元，主要产品包括高杆路灯、庭院灯、地埋灯、树下灯、景观灯、工矿灯等近百种产品。

武汉基地将紧紧抓住武汉成为“资源节约型、环境友好型”国家综合改革试验区和东湖新技术开发区作为国家第二家自主创新示范区的大好契机，以应用促发展，加强示范应用工程的建设，形成良好的辐射和带动效应，坚持“创新与引进并举”的发展方针，注重发展具有自主知识产权的企业。围绕LED产业链各领域，发挥本地LED技术起点高、后发优势强的特点，通过对以GaN为代表的第三代半导体照明材料与器件的研发，继续推进LED产业的集聚和规模化发展，在半导体发光材料和器件、显示屏照明光源和LED灯具等领域形成国内最具规模和实力、产业配套完善的半导体照明产业基地。到2013年力争实现五大建设目标：（1）建成一个“国内一流、国际知名”的武汉国家半导体照明产业化基地。在东湖新技术开发区内相对集中的10km$^2$范围内，集中布局LED产业；同时规划兴建LED产业园区，实现LED产业的集约化、规模化发展。（2）打造一条LED产业链。计划5年内吸引投资40亿元，通过引进、新建、扩建项目，初步形成从外延材料、外延片生产、芯片制造、封装及应用较为完整的LED产业链，实现产业扩张和产品升级。实现LED产业及相关产业的年销售收入达60亿元。（3）发展一批以LED及其相关配套产业为主的企业集团。通过政策驱动、资产重组和项目整合，培植一批具有相当竞争力的LED企业，形成2~3个产值过10亿元的LED企业集团、8~10个产值过亿元的LED应用产品生产企业，形成产业结构合理、规模适中的LED企业群。

（4）聚集一批 LED 领域的优秀科学家、技术专家和企业家人才队伍。形成一支层次明晰、结构合理、实力雄厚的专业技术人才队伍，熟练的职业技术工人和从事管理、经营和中介服务的企业家群体。

（5）建设一流的 LED 技术创新体系。按照“生产一代、开发一代、预研一代”的创新战略，从“研究开发、产业化、支撑服务、人才资源”等四个关键环节组建湖北省 LED 工程研究中心和企业技术开发中心，为 LED 产业的发展提供源源不断的技术支持。

## 东莞国家半导体照明工程产业化基地

东莞半导体照明产业经过几年的发展，已经形成较好的基础和良好的发展势头，产业链初步形成，应用领域广泛，创新能力不断增强。目前东莞已成为 LED 封装和 LED 道路及景观照明的国内主要生产地区、LED 显示屏的生产和供应基地、LED 背光源的生产和供应基地、太阳能 LED 灯具的生产和供应基地。

东莞 LED 企业主要分布在芯片、封装、应用及装备的研发和生产环节，在衬底、外延、芯片环节比较薄弱。目前 LED 企业 100 多家，其中涉及衬底材料制备的有中镓半导体公司，涉及芯片制备的有福地电子材料公司、洲磊公司，涉及封装与应用的有勤上、科磊得、邦臣、品元、帝光等众多企业，还有设备制造商如凯格精密机械有限公司和志成华科公司分别研制封装设备和芯片分选设备。另外正在建设的大型外延和芯片项目有两家，将进一步完善和做强东莞市 LED 产业链。2009 年销售收入总额 50 亿元，总资产在 1000 万元以上的企业有 58 家。2010 年，全市 LED 产业产值约 80 亿元。

近几年来，通过实施科技东莞工程，逐步涌现出一批相当有创新能力的企业。截至目前，东莞在 LED 领域已授权发明专利 114 件，实用新型专利 579 件，其中拥有的 LED 路灯的发明专利约占全国的一半。中镓半导体公司在氮化镓衬底材料制备、HVPE 和激光剥离设备制造等方面技术达世界一流水平。福地电子材料公司已经成为国内少数几家能掌握 LED 芯片多项自主知识产权、制造技术和大功率照明器件规模生产工艺的企业之一。东莞勤上光电股份有限公司与清华大学合作，建立 LED 照明技术研究院，并合作开发 LED 路灯等照明产品，在大功率 LED 非成像二次光学系统、电路驱动系统、无线通信智能控制系统、散热系统设计等方面实现重大突破。以东莞华中科技大学制造工程研究院为依托开发的具有自主知识产权的多品种、多用途 LED 管芯检测分选设备，达到国际先进水平；东莞市凯格精密机械有限公司研制的 LED 封装设备（自动固晶机和焊晶机）处于国内领先水平。

自 2009 年以来，东莞先后被认定为国家科技部“十城万盏”半导体照明应用工程试点城市和国家半导体照明工程高新技术产业化基地。以 LED 照明技术试点示范和 LED 照明产品应用推广为重点，强化政策、科技、服务支撑，加强 LED 产业集聚发展。主要在政策制定、科技扶持、示范推广、探索模式、检测体系等方面推动 LED 产业发展及示范应用。“十二五”期间，东莞将以 LED、高端电子信息等领域为重点，大力推动战略性新兴产业的培育和发展。在促进 LED 产业发展方面，到 2015 年，争取相关 LED 企业数量超过 300 家，产业产值达到 500 亿元，把东莞建设成为产业规模大、产业集中度高、持续创新能力强、整体竞争优势突出的现代 LED 产业集群，并跻身为国际半导体照明产业链中的重要一环。

为实现以上目标，必须加快落实《LED 产业发展规划（2010—2015 年）》中的各项措施，以建设国家“十城万盏”半导体照明应用工程试点工程和国家半导体照明工程高新技术产业化基地为契机，重点从平台建设、关键技术突破、关键设备扶持、政府采购、示范工程补贴等方面扶持 LED 产业发展，加速产业集聚。“十二五”期间，东莞将进一步加大投入，每年从科技东莞工程专项资金中安排 5 亿元扶持 LED 产业发展，连续 5 年共 25 亿元打造国家半导体照明工程高新技术产业化基地。具体实施 LED 产业发展四大促进行动：关键技术突破行动、重大项目产业化行动、推广应用示范行动、龙头企业培育行动。充分发挥东莞与台湾的密切关系，重点加强莞台合作，特别是发挥松山湖台湾高科技园的有利环境，大力引进台湾地区的重点 LED 企业，以进一步增强东莞市 LED 产业特别是上游产业的规模。同时，加强政策引导，促进产学研合作，引入国内重点 LED 企业，力争使东莞市成为国内重要的 LED 产业基地。

## 宁波国家新能源与节能照明产业化基地

经过多年的努力，宁波半导体照明（LED）产业已形成较大的产业规模和较好的技术基础。2009年宁波半导体照明产业产值达150亿元，2010年预计可达180亿元。宁波半导体照明产业现有企业约4000余家（工商注册），有一定规模和产品开发能力的约有150家，分布于产业链中的各个环节。其中芯片企业1家、封装企业10家、配套企业15家、应用企业110家、相关企业14家。宁波半导体照明产业区域分布以宁波市区为中心，产业规模最大的灯具产业主要分布在余姚、慈溪、鄞州、宁海为代表的周边区、县；LED封装、支架、电源驱动、芯片设计、电源模块等技术含量较高的主要集中在宁波国家高新区和鄞州区；太阳电池主要位于高新区、保税区、宁海、余姚、慈溪、鄞州；LCD液晶相关下游产业集中在保税区、鄞州。

宁波半导体照明产业虽然有一定基础，但企业规模普遍偏小、比较分散、缺乏龙头企业，未形成有效的产业集群，自主创新能力有限。人力资源相对匮乏。面临日益激烈的产业竞争和日新月异的技术创新，专利标准是主导市场的双刃剑，宁波企业普遍存在明显的差异。尽管存在上述问题，但宁波发展半导体照明产业总体上也存在较大的发展空间，依托现有众多应用产品企业、区位和资源集聚优势，能快速形成半导体照明特色应用市场和较为合理的产业结构；利用民营经济的活力和对国内外市场的敏感性，抓住当前发展机遇，建设成为能融入国际市场体系的中国半导体照明重要产业化基地，从而促进宁波新兴产业的快速发展，为节能减排作出贡献。

宁波一方面积极引进高等院校的研发机构和科研院所，另一方面积极与国内外大学、院、所等机构合作，引进人才或成果。此外，积极鼓励企业设立技术研发中心，如升谱、燎原、赛尔富、耀明、和惠、亿鑫诚等企业研发能力提升较快，为宁波半导体照明产业的发展奠定了良好的技术基础和条件。宁波半导体照明产业发展战略及规划以建设“能融入市场体系的中国半导体照明重要的产业化基地”为中心；通过工程示范与政策引导，着眼于国内民营企业，促进LED与传统灯具产业的融合，巩固并扩大半导体照明产业市场应用基础，通过招商引资与产业承接，着眼于台商企业加大半导体照明产业薄弱环节的引进与承接力度，提升产业向高端发展的能力和水平，通过区域合作与专业协作，着眼于整个长三角地区，整合产业资源，实施引资、引智工程，提升支撑产业发展的创新服务水平，增强宁波半导体照明产业的市场竞争力与可持续发展能力；积极实施产权多元化策略、不平衡发展策略、可持续发展策略、集群化发展策略、差异化发展策略。

2010年，宁波以LED的应用带动产业快速发展，成为周边区域重要的封装、配套生产基地，基本构建完善的产业配套体系，形成集群效应，相关产业产值达180亿元。预计到2020年，宁波半导体照明产业规模将超过1000亿元，并将在照明、背光、隧道、景观及其配套的元器件、材料、控制电路等领域形成国际领先的竞争优势，成为国内知名的半导体照明产业核心集聚区。

## 天津国家半导体照明工程产业化基地

天津市政府已将半导体照明列入“十二五”期间发展的战略性新兴产业。2010年，在新的思路的引领下，充分发挥现有公共技术研发与产业联盟这两大平台，支持鼓励核心技术的攻关研究，重点扶持一批上游关键材料、下游应用产品龙头企业，充分发挥科技支撑、龙头带动的作用，加速LED产业集群形成壮大，基地建设初见成效。

目前天津已经基本形成了集衬底材料、外延片制造、芯片生产、器件封装以及LED应用为一体的较为完整的产业链体系；形成了以中环电子、天津三安光电、三星高新电机、台湾光宝、天星电子、晶明光电材料公司、津亚电子、海宇照明、中环华翔等为代表的由近百家上、中、下游各环节企业组成的半导体照明产业链企业集群；2010年联盟企业总销售额已超过150亿元，预计近5年，将保持每年60%以上的增长率，到2015年，直接及相关产业年产值将达到1000亿元以上。

在天津市近期重点支持的专项中，围绕建设天津市光电子专业孵化器，培育、壮大一批中小企业，在半导体照明、光显示、光传感、激光技术、光电检测等技术领域，研究开发若干项产业化前景良好，具有自主知识产权的技术和产品。通过设立的天津市创新专项资金，重点支持了砷化镓蓝宝石衬底材料、LED 外延片生长关键技术、芯片制造及封装产业化关键技术、照明系统集成技术。天津市半导体照明相关技术研发取得了多项先进科研成果，上游有丰富的技术储备，以赛法晶片、中电四十六所、天津工业大学、天津大学、南开大学、天津理工大学、河北工业大学为代表的企业与高校在荧光粉与衬底材料，单晶炉与检测设备方面都积累了较为丰富的技术成果，可以进行产业转化产生经济效益的项目较多；同时在大功率 LED 路灯、室内照明灯、汽车灯、景观照明等应用技术研发领域和产业化方面处于国内领先地位，在本地区的现实应用市场率先取得了突破。

按照“营造一流的环境，培育一流的企业，聚集一流的人才，打造一流的品牌”的发展理念，以服务天津“国际港口城市、北方经济中心和宜居生态城市”定位为目标，以培育天津半导体照明产业国际竞争力为主线，以大范围推广应用半导体照明产品为核心，着力营造适宜半导体照明产业创新，产品应用的良好环境，形成国内外行业领军人才、龙头企业与高端研发机构集聚的综合优势，加速形成配套完整的产业链和集群经济，为国内半导体照明产业创造示范效应。到 2012 年，将天津市打造成半导体照明产业发展的聚集区、应用示范的标志区、自主品牌的原创地，开创以半导体照明产业统领相关产业协调快速发展的新格局。

## 杭州国家半导体照明工程产业化基地

杭州半导体照明产业发展良好，目前从事半导体照明产业的企业有 180 余家，年产值近 25 亿元人民币，基本上形成了包括“外延-芯片-封装-检测仪器与设备-荧光粉-应用产品”等较为完善的产业链，在产业链各个环节均有具备一定规模的龙头企业。

杭州杭科光电的“国产芯片 LED 隧道灯集成及应用研究”获得国家 863 半导体照明支持，是“十城万盏试点城市项目”全国三家牵头单位之一。杭州远方光电、英飞特电子（杭州）、杭州中为、杭州浙大三色、杭州汉徽光电等 6 家企业承担了国家科技支撑计划。杭州创元光电、浙江铭洋照明、杭州皓玥、浙江合大太阳能、杭州晶景光电等一批 LED 企业先后获得创新基金，省重大、市科技创新重大专项支持。风险投资机构和制造业企业集团纷纷介入 LED 产业，有力地促进了杭州 LED 快速稳定的发展。半导体照明产业发展环境建设加快，如建设杭州市半导体照明研发与检测科技服务平台，成立浙江省半导体照明产业技术创新联盟。



## 西安国家半导体照明工程产业化基地

西安市拥有西安电子科技大学等 LED 相关领域的科研机构，研发力量较为集中，具备发展 LED 产业发展的基础条件，已初步形成了关键设备、LED 外延片和管芯、LED 光源、应用产品等较为完整的产业链，在大功率光源封装、高效电源、室外照明应用等方面具有特色。西安市现有 LED 企业 40 余家，2009 年销售收入约为 15 亿元。目前，西安市半导体照明企业分布零散，普遍存在规模小、产能小的情况，企业之间缺乏联动，难以形成合力。主要企业包括西安中为光电科技有限公司、西安智海电力科技有限公司、西安立明电子科技有限责任公司、陕西西电科大华成电子股份有限公司、西安电子科技大学创新数码股份有限公司、西安麟字特种电源有限公司、陕西烽火佰鸿光电科技有限公司等 LED 相关企业 40 多家，主要涉及 LED 关键设备研发、LED 外延片和管芯制造、LED 光源及 LED 照明产品的研发和应用等方面。

在产业集群的建设方面，围绕“西安半导体照明科技产业园”和“西安国家半导体照明工程产业化基地”的建设，推动西安产、学、研、用相结合，努力建设创新型城市的先行区和示范。在 LED 应用方面已经初具规模，产品主要集中在城市道路照明、隧道照明、太阳能照明、景观照明、工矿照明等方面。

在半导体照明产业方面，将以试点带应用、以应用促研发、以研发推产业，力争用 3 ~ 5 年的时间，把 LED 照明产业培育成西安高新技术产业新的经济增长点。到 2011 年，初步形成自主创新与产品应用结合紧密、技术转移高效、品牌效应显著的LED照明产业集群，年销售收入实现50亿元，培育年销售收入过亿元的骨干企业10家，力争成为国内知名的大功率LED照明产业聚集区；到2015年，将形成产业结构合理、特色鲜明、国际分工与合作聚集度高的LED照明产业集群，实现年销售收入150亿元，培育年销售收入过10亿元的龙头企业5家，过亿元的骨干企业20家，力争成为国内一流的大功率LED照明研发应用和产业规模发展的聚集区。

## 石家庄国家半导体照明工程产业化基地

石家庄市在电子十三所前期较强技术积累的基础上，不断地通过自主创新和引进优秀项目，形成了包括LED外延片的生产、LED芯片的制备、LED芯片的封装以及LED产品的应用在内的较为完整的产业链。目前具有一批LED骨干企业，如同辉电子科技股份有限公司、河北立德电子有限公司、石家庄开发区金立翔电子工程有限公司、河北神通光电科技有限公司、河北大旗光电科技有限公司、石家庄市京华电子实业有限公司等。据初步统计，目前半导体照明相关企业已达150余家，从业人员近2万人，2009年实现销售收入超过50亿元。半导体照明技术在“十城万盏”的带动下取得了较快的进步。半导体照明1W白光光源发光效率研发水平达到130 lm/W，产业化水平达到100 lm/W，整体灯具效果达到110 lm/W，接近国际水平。

## 潍坊国家半导体照明工程产业化基地

在强大的招商引资的力度下，潍坊市的产业链逐步完整。先后吸引了勤上、浪潮华光等企业前来落户。目前从事半导体照明的企业分布在衬底材料、外延、芯片、封装、应用产品和配套产品等各个环节，其产品覆盖了产业链的主要部分以及红外、可见光和白光LED领域。潍坊市本身的半导体照明产业和地理位置优势相对其他城市并不明显，但在政府鼓励开展“破坏性”创新，全力打造具有核心竞争力的创新型产业集群和产业体系的强大支持力度下，目前产业链结构已经逐步完善，集合浪潮华光芯片生产技术，融合歌尔、大同宇骏、金源勤上等市场、技术、资金规模优势，带动三晶、明锐、江都、华光照明等一批下游中小企业形成产业集群。

# “十城万盏”试点示范工程应用情况

吴鸣鸣　付原　刘毅
国家半导体照明工程研发及产业联盟

2009 年，为深入贯彻国务院《关于发挥科技支撑作用 促进经济平稳较快发展的意见》精神，中华人民共和国科学技术部启动了“十城万盏”半导体照明应用示范工程，同意在天津市、上海市、重庆市、石家庄市、保定市、大连市、哈尔滨市、扬州市、宁波市、杭州市、厦门市、福州市、南昌市、潍坊市、郑州市、西安市、武汉市、深圳市、东莞市、成都市、绵阳市共 21 个城市开展试点工作。其目的，是通过半导体照明应用示范工程的实施保增长、扩内需，为“保八”目标提供支撑；建立半导体照明应用推广工作体系；增强企业的自主创新能力与综合竞争力，在产业链上的主要环节形成龙头品牌企业；建立国家公共研发与检测平台，形成一支高素质的系统集成技术创新团队；最终形成具有自主知识产权和国际竞争力的半导体照明新兴产业。

在科技部积极的引导和地方政府的大力推动下，经过一年多的时间，“十城万盏”试点工作不仅取得了阶段性成果，获得了许多宝贵经验，而且对我国半导体照明产业的快速发展起到了很好的推动作用，加快了技术创新的步伐，也带动了相关产业的发展。同时，试点工作开展过程中也暴露出来一些问题，如缺乏核心专利，标准检测体系不健全，“商业模式”有待完善，招商引资缺乏技术支撑，个别城市存在政府地方保护现象等。其中有些是因为半导体照明产业尚处于启动阶段发展不成熟导致的问题。这恰恰体现了试点工作开展前的初始判断及实施意图——即通过应用发现问题、解决问题、提升技术成熟度、推动产业发展。



通过调研发现，多数城市根据自身的条件和基础，采取政府与产学研通力合作的方式，对示范工程的实施进行了积极的探索，涌现出一批有特色的应用示范工程，在技术创新应用、科学规划实施、公共平台建设、商业模式探索、配套支持政策、过程管理方式、培育产业体系等方面取得了一些有价值的经验和成就。

目前，在 21 个城市中已经有 160 万盏以上的 LED 灯具得到示范应用，节电超过 1.64 亿度。其中户外应用共约 22 万盏，路灯约 20 万盏，隧道灯约 2 万盏；室内应用总共约 66 万盏。此外，景观亮化应用灯具约 72 万盏。参与试点工作的 21 个城市共有半导体照明企业 2000 多家，相关产值约 759 亿元，初步形成产业集聚。

## 一、“十城万盏”试点工作取得的成果

### 1. 推动产业发展，促进产业升级

近年来在我国政府与产业界的努力下，我国半导体照明产业得到快速发展。2009 年在金融危机的影响下，我国外贸出口以及一些传统工业产值出现大幅下滑，在“十城万盏”培育市场理念的带动下，地方政府纷纷将半导体照明作为改善区域产业结构，转变经济发展方式的抓手，开始主动探索半导体照明技术与产业的发展，培育开发市场，我国半导体照明产业规模得到了扩张，尤其是试点城市的半导体照明产业发展很快。在金融危机的背景下，我国半导体照明产业仍逆势上扬。2009 年我国半导体照明企业总数近 4000 家，半导体照明产业的规模已达 827 亿元，比 2008 年的 700 多亿元增长约 26%。

随着“十城万盏”应用工程的实施，许多传统照明企业纷纷关注并进入 LED 领域，产业转型与升级大幕已拉开。如宁波市是中国照明产业的聚集地，有超过 4000 家传统照明企业，近 1/3 的企业

已经或计划向半导体照明产业转型；扬州一些传统灯具制造企业加快了用 LED 替代传统光源的步伐，LED 产业迅猛发展。另外，有一些传统照明领域的上市企业也投入巨资转入 LED 的研发和生产。如亚明照明是上海飞乐音响股份有限公司的全资子公司，在大功率照明光源方面占据国内主要市场份额，2009 年成立亚明固态照明有限公司，进军 LED 领域；专业从事照明产品生产、研发及销售的雷士照明，2010 年成立了上海研发中心，并组建了 LED 研发小组，对 LED 光源、灯具、驱动电源进行研究；佛山照明是中国最大的电光源生产企业，目前与我国台湾地区企业合作，全面进入 LED 电光源制造领域。

景观照明是目前半导体照明技术应用较为成熟的领域，节能效果显著。初步统计，自“十城万盏”试点示范工作开展以来，截至 2010 年 7 月，21 个试点城市应用了约 72 万盏景观亮化应用灯具，推动了 LED 产品的大规模应用，凸显了地域特色。扬州发挥独具魅力的文化优势，将发展光电产业与城市建设相结合，建成了“古运河风光带”、“瘦西湖万花园”等景区的半导体照明亮化示范工程；杭州主城区京杭运河亮灯工程共安装 6.5 万盏 LED 灯具，获得国际城市照明协会的“城市、人、灯光”国际大奖第二名，西湖亮灯工程采用 23.1 万盏 1W 高效率 LED 射灯，替换原 50W 的金卤灯，总能耗下降为 231kW。

同时，试点工作带动了相关产业的发展，材料、节能建筑、太阳能光伏、机械制造、广告、家电、汽车、电子信息、系统集成等产业都由此获得了更为广泛的扩展领域。

### 2. 加强技术系统集成，推进创新应用

“十城万盏”试点示范应用拉动效果明显，各试点城市不断加大对半导体照明的科技投入，加强对系统集成技术的研发，技术进步速度明显加快。通过光学设计、散热、驱动等技术集成，部分关键技术得到解决，功能性照明产品已在部分支干道路照明和室内筒灯、射灯照明上得到应用。我国芯片产业 2009 年产值达 23 亿元，芯片国产化率上升到 52%；具有自主知识产权的功率型 Si 衬底白光 LED 芯片光效达到 90lm/W；产业化功率型芯片光效达到 100lm/W；功率型白光 LED 封装接近国际先进水平（超过 130lm/W）；通过 863 计划重点支持节点考核结果优秀的国产芯片在示范工程中的应用；国产芯片、器件与控制系统集成成功应用于建国 60 周年国庆时期的天安门大屏幕；通过联盟组织捐赠的国家大剧院《复兴之路》演出的大屏幕，体现了科技对文化的支撑作用。

部分城市结合区域产业特色和重点工程建设，促进了半导体照明产品集成创新与示范应用，显示了节能环保的效果，涌现了一批具有特色的示范工程项目，有效提高了社会的认知度。据初步统计，在 21 个试点城市中已经有 160 万盏以上的 LED 灯具得到示范应用，其中功能性照明超过一半，包括大约 20 万盏路灯、2 万盏隧道灯、66 万盏室内照明灯具。

如上海世博会整个园区 LED 芯片用量约 10.3 亿个，在公园、场馆、绿地、广场、重大活动等场所应用 LED 灯具达到 20 万盏以上，“一轴四馆”乃至整个园区绚丽多变的夜景灯光都依赖这项新技术来营造，更向世界展示了 LED 照明的璀璨前景；南昌的八一大道共计安装了近 400 盏大功率 LED 灯具，是全球首条率先在双向 10 车道的交通主干道上使用 LED 路灯的道路；天津提出“LED 天津”概念，在 LED 校园、LED 社区、LED 交通、LED 生态城、LED 工业园 5 个模块大规模应用 LED 照明；绵阳结合灾后重建工程，在北川新城市建设中，采用了大量 LED 路灯，并在新建筑中采用 LED 照明产品和节能荧光灯，成为率先淘汰白炽灯等低效照明灯具的城市之一。

此外，企业和用户不再仅仅关注 LED 产品本身，而更加注重 LED 照明系统整体解决方案的设计，不断开发 LED 技术在其他领域的创新应用，进一步体现了照明科技理念，培育了新兴市场。

如石家庄在地下停车场 LED 灯具的智能管理模式方面进行了尝试，在灯具节能 30% 的基础上，使整体节能率又提高 20% ~30%；重庆在重庆医科大学、第三军医大学的附属医院建成了 35 个样本手术室、两个样本病区，安装了 2000 余盏 LED 室内照明灯具和 200 套手术用无影灯；杭州正在开发智能化 LED 植物生长照明系统，已应用于铁皮石斛等药用植物的组培。

### 3. 扩大国际影响，取得良好社会效益

半导体照明产业属于快速发展的新技术、新产品，社会对产品的特性和节能效果的认知度有限，

需要加强试点示范应用，加大力量培育应用市场。而“十城万盏”所展示的“通过应用促进科技创新、发挥科技支撑经济发展的作用、促进节能减排工作”的理念在国内外都产生了巨大而深远的影响。随着我国“十城万盏”试点工作的开展，国际上一些发达国家也纷纷实施了半导体照明的示范工程。如欧洲半导体照明示范机场、洛杉矶城市路灯照明、韩国政府办公环境半导体照明等。

“十城万盏”试点示范工程的实施吸引了国际上以及我国台湾地区的大量资本进入国内市场，外企和台湾地区在大陆的投资显著增加。台湾地区排名前 10 的 LED 企业有 8 家在大陆建厂；而 Cree、Philips、GE 等国际巨头不仅加入了国家半导体照明工程研发及产业联盟，也纷纷在大陆投资建厂或加大对大陆研究院的投资。

从目前工作开展的情况来看，“十城万盏”试点示范工作的开展已显著提升了半导体照明的社会认知度，取得了良好的社会效益，表明了中国政府节能减排的承诺与培育战略性新兴产业的决心，坚定了国内半导体照明企业对未来发展的信心。

### 4. 积极培育市场，初步尝试合同能源管理

因半导体照明产业尚不成熟，功能性照明处在刚刚启动阶段，市场环境亟待建设和完善，故大部分试点城市采取了以政府推动为主、市场导向为辅的模式，多数试点城市对推广的商业模式进行了积极的探索，并取得了有价值的、可进一步完善改进的经验。这其中包括 EMC 模式及相似模式、近似 BT 的模式、财政补贴模式、政府担保金融机构贷款模式或上述模式的混合型模式等。目前多数城市采取了近似 EMC 的模式。

如东莞鼓励运用合同能源管理（EMC），在企业主动参与下，积极引进商业银行、投资基金、合同能源管理投资公司参与示范工程，正组织常平等镇和街道采用 EMC 模式推广 LED 路灯，并探索出“勤上模式”；山西光宇半导体照明有限公司与深圳市鑫光宇半导体照明有限公司以及深圳市西海道市政工程有限公司共同承担了深圳市蛇口工业区道路照明节能改造项目，采取自我担保的 EMC 方式运作；成都则采取“以路养路、节电返还”模式，并尝试采用清洁发展机制（CDM）。




## 二、地方“十城万盏”试点工作的经验总结

“十城万盏”试点工作自开展以来，试点城市以政府作为责任主体，充分发挥了主观能动性，结合自身优势，积极探索具有区域特色的应用推广模式，有效地推进了试点工作的开展。

### 1. 根据产品适用性及成熟度，科学组织实施

“十城万盏”试点示范工程启动以来，一些城市结合半导体照明产业的发展特点与技术现状，科学研究、规划在先，组织产学研等各类专家，针对不同的试点示范应用领域制定相应的实施方案；同时通过制定地方标准体系、严格的检测手段等为示范工程提供可靠的质量保障，取得了成功的示范应用经验。

厦门市成立了由副市长任组长的“十城万盏”领导小组，及时出台了《“十城万盏”工程的实施意见》、《实施方案》、《质量监督体系的建设》和《产品生产企业推荐办法》等 5 个文件。根据对半导体照明应用的明确细分，厦门市组织专家组采取了突出重点，稳妥实施，按试点→示范→大面积推广的顺序分步分批推进的模式，分为两个阶段实施。同时，为确保“十城万盏”应用示范工程的产品质量，厦门组织专家编写了 7 个工程技术规范和 2 个工程技术规定，并组织企业申报产品资格认定，发挥检测平台的优势，对照明生产企业的送检样品进行严格测试，为工程顺利实施保驾护航。

哈尔滨市在科学评估应用产品成熟度与推广可行性的前提下，结合自身景观照明的特点与地域优势，实施以冰雪景观为重点的半导体照明示范应用工程：一是以历史文化沉淀的欧式建筑景观群落与 LED 照明技术相结合的创新为特色，突出哈尔滨“冰城夏都”的城市特色；二是在冰雪景观上注重文化传承中创新的设计思想，以 LED 光源为表现载体兴建声光动俱全的全新冰雪艺术景观。在此思路下，哈尔滨在市区的核心地带，尤其是斯大林公园、沿江两岸中心地带、冰雪景观等处形成了多处大型 LED 景观亮化群。目前，哈尔滨实施的冰雪景观和城市景观照明 LED 灯具应用覆盖率均达到

90%，实现节能70%以上，年节约用电2800万千瓦·时，每年减少汞排放10千克，减少水污染720万立方米。

2. 积累了一些值得借鉴和推广的过程管理经验

一些城市在实施“十城万盏”、促进产业发展的过程中，非常重视实施过程的科学控制与管理，并建立了相应的组织机构、管理机制和监督政策。其中以厦门经验较为突出，它们以联盟为主，通过制定相关技术文件、招投标、工程监理以及验收和最终节能效果评价进行全过程管理。

厦门组建了光电产业技术创新联盟，推动联盟项目攻关，研究试点工作的技术选择，从较为成熟和适用的产品切入展开规划和实施工作。以联盟为主对“半导体照明LED外延、芯片和封装关键技术攻关与产业化项目”和“LED路灯技术创新及示范工程项目”进行联合技术攻关，提高了企业的自主创新能力和竞争力，为“十城万盏”提供了技术经验和保障，也为联盟企业纵向和横向协同攻关、集成创新闯出了一条新路，积累了经验。

此外，厦门市建设了国家级LED检测与认证中心、光电子信息材料与器件工程技术研究中心、光电子孵化器、海外科技企业孵化器、厦门产业技术研究院、台湾科技企业育成中心、集成电路设计公共服务平台等一系列扶持光电产业的平台机构。这些平台的建设将有力地支撑和推动厦门市光电产业的发展。

3. 通过示范工程推动了技术创新能力的提升

通过试点示范工程，许多技术获得了在应用中进步和改善的机遇，并取得了较好的成绩。

南昌市硅衬底LED芯片产业化初见成效。南昌大学硅衬底发光二极管材料与器件的研发取得了重大成效，该项成果已着手实施产业化，创造性发展出第三条半导体照明技术路线，组建了专门从事硅衬底氮化镓基LED外延材料与芯片生产的高科技企业——晶能光电（江西）有限公司，率先在全球实现了“硅衬底发光二极管材料及器件”这一新产品的批量生产，现已形成年产30亿粒芯片的产能，功率型芯片封装白光后光效超过90lm/W。

杭州在实施“十城万盏”试点示范工程的过程中，通过组织共性关键技术攻关，提升技术创新能力。如杭州杭科光电科技有限公司申报的“国产芯片LED隧道灯集成及应用研究”获得国家863计划支持；2009年杭州远方光电信息有限公司等企业承担了4项市半导体照明重大创新项目，总投资5500万元；杭州士兰明芯科技有限公司拥有完整的LED芯片制造线，其生产的蓝绿色芯片在国内的室内外显示屏领域占据主导地位，替代了20%的进口显示芯片，并入围天安门广场LED彩屏项目，高亮度AlGaInP红、橙、黄色LED芯片已经小规模生产。另外，杭州的龙头企业组织建设检测平台，积极参与国家标准的制定，有效地发挥了地方科研的优势。

4. 以市场为导向，鼓励企业走向国际

宁波市充分挖掘企业自身的活力，利用市场机制，结合地方优势特色，鼓励企业走出宁波，走向全国，走向国际。作为国内照明灯具制造聚集地之一，宁波市LED产业具有较好的发展基础，企业具有相当的生产规模和产品开发能力，LED照明终端应用产品出口优势明显，为试点工作的开展奠定了良好的基础。宁波以企业投入为主体实现多方融资，保障示范工程资金投入。除交通、市政道路及公共设施项目LED照明工程造价列入市年度财政专项资金投资预算计划外，其他工程项目则以企业投入为主体。到目前为止，宁波主要骨干企业承担LED示范工程60余项，其中宁波市项目18项，在国内外共应用LED道路照明灯具35000盏，室内照明灯具80万盏。

同时，宁波市政府还鼓励LED照明企业积极参与国内各地和国外市场竞争，承接了多项LED照明工程。如宁波燎原灯具股份有限公司2009年及2010年分别承担了荷兰、尼日利亚等国家，山东、湖南等省及沈阳、广州等市的照明工程；宁波升谱光电半导体有限公司2010年承担了北京翠微大厦LED照明工程等；宁波赛尔富电子有限公司承担了周大福全国门店LED照明改装工程等。

5. 借助国家重大工程，推动技术和产业的快速发展

2010年世博会成为上海实施“十城万盏”半导体照明应用工程、促进半导体照明产业发展的重大契机。上海市将半导体照明列为“世博科技专项”重点聚焦领域，通过863项目和市科委专项，

重点打造以上海半导体照明工程技术研究中心为主体的半导体照明公共研发和服务平台，为半导体照明在示范工程中的集成化应用提供了强有力的支持与有效的保障。

在世博园区建设的过程中，世博轴、中国馆、主题馆“一轴四馆”等标志性建筑均大规模应用和展示了半导体照明技术与产品，LED 照明总造价约为 5 ~ 7 亿元。沪上生态家室内外各种照明都采用了 LED 技术，其他场馆也在很多应用场合采用 LED 替代传统照明产品。在世博需求的拉动下，上海半导体照明示范应用取得了举世瞩目的成绩。

#### 6. “十城万盏”与地方发展战略紧密结合

在制订工作方案时，一些城市将“十城万盏”试点示范工程与本地社会发展战略紧密结合，取得了良好的社会效益。

武汉在实施“十城万盏”过程中，始终将试点示范工程与两型社会（资源节约型，环境友好型）建设相结合，纳入市节电工程、城市路灯建设和农村家园行动计划，服务于社会经济发展大战略。武汉在街道、车站、开发区、住宅小区、旅游景区及室内照明等适合发展 LED 照明的重点区域全面推广应用 LED 照明应用产品，并将太阳能与 LED 半导体照明相结合，将风光互补 LED 路灯工程纳入年度基本建设项目政府投资计划；同时，按照“两型社会”建设的要求，武汉大力发展绿色公共交通，已经完成 200 个公交电子站牌的招标，交通信号指示灯已经全部换成 LED 灯。截至 2010 年 8 月，武汉已完成装灯 14495 盏，试点工作取得了初步成效。

绵阳市结合灾后重建，在北川新城的建设中，率先在全国提出了全面淘汰白炽灯、积极推广使用半导体照明等绿色照明的计划，在辽宁大道、安北路（28 千米）全面使用半导体照明，一方面提升了重建水平，另一方面体现了绿色照明的理念，成为绵阳“十城万盏”试点工作的亮点。

“十城万盏”的示范意义主要在于通过应用，发现和解决半导体照明产品在实际应用中出现的问题。这就需要各城市根据自身特点，寻找合适的产品与应用领域，建立相应的运营模式，通过一段时间的试运行，发现其中的不足之处，最终总结归纳出相对合理有效的解决方案。因此，无论是通过应用促进技术创新，还是以新的商业模式带动应用，都有其实践价值。




表 3. 2-2 为 2 截至 2010 年 8 月国内外功率型白光 LED 技术指标对比。

**表 3. 2-2　国内外功率型白光 LED 技术指标对比（2010 年 8 月）**

| 分类 | 发光效率（lm/W）（350mA） | 显色指数 |
|---|---|---|
| 2010 年 8 月国内产业水平 | 90 ~ 100 | > 80 |
| 2009 年 4 月国内产业水平 | 70 ~ 80 | >80 |
| 韩国、我国台湾地区 | 90 ~ 110 | > 80 |
| 美、日、欧 | 100 ~ 130 | > 80 |

## 三、主要问题

“十城万盏”半导体照明应用工程试点工作取得了可喜的成绩，对技术创新与产业发展起到了积极的推动作用，但试点工作也暴露出一些问题。这其中包含部分我国市场经济环境中的一些普遍性问题，如部门协调机制、地方保护主义等；也包含部分因半导体照明这一新兴产业正处于启动阶段，发展不成熟所导致的暂时性问题，还有保证产业健康可持续发展需要不断解决的基础性和长远性问题。

### （一）缺乏国家层面的指导性文件和财政补贴

#### 1. 缺乏国家层面的指导意见

各地方普遍反映，由于启动初期缺少国家层面的指导意见、总体实施方案以及对示范应用产品的指南，在许多方面都是采取了开放的、先试先行的发展思路，导致在后续协调和实际操作中出现困难，地方在实施过程中没有参照标准，示范效果也无法评判。

此外，各部委之间的协调配合不够，使地方的示范工程缺乏有力的支持，特别是资金方面，未出台关于示范工程的财政补贴政策，而且由于试点工作主要由科技部门牵头，协调地方其他部门难度较大，对示范工程的具体实施造成一定障碍。

**2. 缺少对不同应用产品成熟度的科学分析**

一些城市在试点工作中没有针对示范应用产品的技术成熟度与应用难度进行前期分析，未明确区分景观照明、特种照明、隧道照明等领域与功能性照明领域，尤其缺乏对用于主干道照明的路灯的技术现状与产品成熟度的分析，例如：相较于系统功耗为250W以下的支干道路灯，LED路灯可节能40%，但是和400W的高压钠灯相比，当时LED路灯并不占优势。因此，有些城市用LED路灯替代主干道的400W高压钠灯，无法体现LED路灯的节能优势。甚至在有些地区，刚刚装上的路灯又被LED灯具替换下来，造成了不必要的财力、人力浪费。

LED在景观照明、地铁照明、隧道照明、商业照明、地下停车场及冷库照明等领域具有明显的节能优势，属于非常成熟的应用领域。然而在试点中出现了认为“十城万盏”就是大规模使用LED路灯的错误认识，在推广的方向和适用范围上出现误区，在不该急于推进的领域进行了过早的应用，而在真正成熟的一些替代射灯、筒灯、地下停车场用灯等室内照明领域却未能得到技术与产品的推广，影响了试点工作的推进。

另外，调研显示，地方政府在试点工程中，缺少对国产化芯片应用的政策引导与相关办法，很多企业片面追求进口芯片的使用，未能形成鼓励国产化芯片应用的产业与政策环境，尤其是未能形成具有中国特色应用的国产化芯片市场，因此亟需在地方政策中制定鼓励提升芯片国产化率的具体措施。

## （二）亟需建立质量保障体系与工程过程管理

建立和完善权威统一的国家级质量保障体系及工程过程管理体系，是关系到未来半导体照明产业能否健康发展的大事。

**1. 缺乏统一标准和检测体系**

目前由于国际上半导体照明检测技术、检测设备与检测方法还处在研发阶段，没有统一的检测方法和技术标准，而我国已批准成立的4家、正在筹建的2家国家级的半导体照明检测中心在投入、人才及检测能力方面差别很大，而一些地方检测机构缺乏技术和人才支撑，检测水平有限，造成同一产品在不同检测机构的检测结果不一致，产品的质量评价较为混乱，缺乏数据比对和结果互认。

国家只出台了一些基础标准，如工信部出台的9项行业标准中有7项是器件方面的标准，缺乏灯具产品的标准。同时，国家半导体照明工程研发及产业联盟出台的7项技术规范执行力度不够，地方标准之间以及地方标准与规范之间也存在较大差异。因此，虽然目前各地方城市都非常重视检测和标准体系的建设工作，但从国家层面看，对各地方的标准制订与检测平台建设工作缺乏统一的规划和整体布局。

**2. 工程过程管理与监管体系尚不完善**

调研发现，在试点工作中，缺少针对工程招标、产品送检、现场抽查、过程监控与验收考核体系等各个环节的具体管理措施，尤其是缺少示范工程认定办法和现场验收等相关技术要求，导致一些地方实施的试点示范工程质量参差不齐，甚至出现了产品质量问题，如一些LED路灯示范工程产品，在电路控制技术、光效、照明均匀度、显色性、使用寿命等方面存在缺陷。另外，在低价中标的压力下，有的企业出现送检产品与实际工程应用产品不一致的情况，暴露出现场抽查与过程监控不严的漏洞。

## （三）“商业模式”及其推广环境有待完善

在“十城万盏”启动之初，合同能源管理（EMC）的模式便受到了普遍关注，由于此种模式是以业主为主导、以节约的电费支付LED相对昂贵的初装费用，降低了业主在投资、技术方面的风险，调动了业主的积极性，节电效果显著。特别是2010年4月2日国家的《关于加快推行合同能源管理促进节能服务产业发展的意见》发布以来，各试点城市积极探索合同能源管理模式，已取得了一定的成绩，但在推广过程中也发现了以下问题：

### 1. 合同能源管理模式回报周期过长

由于目前半导体照明产品的成本比较高，且我国电价偏低，普遍存在项目回报周期过长的情况，一些示范工程甚至需要5~8年才能收回成本。而现有的融资手段无法满足EMC模式对担保或抵押贷款的要求，无论是半导体照明企业还是合同能源公司都难以承担资金压力，影响了EMC模式的实施。

### 2. 产品规格不统一

目前LED产品缺乏通用性接口和规格化产品，产品互换性较差，这导致示范工程应用方维护困难，影响了EMC模式的应用。

### 3. 缺乏节能评估体系

由于LED技术的快速发展，应用领域不断拓宽，但没有建立科学、统一的节能测算方法，目前还缺少针对半导体照明示范应用的节能评估体系，对LED照明产品的节能效果无法进行准确评估，影响了EMC模式的推广。

### 4. 缺乏兼具融资能力与专业背景的合同能源公司

合同能源管理模式刚刚起步，政府、银行、用户及节能服务公司对其了解还不够深入，新兴和潜在的节能服务公司不具备该机制所要求的能力，存在缺乏融资渠道，项目开发周期长，近期获利能力差等问题。EMC模式需要金融机构的介入，但需要解决金融机构对LED技术、产品、节能效果等缺少了解的问题。因此，兼具金融背景和专业技术背景的节能公司才应该是节能管理模式的实施主体。

## （四）过度的地方保护主义和缺乏技术支撑的招商引资



在指导意见与总体实施方案缺失的情况下，部分地方缺乏整体布局，片面追求招商引资的效果。对于一些没有技术储备与专业技术团队的企业，在不加判别的条件下，没有设立“技术门槛”，甚至存在“圈地”现象。同时，有些地方存在过度的地方保护主义，无论当地企业是否具有相应资质，都将“十城万盏”工程全部交给当地企业完成，或采取低价中标的方式，无法保障工程质量。另外，一些城市的企业规模小，研发基础弱，集成技术创新能力不足，产品同质化低水平重复，且片面追求进口芯片，未能形成适合中国特色的芯片应用产品。

上述现象都在一定程度上影响了通过“十城万盏”来培育国内龙头企业、增强器件国产化率、增强自主创新、提升产业整体水平等目标的实现。甚至由于一些工程缺乏质量监控，导致部分应用产品出现了不同程度的质量问题，影响了公众对于半导体照明的认可与行业信誉。

**附：“十城万盏”半导体照明应用工程试点城市试点应用情况汇总**

**“十城万盏”半导体照明应用工程试点城市试点应用情况汇总**（截至2010年8月）

| 城市 | 已应用情况 | 计划目标 | 扶持措施 |
| --- | --- | --- | --- |
| 天津 | 累计应用LED室内外照明灯具9.1万盏。其中室外照明2.2万盏，室内照明6.9万盏 | 2012年主要目标：<br>（1）推广使用LED灯具30万盏<br>（2）产业规模200亿元<br>（3）节电2.5亿千瓦时 | 节能减排专项资金1000万元/每年；绿色能源专项资金2亿元/年；天津市经信委节能示范推广项目，2009年240万元用于支持产品开发和推广应用；天津市科委累计4000万元支持LED产品开发推广应用，投资40万元成立LED节能推广服务队 |
| 石家庄 | 目前已改造道路30余条，其中干道6条，总投资8000余万元。已安装LED路灯5500盏，室内灯12 000盏，地下停车场2300盏，高中杆灯264套 | 到2011年，在全市陆续推广使用LED路灯、隧道灯1.7万盏，LED螺口灯、LED灯管13万盏，LED吸顶灯0.8万盏，累计节电2000万千瓦·时以上 | “太阳能与建筑绿色照明系统研究示范工程”等30多项研究，支持经费1000多万元；省科技厅拨款300万元；将优质LED产品列入政府采购目录，加大政府采购力度 |

（续）

| 城市 | 已应用情况 | 计划目标 | 扶持措施 |
| --- | --- | --- | --- |
| 保定 | 生活小区太阳能LED应用7130盏；市区道路太阳能LED应用投资1400万元，共安装LED路灯1357盏；公共场所太阳能LED应用2565盏；景区太阳能LED应用600多盏；高开区太阳能应用1419盏。2010年推广约5万盏LED | | （1）市政府建立了“十城万盏”半导体照明应用专项资金，专门用于“十城万盏”半导体照明试点城市建设<br>（2）河北省科技厅将“保定市半导体照明应用科技示范工程”项目列为2009年重大项目，给予资金支持300万元 |
| 大连 | 路灯909盏，LED日光灯5000盏 | “双十双百”工程：应用10万盏半导体照明灯具，规划建设标准厂房200万平方米；研发总部10万平方米，产品展示交易中心30万平方米，建成国内重要的LED产品研发生产基地和产业示范基地 | 大连市政府和大连理工大学共同投资5000万元组建大连光电技术研发中心，提供研发、检测等方面的技术支持 |
| 哈尔滨 | 冰雪景观和城市景观照明LED灯具应用覆盖率均达到90%，实现节能70%；应用LED路灯2000余盏；室内照明灯具5000余盏，已投资1.2亿元，应用功率型LED灯具达到20万盏，哈工大固泰电子与长春一汽大众签订年供应150万套的LED汽车灯具销售合同 | 2012年主要目标：<br>（1）推广LED照明灯具10.4万盏，实现年节电1497万千瓦·时<br>（2）初步形成较完整的LED产业链，新增产业产值20亿元，带动相关产业产值达到100亿元<br>（3）制定工程实施规范和应用产品准入标准，逐步建立地方产品标准体系<br>（4）进一步完善检验机构，强化政府对LED照明工程实施的监管机制 | （1）对于“十城万盏”半导体照明工程应用产品研发及产业化，优先列入市政府年度科技计划，给予资金支持<br>（2）对开展LED照明创新产品研发的在哈企事业单位，按照研发投入30%的资金规模给予支持 |
| 上海 | （1）产品10万套<br>（2）世博会照明集成应用完成 | 产业协调推进，重点支持核心竞争力、产业结构调整、节能效率；推动关键技术突破：MOCVD国产化装备研制及其产业化推进；高可靠性的自动化生产线制造；面向成本和光效的应用产品关键技术攻关；开展应用示范；优化产业发展环境 | |
| 扬州 | 已安装路灯约1600套，其他次干道和区间道路照明改造工程约15千米；在酒吧文化区等多处实行了亮化工程，每年可节约用电60多万千瓦时 | 应用LED灯具5万盏以上 | 10亿元的MOCVD设备购置补助政策，企业购置达到国际先进水平的MOCVD设备，给予800万~1000万元/台的补助 |
| 宁波 | （1）实施“三江六岸”示范工程等示范项目13项<br>（2）累计推广LED道路照明14 000盏、室内照明60万盏 | 道路照明1万盏，室内照明20万盏（只），自然和景观照明2万套，铁路、轻轨专用灯具9万支（只），LED显示屏1000m$^2$。实现年节电4253万千瓦·时，节约电费3615万元，减少道路照明、室内照明和景观照明等维护费用1440万元；年减少二氧化碳等气体排放6.9万吨 | 设立半导体照明工程试点工作专项资金，组织开展半导体照明工程重大科技专项攻关；同时，在LED标准、研发中心及检测公共服务平台等建设上给予资金支持；我市企业生产的半导体照明产品，经自主创新认定和检测认证，纳入《宁波市政府采购目录自主创新产品目录》 |

（续）

| 城市 | 已应用情况 | 计划目标 | 扶持措施 |
|---|---|---|---|
| 杭州 | （1）共安装4万盏LED路灯，西湖亮灯工程大量采用LED射灯<br>（2）制定LED路灯等国家标准以及隧道灯等浙江省地方标准 | 至2011年，应用LED通用照明灯具10万盏以上，LED器件国产化比例达到70%，年节电2200万千瓦时；全市半导体照明生产企业达到200家以上，相关产品销售额100亿元以上；建成市半导体照明公共研发和测试平台 | 对政府投资建设，通过CCC或CQC认证且灯具效率达到节能标准的本地LED照明产品列入政府采购目录；对研发、改造、成果转化等予以资金支持；对按标准实施LED应用示范工程的企业给予工程建设、一定的电费补贴 |
| 厦门 | （1）编制9个技术规范<br>（2）180多盏LED路灯已在文园路、虎园路等4条路段亮灯，节能效果达30%以上 | 近期30%以上新建市政工程应用LED照明产品，5年内50%以上新建市政工程应用LED照明产品；到2011年年底，财政计划投入1.5亿以上资金，实施3万盏以上LED照明灯具，实现年节电约700万千瓦·时以上，相应年减少二氧化碳、二氧化硫、氧化氮、粉尘排放9000吨以上 | 实施LED照明示范工程，以干道路灯、隧道灯为主，首期财政资金投入8000万元，政府采购LED灯具1万余盏 |
| 南昌 | 阳明路（南昌市主干道全长1.2千米）、紫阳大道（全长5.4千米）、赣江中大道和八一大桥（全长1.1千米）的LED路灯改造，全年完成半导体照明路灯939盏，老城区和红谷滩新区的LED景观亮化节奏明显加快 | 至2011年，全市力争推广应用LED节能路灯1.8万盏。至2016年，LED节能路灯示范应用达10万盏左右 | （1）制定了《关于加快半导体照明产业发展的若干政策措施》<br>（2）从2009年起，每年安排不低于2000万元的专项资金<br>（3）对半导体照明产品，给予售价20%的财政补贴 |
| 潍坊 | 以LED路灯、隧道灯、高杆灯、投光灯为主的室外照明应用，截止2009年11月份，已累计应用9万多盏。向省内外20多个城市推广2万多盏，向美国、澳大利亚推广3万多盏 | 在半导体照明领域，实施“百万盏照明”工程，未来3年全省将推广LED灯100万盏，容量为5万千瓦 | 太阳能光伏与LED结合项目每瓦补贴5元 |
| 郑州 | 在14条道路和区域安装应用半导体照明灯8700盏，完成了2009年度任务目标的145% | 2010年起，新建道路、公园、广场、改建的政府投资项目中涉及照明产品的，原则上应采用半导体照明灯具 | 设立半导体照明工程试点工作专项资金；实施“半导体照明关键技术及示范推广工程”重大科技专项 |
| 武汉 | 目前已完成装灯5342盏（套） | 未来3年将安装LED灯3.6万盏，其中室外灯20000盏、室内灯10000盏；选择部分新建道路开展试点共新建LED灯6000盏。共新建LED灯5000盏（含路灯、庭院灯、草坪灯）；从2009年开始，集中利用3年时间建立中心城区LED半导体“绿色照明”示范区。每年使用LED路灯4000盏，共计12 000盏。3年内新建公交电子站牌达到200个，建成一条公交电子站牌示范线路。共新建LED灯1000盏。新建LED室内照明灯10000盏 | （1）经过示范工程检验，节能效果达到40%以上的本地上、中、下游产业联合体的高效节能LED照明产品经相关部门认定列入政府集中采购目录<br>（2）专项资金主要用于示范工程补贴和贷款贴息<br>（3）在重大技术和关键技术上开展专项研究，在LED标准、研发中心、工程中心、重点实验室及检测平台建设上给予资金支持 |

（续）

| 城市 | 已应用情况 | 计划目标 | 扶持措施 |
|---|---|---|---|
| 东莞 | 已推广 LED 路灯 2 万盏 | 计划到 2015 年累计推广 LED 灯具 8 万盏 | 对列入市应用示范工程的 LED 灯具价格给予 10% ~30% 的财政补贴；单项工程最高补贴可达 1000 万元；建设 LED 照明产品检验检测基地。该基地投资 3500 万元，除具备实验室检测外，还包括建立超过 1 万平方米的 LED 照明模拟路面检测基地 |
| 成都 | 组织实施 LED 道路照明、LED 景观照明等 7 大重点示范工程，2009 年累计采购 LED 灯 6905 盏，完成 1900 盏 LED 路灯安装并实现大面积集中点亮，太阳能、风电 LED 及地铁 LED 隧道灯形成规模化应用 | 重点示范工程全年计划安装 LED 灯具 6000 盏以上，全面展示 LED 路灯、隧道灯和景观灯使用效果。在总结试点经验的基础上，2010—2012 年同步实施“百、千、万”工程，在公共部门、企事业单位和居民家庭中推广照明用 LED 灯 40 万盏 | （1）市财政对重点示范工程给予 10% 补贴，并通过“应用技术研究与开发资金”引导，扶持企业技术创新<br>（2）支持公共部门、企事业单位和居民家庭采购、使用 LED 照明产品。参照国家高效照明产品推广补贴计划，市、区（市）县各按中标价格 10% ~25% 的比例，对公共部门、企事业单位和居民家庭采购 LED 产品给予补贴<br>（3）采用合同能源管理（EMC）、设备租赁等投融资模式实施政策性投资示范工程 |
| 绵阳 | 截止到 2009 年 12 月份，共安装 LED 路灯、护栏灯、景观灯、庭院灯、泛光灯、草坪灯和室内照明灯等共计 203678 盏，总投资达 7158.48 万元人民币。其中 LED 路灯 5890 盏；景观照明灯具、护栏灯、庭院灯等合计 224788 盏 | 继续完善几项重点工程的建设，如北川永安大道建设、北川新县城的建设、城南新区的建设。对绵阳科创园区道照明进行改造；全面对绵阳市主城区的政府办公楼、主要商业建筑进行室内照明改造 | |
| 重庆 | 1200 盏道路照明灯具，2256 盏 LED 隧道照明灯具，5500 盏 LED 车间照明灯具，800 盏商场照明灯具，2 个病区、400 盏医疗照明，35 个样本手术室、手术无影灯 | 到 2011 年，在室内（机关办公楼、医院、工业厂房、轻轨站台）、公路隧道、市政道路三个领域，政府引导示范应用 1.3 万盏 LED 功能照明灯具。其中，室内 LED 照明灯 10977 盏，公路隧道 LED 灯 1140 盏、市政道路 LED 灯 1387 盏 | 设立 1000 万元的 LED 重大科技专项，对由企业承担的示范项目给予适当补贴；行政事业单位示范项目取得的节能效益由单位自主安排使用，财政部门不核减相关经费支出 |
| 西安 | 2009—2011 年，共推广和应用 LED 照明产品 5.9 万盏（其中道路照明 2.3 万盏，景观照明 1.6 万盏，室内照明 2 万盏） | 到 2011 年，全市市政道路以及非主干道基本完成 LED 照明改造，新建非主干道、隧道照明全部采用 LED 照明；实施景区照明应用示范；到 2011 年，年销售收入实现 50 亿元，培育年销售收入过亿元骨干企业 10 家，到 2015 年，年销售收入实现 150 亿元，培育年销售收入过 10 亿元的龙头企业 5 家，过亿元的骨干企业 20 家 | 2010—2011 年期间，市级财政中每年安排不低于 2500 万元的专项资金，对列入半导体照明（LED）示范工程重点内容和任务的项目给予补贴；针对项目规模、投资类型的不同，专项资金给予工程 LED 灯具投资 10% ~30% 的补贴 |

## 深圳：市场反应速度快，上下游产业合作紧密有序

深圳是目前我国 LED 产业基础最好的地区之一，在产业总体规模、企业数量等方面，已成为国内半导体照明产业最大和最集中的地区，并已具备较强的产业扩张基础和相对完整的产业链。目前，深圳已成为全球主要的 LED 背光源生产和供应基地、国内最大的 LED 显示屏生产和供应基地。在封装和特种工业照明领域，深圳也已成为国内主要的生产地区。深圳通过示范工程的实施努力探索 LED 应用，强力带动全市 LED 相关产品和产业的发展，全面推动深圳道路、隧道、地铁、大型公共建筑等领域照明产品的升级换代。对试点示范应用，深圳市场反应速度快，上、下游产业合作紧密有序，以公开招标的方式有效打破了地方保护，为优质 LED 产品企业进入试点示范范围提供了途径。以深圳市科信局和路灯管理处主导进行的全国最大范围的路灯测评，测评人员紧密跟踪，细致分析，不仅为 LED 应用积累了数据，也为试点示范应用进行了严格把关。目前国内首个 LED 国际采购交易中心落户华强北，标志着深圳在产业链整合方面迈出了重要一步。同时深圳利用优越的区位优势，积极开展与港台 LED 产业的交流合作。

## 上海：围绕“科技世博”实施多项试点，加强公共检测平台的建设

上海主要从四方面开展了工作：(1) 世博会 LED 应用示范工程。以“科技世博”理念，组织实施包括“一轴四馆”、“城市最佳实践区”在内的世博场馆照明工程，以及世博园区内公园、广场、道路交通、重大活动等众多功能或景观照明工程，为 LED 产业在未来的发展壮大打下良好的基础。(2) 组织企业、科研院所展开 LED 产业化关键技术攻关和半导体照明新型产品的研发。(3) LED 产业技术服务。建立具有体系性、完备性、统一性和应用性的公共检测服务平台，并以该平台为纽带形成合力突破瓶颈；成立产业孵化器培育推动上海 LED 产业的发展；成立技术协会在政府与企业之间发挥桥梁和纽带的作用。(4) 产业环境建设。组织多项相关产业调研，制定、出台地方（企业）规范、标准，建立全国首家 LED 科普基地，举办 LED 相关交流活动，加强国内外技术交流与合作。



## 厦门：汇集龙头企业，辐射海峡西岸周边区域

以把厦门打造成为半导体照明产业聚集和辐射中心为指导思想，厦门市实施了一批起点高、节能减排效益明显的半导体照明示范工程，培育汇集了一批拥有自主知识产权和核心竞争力的 LED 龙头企业，通过辐射海峡西岸周边区域，带动传统照明产业的升级。在工程实施中，上、中、下游联合参与示范，以“政府采购，集中招标，分片使用”的原则，突出重点和亮点，分批稳妥实施，按试点→示范→大面积推广的顺序分步分批推进。近期 30% 以上新建市政工程应用半导体照明产品，5 年内 50% 以上新建市政工程应用半导体照明产品；到 2011 年年底，财政计划投入 1.5 亿以上资金，实施 3 万盏以上半导体照明灯具，实现年节电约 700 万千瓦·时以上。

厦门市正在进一步完善厦门市半导体照明检测认证中心（国家级）、厦门产业技术研究院等平台机构的建设。厦门组织检测认证中心与台湾工研院测量中心就 LED 产品进行检试，与我国台湾地区的检验结果进行比对，这是两岸建立 LED 照明一致性验证平台合作的创举。“厦门 LED 营销中心”正在建设中，正在组建“厦门市现代照明应用设计与创业中心”，未来还将积极推进国际认证机构在厦门建立检测认证中心。这些平台建设将有力地推动厦门市光电产业的发展。

## 哈尔滨：各级政府协调联动，突出冰雪景观特色，推动工程实施

哈尔滨市各级政府协调联动，积极配合，从技术研发及产业化、建立标准与检测体系、示范应用及推广等三个方面着力，在产业链上、中、下游分别布局打造完整产业链。在标准与检测体系建设中先后建立了光分布、光谱分析、环境可靠性等6个检测实验室，形成了完整的LED光电参数检测和照明能效评价能力，并承担了两项国家寒地应用环境半导体照明产品技术规范起草工作。在示范应用及推广方面体现点线面结合，突出冰雪、自然和欧式建筑景观特色，冰雪景观和城市景观照明LED灯具应用覆盖率均达到90%，实现节能70%，有效提升了城市照明品质，引导树立了节能环保的社会理念。

## 天津：注重创新体系建设，构建完整产业链

天津市以建设“LED天津”为总目标，建立“企业为主体，市场为导向，应用为主线”的政府支持、企业共建、教学科研机构参与，资本市场助推的“政、产、学、研、用、资”有机结合的产业化和技术创新体系，争取在关键材料、高端应用产品等产业环节上形成天津半导体照明产业核心竞争力，促进半导体照明产业的聚集，构建比较完整的半导体照明产业链和具有“滨海新区”区域特色的LED产业集群。在试点示范中政府先行，注重测评，全面推广使用LED照明灯具；发挥公共技术研发平台作用，为地方产业服务，并在天津工大建立了国内首个半导体照明技术与工程特色专业，培养半导体照明专业技术人才。

## 石家庄：注重检测，开展室内外综合性半导体照明集成技术示范

石家庄市以实施重大技术创新项目“半导体照明高效白光LED关键技术”为契机，整合市内骨干单位和企业资源，共建石家庄半导体照明研发中心，为产业发展提供技术支撑。建立LED色、光、电综合快速测试系统和LED加速寿命试验系统，为半导体照明应用产品及重大示范项目进行检测，保证示范工程的顺利实施。专门设立LED路灯比对检测课题，组织LED生产厂家，在特定路段进行安装、跟踪测试，全面进行比测，优中选优，提高LED路灯的整体水平，保证效果。在应用方面，积极开展室外、室内等综合性半导体照明集成技术示范。室外应用方面已改造道路30余条，其中干道6条，总投资8000余万元。室内应用方面投资910万元，以石家庄科技中心大楼为示范工程，开展了综合性半导体照明集成技术示范。

## 武汉：政府协调联动，加快国产芯片应用

武汉市制定规划方案，确定将太阳能与LED半导体照明相结合，在适合发展LED照明的重点区域推广应用LED照明产品。具体实施中，将试点工作纳入两型社会建设重要内容协调联动。在政策方面，鼓励本地LED企业建立产品研发中心，并为行业提供公共服务，提升自主创新水平；以国产芯片企业主导示范应用，加快国产芯片应用；将经过示范工程检验，节能效果达到40%以上的本地上、中、下游产业联合体的LED照明产品列入政府集中采购目录。在资金方面，工程建设资金由各责任部门负责，专项资金主要用于示范工程补贴和贷款贴息，鼓励半导体照明企业开展技术创新和经营模式创新，在重大技术和关键技术上开展专项研究，在LED标准、研发中心、工程中心、重点实验室及检测平台建设上给予资金支持。

## 扬州：示范应用促进传统照明产业转型，多项政策推动国际产业转移

扬州市以“十城万盏”工程为契机，引导企业着力攻克重点关键技术难题，打通产业技术链；注重创新体系的建设，与科研院所紧密合作加快产学研平台建设和技术攻关，提升产业发展后劲；以示范应用带动产业集聚和技术突破，促进传统照明产业有效转型，进一步增强区域半导体照明产业的竞争力；出台10亿元的巨额补助政策，承接国际产业转移，推动产业向高端发展。

## 宁波：创建创新联盟，探索创新模式

宁波市成立半导体照明技术创新战略联盟，探索产学研合作发展和产业链上下游协同创新模式；4000余家照明企业和十多家科研院所积极参与，有效增强区域活力；实施一批重大项目，以解决共性技术难题；以实施“三江六岸”等示范工程大力推广LED道路照明和室内照明；组织召开和参加多项高层次展览、技术论坛，加强宣传推广，推进产业发展，积极参与国内外市场竞争。此外，宁波市还计划建立半导体照明公共技术服务平台，强化创新服务。

## 杭州：建设平台，制定标准，推进重点工程项目实施

杭州市以信息电器质检中心为基础，组建杭州市“半导体节能光源检测平台”，以与高校、企业合作的方式开展行业先进检测技术的研究，如LED辐射安全检测技术的研究、LED产品寿命及能效检测的研究等。制定LED路灯等国家标准以及隧道灯等浙江省地方标准。进一步实施亮灯工程，加强攻关，部署实施了一批科技创新重大专项半导体照明攻关项目；整合资源，为LED企业融资提供帮助。工程按照“超前性、整体性、操作性、生态性”的原则有序推进，进展良好。




## 东莞：建立产品推广机制，创新投融资模式，培育品牌龙头企业

东莞市的主要做法：（1）成立示范工作领导小组，开展交流研讨和LED产业调研，制定颁布各项应用推广政策及产业发展规划。（2）建立产品推广机制，把经检测合格的厂家产品纳入政府采购目录，每年定期受理LED路灯示范工程申请，对已按规定完成采购并安装的LED路灯的应用单位按其实际安装数量进行财政补贴。（3）创新投融资模式，财力较充裕的单位采取一次性财政支付方式；一次性财政投入有压力的单位推行“用户+银行+企业的买方信贷合同能源管理”模式。（4）培育发展产业，重点扶持一批重大科技项目，依托高校科研优势和企业产业优势组建科技创新平台和行业技术创新平台，培育品牌龙头企业，加大对上游项目的引进工作和政策支持。

## 重庆：围绕国家重点，结合本地特点，扩大应用范围

《重庆市中长期科技发展纲要（2006—2020）》和《重庆市“十一五”科学和技术发展规划》将半导体照明列为重大专项重点支持，重庆市政府也明确提出“打造西部重要半导体照明产业基地”的战略目标。在具体实施中重庆市围绕国家重点，结合本地特点，既积极推进又稳妥实施，先小范围试点再大范围示范；在室内照明、室外照明、特种照明3大领域不断扩大应用范围，将市政道路、公路隧道、医疗照明为主的室外照明、特殊照明作为攻关重点进行试点配合，而将工厂车间、办公场所、地下车库、地铁轻轨、商场超市为主的室内照明作为示范重点，先行进行试点。

## 大连：实施“双十双百”工程，强化产业扶持政策

大连市以“双十双百”工程为总体目标，从2009—2011年分三个阶段稳步推进。建立了大连市半导体照明展示中心，集中展示本市一批重点企业的最新路灯及室内照明产品。在此基础上实施的一批LED试点工程，引入合同能源管理模式，一批重大科技专项对半导体照明关键技术进行研发，并建设了检测服务平台、光电研发中心和半导体照明产业基地核心区专业孵化器等基地平台，在突出区位优势的同时不断优化产业环境和强化产业政策扶持。

## 南昌：培育企业自主创新，增强外延芯片领域话语权

南昌市编制了《南昌市LED产业发展规划（试行）》和《南昌市人民政府关于加快半导体照明产业发展的若干政策措施（试行）》，并制定了具体的工作方案；成立工程项目推进领导小组和技术创新联盟；利用拥有的中上游核心技术优势，培育引导企业自主创新，增加在外延芯片领域的话语权；在推进LED路灯示范应用的同时起草制定了LED路灯地方标准，该标准已在省内LED路灯制造企业征求意见。

## 潍坊：全国示范应用LED路灯规模最大的城市

潍坊市在政府的大力推广下，成为全国应用LED路灯规模最大的城市，突出以LED路灯、隧道灯、高杆灯、投光灯为主的室外照明应用。截至2009年11月，已累计推广应用9万多盏，其中潍坊区域43270盏，市城区（包括高新区）道路已全部更换为LED路灯，各县市区全部建设了LED应用示范道路；向省内其他市和省外20多个城市推广2万多盏，向美国、澳大利亚等16个国家推广3万多盏。努力探索试点模式，推动直接招标、间接招标为主，经销商销售为辅的商业化运作，还在青岛、合肥、宁波等地进行了类似能源合同管理商业模式的多次尝试。

## 郑州：把工程实施进度纳入政府考评体系，制定扶持政策鼓励企业开展研发

郑州市把实施“十城万盏”试点示范工程作为推动建设现代化、国际化、信息化和生态型、创新型国家区域性中心城市的重要抓手。通过实施市长工程，把半导体照明应用工程实施进度纳入政府考评指标体系，强力推进；加大资金投入，设立半导体照明工程试点工作专项资金，实施“半导体照明关键技术及示范推广工程”重大科技专项；制定扶持政策，鼓励半导体照明产品生产企业建设研发中心，申请专利，开展应用标准、行业标准、地方标准和产品标准化研究，进行产学研合作。

## 成都：引入合同能源管理，财政资助开展技术攻关

成都市出台试点实施方案（2009—2011年），建立组织协调工作体系，成立了协调小组及联络员制度，出台目标考核办法和应用工程试点奖补办法，对符合检测评价要求的应用试点工程给予补贴。在工程实施过程中成都市努力探索推广应用模式，在路灯改造中通过合同能源管理方式，用每年节省的电费支付工程费用，同时开展应用试点工程检查、评价和奖励；努力实施引导企业技术创新的扶持措施，将半导体照明产业发展纳入新能源产业发展规划，提出重大关键研究方向，用市级财政资助企业技术创新；抓好组织方式创新，成立半导体照明产业技术创新联盟以加强产学研结合，开展集成创新，联合突破关键共性技术。

## 绵阳：结合灾后重建，应用合同能源管理模式与费用直接进入项目预算方式推进试点示范工程建设

绵阳市结合灾后重建规划，在LED试点城市建设过程中，一是鼓励技术条件成熟、有一定实力的企业运用“合同能源管理”的商业模式，承接路灯照明的LED改造工程，即由用户、投资公司和企业三方签订服务合同，投资公司提供资金，向企业购买LED产品提供给用户使用，由政府将节约的电费、维护费返还给投资公司。二是对绵阳灾后重建项目全部使用LED路灯，费用直接进入项目预算。在开展的试点城市建设工作中绵阳市还注重整合资源，发挥整体合力，引导成立了技术创新战略联盟，以推动绵阳LED产业发展，提高产品竞争力。该市的试点工作不局限于一省或一市，而是立足全国，走出去请进来，加强招商引资，努力实现强强联合，与国际知名大公司合作，高起点发展绵阳的LED产业。

## 保定：以建设“太阳能之城”为契机，打造光伏LED产业集群优势

保定市结合“太阳能之城”的建设，带动企业在光伏LED方面取得了一系列技术创新与产业化突破，目前已形成了一定的光伏LED产业集群优势。企业规模日益壮大，配套产业不断跟进，产业链日益延伸，市场范围越来越广，已形成以保定为中心向河北乃至全国辐射的市场范围，有些产品甚至出口到欧美、非洲及东南亚地区。未来将全面推广太阳能LED产品综合应用，使太阳能LED综合利用方面走在全国前列，通过“十城万盏”试点城市建设以及太阳能综合应用和相关产品的开发逐步建立起中国低碳城市发展模式。



## 西安：整合区位资源，加强技术创新

西安市依托优势LED企业，整合区域资源，建立半导体照明工程技术研究中心和大功率半导体照明科学研究中心，加速科技成果转化与技术转移步伐，形成持续研发机制；针对城市道路照明工程、旅游景区照明示范工程、城市建设重大工程照明应用整体规划，重点突破，逐步推进；政府引导与市场运作相结合、产品开发与企业应用相结合、本地优势资源与沿海系统能力相结合发展产业集群，带动并辐射西部；通过示范工程的实施，开展系统集成，促进大功率LED照明产品的应用，带动上下游紧密合作，在产业链上的主要环节培育龙头品牌企业；全面推动道路、旅游景区、地铁、隧道、大型公共建筑等领域照明产品的升级换代。

## 其他积极发展半导体照明产业的地区

除以上被批准的试点城市外，佛山、常州、惠州、芜湖、中山、江门等地也都积极发展半导体照明产业，政府从政策配套、资金扶持等方面不断改善产业发展环境，培育发展龙头企业，引导产学研合作开展技术攻关和LED应用产品研发，通过各种形式的试点推广LED照明产品的应用。目前这些地区也都形成了一定的产业规模，正在就提升产业水平，打造完整产业链，形成产业聚集区进行各种探索和努力。

# 第三章　企业经营与战略

## 半导体照明领域相关上市公司分析

吴鸣鸣[1]　王大鹏[2]

1. 国家半导体照明工程研发及产业联盟　2. 中国出口信用保险公司

半导体照明被列为我国七大战略性新兴产业的重要发展方向，在节能减排和低碳经济概念的推动下，随着技术的不断突破，新的应用迅速发展，半导体照明已成为我国当前的投资热点。2009 年全国各地半导体照明项目总投资额（包括计划投资额）超过 200 亿元，2010 年产业投资 300 亿元左右。佛山照明、雷士照明、飞乐音响（亚明灯泡）、阳光照明等传统照明上市企业纷纷关注并进入半导体照明领域，产业转型与升级大幕已拉开。多家上市公司通过收购或募集资金进入该领域，也有多家半导体照明民营企业已经上市或积极准备上市以募集资金扩大规模，比亚迪、清华同方、彩虹集团、长虹集团、中国电科集团、中材集团等大型企业已开始投资半导体照明节能产业。

目前国内共有 4 家以 LED 为主营业务的上市公司，具有 LED 概念的相关上市公司有 30 多家。LED 上市公司虽然平均规模比较小，但受益于战略性新兴产业和节能环保理念，LED 行业整体业绩良好，发展迅速，前景可观。尤其是 2010 年和 2011 年呈现出跳跃式发展，整体行业盈利能力高于市场平均水平，具有广阔的发展前景。LED 行业也受到投资者的青睐，成为证券市场中具有发展潜力和影响力的投资领域，部分公司股价上升近 3 倍。



### 一、LED 上市公司概述

据统计，截止到 2011 年 2 月 28 日沪深两市上市公司合计 2162 家，主营业务为 LED 的上市公司主要有 4 家：三安光电（600703）、国星光电（002449）、乾照光电（300102）和雷曼光电(300162)，加上其他涉及 LED 业务的上市公司共计 31 家，占总数的 1.43%。另外，雷士照明(02222. hk) 于 2010 年 5 月 20 日登陆香港主板市场。

LED 行业产业链可以分为三个环节：上游外延片和芯片的生产、中游的封装和下游的应用。整个 LED 行业的上市公司中，业务覆盖整个产业链条的主要有同方股份、德豪润达、士兰微、联创光电以及方大集团等；乾照光电和三安光电主要涉及上游环节；国星光电及雷曼光电等主要涉及中游环节。其他的公司主要涉及中游的封装及下游的应用，具体见表 3. 3-1。部分公司业务也涉及 LED 产业链的部分环节，但是由于其 LED 相关业务所占比重不大，因此未纳入本次分析的样本，例如同方股份、京东方、天富热电、TCL 集团、长城开发等。因此，纳入分析的样本股为 18 只。此外，由于只有部分公司公布了 2010 年的年报，所以 2010 年采用第三季度数据作为分析对象。

**表 3. 3-1　LED 相关上市公司概览**

| 证券代码 | 证券简称 | 上市时间 | 产业链环节 | 涉及 LED 相关业务 |
| --- | --- | --- | --- | --- |
| 600703. SH | 三安光电 | 1996-05-28 | 上游 | 全色系高亮度 LED 外延片和芯片 |
| 002449. SZ | 国星光电 | 2010-07-16 | 中游 | LED 封装 |
| 300102. SZ | 乾照光电 | 2010-08-12 | 上游 | 红黄光 LED 芯片 |
| 300162. SZ | 雷曼光电 | 2011-01-13 | 中下游 | LED 封装和照明 |

（续）

| 证券代码 | 证券简称 | 上市时间 | 产业链环节 | 涉及LED相关业务 |
|---|---|---|---|---|
| 600100. SH | 同方股份 | 1997-06-27 | 全产业链 | 从LED外延片、芯片到LED背光源模组及LED照明产品制造 |
| 002005. SZ | 德豪润达 | 2004-06-25 | 全产业链 | LED芯片、封装和应用 |
| 600460. SH | 士兰微 | 2003-03-11 | 全产业链 | LED外延片、芯片，主要为蓝绿光，未来欲进入LED照明、液晶屏的LED背光等领域 |
| 600363. SH | 联创光电 | 2001-03-29 | 全产业链 | 从LED外延片、芯片、器件、到全彩显示屏、背光源、半导体照明光源及灯具 |
| 000055. SZ | 方大集团 | 1996-04-15 | 全产业链 | 从LED外延片、芯片、封装、荧光粉到半导体照明应用产品开发、制造 |
| 002008. SZ | 大族激光 | 2004-06-25 | 中下游 | LED封装设备、LED封装和LED应用 |
| 600261. SH | 阳光照明 | 2000-07-20 | 下游 | LED照明 |
| 000541. SZ | 佛山照明 | 1993-11-23 | 下游 | LED照明 |
| 000725. SZ | 京东方A | 2001-01-12 | 下游 | LED背光源 |
| 600563. SH | 法拉电子 | 2002-12-10 | 中下游 | LED封装和应用 |
| 600584. SH | 长电科技 | 2003-06-03 | 中游 | LED封装 |
| 600651. SH | 飞乐音响 | 1990-12-19 | 下游 | LED照明 |
| 600345. SH | 长江通信 | 2000-12-22 | 下游 | LED照明 |
| 000701. SZ | 厦门信达 | 1997-02-26 | 中下游 | LED封装、应用研发与生产 |
| 002076. SZ | 雪莱特 | 2006-10-25 | 下游 | LED照明 |
| 600203. SH | *ST福日 | 1999-05-14 | 下游 | LED照明 |




## 二、LED行业上市公司总体分析

### 1. 成长性较好

从表3.3-2可以看出LED行业整体规模偏小，2009年之前平均总资产不到20亿元，2010年第三季度达到26.22亿元。但从各项财务指标的年增长率来看，LED行业相关上市公司的规模和收益均有增长，整个行业成长性较好，近年来增长较快，尤其是近两年呈现出爆发增长之势（见图3.3-1）。2009年、2010年第三季度行业平均总资产增长率分别为17.39%、88.36%。主营业务为LED的4家上市公司总资产增长率到2010年第三季度更是达到315.05%。由于部分公司正在计划进入LED行业或加大对其投资，整个行业规模的增长速度未来会更快。

**表3.3-2 LED行业总体财务指标**

| 年份 | 总资产/亿元 | 主营业务收入/亿元 | 净利润/亿元 | 净资产收益率ROE（%） | 每股收益/元 | 每股净资产/元 |
|---|---|---|---|---|---|---|
| 2006 | 15.81 | 13.57 | 0.62 | 9.11 | 0.18 | 2.63 |
| 2007 | 15.94 | 13.03 | 0.99 | 13.86 | 0.42 | 2.68 |
| 2008 | 16.80 | 14.08 | 0.63 | 12.32 | 0.22 | 2.42 |
| 2009 | 18.59 | 15.02 | 0.71 | 6.81 | 0.26 | 2.66 |
| 2010① | 26.22 | 13.74 | 1.30 | 10.81 | 0.39 | 4.09 |

① 统计到2010年第三季度。

2008—2010年第三季度整个行业主营业务收入增长率分别为8%、6%和22%；而行业净利润增长率分别为36%、12%和169%。数据表明LED行业在金融危机之后迅速上升，2010年增长最为迅速。

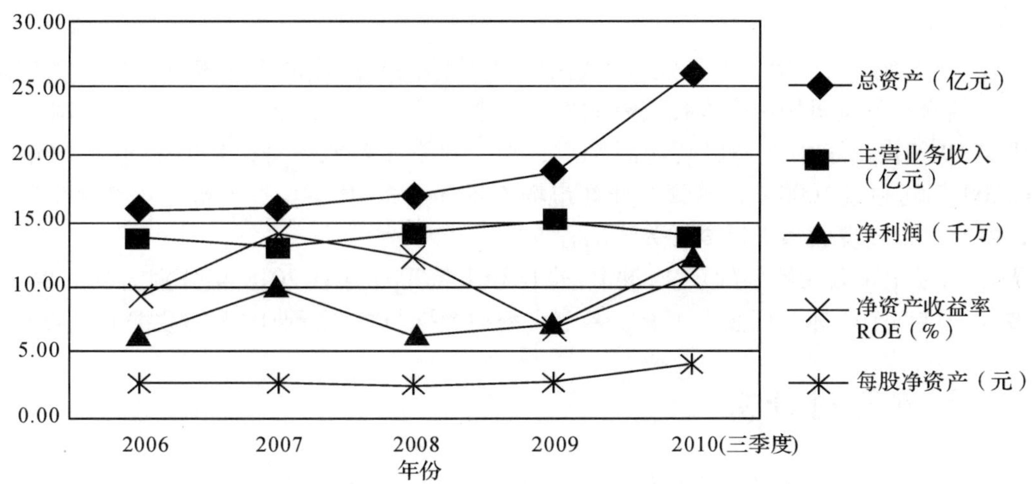


图 3.3-1　2006—2010 年三季度上市公司各项财务指标变化

## 2. 盈利能力较强

2006—2010 年三季报显示，LED 行业的经营业绩有较突出的表现，盈利能力较强。其主营业务利润率及净资产收益率都较高，并且部分财务指标在经历 2008 年的小幅下降之后，2009 年、2010 年迅速增长，主要原因是受 2008 年爆发的全球性金融危机的影响，危机过后 LED 行业迅速反弹。2006—2010 年第三季度 LED 行业平均主营业务利润率保持在 15% 以上，仅 2010 年第三季度全行业平均主营业务利润率就达到 27%，全年初步估算超过 30%。4 家上市公司 2007—2010 年第三季度平均主营业务利润率都在 30% 以上，2010 年第三季度达到 42.41%，全年初步估算超过 45%。

从净资产收益率看，2007 年整个行业平均总资产收益率水平较高，达到 13.43%，金融危机期间，收益率有所下降，但是 2008—2010 年三季度，逐步呈上升趋势，分别为 12.77%、12.87% 和 12.26%。由于行业进入者不断增加，4 家主要上市公司的净资产收益率呈逐年下降趋势，但是其平均水平仍高于整个 LED 行业平均水平。其中雷曼光电 2010 年第三季度净资产收益率达到 38.55%，其次为德豪润达，净资产收益率为 29.37%。这表明 LED 上市公司的资产质量较为优良、资产配置合理、资源利用率高，市场需求大，行业整体盈利能力强，发展空间大。

## 3. 投资收益较高

2009 年和 2010 年第三季度的 LED 行业平均每股净资产分别为 2.66 元和 4.09 元，其增长率分别为 10% 和 54%。4 家主营 LED 的上市公司平均每股净资产增长更是高于行业平均水平，分别为 2.99 元和 7.97 元，增长率达到 56% 和 167%。

近三年 LED 行业上市公司平均每股收益分别为 0.22 元、0.26 元和 0.39 元，4 家主营 LED 上市公司近三年的平均每股收益达到 0.48 元、0.71 元和 0.70 元，表明其盈利能力远远高于整个行业的平均水平。

公司市盈率指标显示除 2008 年外，整个 LED 行业近 5 年的平均市盈率均超过 50 倍。由于 LED 行业属于新兴产业，具有较好的发展前景，加之 2009 年中国证券市场的火爆，2009 年整个 LED 行业平均的市盈率达到 242 倍，远远超过上证综指平均市盈率。2010 年前三季度，4 家主营 LED 的上市公司的市盈率为 71.69，超过整个行业的平均水平 62.74 倍。

由于受金融危机的影响，2008 年 LED 行业的平均市净率为 2.35，其余年份均超过 3（注：通常市净率为 3 可以树立较好的公司形象）。2009—2010 年全行业平均市净率分别达到 6.93 和 8.66，说明整个行业上市公司的资产质量较好，有良好的发展潜力。

LED 行业上市公司历年的平均每股收益在 0.2 ~ 0.4 元之间，平均每股净资产在 2.5 ~ 4 元之间，高于我国整个证券市场平均水平，而平均市盈率一直居高不下，超过 50 倍左右，均高出市场平均水平，这表明 LED 企业收益较高，但也有一定的投资风险。

### 4. 受关注度高

由于 LED 被列为国家“十二五”发展规划中七大战略新兴产业的重要发展方向，受到国家政策大力支持，受到众多投资机构和个人投资者的青睐，个别基金公司甚至专门推出新兴产业基金，例如中海基金于 2010 年推出了中海环保新能源基金，专门投资于新兴产业。LED 行业平均年换手率在 2007 年和 2009 年均超过 1000%，尽管在证券市场不景气的 2010 年，整个行业年换手率还是达到了 976.97%，由此可以发现股票受投资者关注的程度。

同时 LED 行业上市公司股票的年波动幅度也比较大，2009 年和 2010 年分别为 217.86 和 87.43。换手率和波动率这两个指标，行业内 4 家主要上市公司数据与整个行业的平均数据无显著差异。

## 三、重点上市公司分析

LED 行业的上市公司由于具有业绩优良、盈利能力强、主营业务突出、高成长性和预期收益高的特点，已逐渐成为证券市场一个新兴的投资热点。以下分别从规模、盈利能力、成长性等几方面对各 LED 上市公司 2010 年第三季度的发展状况进行简要分析。

### 1. 资产规模

截止 2010 年第三季度总资产超过 50 亿元以上的公司主要有三家（见图 3.3-2），分别为三安光电、大族激光和长电科技，总资产分别为 63.43 亿元、56.64 亿元和 50.13 亿元。10 亿元以下的公司有两家，雷曼光电规模最小，总资产为 2 亿元。



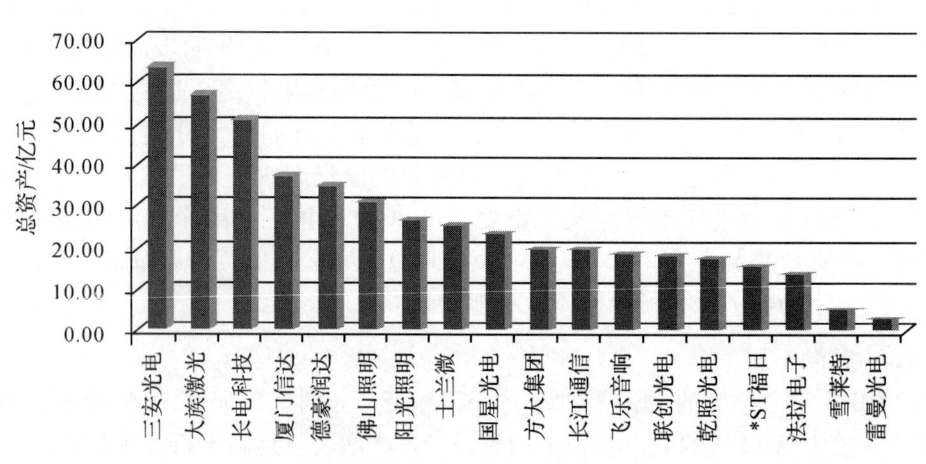


图 3.3-2　2010 年三季度 LED 上市公司总资产规模

### 2. 盈利能力

从主营业务利润率来看，有半数的公司主营业务利润率超过 25%（见图 3.3-3）。主营业务利润率最高的为乾照光电，接下来为三安光电和大族光电，分别为 53.65%、45.37% 和 40.77%。

从净资产收益率指标来看，在 18 个样本股中有 7 个超过 10%，占 38.89%（见图 3.3-4）。雷曼光电虽然资产规模最小，但是平均净资产收益率最高，达到 38.55%，其次为德豪润达和士兰微，净资产收益率分别为 29.37% 和 16.36%。

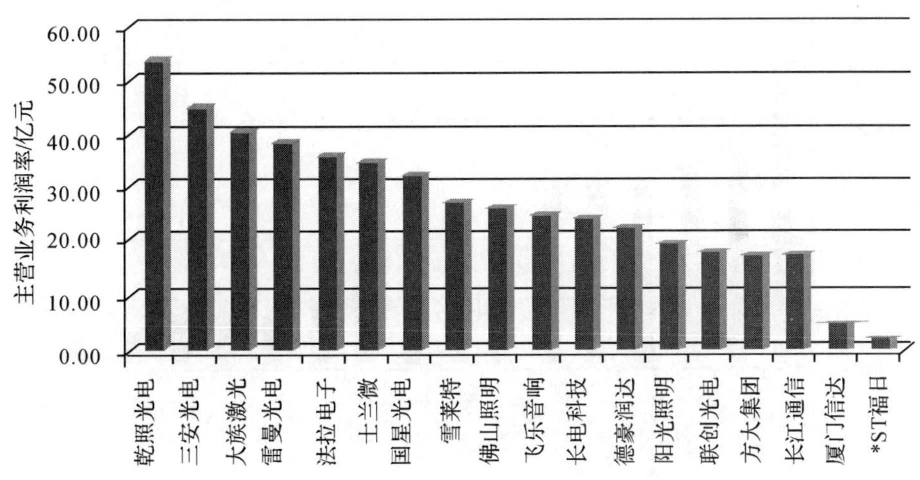


图 3.3-3　2010 年三季度 LED 上市公司主营业务利润率

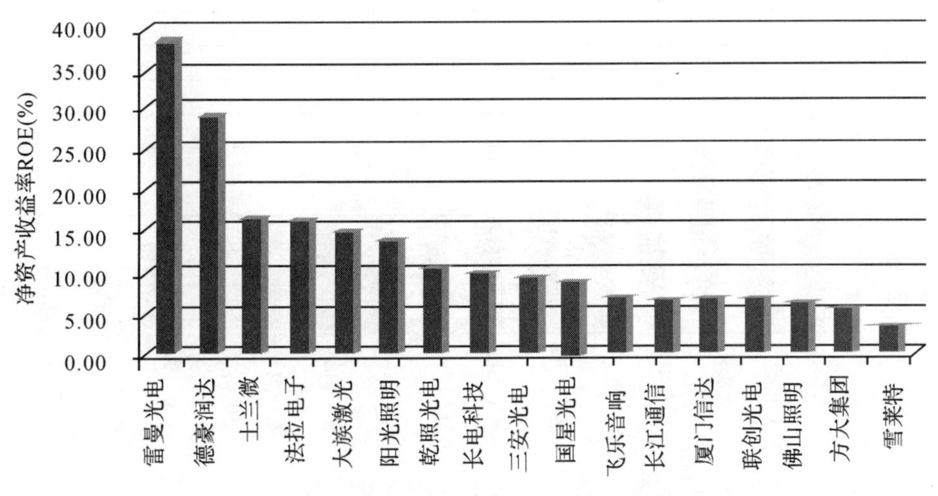


图 3.3-4　2010 年三季度 LED 上市公司净资产收益率




### 3. 收益水平

从每股收益来看，乾照光电每股收益最高，达到 1.04 元，其次为法拉电子和德豪润达，分别为 0.76 元和 0.69 元（见图 3.3-5）。

从市盈率来看，雪莱特、飞乐音响和方大集团 3 个公司的市盈率超过 100 倍，分别为 165、113 和 100，市盈率比较低的为法拉电子和德豪润达，分别为 29.78 和 34.20（见图 3.3-6）。

从市净率来看，除长江通信市净率为 2.69 外，其余所有 LED 上市公司市净率均超过 3（见图 3.3-7）。其中国星光电、三安光电和士兰微均超过 10，分别为 15.83、15.60 和 12.12。

### 4. 成长性

从总资产增长率来看，样本中仅有一家上市公司总资产负增长，其余均呈现大幅增长（见图 3.3-8）。其中总资产增长率超过 200% 的公司有 4 家，分别为乾照光电、国星光电、三安光电和雷曼光电，其增长率分别为 468.72%、284.58%、260.61% 和 246.29%。其资产规模成倍增长的主要原因为这 4 家公司进入证券市场进行融资。

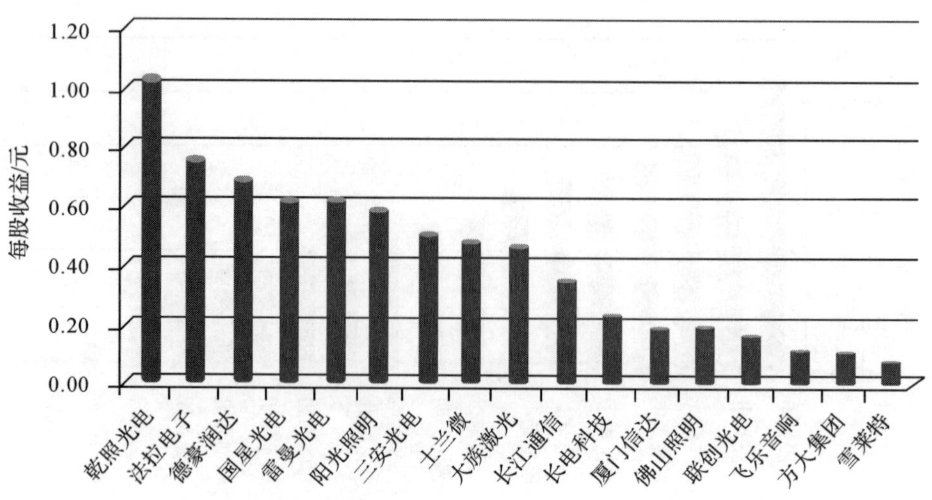


图 3.3-5　2010 年三季度 LED 上市公司每股收益

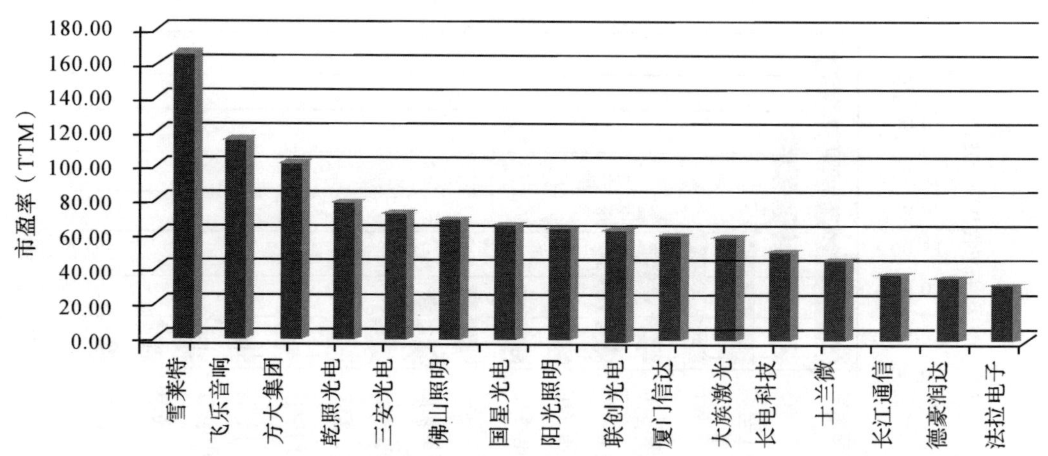


图 3.3-6　2010 年三季度 LED 上市公司市盈率

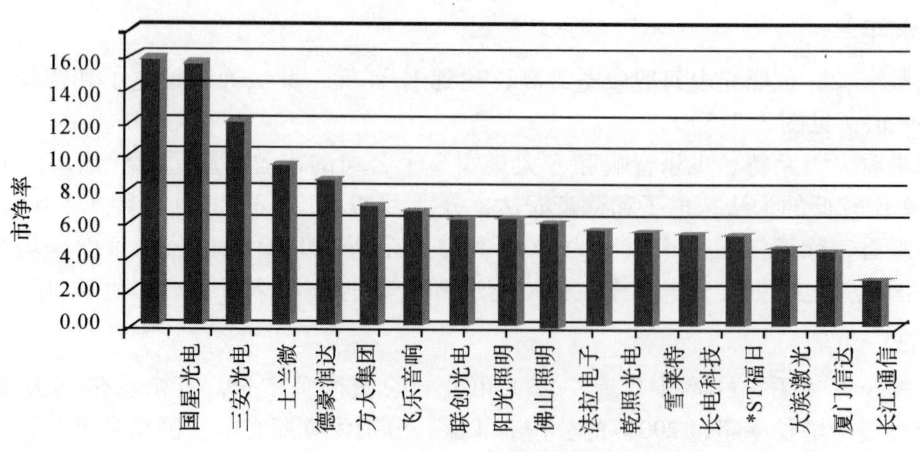


图 3.3-7　2010 年三季度 LED 上市公司市净率

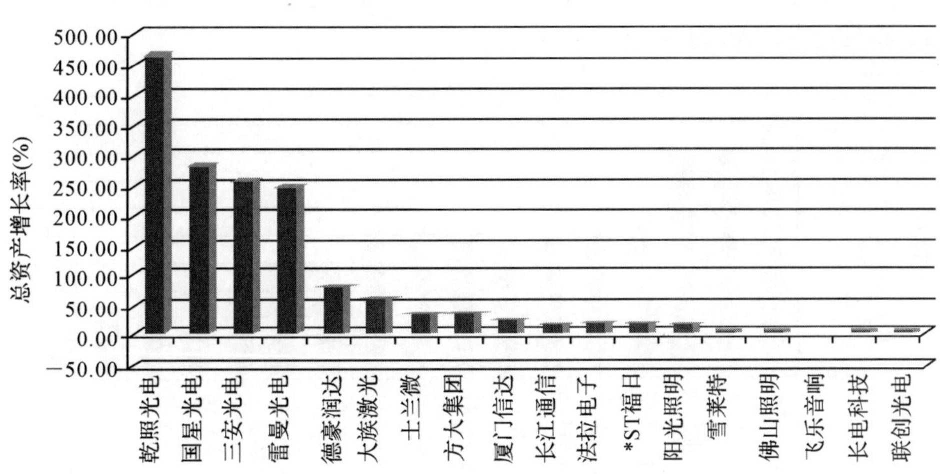


图 3.3-8 2010 年三季度 LED 上市公司总资产增长率

从主营收入增长率来看，有近一半的公司增长速度超过 50%，其中长电科技和雷曼光电两家公司的主营收入增长率超过 100%，分别为 176.67% 和 108.27%。而从净利润增长率来看，增长速度最快的为长电科技，2009 年三季度的净利润为 100 万元，到 2010 年第三季度则为 1.87 亿元，虽然增长倍数较多，但是增长的额度并不大。除此之外有一半上市公司净利润增长率超过 100%（见图 3.3-9）。

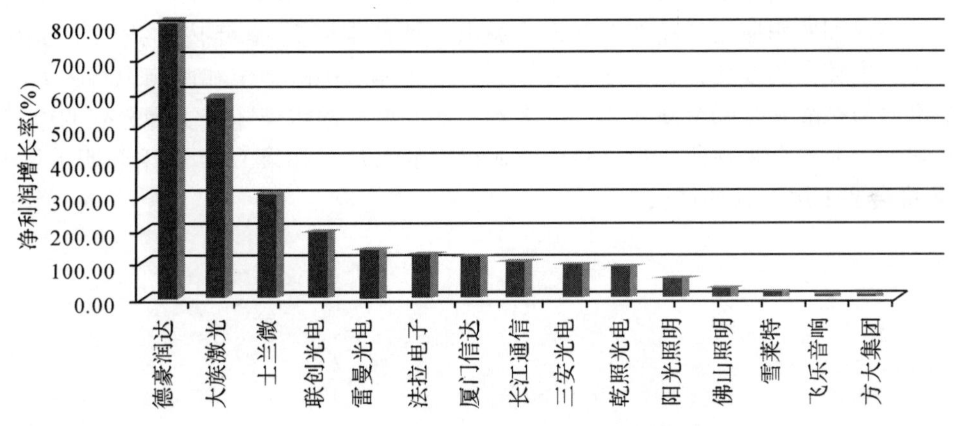


图 3.3-9 2010 年三季度 LED 上市公司净资产增长率

## 5. 交易状况

从基于流通股的换手率来看，阳光照明换手率最低，为 353.79%，其余股票均超过 500%（见图 3.3-10），近半数公司换手率超过 1000%，有三家上市公司换手率超过 1500%，分别为厦门信达（1824.38%）、雪莱特（1636.79%）和长电科技（1616.10%）。LED 行业上市公司的换手率非常高，说明广大投资者对 LED 行业上市公司关注度高，交易较为频繁。从年振幅来看，LED 行业上市公司的波动较大，均超过 50%。其中阳光照明年振幅最高，达到 157.85%，德豪润达年振幅最低，也达到了 50.15%。

从财务数据来看，行业规模比较大的有三安光电、大族激光和长电科技。同时，同方股份和京东方 A 也涉及 LED 产业的相关环节，由于此两家上市公司规模是其他 LED 上市公司的若干倍，在各项指标上远远偏离行业平均水平，为了能够更加准确地反映行业的实际情况，因此未将二者纳入分析之列。

据 2010 年三季报显示业绩比较优良的公司主要有乾照光电、法拉电子、德豪润达、国星光电、雷曼光电等，乾照光电每股收益达 1.04 元。而具有较高成长性的股票有雷曼光电、德豪润达、士兰微以及法拉电子等。从净利润的增长速度看，排名比较靠前的公司主要有德豪润达、大族激光、士兰微、联创光电、雷曼光电以及法拉电子等。

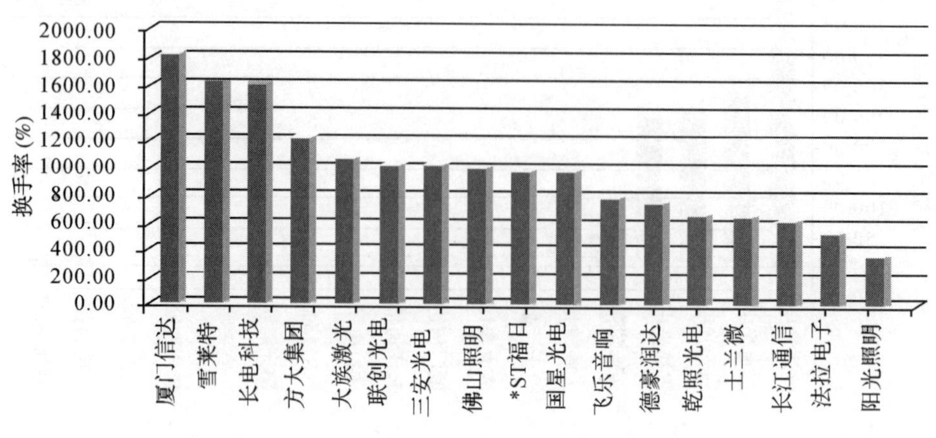


图 3.3-10　2010 年三季度 LED 上市公司年换手率

## 四、结束语

2010 年是我国半导体照明产业快速发展的一年，也是产业规模迅速扩大和产业环境明显改善的一年。在国内产业政策和国际市场需求的双重拉动下，我国成为全球半导体照明产业发展最快的区域之一，其中外延芯片和照明应用产品的发展最为突出。预计未来 3 ~ 5 年内，我国半导体照明产业规模和产业格局将发生较大的改变，在国际半导体照明产业体系中的地位和影响也将大大增强。整个行业将进入一个机遇与挑战并存的全新阶段，巨大的产业发展机遇将伴随着更为激烈的市场竞争和格局调整，行业洗牌、企业整合将在所难免。随着行业投入的增加，如果 LED 通用照明市场能如期启动，那么 LED 行业将会迎来爆发式的增长。

# 台湾地区 LED 厂商在大陆的投资布局

储于超
集邦科技 LEDinside 绿能事业部

近年来，我国政府在大力培植 LED 产业，预计在 2015 年 LED 产业规模达 5000 ~ 6000 亿元人民币目标，尤其一些地方政府针对 MOCVD 设备的补助金额高达每台 800 ~ 1000 万人民币，更令许多集团企业纷纷投入 LED 产业，同时也吸引不少台湾地区的 LED 厂前往祖国大陆投资设厂。

目前，台湾地区 LED 厂商在大陆投资主要有以下几种方式：经由第三地区汇款投资大陆公司；通过第三地区投资设立公司再投资大陆公司；通过转投资第三地区现有公司再投资大陆公司；直接投资大陆公司。台湾地区主要 LED 外延芯片厂在中国大陆投资见表 3. 3-3。

**表 3. 3-3　台湾地区主要 LED 外延芯片厂在大陆投资现况**

| | 转投资名称 | 省（市） | 直间接持股率（%） | 备注 |
|---|---|---|---|---|
| 晶元光电 | 冠铨（山东）光电科技 | 山东省 | 50 | 晶元与联电合资 |
| | 晶宇光电（厦门） | 福建省 | 100 | 晶电独资 |
| | 晶品光电（常州） | 江苏省 | 60 | 晶电、光宝及中国 TV 品牌公司合资 |
| | 亿冠晶（福建）光电 | 福建省 | 10 | 晶电、亿光、CEC 及冠捷合资 |
| | 开发晶照明（厦门） | 福建省 | 40 | 晶电、CEC 及亿冠晶合资 |
| | 广东晶鑫光电 | 广东省 | 60 | 晶电与台达电及创维合资 |
| 璨圆 | 江苏璨扬光电 | 江苏省 | 37 | 璨圆与韩国乐金显示器（LGD）与瑞轩及东贝合资 |
| 新世纪 | 东莞晶锐光电科技 | 广东省 | 99 | 新世纪与昆山市合资 |
| | 昆山新世纪 | 江苏省 | 49 | |
| 光磊 | 宁波光磊半导体科技 | 浙江省 | 100 | |
| 鼎元 | 元茂光电科技（武汉） | 湖北省 | 100 | |
| | 鼎友科技（深圳） | 广东省 | 100 | |
| 洲磊 | 东莞洲磊电子 | 广东省 | 100 | |
| 华上 | 山西长治华上 | 山西省 | 40 | 华上与山西长治合资 |
| 力晶 | 徐州晶旺 | 江苏省 | 100 | |
| 华新力华 | 西安华新丽华 | 陕西省 | 100 | |
| 汉晶 | 福建汉晶 | 福建省 | 100 | |
| 巨能 | 大连巨能 | 山东省 | 100 | |
| 佰鸿 | 东莞高辉 | 广东省 | 47. 6 | |
| 竣辰科技 | 湖南华磊 | 湖南省 | 湘台合资 | 与湖南资兴焦电股份、湖南资兴矿业集团合资 |
| 中国美旗 | 泉州和谐 | 福建省 | 闽台合资 | |
| | 泉州晶蓝 | 福建省 | 闽台合资 | |
| 隆达 | 苏州达亮 | 江苏省 | 100 | |

（数据来源：LEDinside，2011 年 1 月）

台湾地区 LED 厂商在祖国大陆投资的 24 家 LED 芯片企业，大多是在最近 3 年内设立的，其中大部分企业尚未量产。在最近一两年新进入的台湾地区投资的 LED 芯片企业大部分有引进 MOCVD 生产 LED 外延片的计划。因为各地方政府会对其每一台新引进的 MOCVD 提供 800 ~ 1000 万元人民币的补贴，并且还有土地、税收、科研等各个方面的资金或政策支持。

晶元光电是所有台湾地区 LED 企业中布局最广的企业，其在祖国大陆建设厂房，就近为系统商与封装厂提供服务，转投资企业包括山东冠铨、厦门晶宇、常州晶品、厦门开发晶照明、福建亿冠晶与广东晶鑫光电等共计六个 LED 芯片企业。常州晶品一期工程计划引进 30 台 MOCVD，山东冠铨一期计划引进的 MOCVD 数量也在 10 台以上。

最新进入大陆的企业是苏州达亮电子。苏州达亮电子是台湾地区面板大厂友达集团旗下 LED 磊晶厂隆达电子在苏州新建的厂。厂房位于苏州工业园区，厂区占地约 24 万 $m^2$，投资金额约 5 亿美元，2011 年预计装配 50 台 MOCVD 设备。未来员工预估约 5000 人，2011 年第一季度正式量产。苏州厂房将复制台湾上游磊晶、中游芯片、下游封装到应用产品一条龙的营运模式。

台湾在大陆投资的 LED 芯片企业，除早期投资的外，大部分有引进 MOCVD 的计划。没引进 MOCVD 计划的台湾投资的 LED 芯片企业只有五家，分别是东莞晶锐光电、晶宇光电（厦门）、东莞高辉、元茂光电（武汉）、东莞洲磊。

台湾地区在祖国大陆投资的 LED 芯片企业，规划引进的 MOCVD 总台数超过 600 台，如果能部分实现规划的目标，将会有效提高大陆 LED 芯片行业的整体实力。其中规划引入 MOCVD 台数较多的有徐州晶旺 100 台、福州鼎元 100 台、佛山旭瑞 100 台、苏州达亮 50 台、江苏璨扬 50 台。大部分规划引进 MOCVD 较多的企业都是规划 2 ~ 3 期，分期引进。

台湾地区企业在祖国大陆投资的省份包括江苏、福建、广东、辽宁、浙江、山东、山西、湖南、湖北、陕西 10 个省。江苏被认为是台湾企业最佳的投资地，24 个企业中有 6 个选择江苏作为投资地；其次是福建，也有六个企业在此投资；广东排在第三，共有 4 个台湾投资的 LED 芯片企业。

观看台湾地区 LED 封装厂在大陆投资状况，考虑到生产成本、运送成本、关税课征与市场服务，不仅是背光市场的显示屏客户或是电视品牌客户，还是照明市场所需的灯具厂商、系统厂商，在大陆市场都相当成熟。因此许多台湾地区 LED 封装厂陆续在大陆设厂，希望能获得市场占有率。台湾封装厂在大陆投资布局主要以广东省、江苏省为主。台湾地区 LED 封装厂在大陆投资现况见表 3.3-4。

**表 3.3-4　台湾地区 LED 封装厂在大陆投资现况**

| | 转投资名称 | 主要产品 | 省（市） | 直间接持股率（%） |
|---|---|---|---|---|
| 佰鸿 | 东莞佰亨电子科技 | LED 延伸产品之制造组装 | 广东省 | 0 |
| | 东莞佰旺电子 | LED 延伸产品之制造组装 | 广东省 | 55 |
| | 东莞高辉光电科技 | 从事磊晶粒之生产加工制造 | 广东省 | 47 |
| 艾笛森 | 东莞艾笛森 | 光电产品之生产及销售 | 广东省 | 100 |
| | 扬州艾笛森光电 | 光电产品之生产及销售 | 江苏省 | 100 |
| | 扬州雷笛森贸易 | 光电产品之销售 | 江苏省 | 100 |
| 亿光 | 上海亚明固态照明 | 发光二极管灯具组装 | 上海市 | 50 |
| | 上海亿良贸易 | 销售发光二极管 | 上海市 | 100 |
| | 深圳市亿光源光电 | 电子组件之研发 | 广东省 | 100 |
| | 亿光电子（中山） | 生产发光二极管相关零组件 | 广东省 | 100 |
| | 亿光电子（广州） | 生产发光二极管 | 广东省 | 100 |
| | 亿光电子（苏州） | 生产发光二极管 | 江苏省 | 100 |
| | 亿冠晶（福建）光电 | 生产销售发光二极管背光源 | 福建省 | 100 |
| | 亿瑞金光电（江苏） | 生产销售发光二极管背光源 | 江苏省 | 60 |
| | 亿广科技（上海） | 电子组件之研发 | 上海市 | 100 |
| | 亿曜科技（上海） | 电子组件之研发 | 上海市 | 100 |
| | 广州恒光电子 | 生产发光二极管 | 广东省 | 100 |
| | 广州亿良贸易 | 销售发光二极管 | 广东省 | 100 |
| 宏齐 | 宏瑞光电科技（深圳） | 电子产品批发及进出口业务 | 广东省 | 40 |
| | 深圳宏齐光科电子 | 电子产品批发及进出口业务 | 广东省 | 100 |
| 华兴 | 肇庆市立得电子 | 发光二极管数码管电子产品 | 广东省 | 100 |
| | 肇庆市立曜电子 | 发光二极管相关应用产品 | 广东省 | 100 |

（续）

| | 转投资名称 | 主要产品 | 省（市） | 直间接持股率（%） |
|---|---|---|---|---|
| 光宝 | 光宝电子（天津）公司 | 产销光电产品、电源供应器 | 河北省 | 100 |
| | 光宝光电（常州）公司 | 生产发光二极管 | 江苏省 | 100 |
| 李洲 | 东莞李洲电子科技 | 发光二极管之生产及销售 | 广东省 | 100 |
| | 东莞镇富电子科技 | 发光二极管之生产及销售 | 广东省 | 100 |
| | 绿洲电子 | 发光二极管之生产及销售 | 广东省 | 100 |
| | 绿展科技 | 发光二极管之生产及销售 | 广东省 | 85 |
| 东贝 | 佑祥科技（深圳） | 发光二极管产品销售 | 广东省 | 100 |
| | 东莞协盈计算机 | 计算机外设产品制造及销售 | 广东省 | 14 |
| | 速得电子科技 | 交通管理信息系统研发销售 | 上海市 | 100 |
| | 扬州峻茂光电 | 发光二极管产品制造及销售 | 江苏省 | 100 |
| | 深圳市龙岗区南澳悠特电子厂 | 发光二极管等产品之加工 | 广东省 | 0 |

（数据来源：LEDinside，2011 年 1 月）

# 重点企业经营战略介绍

## 南京汉德森：用卓越的产品和服务为世界添光彩

南京汉德森科技股份有限公司是提供高品质LED全彩屏、大功率LED商业照明、工业照明、道路照明、隧道照明产品和半导体照明解决方案的专业厂商。

**发展愿景：为世界添光彩**

汉德森是国内LED照明行业规模最大的专业制造企业之一。在发展过程中，公司形成了具有汉德森特色的产业体系，为世界提供信息显示和半导体照明产品及解决方案。公司拥有防静电无尘LED封装车间、国内大规模的LED显示和LED照明产品生产厂房以及先进的专业生产设备，LED全彩显示屏的年生产能力达10万$m^2$，LED路灯、LED隧道灯、LED球泡灯、LED筒灯和LED射灯等各类照明产品年生产能力达500万套。

汉德森充分发挥品牌、资本、技术和市场优势，进一步提高服务质量和能力，为用户提供高品质、技术先进的产品和服务，努力实现“为世界添光彩”的愿景！

**经营理念：客户导向、群策群力、追求卓越**

汉德森不断完善公司管理体系和流程、塑造企业文化、强化质量意识、全面整合营销、推动技术创新，逐步建立了以客户为导向的组织系统。凭借优良的行业系统解决能力，24h不间断贴心服务，在金融、体育、交通、院校、政府、电力、通信等各个领域，树立了“信息显示及半导体照明专家”的品牌形象。

汉德森以一流的服务为根本，在以市场为龙头，技术为支持，物流、生产为服务，质量为保证的经营模式下，在拓展国内市场的同时，成功将营销网络延伸到海外市场，产品销往全球，欧美日韩为主要市场，年销售额达2000万美元。

**质量方针：真诚服务，赢得用户的信赖；精益求精，满足相关方需求**

汉德森非常重视产品的研发。由70多位专业技术人员组成的研发团队承担着汉德森七大系列共600多种产品的研发、设计和技术改进工作。通过多年的努力和积累，形成了一系列具有自主知识产权的核心技术和产品，并在LED照明驱动电源、配光设计、散热设计和光色解决，以及LED显示灰度技术、均匀性设计、模块设计、防护技术、系统控制和网络控制技术等方面取得了突破性的进展。

公司产品先后通过3C、CB、CE、ROHS、UL、ETL和CSA认证。公司先后承担9项国家级科研

项目（其中2项为863项目），拥有各类专利100余项，软件著作权登记证书11项，并被评定为“国家火炬计划重点高新技术企业”。

公司已通过ISO9001：2000质量管理体系认证，目前正在贯彻实施ISO14000环境体系和ISO18000健康与安全体系。

汉德森作为国内大功率LED照明企业，一直将与产品品质相关的硬件设施作为投入重点。目前，正在按照国家标准建设独立的汉德森光电实验室，下设光谱分析、光度分布、光强分布、振动测试、防护测试等多个专业检测室，拥有国际先进水平的PMS50光谱分析系统、GO2000光度分布测试仪、光强分布测试仪、IP防护等级测试装置、温度巡检测试仪、恒温恒湿试验箱等一系列检验、检测设备。

**汉德森LED照明产品系列**

（1）LED灯泡：适用于商场、办公、酒店、宾馆、家居、连锁店及营业网点、娱乐场所。

（2）LED射灯：适用于商场、办公、酒店、宾馆、家居、连锁店及营业网点、娱乐场所。

（3）LED筒灯：适用于商场、办公、酒店、宾馆、家居、连锁店及营业网点、娱乐场所。

（4）LED日光灯：适用于办公、家居、地铁、地下停车场、超市、车站、机场、医院、学校。

（5）LED隧道灯：适用于公路隧道、铁路隧道、桥梁、站台、大型厂房。

（6）LED防爆灯：适用于石化厂、炼油厂、煤气站、矿山、隧道。



## 深圳邦贝尔：追求成本领先，差异化发展

深圳市邦贝尔电子有限公司是国家级高新技术企业，主要从事半导体照明产品和交通智能产品的生产经营，公司拥有自营进出口权，所生产产品除在全国重点项目和大中城市广泛应用外，还出口至130多个国家和地区。

**用制度建设和文化建设保证效率，实现目标**

公司倡导“专业专注、合作共赢、乐观向上”的企业文化。采用科学的管理模式，为员工提供优良的上升通道，公司职责明确、考核目标清楚、奖惩公正明晰。ERP数字化管理已运行3年，对公司目标得以有效控制。制度和文化建设是保证公司目标管理有效的两个轮子，靠制度保证公司经营活动的效率和效能，靠文化凝聚团队的精神和竞争力。公司现有员工300多人，研发团队50余人。ISO9001已规范运行8年，产品通过了UL、CE、ROHS等认证。

**以科技为先，自主创新增强公司的竞争力**

公司秉承“科技为先、自主创新”的理念。公司的研发团队聚集了光学、热学、结构、硬件、软件、工美等多学科的高端技术人才，组建了企业技术研发中心和光电实验室。在LED的封装和LED应用产品的开发方面积累了丰富的经验，为产品的现代化设计提供了科学先进的手段。自2003年以来公司投入了数千万元对半导体照明产品进行深度开发，通过与国外著名厂商合作，消化、改进先进技术，使得公司产品独具特色。大功率LED共晶封装自动化生产线的建立，为高质量、大规模生产半导体照明产品奠定了坚实的基础。大功率LED共晶封装技术、光学的二次配光技术、模块化的散热技术增强了公司的竞争力，为半导体照明产品的制造提供了宝贵的经验。

公司研发的大功率LED路灯、隧道灯、户外照明产品，比传统光源节电50%～70%，户内LED照明光源产品节电比例高达80%。公司已向国家知识产权局申请专利43项，其中发明专利7项。公司研发的半导体照明产品不仅入选“国家重点新产品”计划和省、市、区自主创新产品，还在“国

家半导体照明产品及应用创新大赛”、“半导体照明道路灯具大赛”中荣获多项大奖。

公司设封装、组装、交通、老化四个生产车间。2007 年大功率 LED 共晶封装自动化生产线的建立，为高质量、大规模生产半导体照明产品奠定了坚实的基础，可创造年产值 10 亿元人民币。公司已于 2010 年建成了大功率 LED 自动化组装生产线和大功率 LED 自动化老化线，现已投入试运行。自动化组装和老化线的建立可为公司创造 20 亿元人民币的年产值。

**追求成本领先和差异化发展，实现价值创新**

公司的国内市场部现有 20 多人，采用大客户、EMC、酒店照明、组装厂等专业化销售组织方式应对市场细分，国内销售网络正在密集部署，公司采取重点直销和有限分销的策略并逐步向矩阵式产品事业部和地区分公司的模式过渡，形成合理的国内销售网络。公司产品在国家多个重点项目中成功运用，如 2009 年国庆阅兵万人背景队伍显示指挥系统、奥运秦皇岛赛区 LED 道路照明、北京新农村建设中采用的 10000 多盏 LED 路灯等。国外市场部现有 30 多人，国外市场目前采用网络营销、海外展销会、代理与经销商、战略合作伙伴等方式布局。公司坚持自己的品牌战略，定期对大客户与合作伙伴回访，目前已与全球多个国家的企业建立了良好关系，已与 30 多个国家签订了产品代理销售合同。目前产品不仅遍布全国 30 多个省、市、自治区，还远销全球 130 多个国家和地区。

大市场孵化大企业，公司战略定位于同时追求成本领先和差异化发展，实现价值创新，走蓝海战略之路。据此，公司组织逐步向产品事业部和区域性分公司过渡并成为公司利润中心。把公司组织与运营面向市场，重整业务流程，实施流程再造，建立反应灵敏的扁平化的管理和组织机构。公司采取深圳工厂生产具有核心技术的重要部件并在合理的区域组装和销售的商业模式。计划通过 5～10 年的努力将公司打造成一个产值过百亿的半导体照明上市公司，为人类节能照明事业做出更大的贡献！

## 浪潮华光：打造分工协作的 LED 及 LD 产业化基地



山东浪潮华光光电子有限公司成立于 1999 年，现注册资本为 3.25 亿元。是国内最早引进生产型 MOCVD 设备，专业从事化合物半导体外延片及光电子器件研发与生产的高新技术企业之一。

**全产业链的经营策略领先国内光电子行业**

浪潮华光是具有全色域发光二极管（LED）、民用激光二极管（LD）外延材料制备、管芯生产、器件封装及应用产品一条龙生产技术的企业，是国内大规模的 LD 芯片生产企业。主要产品有高亮度 LED 和民用 LD 外延片、芯片、器件和应用产品。浪潮华光现有 20 台 MOCVD，到 2011 年底将达到 38 台，已形成年产红黄光外延片 40 万片，蓝绿光外延片 35 万片，各类芯片 200 亿粒，半导体激光器芯片 2 亿粒、LD 器件 500 万只的生产规模。

正在建设的浪潮华光三厂计划用 5～8 年的时间，建设成为拥有 60 台 MOCVD 设备的外延片生产线和配套的芯片、器件生产线，以及 200 台碳化硅生长炉和配套的晶片加工生产线，最终拥有碳化硅衬底材料、外延片、管芯、封装器件和应用产品的完整产业链。

**不断提升综合实力，为企业发展护航助力**

浪潮华光已先后通过了 ISO9001 质量体系认证和 ISO14001 环境管理体系认证。公司通过建立严格的质量控制体系和完善的产品检验流程，确保各类产品的技术指标及性能达到国内先进水平。

从业界地位上看，浪潮华光是中国光学光电子行业协会光电器件分会副理事长单位、工业和信息化部半导体照明技术标准工作组成员单位、国家半导体照明工程研发及产业联盟理事单位、山东省半导体照明产业联盟理事长单位、潍坊国家级半导体照明高新技术产业基地代表企业。

从科研平台的建设上看，浪潮华光先后成为山东省光电子工程技术中心及山东省企业技术中心、山东省半导体照明工程技术中心、山东省半导体发光材料与器件工程实验室。这些科研平台的组成与建立，有力推动了公司半导体照明产品的优化升级和半导体照明技术的加速提升。

从科研成果上看，浪潮华光承担了多项国家 863 计划项目，其产学研合作模式被业界认为是中国光电子产业的成功典范。建厂以来，浪潮华光共取得各类技术成果 160 多项，其中省级以上鉴定成果 10 项。

从知识产权的发展上看，浪潮华光共申报专利60余项，其中发明专利11项。从项目申报和验收上看，浪潮华光共获批25个包含国家863计划、工业和信息化部、国家发展与改革委员会、山东省科技厅等在内的政府项目，政府项目的资金支持为公司技术创新和新产品研发提供了有力的保障。

浪潮华光还作为工信部半导体照明技术标准工作组成员单位，积极参与行业标准的制定工作。

从科研队伍上看，浪潮华光拥有由一批富有光电子材料及器件理论和技术基础的博士生导师、教授、研究员、博士、硕士和高级工程师、工程师组成的科研队伍，为其技术研发注入了不竭的生命力。

从产销规模上看，浪潮华光的LD产品产销量稳居国内第一，LED芯片性能指标优良，产销量居国内前茅。浪潮华光的销售网络遍布全国各地，除潍坊、济南和临沂的工厂外，还在深圳、临海、重庆、苏州、温州等地设立了办事处，利用管芯生产的产品远销美洲、欧洲及东南亚各国，销售范围覆盖了全球2/3的地区。

**四大厂区协调分工打造LED及LD产业化基地**

山东浪潮华光光电子有限公司作为山东省光电子产业的龙头企业，拥有济南、潍坊、临沂三市协调发展的四大厂区。

浪潮华光一厂，即山东华光光电子有限公司，成立于1999年，注册资本5000万元。厂址设在济南市高新区，占地43亩，建筑面积5000m$^2$。

浪潮华光二厂，即山东浪潮华光光电子有限公司，成立于2004年9月，注册资本3.25亿元。厂址设在潍坊市高新区，占地151亩，园区总规划建筑面积90000m$^2$。在潍坊市委市政府的大力关怀与支持下，一期项目完成总建筑面积35000m$^2$，仅净化车间面积就达18200m$^2$。二期工程建设总投资10亿元（固定资产投资9.2亿元），购置工艺设备仪器2600台套，新建厂房50000m$^2$。

浪潮华光三厂，即山东省目前最大光电子项目——浪潮（济南）光电子产业园，于2009年11月5日在济南市高新区正式奠基开工。浪潮光电子产业园以建成拥有碳化硅衬底材料、外延片、管芯、封装器件和应用产品完整产业链的光电子产业园区为目标，规划总投资40亿元，占地242亩，建筑面积160000m$^2$，计划用5~8年的时间，建设成为拥有60台MOCVD设备的外延片生产线和配套的芯片、器件生产线，以及200台碳化硅生长炉和配套的晶片加工生产线。项目建成并达产后，可创造上万个就业岗位，将实现年销售收入90亿元，利税20.8亿元。

浪潮华光四厂，即山东浪潮华光照明有限公司，成立于2009年4月，注册资本4520万元。厂址设在临沂市，占地300亩，园区总规划建筑面积120000m$^2$。一期项目完成厂房建设3000m$^2$，具备年生产LED路灯10万盏的能力。四厂规划3年内完成整体建设，实现年产LED路灯和普通照明灯100万盏的生产能力。

浪潮华光计划总投资50亿元，在济南、潍坊、临沂三地设置四个研发和生产基地，通过四个厂区协调分工和配套建设，建立90台套MOCVD的外延片和配套管芯生产线，建成国内最大的LED及LD产业化基地。建成后将具备年产LED和LD外延片400万片、管芯800亿粒、器件100亿只、应用产品6300台套、SiC衬底30万片的生产能力。

## 华旗科技：致力于重大装备国产化

青岛华旗科技有限公司（青岛精诚华旗微电子设备有限公司）始建于1993年。公司总部位于青岛空港工业园，紧邻青岛流亭国际航空港，建筑面积近30000m$^2$，具有完善的生产、装配、测试监测及部分关键装备的工艺实验室，并与科研院所、重点实验室、公司等建立联合实验室及联合生产研发项目。未来华旗公司将在半导体照明（LED）、太阳电池、IC器件及新材料环保领域进行更大的投入及研发。

**产研结合，重大装备国产化研发获重大突破**

“十一五”期间，华旗科技先后与国内科研院所合作，出色完成了多项国家863计划项目，其中国家重点项目LED自支撑GaN衬底的关键专用装备HVPE系统的成功研制，打破了该领域的国外技

术垄断与封锁；与中科院半导体所合作的 LED 重要设备 MOCVD 项目已完成并将逐渐产业化；在大功率微波磁性材料领域的关键晶体材料外延设备也取得重大突破，并已产业化。

HVPE、MOCVD 作为半导体照明关键核心装备一直被国外企业垄断，随着公司研发的深入，生产型的装备将很快投入市场。

**先进设备服务于新能源、新材料及环境保护产业**

华旗科技为专业的半导体材料、IC 器件工艺、新材料工艺（成套）设备及解决方案的高科技研发制造企业，服务于新能源、新材料及环境保护产业，致力于为太阳电池、半导体照明、半导体集成电路、分立器件、新材料及磁性材料等制造厂家及科研院所提供先进的工艺专用设备（含成套设备及解决方案）。半导体工艺（成套）设备包括薄膜（氧化扩散、LPCVD、PECVD 等）、外延（硅及化合物等）、晶体生长、材料提纯、精密真空热处理、配气系统及废气处理等。半导体工艺设备覆盖一、二、三代半导体材料——硅、砷化镓、氮化镓，高性能磁性材料（钐钴、钕铁硼等）。

核心工艺设备为薄膜工艺：LPCVD、PECVD、氧化扩散系统等。外延：MOCVD（研发型）等。晶体生长：VGF/VB、HGF/HB、HVPE、PVT 等。精密真空热处理：单室/多室真空炉、RTP、传统管式炉等。配气系统：气瓶柜/气瓶架、配气柜、气源柜、阀门箱、二次配管等。SCRUBBER（废气处理）：湿法、湿法 + 燃烧等。

**以优质的产品和完善的服务向国际化、现代化企业迈进**

华旗科技拥有十几年的专业研发制造经验，产品广泛应用于行业内的大专院校、科研院所、半导体制造及高性能磁性材料制造企业等。精良的科研、设计、制造、服务团队包括子公司（青岛精诚华旗微电子设备有限公司）、半导体工程技术部、真空工程技术部、生产部、市场部、财务部、后勤部等。公司现有职工110人，有高级工程师8名，技术研发人员35名，生产技术人员20名，拥有多项自主知识产权，具有自主研发、生产的能力。现在华旗科技为中国电子专用设备协会、中国磁性材料行业协会、中国磁性材料情报网及中国电子专用设备等多家协会会员单位，承接并出色完成了一系列国家重点项目的专用设备的设计制造。

华旗科技已通过GB/T19001－2000（ISO9001：2000）质量管理体系认证。产品的质量标准及技术等级已接近或达到国际同类先进产品的标准。

华旗科技将不断完善人才、管理、技术，与国内外各界朋友进行合作与交流，建立真诚互利友好的合作联盟，为客户提供更优质的产品，更完善的服务，向着国际化、现代化企业阔步前进。

## 国星光电：立足封装，做强做大

佛山市国星光电股份有限公司是专业从事研发、生产、销售LED及LED应用产品的国家火炬计划重点高新技术企业，广东省优秀高新技术企业。公司占地面积3.9万$m^2$，厂房面积6.6万$m^2$。此外，占地面积3.46万$m^2$的新基地已经动工，预计2012年投入使用。公司建于1969年，经过40多年的发展，公司借助资金、渠道、科研和管理等方面的优势为行业所认可。2010年7月16日，公司成功在深圳证券交易所上市。

**规模优势，助其分享市场发展成果**

国星光电是目前中国大陆前三大LED封装企业之一，也是大陆产量最大的SMD LED封装企业（不含外资企业），目前SMD LED月产能达到3亿只。正是由于在LED封装领域的规模优势，帮助公司在快速的市场成长中取得了领先优势。

基于对LED行业和市场发展的长期看好，国星光电近年来一直在稳步推进扩产，特别是上市后募集的资金对扩大产能、扩展公司现有业务的规模将产生显著的效果。公司募投项目全部达产后产能将大幅扩张，其中新型表面贴装发光二极管技术改造项目完成后，公司每年将新增Chip LED 24亿只、PLCC LED 4.8亿只，整个SMD LED器件产能将比现有产能提高1倍；功率型LED及LED光源模块技术改造项目实施后，公司每年将新增1.2亿只功率型LED及1200万块LED光源模块；而LED背光源技术改造项目的建设，将形成新增年产LED背光源1566万块的生产线；半导体照明灯具关键技术及产业化项目达产后，将形成大功率LED路灯3万盏/年、各种通用LED灯具100万套/年、各种亮化工程用条形灯12万m/年的生产能力，并且各产品主要技术指标均达到国内或国际先进水平。

此外，产品质量和品牌是企业可持续发展的必要条件。完善的工序流程管理是超精细、大规模SMD LED封装的质量保证。正是由于大规模SMD LED封装的需要，在与日本三洋电机株式会社20多年的合作中，国星光电建立了一套完善的工序流程管理体系和质量管理方法，为现今的发展打下了非常良好的基础。

国星光电凭借自身在采购和生产方面的规模优势，有效地降低了公司产品的生产成本，产品质量也获得客户的普遍认可，与很多大客户形成了基于长期合作的稳定客户关系，企业实力和市场地位也迅速提高，最近8年年均增长超过25%。目前，虽然国星光电所售的产品不直接面向消费者，但所供器件随格力、美的等下游客户的产品早已走入千家万户。另外，公司从2010年开始成为了IBM的合格供应商；2010年1月中标中国移动营业厅节能照明产品集中采购的LED射灯，中标份额占全部采购量的31.11%。而今，在显示、背光源、汽车以及照明等应用市场增长的带动下，LED行业正在进入新一轮快速增长时期，国星光电也将继续分享市场增长的巨大成果。

**创新制胜，做强做大封装主业**

翻开国星光电的企业发展史，可以看到成立之初的国星光电是一家国有小厂。1976年国星光电开始涉入LED业务，那时的企业非常弱小。短短的30多年，国星光电已从当初的小作坊式生产企业成长为业界龙头企业，进而成功登陆资本市场，而实现跨越式发展的根本在哪里呢？答案就是“创新”！

公司的创新，核心点是技术的创新。公司自2000年以来大力建设研发力量，2004年广东省光电子工程技术研究开发中心成立，2005年苏锵院士工作室设立，2007年广东省企业技术中心成立，

2008 年企业博士后科研工作站挂牌。公司现有博士 10 人，硕士 30 多人，大专以上科技人员超过 400 人，先后承担国家和地方多项重要项目。公司在 2004 年和 2007 年被评为国家火炬计划重点高新技术企业，是广东省第四批知识产权示范企业，目前已经申请的专利超过 150 项，已经授权的 80 多项。目前公司正在全力推进“宽色域白光 LED 制造技术”、“基于新型支架的片式发光二极管产业化关键技术”等一系列近 30 项产品研发和项目攻关，仅 2009 年投入研发经费就超过 2800 万元，占全年营业收入的 4.62%。

按照公司的战略，国星光电将继续密切跟踪国际国内半导体照明产业的最新技术发展动向，以市场需求和新型 LED 器件创新为基础，坚持走自主创新与引进消化吸收相结合的发展道路，不断提高研发与创新能力，大力发展高技术含量、高附加值产品，不断改善公司的产品结构。

除了技术创新，国星光电还努力实现管理的创新。近年来公司规模快速扩张，资产、业务、人员规模大幅度增加，对公司的财务、流程、业务质量控制、人力资源等管理能力的要求也随之提高。公司会不断学习和研究新的管理理念和运营模式，学习先进企业的科学管理方法，不断提高自身的经营管理水平。也就是先“拿来”，再转化、吸收、创新和提高，最终形成符合自身特点的经营理念和管理模式。利用工序流程管理的优势，公司不仅提高了产品的质量，还拥有高于行业平均水平的产品合格率，大大降低了产品的生产成本。这些都使得公司产品在达到同类竞争产品质量的同时，能够保持较低的价格，体现出较强的竞争能力。

迄今为止，国星光电在 LED 领域已进行了 30 余年的耕耘和探索。2000 年以来，公司全力发展自主产品，通过消化吸收和内部技术创新，目前在 LED 封装领域已处于国内领先地位，公司业绩也随之不断上升。根据 2010 年 8 月 12 日发布的 2010 年上半年报，1—6 月公司实现营业收入 40682 万元，比上年同期增长 39.89%；营业利润 8364 万元，比上年同期增长 44.14%；就公司主营业务收入同比大幅增长的主要原因，报告认为，主营业务收入来源仍为 SMD LED。2010 年 1—6 月，该类产品收入保持持续增长，占主营业务收入的 82.12%，虽然主营业务盈利能力与上一年相比基本保持稳定，但是 SMD LED 毛利贡献率却由去年同期的 73.25% 上升为 80.17%，表现出继续上升的趋势。





**借力资本市场，全面实施发展战略**

2010 年 7 月 16 日国星光电在深圳证券交易所上市，并成功超额募集资金 15.4 亿，其中 5 亿元已投向“新型表面贴装发光二极管技术改造”、“功率型 LED 及 LED 光源模块技术改造”、“LED 背光源技术改造”、“半导体照明灯具关键技术及产业化”四个项目，目前正在全面实施。上市是对企业长期踏踏实实经营成果的认可，是水到渠成的自然结果，也是公司的战略决策目标之一。上市后带来的直接结果是品牌的提升和资本的增加，长期来看，对企业的经营管理水平和发展的后劲都会带来极大支撑。

“立足封装，做强做大，适时延伸产业链，实现垂直一体化”。借力资本市场的驱动，国星光电在稳固当前封装业务的同时，已经开始全面实施发展战略。

公司募投的四个项目分别处于产业链封装与下游应用端，意在拓展公司的产业链竞争力。新型表面贴装发光二极管技改项目可以扩大更薄更小的 Chip LED 以及 PLCC LED 的生产规模、增加新品种，补齐产品结构；功率型 LED 及 LED 光源模块技改项目则可以使公司在各种规格功率型 LED 及 LED 光源模块越来越受到照明市场青睐的趋势下，使企业在半导体照明市场的竞争中占据主动地位；LED 背光源技改项目则是瞄准 LED 背光源在传统家电、手机、PDA、MP3、MP4、笔记本电脑及 LCD TV 等领域的应用，本着“做强做大”的经营目标，进一步提高企业的竞争力，参与国际市场的竞争与角逐的需要；半导体照明灯具关键技术及产业化项目则是看好 LED 在通用照明市场的广阔前景，使企业在半导体照明灯具市场的竞争中占据主动地位。

与此同时，公司于 2010 年初成立了新的照明事业部，投入大量资源强化照明产品的研发、生产和销售，并产生了很好的效果。另外，公司在还不具备 LED 芯片生产能力的情况下，通过与美国旭明公司（SemiLEDs）等合作持有旭瑞光电股份有限公司 15% 的股份，初步实现了产业链向上延伸。

现在，国星光电正在按着既定的发展战略，努力将公司发展成为中国大陆第一、世界知名的 LED 生产企业。

# 生茂光电：以技术创新与自主研发推广 LED 应用

生茂光电科技股份有限公司位于郑州高新区，成立于2000年9月，注册资本7580万元，是目前河南省规模最大、业务门类最齐全、经营时间最长的LED行业龙头企业，是河南省LED光源工程中心、河南省50家高成长型高新技术企业、河南省72家主板重点上市后备企业、河南省转型升级企业。

**重视技术创新与自主研发，致力于LED系列产品的推广应用**

公司一直致力于LED系列产品的推广应用，是中国LED行业中以应用产品开发为先导的专业制造商之一，现已在LED器件封装、LED照明、LED智能交通等领域形成开发、生产、销售和系统集成为一体的企业集团，企业规模和经营业绩跃居行业前列，已加入国家半导体照明工程研发及产业联盟、中国光电子行业协会、中国照明协会等行业组织，在行业内拥有较高的声誉。

公司自成立伊始，非常重视技术创新与自主研发工作，现已建成省级企业技术中心、省LED光源工程技术研究中心，与中国科学院半导体所、清华大学深圳研究院、同济大学等科研院所建立了密切的合作关系，取得了显著的成果，初步建立了自主创新技术体系，形成了公司的核心竞争力，奠定了公司持续快速发展的基础。现在公司已拥有专利近30余项，被授予“郑州市专利工作示范单位”。

**紧跟技术发展，使产品开发系列化**

公司是国内较早从事LED研发、生产的公司之一，已建立了从LED封装到应用产品的研发、生产、销售系统和多个生产基地，在郑州、泉州、深圳、上海等地拥有多家全资或控股子公司，分别进行技术研发、制造生产、系统集成、市场销售等活动。

目前公司生产的产品主要分为两类：一类是LED系列产品，包括LED封装器件（点阵、数码、二极管、单元板等）、LED应用（显示屏、路灯、隧道灯系列等）；第二类是智能交通产品，包括信号机、信号灯、倒计时、监控、电子警察、卡口、汽车牌照、护栏、标志标线等警用交通设施产品及其系统集成工程。公司产品质量稳定可靠，深受用户的好评，现已销往国内20多个省市，并部分出口海外，拥有良好的声誉、稳定的客户群和较高的市场占有率。

随着LED产业的升级及技术进步，LED光源照明产品已开始进入市政公共照明领域，公司紧跟技术的发展，目前已成功研发了道路、隧道LED照明系列产品，产品经国家电光源质量监督检验中心和国家灯具质量监督检验中心的检测，部分指标达到并超过标准。

在实际应用中，公司自产的150W LED路灯于2007年1月试装于郑州高新区冬青街，故障率不到百分之一，使用效果良好；2008年5月，LED隧道灯在福建罗长高速红山隧道安装310盏，至今已正常运行18个月；2008年12月，300W LED路灯在郑州高新区科学大道（双向八车道、灯杆间距42m）等主要街道上安装了700余盏，节电效果显著。2009年9月，350WLED路灯应用于郑州高新区主干道瑞达路……

**建设产业化基地，形成上、中、下游一体的产业链**

半导体照明作为新型高效固体光源，具有寿命长、节能、绿色环保等显著优点，是未来节约能源、发展循环经济和建设生态文明的有效途径之一。在全球能源短缺的忧虑不断升高的背景下，公司规划以现有LED产业为基础，做强器件封装环节、做大应用产品及工程集成，逐步进入产业中、上游，用3~5年时间建成集外延、芯片、封装及应用于一体的“固态照明产业化应用示范基地”，将公司发展成为国内LED行业知名企业、省市重点上市企业。预计项目全部建成达产后将实现100亿元以上的产值，实现利税20亿以上，税收11亿元，可安置8000~10000人就业。

固态照明产业化应用示范基地总投资20亿元人民币，总占地550亩，主要建设内容包括：

（1）高标准建设国家级研发中心及检测中心；

（2）LED路灯及公共照明生产线；

（3）LED室内照明生产线；

（4）LED器件生产线；

（5）LED 芯片生产线；

（6）LED 外延片生产线。

固态照明产业化应用示范基地项目的建设积极响应高效照明、节能、环保产业发展的趋势，项目科技含量高、投资规模大、经济带动性强，项目建成不仅对郑州市扩内需、保增长，加大投资、加快项目建设，实现郑州市经济增长目标具有积极的推动作用，而且对郑州市乃至河南省产业结构调整和经济增长方式的转变具有重要的引导作用。

公司将抓住发展机遇，扩大国际、国内战略合作，加快项目建设步伐，迅速形成集 LED 外延、芯片、封装及应用为一体的产业链，并努力在产品研发及检测方面形成优势，早日形成规模，做大做强，为郑州市以及河南省的经济发展做出更大的贡献。

## 华灿光电：团队创业、自主创新、跨越发展

华灿光电股份有限公司的前身是武汉华灿光电有限公司，创立于 2005 年，2011 年整体改制为股份有限公司。华灿光电专业致力于研发、生产、销售以 GaN 基蓝、绿光系列产品为主的高品质 LED 外延材料与芯片，拥有领先的技术研发能力和成熟的生产工艺。公司所在的武汉东湖新技术开发区是中国两大国家级自主创新示范区之一，被誉为“中国光谷”。

**企业精神：行动、专业、协作、创新**

华灿光电以振兴民族高新技术产业为己任，本着“行动、专业、协作、创新”的工作精神，提出了“专业造就品质，协作提升价值；时不我待，必须付诸行动；逆水行舟，唯有不懈创新”的质量方针，以完善的质量管理体系持续提升产品品质。公司在深入了解中、长期行业发展方向和客户产品应用需求的基础上，特别注重与下游客户的战略性共赢，通过与客户协调一致的市场定位，为客户提供有力的技术支持。公司注重客户产品最终性能表现，与客户共同保持竞争优势，以优良的产品奉献于客户，以至诚的服务取信于客户，实现“做最好的 LED 产品，做最好的 LED 企业”的愿景。

**以技术为先导，保持企业持续的自主创新能力**

节能减排、新材料领域中蓬勃发展的 LED 产业，被列为国家战略性新兴产业的重要发展方向，作为国家高新技术企业的华灿光电得到了各级政府的有力支持。公司以技术为先导，汇集国际技术力量，拥有包括 MOCVD 在内的世界先进水平的全套蓝绿光 LED 外延和芯片生产线，产品在中国 LED 芯片市场已形成良好口碑。华灿光电技术团队的主体由多位具有化合物半导体专业背景和丰富实践经验的专家组成，具有国际领先水平的基础技术研究和产品开发、应用能力。公司研发团队与国际知名实验室同步进行技术研发，具备持续的技术自主创新能力，拥有先进的Ⅲ族氮化物基高性能 LED 材料生长、器件设计与生产制造的核心技术及专利。团队技术能力全面、互补，确保了公司在 LED 芯片方面持续的技术研发能力。

**完善的人才机制为员工提供施展才华的空间**

华灿光电推崇“以人为本、尊重知识、尊重人才”的理念，为员工提供充分的施展才华的空间。在国内外富有成功经验的投资人、创业投资机构的支持下，采用了国际高新技术领域通行的以人才为核心的创业投资模式。华灿光电以真诚和信任吸引国内外产业人才汇聚，以完善的人才机制激励全体员工的工作热情，促进全体员工的技术创新和市场开拓，与员工分享企业的成功。

**积极增资扩产，分享产业发展盛宴**

华灿光电厂区占地 160 多亩，到 2011 年初已完成基础规模和二期扩产项目的建设，建成半导体净化厂房等生产设施面积近 16400m$^2$，附属设施面积约 13100m$^2$，累计完成投资 4.5 亿元人民币，具备年产 LED 芯片 100 亿粒的生产能力。随着新增投资 13.2 亿元的三期扩产项目的展开，华灿光电的规模和效益将继续保持迅猛扩增的势头，成长为中国高新技术领域团队创业、自主创新、跨越式发展

的标志性创业企业，无愧于“中国最具投资价值企业”的称号。

## 吉乐电子：以企业转型和产品调整实现发展壮大

北京吉乐电子集团有限公司是专业从事电子、通信和光电器件研发、制造、经营的国有大型高新技术企业。公司坐落在距首都机场16公里处的中关村科技园电子城产业园区内，占地面积10万 $m^2$，总资产10亿元，是中国500家最大电子及通信设备制造企业之一，已连续20年跻身于“中国电子元件百强”之列，并荣获“北京市精神文明标兵单位”。

在企业40余年的发展中，以产品结构调整为中心的企业全面转型，始终是企业腾飞与发展的“推进剂”。“吉乐”牌行输出变压器成就了“北京独一家”的美誉，“吉乐”牌彩色偏转线圈成为CRT行业内的知名品牌。近年来，吉乐集团紧紧抓住LED产业快速发展的机遇，确立了“3+1”发展战略，跨入LED光电制造行业，明确提出了打造LED产业“吉乐”知名品牌的战略目标。

**以产品调整、结构转型为基石，推动企业成长、发展、壮大**

北京吉乐电子集团有限公司成立于1966年。1999年12月，作为北京市现代企业制度改制试点的百家企业之一，整体改制为北京吉乐电子集团有限公司。在公司40余年的发展中，企业实施了两次产品结构重大调整与企业全面转型，推动了企业持续、健康、快速发展。

第一次产品结构调整与转型使企业跨入了电视机配件行业。改革开放之初，企业紧紧抓住国内电视机市场快速成长的机遇，先后引进了日本JVC彩色电视机回扫变压器和日本亮度延迟线生产技术及设备，实现了从电子元件向彩色电视机回扫变压器的产品转型，跨入了电视机配件行业，成为北京地区唯一一家DY、FBT定点企业。

第二次产品结构调整与转型完成了从行输出到彩色偏转线圈的产品转型。1987年，企业紧紧抓住全球彩电及CRT产业向中国大陆转移的机遇，作为北京松下彩管的配套项目，引进了日本松下彩色偏转线圈生产技术和设备，完成了从行输出到彩色偏转线圈的产品转型，成为BMCC、三星、汤姆逊等全球彩管巨头的主要供应商，产品先后出口德国、墨西哥、泰国、马来西亚、意大利、波兰、匈牙利和巴西等国家，企业的产品技术及规模与实力得到大幅提升，“吉乐牌彩色偏转线圈”至今仍是“北京市名牌产品”。

**以“3+1”发展战略为动力，推动企业第三次全面转型**

集团公司在DY产量规模攀上历史高峰，全球平板电视产业开始蓬勃发展之时，凭借对产品市场规律的认识和多年来在市场竞争中的职业敏感，自2005年起，公司开始着手在光电显示领域相关产业中寻找新的增长点。在充分的市场调研和技术论证的基础上，2007年集团果断提出了“3+1”的发展战略，推动企业向传统制造业、LED新型制造业和现代服务业三个产业协同发展方向转变。

**以产业机遇为契机，壮大规模，打造LED产业吉乐知名品牌**

2008年6月，集团公司LED封装生产线投入运营。经过近两年技术工艺的不断完善和市场的开发，集团公司LED产业具有了跨越式发展和腾飞的核心能力。

目前，公司引进了从事LED封装的一流制造设备和灯条模组生产线，具备了80kk/月的产销能力。公司将产品定位于SMD LED、大功率LED、Light Bar以及照明应用等产品，在LED封装的高端产品上起步，并已实现规模化量产。现在，灯条模组产品和室内照明产品也已规模生产，关键技术及工艺日趋成熟，产品合格率不断提升。“以我为主、合作引进”，集团公司和国际专业团队建立了LED技术合作研发的模式，为LED产业提供产品研发和技术支持。

现在，企业产品已覆盖了侧发光SMD LED、顶发光单晶/多晶SMD LED、大功率LED及灯条、模组等光电子器件。产品广泛应用于背光源：中小尺寸液晶显示器、数码相框、移动DVD、仪器仪表、BLU；显示屏：室内表贴、RGB三合一显示屏幕；大功率产品：装饰照明、通用照明等，已为国内多家知名企业配套生产。

吉乐集团一贯秉承“细节决定成败、品质成就未来”的理念，注重打造国际品牌。凭借先进的生产设备、前沿的工艺技术，优秀的技术团队以及有效的管理体系，能够快速满足客户的多方位要求。面对激烈的市场竞争，吉乐集团不断发扬创新、求实、团结、奋进的企业精神，坚持质量是企业的生命，以全体员工最佳的工作质量，持续提升的质量水准，满足顾客对产品和服务的需求。

## 士兰明芯：用集成电路领域的经验迅速发展壮大

杭州士兰明芯科技有限公司是一家设计、制造高亮度LED芯片的光电半导体器件公司。公司位于杭州经济技术开发区，占地75亩，为杭州士兰微电子股份有限公司（600460）的独资子公司。公司产品涵盖了外延生长和高亮度蓝、绿、红芯片制造两大部分。产品主要应用于显示屏、景观照明、通用照明等领域。公司的工艺技术水平已经达到国际水平，产品的稳定性、可靠性位居国内同行业前列。

**用集成电路领域的经验为企业发展保驾护航**

公司自2004年成立以来，不断吸收其母公司杭州士兰微电子股份有限公司在集成电路生产和质量管理方面的经验，把LED技术与集成电路成熟的技术和理念结合起来，专注于LED显示屏芯片的生产，产品良好的波长一致性、较高的抗ESD冲击能力、较高的稳定性获得了客户的广泛认可，并已经占有了相当大的市场份额。

**立足技术，完善产品和业务链条**





公司借助于硅行业成熟的生产和管理经验融合的优势，在近两年实现了飞跃式发展。立足于应用显示屏领域的高端市场定位，公司现有LED芯片产能为600kk/月，在产能、年销售额等方面均已成为行业内的佼佼者。继国庆60周年期间士兰明芯的芯片亮相北京天安门广场后，凭借其良好的展示效果，相关部门决定将其升级为清晰度更高的新显示屏作为天安门广场的永久设施。新显示屏长40m，高7m，点距12mm，采用士兰明芯的三基色芯片，由士兰明芯的子公司杭州美卡乐公司封装。此显示屏超亮、高清，画面气势恢宏、绚丽多彩，丰富了北京市民的生活。这充分体现了士兰明芯的实力，也激励我们继续努力提升产品的品质和对客户的服务。我们未来的目标是瞄准世界第一的品牌，做世界级的LED芯片生产厂家。

**质量成就品牌，科技创造明芯**

公司以ISO9001质量管理体系为纲要，建立现代化企业管理制度，狠抓品质控制体系，树立强烈的客户中心意识，注重新产品研发，不懈地追求自主知识产权，努力创造“士兰明芯”优质的品牌形象。

## 真明丽集团：垂直整合，打造系列化品牌产品

香港真明丽集团成立于1978年，距今已有30多年历史，专业致力于LED芯片封装、LED装饰产品、LED照明产品和电源的设计研发、生产与推广销售。真明丽集团于2006年在香港联交所上市（股票代码为01868.HK）。

**垂直整合，构建全球市场体系**

真明丽集团早在1997年就开始研制并推广LED照明应用产品，是最早进行LED应用产品研发的企业之一。2002年设立LED封装厂，2003年跨足LED中上游并开始致力于白光照明应用，2008年进军LED外延芯片领域，成为LED领域垂直整合成功的上市公司。真明丽集团营业额超2亿美元，销售网络遍布100多个国家及地区，售后服务网络也遍及全球，为客户提供完善的后勤支持。在集团的销售比例中欧洲约占33%，美洲约占32%，亚洲约占27%，中国约占8%。应中国市场对LED应用照明的需求，集团正朝着全球四大区域销售各占25%的目标迈进。

**加强LED上、中、下游实力，打造Neo－NeoN品牌**

作为完成LED产业上、中、下游垂直整合的上市公司，真明丽近期在LED芯片的研发领域取得了突破性的进展，先后完成了半切芯片、无掩膜技术、液滴荧光粉等多项LED芯片制造技术，并取得了国家的发明专利。目前，用公司自产的LED芯片封装出的产品光效已超过115lm/W，亮度已达2350mcd，已拥有进入国际先进行列的实力。

此外，公司花巨资在封装领域强化自动化环节，使LED封装产能成倍增长，产能达到4.5亿颗/月。公司拥有42项LED封装专利，自主研发的LED柔性霓虹灯还取得了多个国家的发明专利。“Neo－NeoN银雨”LED路灯经国家级实验室——赛宝实验室检测已达到广东省地方路灯标准Ⅰ级要求，国家灯具质量监督检验中心的实测检验报告也表明“Neo－NeoN银雨”LED路灯能够满足主干道及快速道路路面照度要求。同时集团研发的LED灯泡和LED日光灯管产品分别比传统白炽灯泡和传统荧光灯管节能80%和50%，光效和散热效果良好。

经过31年的发展，真明丽集团已经成为全球最重要的小型灯泡、LED装饰灯、舞台灯生产企业之一。“Neo－NeoN银雨”品牌已成为LED应用照明的著名品牌，蜚声国内外。在全球城市亮化工程、景观照明工程、LED路灯工程中都有“Neo－NeoN银雨”的LED产品出现。

真明丽集团以完善的管理系统、严谨的库存管理、ERP局域网高效作业模式强化了企业运营效率与决策流程，能够快速对市场的各种变化做出反应。秉持着“宏观、创新、诚信、踏实、品质、高效”的经营理念，以满足客户需求，真明丽将不断研发出新的LED应用照明产品。真明丽集团旗下的鹤山丽得电子实业有限公司已通过了国家高新技术企业认定，取得了国家高新技术企业证书。

**打造系列化品牌拳头产品**

真明丽拥有30灯、60灯、90灯、120灯、150灯、180灯、240灯等全系列LED路灯产品，经过国家权威机构测试，真明丽LED路灯初始光效高达84.64lm/W，达到广东省地方路灯标准Ⅰ级品要求，配光曲线为蝙蝠翼配光，光斑形状近似于矩形光斑，可适用于主干道、快速路。与传统的高压钠灯相比，集团的LED路灯节能50%～60%，寿命是传统路灯的2倍。

作为中国LED路灯的著名品牌，真明丽的LED路灯以其高光效和优秀的光学设计获得各国用户的肯定，国内外订单应接不暇。在广东省首期实施的6个“千里十万”城市中，真明丽获得了半数以上城市的路灯标案。此外，集团还接连获得国内其他省市的LED路灯订单。在欧洲、美洲、东南亚、拉美等地区LED路灯销售也大有斩获，客户对集团LED路灯的性能和稳定性非常满意。

真明丽集团的LED柔性霓虹灯是公司的拳头产品之一，获得多个国家的发明专利，在世界各国的知名度都非常高。在世界各地的标识亮化、景观和建筑美化、圣诞节日装饰工程中都有很高的应用率，集团所生产的LED装饰灯、LED圣诞灯类产品长度已可绕行地球数百圈，点亮了世界。

真明丽的“Neo－NeoN银雨”LED产品在欧洲、美洲、亚洲许多国家及地区被视为LED应用照明的代名词，荷兰国家广播电台、苏格兰威士忌遗产中心等景点和工程中都指定使用真明丽的LED相关产品。在国内工程中，真明丽集团使用LED产品成功打造出天安门广场、上海东方明珠电视塔等标志性建筑夜景亮化，在北京奥运场馆、青岛体育中心、上海世博会演艺厅及多个主题馆也都采用了真明丽的“Neo－NeoN银雨”产品。

## 生辉照明：立足国内，构建全方位市场营销体系

浙江生辉照明有限公司是一家省级高新技术民营企业，注册资金9000万元人民币，总投资1.5

亿元人民币，位于浙江省嘉兴市秀洲工业园区，占地面积85亩，厂房面积5.6万多$m^2$，主要研发和生产LED道路照明灯具、LED景观灯具、LED商业照明产品、LED民用照明产品、LED节能光源以及驱动电源6大系列2000多个品种的产品，同时为客户提供一站式的专业灯光工程服务。公司成立于2004年，作为国内发展较早、规模较大的LED专业研发、生产企业，生辉照明始终致力于为世界提供更先进、更环保、更舒适的新型照明产品和服务，以卓越的品质和领先的技术不断满足市场对新型光源和灯具的需求。

**立足中国市场，构建全方位市场营销体系**

公司现有员工近3000人，两个制造基地，一个欧洲配送中心，一个国内设计安装公司，可年生产光源3000万只，灯具900万套以上。2010年公司年销售收入达5亿元，是中国LED照明行业中综合实力最强的企业之一。公司拥有LED封装制造中心、驱动电源制造中心（SMT）、LED应用制造中心等生产机构，配备有先进的生产设备，拥有强大的生产能力。公司在立足中国市场的同时，还设立了德国分公司、乌克兰分公司等海外分支机构，为海外市场扩张奠定了坚实基础，产品远销欧美，与国际知名厂商保持着良好合作。

在企业的战略规划下，公司从国际上与各大跨国公司合作起步，着眼国际，立足国内进行全方位市场营销。国内销售部已设立北京分中心、上海分中心、浙江分中心、山东分中心、两湖分中心等六个销售、服务分支机构，销售网络遍布国内23个省市，承接的大型工程项目有浙江乌镇景观亮化项目、嘉兴西塘景观亮化项目、上海百联购物中心工程、新疆乌鲁木齐经济开发区卫星广场工程、上海斯格威铂尔曼大酒店节能改造工程、苏州路灯处道路节能改造工程等。

**重视产品研发，确保研发能力领跑行业**

公司十分重视在产品研发上的投入，先后斥资近1500万元配置了国际先进、国内一流的检测、分析、验证设备。并与浙江大学、复旦大学、浙江科技学院等多家院校展开合作，以确保公司的产品研发能力领跑行业，品质控制创造国内一流、国际先进的目的。公司多项产品的研发计划获得国家863计划项目、科技型企业技术创新基金重点项目及“十五”国家科技攻关计划项目的支持。2010年，公司新型LED照明产品的产业化项目被国家发改委列入支持项目。

经过多年努力，公司先后申请了各类专利78项，授权专利32项，其中16项为发明或实用新型专利。公司先后主持和参与起草制定22项LED产品的性能、安全国家标准及产品检测方法标准，是中国照明行业LED照明产品标准的积极推动者、参与者和制定者。公司承担科技部4个国家级项目的研发，并建立以住建部主导的国家低碳照明研究中心室内半导体照明研究室。公司现为国家半导体照明工程研发及产业联盟成员、国家照明电器标准化技术委员会电光源及其附件分技术委员会成员、中国照明电器协会会员。

**质量第一，为社会提供卓越的产品和服务**

公司不仅通过ISO9001国际质量标准体系，ISO14001国际环境管理体系的认证，还成立国家级的检测实验室测试中心，中心正在导入IEC/ISO17025体系，预计2011年通过国家实验室认可委的认可。公司生产销售的产品在安全、节能效果上已分别获得中国CCC，欧洲CE、GS、RoHS、EUP，美国UL，日本PSE，英国EST等认证。2008年，公司被认定为高新技术企业、专利示范型企业。2008、2009年连续两年荣获嘉兴市“十佳科技创新型示范企业”等荣誉。

公司倡导“绿色、低碳、环保”的照明新理念，坚守“质量第一，以人为本”的公司宗旨，秉承“诚信、服务、超值”的经营观念，致力于成为LED照明领域的创新者和领跑者，倾心为社会提供卓越的产品和服务。在科技强企的理念指引下，浙江生辉照明有限公司定将取得更快的发展，并将为社会做出更多贡献！

# 迪源光电：先做强再做大，让企业可持续发展

武汉迪源光电科技有限公司成立于2006年，是专注于LED照明芯片研发和生产的高科技企业。迪源光电量产的照明芯片发光效率超过100lm/W，广泛应用于LED路灯、日光灯、筒灯、球泡灯等照明灯具以及LED背光源模组。做世界级的中国"芯"，创造一个世界级的自主品牌是当前中国照明芯片企业最为紧迫的历史使命，也是迪源光电的终极目标。

**核心技术制胜，找到可持续发展的重要突破口**

目前，在国内大功率高亮度照明市场活跃的仅有武汉迪源、美国科锐和台湾晶元等数家企业。在2006年迪源光电成立之初，以CEO董志江为核心的管理团队就树立了"大功率芯片未来会成为LED行业中应用前景最广的领域"这样一个信念。面对当时近乎不可能实现的、技术研发难度最大的大功率芯片，迪源光电的技术团队没有选择退却，而是坚守着企业的定位、坚定着团队的信心，董志江带领技术人员潜心钻研攻关。最终，迪源光电以领先的技术，量产100lm/W的光效和20%的市场占有率创造出具有国际先进水平的"芯"。目前，迪源光电以其核心技术制胜，作为中国LED产业中大功率高亮度芯片企业的代表，成为中国芯片领域中具有一定行业影响力的龙头企业之一。公司获得了国家发改委、科技部、工信部以及湖北省、武汉市及东湖高新区的多项重大研发和产业化专项支持。迪源光电在"大功率芯片"这个金字塔顶端的开创性地位和贡献，对中国半导体照明产业来说，是找到了可持续发展的重要突破口。迪源光电的足迹为中国半导体照明产业提供了最具核心价值的解决方案，其意义已经远远超越了一个企业自身发展的范畴。

**领先技术引领企业高速成长**

2010年LED产业尤其是芯片领域迅猛发展，面对半导体照明市场的大好发展前景，颇具发展眼光和技术实力的迪源光电自然也不会错过这个机会。2010年，迪源光电增资两亿人民币扩充产能。迪源光电现在拥有9条MOCVD外延片生产线和与之相应的芯片生产设备，可年产高亮度外延片24万片、大功率芯片4亿只、小功率芯片24亿只，产能是2010年初的整整3倍。

迪源光电作为DC LED功率芯片专业生产厂商，在HV LED芯片制备技术的研究及产业化上也取得了重大的突破。公司通过对普通蓝宝石衬底外延生长、芯片微晶粒分立阵列及微晶粒间电极桥接等多种技术手段的研究，现阶段正装HV LED产业化光效已超过110lm/W，"十二五"产业化目标是超过150lm/W。HV LED实际上是将传统DC LED的COB封装结构直接在芯片级实现，减少了应用端封装固晶、键合等复杂作业程序，直接带来应用端制作成本的降低。

目前，迪源光电量产的大功率LED芯片单颗功率达3W，光效超过100lm/W，已占据20%的国内市场份额，性价比优势明显。迪源光电目前的产品主要以0.5W和1W芯片为主，相对进口产品来说具有更高的性价比。2011—2015年，迪源光电将以每年不低于10lm/W的光效提升速度迅速缩短LED照明和传统照明的成本差距，推动LED照明在中国的迅速发展。迪源光电吸引众多"风投"资本的支持，就是对企业技术领先的"智本"的最好肯定。

**战略调整，室内照明占七成**

目前，迪源光电在上游外延片、芯片的研发上，已拥有多项国家发明专利，其大功率LED芯片广泛应用于路灯、隧道灯和筒灯等户内外LED照明灯具，是国家863计划的重点项目承担单位。

2011年，迪源光电将利用自己的核心技术加速LED照明芯片和灯具在中国的推广。一方面面向公共场合，包括路灯、大卖场的照明，另一方面推动LED照明在家庭中的使用。2011年迪源光电会进一步调整发展战略，将室内照明提升到公司业务中占七成的重要比例，将室内照明做成企业未来发展的主打方向。

**先做强再做大，给企业赢来可持续的发展**

未来迪源光电不会进行"规模放大、体量膨胀"的全产业链投资布局，仍会专注于大功率LED芯片的研发和生产，先做强再做大，给企业赢来可持续的发展，并且重视对研发和人才的积累。"打造世界知名的LED新光源民族品牌，做中国照明的英特尔。"迪源光电肩负使命不断前行。中国的

LED企业要真正从做大转向做强，中国LED产业要真正实现异军突起并在激烈的国际化竞争中立于不败之地，必然要以第一梯队的龙头企业为先导。迪源光电，正在以完整的技术创新体系和行业引领者的姿态，继续向着大功率中国“芯”的目标努力前进。

## 勤上光电：资源整合打造立体化核心竞争力

勤上光电股份有限公司，是国家级高新技术企业，拥有总面积达30万$m^2$的半导体照明产品研发及生产基地，是LED道路照明、LED显示、景观照明、商用照明、家居照明、太阳能/风能应用、特种照明等产品综合应用解决方案供应商和商业模式提供商。如今，勤上光电正以LED照明专家的气魄建立起一套可持续发展的长效发展机制。

**资源整合打造立体化核心竞争力**

勤上光电，有一系列的数字让人们对它另眼相看。14年LED研发应用经验，7年大功率LED照明应用经验，30万$m^2$半导体照明研发及生产基地，全国5000公里LED路灯成熟应用工程，室内照明100万户家庭幸福体验，遍布31个省的售后服务网点，聚集697名专家，行业第1家人民保险公司PICC质量承保。

这些数字背后，是勤上光电对资源整合领导气质的集中展现。勤上光电以深厚的历史沉淀与行业经验为基础，着重进行了六大资源的整合，主要包括国内国际高端人才资源的整合、产学研及研究机构资源的整合、商业模式资源的整合、国内国际市场渠道资源的整合、资本市场资源的整合以及政策资源的整合。

只有掌握了核心竞争力的资源整合者，才能博众家所长，制胜市场。勤上光电对产学研及研究机构、资本市场、人才、商业模式、市场渠道、政策等六大资源的整合能力，形成了其立体化的核心竞争力，为LED产品应用奠定了坚实的基础，成为广东省“千里十万”、科技部“十城万盏”大功率LED路灯推广示范项目实施单位，完成了国庆60周年天安门广场特大型LED显示屏工程、国家大剧院大型LED显示屏工程和广州科学中心道路照明、深圳地标京基国际金融中心亮化及室内照明、美国科罗拉多道路照明等特大型工程，成为行业内成熟应用工程案例最多的企业。

**创新应用，积极投身产业发展**

LED照明的竞争无疑是激烈而复杂的，谁能最终胜出已经不再是一个简单的产品研发与应用的命题。勤上光电积极应对，充分发挥出LED照明专家的优势，打出了一系列的特色“组合拳”。

勤上EMC模式就是其中创新性应用的一种。在LED路灯改造示范工程中的应用，根据项目实际情况和金融机构具体要求，勤上光电将传统EMC与其他商业模式如卖方信贷、BT模式等灵活结果。在该模式中，勤上光电既是服务供应商，也是金融机构和客户的桥梁。通过这种模式，勤上光电为不同的客户量身打造出符合客户利益的LED照明最佳综合解决方案，在实现了公司产品销售、拉动公司业绩的同时，也让政府达到节能减排的目标，缓解了政府一次性支付的财政压力，实现企业－银行－政府的多赢局面。为此，勤上光电在全国进行了大量的推广工作，并积累了丰富的经验。

在不断创新思路的指引与实践中，勤上光电技术及产品应用已涵盖LED户外照明、LED室内照明、LED轨道交通照明、LED车灯照明、LED景观照明、LED显示屏等多个重点领域，并在技术创新和产业化方面取得了突出成果。勤上光电经过多年积累和建设，获得“国家863计划”、“国家重点新产品”、“2009年及2010年国家预算内投资项目”，“国家工信部半导体照明产业化资助项目”等国家级项目和“广东省重点产业专项”的支持，勤上光电的LED产品中标国家发改委“半导体照明产品应用示范工程”项目，通过“广东省科技厅大功率LED路灯科技成果鉴定”，获得“广东省自主创新产品”、“广东省科技进步一等奖”。勤上光电还主导制定了广东省LED路灯地方标准，并参与国家标准制定。

“一枝独放不是春，百花齐放春满园。”在行业的历史性发展与突破时期，勤上光电推出“本土化”战略，原创性地发展半导体照明民族产业，以“品牌输出”、“工厂连锁”、“技术及生产外包”等形式将勤上光电近十多年行业探索所积累的经验、技术研发设计平台、规模化量产能力以及商业模式等与同行共享，积极推进各区域的半导体照明产业本土化发展，创新商业模式，让各区域合作伙伴及各区域经济体获得最大利益，做大做强整个半导体照明产业。

同时，勤上光电还积极承担起一个企业公民的责任，积极推动节能减排。2010年2月，勤上光电承担东莞市政府赠节能灯活动，为广大贫困家庭节能减少开支送去温暖；2010 年 4 月，再次承担世界气候组织“千村计划”太阳能 LED 路灯示范项目，致力推动农村实现“低碳”照明。如今，勤上光电全面推出“A 计划”，实行集约化采购，从上游联合众多的供应商，从下游联合众多的采购商，面向市场推出一系列高性价比和高品质的 LED 室内照明产品，使更多的普通消费者也可以享受到 LED 照明产品健康、环保、节能的效益，最终实现 LED 产品“飞入寻常百姓家”。

创新造就了勤上光电的发展，也让勤上光电在前进的道路上越走越稳。勤上光电，以勇于创新的魄力和非凡的创造力，将为半导体照明产业做出更多更大的贡献。

## 华联电子：巩固和发展优质大客户，建立多元化市场

厦门华联电子有限公司成立于 1984 年 8 月 8 日。公司始终坚持以质取胜，走高新技术、不断创新之路，取得显著成绩，被列为市百家重点工业企业、全国重点高新技术企业。现为中国光学光电子行业协会光电器件专业分会理事长单位、国家半导体照明工程研发与产业联盟主席单位。

**不断增强技术力量，使产品系列化、多样化**

公司具有雄厚的技术力量和很强的新品开发能力，公司已自主开发生产了空调、冰箱、热水器、微波炉、洗衣机、电饭煲、电磁炉、电话机、洗碗机、按摩椅、运动休闲类产品控制器、电视机顶盒和其他各种微电脑控制器等共计 600 余种，并与摩托罗拉公司建立了联合试验室。公司拥有先进的生产设备，如全自动元器件贴片设备、回流焊接设备、全自动双波峰焊设备、自动插件机及在线测试仪设备（ICT）等，还拥有一套完整、成熟的质量控制系统，工序质量稳定受控，产品质量达国内先进水平。目前公司年生产能力达 3 千万块以上，是国内生产能力最强、质量水平最高的专业微电脑控制器生产厂家之一。微电脑控制器的国内主要客户有长虹、康佳、TCL 王牌、天津 LG、厦华、厦新、伊莱克斯、土耳其 VESTEL、凉宇、LG、海尔、美菱、小天鹅、荣事达等，国外客户主要为土耳其、韩国、印度、印度尼西亚、新加坡等国家的企业。

公司配备从美国、荷兰、日本等国引进的先进水平的现代化半导体光电器件、微电脑控制器生产线，拥有一套完整的设计开发系统和高素质的设计队伍，具备软硬件开发能力，研发中心被授予“省级技术中心”称号。公司历年承担并完成国家级项目 27 项，其中国家级火炬计划项目 10 项、国家级重点新产品 5 项、国家级技术创新项目 1 项、科技部创新基金项目 1 项。公司通过管理体系一体化整合认证，亦即 2000 版 ISO9001 质量管理体系、ISO14001 环境管理体系及 GB/T28001 职业健康安全管理体系，建立三者兼容的全面质量管理体系，是国内最具实力的半导体光电器件、LED 照明产品、微电脑控制器生产企业之一。

**巩固和发展优质大客户群，建立多元化市场**

公司坚持推进“巩固和发展优质大客户群”的总体市场战略，建立多元化市场，形成国内外销售网络。针对产品的不同特点，采取不同的营销策略，如一体化红外接收放大器采取自销、出口、代理、贴牌等多种模式全方位拓展，做大、做好、做强、做出品牌，还以重点用户为对象，陆续在青岛、杭州、深圳、长沙等地设立了办事处。

公司突出重点产品，形成规模生产、规模销售，为国内知名品牌配套，向国际名牌产品挑战，主要客户有海尔、科龙、LG、伊莱克斯、小天鹅、华为、长虹、康佳、TCL、厦华、灿坤、松下、飞利浦、万利达、厦华、夏新等。

公司不断拓展和巩固出口市场，产品远销美国、韩国、日本、俄罗斯、印度、印度尼西亚、土耳其等国，主要客户有 Emerson、Yamaha、Electrolux、Arcelik、Vestel、LG、Massive、Carrier、Celestica、Computime、Panasonic、PT HIT、Elite、Teamtronic、Rolsen、Systech、Super Bright、SSO、Gold Aim、Enoch、Emoonim 等公司。

**推行用户满意工程，实施名牌战略**

公司在于厦门市火炬园开发区、思明区前埔工业园，分别拥有 2.4 万 $m^2$ 的自建工业厂房。

确保产品质量、满足用户要求是华联人的宗旨，快速到位是华联人的作风。公司积极推行用户满意工程，实施名牌战略，注重现场管理，加强售后服务。在参与国际市场竞争的同时积极推进企业文化建设，多次荣获省市“文明单位”、“明星企业” 和 “全国推进用户满意工程先进企业”。

我们将继续以优质的产品和服务满足用户的需求，致力于“高素质、高标准、不断超越” 的战略实施，“树形象、创品牌、争第一”，步入更高层次的发展阶段。

**主要产品**

半导体光电子器件：超高亮度 LED、普通亮度 LED、SMD、LED 数码显示器、特种 LED 显示器、背光源、白光 LED、功率 LED、一体化红外遥控接收放大器、红外发光二极管、光耦合器、光 MOS 继电器、光传感器、光敏二极管。

LED 照明应用产品：LED 路灯、LED 台灯、LED T8 灯管、LED 球泡灯、LED 射灯、隧道灯、吊灯、栅格灯、太阳能庭院灯、七彩像素护栏灯、七彩数码护栏灯、单色护栏灯、七彩点光灯、单色点光灯、大功率投光灯、地埋灯、草坪灯、水底灯、全彩 LED 像素屏。

医疗电子产品：电子血压计。

微控制器和遥控器：各种红外遥控发射器、接收器、空调控制器、冰箱控制器、洗衣机控制器、电热水器控制器、微波炉控制器、电源板控制器、运动休闲类产品控制器、电视机顶盒和其他各种微控制器。




## 微晶先进光电：立足国内，面向高附加值的市场

微晶先进光电科技有限公司于 2003 年 2 月在香港注册成立，2006 年 8 月在广州南沙设立合资公司晶科电子（广州）有限公司。公司致力于开发、生产和销售用于半导体照明的高亮度、高可靠性的大功率氮化镓蓝光 LED 芯片、多芯片模组和芯片级光源产品，产品广泛应用于城市照明、商业照明、特种照明、汽车照明、各种背光源等领域，是珠三角唯一一家具有批量化生产能力的大功率、高亮度 LED 芯片制造企业。、

- 2003 年 2 月，微晶先进光电科技有限公司在香港注册成立；
- 2004 年 6 月，完成大功率 LED 样品、倒装焊、RFID 封装等系列技术开发；
- 2005 年 3 月，完成倒装蓝色 LED 芯片及模组的研发；
- 2006 年 3 月，获得两项美国发明专利，两项中国发明专利；
- 2006 年 8 月，成立子公司“晶科电子（广州）有限公司”；
- 2007 年 4 月，超大功率 LED 大芯片模组开发完成；
- 2008 年 11 月，90lm/W 大功率芯片产品批量化生产并形成销售；
- 2009 年 2 月，100lm/W 大功率芯片产品批量化生产并形成销售；
- 2009 年 3 月，大功率 LEDiS 技术开发完成；
- 2009 年 8 月，获得 ISO9001 和 ISO14001 体系认证；
- 产品光效达到 130lm/W；
- 在广州南沙建立 LED 产业基地。

面向高附加值的市场，主要客户为中国大陆超过 2000 家的 LED 封装企业和 LED 应用、照明企业。公司超大功率 LED 模组芯片能够通过与封装、照明企业合作，直接为下游 LED 应用企业提供芯片光源产品，节省了传统 LED 芯片的封装成本。公司能够与 LED 封装及灯具公司合作，以硅、陶

瓷、PCB 等为基板，与 LED 驱动电路、保护芯片、控制芯片进行系统集成，能够以 ODM 形式为终端照明应用客户，提供完整的 LED 照明芯片光源，在室内外照明、商业照明、特种照明、城市照明、建筑照明等领域，具有广泛的市场空间。

## 路明集团：坚持自主创新，完善产业链条

路明科技集团成立于 1992 年，拥有 16 家全资及控股子公司，员工 1500 多人，是目前国内重要的稀土发光材料和半导体照明领域的生产厂商之一，主营业务覆盖了从稀土发光材料及制品，到 LED 外延片、LED 芯片、LED 光源产品、LED 照明与显示工程、纳米功能材料及光电子产业园开发建设等多个领域。

**坚持自主创新道路，务实完善产业链条**

路明集团凭借首创的稀土自发光材料专利，打造了一个重要的稀土自发光材料产业基地，并于 1997 年申请了 LED 发光材料专利，获得了美国、欧洲、日本、韩国和中国台湾地区授权，成为拥有硅酸盐体系 LED 发光材料核心专利的生产厂家。2003 年路明集团完成了国际并购，引进了 40 多项 LED 外延片和芯片等方面的核心专利技术，成为国内拥有原创核心专利技术和最早进入半导体照明领域的企业之一，成功实现了半导体照明领域两大核心专利技术——LED 芯片和 LED 荧光粉的完美融合，成为世界上为数不多的能够同时拥有两大半导体照明产业核心技术的厂商之一，打破了国际巨头对该领域的技术垄断。至 2010 年底路明集团共拥有相关专利 190 余项，其中发明专利占 80%，国外专利占 45%。

路明集团是国家稀土发光材料领域的国家级企业博士后科研工作站设立单位，先后承担了国家 863 计划重大项目、863 引导计划项目、国家科技攻关计划、国家火炬计划、国家重点新产品、国家中小企业创新基金和国家重大产业化示范项目等 27 项国家级项目。凭借领先的技术，路明集团获得国家和省部级科技奖励 24 项，其中 2006 年，路明先后获得稀土硅酸盐发光材料“国家科学技术发明二等奖”和发光芯片“信息产业部重大技术发明奖”，并获得国家知识产权局产权试点单位和国家科技部创新型试点企业荣誉称号，成功组建了省级半导体发光与照明工程技术研究中心、工程实验室及企业技术中心。2008 年，路明集团喜获国家驰名商标称号。2010 年路明的“远程智能控制 LED 全彩幔态显示屏”获得中国创新设计红星奖。

路明集团与国外 300 多家、国内 900 多家企业有着紧密的商务合作关系，与国内外 40 多所大学、科研院所建立了密切的科研合作关系，在全球范围内建立了完善的市场销售网络，产品远销 60 多个国家和地区。

**凭借过硬的技术实力，实现 LED 与经典工程的完美结合**

路明集团的稀土自发光材料，经过近 20 年的持续创新与发展，现已拥有稀土铝酸盐、硅酸盐、硫化物、氮化物等几大体系发光材料，形成包括蓄光型发光材料、白光 LED 用发光材料、UV 防伪材料、发光薄膜、指示系统、工艺品等在内的 200 多种产品。2001 年美国“911”事件中，路明在美国世贸大厦中安装的消防疏散指示系统，成功拯救了 18000 多人的生命。

路明集团作为国内高端 LED 产品的供应商之一，凭借其拥有从 LED 外延片、芯片、LED 照明，到 LED 显示及亮化产品制造的完整产业链条，成功应用在国内外众多重要场地，如 2006 年路明的 LED 全彩显示屏力挫国内外众多对手，成功打入德国世界杯；2008 年北京奥运场馆水立方，路明首创的幔态 LED 显示系统，成为奥运工程中唯一的完全采用国内技术和产品的亮点；2009 年，被誉为

中国的悉尼歌剧院的重庆大剧院，路明为其量身打造异型幔态户外显示全彩显示屏；2010 年，凭借创新的设计理念和良好的业界口碑，成功承接了 3700m² 的大连宏孚大厦 LED 显示公益广告屏项目，该显示屏为目前亚洲最大的 LED 幔态显示屏。

**紧抓产业良机，路明蓄势待发**

自 2008 年以来，我国政府陆续出台政策，大力推动半导体照明产业的快速发展；举世瞩目的 2008 年北京奥运会、2010 年上海世博会、广州亚运会都不约而同地以绿色节能为主题，给中国半导体照明产业的发展带来了难得的历史机遇；在节能减排和低碳经济概念的推动下，半导体照明已经成为国内的热点产业。

路明集团是国内最早从事 LED 照明行业的几家企业之一，多年来始终秉承务实的精神，踏实的态度稳步前进。自 2003 年进入半导体照明领域，路明集团经历了我国半导体照明产业的创业期、低谷期，最终迎来了产业的蓬勃发展。技术的持续创新、人才梯队的建设、稳步的产业布局一直是路明集团的工作宗旨。未来几年路明集团将凭借其多年的产业沉淀、良好的产业优势，专注于半导体照明产业的发展。在产业化方面，在扩大规模的同时，不断提升产品档次，积极开发更高端的芯片、外延片产品，做好产品定位和市场布局。在下游应用方面打造“品牌”，大力发展原始创新技术的市场转化能力和产业化水平，提升荧光粉技术、照明产品及应用系统集成能力，不断提高公司在 LED 显示与照明应用市场的占有率，打造中国 LED 应用产业的知名品牌。

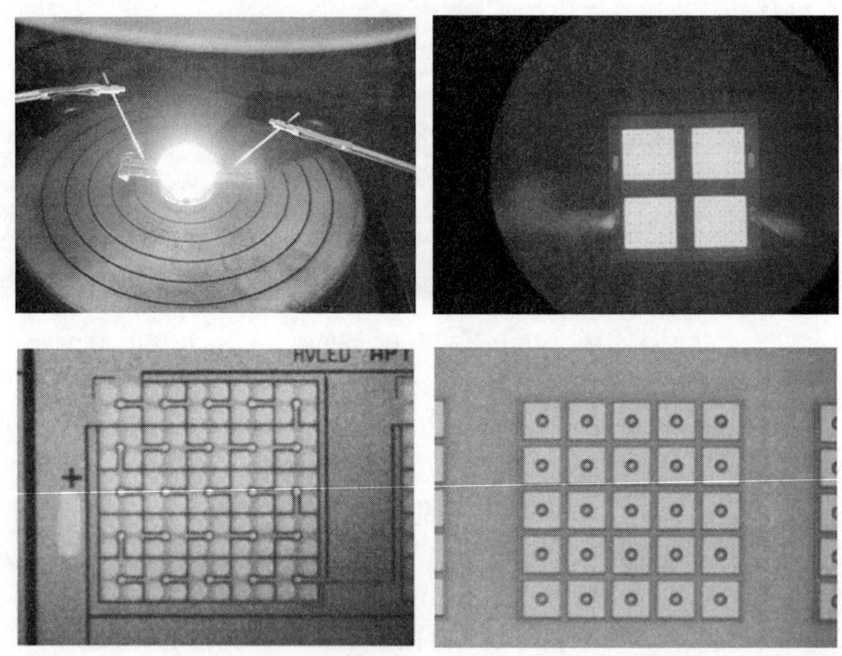




## 晶元光电：透过水平整合与合资策略拓展照明市场

晶元光电为专业 LED 芯片提供者，为加速在 LED 产业的芯片蓝图布局，晶元光电积极地从事资源整合，将经济规模与效益最大化。

**经营理念：LED 芯片全系列提供者**

晶元光电一开始合并国联，是基于技术考虑。因为国联较早进入红光 LED 领域，考虑到四元 LED 在技术上的互补，再加上时机因素，决定并购。而新的晶元光电并购新元砷，是考虑到两家企业产能都相当大，并且都有意扩厂，若不合并则提高了产能过剩及产品杀价竞争的风险隐忧，但真正的决定因素在于当时晶元光电在中国大陆的销售不到 10%，而元砷则占到 80%，因此希望借由合并取得通路与市场机会。最近的广镓并购案，则是考虑到市场属性，希望利用广镓芯片在电性上的某些优势打造广镓的品牌定位，创造出市场区隔，提高整体芯片市场占有率，甚至为客户提供一站式的服务。

**客户经营策略：锁定出海口，降低产能过剩的风险并避免进入价格战**

晶元光电从单纯以封装厂为客户，扩大至系统厂以及国际大厂，为客户从产品面进行 ODM（design in），增加客户群以求与垂直整合的公司竞争。从以系统厂为客户的经营策略来看，与系统厂共同设计芯片，再让系统厂回去找适合的封装厂，或是再行建议适合的封装厂进行封装。这样不仅产品效果好，同时也会促进终端应用产品销售。此模式有以下两点优势：首先是根据市场需求增加产能，产能过剩的风险较小。其次是系统厂商在意产品质量、品牌形象与专利，愿意付较高的价格，因此不会进入价格竞争的恶性循环中。晶元光电的另一项经营策略则为国际大厂代工，这些国际大厂与垂直整合者多为相互竞争的关系，但纯芯片供应者则是可以相互合作的对象。

**晶元光电在祖国大陆市场投资布局：就近提供料源**

晶元光电在山东、江苏、福建及广东各省皆有投资布局，如下表所示。

| 晶电转投资名称 | 省（市） | 直间接持股率（%） | |
|---|---|---|---|
| 冠铨（山东）光电科技 | 山东省 | 50 | 晶电与联电合资 |
| 晶宇光电（厦门） | 福建省 | 100 | 晶电独资 |
| 晶品光电（常州） | 江苏省 | 60 | 晶电、光宝及 TV 品牌公司合资 |
| 开发晶照明（厦门） | 福建省 | 40 | 晶电、CEC 及亿冠晶合资 |
| 亿冠晶（福建）光电 | 福建省 | 10 | 晶电、亿光、CEC 及冠捷合资 |
| 广东晶鑫光电 | 广东省 | 60 | 晶电与台达电及创维合资 |

（数据来源：LEDinside 整理）

以福建的亿冠晶来看，主要股东为亿光电子、中国电子信息产业集团（CEC）旗下的冠捷与晶元光电。冠捷在 2008 年并入 CEC，主要生产液晶显示器与电视，不仅拥有自有品牌 AOC，同时也是全球最大的显示器代工厂，2010 年共计生产显示器约 5300 万台。这其中，晶元光电提供背光源，再由亿光封装成灯条，冠捷出货进入市场。

晶电和光宝在常州也有合作，目前光宝在江苏常州设立华东营运中心，提供 LED 封装制造与其他多项产品，因此，晶品光电成为就近为光宝供应芯片光源的据点。至于与台达电和创维合资的广东晶鑫光电，也是以背光和照明市场为最终考虑。

总结来看，晶元光电在祖国大陆沿海的投资布局，为的是确定出海口，并就近提供中下游的料源。

**展望 LED 市场发展：背光市场渗透率高于预期，LED 照明市场需求快速起飞**

2010 年大尺寸背光的 LED 渗透率快速向上攀升，接近 20%。根据 LEDinside 数据显示，2011 年液晶电视的 LED 背光渗透率将推升至 40% ~50%。这代表着，2012 年平均 LED 背光渗透率有机会达到 60% ~70%，而 2012 年底更有可能接近到 80%，届时 LED 背光成长速度趋缓。因此 LED 照明需求势必要接棒，才能够使得业绩成长幅度可以抵消 LED 的跌价速度。

因此，LED 照明需要在 2013 年起飞。短期来看，替代性光源应用及商用照明是发展最快的领域。以商用照明来看，每天使用约 12h，比起住宅用照明产品，成本偿还的速度较快，但产品等级要求也相对提高。

从 LED 背光产品规格的发展趋势来看，从一开始的单颗功率 0.15W 到现在的 0.5W，未来的趋势可能出现单颗功率 1W，并与照明用的规格越来越相近。现阶段高功率 LED 产品发展所面临的挑战，一是一旦电流密度提高，效率就受影响；二是封装所面临温度和散热的问题；三是要快速发展 LED 照明，需要多方的努力破解专利壁垒。根据美国能源部（Department of Energy，USA）的目标，2015 年 LED 封装产品将达到 500lm/美元，相当于 2 美元/klm，800 ~ 1000lm LED 灯泡的市场零售价将降到 10 美元，届时人们对于 LED 灯与节能灯的接受程度将一致，而现在的零售价约为 40 美元，如何达到人们接受的价格与质量，都将是 LED 产业各公司共同努力的目标。鉴于 LED 的发展，晶元光电期望不论在背光或照明市场，都居于主要厂商的地位。

**李秉杰董事长建言**

期望我国能为二氧化碳减排制定规划蓝图，设立明确的数字目标并当成施政目标做出行动，以促进绿能产业的发展，如太阳能、风力发电、电动车等规划。其中对节能产业的推广，可利用提高 LED 渗透率，加上先期补贴，再由电力节省回馈先期支出的鼓励政策施行，推动整体社会对节能与环境保护的认知。这样不论是鼓励消费面或生产端，都可对整体绿能产业的推动有实质性的帮助。

（本文根据对晶元光电董事长李秉杰先生的访谈整理而成）



## 隆达光电：透过垂直整合模式快速反应与降低成本

隆达电子为我国台湾地区最大面板厂友达集团的成员之一，为台湾地区 LED 产业中唯一上、中、下制程到产品应用一条龙生产的企业。

**透过垂直整合模式来降低成本，并提高效率与反应速度**

现阶段面板产业为寡占市场，且大者恒大。从面板厂对 LED 背光源的布局来看，多为自家建厂，并且以垂直整合模式为主，追求规模经济与效率，也可增加对产品规格的掌握度，快速反应市场需求。

隆达光电是友达集团转投资的子公司，在角色上为面板厂提供 LED 背光源。对友达集团来说，唯有垂直整合，自建 LED 供应才能提升成本竞争力。

垂直整合模式的优点之一就是将知识集中管理，信息沟通一下子就从最终端到管理层，并且将人力管理中间层精简。这样除了可以提升产品议价能力，在客户服务方面也会快速反应解决。若是没有垂直整合，客户投诉发生时，再一一追溯问题的源头，执行面就会出现反应缓慢或是停滞不前的情况。

例如，在隆达光电尚未进行垂直整合之前，集团内公司一旦遇到问题，在管理执行面上仍以各自争取自身公司的最大利益为考虑。然而，走进垂直整合模式后就相对提供最有效率的方式，也能提升生产竞争力。越能符合终端应用的技术知识，在生产上越能快速反应。

**通过垂直整合模式，保持采购的灵活弹性**

目前，主要的面板厂皆采用垂直整合管理。例如韩国三星公司是从品牌的角度进行整合，从购买玻璃面板后再从整机出发，进行一条龙整合。而友达集团则是从面板的角度来做垂直整合，中间的差异仅在于最终出货的对象不同。

在面板大厂都拥有自建的供应链（in – house supply chain）的同时，在产能不足的时候，外购的选择就具相当弹性。不过，即使是垂直整合的经营模式，在芯片的自产比例上（chip in – house ratio），即便产能尚有剩余，仍有20%左右会采用外购形式，即维持固定的购买比例。这样做有三项主要的意义：一是和芯片厂商保持一定的联系；二是外购方式能促使自家芯片生产优化，亲身感受到市场的变化，不会因为有自己的出海口，就不努力；三是从风险管理上来看，一定要有固定购买的量，才可以降低生产端的风险。对隆达光电来说，其定位是一条龙经营模式，最终要生产产品，主力客户是面板大厂及照明公司，因此不需要成为芯片厂第一，也更不是芯片厂的竞争对手。

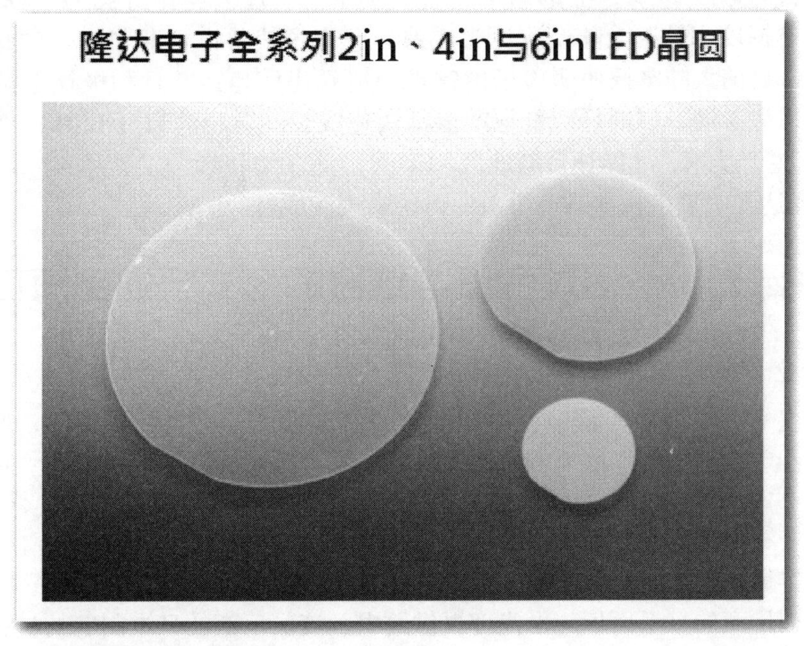
隆达电子全系列2in、4in与6inLED晶圆




**隆达在LED照明市场的发展蓝图**

传统的照明产业与LED照明产业差别明显。传统照明产业为气体照明，产品标准化，数量大并呈区域分布，具有特殊的规格、特殊的偏好，且分工精细。让传统照明企业跨入LED照明产业是相当不容易的。对他们来说，LED照明是新兴行业，再生产适用于LED的灯具都会增加营运风险。因此未来的LED照明就是一个提供光、机、电、热整合方案的服务，这时隆达光电一条龙的经营模式是最合适的。

隆达电子照明灯源系列

隆达光电的照明产品研发团队积极在LED照明灯源以及照明模块两大领域进行开发，针对不同市场与客户提供客制化的解决方案，包含为国际大厂、品牌客户或是当地的照明公司提供技术、设计等增值功能，并且提供灯源及模块全方位解决方案。面板产业为抢占市场，主要出海口为前十大面板厂，很容易掌握市场占有率。与面板产业不同，照明市场的厂商竞争激烈，必定需要各地的通路商、品牌公司的合作，并相对的提供技术。因此隆达光电在照明市场发展的定位上选择成为光源技术的全方位解决方案提供者，在选择合作伙伴时，对方也有能力开发灯具，搭配隆达提供的模块化的光学引

擎（light engine）等光机电热全方位的解决方案。所以在不同的灯具设计下，所提供的光学引擎是相同的。

未来的照明趋势会是 LED 光源结合一体式的智慧照明解决方案，设计师透过半导体照明，将光线结合居住者的生活作息及心情反映出来，以光线的调控营造出适合的空间与环境。隆达光电在 2008 年成立之初，即以“智能照明、曼妙生活”为愿景来发展，我们当时即已着眼未来的照明市场，也期待未来隆达光电能成为世界级的 LED 照明解决方案公司。

**苏峯正董事长建言**

现阶段来看，台湾地区 LED 产业的结构完整性仍不足。过去在科研机构和各 LED 厂商的努力下，LED 上游技术掌握度相较于大陆企业更为成熟，但市场威胁也日渐增加。对此，可从下游与照明终端应用来观察。目前大陆掌握照明市场的需求与终端出海口，并且积极往上游进行一条龙的整合，加上韩系厂商来势汹汹，不论是产量与产值都快速成长。对台湾地区 LED 产业来说，唯有同心协力巩固上游 LED 生产技术，才能让台湾地区 LED 产业竞争力持续。

（本文根据对隆达光电董事长苏峯正博士的访谈整理而成）

## 璨圆光电：透过合资与结盟的方式打通出海口

璨圆光电为专业 LED 磊晶、芯片生产厂商，其产品线包含蓝光、绿光、紫外光 LED 芯片。目前，璨圆光电采用与下游面板厂商合资经营的营运模式不仅在背光市场稳居要角，同时也积极切入照明市场。近期璨圆光电与日本最大的综合商社之一的三井物产株式会社策略合作，也备受市场与业界的关注。而在 LED 产业竞争日益激烈的战局当中，璨圆透过合资与结盟的方式，找到自己的出海口。

**璨圆光电与三井物产株式会社的策略合作**





三井物产为日本最大的综合商社之一，投资事业遍布全球。在电视相关产品，三井物产不仅代理提供给中国品牌电视厂商的日系面板，也代理提供给中国液晶厂商的日本制造的材料以及设备，并且积极投资绿色能源产业，包括电动车以及电池等相关业务。由于璨圆光电的技术和专利获得肯定，加上璨圆光电与三井物产的经营团队理念相同，预期合作上可以实现双赢。未来三井物产将可通过投资璨圆光电，进而布局 LED 产品应用市场。而璨圆光电也可受益于三井物产的全球电视与面板相关通路。因此，璨圆光电已召开股东会，正式宣布三井物产成为璨圆光电的股东之一，并得到二席董事。目前三井物产也协助璨圆光电经营上的策略规划。

璨圆光电长期的目标是 LED 背光源、通用照明、车用照明。以 LED 背光市场来看，目前璨圆光电的 LED 背光源供应给 LG 与大同华映，但大多数面板厂都是垂直整合模式经营，像是 LG 拥有 LG Innotek、Samsung 集团中的 Samsung LED、奇美集团的奇力、友达集团的隆达，皆可直接提供芯片供应，关系亦敌亦友。但未来相信透过三井物产的协助，面板客户的出海口，可以更为明确与可靠。

三井物产的通路经营是透过层层管理通路商的模式，由三井物产管理大型通路商，再由大型通路商管理中型通路商，最后再由中型通路商管理小型通路商。

现在三井物产与璨圆光电正在进行的合作分为以下四项：

1）增进璨圆光电与五大 LED 厂商的关系，创造新的合作机会；

2）增进璨圆光电与日本液晶、照明厂商的关系，创造新的供给商机；

3）增进璨圆光电与中国液晶、照明厂商的关系，加强与客户的关联性；

4）扩展在照明领域的客户。

**璨圆光电经营策略转型，积极开展未来机会**

受惠于韩系电视厂商拉货，2010 年第二季度和第三季度璨圆光电的营收表现亮丽，其中 60% ~ 70% 的营收都来自韩系电视厂商的订单。相对来说，2010 年下半年电视销售不如预期，韩系厂商调整库存，璨圆光电 LED 背光源出货不甚顺利，加上淡季与汇损带来的影响，2010 年第四季度面临亏损。经过谨慎思考，了解亏损的原因后，璨圆光电对于公司未来的营运发展与市场机会有了更清楚地掌握。现在璨圆光电正在积极转型，加上璨扬光电正式投产，2011 第一季度璨圆光电营收回升，第二季度会以大陆地区的照明与背光源供应为主要市场。璨圆光电产品组合 85% 的产品为背光源应用，15% 的产品将向照明市场发展，并预计在 2011 年底提高到 25%。

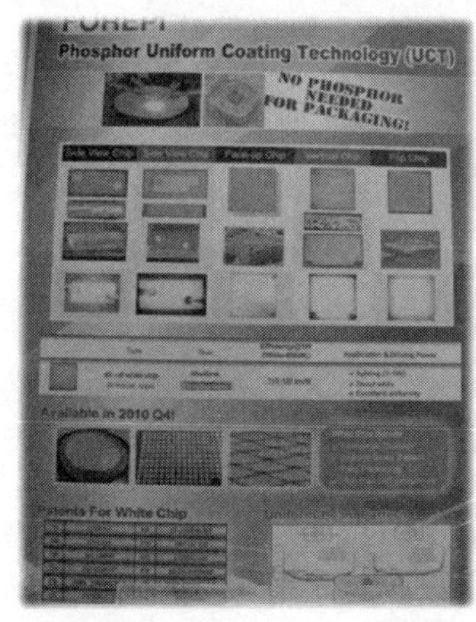

**LED 电视第二季第三季销售回升，日本灾后重建提升 LED 照明需求**

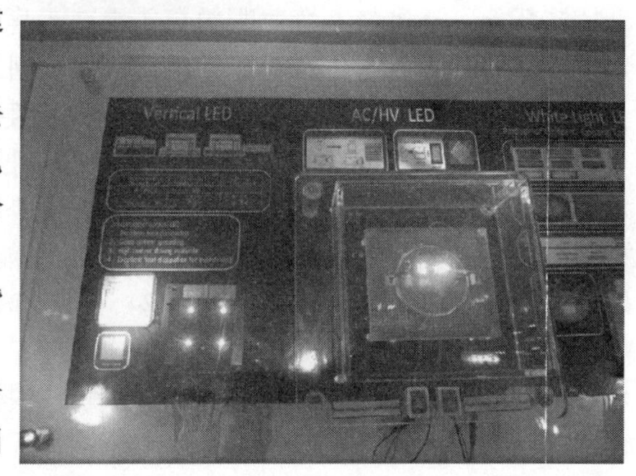


从 LED 背光源市场来看，既有库存仍需要时间去消化。璨圆光电认为 2011 年第二季度和第三季度的电视销售应该会有不错的发展，因此可期望六、七月份面板出货会回升。同时，受到电视更新换代快的影响，LED 背光源规格的生命周期少于 6 个月，韩系厂商背光规格的生命周期甚至仅只有 3 个月，竞争相当激烈。

另一方面，从 LED 照明市场趋势中，日本地震后对于环境保护与节能的认知大幅提升，因此 LED 照明的在日本灾后重建中的需求是可以预期的。除此之外，目前中国市场大量中低阶 LED 背光源打进照明供应链，这样的排挤效果可能会导致第二个太阳能产业发展。璨圆光电相信唯有产品质量与通路才能维护市场秩序。

**期待与展望**

璨圆光电期待发展国际化产业布局，与通路商共同发展 LED 市场，并加强与产品应用策略伙伴的关系，包括照明厂商、面板厂、汽车厂。在成本、技术和专利上持续发展。在公司经营与管理上，璨圆光电相信给员工更多的自由，员工才可以将璨圆与璨扬当做自己的事业努力经营。在扩厂投资计划方面，除了扬州璨扬光电，璨圆光电会视合作伙伴的需求，与当地生产基地的条件，审慎评估其他城市投资机会。

（本文根据对璨圆光电董事长简奉任先生的访谈整理而成）

# 亿光电子：通路优势与多元化产品线创造产业新价值

我国台湾地区的LED产业在各家厂商以专业分工模式的努力下，打造出强大的LED王国。而LED封装的龙头亿光电子不仅成功扩大了其产品线，在品牌以及标案市场的成绩也是有目共睹。

**企业文化：为员工提供发挥的舞台，提升市场竞争力**

亿光在人才培养上的管理与训练，无论从起初材料成本的分析，制程上的分析，还是最后的执行力迅速确实的反应，都是相当完整的。在人才培训下，给员工足够的发展空间，为员工提供发挥舞台，亿光的竞争力也能不断提升。

**亿光透过虚拟垂直整合模式积极抢攻照明市场商机**

亿光的主要产品包括LED组件、LED光学引擎与模块、LED照明产品等，从芯片、封装到应用领域都有踏足。可以看出亿光透过虚拟的垂直整合模式来增强在半导体照明市场的竞争力。

在上游的磊晶部分，亿光透过转投资的方式跨足芯片领域，包括入股晶电、广镓与泰谷；在终端成品的部分，透过与上海亚明的合作来熟悉照明市场通路。而除了代工之外，也成立了Zenaro与亿光半导体照明等品牌，希望更贴近消费者。因此，亿光对于半导体照明的发展相当的积极。

**亿光将直接提供消费者对LED应用产品更多的认识**

以现今技术，透过开创新能源来节能减排，还不如加速导入半导体照明来达到目标。以风力发电为例，虽然投资成本低廉，但受限于风场，普及程度将会有限。虽然太阳能发电和核能发电，每小时发1千瓦·时电都需投资4000美元，但太阳能发电能保护环境。不过，太阳能一天仅能创造出3千瓦·时电，相较于一天可以创造出24千瓦·时电的核能发电少了许多，且所需资金也相对较高。

从节能来说，LED照明省1千瓦·时电，只需要投资1000美元，成本低廉，加上现在LED的发光效率已达到120～130lm/W，随发光效率的提高，很快借由发光效率提升就可节省20%～30%的总成本。日本地震发生后，全世界对于节能环保的认知也会提升，相信LED照明产品能成为节能减排环保的先驱，并会提供相当的市场潜力与机会。

亿光电子为了实现自有品牌的梦想，在2011年成立亿光固态照明公司，主打大陆及港澳台地区的华人市场，加强对LED照明的投资，并将在祖国大陆设厂生产，也能节省关税支出。

除了亿光固态照明公司之外，在2010年亿光电子与德国LCC，美国Aphos Lighting结盟，共同成立Zenaro Lighting品牌。未来亿光电子将从原先B2B市场角色跨足B2C市场，亿光电子将为消费者提供对LED应用产品更多的认识。在LED照明产品品牌上的经营，也因为目前所有厂商都在摸索LED照明市场的发展，不会造成现有客户的冲突。对于LED照明营销方式，亿光认为应该会与科技产品营销经营方式相同。首先发展领域将锁定中国与欧美市场，接着将全面性的提供LED照明产品，包括印度、中东、东南亚及俄罗斯等新兴市场。

**面对国际大厂竞争，借由多元化LED产品线与既有通路创造新价值**

面对韩系厂商，如三星公司与乐金公司挟着品牌出海口的优势快速发展LED产业，亿光电子因应垂直整合厂商的竞争，采取产品多元化的发展。即使是圣诞灯等低阶市场，亿光电子都坚持努力经营，并且靠着成本控制，来维持市场竞争优势。

除此之外，亿光最有价值的是通路经营，在既有的通路上，以同样的技术创造出更多的价值。这也是亿光电子为何能够稳居封装市场龙头地位的主要原因。

在 LED 产品线的进展上，亿光电子将开发出更多元应用的 LED 产品领域，未来在照明产品应用上，思考如何超越传统照明应用，并且创造出属于大中华的品牌，与欧美大厂并驾齐驱。

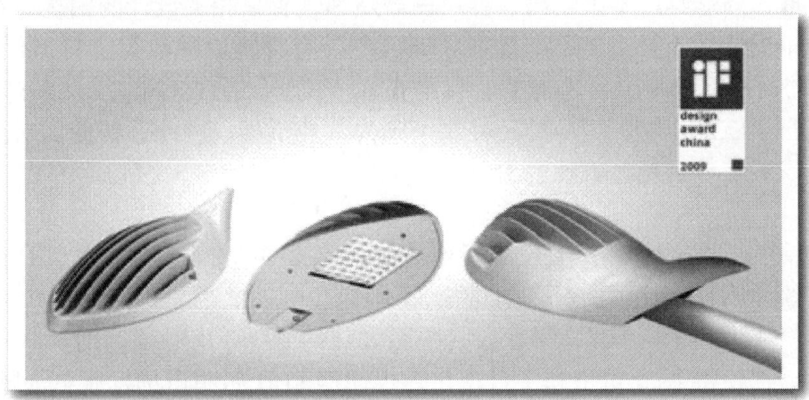


**叶寅夫董事长建言**

LED 照明产品因为门槛低，所以人人皆可进入，其质量参差不齐。未来预计将经过数次的洗牌，厂商的产品质量可靠度、消费者保障服务等都有待时间验证。LED 照明市场仍须制定照明标准规范，让厂商能有所遵循，在标准作业生产流程及产品安全规范下，以确保产品质量。

（本文根据对亿光电子叶寅夫先生的访谈整理而成）

## 艾笛森：透过 LDMS 模式，提供客户全方位照明解决方案



艾笛森光电秉持着成为台湾 LED 照明产业的领航者，十年来坚持发展高功率 LED，并建立组件品牌，也提出了业界首创的 LED 照明整合服务计划“LDMS（Lighting Design Manufacturing Service）”，为客户提供一系列照明解决方案策略，并在通路关系经营领域上，有其独特的见解。

**企业经营理念**

艾笛森于 2001 年成立，当时即认为以 LED 发展技术，未来一定成就照明市场。然而当时同业纷纷切入计算机与电视背光源供应链中，但艾笛森不改初衷，在 2003 年成立基础研究部。秉持着十年来的坚持，愿意成为 LED 照明的领航者。

**产品经营策略**

产品策略上，艾笛森着眼于高功率 LED，重视组件品牌的经营。为此建立以系统模块化结合照明应用最关键的热、电、机、光（T、E、M、O）技术平台，为客户提供客制化的专业设计与制造服务，从组件、包含透镜设计、模具到成品，为各地灯具商与通路商提供 LDMS（Lighting Design Manufacturing Service）照明整合服务系统，并提供一系列的附加服务。在重视产品质量之下，强调服务本质，与国际照明大厂做出差异化。此外，艾笛森也积极加入国际照明展业 Zhaga 联盟，期望技术与规格方面也能跟上国际大厂的脚步，艾笛森更视 2011 年为 LDMS 业务元年。

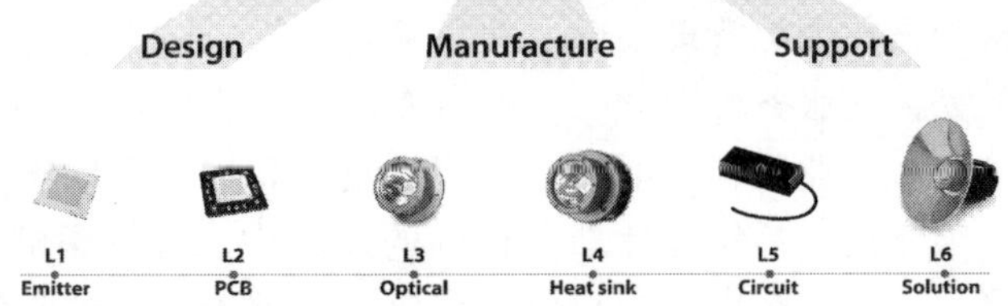

**通路策略**

艾笛森在选择市场上，一定会进行一系列的评估，考虑到自己的优势与劣势，进行 SWOT 分析，并且也考虑到各国政府政策的推动，思考如何能与国际大厂竞争。对于日本与北美这两大市场，在专利的限制与大厂的把持下，选择到各个新兴市场经营，并且选择第二、三线的照明公司为其客户关系经营对象。经过这五六年的实力累积，已有 2000 ~ 3000 家的合作对象，建立起完整的通路关系。加上 LDMS 等附加服务，为灯具厂整组输出，客户仅需贴牌，省去相关设计的困扰。在新兴市场的经营方面，以金砖四国中的印度来说，虽不如日本及美国市场有着明确的政策支持，但 12 亿人口，只要抢下 1% 来自富人的商机，都是值得掌握的。目前在业务上，三分之一的营收来自于中国大陆市场；另外的三分之一来自于欧洲市场；最后的三分之一则为其他市场。因此，即使面对国际照明大厂，艾笛森认为若对全球发展趋势清楚，就能胜出。

**照明市场展望**

从高功率 LED 研究到照明整体产业发展至今约 10 年左右的时间，近年来 LED 照明大量普及的条件越来越成熟。主要原因在于韩国三星公司推出 LED 背光电视之后，带动一波市场的需求，使得许多 LED 厂商愿意扩产投资。加上 2009 年开始，中国大陆的 MOCVD 财政补助、LED 路灯设置以及户外工程推动等因素，都使得 LED 价格趋于合理化，也使得 LED 照明市场发展更为顺畅。

目前，随着各国政策的推动，LED 照明市场需求稳健成长。从日本市场来看，特别在室内照明领域，如球泡灯、隔栅灯都有显著成长。在近年受众人注目的中国大陆市场，随着各国家及地区在我国大陆扩建厂房，商用空间照明也越来越受到重视，中国大陆对 LED 照明产品应用也出台了重要的推动政策。

此外，从展场上观察也可见其端倪。从 2010 年起，在法兰克福国际灯光照明展上展出的产品 90% 为 LED 照明应用产品。过去厂商为了推广 LED 室内照明以取代传统照明灯具，强调的是发光效率与时间成本，但从 2011 年的日本国际照明展看到，日本知名大厂已开始强调光线所带来的舒适度，并且原先经营其他业务的企业也纷纷跨足 LED 照明领域。因此艾笛森认为，2011 ~ 2012 年 LED 照明会走向普及化，LED 照明解决方案也会走向模块化。

**吴建荣董事长建言**

LED 照明最重视的是光型的一致性，若台湾地区 LED 照明走向垂直整合经营模式，在垂直整合下，进行专业分工，则可能使产品一致性提高，可靠度也会提高，因此也能建立起消费者对 LED 产品的信心，对于厂商与消费者，都是双赢的局面。

（本文根据对艾笛森光电董事长吴建荣先生的访谈整理而成）





## 光宝科技：整合式平台发挥集团经营综合效应

光宝科技是台湾历史最悠久，规模最大的光电半导体供货商，自 1975 年成立迄今，一直坚持发展与经营 LED 市场，视 LED 为光宝的核心事业。光宝科技不仅成功扩大了产品线，在 LED 多元应用产品领域上取得的成绩也是有目共睹。

**多元化经营致力于绿能事业发展，整合式平台为光电事业群打造舞台**

光宝科技是台湾地区第一家 LED 公司，至今已发展成为集团公司，光宝科技的产品从最初的 LED 光电零组件，已跨入到电源供应器、键盘、打印机、通信产品，以及为 3C 消费电子产业的客户提供 OEM/ODM 的服务。近年，光宝科技更积极布局绿能产业，发展包括创能的太阳能、储能的电池、转能的电源供应器、节能的 LED 相关产品。

光宝科技努力开发并持续强化内部管理平台、客户平台、供应链平台的整合，以发挥集团经营的综合效应，并为客户提供最完善的服务。因此，光电事业群得以利用集团提供的平台为客户提供最完善的服务。光电事业群包含四大事业部，旗下产品的营收及利润均呈现均衡向上发展的趋势：

在光宝集团，事业部必须提出包括年度计划书在内的短、中、长期策略发展、营运与财务目标，包括对市场选择、产品策略、市场占有率目标与目标客户的思维等。各事业部会对产品加以区分，将产品做到最佳，健全公司的产品及业务组合，并锁定目标市场及客户。以先端光源事业部为例，首先切入的是 LED 在计算机与手机产品中的应用，作为指示灯、手机背光与相机闪光用途，这也是光宝一直耕耘的领域；其次是背光源产品应用，从中小尺寸的笔记本电脑到大尺寸的显示屏、电视；第三是通用室内照明。这些应用市场分别代表着不同阶段先端光源事业部的成长动能。尽管背光与照明市场的竞争非常激烈，需要持续在技术突破、产品改良及价格降低上有进展，但光宝对这两个市场的决心从未退却，持续在寻找更好的解决方案，不仅耕耘现有的市场、也投资未来的机会。除此之外，光宝也致力与客户携手努力，找到下一个 LED 产品应用与解决方案。

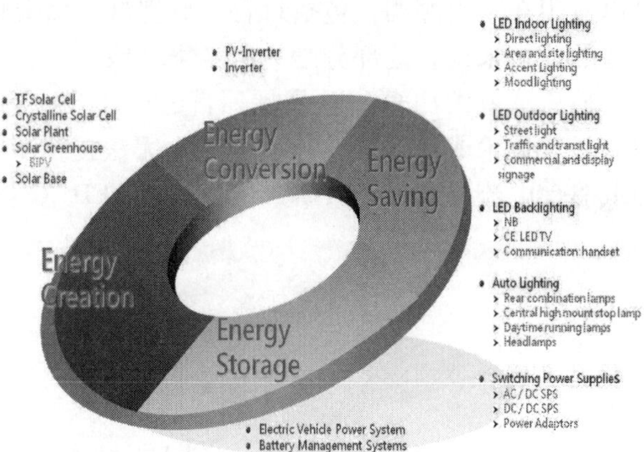


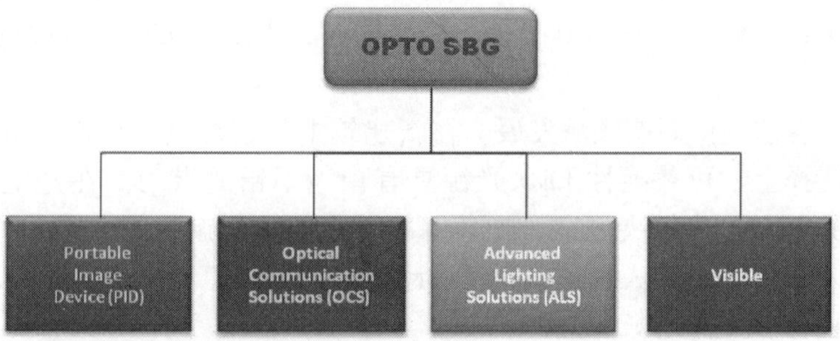


**背光的规格提升的速度取决于导光板良率的提升**

如同中小尺寸与笔记本电脑，LED 在液晶电视的渗透率达到饱和只是时间上的问题。LED 液晶电视属于消费性产品，对价格具有敏感性，当然景气的循环也会影响 LED 液晶电视的销售，但价格还是 LED 液晶电视能否为市场接受的主因。如何让 LED 背光源的成本降低到接近于 CCFL，这是很重要的课题。背光总成本的降低，除了芯片规格与 LED 封装技术外，面板、导光板及 LED light bar 组件及组装技术的开发及良率的提升都有助于进一步降低 LED 液晶电视的成本。这个过程中牵涉到的光学及散热问题也是重点。在未来，随着单颗 LED 发光效率的提升及 LED 颗数的减少，单颗成本与背光总成本下降将势必成为市场趋势。

除此之外，大尺寸背光现存的挑战与瓶颈在于导光板的规格仍在调整，其技术与良率会影响 LED 电视的世代转换，可预期 2011 年 5630 规格仍是主流。若导光板的技术与良率能进一步提升，LED 规格则能进入下一时代。

**光宝在照明市场的多元布局发展**

同为光宝集团的光宝科技与光林电子，在 LED 照明市场上分工合作。目前光宝科技提供 LED 照明组件、模块、光源。而光林电子在户外照明领域上表现相当不错，不论是在大陆地区的路灯市场，还是在美国市场均获高度肯定。光林电子在供应链上，除了光宝科技，也有相当自由度选择其他厂商的产品，以客观的角度看待每一个供应者的价格、性能、服务，这也是光宝集团的文化特色之一。

先端光源事业部重视在中小功率 LED 及高功率 LED 的技术及应用发展。以现阶段从芯片取得的选择性及数量上具经济规模这两点看来，中小功率 LED 仍比大功率 LED 具有优势。目前在建筑照明或是 LED 灯管产品上，中小功率 LED 被采用的比例是相当高的。竞争导致价格下滑是必然的，而最重要的实力仍回归到 LED 生产成本控制上，这包括：芯片端的技术、制程、材料，引导芯片成本的降低；芯片端降低设备初始成本，设备随时间折旧完，成本自然降低，也可藉由机台的升级、良率提升等，降低单位生产成本；封装与系统端藉由荧光粉质量提升、支架、散热基板等其他部件成本的下降。

在大功率 LED 芯片的选择性及良率尚未达到一定的程度前，HV/AC LED、COB 或是用数个芯片组成（multi - chips）的光源，则为照明应用提供了另一个选择。中小功率 LED、HV/AC LED 及 COB 可以应用在室内照明，包括灯管、球泡灯、面板灯。其中面板灯可视为背光的延伸，对于过去有背光经验的公司来说，这部分是兵家必争之地。

最后，就大功率 LED 发展而言，目前 Cree 和 Lumileds 的大功率 LED 发光效率仍领先业界技术，仅靠封装技术或是系统设计改良，还无法提供具竞争力的解决方案。在成本上，就需“以量制能”，降低驱动电流提高发光效率，但也造成 LED 芯片颗数或面积提高及成本上升。

尽管 MOCVD 机台大量扩增，在技术未提升的前提下，并非所有公司都有能力做大功率 LED 芯片或是有不错的良率，所以就现实来说，光宝仍必须持续发展中小功率 LED 封装技术，让其成本或是效率趋近大功率 LED，迫使大功率 LED 价格下降。同时，大功率 LED 的封装技术与应用也要持续发展。

就照明市场，光宝着重室内照明领域发展。在新建筑上，新灯具，如面板灯可能较为业主接受，但在既有建筑的灯具选择上，可替换性 LED 光源具有相当不错的潜力。在光宝集团的资源整合下，可为客户提供照明解决方案、热解决方案、光学解决方案、电源解决方案、LED 照明模块、光学引擎等的附加价值服务，并有专业团队向客户呈现设计分析数据、原型设计与样本。

**LED 多元应用，拥有多方向成长潜力**

在 LED 的其他应用上，光宝集团投入了微型投影机的设计生产，由其他事业部提供光学引擎的解决方案，包含 LCOS 和 TI 投影技术。先端光源事业部提供中功率 RGB LED 光源产品。其他产品应用，如机器视觉、植物工厂灯、渔业照明、医疗照明及 UV 净水器等，光宝集团都持续在做评估与研究。

**光宝明确扮演好独立封装厂的角色**

不论是在背光或照明产品应用上，光宝定位在独立封装厂，避免与客户的利益冲突，我们重视每一位客户，但也了解结盟可使客户关系更加紧密，因此在不违背初衷下，以应用为导向积极发展 LED 组件及模块等核心技术与设计，提高光宝对客户的附加价值，而结盟这个议题上，光宝也不排除，但会审慎评估。

**LED 专利重质不重量**

LED 成本的下降可借材料成本与单位生产成本的改善与良率的提升，新材料的取得或是技术提升，但专利问题确实是进入市场的门槛与障碍。透过专利授权是目前唯一的方式，光宝使用专利或交叉授权相对谨慎。光宝对专利申请的策略是重质不重量，成立跨部门的专利审查委员会，通过研发人员或专利工程师评审，再向相关当局申请专利。总结看来，光宝尊重他人的专利，除了建立自己的自主专利，也采用业界授权或是交叉授权的方式。

**常州会是中国固态照明产业发展重镇之一**

以背光及照明产品来说，光宝科技在大陆地区有天津及常州两个点，天津厂区的主要产品为背光、红外光、可见光指示灯等产品；常州是光宝集团在我国大陆主要的营运中心，除光电事业群外，也有其他事业群进驻，光电产品未来新增的产能都会在常州，也预期在华东地区会产生群聚效应，形成华东地区的供应链，相信常州会是中国半导体照明产业发展的重镇之一。此外，晶电与光宝合资的晶品光电也就近为光宝提供芯片。

**对未来的期许与目标**

对于现在，期许团队要对现有客户服务与产品做到最好，这包含与供货商之间的关系及产线的生产效率与良率的提高。对于未来，我们在照明产品的开发与研究方面会更加努力，包含目前先进光源事业部承接的 AC LED 与 HV LED 的科技研究发展项目计划等。同时积极承担社会责任，推广绿色照明、促进产业合作、创造新商机及推进两岸合作商机等。

（本文根据对光宝科技光电事业部总经理武祥瑞先生的访谈整理而成）

## 台达电：透过光机电的技术整合，深耕 LED 照明市场

台达电过去以电源管理产品起家，已有 40 年经验，发展出电源供应器与风扇等相关产品，并从电源管理的角度往其他产品作多元化的经营策略，来提供全方位解决方案。而近年来台达电积极投资绿色能源领域，无论是太阳能、电动车或是 LED 方面，均有不错的成绩表现。

**多角化的营运模式：经营具规模经济**

台达电过去以电源管理产品起家，已有 40 年经验，发展出电源供应器与风扇产品等产品，并提供电源管理上的多元化经营，进以全方位解决方案。复制已有模式发展 LED 照明产品，靠着从设计到生产一路建立起来的纪律，拉开与同业的差距，在产品质量上胜出。

提到光机电热的解决方案，首先是台达电拥有 40 年在电源管理事业方面打下的根基；其次，台达电东莞厂也拥有相当好的结构设计加工方法，如射出成形法，并且已建立起有着良好合作关系的配合供应厂商，皆能提升整体结构设计；第三，台达电在影像光学镜组的设计上也有所研究。因此，“光、机、热、电”对台达电来说，是已经耕耘数十年的技术，台达电认为所能提供的深度，相较于同业绝对是不同的，也是台达电在 LED 发展领域上的优势。

**市场策略：ODM 模式与多元产品线提供国际大厂一站式服务，加上台湾地区市场品牌经营**

目前，从台湾地区厂商对 LED 技术的掌握来看，上游的晶电、广镓所提供的芯片质量已不输给国际大厂；对中下游的产品技术，客户相当惊讶台达电在光、机、热、电整合技术上所拥有的根基。但唯独面临到中下游对于照明产品，即便是国际照明大厂，从产品规格标准不尽相同就可看出，目前仍处于摸索期。相对来说，国际照明大厂有市场影响力，可以慢慢地从市场收敛技术；但台湾地区厂商在品牌上的经营不如国际照明大厂，也成为台湾地区在发展 LED 产品中的劣势。

在此背景下，目前台达电与国际大厂的合作，多采取 ODM 模式，提供设计与制造生产服务。也因为台达电能提供多元性产品，既有客户能在台达电享受一站式服务，对产品接受度提高不少。同时，台达电也重视 IP 专利议题，在双方都重视 IP 专利下，合作进展才能顺利。若客户在产品专利上有问题，得考虑成本弹性，IP 专利弹性，优先为客户处理。

台湾市场，主要以品牌经营为模式，主要分为两个主要领域：一是在通路的布建，台湾地区主要以连锁 3C 通路商为主，如顺发、灿坤及各地的专业照明水电行，重点是找到认同台达电的产品、设计与公司营运文化理念的民众与照明专家；二是在标案市场上的经营，标案又分为两大来源，其一是台银共同供应契约平台，另外一种就是设计标案。目前台达电在这两项标案市场是越来越有心得，且数量规模也日渐增加。

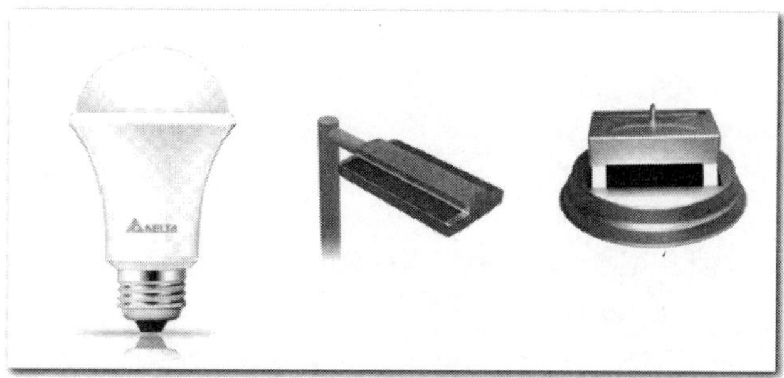

**LED 照明普及化的重要因素：成本降低，专业人士认同，提高民众对 LED 照明认知与产品信心及厂商间的沟通**

降低成本是其中的因素之一，此外，得到专业人士，如设计师的支持与认同也相当重要。目前在设计师界已普遍采用 LED 照明产品，考虑因素包括光源易控制、易安装、甚至使用寿命等。一旦专

业人士认可后，LED 多元应用照明产品就可打进家庭生活中。第三是提升民众对 LED 照明的认知。中国大陆的十城万盏工程在实施过程中出现一些负面评价，也是因为现阶段 LED 产业发展造成的必然结果，但的确加速了 LED 的普及化，对整体提升民众对 LED 照明的认知是相当成功的。第四是技术成熟度的进步以及提升消费者对 LED 产品信心。最后还有 LED 厂商与传统灯具厂商间的沟通，也是相当重要。

**晶鑫光电：就近提供台达电芯片供应与技术支持**

晶电与台达电经由第三地投资方式，通过祖国大陆补助政策的推动，在广州成立晶鑫光电，就近为台达电供应芯片，在技术上也能获得支持，但台达电不涉入经营权的管理。

**台达电 LED 照明宗旨：健康舒适新照明**

台达电对 LED 照明的宗旨为“健康舒适新照明”。在设计、电源控制与发光效率等技术不断演进、更新下，更要达到人们的需求－健康与舒适，包含着立即达成的效果，如眼睛不会疲劳，以及潜在效果，如不会危害和污染环境，能维护永续生态。未来台达电以照明电源为根基，从各事业群专业经理人中请教，相互分享过去经验，进而发展整体照明产业。企业是永续经营的，因此台达电更重视团体合作，而不是个人英雄主义，从这个角度发展，在企业愿景上就有更多的期待。

（本文根据对台达电子固态照明事业部处长江文兴的访谈整理而成）

# 第四部分

# 技 术 篇

半导体照明产业发展年鉴（2010—2011）

半导体照明产业发展年鉴（2010—2011）

# 第一章　技术进展

## 半导体照明外延、芯片技术面临的机遇和挑战

张国义　陈志忠

人工微结构与介观物理国家重点实验室，北京大学物理学院

### 一、引言

固态照明用 LED 与其他用途的 LED 有着显著的不同。作为照明光源，必须具备大功率、高亮度、稳定可靠、低成本等特点，以满足人们在各种照明应用环境下，长时间、连续使用的需求。2010 年 2 月 6 日，美国 Cree 公司宣布，在 4579K 的色温条件下，大功率 LED 实现 208lm/W 的发光效率，该测试的驱动电流为 350mA。这是目前世界上技术指标最高的 LED 产品之一。类似的指标同时还被 Nichia、LumiLEDs、Osram 等国际知名大公司所报道。这些发展显示了设备、原材料、外延生长、芯片制备和封装等各个方面的成就，有力地促进了白光 LED 在半导体照明领域的应用。随着白光 LED 的应用领域不断拓宽，也出现了一些新的问题，使 LED 发展呈现出多样化、系列化、专用化、集成化的发展趋势。

### 二、GaN 材料外延设备

金属有机物化学气相沉积（MOCVD）装备技术是半导体照明的核心支撑技术。MOCVD 设备作为 LED 外延材料的主要生产设备，目前主要依靠进口。一方面这些设备价格昂贵，增加了 LED 的制造成本；另一方面目前进口的 MOCVD 量产设备，只能生产中低档产品。MOCVD 反应器是整台设备的核心部件，它体积小，零部件多且精密性高，构造十分复杂。反应室的设计对外延层厚度和组分均匀性、异质界面梯度、本底杂质浓度以及产量都有关键性的影响。反应室根据所适用的材料（GaN、GaAs、InP）不同而具有各自特殊的结构和设计要求，例如 GaN-MOCVD 要求反应气体的喷出口离衬底表面的距离小于 30mm，并要求在此距离内形成 300～1200℃的温度梯度。同时，由于工艺温度高，反应器必须具有水冷、隔热功能。在设计反应器时需充分考虑室体冷却和合理的热屏蔽，尽可能降低反应器内除加热器和基片台外的其他零部件以及室体的温度。同时对基片台、加热器及其他零部件如何选材、如何布置都提出了极高的要求。我国在参考各先进制造厂商设备反应室结构特点的基础上，既要规避国外专利，又要有效吸取其技术内涵。

反应室温度场的设计至关重要。MOCVD 的生长过程涉及气相输运以及气相和表面反应的复杂过程，而 MO 源及气态源对温度非常敏感，生长温度将会影响生长速度、杂质浓度、表面形貌和晶体完整性。加热方式有辐射直热和高频加热两种方式。辐射直热式采用钨或石墨作为发热材料，加热器设计成多个螺旋形加热区间，以确保衬底表面的热场均匀性。隔热采用反射板，供电为低压大电流，加热器及反射板能用 $N_2/H_2$ 冲洗。高频加热的优点是升降温速度非常快，但控温精度稍差，且存在的“趋肤效应”是必须解决的难题。

MOCVD 生长薄膜材料的均匀性归根结底取决于反应器内的气流模式和气流均匀性。工艺生长需用到有机源，而有机源大多是极不稳定的，很容易在到达基片台前就产生预反应，既产生粉尘污染反

应室，又浪费源材料，同时导致生成的 GaN 组分和厚度的不均匀、贫氮和碳污染以及使生长速率降低等不良后果。喷淋头送气方式是设置 $NH_3$ 和 MO 源两个独立的送气腔，气体分别从只与本腔相通的两组毛细孔群中贴近蓝宝石衬底喷出，喷口处设置水冷装置以降低气流出口温度，最大限度地减少气体到达衬底前的预反应。两组毛细孔群相互交错而互不相通，到喷口处才混合，这样可以形成优良的 GaN 材料生长气氛。

氢化物气相外延（HVPE）生长方法是利用 HCl 气体与金属 Ga 反应生成 $GaCl_3$，然后 $GaCl_3$ 再与 $NH_3$ 反应生成 GaN。HVPE 一个显著的生长特点是生长速度快。目前最高的生长速度记录达到 800μm/h，而位错密度仅为 $10^4/cm^2$。目前对于 GaN 生长用的 HVPE 设备，只有德国 Aixtron 公司推出了一种立式的反应室结构，主要是与德国 ULMU 大学合作，进行技术开发，还没有好的产品出来。美国的 Kyma Technologies Inc. 公司和 Osemi Inc. 公司联合推出了一种五温区立式反应室结构的 HVPE 设备，并开发出 GaN 厚膜的生长技术。他们基本是采用 $AlN/Al_2O_3$ 作为衬底与 HVPE 技术结合，生长厚膜 GaN 材料。但是这种方法显然受到 AlN 上生长 GaN 技术的限制，质量低。其优点是 HVPE 设备生长速率高，均匀性较好，发展方向适合于批量生产。

在专利方面，日本派欧尼股份株式会社和住友电气工业株式会社于 2002 年 1 月申请中国专利，设计了一种用 HVPE 法生产氮化镓膜半导体的生产设备、废气净化设备以及用于由 HVPE 法生产氮化镓膜半导体的综合生产装置。Technologies and Devices International Inc. 公司于 2002 年 3 月就 HVPE 设备在美国申请专利，该设备分两部分，即生长区和隔离区。每生长一步后，衬底可进入隔离区进行保护，在生长区进行源的更换，可以用来直接生长器件结构。事实上，这些专利多属于跑马圈地，不具有使用价值，例如原位剥离、两区生长等，因为 HVPE 生长后，表面需要处理，不可能原位生长。

由于和蓝宝石衬底间存在大的晶格失配，HVPE 生长的 GaN 外延片常表现出较大的翘曲，这种翘曲和生长工艺有显著的依赖关系。为了减少应力影响，不少研究机构采用了各种插入层技术或各种图形掩膜工艺。图形掩膜工艺较早用于 HVPE，是日本于 1998 年提出的 Japanese Patent Laid-Open（No. 312971/1998）。此外，日本住友电气在国内和美国申请了一系列有关图形小刻面横向外延（facet-growth）HVPE 外延生长的专利技术。至于衬底分离的技术，一是采用激光剥离（laser lift-off）的方法。LG 申请的专利在反应室内加入激光剥离装置，HVPE 法生长完 GaN 厚膜后，在高温下直接用激光剥离蓝宝石衬底；Samsung 则先用 HVPE 法在蓝宝石衬底上生长出 GaN 厚膜，然后将蓝宝石衬底通过研磨减薄，将减薄的蓝宝石衬底背面刻蚀出沟道至 GaN，再对未刻蚀的蓝宝石部分进行激光剥离，可避免激光剥离时 GaN 开裂。二是牺牲衬底（Sacrificial Substrate）的方法，主要思路是通过化学腐蚀或刻蚀的方法去除衬底。



MOCVD 设备是使用最广泛的制备 GaN 材料的设备，目前大多数 GaN 基器件均由 MOCVD 外延得到。因为作为反应的氮源，$NH_3$ 的分解温度较高，MOCVD 需要较高的生长温度（ $>1000°C$）。但其高温生长条件下，N 的饱和蒸汽压较高，导致氮空位等缺陷的出现，使得 MOCVD 生长的 GaN 表现出较高的背景载流子浓度。另外一方面，由于 InN 和 GaN 之间大的混溶隙，导致 In 的掺入相当困难，MOCVD 生长的 InGaN 材料一般处于亚稳态。而 InGaN 作为光电子器件的有源层，对器件的性能具有决定性的作用。再有 MOCVD 生长的 GaN: Mg 层，因为 Mg 被 H 杂质钝化，形成 p 型掺杂存在困难。MOCVD 的预反应、记忆效应，以及 C 掺入等都是材料生长中存在的关键问题。HVPE 生长技术提供了大尺寸 GaN 同质衬底的制备方法。但是目前市场上的销售价格仍旧偏高，表明其生产技术、成品率仍旧具有一定的问题，特别是在应力的调控和 GaN 与衬底的分离上。目前由于产品工艺还未成熟，量产化的设备离市场还有一定的距离。

MOCVD 和 HVPE 均有大量的设备问题需要解决，而新的结合 MOCVD、HVPE 以及分子束外延（MBE）生长技术优点的生长设备和工艺也呼之欲出。分子束外延因为在高真空低温环境下生长，远离平衡态，其生长的 GaN 晶体质量明显低于 MOCVD 和 HVPE，所以目前用 MBE 生长技术制备的器件所占比例还很少。但是 MBE 在生长 InGaN 量子阱、GaN: Mg 材料以及其他量子阱超晶格结构方面具有较大的优势，同时还能方便地改变晶体的极性，为外延结构的设计提供了更多的选择方案。

## 三、衬底材料

### 1. 图形化蓝宝石衬底（PSS）技术

开槽蓝宝石衬底（Grooved Sapphire Substrate）就是在 C 面蓝宝石衬底刻出沿〈10-10〉或〈11-20〉方向条宽度 2～3μm、间距 4～8μm、深度 60nm～1.4μm 的周期性结构，然后在其上生长常规结构的 LED 外延片。相对无结构的蓝宝石衬底的 LED 外延片，此开槽蓝宝石衬底所生长的 LED 外延片侧向外延使得位错密度降低，从而提高了外延片的晶体品质，相应的光学、电学性能也得到改善。实验证实阴极荧光谱（CL 谱）和电致发光谱（EL 谱）强度都会增强。EL（波长为 465nm）强度增加 25%～35% 左右，饱和电流高，器件稳定性好。非条形的图形化蓝宝石衬底就是在蓝宝石衬底上采用不同的光刻技术，形成周期性的尺度在 10μm 之内的图形结构（如圆形、六边形和长方形等）。一方面图形化蓝宝石衬底可以引入侧向外延的特性而降低位错密度，使得内量子效率提高；另一方面在器件采用倒装结构时，蓝宝石衬底中的周期性图形有微透镜的作用而增加光出射效率 $\eta_u$。由于能有效增加光的出射效率（提高 30%），目前 PSS 技术被广泛使用，但是对于其机理还不是很清楚，如 PSS 衬底究竟是提高了内量子效率还是提高了外量子效率，或者都有改进，各自所占比重是多少，最优化的 PSS 结构是什么等。所有这些问题，涉及氮化物 LED 中光子的产生、吸收、传输，以及在各种界面间的反射、折射、散射、透射等过程。这是一个涉及光子、电子、声子及其与物质相互作用的复杂系统。弄明白这些问题需要在机制、原理方面有所突破，以期建立有效控制材料生长、光子传播模式的机制和方法，从而实现高效率的 LED 出光。

### 2. GaN 同质衬底

经过近 20 多年的迅猛发展，GaN 器件性能的进一步提高和一些新的器件设计制作受到了衬底材料和器件结构中外延膜质量的限制。材料质量的提高已经成为进一步发展的瓶颈。领导氮化物研究潮流的 I. Akasaki 和 S. Nakamura 以及世界上一些领先的研究机构和企业，最近都把目光放在研制晶格匹配的同质外延衬底材料上，可以说氮化物研究的竞争转移到了高质量衬底材料研制以及对器件深入研究和技术开发方面。GaN 衬底的研制成功和器件应用，必将成为 GaN 基高亮度、大功率 LED 新的里程碑。

GaN 衬底具有以下优势：

1）减小效率衰减（efficiency droop）。因为同质外延，LED 外延层的位错密度将下降到 $10^6cm^{-2}$ 以下，同时利用极化匹配的非极性面生长，消除极化电场造成的量子限制斯塔克效应。大注入条件下效率提高使得芯片尺寸可以减小，大大降低芯片的成本。

2）高可靠性。GaN 衬底比蓝宝石的热导率高 5 倍，有利于大功率器件散热。同时因为是同质衬底，在高温或冷热冲击条件下，表现出更优良的老化特性，减少缺陷生成和增值。

3）同质外延将对单芯片白光 LED 提供新的技术路线，同时对“绿光缺失区”、“红光缺失区”等问题提供更新颖的方案。

目前生长 GaN 衬底的主要方法有高温高压法、助溶剂法、热氨化法以及氢化物气相外延生长法（HVPE）等。前几种方法或者对实验条件和设备要求高，或者难以获得大尺寸晶体，目前仅处于实验研究阶段，还不能量化生产。而 HVPE 方法具有设备简单、成本低、生长速度快等优点，可以生长均匀、大尺寸 GaN 厚膜，作为进一步用 MOCVD 生长器件结构的衬底，是目前研究的主流。已经有部分公司采用 HVPE 方法得到 2in，甚至 3in 的 GaN 衬底并投入商业化市场，包括美国的 Kyma、TDI、Cree，日本的住友电气、日立电线、三菱化工，德国的 Aixtron，韩国的三星、LG 等公司，都制备出不同性能的 GaN 衬底，价格根据质量不同，从 2000～8000 美元不等。GaN 衬底的高价位，一方面说明其应用的重要性，另一方面也说明它制备艰难，在技术上还不成熟，成品率低，研发费用高。

## 四、GaN 材料外延技术

### 1. 大注入外延结构

在目前使用 InGaN/GaN 多量子阱（MQW）有源区的技术水平下，GaN 基 LED 外量子效率（$\eta_{ex}$）最高时的注入电流密度在 1～10A/cm$^2$ 范围内，该值远小于 AlGaInP 和 AlGaInAs 材料系 LED 的值。大注入情况下（100～1000A/cm$^2$），即使在短脉冲和低占空比（0.1%）条件下，其 $\eta_{ex}$ 也将降低到最高值的 1/2 以下。在直流恒流状态下，因为大注入下的加热效应，结温增加，$\eta_{ex}$ 值将更快地降低。目前商用的 GaN 基 LED 直流恒流工作时，其电流密度在 15～80A/cm$^2$（15mil 芯片工作电流 20mA，40mil 芯片工作电流 750mA）之间，$\eta_{ex}$ 值已经严重偏离了最高值。

极化调控和非极性面的外延生长是解决大注入下效率衰减的一个方法。美国 M. A. Khan 小组利用 AlGaN 作为 InGaN 的垒层，未收到较好的结果，利用 AlInGaN/InGaN MQW 代替 GaN/InGaN 或 InGaN/InGaN MQW 有源区则收到较好的结果，在大注入下（>200A/cm$^2$）仍保持较高的 $\eta_{ex}$ 值。由于自发极化和压电极化的影响，InGaN 中存在强大的极化电场（MV/cm），使得量子阱中电子、空穴的波函数空间重叠很小，一般地，2～3nm 的阱宽其有效复合宽度仅为 1nm 左右。非极性面的生长可以有效消除极化场的作用，Philips Lumileds 研究小组和美国 UCSD 研究小组分别报道了它们生长的 m 面 MQW LED，阱宽在 12nm，注入电流密度在 100 A/cm$^2$ 时，$\eta_{ex}$ 值比最高值下降 8% 左右，阱宽 8nm 的 LED 则下降 19%，但其绝对值与阱宽 12nm 的 $\eta_{ex}$ 值相近。这表明 m 面生长是能够获得大注入条件下高效率发光的一个很有潜力的方法，其生长条件需要优化。

另一方面，Lumileds 的研究小组最近报道了 InGaN/GaN 双异质结（DH）LED 的结果。LED 结构在 c 面蓝宝石上生长，通过增加 InGaN 层的厚度至 9～12nm，DH LED 的 $\eta_{ex}$ 值在电流密度 200A/cm$^2$ 以上才达到最大值。薄膜倒装（TFFC）DH LED 在 250A/cm$^2$ 时的 $\eta_{ex}$ 值达到 40%，单管 LOP 达到 2300mW。




### 2. 侧向外延（Laterally Epitaxy Overgrowth，LEO）法

LEO 常用 $SiO_2$ 或 SiNx 作为掩膜（mask），mask 平行或者垂直衬底的 <11-20> 面而放置于 buffer 或高温生长的薄膜上，mask 两种取向的侧向生长速率比为 1:5，不过一般常选用平行方向〈1-100〉。GaN 在窗口区向上生长，当到达掩膜高度时就开始了侧向生长，直到两侧侧向生长的 GaN 汇合成平整的薄膜。自 20 世纪 90 年代中期侧向外延被应用到 GaN 材料的生长以来，各种改进的技术陆续出现。例如悬挂外延（PE）是指在侧向外延的窗口区进行二次掩模，阻挡窗口区位错的生长。PE 生长得到的 GaN TD 密度下降了 4～5 个数量级，SEM 显示侧面生长的 GaN 汇合处或者是无位错或者是空洞，但在这些空洞上方的 GaN 仍无位错，AFM 显示 PE 生长的 GaN 表面粗糙度仅为原子级，材料表面相当光滑。实验表明，PE 生长比相同结构的 LEO 生长快 4～5 倍，且 PE GaN 的应力为 LEO GaN 中的 1/10～1/5。

### 3. 多低温缓冲层（Multi Low Temperature Buffer Layers，MLTBL）法

1986 年首次提出单低温缓冲层，使 2-D 生长成为可能，并使薄膜的表面形貌、结晶性能、PL 谱、电子特性均有改善。这种单低温缓冲层技术就是常规的氮化物生长方法，TD 密度通过 TEM 观察仍高达 10$^9$/cm$^2$ 左右，通过 SEM 或金相显微镜观察表面的腐蚀坑，密度高达 10$^7$/cm$^2$，这些腐蚀坑主要是由螺位错的微管现象造成的，占总 TD 的 0.01%～1%。单低温缓冲层的作用是提高成核中心密度和促进侧面外延生长，从而形成 2-D 生长机制。Meijo 大学的 Motoaki Iwayo 提出了 MLTBL 方法，TEM 观察 TD 宽度下降到 10$^7$/cm$^2$，基本上看不见腐蚀坑。在此生长方法中，升降温过程中镓源停止供应，某一样品（第一个缓冲层在 1050℃，$N_2$、$H_2$ 气氛下，退火 10min 后再长一个低温缓冲层）的腐蚀坑密度高达 10$^8$/cm$^2$ 左右，此实验告诉我们只有在两个高温生长的 GaN 间再插入第二个低温缓冲层（GaN 或 AlN）才能有效地降低 TD。另外实验还表明两个高温 GaN 在总厚度保持不变的情况

下，不同分配两者的厚度对表面的腐蚀坑密度影响不大。XRD 对晶格常数 C 的测定表明双 GaN 缓冲层所得的 GaN 薄膜与体材料 GaN 的 C 相当，而双 AlN 缓冲层与单缓冲层（AlN 或 GaN）的相当。

材料的缺陷影响了 LED 的发光效率，同时还影响到器件的可靠性。降低缺陷密度是得到大功率半导体照明器件的一个根本途径，同时进行极化匹配或非极性的外延生长也非常重要，目前这方面的技术还远未成熟。

## 五、芯片制备技术

### 1. 提高出光效率

众所周知，GaN 的折射率较高（$n=2.5$），和空气形成的全反射角小，在不考虑侧面出光的情况下，只有约 4% 的光能够从有源区出来。现在常用的提高出光效率的方法有表面粗化、图形衬底、光子晶体等方法，其目的都是为了改变光的出射角，达到提高出光效率的目的。Nakamura 等人在 2004 年报道了 InGaN 基 LED 芯片经过激光剥离后，在 n 面粗糙化后器件出射功率相对未粗糙化提高了 2～3 倍。表面粗化只是通过改变光的入射角，达到提高出光效率的目的，表面粗化的角度通常是随机的，工艺可控性差，进一步的提高难度很大。

光子晶体概念由 E. Yablonovitch 于 1987 年提出，光子晶体是具有周期性变化微结构的材料，其介电常数在工作波长的尺度范围产生周期性变化。光子的情况非常相似于半导体中的布洛赫电子，如果将具有不同介电常数的材料在空间按一定的周期进行排列，由于存在周期性，在其中传播的光波的色散曲线将形成带状结构，带与带之间有可能会出现类似于半导体禁带的光子带隙。频率落在带隙中的光是被严格禁止传播的。2001 年美国的麻省理工学院在 GaAs 基 LED 上制作光子晶体结构并在光注入条件下使出光效率得到了 6 倍的增强。2003 年日本的 Yokohama National University 制作出了带有二维光子晶体结构的电注入型 GaAs 基 LED，并使出光效率提高了 1 倍。和 GaAs 材料相比，GaN 基材料发光波长更短、折射率更低，GaN 基 LED 对应的光子晶体周期更短，同时 GaN 基材料化学稳定性更高，加工困难，使得 GaN 基光子晶体的实验研究难度很大。随着电子束曝光、干法刻蚀等技术的逐步成熟，使得带有光子晶体结构的 GaN 基 LED 逐步成为研究的热点。

### 2. 激光剥离，垂直结构 LED

因为 GaN 衬底的成本问题，转移衬底为目前高端 LED 产品的主流方案。最早通过激光剥离（LLO）工艺把 LED 转移到 CuW 衬底上的是日亚公司在 2002 年 12 月实现的。2003 年 2 月，德国 Osram 公司用 LLO 工艺将蓝宝石去除，将 LED 出光效率提至传统 LED 的 3 倍，他们建立了世界上第一条 LLO 生产线。但该企业已经与 Cree 公司相互授权，目前他们推出的垂直结构芯片“ThinGaN”产品性能达到 60～90lm/W。美国 Cree 公司将 LED 从 SiC 衬底上转移到镀反射膜的 Si 衬底上，最近他们的 Xlamp XR7090 系列 Q5 等级的标称值 350mA 光通量达到 107lm。我国台湾 SemiLEDs 公司采用激光剥离、Cu 基合金转移衬底制备出 LED 的发光效率达到 80～90lm/W。美国的普瑞光电公司和我国台湾的华上光电公司等也报道了他们成功制备出激光剥离、垂直结构的 LED，并开始推出样品。国内关于 LLO 技术的研究开始于 20 世纪 90 年代末，目前只有南京大学、北京大学、中科院半导体所等少数几家单位开展 GaN 基材料 LLO 研究。南京大学目的是用于厚膜 GaN 的 HVPE 生长，对激光剥离在制备 LED 器件方面的应用还没有见到报道；中科院半导体所则于 2006 年年底开展激光剥离在制备 LED 器件方面的工作，他们采用芯片键合和外延片键合导电衬底的方法，实现了衬底的转移；北京大学 2002 年开始 LLO 研究，2003 年实现了对极薄（3～5μm）的 GaN 基外延层的大面积剥离，并对剥离造成的损伤和外延层应力方面的影响做了许多研究，2004 年实现了 Si 转移衬底的 LED 制备，同时北京大学还对电镀 Ni/Cu 衬底、导电胶 bonding 的转移衬底工艺进行了研究，具备了较强的基础。

### 3. 直接发射白光的单芯片 GaN 基白光 LED

目前，国内乃至国际上实现白光 LED 的主流方法仍然是以下两种。其中之一是采用 GaN 基蓝光、绿光 LED 和 GaAs 基红光 LED 构成三基色完备发光体系。另外一种，也是最为常见的是 GaN 基蓝光

LED 利用荧光粉转换方法。方法一因混光要求存在电路控制上的困难，同时 RGB 三色 LED 不同的退化机制，也会影响其发光色谱的变化。第二种方法存在的主要问题是由于低掺杂效率和低量子效率，以及荧光粉的退化等问题会影响白光 LED 的退化。毫无疑问，最好的方法是直接发射宽带谱的白光 LED。隧道级联多有源区发射白光是其中的一种方式。宽带隙 III-V 族材料可以通过调整有源区的材料组分或者量子阱的宽度来调整发射波长。级联多有源区合成白光的方法就是基于此原理，将发射不同波长的有源区级联生长，中间通过反向隧道结连接，出射的多个单波长合成后产生白光。由于单个有源区产生单色光的光谱很窄，要得到显色指数很好的白光，就需要级联多个有源区以获得丰富的光谱，那么有源区材料的组分就必须在大范围内变化，这样在外延生长芯片时就会面临晶格失配和应变等问题。另外，宽带隙有源区发出的光很容易被窄带隙有源区吸收。1999 年，美国波士顿大学的 Xiaoyun Guo 等首先提出了光子再生白光 LED。这种 PRS-LED 结构主要利用电注入后，有源区中产生的一部分光子又被有源区吸收，产生低能量光子的现象。而光子再生白光 LED 正是利用这种现象，在 LED 芯片中生长一个有源层和一个荧光层，有源层中发出的部分短波长可见光被荧光层吸收，并发射长波长可见光，未被吸收的短波长可见光和长波长可见光合成产生白光。在理论上发光效率超过 300lm/W，比一般的 LED 激发荧光粉得到白光的方法要高得多，但是由于它的复杂工艺以及许多不成熟的技术，目前实现的发光效率只有 10lm/W。

## 六、微流散热技术

以微流沟道作为热沉来为超大规模集成电路散热的思想，1981 年首次由 Tuckerman 和 Pease 提出。利用水作为散热流体，他们制备了 790W/cm$^2$ 散热能力的微流沟道热沉（衬底温度比进水端的温度高 71℃）。此后人们在分析、数值模拟和实验上做了很多的研究，使微流散热成为一项新兴的散热技术。研究中所用的微沟道的特征尺寸一般从 10～1000μm，用它们做热沉具有独特的优点，如表面与体积比很大、导热系数高、质量和体积小、散热液体的用量少等。这使得微流沟道热沉非常适合于需要从小面积区域散掉大量热量的器件，例如微处理器、激光反射镜等，也适用于二极管及其阵列的散热。华中科技大学的刘胜等人则利用微机电系统（MEMS）工艺制备微喷流的热管，先后得到了 220W 和 1500W 的 LED 光源的稳定工作。韩国三星电子 2006 年在国际 MEMS 大会上报道通过 Si 片中微加工和掩埋焊料可以用来散热，散热效率可以提高 60% 以上。Popova 等人在 36 届功率电子器件专家会议上提出了 3D 微电子封装微热管的概念。我国台湾 Cheng Jen-Hau 等人利用制作热电系统（TE）致冷器以得到散热的衬底。北京大学已经建立了成熟的 MEMS 工艺线，在其基础上成立微流实验室，利用 MEMS 工艺加工封闭的微流泵、阀，利用水流作为散热介质，已经得到了较好的散热效果。微流体散热将为大规模 LED 集成封装提供有力的支持，而大规模集成封装将是半导体照明应用最有潜力的方向之一。但是用于 LED 散热微流体的泵、阀以及微流体相变材料仍旧需要进一步的研究。

## 七、结论

本文介绍了从发光效率、可靠性以及成本等方面半导体照明所面临的主要问题和机遇，涉及的方向包括设备、衬底材料、外延、芯片制备技术以及微流散热。目前现有生长设备 MOCVD、HVPE 的国产化以及性能的提高是材料生长和设备研究人员所面临的重大课题。同时对于新概念外延设备的设计和研究也是提高我国半导体照明核心竞争力的一个重要方向。目前在 PSS 衬底上的 LED 外延已被广泛使用，但是其具体的物理原因仍需要深入研究，以进一步提高 LED 发光效率。GaN 同质外延衬底具有巨大的优势，是半导体照明下一代技术，即 200～300lm/W 光效的技术核心所在。高效率大注入 LED 结构是实现半导体照明的关键因素，注入效率的提高可以使得器件尺寸减小，成本降低。激光剥离垂直结构，结合表面微纳出光结构的 LED，将大大提高 LED 的光效，同时提高其可靠性。微流体的使用将推动 LED 大规模集成封装的实现。

# GaN 氢化物气相外延生长研究与发展趋势

张荣 修向前
南京微结构国家实验室（筹） 江苏省光电信息功能材料重点实验室
南京大学电子科学与工程学院

## 一、前言

高质量 GaN 外延膜在制作微波功率器件、高亮度发光二极管（HB-LED）、激光二极管（LD）方面是最具市场前景的宽禁带半导体，在紫外光电探测器方面也展现出很大的应用空间。最新的报告揭示越来越多的 GaN 基器件采用了先进的衬底材料。同时，随着人们对蓝光 LD、紫外 LED 和高频高功率器件需求的增大，诸如 GaN 或 AlN 等氮化物衬底材料的用量在增加。只有这些高性能的衬底材料才能为大量生产的高性能器件提供晶格匹配的生长结构和优良的传热特性，进而有助于提高晶体生长质量，降低 GaN 基晶体中存在的缺陷密度，弱化深能级等对发光效率的影响，进一步获得优质 GaN 高功率发光器件、微波和探测器件。

GaN 的特性决定其作为光发射器件具有广阔的应用前景，GaN 基 HB-LED 已经实现大批量生产，并进入市场，近几年的年增长率都在 10% ~15% 之间，2008 年已达 70 亿美元，预计到 2012 年，市场可达 150 亿美元。紫外 LED 也已经开始商品化。目前 2in 蓝宝石衬底依然是 GaN 基 LED 生产厂商的通常选择。在今后 5 ~10 年内，要真正实现 LED 照明目标，就必须进一步提高 GaN 基 HB-LED 的发光效率，并大幅度降低生产成本。其中提高发光效率的措施之一就是发展Ⅲ-Ⅴ族氮化物同质外延衬底技术。




## 二、HVPE GaN 衬底技术存在的主要问题

尽管氨热法和熔融法制备 GaN 体单晶似乎更有发展潜力，并在最近几年取得了突破性进展，获得了 1in 以上尺寸的 GaN 体单晶，但是由于目前这两种方法得到的 GaN 尺寸仍然太小（ <2in）、生长速度缓慢（50μm/d），尚不具备商业应用条件。因此，常压氢化物气相外延（Hydride Vapor-phase Epitaxy，HVPE）仍然是获得高质量大尺寸自支撑 GaN 衬底的主要手段。采用常压 HVPE 方法，国内外多家公司和研究单位已经获得 mm 级厚度的 2in 自支撑 GaN 衬底材料，衬底售价根据质量等级不同从 3000 到 12000 美元/片不等，这主要是因为这方面技术尚未完全成熟，成本高昂，急需改进。

众所周知，HVPE 生长 GaN 具有很高的生长速率，对于任何 GaN 晶向的生长一般都可以达到 100μm/h 的量级，这表明用 HVPE 获得 GaN 体材料是可能的。但是到现在为止，只有少数研究组报道大尺寸 GaN 的 HVPE 生长能够持续 10h 以上，厚度很少能超过 10mm。这主要是由 HVPE 方法的技术特点造成的。

HVPE 生长方法存在的主要技术难点，包括以下几个方面：

1）空间寄生反应。在衬底以外空间的寄生反应因 HVPE 系统在常压下运行较其他低压生长方法更为突出。大量寄生反应的 GaN 颗粒会沉积在系统中 GaCl 气体的出口、石英玻璃管壁内表面及生长表面上。沉积在 GaCl 管口上的 GaN 会消耗掉 GaCl，从而降低生长速率，并且会造成 GaCl 管路的损坏；沉积在生长表面上的 GaN 颗粒会形成缺陷，降低材料的质量；而沉积在管壁上的 GaN 则会造成反应腔体破裂而导致生长中止，并增加成本。

2）液态金属镓源的消耗。随着金属 Ga 源的消耗，GaN 的生长速率会受到影响。在长时间的生

长过程中无法准确知道镓源的消耗量，并且很难在生长过程中添加，从而影响了生长的长时间进行。虽然可以通过增加 Ga 舟的容积来解决，但是由于金属镓源是装在石英玻璃容器中，高温下玻璃容器的强度在承载金属镓源重量方面有限，并且当高低温变化时会受到与液-固态金属镓之间的热导率不同而产生的应力增加破裂的可能。

3）反应副产物氯化铵粉末。HVPE 方法的另外一个技术难题是，常压下生长反应会产生大量的氯化铵粉末，附积在管路下游，可能会影响管路中的气流，从而影响生长质量。氯化铵在 340℃以上才是气态，但在出口处设置高温通常会影响系统的密封，而常温又会造成氯化铵的沉积堵塞，严重时甚至引起爆炸。虽然多数 HVPE 设备研制者都声称解决了该问题，但到目前为止，HVPE 系统的连续生长时间仍然鲜有超过连续 10h 的报道，而长时间的持续生长是获得高质量大尺寸 GaN 棒状体单晶的关键因素之一。

4）HVPE 反应气体具有很强的腐蚀性，对反应腔的要求比较特殊。HVPE 系统反应腔体通常是用石英制造，而高质量石英材料价格高昂，精细加工、安装和维护难度较大，大大增加了生长成本，从而影响了 GaN 材料的大批量连续制备。

## 三、GaN 衬底材料获得的技术途径

GaN 同质外延相比异质外延具有更好的优势，研究获得 GaN 同质外延衬底就具有很大的实用价值。目前获得 GaN 衬底材料的基本方法，大致有以下 3 个技术途径（如图 4.1-1）。

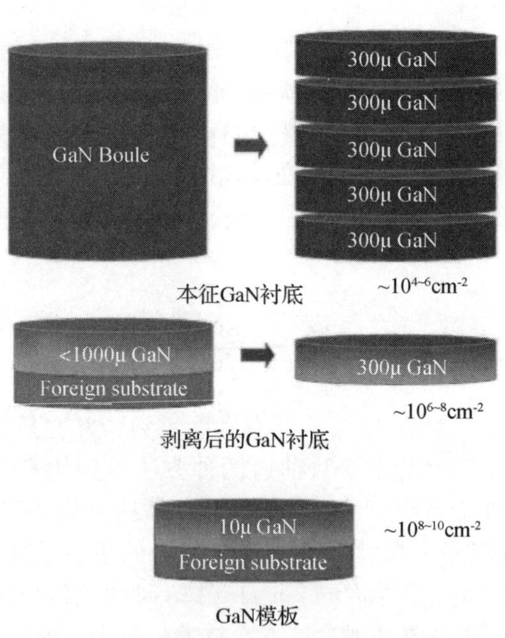


图 4.1-1　获得 GaN 衬底材料的 3 种途径

### 1. 本征 GaN 衬底

获得 GaN 衬底的最重要途径之一就是制造更大尺寸的柱状晶体。柱状单晶可以通过高温高压、氨热法、钠熔融法或者多种方式相结合得到。研究表明，柱状晶体顶部的 GaN 具有很高的质量。晶体通过切割成片状并抛光后就可以得到很高质量的 GaN 晶片，视生长方式不同，位错密度通常介于 $10^4 \sim 10^6 cm^{-2}$之间。用这种方法获得单晶 GaN 衬底晶片是解决衬底问题的理想方案，但尽管有多家单位报道了 GaN 本征衬底（见图 4.1-2），目前尚未有采用该方法获得 2in GaN 衬底商品化的报道。

### 2. 异质剥离 GaN 衬底

在异质衬底上 HVPE 生长 GaN 厚膜（厚度一般为 500 ~ 1000μm）后，采用激光剥离（如蓝宝石衬底）、化学腐蚀（如 Si、GaAs 等异质衬底）、机械减薄或者自剥离（应力变化）的方式，将异质衬

• 单片

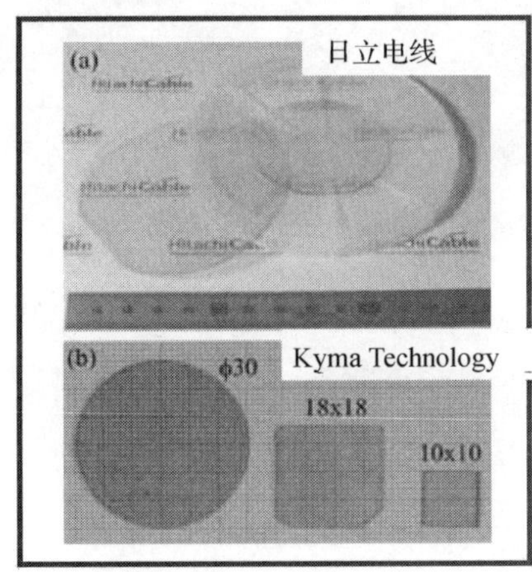


• 体材料

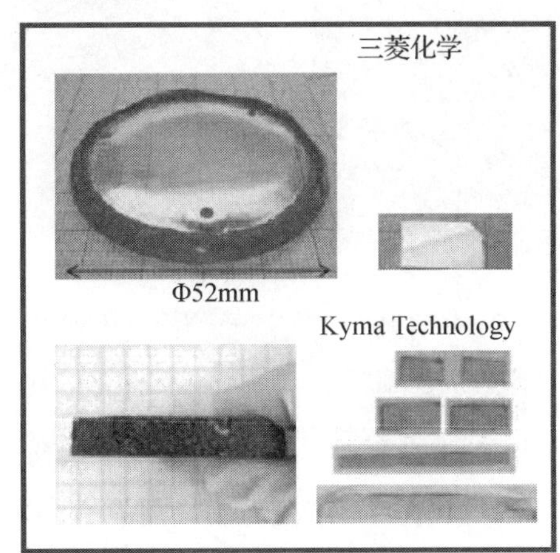


图 4.1-2 多家公司展示的 GaN 本征衬底（IWN2008，瑞士）

底去除并减薄或者抛光即可得到 GaN 衬底晶片。这种方法获得的 GaN 由于是生长在异质衬底上，位错密度要高一些，约在 $10^6\sim10^8\mathrm{cm}^{-2}$之间。这种 GaN 晶片目前已经商品化，但是价格比较高，由于技术上的原因，成品率和产量都比较低，主要是 GaN LD 产业应用较多，在半导体照明用 LED 上大面积应用条件尚不成熟。

### 3. GaN 模板

GaN 模板是指生长在异质衬底上的厚度在 10μm 以上的复合衬底（见图 4.1-3）。与一般的厚度在几个微米的 MOCVD GaN 相比，位错密度略有降低，通常在 $10^8\sim10^{10}\mathrm{cm}^{-2}$之间（见图 4.1-4）。随着厚度增加，位错密度会进一步降低（见图 4.1-5），自支撑 GaN 衬底的位错密度可以降低 1～2 个数量级。有研究表明，当 GaN 模板厚度从 5μm 到 50μm 到 150μm 变化时，位错密度从 $1\times10^9/\mathrm{cm}^2$ 到 $5\times10^8/\mathrm{cm}^2$ 到 $1\times10^8/\mathrm{cm}^2$ 变化。虽然可以采用不同的工艺增加模板 GaN 的厚度，但是 GaN 模板一般都在 50μm 以下。当 GaN 厚度超过 50μm，由于和蓝宝石衬底之间较大的晶格失配和热失配，应力会造成晶片碎裂而无法应用。这种 HVPE 方法生长的 GaN 模板由于具有较低的成本和较高的质量，具有非常大的应用潜力。

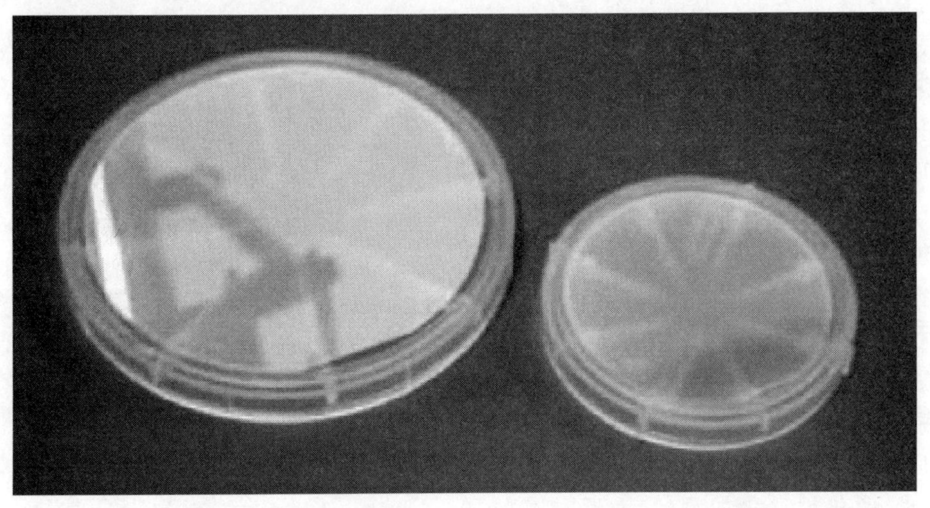

图 4.1-3 蓝宝石衬底上 GaN 模板

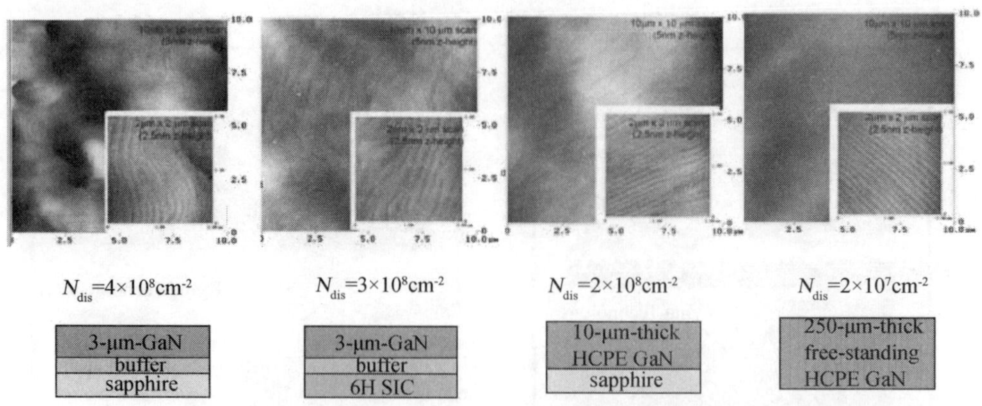


图 4. 1-4　不同方法生长的 GaN 位错密度的比较

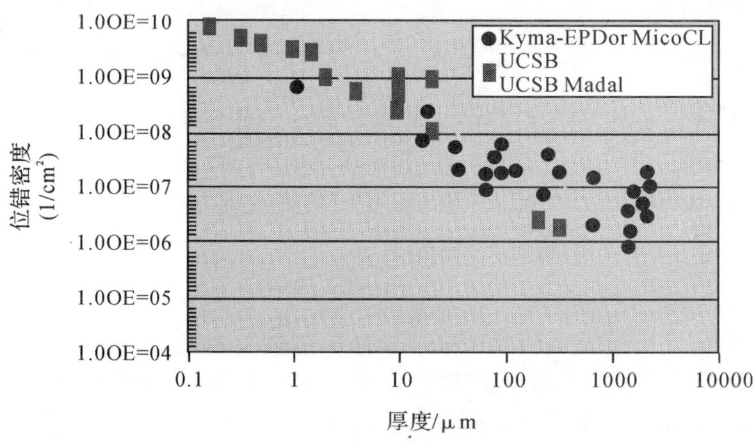


图 4. 1-5　GaN 位错密度降低随厚度增加的变化关系





# 四、未来产业发展趋势分析

很明显上述 3 种获得 GaN 衬底的途径也代表了未来 HVPE 方法的发展方向：从异质衬底外延→模板→本征衬底。和异质衬底相比，同质本征衬底具有很大的优势，位错密度更低（见图 4. 1-6），导电导热性能更好，有益于更高的器件质量和器件结构设计。但目前高昂的价格和较低的产量，限制了 GaN 本征衬底在 LED 领域的应用。在缺乏经济有效的本征衬底的情况下，就必须选择折中的相对合适的衬底技术解决方案。Kyma 公司关于异质外延、模板和本征衬底进行了分析如图 4. 1-7 所示。

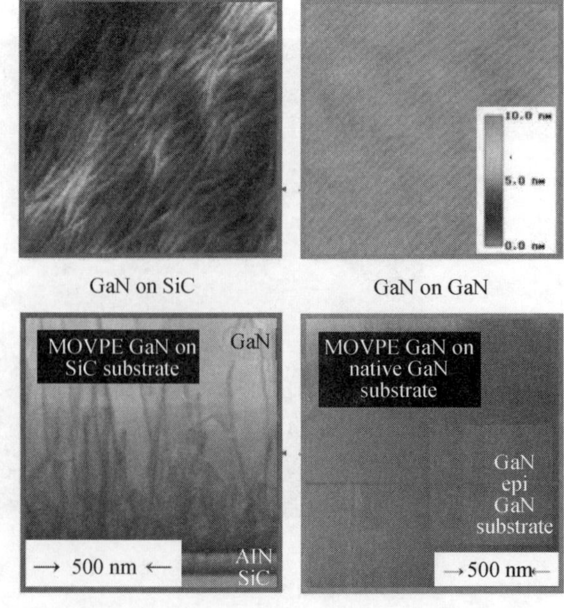


图 4. 1-6　GaN 异质外延与同质外延对比

解决方法之一是采用图形化蓝宝石衬底。图形化蓝宝石衬底相比于普通蓝宝石衬底，可以降低位错密度，提高质量（如图 4. 1-8），并且改进 IQE 和光提取效率。图形化衬底增加了 1 美元左右的成本，但提高了材料的质量并增加了光提取效率。目前正处于技术投资增长期，是短期内半导体照明产业的最佳选择之一。

| 工艺阶段分析 | 在蓝宝石衬底上直接外延 | 在kyma的AIN模板上外延 | 在kyma的GaN模板上外延 | 在kyma的本征GaN衬底上外延 |
|---|---|---|---|---|
| 放置衬底 | yes | yes | yes | yes |
| 温度上升 | yes | yes | yes | yes |
| 成核层 | yes | no | no | no |
| 温度上升 | yes | no | no | no |
| 非掺GaN缓冲层 | yes | maybe | no | no |
| n型GaN缓冲层 | yes | yes | yes | yes |
| 有源区 | yes | yes | yes | yes |
| 接触层 | yes | yes | yes | yes |
| 降温及取样 | yes | yes | yes | yes |
| 外延层缺陷密度 | 高 | ? | 低 | 非常低 |

图 4. 1-7　Kyma 公司关于异质外延、模板和本征衬底的分析

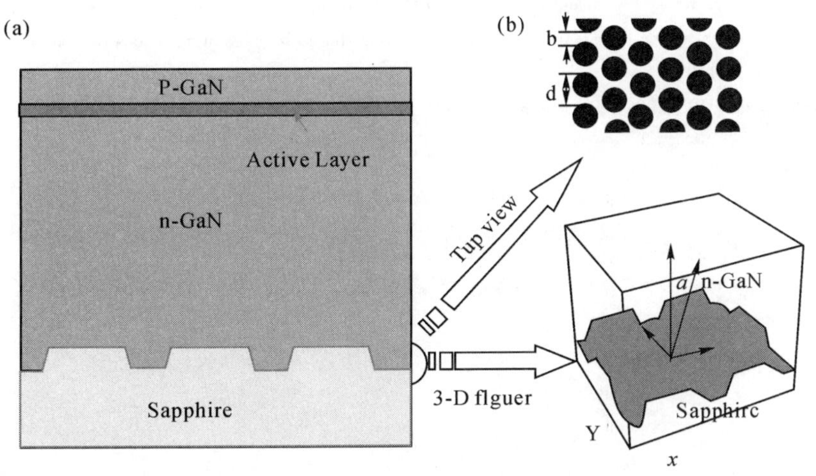


图 4. 1-8　图形化蓝宝石衬底

解决方案之二是大力发展 HVPE GaN 模板技术。衬底材料的选择可以极大地影响外延成本、产量和质量。采用 HVPE GaN 模板（见图 4. 1-3），改变两步法缓冲层处理工艺可以大幅度降低 LED 芯片生长周期，减少原材料消耗，提高产量。由于 GaN 模板具有较低的位错密度和较高的质量，还可以提高发光层的质量，进而提高 LED 发光器件的效率。这是目前可以在 LED 产业应用的另外一个较佳选择，但提高产量和减少因厚度增加造成的晶片翘曲是需要解决的问题，这就需要发展先进的多片 HVPE 生长系统和改进工艺降低翘曲。国际上，牛津仪器公司开发了可以一次生长 12 片 20μm 厚 GaN 模板的卧式 HVPE 生长系统；国内南京大学也开发了多片 HVPE 生长系统并正与企业合作转化推广。

解决方案之三是发展非极性和半极性衬底技术。目前的 GaN 器件通常在极性面上，导致 GaN 基器件有源层量子阱中出现很强的内建电场，导致能带倾斜，电子与空穴波函数交叠变小，发光效率降低。采用非极性衬底材料，由于极化效应和应力等都大大减少，对于器件功率、效率和寿命都会显著提高。国内南京大学最早开始非极性 GaN 衬底材料的研究工作，并取得技术突破，采用 HVPE 技术 + 偏铝酸锂衬底，利用热失配自分离技术，获得了大尺寸 m 面非极性 GaN 衬底材料（见图4. 1-9）。

到 2015 年，我国 MOCVD 设备数量将会超过 1500 台，这是一个非常庞大的市场。目前 MOCVD 技术可以实现 50 片/台次以上的外延生长。研发实用的多片式 HVPE 设备，实现多片式 GaN 模板生长，和 MOCVD 外延产量相匹配，大幅度降低 GaN 器件的外延成本并提高器件性能，已经成为半导体照明技术发展的现实需求。

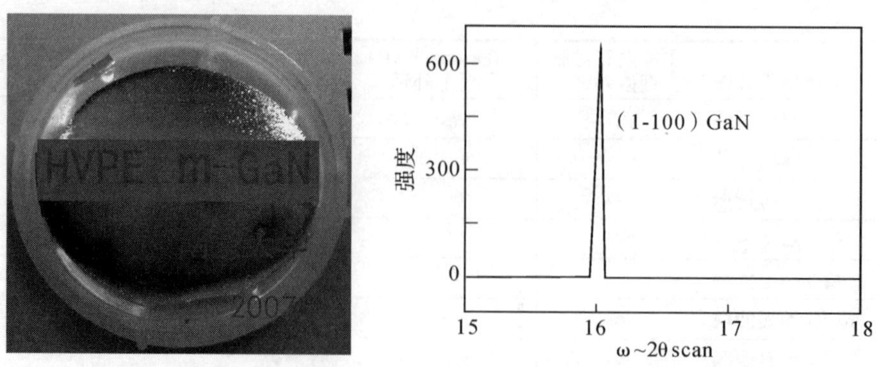


图 4. 1-9　非极性 m 面 HVPE GaN 衬底材料（南京大学，2007 年）

## 参 考 文 献

[1] Dirk, Ehrentraut Elke, Meissner Michal, Bockowski. Technology of Gallium Nitride Crystal Growth. Springer Series in Materials Science [C] . 133.

[2] Keith Evans. Substrate Matters. Kyma Technologies. Inc. 2009 DOE SolidState lighting Manufacturing Workshop.

[3] C. C Wang, et al. Enhancement of the light output performance for GaN-based light-emitting diodes by bottom pillar structure [J] . Appl. Phys. Lett, 2007 (91), 121109.

[4] Substrates for Nitride Epitaxy. IWH2008, . Switzerland, 2008.

# 硅衬底 LED 2010 年进展

江风益　王立
南昌大学

2010 年，南昌大学、晶能光电以及国内其他研究机构继续加大了硅衬底 LED 的研发力度，硅衬底氮化镓材料生长和芯片制备技术的研发及产业化工作均取得了长足的进步，使我国继续在硅衬底 LED 研究和产业化水平上保持了领先地位。

## 一、最新的研究进展和技术突破

在 MOCVD 材料生长技术方面，通过优化硅衬底图形化技术和金属/铝镓氮缓冲层技术，进一步改善了硅衬底上氮化镓薄膜的应力释放，提高了晶体质量。X 射线衍射和透射电镜分析均证实其在硅上生长的氮化镓薄膜总位错密度可以控制在 $5\times10^8/cm^2$ 以下。与此同时，通过优化 MOCVD 的反应室配件设计，使温度场和气流场适应硅衬底上氮化镓的应力状态，改善了材料的均匀性，更好地控制了硅上氮化镓外延层龟裂的问题。在此基础上，通过优化量子阱的结构设计和生长条件，硅衬底氮化镓 LED 的内量子效率有了明显提高。

通过测量从低温到室温不同注入电流密度条件下样品的光输出强度，对硅衬底 LED 的内量子效率进行深入分析，并与不同公司其他技术路线的产品进行全面的比较发现，硅衬底氮化镓 LED 在不同电流密度下的发光效率呈现出跟蓝宝石和碳化硅上的氮化镓 LED 类似的特性，在低电流密度下，随电流密度增大发光效率增大，但达到一个峰值后发光效率随着电流密度的进一步增大逐渐下降，即也存在目前广泛讨论的“Droop 效应”。目前较好的硅衬底氮化镓 LED 内量子效率曲线的顶点，即最大内量子效率可以达到 82% 左右，该点大约出现在电流密度 $3A/cm^2$ 左右。随着电流密度增大到普通工作条件，即 $40A/cm^2$ 左右，内量子效率下降到约 65%。而同时期日亚和 Cree 公司的蓝宝石和碳化硅上大功率 LED 亮度最高档位的产品内量子效率最大值可以达到 85% 以上，其在 $40A/cm^2$ 电流密度下内量子效率大约为 70%。根据日亚和 Cree 等公司发布的最新实验室 LED 亮度结果，可以推断其内量子效率的最大值可能已达 95% 以上，而 $40A/cm^2$ 电流密度下内量子效率也已超过 80%。综合以上数据可以看出，目前硅衬底 LED 的发光效率已接近国际大公司蓝宝石和碳化硅 LED 主流产品的水平，但跟其实验室研发的最高水平相比还有较大距离。硅衬底 LED 和蓝宝石/碳化硅衬底 LED 内量子效率的对比如图 4. 1-10 所示。

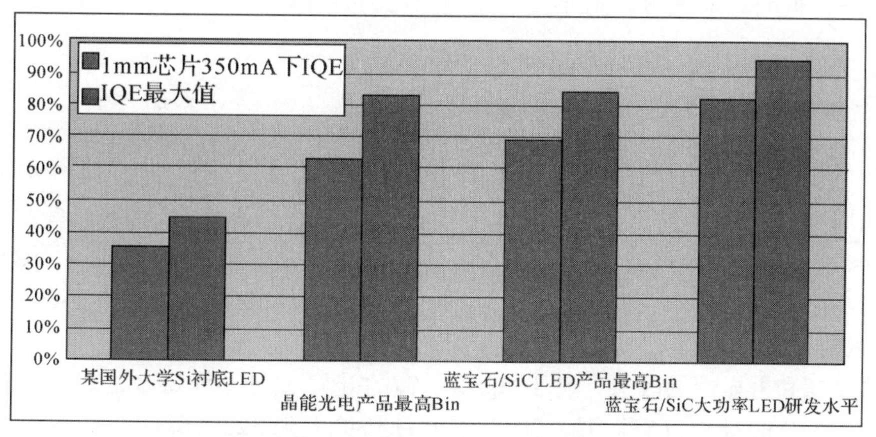


图 4. 1-10　硅衬底 LED 和蓝宝石/碳化硅衬底 LED 内量子效率对比

由于硅衬底对可见光不透明，因此硅衬底 LED 必须去除生长衬底才能避免衬底吸收问题，获得高的出光效率。晶能光电前期推出的硅衬底 LED 产品采用的是基于 Pt 反射镜的倒装薄膜结构。2010年南昌大学和晶能光电的硅衬底 LED 研究团队在纯 Ag 反射镜结构的芯片开发上突破了稳定的 Ag/p-GaN 欧姆接触和氮极性 n-GaN 欧姆接触技术，使 1mm 大功率芯片 350mA 下的电压可控制在 3.2 ~ 3.3V 左右，并且使芯片的光提取效率达到了 75%。晶能光电基于 Ag 反射镜的倒装薄膜芯片光提取效率跟目前市场上生产倒装薄膜芯片的公司水平对比情况如图 4.1-11 所示。

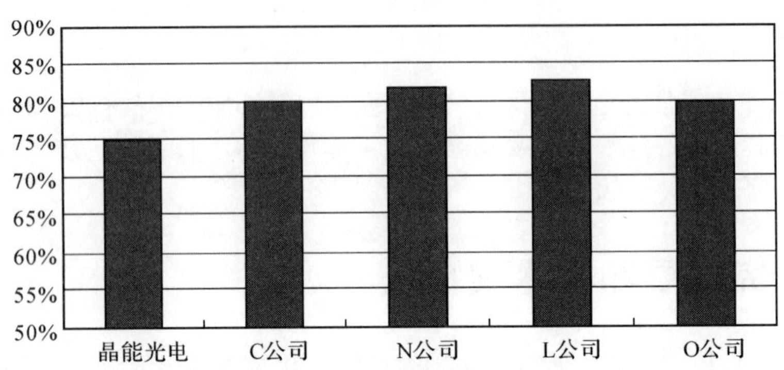


图 4.1-11　晶能光电倒装薄膜 LED 光提取效率与国际领先企业对比

综合外延内量子效率的进步和芯片光提取效率的提高，2010 年硅衬底 LED 大功率芯片 350mA 下光输出功率最高达到了 480mW 以上。应用 YAG 荧光粉封装成白光 LED，350mA 下光输出达到 110lm 以上。

由于薄膜型芯片制备工艺较为复杂，在氮化镓外延薄膜转移过程中，随着应力的释放，容易导致薄膜碎裂，这是制约薄膜芯片生产良率提高的重要因素。2010 年晶能光电开发成功一种新型的薄膜转移工艺，该工艺使倒装薄膜型大功率 LED 芯片制造良率提高到量产水平，并开始实施批量生产。

在继续提高芯片亮度的同时，2010 年晶能光电继续推进了硅衬底 LED 芯片的可靠性研究。目前基于 Pt 反射镜结构的小功率芯片已有 3000h 以上的加速寿命试验结果，数据显示性能非常稳定。而基于 Ag 反射镜结构的 1mm 大功率芯片加速寿命实验，在环境温度 80℃、700mA 电流条件下加速老化 2000h 光衰不到 10%，显示出良好的可靠性。




## 二、存在的问题及难点

硅衬底 LED 芯片由于采用了倒装薄膜型结构，相对于蓝宝石同侧结构，其机械强度较差，这对封装工艺的要求较高。因国内许多封装企业仍采用手动作业的工艺，且很少企业具有处理类似结构芯片的经验，导致容易出现封装良率低的问题。因此改进结构，提高芯片的机械强度仍是硅衬底 LED 芯片研发任务之一。同时，需要封装企业与芯片企业通力合作。

## 三、产业化应用情况

经过几年的不断改进，目前基于 Pt 反射镜的小功率硅衬底 LED 芯片生产已经走上正轨。随着与封装企业的不断磨合，小功率硅衬底 LED 芯片封装应用端的问题大大减少，客户群体不断扩大。2010 年，小功率硅衬底 LED 芯片的用户已近 200 家。目前已经进入的市场包括蓝/绿色数码管、全彩点阵显示屏、汽车电子、户内外装饰等。与此同时，晶能光电的硅衬底小功率芯片产量也迅速增加，到 2010 年底已达到近 300kk/月。

随着良率的提高和可靠性的改善，基于 Ag 反射镜的硅衬底大功率 LED 芯片也已开始量产。目前晶能光电的大功率芯片产量约为 1kk/月，2011 年 1 月起扩大到 3kk ~ 6kk/月。目前该产品的客户群体还主要集中在中小规模的封装企业，应用领域为灯泡、手电筒、矿灯和部分路灯等市场。值得一提的是，有部分生产路灯的公司已应用硅衬底大功率 LED 芯片建成路灯的示范路，经半年实际运行，目前尚未观察到由于芯片带来的问题，可靠性较好。该产品有望在 2011 年进入国内大型封装应用企业的供应链，走入高端 LED 应用市场。

## 四、对未来发展的展望

当今半导体照明面临三大课题：发光效率需进一步提高、制造成本需大幅度下降、器件可靠性需进一步改善。硅衬底 LED 技术路线在这 3 个方面均具有很大的提高潜力，因此有望成为未来半导体照明的主流路线之一。

已有大量的研究结果表明，当氮化镓材料的缺陷密度降低到一定数量级以后，再进一步降低已不影响 LED 的发光效率。研究证明硅衬底上能够制备出晶体质量跟蓝宝石和碳化硅衬底上接近的氮化镓材料。因此现在已经明确材料质量将不会是制约硅衬底上氮化镓 LED 效率提高的主要因素，只要优化好量子阱发光层结构，硅衬底 LED 的发光效率完全有可能赶上蓝宝石和碳化硅衬底 LED。硅衬底由于便宜的材料价格和易加工性决定了其在降低 LED 制造成本上具有的优势。目前 LED 制造正在朝大尺寸基片方向发展，由于蓝宝石和碳化硅要制成 6in 或更大的尺寸非常困难，因此进展较为缓慢。而硅却很容易获得大至 12in 的衬底且价格便宜，因此具有得天独厚的优势。此外，由于硅容易加工，为芯片制造工艺提供了很大的灵活性，例如同样制备垂直结构的倒装薄膜芯片，在硅衬底上生长然后腐蚀去除衬底就比蓝宝石上生长然后用激光剥离要方便得多。这就为新结构芯片设计和降低工艺成本提供了很大的空间。同时因为较易制成垂直结构的芯片，为改善芯片的电流分布和解决散热问题也提供了很好的条件，即可以提高器件及应用产品的可靠性。

受这些优势的吸引，2010 年以来已有多家大公司加快了硅衬底 LED 研发的力度。其中我国台湾地区的台积电等公司更是直接把目标设定在 6in 或更大尺寸的衬底上。与此同时，在 863 计划和电子发展基金等国家项目的支持下，国内从事硅衬底氮化镓 LED 研发的单位也在不断增多，如中科院半导体所、中山大学、华南师大等单位。国家科技部在“十二五”863 计划中也已把大尺寸硅衬底 LED 研发列入“高效半导体照明关键材料技术研发”重大项目，予以重点支持。在这种有利条件下，硅衬底 LED 必将迎来一段快速发展的时期。可以预计，未来 2～3 年内硅衬底 LED 研发水平将快速提高，产业规模将迅速扩大，产品将逐渐走向主流市场，走向高端应用，成为国际半导体照明的一支重要力量。

# 大直径 SiC 衬底的研制进展

徐现刚
山东大学

作为宽禁带半导体材料的代表，SiC 材料具有宽禁带、高热导率、高电子饱和迁移速率、高击穿电场等优良物理性质，被认为是光电子器件、高频大功率器件和高温电子器件等理想的半导体材料。

在半导体照明领域，SiC 可作为外延 GaN 的衬底材料使用。SiC 相比于蓝宝石具有以下优势：与 GaN 晶格失配小，c 面晶格失配仅为 3.1%，有利于降低外延膜中的缺陷密度，提高发光效率和寿命；高热导率，SiC 的热导率是蓝宝石的 20 倍，与金属铜相当，特别适合制备大功率的器件；导电的 SiC 衬底可以将 n 电极置于衬底的背面，提高了 LED 的发光面积，简化工艺过程；采用不同极性的 SiC 衬底可有效地控制外延的极性，特别适用于大功率高亮 LED 的制备。

然而，由于 SiC 衬底价格始终居高不下，大大地限制了其在市场上的应用。从全球范围看，只有 Cree、II-IV、Sicryatal 等少数公司可以生长 SiC 衬底。SiC 衬底产品的直径包括 2 ~ 4in，导电类型包括 n 型、半绝缘、p 型。近几年，SiC 衬底的质量也在逐步提高，Cree 公司报道可提供 4in 零微管密度的衬底，其他厂商的微管密度一般都小于 $20cm^{-2}$。

凭借于 SiC 衬底优势，美国 Cree 公司牢牢占据了大功率高亮度 LED 市场，是 SiC 衬底应用和 LED 研发的领头羊。





山东大学从 2000 年开始 SiC 衬底的研发，特别着重 SiC 衬底在半导体照明应用领域的需求，将 SiC 衬底生长和应用紧密联合。山东大学自主研发单晶生长炉，突破了大直径 SiC 衬底的生长及加工技术，并将 SiC 衬底应用于 GaN-LED 的研发，得到了高亮度 LED。此技术路线形成了自主的知识产权。

## 一、国内 SiC 衬底技术突破

通用的 SiC 的生长方法称为物理气相传输法（Physical Vapor Transport，PVT）。此方法采用的生长设备是中频感应加热单晶炉。山东大学在消化吸收国外单晶炉的基础上，结合多年单晶生长和半导体材料研发经验，提出了单晶旋转与升降的创新方案，完成了真空设计、高纯气体输运、冷却水保障和电源控制方案，最终自主研发出可用于 4in 单晶生长的中频感应炉。生长试验表明自主研发的 SiC 单晶生长炉最高温度可达 2500℃，真空漏率小，工作压力可控范围广，生长参数自动控制，生长炉运行稳定，生长结果重复性和稳定性高。其研制成本仅为进口单晶生长炉的 1/3，规模化设备制造的成本还可进一步下降，大大降低了进口单晶炉高昂成本对产业化直接造成的不利影响，扫除了 SiC 单晶产业化进程中的关键障碍，为 SiC 产业化打下了良好的基础。自主研发的单晶生长炉如图 4.1-12所示。

图 4.1-12　自主研发的 4in SiC 单晶生长炉

大直径衬底满足主流生产线的要求，并且管芯的产率和成本等因素都需要更大直径的 SiC 单晶。生长 3in 或更大直径的 SiC 单晶可以加速基于 SiC 衬底的宽禁带半导体器件的产业化，是将 SiC 衬底应用于半导体照明的关键步骤。结合理论模拟和实验改进温场，得到了高质量的 3in SiC 单晶。将晶体切割、研磨及抛光得到了3in衬底，如图4.1-13所示。

a）3in 4H-SiC衬底　　b）3in 6H-SiC衬底

图4.1-13　3in SiC衬底

由于SiC单晶特殊的结构，SiC单晶中存在一种特殊的中空缺陷——微管。微管对器件的应用是致命的。它的存在会使器件的漏电流增加、击穿电压降低。随着生长工艺的提高，微管密度逐步提高。同步辐射反射光形貌像是一种公认的全检、快速的方法，可得到整片衬底的微管分布及微管大小情况。图4.1-14为国内研制的3in4H-SiC衬底的同步辐射反射光形貌像。图片中的白点位置对应微管，由图中可见，整个晶片仅有一个微管位于晶片的最边缘，其他位置无微管缺陷，可认为此晶片是零微管缺陷。因此，国内SiC衬底的微管水平已经达到了国际水平。

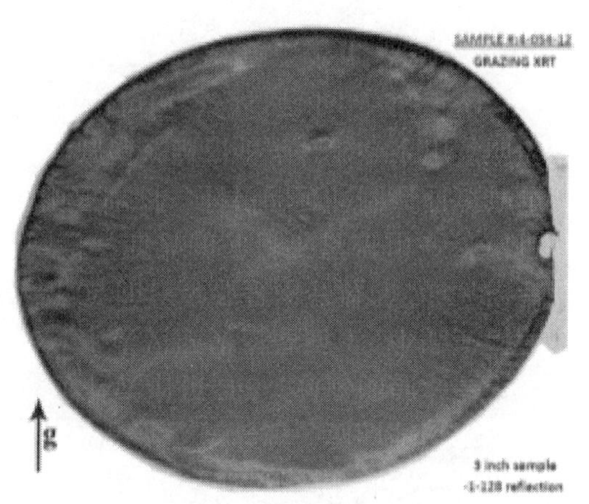

图4.1-14　3in4H-SiC衬底的同步辐射反射光形貌像

SiC具有高硬度、耐酸碱等优良的特性，这也为衬底加工带来了难题。SiC单晶的切割、研磨和抛光问题一直是制约SiC应用的重要问题。山东大学在国内率先建立了SiC衬底加工和清洗封装的生产线，采用多步化学机械抛光，得到了无损伤层、超光滑的“开盒即用”衬底。图4.1-15是抛光后的SiC衬底AFM图，晶片表面无划痕，有规则的原子台阶，粗糙度Ra为0.48nm。

从SiC单晶生长炉研制、3in晶棒生长、微管密度和衬底加工质量等方面考察，国内SiC衬底取得了全面的技术突破，与国际产品的差距也在逐步的缩小。

## 二、SiC基LED技术突破及产业化情况

由于SiC衬底在市场上本身供货量就很小，其价格也一直居高不下，因此有能力在SiC衬底上进行LED开发的公司和研究机构很少，实现产业化的公司就更是屈指可数。目前，世界上只有美国Cree公司可以实现SiC衬底从外延到芯片封装整个生产线的商品化。Cree公司掌握了世界上最先进的外延及芯片技术，解决了SiC衬底上GaN外延生长的成核和外延层开裂、SiC衬底出光困难等问题。借助于将SiC衬底本身用于GaN基LED外延的优势，Cree公司SiC衬底上制备的毫米芯片实验室水平的白光封装效率可以达到208lm/W，这是世界上目前报道的GaN基LED封装白光光效的最高水平。Cree公司是SiC衬底上GaN基LED产业化

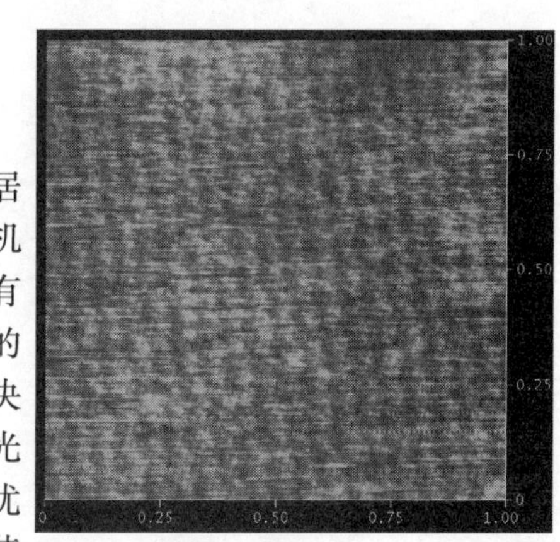

图4.1-15　抛光后的SiC衬底AFM图（表面粗糙度Ra=0.48nm）

的典型代表。

在国内可以进行 SiC 衬底外延的只有山东浪潮华光光电子有限公司（简称“山东华光”），由于山东大学可以提供稳定的高质量 SiC 衬底，山东华光在 SiC 衬底上开展的 LED 工作进展非常迅速。SiC 衬底上制备 GaN 基 LED 的主要难点有 3 点：第一，SiC 与 GaN 的材料润湿性差，无法直接在 SiC 衬底上生长 GaN，需要借助异质缓冲层；第二，由于热膨胀系数失配，在 SiC 衬底上生长 GaN 厚层容易发生开裂；第三，由于 SiC 衬底折射率较高，LED 中发出的光不易从衬底中向外传播。

目前上述的 3 个问题是除了 SiC 衬底价格较高之外的最主要的技术问题。这 3 个问题的解决方法 Cree 公司此前已完全掌握。在国内，山东华光通过近几年的研发，也已经解决上述问题。

目前，山东华光公司研发的 SiC 衬底上的 LED 芯片已经准备进入市场，成为国内唯一一家具备 SiC 衬底上 GaN 基 LED 产业化的公司。图 4. 1-16 是 SiC 衬底与蓝宝石衬底上制备的 LED 的发光强度比较图。图 4. 1-17 是山东华光在 SiC 衬底上制备的蓝光 LED 管芯。

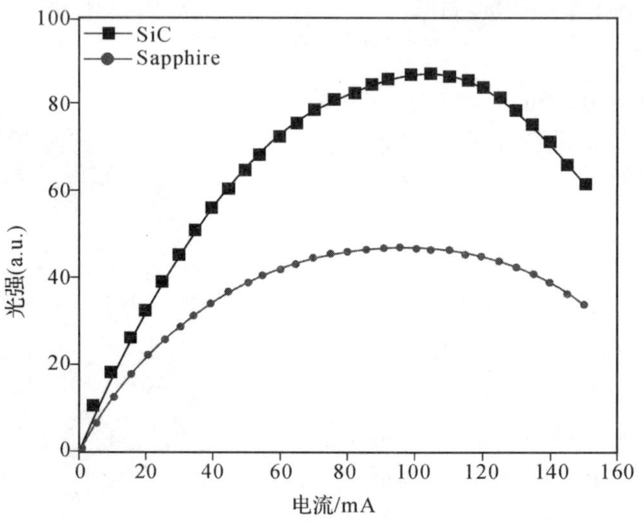


图 4. 1-16　SiC 和蓝宝石衬底上 10 × 23mil 背光源管芯的电流-功率曲线比较

图 4. 1-17　SiC 衬底上 LED 封装照片

## 三、发展趋势及展望

从目前 LED 市场的发展趋势上来看，价格竞争已经不是竞争的主流，竞争逐渐由价格战转为品质战。因此，获得更高效的 LED 是各大厂商关注的重点。相比蓝宝石衬底来说，SiC 衬底上外延的 GaN 材料更具有质量优势，其所制备的 LED 芯片不论在常规工作电流下还是超负荷工作电流下都具备蓝宝石基 LED 不可比拟的优势。因此，未来几年内 SiC 衬底上制备的 LED 在市场中所占的比例会越来越大，价格已经不是阻碍其发展的决定性因素。而 LED 市场的走势也势必会带动 SiC 衬底制备产业，相信为了满足外延厂商的需求，会出现一些新兴的 SiC 衬底供应商。但是，不论是 SiC 衬底制备还是外延芯片工艺都存在很大的技术壁垒，实现大规模的产业化还需要一定的时间。

## 参考文献


[1] E. Schmitt, M. Rasp, A. D. Weber, M. Kölbl, R. Eckstein, L. Kadinski, M. Selder. Defect Reduction in Sublimation Grown Silicon Carbide Crystals by Adjustment of Thermal Boundary Conditions [J] . Mater. Sci. Forum, 2001: 353-356, 15-20.

[2] M. V. Bogdanov, S. E. Demina, S. Yu. Karpov, A. V. Kulik, M. S. Ramm, Yu. N. Makarov. Cryst. Res. Technol. 2003 (38): 3 - 5, 237 - 249.

[3] M. S. Ramm, E. N. Mokhov, S. E. Demina, M. G. Ramm, A. D. Roenkov, Yu. A. Vodakov, A. S. Segal, A. N. Vorob'ev, S. Yu. Karpov, A. V. Kulik, Yu. N. Makarov. Mater. Sci. Engg. B. 1999 (107): 61 - 62.

[4] A. V. Kulik, S. E. Demina, S. K. Kochuguev, D. Kh. Ofengeim, S. Yu. Karpov, A. N. Vorob'ev, M. V. Bogdanov, M. S. Ramm, A. I. Zhmakin, A. A. Alonso, S. G. Gurevich, Yu. N. Makarov. Mat. Res. Soc. Symp. Proc. 640. 2001: H1. 6. 1-H. 1. 6. 6.

[5] K. Bottcher, D. Schulz. Computaional study on the SiC sublimation growth [J] . Journal of Crystal Growth. 2002 (237-239): 1196-1201.

[6] M. S. Ramm, E. N. Mokhov, S. E. Demina, M. G. Ramm, A. D. Roenkov, Yu. A. Vodakov, A. S. Segal, A. N. Vorob'ev, S. Yu. Karpov, A. V. Kulik and Yu. N. Malarov. Optimization of sublimation growth of SiC bulk crystals using modeling [J] . Mat. Sci. &Eng. B. 1999: 61-62, 107.

[7] M. Pons, E. Blanquet, J. M. Dedulle, R. Madar and C. Bernard. Different macroscopic approaches to the modelling of the sublimation growth of SiC single crystals [J] . Mat. Sci. &Eng. B. 1997 (46): 308.

[8] Z. G. Herro, B. M. Epelbaum, M. Bickermann, P. Masri, A. Winnacker. Effective increase of single-crystalline yield during PVT growth of SiC by tailoring of temperature gradient [J] . J. Crystal Growth. 2004, 262: 105-112.

[9] S. Nishizawa, T. Kato. Y. Kitou, N. Oyanagi, K. Arai. Numerical Simulation of Heat and Mass Transfer in SiC Sublimation Growth [J] . Mater. Sci. Forum. 2002: 389-393, 43-46.

[10] Y. Kitou, W. Bahng, T. Kato, S. Nishizawa, K. Arai. Flux-Controlled Sublimation Growth by an Inner Guide-Tube [J] . Mater. Sci. Forum. 2002: 389-393, 83-86.

# 用于通用照明的 LED 芯片

彭晖　闫春辉
亚威朗光电（中国）有限公司

## 一、背景

按照业界比较乐观的估计，在未来 3 ~ 5 年内，LED 将大举进入通用照明市场。一方面各个 LED 芯片公司都在扩产，另一方面其他资金也大量进入 LED 芯片产业，因此使得设备交货周期加长，原材料（包括蓝宝石）供应短缺。为了解决蓝宝石衬底的供应问题，在蓝宝石企业扩产的同时，掀起了一波蓝宝石项目投资兴建潮。

LED 进入通用照明的主要瓶颈之一是 LED 芯片的流明价格太高。为了降低 LED 芯片的流明价格，除了降低 LED 芯片的生产成本之外（包括蓝宝石衬底的价格），最快、最有效的方法是采用大电流密度驱动 LED 芯片，使一个芯片发出的光相当于几个传统 LED 芯片发出的光。为了更直观地理解这一方法，引入两种芯片产能的定义："芯片产能" 和 "流明产能"。

流明产能即采用流明数量来计算芯片厂的产能。因为照明灯具的要求是采用 lm（或 lux）数来计算，而不是灯具所使用的芯片的数量来计算，这有些像发电厂的产能是按发电量来计算的一样。

例如，一个芯片厂的芯片产能是月产 100 kk 的 45mil 芯片。如果每个芯片封装后在 350mA 驱动下发出 100lm 的光，可以说该厂的流明产能是 10kkk lm。但是，如果每个芯片封装后在 1A 电流驱动下发出 300lm 的光，可以说该厂的流明产能是 30kkk lm。然而，在 350mA 电流驱动下的 100lm 的 LED 芯片，为了达到 30kkk lm 的流明产能，则需要的芯片产能是月产 300 kk 的 350mA 驱动的 45mil 芯片。

上面的例子相当于大电流驱动的芯片的每流明光通量的成本减低到原来的 1/3，芯片厂家的流明产能提高了 3 倍，但是芯片厂家的芯片产能没有增加，因而，节省了扩产月产 200kk 的芯片产能的巨额投资，也节省了月产 200kk 的 350mA 驱动的芯片的外延生长和芯片工艺的原材料费用。

如果能采用更大的电流（例如数安培的电流）驱动，则优势更大。虽然至今已有多家芯片公司推出大电流密度驱动的 LED 芯片，但是目前大电流驱动芯片并没有被广泛采用。在灯具中采用大电流驱动芯片的主要瓶颈是下游厂家的封装和灯具的散热性能达不到要求，芯片极易烧坏。因此，即使有大电流密度的芯片仍然无法采用大电流密度驱动。但是，随着封装和灯具的散热效率的提高，大电流驱动芯片将有可能成为照明市场的主力。

LED 灯具的电源整流部分和变压部分的成本也是 LED 进入通用照明的瓶颈之一。由于传统的 LED 芯片采用低电压直流电驱动，因此 LED 灯具的驱动器进一步推高了 LED 灯具的价格。降低 LED 灯具的价格，也包括降低 LED 灯具的电源整流部分和变压部分的成本。

目前，降低 LED 芯片和灯具价格的产品和技术方案包括：

1）大电流密度驱动的直流 LED 芯片，其优势是极大地降低 LED 芯片的流明成本。

2）交流高电压 LED 芯片，其优势是降低 LED 灯具的整流和变压功能的成本。

3）直流高电压 LED 芯片，其优势是降低 LED 灯具的变压功能的成本。

4）大电流密度驱动的直流高电压 LED 芯片，其优势是降低 LED 芯片的流明成本，降低 LED 灯具的变压功能的成本。

5）大电流密度驱动的交流高电压 LED 芯片，其优势是降低 LED 芯片的流明成本，降低 LED 灯具的整流和变压功能的成本。

同时，LED 芯片的结构在不断地改进，目标是进一步降低 LED 芯片和灯具的价格，使得 LED 更快地进入通用照明市场。

## 二、直流 LED 芯片

### （一）大电流密度的直流 LED 芯片

传统的 LED 芯片采用低电压的直流电驱动，LED 芯片的结构包括：正装结构芯片、垂直结构芯片、无需打金线的垂直结构芯片（或称为三维垂直结构芯片）。大电流密度驱动的 LED 芯片是指驱动电流密度大于传统的驱动电流密度。

大电流密度驱动的 LED 芯片的几个例子如下：

**例 1**　一个 1mm×1mm 的 1W 大功率 LED 芯片的传统驱动电流密度约为 35A/cm$^2$，大电流密度的 LED 芯片驱动电流密度大于 35A/cm$^2$。例如，采用电流密度为 100A/cm$^2$ 的电流驱动，即采用 1A 电流驱动 1mm×1mm 的 LED 芯片。

**例 2**　一个 45mil×45mil 的高电压芯片，采用 30mA@220V 驱动。为了能够承受 220V 的高电压，该芯片至少包括串联的 70 个芯片单元，每个芯片单元的面积最大为 0.01866mm$^2$（等于 45mil×45mil/70），在 30mA 电流下，即 30mA 电流通过每个芯片单元，每个芯片单元的电流密度至少高达 160A/cm$^2$（等于 30mA/0.01866mm$^2$），这一电流密度相当于采用 2A 驱动一个 3.3V 的 45mil×45mil 的传统芯片的电流密度，或 1.6A 电流驱动 3.3V 的 1mm×1mm 的传统 LED 芯片的电流密度。所以，30mA@220V 驱动的 45mil×45mil 芯片也属于大电流密度芯片。由于散热问题，正装结构驱动较难制成这种大电流密度驱动的芯片。

**例 3**　一个采用 20mA 电流驱动的 0.33mm×0.33mm 的 LED 小芯片，其驱动电流密度约为 20A/cm$^2$。大电流密度的 LED 小芯片指的是驱动电流密度大于 20A/cm$^2$，例如，采用 60mA 的电流驱动，即电流密度达到 60A/cm$^2$。

设计和制造大电流密度驱动的直流 LED 芯片要从 3 个层面考虑，缺一不可：

第一，外延层面。要求外延层的结构和成分设计使得在大电流密度（例如，大于 35A/cm$^2$）驱动时，芯片的发光效率下降缓慢。

第二，芯片层面。要求芯片的结构设计使得在大电流密度驱动时，可以有效地把电流引入芯片、没有电流拥塞、散热优良。芯片的结构影响发光效率。例如，在相同的外延层的情况下，垂直结构的芯片效率下降比正装结构的芯片效率下降要慢，原因是垂直结构芯片控制电流拥塞的情况较好。

第三，封装/灯具层面。要求封装/灯具结构的设计使得在大电流密度驱动芯片时，有优良的散热，否则芯片的寿命将大大缩短。

虽然至今已有多家芯片公司推出大电流密度驱动的 LED 芯片，由于下游厂家的封装和灯具的散热性能不能满足需要，因此，大电流密度的 LED 芯片尚未广泛应用。随着新的散热技术不断开发出来，在灯具中采用大电流密度芯片成为可能，这将极大的推动 LED 快速进入通用照明。新的散热技术包括：

1）2010 年 7 月，Sunon 展出毫米风扇与鼓风扇以及采用强制散热的 LED 灯具散热模块。

2）2010 年 8 月，美国 Eternaleds 上市水冷式 LED 灯泡 “Eternaleds HydraLux-4”，省去了用于冷却灯泡内部的散热管（Heat Pipe）、散热片（Heat Sink）及风扇等。

3）2010 年 9 月，美国橡树岭国家实验室（ORNL）的研究人员已经成功利用一种石墨泡沫材料，用于解决高亮度 LED 因高温环境而寿命减短的问题，并将该石墨泡沫技术独家授权给 LED North America 公司。

4）2010 年 11 月，美国 GE 公司开发出采用喷射技术的冷却方法，特别适用于大功率灯具。

#### 1. 正装结构的大电流密度的 LED 芯片

2010 年 9 月，一直以开发和生产小芯片著称的日亚（Nichia）公司宣布：在实验室中，1mm×

1mm 正装结构的大电流密度 LED 芯片，在 1000mA 电流驱动时，效率达到 135 lm/W（4700K）。日亚正装结构的大电流 LED 芯片的主要特征是：优化外延层设计、改进电学设计降低电压、采用图形蓝宝石生长衬底、采用低电阻和高透光率的 ITO（电阻是 7Ω，透光率大于 90%）见图 4. 1-18 所示。

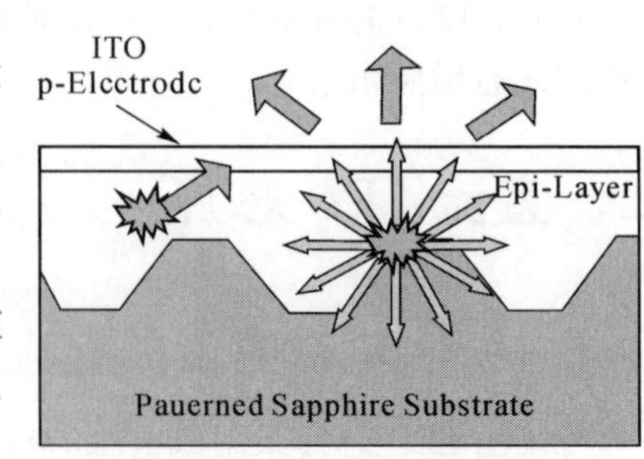


图 4. 1-18　Nichia 的正装大电流密度芯片的截面图

以蓝宝石为衬底的正装大电流密度 LED 芯片，对封装的散热性能要求更高。另外，在向芯片输入大电流时，需要防止电流从打线焊盘直接向下经过 ITO 层流向发光层。

## 2. 垂直结构大电流密度的 LED 芯片

2010 年 3 月，Cree 公司推出大电流密度的直流 LED 芯片产品 XLamp-XP-G，在 1500mA 电流驱动下，得到 460lm 的光通量，相当于 4 个 Cree 的 XLamp XR-E。在向芯片输入大电流时，需要防止电流从打线焊盘直接流向 N-GaN 外延层，造成局部电流拥塞。解决的方法之一是打线焊盘形成在绝缘层上见图 4. 1-19。

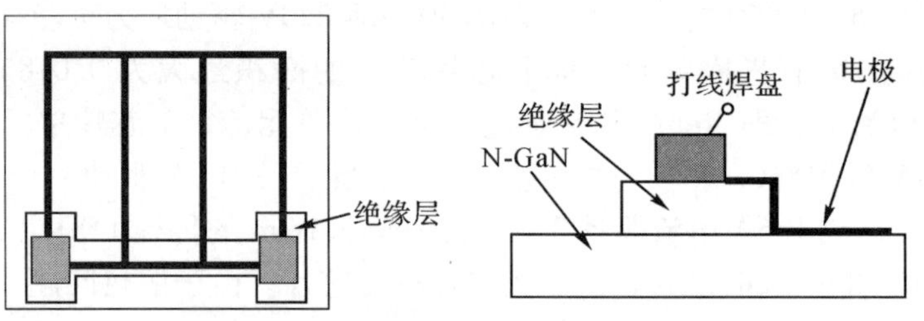


图 4. 1-19　形成在绝缘层上的打线焊盘




2010 年 4 月，OSRAM 公司推出大电流密度的直流 LED 芯片产品 UX-3，在 3000mA 电流驱动时得到 830lm 的光通量（见图 4. 1-20）。

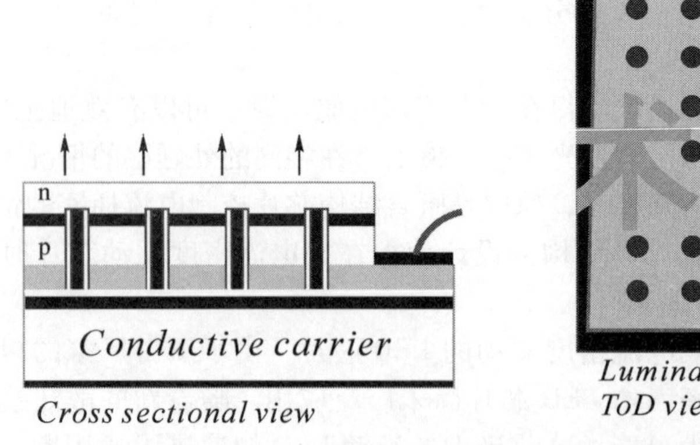


图 4. 1-20　OSRAM 的大电流密度直流 LED 芯片产品：UX-3

OSRAM 公司按照在大电流密度时效率下降的俄歇复合理论设计外延层结构。由于俄歇复合的发生概率与载流子密度的 3 次方成比例，因此降低载流子密度便可减少俄歇复合的发生。OSRAM 公司通过加厚活性层降低了载流子密度。对活性层并非进行简单的加厚，而是对掺杂量等进行了优化。另外，其芯片结构的设计与 Lumileds 公司的芯片基本相同，即多个通孔中的导电栓把 n 型限制层与导电支持衬底电连接。这种结构使得电压均匀加到 p 型限制层，消除了电流密度局部较高的不足。不同之处在于其 p 型限制层通过金线与外界电源电连接。

2010 年 11 月，Cree 公司推出型号为 XLamp-XM-L 的 2mm×2mm 芯片，在 3A 电流驱动下，亮度达到 1000lm。

### 3. 三维垂直结构的直流 LED 器件

2010 年 7 月，Lumileds 公司推出大电流密度的直流 LED 器件 LUXEON Rebel ES，在 1000mA 电流下，光通量可达到 300lm 以上，光效可达 100lm/W（见图 4.1-21）。Lumileds 公司按照制造工艺（倒装）和物理外形（薄膜），将其称为倒装薄膜。如果按照电流是否垂直（或接近垂直）流过 p-GaN 来定义，可称其为垂直结构，由于无需打金线，称其为三维垂直结构器件。

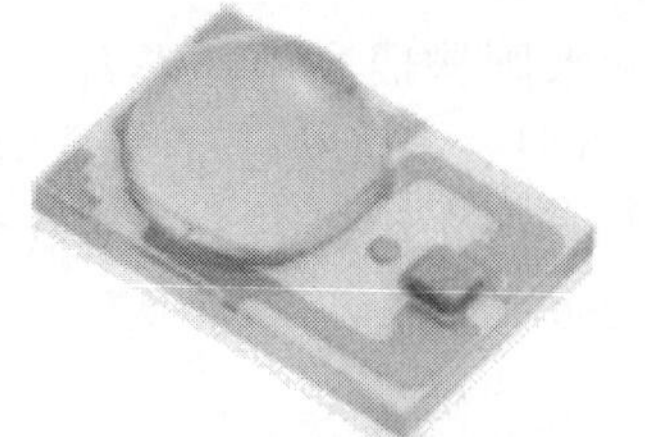

图 4.1-21　三维垂直结构器件

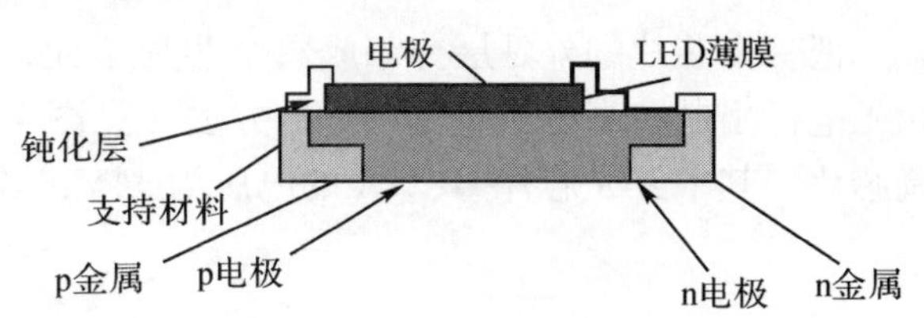


图 4.1-22　QFN 类型的三维垂直结构器件

其他的三维垂直结构芯片和器件包括：

1）QFN 类型的三维垂直结构器件（见图 4.1-22）。剥离了生长衬底的 LED 薄膜的 p-类型限制层键合在金属上（称为 p 金属），n-类型限制层通过电极与另一金属（称为 n 金属）电连接，p 金属和 n 金属的另一面分别与外界电源相连接，成为 SMD 器件。其优势之一是具有极低的热阻（小于 1℃/W），解决了芯片封装的散热问题，因此特别适用于大电流密度驱动。

2）通孔支持衬底类型的三维垂直结构器件（见图 4.1-23）。剥离了生长衬底的 LED 薄膜的 p-类型限制层键合在金属层上（称为 p 金属层），n-类型限制层通过电极与另一金属层（称为 n 金属层）电连接，p 金属层和 n 金属层通过支持衬底中的通孔与支持衬底的另一面上的金属层（分别称为 p 电极和 n 电极）形成电连接，成为 SMD 器件。当采用散热较好的支持衬底时，可解决芯片封装的散热问题。

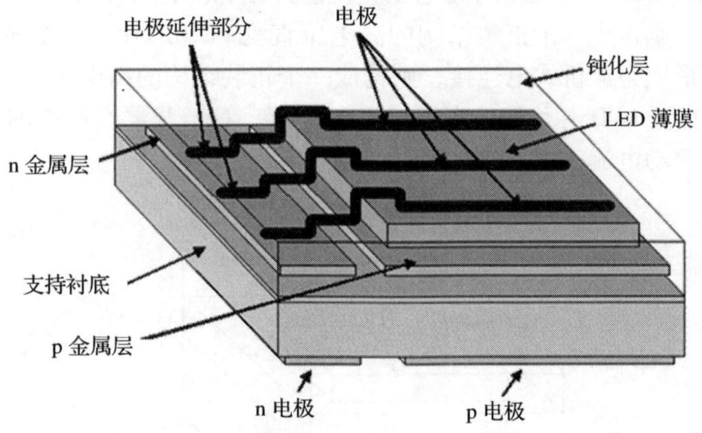


图 4.1-23　通孔支持衬底类型的三维垂直结构器件

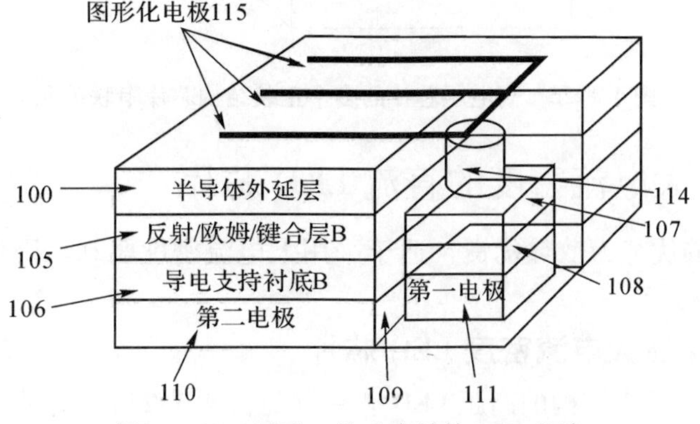


图 4.1-24　通孔三维垂直结构 LED 芯片

3）通孔三维垂直结构 LED 芯片的结构（见图 4.1-24）。半导体外延层的第一类型限制层上的图形化电极通过外延层中的通孔与第一电极形成电连接，半导体外延层的第二类型限制层键合在第二导电支持衬底（例如铜合金）上，从而与第二电极形成电连接，形成无需打金线的 SMD 型式的垂直结构芯片。当采用散热较好的导电支持衬底时，解决了芯片的散热问题。

## （二）高电压直流 LED 芯片

把一个芯片的外延层分割成数个芯片单元，并把它们串联起来则构成高电压芯片。2008 年，晶元光电提出制造高电压直流芯片的方法（见图 4.1-25）。2010 年 6 月，晶元推出正装结构的高电压直流芯片，其中红光芯片 HF27A 的电压为 34V，效率达到 128lm/W，白光达到 135lm/W（5000K）。

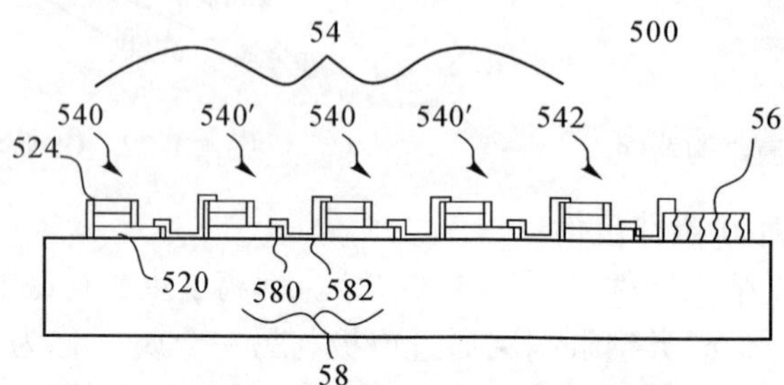


图 4.1-25　高电压芯片的多个正装结构芯片串联单元

高电压直流芯片的结构特点是一个芯片包括多个正装结构的芯片单元，芯片单元之间通过电极形成串联形式的电连接（见图 4.1-25），一个芯片单元的 n 电极与相邻芯片单元的 p 电极形成串联。一个芯片上的所有芯片单元形成串联的电连接，则构成一个正装结构的高电压直流 LED 芯片。一个芯片上的芯片单元形成数个串联的电连接，再形成整流桥式电连接，则构成一个正装结构的高电压交流 LED 芯片。2008 年，Lumileds 公司提出的高电压直流芯片结构见图 4.1-26。一个芯片上的所有芯片单元形成串联的电连接，则构成一个正装结构的高电压直流 LED 芯片。一个芯片上的芯片单元形成数个串联的电连接，再形成整流桥式电连接，则构成一个正装结构的高电压交流 LED 芯片。据报道，Lumileds 公司的高电压直流 LED 芯片的效率超过 100lm/W。对于蓝宝石衬底的 GaN 基芯片，由于蓝宝石散热较差，限制了驱动电流密度。



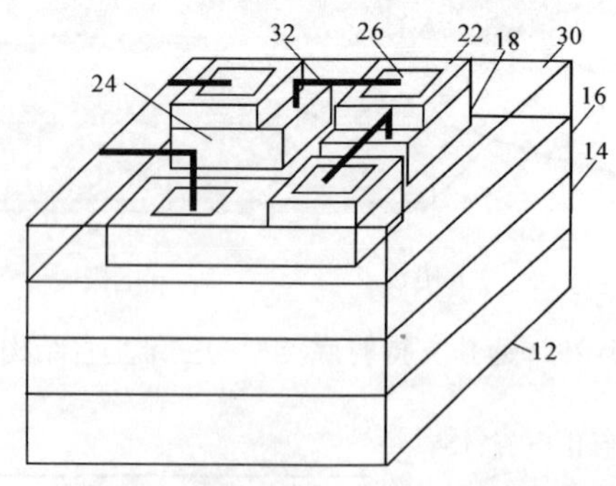


图 4.1-26　高电压芯片的多个正装结构芯片串联单元

## （三）高电压和大电流密度的直流 LED 芯片

垂直结构 LED 芯片的优势为散热优良，适于采用大电流密度驱动。因此，垂直结构和三维垂直结构的高电压芯片被提出。

### 1. 垂直结构的高电压大电流密度 LED 芯片

2009 年 Cree 公司提出垂直结构的高压 LED 芯片（见图 4.1-27）。芯片单元 62a、62b 和 62c 被电极 80 和电极 82 串联。2010 年 10 月，Cree 公司推出两款高电压芯片：XLamp MX-6S，电压 20V，在 60mA 驱动时，光通量 139lm，其驱动电流密度相当于 $35A/cm^2$；XLamp MX-3S，电压 11V，在

115mA 驱动时，光通量 122lm。

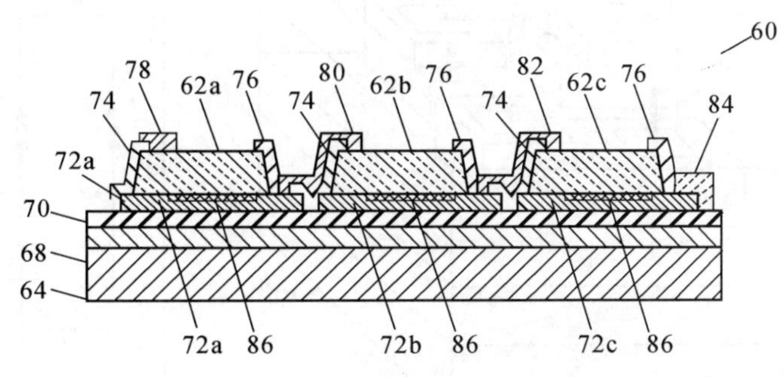


图 4. 1-27　垂直结构的高压 LED 芯片

一款适用于大电流密度的垂直结构高电压芯片的结构（见图 4. 1-28），把数个 LED 外延层薄膜 110a 和 110b 分别键合在互相绝缘的金属膜 102b 和 102c 上，电极 107b 把外延层 110a 和 110b 串联，形成高电压芯片。该款芯片采用导热优良的支持衬底 101a。该垂直结构高电压芯片与 Cree 公司的芯片区别在于打线焊盘不在芯片单元上，因此可以采用较大电流密度驱动，而不会在打线焊盘附近形成电流拥塞。

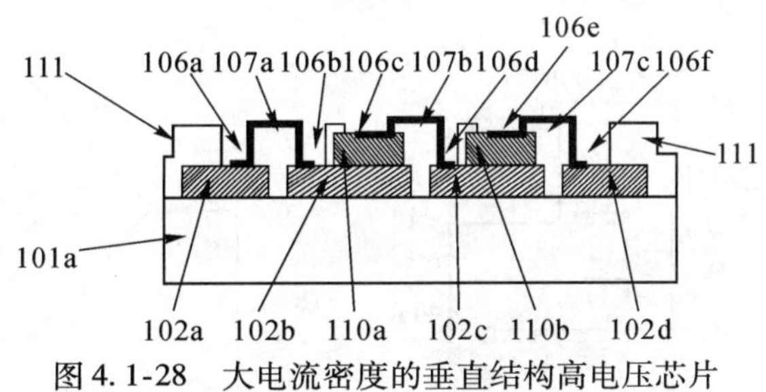


图 4. 1-28　大电流密度的垂直结构高电压芯片

### 2. 三维垂直结构的高电压大电流密度 LED 芯片

垂直结构的高电压芯片支持衬底采用通孔导电支持衬底则形成三维垂直结构的高电压大电流密度 LED 芯片。形成在导热优良的支持衬底中的金属栓把形成在支持衬底两面的金属膜电连接，从而形成 SMD 形式的无需打线的高电压大电流芯片。其优势在于散热优良，无需打金线，适宜采用大电流密度驱动。

## 三、交流 LED 芯片

### （一）正装结构的交流 LED 芯片

把高压直流芯片中的数个芯片单元连接成正负反向连接或桥式回路连接，构成交流 LED 芯片。

### 1. 正负反向连接的正装结构的交流 LED 芯片

2002 年，首尔半导体提出正负反向连接的正装结构的交流 LED 芯片，两组串联的 LED 芯片单元正负反向连接到电极 32，形成交流芯片（见图 4. 1-29）。2010 年 6 月，首尔半导体推出交流芯片 Acriche A4，光效达到 100lm/W，是目前业界正负反向连接的正装结构交流芯片最高水平。

图 4. 1-29　正反向连接的交流 LED 芯片

2008 年，Lumileds 公司提出了正负反向连接的交流 LED 芯片结构（见图 4. 1-30）。一个芯片上的芯片单元形成串联的两串，把两串正负反向连接，构成一个正装结构的高电压交流 LED 芯片。

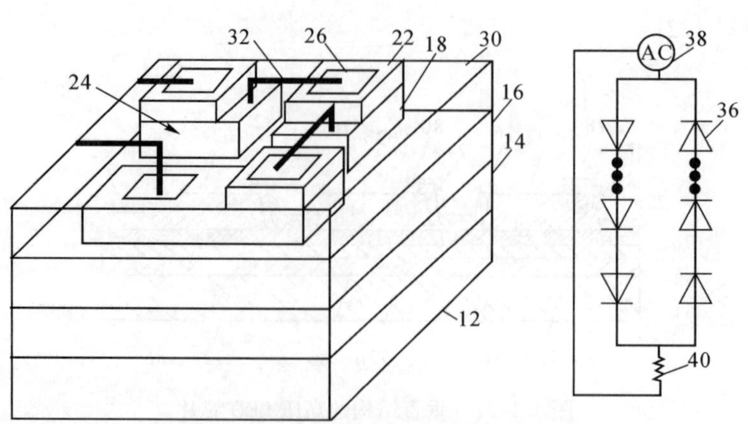

图 4.1-30　正负反向连接的交流 LED 芯片

### 2. 桥式回路连接的正装结构的交流 LED 芯片

台湾工研院提出桥式回路连接的正装结构交流 LED 芯片结构（见图 4.1-31）。一个 LED 芯片上的多个芯片单元 32a 串联，芯片单元 31a、31b、31c、31d 和 32a 形成桥式回路连接，使得该芯片可以承受交流电驱动。

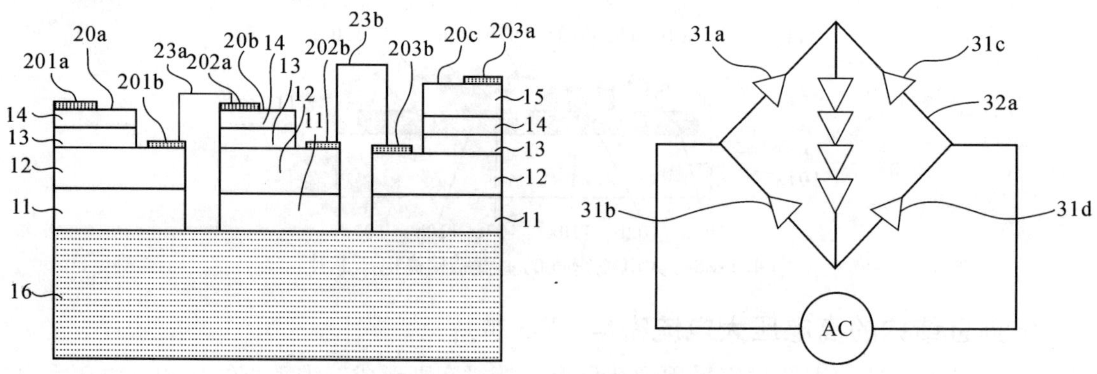

图 4.1-31　桥式回路连接的交流 LED 芯片

晶元光电于 2009 年 4 月推出桥式回路连接的正装结构的交流 LED 芯片。采用 30mA@27.5Vrms 驱动。一个 1.2mm×1.2 mm 的芯片分成 28 个芯片单元，每个芯片单元的面积最大为 0.0514mm$^2$，每个芯片单元的电流密度约为 29A/cm$^2$。

## （二）垂直结构的交流 LED 芯片

与正装结构的芯片相比较，垂直结构芯片散热效率较高，可以采用较大电流密度驱动，因此垂直结构的交流 LED 芯片被提出。

### 1. 正负反向连接的垂直结构交流 LED 芯片

正负反向连接的垂直结构交流大电流密度 LED 芯片（见图 4.1-32）包括多个芯片单元，每个芯片单元包括外延薄膜和金属膜。多个外延薄膜的 p-类型限制层分别键合在金属薄膜 101a、101e、102a、102e 上，剥离生长衬底，外延薄膜的 n-类型限制层 101b、101f、102b、102f 暴露，形成电极 101d、101g、102c、102d，构成芯片单元。其中，芯片单元 101b 和 101f 串联，芯片单元 102b 和 102f 串联。把串联的芯片单元 101b 和 101f

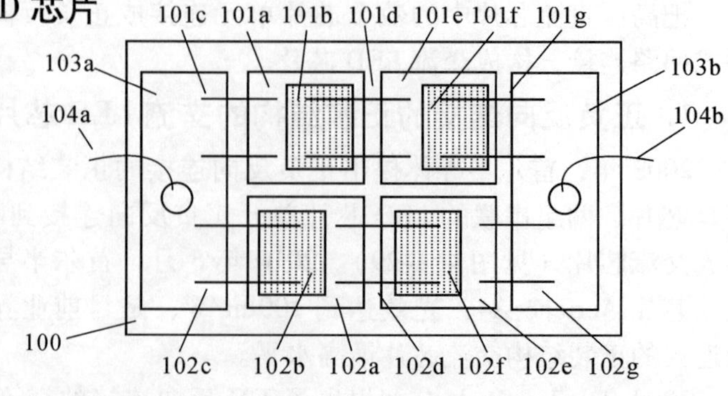

图 4.1-32　正负反向连接的垂直结构的交流大电流密度 LED 芯片

与串联的芯片单元 102b 和 102f 正负反向连接，形成垂直结构的交流大电流密度驱动的 LED 芯片。

**2. 桥式回路连接的垂直结构交流 LED 芯片**

垂直结构的交流大电流密度 LED 芯片包括多个芯片单元，每个芯片单元包括外延薄膜、金属膜和支持衬底，金属薄膜形成在支持衬底上，多个外延薄膜的 p-类型限制层分别键合在金属薄膜上，剥离生长衬底，外延薄膜的 n-类型限制层暴露，形成电极，使得芯片单元形成桥式回路连接，成为垂直结构的交流大电流密度驱动的 LED 芯片。

### （三）三维垂直结构的交流大电流密度 LED 芯片

在垂直结构的交流大电流密度 LED 芯片中，采用通孔导电支持衬底，形成三维垂直结构的交流大电流密度 LED 芯片。其优势为无需打金线形成 SMD 形式，解决了芯片封装的散热问题。

**1. 正负反向连接的三维垂直结构的交流大电流密度 LED 芯片**

在三维垂直结构的直流高电压大电流密度 LED 芯片上设计电极连接方式，使得多个芯片单元形成正负反向连接，则形成正负反向连接的三维垂直结构的交流大电流密度 LED 芯片。

**2. 桥式回路连接的三维垂直结构的交流大电流密度 LED 芯片**

在三维垂直结构的直流高电压大电流密度 LED 芯片上设计电极连接方式，使得多个芯片单元形成桥式回路连接，则形成桥式回路连接的三维垂直结构的交流的大电流密度 LED 芯片。

## 四、交流 LED 电路

对于小功率灯具，采用交流 LED 芯片比较适宜。对于大功率灯具，采用直流 LED 芯片形成交流 LED 电路比较适宜。





### （一）正负反向连接的交流 LED 电路

Lynk Lab 最先推出采用直流 LED 芯片形成正负反向连接的交流 LED 电路（见图 4. 1-33）。

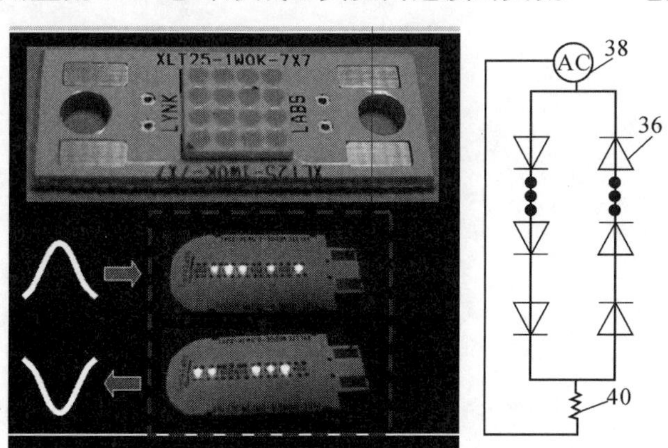


图 4. 1-33　Lynk Lab 的交流电路

### （二）桥式回路连接的交流 LED 电路

桥式回路连接的交流 LED 电路有多种不同的连接方式。图 4. 1-34 展示由半导体整流二极管 542 组成的桥式回路，包括 4 串串联的 LED 芯片。交流电的正半周或负半周流经 4 串中的 3 串串联 LED 芯片。

图 4. 1-35 展示的桥式回路包括半导体整流二极管 101a、101b、101c、101d 和多串并联和串联组合的 LED 芯片 102a、102b、102c、102d。交流电的正半周或负半周流经全部的 LED 芯片。

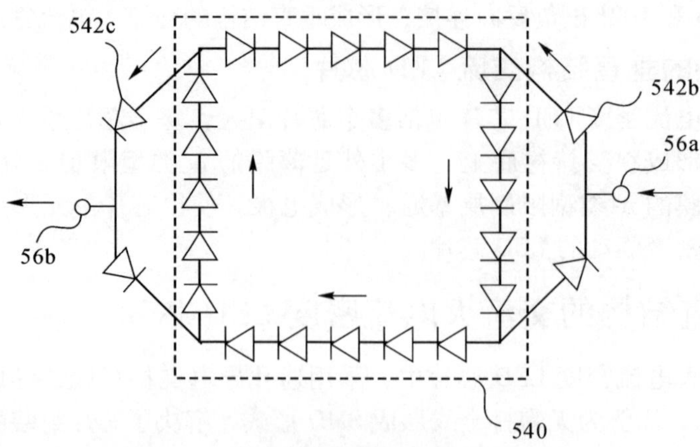


图 4. 1-34　桥式回路连接的交流 LED 电路

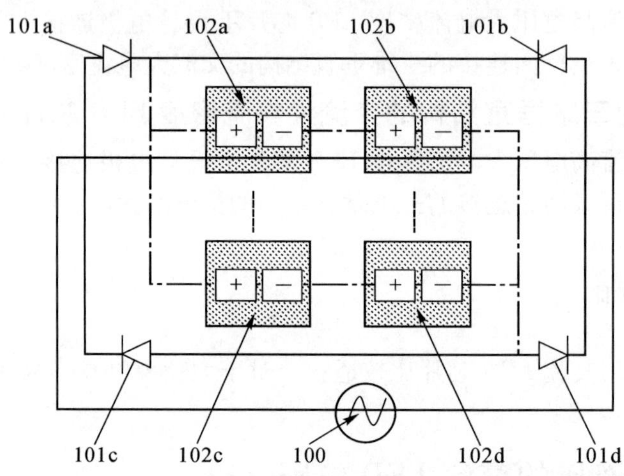


图 4. 1-35　桥式回路连接的交流 LED 电路

# LED 封装技术现状与发展趋势分析

李程　王垚浩
佛山市国星光电股份有限公司

## 一、引言

20 世纪 50 年代，英国科学家在电致发光的实验中使用半导体砷化镓发明了第一个具有现代意义的 LED，并于 60 年代面世。在随后的 50 年时间里，LED 行业发展十分迅猛，从低亮度到高亮度、从 GaAs 到 GaN、从红外到紫外，芯片技术有了明显提高。LED 产品应用领域也从最初的信号指示到显示、汽车灯具、背光、装饰照明、通用照明。LED 封装作为整个 LED 产业链中必不可少的一环，在整个产业链中的作用非常重要。

## 二、封装技术的发展

应用领域和市场的需求是技术进步的重要动力。LED 的封装发展史也正是为了满足不同时代的不同应用需求，不断实现发展和突破创新的过程。LED 封装技术按发展阶段和工艺特点大致可分为：以 Lamps LED、食人鱼为主要代表的传统封装技术阶段；以 CHIP LED 和 TOP LED 为主要代表的 SMD 封装技术阶段；以 High Power LED 为主要代表的大功率 LED 封装技术阶段。

### 1. 传统封装技术

由于当时 LED 芯片功率小、亮度低，LED 多用在信息指示领域。主要是采用铜（或铁）作为支架封装的各种支架式 LED，其中 Lamps LED、食人鱼最具有代表性，这类封装工艺已相当成熟，除了大量用于各种电器及装置、仪器仪表、设备的显示外，还集中应用在户外显示屏、室内外广告牌、装饰亮化、体育场记分牌、信息显示屏、交通信号灯等。

传统封装技术主要采用隧道炉灌封工艺，工艺成熟，操作简单，设备低廉，进入门槛比较低，国内有较多的个体私营企业从事该类器件产品的封装，但工艺水平与世界一流工艺相比差距较大，主要区别在于对材料特性的深入理解研究与工艺细节的管理。

### 2. SMD 封装技术

电子信息产业的蓬勃发展，使得消费类电子产品市场对 LED 提出了轻、薄、短、小的需求。SMD 封装技术，又称表面贴装 LED 封装技术，具有体积小、可靠性高、生产效率高等优点，满足了消费电子类产品的市场需求。按产品结构及生产结构可细分为以下几类。

（1）电路板模压塑封成型技术

以 0603、0805 CHIP LED 为典型器件代表，以环氧树脂电路板作为封装基材进行封装，采用传递模塑技术。目前生产工艺已相当成熟，产品性能稳定，主要用于手机、信号指示等领域。其中新型封装技术介绍如下。

1）以韩国首尔半导体公司的 WH107 产品超迷你型、超薄型技术为例，产品尺寸为 1.6mm × 0.8mm × 0.25mm。

2）日本日亚公司采用陶瓷基板作为封装基板封装的 NS2W095D CHIP LED 产品，尺寸大小为 3.0mm × 1.5mm × 1.0mm，正向电流可达到 120mA，光通量达到 34lm，具备足够的散热能力。

（2）PLCC 点胶封装技术

以3528 TOP View LED和Side View LED为典型器件代表，以PPA材质塑封金属引线框架作为基材，采用点胶工艺封装的SMD LED，主要用于显示屏、装饰照明、小尺寸背光、TV背光等领域。新型封装技术介绍如下。

1）以日亚公司Side View LED产品NSSW203为例，封装尺寸达到3.8mm×1.0mm×0.3mm，0.3mm的产品厚度为背光产品设计提供了更优越的空间。

2）以日亚公司TOP View LED产品NSSM277和亿光公司的虹系列HNB503产品为例的RGB系列产品，主要用于显示屏领域，封装体外壳为黑色，集对比度与高亮度于一体。

### 3. 大功率LED封装技术

LED的芯片尺寸、发光效率不断得到提升和突破，逐步接近传统照明产品的水平，于是半导体照明的巨大市场对LED的封装技术提出了新的要求，大功率封装必须散热好、出光可设计、衰减性能和可靠性良好。随着相关技术，如荧光粉及其涂覆技术、Molding技术等的出现和成熟，LED封装形势必将走向多元化，各显其能。

（1）常见的大功率LED封装技术

从Lumileds公司1998年推出的1W级LED器件Luxeon发展至今，封装结构及工艺日新月异。早期市场上占据主导地位的大功率LED封装结构以Lumileds公司的Luxeon、Osram公司的Golden Dragon和Cree公司的XR-E为典型代表，近来以Cree公司的XP-E成为大功率LED封装的新型代表。

（2）系统集成封装技术（SiP）

系统集成封装技术（SiP）也成为近几年市场发展的另一技术路线，其主要技术特点为：在较小的区域内，完成封装几十瓦甚至几百瓦的功率LED多芯片组合器件，由此获得高光通量的产品。该系列产品以Cree公司的MPL-EZW为例，在12.15mm×13.15mm的陶瓷基板上封装多颗中功率芯片，功率等级达到10~20W。

（3）AC LED

自AC LED应用研发联盟于2008年10月成立以来，已逐渐整合产业界资源和加速AC LED产业化，成功推动AC LED标准并加入国际标准化组织CIE，将AC LED测量纳入TC2-63标准草案中，将AC LED标准国际化。

首尔半导体在2010年的各大展会上主要推广系列新产品及电源LED新产品。Acriche系列产品的最大优点之一是高电压、交流驱动型，无需额外的驱动器，不仅节减驱动电源的成本，还可以最大限度地发挥长寿命的优势。Acriche新系列产品，将有助于加速LED照明市场发展。Acriche A4系列冷白光产品（光效为100lm/W）、A6（1W级）和A7（4W级）系列产品是可广泛应用于普通照明领域的LED产品，其特点是尺寸远小于原来推出的Acriche产品（18mm×12mm），而且优化了设计。尤其是A7系列产品（8mm×8mm），在各种照明器具和路灯领域，将最大限度地发挥小尺寸的优点，改善空间的有效利用。

AC LED的制作利用晶圆制造技术，在单一晶粒上分割成多颗电性独立的微晶粒，再将微晶粒互相串接形成回路，在晶粒面积、微晶粒数量与回路方式方面均通过设计与分析以符合实际的需求。从灯具的应用角度而言，AC LED不需复杂的电子组件及电路设计，光源较具弹性的设计空间。从LED的角度来看，AC LED不仅可兼容DC LED的晶粒制程技术，易于大量生产，其双向导通的模式也可避免ESD问题，但目前其亮度仍不及DC LED，且光源在供电不稳定下的闪烁问题也待克服。

（4）HV LED（High-Voltage-LED）

与AC LED相比，晶元光电设计的HV LED是为弥补单颗DC LED仅能低压驱动及AC LED发光效率较DC LED低的缺憾所衍生的解决方案，其利用半导体制程串联数十颗微晶粒而成。将HV LED加上整流电路即与AC LED的功能相同，提供了更高的发光效率，同时也能够应用在高压DC驱动的照明市场，目前HV LED的效率已高于AC LED 20%。

（5）COB（Chip-On-Board）

与一般POB（Package-On-Board）封装不同，各大厂商在COB领域也不断推出新技术，目前在LED灯泡方面已被采用，取代了传统多颗LED芯片封装。COB是将多颗芯片直接封装在金属基印制电路板（MCPCB）上，可有效减小热阻，且具有高封装密度和高出光密度的特性，在高功率 LED 薄型化低成本的封装需求下还具有低成本、应用便利性与设计多样化等优势，将 RGB 芯片封装在一起还具有较佳的混光均匀性。

（6）WLP（Wafer-Level-Packaging）

相较于金属支架和陶瓷基板，利用半导体硅基板做 LED 散热基板也是各厂商近年另一个研发方向。以硅晶圆做封装载板在制程时会有封装密集度高的成本优势，在散热和可靠性方面也有较好的表现。这种封装技术未来可朝向真正的晶圆级封装发展，用半导体制程取代固晶打线，并将多种不同功能的晶粒整合在晶圆上，成为 SoC（System on Chip）LED。

## 三、代表性大功率 LED 封装的特点及国内的突破创新

### 1. Lumileds 大功率 LED 产品特点

Lumileds 公司最早的第一代大功率 LED 产品的封装形式是 Luxeon Emitter 系列。它的结构特点是金属塑料支架加上独立的热沉为基座，外加 PC 材料的光学透镜，中空以柔性光学硅胶灌封。PC 材料的透镜耐温较低（<150℃），Emitter 在应用安装时不能使用回流焊，一般选择热压焊的工艺，安装效率较低。由于透镜是外加的，使用时容易脱落。透镜与中空灌封的硅胶之间的结合界面容易形成隔层（见图 4.1-36）。

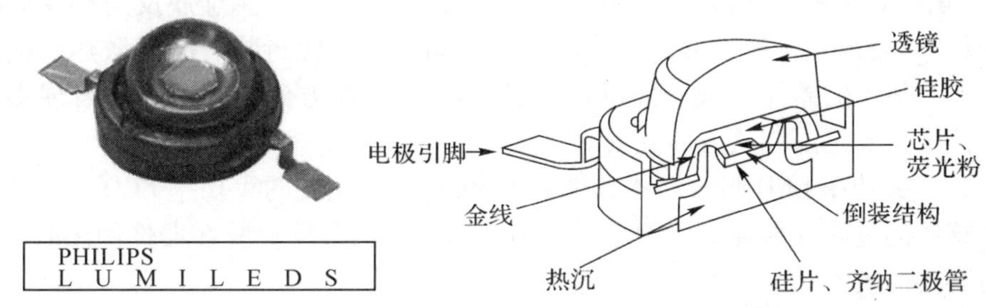


图 4.1-36 Lumileds 公司第一代大功率 LED 封装结构

Lumileds 公司第二代大功率 LED 封装产品为 Luxeon K2。它的结构特点是金属塑料支架加上独立的热沉为基座，光学透镜选用软硅胶材料。由于封装方案在 Emitter 的基础上做了多方面的改进，结温耐受能力提高到 185℃，应用安装可使用回流炉焊接（见图 4.1-37）。

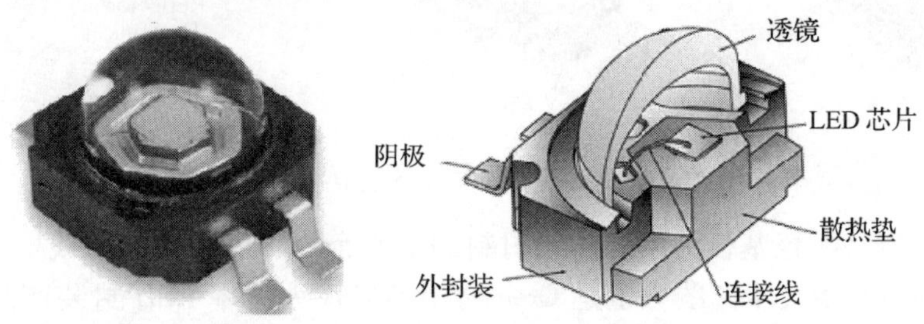


图 4.1-37 Lumileds 公司第二代大功率 LED 封装（Luxeon K2）结构

Lumileds 公司第一、二代的大功率 LED 封装产品，在安装透镜、注胶工艺上还存在着缺陷，主要表现在生产效率较低、透镜容易脱落、透镜与封装胶之间容易有空隙。这些工艺缺陷导致 LED 产品的可靠性降低，发光效率受到影响。

目前，国内较多的中小型企业以生产仿 lumileds 器件为主，有传统的第一代 PC 透镜和 MOLDING 硅胶透镜两种生产工艺。其中，MOLDING 硅胶透镜有注塑设备成型透镜和模条扣盖注胶成型透镜两种。

Rebel 是 Lumileds 公司开发的第三代大功率 LED 封装产品。Rebel 的结构特点是在陶瓷基板上，直接倒装焊接芯片和齐纳二极管，然后封装硅胶光学透镜，管体基板尺寸为 3.2mm×4.5mm，结温耐受能力为 150℃，可使用 SMT 回流炉焊接（见图 4.1-38）。

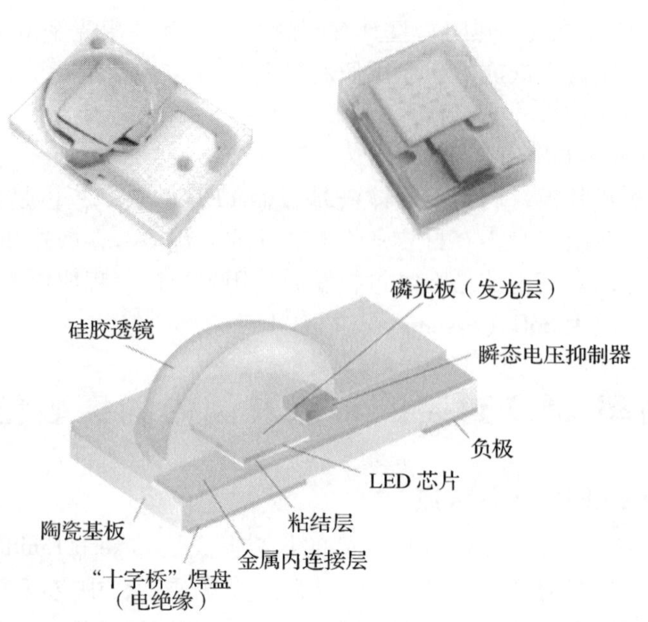


图 4.1-38　Lumileds 公司第三代大功率 LED 封装（Rebel）产品

### 2. Cree 大功率 LED 产品特点

美国 Cree 公司的大功率 LED 封装，主打产品形式是“陶瓷基板 + 金属反射杯 + 光学玻璃透镜 + 柔性硅胶中空灌封”。目前它已经发展出三代的封装产品。这三代封装产品的散热基板都采用了陶瓷基板，但在结构上有很大的差异。Cree 公司在发展大功率 LED 方面，其重点是发展多芯片安装，因此它的封装结构技术主要是围绕这方面开展。

Cree 公司第一代大功率 LED 封装结构如图 4.1-39 所示。此代的大功率 LED 封装产品，由于光学玻璃透镜粘合在管体的金属反射杯上，而金属反射杯内灌封的柔性硅胶在器件使用时受热膨胀，存在光学玻璃透镜易脱落的现象。

图 4.1-39　Cree 公司第一代大功率 LED 封装产品及其结构

Cree 公司作为一直将陶瓷基板为主要封装材料的生产企业，采用塑封引线框架生产的 MC-E 系列产品，则是该公司的另一条技术路线，也是 Cree 公司第二代大功率 LED 封装产品的典型。主要产品有 4 芯片白色和 4 芯片全彩（见图 4.1-40）两种。

Cree 公司 2007—2009 年还分别推出 XP-C、XP-E、XP-G 系列（见图 4.1-41 左图），可算它的第三代大功率 LED 封装产品。它们的尺寸为 3.5mm × 3.5mm，是在陶瓷基板上直接模造光学透镜。Cree 公司第三代大功率 LED 封装产品还包括在 2010 年问世的多芯片组合 10～20W 器件—— XLamp® MP-L（见图 4.1-41 的右图）。

该封装路线采用了平面阵列封装技术，能实现批量产业化制造，保证了器件的一致性。但该结构采用陶瓷作为封装基板材料，普通氧化铝陶瓷比较便宜但导热性能比较差，导热系数大概能达到 30W/（m · k），而导热系数能达到 100～200W/（m · k）的氮化硼、氮化铝陶瓷，价格则非常高，不适合走向通用照明领域。另外陶瓷材质基板在平面阵列封装完毕后划板工艺中容易破碎，器件良品率受到影响。

图4.1-40　Cree公司第二代大功率LED封装产品（MC-E系列）

图4.1-41　Cree公司第三代大功率LED封装产品

### 3. OSRAM 大功率 LED 产品特点

Golden Dragon（见图4.1-42）是OSRAM公司推出的第一代大功率LED封装产品。后期该公司改进版为Golden Dragon Plus（见图4.1-42），结构如图4.1-43所示。

图4.1-42　OSRAM公司第一代大功率LED封装产品
（Golden Dragon和Golden Dragon Plus）

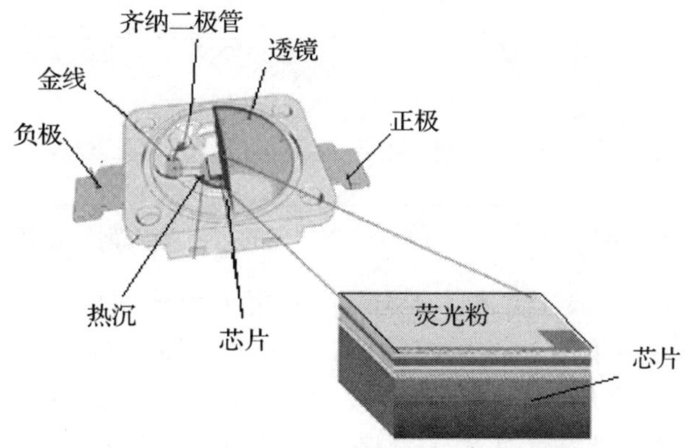


图4.1-43　OSRAM公司第一代大功率LED封装产品Golden Dragon Plus封装结构

OSRAM公司推出的第一代大功率LED封装产品均以SMD贴片、塑封引线框架为基本结构特点。

它采用点胶平面封装，无透镜结构，可进行回流焊接。该封装路线采用了 PLCC 型封装技术，为 TOP LED 结构，顶部为平面或接近平面，没有光学透镜，不能进行精细的光学分布曲线设计，该结构不能满足多种应用情况下不同光学设计的需求。

OSRAM 公司推出的第二代产品为 OSTAR 系列无透镜（见图 4.1-44 中的左图）和带透镜（见图 4.1-44 中的右图）封装产品。它们是在金属基印制电路板（MCPCB）上直接进行 LED 的封装，并完成透镜安装和硅胶填充工艺过程。这种 LED 产品就可直接应用于整个产品中。

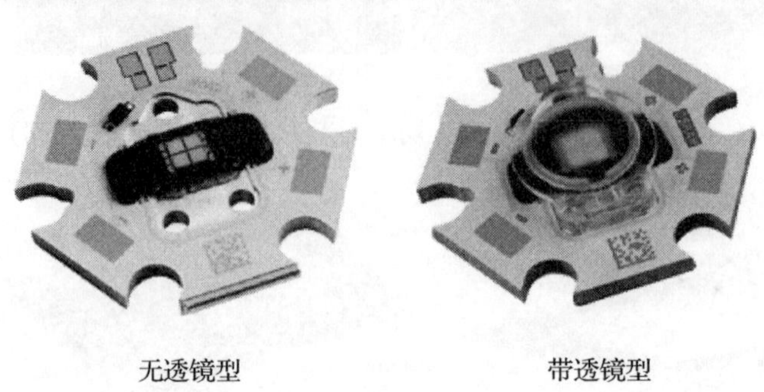


图 4.1-44　OSRAM 公司第二代大功率 LED 封装产品

OSLON MS/SX/LX 是 OSRAM 公司推出的第三代具有代表意义的产品。其结构特点是在陶瓷基板上直接焊接芯片，然后封装硅胶光学透镜。

### 4. 国星光电 6070 大功率 LED 封装工艺特点

前期大功率 LED 封装（如 Luxeon 公司第一代 Emitter 系列、OSRAM 公司第一代的 Golden Dragon Plus 等），它们的封装工艺大都是采用支架结构，绝大多数属于非平面结构，由于集成度低而导致生产效率低下。

而世界著名 LED 企业近期推出的第三代封装工艺，其特点是以平面状、阵列式排布的方式完成支架结构设计，并在平面区域内完成硅胶光学透镜结构的封装，我们称之为“平面阵列式封装工艺”。Cree 公司的 Xlamp XP-E 就是这种结构及工艺的典型代表（Xlamp XP-E 结构见图 4.1-45）。它们的工艺突出优点是在加工过程中可以根据需要将基板加工成多个矩阵式排列，实现批量化的生产。

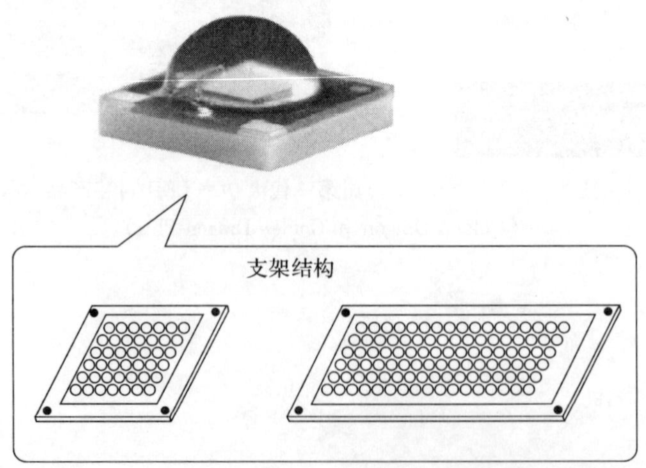


图 4.1-45　Cree 公司的 Xlamp XP-E 的“平面阵列”结构

国星光电 6070 系列大功率 LED（见图 4.1-46），采用平面阵列封装技术，适合于大批产业化制造，适合 SMD 贴装应用，具有良好光电色的一致性，可以设计为各种条状或面状光源。

国星光电新型的基于 PCB 的大功率 LED 封装技术，采用普通的 PCB 基板，热沉装配在 PCB 的沉孔上，芯片安放在热沉上。该封装技术使用了价格低廉的 PCB，采用了高导热系数的铜质热沉（铜导热系数约 400W/（m·K））直接与外界相接触，形成了低成本、高散热性能的平面阵列封装技术，较普遍流行的其他技术方案有较大的优势。该技术方案主要的创新在于：

图 4.1-46　国星光电开发成功并推向市场的 6070 系列大功率 LED

（1）实现了大功率 LED 封装材料的创新

该方案采用普通 PCB 加铜等热沉作为基础材料，大大降低了大功率 LED 的原材料成本，提高了 LED 散热效果，采用较低的成本实现了器件的高性能，这将为 LED 走向通用照明领域打下非常好的基础。

（2）实现了大功率 LED 器件结构的创新

目前国内的大功率封装产品主要还是采用模仿国际上典型的大功率结构，具有潜在的侵权风险，另外产品本身也具有很多不足的地方。国星光电基于普通 PCB 结构的大功率 LED 器件的主要组成部分包括热沉、线路板、芯片、内引线、封装胶体。热沉嵌于电路板沉孔结构内部，芯片安放于热沉上，热沉底部与外部直接接触。内引线连接芯片电极和电路板引线电极，封装胶体覆盖内引线及芯片。采用这种结构制造的大功率 LED，产品一致性好、散热性好、可靠性佳。

（3）实现了大功率 LED 封装工艺的创新

生产工艺中采用平面性阵列封装技术，一次能生产大功率 LED 几十到几百颗，不同于目前仿 Lumileds 结构靠人工一颗颗安装透镜、注胶、测试等工序。通过生产工时定额测算，生产效率提升接近 400%，且能确保产品一致性，适合于大功率 LED 的大批量产业化制造。

（4）实现了热沉的高精度安装技术

实现了热沉安装到 PCB 沉孔上的半自动化设备和工艺技术，能精确控制热沉与 PCB 沉孔的配合精度，确保热沉的稳定性和器件的可靠性。

（5）实现了器件的高防潮防护等级

本器件采用硅树脂一次性塑封成型，避免了普通 LED 器件放置或使用过程中因潮湿等引起的性能下降、失效等质量问题。

## 四、封装技术发展趋势

从上述分析来看，传统封装技术已相对比较成熟稳定，SMD 封装技术和大功率 LED 封装技术有明显的进步，并且随着技术的进展，对各类材料的要求提出了更高的要求和挑战。具体表现在以下几个方面：

### 1. SMD 封装技术方面

1）持续向厚度更薄、体积更小的趋势发展。

2）封装基板选用散热效果更好的陶瓷基板或带热沉的 PLCC 支架进行封装。

3）先进的小尺寸器件测试工艺。

### 2. 大功率 LED 封装技术方面

1）平面阵列封装结构的小尺寸大功率 LED 成为市场主流，成本低，可靠性高。

2）产品性能向高电流密度、高耐热温度、高密度集成、高光效、高可靠性、高显色、低热阻方向发展，并考虑生产成本对结构设计的要求。

3）大多数公司开始关注产品性能是否适应“能源之星”照明标准。

4）先进的芯片表面荧光粉涂布技术，光度分布均匀，发光效率高。

5）HV LED、AC LED 的出现，说明器件封装结构更多地开始考虑如何适应应用端的需求。

6）先进的硅胶透镜直接成型封装工艺。

### 3. 新型 LED 封装工艺对材料的性能要求

（1）对基板材料的性能要求

1）高焊接耐热性。无铅化焊接已成为电子工业的基本要求，新型封装基板一定要满足在无铅焊接条件下基板不变形、不起泡、不变色、不分层等要求。

2）高 *Tg* 性。*Tg* 表示受热后基材物理状态（由固态变为流体）开始变化时的最低温度。一般 *Tg* 值越高，基板的尺寸稳定性、抗吸水性、耐热性越好。

3）低热阻性。要求基板材料的低热阻性是为了保证良好的散热通道。

4）高可焊可靠性。与金线键合良好，拉力测试不能出现 E 点断线，成品应能承受 300 次的高低温冲击试验。

（2）对硅胶等材料的性能要求

对硅胶材料的性能要求主要是高透光、高折射、与基板或框架粘接性能好、老化无衰减、低应力。对荧光粉材料的性能要求主要是激发效率高、高显色指数、一致性好等。对 LED 封装用粘合剂的性能要求是具有热导率高，粘附性好。

## 五、结束语



市场的需求是技术发展的动力。LED 封装技术随着指示、显示、照明等的需求变化不断出现新的封装结构、工艺和相关材料。未来 LED 最大的市场仍在照明领域，因此如何进一步提高光效，提高光的品质，提高封装的可靠性，仍然有很多问题需要解决，有很多技术需要取得创新和突破。

未来的产业竞争将愈加激烈，各大封装厂家将目标纷纷指向照明市场，因此必须在技术上保持一定的优越性，提高发光效率，降低成本，增加产品的系列化，研究高品质产品的工艺技术路线。此外还应加强精细化管理，进一步提高产品的可靠性与稳定性。

# LED 芯片级光源和系统集成技术

肖国伟
晶科电子（广州）有限公司

## 一、引言

LED 已经被大量应用于景观照明、装饰照明之中，目前 LED 业者正把关注的目光放到通用照明市场上。此外，由于能源危机的阴影，全球步入“节能时代”，各国都在积极通过立法和政府引导，希望用 LED 灯取代白炽灯，因此 LED 照明市场需求前景可观。

现在 LED 的发光效率已超过节能灯，达到白炽灯的 10 倍以上，但 2010 年 LED 在照明领域的渗透率却远低于 10%。要实现市场渗透率的快速扩大，LED 还面临多方面的壁垒和挑战。

1）更高的发光效率。

2）更低的 LED 成本。目前市场上主流的 8W 暖白光 LED 灯，其单价大概在 40 ~ 50 美元之间，而节能荧光灯的单价仅为 4 ~ 5 美元，白炽灯的单价更是低至 0.8 美元。

3）更高的单封装亮度。

4）更高的品质和可靠性，更高的光色质量。

5）更加人性化、个性化和智能化。

## 二、LED 芯片级光源和系统集成技术

围绕上述的挑战，LED 上中游核心技术也在不断发展变革。其中，LED 芯片级光源和系统集成技术，顺应了 LED 市场发展和技术变革的要求，有望成为推动 LED 技术与市场发展的一支重要力量。

### 1. 多芯片模组——大功率、集成化是 LED 发展的一种重要趋势

单颗大功率 LED 芯片一般规格为 1 ~ 3W，一些室内照明如球泡灯、筒灯要求用 5 ~ 10W 的 LED 来达到整体亮度要求，室外照明一般需要在 10W 以上。在芯片级光源技术推出前，大多是将封装好的分立大功率 LED 器件组合来达到照明亮度要求的，即封装级模组。

2007 年，晶科电子推出芯片级模组光源。芯片级模组光源的创新特点在于多个芯片封装在同一基板或衬底上，并于基板或衬底内部完成芯片互联，相对于封装级模组，其优点在于尺寸小、封装产品小型化、节省封装成本、简化封装工艺及二次光学设计等。其中使用倒装焊技术的芯片级模组更可达到芯片之间无金线互联，封装工艺更简化。同时，由于模组内部无金线互联，避免了使用过程中器件温度变化带来的应力变化导致金线断线或欧姆接触松脱等问题，大大提高了器件封装后欧姆接触的可靠性。

2009—2010 年，随着封装等技术的进步及市场致力降低成本的推动，国际大厂如 Cree 公司的 Xlamp-MC-E 及 Osram 的 LEUWS 2W 芯片级模组光源产品相继受到市场高度关注。

表 4.1-1 为正装、垂直结构、倒装结构模组的比较。图 4.1-47 为晶科电子模组芯片。

**表 4.1-1　正装、垂直结构、倒装结构模组对比表**

| | | |
|---|---|---|
| | 正装芯片模组 | • 金线互联会影响模组可靠性<br>• 热阻高<br>• 封装良率低 |
| | 垂直芯片模组 | • 支架需要特别制作<br>• 金线互联影响模组可靠性<br>• 封装良率低 |
| | 倒装芯片模组 | • 实现无金线模组，可靠性高<br>• 热阻低<br>• 封装良率高 |

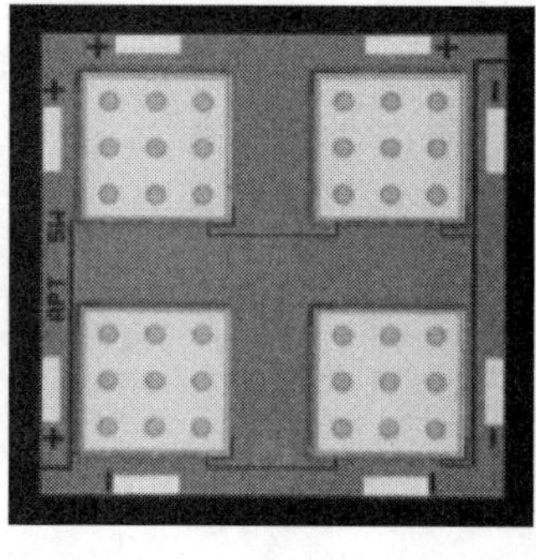

图 4.1-47　晶科电子模组芯片



晶科电子开发的模组芯片采用倒装焊技术，如图 4.1-47 所示，相对正装结构或垂直结构的 LED 而言，实现了无金线互联，具有封装生产良率高、可靠性好、导热能力强的优点，内置 ESD 保护电路使其可抵抗高达 6000V（HBM）以上的静电。同时，倒装焊的多芯片模组技术具有灵活的扩展性。通过改变衬底布线，可以灵活地调整目标产品的光功率、工作电压、电流等特性。随着市场的发展和照明应用技术的进步，多芯片模组技术还将进一步朝着多样化、更大功率和灵活定制的方向发展。图 4.1-48 为晶科电子不同功率的多芯片模组产品，图 4.1-49 为不同规格的客户定制产品。

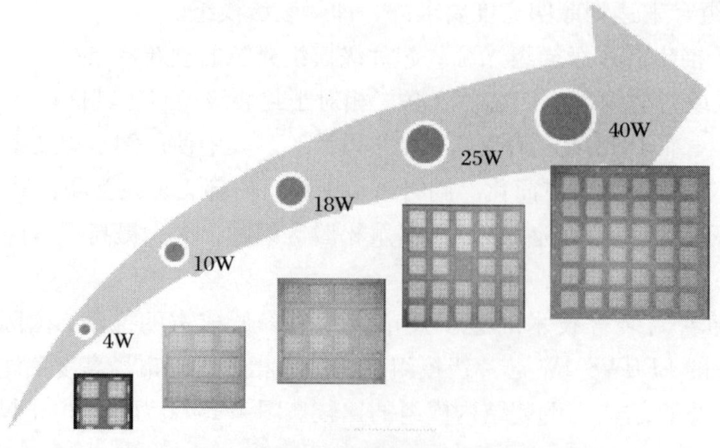


图 4.1-48　晶科电子不同功率的多芯片模组产品

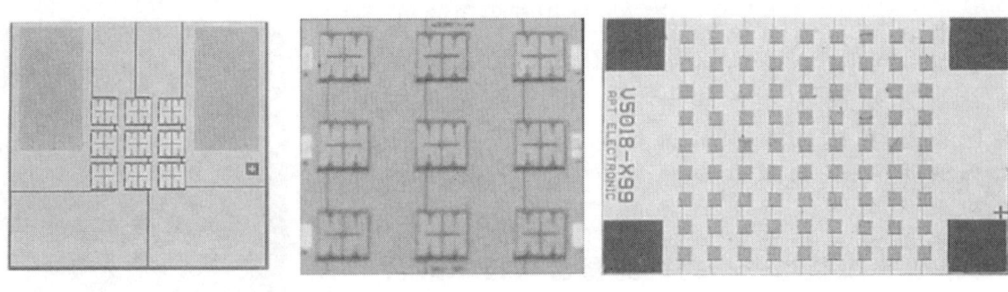


图 4.1-49 晶科电子不同规格的客户定制产品

## 2. HV-LED 与 AC-LED——通过 LED 产业链各环节配合降低成本

随着 LED 在道路照明及显示屏、背光等市场上的广泛应用，业界普遍认为 LED 下一个战场将移至室内照明（通用照明）。比较道路照明及显示屏背光，LED 仍未能打入通用照明市场主要原因有两点：①性价比。比较现时的灯管或节能灯，LED 虽然在发光效率及寿命有较好的表现，但单件价格比现有照明产品高。一般市民将 LED 用于室内照明，初次投资成本较高。②体积。一般室内照明对照明系统的空间要求比较严格，如何将现有的 3.5V DC-LED、电路、一系列的 AC-DC 转换器及变压器压缩在一个灯泡大小的空间内，而同时有良好的散热效果，是 LED 打入室内照明的另一难题。

要同时解决上述两个打入室内照明的难题，让 LED 可直接由交流电驱动或许是一个较好的方法。这样一来不但可省却转换器及变压器的成本以及空间，同时两者效能上的损失问题亦得以解决。2008 年 10 月台湾工研院（ITRI）与晶电、光宝、福华、鼎元等 19 家厂商成立 AC-LED 应用研发联盟。此外，韩国的首尔半导体亦大力推广其 AC-LED 系列产品。至今，市场上已有不少的 AC-LED 产品。

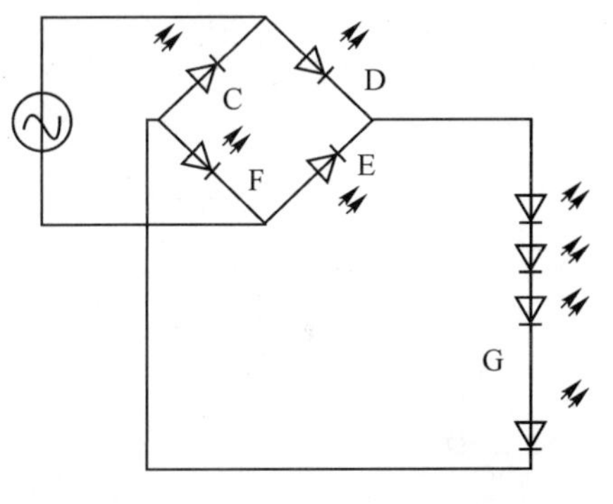


图 4.1-50 AC-LED 示意图（C，D，E 及 F 接成整流桥）

AC-LED 的原理是利用 LED 二极管的特性，将部分 LED 当作整流电路，使整个发光器件可直接被交流电驱动，如图 4.1-50所示。其制造方法主要是在外延芯片技术上，把单一芯片分割成若干个电性独立的发光区，再将部分发光区连接成整流桥，并串联剩余的发光区。其中，芯片的大小、整流桥及发光区的数目需要根据实际的使用而设计。

要实现电性独立的发光区，必须将单元与单元间的外延层完全刻蚀干净，刻蚀深度一般大于 6μm，如图 4.1-51 所示。由于深度较深，金属布线需由一边台阶跨至另一台阶，难度较高。使用倒装焊技术，通过衬底上的布线，可有效解决这问题，使互联变得更简单，生产良率提高。

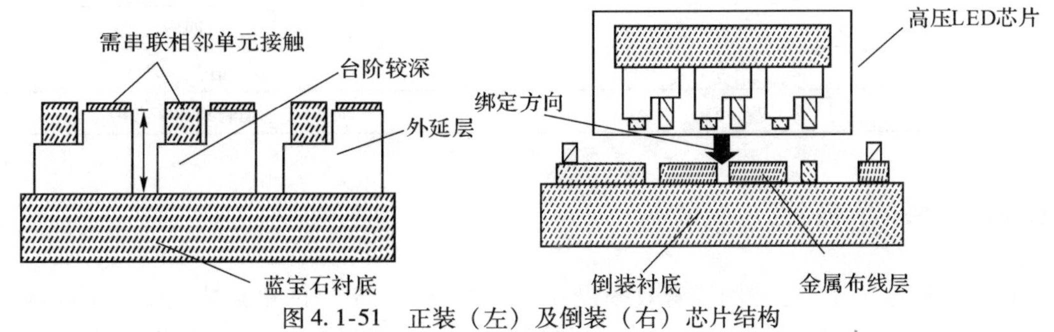


图 4.1-51 正装（左）及倒装（右）芯片结构

虽然 AC-LED 比 DC-LED 有不少优势，但目前其整体亮度仍不及 DC-LED（AC-LED 2010 年第三季达 80lm/W），另外，在供电不稳定的情况下会有闪烁现象。

HV-LED 是针对 AC-LED 上述两个问题而进一步发展出来的产品，主要原理是将 AC-LED 中的 LED 整流桥改用外接整流桥，并在制程上将多个电性独立的发光区串联而成。这样以交流电经整流桥直流驱动器件，可保持器件发光稳定。另外相互隔离的单元亦使电流分布更均匀，从而提高发光效率。现在晶元光电推广的HV-LED产品，正白光光效达90～100lm/W，配合红光芯片使用，3000K色温下光效则可达105lm/W。晶科电子亦于2010年10月展示了HV-LED模组器件（见图4.1-52），在色温5500K时光效可达110lm/W。

图4.1-52　晶科电子HV-LED模组器件

### 3. LED系统集成技术——跨行业整合与技术融合

LED芯片系统集成技术即将LED应用时所需的不同功能系统，例如电源、控制、调节等功能与LED芯片集成在一起。

其中LEDiS（LED integrated Si）是晶科电子未来将推出的一种新产品，现时市场没有同类的相关产品。LEDiS是将LED倒装技术同硅集成技术相结合的LED芯片模组技术，如图4.1-53所示，LED芯片直接倒装在由硅集成技术制成的支架上，实现“晶圆级封装”，减少工艺环节，降低工艺成本。通过硅集成技术，可以将电源、控制、调节等功能集成在内。

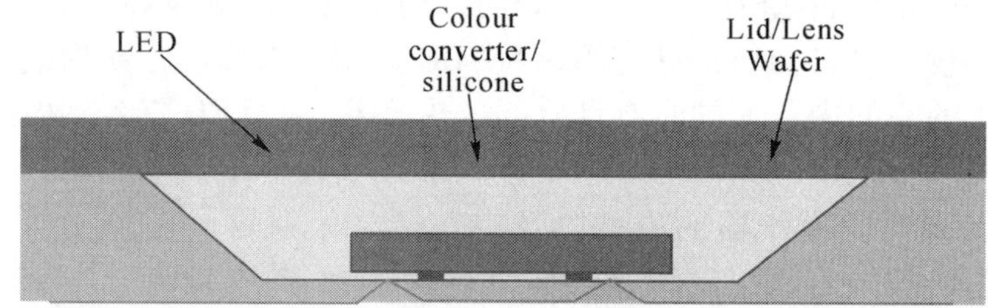


图4.1-53　晶科电子LEDiS产品结构示意图

LEDiS芯片与模组光源技术能够提供一个“产品技术平台”，能够根据未来LED灯具照明需求，整合IC、MEMS、照明设计等技术，开发多功能的多种光源产品。如表4.1-2所示，与传统大功率LED封装比较，LEDiS具有有效降低工艺成本、提高良品率及加快生产流等多项优点，可以加快LED照明产业化及其应用。

**表4.1-2　LEDiS技术与传统大功率LED封装技术的比较**

| 优势比较 | 传统大功率LED封装 | LEDiS技术与无金线封装 |
|---|---|---|
| 技术工艺 | 点胶、固晶、金线焊接、荧光粉、封胶、点测分拣 | 倒装焊接、荧光粉、封胶、点测分拣 |
| 材料成本 | 100% | 60%（节省点胶、固晶、金线焊接） |
| 成品率 | 100% | 较高 |
| 生产流程 | 100% | 50% |
| 散热 | 差 | 改善 |
| 封装尺寸 | 100% | 85% |
| SMT工艺 | 匹配 | 匹配 |
| 产品性能 | 中等 | 适合ODM |
| 光源功能 | 单一性 | 适合集成多功能 |

## 三、未来发展与总结

展望LED未来的发展，还将围绕着效率提升、成本降低、更高的单封装亮度、更高的品质和可靠性、更高的光色质量、更加人性化、个性化和智能化等方向发展，并逐步走出目前LED光源主要还是替代传统光源的形式，走出LED自己的特色道路。芯片光源和系统集成技术，结合了LED技术的特点，通过LED产业链各环节在芯片上的整合和配合，以及跨行业的整合，在顺应市场发展，促进LED照明行业发展的同时，也将成为LED市场和技术发展的重要组成部分。

# 白光 OLED 技术国内外发展动态

李艳蕊 张国辉 段炼 邱勇
有机光电子与分子工程教育部重点实验室清华大学化学系

## 一、引言

OLED（Organic Light Emitting Diode）是指有机半导体材料在电场驱动下，通过载流子注入和复合导致发光的现象。由于其具备平面发光、超薄、透明和柔性化等独特的优点，以及高效节能、绿色环保、寿命长等优势，在显示和照明两大应用领域都具有极大的发展潜力，获得了广泛关注。

作为备受瞩目的固态照明光源，白光 OLED 照明的研究始于 20 世纪 90 年代初，较早报道的是由日本山形大学的 Kido 教授制备的白光 OLED（WOLED）器件[1]。当时器件的效率只有 0.83lm/W，但是开启了人们研究白光 OLED 照明的热潮。在之后十余年的时间中，白光 OLED 照明技术取得了快速的发展。

由于看好 OLED 在照明领域的前景，多国政府都对 OLED 照明技术研发投入大量的资金。如 2008 年美国能源部（DOE）共投资 7470 万美元对 51 个固态照明项目计划进行支持，其中 OLED 照明共有 25 个项目，总经费为 3690 万美元，占所有照明项目的 49.4%[2]。欧盟于 2004 年成立了 OLLA（Organic Light Emitting Diodes for Lighting Applications）专案计划，专门投资白光 OLED 照明的研发。2008 年，欧盟又成立了 OLED100.eu 计划，持续对 OLED 照明技术进行支持，并设定了 2011 年白光 OLED 效率达到 100lm/W，寿命达到 10 万小时，发光面积为 $1m^2$ 的目标[3]。

在 OLED 显示领域发展出色的韩国，也显示了在 OLED 照明领域发展的雄心。韩国知识经济部于 2009 年 1 月发布的《韩国绿色 IT 国家战略》中提到，计划到 2011 年完成 OLED 照明核心专利技术的研发，2012 年推广 OLED 照明器具的使用，到 2027 年将 100% 的照明器具都替换成 OLED 照明器具，能源消耗比 2007 年减少 15%，温室气体排放减少 6%。韩国知识经济部为推进 OLED 照明产业化，与民间合作投资 300 亿韩元进行 OLED 产业化技术开发，期望至 2013 年实现 OLED 照明普及[4]。



## 二、白光 OLED 技术研究现状及发展趋势

决定白光 OLED 技术能否实现产业化的两个关键技术指标是效率和寿命，器件效率体现了能量转化的能力，器件寿命决定了是否可以满足市场需求。这两个性能指标不仅与发光材料本身的发光效率有关，也与器件结构有关。目前国际上从事白光 OLED 技术开发的公司主要有美国的 UDC（Universal Display Corporation）、日本的出光兴产（Idemitsu）、德国的 Novaled、韩国的三星、LG 等。

### 1. 有机材料的进展

OLED 所用的有机发光材料分为荧光发光材料和磷光发光材料。荧光发光材料寿命较长，成本较低，但是效率也较低，这是因为荧光材料只能利用激子能量的 25%，而其余 75% 的能量由于自旋禁止而损失掉。磷光材料由于重金属原子效应，强烈的自旋轨道耦合作用使得原本禁止的能量可以以磷光的形式发光，如此一来，磷光材料对激子能量的利用率可以高达 100%，外量子效率也随之大大提升。

研究初期，磷光材料效率虽然高于荧光材料。但是其寿命一直不如荧光材料。最近几年，磷光材料的寿命有追赶和超越荧光材料的趋势，尤其是红色和绿色磷光材料，都已经实现了产业化生产。目

前制约磷光材料发展的瓶颈主要是蓝色磷光材料，世界各国的研究团队都致力于蓝色磷光材料的相关开发。2010 年，UDC 公司宣布其开发出一款天蓝色磷光材料，寿命和效率都达到了较好的指标（46 cd/A，9000h）。UDC 用此款天蓝光材料制备出了目前报道效率最高的白光 OLED 器件。

虽然磷光材料发展迅速，不过荧光材料由于成本优势依然在 OLED 市场中占据一定份额。表 4. 1-3和表 4. 1-4 分别是日本出光兴产和美国 UDC 公司最新公布的材料和器件性能。

**表 4. 1-3　2009 年日本出光兴产公布的材料体系的器件性能[5]**

| | 色坐标（x，y） | 电流效率/（cd/A） | 寿命/h（初始亮度 1000cd/m²） |
|---|---|---|---|
| 荧光蓝光材料 | (0. 14，0. 20) | 8. 9 | 22 000 |
| | (0. 14，0. 17) | 7. 2 | 18 000 |
| | (0. 13，0. 21) | 8. 4 | 50 000 |
| | (0. 14，0. 11) | 8. 9 | 11 000 |
| 荧光绿光材料 | (0. 29，0. 64) | 37. 2 | 200 000 |
| 荧光红光材料 | (0. 66，0. 34) | 11. 4 | 160 000 |

**表 4. 1-4　2010 年美国 UDC 公司公布的材料体系的器件性能[6]**

| | 色坐标（x，y） | 电流效率/（cd/A） | 寿命/h（初始亮度 1000cd/m²） |
|---|---|---|---|
| 磷光红光材料 | (0. 68，0. 32) | 15 | 95 000 |
| | (0. 67，0. 33) | 22 | 120 000 |
| | (0. 66，0. 34) | 22 | 600 000 |
| | (0. 65，0. 35) | 24 | 300 000 |
| | (0. 64，0. 36) | 28 | 500 000 |
| 磷光绿光材料 | (0. 33，0. 62) | 76 | 600 000 |
| | (0. 33，0. 62) | 63 | 500 000 |
| | (0. 35，0. 61) | 64 | 150 000 |
| 磷光黄绿光材料 | (0. 46，0. 53) | 69 | 350 000 |
| 磷光天蓝光材料 | (0. 15，0. 39) | 46 | 9 000 |

### 2. 白光 OLED 器件研究进展

白光 OLED 一般通过混合两种或两种以上发光颜色来得到，器件结构决定了不同颜色的发光层能否实现最好的匹配效果，进而实现白光的高效。同时，器件结构还会影响 OLED 器件整体寿命，因此结构设计对提高 OLED 器件的效率和寿命也相当关键。

目前常用的 OLED 器件可以按照所使用材料大致分为全荧光器件、荧光加磷光的混合式器件以及全磷光器件。

全荧光器件所用发光材料为荧光材料，成本较低，但是效率有限。2007 年，出光兴产制备出了效率为 17lm/W 的全荧光白光器件。2008 年，Kodak 公司制备出效率为 31. 2lm/W 的全荧光白光器件（使用了 Kodak 公司开发的光取出技术），这是迄今为止公开报道的全荧光器件的最高效率，超过了传统白炽灯的效率（约 20 lm/W）。近两年，OLED 相关研究单位都致力于磷光材料的开发和磷光器件的研究，减少了对荧光材料的开发和研究的投入力度。不过由于荧光材料已经比较成熟，就目前来看，其低成本的优势依然使其在 OLED 产品领域占据重要地位。

随着性能优异的蓝光磷光材料的逐渐开发，全磷光白光器件的性能也是逐年提升。2006 年，Konica Minolta 公司制备出了效率为 64lm/W 的全磷光白光器件，色坐标（0. 39，0. 43），寿命在 1000cd/m$^2$ 亮度下达 10 000h。2008 年，UDC 制备出了效率为 102lm/W 的全磷光白光器件，超过了传统荧光灯的效率（约 90lm/W），寿命在 1000cd/m$^2$ 亮度下可达 8000h。2010 年，UDC 借助于其新开发的天蓝光磷光材料，制备出更高效的全磷光白光器件，效率在 1000cd/m$^2$ 下可达 109lm/W，在低亮度 100cd/m$^2$ 下更高达 136lm/W，这是迄今为止报道的白光 OLED 的最高效率。

目前蓝光磷光材料的开发尚不够成熟，为了解决全磷光白光器件对蓝光磷光材料的依赖，荧光加磷光的混合式白光结构的开发成为近几年的研究重点。此结构使用蓝光荧光材料与红、绿磷光材料相结合，旨在获得效率和寿命上的平衡。该结构的最早使用见于2006年Forrest小组在Nature上发表的荧光蓝/磷光红/磷光绿/荧光蓝的结构，器件在500cd/$m^2$亮度下，流明效率达23.8lm/W。之后，此类结构被更多的研究，2007年，Karl Leo小组采用4P-NPD作为蓝光材料，器件加上光取出后效率达37.5lm/W。2010年，Kodak采用MQAB作为蓝光材料，制备了效率达30.1lm/W的白光器件。另外，荧光加磷光的混合结构也可以采用叠层的方式，即蓝光荧光单元叠加红/绿磷光单元，这两个发光单元之间通过电荷生成层来连接。叠层器件的优点在于器件的电流效率可以为两个发光单元的电流效率之和，寿命也会相应延长。目前Kodak、LG、Samsung和Novaled等公司都开展了叠层白光OLED器件的研究。在SID’2010上，LG公司发布的叠层器件，电流效率61.3 cd/A，流明效率30lm/W，寿命达130000h；Kodak公司发布的叠层器件，电流效率67.7cd/A，流明效率33.1lm/W，寿命25000h，如果更换不同的材料，效率会有所降低，但寿命可进一步提升到125000h。白光OLED技术研究进展如表4.1-5所示。

从以上研究结果来看，白光OLED器件结构的发展趋势将为全磷光结构和荧光加磷光的混合式结构。特别是蓝光荧光材料与红、绿磷光材料的叠层结构，由于其寿命上的优势，成为目前技术研究的一个主要方向。

**表4.1-5 白光OLED技术研究进展**

| 白光OLED器件所用材料 | 年份 | 研究单位 | 流明效率/(lm/W) @ 1000 cd/$m^2$ | 电流效率/(cd/A) @ 1000 cd/$m^2$ | 色坐标 ($x$, $y$) | 寿命/h,(初始亮度1000 cd/$m^2$) |
|---|---|---|---|---|---|---|
| 全荧光材料 | 2007[7] | Idemitsu | 17 | / | / | / |
| | 2008[8] | Kodak | 31.2* | / | (0.387, 0.381) | / |
| 全磷光材料 | 2006[9] | Konica Minolta | 64* | | (0.39, 0.43) | 10000 |
| | 2008[10] | UDC | 102* | / | (0.41, 0.46) | 8000 |
| | 2009[11] | K Leo小组 | 90* | / | (0.41, 0.49) | / |
| | 2010[12] | UDC | 109* | / | (0.428, 0.421) | 15000 |
| 荧光加磷光材料 | 2006[13] | Forrest小组 | 23.8 lm/W@500 cd/$m^2$ | / | (0.38, 0.40) | / |
| | 2007[14] | K Leo小组 | 37.5* | / | (0.44, 0.47) | / |
| | 2010[15] | Kodak | 30.1 | 34.8 | (0.317, 0.364) | / |
| 荧光加磷光材料-叠层结构 | 2010[16] | LG Display | 30 | 61.3 | (0.34, 0.334) | 130000 |
| | 2010[17] | Kodak | 33.1 | 67.7 | (0.31, 0.36) | 25000 |
| | 2010 | Kodak | 23.6 | 48.7 | (0.43, 0.32) | 125000 |

注：*表示加有光取出技术。

## 三、白光OLED技术产业化状况及产品应用趋势

### 1. 产业化发展状况

随着白光OLED技术的不断成熟，OLED照明产业化的雏形也逐渐形成。尤其是最近几年，除了一直致力于OLED照明技术开发的UDC、Osram、Philips、GE等公司，业界还涌现出多个专门为OLED照明而成立的新公司，多条针对OLED照明产业化技术开发与生产的中试生产线也在陆续建设中。

日本方面，2008年5月，日本山形大学研究所Kido教授与Mitsubishi Heavy Industries、ROHM、Toppan Printing和Mitsui等公司宣布合资成立专注于OLED照明的公司Lumiotec，初期投入资金14亿日元，Mitsubishi Heavy Industries负责白光OLED制造设备的开发，ROHM负责白光OLED器件开发，

Toppan Printing 负责光取出技术等后制程开发，Mitsui 负责白光 OLED 市场行销支援，Kido 教授研究组负责 OLED 相关技术支援。2010 年 2 月 15 日，此公司开始在其网站上受理白光 OLED 照明面板样品供货事宜。

日本公司 Kaneka 自 2008 年 4 月正式投身 OLED 照明的研究，最近宣布开始销售 OLED 照明屏。计划初期将锁定喜欢暖色调柔光的用户，在餐厅和宾馆等店铺照明领域以及高级住宅装饰照明等领域开展业务，目标是取代白炽灯。接下来，将通过提高性能，降低成本，在住宅和办公室照明以及汽车内部照明等普通照明市场扩展业务。

另外，日本公司 Panasonic 致力于高显色性 OLED 照明产品的开发，初期产品准备应用在博物馆等对照明质量要求较高的特殊领域内（见图 4. 1-54），已宣布将在 2011 年向市场正式推出 OLED 照明产品。

图 4. 1-54　Panasonic 在私人博物馆安装的 OLED 照明灯具及开发的 OLED 概念灯具

韩国方面，韩国政府计划在 2010 年投资 70 亿韩元用于研发生产 OLED 照明面板的 4 代线（730mm × 920 mm）量产设备，并宣布 2013 年开始正式销售屏体。

美国方面，2010 年 10 月 18 日，美国能源部（DOE）、UDC、印度科技公司 Moser Bayer，以及 Smart System Technology & Commercialization Center（STC）宣布共同投资超过 2000 万美元，在纽约州建设北美地区首条 OLED 照明中试线，此条中试线将于 2011 年开始运行。UDC 推出的白光 OLED 概念产品如图 4. 1-55 所示。

图 4. 1-55　UDC 推出的白光 OLED 概念产品

欧洲方面，2010 年，OSRAM 公司宣布将投资 7000 万美元建设一条 OLED 照明中试线，2011 年年中将交付使用。另外，OSRAM 公司于 2010 年 11 月宣布正式开始出售一款新设计的室内装饰照明灯具 PriOLED，售价为 9800 欧元，此款灯具使用了 5 个 OLED 屏和 5 个 LED 照明模块，光通量可达 300lm。OSRAM 推出的白光 OLED 装饰照明灯具产品如图 4. 1-56 所示。

法国的 Astron FIAMM 公司现有一条 OLED 照明 2 代中试线（370mm × 470 mm）。2010 年 10 月，此公司设计了一款适用于汽车的概念产品（见图 4. 1-57a），此款白光 OLED 屏用在汽车的前灯、车内灯等。此外，他们还推出了 Blackbody 品牌的 OLED 系列灯具，如其中一款令人印象深刻的 OLED 吊灯“big bang”（见图 4. 1-57b），有效发光面积总和为 25380cm$^2$，显色指数 80，色温 3000 ~ 6000 K。

图 4.1-56　OSRAM 推出的白光 OLED 装饰照明灯具产品

与其他公司不同的是，该公司不向外发售 OLED 屏体，只销售基于自身生产 OLED 屏的终端灯具产品。

a）Car bones

b）big bang

图 4.1-57　Astron FIAMM 公司推出的白光 OLED 概念产品

在我国，OLED 照明技术与产业化推进基本与世界同步。进行白光 OLED 技术研发的院校和厂商有清华大学、吉林大学、苏州大学、华南理工大学、中科院理化所、长春应用化学研究所、北京维信诺科技有限公司等。2009 年，北京维信诺科技有限公司正式推出了 OLED 白光照明产品（见图 4.1-58），是目前国内唯一一家宣布开始销售 OLED 照明产品的厂商。

图 4.1-58　北京维信诺科技有限公司推出的 OLED 照明灯具产品

综上所述，在世界各大照明厂商的积极努力下，DisplaySearch 预计，在 2012 年前后就会开始量产 OLED 照明产品，并预计 2013 年产值可达 45 亿美元，2013—2014 年规模将会超过 PMOLED 显示器的规模，2018 年产值会增加到 60 亿美元（见图 4.1-59）。

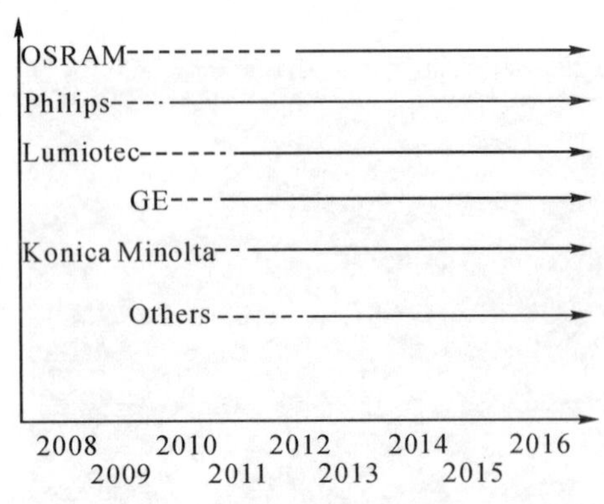


a）各公司量产计划预测图

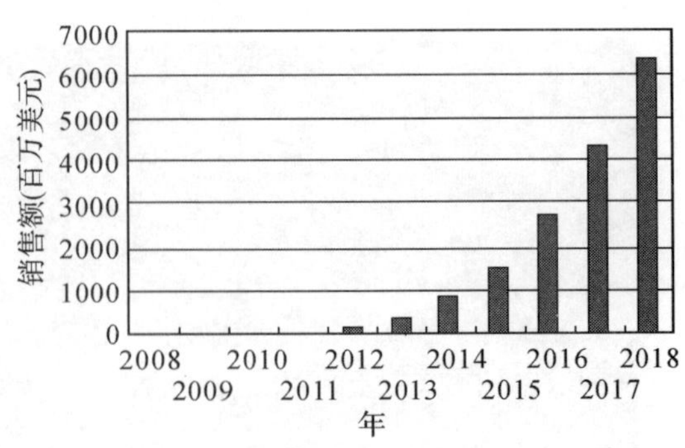


b）OLED 照明销售额预测图

图 4.1-59　各公司量产计划预测和 OLED 照明销售额预测

## 2. 产品应用发展趋势

随着白光 OLED 技术的不断进步，白光 OLED 屏体尺寸朝大面积化方向发展，OLED 独特的透明和柔性技术也在持续发展中，可以应用的领域也越来越多样化。

大面积化方面，2008 年 4 月份 OSRAM 公司推出全球首款白光 OLED 台灯，其屏体尺寸是 132mm × 33mm；2009 年 7 月，UDC 和 Armstrong 展示了一款应用于天花板上的概念产品，其屏体尺寸是 150 × 150 mm；2010 年 11 月我国台湾地区友达光电（AU Optronics，AUO）在“FPD International 2010/Green Device 2010”上展出了一款模块尺寸为 314 mm × 333mm、发光尺寸为 245 mm × 295 mm 的屏体。另外，透明和柔性白光 OLED 的研究也发展迅速，各大厂商也相继推出了相关的概念设计。（见图 4.1-60）



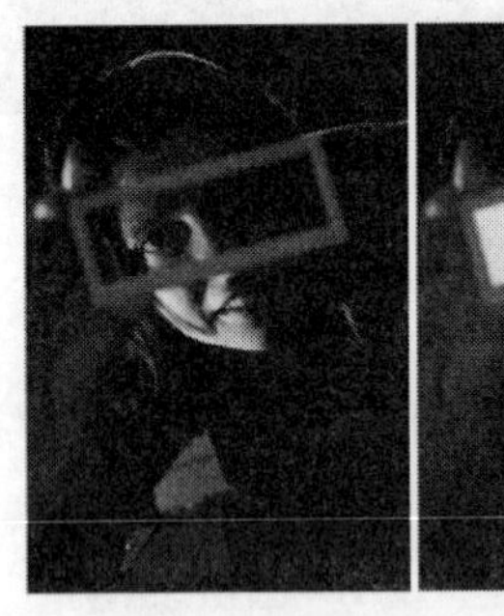
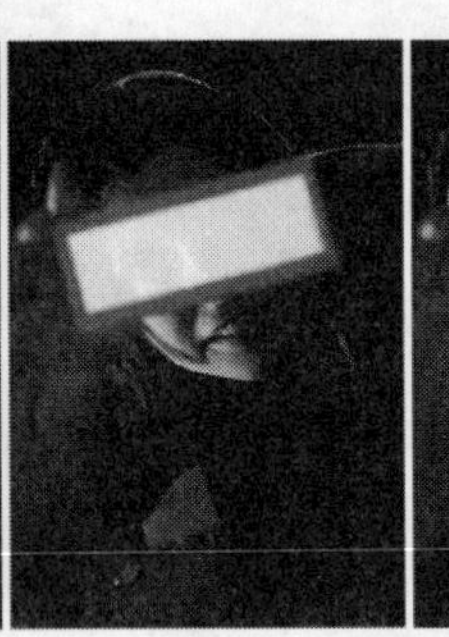
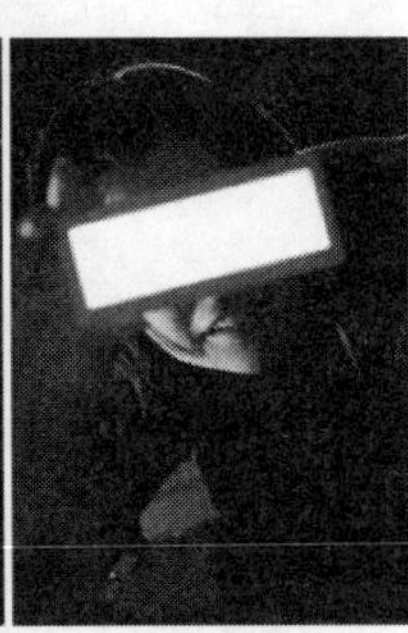

a）Philips 公司的 OLED 透明照明屏体

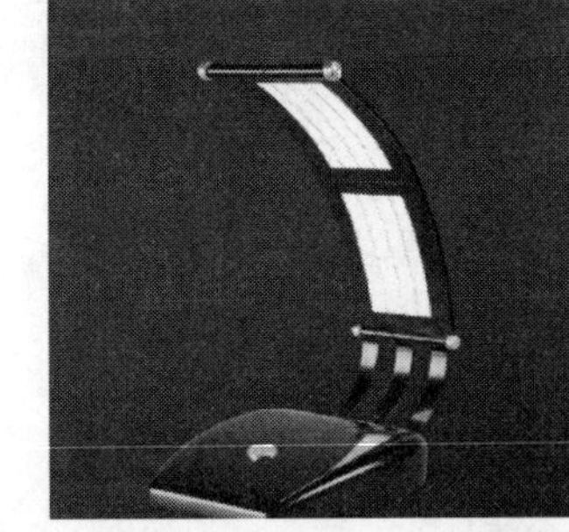

b）GE 公司的柔性白光 OLED 概念灯

图 4.1-60　Philips 公司的 OLED 透明照明屏体和 GE 公司的柔性白光 OLED 概念灯

应用领域方面，除了作为传统台灯之外，各大厂商还开发了应用于室内装饰照明、汽车前灯及车内照明、天花板照明、酒吧等特殊照明的概念产品（见图 4.1-61）。

Kaneka 公司用于酒吧装饰的概念产品

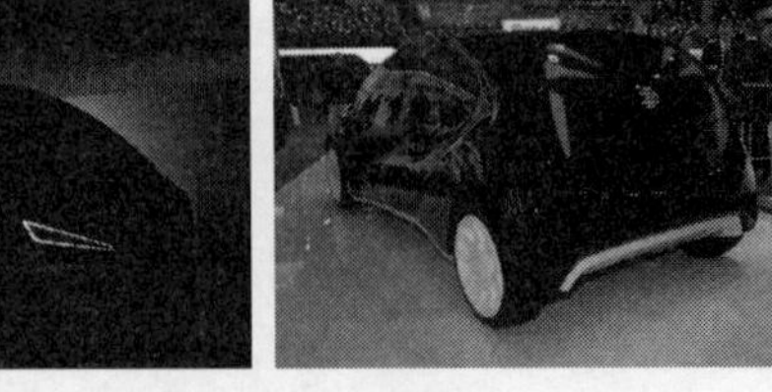

EDAG 推出的 OLED 照明概念车

图 4.1-61　概念产品

# 四、白光 OLED 技术前景展望

1）白光 OLED 技术处于产业化初期，大规模量产技术还需要一段时间，技术上尚有较大的发展空间，国外专利还没有形成垄断。我们进入该领域的研究较早，有机会和能力去申请一批核心专利，掌握该领域的核心技术，在未来全球 OLED 照明产业的竞争中争取主动。

2）白光 OLED 技术的发展将带动一系列配套产业链的发展。白光 OLED 技术的产业化涉及相关产业链上下游的诸多企业，如设备厂商、有机材料供应厂商、基板厂商、照明灯具厂商等，因此，进行白光 OLED 技术的开发和产业化也将极大地推动相关产业的发展。

3）白光 OLED 技术可以开拓新的应用领域。白光 OLED 由于是面光源，可实现柔性、透明等特殊优点，可以应用在其他传统光源无法实现的一些新领域，如透明窗户、天花板照明，以及航空航天器内的照明等。此外设计师们也可以突破传统的设计理念，设计出能够展现 OLED 特点的新颖别致的照明产品，拓展全新的设计空间。

4）白光 OLED 产业的标准化工作需要尽快启动。OLED 照明技术正处于产业化初期，产品性能及测试等指标都需要标准来进行规范和指导。目前国际和国内都有一批专注于 OLED 照明的骨干企业，具备了较强的实力，所以现在正是标准化工作制定的关键时刻。我国相关企业应主动积极地参与到国际与国内标准的制定工作中，提出符合我国国情的标准，提升我国 OLED 照明技术的国际竞争力，在 OLED 照明产业化初期占领市场先机。

5）白光 OLED 技术需要进一步推广普及。OLED 照明市场前景虽然毋庸置疑，但在短期内有可能遇到一些考验和挑战，如市场对新产品的认知程度、接受程度等，这些需要通过有条不紊的前期市场推广，使其逐渐进入照明市场。

总而言之，我们相信，白光 OLED 技术必将在未来的照明及相关领域大放异彩。





## 参考文献


[1] J. Kido, K. Hongawa, K. Okuyama, *et. al.* Appl. Phys. Lett. 1994, 67 (7): 815-817.

[2] http://www.energy.gov/.

[3] http://www.olla-project.org/.

[4] http://oledw.com/.

[5] http://china.nikkeibp.com.cn/news/.

[6] http://displaysearch.com.

[7] Kuma, K. H. Jinde, Y., Kawamura, et. al. SID' 07. 2007, 47-5: 1504-1507.

[8] Y. S. Tyan, Y. Q. Rao, J. S. Wang, et. al. SID' 08. 2008, 61-2: 933-936.

[9] T. Nakayama, K. Hiyama, K. Furukawa, et. al. SID' 07. 2007, 19-1: 1018-1021.

[10] B W. D' Andrade, J. Esler, C. Lin, et. al. ASIA DISPLAY ' 08. 2008, 26-1: 1109-1111.

[11] S. Reineke, F. Lindner, K. Leo, et. al. Nature. 2009, V459: 234-239.

[12] P. A. Levermore, V. Adamovich, K. Rajan, et. al. SID' 10. 2010, 52-4: 786-789.

[13] Y Sun, M. E. Thompson, S. R. Forrest, et. al. Nature. 2006, V440: 908-912.

[14] G. Schwartz, M. Pfeiffer, K. Leo, et. al. Adv. Mater. 2007, 19: 3672-3676.

[15] M. E. Kondakova, J. C. Deaton, T. D. Pawlik, et. al.. Jour. Appl. Phys.. 2010, 107: 014515.

[16] C. W. Han, S. H. Pieh, H. S. Pang, et. al. SID' 10. 2010, 11-1: 136-139.

[17] T. K. Hatwar, J. P. Spindler, M. Kondakova, et. al. SID' 10. 2010, 52-2: 778-781.

# 2009—2010 年度 MOCVD 设备技术进展

曾一平
中国科学院半导体研究所

## 一、MOCVD 研究进展和取得的技术突破

在半导体照明市场的强力推动下，2009—2010 年度全世界 MOCVD 产业得到蓬勃发展，即使受国际金融危机的影响，在各行业普遍不景气的情况下，MOCVD 设备方面依然独树一帜，展现出很强劲的销售态势。仅在中国，MOCVD 设备台数从 2008 年年底的 100 台左右猛增到 2010 年的 300 台左右，一年多的时间内增加了近两倍，世界上 MOCVD 主要销售商德国 Aixtron 和美国 Veeco 公司从中取得了丰厚的利润。随着全球 MOCVD 需求市场的急剧扩大，主要 MOCVD 设备制备公司在技术上也有了一定的进展。

### 1. 国外技术进展

（1）德国 Aixtron 公司

德国 Aixtron 公司是目前世界上最大的 MOCVD 生产制造公司，Aixtron 公司 MOCVD 系统主要基于两项独特技术[1]：水平行星式（Planetary Reactor）和近耦合喷淋头式（Close Coupled Showerhead，CCS）。基于水平行星式技术，2010 年 Aixtron 公司推出一款型号为 G5 HT 的新设备，它能够满足 56×2in 材料外延需求，G5 HT 能够完成高质量的氮化镓外延，相比 G4 HT 产能可提升 33%。基于近耦合喷淋头式技术，2010 年 Aixtron 公司推出型号为 CRIUS II 的新款设备，外延能力为 55×2in，成为用于生产 LED 外延片的新型设备。



2010 年 Aixtron 公司推出的这两款新型 MOCVD 设备都能够外延 4in 等大尺寸衬底，相应设备与其前一代相比，基本结构和尺寸体积都没有太大的改变。生长不同外延尺寸的晶片，只要将衬托外延片槽结构面积相应扩大即可，因此对于工艺的影响不会太大。外延片尺寸的增加可以降低生产成本、提升效率与扩充产能，满足未来 LED 产业对芯片的需求。同时继承了以往设备的一些优点，如使用中提高原材料的利用率，在材料外延质量方面着重于提高外延片的均匀性和工艺重复能力，从而实现高成品率和降低生产成本。用此类设备外延的 6in LED 外延片波长均匀性可以达到 95% 以上（波动 5nm），良好的均匀性和重复性主要得益于设备的加热温度均匀一致性、高精度控制以及利用了先进的原位检测装置。

（2）美国 Veeco 公司

美国 Veeco 公司目前在市场上用于生产高亮度 LED GaN 外延片的生产设备主要是 K465 和 K465i 系列[2]，一次可以生长 2in 外延片 45 片，同样也能够满足 4in 等不同尺寸材料的外延需求。系统的核心技术是 Uniform FlowFlange 技术，反应室顶盘法兰可以使有机源和氨气均匀的进入反应室、形成稳定的气流模式。K465i 是在 K465 基础上改进发展的新一款设备，主要在反应室进气顶盘结构上进行了改变，更容易实现 V/III 比配气的均匀性，降低了配方工艺的难度，外延材料质量又有一定的提高。和以往 Veeco 设备一样，K465i 同样具有较高的生产效率，每炉间隔时间短，同时进样室结构设计使得机械手在生产完成后可自动更换衬底托盘，自动化程度高，减少人为操作，从而节约了不少时间。基于以上优点，该型号设备经过 LED 产业内用户试用后，K465i 很快获得量产认可。

除了在设备产能、材料性能、反应室等核心技术上有所发展改进外，一些性能提高的零部件在 MOCVD 设备上有所使用，如更高开关性能的气动隔膜阀门、更简洁稳定安全的设备网控制模式，以

及针对 MOCVD 设备开发的多功能、高灵敏原位检测设备，这些关键部件在新型的 MOCVD 设备上都有所体现，同样对 MOCVD 设备性能的提高起到了关键作用。

两大 MOCVD 设备制造商虽然都推出了新的机型，但是可以看出，这些设备的核心技术还是基于以前，如 Aixtron 公司行星式和喷淋头顶盘结构、Veeco 公司高速旋转盘技术，因此其技术弱点和发展限制因素并没有从根本上解决。虽然 Aixtron 公司和 Veeco 公司最近也提出了新的发展理念，如多反应室共进样室结构，组合式立体多层结构等新概念设备，但是都没有产品在市场上出现。

### 2. 国内技术进展

在国家 863 计划、地方政府和市场资金的支持下，近几年我国 MOCVD 技术得到较快发展，研究方向从研究性设备逐渐转向生产型设备，研制主体也从研究院所、大学逐渐向相关企业转移。总体上我国 MOCVD 技术发展处于从实验室研制过渡到产业化推广应用的阶段。

在国家 863 计划“半导体照明工程”重大项目的支持下，中科院半导体所开展了 MOCVD 设备的研制，研制出的一次可以生长 7 片 2in LED 外延片的 MOCVD 工程化样机于 2009 年通过科技部组织的专家验收，经过调试和工艺验证，总体设备性能达到国际同类商业水平。该设备可生长各类 CaN 基量子阱材料、超晶格材料，外延膜的均匀性和重复性优于 ±5%，制备的蓝光 LED 在 20mA 电流下发光功率大于 8mW。课题在 MOCVD 反应室设计、加热系统旋转系统、自动控制、气体输运等方面提出了创新方案，拥有自主知识产权。

在此基础上，中科院半导体所开展了更大尺寸的生产型 MOCVD 研制，每炉可生长 2in 外延片 48 片。通过仿真模拟，开展了大尺寸新型反应室的创新设计和制造，对进样室进行改进创新，提高自动化程度。同时系统控制方面也不断改进，采用先进的设备网控制模式等。目前该新型设备正在加工制造。

青岛杰生电气公司也在国家 863“半导体照明工程”重大项目支持下，开展了 GaN 基深紫外 LED 材料生长的 MOCVD 设备研究。该设备是 6 片 2in 设备，适合于高 Al 氮化镓材料生长，具有一定的特色。2009 年广东昭信公司与华中科技大学合作，成立 MOCVD 设备公司，旨在研究和制造出具有较大外延能力的生产型设备；上海永胜半导体设备有限公司也制定了大型 MOCVD 原理性设计与规划，尝试采用全新的反应室设计模式，在扩大生产能力上探索研制新型 MOCVD 设备。

总之，本年度国内 MOCVD 技术得到较快的发展，中国的 MOCVD 设备研制已经步入快速发展期，相信 MOCVD 技术将在今后几年内得到更快更全面的发展。

## 二、存在的问题或难点

MOCVD 设备是一种涉及学科多、自动化程度高、技术集成度高的尖端半导体材料外延专用设备，研制开发 MOCVD 设备本身技术门槛较高，同时化合物半导体材料反应过程复杂，特别是 GaN 基半导体材料反应过程极其复杂，并且一些反应机理尚不清晰，获得高质量材料，需要很苛刻的反应条件。对于生产型设备，由于成品率和均匀性、重复性等方面具有更高的要求，因此难度相应增加。国产化 MOCVD 设备在研制和应用方面主要存在的问题和难点有以下几点：

1）MOCVD 反应系统的创新设计。反应系统是设备的核心技术，采用何种结构的匀气混气顶盘法兰，使得反应气体均匀的进入反应室、形成稳定的气流模式是提高外延材料晶体质量的关键，这涉及氮化镓材料化学气相反应、动力学、热力学反应机理研究，以及基于流体力学的流场、气场仿真模拟。同时实现温度和压力的稳定均匀控制也是 MOCVD 反应系统的关键技术问题，特别是加热温度的控制，对于外延片的均匀性有着关键的影响，尤其对今后向 4in、6in 等大尺寸衬底发展需要，温度的均匀性、稳定性更为重要。

2）国内精密机械配套加工能力。MOCVD 设备中的反应系统、进样系统，尤其是反应室匀气顶盘，是非标的真空水冷结构，结构复杂，要求加工精度高，难度大，而一些核心部件只能在国内加工，国内加工焊接能力达不到 MOCVD 设备要求。非标部件风险比较大，数量又少，很难获得理想的利润，因此相关企业不会投入较大的力量去开展相应技术研发和突破。如何整合和调动国内精密加工和制造技术，参与 MOCVD 设备加工，是 MOCVD 研制过程中必须解决的问题。

3）设备关键零部件的逐渐国产化问题。一台 MOCVD 设备需要数量较多的阀门、流量压力计等精密部件，这些部件要求高精度高性能，而国内目前还没有适合于 MOCVD 使用的相关产品，这些国际采购件价格高，总费用约占整个设备成本的 2/3，这些关键零部件国内无法解决，设备价格将很难大幅度下降，所谓设备国产化将大打折扣。

4）专利问题。国外商品化的设备有各自的设计理念，有各自的特色及其专利。国内在设备研制初期，由于原创性技术很难突破，走引进消化吸收道路，以加速自身 MOCVD 技术发展，在转向产业化应用时就要着重于集成创新和原始创新。由于设备国产化呼声很高，进展较快，国外设备厂商在专利保护方面已有所准备，因此必须重视突破和绕开国外技术专利封锁问题。

## 三、产业化及应用情况

### 1. 我国 MOCVD 设备已具备产业化的基本条件

国内 LED 市场的迅猛发展，推动 MOCVD 这一最关键设备必须实现国产化。打破国外垄断，顺应市场潮流，开展国产 MOCVD 设备的产业化工作具有巨大的经济效益和社会效益，这也是我国 MOCVD 设备产业化的基本推动力。经过国内多家单位多年努力，我国 MOCVD 设备已具备产业化的基本条件，具体表现在以下几点：国内多个研究院校、企业已经有相关设备研制经验，并掌握了大量关键技术和丰富的工艺经验，具有相当的技术积累；得到多方位支持，国家 863 项目、地方政府和市场资金的支持力度不断加大；国内相关配套技术能力不断增强，在机械加工、电气自动化等方面一定程度上满足 MOCVD 技术要求；我国的 MOCVD 研发人才，无论是设备制造还是外延人才都有了一定的储备；国外高端设备的引入提供了消化吸收再创新的平台，同时在国外的技术人才将不断的归国发展，带来先进技术和管理理念。在技术、人才、政策、资金的多方位推动下，我国 MOCVD 设备产业化迎来了重大发展机遇。




### 2. 多家企业加入 MOCVD 制造行列

在市场和政策的推动下，近一两年国内已有近 10 家企业或由产学研合作新成立的公司，开始 MOCVD 设备的研制，如北京的北方微电子公司、上海的理想能源公司、由中科院半导体所和广东省工研院及其他企业共同组建的广东省中科宏微半导体设备公司，上述公司具有不同的技术来源，获得地方、企业的共同支持，因此可以预计，我国的 MOCVD 设备产业化即将进入快速发展期。

### 3. 国产设备的推广应用问题

设备的推广应用将是国产 MOCVD 产业化发展过程中面临的一个挑战性问题。目前国内研制的 MOCVD 设备尚处于产业化应用空白，主要还是自用，或转移到科研院校做研究使用，很难被企业主动接受。主要原因有两点，一是受国产设备性能和产能的限制，不适合于工业生产；二是国内外延芯片企业也处于起步发展阶段，在配合培育和加速国产 MOCVD 设备产业应用方面力量不够。

由于 MOCVD 设备，尤其是生产型设备，在材料工艺验证阶段，费用很高，推广应用接收单位将面临较大的风险，而国外设备商已经积累了丰富的市场化运作经验，销售网络遍布世界各地，产品有多种型号可供选择，拥有一批稳定的客户群体，已塑造了良好品牌，外延芯片企业购置国外设备时大多地方政府还有比例很高的补贴，因此很难打破国外厂商垄断设备市场的局面，使国产化设备推广应用面临较大的困难。

## 四、对未来发展的展望

### 1. MOCVD 技术发展趋势展望

与目前较成熟的 Si 产业设备一样，MOCVD 设备将始终沿着提高性能和降低成本这两个主题方向发展。围绕提高性能和降低成本，在技术上 MOCVD 未来的发展趋势和主要研究方向体现在以下几个方面：

1）在MOCVD反应系统的匀气混气方式、温度控制等方面创新设计、改进优化，开发更适合于半导体材料和器件性能要求的MOCVD设备。中村修二提出LED发光效率在2015年将达到250lm/W[3]，目前的商用MOCVD设备可能很难达到这一目标所要求的材料性能，因此需要设备性能的改进，尤其是反应系统的改进，以提高产品的性能。

2）研制大尺寸反应室的MOCVD设备，提高设备生产能力。经历了几十年的发展历程，MOCVD设备从最初的单片机到现在五十多片的商业化机型，反映了研制大型化设备、提高设备生产能力的发展趋势，提高产能，降低成本。

3）同一个反应室可外延多片不同大小的衬底，不仅可以开展小尺寸衬底[4]，如2in外延，还可以向更大尺寸衬底扩展。以Aixtron 56片机为例，改为8片6in，产能则增加50%以上，因此在芯片工艺成熟的情况下，大尺寸外延是降低成本的有效途径。

4）集成式MOCVD设备。为了提高生产效率和满足材料性能要求，采用多反应室并联结构，或多工艺、多技术集成在单台设备上。如以GaN-MOCVD为基础，采用各种其他工艺技术和辅助设备相结合来实现特殊功能等，提高设备性能和生产效率，这也可能是MOCVD设备今后的一个发展方向。

5）降低设备的使用成本。通过优化送气方式和反应室的结构设计，以提高$NH_3$和MO源的利用率，或提高材料生长速率，提高自动化程度，缩短工艺循环时间，提高设备的可操作性，减少人为干预，从而降低设备的使用成本。

### 2. 市场展望

由于通用照明和背光市场的启动，高亮度LED需求量迅猛增长，LED产业发展前景广阔，为MOCVD发展提供了很好的机遇和动力。2010年全球MOCVD的市场需求量达到700～800台，其中2010年中国大陆市场需求达到200多台，中国台湾新增110～130台，韩国新增120～200台，中国大陆占全球整体市场份额的近四分之一。国内MOCVD数量也从2009年底的130多台增加到300多台，而且未来需求仍将继续大幅增长。预计2012年总台数将达到900台左右，2015年总台数将超过1500台[5]。可以预见随着全球半导体照明产业规模的扩展将带动MOCVD装备产业的持续快速发展，预计在未来5～10年的国内MOCVD市场需求将达到150～200亿元。大力发展我国MOCVD产业，解决半导体市场急需的产业化关键技术，不仅满足巨大的国内外市场，打破垄断、填补产业空白，同时还能带动一批配套产业的发展和进步，也将对我国半导体装备制造业的发展带来巨大的牵引和提升作用，具有巨大的经济效益和社会效益。

### 3. 政策和发展思路

2009年9月国家发改委、科技部等六部委联合制定印发了《半导体照明节能产业发展意见》[6]。《意见》指出了目前我国LED产业和MOCVD设备发展中存在的问题，并作为重点领域支持MOCVD关键设备的研发，明确提出要提高企业自主创新能力，实现大型MOCVD设备国产化的发展目标、思路和模式。指出“鼓励采购国产MOCVD装备，建立使用国产装备的风险补偿机制，支持关键装备国产化”，为解决国产设备难于推广应用的问题提供了政策支持。

MOCVD设备是业界公认的LED产业链中技术最难攻关的环节，先进的技术很难靠进口设备来获得，只有着重于自身力量，整合优势资源，共同攻克难关。在半导体设备国产化方面，日本、韩国已经走在了前列，日本国内MOCVD设备近90%都是其国内厂商制造，韩国政府为尽快摆脱大量MOCVD设备完全依赖进口的局面，从2009年下半起积极推动MOCVD设备自制计划，2010年韩国已至少有两家以企业为主导的单位完成了MOCVD设备的研发工作，应用步伐逐渐加快，国产化初见成效。国外采取的这些措施给我们在MOCVD设备发展方面提供了借鉴和启示。制定适合于我国目前MOCVD设备产业化的推进思路和体制非常重要，我国MOCVD设备的产业化可大致分为两个阶段：第一阶段研制出生产型样机，并完成工艺验证和产业化试点应用；第二阶段是设备定型、批量制造与产业应用推广。第一阶段至少需要2～3年的时间来完成，目前我们还处于第一阶段的前期，这一阶段是最困难也是最关键的过程，在这一过程中，政府的引导和扶持，技术、人才、资金、市场等多方位因素的积极参与将对我国 MOCVD 设备成功产业化起到至关重要的作用。

## 参考文献


［1］ http：//www. aixtron. com/index. php.

［2］ http：//www. veeco. com/products/mocvd. aspx.

［3］ Shuji Nakamura. Future Prospects of SSL. 7th china international exhibition & forum on solid state lighting. 2010.

［4］ Christian Geng. Productivity and Performance. Aixtron international short course on MOCVD technalogy. shenzhen，2010.

［5］ Wu Ling. China SSL Technology and Industry Development Strategies. 7th china international exhibition & forum on solid state lighting. 2010.

［6］ 参见“关于印发半导体照明节能产业发展意见的通知”（发改环资［2009］2441 号）.

# 白光LED荧光粉的发展现状和前景

胡运生 庄卫东 刘荣辉 高文贵 何华强
有研稀土新材料股份有限公司

自20世纪90年代日亚化学[1]首次将蓝光LED芯片和钇铝石榴石型黄色荧光粉组合制成白光LED至今，半导体照明已经走过了10多年的历史。目前量产化白光LED的光效已经提升到了100lm/W以上，研发水平更是突破了200lm/W。这些高效率的白光LED仍然采用的是“蓝光LED+黄色荧光粉”的主流实现方式，这不仅是鉴于成本因素考虑的结果，还归因于荧光粉丰富的光谱内涵有利于方便调控白光LED产品的光、色特性，更容易封装出满足LCD背光、特种及通用照明等一些对光源色品要求较高的新兴应用市场需求的高光效、宽色域（或低色温、高显色）、低成本白光LED。纵观当前高性能白光LED，不难发现它们均是采用荧光粉来进行光色调节的。荧光粉的光色特性直接影响到封装白光LED的光效、显色指数和色温等核心指标，荧光粉已经成为发展白光LED封装的关键材料。

## 一、LED荧光粉的研发及应用现状

### 1. LED用黄色荧光粉

尽管经过了10多年的发展，白光LED目前仍然主要采用的是“蓝光LED+黄色荧光粉”的实现方式，其中所采用的黄色荧光粉也基本上是由稀土激活的铝酸盐荧光粉（化学式：$(Y_{1-x},Gd_x)_3(Al_{1-y},Ga_y)_5O_{12}:Ce$）和正硅酸盐荧光粉（$M_2SiO_4:Eu$，M代表碱土金属）两大系列。这两大系列荧光粉本身均不存在专利问题，如铝酸盐荧光粉早在20世纪60年代就开发出来了，牌号P46，并广泛应用于飞点扫描仪；$M_2SiO_4:Eu$荧光粉也是20世纪60年代开发出来的[2-4]。但在白光LED出现之前这些类型的荧光粉均未得到很好的利用。近年来随着LED技术的快速推进，LED荧光粉制造商，如根本化学、欧司朗、丰田合成、英特美、有研稀土、大连路明等公司，对上述经典荧光粉进行了大量且卓有成效的改进工作。通过元素掺杂和材料制备技术优化等途径，不仅形成了许多发明专利[5-9]，而且也提高了发光效率，推出了许多能够更好地满足100lm/W以上白光LED封装需要的新产品，如弘大的4-3-2（根本化学）、英特美的$YAGO_4$、有研稀土的GP-SMD以及英特美和大连路明的正硅酸盐荧光粉等。

然而，从当前这些经典荧光粉应用的情况来看，铝酸盐荧光粉尽管可通过基质中Y/Gd、Al/Ga等的调节来得到具有不同发射特性的荧光粉，但在与相应的蓝光LED芯片封装成白光LED时色温偏高，可调范围一般在5000～10000K，显色指数也很难超过80。这是由于该系列铝酸盐黄色荧光粉在红光部分的发射严重短缺，造成白光LED产品显色性较差，难以满足低色温照明的要求。现在一些研究试图通过采用发红光的Pr共掺杂或对其进行局部氮化等途径来产生红色发光中心[10]，进而实现改善显色性的目的，但同时却带来了黄光发射及白光LED光效均出现较大幅度下降的问题。

正硅酸盐荧光粉具有比铝酸盐黄色荧光粉更为宽广的发射调节范围，通过调节基质阳离子Ca/Sr/Ba的种类、含量和激活剂$Eu^{2+}$浓度等，可实现该系列荧光粉在黄绿、黄色甚至橙色光（发射主峰505～575nm）的调控[11]，因而封装应用时适合的色温范围比铝酸盐荧光粉更宽，可满足不同色温白光LED的封装需要。同时，该类荧光粉在200～500nm均有很好的激发效率，不仅可以与蓝光LED搭配使用，在紫外LED芯片激发下的发光效率更高。但该系列荧光粉的稳定性不是很好，特别是温度特性比铝酸盐荧光粉要差，导致应用受到了一定的局限。

除了上述的经典荧光粉之外，近年来也开发了一些新的 LED 黄色荧光粉系列，主要有钪/锗硅酸盐荧光粉、α-Sialon: Eu 和 $CaAlSiN_2$: Ce 荧光粉等。

其中 $Ca_3$（Sc，Mg）$_2Si_3O_{12}$: Ce 黄色荧光粉是三菱化学于 2004 年根据稀土发光中心 Ce 离子与石榴石立方晶系的匹配性开发出来的[12]。该类荧光粉具有与铝酸盐黄色荧光粉一样的石榴石相的立方晶系结构，激发光谱也与铝酸盐黄色荧光粉接近，激发主峰位于 450nm 左右，适合于与蓝光 LED 相匹配。但由于激活剂 $Ce^{3+}$ 占据两种不同的 Ca 格位，其发射呈 505nm 和 545nm 双峰发射，而当荧光粉中没有 Mg 的掺杂，即变成 $Ca_3Sc_2Si_3O_{12}$: Ce 荧光粉时，505nm 的绿光发射要强于 545nm 的黄光发射，因而变成了一款绿色荧光粉。同类型的荧光粉还有 GE 开发的 $Lu_2CaMg_2$（Si，Ge）$_3O_{12}$: Ce 等[13]，但这些荧光粉由于使用了昂贵的 Sc 和 Ge，成本较高，目前尚未得到广泛的应用。

α-Sialon 黄色荧光粉的通式是 $M_xSi_{12-m-n}Al_{m+n}O_nN_{16-n}$: Eu（M 为 La、Ce 除外的 Li、Mg、Ca、Y、Ln 等金属元素，$0 < x \leq 2$）[14]，基质 α-Sialon 是 α-$Si_3N_4$ 的固溶体，包含 4 个“$Si_3N_4$”单元，并用 *m* 个 Al-N 键和 *n* 个 Al-O 键部分取代 Si-N 键，这种取代引起的电荷失配由阳离子 M 来补偿。该类荧光粉以 $Eu^{2+}$ 为激活剂，激发光谱呈现双峰，分别位于 300nm 和 420nm 处，适合于与紫外或蓝光 LED 匹配，呈现 500 ~ 750nm 的宽带发射，峰值位于 580nm 附近，而且还可以通过添加 Li、Mg 和 Y 等取代部分 Ca、或调节 Eu 的浓度等来改变发射波长。$CaAlSiN_3$: Ce[15] 在蓝光激发下的发射峰值也在 580nm 附近，半宽 140nm，比铝酸盐黄色荧光粉要宽，而且这两种荧光粉的发射波长均要比铝酸盐黄色荧光粉长，因而适合于更低色温白光 LED 的封装，但它们的光效目前尚不能达到铝酸盐黄色荧光粉的水平，而且其制备条件苛刻，需要高于 1700℃ 的高温，氮化困难，目前尚未见到有批量化的商品推出。

此外还有一种适于长波紫外激发的黄色荧光粉 $Sr_2P_2O_7$: $Eu^{2+}$，$Mn^{2+}$[16]。其中 $Sr_2P_2O_7$: $Eu^{2+}$ 作为一种高效的蓝紫色荧光粉（λem = 420nm）已为人们所熟知，但当 $Mn^{2+}$ 作为共激活剂被引入到体系中后，由于存在 $Eu^{2+} \rightarrow Mn^{2+}$ 的能量传递，使得 $Eu^{2+}$ 的发射减弱，$Mn^{2+}$ 的发射增强，最终形成 λem = 580nm 的宽谱黄光发射。

总之，黄色荧光粉是目前 LED 荧光粉中应用最多的荧光粉。尽管近年来出现了一些新型的黄色荧光粉，但它们的光效均未达到铝酸盐黄色荧光粉的水平，因而至今均未见到新型黄色荧光粉产品被广泛应用。LED 实用黄色荧光粉依然还是经典的铝酸盐黄粉和正硅酸盐黄粉，不过相对于早期的产品，它们在发光效率、颗粒特性和光衰等许多方面均有了显著的改善，这也在一定程度上推动了白光 LED 光效及色温等性能指标的进步。就具体应用来说，铝酸盐黄色荧光粉的发光效率依然最高，其用量也最大，尽管近年来市场份额有一定的下降，但所占比例依然在 2/3 以上。铝酸盐黄色荧光粉市场份额的下降是由于正硅酸盐黄色荧光粉（主要是 $M_2SiO_4$: Eu）应用的兴起和渗透，这一方面得益于铝酸盐黄色荧光粉应用的专利壁垒，另一方则是荧光粉本身。当前的正硅酸盐黄色荧光粉不仅在发光效率已与铝酸盐黄色荧光粉相当，而且其发射波长调控范围比铝酸盐黄色荧光粉要宽，因此可以与铝酸盐荧光粉互为补充，但正硅酸盐荧光粉的稳定性尚需要进一步改善。

### 2. LED 用红色荧光粉

目前 LED 红色荧光粉主要用于补偿“蓝光 LED + 黄色荧光粉”中的红色缺乏以及与蓝光 LED 及绿色荧光粉配合产生白光两个方面。另外，红色荧光粉也是紫外 LED 搭配三基色荧光粉产生白光所不可或缺的组分之一。

在白光 LED 发展早期，LED 用红色荧光粉主要是 $Ca_{1-x}Sr_xS$: Eu 等硫化物荧光粉[17]，此外一些传统的紫外激发的氧化物系列红色荧光粉（如 $Y_2O_2S$: Eu、$Y_2O_3$: Eu、$YVO_4$: Eu 及 3.5MgO · 0.5$MgF_2$ · $GeO_2$: Mn 和 6MgO · $As_2O_5$: Mn 等）也被罗列在各大 LED 厂商申请的专利文献中。其中硫化物荧光粉虽然具有非常优异的光色性能，它在 410 ~ 500nm 高而宽的有效激发带确保了与蓝光 LED 的匹配性，发射也可通过组分调节实现在 600 ~ 650nm 内可控变化，但是存在化学稳定性差、光衰大等致命缺点。氧化物系列荧光粉的激发光谱主要集中在短波紫外区，尽管可以通过引入共激活剂 $Bi^{3+}$ 来提高近紫外区的激发效率[18, 19]，但仍然无法满足白光 LED 封装的需要，一直无法实现商品化。

从20世纪初开始，一些新型的复合氧化物系列红色荧光粉被陆续开发出来，如$Eu^{3+}-Sm^{3+}$共激活的钼/钨酸盐[20,21]、$Eu^{2+}-Mn^{2+}$共激活的硅酸盐等，但均未得到广泛的应用。其中钼/钨酸盐荧光粉由于激活离子$Eu^{3+}$的高浓度掺杂及$Eu^{3+}-Sm^{3+}$间的能量传递，其发光效率有所改善[22]，近年来在国内外得到了广泛的研究，然而其激发光谱在对应LED芯片发射波段处激发峰非常窄，导致应用时芯片波长必须非常严格地控制在很窄的范围内。硅酸盐荧光粉（Ca，Sr，Ba)$_3MgSi_2O_8$：$Eu^{2+}$，$Mn^{2+}$发射深红色光，色纯度非常高[23]，但其发光效率较为有限，目前实际应用也非常少。

近年来，光色特性优异且结构稳定的氮化物红色荧光粉的开发成功并被迅速实用化可以说是LED荧光粉乃至整个荧光粉产业界最大的亮点。这类荧光粉是采用氮元素（N）部分或全部替代目前广泛用作发光基质材料的硅酸盐中的氧元素（O），或同时辅以铝元素（Al）部分置换其中的硅元素（Si）而形成的，激活剂多采用受晶体场环境影响显著的低价态稀土离子，如$Eu^{2+}$、$Ce^{3+}$等。这类材料以（Si，Al）－（O，N）四面体为结构单元，结构非常丰富，光谱适用性强，且发光效率高，稳定性好，激发光谱也与LED芯片的发射非常匹配，因此自20世纪90年代末开发出来以来就得到了LED业界的广泛关注[24,25]。

目前得到广泛研究并已有定型产品推出的氮化物红色荧光粉主要有$M_xSi_yN_z$：Eu（M代表碱土金属Ca、Sr及Ba和Zn中的至少一种，$z=2/3x+4/3y$）和（Ca，Sr）$AlSiN_3$：Eu等。其中$M_xSi_yN_z$：Eu是最早开发出来的氮化物荧光粉[24]，代表性的有$M_2Si_5N_8$：Eu和$MSi_7N_{10}$：Eu两种形式。该系列荧光粉的红光发射归因于氮化物荧光粉大的晶体场劈裂极强的电子云效应，随着碱土金属离子半径的增大及激活剂$Eu^{2+}$浓度的增大，$M_2Si_5N_8$：Eu的宽谱发射逐渐红移，发射主峰可调范围为600～640nm，激发光谱范围200～500nm，适合紫外或蓝光LED激发。$CaAlSiN_3$：Eu红色荧光粉是日本的物质材料研究所于本世纪初开发出来的[26]，它的发光性能和$M_2Si_5N_8$：Eu极为相似，也有一个宽的激发带，覆盖了250～550nm的范围。在450nm波长激发下，发射主峰位于650nm，而且通过采用Sr取代Ca或者调节$Eu^{2+}$含量可以调节发射主峰的位置。$CaAlSiN_3$：Eu荧光粉的温度特性要优于$M_2Si_5N_8$：Eu，当加热到150℃时，$CaAlSiN_3$：Eu红色荧光粉的发光强度为室温时的89%。

正是由于氮化物红色荧光粉与LED芯片良好的匹配性和优越的温度特性，这些荧光粉被开发出来后短短数年时间就取代了传统的硫化物系列红色荧光粉而广泛应用于高性能LED的封装，得到市场和业界的普遍认可。目前氮化物红色荧光粉的主要产品为$Sr_2Si_5N_8$：Eu和$CaAlSiN_3$：Eu，市场份额约占整个白光LED荧光粉的8%，主要用于高显色白光LED的制作。但这些荧光粉目前的市场供货能力吃紧，这主要是由于这类荧光粉的制备条件苛刻，一般需要高温高压的合成条件，生产装备能力限制了产能，再加上制备技术较高。目前掌握这些荧光粉制备技术的主要是一些国际LED荧光粉供应商，如三菱化学、欧司朗等公司，我国只有有研稀土和中村宇极等单位已推出了相关产品。其中有研稀土开发的常压高温氮化还原技术[27,28]，有利于加快产业化技术的推进。此外，北京科技大学刘泉林教授的研究团队近年来也在$CaAlSiN_3$：Eu荧光粉方面做了大量的工作，他们开发了利用二元或多元合金作为原材料来合成这种荧光粉的方法[29]。

### 3. LED用绿色荧光粉

由于采用“蓝光LED＋黄色荧光粉”封装出来的白光LED显色性不是很好，同时鉴于知识产权的考虑，许多封装企业积极研究开发“蓝光LED＋绿、红色荧光粉”的白光组合形式，这就需要能够被蓝光高效激发的绿色荧光粉。此外，当前绿色LED光效不高，也有一些技术采用“紫外LED＋绿色荧光粉”来制作绿色LED的，这也需要高效的绿色荧光粉。

在白光LED的早期专利中，（Ba，Ca，Sr，Eu)$_2$（Mg，Zn）$Si_2O_7$和$BaMgAl_{10}O_{17}$：Eu，Mn等一些传统的绿色荧光粉被罗列应用于LED，但由于光效太低，至今也没有得到实际应用。后来出现了$Ca_8Mg$（$SiO_4$)$_4Cl_2$：Eu[30,31]和$MN_2S_4$：Eu（M＝Ba，Sr，Ca；N＝Al，Ga，In）[32]等一些新型的绿色荧光粉。其中$Ca_8Mg$（$SiO_4$)$_4Cl_2$：Eu的晶体结构稳定，激发光谱非常宽，覆盖了UV到蓝光区域，可以与紫外、紫光或蓝光LED很好地匹配，呈现出主峰在505nm的绿光发射，但该类荧光粉的发光效率也有待于进一步提高才能达到实用的要求。（Sr，Ca，Ba）（Al，Ga)$_2S_4$：Eu作为LED绿色荧光粉在许多文献和专利中均有所介绍，它可在300～500nm波段（特别是400nm和470nm）的光的激发下发出主峰为535nm的绿光，因此可以很好地和紫外或蓝光LED匹配用于制造高亮度的绿光或白光LED，但是其稳定性差却是应用时不可回避的问题。

目前实用的绿色荧光粉主要是通过调节$Ce^{3+}$激活的石榴石型铝酸盐荧光粉和$Eu^{2+}$激活的正硅酸盐荧光粉的基质组分来获得的，其中后者的色纯度要优于前者，稳定性却略逊一筹，业界在应用于制作LCD背光的LED时为了获得宽的色域而选用了后者。此外三菱化学公司开发的发射主峰505nm的$Ca_3Sc_2Si_3O_{12}$: Ce绿色荧光粉最近几年也得到了一定的应用[12]，但这种荧光粉在545nm附近的黄光发射影响了其色纯度，而且荧光粉组分中使用了大量的昂贵Sc元素，成本非常高，需要寻找合适的替代元素来降低成本，并改善色纯度。

此外，在LED绿色荧光粉方面近年来也开发了一些氮氧化物系列的发光材料，如β-sialon: Eu[33]，Ca-α-sialon: Yb[34]，$MSi_2O_2N_2$: Eu[35]，$MYSi_4N_7$: Eu[36]和$Ba_3Si_6O_{12}N_2$: Eu[38]等。其中β-sialon: Eu基质的化学组成为$Si_{6-z}Al_zO_zN_{8-z}$，它是由z个Al-O对等量取代β-$Si_3N_4$中Si-N对形成的，发射主峰位于538nm的高强绿光，半宽55nm，激发光谱为宽谱，能被400～420 nm的近紫外LED或420～470 nm的蓝色LED高效激发。Ca-α-sialon: Yb的高效激发峰位于445nm，发射波长位于550nm处。$MSi_2O_2N_2$: Eu荧光粉基质碱土金属阳离子不一样，其发光也不一样，$CaSi_2O_2N_2$: Eu的最大发射位于562nm的黄光区，$SrSi_2O_2N_2$: Eu位于543nm的绿光区，而$BaSi_2O_2N_2$: Eu则呈现主峰位于491nm的蓝绿光区。激发光谱方面，$CaSi_2O_2N_2$: Eu在300～450nm区是一个高的平台，而$SrSi_2O_2N_2$: Eu和$BaSi_2O_2N_2$: Eu则均在300nm和450nm区有两个可分辨的宽带。$MYSi_4N_7$: Eu在390nm近紫外光激发下呈现出绿光发射，当M分别为Sr和Ba时，它们的发射主峰分别位于548～570nm和503～527nm，$Eu^{2+}$在该氮化物荧光粉中的发射波长相对较短，这是因为Eu-N键长（30.11nm）要长于在α-sialon中的键长（26.05nm）。$Ba_3Si_6O_{12}N_2$: Eu荧光粉是三菱化学公司开发出来的一款LED绿色荧光粉，发射主峰在525nm左右，半宽度65nm左右，适合于250～500nm的光激发，而且据其报道，该款绿色荧光粉的热猝灭特性要优于（Sr，Ba）$_2SiO_4$: Eu绿色荧光粉，目前该公司也已经推出了相关产品，主要用于LCD背光源LED的制作。




绿色荧光粉同红色荧光粉一样，也可以用来与蓝光LED匹配制作高显色白光LED，但目前更主要的是用来制作LCD背光源LED，至今尚没有主导市场的性能优异的产品。两款目前正在应用的绿色荧光粉，$Ca_3Sc_2Si_3O_{12}$: Ce和$Ba_3Si_6O_{12}N_2$: Eu虽然在稳定性方面具有较大优势，但也存在一定的问题，如前者原料成本昂贵，后者制备困难，因此有些公司正在主推铝酸盐绿色荧光粉。尽管在应用数量上正硅酸盐绿色荧光粉占据优势，但其稳定性问题必将影响其后续更大规模的使用。究竟哪一种荧光粉能主导LED绿色荧光粉市场，尚需经过一段时间的市场考验。

**4. LED用蓝色荧光粉**

蓝色荧光粉主要用于“UV-LED+红、绿、蓝三色荧光粉”中，尽管目前采用紫外LED搭配三基色荧光粉来制作白光LED的技术尚未完全成功，但针对这一应用领域而开展的适应于紫外LED激发的红、绿、蓝三基色荧光粉的研究却是如火如荼。

在这些研究工作中，很大一部分是针对一些经典的蓝色荧光粉的研究，如$BaMgAl_{10}O_{17}$: Eu、（Ca，Sr，Ba）$_5$（$PO_4$）$_3$Cl: Eu和（Ca，Sr，Ba）$_3MgSi_2O_8$: Eu等。这3种荧光粉的激活剂Eu均是+2价，受晶体场影响，它们能在UV光的激发下发射明亮的蓝光，其主峰波长分别为450nm、447nm和460nm。

近年来也开发出了一些氮氧化物蓝色荧光粉，如LaAl（$Si_{6-z}Al_z$）$N_{10-z}O_z$: $Ce^{3+}$（又称JEM: Ce）[39]、α-sialon: Ce[40]、（Y，La）-Si-O-N: Ce[41]、$LaSi_3N_5$: Ce[42]、AlN: Eu[43]等。其中JEM: Ce在368nm激发下呈现400～700nm的宽带发射，主峰475nm，而且随着激活剂$Ce^{3+}$浓度或z值的变化，它的激发和发射光谱均红移，从而使得这种荧光粉适应于370～410nm的紫外LED。α-sialon: Ce（$MxSi_{12-m-n}Al_{m+n}O_nN_{16-n}$: Ce）在389nm激发下呈现高效的400～650nm宽带发射，且随着$Ce^{3+}$浓度从5%提高到25%，其发射主峰将从485nm红移到503nm。另外，它的发射主峰也能通过改变N/O、

Si/Al 比例，即 m 或 n 值来调整。而（Y，La）-Si-O-N: Ce 荧光粉的发射主峰通常位于 400 ~ 500nm 波段，最高激发带位于 325 ~ 400nm 波段。$LaSi_3N_5$: Ce 表现出宽带蓝光发射，发射主峰在464 ~ 475nm 可调，在 355 ~ 380nm 激发下其外量子效率可达 34% ~ 67%。AlN 对 Eu 具有低的掺杂度，Si 的引入有利于 Eu 的掺杂，形成的 AlN: Eu 荧光粉在 365nm 激发下具有明亮的蓝光发射，主峰位于 465nm，外量子效率达到 0.46，在 150℃时亮度仍能保持室温时的 90%。

总之，尽管目前对适用于紫外 LED 的三基色荧光粉进行了许多研究，也开发出了一些高性能的新型荧光粉，但它们均尚未得到市场的检验，相信随着紫外 LED 芯片及封装技术的逐渐突破，这些荧光粉的技术储备将会推动采用紫外 LED 来封装制作白光 LED 的快速发展。

## 二、LED 荧光粉国内外发展水平比较

目前实用的白光 LED 荧光粉及其应用的核心专利基本掌握在日亚化学、欧司朗、三菱化学、Lumileds、丰田合成等一些国际大公司的手中。这些公司有些不仅有自己的 LED 器件产业，而且还是国际大型的荧光粉供应商，他们掌握了这些实用荧光粉最先进的制备技术，产品性能也最为优异、稳定。在这些企业中，除日亚化学公司的荧光粉产品不对外销售以外，其他公司均有自己的优势荧光粉产品，如欧司朗公司的 TAG: Ce 黄色荧光粉和 $M_2Si_5N_8$: Eu 红色荧光粉、三菱化学公司的 $CaAlSiN_3$: Eu 红色荧光粉和 $Ca_3$（Sc，Mg）$_2Si_3O_{12}$: Ce 绿（黄）色荧光粉、丰田合成公司的 $M_2SiO_4$: Eu 黄色荧光粉等。此外，荷兰埃因霍芬理工大学的 H. T. Hintzen 教授研究组、日本独立行政法人物质和材料研究机构的谢荣军研究组、三菱化学以及欧司朗等公司在氮化物荧光粉方面处于世界前列，目前报道的大部分氮化物荧光粉均是他们开发出来的。市场方面，白光 LED 需求最大的石榴石型铝酸盐荧光粉主要是日本根本化学在供应（弘大代理），需求量第二的正硅酸盐荧光粉主要是英特美在供应。

我国在白光 LED 荧光粉领域的研发相对较晚，但经过近些年的发展也取得了许多成就，已掌握了石榴石型铝酸盐荧光粉、正硅酸盐荧光粉及氮化物红色荧光粉等主要实用白光 LED 荧光粉制备的关键技术，并推出了相关产品，产品质量接近或达到了国际先进水平。特别是在氮化物红色荧光粉方面，我国也已开发出了氮化物红色荧光粉的常压高温氮化还原制备技术，有利于产业化进程的推动。但总的说来，我国 LED 荧光粉距离国际先进水平仍有较大的差距，这主要表现在以下 5 个方面：

1）专利问题。主要实用白光 LED 荧光粉及其应用的核心专利均掌握在国外大公司的手中，国内 LED 荧光粉尽管也申请了一些专利，但仍然多是围绕老产品的优化和改进，均不是原创性专利。国内申请的专利多以高校申请为主，而企业的申请数量远远低于高校，这就造成专利与产业严重脱节的局面。

2）产品质量问题。国内白光 LED 荧光粉质量参差不齐，大部分荧光粉产品的亮度要低于进口荧光粉水平。尽管有些厂家的石榴石型铝酸盐荧光粉产品的亮度高出根本化学的产品水平，但却存在光衰偏大等问题。特别是国内白光 LED 荧光粉还存在质量不稳定、一致性差等问题，而且由于缺乏相关的封装应用研究，产品试验性能与应用性能差别巨大，导致实际应用效果达不到要求。

3）高显色荧光粉方面。目前国内尚没有定型的高显色荧光粉产品，白光 LED 制造厂商需要的高显色荧光粉基本从国外进口。国内一些荧光粉供应商通过配粉、与下游客户通过长时间的磨合开发了一些高显色荧光粉品种，但性能与进口品仍有较大差距。

4）氮化物荧光粉方面。国内从事氮化物荧光粉开发的单位屈指可数，发展速度缓慢，目前仅有有研稀土和中村宇极两家单位有批量产品推出。

5）我国 LED 荧光粉的研发投入不足，研究工作零散，不同院校间重复研究情况严重，且有许多研究工作集中在一些完全没有应用潜力的荧光粉上面。更为重要的是，我国荧光粉开发与器件封装各自为政，没有形成很好的联动机制，这不利于研究开发材料的应用性能。

## 三、LED 荧光粉的发展前景

迄今为止，在半导体照明的发展进程中，荧光粉一直是白光 LED 实现的关键光转换材料，它在

促进 LED 光效提高及显色指数改善方面做出了巨大贡献。目前有机构在研制多芯片无荧光粉型白光 LED。这种白光 LED 应用于 LCD 显示背光源有一定的优势，但应用于普通照明比较困难。这是因为显示追求的是色纯度，要求蓝色、绿色及红色各色的光谱相互分离来提高色彩表现性，这样采用发射光谱半宽度窄的多芯片型白光 LED 具有一定的优势，但照明追求的是高显色性，要求光源的白光最好是与太阳光接近的连续光谱，这样单纯靠发射光谱半宽度窄的多芯片来实现就具有较大的难度，而利用荧光粉能很容易地实现非常宽的光谱发射。

目前，随着白光 LED 正在朝着大功率、高光效、高显色、低色温、长寿命的方向发展，相应的荧光粉也必须满足以上的应用要求。具体说来，未来 LED 荧光粉的发展方向可能主要集中在以下几个方面：

1）新型、高效、高显色、长寿命 LED 荧光粉的积极开发依然是该领域不变的主题。这不仅是争取核心知识产权、抢占市场份额的需要，也是促进白光 LED 继续发展的动力之源。

纵观目前白光 LED 的核心专利，无一例外均加入新型荧光粉技术，而要突破这些专利，通过开发其他的高效荧光粉是一个非常有效的途径，如欧司朗公司的 TAG 黄色荧光粉[44]、三菱化学公司的 $Ca_3Sc_2Si_3O_{12}$: Ce、$Ba_3Si_6O_{12}N_2$: Eu 绿粉和 $CaAlSiN_3$: Eu 红色荧光粉等。这些新型荧光粉的成功开发不仅取得了相应荧光粉本身的核心专利，而且还有效延伸到了白光 LED 器件的制作，开发出来的相应产品在应用市场上由于拥有专利的优势而大受青睐。随着半导体照明技术的快速进步，大功率、高光效、高显色、低色温、长寿命白光 LED 将需要更多的光效更高、显色性更好、稳定性更佳的新型荧光粉产品来实现指标的持续提升。因此，继续积极致力于新型、高效、先进 LED 荧光粉的开发仍将是未来 LED 荧光粉发展不变的主题。

2）氮化物荧光粉是 LED 荧光粉的一个重要发展方向，新型氮化物荧光粉的开发及其简单化、工业化的制备技术是未来的研究重点。

尽管氮化物荧光粉是近年来才兴起的一类新型荧光粉材料，但它优异的光色性能及稳定性从目前已经广泛应用的氮化物红色、绿色荧光粉即可体现。但氮化物荧光粉目前尚处于开发初期，许多新的物相、现象和规律均需要去开发、发现和研究，特别是它在制备方面的难题更是业界需要迫切解决的关键问题，目前已成为稀土发光材料领域研究的前沿。

3）实用型紫外 LED 用三基色荧光粉的技术储备。

UV-LED 搭配红、绿与蓝三基色荧光粉的白光实现方式具有很好的发展潜力，因为其得到的白光将有更高的显色性，而且不会因为 LED 芯片的老化而出现光色不均匀的现象。但目前由于紫外 LED 芯片光效等方面的问题，该项技术尚未成熟。作为技术发展的一个趋势，LED 荧光粉应该积极应对，努力发展实用型紫外 LED 用三基色荧光粉。

**致谢：**感谢国家 863 计划（2006AA03A133、2010AA03A404）和电子发展基金［2009］453 对我们工作的资助。在本文的写作过程中，感谢大连路明公司的于晶杰副总经理、中科院长春光机与物理所的张家骅研究员、北京科技大学的刘泉林教授和中山大学的王静副教授提供了相关材料。

## 参考文献


［1］ Shimizu Y, Sakano K, Noguchi Y, et al. Light emitting device having a nitride compound semiconductor and a phosphor containing a garnet fluorescent material［P］. US Patent: US 5998925. 1997-7-29.

［2］ Thomas L. Barry, et al. Fluorescence of $Eu^{2+}$-Activated Phases in Binary Alkaline Earth Orthosilicate Systems. J. Electrochem. Soc. 1968, 115 (11): 75-81.

［3］ Blasse G, Wanmaker W L, Vrugtter J W, et al. Fluorescence of $Eu^{2+}$ activated silicates. Philips Res Rep. 1968, 23: 189-193.

［4］ Blasse G, Wanmaker W L, Vrugtter J W. Some new classes of efficient $Eu^{2+}$-activated phosphors. J Electrochem Soc. 1968: 115: 673.

［5］ Franz K, Franz Z, Andries E, et al. Luminous substance for a light source associates therewith. US Patent: US6669866. 2000-7-8.

［6］ Stefan Tasch, Peter Pachler, Gundula Roth, et al. Light source comprising a light-emitting element. US Patent: US6809347. 2001-11-19.

［7］ Dong Y, Wang N, Cheng S F, et al. Novel phosphor systems for a white light emitting diode. US Patent: US7267787. 2007-9-11.

［8］ Zhuang Weidong, Hu Yunsheng, et al. An aluminate phosphor containing bivalence metal elements, its preparation and the light emitting devices incorporating the same. US Patent: US7850869. 2010-12-14.

[9] Xiao Zhiguo, et al. Long afterglow silicate luminescent material and its manufacturing method. US Patent: US6093346. 1997-12-24.

[10] Yum J H, Seo S Y, Lee S H, et al. $Y_3Al_5O_{12}$: $Ce_{0.05}$ phosphor coatings on gallium nitride for white light emitting diodes [J]. J. Electrochem. Soc.. 2003, 150 (2): H47 – H52

[11] 罗昔贤，曹望和，孙菲．硅酸盐基质白光 LED 用宽激发带发光材料研究进展．科学通讯．2008, 53 (9): 1010-1016.

[12] Shimomura Yasuo, Kijima Naoto, et al. Phosphor, light emitting device using phosphor, and display and lighting system using light emitting device. US Patent: US7189340. 2004-2-12.

[13] Setlur Anant A., Heward William J., Gao Yan, et al. Crystal Chemistry and Luminescence of $Ce^{3+}$-Doped $Lu_2CaMg_2$ (Si, Ge)$_3O_{12}$ and Its Use in LED Based Lighting. Chem. Mater.. 2006, 18 (14): 3314-3322

[14] Van Krevel J. W. H., Van Rutten J. W. T., Mandal H., et al. Luminescence Properties of Terbium-, Cerium-, or Europium-Doped α-Sialon Materials. Journal of Solid State Chemistry. 2002, 165 (1): 19-24.

[15] Li Y. Q., Hirosaki N., et al. Yellow-orange-emitting $CaAlSiN_3$: $Ce^{3+}$ phosphor: structure, photoluminescence, and application in white LEDs. Chem. Mater. 2008, 20: 6704-6714.

[16] Srivastava A M, Comanzo H A. White light emitting phosphor blend for LED devices [P]. US Patent: US 6501100. 2002-12-31.

[17] Hu Y S, Zhuang W D, et al. Preparation and luminescent properties of ($Ca_{1-x}$, $Sr_x$) S: $Eu^{2+}$ red-emitting phosphor for white LED [J]. J. Lumin. 2005, 111 (3): 139-145.

[18] Srivastava A M, Duggal A R. Phosphors for light generation from light emitting semiconductors [P]. US Patent: US 6255670. 2001-7-3.

[19] Soules T F, Beers W W, Srivastava A M, et al. Light emitting device with phosphor composition [P]. US Patent: US 6580097. 2003-6-17.

[20] 庄卫东，黄小卫，胡运生等．一种 LED 用红色荧光粉及其制备方法和所制成的电光源．中国发明专利: ZL 200310101629. 7. 2003-10-23.

[21] 庄卫东，胡运生，黄小卫等．白光 LED 用复合氧化物荧光粉及其所制成的电光源．中国发明专利: ZL 200410080483. 7. 2004-10-11

[22] Hu Yunsheng, Zhuang Weidong, Ye Hongqi, et al. A novel red phosphor for white light emitting diodes, Journal of Alloys and Compounds. 2005, 390 (1-2): 226-229.

[23] Setlur A A, Srivastava A M, Comanzo H A. Deep red phosphor for general illumination applications, US Patent: US 7026755. 2003-8-7.

[24] Hintzen H. T., Van Krevel J. W. H., G. Botty. Red emitting luminescent material. European Patent: EP1104799. 1999-11-30.

[25] Xie Rong-Jun, Hirosaki Nano, et al. Rare-Earth Activated Nitride Phosphors: Synthesis, Luminescence and Applications. Materials, 2010, 3: 3777-3793.

[26] Hirosaki Naoto, Sakuma Naoto, Sakuma Takeshi, et al. Light-emitting device and lighting apparatus. US Patent: US7573190. 2005-2-15.

[27] 庄卫东，等．一种硅基氮化物红色荧光粉及其制备方法．中国发明专利．申请号: 200910147787. 3. 2009-6-19.

[28] Teng X M, Liu Y H, Liu Y Z, et al. Preparation and luminescence properties of the red-emitting phosphor $(Sr_{1-x}Ca_x)_2Si_5N_8$: $Eu^{2+}$ with different Sr/Ca ratios. Journal of Rare Earths. 2009, 27 (1): 58-61.

[29] 刘泉林，等．一种红色荧光材料的制备方法．中国发明专利．申请号: 201010034222. 7

[30] Zhang X, Liu X R. Luminescence properties and energy transfer of $Eu^{2+}$ doped $Ca_8Mg(SiO_4)_4Cl_2$ phosphors [J]. J. Electrochem. Soc.. 1992, 139 (2): 622 ~ 625.

[31] Fang Y, Zhuang W D, Sun Y M, et al. Luminescence Properties of $Eu^{2+}$ and $Mn^{2+}$ Co-doped $Ca_8Mg(SiO_4)_4Cl_2$ [J]. J. Rare Earths. 2004, 22 (1): 122 ~ 125.

[32] Mueller-Mach R, Mueller G O. Tri-color, white light LED lamps [P]. US Patent: US6686691B1. 1999-9-27.

[33] Hirosaki N., Xie R. J., Kimoto K., et al. Characterization and properties of green-emitting β-SiAlON: $Eu^{2+}$ powder phosphors for white light-emitting diodes. Appl. Phys. Lett. 2005, 86: 211905.

[34] Xie R. J., Hirosaki N., Mitomo M., et al. Strong Green Emission from α-SiAlON Activated by Divalent Ytterbium under Blue Light Irradiation. J. Phys. Chem. B. 2005, 109: 9490.

[35] Li Y. Q., Delsing A. C. A., With G. de, et al. Luminescence Properties of $Eu^{2+}$-Activated Alkaline-Earth Silicon-Oxynitride $MSi_2O_2N_2$. Chem. Mater. 2005, 17: 3242.

[36] Li Y. Q., Fang C. M., With G. de, et al. Preparation, structure and photoluminescence properties of $Eu^{2+}$ and $Ce^{3+}$-doped $SrYSi_4N_7$, J. Solid State Chem. 2004, 177 (12): 4687-4694.

[37] Yumi Fukuda, Kunio Ishida, Iwao Mitsuishi, et al. Luminescence Properties of Eu2p-Doped Green-Emitting Sr-Sialon Phosphor and Its Application to White Light-Emitting Diodes. Applied Physics Express, 2009, 2: 012401.

[38] Shimooka Satoshi, Ueda Kyota, Mikami Masayoshi, et al. Complex oxynitride phosphor, light-emitting device using same, image display, illuminating device, phosphor-containing composition and complex oxynitride. US Patent: US7833436. 2010-11-16.

[39] Takahashi K, Hirosaki N, Xie R J, et al. Luminescence properties of blue $La_{1-x}Ce_xAl(Si_{6-z}Al_z)(N_{10-z}O_z)$ ($z<1$) oxynitride phosphors and their application in white light-emitting diode. Appl. Phys. Lett. 2007, 91 (9): 091923.

[40] Xie R. J., Hirosaki N., Mitomo M., et al. Photoluminescence of Cerium-doped α-SiAlON. Materials: J. Am. Ceram. Soc.. 2004, 87

(7): 1368-1370.

[41] van Krevel J. W. H., Hintzen H. T., Metselaar R., et al. Long wavelength $Ce^{3+}$ emission in Y-Si-O-N materials. J. Alloys Compd. 1998, 268: 272.

[42] Suehiro Takayuki, Hirosaki Naoto, Xie Rong-Jun, et al. Blue-emitting LaSi3N5: $Ce^{3+}$ fine powder phosphor for UV-converting white light-emitting diodes. Appl. Phys. Lett. 2009, 95 (5): 051903.

[43] Inoue Kazuo, Hirosaki Naoto, Xie Rong-Jun, et al. Highly Efficient and Thermally Stable Blue-Emitting AlN: $Eu^{2+}$ Phosphor for Ultraviolet White Light-Emitting Diodes. J. Phys. Chem. C. 2009, 113 (21): 9392-9397.

[44] Franz K, Franz Z, Andries E, et al. Luminous substance for a light source associates therewith. US Patent: US6669866. 2000-7-8.

# LED 驱动控制进展

华桂潮
英飞特电子（杭州）有限公司

LED 作为一种新型光源，被誉为照明史上的第三次革命，将会突破传统照明固有形态与表现形式，在寿命、可靠性、发光效率方面，也要比当前应用最广泛的传统气体放电灯、钨丝灯光源高很多。对于单颗 LED 芯片来说，只要解决好散热问题，将 PN 结温度控制在合理的范围内，寿命达到数万小时以上并不很困难。但在 LED 照明实际推广应用中，LED 灯具在其设计寿命周期内，出现失效的情况非常普遍。据业内信息统计，目前 LED 灯具的失效，90% 以上都是由驱动器失效引起，即便是光源的失效，很大一部分也和不合理的驱动方式有关。当前 LED 芯片的发光效率还在以较快的速度提升，而价格也在以较快的速度下降，可以说在现阶段和未来一段时间内，LED 驱动将成为制约 LED 照明发展的重要因素之一。而 LED 驱动电源的先进设计及标准制定则成为解决此问题的关键。

## 一、LED 驱动存在的主要问题

当前 LED 驱动存在的主要问题是可靠性低、标准化困难、成本高，并且这 3 个因素间有很强的关联性。

### 1. 可靠性问题

在排除一般性设计问题的情况下，LED 驱动器的可靠性比传统开关电源低的原因主要有以下几点：

1）靠近热源。LED 虽然发光效率较高，但 LED 光源自身发热比较严重。LED 驱动器通常放置在灯具内部，靠近 LED 光源，在大环境温度只有 20～30℃的常温下，驱动器周围的环境温度就很容易达到 50～60℃，在如此高的环温下要保证驱动器的可靠性，对设计（尤其是效率指标）具有很大的挑战性。

2）长期满负荷工作。在不调光的情况下 LED 驱动器就已接近满负荷工作，而开关电源在绝大部分应用领域，如计算机电源（适配器）、通信电源、家用电器等，长期工作的平均功率通常只有额定功率的 30%～40%，所有负载都开启的满功率状态只在特定的少数时间内会出现。

3）对于道路、广场等室外照明场合，容易遭受雷击失效。驱动器内部的高温度甚至可能导致防雷器件的寿命大大低于预期的设计寿命。

### 2. 标准化问题

目前 LED 照明行业尚缺乏统一的标准，造成国内众多厂家产品标准不一，在很大程度上分散了国内研发力量的精力，尤其在 LED 灯具的开发过程中，无目标的盲目研发，大大的浪费了人力、物力。因此，缺乏行业标准在一定程度上已成为制约 LED 行业高速发展的瓶颈。

LED 驱动器标准化困难是因为 LED 光源一般由数量较大的多颗 LED 芯片串并联构成，即便相同功率的 LED 光源，选取的单颗 LED 芯片功率不同，多颗芯片的串并联组合不同，驱动器的规格也不同。特别是多路 LED 直接并联可能存在严重电流不均衡问题，导致 LED 寿命远低于预期，如果每一路 LED 独立恒流控制，传统的多路 LED 驱动方案将使得驱动器的标准化变成不可能完成的任务。

### 3. 研发周期短及知识产权保护的问题

目前，大量的非标定制产品是导致驱动器可靠性降低的重要原因之一。非标准的定制驱动器因为开发周期和产品生命周期短，产品缺少长期实际应用的考验和经验积累，常常会因为一个小小的设计疏忽，导致所有可靠性设计的努力付诸东流。另外，国内有一小部分厂商一味追求成本低廉，而抛弃产品的质量标准，使得LED照明行业鱼龙混杂，在一定范围内误导了消费者，使得市场存在质疑LED照明可行性的声音，也从某种程度上延缓了LED照明的发展速度。

在知识产权方面，国内有部分厂商在推广LED灯具时，不愿意投入研发力量，一味地模仿、抄袭其他公司的产品，窃取他人的研发成果，通过走捷径来获取利润，此种行径不仅侵害了其他公司的利益，也打击了那些创新型企业在研发投入上的积极性，从而制约了行业的技术积累。

#### 4. 成本问题

最后一个困扰半导体照明大规模应用的瓶颈是成本。分析LED灯具的成本结构，散热组件约占三成，电源供应系统占两成，组装部分占5%，LED组件则占最大比例，达45%之多。在LED灯具的各个部分中，电源模块肩负节能重任。

随着LED芯片成本的快速下降，LED驱动器占整体灯具成本中的比重呈逐步上升的趋势。导致LED驱动器成本高的因素也是多方面的。首先开关电源属于发展了几十年的传统成熟行业，器件、原材料价格下降缓慢甚至时有升高；其次LED驱动器恶劣的工作环境和高可靠性要求，进一步推高了驱动器的成本；另外，驱动电源难于标准化的问题，不但使产品分摊了更多的研发成本，还使小批量多规格的驱动器产品生产和采购难于规模化，成本大幅度增加。

## 二、LED驱动发展历程及技术现状

LED驱动技术经历了从单输出恒压驱动（+光源内置恒流源），单输出恒流驱动以及调光技术阶段，发展到多输出恒流技术以及多输出恒流调光技术，如图4.1-62所示。





LED自身的特性决定了LED适合恒流驱动，这一点已得到广泛的共识。LED光源的一个显著特点是光源通常由多颗LED芯片构成，因此LED的驱动方式也是多种多样的。随着LED芯片及光源技术的发展，多输出恒流技术和调光技术的研究及应用越来越普遍。

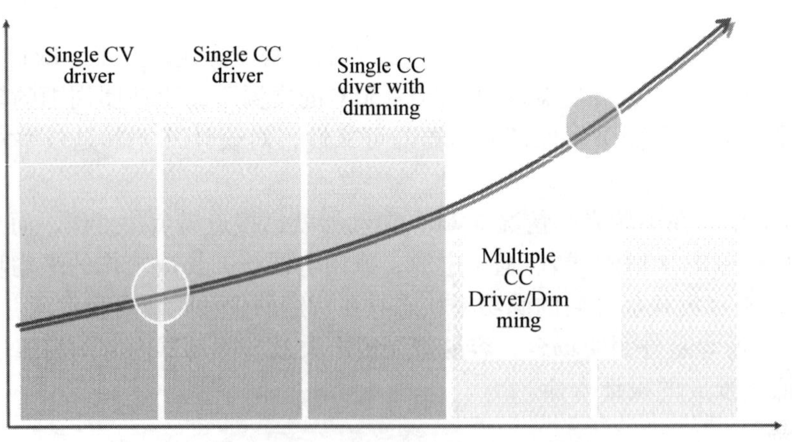


图4.1-62　LED驱动技术发展历程

#### 1. 单路恒流驱动

最简单的LED驱动方式是用单输出电源，将LED光源整体作为一个单路负载进行驱动。构成LED光源的多颗LED有多种连接方式，图4.1-63所示的是所有的LED灯串联的连接方式，单输出电源为恒流源特性驱动LED灯。由于所有灯串联，因此没有均流问题，但LED串联数量较大时，灯电压会过高，过高的灯电压会令灯具整体符合安全标准需要付出较高的绝缘成本。LED灯和散热器绝缘要求越高热阻也越大，散热效果差，对LED寿命的影响也就越大。

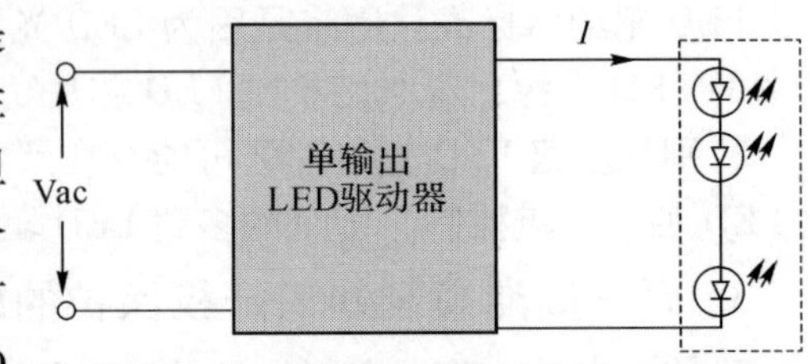


图4.1-63　LED灯串联的连接方式

作为改进，如图 4. 1-64 所示的 LED 灯为网格状排列结构，这种结构可避免光源的电压过高，当并联 LED 数量较大时，单颗灯开路，对整个 LED 灯的影响较小，但这种单颗 LED 直接并联的方式，LED 的电流均衡性差，造成 LED 光源可靠性降低；同时其中一个 LED 短路，与之并联的 LED 都熄灭。

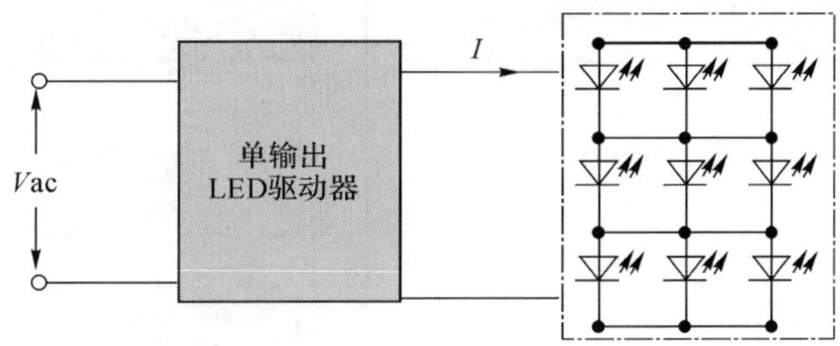


图 4. 1-64 LED 灯的网格状排列结构

图 4. 1-65 所示的结构，LED 串联后再相互并联，在没有 LED 失效的情况下，该结构均流特性好于图 4. 1-64 所示的网格状结构，但如果部分 LED 发生短路故障时，会造成多串 LED 间严重的电流不均衡。

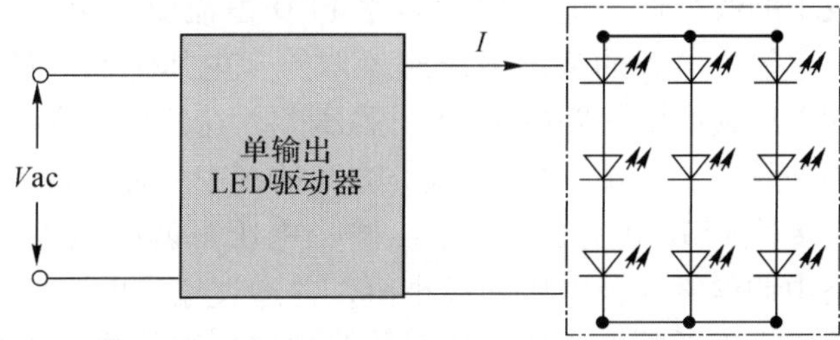


图 4. 1-65 LED 串联后再相互并联的结构

从以上分析可以看出，单输出的恒流 LED 驱动，应用有很大的局限性，特别是 LED 芯片并联的连接方式将严重影响光源的寿命、可靠性。

### 2. 多路恒流驱动

图 4. 1-66 所示的 LED 每路 LED 输出独立恒流控制的驱动方式是一种比较理想的驱动方案，解决了多路 LED 输出间的电流不均衡问题，克服了前述单输出恒流源结构的缺点。

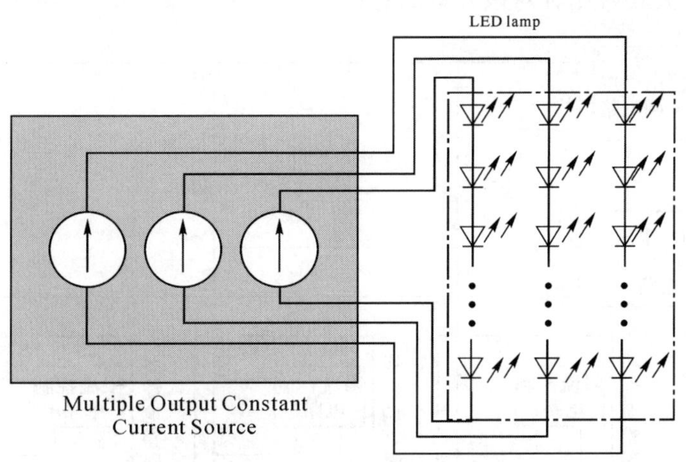


图 4. 1-66 独立恒流控制方式

下面对一些多路 LED 独立实现恒流控制的方法做一些介绍。

最常见的 LED 多路驱动方案，如图 4. 1-67 所示，通常在单输出恒压源的输出端，配置多个非隔离 DC/DC 变换器，每路 LED 由单独的 DC/DC 变换器实现恒流控制。但该方案的缺点是：DC/DC 变换器成本高，电路复杂，可靠性低；增加一级 DC/DC 开关变换器，驱动效率降低，还会产生额外的电磁干扰（EMI）等；不同光源的每路 LED 的功率、电压、电流差异性较大，DC/DC 变换器的设计很难标准化。

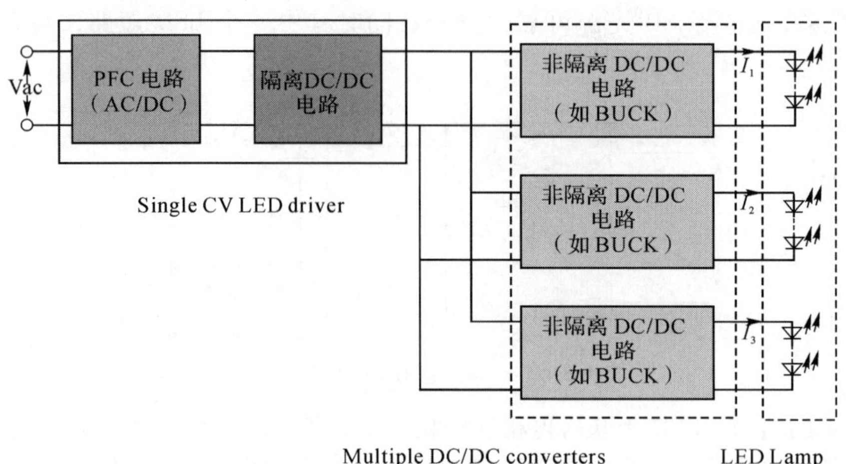


图 4. 1-67　LED 多路驱动方案

单输出电源 + 多路低成本的线性调节电路实现多路 LED 恒流驱动也是常用多路 LED 驱动手段。为实现线性调节的高效率，单输出电源的输出电压应近似等于电压最高一路 LED 的电压，其他路的线性电流调节电路只承担和电压最高的一路的 LED 间的压差，这样将多路 LED 间压差控制在较小的范围内，仍能保持较高的驱动效率。图 4. 1-68 是该类方案的其中一种实现方式。

用线性调整电路来实现多路 LED 恒流驱动，前级输出电压可调电压源通过最小值采样电路采样后级多路线性调整限流电路中调整管漏极电压的最小值，并通过输出电压控制电路将此最小值做反馈控制，使该最小值始终保持一个很低的电压值，从而使输出电压可调电压源的输出电压 *Vo* 始终比多路 LED 中电压最高的一路灯电压略高，使线性调整限流电路在保证每路 LED 灯按限流点恒流驱动的基础上的功耗始终接近最小。该方案的每路线性调整限流电路成本低，在多路 LED 的压差较小时，可以保持较高的效率。

该方案的缺点是：如接线复杂，需要增加开路保护才能维持其他路负载的正常工作，线性调整限流电路，输出电压跟随调节电路通常需要和输出电压可调电压源一起放在驱动器内部，多路 LED 间压差较大时调整管损耗较大，驱动器发热严重，影响驱动器寿命及可靠性。

目前，已有多家 IC 公司推出针对该方案的芯片。

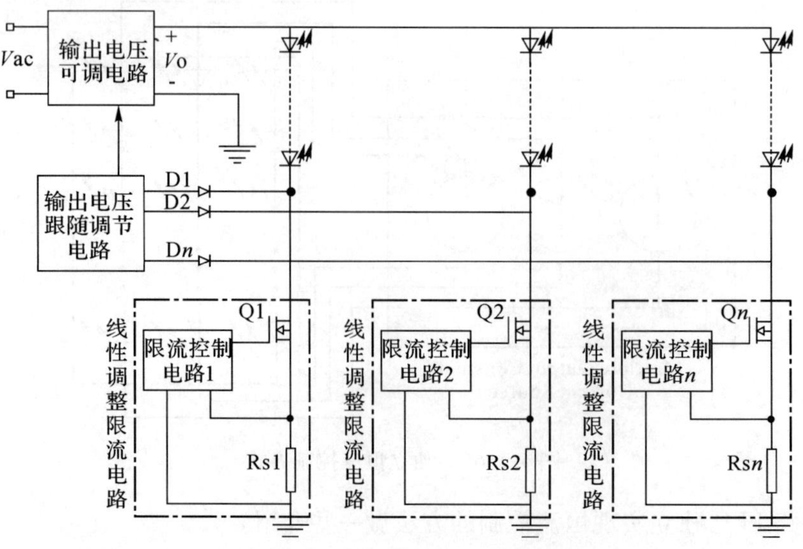


图 4. 1-68　单输出电源 + 多路低成本的线性调节 LED 恒流驱动

## 三、LED 驱动的新技术研究

针对 LED 驱动不少新的研究正在进行中，比如多路恒流技术、调光技术以及多路调光调色技术等，都是当前研究的热点。

### 1. 无源自均流技术

利用无源器件如变压器、电容实现多路 LED 恒流驱动是一种有前景的设计思路。这些方案的主要优点是电路简单、可靠，实现多路 LED 电流的均衡驱动不需要额外的控制电路，并且在多路 LED 间压差较大时仍能保持很高的驱动效率。图 4.1-69 是该类方案一种实现方式，分别利用 DC/DC 变换器变压器一次串联和变压器二次绕组串联的电容，实现了 4 路 LED 的均流驱动。

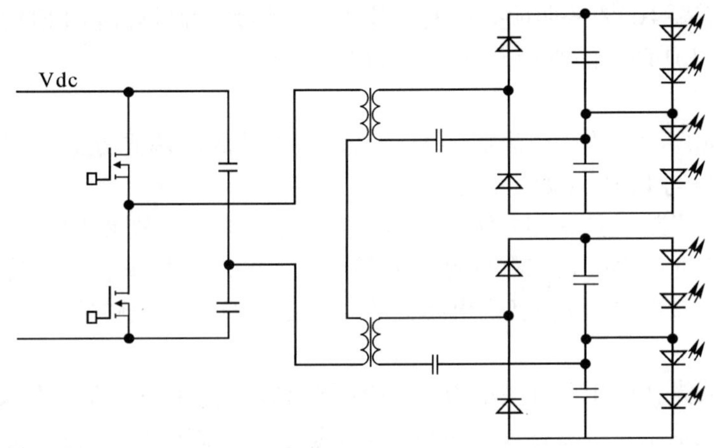


图 4.1-69　无源器件多路 LED 恒流驱动

### 2. 直流母线集中驱动

传统的 LED 照明系统结构采用的方式通常如图 4.1-70 所示，交流电网电压经过配电开关直接供电到每个灯具，每个灯具内设置一个 AC/DC 驱动器，驱动对应的 LED 光源，称为分布式供电系统。该分布式方案，由于驱动器内置于灯具，靠近热源，环境温度高，因此驱动器的可靠性不高；每个光源需要一个独立驱动器配套，整体驱动成本高；当每个独立光源的功率较小时分布式单一驱动器的效率很难提高。

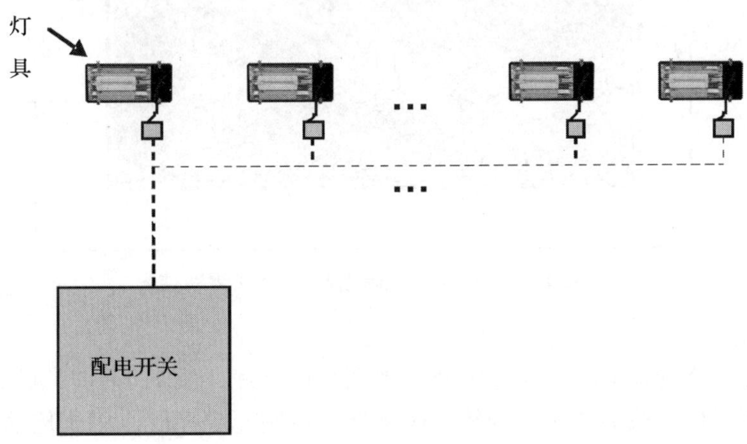


图 4.1-70　传统 LED 照明系统结构

对多个灯具用集中 AC/DC 模块输出的直流母线进行供电也是提高驱动可靠性、降低整体驱动成本的有效手段。

集中驱动提高可靠性主要体现在以下几个方面：集中 AC/DC 模块可以放置在远离灯具热源的地方，降低电源模块内部温升；灯具内只放置简单、失效率极低、无电解电容的 DC/DC 电流控制电路。

当由集中 AC/DC 模块供电的灯具达到一定数量时，集中驱动的整体成本比每个灯具配置一个独立 AC/DC 驱动器的成本低。

### 3. 调光调色功能的实现

LED 灯具以其特有亮度和颜色（色温）的调节特性，在调光调色方面和传统气体放电光源相比，要容易得多。亮度和颜色（色温）的调节可更好地满足人们对照明舒适度和情绪渲染的要求，也能更好地体现 LED 的节能效果。调光技术和驱动技术的结合，实现更高品质的照明将是未来 LED 照明发展的一个重要方向。

作为一种固态光源，LED 光源的稳定性好，只要能保持电流的稳定，LED 即便在微弱的电流驱动下也不会出现闪烁。因此单单就驱动而言，实现 LED 电流的调节非常容易并且成本很低。对于一些发光亮度可以按照不同的情况进行调整的应用，比如广场、街道、隧道等户外场合及超市、厂房等室内照明系统，在不需要 100% 的照明亮度时，使用集中调光控制器降低 LED 光源亮度能够节省更多的电能。目前常见的 LED 调光的驱动方案主要有以下几种：

（1）相控斩波技术

传统相控斩波调光广泛应用于白炽灯的调光，是一种低成本调光方案。图 4.1-71 是相控斩波调光器（为前沿调光器）与 LED 驱动结合的框图。

传统的相控斩波调光技术具有调光状态下功率因数差、电磁干扰大等缺点，但作为取代白炽灯的应用场合仍然很多，因此很多公司都在做这方面的研究，各芯片厂家也纷纷推出用于 LED 调光的控制芯片，如 NXP、NS、ON、PI 等都已推出相关芯片以使 LED 驱动能够适用于传统的相控斩波调光应用。

由于传统的相控调光在应用于开关电源类 LED 驱动器时存在调光器和开关电源负载的阻抗匹配问题，远比白炽灯调光困难，虽然各大公司纷纷推出适应可控硅调光的控制芯片，但目前仍然没有一种理想的方案解决稳定的调光效果与驱动高效率之间的矛盾。因此适应传统相控调光器的 LED 驱动技术仍然是一个值得研究的方向。

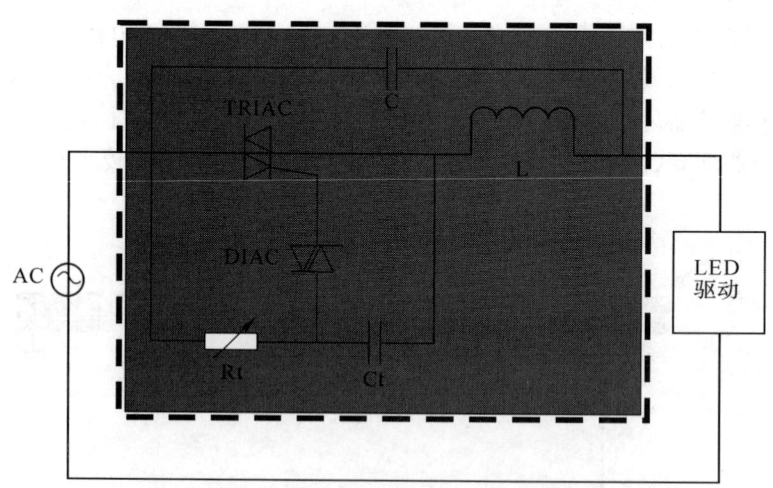


图 4.1-71　相控斩波调光器与 LED 驱动结合

（2）信号线调光

除了供电电源外，驱动器的输入端还需要两根调光信号线，如图 4.1-72 所示。

该调光方式，调光信号线需要引入到每个驱动器来控制光源亮度，用于传输距离较远的场合，施工布线麻烦，增加的成本较多。同时难以适应成熟的驱动器内置的光源产品，例如球泡灯、荧光灯等都有标准的两线输入接口结构。

但由于这种调光方式容易实现，接口符合 IEC60929 标准的 0～10V 调光接口，可以和诸多控制系统及控制模块（如 DALI、DMX 等）实现智能控制，是目前商业照明系统中应用较多的一种调光方式。

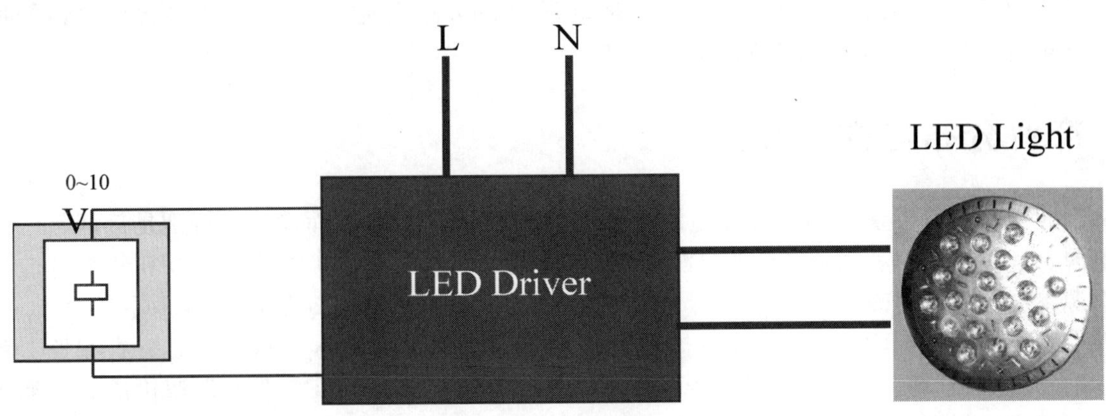


图 4.1-72　信号线调光

（3）调光系统

电力线载波通信是利用电力线作为信息传输媒介进行语音或数据传输的一种通信方式，可传递复杂的调光信息，应用于照明领域，能够对每个光源独立控制，可以实现集中控制中心和被控设备之间的双向通信，如图 4.1-73 所示。利用既有的电力线架设通信控制网络，一方面可节省人力物力，另外有线通信不受天气和地形的影响，也保证了通信的可靠性。但缺点是电力载波通信只能在同一个电力变压器上的设备间进行，并且容易受电网上其他设备的电磁干扰，需要一个复杂的信号发生装置，同时每个独立光源需要增加一个复杂的信号接收装置。对于大多数只需实现基本照明功能的场合，实现调光功能的技术过于复杂，成本高，可靠性相对比较低。国内有些公司在着手电力载波用于 LED 调光系统方面的研究与应用工作。

ZigBee 技术是一种近距离、低功耗、低速率的双向无线通信技术，主要用于距离短、功耗低且传输速率不高的各种电子设备之间进行数据传输以及典型的有周期性数据、间歇性数据和低反应时间数据传输的应用。相比电力载波技术，ZigBee 具有安装成本低、组网灵活等优点。但缺点是受无线传输路径的影响，有衰变、频散、与频率有关的衰减、安全等问题。该技术可以实现很复杂的调光系统，目前国内外有很多公司已经致力于 ZigBee 调光系统方面的研究工作。

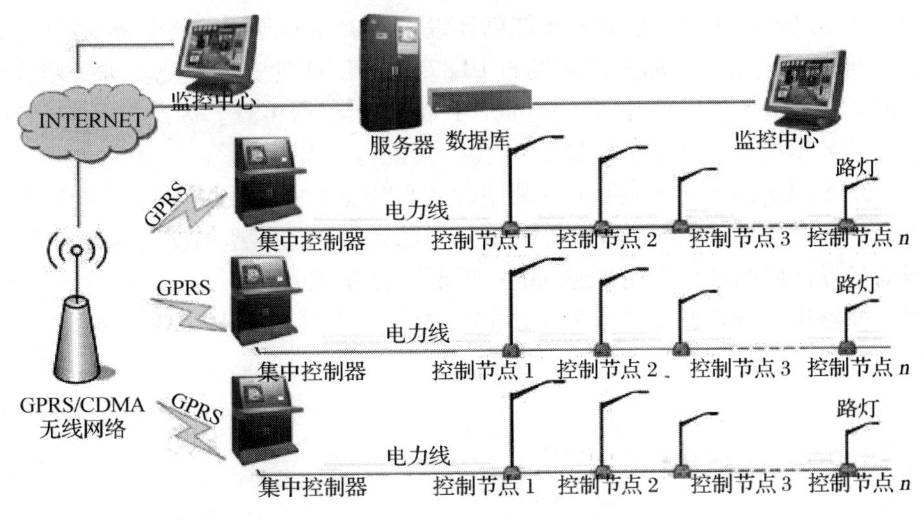


图 4.1-73　电力线载波通信

从以上分析可以看出，目前正在应用以及研究的 LED 调光技术以及系统都各有优缺点，在实际应用中普及推广都受到一定应用场合的限制。因此从整个调光系统的角度出发，一种控制简单、低成本的调光技术及系统解决方案是具有非常广阔应用前景的，可以使 LED 节能效果更加显著，特别是在当前 LED 光源的成本还比较高的情况下，低成本的调光技术可大大提升 LED 照明的性价比。

鉴于上述，不管从 2008 年的 AC ~ DC 单路恒压再接 DC ~ DC 恒流输出 LED 驱动电源，到 2009

年 AC ~ DC 单路恒流输出 LED 驱动电源，还是 2010 年的多路均流、二线、三线调光驱动器的批量试产，都不难看出当今 LED 驱动技术的突飞猛进。

## 四、产业分布与推广应用

从产业规模上看，整个 LED 驱动电源行业随着 LED 照明的发展而发展，特别是近两年，许多原通信电源、计算机电源和消费电源的电源制造厂家也进入 LED 驱动电源行业。2010 年 6 月广州光亚展，电源参展企业已突破 50 家。而今年预计整个 LED 驱动电源产值将在 10 亿元左右。

在中国，LED 照明驱动行业基本上被本土 LED 驱动电源企业占领，目前主要分布在长三角地区（如杭州、南京和上海）和珠江三角地区（如深圳、广州、珠海）。LED 驱动电源供应商的涌现，为 LED 照明厂商提供了更多的选择，同时也有了更多的竞争。另外，由于 LED 驱动电源的进入，也带动了芯片和功率器件国产化的大幅度增长，例如 MOS 管、IGBT 等。在整个 LED 驱动电源行业的技术研发、产品质量、供货能力及产品实际使用等方面，占有较大市场份额和一定优势的企业有台达电子、瑞谷、茂硕、英飞特等公司。

## 五、对未来发展的展望

分析 LED 灯具的成本结构，电源驱动模块虽然仅占比重较小，却承担了整个 LED 部件寿命和可靠性的重要责任。未来的 LED 驱动方案除了高效率、高可靠、低成本的要求外，由于 LED 光源有别于其他光源的特点，因此易实现标准化、模块化设计，且能实现多路 LED 电流均衡的驱动方案是发展方向。直流母线集中驱动多个光源在一些应用中会有很强的优势，集中驱动可以提升半导体照明的整体驱动效率，改善半导体照明系统整体的电磁兼容性，延长 LED 光源和驱动器的寿命，提高可靠性，降低照明系统的整体成本。智能化的亮度、颜色调节等功能和 LED 驱动的结合，将使 LED 驱动的设计站在系统化设计的高度。

2010 年 11 月 16 日，国家半导体照明工程研发及产业联盟发布的《照明用 LED 驱动电源通用规范》，进一步完善了 LED 驱动电源的标准。在国外，国际电子技术委员会（IEC）及欧洲标准 IEC/EN 61347-1 和 IEC 61347-2-13 早在 2006 年就已经发布，美国能源部与环保署制定的《美国能源之星 LED 灯泡规范》也已开始实施，加上之前发布 UL8750 LED 灯具安全规范。进一步完善了 LED 驱动电源的标准，使 LED 驱动电源的设计有法可依，产品标准有据可查。因此，目前已有大部分专业的 LED 驱动厂家，开始遵照执行和申请认证。

“十二五”期间 国家将半导体照明列为战略性新兴产业的重点发展方向，这给半导体照明带来了难得的发展机会，中国半导体照明产业面临前所未有的政策机遇、超乎预期的技术升级空间和巨大的市场潜力，当前半导体照明推广应用中遇到的一些驱动器瓶颈问题，已经或即将被一些具有雄厚研发实力的驱动器厂商解决，LED 驱动技术的进步将成为整个半导体照明产业发展的助推器，而绝非发展的瓶颈。

# 第二章 "十一五"863 项目总结及成果汇编

## "十一五"863 计划"半导体照明工程"重大项目进展情况概述

科技部半导体照明工程项目管理办公室

半导体照明是继白炽灯、荧光灯之后照明光源的又一次革命，被公认为最有发展前景的高技术节能产业之一，技术发展迅速、应用领域日益广泛、节能潜力大，各个国家和地区展开积极部署，抢占产业制高点。

2006 年 8 月，国家科技部在"十五"国家半导体照明工程实施的基础上，根据国家中长期科学和技术发展规划的部署和"十一五"科技发展规划，在"十一五"国家 863 计划新材料领域中设立"半导体照明工程"重大项目，安排经费 3.5 亿元。

项目的战略目标是通过自主创新，突破白光照明部分核心专利，解决半导体照明市场急需的产业化共性关键技术，完善半导体照明产业链。2010 年白光 LED 的发光效率达到国际同期先进水平（100 ~ 130 lm/W），替代 50% 进口高亮芯片，实现 MOCVD 工业化示范及关键配套材料的国产化，进一步降低成本；申请发明专利 200 项以上，形成一支高素质的技术创新团队，建立国家公共研发平台；以基地为依托建设公共服务平台，形成特色产业集群；在产业链上的主要环节形成 2 ~ 3 家龙头品牌企业；实现在重大工程的示范应用；形成具有国际竞争力的半导体照明新兴产业。

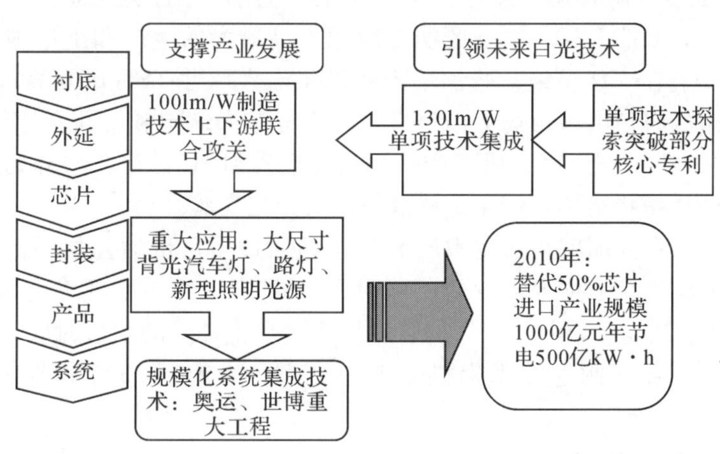


图 4.2-1 863"半导体照明工程"重大项目总体部署

## 一、计划总体安排情况

"十一五"863 计划"半导体照明工程"重大项目共立项课题 103 项，安排经费 35046 万元。课题承担单位 75 家，其中包括企业 49 家，高校 15 家，科研院所 11 家。

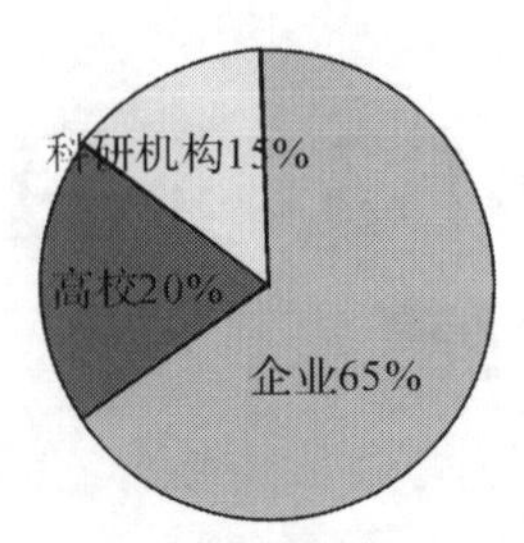

图 4.2-2　课题承担单位类型分布

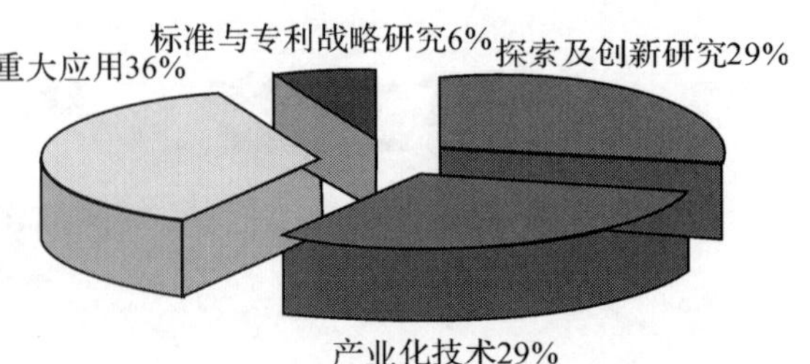

图 4.2-3　项目各主要方向安排经费占总经费比例

## 二、计划总体进展、成效情况

“十一五”863 重大项目实施以来，我国 LED 外延材料、芯片制造、器件封装、荧光粉等方面均已显现具有自主知识产权的单元技术，部分核心技术具有原创性，初步形成了从上游外延芯片制备、中游器件封装、下游集成应用比较完整的研发与产业体系，为我国 LED 产业做大做强在一定程度上奠定了基础。自 2006 年项目启动以来，共有各类职称人员 1886 人参与，中级以上职称人数 1206 人，课题国家拨款总经费投入 35046 万元，各单位自筹合计投入 95316 万元，项目带动的相关技术成果产值达 108704 万元，实现利税 9809 万元，新增产值 118055 万元，带动出口 10371 万元。

项目完成取得的重大进展情况如下：

### 1. 技术不断突破，建立了完整的创新链

1）产业化关键技术取得较大突破。以企业为主体的 100lm/W LED 制造技术进展较快，已有厦门三安光电股份有限公司等芯片企业在产业化线上完成的功率型芯片封装后白光光效超过 100lm/W。功率型白光 LED 封装达到国际先进水平。具有自主知识产权的功率型硅衬底 LED 芯片封装后光效达到 90lm/W，处于国际先进水平。

2）MOCVD 装备核心技术开发进展顺利，已开发出 6 片型和 7 片型 MOCVD 系统，并已进行了工艺验证，外延膜的均匀性和重复性优于 ±5%，中科院半导体所开发的 MOCVD 设备所制备出的蓝光 LED 芯片 20mA 下发光功率大于 8mW。3 家课题承建单位成功研制出 HVPE 生长系统，其中南京大学在研发的推广型立式 HVPE 系统上开发出一种 HVPE GaN 自支撑衬底的生长技术。

3）规模化系统集成技术研究和重大应用效果显著。应用产品种类与规模处于国际前列，已成为全球 LED 全彩显示屏、太阳能 LED、景观照明等应用产品最大的生产和出口国。青岛海信集团和深圳帝光联合开发出动态背光 LED 模组，海信集团建成年产大尺寸 TFT-LCD 背光模组 10 万片的示范线，采用 LED 背光模组的海信电视市场上销售良好。吉林东光瑞宝和常州星宇已开发出 LED 汽车前照灯，其中常州星宇的一款前照灯已完成了产品的国检报告和 3C 认证，并开始了小批量的供货。南京农业大学研发 5 套 LED 植物组培专用光源样灯已进行组培实验。

4）“130lm/W 半导体白光照明集成技术研究”课题通过项目带动公共平台条件建设，初步建成了采用产业化设备，开展产业化技术开发的“柔性”工艺线，建立了理事会领导下的主任负责制，正在建立与产业研发基金互动、企业化运作的管理模式。自主开发的图形衬底和相关的外延技术成功地转移到企业，为企业产业化制造技术提供了有力支撑，为实现 130 lm/W 课题目标奠定了坚实基础。

### 2. 人才、标准、专利战略成效显著

结合重大项目的实施，通过国内培养和海外引进等方式，已经初步建立了全产业链的完整的技术创新团队，为半导体照明新兴产业的发展提供了持续的动力和保障。专利战略成效显著，目前 863 项目承担单位已申请专利 1176 项（其中发明专利 747 项），授权专利 400 项，国外发明专利 36 项。项目带动课题单位牵头和参与制定国家标准 10 项，行业标准 10 项，地方及企业标准 75 项。通过项目管理单位的协调推进，相关部门已发布了 12 项半导体照明国家标准和 9 项行业标准。针对技术、产品发展快的特点，联盟还组织相关标准化组织、检测机构、企业和专家及时编写了《整体式 LED 路

灯测量方法》、《LED 道路照明产品》、《LED 隧道灯》、《LED 日光灯管》等 8 项技术规范，对引导行业的技术创新和产品应用，发挥了较好的作用。

### 3. 产业化与基地建设稳步推进

截止到 2010 年底，带动国内半导体照明行业总产值近 1200 亿元，其中芯片产值 50 亿元，封装产值 250 亿元，应用产值 900 亿元，年增长率接近 30%。

目前我国已初步形成珠三角、长三角、北方地区、江西及福建地区四大半导体照明产业聚集区域，每一区域都初步形成了比较完整的产业链，全国 85% 以上的半导体照明企业分布在这些地区。科技部在厦门、上海、大连、南昌、深圳、扬州和石家庄等地区，已先后批准建立了 14 个产业化基地以及 21 个“十城万盏”半导体照明应用试点示范城市。

### 4. 系统化集成示范产生巨大国际影响

针对北京奥运提出的“绿色、科技、人文”三大理念、上海世博“城市让生活更美好”主题，项目启动时在课题中就进行了有针对性的部署，2008 年北京奥运会开幕式及场馆采用的 LED 景观照明、全彩显示屏等产品，开创了奥运历史上大规模使用 LED 照明技术的先例，LED 成为支撑绿色奥运、科技奥运的重要力量。据测算，仅水立方 5 万平方米的 LED 景观照明，与荧光灯相比，全年可节电 74.5 万 kW·h，节能 70% 以上。项目安排的上海世博 LED 照明应用整体规划的课题，促进了应用示范，2010 年上海世博园区内使用 10.3 亿颗 LED 芯片，场馆室内照明光源中约 80% 采用 LED，世博会成为全世界最大的 LED 应用展示舞台，对我国城市照明的低碳化发展具有积极的推动作用。此外国产芯片、器件与控制系统集成的 LED 显示屏也成功应用于建国 60 周年天安门广场庆典。

### 5. 积极发挥科技对相关行业支撑作用

2008 年汶川地震，由联盟组织部分 863 课题承担单位在第一时间，向汶川地震灾区紧急提供了约 3 万套 LED 手摇灯、LED 矿灯、阅读灯、手电筒，在灾区无法正常供电的情况下，送到灾区的 LED 灯具对灾区应急照明和伤员救治等发挥了非常重要的作用。项目管理办公室在领域办的指示下，2008 年启动了“高效应急半导体照明技术开发”课题，安排经费 1000 万元。应急照明课题的部署也有效地促进了我国应急照明灯具的集成创新和技术进步。2010 年由领域办牵头，联盟组织协调 863 课题单位对国家大剧院“复兴之路”LED 显示屏实现捐赠，进一步体现科技对文化的支撑作用。

### 6. “十城万盏”试点工作初显成效

2009 年，为深入贯彻国务院“9 号文件”的精神，发挥科技对经济的支撑作用，科学技术部启动了“十城万盏”半导体照明应用试点示范工程。为进一步支撑工程的发展，在领域办的安排下，项目针对教室、医院、地铁车厢、站台、船舶等室内照明应用领域设立了一批课题，特别是设立了“LED 光学性能及应用系统评价技术研究开发”课题，研究 LED 功能性照明产品的测试和验收规范。2010 年针对“十城万盏”试点城市的系统化集成应用，特别是功能性照明产品芯片国产化的问题，项目设置的“采用国产 LED 芯片的功能性照明灯具及系统开发”课题在 10 个试点示范城市进行研发示范工作。项目的启动对应对金融危机、拉动内需、解决就业、推动产品出口发挥了重要作用，使 LED 行业在 2008 年金融危机的冲击下产值出现逆势上扬的状况，产业增长率达 20% 以上。在“十城万盏”试点示范应用拉动下，国内半导体照明技术进步速度明显加快，到 2010 年 8 月，已有 160 万盏 LED 照明产品在试点城市中得到示范应用（LED 功能性照明产品 88 万盏）。随着半导体照明市场的快速发展和产业界对功能性照明应用开发热情的高涨，通过光学设计、散热、驱动等技术集成，解决了功能性照明产品的部分关键技术，并已在部分支干道路照明和室内筒灯、射灯照明上得到应用。道路、隧道、地铁等室内外功能性照明灯具光效已超过 80lm/W，节能效果已经显现。与传统灯具相比，LED 道路照明可节电 30%，隧道照明可节电 40%，特别是 LED 室内筒灯、射灯等照明产品替代传统卤素灯、荧光灯可节能 30% ~50%。我国应用专利申请增长较快，国内机构专利申请量占全部申请的比例达到 70%。国产功率型芯片已经在功能性照明产品中得到应用。

### 7. 积极探索实践项目管理方式，第三方全过程动态管理得到好评

按照 863 计划重大项目总体专家组管理模式，探索了专家组咨询、办公室协调、领域办决策的工

作机制。由于“十五”期间采用国家半导体照明工程协调领导小组机制，对项目总体目标、发展重点以及项目实施过程中的重大事项进行协调决策，其办公室与攻关项目管理办公室均由第三方机构担任，项目实施工作成效显著，所以 863 计划“半导体照明工程”重大项目启动后，领导小组办公室和总体专家组办公室仍由没有利益关系的第三方机构担任。在领域办领导下，体现了“公正、公开、公平”的原则，专业化、专职化的团队使项目实现全过程动态管理。此外，通过国家半导体照明工程研发及产业联盟的资源丰富的专家库，能够迅速有效地收集最新信息，掌握市场、行业的最新发展状况，调研需求与问题，为总体专家组的工作提供支持。

**8. 通过国家半导体照明工程研发及产业联盟推动产学研以及上下游的实质性合作**

项目在实施的过程中通过项目管理单位的有效引导，课题单位不断加强交流与协作，自发形成技术创新战略联盟。联盟成员主要是课题承担单位，通过联盟平台，获取相关信息，找到合作伙伴，降低研发的成本，提高了技术创新效率，使联盟成为信息交流的平台，技术人才合作的窗口，成果产业化的加油站。联盟通过网站、杂志、产业发展报告、年鉴，以及专业化的市场报告、技术路线图，为企业技术创新与行业健康发展提供了决策的依据。联盟组织的技术创新大赛、专利池、标准协调推进以及国际合作，为项目的顺利实施和产业化，上下游、产学研合作，市场的规范引导提供了保障，成为稳步推进半导体照明产业健康发展的重要力量。

实践证明，发展半导体照明产业对信息、汽车电子、原材料与装备制造、消费类电子、航空航天、太阳能光伏等产业领域起着重要的带动作用，对调整传统照明产业结构，提高产品附加值，提升我国照明产业国际竞争力意义重大。“十二五”期间，国家将继续加大力度，通过有效的部署，继续支持半导体照明产业的创新和发展，以打造产业核心竞争力为目标，以提高自主创新能力为关键，以改善产业发展环境为手段，在全球范围内整合资源，通过自主创新，不断加强初始端和应用端的创新研究，打造创新链，优化产业链，提升价值链，推动节能减排，培育龙头品牌企业，最终形成具有国际竞争力的中国半导体照明战略性新兴产业。

# “十一五”863 成果汇编

## 100lm/W 功率型白光 LED 制造技术

承担单位：佛山市国星光电股份有限公司

国星光电自主研发的基于 PCB 的新型大功率 LED 器件结构、制造工艺、成套装备等成果已经申请了各类专利 10 余项，目前 PCT 专利正进入美国、欧洲等国家。

采用基于 PCB 的封装方式制造 1W 及以上大功率 LED，热沉嵌于电路板沉孔结构内部，发光二极管芯片安放于热沉上，热沉底部与外部直接接触，内引线连接发光二极管芯片电极和电路板引线电极，封装胶体覆盖内引线及发光二极管芯片。这种结构可广泛应用于各类基于 LED 的照明产品中，该成果具有如下优点：

1）散热效果好，热沉底部与外部直接接触。

2）封装胶体一体化成型。

3）生产效率高，结构安装简单方便，且可由单体制成阵列结构，适用于大批量生产。

4）成本低，在电路板上印制金属电极，结构简单，配件成本低。

5）结构牢固，热沉置于沉孔结构，且两者外形相匹配，因而结合更为牢固，通过封装胶体将芯片、引线牢固封装在一起。

6）适于 SMD 贴装应用，侧电极结构也适用于手工焊接。

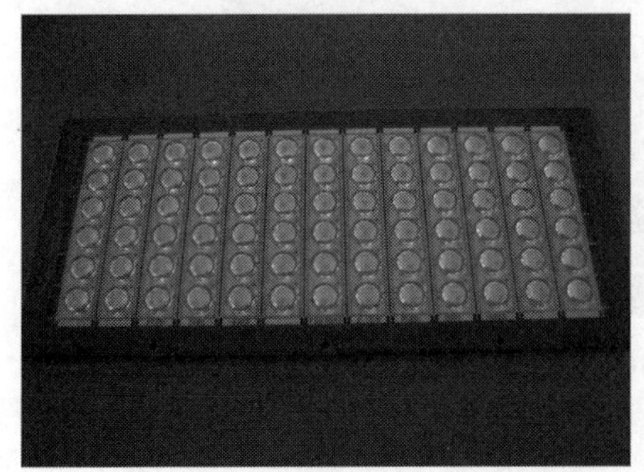

图 4.2-4 基于 PCB 的大功率 LED 阵列封装制造

图 4.2-5 基于 PCB 的大功率 LED 单个器件





## GaN 基半导体材料设计与关键外延技术开发

承担单位：厦门大学半导体光子学研究中心

紫外 LED 可更有效地激发三基色荧光粉，用于白光照明工程，其市场不可估量。同时深紫外 LED 还可用于杀菌及水净化等，必将推动相关医疗、环保、生物等技术的进步和产业的发展。

本课题通过对量子阱结构的第一性原理模拟与设计，了解了 Mg 掺杂 p 型区边上的量子阱从 I 类能带结构转变为 II 类，使该量子阱失去限制空穴的作用。进而提高量子阱垒区的组分设计，特别是加大了靠近 p 型层垒区 Al 的组分，实现量子阱对空穴的有效限制，提高电子空穴在量子阱区复合的几率。通过对超晶格 p 型结构材料的第一性原理模拟与设计，提出了在 AlGaN 异质结构界面处，分别 δ 掺入 Mg 和 Si 杂质，增加能带的弯曲，以利于部分 Mg 受主的电离，提高空穴激活率。并根据剧烈的能带弯曲有利于减小 Mg 受主激活能的理论分析，将 Mg- 和 Si-δ 共掺入超晶格结构应用于 p 型 AlGaN，有效地提高了空穴浓度。

通过生长氛围的优化、生长极性的控制、失配应力的释放、二维生长的控制等各项工艺的摸索，综合平衡了各因素对 AlN 和高 Al 组分 AlGaN 外延层平整度与晶体质量的影响，得到了优化的 AlN 和高 Al 组分 AlGaN 外延层工艺参数，掌握了较高质量 AlN 和高 Al 组分 AlGaN 外延生长技术，已制备出超过 1000nm 不开裂、表面粗糙度小于 1nm 平整的外延层。

采用上述自主知识产权的新结构和独特的工艺技术，实现了主波长从 213nm 到 300nm UV-LED 电致发光，其中波长从 265 ~ 300nm UV-LED 电致发光采用多量子阱结构。

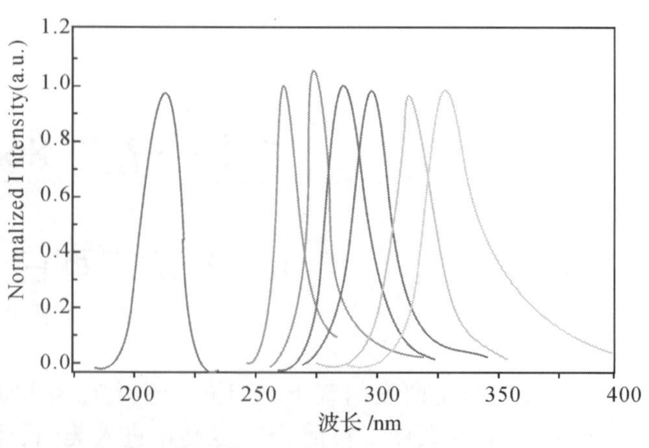


图 4. 2-6　不同 Al 组分量子阱的深紫外 LED 外延芯片室温电致发光光谱

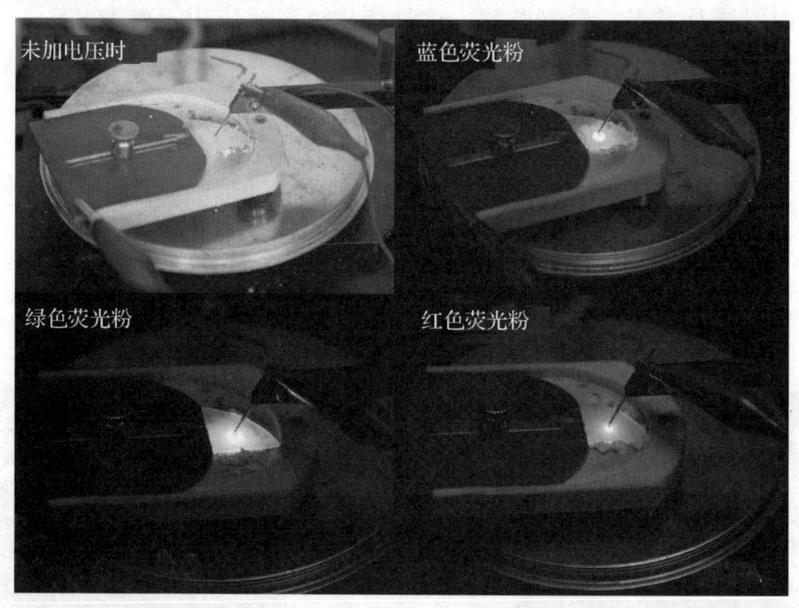


图 4. 2-7　完整结构深紫外 LED 外延芯片电致发光激发不同荧光粉的效果图像



## 半导体照明国家基准测试系统设备与标准评价关键技术研究

承担单位：杭州远方光电信息有限公司

本课题完成了大功率 LED 高性能快速宽动态光度分析技术、快速高精度光谱辐射测量技术、空间光谱分布测量技术等半导体照明测试平台关键技术的研究。基于以上关键技术完成了 HAAS-2000 快速高精度光谱辐射计和 GO-R5000 全空间快速分布光度计基准级测试系统设备的开发。

HAAS-2000 应用现代光学设计和仿真技术，改良了 CCD 的 OMA 系统光路设计，采用了独特的杂散光控制技术、宽动态线性技术、精密 CCD 电子驱动技术和复变矩阵软件技术，并成功应用了带通色轮校正技术（BWCT）、分光积分结合技术（SBCT）以及修正的 NIST 杂散光校正技术等多项专利技术。整个系统实现了前所未有的 5. 00E-05 的极低杂散光水平和 0. 3% 的全动态光度线性能。

GO-R5000 实现了分布光度计基本技术与快速高精度光谱辐射测量技术的有机结合，并解决了空间光谱分布测量中快速高精度的绝对同步难题。

基准级测试系统设备完全拥有自主知识产权。已申请美国发明专利 1 项（专利号：12/005, 945），中国发明专利 3 项（专利号：200710069325. 5，200710068057. 5，200710069184. 7），实用新型专利 5 项。

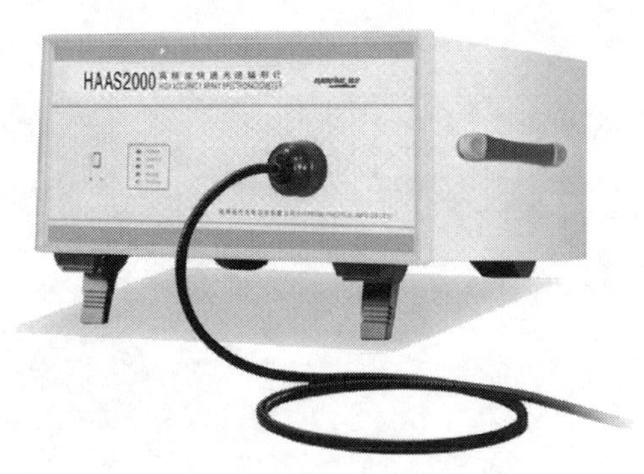


图 4.2-8　HAAS-2000 快速高精度光谱辐射计

图 4.2-9　GO-R5000 全空间快速分布光度计

# AlN 衬底制备及 LED 外延技术研究

承担单位：中国科学院物理研究所

GaN 基深紫外发光二极管是半导体白光照明技术中的关键器件，通过其激发荧光粉可实现白光 LED，在医学、信息领域都有着巨大的发展空间和广阔应用前景。

紫外发光二极管的发展受很多因素的制约，由于短的波长发射需要高组分的 AlGaN 材料和与之匹配的衬底，常规使用的蓝宝石由于与 GaN 晶格失配达到 14%，因此在外延中产生大量的位错，严重影响到 LED 的发光性能。而 AlN 衬底具有宽的带隙和与之匹配的晶格，是 UV LED 的最佳衬底，但其生长难度巨大，本课题通过物理气相输运的方法，利用自主研发的设备和发明的分体式 TaC 坩埚，探索生长了 AlN 晶体，初步取得了一些成果，获得了低缺陷的晶体。在 UV LED 的研制方面，中科院物理研究所发明了湿法腐蚀制造蓝宝石图形衬底的技术，采用高低温成核技术，设计了双异质结有源层结构，研制出了 286nm 发光二极管，20mA 驱动下，获得输出功率高于 1mW。

课题获得两项发明专利。

一种湿法腐蚀蓝宝石图形衬底的方法，专利号 ZL 2004 1 0038260.4。

在蓝宝石图形衬底上制备高质量 GaN 基材料的方法：ZL2004 1 0058574.0。

图 4.2-10　采用 c 轴偏 8°的 4H-SiC 籽晶生长的 2inAlN 晶体

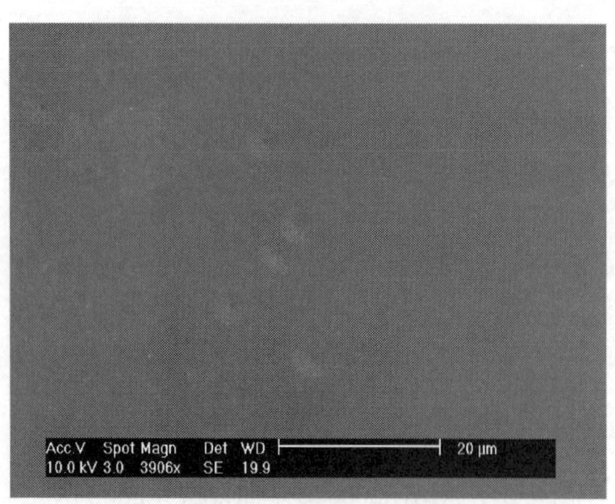


图 4.2-11　AlN 晶体的位错密度（$2 \times 10^5 cm^{-2}$）

图 4.2-12　紫外 LED 测试照片

# 轿车前照大灯集成技术研究

承担单位：吉林东光瑞宝车灯有限责任公司

前照灯是保障汽车安全运行的重要部件之一。近几年来，随着照明光源技术的进步，汽车前照灯经历了一个从白炽灯到卤素灯再到 HID 灯的发展过程。然而，这些传统光源均属于真空或充气的玻壳灯具，在亮度、寿命、体积、发热度、色温调整与坚固性等各个方面均存在着致命的弱点。



LED 汽车前照灯是配置 LED 光源的一种前照灯，与传统的汽车前照灯相比，LED 汽车前照灯有着明显的优点：

1）寿命长。一般可使用数万乃至十万个小时，采用 LED 光源制作汽车前照灯，可在整个汽车使用期限内不用更换灯具。

2）节能。目前，LED 发光效率已远远超过白炽灯与卤素灯，相信 1～2 年内，大功率白色 LED 光源的发光效率将超过 HID 的水平。

3）光质好。不存在有害辐射，属于真正的“绿色”光源。

4）结构简单。具有很强的抗振能力。

5）响应快（NS 级）。亮灯无需热启动时间，适用于高速行驶的汽车使用。

6）电压低。使用电压在 6～12V 之间，完全与汽车的电源相匹配。

7）体积小。可随意变换前照灯具模式，促进汽车多样化设计。

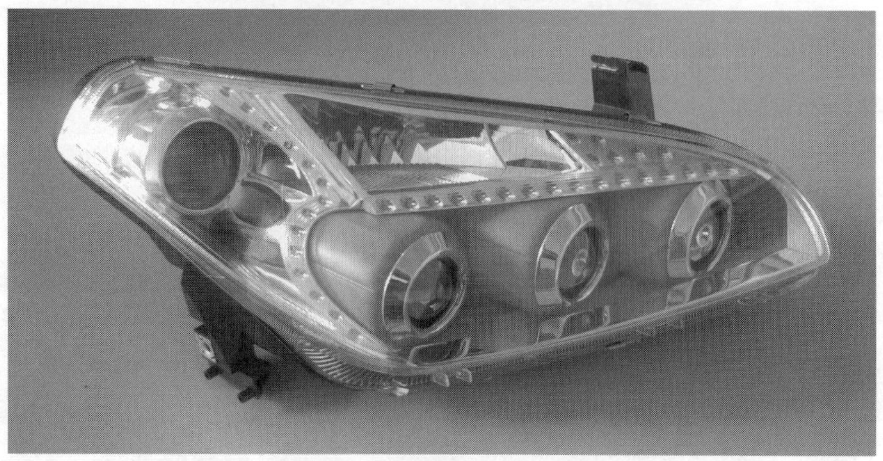

图 4.2-13　奔腾 B50 全 LED 前照灯

# 2in $LiAlO_2$ 晶体及衬底制备技术

承担单位：中国科学院上海光学精密研究所

目前，非极性 GaN 通常是在 r 面蓝宝石或者 m 面或 a 面 GaN 自支撑衬底上制备的。对于在 r 面蓝宝石上所生长的 a 面 GaN 而言，衬底与外延膜间巨大的晶格失配导致了外延膜层中大量螺位错和堆垛层错等缺陷的产生，使得外延膜的质量大大降低。而在 GaN 自支撑衬底上同质外延非极性 GaN 基量子阱结构及器件虽然很有吸引力，但大尺寸高质量非极性 a 面或 m 面 GaN 自支撑衬底价格昂贵。由于 $LiAlO_2$ 晶片与 GaN 之间的晶格匹配好，同时可以直接在 $LiAlO_2$ 晶片上外延制备出非极性 m 面或 a 面 GaN 膜，因此作为非极性衬底 $LiAlO_2$ 晶体受到关注。

本课题用 Cz 法生长的 $LiAlO_2$ 晶体直径约 54mm，等径长度约 130mm，晶体完整，无色透明，FWHM 优于 24arcsec，晶体生长的成品率可达 80% 以上。另外，能制备出多种规格几何尺寸和精度要求的（100）或（302）晶片（公差 ± 0.05mm，定向偏离 ± 0.25°，TTV 小于 25μm，Bow 小于 10μm），晶片表面粗糙度可达到 Ra < 0.4nm。目前本课题制备的 2in $LiAlO_2$ 晶片已达到实用化的水平，并使 $LiAlO_2$ 晶片制备成本大幅下降，为 $LiAlO_2$ 晶片上非极性 GaN 基器件的研发提供了坚实的基础。

图 4.2-14　制备的 2in $LiAlO_2$ 晶体

图 4.2-15　制备的 2in $LiAlO_2$ 晶体

图 4.2-16　（100）或（302）2in $LiAlO_2$ 晶片

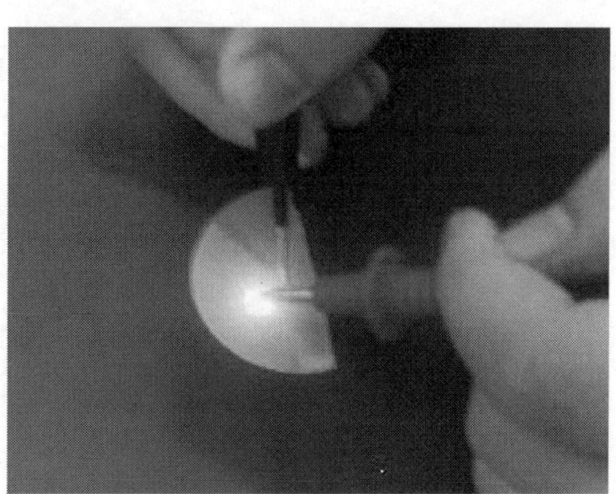

图 4.2-17　直接在 $LiAlO_2$ 上制备非极性 GaN-LED

# 新型蓝光功率 LED 芯片技术研究

承担单位：中国电子科技集团第 13 研究所

这项技术通过倒装工艺将芯片的发热层从热导率为 35W/（m·K）的蓝宝石转移到了热导率为 200W/（m·K）的 AlN 基板上，导热能力提高了 6 倍以上，使得大功率应用下同样的散热面积可以承担更大的耗散功率，降低了结温，提高了芯片可靠性。通过专门设计的基板图形实现了各种功率需求的组合，在相同功率下可以通过提高工作电压，降低工作电流实现大功率，降低了外电路的损耗，提高了芯片整体的发光效率，为大功率 LED 芯片的制作提供了一种可用的方法。

图 4.2-18　10W 功率芯片

图 4.2-19　25W 功率芯片



# RGB 三基色白光 LED 制造技术

承担单位：宁波升谱光电半导体有限公司

本项目以多种颜色 LED 功率芯片混合的功率型 LED 模块整体为研发目标，重点解决 LED 的光学系统设计、散热设计和多色混合自动反馈控制技术问题，获得实用的 RGB 三基色白光。其在三色合成视频投影、液晶显示背光源、变色温照明及多色舞台照明、多色景观照明等领域中具有很大的发展空间和广阔的市场应用前景。

RGB 三基色白光 LED 制造技术利用非成像光学理论，进行光学系统设计，包括 LED 芯片的选型，芯片个数和芯片位置的确定，设计三基色 LED 混光反射杯、一次透镜和二次透镜封装外壳，采用热电分离封装、部分微透镜技术、多层涂胶技术提高出光效率，节能环保。在色彩、光源寿命等方面指标卓越。作为显示应用时，色温 3000～10000K 可调，色域大于 NTSC 标准的 105% 以上，光源寿命 50000h。作为照明应用时，RGB 三基色白光 LED 模块根据测定色值、光度值反馈控制驱动电路，显色指数 Ra≥88，色温 3000～10000K 可调，保持稳定的照明，并能实现多种颜色和多色温照明，获得绚丽多彩的节能照明。

图 4. 2-20　景观照明

## 基于 Si 衬底的功率型 GaN 基 LED 制造技术

承担单位：厦门华联电子有限公司 南昌大学

具有自主知识产权的基于 Si 衬底的功率型 GaN 基 LED 目前已进入量产阶段，芯片封装后光效超过 90lm/W，产品性能可靠稳定，各项参数指标优良。该系列产品可用于电视背光、路灯照明以及室内照明等各个领域。

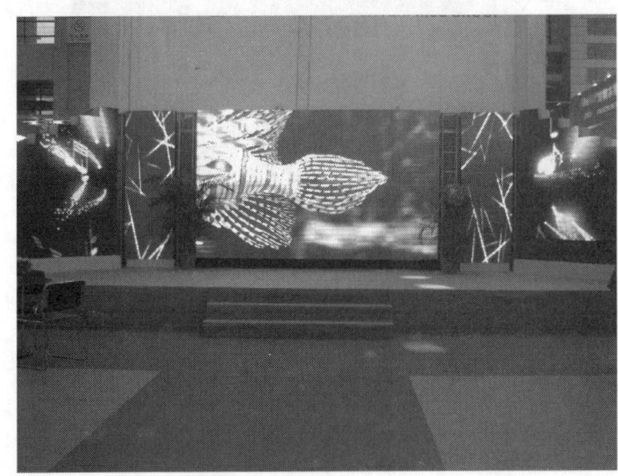

图 4. 2-21　晶能光电客户用 Si 衬底芯片做成的全彩显示屏

图 4. 2-22　晶和照明用 Si 衬底功率芯片做成的 LED 路灯样品

# 100lm/W 功率型 LED 封装用有机硅材料的研制及产业化

承担单位：中国科学院化学研究所

本课题成功研制了拥有自主知识产权的用于大功率白光发光二极管（LED）封装用的具有高透明度、高折光率、优良耐紫外老化和热老化能力的有机硅封装材料，并实现20t/年规模的生产能力。封装材料包括：作为荧光粉粘接剂、内填充材料（填充于LED透镜与LED芯片之间，以降低应力）的软性硅胶材料以及作为LED透镜的硅树脂材料。产品的主要性能如表4.2-1所示。

**表4.2-1　产品的主要性能**

| | 荧光胶材料（硅橡胶） | 透镜材料（硅树脂） |
|---|---|---|
| 透光率（10mm厚样品） | 400～800nm，≥95% | 400～800nm，≥94% |
| 折光率（$n_D^{25}$，598 nm） | ≥1.55 | ≥1.54 |
| 粘度/cP | 2000～3000 | 2000～3000 |
| 硬度 | ≥50（邵氏A） | ≥60（邵氏D） |
| 固化工艺 | 150℃，≤60min | 150℃，≤60min |
| 杂质含量 | $Cl^-$ ≤2×10$^{-6}$，$Na^+$ ≤2×10$^{-6}$，$K^+$ ≤2×10$^{-6}$ | $Cl^-$ ≤2×10$^{-6}$，$Na^+$ ≤2×10$^{-6}$，$K^+$ ≤2×10$^{-6}$ |

用所研制的硅胶和透镜材料作为封装材料得到的100lm/W、功率为1W的白光LED，在额定功率下，工作5000h以后，由于封装材料的老化导致的光衰≤5%。

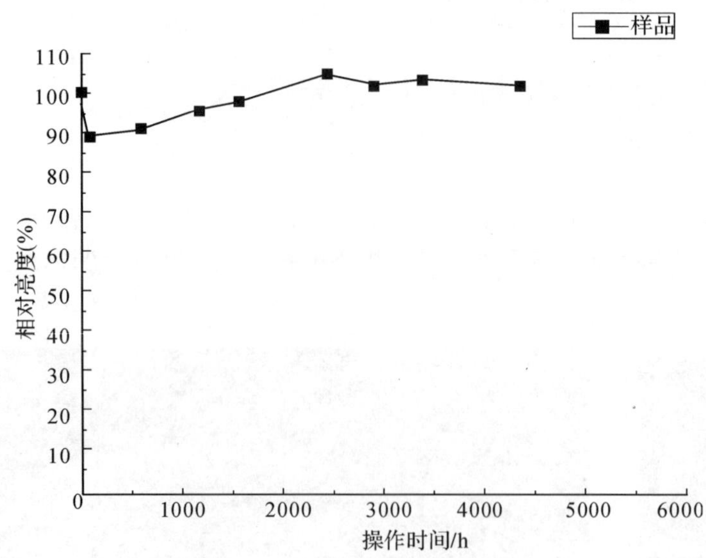


图4.2-23　耐紫外和热老化性能测试

图4.2-24　生产车间和部分生产设备

# 高效率光子晶体结构、紫外、单芯片白光 GaN 基 LED

承担单位：北京大学宽禁带半导体研究中心

光子晶体等微结构是提高LED出光效率的重要方法。北京大学研究在GaN系LED上制备微米和纳米级光子晶体结构技术，包括微纳结构紫外压印和热压印、图形化激光剥离及大面积多孔阳极氧化铝纳米图形转移等，实现了大面积纳米结构和薄膜型光子晶格结构LED器件，出光效率提高70%。

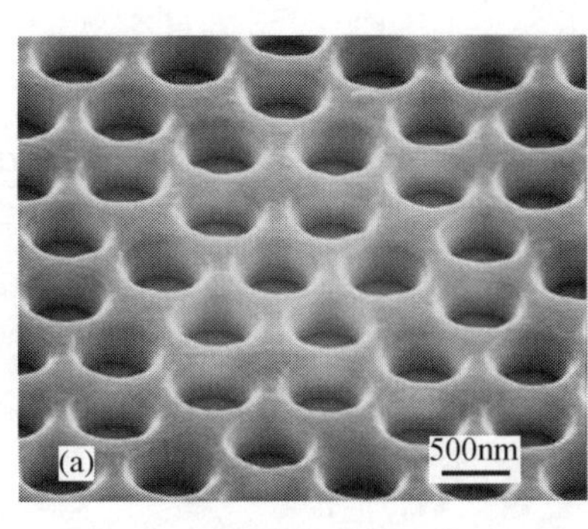


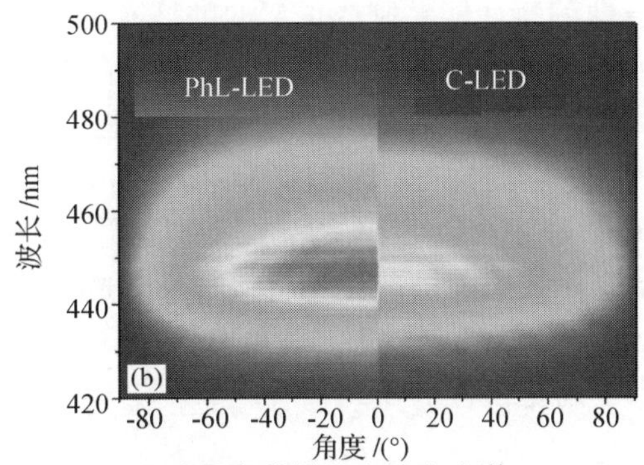


图 4.2-25　光子晶体结构 GaN 基 LED 芯片及角分辨的电致发光谱

紫外发光二极管在激发白光、医疗器械、环保、净化水源以及非直线近距离通信等方面有巨大用途，北京大学在高 Al 组分 AlGaN 的金属有机化学气相沉积生长、p 型掺杂等方面取得一系列突破，研制出采用倒装焊法的背面出光结构的深紫外发光 LED，并总结出一套深紫外 LED 的制作及封装工艺。

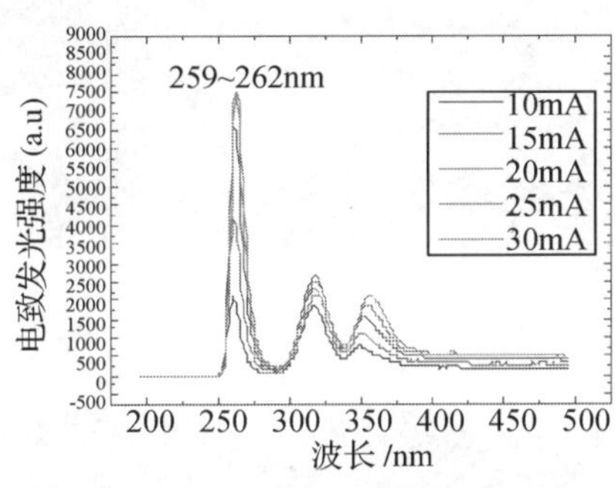

图 4.2-26　波长为 260nm 的紫外 LED 的电致发光

单芯片白光 LED 能克服蓝光 + 荧光粉的传统白光 LED 的一些缺点，如斯托克斯能量损失、荧光粉老化等。单芯片白光 LED 的频率特性也有明显优势，能够在室内可见光通信方面发挥重要作用。北京大学采用预应力调节层技术调节有源区中量子阱的发光行为，制备出单芯片白光 LED，可运用于照明和通信等领域。

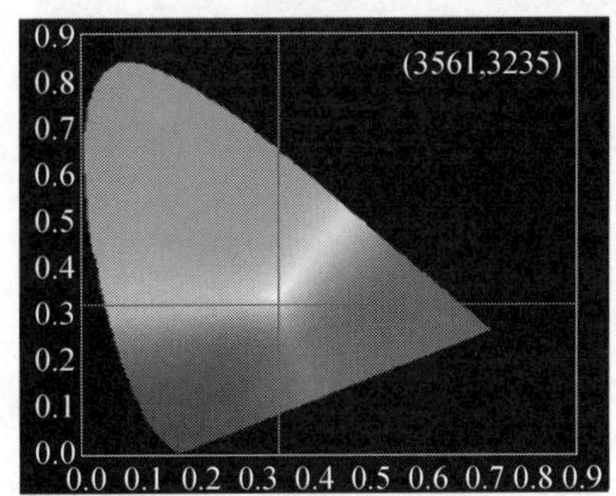


图 4.2-27　单芯片白光 LED 的电致发光及色坐标图

## 高效率有机电致发光照明光源开发

承担单位：清华大学

有机发光二极管（Organic Light Emitting Diodes，OLED）作为一种新型的固态光源，在照明领域拥有无可比拟的优势：OLED 是真正的平面光源，不同于钨丝灯和 LED 的点光源或荧光灯的线光源，具有光线分布均匀柔和的天然优势；OLED 为低压直流驱动，高效节能、环保且安全；OLED 具有轻、薄、可透明等多项特点，全固态抗冲击振动，可以应用于很多传统光源无法实现的领域；OLED 可实现双面发光，有多种发光色彩可供选择；OLED 无眩光和频闪，是实现护眼照明最理想的光源；

OLED 可柔软弯曲的特性能够制成可弯曲的任意形状的光源，将使照明产品更具有梦幻色彩；制备工艺更简单，甚至可以通过喷墨打印、丝网印刷等方法制备大面积光源。

清华大学在国家 863 计划“半导体照明工程”重大项目的支持下，在 OLED 照明方面取得了一系列成果。设计了具有自主知识产权的新型器件结构——复合发光层结构，在全荧光白光 OLED 寿命上取得重大突破，在 1000 $cd/m^2$ 的亮度下，超过 100000h，为全球业界最好纪录，色坐标为（0.31，0.31）。开发了高三线态能级的蓝光材料和高效的红色、绿色磷光染料，大大提升了白光 OLED 的效率，目前在 1000 $cd/m^2$ 的亮度下，流明效率为 38 lm/W，最高流明效率达 56 lm/W，色坐标（0.46，0.49）。制作出了高稳定性的白光 OLED 照明灯具和多色、柔性和双面 OLED 照明器件。

图 4.2-28　全荧光白光 OLED 照明灯具

图 4.2-29　多色 OLED 照明器件

图 4.2-30　柔性 OLED 照明器件

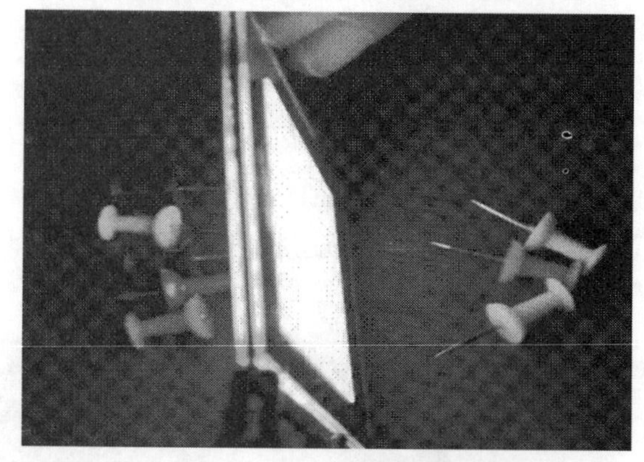

图 4.2-31　双面 OLED 照明器件

## 自主创新单芯片白光发光二极管及其关键技术研究

承担单位：北京工业大学

针对现有白光 LED 实现技术存在的问题，北京工业大学自主创新地提出了不使用荧光粉的单芯片白光 LED 物理结构，在国家 863 计划“半导体照明工程”重大项目支持下，课题组研究了 AlGaInP LED、GaN LED 两种器件的关键技术，并重点研究了实现单芯片白光的两大关键技术：配色技术和 GaAs/GaN 大失配异质材料直接键合技术，并在此基础上成功制备出第一代和第二代双色、三色单芯片白光 LED，在 APL 等杂志上发表学术论文 28 篇，获得授权国家发明专利 18 项。

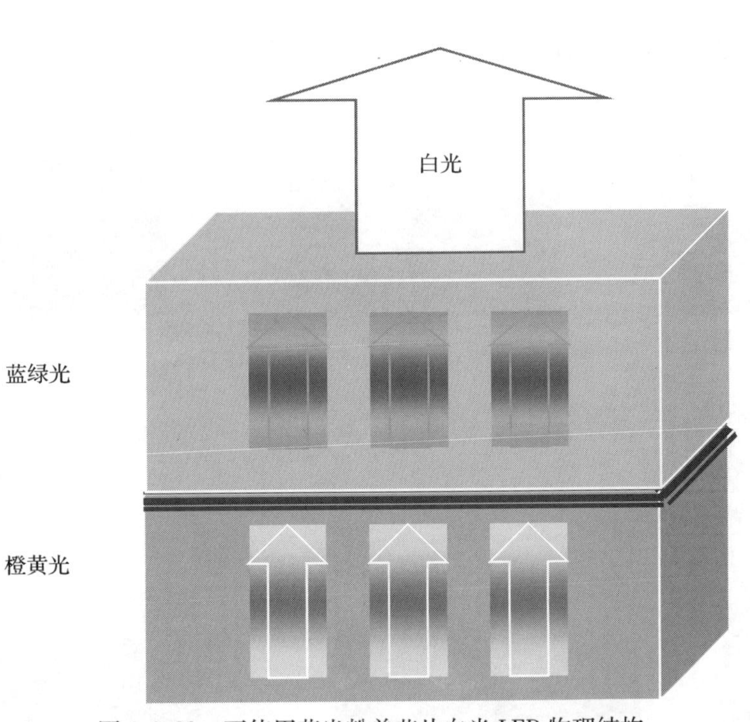


图 4. 2-32 不使用荧光粉单芯片白光 LED 物理结构

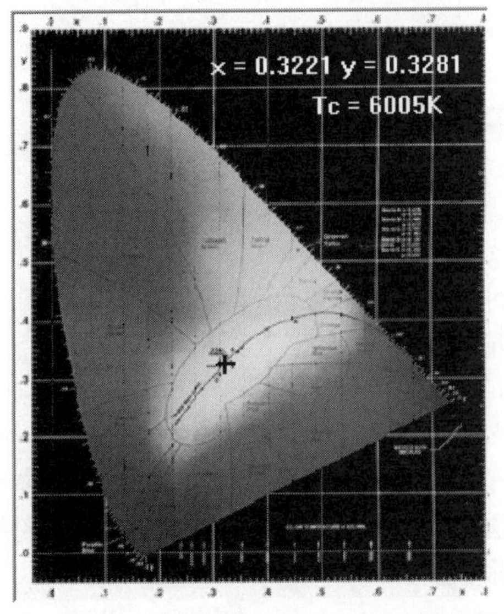


图 4. 2-33 单芯片白光 LED 色品测试结果

图 4. 2-34 单芯片白光 LED 实物相片



# LED 照明驱动芯片及动态光学控制研究

承担单位：大连长城光电科技发展有限公司

由大连长城光电科技发展有限公司承担的课题“LED 照明驱动芯片及动态光学控制研究”，解决了大功率 LED 亮度、寿命问题，建立了大功率半导体照明光源 LED 光辐射分布模型，散热性能好，白光功率达到 5W，发光效率 80 ~ 100lm/W，色温 3000 ~ 8000K，寿命大于 50000h。课题开发出具有散热功能和均匀发光效果的半导体照明光源，提高亮度并实现大功率照明。采用先进的 CMOS 工艺，开发出“DM5128”型 LED 照明控制系统中的驱动芯片，具有低功耗、高集成度的优点，适合多片跨板级联应用。开发出高性能的适合室内外照明光源的智能控制，利用驱动芯片为核心平面光源的智能控制、联网控制系统实现数字化控制。采用网络可寻址、多控制器互连等先进的数字化智能技术和虚拟现实技术，开发出了“LED 照明灯光仿真控制系统软件”，实现智能化、通用化、标准化，同时可联网控制。

图 4. 2-35　大连市开发区滨海路 LED 路灯

图 4. 2-36　大连市开发区世纪广场 LED 景观灯

# 基于水溶性感光胶的功率型白光 LED 平面涂层技术

承担单位：电子科技大学



传统的灌封工艺已难以满足照明光源应用的功率型白光 LED 在技术和性能上进一步提升的要求。要克服灌封工艺的固有缺陷，改善白光 LED 的光斑空间分布以及管间色度、亮度的均匀性，就必须改变现有荧光粉涂层的形状和工艺，荧光粉层的平面结构是一种有效的解决途径。

本课题组就功率型白光 LED 荧光粉涂层平面化结构的实现展开了工艺研究，在 863 计划“半导体照明工程”重大项目课题《功率型白光 LED 封装关键技术 - 荧光粉涂层技术的研究》的资助下，成功研发出基于聚乙烯醇（PVA）透明感光胶的粉浆法平面涂层新技术，提出并实现了自曝光新技术和基于多层多相结构的荧光粉平面涂层新工艺，结合干法去胶技术，可以实现硅胶 + 荧光粉的平面涂层封装。获得国家发明专利授权三项，发表学术论文十多篇。

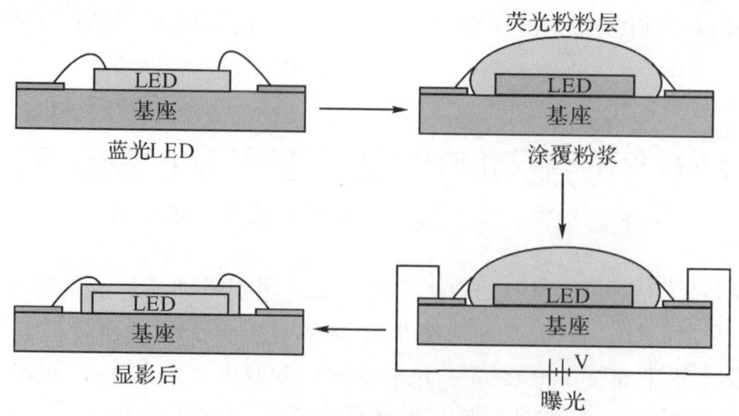


图 4. 2-37　基于 PVA 感光胶的自曝光工艺示意图

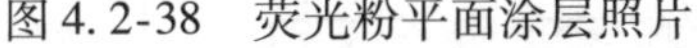
图 4.2-38　荧光粉平面涂层照片

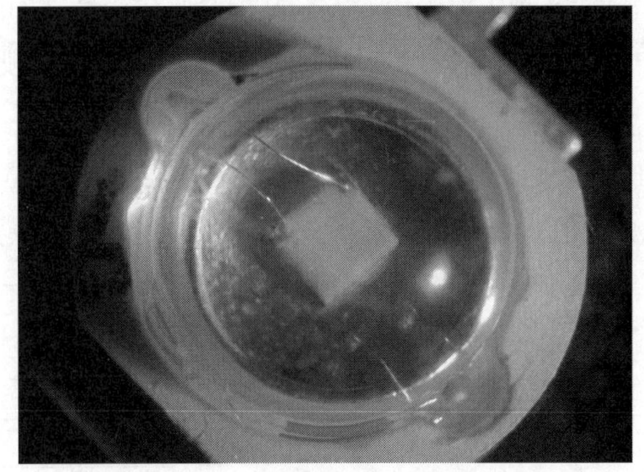
图 4.2-39　荧光粉平面涂层 LED 照片

## 采用窄光束标准光源的 LED 光通量测试系统研究

承担单位：复旦大学

本项目采用窄光束标准光源对 LED 光通量测试系统进行校准，被测 LED 和标准光源放在积分球内壁表面，积分球内不加任何遮挡物，窄通光孔径的光纤将光引入微型多通道光谱仪进行光谱能量分布测试，从而计算 LED 的光度学参数，包括光通量。微型多通道光谱仪采用自主研发的 SPA-256 多用途、便携式阵列光谱仪，波段范围 200～1100nm，探测器采用 2048 像元 CCD，杂散光小于 0.05%。对 LED 光通量的测试精度达到 2%，同时可测试 LED 的光谱能量分布及色度坐标、显色指数等参数，波长精度小于 0.2nm，测试时间小于 1s。

本测试系统可以实现 LED 光通量的精确测量，有效地解决了 LED 光通量测量中存在的自吸收效应、V（λ）匹配误差的影响及散热问题。本测试系统已形成自主知识产权，申请两项美国专利，其中一项已经获得授权，申请中国专利三项，已全获授权：

1）Equipment and Method for LED′s total luminous flux measurement with a narrow beam standard light source（US 11877316）。

2）Meathod using Concentrator for measuring luminous flux of LED（US APP.　12191131）。

3）采用窄光束标准光源的 LED 光通测量试装置及测试方法（ZL200610118915）。

4）采用窄光束标准光源的 LED 光通量的测试装置（ZL200620048334）。

5）LED 光通测量试装置（ZL200720074432）。

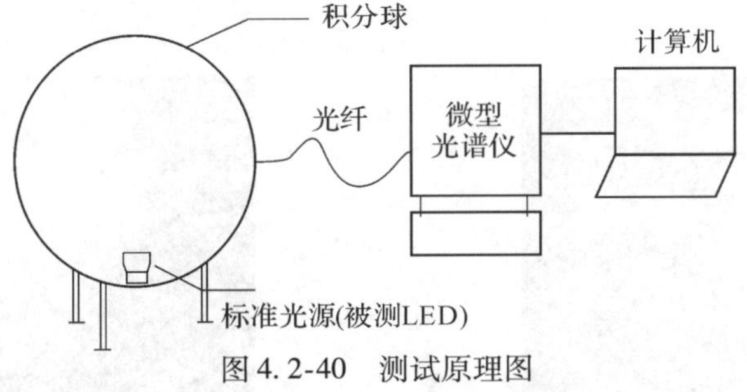

图 4.2-40　测试原理图

## 轨道车厢及船舶用半导体照明系统关键技术开发及产业化

承担单位：广东济胜光电科技有限公司

高转换效率、高功率因数的 LED 驱动器在北京地铁车厢内部已经投入使用。本 LED 驱动器采用反激式拓扑电路，采用集成有源功率因数校正的驱动芯片，固定导通时间，频率可变瞬时 PWM 控制模式，实现恒流限压输出。为 LED 提供高精度的驱动电流，有效抑制 LED 的发热，延长 LED 的使用寿命。本电路结构简单，体积小，重量轻，噪声低，效率高，功率因数高。

在小体积、小功率的 LED 驱动器市场，对于 AC220～380V 的超宽输入电压范围，本 LED 驱动器性能稳定，效果良好。在小体积尺寸下，最大输出 28W 的功率范围内，实现了超宽输入电压范围的适应性，并实现了转换效率 >90% （典型值 92%），高出市场普遍水平 15% 以上。功率因数 >0.9（典型值 0.98），总电流谐波失真 <10%。纹波噪声最大 60mVp-p，低于市场普遍水平 30% 以上。

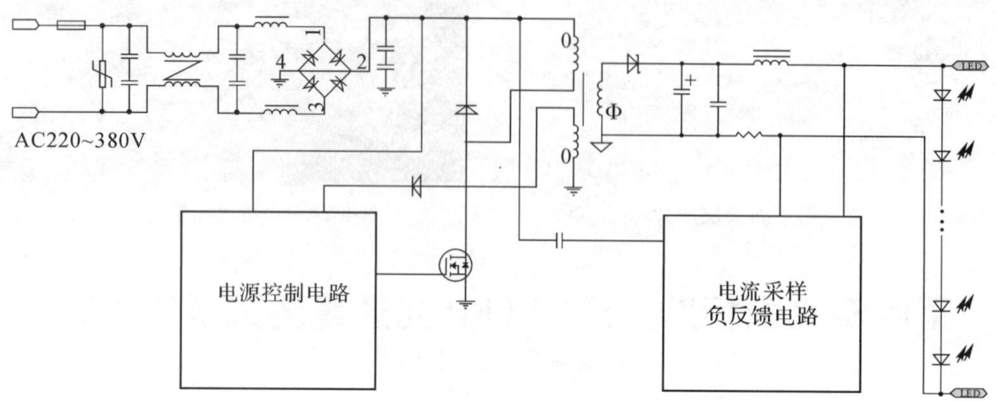


图 4.2-41　高效、高适应性 LED 驱动器拓扑结构图

本 LED 驱动器可以有效提高 LED 照明器具的整体光效，减小驱动器的无功功率，做到真正意义上的节能驱动，市场前景非常广阔。

图 4.2-42　高效、高适应性 LED 驱动器的相关应用产品 Par38

图 4.2-43　高效、高适应性 LED 驱动器的相关应用产品 A15

图 4.2-44　高效、高适应性 LED 驱动器的相关应用产品——灯盘

图 4.2-45　高效、高适应性 LED 驱动器的相关应用产品——球泡

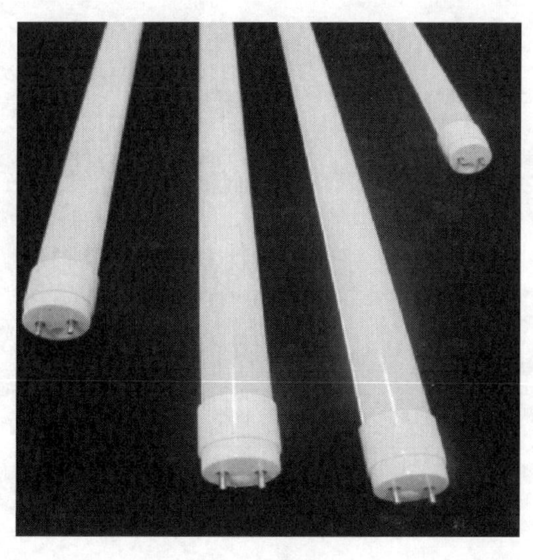

图 4.2-46　应用于轨道交通上的 LED 照明产品 T8

# 硅衬底 GaN 外延材料生长与芯片制造关键技术

承担单位：江西省昌大光电科技有限公司

LED 技术正在向低成本、高效率、高可靠性、多应用范围的方向发展，功率型 LED 芯片已逐步进入电视背光、路灯和通用照明等市场，潜力巨大。

硅衬底 GaN LED 材料生长与芯片制造技术通过研究高内量子效率的 Si 衬底 GaN 基 LED 外延材料生长技术，解决了大功率 LED 芯片制作的关键技术，在 350mA 电流下亮度可达到 105lm。目前该项目产品已完成了实验阶段，正向市场试投放。

作为新发展的半导体照明核心技术，它从源头上避开了与目前日美所垄断的蓝宝石衬底、碳化硅衬底两种主流技术的正面交锋，公开或获得国际国内发明专利 70 多项，走出了一条具有中国特色的新技术之路，对做大做强我国半导体照明产业具有重要的现实意义和深远的历史意义。

图 4.2-47　硅衬底蓝光功率型芯片（通电前）

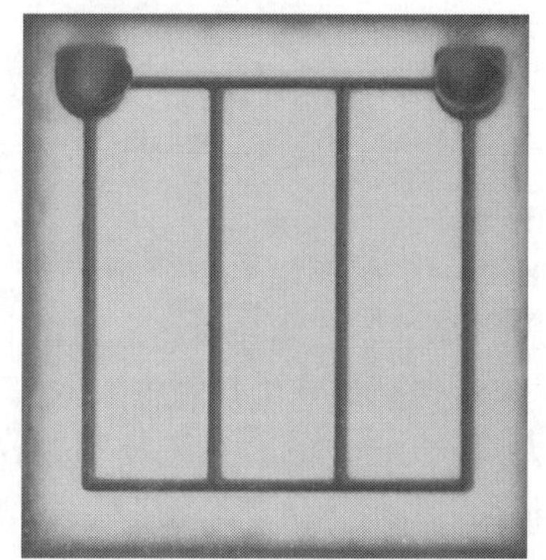

图 4.2-48　硅衬底蓝光功率型芯片（通电后）

图 4.2-49　硅衬底 LED 高清全彩户内显示屏

图 4.2-50　硅衬底 LED 球泡

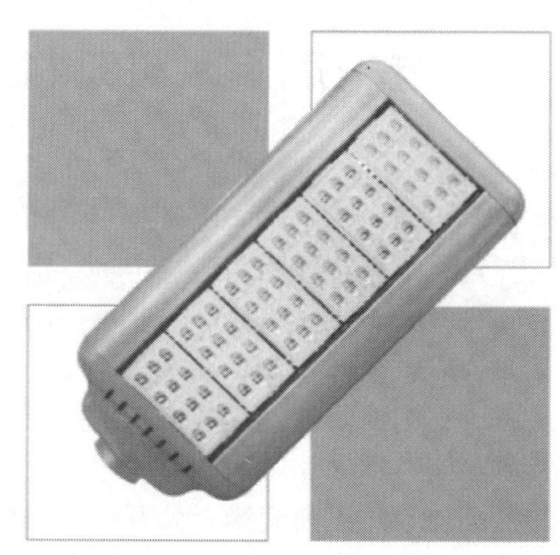

图 4.2-51　硅衬底 LED 路灯



# 推广型立式氢化物气相外延系统

承担单位：南京大学

单晶 GaN 衬底是满足 GaN 在激光二极管、白光光源、大功率晶体管等方面应用的关键。开发适合规模制造的 GaN 衬底生长设备、材料工艺对发展 GaN 半导体器件产业至关重要。氢化物气相外延系统（HVPE）被普遍认为是制备 GaN 厚膜、发展自支撑 GaN 衬底的最优选技术。

南京大学致力于 HVPE 系统及 GaN 衬底的研究，在 HVPE 设备研制和 GaN 的 HVPE 生长方面具有深厚的基础，并研制出 2in 毫米级、低位错密度的高质量 GaN 衬底材料。

本课题研制开发了商品化的具有自主知识产权的 III 族氮化物 HVPE 生长设备。该 HVPE 生长系统气体流量及温度控制等采用全数字系统，自动化程度高，装样品后可按设计工艺自动运行；样品可旋转，样品均匀性好；生长速率约 5 ~ 400μm/h；系统密封性能好，具有独特的尾尘处理系统，适合长时间工作。该 HVPE 系统为立式结构，可单片也可以多片生长，2 ~ 4in 片均可使用。该 HVPE 系统占地空间小，采用模块化设计，可根据具体要求定制。

图 4.2-52　立式 HVPE 生长系统
（长/宽/高：220cm/80cm/240cm）

图 4.2-53　气体流量及气路系统
（全数字化，高精度耐腐蚀不锈钢管，VCR 密封）

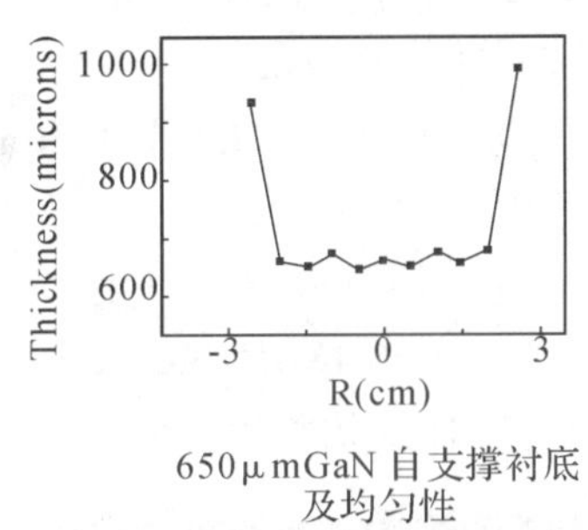


图 4.2-54　650μm GaN 自支撑衬底及均匀性



## 100lm/W 功率型白光 LED 制造与生产技术

承担单位：晋城环球利特科技有限公司

作为新型光源的 LED，由于具有寿命长、环保、节能、色彩丰富饱满等特点，因此被视为“绿色照明光源”，对国家的能源策略和环保策略产生着积极的影响。如今在日常照明、城市建筑物美化、景观照明等方面已被广泛的应用。

对于功率型 LED，在芯片方面重点开发功率型高效蓝光和紫外 LED 芯片的半导体照明光源，以提高其发光效率；在封装方面研究 LED 的封装技术，以提高其光提取效率和空间色度均匀性和改善散热技术。本课题以产业化为目标，创新性器件结构、散热、光学性能设计，优化软性硅橡胶、荧光粉、焊剂等封装材料，突破共晶焊等关键工艺技术，建立规模化的生产线。该功率型白光 LED（1W）主要指标达到：出光效率不小于 100lm/W，色温 3000～8000K，显色指数大于 95，热阻小于 6℃/W，工作电压小于 3.3V，工作寿命不小于 80000h，光输出饱和电流不小于 700mA，同一平台条件下做 700mA 加速老化实验，效果良好。

图 4.2-55　1W 仿流明光源

图 4.2-56　1W 陶瓷光源

# SiC 单晶衬底制备

承担单位：山东大学晶体材料研究所

SiC 单晶具有优异的半导体特性，已成为高亮度 GaN 基发光二极管、激光器和第三代高温半导体器件的关键衬底材料。

本课题以山东大学晶体材料国家重点实验室为依托，取得了突破性进展并在课题结题后继续深入扩宽课题内容。目前，在山东大学已经建立大直径 SiC 单晶生长和加工的研发基地。主要研究成果有：

1）成功成长出 2～3in n 型和半绝缘 6H&4H-SiC 单晶。

2）n 型衬底的电阻率小于 0.1Ω·cm，半绝缘衬底电阻率大于 105Ω·cm，均匀性小于 1%。

3）抛光后衬底表面粗糙度小于 0.1nm。

4）平均微管密度小于 5 个/$cm^2$。

5）X 射线摇摆曲线半峰宽 FWHM 小于 50arcsec。

6）衬底可用面积大于 90%。

7）衬底达到“开盒即用”标准，可用于 GaN 材料的外延生长。

8）具有 300 片/月的 2in6H&4H-SiC 及 300 片/月的 3in6H&4H-SiC 能力。

9）提供 1500 片衬底片给相关单位使用，已制备高亮度蓝光 LED 及高性能 HEMT 微波功率器件。

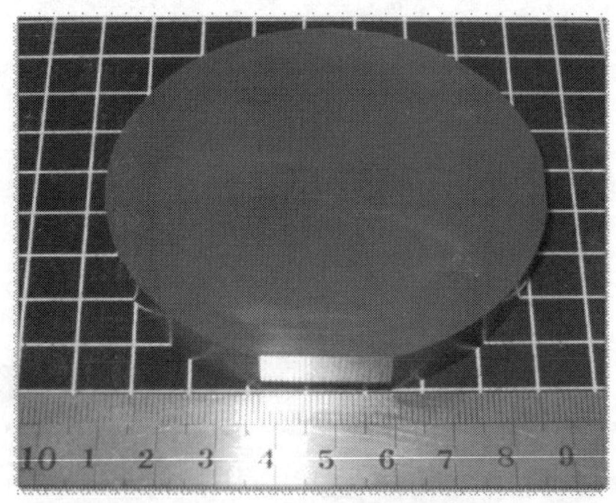

图 4.2-57　3in 4H-SiC 单晶

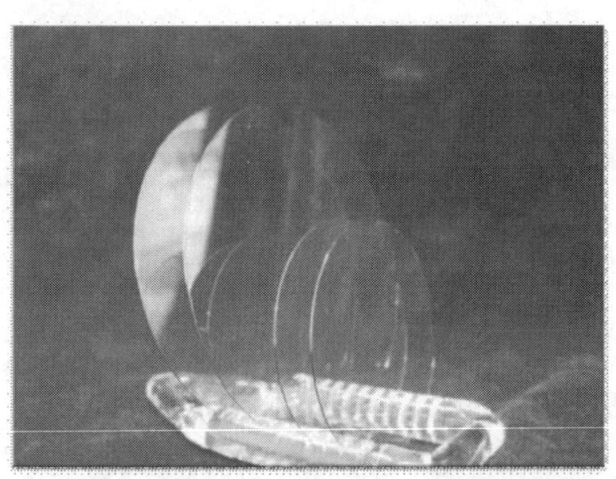

图 4.2-58　2&3in SiC 衬底

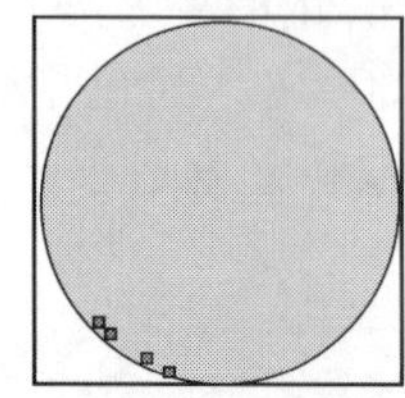

M4.035 10.001
65.0mm Full males
Mean-1.93E+11 0hm cm
Sdv-71.07z

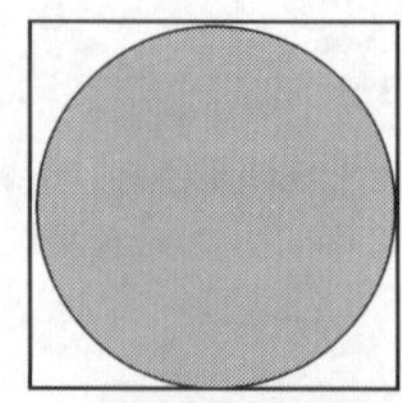

M4.035 10.001
65.0mm Full males
Mean-1.14+11 0hm cm
Sdv-72.20z

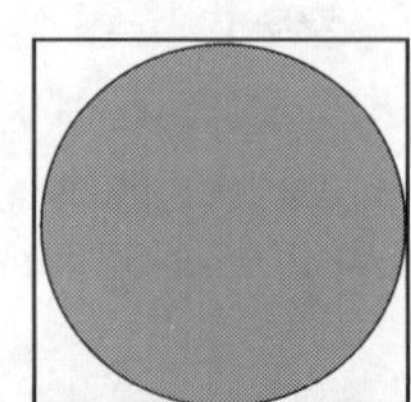

M4.035 12.001
65.0mm Full males
Mean-1.14+11 0hm cm
Sdv-55.42

图 4.2-59　3in 半绝缘衬底电阻率

# LED 道路照明关键技术及产业化研究

承担单位：四川九洲光电科技股份有限公司

本课题主要以提高 LED 道路照明灯具的效率和可靠性为出发点，重点研究功率 LED 成组使用的散热与配光设计、高效驱动电路和智能控制技术。

运用课题研究成果的LED路灯采用流体设计，外形美观大方；采用挤压铝+压铸铝+加钣金装饰、塑胶件组成整体外形结构；采用AC90~264V供电，使用电力载波通信，实现智能管理和智能节能控制；光源模块独立散热结构设计，灯具热阻低，散热效果好；采用自主设计的二次光学配光透镜，具有偏光技术，实现椭圆配光；灯具色温为自然白（5000K色温）；灯具电源效率90%以上，整体光效80lm/W以上；符合IP65防护等级标准；符合通信基站设备防雷标准要求；具有固定安装角度（5°~10°）。产品定位于国家标准快速主干道、主干道、次主干道场合使用；可替代使用400W高压钠灯，400W金卤灯和同等级灯源的道路场所；使用寿命是高压钠灯寿命的4倍以上；高效环保，节能50%以上；智能管理，智能节能控制，可根据客户要求达到更低能耗。适用于各种恶劣气候条件，具有冰雪自动卸压能力，可避免因灯具上面冰雪堆积所导致的安全隐患。

图4.2-60　150W路灯外观图1

图4.2-61　150W路灯外观图2

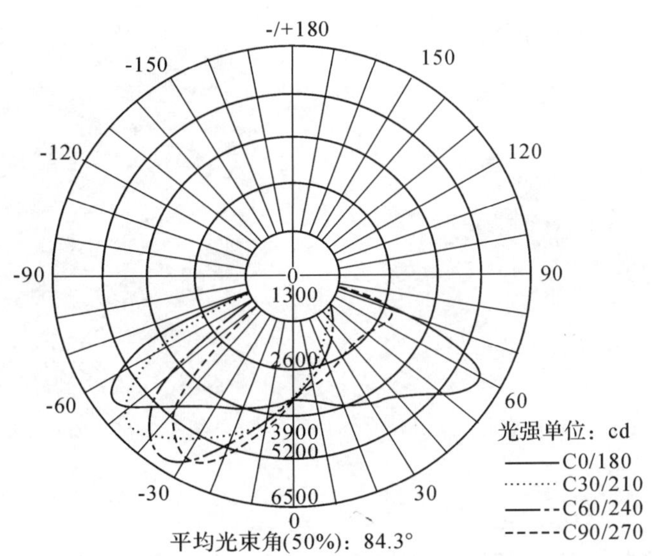


图4.2-62　150W子午面配光曲线图

依据标准LB/T001-2008
U=Emin/Eavg=0.374
Eavg=38.82lx

计算高度10m，灯下垂直点照度34.871x
若安装高度不等于计算高度，请应用右边高度修正系数表计算照度

屋边　横向距高比　路边

纵向距高比

35　26　22　18　13
4.4　2.2　1.3　0.4400　0.2200

| 安装高度 | 修正系数 |
|---|---|
| 5m | 4.000 |
| 6m | 2.778 |
| 7m | 2.041 |
| 8m | 1.563 |
| 9m | 1.235 |
| 10m | 1.000 |
| 11m | 0.826 |
| 12m | 0.694 |
| 13m | 0.592 |
| 14m | 0.510 |
| 15m | 0.444 |
| 16m | 0.391 |

图4.2-63　150W水平面绝对等照度曲线图

# 基于半导体照明用碳化硅单晶衬底制备

承担单位：中国科学院物理研究所

目前，被广泛应用的蓝宝石衬底在实现高亮度 LED 方面存在巨大的困难，采用碳化硅（SiC）衬底则能够极大地提高外延层的质量、提高内量子效率、减少制作阴极的工序、有效解决高亮度 LED 的散热问题，从而制备出效率高达 200lm/W 以上的白光 LED。因此，采用 SiC 衬底制备超高亮度、大功率 LED 已经成为半导体照明产业发展的趋势。

在 863 计划“半导体照明工程”重大项目的大力支持下，中国科学院物理研究所通过持续的技术攻关，在 SiC 单晶材料制备领域取得了重大突破：研制出了具有自主知识产权的碳化硅单晶生长炉，突破了 SiC 晶体缺陷控制、电阻率调控和化学机械抛光等关键技术。掌握了晶体生长和加工的核心技术，研制出了高质量 2in、3in、4in 4H 和 6H SiC 晶片，微管密度低于 20 个/$cm^2$，X 射线摇摆曲线半高宽小于 30arcsec，位错密度小于 $10^4$/$cm^2$，技术指标达到国际同类产品先进水平并与北京天科合达蓝光半导体有限公司合作成功实现了具有自主知识产权的 SiC 晶体的产业化，产品批量出口到全球 20 多个国家和地区，受到了广大用户的一致认可。

SiC 基 LED 使用低压电源，能效高，耗电量低，其在景观照明、道路照明、室内照明等领域具有巨大的发展空间和广阔的市场前景。

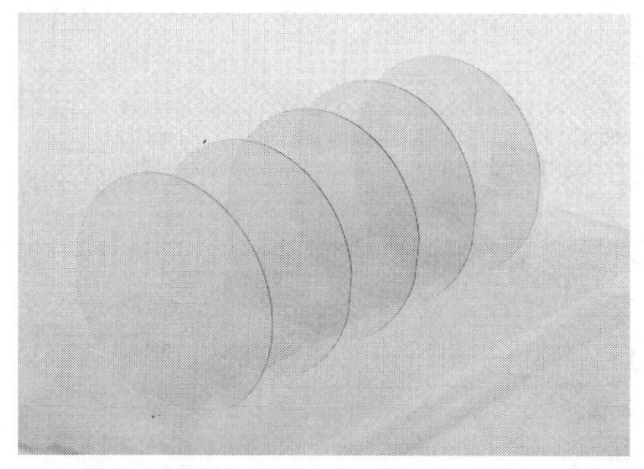

图 4.2-64　2in 6H-SiC 衬底

图 4.2-65　2in、3in 和 4in 4H-SiC 衬底





# GaN 单晶衬底，复合衬底，PSS 衬底，激光剥离设备

承担单位：北京大学

在国家 863 计划“半导体照明工程”重大项目的支持下，北京大学宽禁带半导体中心同广东省中镓半导体科技有限公司合作，突破并成功研制了 GaN 单晶衬底生长技术，10 ~ 50μm 厚 GaN 复合衬底生长技术，PSS 图形化蓝宝石衬底制备技术，以及自主研发的微区激光剥离设备。

目前，得到的完整 2in GaN 单晶衬底厚度达到 1.2mm，（002）面 XRD 半高宽 $<$ 120 arcsec，2in GaN 复合衬底厚度可 10 ~ 50μm。20μm 复合衬底（002）面 XRD 半高宽 $<$ 180 arcsec，并已成功研制出 n 型掺杂 GaN 复合衬底，载流子浓度在 $3.4\times10^{18}$/$cm^3$，迁移率 362$cm^2$/Vs 。利用 stepper 技术，PSS 图形化衬底可以制备周期为 5μm、3μm、1μm 的图形化衬底，可将 LED 光效提高 30% 不等。应用拥有自主知识产权的微区激光剥离技术开发的微区激光剥离设备，可完整剥离 2in GaN 外延片，剥离成品率达到 90% 以上，速度可达 2min/片。

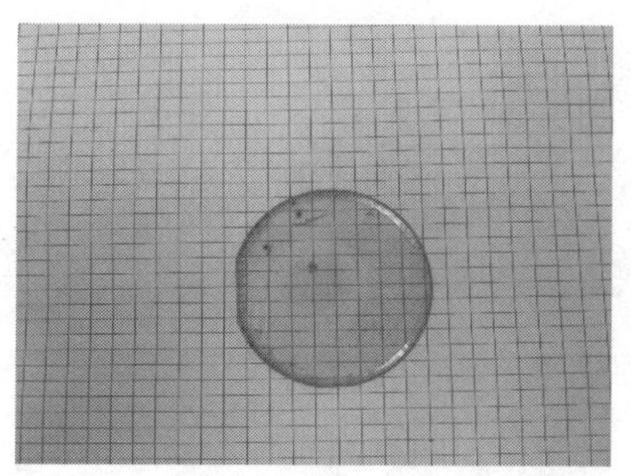
图 4.2-66　1200μm 自支撑 GaN 单晶材料

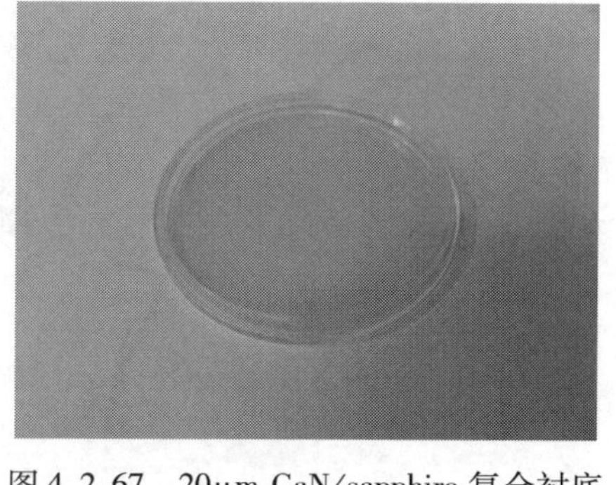
图 4.2-67　20μm GaN/sapphire 复合衬底

图 4.2-68　PSS 衬底表面 SEM 图片

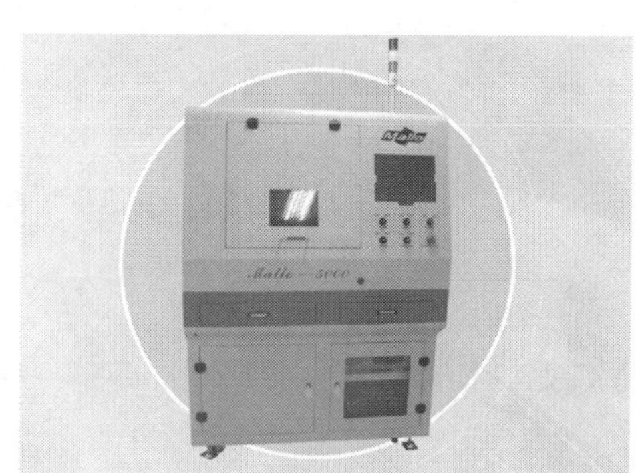
图 4.2-69　微区激光剥离设备



# 太阳能 LED 路灯灯具

承担单位：北京高科能光电技术有限公司

北京高科能光电技术有限公司在 LED 散热、恒流控制、二次光学设计技术方面有所突破，取得 7 项专利技术，产品多次中标政府招标项目。2007—2010 年在国内已安装各种太阳能 LED 灯具 2 万余套，主要用于乡村道路与支干道照明。通过 3 年的运行与工程监理考核，照明效果良好，并有少量产品出口。

北京高科能的太阳能 LED 灯具由于采用散热铝拉伸灯头与 LED 模块一体化设计，使光源热量直接导出，明显降低了光衰。先进的非对称透镜配光，有效提高光的利用率，出光角度达到 135°。选用的低热阻 LED 光效 100lm/W 以上，配合专用恒流电路，年光衰小于 5%。光源模块自带恒流。可以组合不同功率的 LED 灯具。根据太阳能照明特点，系统可实现智能照明控制，上半夜全功率，下半夜功率减半。可降低太阳能发电成本 35%，并保证 5 个阴雨天正常供电。

图 4.2-70　太阳能 LED 路灯在种植大棚应用（15W 光源）

图 4.2-71　400W 风光互补系统（60W 光源）

感谢状

北京高科能光电技术有限公司：

在北京市红十字会开展的青海玉树灾害救援行动中，捐赠太阳能照明灯150套，价值人民币壹拾伍万伍仟元整。

特颁此状，予以感谢。

二零一零年五月七日

图4.2-72　为玉树灾区捐赠150套太阳能LED灯（5W光源，锂电池）

## 功率型LED路灯的技术研究

承担单位：北京朗波尔光电股份有限公司　北京良业照明工程有限公司

功率型LED路灯的技术研究课题是一项针对LED道路照明进行深入研究的课题。其研究方向包含了光、电、热、控制、材料以及外观造型，具有解决目前LED道路照明设计难点，引导道路照明设计方向的重要任务。LED道路照明灯具作为国家打响低碳环保照明的第一枪，已经在全国各地广泛地进行了更换。



功率型LED路灯的技术研究课题成果摒弃了很多以往LED道路照明灯具设计的固定模式；充分利用了LED光源本身的特点；同时又采用了一些更新的设计想法、更现代的技术产物，使研究成果能够在实际道路使用上工作更稳定，光效更高，使产品从实际上可以达到LED高效、节能、长寿等特点，营造出一个更加舒适，更加环保的环境。

产品成果申请并已经获得了多项国家发明、实用新型和外观专利。

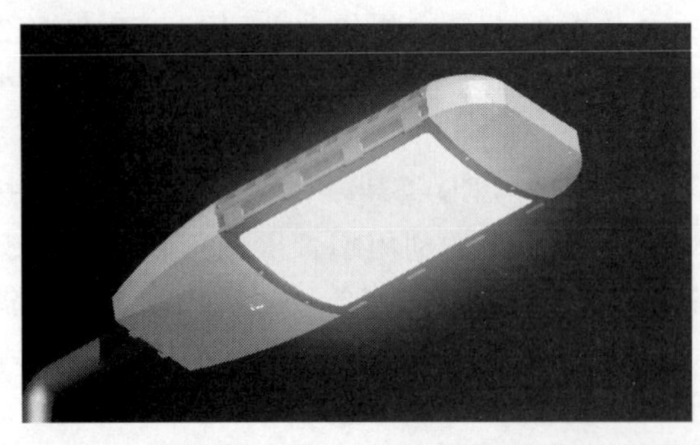
图4.2-73　功率型LED路灯的技术研究课题成果外观图

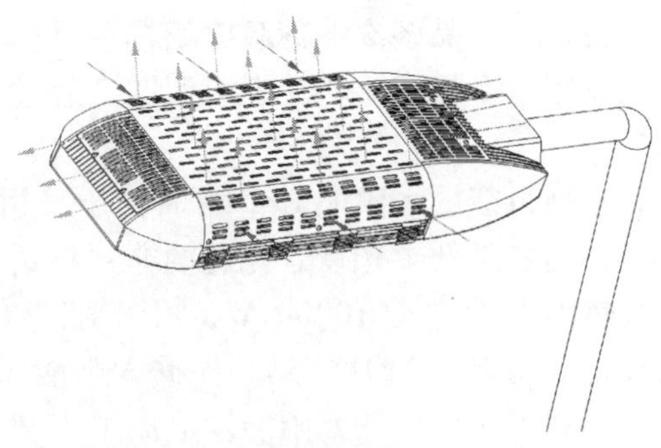
图4.2-74　独特路灯散热对流方式

## 高光效大功率白光LED产业化技术研究

承担单位：大连路美芯片科技有限公司

大连路美芯片科技有限公司在国家863计划的支持下，承担课题取得的主要成果如下：

1）研发并优化的图形化衬底制备及外延生长技术，获得了良好的衬底表面形貌和外延晶体质量，使得亮度大幅提升，同时保持了电性不退化。

2）引入新的电容式结构和静电缓冲结构，使得芯片对脉冲高压的耐受性能大幅提高。

3）为了适应室外应用高温、高湿的特点，通过设计缓变应力型的量子阱结构，增强芯片在恶劣环境中的工作的稳定性，如图4. 2-77所示。

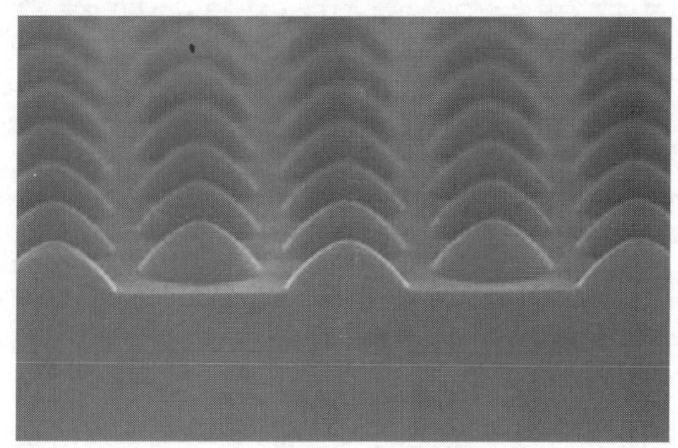

图 4. 2-75　图形化衬底形貌照片

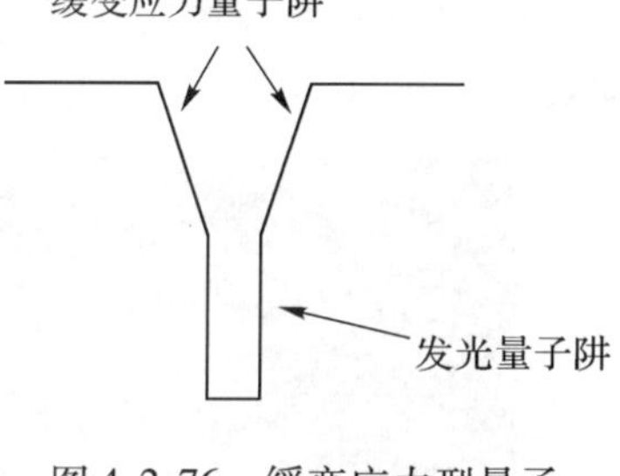


图 4. 2-76　缓变应力型量子阱结构示意图

4）通过在蓝宝石一侧蒸镀 DBR 高反射介质膜系，达到将光反射到正面出射的目的，DBR 背镀反射镜技术可以大幅提升亮度，本技术已获得美国发明专利。

5）采用 ITO 作为透明导电层并对其进行了粗化处理，使得出光得以有效增加。

6）加入 CBL 技术，使得电流扩展更加均匀，有效地提升了亮度和 ESD 水平，改善了光衰。

7）解决了诸多大功率芯片批量生产中的工艺问题，目前已可稳定量产，量产光通量水平在 100lm 左右。

图 4. 2-77　路美量产的大功率芯片照片

图 4. 2-78　小电流下点亮照片

图 4. 2-79　封装白光后点亮照片

# 人眼舒适环境友好的 LED 路灯的研究及产业化

承担单位：东莞勤上光电有限公司

由勤上光电与清华大学联合研发的“人眼舒适、环境友好的 LED 路灯”取得了 3 项科技成果和 100 多项专利，与高压钠灯路灯、采用常规封装的 LED 路灯相比，本课题研制的新型 LED 路灯在非成像二次光学系统、散热设计系统、电路驱动系统、无线通信智能控制系统等方面实现重大突破，其节能、照度、均匀度、安全、防水、防尘等各项指标完全达到国家道路照明标准，并通过 CQC 产品认证。

“人眼舒适、环境友好的 LED 路灯”先后获得如下资质荣誉：通过科学技术成果鉴定；通过节能标志产品认证；获第三届中国技术市场协会“金桥奖”；纳入国家重点新产品计划；获省发改委重点投资建设项目；荣获“采用国际标准产品标志证书”和“广东省采用国际标准产品认可证书”；荣获东莞市科学技术进步奖一等奖；荣获“广东省名牌产品”；承担的地方标准《LED 路灯》通过审核，批准发布；认定为广东省高技术产品；荣获广东省科学技术进步奖一等奖。

该 LED 路灯目前已成功应用于包括广东“千里十万”、科技部“十城万盏”LED 路灯推广示范项目、广州科学中心、北京辟才胡同、美国科罗拉多等总计达 3000km 的道路照明应用工程。

图 4. 2-80　深圳民田路 LED 路灯工程

图 4. 2-81　安徽六潜隧道 LED 照明工程

图 4. 2-82　北京辟才胡同 LED 路灯工程

图 4. 2-83　厦门海风路 LED 路灯工程

图 4. 2-84　西班牙 LED 路灯工程

图 4. 2-85　韩国仁川 LED 路灯工程

图 4.2-86　美国科罗拉多 LED 路灯工程

# 功率型 LED 器件光学级封装材料研究

承担单位：杭州师范大学有机硅化学及材料技术教育部重点实验室

杭州师范大学有机硅化学及材料技术教育部重点实验室在国家 863 计划资助下，研究开发了功率型 LED 封装用甲基系列（折光率 1.41）及甲基苯基系列（折光率 1.46 ~ 1.54）的双组分有机硅材料。该功率型 LED 封装用双组分有机硅材料，使用前将 A 和 B 组分混合均匀，经真空脱泡后，可根据封装要求在室温至 150℃范围内硫化。封装材料室温可操作时间 2 ~ 12 h。封装材料具有高透光率、耐紫外线辐射、收缩率低、硬度和机械力学性能可调、与支架粘结性能好等优点，适合用作 LED 透镜填充、贴片式封装和模顶封装等。



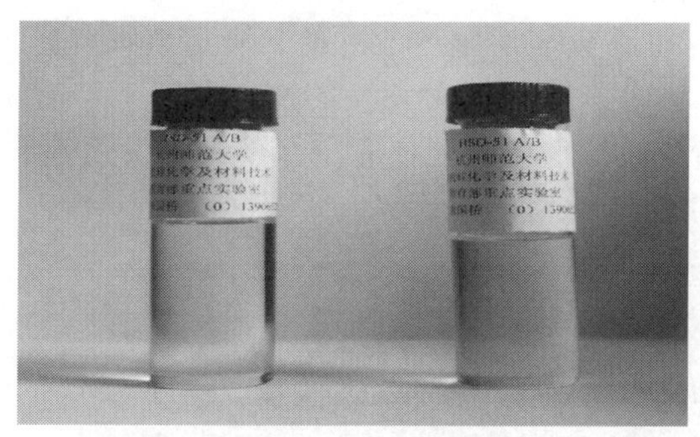

未硫化

硫化后

图 4.2-87　LED 封装材料外观

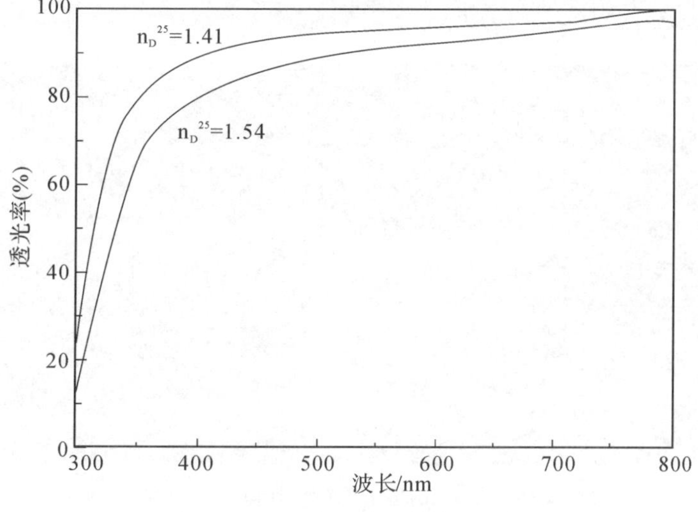


图 4.2-88　LED 封装材料透光率

表 4.2-2　封装材料的机械力学性能

| 硬度/ShoreA | 拉伸强度/MPa | 断裂伸长率（%） |
|---|---|---|
| 25.9 | 1.28 | 122.0 |
| 30.8 | 1.85 | 118.0 |
| 38.9 | 2.39 | 77.0 |
| 43.8 | 2.39 | 73.0 |
| 50.4 | 2.32 | 57.0 |

施工工艺说明：

1）不同封装工艺，建议采用不同固化温度。

2）搅拌 5 ~ 10min，然后室温脱泡，真空脱泡 5 ~ 20min。

3）在点胶前将支架预热 120℃约 60min。

4）若固化过程中有气泡，可降低固化温度，同时延长固化时间，可有效解决气泡问题。

5）注意避免接触有机锡和其他有机金属化合物，避免接触硫磺、多硫化物、聚砜以及其他含硫材料，避免接触氨气、有机胺等。

## 半导体照明光源在植物组培中的应用研究

承担单位：南京农业大学

南京农业大学农学院在国家 863 计划的资助下，自 2006 年项目实施以来，系统开展了 LED 在典型植物（菊花、马铃薯、冬青、兰花、番茄、黄瓜、棉花等）育苗中的应用研究，取得了如下成果：掌握了 LED 在植物中的应用原理、关键技术和关键参数；获取满足植物生长发育需求的高生物能效的 LED 优化组合关键参数与调制技术；研制出与植物育苗设施相匹配的、满足植物育苗工艺的 LED 匹配和组合方法、灯具设计优化、驱动和控制方法；研制出 3 种类型的植物专用 LED 光源样灯；研制出 AGRI-LED 植物培育系统；获得国家发明专利授权 3 项；在核心一级期刊已发表论文 15 篇，其中 EI 收录 6 篇。

图 4.2-89　工厂化瓶苗生产专用 LED 灯（节选）

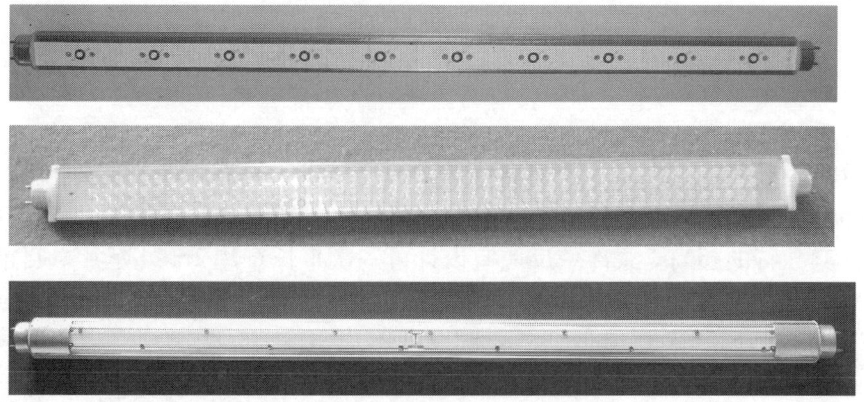

图 4.2-90　工厂化瓶苗生产专用 LED 灯（节选）

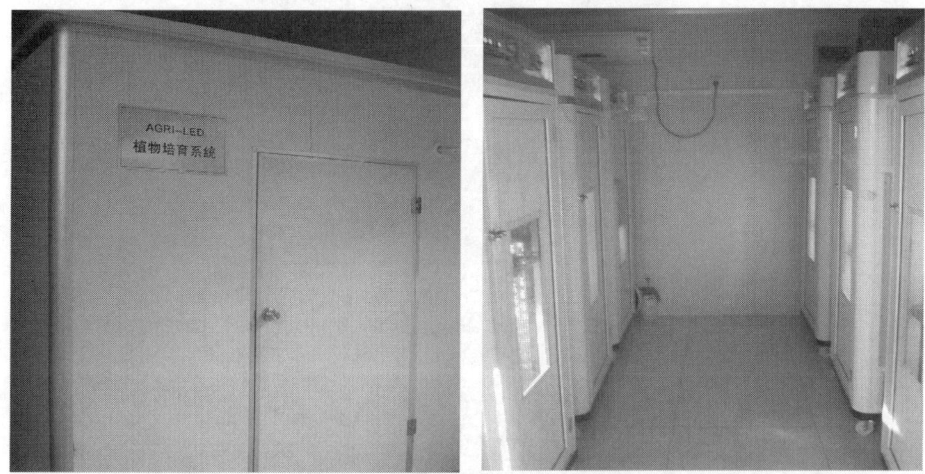


图 4.2-91　AGRI-LED 植物培育系统（节选）

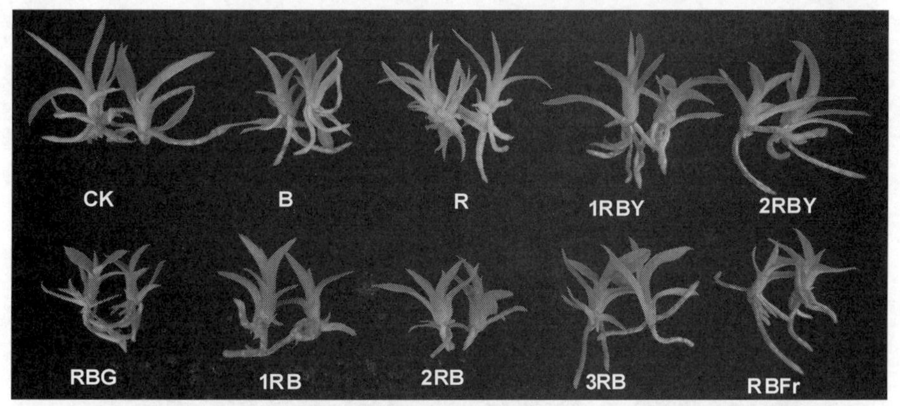


图 4.2-92　不同光谱能量分布的 LED 光源对文心兰瓶苗的影响（节选）

图 4.2-93　不同光谱能量分布的 LED 光源对冬青瓶苗的影响（节选）

# GaN-MOCVD 深紫外 LED 材料生长设备

承担单位：青岛杰生电气有限公司

青岛杰生电气有限公司在国家 863 计划支持下，成功研发了具有自主知识产权的“GaN-MOCVD 深紫外 LED 材料生长设备”，该设备适用于高铝组分的氮化镓基紫外和深紫外以及超高亮度蓝光 LED 材料的外延生长。其独特的超高立式冷壁反应室设计可一次生长 6 片 2in 外延片。目前该项技术已获得两项国家发明专利（发明专利号为 ZL03135064X 和 ZL200710013820.4）。该设备已经制备出发光波长 280nm UV-LED 材料，半高宽为 10nm，外延膜厚度不均匀性 <5%，波长不均匀性 <3%。该设备具有易维护，可靠性高和重复性好等显著特点。课题研制生产的 W 型 MOCVD 设备已经被国家认定为首批国家自主创新产品。

图 4.2-94　2008 年研制成功的 W620 型 GaN-MOCVD 深紫外 LED 材料生长设备

图 4.2-95　2008 年生产的 W120 型 AIGaN-MOCVD 设备

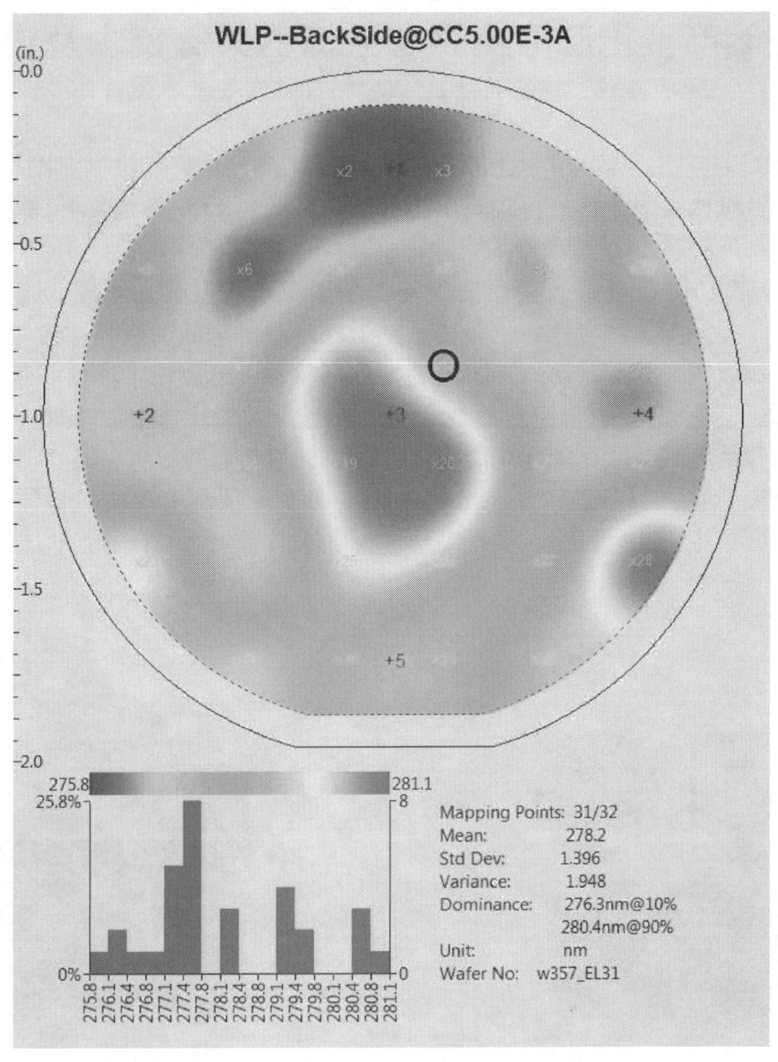


图 4.2-96 EL MAPPING

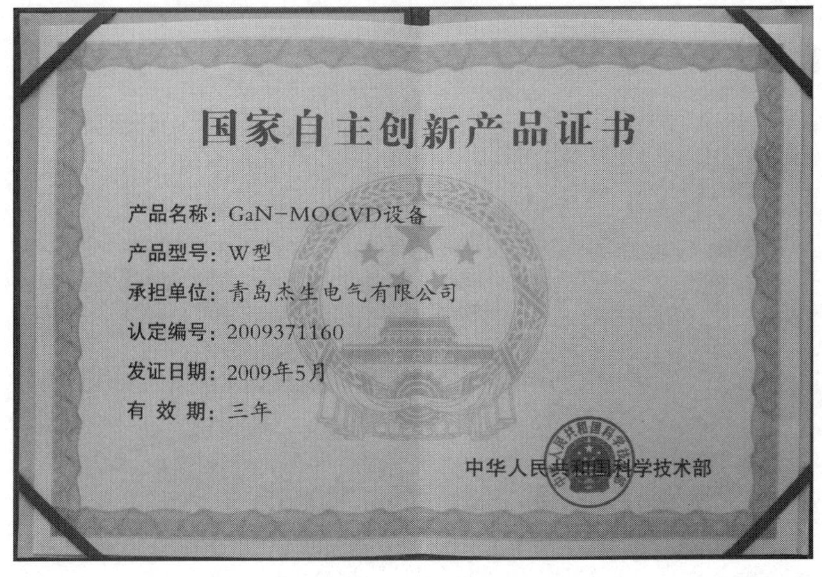

国家自主创新产品证书

产品名称：GaN-MOCVD设备

产品型号：W型

承担单位：青岛杰生电气有限公司

认定编号：2009371160

发证日期：2009年5月

有 效 期：三年

中华人民共和国科学技术部

图 4.2-97 获奖证书

# 半导体照明产业化芯片测试与分拣的关键技术及设备研制

承担单位：清华大学 北京中拓机械有限责任公司

本课题重点研究 LED 芯片检测与分拣相关的光电测量、高速高精度机械、图像分析等核心技术，由清华大学和北京中拓机械有限责任公司共同承担，已研制成功 LED 外延片 PL 谱扫描成像仪、芯片点测机、芯片分选机三种设备。

PL 谱扫描成像仪是 LED 外延片自动检测设备，基于激光激发荧光原理，通过对外延片取点测量，获取外延片波长、膜厚等关键参数的分布信息，为外延炉工艺的调整提供参考数据。该设备检测速度快，精度高，操作简便，并配备功能丰富的数据分析软件，已应用于国内多条外延片生产线上。

点测机是用于 LED 芯片检测的高速自动化设备，精确识别芯片位置，测量电压、电流、波长、光强等光电参数，具有精度高、数据管理功能强大、兼容性好等特点，整体性能达到国际先进水平。

芯片分选机是对检测后的 LED 芯片进行分档的设备，基于独创的取放机械结构和优化的控制方法，精确控制运动速度、位置和接触力，实现高速精准的芯片分选。

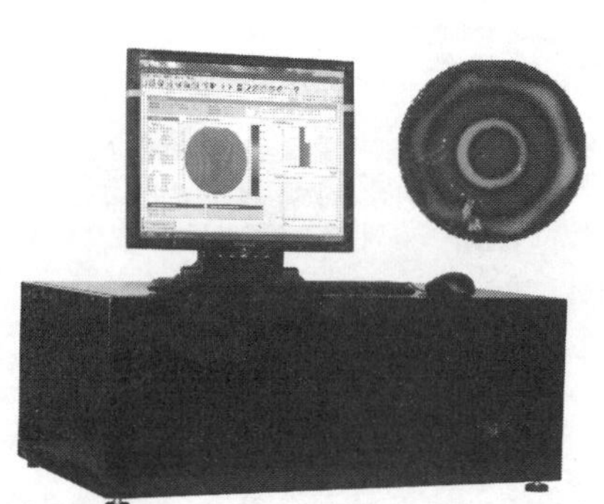

图 4.2-98 LED 外延片 PL 谱扫描成像仪

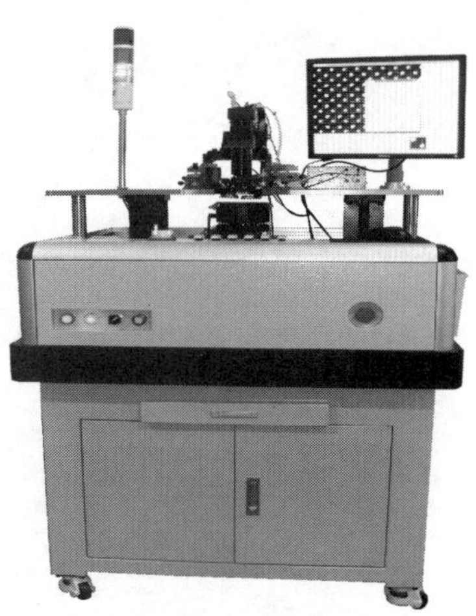

图 4.2-99 LED 芯片扫描检测机

图 4.2-100 精密分选机

# 功率型白光 LED 产业化关键技术开发

承担单位：上海蓝宝光电材料有限公司

上海蓝宝光电材料有限公司承担的“十一五”863 计划“半导体照明工程”重大项目“功率型白光 LED 产业化关键技术开发”课题，实现了 100lm/W LED 关键技术的突破和产业化量产及销售，神光芯片在“十城万盏”半导体照明试点示范工程、上海世博会新闻中心得到成功应用。

主要技术创新点：V-LED 整套外延和芯片制造技术；PSS-LED 整套外延和芯片制造技术；表面粗化-LED 整套外延和芯片制造技术；抗静电抗衰减外延生长技术。

主要发明专利：具有低温 p 型 GaN 层的氮化镓系发光二极管；一种 GaN 基发光二极管及其制造方法；LED 芯片及其制作方法；具有低温中间层的氮化镓系发光二极管；采用纳米压印技术的 III 族氮化物半导体发光装置。

主要产品应用领域：4545、3535、2525 系列芯片可应用于路灯、隧道灯等普通室外照明；1023 系列可应用于普通室内照明、大尺寸液晶背光等；1311 系列可应用于显示屏、灯饰、小尺寸背光、点阵、数码家电等传统应用领域。

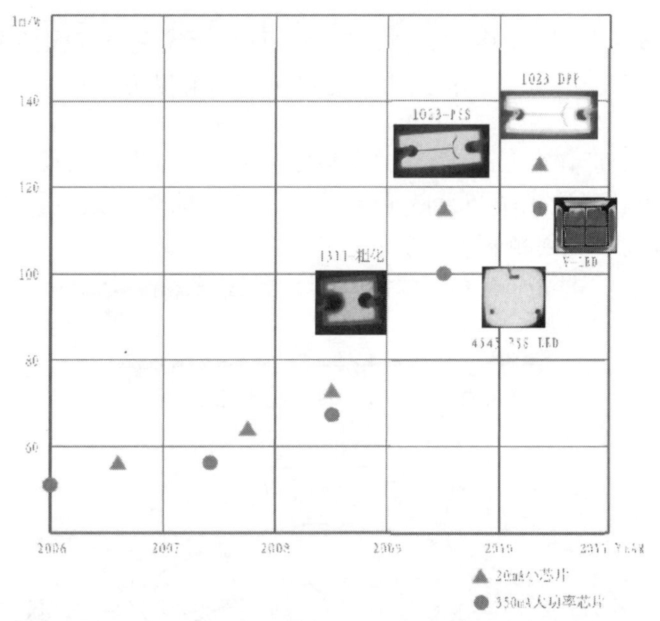


图 4.2-101　研发与产业化路线图

图 4.2-102　2010 年上海世博会新闻中心 LED 大屏应用

图 4. 2-103　“十城万盏”成都市路灯照明工程应用

# 室内 LED 照明灯关键技术研究与产品开发

承担单位：上海三思科技发展有限公司

利用 LED 照明自主知识产权专利技术，采用新型微透镜、导光板的反光、散射及 LED 散热等新技术，解决 LED 室内照明灯高透光率与无眩光的矛盾，研制的灯具达到见光不见灯的面光源效果，光效高，不刺眼，视觉安全，投射范围大。





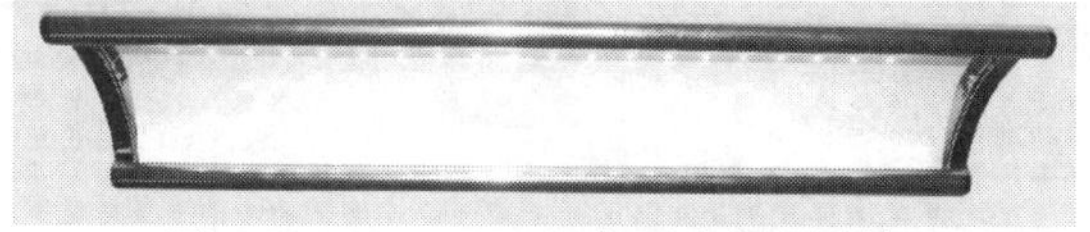

图 4. 2-104　LED 室内面光源照明灯

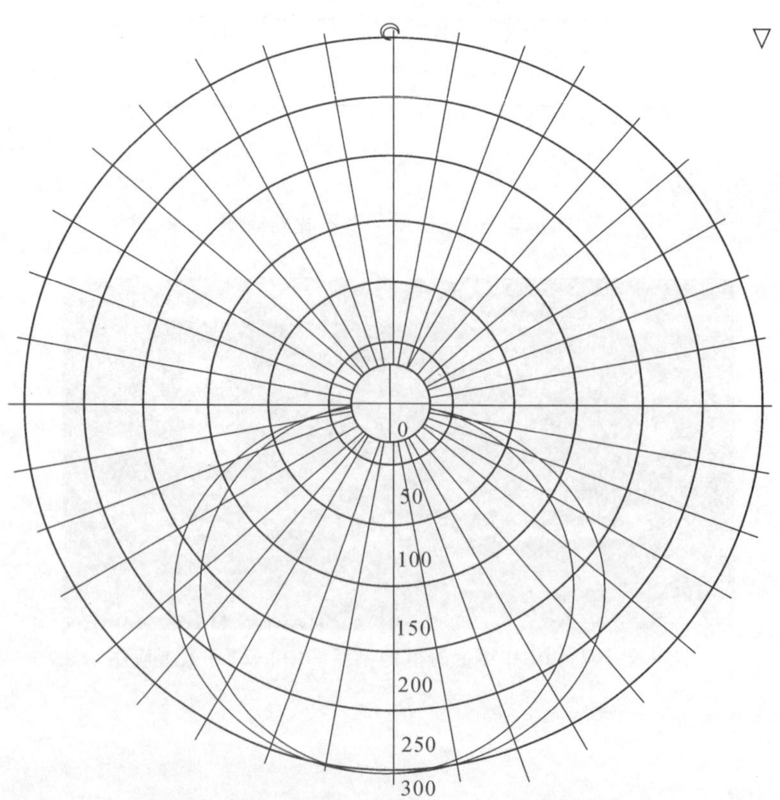


图 4. 2-105　LED 室内面光源照明灯配光曲线

LED 室内面光源照明灯解决的主要关键技术：

（1）利用可直接计算 LED 透镜模型的非成像光学设计新方法，精确设计灯具的光学模型，提高灯具的效率和利用系数，实现 LED 灯具的整体高光效、良好视觉舒适性及高可靠性。

（2）设计新型灯具结构，使光强分布合理化、研究实现减少 LED 灯具眩光的解决方法，利用新型微透镜、导光板、反射膜等技术解决 LED 灯具高出光率与无眩光的矛盾。

（3）二次开发 LED 散热专利技术，使发热元件分散分布，增大特定空间的有效散热面积，提高了灯具寿命及发光效率。

（4）利用驱动电源专利新技术，使开发和试制的电源效率达 90% 以上。

目前，“LED 室内面光源照明灯”的灯具光效已达到 80lm/W。该产品已用于深圳地铁 2 号线全线 LED 照明，具有重要的示范推广意义。

图 4. 2-106　深圳地铁 2 号线室内 LED 照明

## 应用 LED 的飞机进近安全着陆航道指示系统的研制

承担单位：上海照明灯具有限公司 复旦大学

精密进近航道指示灯 Precision Approach Path Indicator（PAPI）能提供高于进近航道、稍高于进近航道、在进近航道、稍低于进近航道、低于进近航道五种进近航道的坡度指示信号，能帮助飞机在保持准确的进近方向的同时又能保持准确的进近坡度，是现代机场仪表着陆系统中一种重要的目视航道指示系统。

传统的 PAPI 多采用卤钨灯作为光源，用红色滤色片形成红色指示光，由于卤钨灯的寿命相对较短，因而需要经常更换光源，对于机场高负荷工作、高安全风险的场所，传统 PAPI 的维护工作非常困难。LED 是新型半导体光源，具有寿命超长、抗震性能好、可靠性高等诸多优点。本课题将白光和红光 LED 作为光源，将现代光学设计和高可靠性 LED 恒流驱动技术相结合，开发出一套 LED 精密进近航道指示灯，可大大提高产品的使用寿命和可靠性，降低机场的维护成本。另外，由于 LED 具有比白炽灯高 6 倍以上的光效，还可降低系统功耗，实现机场照明节电。本课题产品将 PAPI 的整体性能提高了一个档次，对于现代机场照明系统升级具有重要意义。

本项目所产生的专利有：

（1）采用 LED 的精密进近航道指示装置（200910198501. 6）；

（2）一种精密进近航道指示灯分界线的测量方法（200910198502. 9）；

（3）一种 LED 精密进近航道指示灯（200920212032. 3）；

（4）一种用于精密进近航道指示灯分界线的测量装置（200920212033. 7）。

图 4.2-107　LED 精密进近航道指示灯

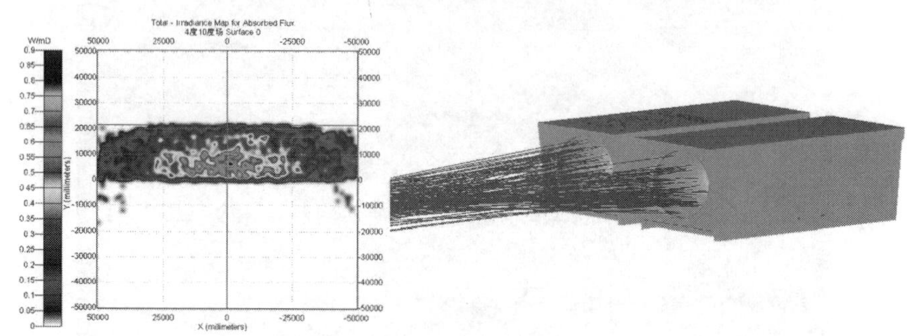


图 4.2-108　LED PAPI 的光学设计



# 2010 年上海世博会城市最佳实践区半导体照明技术的集成应用研究

承担单位：同济大学

为配合上海世博会园区夜景建设的需要，本课题的应用范围从“城市最佳实践区”，扩展到 5.28km² 的整个世博园区。研究内容涉及半导体在世博园区室内、室外照明中应用的多个技术关键点，涵盖了从灯具设计到制作、应用标准、评价方法等多个环节。研究成果对整个世博园区半导体照明的应用起到了关键的指导作用，对半导体照明在实际工程中的应用具有广泛的指导意义，对引导我国城市照明的低碳化发展具有积极的推动作用。

主要研究内容包括：

（1）中国 2010 年上海世博会园区夜景照明总体规划，编制《世博园区照明创新技术应用导则》；

（2）城市最佳实践区夜景照明规划与设计研究；

（3）世博文化中心建筑外观半导体照明工程；

（4）半导体照明灯具集成设计方法的研究；

（5）设计创建半导体照明灯具库，产生了 38 项专利成果，包括 7 项发明专利、6 项实用新型专利、25 项外观专利；

（6）半导体照明灯具的研发与试制，5 款半导体照明灯具已投入批量生产，进入产业化阶段，其中 3 款半导体照明产品在世博园区得以应用；

（7）编写《中国 2010 年上海世博园区夜景照明规划与设计研究》专著。

世博园区已形成世界上规模最大的 LED 照明技术的集成应用示范区域。园区内约有 10.3 亿颗 LED 芯片使用，而在“一轴四馆”五个世博永久性建筑中也有十万套以上 LED 灯具得以应用，室外景观照明的 80% 采用了 LED 光源，比传统光源节约 50% 以上的能耗。

图 4. 2-109　中国 2010 年上海世博会园区夜景鸟瞰效果图

图 4. 2-110　世博园区核心区效果图

图 4. 2-111　世博文化中心

图 4. 2-112　世博文化中心西世博文化中心西入口大厅世博媒体数字界面

图 4. 2-113　世博文化中心南入口大厅世博媒体数字界面

图 4. 2-114　世博文化中心半导体步道灯

图 4. 2-115　世博文化中心半导体步道灯

图 4. 2-116　世博文化中心半导体草坪灯

图 4. 2-117　城市最佳实践区

## 白光 LED 荧光粉产业化关键技术

承担单位：有研稀土新材料股份有限公司

有研稀土新材料股份有限公司在国家 863 计划“半导体照明工程”重大项目支持下，开发出了一系列具有自主知识产权的 LED 荧光粉产品和相关技术，现已申报了 23 项中国发明专利和 3 组 12 项美国、日本、德国和韩国发明专利，其中 12 项已获得授权：

(1) 对黄色荧光粉进行了重点研制，研制出硼铝酸盐和铝硅酸盐两个系列的新型黄色荧光粉，并实现了产品的批量销售。

(2) 发明了适合蓝光或紫外光激发的多种离子共激活的钼（钨）酸盐、铝酸盐及氮化物三类红色荧光粉。这三类荧光粉性质非常稳定且发光效率高。

(3) 发明了既适合蓝光也适合紫外 LED 的多种离子共激活的卤硅酸盐绿色荧光粉。

(4) 发明了一种半导体发光装置，以及相应地发射不同颜色光的荧光粉。

(5) 发明了多种新型超细荧光粉的制备方法，形成了制备超细荧光粉的关键技术。

(6) 在荧光粉的还原方面研制出高效的荧光粉还原方法和设备，并因此极大地提高了荧光粉的性能。

产品应用方面，开发的具有自主知识产权的黄色荧光粉及氮化物红色荧光粉已批量供应给国内外封装厂商，这些产品封装出来的白光 LED 光效达到 100lm/W 以上，显色指数大于 80。

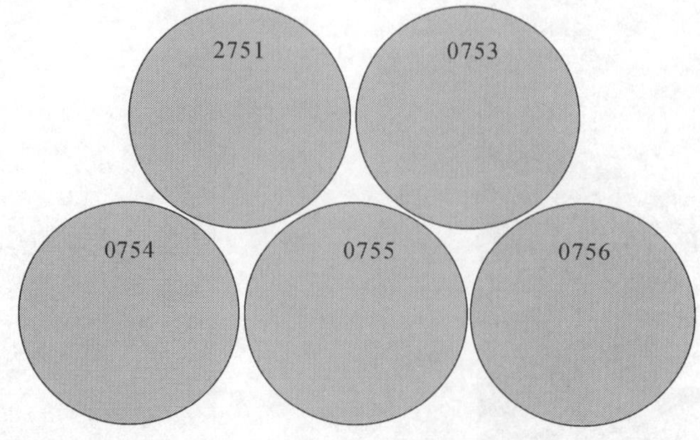


图 4. 2-118　有研稀土新材料股份有限公司自主研发的绿色和黄色荧光粉

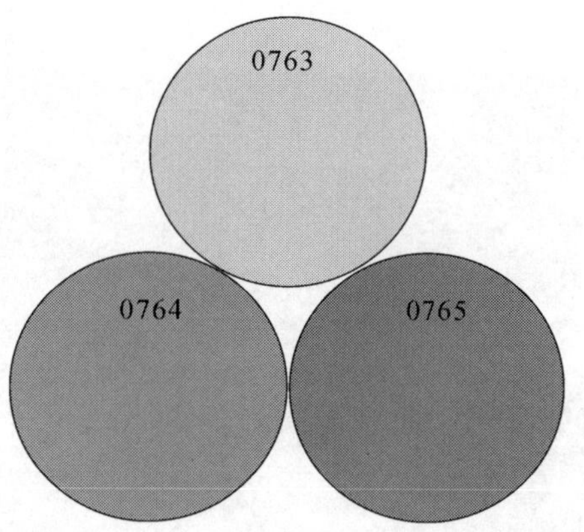


图 4. 2-119　有研稀土新材料股份有限公司自主研发的红色荧光粉

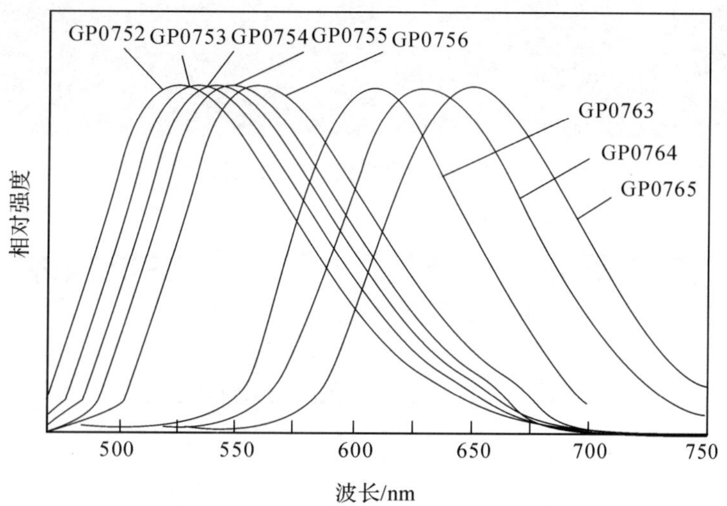


图 4. 2-120　有研稀土新材料股份有限公司研发的荧光粉的发射光谱

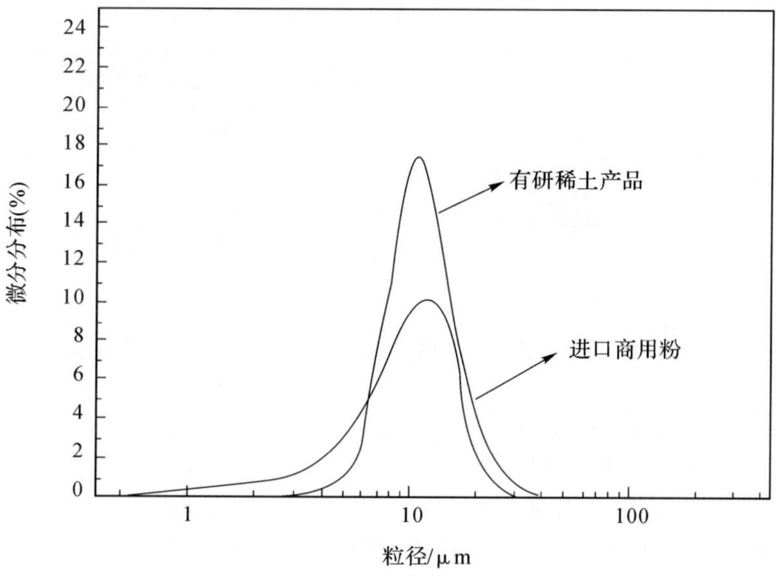


图 4. 2-121　有研稀土新材料股份有限公司荧光粉与国外进口产品的粒度分布比较

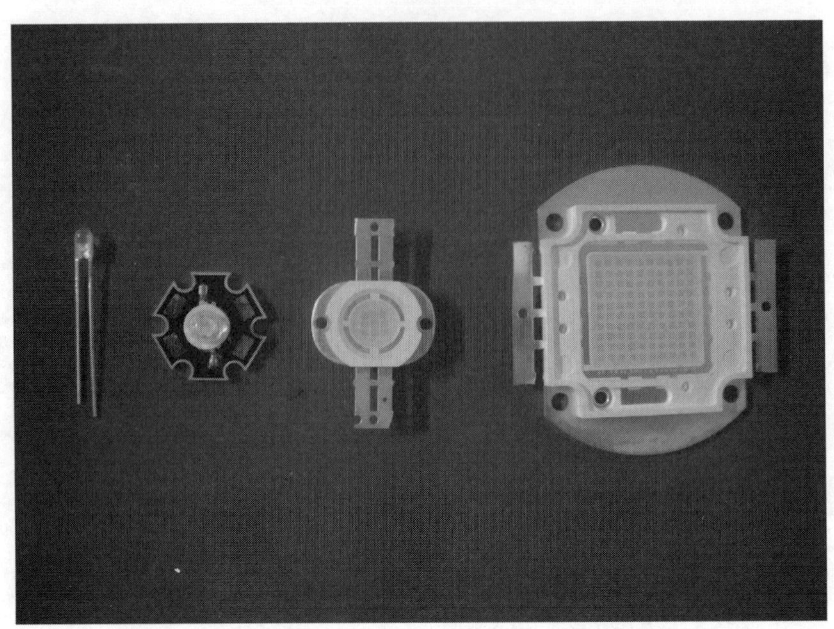

图 4. 2-122　利用有研稀土新材料股份有限公司的荧光粉封装成的不同型号 LED 器件

# 大功率发光二极管外延材料生长技术

承担单位：中国科学院物理研究所



GaN 基发光二极管是半导体照明的关键技术，在液晶电视背光源、通用照明、特殊照明等领域具有广阔市场应用前景。

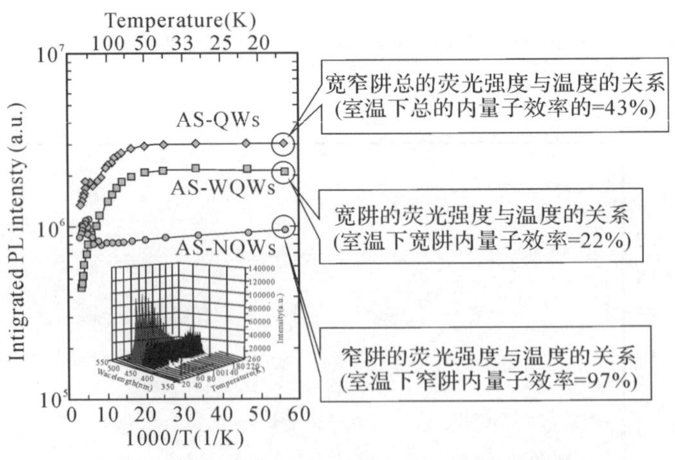


图 4. 2-123　不同量子阱结构的荧光强度与温度的关系

量子阱发光效率是制约半导体照明器件性能提高的重要因素。中国科学院物理研究所通过 MOCVD 方法生长了一种新颖的 InGaN/GaN 宽窄耦合双量子阱结构，将宽、窄 InGaN 量子阱耦合作为载流子俘获层与辐射复合发光层，通过调整载流子俘获层中宽阱的厚度，提高 LED 的发光效率。通过合理优化，LED 光致发光（PL）效率可以由常规的 20% 提高到 60% 左右。

中国科学院物理研究所掌握了提高蓝光发光二极管发光效率的方法，形成了大功率蓝光 LED 外延片生产技术。在项目研发期间，申请了 4 项发明专利，其中 1 项国际专利。制备的 1mm × 1mm 蓝光功率芯片 350mA 下输出功率达到 350mW。

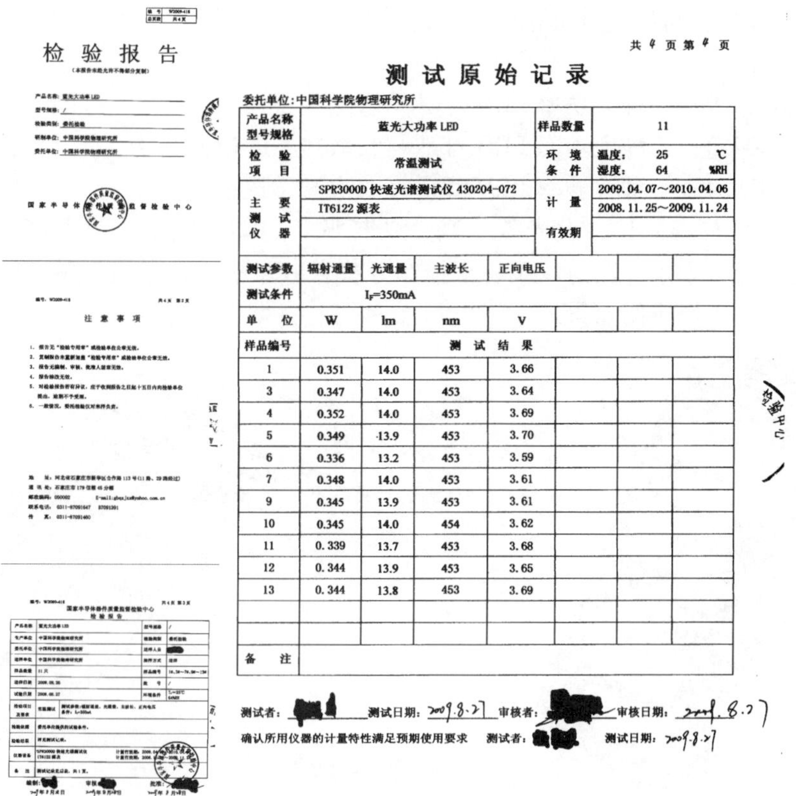

检 验 报 告

共 4 页第 4 页

**测 试 原 始 记 录**

委托单位：中国科学院物理研究所

| 产品名称<br>型号规格 | 蓝光大功率 LED | | | 样品数量 | 11 | | |
|---|---|---|---|---|---|---|---|
| 检　验<br>项　目 | 常温测试 | | | 环　境<br>条　件 | 温度：25 ℃<br>湿度：64 %RH | | |
| 主　要<br>测　试<br>仪　器 | SPR3000D 快速光谱测试仪 430204-072 | | | 计　量<br>有效期 | 2009.04.07～2010.04.06 | | |
| | IT6122 源表 | | | | 2008.11.25～2009.11.24 | | |
| 测试参数 | 辐射通量 | 光通量 | 主波长 | 正向电压 | | | |
| 测试条件 | $I_F$=350mA | | | | | | |
| 单　位 | W | lm | nm | V | | | |
| 样品编号 | 测 试 结 果 | | | | | | |
| 1 | 0.351 | 14.0 | 453 | 3.66 | | | |
| 3 | 0.347 | 14.0 | 453 | 3.64 | | | |
| 4 | 0.352 | 14.0 | 453 | 3.69 | | | |
| 5 | 0.349 | 13.9 | 453 | 3.70 | | | |
| 6 | 0.336 | 13.2 | 453 | 3.59 | | | |
| 7 | 0.348 | 14.0 | 453 | 3.61 | | | |
| 9 | 0.345 | 13.9 | 453 | 3.61 | | | |
| 10 | 0.345 | 14.0 | 454 | 3.62 | | | |
| 11 | 0.339 | 13.7 | 453 | 3.68 | | | |
| 12 | 0.344 | 13.9 | 453 | 3.65 | | | |
| 13 | 0.344 | 13.8 | 453 | 3.69 | | | |
| 备　注 | | | | | | | |

测试者：　测试日期：2009.8.27　审核者：　审核日期：2009.8.27

确认所用仪器的计量特性满足预期使用要求　测试者：　测试日期：2009.8.27

图 4.2-124　大功率蓝光 LED 芯片（功率封装）检测报告

图 4.2-125　大功率蓝光 LED 芯片（功率封装）实物照片

# LED 隧道道路照明灯

承担单位：重庆星河电气有限公司

根据明视觉与中间视觉理论、显色性与照度关系，LED 灯具应用于隧道照明具有明显的优势，在许多隧道照明工程应用中已经取得了突破性的进展，积极响应了国家对节能减排的号召。

拥有自主知识产权的 LED 隧道照明灯，各部件和各关键技术均采用了具有专利技术的优良设计，在灯具的寿命、光效、效率等方面成果显著，电源寿命达50000h，温升小于15℃，灯具效率大于85%，光效可达90lm/W，与传统灯具相比，节能超过50%。

专利：

（1）200920128410.9：一种大功率LED灯具的散热装置；

（2）200910104607.3：一种大功率LED灯珠与其散热器的连接结构；

（3）200920128378.4：一种大功率LED隧道灯二次光学透镜。

LED隧道照明灯具有寿命长、发光效率高、功耗低、启动时间短、显色指数高、工作温度低、方向性好、工作电压低、无紫外辐射以及易于控制等特点，非常适合应用于隧道照明工程中，具有很大的发展空间和广阔的市场应用前景。

图4.2-126　大功率LED隧道道路照明灯

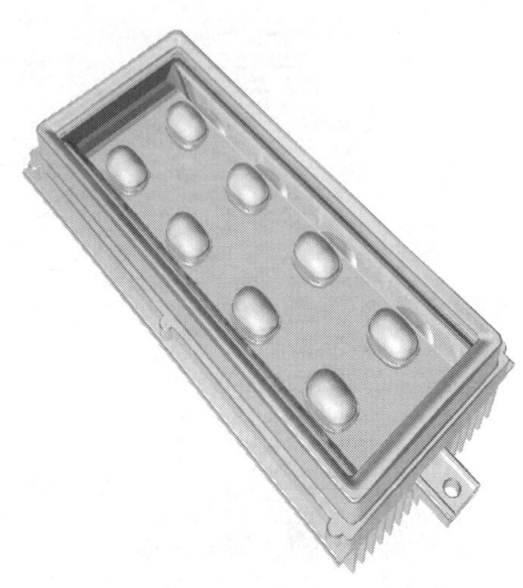

图4.2-127　透镜侧面45°模组





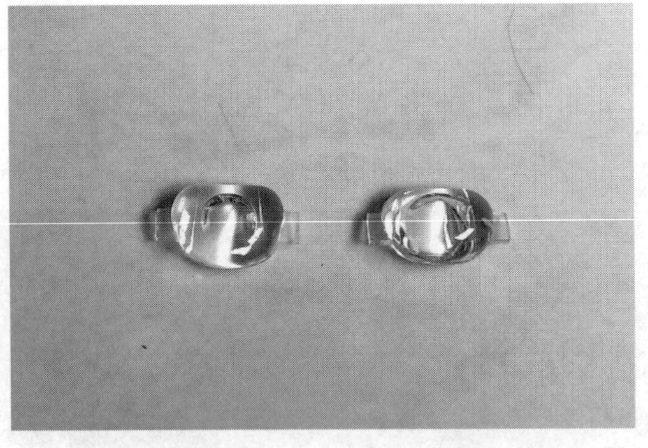

图4.2-128　二次光学透镜

## 智能化半导体照明光源的开发

承担单位：南京汉德森科技股份有限公司

拥有自主知识产权的智能化半导体照明光源是以智能化气氛、情景照明应用为主题需求，解决新型室内数字智能化LED照明系统的产业化关键技术，实现室内智能化气氛照明示范应用，为产品在未来几年内大规模进入通用照明市场提供了产业化技术支撑。

智能化半导体照明光源，采用了新型COB芯片封装技术和工艺，色温连续可调，其范围为3000~8000K，光源发光效率≥85lm/W，寿命>50000h。与传统照明光源相比，电耗仅为其1/5，寿命提高了近10倍。

智能化半导体照明光源将成为未来气氛照明、情景照明应用的主流，其在娱乐场所、体育场馆、餐馆餐厅、家居装潢等领域具有很大的发展空间和广阔的市场前景。

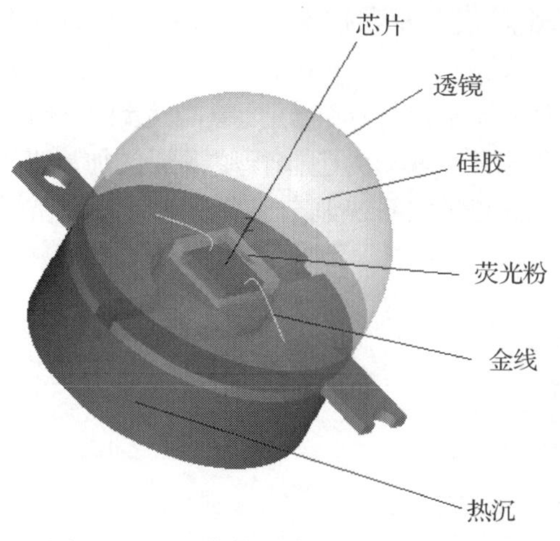


图 4. 2-129　传统功率型发光二极管结构

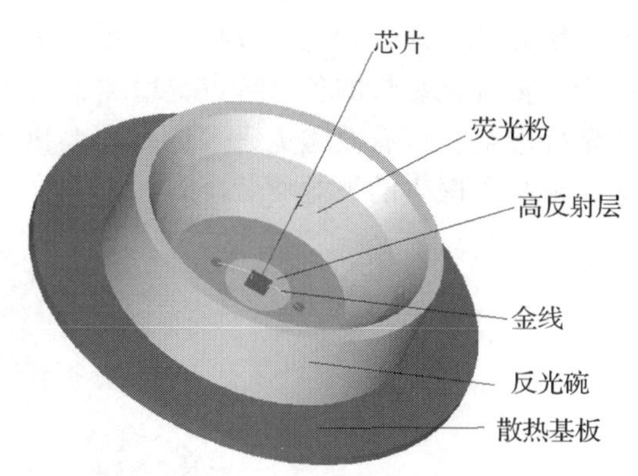


图 4. 2-130　汉德森新型电路板直接封装（Chip On Board，COB）

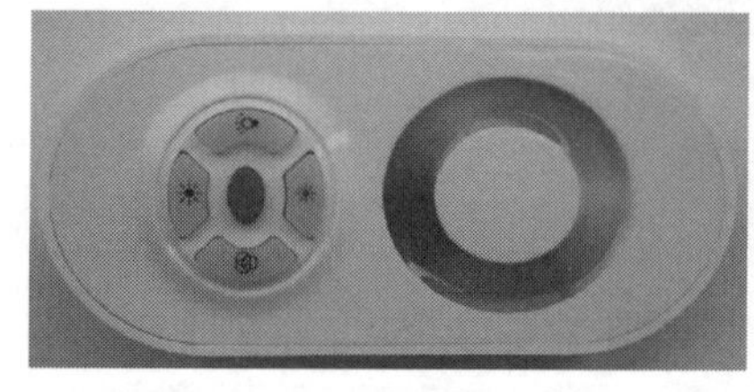

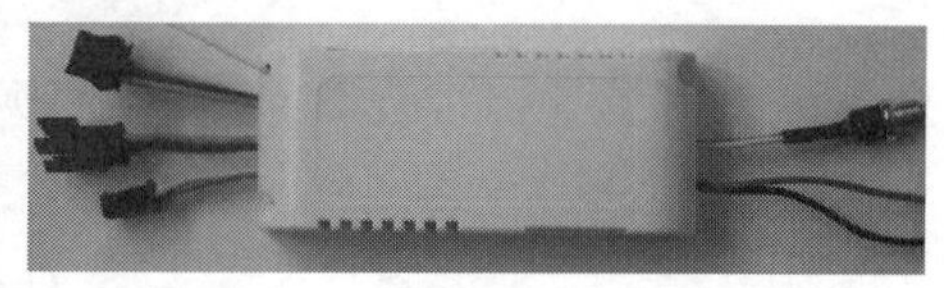

图 4. 2-131　移动式室内 LED 灯光遥控器、控制器



## LED 在医用设备方面的应用

承担单位：哈尔滨海格科技发展有限责任公司

LED 寿命长、节能环保、高耐振、体积小、响应快速、色彩饱和度高。在医疗领域，除了手术无影灯外，局部检查照明灯具，如口腔灯、内窥镜灯，用于区域照明的手术间照明灯、手术准备照明灯，用于特殊病症治疗的光治疗设备，如光动力治疗仪、新生儿黄疸治疗仪、紫外消毒灯等，都适宜推广 LED 医疗照明。

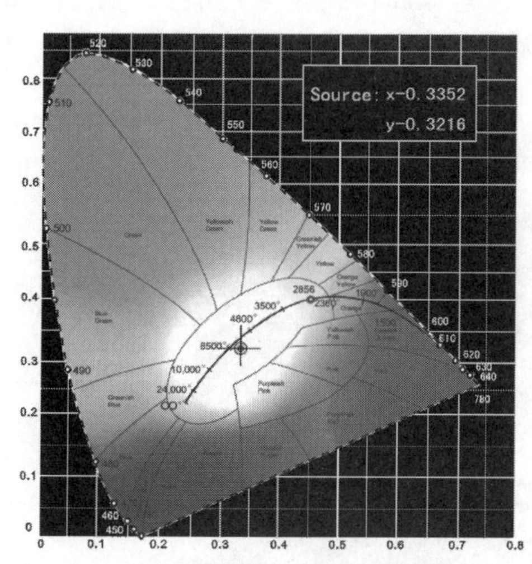


图 4. 2-132　LED 无影灯色品图

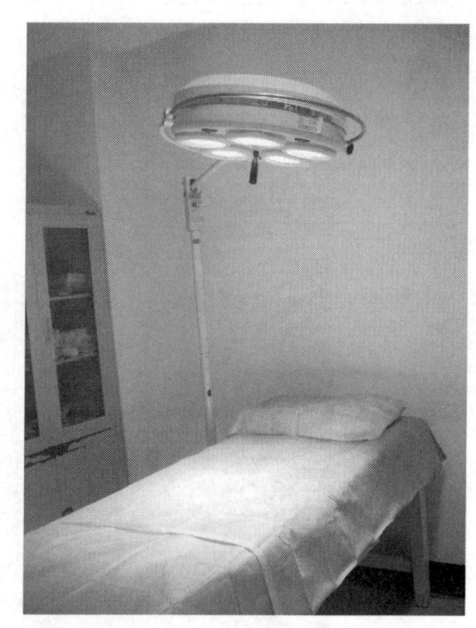

图 4. 2-133　LED 手术无影灯

课题研制的 LED 手术无影灯采用散热器与功率器件低热阻接合专利技术，实现了从 LED 芯片到铝质散热器的全金属化散热通道，有效地降低了系统热阻。

与传统光源无影灯相比，LED 手术用无影灯光源寿命大大优于传统卤钨灯，节能达到 40% 以上，具有区别于传统无影灯的色品特点，增加了人体血液与其他组织、脏器的色差，使视野更加清晰，无红外、紫外辐射，可有效避免手术创面失水和感染，可通过照度遥控系统调节工作面照度，使光线更加舒适，减少了医生的视觉疲劳。

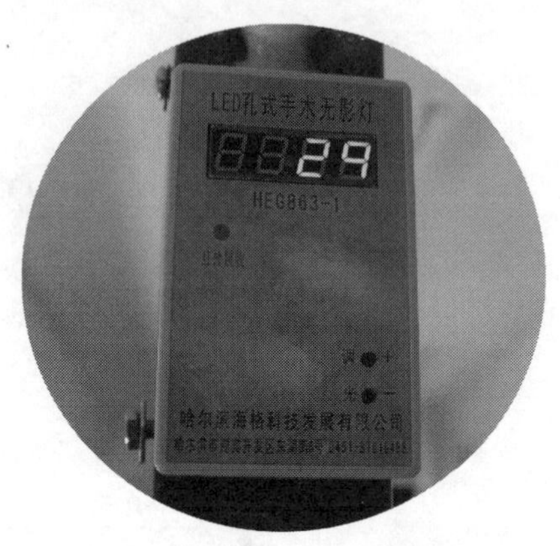


图 4.2-134　可调光的控制盒

## MOCVD 材料生长重大设备

承担单位：中国科学院半导体研究所



MOCVD（金属有机化学气相沉积）设备，特别适合化合物半导体功能结构材料的规模化工业生产，是 LED 产业链上最关键的核心设备之一。尤其是在启动“国家半导体照明工程”后，面对巨大的 LED 消费市场，急需有自主知识产权的国产化 MOCVD 设备来支撑。

本课题本着“引进、消化、吸收、再创新”的原则，走“产学研一体化”道路，完成了 MOCVD 设备系统设计和制造关键技术的自主创新研发，研制出一次可以生长 7 片 2in 氮化镓基半导体材料的 MOCVD 整机，为我国半导体照明重大装备的国产化打下基础。主要研究成果包括：在生长室设计方面，经过流场仿真模拟，优化并确定了反应室顶棚设计，避免 III 族和 V 族反应物提前接触，并获得反应室气流在径向和纵向上高度均匀、平稳；在衬托设计时，考虑了不同尺寸衬底的拓展，采用环形对称设计，实现高平稳旋转和多区域参数可调节，简化了原位检测装置的设计；采用多段炉丝加热，通过每段炉丝加热功率的独立控制和炉丝形状尺寸的设计，实现大面积温度均匀可控；在气体输运系统方面，通过各种优化设计，实现快速切换时气路的平稳无扰动和压力精确控制技术；开展了自动控制系统软件的自主研发，实现了手动、自动两种控制模式和友好、易用的人机界面。

图 4.2-135　中科院半导体研究所研制的 7 片 2in GaN 外延 MOCVD 设备样机

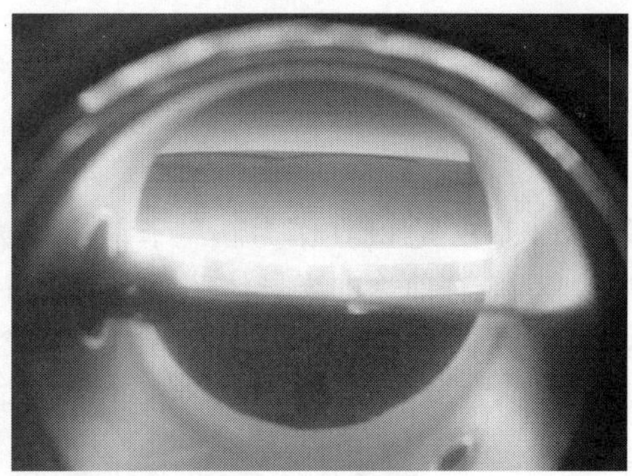

图 4.2-136　7 片 2in MOCVD 反应室及加热照片

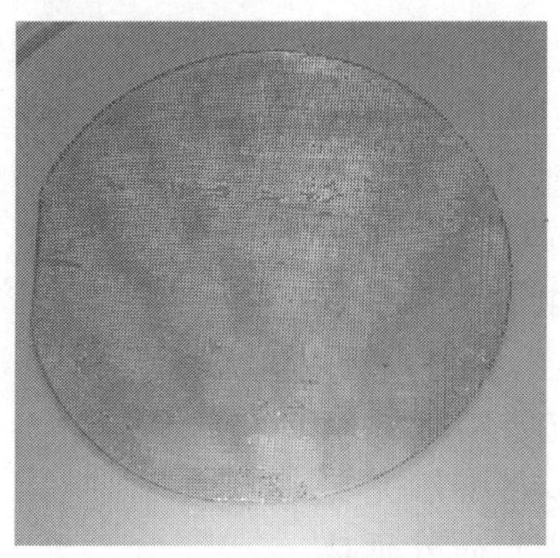

图 4.2-137　用该设备外延制造的蓝光 LED 芯片（在 20mA 驱动电流下器件的功率超过 8mW）



# 深紫外 LED 用 AlGaN 材料生长研究

承担单位：中国科学院半导体研究所

深紫外半导体光源的研究在印刷、水净化、医疗、环境保护、高密度的信息存储和保密通信等领域都有重大应用价值。而以 AlGaN 合金为有源区的 LED 的发光波长能够覆盖 210 ~ 400nm 的紫外波段，是实现该波段深紫外 LED 器件产品的唯一理想材料。同时，紫外 LED 具有其他紫外光源无法比拟的优势。

通过详细研究 AlGaN 材料生长的预反应问题，解决了外延晶体质量差、容易在表面形成由于应力而产生的裂纹等问题。获得了无裂纹的高结晶质量 AlGaN 材料，大幅度改善了 AlGaN 材料的晶体质量，其（0002）面的 X 射线双晶衍射半高宽小于 200arcsec，表面 AFM 测试表明其粗糙度小于 1nm，并获得了 Al 组分高达 85% 的 AlGaN 材料。AlGaN 材料的 CL 发光波长为 260nm，实现了深紫外 LED 器件的 300nm 以下室温荧光发光，并在国内首次制备成功了 300nm 以下的深紫外 LED 器件，波长为 280nm 的深紫外器件在 20mA 连续驱动电流下输出功率大于 0.6mW。

图 4.2-138　深紫外 LED 芯片

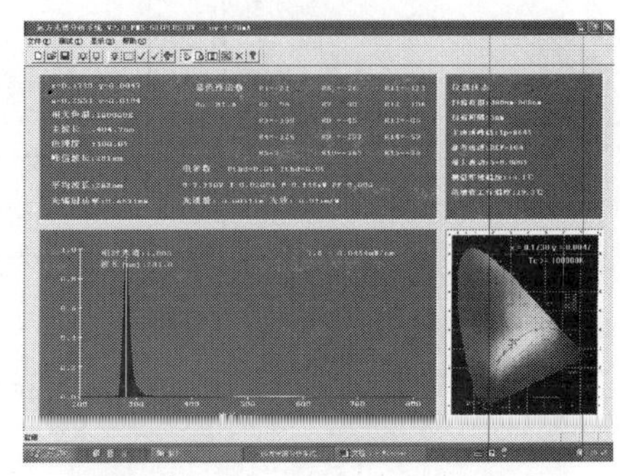

图 4.2-139　深紫外 LED 光谱图

# HVPE 法制备 GaN 同质衬底

承担单位：中国科学院半导体研究所

高效 GaN 基白光 LED 作为新型节能固体光源，使用寿命可超过 10 万 h，耗电量仅为白炽灯的 1/10 ~ 1/5，是最有前途的半导体照明产品之一。但 GaN 系材料存在的主要问题是缺少衬底而导致外延结构材料缺陷密度高，导致了质量不可靠，LED 和 LD 发光效率低下。目前，由于生长条件过于苛刻，大面积的 GaN 单晶直接拉制很困难，而 HVPE 方法具有高生长速率、低成本、大面积生长和低的位错密度等优点，成为近年来生长高质量 GaN 衬底的首选方式。

图 4.2-140　自主研发的 3 片机 HVPE 外延设备

中科院半导体所自主设计、委托加工研制出了 3 片 HVPE 垂直外延炉，具有完全自主知识产权，在此基础上获得了高质量 GaN 外延厚膜和自支撑衬底，双晶（002）最好结果达到 105 arcsec，（102）达到 140 arcsec。发展了 GaN 自剥离技术和 ZnO 缓冲层技术，在 m 面蓝宝石上获得了非极性 m 面 GaN，此成果于第一时间被《Compound semiconductor》杂志作为研究亮点报道，为非极性 GaN 的研究开拓了新的途径。发展了特有的衬底工艺，有效控制外延层极性和应力，获得无裂纹高质量 GaN。下一步将继续完善设备、外延、后工艺的 HVPE 应用体系，为未来 GaN 同质外延技术路线提供支撑。

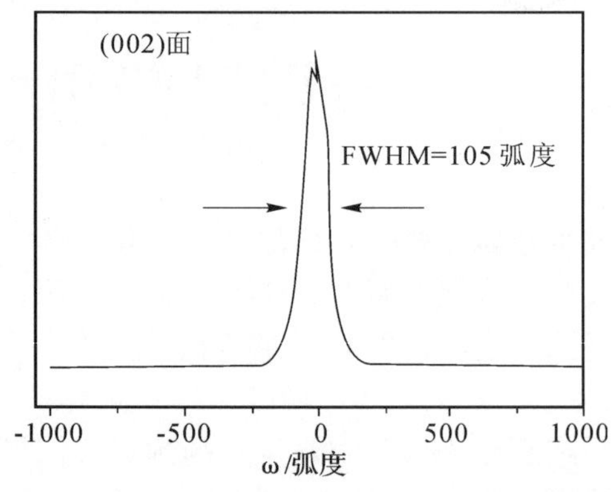


图 4.2-141　高质量 2in GaN 自支撑衬底

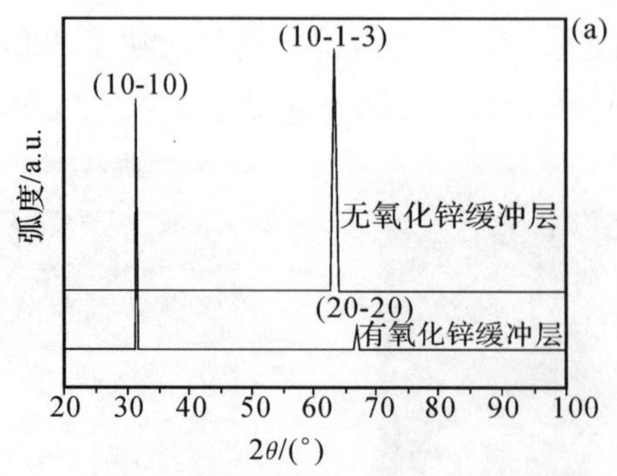


图 4.2-142　m 面蓝宝石上获得了非极性 GaN

# 大功率白光 LED 器件工艺

承担单位：中国科学院半导体研究所

## 一、新型双透明电极条状结构大功率 LED

LED 作为照明光源与传统的照明光源相比具有节约能源、寿命长、体积小、发光效率高、无污染以及色彩丰富等优点。虽然 GaN 基功率型 LED 的发光效率迅速提高，但量子效率、电流分布均匀性和器件散热能力仍是制约功率型 LED 性能提高的技术瓶颈。

本课题重点研究了不同正装 LED 结构对散热与光提取效率的影响以及光学增透膜、高反膜与 N 电极对提取效率的影响，通过优化正装芯片结构设计和光学膜系设计，研制出高性能大功率蓝光和白光 LED。

主要研究工作如下：

采用 P、N 双透明电极方案，N 电极也采用 ITO，减少了金属电极造成的光线吸收损耗，提高亮度 15% 左右；出光面采用 ITO + $SiO_2$ 增透膜体系，优化其膜厚设计，使 GaN/ITO/$SiO_2$ 对光（460nm）的透过率达 85% 以上，提高器件亮度 5%；蓝宝石反射面采用高反膜系，溅射多对 $Ta_2O_5$/$SiO_2$ 介质膜，使 460nm 附近的平均反射率为 90% 以上。

采用条形结构有利于提高器件提取效率，降低热阻。研制出的白光 LED 在 350mA 工作电流下，工作电压 3.2V，光效 95lm/W 以上，封装后热阻小于 7K/W。

图 4.2-143　大功率条形 LED 发光照片



## 二、垂直结构 GaN 基 LED 关键制备技术的研究

受蓝宝石电绝缘、低热阻等特性影响，传统的蓝宝石衬底 GaN 基 LED 在效率、散热、可靠性等方面面临技术瓶颈，无法适应市场对高端 LED 芯片产品性能的要求。与传统平面结构 LED 相比，GaN 基垂直结构 LED 通过键合与激光剥离工艺将 GaN 外延层转移至 Si、Cu 等高热导率的衬底，从而克服了蓝宝石衬底对 GaN 基 LED 的诸多限制。目前，被普遍认为是具有潜在优势的第三代垂直结构 GaN 基 LED，现已成为国内外研究机构和企业的研发热点。

本课题重点探讨了 GaN 基垂直结构 LED 制作过程中的关键工艺，并给出最优解决方案，主要研究成果包括：通过超厚掩膜技术，实现了高台面器件隔离，避免了垂直结构器件制备过程中刻蚀工艺源对有源层造成射频损伤；通过温度场及应力分布的仿真模拟，优化并确定了热压键合工艺条件，选取了与键合工艺条件相匹配的转移衬底材料，克服了键合过程中晶片翘曲等工艺难题，完成了高强度、低应力晶片键合；实现了平面衬底和图形衬底外延材料的分离管芯及整片低损伤剥离；提取效率方面，采用表面粗化、侧壁形貌优化、光学膜反射镜等技术，提高垂直结构器件出光效率。目前垂直结构器件在 350mA 注入电流下发光效率大于 90lm/W，正向工作电压 2.9 ~ 3.0V，Ir 良品率大于

85%，饱和电流大于2A。

## LED的封装应用

承担单位：中国科学院半导体研究所

LED制备历经材料外延、芯片工艺、封装三个主要环节。封装属于LED制备过程中最后的环节，但对LED总体性能来说具有重要的作用。先进的LED封装技术是LED的高亮高效、高可靠性、长寿命的有力保障。课题研究过程中建立了比较完善的LED封装实验室，包括LED封装工艺设备、LED测试分析系统，以及LED老化分析系统，以研究和掌握先进LED封装技术为目标，开展大功率高亮度LED封装关键技术、高可靠性LED封装关键技术、高显色性白光LED封装关键技术、新型荧光粉涂敷、高亮度光源模组等封装技术研究，并取得了一系列成果。在LED应用产品研发方面，半导体照明中心和京东方集团股份有限公司合作，开发了47in LED背光源，其中心亮度大于10000Nits，色彩还原性大于110%；同时，研究了LED在植物培育领域的应用，开发了用于植物培育的LED平面光源板，通过实验，该植物培育光源具有节能高效、寿命长、稳定性好的优点。

图4.2-144 高低温老化箱

图4.2-145 47in LED背光源

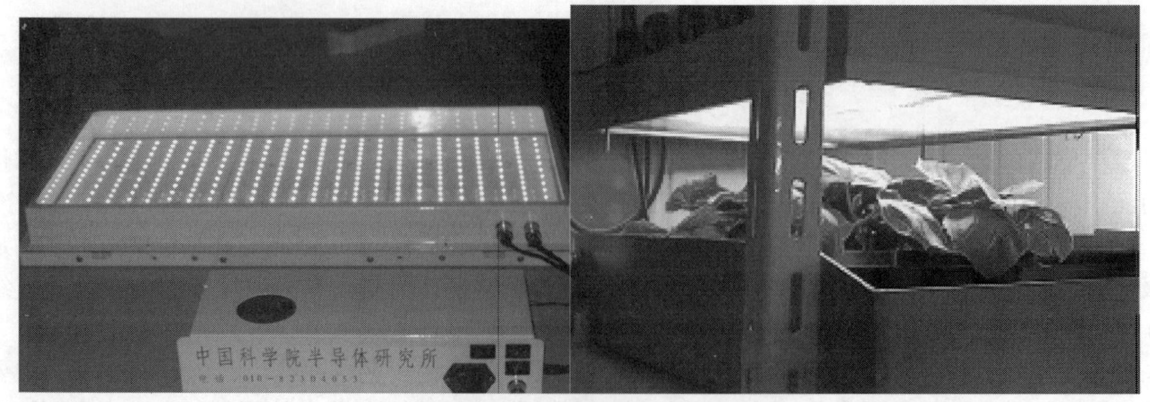


图4.2-146 植物培育光源

## 100lm/W功率型白光LED研究和产业化

承担单位：武汉迪源光电科技有限公司

本课题通过对衬底、外延生长、芯片结构和封装技术等方面的原始创新和二次创新，在功率型白光 LED 产业化关键技术上进行深入研究，实现了高光效、低热阻和低成本的 100lm/W 功率型 LED 产品。共申请专利 17 项，其中包括发明专利 14 项，发表论文 12 篇。

课题完成后，蓝光大功率 LED 芯片功率达到 350mW，封装后大功率白光 LED 光效达到 100lm/W，产业化大功率 LED 器件性价比达到 350lm/ $，并形成了大功率芯片产能 60kk/月，封装产能 40kk/月的产业化生产能力。

本课题的成果产品已先后应用于武汉东湖新技术开发区保税库 LED 室内照明工程、武汉市东湖新技术开发区流芳大道 LED 路灯示范工程、烽火通信股份有限公司光缆车间室内照明等多个照明工程中，照明效果获得广泛好评，对 LED 照明的推广和普及起到了良好的示范和推动作用。

功率 LED 外延和芯片生产线如图 4. 2-147 所示，功率芯片应用于道路照明如图 4. 2-148 所示。

图 4. 2-147 功率 LED 外延和芯片生产线

图 4. 2-148 功率芯片应用于道路照明

## 130lm/W 半导体白光照明集成技术研究

承担单位：中国科学院半导体研究所

在 863 计划“半导体照明工程”重大项目支持下，本课题重点进行了 130lm/W 半导体白光照明集成技术研究。在平台建设、关键技术、产业化等方面取得了一系列突破，具体如下：

1）建成了一条相对完善的多项技术相互融合的，能够完成多种工艺技术的综合柔性平台，具有正装、倒装和垂直结构的 Si、GaN 和 Sapphire 基的 GaN LED 芯片多种技术路线研发能力，研究领域涵盖重大装备、MOCVD 外延、芯片开发、高效大功率封装及测试分析较完整的半导体照明产业链。芯片工艺设备完全采用产业化装备，可与产业完全对接，具有为产业研发提供成熟的流片工艺技术支撑的能力，具有为研发和工程化技术开发提供测试分析全方位服务的能力。

2）课题开展了蓝宝石衬底、SiC 衬底、GaN 模板和自支撑衬底的材料生长。对非极性面蓝宝石衬底 GaN 材料的 MOCVD 外延生长进行了理论研究和实验制备，材料性能已经满足器件应用要求。

3）利用蓝宝石图形衬底外延技术和芯片结构、工艺优化，实现了140lm/W的峰值发光效率，350mA注入电流下发光效率超过100lm/W，工作电压小于3.2V，色温为4000～6000K，显色指数大于80，热阻为7℃/W，器件的脉冲饱和测试电流超过4A，稳态饱和电流超过2A，1500h老化测试，器件光通量衰减小于4%。

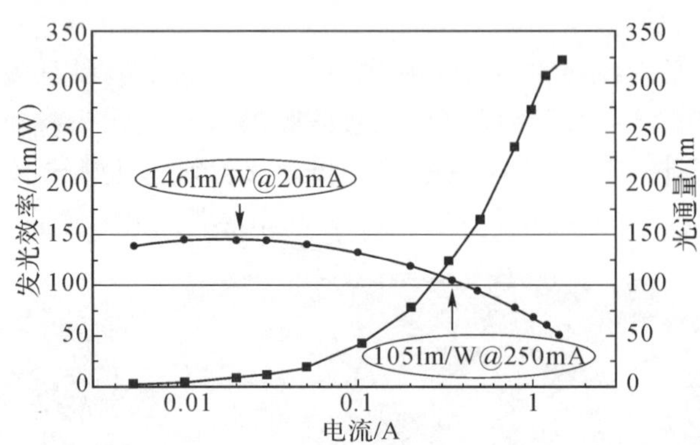

图4.2-149　自主开发的图形衬底和外延材料的高效大功率LED发光特性

通过课题实施，开展了广泛的国际合作，被中华人民共和国科学技术部和中华人民共和国国家外国专家局批准为“半导体照明国际合作基地”，与美国、日本、韩国主要研发机构建立了实质性的合作关系。建立了与企业合作的桥梁，通过蓝宝石图形衬底外延技术及芯片工艺技术，支撑了企业技术提升，提高了企业产品质量和市场竞争力。

## GaN基同质衬底外延材料生长技术

承担单位：北京大学



本课题重点围绕提高GaN衬底和同质外延生长中的晶体质量，研发高质量GaN表面处理技术，优化LED外延结构、芯片结构和工艺过程，掌握可重复的高质量GaN衬底及同质外延的核心技术，以及基于该技术的高性能LED制备技术研究。

课题采用自主创新的调制材料生长参数的HVPE生长技术和激光剥离GaN厚膜自分离技术，以及纵向应力控制技术，解决GaN厚膜生长中的翘曲和开裂问题，并实现可重复获得1mm以上自支撑GaN衬底和自分离GaN衬底材料；采用侧向外延技术和表面修复技术，改善同质外延层应力分布和外延生长表面质量，解决GaN同质外延衬底中残余应力过大以及表面损伤的问题，实现高质量的同质外延生长；采用低温GaN和InGaN复合势垒的量子阱结构，有效提高量子阱界面质量，减少量子阱结构中的应力，实现高效率发光；采用AAO模板转移图形技术，实现纳米尺度的出光面结构，具有工艺简单、成本低，并且与LED工艺兼容性好的特点，LED出光效率比传统LED明显增强，光功率提高达到34.9%～46.8%。

基于上述技术和工艺优化，目前实现了发光波长在450～460nm之间，在350mA下，光功率在423mW以上的LED器件，外量子效率在49%以上，内量子效率为70%～72%，出光效率在70%以上。该课题的顺利进展，为实现具有自主知识产权的GaN衬底外延材料的技术提供了基础。

## LED光学性能及应用系统评价技术研究开发

承担单位：国家电光源质量监督检验中心（北京）

本课题以探索适合于LED照明产品的高效测试方法和色漂评价体系为主要研发目标，通过对LED用于道路、隧道、室内照明等大规模应用时的技术要求的研究，形成LED照明器具的综合评价规范，并对照明产品的现场照明情况进行测试评价。

课题实施过程中采取了实地走访调查、试验研究、组织提供培训、问题研讨、专家咨询等方式开展相应的研究工作，完成了LED照明产品光度性能测试方法、LED照明产品性能评价技术要求、灯具内LED正向电压与结温关系曲线测量方法、分布光度计测量系统、LED照明的主观视觉评估等内容。本课题成果为LED照明产品的推广应用奠定了测试和性能评价的基础，在目前的产品市场状态下，起到了较好的市场规范作用，认证工作的开展也在企业界形成了竞争向上的带头作用，检测情况发布数据库的建立引起了业界广泛的重视，有利于产品质量的进一步提高。

本课题的实施能够为我国半导体照明应用产品提供技术支持和产品规范，达到避免国外技术壁垒、准确实施国际贸易结算的效果。同时，也提高了我国半导体照明技术研发和产品生产、应用的整体实力，推动我国LED照明技术创新能力提升，培育龙头品牌企业。并在此基础上不断提高我国在国际半导体照明测试领域地位，间接为我国半导体照明行业带来巨大的商机和经济效益。

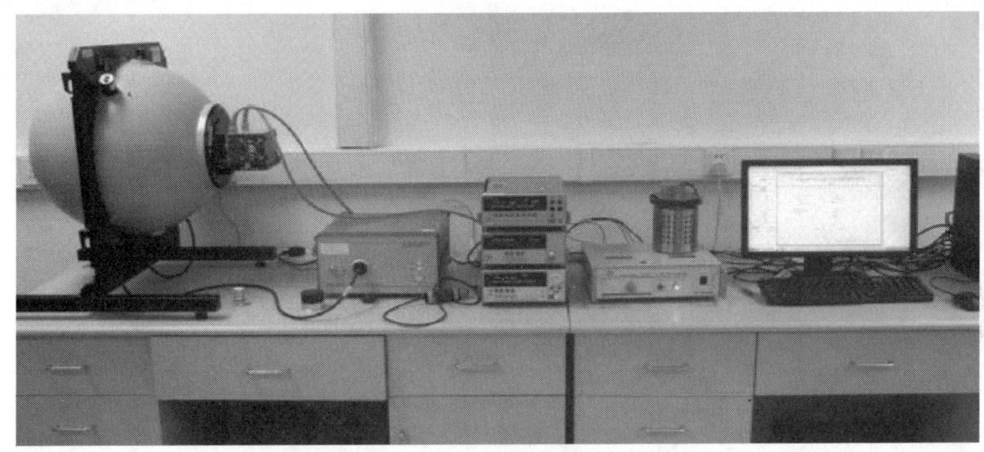

图4.2-150　LED光电性能测试用检测装置





## LED应急照明高效驱动技术与可靠性研究

承担单位：厦门华联电子有限公司

本课题以突破LED应急照明高效驱动技术为主要研发目标，通过与照明灯具设计、光学设计、散热设计、光源结构设计等应用技术集成，研究适合于LED光源和LED应急照明灯具的性能测试方法、产品极端条件下的系统可靠性测试方法。

课题在光源设计、结构设计、驱动控制技术等方面，通过改进封装组分优化封装结构，减少了LED本身热阻；优化了二次光学设计的灯具结构及散热设计；完成了灯具检测、可靠性评价等一系列工作。在二次光学的优化设计、封装取光效率、散热、驱动电源的设计和产品可靠性等方面取得了明显进步，建立了从光源封装、灯具制造到灯具检测的产业化示范生产线。

图4.2-151　LED应急照明灯具生产线

本课题的顺利实施，在白光LED的制作、应急驱动电路与灯具设计上，减少和避免了这个领域产品和技术对国外产品与技术的依赖，发展了我国具有自主知识产权的半导体应急照明制造生产技术，大幅度提高应急灯具的可靠性、适用性和安全性指标，有力推动我国LED产业健康发展。

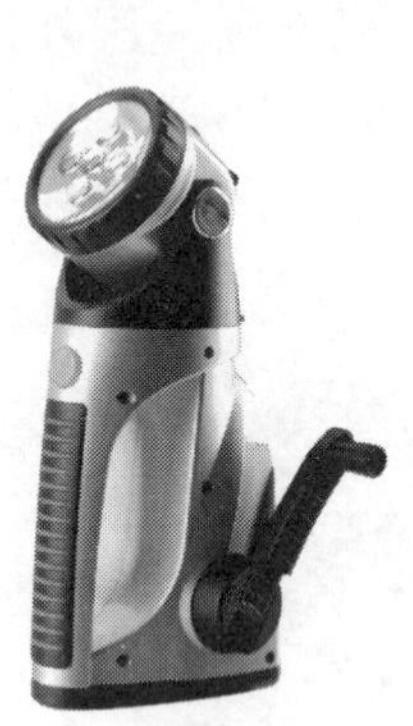
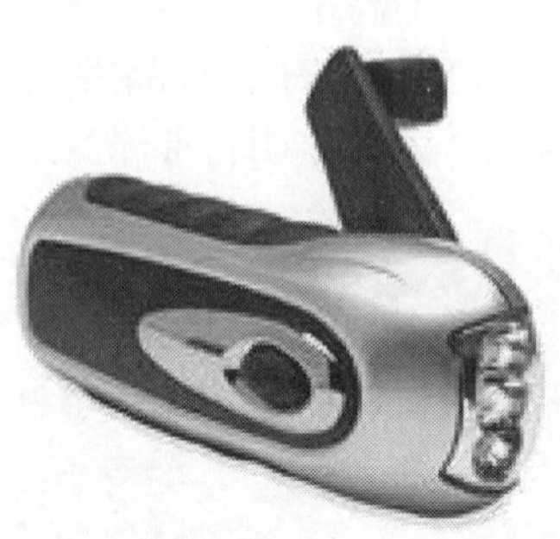
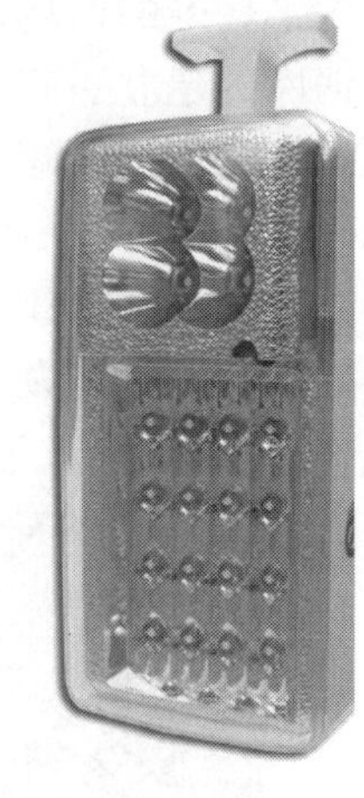

图4.2-152　LED应急照明灯具

## Si衬底GaN基功率型LED制造技术

承担单位：中山市木林森电子有限公司



本课题以开发具有自主知识产权的Si衬底外延生长、芯片制造及功率型LED器件封装核心技术为目的，重点解决Si衬底GaN基LED外延生长、高效功率型GaN基LED芯片制造及封装技术。

课题围绕Si衬底GaN基材料外延、功率型LED芯片制备及LED封装3个方面展开研究，取得了多项技术突破，并获得了多项发明专利。在Si衬底GaN基LED材料生长方面，提出了低压LP-GaN快速愈合层技术，结合预通铝、高温AlN缓冲层、低温AlN应力调控层等技术，获得了高质量LED结构外延材料。在Si衬底GaN基LED芯片制备方面，提出了通孔结构LED，消除了AlN缓冲层及中间层对垂直结构LED工作电压的影响；采用金属电镀技术，形成金属自支撑衬底，提出了3种LED结构，即金属衬底水平结构LED、金属衬底带通孔水平结构LED、金属衬底内嵌电极结构LED，实现Si衬底无损伤剥离，消除Si衬底的吸收，提高了LED的出光效率，电镀技术工艺简单，技术成熟，对外延片的弯曲程度没有要求，克服了键合工艺中外延片弯曲对成品率的影响；采用ZnO透明电极技术，提高了LED的萃取效率。在LED封装方面，提出了荧光粉热隔离封装技术，提高了光输出及色温的稳定性。

本课题的实施对促进我国Si衬底GaN基白光LED发展、开辟节能减排新途径具有重要意义。

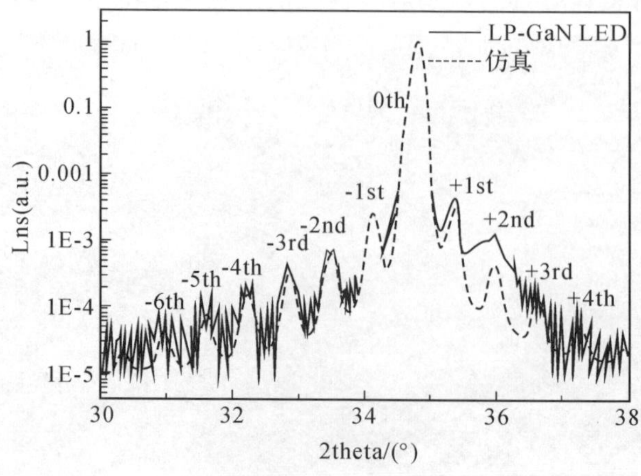


图4.2-153　采用低压LP－GaN快速愈合层技术，Si衬底上LED结构XRD扫描曲线

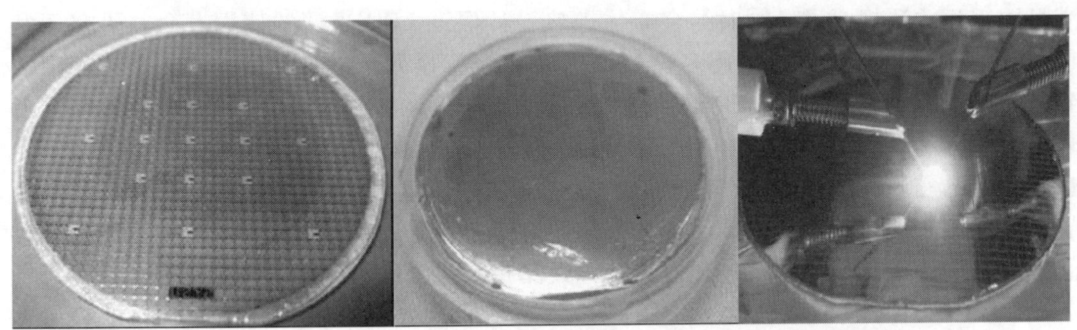


图 4.2-154　剥离衬底后、电镀金属衬底以及金属衬底 LED 发光

## 半导体室内照明应用技术及产品产业化

承担单位：南京汉德森科技股份有限公司

本课题重点研制教室、医院等室内通用照明用大功率白光 LED 产业化技术，采用国产芯片和荧光粉材料，突破 LED 室内照明产品设计、制造关键技术，开发低成本、高性价比白光 LED 照明产品，并在教室、医院等实际工程项目中应用，支撑“十城万盏”半导体照明试点示范工作。

本课题通过 LED 器件、驱动电路、二次光学与高效散热系统的集成技术研究，提升非定向 LED 光源在有限体积内的散热能力和出光均匀性。通过光学模拟软件建立了 LED 室内照明灯具光学设计模型，获得了灯具的最佳有效光效；通过对小尺寸电源的电磁兼容和功率因数低等问题的攻关，开发出了高可靠、高效率 LED 驱动电源和智能化调光电源，采用该电源的一体化灯具已通过了欧盟 CE 安规认证；在 COB 封装的 LED 照明光源技术方面，实现了大功率 LED 芯片在金属基电路板上的直接封装，集成功率型 LED 芯片、连接电路和散热器于一体，解决了传统封装形式大功率 LED 结构复杂、成本高、制造过程难以自动化的问题。

通过本课题的实施，开发的 COB 白光 LED 光效达到了 100.96lm/W，暖白光灯具整体光效达到了 70.14lm/W，批量产品色温控制为 3000K ± 150K。建成两条自动化 LED 光源封装生产线和 4 条半自动化 LED 灯具装配生产线，可年产 50 万套以上室内通用照明产品。申请专利 24 项，其中包括发明专利 9 项。



## 大功率 LED 车灯研究及规模化应用

承担单位：天津一汽夏利汽车股份有限公司

本课题定位于大功率汽车 LED 前照灯系统技术开发，建立 LED 汽车前照灯规模化生产的检测技术和高效生产工艺技术，并积极参与国家 LED 汽车灯的标准及测试方法建设。

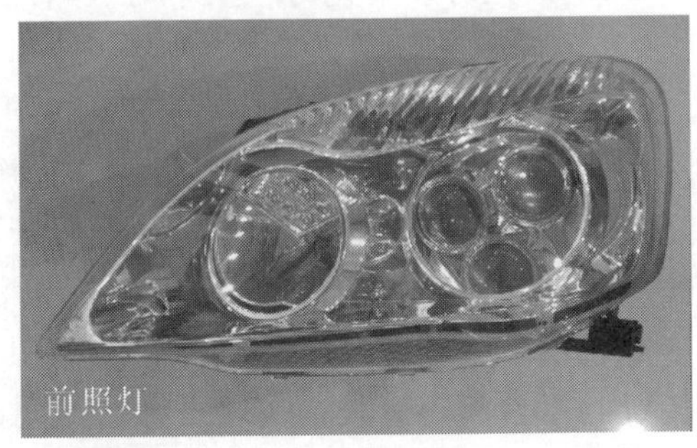


图 4.2-155　近光灯及前照灯

本课题采用透镜配光和反射镜辅助配光模式，形成独特的配光设计和视觉效果，避免眩光污染，

照度值满足国家相关法规要求，同时结合立体散热设计保证LED光源的使用寿命；研究开发了适合汽车用前照灯的LED封装形式；采用多颗LED芯片直线型排列，以硅胶平面式封装，实现朗伯体光源，达到较大照射范围；研究了LED前照灯生产检测方法和工艺标准以及适应恶劣道路环境及复杂的电气环境试验方法，起草了“汽车用LED前照灯”国家标准。

通过本课题的实施，制作了汽车前照灯的反光杯快速成型模型及LED汽车前照灯样灯两种。光电参数、输出光型符合GB 4599—2007标准。前照灯灯样光通量≥1000lm，3000h内光衰<10%。光学结构、散热结构、电源与控制及外观设计符合天津一汽经济型轿车要求。申请专利7项。

## 大功率LED光源模组及主干道照明灯具的研发和产业化

承担单位：宁波燎原灯具股份有限公司

本课题主要研究适用于道路照明的大功率LED光源模组及整灯产业化，通过对LED芯片光、电、热等特性的全面分析，结合道路照明的特点和要求，设计LED光源二次配光透镜和模块化光学系统，研制LED路灯的散热系统和驱动系统，使大功率LED路灯具有蝙蝠翼型的配光特性，符合各类道路照明的要求，基本解决散热和驱动电路的各项难点，在实验、测试过程中，各项技术指标均达到规定要求。本课题成果大功率LED路灯成功应用到主、次干道上，提供了良好的照明和节电效果。

道路照明配光设计是功能性照明配光设计中的一个难点，由于应用环境是变化的，所以要求照明灯具提供的配光也是能变化的。LED光源应用在路灯中，要具备不同的配光具有一定的技术难度。本课题实施的模块化配光方案可以解决这一问题，在同一种类型的LED光源、物理结构、驱动电源的条件下，变换模块类型即可实现。

自课题实施以来，已试制、生产3.5万套50~300W各种规格的LED路灯和隧道灯具，并应用在广州、青岛等一些城市，其中在广州已用EMC方式使用3000多套，取得了50%以上的节能效果。在中华人民共和国科学技术部“十城万盏”项目的带动下，LED产品还在杭州、上海、沈阳、宁波等大中城市进行了试点安装，节能效益显著。




## 大功率LED影视舞台系列灯具及其控制技术

承担单位：北京星光影视设备科技股份有限公司

本课题重点开展影视舞台大功率LED灯具的散热问题、二次光学设计、驱动及智能控制技术等方面的研究，目标是研制出新型大功率LED影视舞台灯具，并进行系列产品的开发和示范应用。

本课题利用PWM技术、嵌入式微控制器技术研制新一代高恒流精度、高效率、高可靠性的大功率LED驱动系统；研究开发红、绿、蓝LED模组独立驱动和混色控制，以满足影视舞台专业照明对光度、色度的高标准要求；成功研发了10240级精度PWM恒流驱动器和类卤钨灯调光系统，解决了LED灯具的频闪和调光平滑性问题；建立了大功率LED影视舞台系列灯具的企业标准。2010年成功将大功率LED聚光灯、柔光灯、天幕灯、新闻摄像灯4个品种16种规格的产品推向市场，成果创利润1300多万元。

通过课题的实施，申请国家专利25项；开发的LED平板柔光灯具获得“国家重点新产品”称号；大功率LED400W聚光灯具获得行业“创新产品金奖”、“舞台科技成果奖”；LED便携灯具（新闻摄像灯具）获得“中国演艺设备行业优质产品”称号。目前，本课题成果已被成功应用于中央电视台新闻演播室、山东电视台、中国电信、浙江广播电视集团、天津电视台开放式新闻演播室等数十家单位。并且由本课题开发出的高效LED灯具已在长安大戏院完成了LED绿色照明示范工程，成功替代了传统的舞台卤钨灯具，实现了舞台照明的大幅度节能，为大功率LED灯具的进一步深入研发和大范围的推广创造了有利条件。

LED聚光灯、LED平板柔光灯、LED新闻摄像灯以及LED天幕灯如图4.2-156所示。

a) LED聚光灯

b) LED平板柔光灯

c) LED新闻摄像灯

d) LED天幕灯

图 4. 2-156 LED 聚光灯、LED 平板柔光灯、LED 新闻摄像灯以及 LED 天幕灯

## 高效安培级白光 LED 产业化关键技术开发

承担单位：上海蓝光科技有限公司

本课题以突破高效功率型白光 LED 产业化关键技术为主要研究目标，对高质量低位错密度、高效率功率型 GaN LED 外延片产业化关键技术进行积极开发研究，内容包括：波长为 455nm ± 5nm 外延片的 MOCVD 外延技术；负责进行功率型 GaN 蓝光芯片产业化关键技术研究等。

在课题实施期间，突破了功率型 LED 外延结构、芯片和功率型白光封装的产业化技术，获得光效为 110lm/W 的高效白光 LED 芯片，实现了正装结构大功率 LED110lm/W 的最优值。

在课题组的共同努力下，课题在大注入高效率 LED 外延和激光剥离、垂直结构 LED 制备方面，取得了重大进展，已经使得正装转移衬底 LED、镀 Cu 衬底的垂直结构 LED、导电胶体 Bonding、AuSn 焊料 Bonding 的垂直结构 LED 均可以进行批量化生产。目前已经取得了正向电压显著降低（ < 3V，20mA），反向漏电符合要求的成果，在外延、芯片工艺、封装上不断提高内量子效率和出光效率，连续取得突破。这些结构的 LED 将带来性能、可靠性的提高，大大提高产品的品质，并建立起了具有自主知识产权体系的功率型 LED 外延、芯片制备生产线。

本课题成果对于半导体照明，特别是白光产品在室内照明方面有着广泛的应用前景，对节能减排、低碳经济起到了极大促进作用，对促进我国半导体照明产业的发展也将起到极大的推动作用。

大功率芯片结构如图 4. 2-157 所示，侧壁微结构技术如图 4. 2-158 所示。

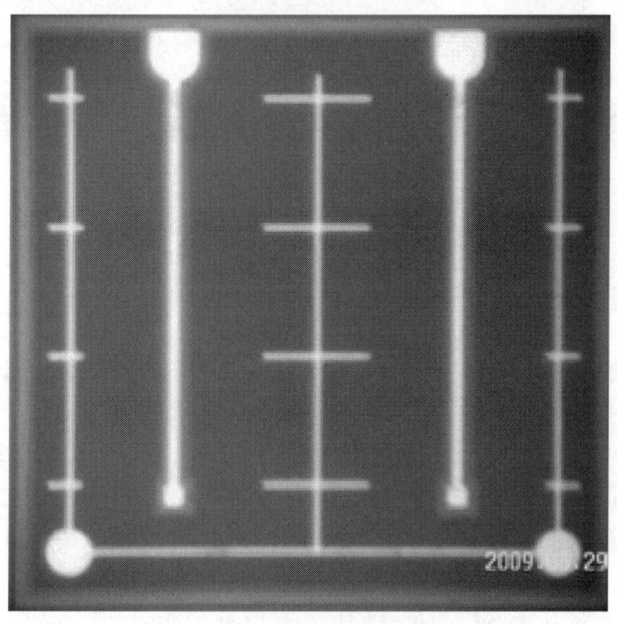

图 4. 2-157 大功率芯片结构

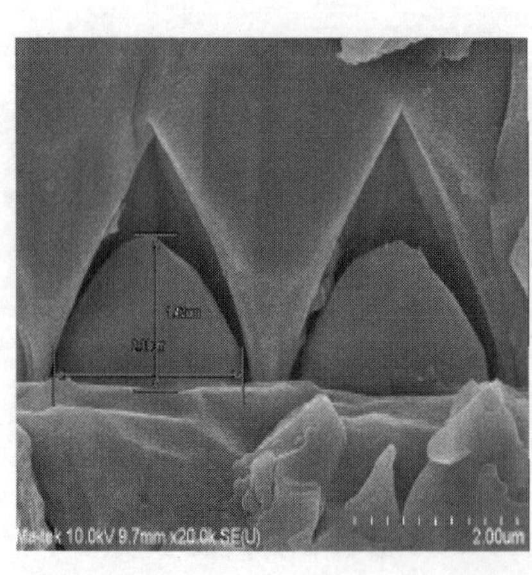

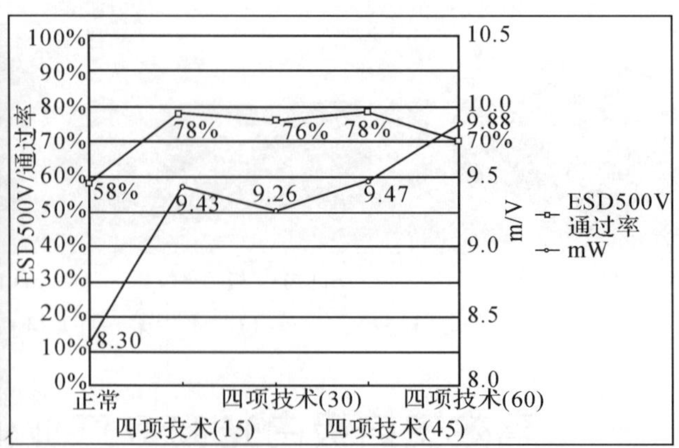


图 4. 2-158　侧壁微结构技术

## 高效室内 LED 应急照明应用集成技术开发与示范

承担单位：宁波升谱光电半导体有限公司

针对我国目前日常照明与应急照明灯具一体化产品缺乏、不能在紧急情况下保证生产生活要求的现状，本课题重点开发具有应急功能的室内半导体照明灯具及其控制系统，开发在特殊应急环境中自带发电功能的室内半导体照明产品，开发新型可靠的绿色应急供电电源。

本课题开发的半导体照明应急控制器，可实现后备电池组和电网供电的智能切换，具备可编程式电池充放电管理功能，从而显现超长的放电时间并在电池电压达到最低保护点时关闭电池供电电路，保证整个控制核心的可靠性；结合国家相关安全标准，重新设计并开发了 LED 应急照明灯专用灯架，可以耐受 300℃高温；通过灯具透镜和反射器的优化设计，提高了应急照明灯具的光输出效率；通过采用热管与共晶焊技术，将导热材料和 LED 芯片直接相连，使芯片温度降低 15℃以上，且散热装置本身温升也不会超过 60℃，从而研发了 LED 及灯具的使用寿命，本课题中开发的 LED 应急照明灯具整灯寿命达到 10000h 以上。

通过课题的实施，申请专利 17 项，其中包括发明专利 3 项。建成新型应急半导体照明产品生产线 3 条，实现应急照明系列产品的产业化生产，实现年销售收入 4000 万元。

## 基于 SiC 衬底的大功率 GaN 基 LED 制造技术

承担单位：山东华光光电子有限公司

在国家“十一五”863 计划“半导体照明工程”重大项目的重点支持下，我国的半导体照明用 LED 外延、芯片等上游产业取得了长足的进步，功率芯片封装白光发光效率突破 100lm/W，进一步缩小了和国外的差距，增强了我国半导体照明的产业地位。

基于 SiC 衬底外延后制备 GaN LED 是半导体照明重要方向之一，利用该技术研制的功率 LED 光效在过去几年一直保持行业领先地位。课题成果产品 SiC 基大功率 LED 芯片经第三方检测，其光输出功率达到 350mW 以上，封装白光光效达到 109lm/W 以上。课题组重点研究了 SiC 衬底成核层生长、衬底去除、反射镜制备、表面粗化、欧姆电极制备和芯片切割等关键技术，在 EBL 层 Al 组分渐变、非对称量子垒、极化效应抑制等技术上实现了创新，共申报国家专利 15 项（其中包括发明专利 12 项）。

目前，课题承担单位已对基于 SiC 衬底 LED 实施小批量生产，产品质量稳定、性能优良，取得了用户的一致好评。该项目实施对 SiC 衬底制备 GaN LED 技术在我国的发展起到了很大的推动作用，为缩小与国外高端产品指标差距奠定了良好基础。

课题获得的 GaN 的 XRD 衍射半宽如图 4. 2-159 所示，GaN 表面形貌如图 4. 2-160 所示。

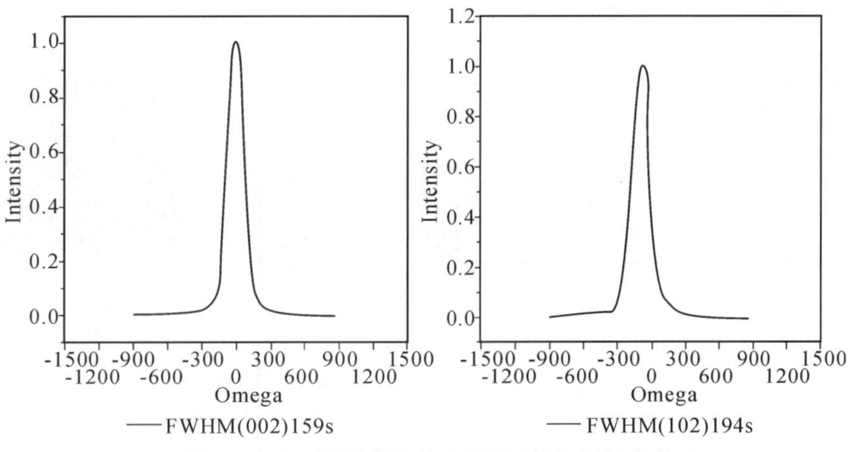

图 4. 2-159　课题获得的 GaN 的 XRD 衍射半宽

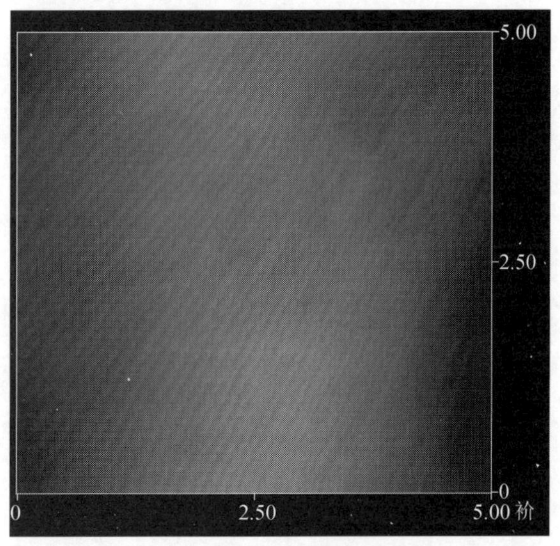

图 4. 2-160　GaN 表面形貌图

## 离网式大功率 LED 移动应急照明集成技术开发

承担单位：山西光宇电源有限公司

太阳能锂电源 LED 移动照明系统是一种以 LED 为光源、锂电池组为电源、太阳能电池板充电的节能、环保新型离网式移动照明设备，应用领域非常广泛。替代现有移动照明设施是本课题产品的研发主要目标。

课题在实施过程中，完成了整体灯具的设计，包括光源封装、二次光学设计、控制系统、充放电系统、电源系统设计，制成可产业化的离网式大功率 LED 移动照明设备。课题研发的产品光源发光效率大于 100lm/W，灯具发光效率大于 80 lm/W，电源转换效率大于 90%，一次充电完成后连续点亮时间大于 72h，电池充放电系统稳定循环寿命超过 600 次。此外，课题组通过对天然石墨粒子进行改性处理，提高颗粒间的结合强度，提出石墨材料强化、石墨化的技术方案，进而制备出高性能石墨材料。基于此材料的高导热石墨及热沉的技术路线，成为本课题主要的创新点，具有重大的经济和战略意义。

课题依据 LED 光源节能、环保、长寿命的特点，与先进的锂离子电池技术及高效的太阳能光伏发电清洁低碳获取电能的技术相结合，设计开发出了 4 个系列的离网式太阳能锂电池 LED 移动照明系统，并建成两条年产 2 万套以上的移动应急照明系统生产线。课题开发的离网式移动应急照明系统克服了传统移动照明存在的问题，具有免维护、不需要电网、运营成本低等特点，对于扩大移动照明的应用领域，使移动照明更好地服务社会需求，具有重要意义。

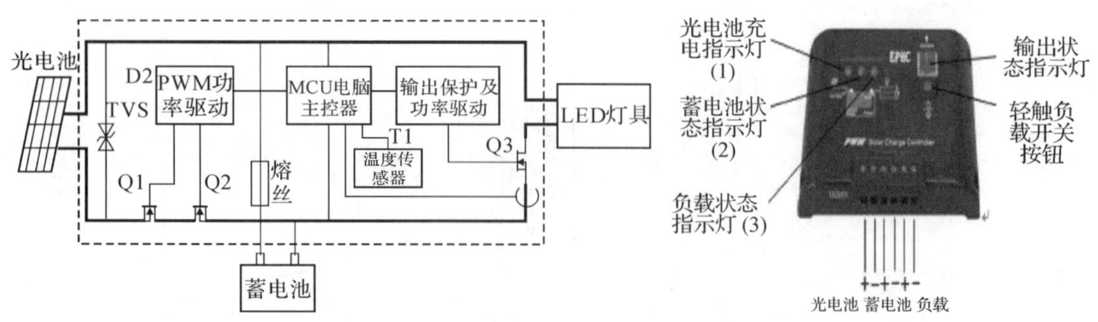


图 4. 2-161　太阳能锂电源 LED 移动照明系统

# 深紫外 LED 制备和应用技术研究

承担单位：中国科学院半导体研究所

半导体深紫外光源的研究在印刷、水净化、医疗、环境保护、高密度的信息存储和保密通信等领域都有重大应用价值。本课题以研究基于蓝宝石衬底和 AlN 衬底的高 Al 组分 AlGaN 材料外延生长技术为主要方向，重点研究了波长在 300nm 以下深紫外 LED 材料的机构设计和外延生长技术以及毫瓦级深紫外 LED 器件制备技术，开发出面向应用的深紫外光源模块，掌握外延生长与芯片制作的关键技术，并获得自主知识产权的专利技术。

课题实施期间，课题组掌握了高质量 AlN 模板的外延生长技术，相关指标接近国际先进水平；研制出深紫外 LED，发光波长为 292nm，在 20mA 电流下，输出功率达 2. 055mW；开发出杀菌消毒、净化处理应用紫外光源模块，杀菌率超过 99%，同时开发出了具有验伪功能的紫外光源模块。



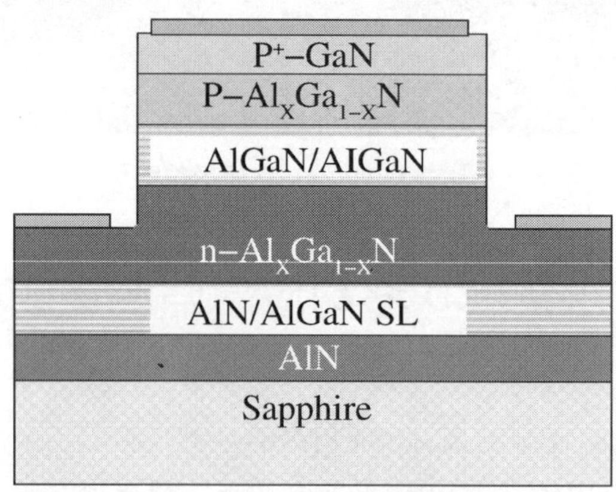


图 4. 2-162　紫外 LED 外延典型结构

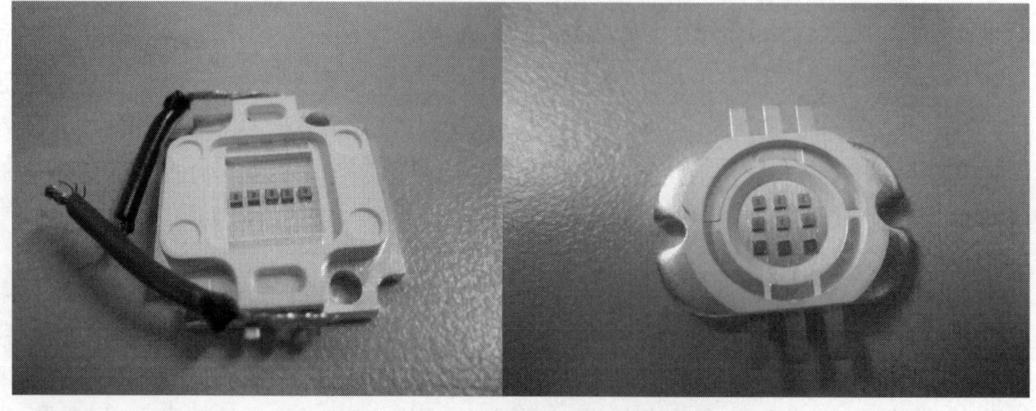

图 4. 2-163　紫外 LED 杀菌模块及验伪模块

紫外LED的潜在应用市场达数十亿元，本课题的研究内容紫外LED用AlGaN材料生长技术正是紫外LED的核心技术，本课题的实施对我国紫外LED产业把握主动型、占据未来市场先机具有深远的意义和巨大的经济效益。

紫外LED外延典型结构如图4.2-162所示，紫外LED杀菌模块及验伪模块如图4.2-163所示

## 室内数字化LED照明的应用

承担单位：北京中科镓英半导体有限公司

照明用电在建筑耗电中占到了较大比例，随着LED芯片光效的提高以及价格的下降，使智能化、情景化的LED照明系统应用于办公、家庭照明中成为可能。

本课题在实施过程中，开发出智能化情景化的LED照明模组，白光光源功率大于6W，光效大于80lm/W，色温为3000～8000K，寿命大于50000h，在示范办公场所实现智能化控制的建筑照明效果实物展示。课题开发出的应用于LED光源的调光调色系统是根据LED光源特点进行情景化、智能化控制的照明控制系统。根据LED光源亮、闪、变的特点，实现了情景化变色的照明模式；根据绿色照明的设计理念，实现了一系列的节能控制方法，具有广阔的应用前景。

课题研究成果促进了LED照明在室内的应用，传统光源由于光源发光机制的限制，无法实现色温变换以及情景化照明中的光色变化等功能。本课题的成果拓宽了照明光色变化方面的应用领域，对照明学科的发展具有促进作用。同时课题在二次光学设计领域的研究成果可推广应用到一般灯具LED照明二次配光透镜的设计中，对推进非成像光学在国内发展产生了较大作用。

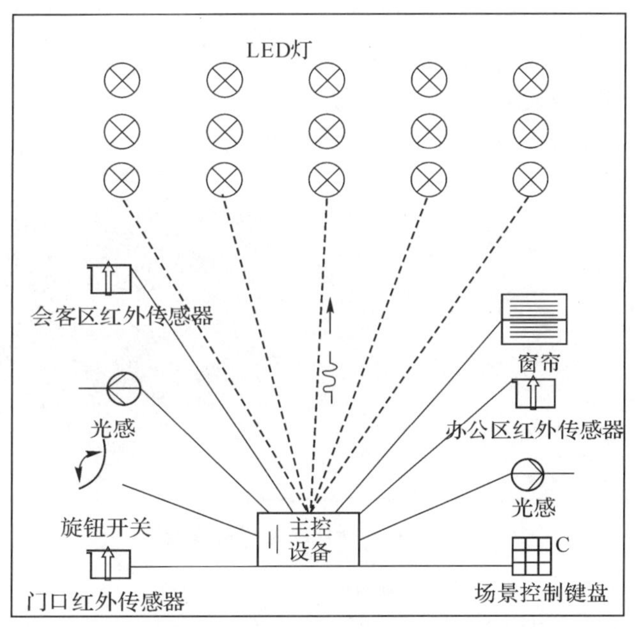


图4.2-164　系统控制示意图

## 应用导向功率型白光LED可靠性及寿命试验方法研究

承担单位：华中科技大学

本课题以建立大功率LED封装材料数据库、开发可靠性加速试验仪器设备为研发目标，在建立大功率LED器件与应用导向功率型LED模组和灯具可靠性试验方法及寿命预测技术规范方面做了有针对性的研究，缩短LED芯片、器件、应用导向型模组和灯具的可靠性评估时间至1个月内，寿命预测置信度超过90%，应用导向型模块光学、热学分析准确度超过90%，变形分析准确度超过80%。

课题实施过程中，采用高温、常温、低温、湿温及电流等加速应力条件对大功率 LED 器件、应用导向型模块及相应灯具进行了工作寿命测试，并监测其光电性能参数在老化过程中的变化规律，通过实验测试数据建立了 LED 模块在多场应力下的寿命评估模型，并在此基础上形成《大功率 LED 产品可靠性技术规范——温度变化可靠性试验》等 5 份技术规范初稿。课题组在 LED 材料封装材料光学、热学及热机械特性测试的基础上，收集文献中的相关材料数据，建立了大功率 LED 封装材料数据库。数据库系统采用 SQL Sever 软件开发，编程环境采用 Java Eclipse 和数据库进行通信。该数据库为 LED 封装设计工程师查询及 LED 封装设计模拟仿真提供了极大的便利条件。

大功率 LED 器件封装制造及可靠性评估是复杂的系统工程，本课题的研究涉及电子学、传热学、材料学、力学、光学以及可靠性等诸多学科的内容，课题的实施对于促进相关学科在大功率 LED 模块及灯具系统上的交叉应用有一定的推动作用。课题的研究成果将有助于缩短大功率 LED 的可靠性评估时间，提升大功率 LED 可靠性设计能力，缩短 LED 企业产品研发周期，提升大功率 LED 的品质。

LED 封装材料数据库如图 4. 2-165 所示。

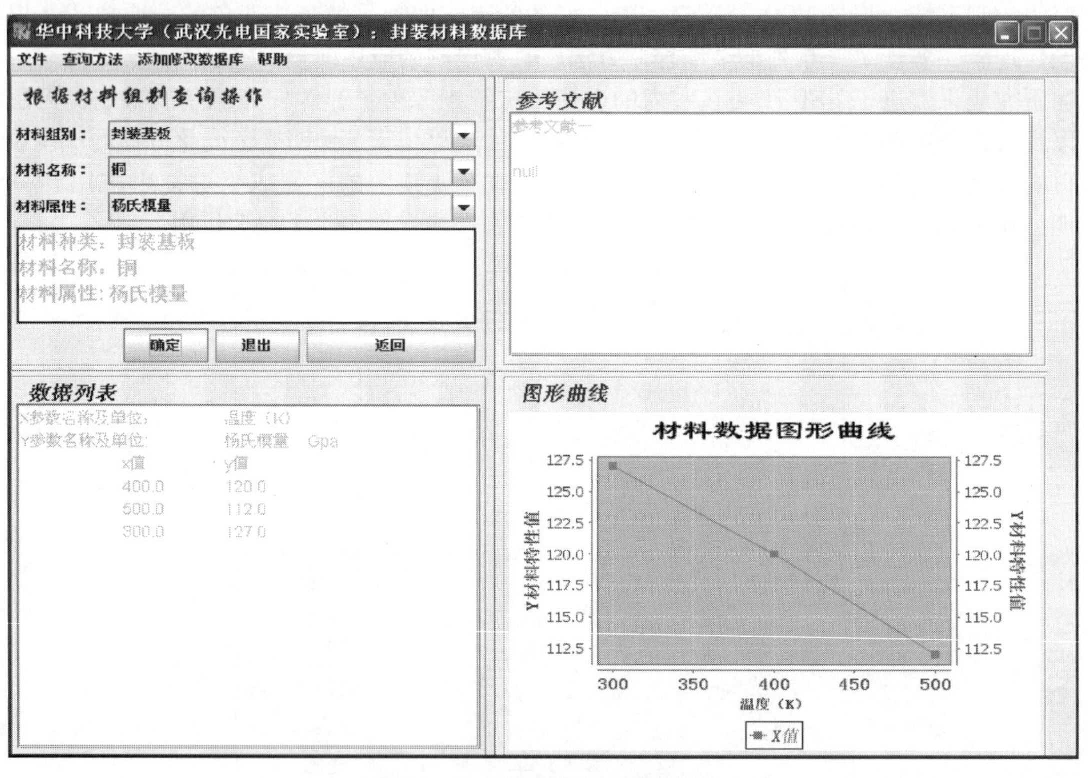


图 4. 2-165 LED 封装材料数据库

# 第三章　2010 创新大赛作品汇编

## 弘扬原创理念　带动产业创新

——2010“南海杯”国家半导体照明创新大赛成功举办

何亚萍　《半导体照明》杂志

在第七届中国国际半导体照明展览会暨论坛开幕式上，非常精彩的一幕是2010“南海杯”国家半导体照明创新大赛（以下简称“创新大赛”）获奖名单的揭晓，见表4. 3-1本次大赛评出产品创新奖12件（包括芯片、器件和封装产品3件、灯具、驱动及系统集成6件，原材料及配套产品3件），工程设计及应用创新奖4件，学生创意奖3件，进取奖25件，组织奖2名，网络人气奖3名，热情参与奖5名。

为了引导和交流创新思维，鼓励对LED产品的研发及创新，提高LED产业的自主创新和集成创新能力，促进我国半导体照明产业竞争力的快速提升，从2006年以来创新大赛已成功举办了三届。本届大赛由国家半导体照明工程协调领导小组办公室和中国照明学会、中国照明电器协会及北京半导体照明科技促进中心主办，国家半导体照明工程研发及产业联盟承办，在内容和组织形式上又增添了许多新的特点。

### 一、内容广泛，水平提升，突显创新价值

本届大赛创新的重点内容主要集中于LED芯片光源技术与系统集成封装，高效可靠的LED照明驱动技术与智能控制，高性价比的LED背光技术与产品，可替代既有照明产品的突破性技术及其LED产品，节能效果显著的功能性照明应用示范工程，半导体照明在农业、生物、医疗等多领域的创新应用等。

从参赛单位的数量上来看，企业的参赛作品更多且作品更具有市场化倾向。参赛作品中出现了很多路灯和隧道灯产品，这些作品不仅节能优势更明显，而且在设计上更加注重与环境的匹配，如可变造型、可通风、自洁式LED路灯等。作品在兼顾创新性、实用性的同时，结合光学、电学、热学、机械结构设计等技术的应用，也从降低成本的角度进行了设计探索，以更好地实现市场化。这表明在市场需求的引领下，企业的自主创新能力不断提升，分析和把握市场动向的能力不断增强。

特别值得一提的是，学生作为本届大赛的新群体也异常活跃，在参赛的93件作品中，学生作品有40多件，学生参与的热情非常高。与企业的作品相比，学生及科研机构的参赛作品更具创意性，学生的作品更贴近生活，如LED多功能贴心枕头、LED发光键盘、LED发光象棋、LED拐杖等。

从参赛作品来看，参赛作品涵盖了产业链的各个环节，特别是下游应用领域的作品尤为突出，主要表现为参赛作品数量多、创意性强、市场化趋势明显。在路灯、隧道灯方面涌现出了更具实用性的作品；出现了球泡灯、筒灯等市场化趋势明显的室内替代型照明作品；LED照明更与新能源，如太阳能相结合进行集成系统应用，彰显绿色节能可持续的发展理念；LED在更广阔的应用领域不断呈现，如医疗用的低碳手术间、LED植物生长灯等。

### 二、科学设奖，引导创新

本届大赛在组织形式上也更具多样性和创新性。在奖品设置上，除了包括产品创新奖、工程设计

及应用奖外，还特设了学生创意奖，以鼓励来自大专院校的学生积极参与，为他们提供一个展示自我的平台。除了创意创新奖项之外，本次大赛还设立了杰出组织奖2名，用以表彰协助组委会宣传并组织相关单位和学生参赛的有关机构。

本次大赛的获奖作品将在国家半导体照明工程研发及产业联盟于佛山市南海区设立的华南分中心进行永久性展示，这也是本次创新大赛之所以冠名“2010‘南海杯’国家半导体照明创新大赛”的缘由。

第三届“国家半导体照明创新大赛”的成功举办，进一步提高了社会各界对半导体照明的认知度，倡导了节能环保意识，通过各个环节的互动极大地调动了整个产业的自主创新热情。

## 三、2010“南海杯”国家半导体照明创新大赛获奖名单

**表4.3-1　产品创新奖－芯片、器件和封装产品类作品**

| 序号 | 作品名称 | 单位名称 |
|---|---|---|
| 1 | 低电压高效垂直结构产业化技术 | 中国科学院半导体研究所 |
| 2 | 高压LED模组 | 晶科电子（广州）有限公司 |
| 3 | 化学机械抛光技术剥离蓝宝石衬底之镓氮发光二极管整合 | 香港应用科技研究院 |

**产品创新奖－灯具、驱动及系统集成产品类作品**

| 序号 | 作品名称 | 单位名称 |
|---|---|---|
| 1 | 可变造型通风罩式LED路灯系列产品 | 深圳市邦贝尔电子有限公司 |
| 2 | 系列LED球泡灯 | 山西光宇半导体照明有限公司 |
| 3 | 双模式3D微型LED投影仪 | 香港应用科技研究院/深圳雅图数字视频技术有限公司 |
| 4 | NeoBulb Epoch VIII高天井灯 | 新强光电股份有限公司 |
| 5 | 色温可调且高演色性之阅读及照明装置 | 台湾昆山科技大学 |
| 6 | LED 4寸一体化筒灯 | 佛山市国星光电股份有限公司 |

**产品创新奖－原材料及配套产品类作品**

| 序号 | 作品名称 | 单位名称 |
|---|---|---|
| 1 | 138lm/W白光LED YAG荧光粉的产品创新 | 厦门科明达科技有限公司 |
| 2 | 高显色LED用低光衰氮化物红色荧光粉及其常压制备 | 有研稀土新材料股份有限公司 |
| 3 | 半导体照明用氮化物黄色荧光粉 | 北京宇极科技发展有限公司 |

**工程设计及应用创新奖**

| 序号 | 作品名称 | 单位名称 |
|---|---|---|
| 1 | 低碳手术间 | 重庆邦桥科技有限公司 |
| 2 | 世博轴及地下综合体艺术灯光景观 | 上海广茂达光艺科技股份有限公司 |
| 3 | 上海长江隧道LED照明调光控制系统 | 广东中龙交通科技有限公司 |
| 4 | 石家庄科技中心太阳能半导体照明系统 | 河北立德电子有限公司 |

学生创意奖

| 序号 | 作品名称 | 单位名称 |
|---|---|---|
| 1 | 高效率纳米结构 GaN 基 LED | 北京大学物理学院 |
| 2 | 基于新型散热结构的大功率 LED 节能探照灯 | 华中科技大学 |
| 3 | 多功能贴心枕头 | 大连工业大学 |

进取奖

| 序号 | 作品名称 | 单位名称 |
|---|---|---|
| 1 | 大功率 LED 双光源隧道灯 | 浙江名芯半导体科技有限公司 |
| 2 | 基于智能控制技术的 LED 条形隧道灯 | 广东中龙交通科技有限公司 |
| 3 | 世博轴智能压力感应光砖 | 上海广茂达光艺科技股份有限公司 |
| 4 | 大功率色温亮度可调智能隧道照明系统 | 重庆邦桥科技有限公司 |
| 5 | 超薄节能双面液晶显示屏 | 香港应用科技研究院/深圳市新超亮特种显示设备有限公司 |
| 6 | 通风自洁式 LED 隧道灯系列产品 | 深圳市邦贝尔电子有限公司 |
| 7 | 深紫外 LED 材料外延技术 | 中国科学院半导体研究所 |
| 8 | 深圳地铁 2 号线全线 LED 照明工程 | 上海三思电子工程有限公司 |
| 9 | 可持续性发展之 LEDs 通用技术平台暨 LEDs 标准光源 | 新强光电股份有限公司 |
| 10 | 基于荧光粉技术的 LED 植物生长灯 | 北京宇极芯光光电技术有限公司 |
| 11 | LED 敷粉工艺过程在线监测控制设备 | 杭州中为光电技术有限公司 |
| 12 | “超捷能” LED 节能灯 | 福建中科万邦光电股份有限公司 |
| 13 | ELEDE™ LED 等离子刻蚀机 | 北京北方微电子基地设备工艺研究中心有限责任公司 |
| 14 | 基于大功率 LED 的多用便携灯具 | 佛山市国星光电股份有限公司 |
| 15 | NGC - LED - 01 工厂灯 | 宁波燎原股份有限公司 |
| 16 | LED 图案灯 YG - LED615 | 广州市雅江光电设备有限公司 |
| 17 | 整体式分光束 LED 路灯 | 河北大旗光电科技有限公司 |
| 18 | 大功率 LED 路灯 | 秦皇岛鹏远光电子科技有限公司 |
| 19 | LED 路灯 | 北京利亚德电子科技有限公司 |
| 20 | OLED 照明灯具，twilight/晨光 | 北京维信诺科技有限公司 |
| 21 | LED 拐杖 | 大连工业大学 |
| 22 | LED 发光象棋 | 大连理工大学 |
| 23 | LED 发光键盘 | 大连理工大学 |
| 24 | 握力器设计——“尽在把握” | 大连工业大学 |
| 25 | LED 羽毛毽设计——旋舞的天空 | 大连工业大学 |

网络人气作品奖

| 序号 | 单位 | 单位名称 |
|---|---|---|
| 1 | LED 路灯多路恒流驱动模块 | 罗斌 |
| 2 | LED 发光象棋 | 大连理工大学 |
| 3 | 高效率纳米结构 GaN 基 LED | 北京大学物理学院 |

组织奖

| 序号 | 单位名称 |
|---|---|
| 1 | 大连工业大学 |
| 2 | 中国科学院半导体研究所 |

# 产品创新类

## 低电压高效垂直结构产业化技术

申报单位：中国科学院半导体研究所

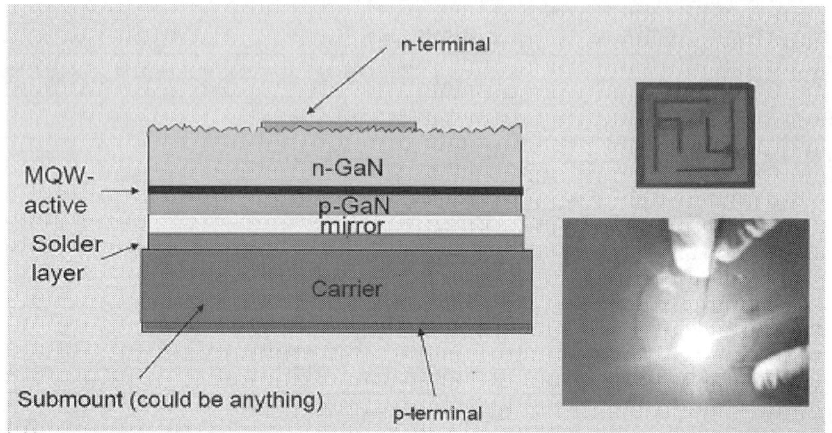




简介：垂直结构 GaN 基 LED 是目前半导体照明芯片的研究热点和未来可能应用于通用照明的主流芯片结构。与传统正装、倒装结构相比，垂直结构通过热压键合、激光剥离（LLO）等工艺，将 GaN 外延结构从蓝宝石转移到 Cu、Si 等具有良好电、热传导特性的衬底材料上，器件电极上下垂直分布，从而彻底解决了正装、倒装结构 GaN 基 LED 器件中因为电极平面分布、电流侧向注入导致的诸如散热、电流分布不均匀、可靠性低等一系列问题。因此，垂直结构也被称为是继正装、倒装之后的第三代 GaN 基 LED 器件结构，很有可能取代现有的器件结构而成为 GaN 基 LED 技术主流。

本作品采用低应力高成品率衬底转移技术，低损伤剥离技术，无损伤芯片隔离，高密度材料填充保护技术等，制备低电压、高效、高成品率垂直结构 GaN 基 LED。

与传统结构比较，该方法制备的垂直结构器件在输出光功率、正向电压、散热、可靠性、生产成本等诸多方面具有优势，同时可以获得较高的成品率，适合产业化生产。

## 高压 LED 模组

申报单位：晶科电子（广州）有限公司

简介：本作品展示了半导体照明用的大功率高压 LED 芯片（HV-LED）及其模组产品。本作品

的 LED 芯片在晶科电子（广州）有限公司自主知识产权的倒装焊大功率常规低压直流 LED（DC-LED）及其模组的基础上，通过多方面的技术攻关来实现。

HV-LED 相对于 DC-LED，具有以下优势：

1. HV-LED 可直接用高压直流电驱动，避免了一般 LED 将高压交流转化为低压直流时电路的复杂性和功率损失，简化半导体照明的电源匹配，降低成本及体积，提高了效率。

2. HV-LED 芯片内部由相互隔离的不同单元串联组成，各单元的电流大小一致，避免了 DC-LED 中不同区域抢电流，比 DC-LED 的光电转换效率更高。

## 化学机械抛光技术剥离蓝宝石衬底的镓氮发光二极管整合

申报单位：香港应用科技研究院

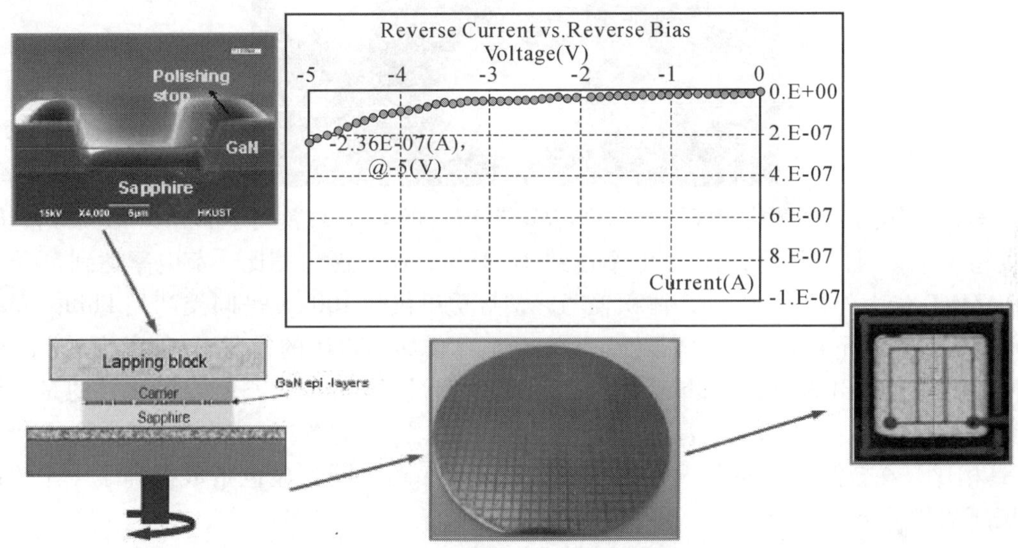


简介：香港应用科技研究院（ASTRI）和晶元光电（Epistar）有限公司合作开发的蓝宝石衬底化学机械抛光（CMP）剥离技术，是用于制作高功率垂直结构镓氮二极管的优质核心技术。

垂直结构的镓氮二极管采用热电传导衬底，高功率操作下产生的高热可以良好地疏泄。此外，由于电流垂直流动，因此不会出现因电流拥塞而产生的热效应和电荷载体光辐射复合的不顺利，避免了对高质量光电子组件造成损害。垂直结构镓氮 LED 有效地提高总体发光效率，并可以在高电流下工作。在现今小尺寸电子产品迅速普及的大潮流和高效率低功耗光电子组件的极大需求下，前景甚为可观。

本创新技术的核心是外延片的结构设计，并整合已成熟的外延成长和化学机械抛光（CMP）整合技术。

## 可变造型通风罩式 LED 路灯系列产品

申报单位：深圳市邦贝尔电子有限公司

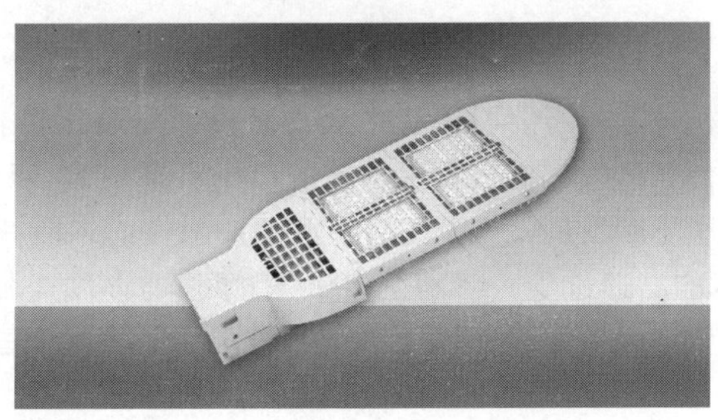

简介：本作品是LED路灯系列产品，有48W、96W、144W、192W LED路灯，作品为第二代LED路灯，通过广大客户对第一代LED路灯大批量实际使用4年后，在第一代产品的基础上，对结构、热学、LED封装、电源驱动、配光五大关键技术进行了全面的优化升级和设计。

## 系列LED球泡灯

申报单位：山西光宇半导体照明有限公司

简介：本参赛作品为可替代40W白炽灯及7W节能灯的LED球泡灯。该灯外形类似传统白炽灯。在同等亮度情况下，与白炽灯相比，节电率达到91.25%；同节能灯相比，节电率达到50%。

GYRDQZM60最大外径为60mm，体积轻巧，整灯重量仅为100g，是同类产品Philips Master系列灯具的70%，适用场所更为广泛，安装更为安全。GYRDQZM60的总输入功率为4W，在色温为2800K的情况下，光输出达到了300lm，整体灯具光效超过了70lm/W。更值得称赞的是，该款灯具的显色指数（Ra）接近90，可以为高品质的照明场所提供完美的解决方案。与同类型的Philips Master系列灯具相比，在节能40%的情况下，亮度增加了1.5倍，同时显色指数提高了一个等级，达到室内照明场所的优秀级。



## 双模式3D微型LED投影仪

申报单位：香港应用科技研究院

简介：几年来微型投影机技术不断发展，从独立式微投影发展到整合进手机、数码相机等产品中。多样化的产品不断推出使微型投影机在显示领域的市场日渐扩大。3D显示技术自诞生以来，虽然实现技术和应用领域得到了不断发展，但都因为片源的局限性而未能在显示领域得到很好的发挥。近年来，随着2D转3D技术的高速进步，特别是2009年好莱坞影片《阿凡达》的全球热播，3D显示成为显示领域另一热点，但是除了影院3D投影之外，尚无适合于家庭和个人使用的移动3D投影设备。

## NeoBulb Epoch VIII 高天井灯

申报单位：新强光电股份有限公司

简介：NeoBulb Epoch 是以 NUP（NeoPac Universal Platform）技术平台开发、提供商业及工业用户高可靠度的 LED 灯具。112W 的高功率密度 Epoch VIII 灯具主要锁定以取代目前普遍使用的 400W 的汞灯，所提供的节能效率超过 70%，使用寿命提高 5 倍以上（L70 > 60000 hrs）。此产品可广泛应用于大型仓库、展示间、工厂以及各种商业空间，并为业主从节能方面获取较高的内部投资报酬率（IRR）和较短的投资回收期限。

NeoBulb Epoch 系列 LED 灯具依应用与照明高度衍生出两种版本，分别使用了 4 颗（Epoch IV，56W）以及 8 颗（Epoch VIII，112W）独立研发的超高功率、多晶封装、单一点光源的 14W 标准光引擎（NeoPac Light Engines），并可搭配不同角度的光杯使用。





## 色温可调且高演色性阅读及照明装置

申报单位：台湾昆山科技大学

简介：现在，发光二极管（LED）俨然已成为环保及节能的代名词。LED 灯不仅具环保及节能等多项优点，同时兼具广泛色域（gamut）及极佳演色性（color rendering index）的混光输出。本作品特色就是利用 LED 混光广泛色域的光色强化特性及优化后的演色性，以提供较佳的阅读质量。

传统灯具制作出厂后，其输出光源往往仅具单一颜色或单一色温（color temperature），反观 LED 混光因具广泛色域，因此亦具有广泛的色温输出能力。本作品的另一特色，即利用 LED 色温输出能力并结合温度传感器（sensor），藉由单芯片微处理器控制，以实践单一 LED 混光灯具可输出冬暖（低色温光输出）夏凉（高色温光输出）的智能型光输出质量，以供居家照明（例如台灯）及博物馆艺术品或画作照明等应用。

# 大功率 LED 一体化筒灯

申报单位：佛山市国星光电股份有限公司

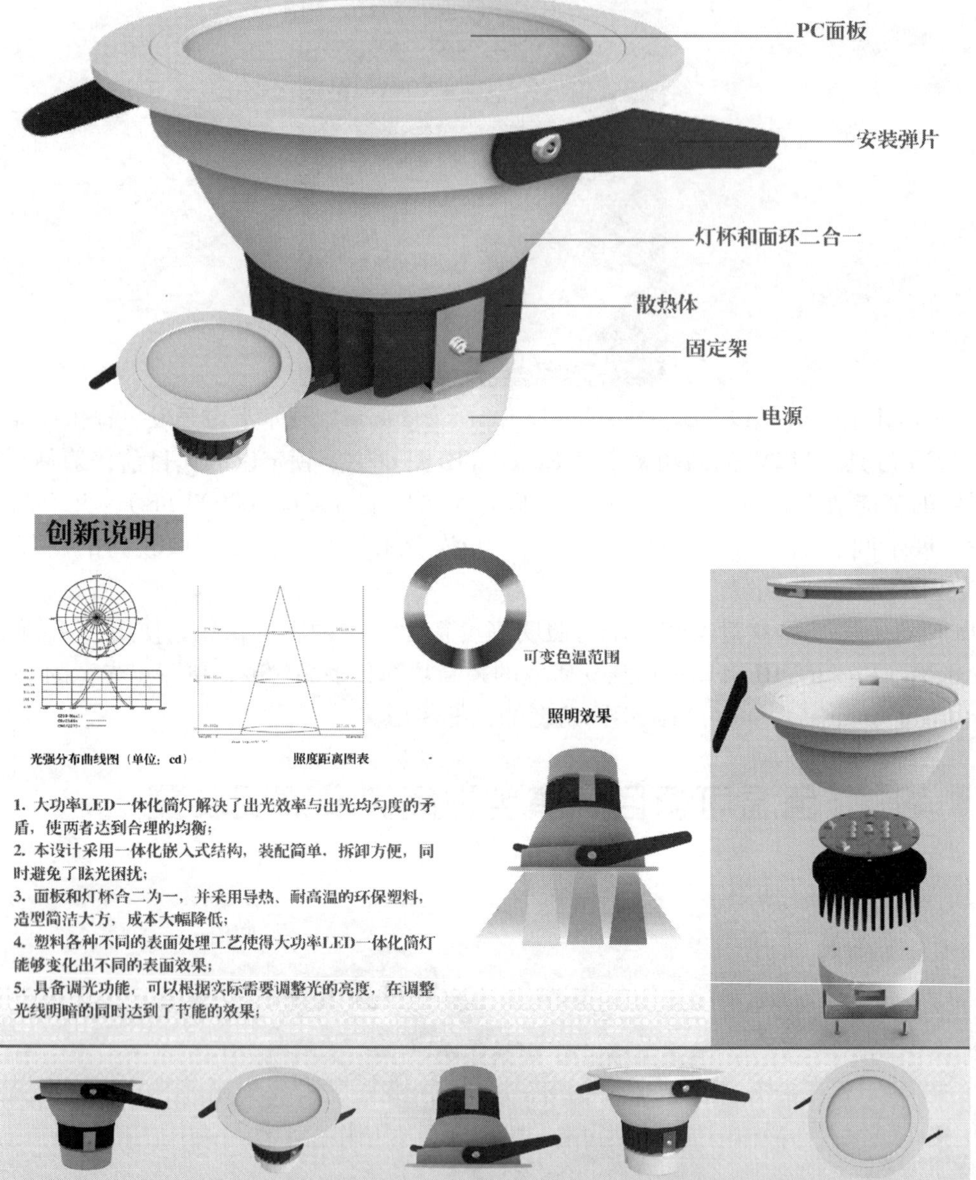


简介：产品本着绿色环保，节能低碳的宗旨，以佛山市国星光电股份有限公司自主研发的大功率 LED 为光源，追求高的出光效率，整灯达到了 73lm/W，和同类产品相比处于领先水平。

本产品在具有高的出光效率的同时还具备调光的功能，可以根据实际需要调整光的亮度，在调整光线明暗的同时达到节能的效果。

经过人性化的设计，这款筒灯可以调整灯具的色温。可以根据外部环境、人的心情、气温的高低、季节变化调节光线的冷暖。

# 138lm/W 白光 LED YAG 荧光粉的产品创新

申报单位：厦门科明达科技有限公司

简介：1993 年，中村修二发明了氮化镓（GaN）并发现在蓝光芯片上点 YAG 黄色荧光粉可以发白光，并对此发现申请了专利。在这个封装专利中，荧光粉配方仍是1974年荷兰科学家Blasse的成果，YAG配方未变，只是加入能量传递元素钐（Sm），提升亮度，光谱没有变化，仍然是460～555nm，是假白光。人类生存在地球上，沐浴太阳的光辉，七彩（赤橙黄绿青蓝紫）是人类赖以生存的光源，假白光弃掉了560～650nm的橙色、红色光谱，使人们对景物颜色判断失真，甚至发生误判。

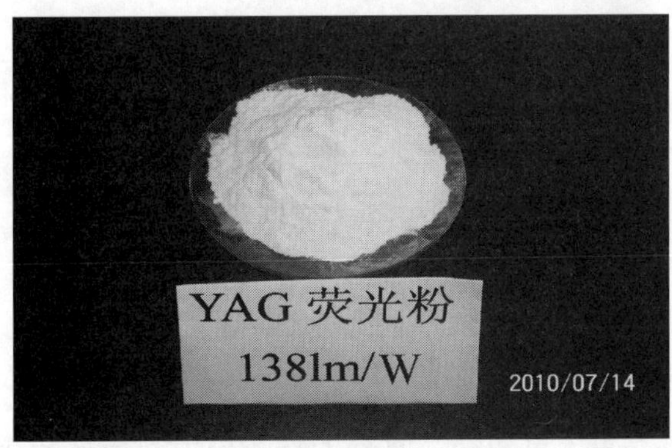


随着人们返璞归真愿望的增强，对光的质量要求也越来越高，进行专利创新已经成为科技人员责无旁贷的职责。早在2005年科明达公司就发明了YAG全彩配方，获得专利授权zl200510071958.0，2006年又发明了球形结构，又获得了专利授权zl200610159447.9。全彩配方增加了585nm橙色和610nm红色光谱，显色指数得以提高，大大增加了其安全性能。荧光粉晶体结构经常出现尖角形、扁平形、条形、方状等不规则杂乱无序、聚合度不一的形态，我公司采用液相法，优化合成工艺获得球形结构，保护荧光粉晶体的发光相完整，晶体大小颗粒一致性较好，漫反射、折射光损较少，发热较少，而外量子效率提高到0.738，光转换效率单颗封装达到148lm，折合138lm/W，随着球形结构条件进一步掌控，目前普及138lm/W YAG的技术条件已成熟。



## 高显色LED用低光衰氮化物红色荧光粉及其常压制备

申报单位：有研稀土新材料股份有限公司

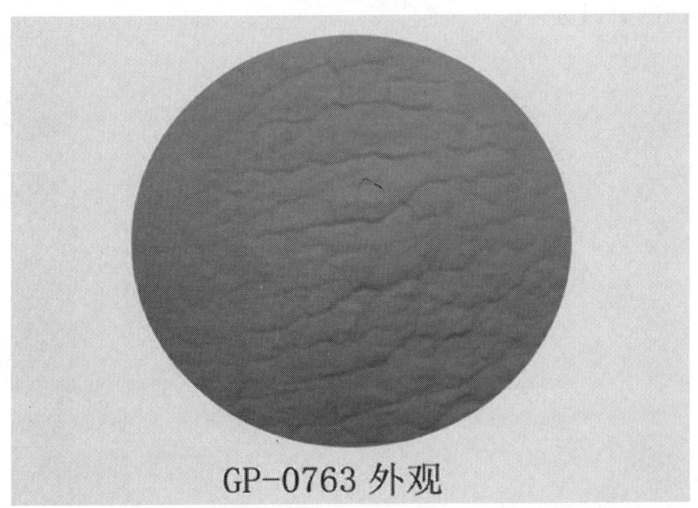

GP-0763外观

简介：本作品包含了具有自主知识产权的适用于高显色白光LED的低光衰氮化物红色荧光粉产品及其批量化常压制备技术。其中常压制备技术的开发突破了氮化物荧光粉高压制备的限制，促进了氮化物荧光粉批量化生产的实现。通过此常压技术开发的具有自主知识产权的氮化物红色荧光粉产品具有好的结晶度和高的发光亮度，使用1000h光衰小于10%，且通过荧光粉组分的调节得到了具有不同光色特性的红色荧光粉，可以满足显色指数大于85的高显色白光LED的封装需要。这些产品目前得到了市场的广泛认同，已销售到美国、韩国等50余家客户。

# 半导体照明用氮化物黄色荧光粉

申报单位：北京宇极科技发展有限公司

简介：半导体照明用氮化物黄色荧光粉，是拥有自主知识产权的替代传统的 YAG 黄色荧光粉的新型产品。

荧光粉作为 LED 封装的重要原材料，目前几乎被进口产品占领市场，且最关键的白光 LED 封装方法中所用的 YAG 黄色荧光粉和蓝光芯片受到日本日亚公司专利技术的封锁。我国 LED 封装用的高亮芯片和高效荧光粉一直依赖进口，因高端产品的开发受到原材料的限制，我国 LED 封装企业发展处于比较艰难的环境，一定程度上限制了我国 LED 产业的发展速度，削弱了产业的国际竞争力。在国际 LED 技术和产业高速发展的形势下，开发自主知识产权的高性能 LED 用氮氧化物荧光粉技术意义重大，实现 LED 封装原材料的国产化，将大大缩短我国在高性能荧光粉方面同世界先进国家的差距，提高国产 LED 封装产品的性能，提高产品的竞争能力，同时还能有效解决我国白光 LED 产品出口所面临的采用 YAG 荧光粉封装的专利封锁问题，从而为国际 LED 产业的发展作出应有的贡献。

本作品的氮化物黄色荧光粉，拥有多项国内、国际专利，已在日本、美国和韩国等国家申请。符合欧盟 RoHS 标准，通过国家半导体质量监督中心测试，光效率高、化学稳定性和热稳定性高、无污染。此创新技术填补了国内空白。

# 工程设计及应用创新类

## 上海长江隧道 LED 照明调光控制系统

申报单位：广东中龙交通科技有限公司

简介：上海长江隧桥工程是我国长江口沿海一项特大型交通建设项目。工程南起浦东五号沟，穿越长江南港后经长兴岛，再跨越长江北港向北止于崇明岛东端陈海公路，全长25.5km，道路规划为双向6车道。工程以长兴岛为界采用南隧道北桥梁的过江方案。

位于南港的上海长江隧道工程全长8955.26m。圆隧道内设计车速80km/h，道路为黑色沥青路面，每车道宽度为3.750m，隧道净宽为12.750m，通行净高5.0m，灯具安装高度约6.0m。

上海长江隧道基本照明全部采用了带智能调光控制的80W LED条形隧道灯具，灯具数量为5870套。同时，根据LED隧道灯具的技术特点，在满足规范要求的照明效果的同时，还实现了灯具的9级调光，灯具的自动故障检测以及灯具的自动光衰检测三大功能。这三大功能的实现，充分发挥了LED隧道照明灯具的技术特点，进一步提高了LED隧道灯具的节能效果，同时也大大降低了业主的维护成本，为今后特长隧道照明的智能化应用提供了新的发展思路。



## 世博轴及地下综合体艺术灯光景观

申报单位：上海广茂达光艺科技股份有限公司

简介：世博轴及地下综合体工程（简称世博轴）位于浦东世博园核心区。南起耀华路，跨雪野

路、南环路、北环路及浦明路，到滨江世博公园。南北长 1045m，东西宽为地下 99.5～110.5m，地上 80m，是世博园区最大的单体项目。

世博轴艺术灯光景观的主题为“光、城市、生活、未来”。光是人类文明的曙光，光是人类城市发展的象征，光指引着城市的美好生活，我们将用光艺术地展现城市更美好的未来生活。我们遵循艺术、简约、未来感的设计风格，遵循可持续发展、绿色和创新的设计理念。

世博轴艺术灯光景观具有强大的场景设计和表演空间，可以根据季节、主题内容和节目内容等设计不同的艺术灯光场景。建成后的世博轴线美丽、壮观，如一道靓丽的彩虹延伸至黄浦江边，光彩夺目，震人心魄……

## 低碳手术间

申报单位：重庆邦桥科技有限公司

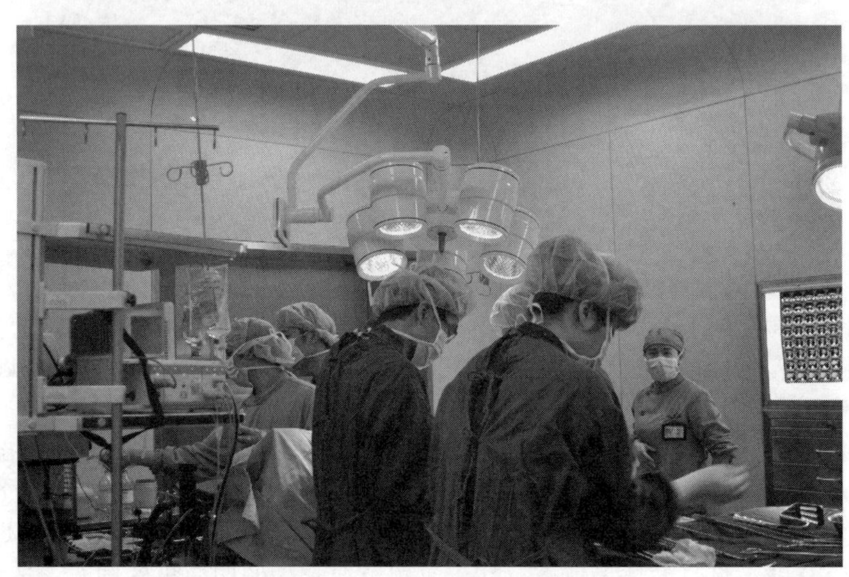

简介：低碳手术间是手术室内照明系统整体采用节能环保的 LED 医疗照明产品，由色温可调的 LED 手术无影灯、手术室专用 LED 平板灯、LED 检查灯、LED 头灯、LED 观片灯、LED 笔式检眼灯构成，以降低照明电能消耗和空调系统功耗，达到节能减排效果和低碳的目的。

LED 低碳手术间与传统手术间（主要是卤素灯、荧光灯）相比，有以下优点：

（1）环境舒适：LED 灯无紫外线、红外线等辐射，不吸引蚊虫，使手术间环境变得更加干净舒适。

（2）缓解视觉疲劳：LED 没有频闪，光照均匀，缓解医生长时间手术的视觉疲劳，提高手术质量。

（3）满足不同手术清晰度需求：调节色温可以满足不同组织在不同色温下的显色特性要求，解决新鲜、陈旧、坏死不同组织的清晰度。

（4）降低感染：LED 手术灯温升低，降低了术中感染及并发症的几率。

（5）节约能源：LED 光效高，耗电量为荧光灯、卤素灯的 1/2。

（6）寿命长：寿命为 30000h，是传统手术灯光源的 50 倍，降低了手术室的耗材成本。

目前，公司已在重庆医科大学附属第一医院建成了全球第一个“低碳手术间”并投入使用，在此工程中应用了所有的 LED 手术室照明系列产品，其医学临床价值和节能效果显著，受到医院的好评。

低碳手术间的实施与推广，是手术室一次革命性的提升。低碳手术间给医生、护士提供良好的手术照明环境，杜绝医疗事故。更重要的是节约能源，保护人类的生存环境，其社会效益及经济效益十分显著。

# 石家庄科技中心太阳能半导体照明系统

申报单位：河北立德电子有限公司

简介：本项目着眼于半导体照明的技术优势和应用前景，将LED照明技术应用于建筑景观照明、应急照明、疏散指示照明和具有持续需求的功能照明等项目。探索照明系统的新能源利用技术、智能化控制技术、高效光源技术及产品的开发，解决关键技术问题。通过多项技术的集成应用和工程建设起到推广示范作用。同时，利用建筑屋顶的面积建设太阳能光伏电站，充分利用太阳能为地下车库和公共走廊、卫生间等昼间需要持续照明的区域提供能源，实现节能减排的目标。

工程完成了涵盖15个功能区域，包括常规照明、功能照明（应急）、装饰照明、特殊照明等四类照明在内的3000余盏LED灯具的研制、安装调试及验收工作，初步显露出“示范工程”的社会效应。

# 学生创意类

## 基于新型散热结构的大功率 LED 节能探照灯

申报单位：华中科技大学

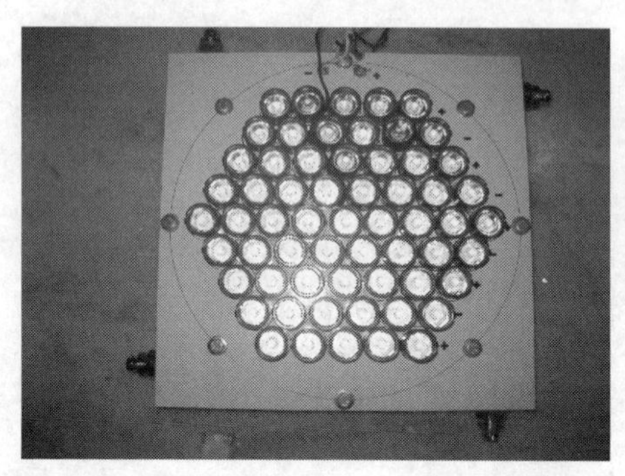

简介：大功率探照灯已应用于社会生活的许多方面，如海上搜救、安防照明、机场安全指示照明等。LED 光源是全球都在大力推广的第四代绿色照明光源，本作品正是以 LED 作为探照灯的发光器件，把 LED 推广应用到大功率探照灯领域，使其在该领域充分发挥高光效、节能环保的特性，以期达到节能减排的效果。

本作品的两个创新点：（1）采用优化的 TIR 准直透镜，保证高光效和较好的光准直度，使其满足探照灯的配光要求；（2）采用主动式散热方式，并创新性地设计了一种中心旋转型微通道散热结构，具有流场均匀、流动阻力小等优点，用该结构可以满足高热流散热要求，维持芯片较低的工作温度，以保证芯片更长的工作寿命及更高的发光效率。整个系统由大功率 LED 模块、透镜、MCPCB 、电源、微通道散热器、泵、换热器、储水箱和输水管路构成。工作时接通电源，LED 工作发光，经透镜折射和反射发出高准直度的光束。与此同时，由电能转化而来的热量由 MCPCB 的金属热沉传给微通道散热器，水作为工质由泵供给进入微通道散热器带走热量。

## 高效率纳米结构 GaN 基 LED

申报单位：北京大学物理学院

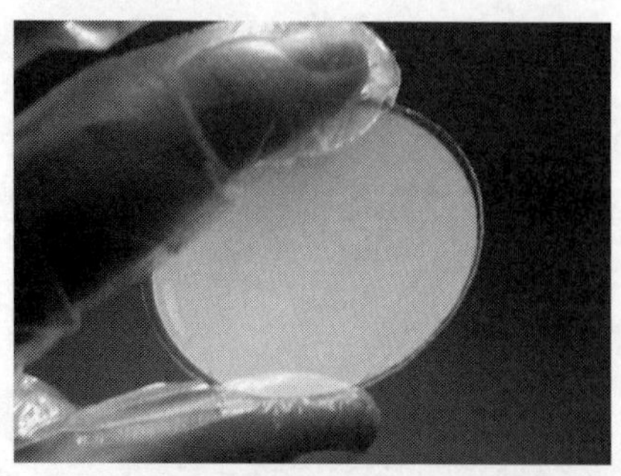

简介：近年来，GaN 基发光二极管已经获得了飞速地发展，在照明、显示、装饰等各个方面有巨大的应用价值。但是较低的出光效率仍制约着其应用和推广，特别是在白光照明方面的应用。在器件表面制备纳米结构是一种有效提高出光效率的方法。但是常用制备纳米结构的方法，如电子束曝光等微加工工艺需要昂贵的设备，并且产率很低，不利于大规模工业生产。本作品是一种阳极氧化铝方法制备大面积、大孔径、高有序度的锥形纳米结构模板，并利用纳米压印的手段实现大面积纳米结构的转移，得到高出光效率的纳米结构 LED 器件。

通过优化阳极氧化的条件，在铝箔上制备出大于2in 的高度有序的锥形纳米孔阵列结构。利用热固化的方法将纳米结构转移到能重复使用的透明高聚合物印模上，最后用紫外压印或热压印及干法刻蚀的方法将纳米结构转移到 LED 器件上。在工艺过程中，开发了一种阳极氧化铝模板结合纳米压印技术获得大面积纳米结构的方法。本作品的设计将纳米结构与发光器件有效地结合起来，低成本地制备出大面积折射率渐变的纳米结构，有效地提高了光在界面处的透射率，明显改善了器件的出光效率。

## 多功能贴心枕头

申报单位：大连工业大学

简介：以往我们每天清晨起床是利用闹钟叫醒，这种方法的缺点如下：如果我们不是自己单独居住在一个屋里，闹钟的响声会影响他人，而且闹钟有时会给我们起床造成相反效果，即使听到响声也会关掉不愿起床，还会影响到个人情绪。另外，这样的叫醒即使我们起来了也会增加很大的疲倦感，给人们一天的生活或工作带来压力。基于以上问题我们创造了多功能贴心枕头。

多功能贴心枕头的内部是 LED 控制模块，利用灯光的渐变过程来模仿黎明的来临，有了它，您可以按照自己应该起床的时间定时，到了起床的时间，枕头中的灯光会自动渐渐亮起，结合人的感觉模仿黎明时天亮的状态，让人自然感觉到天亮。不会像闹钟那样让人突然感觉一惊，给人带来疲倦感。相反，它会让人自动醒来，就像正常天亮的感觉一样，让拥有者清晨醒来后轻松惬意，也会给一天的生活带来一个好的开始。而对于一些睡得比较沉的人会在一段时间后启动微振动缓和音乐功能，也可随意按用户自己的意愿为其增加功能，解决用户的个性化需求，比如加入一些缓和的音乐，睡前利于睡眠和修养大脑，或依照用户需求设计枕头的外观，真正让您感受到：用了多功能贴心枕头，贴心到天亮。

# 交流电与高压发光二极管技术现况

颜玺轩[1]　陈昭兴[2]

1 台湾工业技术研究院电子与光电研究所　2 晶元光电股份有限公司

随着外延及制程技术的不断进步，近年来发光二极管（Light Emitting Diode，LED）的亮度、寿命及效率均有显著提升，因此 LED 已被广泛使用在各种不同的应用场合，而这些应用可以依照所提供电源种类的不同而区分为电池电源及市电电源两种。电池电源的 LED 应用，如手机液晶屏幕背光源、手电筒等，是由装置在设备内的电池直接提供低电压的直流电源给 LED，而市电电源的 LED 应用，如液晶电视背光源、路灯、景观灯等，则是使用变压器及整流器将高电压的交流市电转换成低电压的直流电提供给 LED 使用，而目前被各界视为最具爆发力的 LED 室内照明应用便是属于市电电源的 LED 应用范畴。

由于组件本身物理特性的限制，LED 必须以低电压（蓝光 LED 约 3.3V，红光 LED 约 2.2V）直流电源驱动，而电源的大小则决定了 LED 的操作功率，也因此当在交流电的环境中使用 LED 时，变压器及整流器成为必要组件。然而，由于变压器及整流器本身具有一定的体积，故在照明模块中使用这些组件时将不可避免地增加 LED 照明模块的体积，此外在过去的经验中也发现在市电 LED 照明模块中，变压器及整流器的使用寿命远低于 LED 芯片的使用寿命，许多市电 LED 照明模块的失效事实上是由于变压及整流组件的失效所造成，如何改善 LED 在市电电源环境下的体积与寿命，将成为 LED 能否成功取代现有白炽灯及荧光灯，成为未来照明应用主要组件的关键因素。

推动 LED 成为室内照明主要组件一直被视为是 LED 的杀手级应用，而其中如何让 LED 照明模块可直接使用在目前的照明设备中是主要决定因素。目前绝大多数使用在室内的白炽灯以及节能荧光灯（Compact Fluorescent Light，CFL）为 E27 或 E14 等形式，LED 照明模块必须可直接封装为上述形式才有取代白炽灯、节能荧光灯的可能。因为现阶段要求消费者全面更换现有供电系统，使用 LED 照明设备是不可行的。然而将 LED 照明模块封装为 E27 或 E14 等形式时体积与散热便成为必须面对的课题。以目前单颗使用 E27 封装的 LED 照明模块而言，操作功率大约 10W，由于体积的限制，E27 的 LED 照明模块几乎不可能安装任何主动散热装置，且在与现有灯具整合后也不可能在 LED 照明模块上装置过大的散热片，因此该模块内的整流及变压组件将长时间处于偏高的操作温度下，极有可能导致组件提早失效。此外，如筒灯等特殊市电电源照明应用环境中，在不变更室内供电线路的前提下，更小的空间限制对于 LED 照明模块的散热与整流及变压组件的加装更是严苛的考验。

鉴于上述各种原因，如何让 LED 芯片可以直接在市电的高压环境下操作，对 LED 照明模块能否成为未来市电环境中主要的照明组件是非常重要的，因此许多科研机构和 LED 大厂均相继展开了单颗交流电 LED 照明组件（AC LED）的研究设计。AC LED 芯片是以半导体制程的方式在单一 LED 芯片上制作多颗体积较小的微芯片后再加以串接，使单一 LED 芯片可直接以高压市电电源驱动。AC LED 芯片可以依照微芯片间串接电路的种类区分为3 种，包括将两串串联微芯片再加以反向并联的反向并联式（Anti - Parallel，AP）、将微芯片排列成电桥的惠斯顿电桥式（Wheatstone Bridge，WB）、仅有单向微芯片串需外接整流组件的高压式（High Voltage，HV）AC LED 3 种。在交流电环境中，AP - AC LED 及 WB - AC LED 均可依靠本身的微芯片电路设计而在双向偏压情况下有部分微芯片处于顺向偏压的发光状态，而 HV - AC LED 则仅能在单一特定偏压方向时发光，如希望 HV - AC LED

可于双向偏压情况下均可发光则必须外接整流组件。

不同 AC LED 晶粒的微芯片电路设计也影响了 AC LED 芯片的操作特性。在单一偏压方向下发光微芯片数量相同的情况下，AP－AC LED 的微芯片数量将会最多，WB－AC LED 次之，而 HV－AC LED 最少。主要原因为 AP－AC LED 在双向偏压情况下必须具有相同数量的微芯片，而 WB－AC LED 则由于在双向偏压情况下共享了部分微芯片，因此所需的微芯片数量较少，而 HV－AC LED 由于依靠外接组件整流后所有的微芯片均可在双向偏压情况下处于顺向偏压的状态，因此所需的微芯片数量最少。不同于传统以直流电源驱动 LED（DC LED）组件的情况，AC LED 晶粒及微芯片的面积大小与其特性间的关联度和 DC LED 有很大差异。

控制 DC LED 组件时，由于输入的直流电源大小是由驱动系统决定，驱动电压在电压高于启动电压（Threshold Voltage）后与输入电流间可视为斜率极小的线性关系，因此对于 DC LED 而言，无论芯片的尺寸为何，LED 组件的操作功率均可直接由输入电流加以控制，在相同输入功率时具有较大面积的 DC LED 组件受影响较大，同时由于输入电流密度较低而有较高的发光效率。然而在驱动 AC LED 晶粒时，除了输入电压外，AC LED 组件的芯片尺寸及微芯片数量也同时影响了 AC LED 组件的特性。当输入电压与微芯片数量固定时，越大的微芯片面积将使在相同驱动电压下的反应电流强度随之增加而造成组件的操作功率上升，反之越小的微芯片面积则会使得 AC LED 组件在相同驱动电压下的操作功率降低。在固定输入电压大小的情况下，AC LED 微芯片电路中单一偏压方向处于顺向偏压的微芯片数量越少，AC LED 芯片的反应电流及操作功率将越高；反之单一偏压方向处于顺向情况的微芯片数量越多时 AC LED 的反应电流及操作功率均将随之降低。因此，AC LED 芯片面积、微芯片数量、微芯片面积等参数均直接影响了 AC LED 组件的特性，故 AC LED 芯片设计的复杂度比 DC LED 高得多。

由图 4.4-1 可以发现 HV－AC LED 除了微芯片与微芯片间的绝缘沟渠影响外，其发光面积和 DC LED 几乎相同，WB－AC LED 则有将近 70% 的 AC LED 芯片面积发光，而 AP－AC LED 则只有约 50% 的 AC LED 芯片面积在单一偏压方向下发光。经过前面的讨论可知，使用相同的操作电流或电压源对 AC LED 芯片特性的影响参数甚多，为求能单纯比较不同 AC LED 微芯片设计所导致 AC LED 晶粒特性差异，将 DC LED 与 3 种 AC LED 芯片的面积均固定为 1.4 mm×1.4 mm，而单向偏压下 3 种 AC LED 芯片中均有 27 颗微芯片处于顺向偏压情况，因此 AP－AC LED、WB－AC LED、与 HV－AC LED 中分别有 27 颗、45 颗及 54 颗的微芯片，其中 HV－AC LED 所有的测量数据均包括了外接整流组件，以确实反映 HV－AC LED 照明模块效率。当所有的 LED 芯片，包括 DC LED 以及 3 种 AC LED 芯片，均以直流电源操作且输入功率固定为 1 W 时，DC LED、HV－AC LED、WB－AC LED、AP－AC LED 的发光功率分别为 306.5 mW、349.8 mW、219.6 mW、203.5 mW，可以发现以直流电驱动时，HV－AC LED 的发光效率比 DC LED 还要高，这主要是由于较佳的电流分布及微芯片结构所造成的。由于微芯片结构提供了更多的侧向出光路径，可以让主动层中所产生出的光子有更多机会离开半导体组件，而将较大的 AC LED 芯片区隔成多颗微芯片后，可让电流分布的情况较相同面积的 DC LED 更加均匀，因此使 HV－AC LED 在直流电环境下的发光效率比 DC LED 还要高。但当以交流电驱动 HV－AC LED 时，同样在输入功率为 1 W 时，HV－AC LED 的发光功率则降低为 266.8 mW，相较于 HV－AC LED 在直流电 1 W 操作时的发光功率下降了约 25%，主要是由交流电操作模式中过高的瞬间反应电流所导致的。

DC LED

AP-AC LED

WB-AC LED

HV-AC LED

图 4.4-1　DC LED、AP－AC LED、WB－AC LED、HV－AC LED 在直流电操作情况下的发光照片

当 AC LED 组件在交流电压下操作时，随着输入正弦波形电压的改变，AC LED 的反应电流将呈非线性改变，输入 AC LED 电压的峰值为输入电压方均根值的 1.4（$\sqrt{2}$）倍，但 AC LED 的反应电流峰值则为电流方均根值的 3 倍左右。如此高的电流强度与密度将造成 LED 组件的发光效率大幅降低（Efficiency Drooping Effect），进而造成 HV－AC LED 在使用交流电压操作时的发光效率低于使用直流电压驱动时的特性表现，也低于 DC LED 的发光效率。

由于不需整流回路的设计，HV－AC LED 中使用的微芯片数量最少，因此在 3 种 AC LED 芯片面积相同的情况下，HV－AC LED 中微芯片的面积较其他两者大，而在相同操作功率的条件下 HV－AC LED 中微芯片的反应电流密度将较其他两种 AC LED 低，进而使 HV－AC LED 无论在直流或交流电压操作情况下均较 WB－AC LED 与 AP－AC LED 有更高的发光效率。

在目前主流的 3 种 AC LED 芯片设计中，HV－AC LED 由于具有最大的微芯片面积，使得在 AC LED 芯片面积固定的情况下，HV－AC LED 的发光效率比 WB－AC LED 及 AP－AC LED 高，然而必须依赖外加整流组件才可在交流电下维持双向偏压发光是 HV－AC LED 最主要的缺点，也限制了 HV－AC LED在狭小空间的应用。放眼未来，随着 LED 发光效率提升及价格的降低，LED 极有机会成为室内照明应用的主要发光组件，然而由于过去的经验，拥有最佳性能价格比的产品必须同时具有方便使用的优点才能获得消费者的青睐，与传统 DC LED 相比，AC LED 芯片提供了不需外加整流及变压组件便可直接在交流市电环境中使用 LED 组件，大幅提升了 LED 组件被采用为室内照明光源的便利性与可能性，因此 AC LED 芯片势必在未来的 LED 照明应用市场中占有一席之地。

# 光子晶体发光二极管

赵嘉信
台湾工业技术研究院电子与光电研究所

## 一、前言

效率提升是推动发光二极管照明应用的关键，为加速发光二极管在各种应用中的渗透度，色温、演色性、光形等光质量特性也扮演了重要角色。其中，发光二极管的光场形式除了会直接影响应用端的效率外，各种用途都有不同的光场需求，如汽车头灯的光形需特别设计灯罩来控制光场形状，投影光源要求的光场是需高度指向性的。一般控制光场的技术是将反射式反光罩外加于发光二极管上，属于系统层次的技术，或是在封装时结合光学透镜的技术。由于体积轻巧是发光二极管的优势之一，无论在封装或系统层次利用二次光学的方式控制光场形状均不可避免使灯具体积及成本上升。尤其在显示产业中投影机及显示器的发展趋势之一就是微型化（例如手持式微型投影应用）和薄型化（例如液晶显示器）。投影机 LED 光引擎中光场准直化及均匀化的光学镜组为微型化的关键。光子晶体技术从 LED 芯片端准直化光型[1, 2]，有别于单就系统端光学组件的微小化设计更能大幅缩小光引擎的体积，目前投影机光引擎体积从 $10cm^3$ 左右缩小至 $5cm^3$ 以下，更能满足手持式微投影机光引擎的需要。同样，光子晶体也能使 LED 光源具均匀化、发散式光场，在液晶显示器的背光源上可简化光学组件需求，薄型化背光模块并提高光的可利用率。

光子晶体周期结构从芯片层级改变 LED 发光特性，在薄膜（Thin - Film）氮化镓（GaN）LED 芯片（见图 4. 4-2）上实现高效率、准直光源。其中光子晶体（周期性孔洞结构）用以控制光场形式及提升取光效率；薄膜氮化镓 LED 架构以利于控制 LED 发光效率及光波导特性以利光子晶体最佳化设计。此组件应用于显示产业、投影照明、特殊照明等，具有系统整合及高效率、省电等优势，同时降低了成本，增强了产品竞争力。

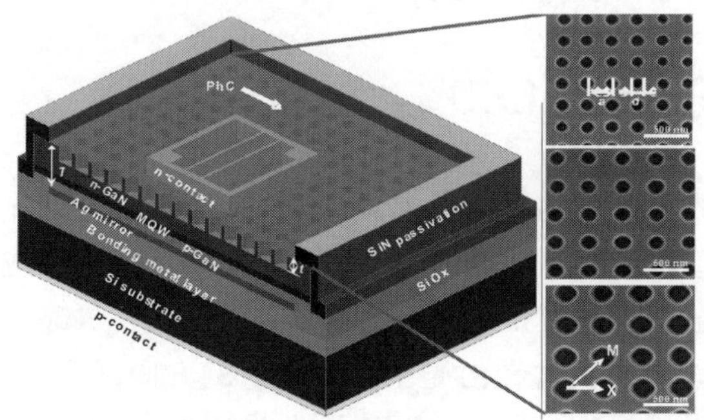


图 4. 4-2　具有光子晶体表面结构的氮化镓薄膜发光二极管

## 二、光子晶体 LED 之理论基础

光子晶体是一种介电质常数呈周期性变化的材料，且变化的尺度范围与光波长相近。在 LED 应用上一般为孔洞形或柱状形周期结构，如图 4. 4-2 所示的光子晶体为方形晶格排列孔洞形结构。将光子晶体制作于 LED 半导体结构的表面上，因绕射理论，局限于半导体材料中的光会因光子晶体周期结构的导引至组件外，且导引的方向因周期而变化。因此，光子晶体技术除提升 LED 取光效率外，还能针对光形作指向性的调整。一般 LED 芯片表面若为平坦，发光层发光后只有在全反射角内的光得以折射至组件外（空气中），光形角度大，近似 Lambertian 形状，而落在全反射角外的大部分光将在 LED 外延层中来回反射成传导模态局限于 LED 中，因此 LED 取光效率低。光子晶体可将这些传导模态由绕射机制导引至外延层外，除大幅提高取光效率外，还控制出光方向使光形准直化。

光子晶体应用在 LED 上可视为一种绕射（Diffraction Grating）组件，可简单地利用绕射理论来分析光子晶体结构的周期（Period）对 LED 发光特性的影响。根据布拉格绕射（Bragg Diffraction）公式

$$\boldsymbol{k}_g\sin\theta_1 + m\boldsymbol{G} = \boldsymbol{k}_0\sin\theta_2$$

式中 $\boldsymbol{k}_g$——光在 LED 中传导之模态波矢量（Wave Vector）；

$\boldsymbol{G}$——布拉格光栅之绕射矢量（Diffraction Vector）；

$\boldsymbol{k}_0$——光在空气中传播之波矢量；

$m$——绕射阶数。

因内部全反射（Internal Total Reflection）光被局限于 LED 中的传播模态，可由绕射矢量 $\boldsymbol{G}$ 提供一个反向的波矢量而得以折射入空气中，如图 4. 4-3 所示。

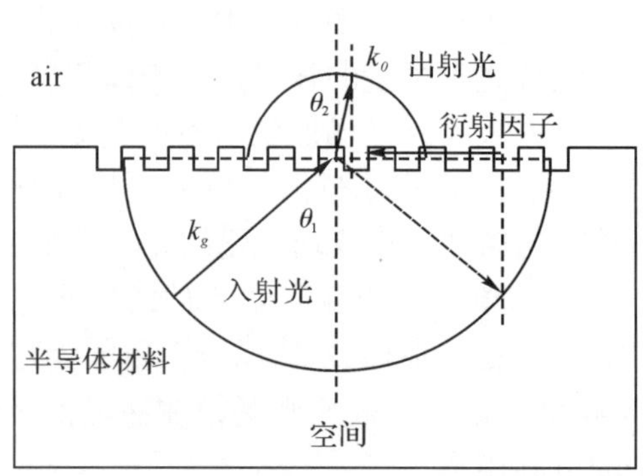


图 4. 4-3　光子晶体作用原理：布拉格绕射示意图

我们可以通过调整绕射公式中的 $\boldsymbol{k}_g$ 及 $\boldsymbol{G}$ 来控制光子晶体 LED 的发光特性。控制 $\boldsymbol{k}_g$ 最直接的方式就是改变 LED 外延层的厚度，即传播模态的特性由 LED 外延层波导结构决定，而 $\boldsymbol{G}$ 与光子晶体的周期直接相关。远场光形受绕射角度 $\theta_2$ 的影响，决定于入射角度 $\theta_1$ 及绕射矢量 $\boldsymbol{G}$ 的大小。其中入射角度由传播模态决定，不同传播模态有不同入射角度。

## 三、高准直光形光子晶体 LED

以下以蓝光高准直光形的超薄氮化镓光子晶体 LED 为例说明。首先，依波导理论及薄膜氮化镓减薄制程条件，决定外延层总厚度为 500nm 左右，相当于 3 个波长的波导共振长度。接着，配合光子能带数值仿真找出主要模态位置，当正规频率（Normalized Frequency）在 0. 58（$a/\lambda$）时主要模态与光子能带的 $\Gamma$ 轴相交，表示此模态经由光子晶体绕射的方向，会在垂直 LED 出光表面的 $\Gamma$ 轴向上，如此可得准直光形，如图 4. 4-4 所示。当 LED 发光波长为 465nm，正规频率 0. 58（$a/\lambda$）换算成光子晶体周期则落在 270nm。蓝光超薄氮化镓光子晶体 LED 实验样本设计的外延层厚度约 500nm，光子晶体周期参数为 270nm，光子晶体孔洞半径（$r$）为 0. 3$a$，孔洞蚀刻深度介于 100 ~ 200nm 之间。

在制作上，光子晶体图样以全像术（Holography Lithography）微影定义，光子晶体周期误差不超过 5nm，GaN 外延厚度以化学机械研磨法（CMP）制程从 n - type GaN 面减薄，误差可控制在 50nm 以下。图 4. 4-5 为组件的测量光形截面轮廓图，周期 $a$ = 270nm 确实如设计具有准直效果，光形半功率夹角小至 32°，这个成果比 Luminus Devices 公司商品化组件的角度 73°小得多。图 4. 4-6 显示了光子晶体的旋转对称性，本文采用方形晶格（square lattice）的光子晶体，故在远场场形分布上亦呈现 90°的旋转对称。

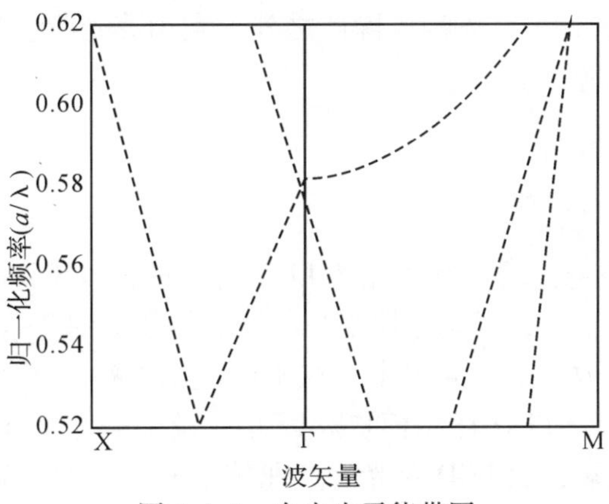

图 4.4-4 自由光子能带图

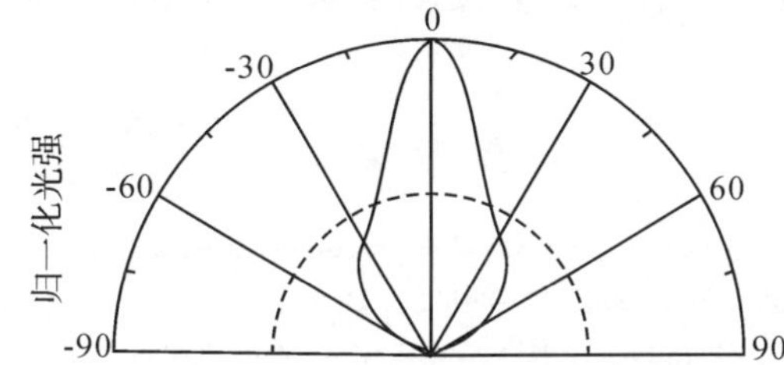

图 4.4-5 周期为 $a=270$nm 组件的光场截面轮廓图

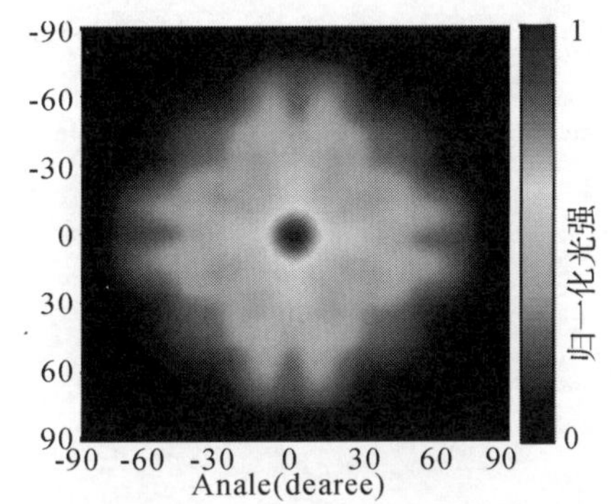

图 4.4-6 周期为 $a=270$nm 组件的光场上视空间分布图

根据相同的设计程序，光子晶体周期 $a=370$nm 或 420nm 同样具准直光形，其光形半功率夹角分别为 34°及 41°。光子晶体对 LED 光功率的提升，在 350mA 的电流驱动下，相较于平面型 LED（无光子晶体）结构，也分别有 1.7 ~ 3.78 倍的提升，如图 4.4-7 所示。此外，当发光二极管出光场形越准直在小的光角度内得到大的出光效率越高。如此能突破一般投影机光学模组在光展量（Etendue-Limited）上的限制[3]。

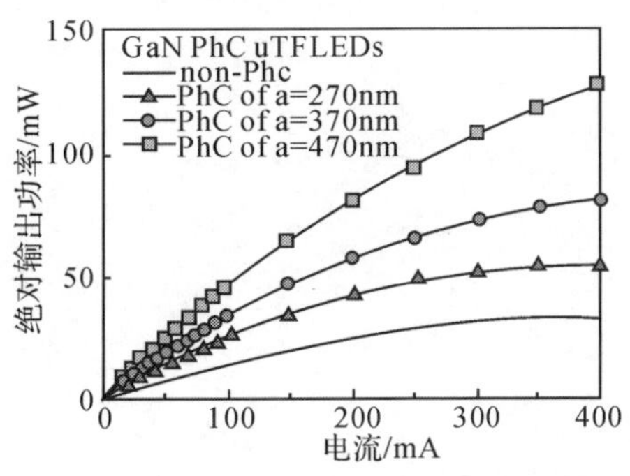

图 4.4-7 光功率对驱动电流特性图

以上说明仅针对蓝光氮化镓 LED，红、绿光 LED 可根据相同原理设计制作出高准直光形的 LED，由此可以实现 RGB LED 高指向性白光光源。除此之外，利用荧光粉色转式白光 LED 在适当的设计条件下也能实现高指向性白光光源[4]。

## 四、结论与展望

目前，多家 LED 厂的研发部门均对光子晶体 LED 技术进行技术评估和开发，但大多注重效率的提升，对光型控制研究的投入不多，但光形控制为光子晶体技术的竞争优势。光子晶体技术是一种在 LED 芯片端控制光场形及提升取光效率的技术。在不同应用上往往需要不同的 LED 光形，如准直光形用于投影系统，发散光型用于 LCD 背光模块。因此，光子晶体 LED 产品化有助于应用系统更轻薄、效率更高，这也是微型投影机及 LCD 背光的产业技术发展方向。高准直光形的光子晶体 LED 杀手级应用之一为微型投影机。微型投影机产业目前虽然还处于萌芽阶段，但市场预估在 2013 年产值达 30 亿美元以上。准直 LED 光源有助于加速微型投影机在微型化，降低成本、提高光效率方面的进展，缩短普及进程。

### 参 考 文 献

[1] Chia-Hsin Chao, S. L. Chuang, and T. L. Wu., "Theoretical demonstration of enhancement of light extraction of flip-chip GaN light-emitting diodes with photonic crystals," *Appl. Phys. Lett.*, 89, 091116, 2006.

[2] C. F. Lai, C. H. Chao, H. C. Kuo, P. Yu, T. C. Lu, H. H. Yen and W. Y. Yeh, "Highly directional light extraction enhancement based on single guided mode extraction from GaN-based ultrathin-film transferred light-emitting diodes with photonic crystals," *Appl. Phys. Lett.*, 97, 013108, 2010.

[3] C. Wiesmann, K. Bergenek, N. Linder, and U. T. Schwarz, "Photonic crystal LEDs-designing light extraction," *Laser & Photon. Rev.*, pp. 1-25, 2008.

[4] F. S. Diana, et. al., "Photonic Crystal-Assisted Light Extraction from a Colloidal Quantum Dot/GaN Hybrid Structure," Nano Lett., Vol. 6, No. 6, pp. 1116 - 1120, 2006.

# 高功率 LED 封装技术现况

李兆伟
台湾工业技术研究院电子与光电研究所

随着全球环保意识的加强，节能省电已成为当今的趋势，在众多新的照明光源中，LED 由于节能、省电、效率高、反应速度快、寿命长、低碳环保等优点，已被广泛使用在电子产品上。随着 LED 路灯应用的议题不断深入，以及一般照明应用范围扩大与照明系统效率的不断提升，LED 光源已成为近年来最受瞩目和最具发展潜力的低碳光源，各种不同高功率 LED 封装技术应运而生。现今高功率 LED 封装随着功率和操作电流的提高，无论是固晶制程材料与封装基板的选用，还是荧光粉涂布技术与封装形式，均不同于传统高功率 LED。

## 一、封装形式

传统高功率 LED 封装形式如图 4.4-8 所示，多半使用金属支架搭配塑料射出的架构形成高功率 LED 封装载体，使用传统高功率 LED 封装载体由于塑料本身耐温性不足，因此无法使用共晶制程，仅可使用低导热的银胶制程。传统高功率 LED 封装热阻约在 10K/W 上下，当操作电流提高、消耗功率变大时，高热阻无法及时将 LED 所发出的热散出，热堆栈于 LED 芯片，将影响 LED 本身的发光效率与组件的可靠度。

图 4.4-8　传统高功率 LED 架构

近年来国际大厂不约而同地相继推出平面封装形式高功率 LED 封装组件（见图 4.4-9）。平面封装形式的高功率 LED 架构仅需要一个承载基板、LED 芯片、荧光粉与封装透镜即可完成平面封装，结构简单且由于封装基板可承受高温制程，可使用先进共晶制程来降低热阻，而基板表面可镀上高反射率的反射金属，因此平面封装形式的高功率 LED，其封装效率往往比传统高功率 LED 高。近来平面封装逐渐成为高功率 LED 封装主流。

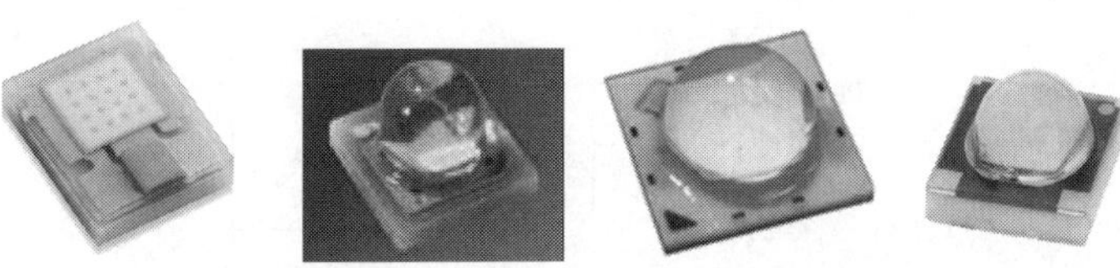

图 4.4-9　平面形式的高功率 LED 封装

## 二、固晶技术

固晶材料的选择也是高功率 LED 可靠度的关键，是关系高功率 LED 光源模块散热成败的第一道关卡。一般来说，目前 LED 固晶接着方式大致上有银胶、焊锡与共晶接着等 3 种，如图 4.4-10

所示。

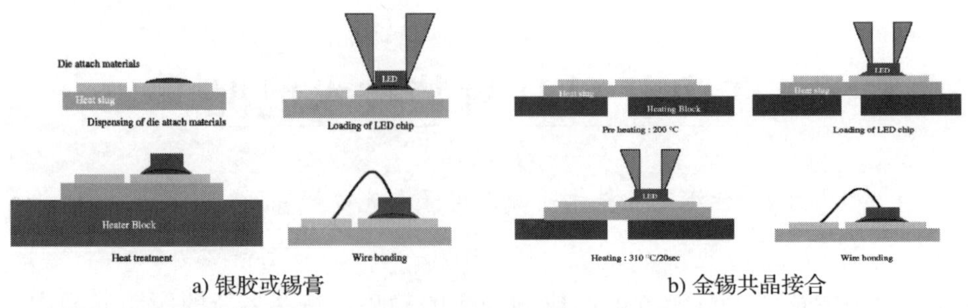


a) 银胶或锡膏　　　　b) 金锡共晶接合

图 4. 4-10　LED 固晶制程流程

采用导热银胶当作固晶接着材料为目前 LED 封装厂最常用的方法，最大的好处是操作性佳，且其制程温度低（低于 160℃）。导热银胶最大的缺点则是导热系数低。用来为 LED 芯片接着时，散热特性非常重要，散热效率太差，会造成 LED 芯片接面的温度升高，发光效率大幅降低。随着目前高功率 LED 的功率不断提高，高导热银胶制程的使用已逐渐减少，取而代之的是导热系数更高的锡膏或共晶制程。锡膏固晶制程与原有银胶的制程差别不大，大多数 LED 封装厂已改用无铅焊锡。以锡银铜合金焊锡为例，作业温度大约为 260℃，导热系数可达 20 ~ 30 W/m · K。这类焊锡的缺点是，如果所设定的回焊参数不佳，容易造成焊锡内所含的助焊剂无法有效挥发，形成孔隙（Void），使得热阻与阻抗变高，形成局部热点，降低 LED 组件可靠度。

目前高功率 LED 封装业者已慢慢朝向使用金属的软焊材料作为 LED 芯片的接着材料。其中以金锡共晶合金的材料最受注意，图 4. 4-11 为金锡合金相图，利用金 80%、锡 20% 比例的合金共熔点 282℃。这种固晶方式的好处在于合金本身可以承受较高的温度，导热系数较高（57 W/m · K），且接合合金厚度薄（约 3 ~ 5μm），使界面热阻值很低。该共晶制程多以热压制程完成，可以在无助焊剂的情况下进行固晶接着，避免使用助焊剂而引发的后续清洗问题。但由于此种共晶接着制程大多使用加热加压方式来完成，每颗芯片从取置芯片到固晶完成，整个制程时间需要约 30 ~ 60s，以现在封装厂量产规模而言，该制程产出速度无法与传统银胶点胶制程相提并论，倘若机台或封装基板水平校正不良或下压力道不正确，会造成芯片内部结构受损，使得芯片的顺向操作电压偏高。目前 LED 封装大厂主推使用助焊剂过回焊炉（Flux Eutectic）的方法来达到共晶制程，使用该技术并不需要施加外部应力于芯片上，如此可避免芯片内部结构受损问题，但如何设定较佳的回焊参数，避免孔隙的形成成为厂商的共同问题。

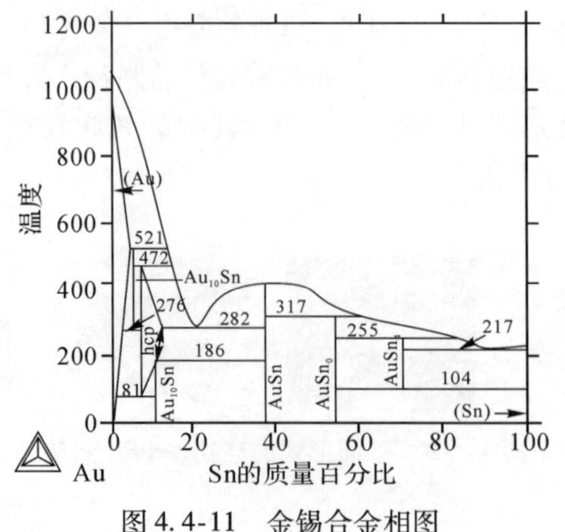


图 4. 4-11　金锡合金相图

## 三、封装基材

LED 封装基材主要是利用其封装基板材料本身具有的较佳导热特性，将 LED 光电转换后所产生的热从 LED 芯片导出。随着 LED 亮度与效能要求的发展，尽管封装电路板能将 LED 封装体所产生的热有效地散溢到大气环境中，倘若 LED 芯片所产生的热能无法有效地从芯片传导至封装电路板时，则 LED 芯片所产生的热将累积于封装基板，进而影响 LED 发光亮度与可靠度，整个 LED 的散热瓶颈将出现在 LED 芯片散热基板上。

陶瓷因具有绝缘、耐高温且抗 UV 等绝佳的优点，所以常被用作高功率 LED 封装基板。一般陶瓷（氧化铝）的导热能力远低于金属，常利用热穿孔（Thermal Via）的方式增加底面基板散热能力。另一种方法则使用导热系数较高的氮化铝作为 LED 封装基板，但其本身制程温度较高，且制程技术较复杂，成本亦较高。

在高功率 LED 封装散热基板方面，常见的手法是将 LED 芯片黏着于金属块或金属基板上方，以达到迅速将 LED 废热带离的目的，虽然金属基板（如铝或铜）具有绝佳的散热特性，但由于热膨胀系数的不匹配与热应力所带来的负面效应，容易造成芯片剥离，使光源寿命缩短。因此选择导热性好、低热应力、易于加工、成本低的基材，便成为高功率 LED 封装的一个重要考虑，使用硅封装基板（见图 4.4-12）便可以满足以上要求。未来 LED 光源模块封装的尺寸要求越来越小，且亮度也越来越高，部分产品已把相关的电控组件整合起来，LED 集成化封装技术概念的发展，也将使得 LED 硅基封装技术的未来持续受到重视，其微米级高制造精度不但提供光学设计上的便利性，也具有多元产品的应用价值，而批量制造能力也使得成本将随着封装面积的增加以及制程的成熟而快速下降。

图 4.4-12　硅封装基板

## 四、荧光粉涂布

LED 荧光粉涂布技术在高功率 LED 封装技术中一直扮演着重要的角色，荧光粉涂布得好坏，往往决定着高功率 LED 产品的好坏。

在国际大厂中，Philips Lumileds 动作积极，对旗下白光 LED 产品提出“freedom for binning”的口号，主要是利用在蓝光芯片端的筛选与陶瓷荧光粉间的搭配（见图 4.4-13），使所产生的白光落在普朗克曲线上。同时因为所使用的芯片形式为 Thin Film Flip Chip 搭配陶瓷荧光粉，所以所产生的白光均匀性佳，减缓了二次光学的设计难度，大幅提升了白光照明质量。

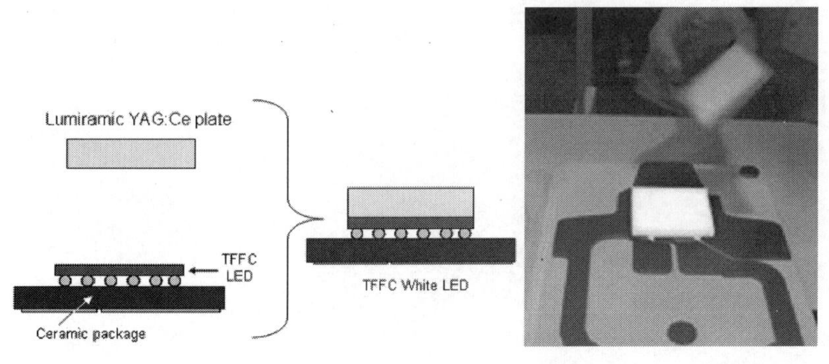


图 4.4-13　陶瓷荧光粉

近年来另一种荧光粉涂布技术也越来越受到重视，即荧光粉喷涂技术，如图 4.4-14 所示，利用特殊适用于荧光粉涂布的喷涂机，设计出适合的涂布网版，调整胶料浓度与涂布网版开口位置，可以控制涂布于芯片四周的荧光粉厚度，有效提升产品的白光均匀性，如图 4. 4-15 所示。

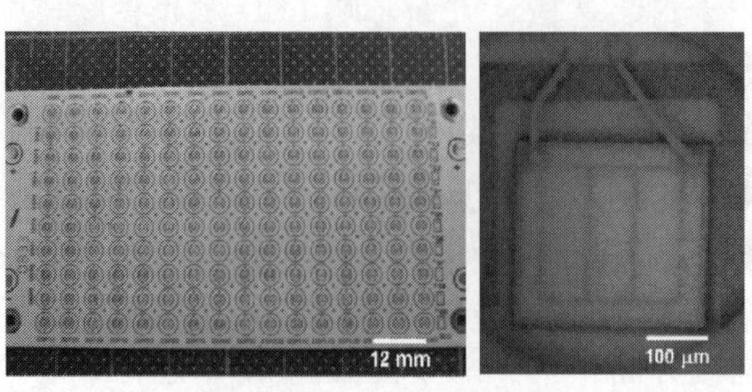


图 4. 4-14　荧光粉喷涂

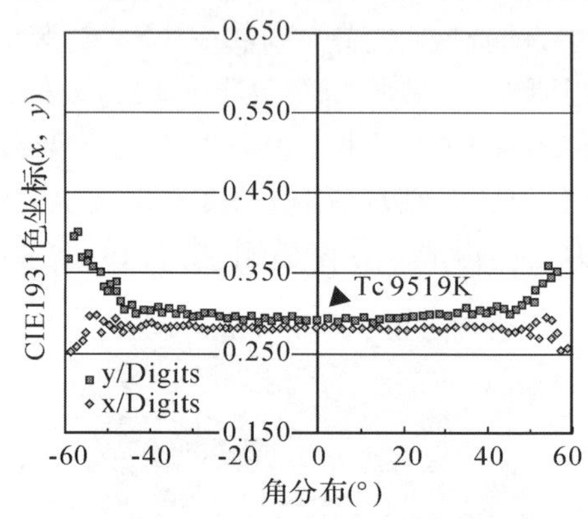


图 4. 4-15　白光均匀性



## 五、小结

在各方面的研发力量不断投入，各种封装技术不断推陈出新之下，高功率 LED 发光效率已突破 150 lm/W 大关。只要不断提升发光效率，解决 LED 各种光电热问题，LED 取代一般照明指日可待。

# LED 硅封装技术概述

许镇鹏
台湾工业技术研究院电子与光电研究所

## 一、前言

由于 LED 芯片制程技术不断提升，高功率 LED 驱动电流与操作功率也不断提高，加上以多芯片 LED 技术获取更高流明值的输出应用在各种高亮度投射型灯具光源上，高发热密度造成散热设计的困难度，在高温下操作也面临发光效率与寿命等问题，因此封装技术显得更加重要。近几年封装形态的演变，由以往的高功率支架型为主，出现了平面基板式封装技术，如陶瓷基板与硅基板，不但满足高导热封装需求趋势，并已逐渐进入 LED 照明市场，如图 4. 4-16 所示。两种基板皆具有轻薄、尺寸小的特色，其中氧化铝陶瓷导热能力较不足，氮化铝陶瓷导热能力则略高于硅，但是目前价格较昂贵。

以硅作为封装基板的材料，在最近几年获得硅半导体产业业者，乃至传统 LED 业者的广泛讨论与重视，也有部分厂商投入研发与生产，它具有适合大量生产与质量管控的特点，封装成本也可随着产能需求增加及技术成熟度的提升而快速下降。

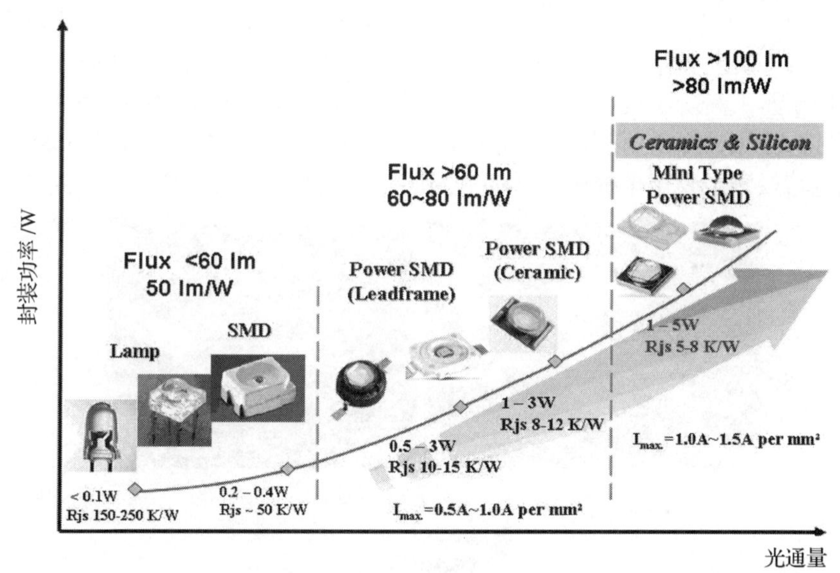


图 4. 4-16　LED 封装技术演进

## 二、LED 硅基板封装特性与现况

LED 硅基板封装技术或可称为晶圆级封装技术（Wafer Level Packaging，WLP）主要是以硅晶圆作为 LED 封装基板材料，在硅晶圆上透过半导体制程以及微机电加工技术，制作出 LED 封装基板所需的光反射结构、绝缘、金属化导线、硅通孔（Through Silicon Via，TSV）、焊垫等的平面与立体硅结构。目前普遍以 Chip – to – Wafer 的方式进行后续封装制程，整片封装再进行切割。采用 6in[㊀]或

㊀ 1in = 25. 4mm。

8in 硅晶圆基板尺寸，较易于封装制程的控制，改善 LED 分选（Binning），提升 LED 光源的均一性，具有批量制造（Batch Process）的优点。

因为硅具有优良的热传导特性（80～150W/（m·K）），且热膨胀系数低（$4.2\times10^{-6}$/K）与 LED 芯片热膨胀系数相近，所造成的热应力就小得多。此外，硅基板可耐高温到500℃以上，尺寸稳定性很高，可与低热阻固晶制程兼容，如金锡共晶制程，提升光源可靠度，因此封装后的 LED 导热性极佳，对于高功率 40mil[⊖] LED 单芯片封装后可达 5K/W 以下。

就特性上而言，硅基板虽然导热性佳，但硅是半导体材料，绝缘性较差，抗突波效果差，故在绝缘与 TSV 开发上是一大问题。且硅基板易脆，使得 LED 不耐摔、不耐振，将会影响 LED 的可靠度问题，此为硅封装开发与应用时必须考虑的因素。

就封装设计与应用上，硅基板封装高导热特性可减少封装所需面积，在尺寸的缩减上相当具有成效，封装产品厚度也可达 0.4mm 或更薄，节省材料成本，易于混光及应用，可满足便携式产品的光源需求，也增加照明设计应用弹性。

硅基板封装技术也满足未来 LED 封装在多芯片高密度与高功率的技术发展要求。由于硅加工技术相当成熟，可达微米级的精度，更可与保护电路或控制、驱动、感测组件整合应用，易达成多芯片 LED 的串并联、微小化与集成化，在光源乃至光模块的设计制造上相当具有弹性。利用半导体技术直接用硅基封装的集成式电子组件，与多芯片 LED 数组整合，提供光源模块抵抗突波能力，十分适合作为超高亮度 LED 光源的技术开发平台，提供 LED 灯具在光机电设计上的弹性。此外，也与微光学组件技术兼容，达到轻薄小巧、高效率白光 LED 光源。

目前全球在 LED 硅封装技术开发上，大多为半导体相关业者，具有微加工制程（Micromachining）或是微机电（MEMS）制程能力，完成 LED 硅封装基板的设计制作，再进行 LED 封装制程。譬如德国 Hymite A/S 以晶圆级封装技术见长，开发出允许高电流负荷的贯穿晶圆互连技术（硅通孔，TSV），实现高功率 LED 晶圆级表面贴装（SMT）的产品；日本 Toyoda Gosei 转投资的 LEXEDIS Lighting，与韩国乐金与三星电机等也投入研发多年，LG Innotek 也推出厚度仅为 0.4mm 的 LED 硅封装技术 XiOB，轻薄亮度高的优点，应用于旗下高阶手机产品。我国台湾采钰专精于光学组件模块技术，结合精材科技所研发的新型 LED 专用硅基板，共同研发出 8in 晶圆级高功率 LED 封装技术，并于 2009 年开始出货量产。此外，美商旭明光电转投资子公司也推出高功率硅封装相关产品，包括 UV－LED 硅基板密封技术。

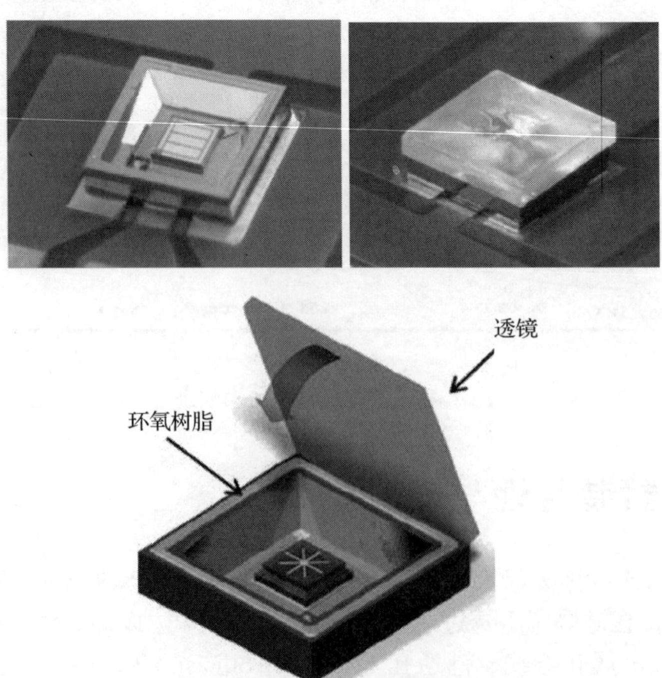


图 4.4-17　德国 Hymite 的 HyLED™ 产品外观

⊖ 1mil = $25.4\times10^{-6}$m。

图4.4-17为Hymite A/S以硅晶圆结合微光学结构玻璃平板（Heptagon设计制造），以晶圆接合技术，完成的集束式LED光源（视角约70°），可应用于手机、照相机的闪光灯用途。虽然目前硅胶已陆续被使用作为LED光学透镜材质，然而硅胶透镜并非十分坚硬，且容易吸收水汽，在光学精准性上会受到环境影响而使原先设计的配光发生变化。而稳定的玻璃透镜，可满足长寿命及允许操作于恶劣环境下的严格考验，并可与晶圆级封装技术兼容。

图4.4-18为采钰科技推出的8in硅晶圆级LED封装技术，采用精材科技所研发的新型LED专用基板，特点是具有良好的导热性、铜导线的电迁移抵制力（Electric Migration）与基板表面的高光萃取效率。运用专利的微型化半导体微机电制程，透过硅晶穿孔、铸模透镜以及均匀荧光材料Conformal涂布等独家晶圆级特殊制程技术，具有高量产能力与良好的透镜形状控制，并可进一步控制LED色温的一致性，有效提升良率，适合微型化与多芯片设计，以适应市场与客户需求，可大量生产并降低成本。

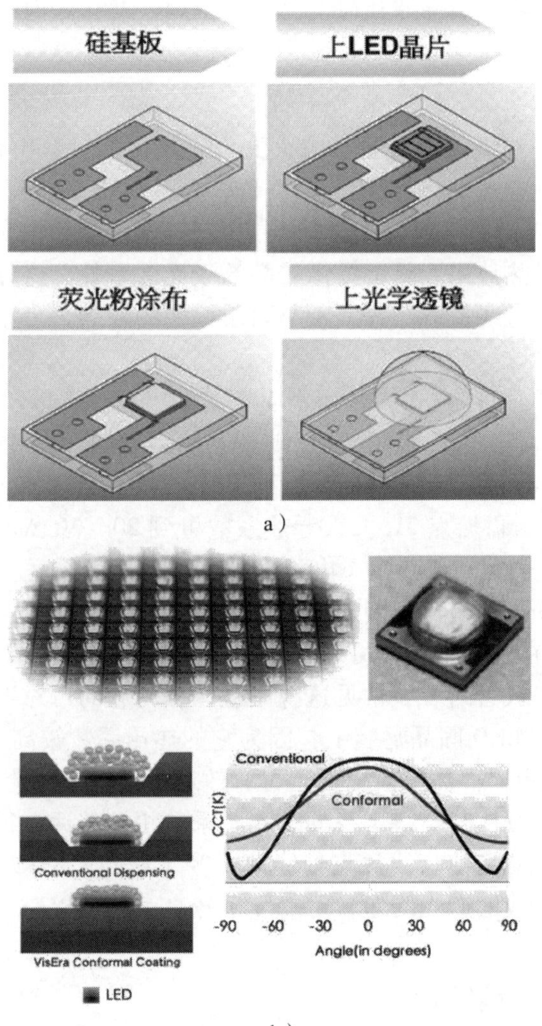


图4.4-18　台湾采钰科技的晶圆级封装产品

## 三、LED硅基板封装技术

### 1. 硅封装基板制造

在硅晶圆封装基板的制造上，主要包含下列几种重要制程（但也会因封装基板的结构设计不同，仅需采取部分制程）。包括绝缘层制程（Electrical Isolation）、硅体型加工制程（Si Bulk Micromachining）、硅通孔制程（Silicon Throught Via）、电镀制程（Electroforming）、厚膜微影制程（Photolithography）、晶圆键合制程（Wafer Bonding）等。

与传统半导体组件的晶圆级封装不同的是LED封装必须将光学的因素考虑进来，即封装结构必须能够有效地将芯片发出来的光线取出，因此可在硅晶圆上先加工出凹杯结构，作为光学反射杯或填胶制程时的区域，收集LED芯片侧向光。至于反射杯的形状因硅加工技术而有所限制，其几何形状对取光效率也有影响。以常用的单晶硅晶圆的蚀刻技术来说，透过非等向性湿式蚀刻制程，可获得约54.7°的硅质斜面，类似倒转金字塔的反射杯外形，制造成本较低也易于控制。而反射杯表面后再镀上高反射率的铝或银等薄膜，才能使得芯片发出来的光，更有效地被反射而萃取出来。

此外，在硅封装基板制作技术上TSV相当关键，其提供封装体上下表面电路的电性导通，制作不良时往往为硅基板产生漏电流的源头，导致绝缘性能不良。TSV一般利用干蚀刻、湿蚀刻、激光钻孔等几种主要方式，制作出硅基板所需的孔洞大小与位置。硅基板在经过绝缘膜（如氧化硅）的沉积制程后，在芯片两侧利用溅镀方式镀上电镀种子层钛/铜，需确保贯孔内部表面皆良好地附着钛/铜，再浸入电镀槽中，使基板表面与硅通孔镀上厚铜等金属，并在表面处镀上金防止铜氧化并提供后续固晶或打线所需接合面。

### 2. 固晶打线

对于硅基板封装而言，在LED芯片的选择方面并无特别限制，其中覆晶式LED相当适合发展多芯片高密度的封装方式。这种方式是将LED组件反置，芯片电极具有反射率较高的反射层，因为覆晶LED的半导体组件层可直接由电极或是金凸块与封装基板直接相连，无需通过导热不良的蓝宝石基板，进而大幅提升组件的导热效果。除了提供较高的汲光效率外，这种方式也容易透过硅晶圆上的电路而互相串并联，没有传统打线造成芯片间距与封装尺寸的限制，可获得到较小尺寸高亮度、高光通量或高电压驱动的LED光源。

传统的LED固晶（Die Bond）方式大致可分为银胶（Silver Epoxy）和软焊（Soldering）两种。银胶的好处在于制程温度低（低于150℃），缺点则是导热系数低［约2 W/（m·K）］；焊接分为有铅和无铅两种，现在LED大部分都需通过RoHS环保规范，所以大多使用无铅焊锡，如Sn/Ag/Cu合金焊锡，作业温度约为260℃，再熔点216℃，导热系数可到20～30 W/（m·K），这类焊锡较大的缺点是容易发生孔隙（void）问题造成热阻，电阻变高，降低了可靠度。而另一种光电封装上常用的固晶方式就是金锡共晶（AuSn Eutetic），即80%的金加20%的锡，这种比例的合金具有最低共熔点282℃。这种固晶方式的好处在于合金本身可以承受较高的温度，而且操作组件时，不易因电子迁移产生孔隙。因此早先在激光二极管封装上常见这种制程，因为它的可靠度比其他焊锡合金都好。近年来，这种制程也逐渐被应用在LED固晶封装上，因为它的热传系数较高［57 W/（m·K）］，而且接合的合金厚度约3～5μm，使得界面热阻值很低，可有效地提升操作电流并减少光衰。

打线式的封装常因为封装胶体与金线本身的热膨胀系数相差甚远，很容易产生热应力，而使金线被胶体扯断，或者因为环境振动而使打线接点处脱离。为了避免打线造成的问题，覆晶式LED因为不需打线，可完全避免打线造成的遮光问题，可靠度也较高，还可以避免因为振动造成的伤害，而且可减少封装尺寸。

### 3. 荧光粉涂布制程与透镜铸模

传统白光LED混胶与点胶方式，无法精确控制荧光粉的厚度，经混胶后会产生沉淀，以至于LED之间的色温分散不均匀、无法集中，在搭配二次光学后会明显地出现黄圈、黄斑等问题，大幅降低照明质量。为达到LED色温均匀控制，各国际大厂，如Philips Lumileds、Osram、Cree等开发出不同的荧光粉涂布技术，以达到保形（conformal）的涂布效果，获得均匀的荧光粉厚度控制，白光均匀度能控制在2-steps～4-steps McAdam椭圆内。对于平面基板式封装适合采用可分批次大量一次涂布的制程，如网版印刷（Screen Printing）或喷洒涂布（Spray Coating）等方式，不但快速可靠，而且成本低，网版可重复使用。由于打线芯片容易使荧光粉涂布时，因表面张力效应而使得荧光胶体沿着金线散布而破坏涂布的均匀性，而覆晶LED无此问题。此外，对于覆晶薄膜式LED（Thin-Film Flip Chip）也可采用荧光贴片方式，将荧光粉制作成陶瓷薄片后，再贴合至覆晶基板表面，可有效地控制 LED 色温分布。

在一次透镜部分，由于 LED 芯片折射率（sapphire 约 1.8，III-nitride Epi 约 2.4 ）与空气折射率相差太大，致使大部分激发出来的光线易在 LED 内部经多次反射而被吸收，因此必须选用高透光性封装胶材，折射率介于空气与 LED 及蓝宝石之间，如折射率 1.4 ~ 1.5 的硅胶，可以有效地提高取光效率。胶材还须具有低吸湿性、绝缘性、高接着性、足够的硬度与强度，保护芯片不受环境影响。制造上以铸模（molding）技术一次完成整片基板的透镜制作最具效益，适合小型化高功率平面基板式封装技术需求，不但可减少昂贵的硅胶用量，减少不必要的材料浪费，而且大量且一致精确的透镜外形控制也可提升封装良率。

## 四、结语

LED 硅基板封装技术的潜力与发展，近几年不断地受到密切关注与探讨，近几年虽已开始有厂商导入硅封装量产，然而硅封装的设备较传统 LED 封装的资本支出增加许多，在半导体业者陆续切入 LED 产业后，能否有效利用产能，是对竞争者筑起足够高的进入门槛与竞争优势的关键。

展望未来，在半导体产业的管理效率与经验导入下，将 LED 封装制程朝向标准化及自动化生产，降低人为因素的干扰，将有机会使 LED 封装良率大幅提升并达到高质量规格，提高 LED 毛利。虽然硅基板有机会将 LED 电光热予以整合，以光模块或光引擎方式提高产品附加价值，然而下游应用客户接受度与光模块标准化的发展将会是十分值得观察的重点。

# 氮化镓基板制作技术

郭义德
台湾工业技术研究院电子与光电研究所

## 一、前言

由于Ⅲ-Ⅴ族氮化物半导体具有短波长及高功率的优点，加上半导体发光组件原有的小型化、耗电量小与寿命长等优良特性，随着组件制作技术的进步，其应用面也越来越广，诸如蓝光发光二极管（Blue LED）、紫外光发光二极管（UV LED）加上荧光粉制成的白光LED应用于绿色环保需求的下一代照明光源，包括广告牌、车用光源、液晶显示器背光源及各类专用照明等；UV LED、激光二极管（LD）应用于生物医药及医疗；蓝紫光LD应用于DVD信息存储方面等，其应用领域越来越多元，对光源的要求也更加多样化。

## 二、异质基板的问题

由于自然界找不到可直接使用的GaN基板，故目前的氮化物半导体发光组件量产上大都以异质基板来成长组件外延层，诸如蓝宝石（Sapphire）、碳化硅（SiC）、砷化镓（GaAs）、氧化锌（ZnO）、硅（Si）等，全球除了少数大厂使用碳化硅或砷化镓之外，绝大多数是以蓝宝石作为异质基板材料。近两年来世界各国为了加速传统室内照明光源的替换，也积极投入以硅作为异质基板材料的研究，期望能利用硅的低单价和成熟的制程技术大幅降低半导体发光组件的市场价格。

由于异质基板材料和蓝光LED主要材料GaN有很大的晶格和热膨胀系数不匹配（Lattice and TEC Mismatch）的问题，因此在外延组件上产生极高的缺陷密度及残余应力而导致LED的效率、功率及使用后的可靠度无法达到理论上预期的结果，尤其在高功率（High Power）的组件上。由此可知，要提高发光组件的特性必须先从消除晶格和热膨胀系数不匹配的问题着手。目前在组件外延制程上虽然有很多利用在基板与外延层接口制作晶颈（Seed-Neck）、孔洞和缓冲层的方法，如ELOG（Epi Lateral Overgrowth）、Pendeo、Air－Bridge、Nano－Rod、VAS（Void Assisted Separation）等来降低差排密度，但效果有限，最有效的方法是使用低差排密度的氮化镓同质基板彻底解决上述的问题。表4.4-1是各种异质基板对GaN晶格和热膨胀系数的比较表。

**表4.4-1　各异质基板与GaN的比较表**

| 异质基板 | 热膨胀系数差异 | 晶格差异 |
|---|---|---|
| 蓝宝石 | －34.2% | －16% |
| 碳化硅 | 24.9% | 3.5% |
| 硅 | 53.7% | －16.9% |
| 砷化镓 | －2.5% | 25.3% |
| 氧化锌 | 48% | 2% |

## 三、氮化镓基板的制作与发展

GaN基板制作技术内容包括厚膜成长制程和表面处理制程两个部分，GaN基板厚膜成长制程致力于从异质基板产生低缺陷密度、低潜在应力、足够厚度且与异质基板分离（Free Standing）的 GaN 膜板。表面处理制程负责将分离后凹凸不平且弯曲的 GaN 芯片处理成组件外延可以使用的基板，包括平整度、粗糙度、弯曲度及厚度控制，最重要的是必须达到可直接在上面外延的 EPI Ready 表面质量。

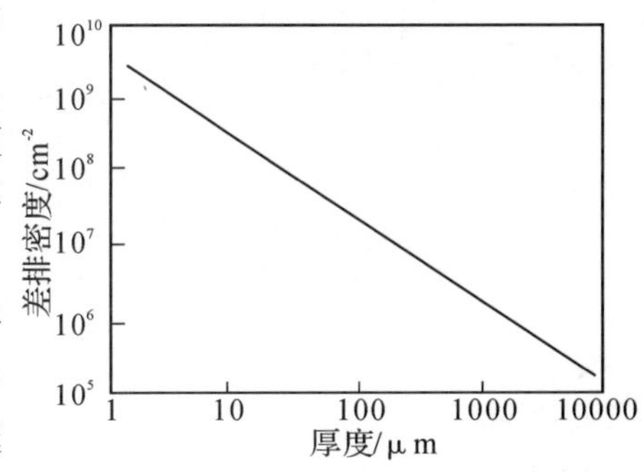

图 4.4-19　GaN 膜厚与差排密度的关系

制作 GaN 膜板有两种方法，其一是在高压高温的环境下将镓金属与氮气直接合成单晶块材，再经由切片、研磨而得；另外一种方法是先在异质基板上成长超过 350μm 以上的 GaN 外延层，再以激光、化学蚀刻或自我剥离的方式将异质基板与外延层分离而得到 GaN 膜板，将此模板研磨抛光后即可得到可外延用（EPI－Ready）的 GaN 基板。由于在异质基板上成长的厚膜厚度与差排密度成反比，所以目前商用基板大都是将分离后膜厚 102μm 差排密度 107$cm^{-2}$的 GaN 膜板当作晶种，将之成长至厘米级厚度的块材后，再经由切片、研磨、抛光等步骤而得到差排密度 105$cm^{-2}$的 GaN 基板，图 4.4-19 为 GaN 膜厚与差排密度的关系图。

有几种方法可以成长 GaN 单晶块材或厚膜，包括高压液态成长法（HNPS）、液相外延成长法（LPE）、化学气相反应法（CVRP）、热升华法（sublimation growth）、有机金属气相外延法（MOVPE）及氢化物气相外延法（HVPE）等，图 4.4-20 是上述 6 种方法的示意图。最近有人结合氢化物气相外延法和有机金属气相外延法同时成长厚膜和组件结构，其示意如图 4.4-21 所示。上述几种方法中高压液态成长法的成长温度高达 1800℃，成长压力也高达 20000 个大气压以上，危险性高，且和成长速率较慢的液相外延成长法、化学气相反应法、热升华法一样，很难控制成长的面积和厚度，不适合量产。有机金属气相外延法虽然已经是生产 GaN 发光组件的主流，但其成长速率过慢，也不适合成长厚度符合基板所需的 GaN 厚膜，只有氢化物气相外延法是最适于制作 GaN 单晶基板的技术。氢化物气相外延技术的发展相当久远。据文献记载，早在 1969 年 Maruskas 和 Tietjen's 等人就开始用此种技术在蓝宝石基板上成长 GaN 外延层，之后 Motolora 在 1970 年成长硅和锗的外延层；随后 IBM 公司在 1975 年以直立式氢化物气相外延法成长Ⅲ-Ⅴ族中的 GaAs 和 GaP；到了 1979 年，US. Philips 再度以氢化物气相外延技术成长 GaN 材料，但是以氢化物气相外延法成长 GaN 单晶基板的技术却一直到 1990 年才由 K. Naniwae 等人在 J. Crystal Growth 期刊上发表。经过了十几年的发展，目前氢化物气相外延法已成为制作 GaN 单晶基板的主流技术。

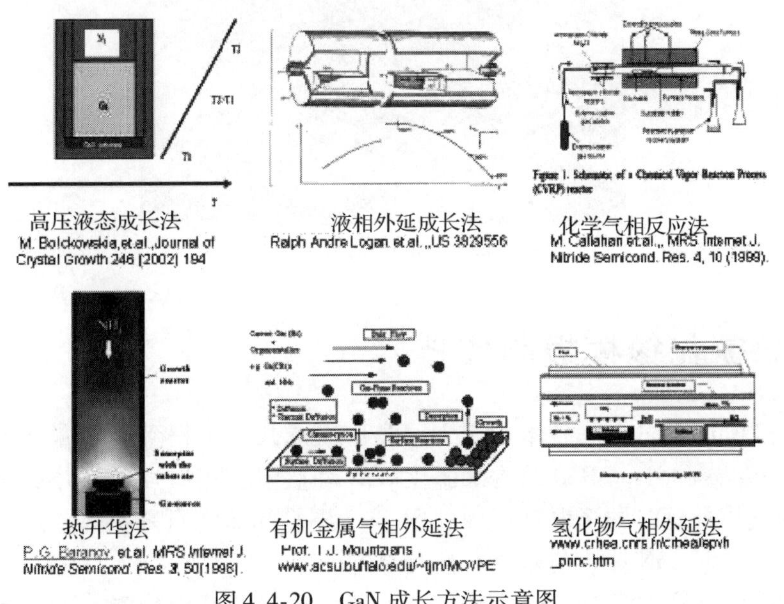

图 4.4-20　GaN 成长方法示意图

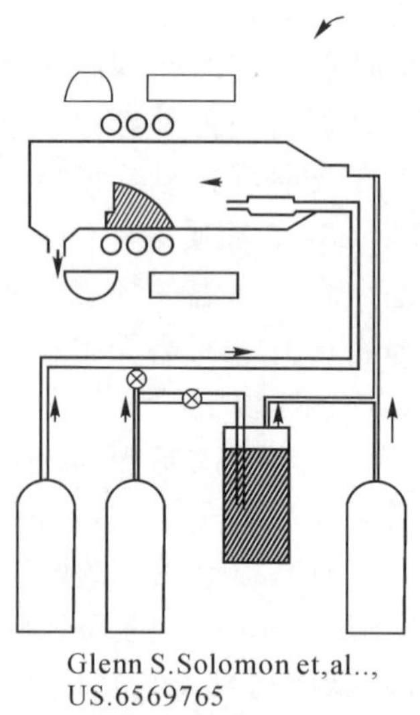


图4.4-21　结合 HVPE 和 MOCVD 的设备示意图

## 四、台湾工业技术研究院发展现况

台湾工业技术研究院电光所自 1999 年开始投入少量人力改装旧有的 GaP 气相外延机台，进行 GaN 单晶基板制作技术的评估，并在 2004 年引进 Aixtron 的水平式氢化物气相外延设备，目前已可在蓝宝石基板上成长出无裂痕、厚度大于 300μm 的 2in GaN 厚膜，以及使用纳米柱（Nano Rod）和气桥（Air-Bridge）技术制作的 1.8in 自我分离 GaN 膜板，其 X-ray（002）半高宽小于 100arcsec；HALL 电子迁移速度大于 $800cm^2/Vs$；腐蚀坑密度小于 $107cm^{-2}$。通过发展可外延（EPI-Ready）的 GaN 表面处理技术，其 AFM 表面粗糙度小于 2nm。但是由于成长参数需求较高，目前自我分离的 GaN 膜板仍未达量产水平。图 4.4-22 为 GaN 自我分离膜板的照片。




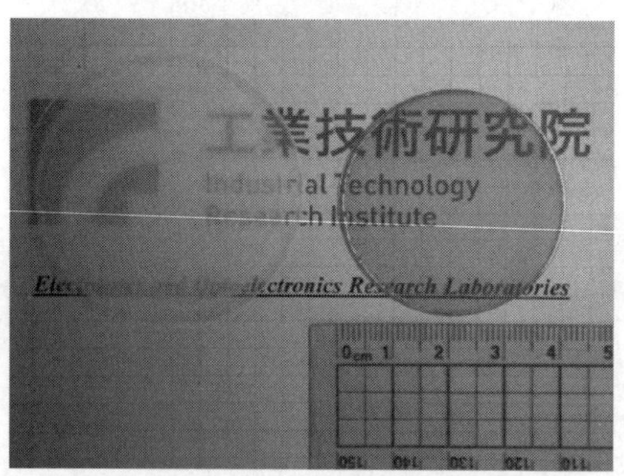


图 4.4-22　GaN 自我分离膜板照片

## 五、自我分离氮化镓模板制作技术

将 Air-Bridge 和 Nano Rod 制程技术用于 HVPE 厚膜成长，可得到高质量的自我分离 GaN 膜板。此技术是利用 Air-Bridge 和 Nano Rod 结构来弱化 GaN 和蓝宝石接口强度，并造成规律或不规律的孔隙。然后在氢化物气相外延时的降温过程中利用 GaN 厚膜和蓝宝石基板热膨胀系数差异产生的接口剪力，断裂柱状种晶而令 GaN 厚膜与蓝宝石基板分离。

自我分离技术的优点除了因为在高温时 GaN 厚膜和蓝宝石基板分离，可降低因两者热膨胀系数差异而残存于 GaN 厚膜内的热应力来提高 GaN 基板的质量之外，由于不需使用传统激光分离制程，在导入实际的生产作业上亦可省下昂贵的激光分离设备和维护费用。图 4.4-23 为 Air-Bridge 和 Nano

Rod 结构的 GaN 分离面照片。

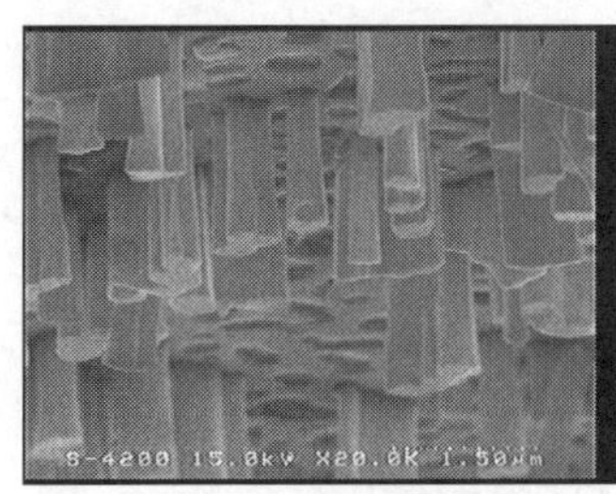


GaN 分离面（Nano Rod）

GaN 分离面（Air Bridge）

图 4.4-23　GaN 分离面照片

## 六、结语

Ⅲ-Ⅴ族氮化物半导体发光组件的应力和差排密度严重影响其发光效率和寿命，尤其在激光二极管（LD）、紫外光发光二极管（UV LED）和高功率发光二极管（high power LED）等组件方面。解决这个问题最有效的方法是使用低差排密度的氮化镓（GaN）同质基板来取代现有的蓝宝石异质基板。制作 GaN 同质基板目前的主流技术为氢化物气相外延法（HVPE），为了提高 GaN 基板的质量及降低制造成本，台湾工业技术研究院正朝着自我分离技术（Self-Separation）努力，目前已成功地制造出 1.8in 的锥形产品。

# LED 封装热阻测量技术概述

王建评　周佩廷
台湾工业技术研究院电子与光电研究所

## 一、前言

由于高功率 LED 技术的发展迅速，使 LED 光源成为先进半导体照明光源的代表，其可应用在室内外照明、汽车光源及特殊照明等环境。传统低功率型的封装由于封装热阻可能高达 200K/W 以上，已无法解决高功率 LED 散热的需求。近年来，随着 LED 组件技术的飞快进步，各种 LED 组件功率越来越高，随着其电流密度的增加，LED 芯片接面温度随之急速上升，造成 LED 发光效率的降低以及发光特性的改变，因此开发各种高功率封装是目前 LED 厂商积极努力的部分，使进入照明市场的 LED 商品对于寿命及可靠度的要求更加严格，避免其封装结构因高电流密度带来的极高热应力，造成芯片损坏、树脂黄化、金线断裂及脱层等现象。

为了进一步提升 LED 组件的性能，经由 LED 封装进行热阻的探讨，对 LED 组件进行有效的封装热管理测量与分析是非常重要的。而传统的热阻测量方式仅能测量 LED 整体的封装热阻，而无法得知每一层封装材料的热阻抗值。由界面热阻测量技术的建立，可以测量由芯片端至基板之间每个界面的材料热阻抗，对于找出如何降低封装热阻，提供相当重要的信息。除此之外，也可应用于 LED 封装产线的质量管控，本文将介绍目前常用的 LED 封装热阻测量技术，包括顺向偏压热阻以及瞬时热阻测量技术。




## 二、热阻测量技术介绍

### 1. 顺向偏压热阻测量

由于 LED 属于光电半导体的一种，而其封装结构无法直接测量芯片的接面温度，因此仅能以间接测量的方式取得。目前顺向偏压测量技术主要是参考在半导体封装的热阻测量方法，即 JEDEC 固态技术协会所制定的 JESD 51 标准“Methodology for the Thermal Measurement of Component Packages”。

在封装热测量的标准中，定义了两种热阻值，包括 $R_{ja}$和 $R_{jb}$，其中 $R_{ja}$测量在自然对流或强制对流条件下，从组件表面将热量传递至大气中的热阻值。$R_{jb}$则是由于随着封装形式的改变，定义了在一个稳定的操作环境中，组件产生的热由接面传递至测试板的热阻值，也就是芯片接面至测试板上的热阻。这种方法目前主要被高功率 LED 热阻测量技术所采用。

顺向偏压热阻测量法主要是透过测量二极管顺向偏压（Forward Voltage）及温度之间的温度灵敏系数（Temperature Sensitive Parameter，TSP），以得到二极管电压及接面温度之间的关系，如图 4. 4-24所示。再经由给予二极管额定的操作电流下所测量得到的电压值，即可计算出接面温度及芯片到环境的热阻抗。其一般测量程序说明如下：如图 4. 4-25 所示，首先在待测 LED 上给予测量电流 $I_M$，可测量得到相对应电压 $V_{F0}$。接着给予加热电流 $I_H$，待达到稳定状态后可相对应测量另一稳态电压 $V_H$。最后以快速方式用测量电流 $I_M$ 取代加热电流 $I_H$并得到电压 $V_{FSS}$，接面温度可由以下公式简单算出：

$$\Delta V_F = V_{F0} - V_{FSS}$$
$$\Delta T_J = \mathrm{TSP} \times \Delta V_F$$

$$T_J = T_{J0} + \Delta T_J$$

求得接面温度后，可利用热阻定义求出封装热阻值，即

$$R_{TH} = T_J - T_{REF}/Q$$

式中　$Q$——输入 LED 的电功率；

$T_{REF}$——参考温度，可定义为环境温度或基板温度，其分别对应芯片至环境的热阻值及芯片至基板的热阻值。

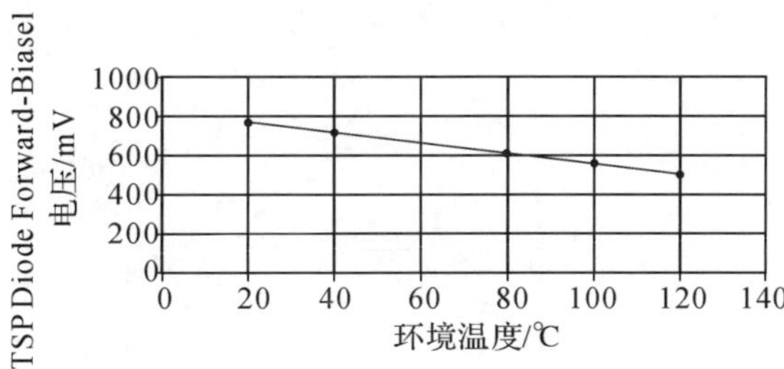


图 4.4-24　二极管的电压及温度特性

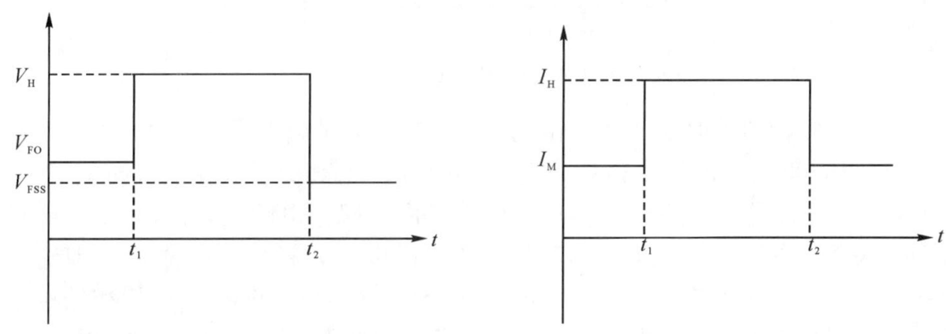


图 4.4-25　顺向电压热阻测量法程序

由上述基本原理介绍可得知，利用温度灵敏系数为一种常见且广泛接受的热阻测量方式，其测量精度与设备分辨率具有相当重要的关联性。由于热量在 LED 封装体内部的传递速度非常快，可达微秒等级，因此在快速切换电流的瞬间，若能以最短的时间分辨率测量相对应电压的变化，可有效增加测量结果的准确性。但由于这种热阻测量方式仅能得知从芯片至环境或芯片至测试板的热阻，对于 LED 封装体内部的结构热阻仍无法得知。

### 2. 瞬时热阻测量技术

瞬时热阻测量技术是经由在极短的时间分辨率下，测量二极管装置的瞬时温度变化，其时间分辨率可达 1μs。由于 LED 结构是由芯片、固晶材料、基板等多层材料结合而成，由测量所得的瞬时温度变化可得知热量传递的途径及热阻抗大小，如图 4.4-26 所示。热阻定义为横跨材料的两端温度差除以输入的功率大小，如图 4.4-27 所示。当二极管一开始受到 $P_1$ 的输入功率时，温度达到平衡状态 $T_1$，此时给予额外较大功率 $P_2$ 时，温度会呈现上升并最终达到平衡状态 $T_2$。此时二极管热阻值即可由 $T_1$ 与 $T_2$ 两者之间的温度差除以 $P_1$ 与 $P_2$ 之间的温度差求得。

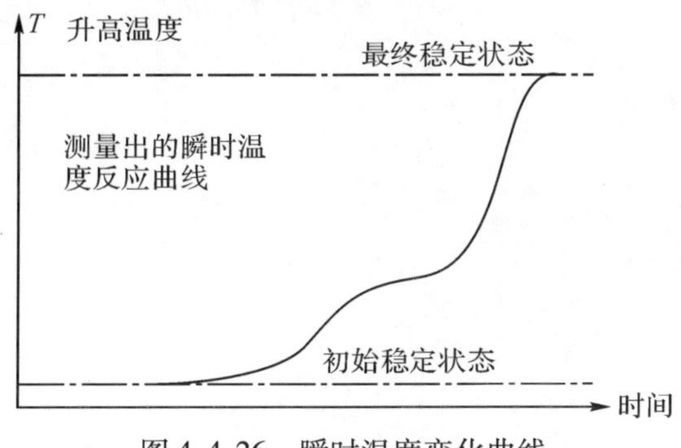


图 4.4-26　瞬时温度变化曲线

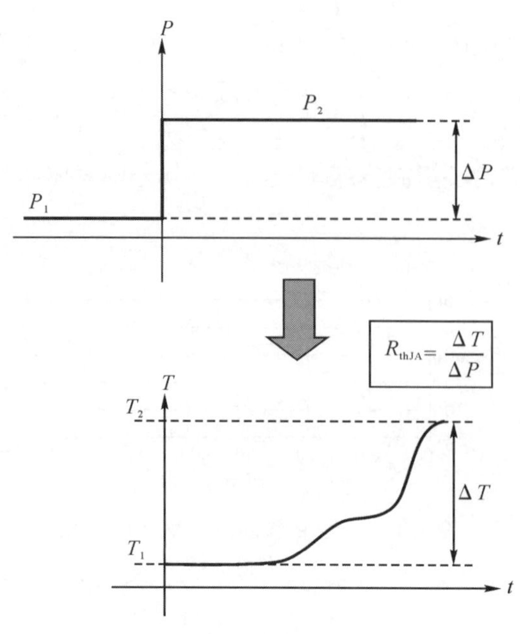


图 4.4-27　热阻计算方式

在经由测量取得二极管的 TSP 斜率后，由测量待测二极管的瞬时温升曲线 $a$（$z$），经由一次微分后可得 $a$（$z$）随时间的变化，再经由折积理论（Convolution Theory）可求得时间常数频谱（Time Constant Spectrum）。其基本原理为假设所测量二极管是由无限个电阻-热容（R-C）单元所组成。每一个单元体代表二极管本身的传导阻抗及热容量大小，由串联无数个 R-C 单元，理论上即构成一条 R-C 关系的分布曲线，称为累积结构函数（Cumulative Structure Function）。由累积结构函数图，可明显看出封装体结构各层材料之间的热阻值，可有效判断封装过程中可能产生的封装缺陷。由封装界面热阻的测量，可帮助 LED 业者在封装制程上进行最佳参数设计，例如固晶制程中，固晶材料、固晶方式或芯片尺寸大小对封装热阻的评估。

## 三、结论

由于 LED 的封装结构无法直接测量芯片温度，因此如何准确测量芯片温度成为一项重要的课题。随着 LED 逐渐应用到普通照明市场上，高功率 LED 的发展必然更加迅速，因此如何提升 LED 结构的散热问题，也成为 LED 从业者共同努力的方向。

由界面热阻测量技术的建立，可有效协助 LED 封装业者提升封装质量，达到低热阻封装设计的需求。此技术亦可帮助厂商进行 LED 质量管控，以及提供失效模式分析所需的各项重要参考信息，以提升我国台湾 LED 产业的竞争力。

# LED 光照技术于茭白笋产期调控应用

黄圣和
台湾工业技术研究院电子与光电研究所

LED 具有体积小、省电、寿命长、冷光、波段集中、可选特定波长、光量光质可调等优点，近年已逐渐成为农业生产环境中使用的人工辅助光源。台湾工业技术研究院电光所在中国台湾南投埔里进行茭白笋 LED 光照产期调控试验，试验成果显示 LED 光照技术可有效应用于茭白笋成长，且比传统光照灯具省电 50% 以上，并能解决严重的光害问题，未来更具有结合地方观光与休闲农业的潜力，将埔里建构为夜间特殊观光景点的“LED 光之城”。

## 一、前言

随着气候大幅变迁的影响，台湾地狭人稠，面对全球竞争，农业必须升级转型，不能固守以往传统的作业方式，必须转型走向精致化、环保及科技化，让产品的附加价值提升，才能提高农民收益。光合作用为植物生长过程中重要的影响因子，可通过人工光照技术提高农作物对光能的利用效率，而 LED 为新一代光源，具有体积小、省电、寿命长、冷光、波段集中、可选特定波长、光量光质可调等优点，近年已渐被导入农业生产，成为人工辅助光源。如何开发先进、低耗能、高效率的农业光照技术来调控农作物产期、产量以及质量，成为台湾地区未来现代化农业发展的重要课题。

目前各大企业也积极开拓 LED 植物照明市场，加上台湾在 LED 上下游光电产业拥有良好完整的供应链与客制化设计能力，在农业方面也具有相当不错的种植技术，因此若可结合两种产业的优势，将可提升台湾地区在 LED 特殊照明产品的设计能力，进而创造具世界竞争力的高附加值 LED 照明应用产品。

台湾茭白笋产量有 95% 以上集中于南投埔里，目前以光照调控产期的种植面积超过 1000hm$^2$（公顷），年产值达 20 亿新台币以上。为了利用夜间光照预防矮化及进行产期调控，每公顷利用约 30 盏 400～500W 的卤素灯或金属钠灯，因此每年冬季时节可在埔里镇看见一片灯海进行的产期调控。

传统灯具的光源缺点为多波长分布，照射光谱大部分不在植物光合反应及光周期作用范围内，且能量强度非恒定均匀分布，所以效率不佳，造成极大部分的电能损失以及农民的电费负担。此外，传统灯具光源也造成埔里夜晚严重的光害问题。台湾工业技术研究院电光所在 LED 光源模块与系统整合开发方面累积了许多经验与技术，2010 年 4 月起与农委会农试所合作，在南投埔里进行茭白笋 LED 光照产期调控试验，短期希望以 LED 光照技术，达到更少的光照电力消耗而能调控茭白笋产期，增加产量与提高质量，实质增加农民的收入，并解决光害问题；长期将结合观光与休闲农业，增进地方经济收益。

## 二、茭白笋 LED 光照试验设计规划

茭白笋 LED 光照实验规划分为两阶段进行：第一阶段茭白笋植物成长箱 LED 光照实验规划（2010 年 5 月—10 月），电光所与农委会农试所合作，进行传统光源与 LED 光源的光强度、频谱、光照时间等最佳化光照参数实验；第二阶段茭白笋田间 LED 光照试验（2010 年 11 月—2011 年 2 月），与农委会农试所及埔里农民合作，进行田间茭白笋 LED 光照成长实际验证。

### 1. 植物成长箱 LED 光照实验

以 6 组植物成长箱进行光谱及光照时间影响实验。此实验选定波长为全波长（传统荧光灯管）、

全蓝光及全红光三组，另外搭配两组不同红蓝光质比的实验。为搭配实验规划的探讨，植物成长箱LED光照灯具可对光强度/光质进行无段调控以及定时开关。

表4.4-2为植物成长箱不同光源的光照强度，由表中可以看出63W LED与320W传统荧光灯管（TFL）光源发出的光量子通量密度（μmol/m²/s）相当，使用LED灯与TFL灯相较，可达到80%的省电效果，LED灯也可降低眩光对人眼造成的危害。

**表4.4-2　植物成长箱不同光源之光照强度**

| 光源 | 光强度 | | |
|---|---|---|---|
| | Qutam/（μmol/s/m²） | Lux | Watts/m² |
| 荧光灯 | 28.5 | 2029 | 5.43 |
| LED | | | |
| 白光 | 28.35 | 1976.1 | 4.75 |
| 蓝光 | 28.21 | 249.8 | 3.54 |
| 红光 | 22.43 | 303 | 4.22 |
| 蓝光:红光=1:9 | 22.34 | 199.3 | 3.04 |
| 蓝光:红光=9:1 | 24.56 | 285.1 | 4.1 |

## 2. 茭白笋田间LED光照试验

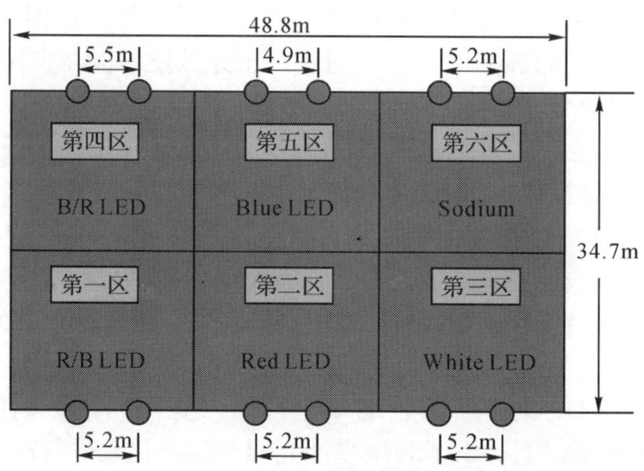


图4.4-28　茭白笋田间场域LED光照试验规划

a）　　b）

图4.4-29　立式LED光照试验灯组装设计

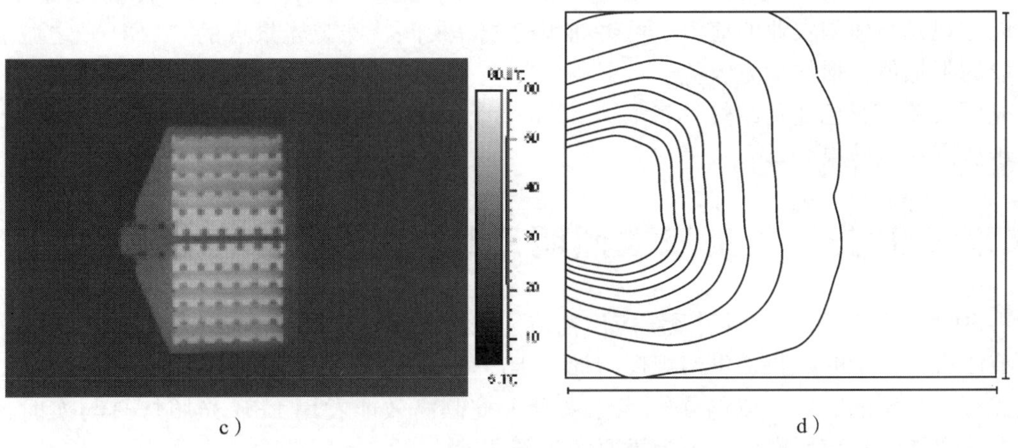

c）　　　　　　　　　　d）

图 4. 4-29　立式 LED 光照试验灯组装设计（续）

实验区总面积约为 49m × 35m，共分为 6 个实验区域（每一区域有光照有效区及失效区设计），如图 4. 4-28 所示，选定波长为全红光、全蓝光、全白光、红/蓝光、蓝/红光与金属钠灯 6 种光源，进行以不同光谱及光照强度分布对田间茭白笋成长影响验证。立式 LED 光照试验灯组装设计如图 4. 4-29 所示。

立式 LED 光照灯组优点：

1）灯杆灯具高度/仰角/偏角可弹性调变；

2）符合防水标准 IP67；

3）模块散热佳；

4）模块化设计，易安装置换与维修；

5）适合田间恶劣气候环境；

6）符合当地农民的使用习惯与需求。

实验设计目标（一）：

1）LED 光源效用；

2）有效区/失效区（不同光强度分布情况）。

每区同时开启 2 组灯具，结果显示每区光源皆对茭白笋植株成长有正面帮助，但无失效区出现，这表示田间茭白笋成长所需的光强度比预期低。

实验设计目标（二）：

1）不同光谱影响；

2）降低光照强度，加大失效区范围。

每区关闭一组灯具，同时降低光照灯具高度及调整仰角/偏角，并设定失效区界线值，探讨不同光谱与光照强度分布的影响，结果显示：因 LED 灯具设计效能良好，全区成长状况极佳，失效区不明显，这表示能有更大幅度的省电效果；以 LED 灯具照射的成长状况比传统灯具更佳，故可提早关灯进入茭白笋结笋采收，达到进一步省电及提早产期/产量调控的效果。

## 三、阶段性成果

### 1. LED 光照技术可有效应用于茭白笋成长

台湾工业技术研究院电光所 LED 光源模块与系统整合设计能力获得农试所及配合农民的肯定，并于 2011 年 1 月底陆续进行茭白笋采收作业。LED 绿色光源应用在茭白笋成长调控成功的案例，可成为精致化、环保化以及科技化绿色农业应用的最佳示范区。

### 2. LED 光照灯具可解决埔里严重的光害问题

目前农民使用 400W 或 500W 金属钠灯或卤素灯，除了光源的浪费之外，也造成了埔里广大地区严重的光害问题，利用LED光照灯具可大幅减少眩光的危害，且可产生不同于传统夜间风情的光色，具有结合地方观光与休闲农业的潜力，可将埔里建成具夜间特殊观光景点的“LED光之城”，大幅提高相关产业的附加值，增加地方收益。

LED光照实验灯具已比传统灯具省电达50%以上，未来光照参数完整化与灯具设计最佳化后将可以进一步提高省电效果。

## 四、未来LED先进智能农业照明系统的开发

图4.4-30为先进智能农业照明系统应用情境。未来的农业生产环境将会走向减少人力成本支出，却能达到节能省电、工时延长、生产规模增加、生产质量与工作效率提高、农植物成长状态实时侦测以及可监控灯具系统的需求。以网络智能化来管理控制高效能农用LED光照灯具与实时侦测系统，将是满足上述农作物种植生产发展极为重要的创新研发。

图4.4-30 先进智能农业照明系统应用情境

先进智能农业照明系统可应用在植物工厂与植物大棚等大规模种植生产环境，包含高效能LED农用光照模块技术与实时侦测控管系统的整合开发，将面临比普通照明应用更高的技术门槛，因此开发先进LED农用光源模块技术、先进LED多光谱智能植物成长侦测技术、智能网络控制系统以及结合绿色能源转换系统，完成光谱/光量可调变、耐温变、抗湿度及高均匀度光形光量等高可靠性LED光照技术的研发，可以达到计划性产期调节与产量控制、农作物成长形态调整，以及提高作物收成质量与收益的目的。结合先进LED多光谱实时侦测植物成长系统，完成高辉度光量均光/聚光、寻址多光谱控制、光谱影像撷取与成分分析技术设计整合，可以达到可实时分析农作物成长状态，提升农产品质量的效果，利用太阳能光电/热电转换提高节能省电效益，以及网络数字管理控制系统减少人力成本支出则可扩大生产规模、提高生产效率，提升我国台湾地区农业种植技术的竞争力。

# LED 在医疗领域的应用

姜雅惠[1]　高嵩岳[2]　黄正传[3]
1 台湾工业技术研究院电子与光电研究所
2 千才科技股份有限公司　3 鼎众股份有限公司研发部

台湾地区的 LED 光电产业拥有世界产量第一、产值第二的优势，且 LED 光源具有冷光、窄波域、频谱及光强度可调特性，适合应用于医疗照明，如 LED 手术灯、LED 牙科灯、LED 美容灯等产品，适合台湾地区整合 LED 光电与医疗产业共同发展 LED 医疗照明产业，开发高效能及高附加价值的 LED 医疗照明产品。

## 一、LED 应用于医疗领域为市场趋势

### 1. LED 应用于医疗领域的技术优势

LED 为半导体光源，具备冷光、窄波、节能、长寿命、轻薄短小、低耗电、低电压、低电流、可动态控制等优势，以 LED 作为医疗光源，可减少热辐射引起的皮肤灼伤，紫外光引起的皮肤病变，非必要频谱或不当光强度引起的能源浪费、治疗效果不佳及误判困扰。

例如手术灯需要高演色（CRI >85）、高聚光（ >100000lx）、无影度设计，若以传统卤素灯为光源，此手术灯需要滤除卤素灯光源的紫外光及红外光频谱，才能减少因高聚光产生高热辐射，对照射区域皮肤或器官引起热病变或伤口愈合不易的困扰。由于 LED 为冷光源不会有此困扰，且 LED 轻薄短小适合设计无影手术灯，因 LED 寿命（ >20000h）较传统卤素灯（1000h）长，作为需要高可靠性医疗光源更具有保障及落实度。

### 2. LED 医疗照明分类

医疗光源一般分为照明、诊断与治疗，不同分类需经过不同医疗法规认证与规范，以美国医疗法规（FDA）为例，将等级分为 Class Ⅰ、Class Ⅱ、Class Ⅲ三类，对于只具备照明功效的医疗光源可被归类为 Class Ⅰ，如牙科手术灯或医院场所环境照明，只需经一般管制就可确保功效与安全性。对于具备疗效及无侵入性、植入性危险医疗照明，可归类为 Class Ⅱ，如外科手术灯、具有疗效的美容灯或光疗设备，此产品上市前需经过临床验证功效及安全性，以便作为申请 510（k）或 PMA 的佐证数据。Class Ⅲ的产品多为维持、支持生命或植入体内的器材，对病患具有潜在危险，可能引起伤害或疾病，医疗照明产品较少属于此等级。医疗照明产品大致被 FDA 分类为第一级或第二级医疗器材，在产品上市前须先向 FDA 提上市前通知（Premarket Notification；510（k）），获得 FDA 的许可通知之后，才可以在美国市场上市。

目前医疗照明市场发展趋势，主要以 LED 优势取代传统光源，如 LED 牙科灯、LED 手术灯、LED 内视镜光源等，此类应用需要符合医疗产品上市法规及国际医疗照明标准，或者要求功能等效；另一应用为利用 LED 窄波特色，而延伸新应用形态，如 LED 血管照明灯、LED 美容灯、窄频 LED 内视镜光源、LED 动力光源、LED 光疗系统等，有关此新应用形态 LED 医疗照明一般需经过临床测试后，确保功效及安全性后才可上市，对于创新应用 LED 医疗照明产品将需较长开发时程。

新应用 LED 医疗照明产品可上市时间较长，据 Global industry analysis 市场信息，各种 LED 医疗照明新应用与市场约以每年平均 5% 的速度持续成长中，包括医用检验灯、外科手术灯、外科手术头灯、病房灯、医院一般照明、牙科诊疗灯、牙科手术灯、光笔、杀菌灯、光疗法、血管照明等产品。全球医疗照明产品分类与成长率如图 4. 4-31 所示。

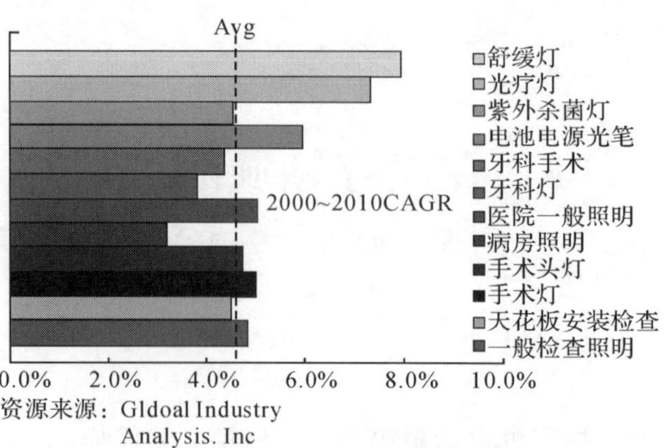


图 4.4-31　全球医疗照明产品分类与成长率

资料来源：Gldoal Industry Analysis Inc

### 3. LED 医疗照明为国际趋势

Global Industry Analysis 数据显示，2007 年全球医疗照明市场规模达 981.2 百万美元，较 2006 年成长 5.1%，2010 年全球市场将可成长至 1111 百万美元（见图 4.4-32），其中以美国医疗照明市场比重最高，2008 年产值 397.4 百万美元，2010 达 427.58 百万美元，2008 年外科手术灯所占比例最大为 130.59 百万美元，牙科手术灯为 20.4 百万美元（见图 4.4-33）。目前国际手术灯与牙科灯光源都已经逐渐被 LED 取代，LED 手术灯有 Trumpf 公司的投射式、maquet 公司的投射式、STERIS 公司的投射式、Stryker 公司的半反射式、RIMSA 公司的反向全反射设计（见图 4.4-34），LED 牙科灯有美国 Pelton&Crane 公司的反射式、DentalEZ 公司的投射式、欧洲 ALYA 公司的反射式、巴西 Gnatus 公司的投射式设计等产品（见图 4.4-35）。由 LED 手术灯与牙科灯市场需求及新产品陆续开发，进一步证明 LED 医疗照明已经成为国际趋势，国际医疗照明大厂为了维持市场占有率及成长率，逐渐以 LED 光源取代传统光源开发出取代性医疗照明产品与创新性照明应用产品。

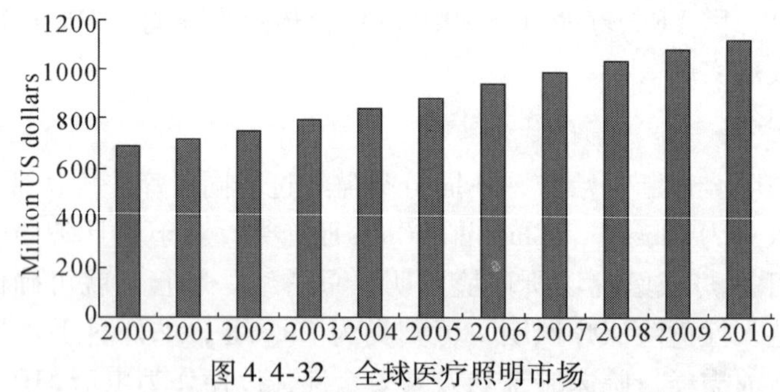


图 4.4-32　全球医疗照明市场

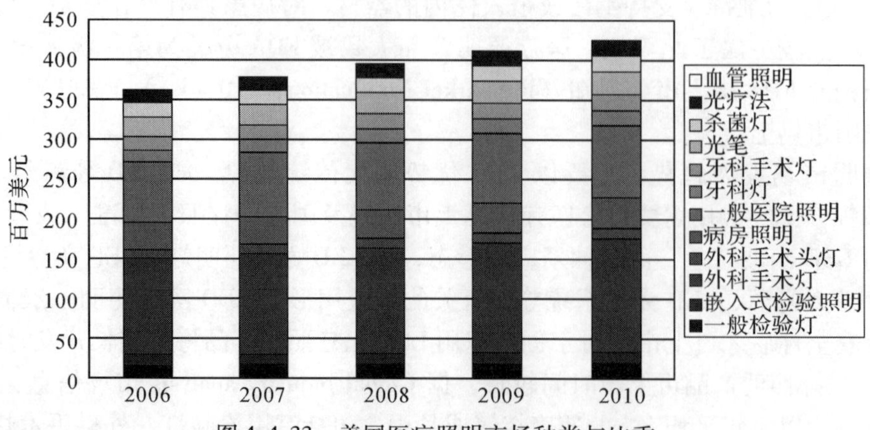


图 4.4-33　美国医疗照明市场种类与比重

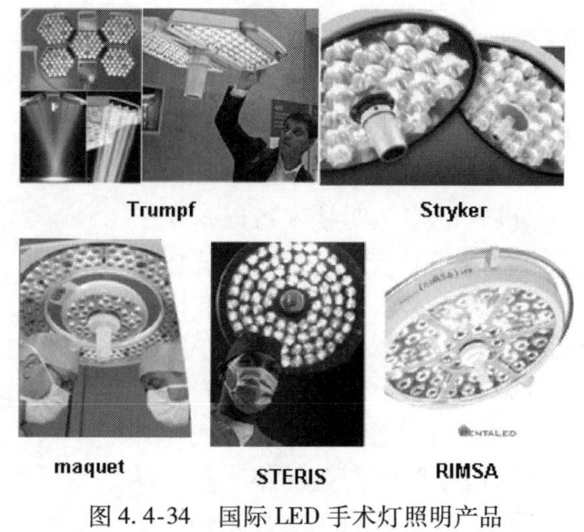


图 4.4-34　国际 LED 手术灯照明产品

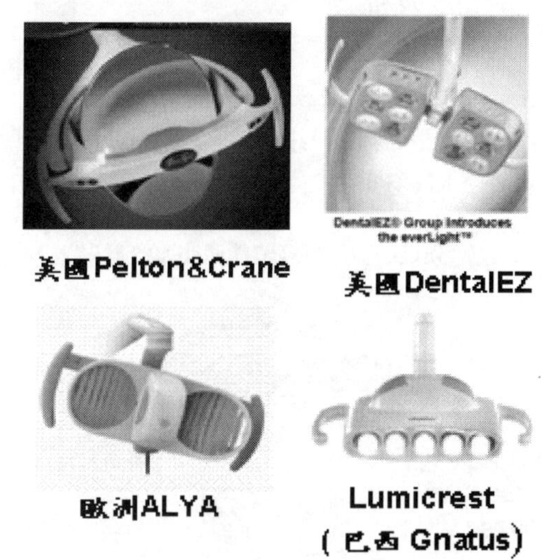


图 4.4-35　国际 LED 牙科灯照明产品

### 4. 台湾地区医疗照明市场占有率

台湾地区以往在医疗照明领域以手术灯、牙科灯代工为主，传统手术灯全球市场占有率约 5%，传统牙科灯全球市场占有率约 1%，LED 手术灯、LED 牙科灯为新应用产品，市场需求及规模尚在成形中，因台湾地区具有 LED 产业优势，因此开发 LED 手术灯、LED 牙科灯、LED 美容灯等医疗照明产品，将可提升台湾地区医疗照明产业在全球的市场占有率。据预估 2012 年台湾地区在 LED 医疗照明业产的市场占有率可望由 5% 增加到 20%，预估有 572 百万美元产值。

## 二、台湾适合发展高利润与高价值 LED 医疗照明产业

台湾在 LED 光电产业具有世界产量第一、产值第二的优势，拥有完整的 LED 光电产业供应链及技术。LED 产业容易因产量过大而造成价格竞争，由于 LED 医疗照明产业供应链封闭，对 LED 规格要求高，是少量多样、高价值、高利润产业，台湾地区可借由 LED 光源技术及供应链优势与医疗产业结合，切入 LED 医疗照明产业，将可提升 LED 光源附加价值，为台湾开创 LED 医疗照明应用产业。因台湾 LED 光电产业完整，借由整合台湾 LED 光电产业与医疗产业合作开发 LED 医疗照明产品将具有比较优势。

## 三、台湾 LED 医疗照明产业现况

工研院电光所自 2006 年开始布局台湾 LED 医疗照明技术，其中开发 LED 手术灯、LED 牙科灯、LED 美容灯、LED 口腔照明、白光 LED 与 narrow band LED 内视镜光源机等技术及产品。为了让 LED 医疗照明技术可以落实于台湾产业界，2007 年 12 月，整合台湾 LED 光源厂商东贝光电科技股份有限公司及亚洲最大手术灯制造商——鼎众股份有限公司，组成研发团队共同开发先进医疗照明技术。以 LED 手术灯产品开发为主，于 2009 年成功开发并量产台湾地区第一台符合国际医疗法规要求的 LED 外科手术灯（见图 4.4-36），成功开启台湾自行研发、上市、量产 LED 医疗照明产业的第一步。鼎众股份有限公司上市的 MediLED 系列 LED 外科手术灯更强化了台湾地区发展 LED 医疗照明产业的信心及机会。

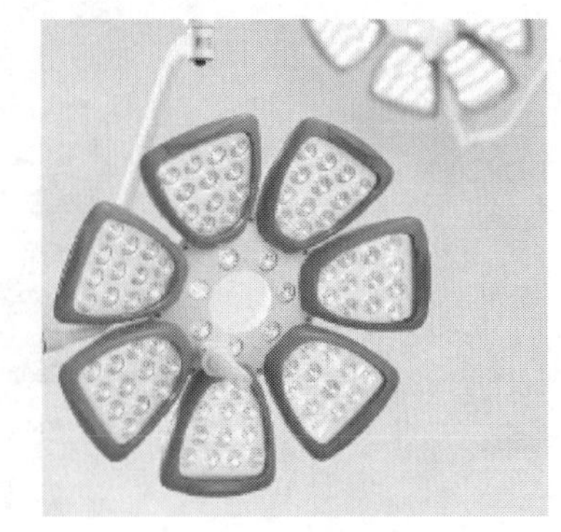

图 4.4-36　鼎众股份有限公司 MediLED 系列 LED 手术灯

为了持续扩大台湾 LED 医疗照明产业应用，台湾工研院电光所于 2009 年 3 月成功整合台湾 LED 光电、医疗设备与系统、控制、模具与散热、工业设计等不同厂商，共同组成“先进 LED 牙科灯节能照明系统群聚”（见图 4.4-37），协助台湾厂商开发及量产 LED 牙科灯、LED 口腔照明灯、LED 美容灯等医疗照明产品。

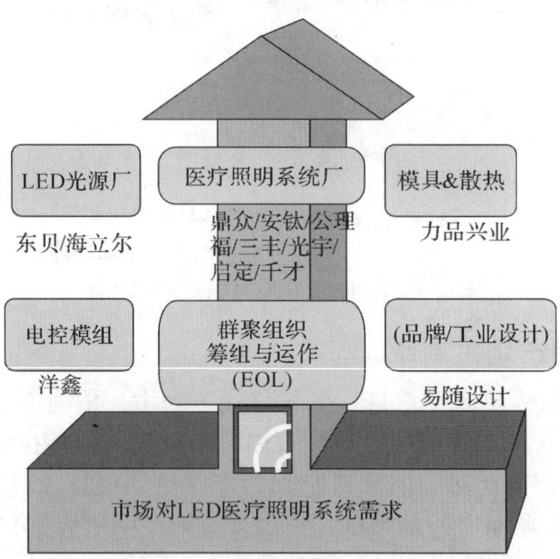

先进LED牙科灯节能照明系统群聚

LED光源厂
东贝/海立尔
医疗照明系统厂
鼎众/安钛/公理福/三丰/光宇/启定/千才
模具&散热
力品兴业
电控模组
洋鑫
群聚组织
筹组与运作
(EOL)
(品牌/工业设计)
易随设计
市场对LED医疗照明系统需求

图 4.4-37　先进 LED 牙科灯节能照明系统群聚

LED 牙科灯与 LED 口腔照明灯的代表性厂商为光宇医疗仪器有限公司。光宇公司成立于 1988 年，是一家专业从事牙科仪器的制造厂商，产品种类包含牙科灯、牙科器械、牙科椅等产品，藉由参与先进 LED 牙科灯节能照明系统群聚，光宇公司陆续开发及建构 LED 牙科灯及 LED 口腔照明相关产品与创新应用，预估 2011 年将可陆续量产 LED 牙科相关照明产品。

自 1987 年，柏林曼佛特（H. Meffert）医师提出可见光照射治疗青春痘，且于 1990 年提出 400 ~ 420nm 治疗效果较佳，因此开启以特定波长可见光改善皮肤应用的美容灯，直到 2005 年 Gental wave LED 美容灯（见图 4.4-38）取得美国 FDA 认证，才有正式的 LED

图 4.4-38　Gental wave LED 美容灯

美容灯照明产品问世。台湾地区的LED光疗仪以捷盛科技的单波长产品较早问市（见图4.4-39）并获得CE医疗认证，此后有千才科技整合多波段LED光源及人机接口信息平台，开发LED彩光柔肤灯（见图4.4-40），此产品也取得EN606011－1、EN60601－2安规与EMC认证，强化了台湾地区开发LED美容灯的实力。

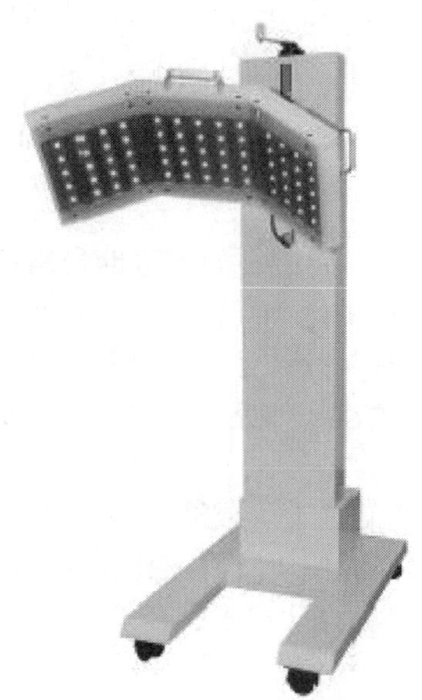

图4.4-39　捷盛科技LED光疗仪

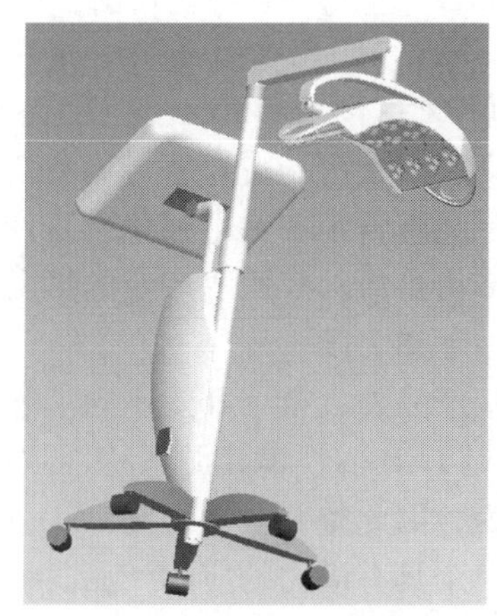

图4.4-40　千才科技LED彩光柔肤灯

## 四、医疗照明产业群聚形成与优势



继2009年由工研院电光所主导成立"先进LED牙科灯节能照明系统群聚"，已经成功整合LED光电产业与医疗产业领导厂商共同开发LED医疗照明产品，不只为LED光源找到高单价与高利润的应用出口，也成功地让台湾地区医疗系统设备厂商以较短时间跨入并开发出一系列LED医疗照明应用产品。为了扩充LED医疗照明应用机会，2011年起"先进LED牙科灯节能照明系统群聚"转型为"尖端LED医疗照明群聚联盟"，除了整合群聚成员继续开发利基性医疗照明产品外，将加入台湾医疗院所及专业医疗人员，共同研究如何以光进行非破坏性医学治疗、辅助性光动力疗法、光导定位手术设备开发等，并进一步配合更多临床验证的光医疗应用技术及功能验证，藉由群聚共同参与来开发具前瞻性LED医疗照明产业，提升与创造台湾医疗照明应用范畴。

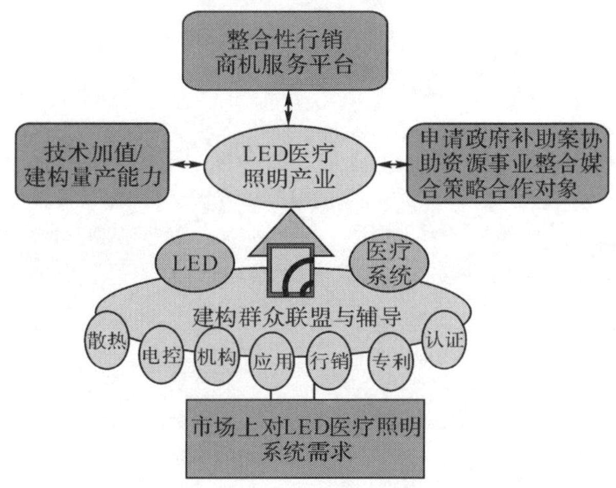


图4.4-41　医疗照明群聚组成及精神

医疗照明产业群聚（见图4.4-41）主要以垂直整合台湾的LED光电产业、医疗系统厂及周边卫星工厂，如模具机械加工、电控系统、散热处理、医疗认证协助单位、品牌与营销规划，形成完整产业供应链，本群聚结合不同医疗设备系统以水平整合方式共同参与国际医疗相关营销活动，塑造台湾地区医疗照明产品的完整性及全面性，有机会争取更多买家关注。

本群聚在工研院技术支持下，由台湾工业技术研究院负责前端技术发展及专利布局，协助群聚厂商申请相关研发补助计划，让群聚成员可以在无后顾之忧的情况下进行产品开发，强化产业互补与附加值，共同创造更多商机。

## 五、台湾 LED 医疗照明未来发展

随着台湾的 LED 手术灯、LED 牙科灯及 LED 美容灯产品陆续问市，如何协助台湾厂商将利基产品营销到国际市场，强化市场占有率为当务之急。由于台湾地区的医疗厂商大多为中小企业，没有足够资源可进行国际品牌营销，除了强化自身产品质量及取得国际医疗认证外，可藉由台湾地区政府或群聚力量共同营造出台湾医疗照明产业的形象，吸引国际市场关注，如此才有更多机会提升台湾地区医疗照明产品的国际知名度。

除了推广利基产品外，持续开发不同功效 LED 医疗照明产品也不可或缺，如白光 LED 内视镜光源机、Narrow Band LED 内视镜光源系统，因需特殊设计 LED 光源模块及搭配高效率光耦设计才能满足不同的医疗行为，因此整合台湾地区 LED 光源模块技术与光机设计技术，开发出高规格 LED 内视镜光源机将是下一个具有潜力的应用产品。

另外，治疗不同癌细胞光动力光源系统，或利用不同光频谱、光强度、频率、时序控制来影响人的生理健康，与满足心理需求的健康照明都是未来台湾地区发展医疗或健康照明技术与应用的机会，让 LED 医疗照明技术及产品除了应用于医疗场所外，也可搭配个人生理感测设备与照明环境设定，而让一般照明环境可依照生理需求提供健康照明，让 LED 照明具有健康诉求及满足个性化设定。

# 第五部分

# 市 场 篇

半导体照明产业发展年鉴（2010—2011）
半导体照明产业发展年鉴（2010—2011）

# 第一章 全球市场概述

## 2009—2010年全球LED市场与应用回顾

储于超
集邦科技 LEDinside 绿能事业部

经过近两年的金融风暴冲击，整个LED行业从2009年中开始翻转向上，而2010年的LED市场则延续2009下半年的增长趋势，持续明显增长。

### 一、高亮度LED市场

尽管在2010年下半年受到景气回温疑虑而出现增长趋缓，但2010年高亮度LED市场估计仍比2009增长56%，市场总规模达83.9亿美元。而这样明显的增长，除了较稳定与饱和的应用市场，如标志牌、手机背光及其他电子用品外，大尺寸LED背光应用与LED照明市场成为最主要的增长动力。据估计，整体大尺寸LED背光应用产值达到25.82亿美元，占LED产值的31%，相较2009年增长2倍以上；LED照明应用约增长了70%，产值达到17亿美元，占LED产值的20%；手机等小尺寸LED背光的应用则增长了11%，产值约为14.9亿美元，占LED产值的18%；其他应用部分，包括汽车的应用则约增长了31%，产值约为9.8亿美元，占LED产值的12%。2010年全球LED产值按应用区分如图5.1-1所示。

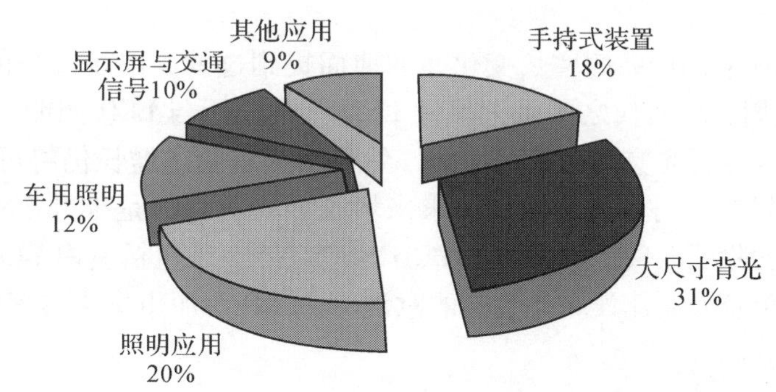


图5.1-1 2010年全球LED产值按应用区分（数据来源：LEDinside）

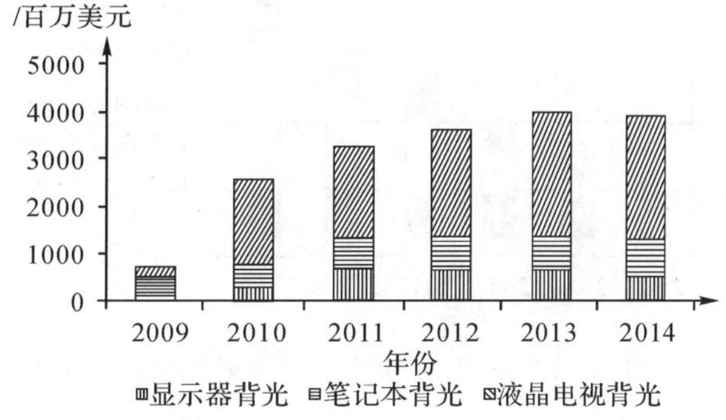


图5.1-2 中大尺寸面板LED背光产值（数据来源：LEDinside）

高亮度 LED 在大尺寸背光应用的增长，主要是随着价格持续下降，渗透率快速提升而有明显增长，成为推动增长的主要动力，中大尺寸面板 LED 背光产值如图 5. 1-2 所示；另一个推升 LED 产业增长的 LED 照明应用，也将随亮度的快速提升及 LED 照明产品规格与政策等不确定因素逐渐明朗与成熟，而刺激 LED 产业稳定增长，照明应用的 LED 器件产值如图 5. 1-3 所示。

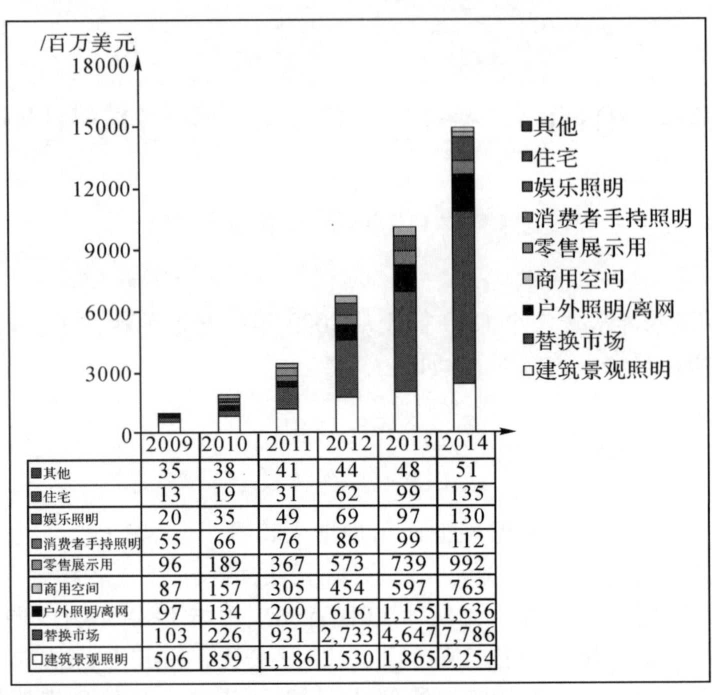


| | 2009 | 2010 | 2011 | 2012 | 2013 | 2014 |
|---|---|---|---|---|---|---|
| ■其他 | 35 | 38 | 41 | 44 | 48 | 51 |
| ■住宅 | 13 | 19 | 31 | 62 | 99 | 135 |
| ■娱乐照明 | 20 | 35 | 49 | 69 | 97 | 130 |
| ■消费者手持照明 | 55 | 66 | 76 | 86 | 99 | 112 |
| ■零售展示用 | 96 | 189 | 367 | 573 | 739 | 992 |
| □商用空间 | 87 | 157 | 305 | 454 | 597 | 763 |
| ■户外照明/离网 | 97 | 134 | 200 | 616 | 1,155 | 1,636 |
| ■替换市场 | 103 | 226 | 931 | 2,733 | 4,647 | 7,786 |
| □建筑景观照明 | 506 | 859 | 1,186 | 1,530 | 1,865 | 2,254 |

图 5. 1-3　照明应用的 LED 器件产值（数据来源：LEDinside）





## 二、LED 应用产品市场

图 5. 1-4 显示了 LED 应用产品的增长变化，如前面提到过的，市场增长的主要动力已不再是手机等小尺寸 LED 背光应用，取而代之的是大尺寸 LED 背光应用与 LED 照明。而在大尺寸 LED 背光应用中，虽然笔记本电脑的背光应用已趋近饱和，然而平板电脑的增长仍将可期。LCD 电视背光源、LCD 显示器背光源虽然仍在早期增长阶段，但未来增长相当看好，是推升产业增长的火车头。而照明应用部分，比较明显的除了取代传统光源的 LED 球泡灯外，还包括室内 LED 商用照明与户外 LED 路灯等，尤其在补助政策及公共建设绿化节能的意识下，LED 照明市场渗透率将持续升温。

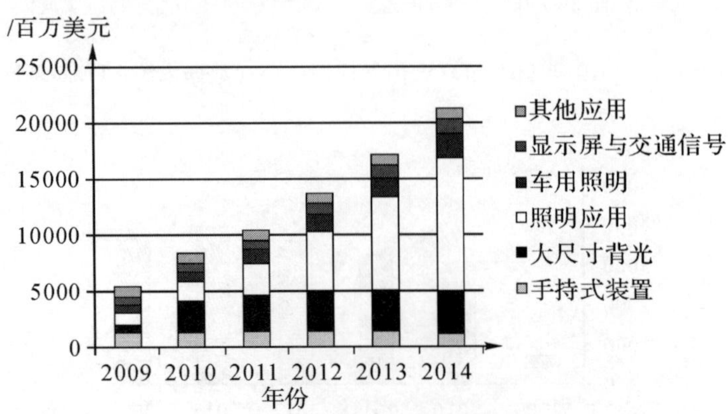


图 5. 1-4　全球 LED 应用产值增长趋势（数据来源：LEDinside）

以封装产品类别来分，增长最明显的是大功率 LED 与中功率 LED。由于 2010 年 LED 背光液晶电视的渗透率从 2009 年的 2. 3% 增长至 18. 5%，因此在 LED 产品方面，增长最明显的是主要应用于液晶电视背光的0.4~0.6W的中功率白光LED。中功率LED目前为液晶电视背光的主流规格，受惠于液晶电视的背光应用，呈现跳跃式的增长，未来中功率LED也有机会切入照明市场；另外，大功率LED受惠于各式照明应用的需求，也呈现明显增长。大功率LED由于单价高，并且适合应用于筒灯、球泡灯或是功率较大的路灯、隧道灯等照明用途，因此产值快速增长。LED封装产品产值增长趋势如图5.1-5所示。

LED背光与LED照明应用的长期增长趋势确定，这也反映在LED价格下降上。液晶电视背光应用的0.4~0.6W中功率白光LED，也因厂商为抢夺市场而有明显降价，2010年的价格跌幅在25%（见图5.1-6）。而应用在照明的大功率LED，虽然需求明显，然而由于各主要厂商在2010年也都因市场需求而有新产能投入，因此在需求稳定增长，而产能不断投入的情况下，出现较明显的价格压力。2010年同样规格的大功率LED的价格降幅在50%以上（见图5.1-7）。

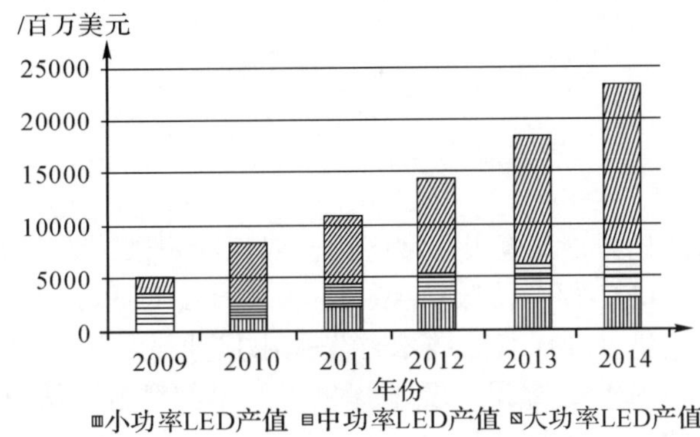


图5.1-5　LED封装产品产值增长趋势（数据来源：LEDinside）

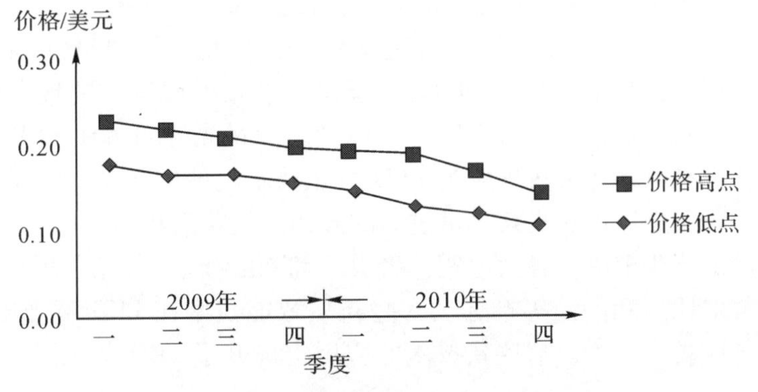


图5.1-6　应用于液晶电视背光的LED器件价格趋势（数据来源：LEDinside）

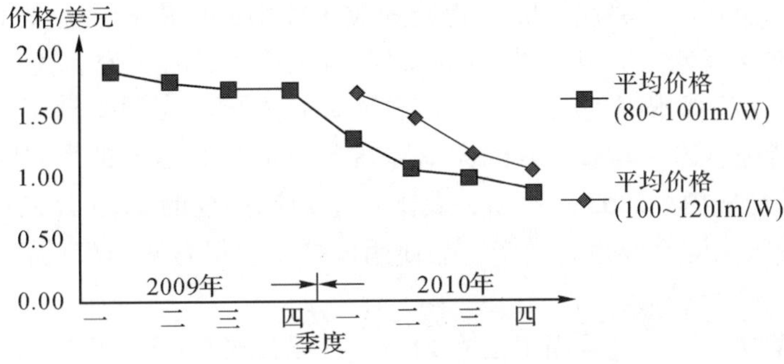


图5.1-7　应用于照明的LED器件价格趋势（数据来源：LEDinside）

# 第二章 市场与应用

## LED 背光应用及市场发展

张丽蕾 赵星星 许燕文 张凯亮 王庆江 金瑞润
京东方科技集团股份有限公司

### 一、概述

LED 作为一种绿色环保的光源，其应用非常广泛，取代冷阴极荧光灯管（CCFL）应用在显示设备上已经是技术发展的趋势。LED 背光以低功耗、广色域、低压驱动、长寿命等优势，在显示产品的应用方面已经占有了主导地位。LED 背光技术首先在小尺寸显示设备上成熟并广泛应用，其中手持显示设备的发展为 LED 背光应用在显示产品上提供了最早的舞台。从 2000 年开始到 2008 年，短短的 8 年时间，实现了 LED 背光在手机产品上 100% 的应用率[1]。在笔记本电脑和监视器等显示领域的市场占有率也飞速增长。该技术在小型显示产品中应用的技术和市场已经成熟。应用在电视等大型显示领域的技术也已经有多年的积累，但是其技术和产品的竞争依旧激烈。



从 2004 年索尼公司率先进入电视用 LED 背光技术应用领域开始，LED 背光技术几乎得到了所有 TFT-LCD 电视厂商的青睐。该技术从最初受功耗、厚度、热量的限制，到现在成为家电市场上电视用背光技术的主流技术，其发展经历了多个阶段。电视厂商最先开始关注 LED 背光技术是因为其色彩表现力和环保特性，但是其功耗和热量成为 LED 背光技术发展的瓶颈。三星公司早期上市的 LED 背光电视产品中装有静音风扇，以解决其热量过高的问题。随着散热和另一个影响该技术发展的核心问题——混光混色问题的逐步解决，各大电视厂商几乎都推出 LED 背光电视产品，其技术涵盖广色域、节能、高亮度、高对比度和超薄等指标。一些新型智能技术在 LED 背光电视产品中也有应用，如色彩管理和环境光感应技术等[2]。这些新技术的应用也提升了 LED 背光源的色彩表现力和能耗等技术指标。

我国大陆进入 LED 背光领域的时间较晚，早期的产品和技术都来自于日本、韩国和我国台湾地区。随着 LED 照明技术受到广泛关注，LED 背光的应用才引起政府和企业的重视。从 2006 年开始，我国在该技术领域的研究开始进入快速发展的阶段。我国早期的研究也是集中在红、绿、蓝三色 LED 背光技术领域，但是受成本因素的制约和影响，研究成果的应用受到了一定的限制，其后的研究开始转向白光 LED 背光技术。随着光效的大幅提高和白光 LED 成本的大幅降低，使白光 LED 背光在电视上的应用逐步走向成熟。2008 年以后，我国自主知识产权的 LED 背光技术开始大量应用在量产产品上，虽然早期我国大陆企业也有量产产品使用该技术，但是知识产权属于日本、韩国或我国台湾地区。

小尺寸 LED 背光源从一开始就采用了白光 LED。日亚公司在 1996 年推出的白光 LED，为该技术的应用提供了可能。电视用 LED 背光技术的发展则经历了三个阶段。第一阶段是 2004—2006 年，为重视色域技术发展的阶段。多为直下式 RGB LED 背光技术[3]，其间开始了动态背光技术和场序技术的研究，为后来白光 LED 背光技术的研究奠定了基础。第二阶段是 2007—2008 年，为重视降低成本的阶段。为使应用该背光的电视成本迅速降低，各厂商纷纷采用白光 LED，同时，降低 LED 的数量也成为关注的焦点。第三阶段是从 2009 年开始，借鉴小尺寸背光应用的经验和导光板技术的发展，侧光式背光源超薄的优势开始显现。2009 年开始由于三星公司的强大推动效应，侧光式背光源的技术成为市场关注的焦点，在节能的同时提升显示清晰度，其相关扫描背光技术开始应用。由于目前各国对能耗的要求近乎苛刻，给 LED 背光节能技术的发展提供了绝好的机遇。LED 背光的市场占有率迅速提升，在显示消费领域市场上已经出现取代 CCFL 技术的趋势[4]。

## 二、电视用 LED 背光的关键技术及进展

随着时间的推移，电视用 LED 背光技术研究的热点发生着变化。2006 年之前的研究集中在散热和混光方面，LED 光效的提高解决了散热问题，针对 LED 发光角和色块的研究解决了混色和混光方面的不足。2008 年以后受市场的推动，厚度受到关注，超薄又成为各厂商研究的热点，厚度指标因此被不断刷新。随着对节能的关注度不断提升，功耗方面的研究又成为新的热点。以上这些研究都是针对具体指标而言的，关键技术是可以同时提升几方面指标的，下面就对电视用的 LED 背光的关键技术进行介绍。

### 1. 动态背光技术

目前，动态背光技术的应用已经相当广泛（见图 5.2-1），尽管各厂商实现动态背光技术的手段和方法各有不同，但是都以达到节能、提高动态对比度等主要技术指标为目的。从 2006 年开始这一技术成为我国大陆各企业研究的热点，而 2008 年日本、韩国、我国台湾地区的企业在直下式背光上应用的动态技术已经成熟。由于成本和技术的原因，动态背光技术首先应用在直下式大尺寸电视上。介入这一技术研究的不只背光源、芯片厂商，各电视厂商也参与其中，使该项技术得到了充分的发展。

动态背光技术是根据输入的显示画面调整背光源。该技术根据实现动态背光分区和响应方式的不同，分为 0D、1D、2D、3D 动态技术。除 0D 外，都需要将背光源分为多个区域，各个区域背光的亮度、色度或者两者都可以进行调整。在高级的处理中除了调整各分区亮度、色度，还需要对显示画面进行补偿。最初，由于光学模拟和图像处理技术的限制，只有直下式背光才能实现所有 0 ~ 3D 动态技术应用。在该技术发展的前两年，都认为 2D 和 3D 不能应用于侧光式背光上，但是随着光学测试、LED 封装、连接器和驱动等技术的发展，从 2009 年开始，2D 以上动态技术开始在侧光式背光源上应用。2010 年三星公司率先推出了侧光式动态背光电视产品，目前在售的电视产品也大多应用了该技术。应用这项技术的主要限制因素是成本，增加该技术需要增加成本是低端显示设备不应用该技术的原因。



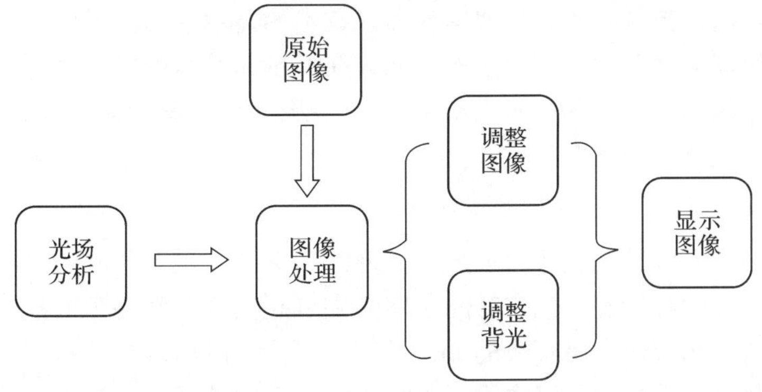


图 5.2-1　动态背光技术原理图

虽然实现动态背光技术的手段侧重各有不同，但是图像算法的优劣是影响该技术最终应用效果的重要因素，除了进行侧光式区域控制的背光技术研究外，进行图像处理技术的开发也是目前该技术研究的重点。

国内 TCL 公司由于在 CCFL 动态背光技术上研究得较早[5]，因此拥有这方面的重要专利。京东方公司在 LED 动态背光技术研究方面也介入较早，这方面的专利也较多。

## 2. 扫描背光技术

扫描背光技术是将液晶显示器的图像显示区域根据液晶响应的特性分为多个竖直区域，背光源也分为同等数目对应的多个区域，在各区域液晶响应的保持时间里，开启对应区域的背光源分区，在其余时间关闭背光源分区。该技术可以提高液晶显示图像的清晰度，减轻拖尾现象，提高动态对比度。国内扫描背光技术的开发从2006年开始，到2008年趋于成熟，康佳公司在2010年推出47in具有扫描背光的电视产品，而国外公司在2004年开始就有扫描背光的产品问世。LG公司在这方面的产品技术是应用在RGB LED直下式背光源中。夏普公司的产品是白光LED的，在直下式和侧光式背光源中都有应用。

由于知识产权和研究的侧重点不同，各厂商技术的原理也不相同。扫描背光技术研究的初衷是提高图像的清晰度，所以该技术多用于高清显示产品上，通常其应用的液晶显示器频率都比较高，康佳公司上市的电视产品其频率为240Hz。应用扫描背光技术的产品目前并不多，因为需要精确控制背光源与液晶屏像素对应的分区较为困难，而且对于常白和常黑两种不同模式的液晶屏，应用该技术需要注意的问题也有很大区别，所以还需要其他多项技术的辅助才可以实现预期的效果。但是受3D显示技术的推动，扫描背光技术在液晶显示器上的应用将会越来越广泛。

目前这项技术在国内遇到的最大挑战是2010年中国电子视像行业协会（CVIA）规范[6,7]中对26in、32in、37in、42in. 46in、55in产品的厚度限制。该标准对32in、42in、46in、55in产品的厚度限制在16.2mm，26in产品为14.6mm，37in产品为21mm。厚度要求限制了与直下式背光源相关技术的发展，而直下式背光源应用扫描背光技术有先天的优势，因为水平分区容易控制。

图5.2-2a是直下式分5个区域的背光源，图中的浅色区域是背光源灯开启时的光斑，光斑如图a所示为矩形，在侧光式背光源中光斑如图b所示。由于液晶显示器液晶响应是逐行响应的，右侧光斑与液晶显示器响应区域不能一一对应，所以不能直接根据水平光学分区应用扫描背光技术。

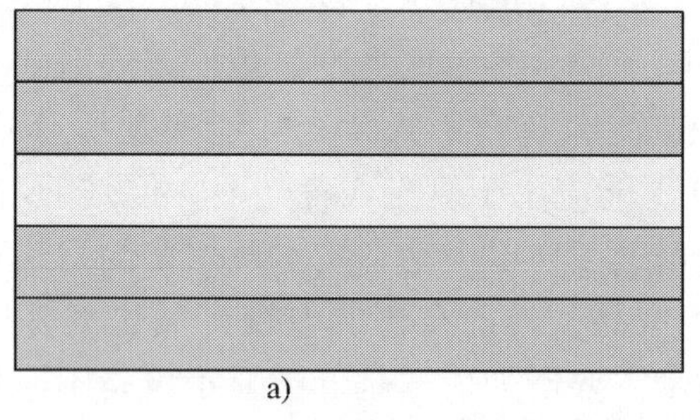
a)

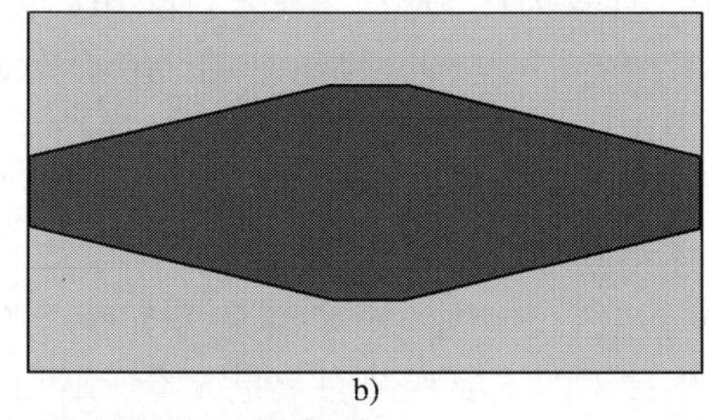
b)

图5.2-2　直下式分区光斑和侧光式分区光斑对比

在技术效果上，扫描背光可以实现类似黑屏插入技术的显示效果。黑屏插入是针对液晶屏，用于缩短响应时间，减轻快速运动图像模糊的技术。如果在显示的特殊阶段，将背光源关闭，也可以达到与黑屏插入技术相同的效果，这就是闪烁背光技术[8]。从这个意义上来说，闪烁背光技术是一种特殊的扫描背光技术，这里就不详细介绍了。

## 3. 场序背光技术

场序背光技术是利用人眼的视觉暂留现象，实现时间混色。现有背光技术都是空间混色，场序背光技术则是一种使背光源的红绿蓝三色按时间顺序分别点亮实现时间混色的技术。由于场序背光技术的特点，在色饱和度高、响应速度足够快的LED背光上应用有很大的优势，其在LED背光技术研究的伊始就成为研究的热点。该技术可以去除彩色滤光膜，大幅节省原料成本，使像素大小变为原来的1/3，大幅提高分辨率。由于去掉了彩色滤光膜，光利用率大大提高，其在节能方面也有巨大优势。

2005年10月三星公司推出了应用场序背光技术的32in电视。该电视的技术指标为分辨率1366×768像素，亮度500cd/m$^2$，对比度1000:1，色彩表现范围NTSC规格比110%，耗电量82W。单从技术指标看，三星公司的场序技术已经比较成熟。我国台湾地区的厂商也进行了这方面的研究，但是从展会上展示的效果看，色彩还有偏差。

场序背光技术在2007年以前是电视应用的研究热点，三星公司曾宣布将在2007年量产该技术，但实际并没有量产产品上市。近两年的展会上鲜有使用该技术的样品推出，这是因为场序背光技术需要很高的液晶响应速度，180Hz 频率才能实现普通显示 60Hz 的效果，而且液晶的响应速度要比 180Hz 显示的速度还要快。该技术的另一个问题是虽然可以大幅提高分辨率，但是超高清的图像源并不多，这一优势不能充分体现。

场序技术是一项开始研究较早的技术，早在 20 世纪 90 年代就有产品的研究项目。Hunet 公司是这项研究最初的领军者。这项技术于 1999 年最早应用在 TFT-LCD 领域，首先被使用在 Hunet 公司制作的样品中。虽然这项技术没有量产，但各研究机构和厂商并没有放弃这项技术。

### 4. 智能背光技术

背光源技术中将可以实现自动调节和校正的技术归类为智能背光技术，其中包括环境光感应、色彩校正、故障自动监测、亮度感应等。这个技术是提升产品单一性能的技术，下面以环境光感应和色彩校正为例进行介绍。

环境光感应技术最早应用在手机上，2006 年各传感器厂商积极展开用于手机产品的环境光感应器的开发，欧司朗光电半导体公司生产出可以精确匹配人眼的灵敏度曲线感应器。其他同类企业也相继推出自己的产品，高灵敏度使该类产品应用在显示产品上成为可能。

环境光感应技术在手机上应用以后，随着 LED 背光技术的发展，使精确调整 LED 背光发光成为可能。2009 年国内企业创维公司推出具有环境光感应技术的 32in 液晶电视，随后海尔公司也推出了智能光感电视，长虹公司也推出智能感光护眼电视。日本厂商东芝公司在 2008 年 4 月发布了一系列感光电视，索尼公司、夏普公司也有同类的产品销售，包括诺基亚公司在内的手机厂商在小屏幕产品上也有应用。环境光检测和调节技术是既能满足节能需求，又能保护用户视力的一项实用技术。

环境光感应技术是应用光强传感器根据环境光强度自动调整背光源亮度，提升显示设备与环境背景之间的对比度，可以实现节能。同时根据人眼的特性，使 LCD 电视更适合人眼观看，缓解眼睛疲劳。该技术通过寻找适合人眼对液晶显示器件与环境光之间的亮度对比度曲线，配合环境光的改变，感应器件自动调节显示器的亮度，达到满足上述要求的目的。这项技术的性能优势在于节能，随着能耗得到越来越多的关注，环境光感应技术作为成熟技术应用范围必将越来越广泛。

色彩校正技术可以通过两种方法实现。一种是通过 LED 色彩漂移曲线，找到背光源工作时间与色彩漂移之间的关系，自动校正工作很长时间后出现偏差的 LED 背光源色彩，另一种与环境光感应技术相似，通过颜色传感器，定时监测背光源颜色漂移情况，根据测量的结果调整背光源的色彩。色彩校正技术早在 CCFL 背光源技术上就有应用，当时主要是通过图像处理技术来解决色彩漂移问题，与 LED 背光上应用的色彩校正技术存在根本的差异。最初，LED 背光技术上应用色彩校正技术主要适用于 RGB 三色背光源，现在其应用范围已经扩大到白色 LED 背光。

市场上销售的 LED 背光源电视多数都已经具备色彩校正技术，该技术的应用范围也相当广泛。

## 三、我国在 LED 背光研究方面的进展及产业化应用情况

我国在 LED 背光源的应用方面由于受专利的影响，早期一般都是以装配和测试为主，中大尺寸 LED 背光的研究开展较晚。小尺寸显示设备应用的 LED 背光源以白光 LED 为主，其主要的应用为手机、电子相框、数码产品、车载电子产品等，中尺寸背光源主要应用在笔记本电脑和液晶显示器上，大尺寸主要应用在电视产品上[9]。

国内 LED 背光在中小尺寸上的应用研究主要集中在薄型化、窄边框、高光效等方面。其技术从 2007 年的 1.8in 2 颗灯，到 2010 年 18.5in 4 颗灯，在光的利用效率方面技术发展很迅速。减少 LED 灯的使用个数有两个益处：首先是可以降低成本，小尺寸背光源的成本竞争是很激烈的，降低成本对企业来说可以增加产品的竞争力；其次 LED 的使用个数减少，带来相应的 LED 灯一致性提高，故障率降低，装配的工艺性能提高。

薄型化方面的研究主要依赖集成化结构和光学研究的进步。集成化结构设计对加工技术要求比较高，光学膜材等主要光学器件都是从国外采购的，导光板的设计是国内主要技术的研究焦点。优秀的

导光板设计可以降低厚度，实现薄型化，还可以提高光效，取得较好的均一性和光学分布。高光效的设计，主要是由采用射出、蚀刻等方法成型的导光板，受加工条件的限制，国内在这方面还很薄弱。

目前，我国大陆针对大尺寸背光源的研究还是日本、韩国、我国台湾地区技术的追随者，我国大陆自主知识产权的技术，还没有全面大量生产。跟国际先进水平相比，从机械性能指标方面来说，主要是厚度方面的差距较大。从 2006 年大于 100mm 降低到 2010 年 10mm 以内的水平，相比国外有两三年的差距。而对于均一性、色域、亮度等方面，如果采用的 LED 基本相同就相差不大。另一个主要的差距在功耗方面，由于 LED 灯、屏、电路系统对功耗都有影响，动态背光技术的算法不同也是影响节能的关键，而各厂商节能技术不同，因此差距也较大。

从国内看，目前产业化的大尺寸背光源技术主要为白光 LED 背光源，侧光式是目前的主要产品，因为侧光式背光源的成本较低，略高于 CCFL 背光源，市场容易接受。量产的 LED 背光源与 CCFL 的背光源相比主要优势为节能、超薄和寿命长，其色域略高于 CCFL 背光源。

产能方面，2005 年以前国内主要的 LED 背光源的生产厂商都是以生产小尺寸 LED 背光源为主，量产产品主要是手机使用的背光源模组，厂商分布在苏州、南京、深圳等华东和华南地区。目前，我国大陆有京东方北京公司 5G、成都公司 4.5G、合肥公司 6G、中航光电公司 5G、龙腾光电公司 5G、天马（上海、成都、武汉）公司 4.5G、深超光电公司 5G 等 TFT-LCD 面板生产线。而且京东方北京公司 8.5 G、深圳华星光电公司 8.5 G 生产线也即将量产，众多的液晶面板厂商的产能巨大，为配套的背光源产业带来巨大的发展机遇。

各厂商也开始了大尺寸 LED 背光源的生产，京东方茶谷公司在众多国内背光源大企业中比较领先，已经具备量产大尺寸 LED 背光源的能力。海信公司在大尺寸 LED 背光源领域也是国内领先的。尽管国内厂商的大尺寸 LED 背光源的产业化与日韩厂商相比还有差距，但是巨大的市场潜力，为这项技术的产业化发展提供了一个巨大的空间。



## 四、LED 背光未来展望及建议

LED 背光未来发展有几个较为明朗的技术趋势，一个是单台电视上应用的灯条数量和 LED 灯的个数明显减少（见图 5.2-3）；另一个是重点开发配合其他技术发展要求的新型技术，如适合在 3D 技术上使用的扫描背光；还有一个是对功耗的要求日益严格。国家能效标准和“能源之星”系列标准对能耗的要求，使新技术的研究特别重视能耗。

小尺寸 LED 背光在高端市场受到了 OLED（有机发光二极管）的冲击，在未来的发展中，情况将更为严重，小尺寸 LED 背光源的盈利空间已经大大压缩。但是在大尺寸领域，LED 背光的应用还有广阔的前景。

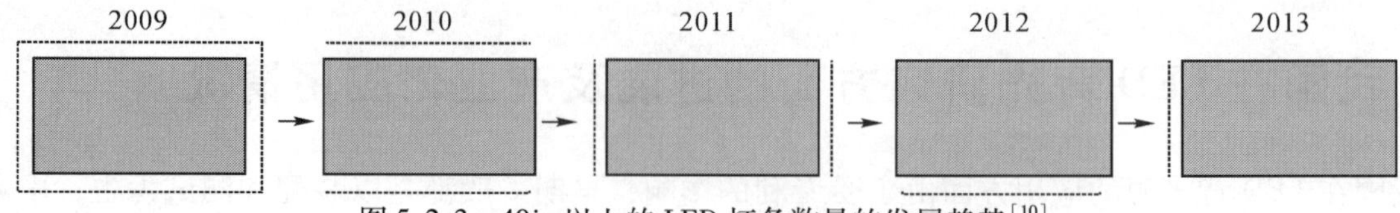


图 5.2-3　40in 以上的 LED 灯条数量的发展趋势[10]

国内的 LED 背光源技术起步晚，基础薄弱，要想在国际大企业的夹击下发展壮大，需要从以下几方面做好准备工作。

一是人才储备。国内进行背光研究的起步较晚，高级人才多为由日韩企业培养的工程技术人员。LED 背光行业是一个需要多学科、多门类协同发展的行业，对光学、电学、热学、结构、图像处理和控制技术都有较高的要求。随着国内的产业化进程，对掌握核心技术的人才需求将进一步增加，培养高级技术人才是各企业都该关注的问题。建立合理的用人机制，在保证研发工作和量产工作的同时，为现有人员提供能力提升的空间，能够促进人才扎根企业，相比引进人才更为合理有效。引进人才和自有人才培养相结合，将是人才储备的有效途径。在技术研发中培养人才，在产业化中锻炼人才，在企业的发展壮大中合理有效地使用人才，是国内行业发展需要采取的人才策略。

二是核心技术投入。短期内技术的发展与投入是不成比例的，技术的发展、技术成果的产出和技术投入相比，有明显的滞后效应，掌握核心技术是国内企业发展的重要支撑。但是由于基础研究开展得较晚，核心技术成果的产出需要时间，企业需要从长远发展的角度，长期坚持技术投入，对研发力量进行倾斜，鼓励核心技术和基础技术的研究。短期内可以作为国外先进企业的追随者，但是不能永远站在追随者的角度，应该为技术的尝试性研究提供平台，为掌握未来核心技术提供可能。

三是找到适合国内企业发展的切入点。目前国内企业生产的产品还不能得到高端市场的认可，所以目前的产业化阶段需要生产低成本的、满足低端市场需求的产品，但是可以在与特殊客户群体合作中开发其需要的高端产品，为以后能够进入高端市场做好准备。如与特种显示行业的客户合作，像摄影和婚庆等图片处理行业，对色域要求较高，国内可以开发少量满足这种要求的特种显示产品，为技术研发的产业化作技术尝试。

## 五、总结

中小尺寸LED背光技术已经成熟，受OLED技术的挤压，其市场和应用逐渐走向低端市场。大尺寸LED背光技术已经起步，未来几年的发展将更为迅速，随着市场占有率逐年增加，其产业化前景广阔。技术研发不再单纯关注厚度、亮度、色域等与背光性能直接相关的技术指标，而是开始从液晶屏与背光的配合考虑，通过调整背光，提升整个显示设备的性能，并且降低整体显示设备的功耗，同时考虑使用的舒适性。国外企业实力雄厚，核心专利数量大大超过国内企业。国内企业作为LED背光技术的追随者，已经开始关注并进入核心技术开发领域，由于基础薄弱，人才储备不足，核心技术投入有限，要达到国外企业的水平和产业化发展程度还有很长的路要走。在研发人员和企业重视的同时，也需要来自政府和相关机构的支持，在各方面共同的努力下，一定能够得到更好的发展。

目前减少LED灯的使用个数、降低整个背光源的厚度、节约功耗、节省成本是国内企业的产业化目标。生存是最基本的要求，但是生产高品质的产品，进入高端产品市场，使用先进技术，提升产品的性能，这才是企业的核心竞争力。着眼未来，才能延长产品和企业的生命。技术的发展需要企业的投入和支持，需要技术人员的努力，两方面协同发展将为我国在未来显示领域占有重要地位打下坚实基础。



### 参考文献

[1] 2009-2012年中国半导体照明（LED）行业调研及战略咨询报告．深圳市盛世华研企业管理有限公司．

[2] 李福文，金伟其，邵喜斌，张丽蕾，万丽芳．基于LED背光源区域控制的LCD系统色域分析［J］．光谱学与光谱分析，2010，30（5）：1371-1375.

[3] 张克然、严华锋、李松、金波．直下式LED背光源液晶电视模组色域特性讨论［C］．2008中国平板显示学术会议论文集：110-112.

[4] 马国恒，刘飞．中国大尺寸LED背光源现况与展望［C］．2010上海国际新光源 & 新能源照明论坛论文集：124-127.

[5] 韩秋峰、邵诗强、黄卫东．平板电视机节能要求和TCL的动态背光控制技术［C］．2010中国平板显示学术会议论文集：97-100.

[6] 32～42～46英寸LED背光液晶电视屏结构与电气接口技术规范．中国电子视像行业协会．

[7] 26～37～55英寸LED背光液晶电视屏结构与电气接口技术规范．中国电子视像行业协会．

[8] 闪烁背光和扫描背光技术．LED环球在线．

[9] 2009-2012年LED行业发展前景分析及投资风险预测报告．中研普华管理咨询公司．

[10] LED LCD TV BLU Tech/Industry Dynamics. Displaybank report.

# LED 在室内照明领域中的应用现状与发展趋势

刘乃涛　饶连江　周鸣
南京汉德森科技股份有限公司

## 一、引言

能源危机与环境保护成为全球可持续发展的关注焦点，开发与利用节能产品、新能源及可再生能源已成为大多数国家 21 世纪能源发展的基本选择。我国重点发展的七大战略性新兴产业，节能环保就是其中之一，其中半导体照明产业也列入节能环保新兴产业中。据统计，全球照明用电占总用电量的 20%，占总能耗的 7%。自澳大利亚首先宣布从 2009 年起全面停止白炽灯的研发和生产，全球多个国家先后发布了停止白炽灯生产与使用的时间，在这样的大环境下，LED 照明迎来了一个快速发展的契机。

近两年来随着 LED 效率的快速提升和成本的快速下降，LED 照明产品已经开始在功能照明市场崭露头角，其在室内照明方面的优势也初步显现，虽然 LED 在室内通用照明方面还不足以撼动紧凑型荧光灯、直管荧光灯、金卤灯等传统光源的主体地位，但 LED 在替换低效光源白炽灯、卤素灯方面已经表现出了明显的优势。从目前看，LED 室内照明产品处于进入普通消费市场的初期阶段，市场潜力更不容小视。全球各大照明企业都意识到 LED 室内照明的巨大潜力，飞利浦、欧司朗、通用、东芝、松下等公司的 LED 室内照明光源和灯具相继面市。



## 二、LED 在室内照明领域的市场与技术现状

室内照明领域是对光源有较高要求的领域，主要要求有：保证工作、学习、生活环境达到舒适的照度标准和良好的照明质量，客观地显示物体的明暗度与色彩性，获得人眼直接观察外部景物的真实效果，在高发光效率、足够亮度的同时，还应该有接近自然光的色温和高的显色指数。《普通照明用 LED 模块性能要求》GB/T 24823—2009 和《建筑照明设计标准》GB 50034—2004 对室内照明灯具提出的显色指数要求均为 80 以上。国内商用 LED 的一般显色指数都大于 70，低色温时可达到 80 以上。在对光色有特殊要求的场合，可通过混合红光 LED 来提高光效与显色指数，研究发现，通过提高 R9 系数能将显色性提高到 90 以上。

目前商业化的大功率白光 LED 的光效已经达到了 130lm/W，仅从发光效率这一指标来看，白光 LED 的发光效率已经达到了节能灯的两倍以上，远远超过了白炽灯和卤素灯。近两年来，众多国内 LED 照明企业开始进军室内照明领域，在进行市场分析前，我们先对 LED 在室内照明领域应用的优势和劣势进行比较分析。

优势如下：

1）节能。在替代白炽灯、卤素灯领域，LED 已经表现出了很明显的节能优势，节能超过 70%，而在替代 CFL 节能灯方面，节能效果开始明显。

2）长寿命。散热良好的 LED 灯的实际使用寿命为一般光源的几倍甚至几十倍，在某些需要 24h 点亮和维护更换不方便的场合具有很大优势。

3）环保。器件中不含水银，光束中不含红外线和紫外线，特别适用于博物馆、美术馆、图书馆、化妆品商店、珠宝店等专业场所，可满足特定物品对展示照明的特殊要求。

4）亮度和色彩的动态控制容易。在一些需要编程的场合，能够提供一系列的解决方案，为室内

照明的智能化管理提供便捷，这是 LED 目前相对于传统照明光源最大的优势之一。

5）外形尺寸小，有很强的发光方向性。LED 可实现与建筑有机融合，达到见光不见灯的效果，可以方便地实现各种柔性化造型，这给室内空间的照明设计提供了新的思路。

劣势如下：

1）成本高。采用 LED 制成的室内照明灯具，初次购买成本约是传统照明灯具的 5 ~ 10 倍，对于普通用户来讲成本劣势非常明显。

2）光谱质量。人类的眼睛已经习惯于太阳所发出的连续光谱的光，而目前白光 LED 光谱是不连续的，在对光谱质量要求非常高的场合，LED 还不能满足。

3）LED 照明灯的接口规范和标准不完善。LED 照明作为新技术新产品，没有统一的接口规范和标准与测试方法，不利于市场的大规模推广。

**1. 国内外 LED 室内照明市场应用状况**

从最近几年半导体照明的实际应用效果来看，LED 产品应用于室内照明，表现出了很好的稳定性、可靠性，同时从 LED 的产品优劣势特性来看，LED 现阶段最适合应用的场所是室内照明。

随着 LED 室内照明产品的性价比快速提升，飞利浦、欧司朗、通用、东芝、松下等公司都已经推出了系列化产品，凭借其品牌、渠道和技术优势，在 LED 室内照明领域相对占据竞争优势。同时由于这几家照明巨头都属于发达国家，民众节能环保意识高、购买能力较强，对室内 LED 照明产品的价格接受力也较高。从全球范围内的市场来看，日本、欧洲、美国等发达国家率先启动，其中日本市场启动最早也是最快的，欧洲紧随其后，美国市场尚处于培育过程中。以日本市场为例，LED 球泡灯在 2008 年下半年刚上市时，其价格高达 8000 日元，市场销量极为有限，2009 年上半年在日本的销售价格降到了 4000 日元以下，是原来的一半左右，因此需求得以迅速提高，2009 年日本 LED 球泡灯销量约为 170 万只，2010 年上半年，主流 LED 球泡灯的销售价格降到了 2500 日元左右，销量更是大幅飙升。由此可见，以目前替代型 LED 灯泡的技术水平，完全可以达到替代白炽灯的技术要求，目前主要的障碍是还是价格问题，低价格对 LED 照明的普及进程将是关键的。

因为 LED 室内照明产品的价格较高，此前国内市场并没有开始普及，国内半导体照明企业的室内照明产品主要用于外销。根据国家半导体照明工程研发及产业联盟统计，截至 2010 年 8 月，仅 21 个“十城万盏”试点城市已有 160 万盏 LED 灯具得到示范应用，其中室内应用总共约 66 万盏。预计在未来 3 ~ 5 年内，LED 从高档居家装饰照明到功能性室内照明将得到逐步应用。

根据传统照明产业的发展经验和 LED 照明产品的发展现状，预计 LED 室内照明市场的发展将按三个阶段开展。

第一阶段：替代白炽灯、卤素灯等传统低效率光源。由于 LED 灯尚无接口标准，同时传统照明已经存在上百年，灯座接口已经无法大规模改变，LED 产品只能按传统光源的接口去设计，以适应以往照明灯具使用的环境与人们的惯性思维，市场表现为对传统灯泡、射灯的替代。

第二阶段：替代紧凑型荧光灯、直管型荧光灯、金卤灯等高效率光源。这一阶段，LED 产品还只能按传统光源的接口去设计，但由于 LED 能效的提升和成本的下降，导致有限体积内的散热问题不再是约束因素，替代型 LED 可以逐步向高光通量应用领域渗透，市场表现为对传统紧凑型荧光灯、直管荧光灯的替代。

第三阶段：根据 LED 的特点和将来制订出来的标准，开发推广发挥 LED 特点的 LED 智能化灯具。现有的灯具结构都是根据传统光源的配光特性设计的，没有考虑 LED 本身的散热和发光特性，在这一阶段将充分考虑 LED 的特点，开发出相应的真正“适合”LED 的灯具，以满足 LED 灯具个性化和与建筑融为一体的要求。同时开发高端的，除满足功能要求之外，还满足人们对照明心理和生理要求的智能化 LED 照明产品。这一阶段将彻底抛开传统照明的概念，更多地强调调光、调色、智能化控制、调节气氛等理念，将给人耳目一新的感觉。

**2. LED 室内照明产品现状**

从近两年国内外大型照明展会的产品展示可以看出，传统照明所占的比例大幅度降低，LED 照明已占到90%以上。目前，国内外照明厂商都把LED室内照明产品作为推广的重点，由于目前还没有接口标准可依据，很多厂商都把目前LED的技术水平容易实现且节能效果较好的可直接替代传统灯的替代型LED灯作为重点。

目前的市场需求主要是标准接口的替代型LED灯，主流产品包括A19球泡灯、MR16、Gu10射灯、PAR灯等，在一体化灯具方面，LED筒灯是目前性价比较高的产品。从技术上来看，由于受有限体积内散热技术的限制，目前以标准的A19 LED球泡灯为例，其光通量大约为400lm，从同等照度效果来衡量，可以替代15W、25W、40W、60W的白炽灯泡，从同等光通量来衡量，可以替代15W、25W、40W的白炽灯泡。标准的4W LED MR16射灯，目前完全可以替代20W的传统卤素灯，但是替代35W和50W的卤素灯还有差距。

根据目前的产业发展状况和未来几年的发展趋势来看，在3~5年内，可以达到大规模推广的LED灯的主要品种是室内替代白炽灯、卤素灯的替换型LED灯、LED筒灯。达到大规模市场推广要求考虑的主要出发点，一是功能要达到要求，二是要给客户真正带来价值，即替代传统光源后投资回报周期要短。表5.2-1是对目前市场上主要的替代型LED灯的替代节能情况及投资回收期的对比。

**表5.2-1　替代型LED灯和灯具目前的技术发展水平及其与传统光源的对比表**

| LED灯类型 | LED灯示意图 | 发光效率 | 寿命/h | 替换传统光源类型 | 节能率 | 投资回收期/年 |
|---|---|---|---|---|---|---|
| LED球泡灯（7W） | | 60lm/W（暖白） | 30000 | 60W白炽灯 | 88.4% | 0.40 |
| LED球泡灯（7W） | | 60lm/W（暖白） | 30000 | 11W紧凑型荧光灯 | 36.4% | 3.41 |
| LED PAR灯（16W） | | 45lm/W（暖白） | 30000 | 90W卤素PAR灯 | 82.2% | 0.95 |
| LED射灯（3.7W MR16） | | 45lm/W（暖白） | 30000 | 20W卤素灯 | 81.5% | 0.64 |
| LED筒灯（11.5W） | | 45lm/W（冷白） | 30000 | 紧凑型筒灯（灯管13W×2） | 60.3% | 1.05 |

注：以上室内照明产品节能和投资回收分析几个基本依据点如下。①LED器件基于国内封装；②LED可替换灯和LED灯具基于国内市场价格，寿命为3万小时；③传统灯泡和灯具基于国内市场上主流产品（国内一线品牌），价格基于国内市场价格；④以实际应用中照度标准作为替代标准，而非光通量；⑤以每天工作12h，按每年365天计算，商业用电为1元/（kW·h）。

从节能替代投资回收期分析表可以看出，在商业照明应用场合，LED球泡灯取代传统白炽灯的投资回收期在5个月以内，LED射灯取代传统卤素灯的投资回收期在11个月以内，LED筒灯取代传统紧凑型筒灯的投资回收期在13个月以内，具备了非常好的市场推广价值。

## 三、LED在室内照明领域大规模应用面临的挑战

虽然LED光源在室内照明产品中的应用前景十分广阔，但还有很多的技术和成本问题需要进一步解决，具体归纳如下。

### 1. LED室内照明产品的初次购买成本依然过高

目前在室内照明方面LED光源还不足以撼动紧凑型荧光灯、直管荧光灯、金卤灯等传统光源的主体地位，这主要是因为初次购买LED灯的单位流明成本还很高。目前LED室内照明产品的成本仍然高达0.10~0.15元/lm，是传统光源的3~5倍，价格仍然是一道门槛。同时对传统照明光源而言，功率增加时成本变化并不大，但对于LED照明产品而言，随功率增加，成本几乎是呈线性增加。

### 2. LED 室内照明产品相比荧光灯其节能优势并不明显

尽管 LED 灯在取代白炽灯、卤素灯光源方面表现出了明显的节能和长寿命优势，例如比白炽灯可以节能 85%，寿命长 30 倍，比卤素灯节能 60%，寿命长 15 倍，同时 LED 灯具的效率较传统灯具有了明显的提高，但是与高效直管型荧光灯（T5、T8）相比，其节能效果并不十分明显，LED 日光灯管的发光效率还不如高效 T5 荧光灯管。因此，在最近 5 年内，在 LED 室内照明产品开发方向上，宜突出替代白炽灯、卤素灯这类低效光源及其灯具产品，现阶段不宜冒进大规模替代直管荧光灯、金卤灯这些高效光源及其灯具产品。LED 光源与室内传统光源光效、寿命的比较见表 5. 2-2。

**表 5. 2-2 LED 光源与室内传统光源对比**

| 光源种类 | 光效/（lm/W） | 平均寿命 |
| --- | --- | --- |
| 白炽灯 | 12 | 1000 |
| 卤素灯 | 20 | 2000 |
| 紧凑型荧光节能灯 | 55 | 6000 |
| 直管荧光灯（T8） | 80 | 10000 |
| 直管荧光灯（T5） | 100 | 12000 |
| LED 节能灯 | 70 | 30000 |

### 3. LED 室内照明产品的显色性和光谱质量与白炽灯、卤素灯相比还有差距

目前白光 LED 的主流技术路线是蓝光 LED 激发黄色荧光粉的形式，对于暖白光 LED 则添加红色荧光粉，其显色性受到了一定的局限。一般白光 LED 显色指数在 70 左右，暖白光 LED 在 80 左右，离白炽灯、卤素灯显色指数 100 还有很大的差距，在显色性方面还需要进一步提升，这是 LED 大规模进军室内照明领域时需要解决的问题。同时室内照明对光源的光谱质量要求高，经过几十万年的进化，人类的眼睛已经习惯于太阳所发出的连续光谱的光，白炽灯、卤素灯其光谱分布都是连续的，而目前白光 LED 光谱是不连续的，这也是下一步开发高质量的 LED 照明产品时需要考虑的。传统卤素灯与 LED 灯光光谱图的对比如图 5. 2-4 所示。

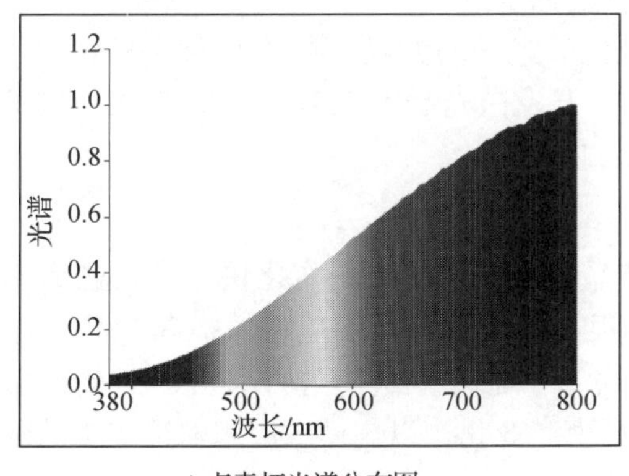

a) 卤素灯光谱分布图

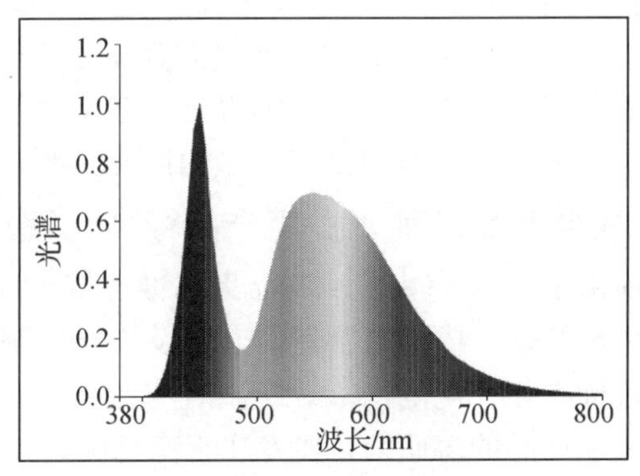


b) LED 灯光谱分布图

图 5. 2-4 传统卤素灯与 LED 灯光光谱图对比

### 4. 替代型 LED 光源在高光通量应用场合技术上还不能全面替代传统光源

虽然目前大功率 LED 的发光效率已经达到了 100lm/W 以上，但其中仍有 70% 以上的电转化成热。对于替代型 LED 室内照明光源而言，要达到替代传统光源的目的，必须实现相近的光通量，如替代 50W 卤素射灯，其光通量要达到 500lm，替代 100W 白炽灯，其光通量要达到 1600lm，其最大的难度是在有限的体积内实现高效散热。替代型 LED 光源的高效散热问题已经成为制约其推广应用的关键因素。

### 5. 接口规范和标准问题制约了大规模推广应用

目前替换型 LED 光源的接口标准都是按传统光源的接口标准开发的，不是全部都适合 LED 光源的特性，因此最为迫切的任务是针对 LED 光源的特点，尽快制定出相应的接口规范，这样便于企业

开发出标准的、具有可互换性的LED室内照明光源，便于大规模生产，为市场的大规模推广做好产品标准准备工作。

同时相关标准制订部门要尽快制订出符合国情的室内LED照明产品标准，标准制订过程中首先考虑市场的接受度和适应性，以后随技术提升后再逐步提高标准，避免初期标准过高导致成本太高，影响市场推广。

## 四、LED在室内照明领域应用发展趋势

为尽快实现LED光源在室内照明领域的应用普及，必须从成本、技术、标准等几个方面加大投入力度，具体归纳如下。

### 1. 大幅度降低LED室内照明产品的初次购买成本

价格是限制LED应用于室内照明领域的关键因素，以室内照明产品为例，其成本离大规模市场接受还需要下降70%以上，要实现如此大幅度的成本下降，一方面需要技术的突破，另一方面需要规模的快速扩大。对于LED室内照明产品，目前其主要成本是LED和驱动电源。

以替代60W白炽灯的LED节能灯为例，以目前的技术水平，色温2600～3000K，光效60lm/W，寿命3万小时，完全可以达到替代白炽灯的技术要求，主要的障碍是价格问题，目前的市场零售价在100元以上，如果市场价格能够降到现在的1/2左右，将会是市场启动的爆发点，这个时间点乐观估计需要3年，保守估计需要5年。随着LED产品特点逐步被人们认识和价格的进一步降低，市场必将快速扩大，10年后很可能会和现在普通紧凑型荧光灯市场一样普及。

### 2. 提高显色性和光谱质量

由于室内照明对光的质量要求很高，LED还有许多需要改进的地方，关键是开发高显色指数和宽光谱的LED光源，满足室内照明对光源质量的高要求。通过芯片发出的蓝光与荧光粉发出的黄光和红光复合得到白光，显色性较好，但目前这种方法转换效率较低，光衰大，尤其是红色荧光粉的效率需要较大幅度的提高，提高转换效率是下一步产品开发的重点。

传统的高显色性LED采用蓝光芯片激发黄色加红色荧光粉的方式，存在发光效率低，衰减速度快的问题，同时显色指数达到90以上难度很大。因此，开发白光LED与红光LED混光的技术来实现高显色性（显色指数≥90）LED室内照明光源是发展方向。

### 3. 减少产品品种，提高产品标准化程度

目前由于LED室内照明产品无标准可依，导致产品种类繁多，更新变化快。对企业来说在研发管理、生产管理、成本控制、渠道建设等方面都提出很高的要求，企业应尽快提高产品的标准化程度，推进标准化、规范化，最终让消费者能在几十个标准产品之间进行选择，否则消费者会无所适从。不追求产品的多而杂，要专注于特色优势产品的规模产业化，以规模效应来取得成本的降低。减少产品品种，也有利于照明设计部门和用户进行产品选择。

### 4. 开发造型新颖的灯具，提高附加值

LED一个很大的优势是外形尺寸小，可实现与建筑有机融合，达到见光不见灯的效果，同时可以很方便地实现各种柔性化造型，这给室内空间的照明设计提供了新的思路。现阶段完全可以充分发挥LED的优势，设计具有新颖性和新奇性的室内LED照明灯具，占领高端市场。图5.2-5是2010年Design Festa设计展上的一款LED艺术作品。

### 5. 开发可调节颜色、色温和亮度的智能化LED室内照明产品

随着人们生活水平的提高，对照明的需求也从“能发光就行”或“能省电就好”的“温饱”阶段过渡到了追求心理感受，强调节电和环保，人与灯光和谐的“享受”阶段。越来越多的人开始考虑如何使照明满足人的心理需求，如色彩、色温、照度对人情绪的影响、光与环境的和谐、如何利用照明渲染气氛等。亮度和色彩的动态控制是LED的另外一大优势，能充分满足高档室内装饰气氛照

明的市场需求，开发可调节颜色、色温和亮度的智能化 LED 室内照明产品也是下一步的发展趋势。图 5.2-6 是一个 LED 气氛照明应用案例。

图 5.2-5　2010 年 Design Festa 设计展上的一款 LED 艺术作品

图 5.2-6　LED 气氛照明应用案例

## 五、总结

LED 作为下一代照明光源，逐步成为光源领域的主流是必然趋势，虽然其还存在着价格高、显色指数偏低等诸多不足，但是大功率 LED 已经可以在很多场所代替传统光源使用，特别是近年来大功率 LED 性价比的快速提升，加速了 LED 取代传统照明光源的速度。LED 照明产品的成本已渐降低至规模化应用的临界点，爆发性增长一触即发。从目前看，LED 室内照明产品在发达国家已经进入了普通消费市场的初期阶段，市场潜力更不容小视。

在节能减排的强大号召力作用下，白光 LED 在普通照明应用中的各种问题将逐步趋向完善，未来 5 年将是一个重要发展时期，随着芯片技术和工艺的成熟以及产能的不断扩大，将大幅度降低 LED 单位流明成本，从而扫除 LED 进入室内普通照明领域的成本障碍，使 LED 进入千家万户室内照明成为必然。随着半导体照明技术的推广应用，这一革命性技术将会改变照明产业原有的版图，照明行业正面临着重新洗牌的机会。

### 参 考 文 献

[1]　毛兴武，等. 新一代绿色光源 LED 及其应用技术［M］. 北京：人民邮电出版社，2008.

[2]　王晓媛，齐维贵. 我国城市道路照明节电技术研究与应用现状［J］. 照明工程学报，2010，(2).

[3]　李小红，等. LED 芯片激发荧光粉合成白光照明光源显色性的控制［J］. 现代显示，2006，(2).

[4]　杨正名，李丽琴. 电光源光效的分析［J］. 电气照明，2009，(11).

[5]　丁毅，顾培夫. 实现均匀照明的自由曲面反射器［J］. 光学学报，2007 (3).

[6]　赵丽，张炜虹. 光源的色温与显色性及其应用［J］. 西安建筑科技大学学报，1998 (12).

[7]　饶连江. LED 二次散热技术简介［J］. 光源与照明，2010 (7).

[8]　Hangfeng Ji, Ruud Balkenende, Maarten ten Houten. Life Cycle Thinking of LED Lamp 7th China International Forum on Solid State Lighting.

# LED商业照明应用现状与发展

周详　王佩源　张继勇
惠州雷士光电科技有限公司

## 一、引言

早在2003年，飞利浦流明照明公司的Roland Haitz先生根据1965年以来LED商业化发展的历程提出：LED的价格每10年将降为原来的1/10，而性能则提高20倍。这一结论在2010年得到了充分验证，显色指数为80以上的低色温LED光效已经达到100lm/W，而其价格已经降至每颗1.5美元以下（国际品牌大功率产品），鉴于此，LED在室内照明的应用越来越活跃，特别是在商业照明领域，LED凭借其节能、稳定、长寿命得到了更多的青睐。

## 二、LED现状及发展趋势

随着材料、芯片、荧光粉以及封装等技术的提升，LED性能在近几年有了飞速的发展，2010年白光LED光效的产业化水平已经达到90～100lm/W，但是其价格还是远远超过荧光灯、金卤灯等传统光源（见表5.2-3）。




**表5.2-3　各类光源性能价格比**

| 光源类型 | 光效/（lm/W） | 显色指数 | 寿命/h | 价格/（$/klm） |
|---|---|---|---|---|
| 白炽灯 | 15 | 100 | 1000 | 0.3 |
| 卤素灯 | 20 | 100 | 3000 | 1.3 |
| 节能灯 | 75 | 80 | 8000 | 2 |
| 三基色直管荧光灯 | 90 | 90 | 8000 | 1.5 |
| 石英金卤灯 | 80 | 80 | 6000 | 2.5 |
| 陶瓷金卤灯 | 90 | 90 | 10000 | 3.5 |
| LED | 90 | 80 | 35000 | 13 |

然而，据美国能源部（DOE）预测，按照现在的趋势，到2020年暖白光LED的效率可以达到234lm/W（见表5.2-4），与传统光源的光效相比，优势非常明显，而成本将降至1.1$/klm。

**表5.2-4　LED性能价格发展现状与预测**

| 项目＼年份 | 2009 | 2010 | 2012 | 2015 | 2020 |
|---|---|---|---|---|---|
| 冷白光效/（lm/W） | 113 | 134 | 173 | 215 | 243 |
| 冷白成本/（$/klm） | 25 | 13 | 6 | 2 | 1 |
| 暖白光效/（lm/W） | 70 | 88 | 128 | 184 | 234 |
| 暖白成本/（$/klm） | 36 | 25 | 11 | 3.3 | 1.1 |

## 三、商业场所照明需求分析

### 1. 商业店铺

商业店铺是城市经济的重要组成部分。随着社会进一步发展和文化水平的提高，商业场所已从单纯的买卖观念，发展成为社会活动、精神交流、休闲观光的地方。随着商业经济的快速发展，购物环境的装潢与设计要求变得越来越高。

在整个设计过程中，照明设计对环境影响极大，它集建筑学、生理学、光学、美学于一体，表现手法丰富多彩、千变万化，不仅要有足够的亮度，而且要有较强的艺术性。“好的商场照明，是诸多吸引顾客进入商店的有效方法之一，并使他们对商品发生兴趣，从而帮助商家销售产品。”

照明能耗一般占商场总能耗的 40% ~50%，因此除了在照明设计时要满足以上需求，还应考虑使用长寿命、节能、环保光源和高效灯具产品以减少整体能耗，降低运营成本。由于商业店铺长时间照明的特点，相比高强度气体放电灯、卤钨灯等传统光源，有超长寿命、超高光效的 LED 有着明显的优势，虽然目前初装成本远远高于传统产品，但是后期的维护、运营成本会大大降低。当前，沃尔玛、欧尚、星巴克、周大福等国际卖场、餐饮、珠宝连锁企业已纷纷在其各自门店应用 LED 节能照明。随着社会经济的发展，将带动更多商业场所对 LED 产品的需求（见表 5. 2-5）。

沃尔玛（中国）公司通过在其各自门店采用 LED 节能灯作为普通照明、安装节能冷冻柜和余热回收装置、关闭非高峰时期部分照明等措施节水节能。据统计，截至 2010 年第一季度，新的沃尔玛节能示范店与 2005 年普通门店相比，能效提高 38. 62%，用水减少 44. 5%，温室气体排放量减少 6. 08%。北京望京节能示范店与 2005 年普通门店相比，已实现节能 35%，节水 68%。

**表 5. 2-5　各商业形态在我国境内的品牌及门店数量**

| 商业形态 | 我国境内的品牌与门店数量 |
|---|---|
| 大型卖场 | 沃尔玛（189）、欧尚（36）、易买得（25）、卜蜂莲花（77）、乐购（87）、麦德龙（43）、家乐福（190） |
| 便利店 | 好德 + 可的（2500）、快客（1980）、7-Eleven（400）、罗森（300）、苏果（1200） |
| 餐饮店 | 星巴克（230）、真锅（221）、必胜客（300）、肯德基（2100）、麦当劳（1500） |
| 珠宝店 | 周大福（100）、施华洛世奇（上海 30）、老庙黄金（788）、亚一金店（438）、周生生（120）、老凤祥（1400） |

## 2. 酒店

现代社会经济的发展，带来了世界旅游、商务的兴旺，酒店业也随之迅速发展起来，而且是越来越豪华、越来越现代化。照明方案作为表现室内环境的点睛之笔，已为越来越多的客户和设计师所关注。酒店照明已不是简单的功能作用，随着照明技术的发展，除了追求传统美学观念上的照明效果以外，更好地适应酒店的基本格调，最大化地满足客户的感官需求，以及在追求以上目标时保证照明的绿色化与经济化都成为了决定酒店照明方案优劣的新标准。

目前，多数酒店包括五星级酒店还在使用传统的照明技术（白炽灯/卤素灯）。对于拥有大型空间、多元化、高品质照明要求的酒店，传统照明技术在照明能耗方面凸显滞后。如果使用 LED 照明，能耗可下降约 70%，同时 LED 产品的长寿命，还可以降低酒店运营成本。此外，色彩丰富的 LED 照明产品可为设计师提供巨大的想象空间以实现酒店各功能区块的情景照明。

展望未来，我国未来 GDP 8% ~10% 的年均增长有望带动酒店客房数量年增长 12%。目前我国星级酒店的客房总数为 200 万间，预计 5 ~7 年内能够增长到 500 万间，我国的酒店市场有望在 5 ~10 年内超过美国。可见 LED 照明在酒店行业的应用市场广泛，潜能巨大（见表 5. 2-6）。

**表 5. 2-6　全国部分省市截至 2010 年 7 月五星级酒店数量**

| 地区 | 酒店数量 | 地区 | 酒店数量 | 地区 | 酒店数量 | 地区 | 酒店数量 |
|---|---|---|---|---|---|---|---|
| 北京 | 61 | 湖南 | 14 | 黑龙江 | 5 | 四川 | 10 |
| 上海 | 43 | 天津 | 9 | 安徽 | 9 | 贵州 | 2 |
| 广东 | 86 | 河北 | 8 | 福建 | 18 | 云南 | 12 |
| 江苏 | 54 | 山西 | 9 | 江西 | 7 | 陕西 | 9 |
| 浙江 | 37 | 内蒙古 | 7 | 广西 | 12 | 甘肃 | 2 |
| 山东 | 18 | 辽宁 | 16 | 海南 | 22 | 新疆 | 12 |
| 湖北 | 10 | 吉林 | 6 | 重庆 | 11 | 河南 | 12 |

## 3. 博物馆等公共场所

博物馆是征集、典藏、陈列和研究代表自然和人类文化遗产的实物场所。由于博物馆所展示的一般都是珍品，对于保存和展示条件比较苛刻，因此对于博物馆照明的原则是既能向观众提供良好的视觉环境以便充分展示展品的特点，又能使光学辐射对展品的损害降到最低。LED 良好的方向性以及光线中不含红外和紫外辐射正好能够实现博物馆照明的基本需求。

## 四、LED 在商业照明的应用

按照功能区分，商业照明大致可以分为装饰照明、重点照明和基础照明。随着性价比的提升，LED 在商业照明领域的应用越来越广泛，从 20 世纪初的装饰照明到现在越来越多地运用于重点和基础照明，特别是低碳经济的全球化需求以及北京奥运、上海世博等超大型示范项目的应用，加速了 LED 商业照明的进程。

### 1. 装饰照明

装饰照明主要是通过色彩的组合与变化来达到夜间商业环境的美化、气氛的烘托以达到吸引消费者、促进消费的目的。所以装饰照明对于颜色以及控制变换的要求远远高于对照度、亮度、显色性等的要求。LED 凭借其色彩丰富、易于控制等特点，在这一领域的运用顺理成章，并且已经成熟（见图 5.2-7）。LED 装饰照明产品主要有投光灯、水下灯、地埋灯、轮廓灯等。

图 5.2-7　LED 装饰照明效果图



### 2. 重点照明

重点照明是指通过定向照明的方式，突出空间某一区域或者物体以达到引人注意的一种方向性照明。根据实际使用环境的不同，一般是基础照明亮度的 3～5 倍。传统的重点照明产品主要以 MR16 等卤素射灯为主，这一类产品由于其光效低、寿命短以及含有大量红外光线等缺点，长时间运用不仅造成能源浪费，而且损害被照物品。

LED 作为一种光线方向性强、亮度大的点光源，同时易于进行二次光学设计，在重点照明领域，不仅可以保持原有照明效果（见图 5.2-10 所示），同时还能大大降低使用和维护成本。现阶段，主要通过两种方式替代原有卤素照明产品：一种是用与卤素灯杯同样尺寸的 LED 灯杯替换原有卤素灯光源（见图 5.2-8、表 5.2-7）；另一种是通过一体化的 LED 射灯灯具取代原有整套卤素灯具系统（见图 5.2-9、表 5.2-8）。

图 5.2-8　取代传统卤素光源的 LED 灯杯

图 5. 2-9　取代传统卤素灯系统的一体化 LED 射灯

图 5. 2-10　LED 重点照明应用示例

**表 5. 2-7　LED MR16 灯杯和传统卤素灯杯的比较**

| 灯杯类型 / 参数 | LED MR16 灯杯 | 20W 卤素灯 |
|---|---|---|
| 功耗 | 3W | 20W |
| 寿命 | 25000h | 2500h |
| 辐射 | 光线中无红外、紫外光 | 光线中有红外、紫外光 |
| 维护费用及频率 | 低 | 高 |
| 环境污染 | 无 | 高 |
| 年使用电量（按每天 12h 计算） | 12. 96kW · h | 86. 4kW · h |
| 年排放二氧化碳量 | 11. 66kg | 77. 76kg |

**表 5. 2-8　LED 天花灯和传统卤素天花灯的比较**

| 灯类型 / 参数 | 10W LED 天花灯 | 50W 卤素天花灯 |
|---|---|---|
| 功耗 | 10W | 50W |
| 寿命 | 30000h | 2500h |
| 辐射 | 光线中无红外、紫外光 | 光线中有红外、紫外光 |
| 维护费用及频率 | 低 | 高 |
| 环境污染 | 无 | 高 |
| 年使用电量（按每天 12 小时计算） | 43. 2kW · h | 216kW · h |
| 年排放二氧化碳量 | 38. 87kg | 194. 4kg |

### 3. 基础照明

基础照明是指环境内全面、基本的照明，在水平面尤其是垂直面和重点照明有适当的比例，以满足使用者特定环境下的基本照明需求。基础照明主要用光线均匀的泛光照明产品，例如筒灯、灯盘，传统产品主要使用节能灯、直管荧光灯等光源，相应的LED照明产品也就应运而生（见图5.2-11）。

在基础照明方面，与荧光灯产品相比，目前LED在性能上没有太多优势，但价格却是传统荧光灯产品的10~20倍。虽然占主要成本的LED元器件价格在不断下降，但是离市场期望的价格还有一定的差距。因此，当前LED在基础照明市场的运用还处在尝试阶段。

随着环境保护要求以及环保费用的不断提升，荧光灯中含有的汞元素等有害物质（一般节能灯含有3~5mg汞，直管荧光灯含有5~10mg汞，5mg的汞可以污染25t左右的饮用水，常温下，汞就可以蒸发）阻碍了其发展，LED势必将成为较佳的替换产品。

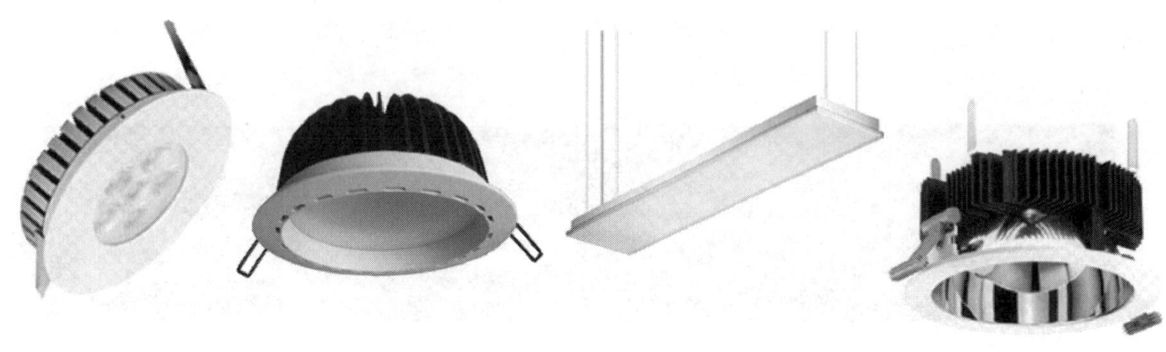

图5.2-11 LED基础照明产品





## 五、LED商业照明的发展

针对当前的商业照明市场，LED产品主要有新装和替换两种方式，但是各有不足。主要用于新装市场的一体化LED灯具出现问题之后不易维护，一般只能整体更换；用于替换市场的LED灯杯产品由于受到传统灯杯的尺寸限制，效果总是差强人意。此外，LED在商业照明的应用往往还只是作为一个简单的照明工具，没有充分发挥其半导体器件易控制、易与计算机网络技术相结合的特点。

因此，随着LED相关技术的发展，在商业照明上的应用产品和应用方式都将会有革命性的发展，照明企业的商业模式也将会有相应的变化。

### 1. 产品发展

（1）LED模组

LED灯具将光源、电器、光学设计以及散热进行了很好的结合，同时也因为它们是合在一起的，给维修带来了很大的困难，厂商之间的互换性也无法实现。于是出现了LED模组。

LED模组也叫LED光引擎，它具有标准的机械、散热、电气和光学接口，而不用考虑其内部的LED技术。LED模组可以给客户提供更加个性化和更加灵活的设计，可以抛弃传统光源设计的束缚，充分利用LED的特点设计灯具，这也成为LED新型灯具发展的一个趋势。

关于LED模组的接口标准，国际上成立的扎嘎（Zhaga）联盟，旨在促成LED照明产品标准化。该联盟定义了各种光学引擎（Light Engine）界面的标准，使厂商在LED照明元件的采购上将更为容易，进入产业的门槛相对降低。Zhaga联盟将针对LED照明灯具的外形、灯座制定规范，与散热路径有关的热界面，控制供电、接地、绝缘需求的电气界面，以及与光束、颜色等放射性相关的光学界面皆属标准化的范围。

（2）LED照明系统

LED照明除了具有高光效、长寿命之外，还具有启动迅速、真彩变换、低压控制等特点，这就决定了LED照明可以成为一个结合了各种数据存储传输、动态控制器、用户使用界面、感应器等各种器件的照明系统。

应用举例如下：

1）通过感应外部日光的照度，自动调节室内的照度水平和颜色色温，达到节能并使人舒适的目的。

2）因为 LED 为低压直流供电，通过与太阳电池板结合，形成一个完全绿色的照明系统。

3）根据人体的节律，通过预设的场景模式变换对应的照明空间，更好地提高工作效率。

LED 照明系统的出现将会是一个综合了光源与照明、芯片制造、软件开发、自动化控制、新型能源等行业的巨大产业。

**2. 模式发展**

（1）LED 使得照明市场成为更加宽广的"泛照明"市场

传统商业照明市场仅仅局限于照明的概念，而 LED 由于其独特的优势，通过和智能化控制系统的结合，可以进行调光调色，以起到节能和调节人的生理和心理状态的作用；通过和遮阳系统的配合，以实现人工照明和自然采光的结合。这就使得照明市场大大地扩大，新的市场机会也会随之应运而生。这就要求照明企业不仅要关注自己的照明产品，还应关注相关联的技术及市场机遇，如智能化控制就会牵涉到数据的传送与控制、传感技术、人机界面的实现技术等；以照明为主业的企业还要关注与相关行业的配合以及企业之间的整合，积极推动相关技术的进步以及在照明市场中的应用，做好新产品新技术的市场推广，培养新的市场增长点。

（2）商业照明市场与建材市场的结合将更加紧密

传统照明因其光源的使用寿命一般只有 2～5 年的时间，所以会出现一个装修寿命周期（一般 10 年时间）内对失效的光源进行多次更换的问题，这也是传统照明市场中灯具与光源电器相对独立的原因之一。对于半导体照明来说，目前用 LED 做成传统照明光源的形式（如球泡灯、灯管、射灯）来取代传统照明只是过渡性的阶段，只有抛弃传统照明的概念，将 LED 做成一体化的灯具才能将 LED 的优势真正地体现出来。目前寿命 3 万小时的 LED 灯具技术已经比较成熟，以每天使用 8 小时计算，3 万小时就意味着 10 年的寿命，这与一个装修周期相当。也就是说，如果在装修的时候将 LED 灯具装上，直到下一次装修都不需要对其进行维修。

LED 灯具的另一优点就是其可塑性，完全抛弃了传统照明在体积上和形状上的制约，即可以做成各种不同的形状，与装修材料完美地结合。例如，可能白天在室内就看不到灯，到了晚上墙面或顶棚会发出光，书写用的台灯与家具集成到一起等。

正是由于这些特点，LED 照明与建材的结合将会越来越紧密。照明灯具的安装将是和室内装饰同时进行（如瓷砖、地板、顶棚和家具），室内装饰的设计将把 LED 照明作为非常重要的部分，LED 灯具的销售也会更多地在装饰和建材市场进行。

（3）商业照明业将从卖产品向卖服务过渡

正是由于以上诸多的变化，使得照明从标准化的产品向个性化的产品过渡；从独立的照明市场逐步与装饰建材市场结合；灯具的安装更是从装修完成后提前到装修中安装。这就不难想象，用什么样的产品进行照明需要在装修设计的初期就决定。这样，以前的灯具零售方式将不适应 LED 灯具销售，照明企业应积极与装修设计师紧密合作，使照明成为装修设计的一部分，既起到照明的作用也起到装饰的效果。照明企业要能够提供系统化的照明解决方案，而 LED 照明产品只是提供的系统解决方案的一个部分。

## 六、LED 照明展望

我国目前占全球电能消耗的 15%～20%，而照明用电占到了 12%，这其中商业照明又占了主要部分，且每年在以 5%～10% 的速度增长。因此，LED 照明行业作为低耗能、低排放的典范，成为国家战略性新兴产业的重要部分而备受重视。作为国家发展下一代照明的战略性技术，LED 照明将会成为绿色照明产品中的优势力量。研究开发高效节能、长寿命的 LED 照明产品是《国家中长期科学和技术发展规划纲要（2006—2020 年）》优先主题的重要内容。

此外，光与人体健康的关系将会越来越受关注，对于 LED 照明的研究将不单单只是提高性能、完善照明效果。高校、研究单位、企业将紧密结合，加强照明与非视觉功能的研究和应用尝试，形成用于照明设计的指导方案，真正为消费者提供绿色、节能、健康的 LED 光环境。

## 参考文献

[1] 国家发改委半导体照明“十二五”规划研究室内照明市场应用专题报告.

[2] DOE：Solid-State Lighting Research and Development：Multi-Year Program Plan.

[3] DOE：Solid-State Lighting Research and Development：Manufacturing Roadmap.

# LED 道路照明市场发展现状

顾朝辉[1]　陈海军[1]　季建华[1]　何亚萍[2]
1 宁波燎原灯具股份有限公司　2《半导体照明》杂志

随着 LED 技术的提升、节能效果的显现、成本的下降，目前 LED 已开始进入室内、隧道、道路等功能性照明市场。近年来 LED 路灯应用市场发展迅速，我国已成为全球 LED 路灯需求最大的国家之一。

## 一、LED 路灯应用技术发展现状

LED 路灯主要包含光源、驱动电源、散热等三方面技术要素：

1）光源：目前国内 LED 路灯企业大多数采用进口芯片，市场份额较大的芯片制造商有 Cree、Philips LumiLEDs、OSRAM、Nichia 等公司和日本、韩国及我国台湾地区的厂商。Cree 以 40% 的市场份额位居榜首，且光效的产业化水平达 139lm/W。该公司较早进入我国市场，在几乎没有竞争对手的情况下先入为主。同时该公司也是唯一在我国设有封装和外延加工基地的国外 LED 芯片企业。Philips LumiLEDs 是全球知名的专业大功率 LED 制造商，占我国市场份额的 20% 左右，OSRAM 和 Nichia 分别占 16% 和 14%，其他厂商占 10%。目前国产芯片光效达到 90 ~ 100lm/W，与进口芯片相比还有较大差距。从国家电光源质量监督检验中心提供的测试结果来看，目前 LED 路灯采用进口芯片的，整灯光效能达到 90lm/W，而采用国产芯片的 LED 路灯整灯光效仅为 75 ~ 80lm/W，两者相比尚有较大差距。

2）驱动器：LED 路灯企业很多采用自己制造的电源驱动，约占 50%，也有部分企业外购，其中一部分是采购国外制造商在国内分公司的产品，此比例约为 35%，直接采购的国外电源很少，LED 路灯用电源驱动的国产化比例达到 85%。由于很多自产电源的企业是做电子产品起家的，在电子技术方面有较好的技术积累。

3）散热：散热模块、透镜、反光罩、外壳等产品大多均由路灯企业自行生产或代工生产，国产化率为 100%。这些产品技术含量较低，比较容易生产。

## 二、LED 路灯应用市场现状

### 1. 市场持续扩大

近两年来，LED 路灯不断吸引生产厂商的投入。老牌的传统照明企业如 OSRAM、GE、索恩（Thorn）、施莱德（Schreder）、西特科（Siteco）、库柏（Cooper）、Zumtobel、BEGA、Hess 等均已全面铺开了 LED 路灯的研发和生产。

近几年来，美、日、韩、欧盟等国家和地区的政府出于对自身能源消耗等方面的考虑，纷纷制定了相应的规划措施，加大力度进行技术研发和市场化，推动半导体照明产业的快速发展，其中很大一部分涉及户外照明，包括道路照明、隧道照明及广场照明等。我国城镇化的快速发展和节能减排力度的不断加大，更为 LED 路灯未来的发展提供了巨大的潜在市场。全国城市道路照明技术情报总站提供的数据表明，到 2010 年，我国城市路灯路线总长 564506.2km（未包括农村道路），路灯 1823.78 万盏，其中高压钠灯 1059.82 万盏，占 58.11%，节能光源 712.18 万盏，占 39.04%，高压汞灯 45.46 万盏，占 2.49%，白炽灯 24.79 万盏，占 0.36%。由于使用的高压钠灯接近 50% 是超标使用，造成巨大的光污染和能源消耗，再加上高压汞灯和白炽灯所占的比例，有将近35%的路灯总量可以用LED路灯来替代。另一方面新农村建设和小城镇建设也为LED路灯提供了广阔的空间，市场潜力十分巨大。预计2011年我国LED路灯市场的容量将达到50～80亿元。

### 2. 产品不断完善

与前两年推广的LED路灯相比，现在的LED路灯产品已经逐渐成熟，节能优势明显。LED路灯的散热及设计方面都不断涌现出一些新的解决思路，寿命及光品质方面也不断得到提升。

在提升产品及照明质量方面，企业目前着力解决的仍是散热问题、产品的长寿命以及配光问题。目前国内LED路灯在散热设计方面不断取得新突破。配光问题也正在得到企业的重视。这些问题的深入解决必将带来产品质量的一个新的飞跃。

由于路灯市场价格的敏感度比商用照明市场低，2011年LED路灯的价格将主要受芯片价格影响，在技术和规模没有突破性进展前，降价空间并不大。

目前LED路灯技术正处于发展阶段，提升的空间巨大。与传统光源相比，LED路灯在一些道路照明领域（如城市次干路、支路、街区、乡村道路等）已具有取代其他光源的优势。

从目前LED路灯技术和性价比综合来看，LED路灯应用到10m以下的次干路、支路中节能优势非常明显。如果未来3～5年，LED光源效率突破150lm/W，LED在道路照明的各个领域将取得飞速发展。

当LED灯具的总使用成本低于传统照明灯具的总使用成本时，即可进行替代。预计，2011年年底到2012年年初，LED路灯将可以替代150W高压钠灯，2012年年底到2013年年初，LED路灯将可以替代250W高压钠灯，而随着技术的进一步成熟和光效的进一步提升，到2015年LED路灯将可以替代400W高压钠灯。

LED路灯在光、色及灯具结构上有别于传统路灯（见表5.2-9），由于我国幅员辽阔，不同区域的使用条件和自然环境不同，会对LED路灯提出各种不同要求，因地制宜地推广使用LED路灯会对整个产业的健康发展发挥积极的作用。未来的道路照明灯具不一定要做成现有灯具的形式，而是结合LED光源的特点，根据需求进行创新性的设计，更好地满足照明功能，达到既节能又美观的效果。





**表5.2-9 LED路灯和高压钠灯的对比**

| 特性对比 | LED | 高压钠灯 |
|---|---|---|
| 灯具寿命 | 3万小时 | 1.5万小时 |
| 显色性 | 65～80，显色性好 | 20～30，显色性差 |
| 光源光效 | 90～130lm/W | 90～140lm/W |
| 光通量利用率 | 80%～90% | 50%～80% |
| 适应范围 | 商业街道、支路、次干道、主干道（20lx） | 支路、次干道、主干道、快速路（30lx） |

## 三、LED路灯应用中存在的问题与挑战

我国在道路、隧道、广场等室外LED照明技术方面已有较好的研发能力和产品开发基础，且具有一定的生产规模，在照明工程中的应用也已取得突破性进展，但是LED照明灯具的整体技术还没有完全成熟，还有一些技术问题需要解决，也还面临严峻的挑战。

### 1. LED照明产品的性价比有待提高

在LED路灯成本组成中，LED光源占到灯具总成本的50%以上，而目前采用的进口光源尽管价格已大幅下降，但总成本还是偏高，如120W LED路灯约需3000元，而被替代的250W高压钠灯约1000元，这是制约LED路灯大面积推广的重要因素。就现状而言，LED路灯明显太贵，价格是高压钠灯的2～5倍。因此即使LED路灯的耗电量仅是高压钠灯的1/2，但由于价格比高压钠灯高许多，用LED路灯代替高压钠灯成本回收周期仍然会很长。所以，LED路灯要在道路照明市场正式推广，价格及成本仍然是最大障碍。要使LED路灯价格下降到与现有灯具具有竞争力，需要各厂商的成本

下降。而近期只能是在LED技术不断成熟、发光效率不断提高的前提下，通过LED的寿命优势、节能优势来弥补灯具价格上的劣势。

LED照明产品涉及半导体应用、光学、电子电路、机械结构、热学等多学科，需要良好的配套能力，但不少企业在散热技术、配光技术、灯具结构设计技术方面不具备优势，导致灯具出光效率、光利用系数、灯具效率低，灯具在实际使用中过快衰减，使得用户失去对LED照明应用的信任，阻碍了LED照明的广泛推广应用。特别是驱动电源的可靠性直接影响了LED灯具的整灯寿命。道路照明中使用损坏的LED灯具产品，大多数是驱动电源的损坏而导致的。由于户外工作的恶劣环境，其中电源部分元器件的寿命成为驱动电源甚至整个路灯的寿命瓶颈。电源可靠性差导致安装的路灯很可能在短时间内就坏了，这对于LED路灯这种户外高处装置来说，安装难，维修更难，对于路灯厂商来讲，不稳定的电源使得维修成本攀高。因此LED路灯驱动电源质量不过关成为阻碍LED路灯发展的短板。

散热不良在夏天高温情况下会引起故障概率上升，灯具故障问题增多。在发生故障的LED路灯中，都或多或少暴露出生产工艺水平不高等问题，如LED光源焊接的水平不高、焊接线与焊接柱无缠绕、焊接线（片）无防护套、灯具密封不严、元器件零部件固定不牢等问题。

### 2. 缺乏LED照明产品标准

由于缺乏LED路灯的产品标准，市场上产品良莠不齐，在LED路灯项目上地方政府盲目投资、低水平重复建设现象严重，加之招标方式不当，低价中标，造成了厂商之间的恶性竞争，使得有优秀产品的企业及用户单位利益受损。尽管国家发改委针对半导体照明产品应用示范工程颁布了《LED路灯/隧道灯的技术规范》，国家半导体照明工程研发及产业联盟也发布了《整体式LED路灯测量方法》，但这些还不能替代国家标准，因此，对LED路灯评价体系标准的缺失严重制约LED路灯产业的发展。



### 3. 商业模式尚未建立

由于LED路灯初装成本高，而又以节能效果受到各方青睐，于是EMC等模式应运而生。但在实际操作中却出现这样那样的问题，此模式运行起来涉及很多相关部门，资金回收期长给企业带来巨大压力。另外，各地的电费标准不统一、节电基数难以确定、协调机制复杂等都成为EMC模式运作的拦路虎。

## 四、LED路灯应用发展方向

### 1. 开发国产芯片LED路灯

目前我国具有自主知识产权的功率型硅衬底LED芯片封装后光效达到78lm/W，按照目前国家半导体照明工程研发及产业联盟的统计数据来看，预计未来3年国内将增加MOCVD近200台。目前Cree以及我国台湾地区芯片厂商以各种方式进入了大陆地区，势必进一步带动芯片的国产化。当然，LED芯片技术是一个涉及理论设计、外延和芯片工艺的系统化技术，除了薄膜芯片技术之外，当前世界范围内针对LED芯片技术的开发，主要通过研究不同芯片结构的光、电、热通道，分析芯片的设计热阻，研究热阻对芯片结温的影响，测量封装后实际结温与设计的差异，得出与结温相关的各种特征曲线（包括光通量输出、正向压降、相对光强、主波长等）以及正向电流与电压、相对强度、波长漂移等关系曲线，为LED光源在路灯应用上提供可靠的设计依据。针对目前LED路灯的技术发展现状，要尽快开发出高可靠、模块化的LED路灯，提高LED芯片的国产化率，完善LED路灯和模块产业化工艺，为LED路灯在道路照明中的大规模应用提供技术保障。

### 2. 提高电源驱动器的稳定性

LED光源供电与传统光源不同，使用的是低压直流电，因此高效、匹配的AC-DC转换电路是保证LED理论寿命的前提，电源及驱动电路的转换率也是影响LED照明效率的一个重要因素。一个低效率的供电系统将使LED的节能水平大打折扣。因此要继续努力提高电光源技术与微电子技术的结合程度，使得 LED 路灯控制方式的一致性、模块可靠性逐步提高。虽然 LED 驱动器只占 LED 照明系统成本的一小部分，但它关系到整个系统性能的可靠性，因此除选用更高品质的电子元件来提高驱动电源的寿命，还要避免以大驱动电流提高发光效率，以及将 LED 驱动电路与散热部分贴近设计来缩小体积等可能会影响驱动器稳定性的系统设计方案。

**3. 研发 LED 路灯智能化控制系统**

智能化控制系统可根据路面情况，依据是否有人车经过或环境变化来控制 LED 路灯的开关，调节亮度，从而增加 LED 路灯的使用效率，并节约用电。智能系统可搭配太阳能或风力发电，电力来源可以达到自给自足，不需要依靠市电，有利于农村、山区等偏远地区的照明用电。未来发展可根据不同环境自动调节亮度、颜色、角度，还可以对使用状况进行实时监控。

**4. 进一步降低成本**

成本高是 LED 推广应用不可回避的问题，一次性投入较大及产品性价比低是影响 LED 照明普及的重要原因。LED 的成本问题与 LED 技术层面瓶颈的解决是紧密相连的，国产 LED 光源关键技术瓶颈的突破将会带来 LED 成本的大幅下降。如果 LED 芯片实现国产化，LED 路灯成本将可能降低 30%。另外，在电源驱动器等路灯灯具配套以及生产工艺等方面都可能降低 LED 路灯成本。

**5. 创新 LED 路灯推广模式**

合同能源管理（EMC）把 LED 照明工程项目当作投资目标，节能服务公司与客户签订节能服务合同，为客户提供从能源设计、节能项目方案设计、项目融资到设备采购、工程施工再到后期维修与管理等的全过程服务。在合同期内，节能服务公司的收益与节能量挂钩，项目收益主要来自于节能效益。合同能源管理自引进我国以来，还存在财税扶持政策少、融资困难以及规模偏小、发展不规范等突出问题。为此国务院联合国家发改委、国家财政部、中国人民银行、国家税务总局出台了推进合同能源管理（EMC）发展的指导意见。意见中明确“到 2012 年，扶持培育一批专业化节能服务公司，发展壮大一批综合性大型节能服务公司，建立充满活力、特色鲜明、规范有序的节能服务市场。到 2015 年，建立比较完善的节能服务体系，专业化节能服务公司进一步壮大，服务能力进一步增强，服务领域进一步拓宽，合同能源管理成为用能单位实施节能改造的主要方式之一。”

特许权融资模式（BOT）。政府通过特许权协议，将 LED 照明工程项目的特许权授予具有国家照明工程资质的承包商，承包商在特许期内负责项目设计、融资、建设、运营和维护，并利用 LED 照明工程节约的电费和维修费进行成本回收、偿还债务和赚取利润，特许期结束后将项目所有权无偿交还政府。

融资租赁合同模式（IGF）。政府通过融资方式和租赁方式达成租赁协议，对照明设施实施 LED 照明工程改造，由租赁方承租道路照明设施，由融资方筹集改造资金，在租赁期内负责项目设计、融资、建设、运营和维护，并利用 LED 照明工程节约的电费和维修费，进行成本回收、偿还债务、赚取利润和支付租金，租赁期满将项目所有权无偿移交政府部门。

## 五、建言

“十二五”时期将是我国半导体照明产业发展的关键时期，要积极探索 LED 照明产业化共性关键技术，降低生产成本，提高产品质量，完善产业发展环境，集中优势资源力量，培育有发展前景的 LED 照明龙头企业，引导 LED 产业健康、有序、快速发展。

1）统一规划，建立健全并完善 LED 照明产品及其重要部件（如驱动电源）的系列化标准和检测标准，选择开发高效节能的光源和电器，确保 LED 照明产品的稳定性及可靠性，引导产品的示范作用与集成创新效应。

2）采取导向性政策，支持鼓励相关 LED 照明工程用户积极采用优化照明智能控制技术的需求，以充分发挥 LED 的集群控制优势，实现智能化管理，达到最大限度地节能和确保驾车安全，真正发挥 LED 新型光源的特性，提升现代化管理水平。道路及隧道安全管理部门应建立相应的 LED 照明安全评价标准（如建立隧道 LED 照明平滑亮度递变评价等标准），通过单一部门来协调交通、建设、电力、市政等各个部门的工作，并采取实施 LED 照明工程的强制性考核指标，有效管控和确保交通行驶安全。

3）有效推动合同能源管理的节能服务模式，积极培育节能服务机构，鼓励专业化的节能服务公司为半导体照明企业应用工程提供设计、培训、融资、改造、运行管理等节能服务。

LED 路灯作为新兴光源，与传统路灯光源比较有许多优点，部分产品已可以应用到实际中，体现出诸多优势，成为新一代光源的发展趋势，但目前国产芯片还存在着质量良莠不齐、价格偏高、性能不稳定、光衰严重等关键技术问题，LED 路灯的开发、研制和推广还要做很多工作。预计 2015 年我国路灯数量将超过 3000 万盏，LED 路灯将占 30% 左右，每盏节能将超过 100W，以平均每天使用 10h，每年 365 天计，则路灯节电将超过 30 亿 kW · h 以上。随着技术的不断进步，在不远的将来，LED 路灯会以优异的表现更广泛地应用于城市照明中。

# 我国LED隧道灯发展现状

陈　斌

广东中龙交通科技有限公司

## 一、引言

LED隧道灯具在隧道照明工程中的应用已经取得突破性进展，但是仍然存在问题，如各厂商产品性能参差不齐、检测标准不健全、整个市场竞争激烈且秩序混乱等。本文从LED隧道灯的应用历程、技术现状以及以后的发展走向做一些概括，希望对LED隧道灯的良性发展起到引导作用。

## 二、应用历程

LED发展历史已经几十年，但在照明领域的应用还是新技术。LED隧道灯应用历程主要经历以下四个阶段：

### 1. 萌芽阶段（2004—2005年）

2004年，LED光效为20lm/W，国内开始有企业展开了LED照明技术研究。2005年，LED的光效达40lm/W，首款LED隧道灯研制成功。同年12月，全球首例全部使用LED照明的隧道照明实体工程——贵州省贵黄高速公路东苗冲隧道顺利实施。同时，贵州省高速公路总公司申报了“大功率LED隧道照明灯具及驱动技术应用研究”课题的研发，并成功通过了贵州省经贸委（现贵州省经济和信息化委员会）重点技术创新项目科技结题。

### 2. 成长阶段（2006—2007年）

此后两年，LED隧道灯陆续在实体隧道中应用，主要涌现以下工程：贵州蔡家关隧道、广州林和中路隧道、广州东二环龙头山隧道、贵州镇胜高速乌龙山隧道、陕西前义坪隧道、安徽黄榜岭隧道、陕西柞小高速渡船口隧道。在这些工程实施中各灯具厂商在实践中积累了大量的经验，通过持续的改进和技术创新解决了许多模拟环境难以发现的技术难点，LED隧道灯可靠性得到了极大的提高。此阶段的隧道灯照明效果好，节能效果一般（节能30%左右），产品技术进入稳步成长阶段。

### 3. 快速发展阶段（2008—2009年）

随着2008年白光LED光效已达100lm/W，这一指标已超过荧光灯和高压气体放电灯，照明节能更加高效，为专业照明行业的发展提供了有力的技术支撑。此时，节能减排、建设两型社会、绿色照明工程等都为行业发展提供了强劲动力。LED隧道照明行业进入快速发展阶段。主要典型工程有：福建泉三高速曹源隧道、广州珠江新城临江大道新中轴隧道、上海人民路越江隧道、甘肃平定高速太平隧道、湖北沪蓉西高速谭家坝隧道、贵州镇胜高速黄果树隧道、安徽六潜高速狮子尖隧道、江西景鹰高速黄竹山隧道、重庆绕城高速张家山隧道、云南富广砚高速董来隧道。同时出现了特大工程应用，如上海长江隧道、广西广贺高速公路隧道群。此阶段的LED隧道灯可靠性高，照明效果非常好，节能效果明显（节能40%～50%）。照明调光控制和巡检系统也在部分隧道得到初步应用，将LED节能指标在原有基础上进一步提升了30%～50%。

### 4. 市场纵深化发展和整合阶段（2010年以后）

未来10年内，LED隧道照明市场将进入纵深化发展阶段，同时不断实现行业整合，市场集中度将会进一步提高。一些已有相当规模、竞争力强的企业扩大生产规模，整合行业资源，率先成为标杆企业，树立企业品牌，带领行业健康、快速发展。未来3年内，LED隧道灯在注重品质提升的前提下，价格仍然是主要的竞争手段。从长远来看，未来一段时期的竞争将会由营销竞争转向以产品差异化、需求个性化和营销服务个性化为特点的竞争。照明调光控制系统朝无线传输、智能化集成等方向发展。

## 三、技术现状

现阶段，LED隧道灯具一般由光源、配光系统、驱动电源、灯具散热外壳以及控制系统等组成。根据交通行业标准《公路隧道通风照明设计规范》（JTJ 026.1—1999）的要求，二级以上公路隧道长度超过100m时，都必须设置照明灯具。目前，LED隧道灯具无论是安装规模、照明质量，还是新技术、新工艺的应用都比以前有了明显的提高，其发展势头日趋强劲。主要体现以下五个方面。

### 1. 光源技术日趋成熟

主要体现在LED光效的提高以及封装技术的日趋成熟。2009年，成功应用于国内各个照明工程的LED光源，光效由80lm/W提升到100lm/W，提升幅度达25%。主流LED的显色指数（CRI）提高到80以上，部分产品显色指数达到90以上。另外，还有其他一些封装技术，如LED一次光学设计、芯片结构优化、发光面积改善、荧光粉材料等方面都得到了积极的研究和发展，LED的实际照明效果显著改善，对比传统照明优势进一步扩大。

### 2. 配光系统多元化发展

（1）按原理分，主要有两大类：折射式光学设计（见图5.2-12）、反射式光学设计（见图5.2-13）。

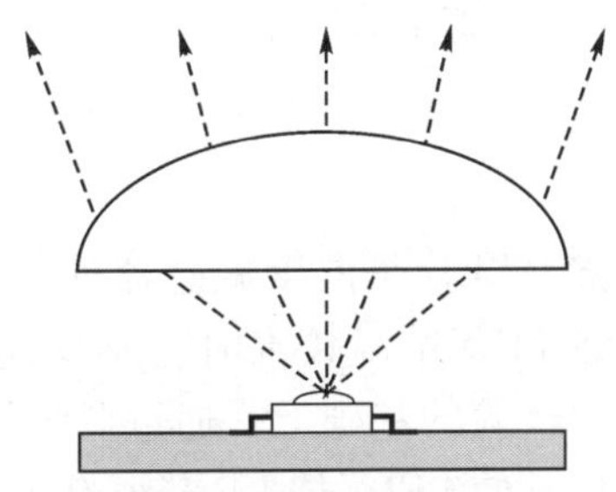

图5.2-12　折射式光学设计

折射式光学设计相对LED发光面的包络角最大，对光线的控制能力最强，理论上可以实现任意配光形状。但是，由于两次经过不同介质面均有一部分光被反射或被介质吸收，因此效率相对较低。

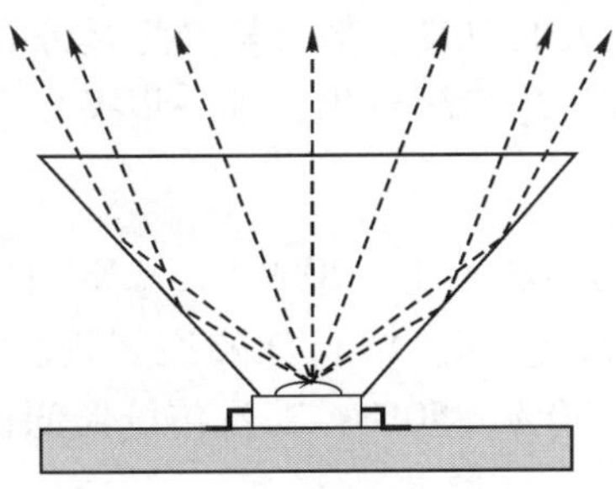

图5.2-13　反射式光学设计

反射式光学设计对光线的控制能力较低，但是在这种结构中，约50%的光线是直接向路面发射，这部分光线可全部得到利用，其余经过反射面反射的光线也能通过膜层反射率的控制减小吸收损失，因此反射式器件能实现很高的灯具效率。

据统计，市场上主流的LED照明灯采用反射式二次配光的灯具约占55%，且比例还有上升趋势，采用折射式二次配光的灯具约占45%。但是，不管采用何种方式，其设计均进行了较大的优化，如反射式二次光学利用率由 90% 提升到 95%，而折射式二次光学利用率由不足 80% 提升到 80% 以上。

（2）按 LED 排列分，主要有两大类：单颗大功率集成式、多颗大功率平面阵列式。

单颗大功率集成式 LED 隧道灯设计原理：将数十颗甚至上百颗 LED 芯片集成在很小的空间内。此类灯具体积小，组装工艺简单，但热量密度过大，散热问题难以解决，光衰比较严重。集成后的光源相对较大，不利于做配光，无法做到精确的二次配光，只能利用反射器和简单的凸透镜，难以达到隧道照明理想的光分布。另外，照射到路面的光能利用效率低，光损失大，照度均匀度差。LED 本身的单位发光面积就很小，再进行高密度集成后，其眩光非常强，容易引起视觉疲劳和视线干扰，从而引发交通事故。

多颗大功率平面阵列式是较成功的 LED 隧道灯形式，一般采用数十颗甚至上百颗 1W 或 3W LED 通过阵列排布。由于其单颗功率小，而且是均匀分布在灯具发光平面上，热量密度较小，LED 温度低而且均衡，寿命能得到保证。另外，单颗 LED 光源点小，近似于点光源，为二次配光设计提供了有利条件，可以做到非常理想的矩形光斑。光能利用率可以做到最佳，而且均匀度可以做到很高，配光设计合理，灯具效率也可以发挥到极致。再有，由于每颗 LED 的光分布完全相同，可以根据实际路面的照度要求，简单地改变 LED 的数量，而不用改动光学系统，应用非常灵活。在相同的地面照度情况下，某一角度的光来自于所有的 LED，此方向的光强分散到整个灯具的发光面上，灯具表面亮度低，眩光很微弱，不会有明显的刺眼感觉。此外，即使其中一部分 LED 坏掉，也只是路面整体照度降低，不会影响照度均匀度，对实际照明基本不造成影响。

### 3. 驱动电源性能大幅提高

LED 驱动电源一直以来是 LED 照明行业的短板，其性能指标在过去的几年中得到了大幅提升。如电源效率由 80% 提升至 85% 以上（功率因数大于 0.9）、电源设计寿命由 20000h 提升到 30000h、优质电源平均故障率由 5% 降低至 1%，降幅十分明显。





### 4. 外壳设计形式多样

（1）散热设计日趋成熟

LED 隧道灯外壳的主要功能是散热。LED 是温度敏感器件，灯具结构及散热设计决定了 LED 的实际光效与寿命。当灯具散热不良导致 LED 结温较高时，LED 光效急剧下降，寿命也大幅缩短。在过去的几年中，各灯具厂商在总结以往经验的基础上，通过调整材料、优化散热鳍片设计以及采用非均匀散热设计等方式改善系统热量管理，使 LED 结温温升由 40℃降低到了 35℃（室温 25℃、灯具热平衡条件下）。

（2）加工组装工艺明显改善

LED 灯具加工组装工艺明显改善，灯具防护等级普遍达到 IP65 以上，灯具机械部件、线缆连接、表面处理、组装工艺等方面均得到极大的改良。部分量产灯具外壳采用压铸件结构，整体性能特别是防水防尘性能明显提升。而加工组装工艺却简单化，进一步提高了生产效率。

### 5. 照明调光控制成功应用

新型 LED 照明调光控制技术得到初步应用。2009 年，LED 照明多级（无级）调光技术和巡检功能在国内特大型项目中得到成功应用，例如上海长江隧道工程。照明调光控制系统的应用，将 LED 节能指标在原有基础上进一步提升了 30% ~50%，对比传统照明优势更加明显。

## 四、应用成本

市场的扩大进一步加快了应用成本的降低，主要体现以下两方面。

### 1. LED 价格下降

2009 年，在技术进步、工艺成熟、产量剧增等因素的影响下，进口 LED 光源均价由 1.5 美元/颗下降至 1 美元/颗，降幅高达 50%。

### 2. 生产成本降低

LED灯具生产成本降低的主要原因是电源价格下降、灯具配件成本降低、模具投入减少以及生产规模扩大等，综合生产成本下降幅度约为20%。

总体来说，目前LED隧道灯应用成本降低至30元/W，这样的价格在目前的隧道基本照明中应用优势已经非常明显。很多地区已经在基本照明中考虑全部采用LED灯具。

## 五、未来发展走向

LED的技术特点决定了LED隧道灯的未来发展走向。与传统的照明技术相比，LED最根本的特点是其高可靠性和可智能化控制。高可靠性和智能化集成是未来LED隧道灯的两大主线。

### 1. 高可靠性

由于技术上的不成熟，前几年一些LED隧道灯在实际应用中出现了很多可靠性方面的问题，如寿命短、光衰严重、工作不稳定等，这在一定程度上影响了LED隧道灯的整体声誉。高可靠性不仅仅是指寿命达到一定标准，还包括产品的一致性和稳定性。不管是在对可靠性有明确要求的特种照明领域，还是在普通照明领域，LED芯片具有的高可靠性、高稳定性的优点在封装或组装环节都被大打折扣，其中，解决热管理问题是一个基本而重要的课题。

### 2. 智能化集成

LED技术的最大优势是它能实现智能控制。作为半导体器件，LED能智能调节光强、改变光谱、甚至还能改变发光模式，这些优点是传统照明无法实现的。LED的可智能控制使得LED很容易与其他技术集成而形成新的创意产品。比如，将LED隧道灯与太阳能、红外感应、微波测量装置等组装在一起就可以实现意想不到的独特应用。对于未来工业照明市场来说，基于智能化控制的LED创意产品是竞争制胜的法宝。我们不能将LED隧道灯只看成是传统节能灯的替代品，LED带来的是新一轮的照明革命，一种全新的光文化。我们提供的不只是一盏LED替代灯具，而是一套智能照明方案，可以让用户体验一种前所未有的多情景多功能的照明环境，这样做不仅更容易获得客户的认可，还可以提高产品附加值。所以，智能化集成是极为重要的理念，也是LED隧道灯在市场中进行差异化竞争的关键技术要素。




## 六、总结

目前，LED以其巨大的节能潜力以及良好的照明性能为我们打开了一个全新的技术领域，全球特别是我国对照明节能的重视更为LED照明事业发展又提供了前所未有的机遇。半导体照明产业不仅解决了人类照明需要和能源供给之间的矛盾，同时还解决了照明的环境污染问题。

作为一个新兴的绿色产业，LED隧道照明的大规模产业化还需要一个过程，目前国内外需求正持续快速增长。政府应抓住机遇，在政策、资金方面加大对LED的技术研发部门及企业的扶持和投入，为产业培养技术人才，把技术成果及时授权转让给企业，并适时扶持一些已有相当规模、竞争力强的企业扩大生产规模，整合行业资源，率先成为标杆企业，带领行业健康、快速发展。

# LED在轨道交通照明应用的现状及趋势

王钢　罗滔　吴昊　范冰丰

中山大学佛山研究院 中山大学半导体照明系统研究中心

随着LED芯片光效的不断提升和芯片价格的持续下降，LED产业正在以迅猛的速度增长。LED光源在道路照明以及公共户外照明中逐渐替换传统气体放电光源之后，它已经开始进入了室内照明市场。相对白炽灯、卤素灯等传统室内照明光源，LED的节能优势明显，而在对安全、环保等方面要求很高的轨道交通照明中LED也拥有巨大的应用前景。事实上，轨道交通市场涵盖了户外公共照明和室内照明，既成为LED光源应用的巨大市场，又面临着诸多挑战。

## 一、LED轨道交通照明应用现状

近年来，随着城市化进程的不断深入，各地高铁和地铁项目正紧锣密鼓地展开。由于节能减排势在必行，加之LED的诸多重要特性，各地新建和已建的轨道交通均成为LED可能进入的重要市场，并且很多因素都将促成LED大面积应用于轨道交通。具体来讲，LED应用于轨道交通的核心优势主要体现在以下几个方面。

### 1. 国家政府方面的诉求



轨道交通站台的一般照明时间长、耗电大，需要比现状采用的传统照明灯具更节能环保。据统计，北京地铁的耗电量就占全市耗电量的1%。在国家大力倡导绿色照明和节能减排的大背景下，属于公共照明范畴的轨道交通有必要也有能力使用更节能的LED光源来积极响应国家节能减排的需要。

### 2. 轨道交通运营方面的诉求

轨道交通站台照明灯具不仅用量大，而且照明维护难度高，因此要求照明灯具免维护期更长。然而，由于轨道交通车厢、站厅站台均处于不同程度的振动状态下，传统气体放电灯具寿命急剧下降，需要经常更换，给地铁运营造成了相当大的负担。LED灯属固态光源，在振动状态下的寿命和可靠性优势将更明显，很适合应用在轨道交通环境。

### 3. 轨道交通乘客方面的诉求

随着社会经济不断发展，轨道交通的乘客需要灯光营造出更舒适和人性化的光环境；同时，日益复杂的交通网络需要轨道交通照明中包含更多乘车信息和安全防护信息。LED光源色谱丰富，色温、色彩、亮度变换能力强，可形成丰富的光环境，很好地迎合了这方面的诉求。

在轨道交通中，需要照明的范围包括站台、站厅、轨道车厢、地铁隧道、控制室等。根据这些灯具的用电状况，基本可以将照明类型分为三类：

1）大空间公共区域照明，包括站厅、站台、控制室、工作间等；

2）地铁隧道照明；

3）车厢照明。

目前，全世界已有多个国家和地区使LED节能灯具进入轨道交通照明。日本东京地铁、千叶地铁以及众多西方国家的城市轨道交通都已推广使用了LED节能灯具；香港地铁彩虹站台照明工程、个别香港地铁列车也采用了LED照明。事实上，我国很早就意识到LED独特的优势，早在2007年6月青岛BSP公司生产的50辆旅游车就已经采用LED作为照明器件。而世界首次在轨道交通中大面积使用LED照明是2008年6月青岛四方厂生产的20列200km/h大编组卧铺动车组。在站厅站台方面，天津地铁土城站安装使用了35W LED照明灯具；北京地铁东四十条下层站正在进行LED照明产品实验工程；广州市磨碟沙地铁站、深圳香蜜湖地铁站及北京地铁 4 号线广告灯箱均使用了 LED 作为照明光源。

在标准制定方面，为了规范 LED 照明在轨道车厢的应用，中山大学佛山研究院联合北京市地铁运营有限公司、广东省产品质量监督检验研究院、广东济胜光电科技有限公司、江苏史福特光电科技有限公司、山西光宇半导体照明有限公司等多家企业率先制定了《北京地铁半导体（LED）照明技术规范》，并于 2010 年 8 月正式启用。本规范规定了北京城市轨道交通运营各场所的半导体（LED）照明（以下简称 LED 照明）的功能照明部分，包括一般规定、照明照度值、应急照明、照明质量和照明功率密度值等。

## 二、轨道交通产业发展概况

近年来，随着城市化进程的不断深入，新的轨道交通线路不断上马，轨道交通灯具市场前景很大。一方面 LED 性能、价格竞争力越来越强，另一方面我国轨道交通市场不断扩大，从而使轨道交通市场成为了 LED 灯具企业重点竞争的新目标。据悉，即将大量使用 LED 照明的轨道交通应用包括北京地铁 1 号线部分列车、广州地铁 2 号线沿线、深圳地铁 2 号线、5 号线。其中，即将于 2011 年底全部建成通车的深圳 2 号线，将在全长 33km 的隧道、包括 9 个换乘车站的 29 个站点全部采用 LED 灯具照明，初步确定 LED 灯具采购数量约 25500 套，这无疑是深圳地铁建设部门对地铁 LED 节能照明大胆的实践。

由于轨道交通用 LED 灯具在灯具形态上没有特殊要求，光电特性、灯具配光方面尚未形成系统规范，很多企业的灯具产品都具有进入该市场的可能，这在站台、站厅、隧道应用领域尤为如此。目前，国内轨道交通 LED 照明工程主要集中在站厅、站台、地铁隧道等应用场合，竞争相当激烈。在一些照明工程招标中，有 20 多家企业参与竞争，竞争激烈程度可见一斑。

造成这种激烈竞争的原因来自企业和轨道交通运营单位两个方面：

1）企业方面：由于未来轨道交通照明市场前景广阔，LED 灯具企业若能现在进入市场，将为未来的业务竞争奠定基础；另一方面，由于 LED 为新鲜事物，运营单位尚不敢大规模推广应用，因而目前推出的轨道交通工程相当有限，属于示范阶段。

2）轨道交通运营单位方面：由于 LED 属于新光源，市场中产品质量参差不齐，需要从中筛选出性能过硬的产品；而 LED 灯具进入轨道交通运营时间尚短，需要经过很长一段时间的摸索验证，需要灯具供应企业在 10 年甚至 20 年都具有产品维护能力。因此，运营单位对于资金雄厚、综合实力强、有核心竞争力的企业必然有所倾向。

在这种激烈竞争的背景下，一些具有核心技术开发能力、在室内照明和户外公共照明方面有较多成功经验、综合实力较强的 LED 灯具企业会有一定优势，而熟悉轨道交通电磁环境的厂商、为轨道交通提供过电源等照明关键设备的企业在竞争可能会率先脱颖而出，进入到这个具有很大潜力的市场。

## 三、LED 在轨道交通中应用的问题和困难

虽然 LED 在轨道交通中的应用前景非常乐观，但仍面临很多问题和困难。除了在应用初期因使用经验不足造成用户不敢大规模推广之类的共性问题外，LED 进入轨道交通照明市场还有一些自身的特点和问题有待解决。

首先，没有针对 LED 灯具形成系统的灯具专业规范。造成该专业规范不能出台的原因是多方面的，除了 LED 本身性能尚未明确、规范尚未健全外，轨道交通应用部门还需要根据 LED 灯具在轨道交通实际应用过程中的情况作为参考，针对性地对 LED 一些可能影响到轨道交通应用的环节进行规范限定。这其中最具代表性的是电磁干扰方面，因为 LED 具有方便的无极调光性能，但这种通过无线控制的方式不能对轨道运营无线信号产生干扰。可见，系统的规范出台之前，LED 在轨道交通中

大规模推广应用的时机尚不成熟。

其次，LED 在轨道交通应用中有一些关键技术尚待攻克。最核心的问题是如何既能达到良好的视觉舒适度，又可以保证很高的节能效果。由于轨道交通照明应用主要属于室内照明范畴，人眼往往会直接面向光源。传统使用的荧光灯和节能灯灯体 360°全空间发光，单位面积的光出射度小，人眼不会觉得太刺眼，再通过格栅或雾面罩进行均光处理后，眩光可以得到控制。而 LED 芯片发光面积小、光效高，光出射度高达近 $100lm/m^2$，远远高于生物安全的上限，因此在室内照明应用中必须降低 LED 的光出射度。为了提高亮度均匀性，降低出射度，可以在光源模组封装层面和灯具层面来解决，但目前的技术中无论采用哪种办法，光效损失达到 10% ~30%，这会大大降低 LED 灯具的节能效果。以图 5.2-14 为例，95lm/W 的 LED 光源替换 80lm/W 的荧光灯管，原本 LED 有巨大的灯具效率的优势，但由于需要磨砂罩扩展光源发光面积，最终的光效只有 52lm/W。表 5.2-10 为使用该 LED 灯具替换荧光灯的投资回收期估算，以每天 18h 用电的情况下回收期也有 3.92 年。由此可见 LED 灯具必须在获得高均匀度、柔性面光源的同时，提高灯具光效。此外，由于散热考虑，LED 灯具往往需要使用较为沉重的金属散热部件，对于轨道交通这种振动很大的应用场合，仍需要在灯具设计方面进行探索创新。

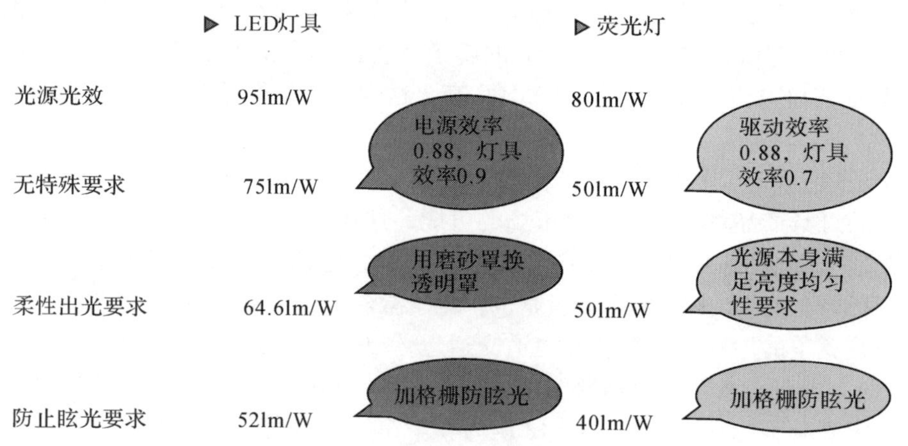


图 5.2-14　轨道交通实际应用中 LED 和荧光灯灯具光效对比

**表 5.2-10　现有 LED 灯具投资回收期估计**

| 比较内容 | 普通荧光灯具 | 白光 LED 灯具 |
| --- | --- | --- |
| 灯具功率/W | 80 | 64 |
| 灯具单价/元 | 200 | 500 |
| 光源单价/元 | 20 | 100 |
| 光源使用寿命/h | 3000 | 30000 |
| 光源年更换次数/次 | 1.31 | 0.22 |
| 灯具总价/万元 | 1528.76 | 3821.90 |
| 安装费（=灯具总价×5%）/万元 | 76.44 | 191.10 |
| 年电费总额/万元 | 2892.66 | 2314.13 |
| 光源年维护费用/万元 | 200.88 | 167.40 |
| 投资回收期/年 | | 3.93 |

最后，LED 灯具还需要针对轨道交通特殊应用进行设计，因轨道交通照明灯具设计接口还没有完全发挥 LED 的特点。以车厢站台为例，所有的灯具安装位置都在光源背后加装了反射罩，这对于荧光灯这种 360°发光的光源是有必要的，但对于 LED 光源来说，这样的结构反而会遮挡部分出射光线造成光损失。此外，一些轨道车厢是高压直流电取电，逆变为 220V 交流电供传统气体放电光源照明。在替换为 LED 光源后，还需要再从交流电逆变为直流电，这样显然会造成不必要的浪费。

## 四、LED 轨道交通照明最新研究进展和技术突破

面对 LED 照明进入轨道交通领域存在的各种问题，LED 产业界、学术机构和轨道交通运营单位都投入了很大的精力进行沟通和研发。国家也高度重视，在国家 863 计划的课题中专门设置了“轨道车厢及船舶用半导体照明系统关键技术开发及产业化”专项课题，以突破高出光效率、高均匀度、柔性面光源难题。该课题已取得重大突破，在做到大面积均匀面发光效果的同时，灯具光效在使用国产芯片的情况下可以达到 80lm/W 以上。

取得技术突破的关键在于将热隔离的荧光粉涂敷技术应用于 LED 光源模组设计中，成功开发出面向地铁车厢应用的高光效、低眩光、高可靠性、高均匀性连续发光灯管（见图 5.2-15）。目前，该灯管已申请近 20 项专利，授权 11 项。

图 5.2-15 使用国产芯片、光源效率 100lm/W 以上的 1.2m 灯管

目前，该灯管已经应用在北京地铁 1 号线列车上，运营时间已经超过 2 个月。灯具功耗仅为 18W，替代 40W 荧光灯后，车厢照度普遍提高了 20% ~30%，车厢亮度明显提高（见图 5.2-16）。在运营过程中，尚未出现死灯坏灯等故障，光照度也无衰减现象。目前，该成果的验收推广正在进行中。

图 5.2-16 LED 灯车厢照明效果

## 五、对未来的展望

随着我国经济不断进步，对节能减排的要求越来越高，同时需要更加注意照明的人性化、舒适化。基于这两个出发点，期待未来的 LED 轨道交通照明将有以下发展趋势。

### 1. 根据不同季节调节色温的温馨照明

LED 照明可根据系统的设置对灯光的电流控制来产生色温变化，让周围环境也随之产生变化来满足人因季节变化而产生的不同心理需求，让人更舒适、让地铁照明更人性化。比如，在春夏与秋冬季节有不同的灯光色温变化，让乘客在春夏季节时感觉到 5300K 以上色温带来的丝丝凉意与秋冬季节 3300K 以下色温带来的丝丝暖意。

### 2. 采用调光系统的二次节能照明

采用LED智能调光控制系统，对不同区域的LED照明灯具控制系统分成运营模式和非运营模式下的灯光调光方案，运营模式下灯光变亮，非运营模式下灯光调暗，从而达到二次节能的效果。

### 3. 基于光生物安全性研究的安全照明

基于深入研究不同频率的光对人体生理、心理的影响，确定出不同照明位置、不同时间段乘客对色温、色谱的需求，创造符合人体生理需求的“安全”光环境。

### 4. 细小光源和大面积光源相结合的随性照明

与管状的传统光源不同，未来的LED轨道交通照明的安装位置可能是车厢中的任何位置，比如在车顶一条小小的槽，就可以成为照明光源所在的位置，这样可以最大程度利用车厢有限的空间，提高光能利用率；站厅站台的照明光可以从标识牌发出，也可以从地面发出，采用很大面积的面发光源，形成随性的、人性化的光环境。

## 参考文献


[1] 王钢，罗滔．半导体照明技术在城市轨道中的应用及展望．2010上海国际新光源 & 新能源照明论坛．

[2] Bingfeng Fan, Hao Wu, Yu Zhao, Yulun Xian, Gang Wang. Study of Phosphor Thermal-isolated Packaging Technologies for High-power White Light-Emitting Diodes. IEEE Photon. Technol. Lett. 2007, 19 (15): 1125－1123.

[3] 王钢，范冰丰．一种用于LED激发的荧光粉涂覆方法：中国，ZL2006101230932［P］．

[4] 王钢，范冰丰．一种微热管散热基板：中国，ZL2006101236765［P］．

# LED照明在城市轨道交通系统的应用及市场

徐廷军　钟雄　郭伦春

四川九洲光电科技股份有限公司

城市轨道交通系统具有运营时间长、振动强、灯具维护成本高等特点，而LED作为第四代照明光源，具有高效率、长寿命、抗振动、防爆、低电压等特点，这些特点使其非常适合城市轨道交通系统的照明。

## 一、城市轨道交通照明市场

相比于其他的公共交通工具，城市轨道交通具有大运量、低能耗、高速度、高安全性等显著优势。随着世界经济的发展，为缓解交通压力，许多城市都在制定和实施城市地铁建设规划。

在2005年，我国政府已经开始重视城市轨道交通建设的必要性，并出台了《关于优先发展城市公共交通的意见》以鼓励地方政府适时制订城市轨道交通建设规划，明确了城市轨道交通对城市发展的全局性影响。此外，2008年为了应对全球金融危机，我国政府实施了一揽子的经济刺激政策，其中就包括大力发展城市轨道交通。2009年8月，国务院批复了22个城市的地铁建设规划，总建设里程约2500km。目前，已经有27个城市制订了明确的城市轨道交通规划，其他一些城市的规划也在制订过程中。

截止到2009年年底，我国城市轨道交通总运营里程达1038.7km，位于美国之后，居全球第二（见表5.2-11）。根据Frost & Sullivan的预测，我国在今后的5年内，每年的建设里程都将超过500km，并维持13.4%的复合年增长率（见图5.2-17）。

**表5.2-11　全球城市轨道交通运营里程排名**

| 排名 | 国家 | 运营里程 | 运营站点数 | 通车城市数 | 首条线路通车年份 |
|---|---|---|---|---|---|
| 1 | 美国 | 1747.3 km | 1037 | 15 | 1870 |
| 2 | 中国 | 1038.7 km | 654 | 11 | 1969 |
| 3 | 日本 | 803.1 km | 722 | 11 | 1933 |
| 4 | 西班牙 | 642.4 km | 555 | 8 | 1919 |
| 5 | 英国 | 533.1 km | 386 | 5 | 1863 |

数据来源：Frost & Sullivan 2010年1月

目前，由于LED照明的优异表现和发展潜力，许多城市的轨道交通系统都开展了针对地铁车厢和车站的LED照明示范改造工程。这些示范工程目前主要集中在香港、北京、广州、深圳等地区。

## 二、LED在地铁照明中应注意的技术要求

世界上第一条地铁线路是在英国伦敦，关于地铁的相关要求和标准，也以英国最为完善和严格。城市轨道交通系统的照明主要包括车厢照明和车站照明两个方面。在我国，《地铁设计规范》、《城市轨道交通照明标准》等标准和规范对站台和车厢的整体照明指标，如照度、显色指数、色温、照度均匀度等都进行了规定，但对于LED光源方面的标准并不完善。因此，在现有的LED地铁照明改造方面，需要参考原有的一些照明要求，并结合机车车辆对电子设备的相关EMC和安规要求，来保证LED在地铁系统照明方面得到良好的应用。

### 1. 车厢照明

在车厢照明方面，由于轨道交通中车厢处于运行状态，控制系统多使用无线控制，出于机车车辆

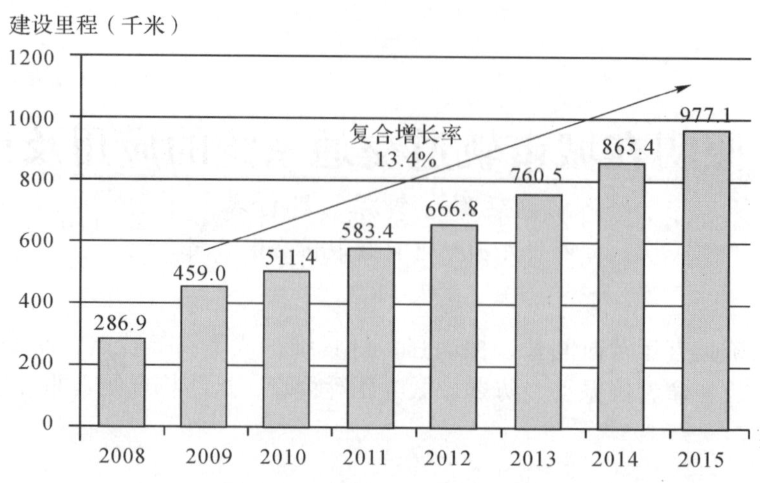


图 5.2-17　2008—2015 年我国城市轨道交通建设里程预测

数据来源：Frost & Sullivan　2010 年 1 月

的特殊性及对其安全性的考虑，对 LED 照明系统除满足相关的照明效果要求外，有更严格的 EMC、安规要求。地铁列车每天的运行时间在 18h 左右，并且列车的维护成本极高，因此内部的照明系统必须具有很高的可靠性和稳定性。此外，由于地铁列车在运行中具有强烈的振动，因此 LED 照明系统还需要具有较高的抗振动能力。

以香港地铁的列车车厢照明改造为例，其结合了国际电工委员会 IEC 标准、美国 UL 标准、英国 BS 标准，采用三大标准体系的最高标准来对 LED 照明系统进行要求。在光学方面，除对 LED 照明系统有照度、色温、显色指数、照度均匀度等要求外，还对灯具的光生物学安全、光衰、色温漂移、寿命等都进行了严格的规定；在 EMC 方面，香港地铁采用了普通照明灯具和轨道应用电子器件相关标准结合的方式，并参照最严格的规范对 LED 照明进行了限制；对整个 LED 灯具系统和 LED 电源控制器，在电磁干扰、电磁抗扰、传导干扰、传导抗扰、浪涌、电压跌落、电压中断、谐波电流等方面都进行了严格规定；在安全方面，对 LED 照明系统的布线、配线、接地、保险方式、防火阻燃等方面都有严格的要求。除此之外，还对 LED 照明系统的可靠性、稳定性和防水等级等都进行了规定。





**2. 车站照明**

车站照明系统由正常照明、应急照明、商业广告照明和标志照明组成。车站照明系统类似于室内照明和商业照明。在产品开发设计时，可以参考 LED 普通照明的相关国际标准。

通常需参照标准有 EN 55015《电气照明和类似设备的无线电干扰特性的极限值和测量方法》、EN 61000-3-2《电磁兼容性（EMC）．第 3－2 部分：限值．谐波电流发射限值（设备输入电流≤16A/相）》、EN 61000-3-3《电磁兼容性（EMC）．第 3－3 部分：限值．每相额定电流不大于 16A 且其连接不受条件限制的设备用公共低压供电系统中的电压变化、电压波动和闪烁的限制》、EN 61547《一般照明用设备电磁兼容性（EMC）抗扰度要求》、EN 62471（CIE S 009）《灯和灯系统的光生物安全》、EN 60968《普通照明设备用自镇流灯．安全要求》、EN 60598-1《照明设备．第 1 部分：一般要求和试验》、EN 61347-1《灯控装置．第 1 部分：一般要求和安全要求》、EN 61347-2-13《灯控装置第 2－13 部分：发光二极管交直流供电控制设备的特殊要求》、EN 62031《普通照明用发光二极管（LED）模块．安全规范》。

除此之外，还应结合地铁车站的实际环境，开发设计相应的光学系统，以满足照明要求；根据地铁车站的环境及电力系统等的特殊性，开发设计相应的 LED 灯具结构和电源，从而实现 LED 照明系统满足地铁车站的电气性能要求、环境适应性要求、可靠性要求、节能环保要求、安全要求等。

## 三、推广应用情况及需要解决的问题

LED应用在地铁车厢照明和车站照明方面，已有较多案例。在车厢照明方面，香港地铁已做了多期改造工程，而一些新的列车也正在做LED照明示范；在车站照明方面，香港地铁、深圳地铁已有示范工程开展，北京地铁、广州地铁等也有部分试用项目。从实际使用情况看，目前香港地铁的LED照明改造项目是最成功和最具影响力的。深圳地铁的示范工程还没有实施结束，其效果还需要等待检验。

LED要全面应用在地铁车厢及站台照明方面，需要做的工作还很多。现有各种车型都是采用荧光灯管进行照明，但其灯具结构各不相同。对于LED照明改造工程来讲，如果是采用LED灯管进行替代，固然是最方便的，但这样就不能充分发挥LED的特性，实现更大的利用价值，且现有LED灯管通常采用小功率白光LED制作，小功率白光LED的封装技术还不是很成熟，其在稳定性、可靠性、光衰等方面还需要进步一提高；如果是采用LED灯具整体重新设计，那每一种车型都将会有一个特有的灯具结构，这将大大增加LED照明提供商的工作量，不利于LED照明的普及和推广，如何解决这个矛盾，是LED厂商日后需要思考的问题。

此外，各家在对地铁系统的照明改造方面，产品各种各样，水平也参差不齐。有的安全和性能方面考虑更多，有的更多追求光效、节能和低成本，使得产品质量不高。在整个LED照明改造系统中，如果不结合实际情况设计开发相应的光学系统，将达不到合适的照明要求和质量；如果不认真思考相应的EMC和安全问题，将会留下不少安全隐患。因此，对于LED在地铁系统的使用，还需大家共同努力，进一步地制定和完善相应的专门标准。

## 四、未来展望



通过香港地铁、深圳地铁等LED照明应用案例可以看到，LED照明应用在城市轨道交通这个特殊行业不仅能够实现节能减排，还能进一步提高安全和乘车舒适度。随着LED技术的不断发展，LED照明在满足相应的光学要求、环境适应性要求、可靠性要求、安全要求、EMC要求的情况下，将会越来越成熟，在不久的将来，LED照明将逐步取代传统照明，成为城市轨道交通系统的主力照明。

### 参考文献

[1] 李卫军，常虹，苏永棠．浅谈LED在地铁车站照明应用中的注意要点［J］．半导体照明，2010（6）：50-51.
[2] 张曙光．2012年中国将成为全球最大的城市轨道交通市场．电子系统设计网.
[3] 王美．交通运输照明：LED势头强劲新光源变革阔步前进［J］．半导体照明，2010（5）：10-12.

# 2009年度中国LED显示应用行业发展现状

关积珍
中国光学光电子行业协会LED显示屏分会
北京四通智能交通系统集成有限公司

## 一、产业总体情况

根据统计，截止2009年末，全国具有一定规模的LED显示应用企业总数超过400家，我国的LED显示应用产业已形成一定的规模，估计全国范围内拥有50000以上的从业人员。全国LED显示应用行业从业人员情况见表5.2-12。

据中国光学光电子行业协会LED显示应用分会的统计数据，作为统计样本的144家企业，2009年的销售总额为94.6亿元人民币，由此估算2009年度全国LED显示屏市场销售总额为140亿元人民币，比2008年增长了40%。近三年全国LED显示应用产业的总体变化情况见表5.2-13。

**表5.2-12　2008—2009年全国LED显示应用行业从业人数规模**

| 类别 | 2008年（130家样本企业） | | 2009年（144家样本企业） | |
|---|---|---|---|---|
| | 人数 | 比例 | 人数 | 比例 |
| 合计人数 | 19645 | 100% | 23383 | 100% |
| 管理人员 | 3850 | 20% | 4214 | 18% |
| 科技人员 | 5500 | 28% | 5811 | 25% |
| 工人 | 10295 | 52% | 13358 | 57% |

**表5.2-13　2007—2009年全国LED显示应用产业总体情况**

（单位：亿元人民币）

| | 2007年 | | 2008年 | | 2009年 | |
|---|---|---|---|---|---|---|
| | 协会 | 全国（估算） | 协会 | 全国（估算） | 协会 | 全国（估算） |
| 销售总额 | 60.1 | 72 | 76.8 | 100 | 94.6 | 140 |
| 其中：出口额 | 11.5 | | 14.6 | | 16.28 | |
| 其他LED显示应用产品销售额 | 7 | | 10 | | 13.5 | |

注：表5.2-12和表5.2-13所统计的企业基本包括了LED显示屏应用领域的主要代表性企业，这些企业以LED显示屏为主导产品，并从事其他LED显示应用产品的生产经营。

从产业布局上，我国LED显示应用产业主要集中在华东和华南地区，2009年这两个地区的产业总体规模占到全国的68%。近三年行业协会统计的LED显示应用产业按地区的分布情况见表5.2-14。

**表5.2-14　2007—2009年LED显示应用产业地区分布情况**

| 年度 | | 东北 | 西南、西北、华中 | 华北 | 华东 | 华南 |
|---|---|---|---|---|---|---|
| 2007年 | 产值/亿元人民币 | 1.82 | 4.05 | 8.05 | 23.82 | 22.77 |
| | 占全国比例 | 3.0% | 6.7% | 13.4% | 39.6% | 37.8% |
| 2008年 | 产值/亿元人民币 | 5.9 | 7.9 | 11.6 | 25.1 | 26.3 |
| | 占全国比例 | 7.7% | 10.3% | 15.1% | 32.7% | 34.2% |

（续）

| 年度 | | 东北 | 西南、西北、华中 | 华北 | 华东 | 华南 |
|---|---|---|---|---|---|---|
| 2009 年 | 产值/亿元人民币 | 3.2 | 8.3 | 15 | 31.5 | 36.6 |
| | 占全国比例 | 3.4% | 8.8% | 15.9% | 33.3% | 38.7% |

2000 年前 LED 显示应用产业年增长率基本在 30% 以上。2000—2006 年，年增长率为 15% 左右，2007 年以来的增长率在 40% 左右。我国的 LED 显示应用市场从 1997—2009 年间的增长变化情况如图 5.2-18 所示。

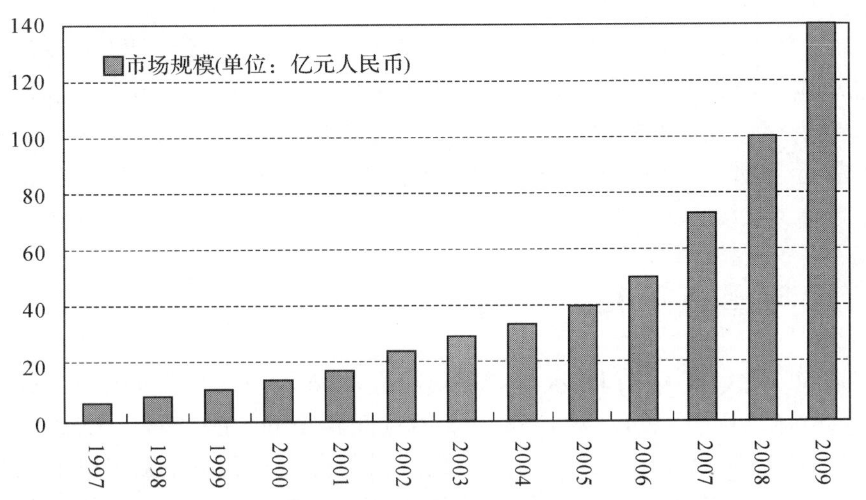


图 5.2-18　1997—2009 年全国 LED 显示屏市场规模增长变化

在国内市场发展的同时，LED 显示应用产品的出口逐年增加，特别是华南地区，集中了主要的规模企业和出口企业，出口额占全国出口总额的 70% 左右。2007—2009 年协会统计的主要出口额地区对比情况见表 5.2-15。

**表 5.2-15　2007—2009 年主要地区的 LED 显示应用产品出口额对比**

（单位：亿元人民币）

| | 2007 年 | 2008 年 | 2009 年 |
|---|---|---|---|
| 销售总额 | 60.10 | 76.80 | 94.60 |
| 出口额 | 11.50 | 14.60 | 16.28 |
| 华南地区 | 8.15 | 10.32 | 10.77 |
| 华东地区 | 2.00 | 1.80 | 3.80 |
| 华北地区 | 0.40 | 0.46 | 0.63 |
| 西南、西北、华中 | 0.70 | 1.70 | 1.07 |
| 东北地区 | 0.12 | 0.32 | 0.01 |

## 二、技术创新、标准化和知识产权情况

我国 LED 显示应用行业在新技术、新产品开发方面一直具有良好的基础。为适应 LED 显示应用市场的需求变化，2009 年行业内的许多企业在产品技术开发、专利及知识产权保护等方面积极开展了工作，许多新技术成果直接用于国庆 60 周年庆典等重点工程，取得了良好的效果。部分企业承担了国家和地方政府的有关科技研究项目，业内大批企业获得高新技术企业资格。

在传统大屏幕显示屏技术领域，室内外各种 LED 显示屏的技术发展趋于成熟，产品整机在可靠性方面和工艺水平方面也得到明显的改进和完善。近两年在异型显示屏、高密度、高清晰度显示、色

彩还原、逐点校正等技术领域的探索依然十分热烈。全彩色室内外显示屏逐步成为主流产品，表贴全彩色 LED 在室内显示屏市场已得到广泛应用。逐点校正技术大大提升了整屏的色彩一致性，也使不同厂商的产品在同一场景下使用成为可能。恒流驱动控制技术、LED 专用 IC 开发和应用、通用显示控制系统的完善和提高、系统自动检测、远程控制技术以及提高显示屏的散热和防护等级等方面也始终受到关注。

LED 显示应用产品市场领域，行业内许多企业在 LED 景观照明、城市亮化等领域形成了一系列新型 LED 显示应用产品。针对特殊使用要求，异型 LED 显示应用技术近年发展迅速，业内涌现出了“幔态 LED 显示屏”、“立体 LED 视频柱”、“LED 彩砖”、“LED 幕帘显示屏”、“LED 透光显示屏”等一系列新产品，大大拓展了 LED 显示应用范围。

在标准化方面，新版《LED 显示屏通用规范》即将由国家工业和信息化部颁布。

根据 LED 显示应用行业协会的不完全统计，2009 年行业内企业申请专利数新增 366 项，软件著作权登记新增 87 项，申请注册商标数新增 194 个。截止 2009 年年底，LED 显示应用行业协会主要成员单位申请专利数近千项，取得专利授权 500 多项，取得软件著作权 360 多项，注册商标数 400 多个。

## 三、重大工程与重点项目

2009 年国庆期间，北京市天安门地区管理委员会在广场中心区人民英雄纪念碑北侧安装了两组全彩色显示屏。每组显示屏宽 50m，高 7.5m，采用点间距 16mm 的全彩色 LED 像素，整屏分辨率 3072×320 点，横向像素 3072 点。两组显示屏由北京利亚得公司和广东勤上暨深圳州明科技股份有限公司联合体分别承制，LED 芯片采用了杭州士兰明芯公司的产品，并由深圳雷曼公司封装，表现出了良好的色彩一致性。该显示系统集中应用了逐点校正、远程同步控制、高清数字显示以及提高可靠性的多项领先技术。另外，北京利亚得公司承制的天安门东西两侧前方的两块大型 LED 全彩色显示屏，在国庆游行活动当天实时转播游行活动，为观礼台嘉宾提供了良好的视觉效果。

2009 年国庆 60 周年游行彩车使用了大量的 LED 显示屏，为游行活动增色不少。深圳市联腾科技有限公司承制的“农业成就”、“科技创新”、“体育成就”、“奥运成就”和“海南巡游”等 5 辆彩车的 LED 视频显示，在艺术造型设计、清晰度、稳定性等方面表现出色。深圳联建光电股份有限公司承制了卫生部、教育部、福建省等三辆彩车的 LED 显示屏，并为国庆 60 周年庆典 10 万人游行方阵提供了 32 套 LED 信号灯指挥控制系统，为确保 10 多万青少年的背景表演顺利提供了有效的保障。北京世纪澄通电子有限公司承制的台湾彩车“彩虹”显示屏，设计新颖，彩虹桥由通体异型四面围绕的桶状 LED 显示屏和水波浪型 LED 显示屏组成，点间距 16mm，总面积 $75m^2$，采用了 5000 多条规则和不规则 LED 灯条，遵循“条状异型、薄轻通透、屏构一体、整体吊装”的设计思想，在结构、控制等方面采用多项创新技术，游行中 LED 显示屏显示七彩变换图案，映衬具有台湾特色的山山水水，绚丽多彩，在众多彩车中风格独特。

北京天安门广场举行的国庆 60 周年联欢晚会中，由北京金立翔艺彩科技有限公司设计实施的“光立方”，4028 棵 LED 发光树组成方形“地面视频”区域，以国旗杆为中心，占地 9000 余平方米，俯瞰犹如巨大的彩色魔块，用最少的像素完成了最大的光电显示表演。作为专业的 LED 显示屏租赁业务公司，北京金立翔艺彩科技有限公司承接实施的 2010 年中央电视台春节联欢晚会“数字舞台”项目同样十分精彩。基于公司自主开发的轻体 LED 高清彩晶，500 根 2 米的 LED 视频柱拼接起来总面积达 $1200m^2$，春晚中通过变换组合呈现各种造型，营造出了神秘而绚烂的 3D 视觉效果，出色完成了春节晚会的全部舞美效果。

2009 年度，在社会经济的各个应用领域，还实施和完成了许多典型重大的 LED 显示屏项目。如深圳蓝普科技有限公司承制的深圳音乐厅数字高清 LED 演出显示系统、深州联建光电股份有限公司承建的第十一届高交会开幕式户外全彩 LED 显示屏和深圳星河世纪大厦光栅显示屏工程等，在技术创新水平和应用效果方面都有不俗的表现。总体上，近年来 LED 显示应用的范围更加广泛，LED 显示工程项目在设计理念、技术创新、工程规模、显示效果诸多方面都有了显著的提升。

## 四、企业发展

根据LED显示应用行业协会的统计，2009年全国有27家企业的LED显示应用产品销售额超过亿元，其中有11家企业的销售额超过2亿元，有5家企业销售额超过3亿元，至少有3家企业的销售额达到了4亿元以上。这27家企业2009年度的销售额总计达到了58.84亿元，占到统计企业总销售额的62.2%，也占到了全国销售额的42.3%。

规模型骨干企业的分布主要集中在华南区域，2008—2009年行业协会统计的销售额亿元以上的骨干规模企业在各地区的分布情况见表5.2-16所示。

2009年度销售额超过3亿元的企业包括上海三思科技发展有限公司、深圳联健光电股份有限公司、深圳洲明科技股份有限公司、北京利亚得电子科技有限公司、北京世纪澄通电子有限公司。

**表5.2-16　2008—2009年全国销售额亿元以上企业地区分布**

| | 全国 | 华南地区 | 华东地区 | 华北地区 | 西南西北华中 | 东北地区 |
|---|---|---|---|---|---|---|
| 2008年销售额上亿元的企业数 | 25 | 13 | 4 | 3 | 3 | 2 |
| 2009年销售额上亿元的企业数 | 27 | 13 | 5 | 4 | 3 | 2 |
| 2009年销售额超过2亿元的企业数 | 11 | 2 | 5 | 3 | 1 | 0 |

2009年度全国LED显示应用行业产值上亿元的企业列表如下：

### 1. 华南地区（13家）

1）深圳联健光电股份有限公司
2）深圳三升高科技股份有限公司
3）深圳奥拓电子有限公司
4）深圳锐拓显示技术有限公司
5）深圳大族元亨光电股份有限公司
6）深圳艾比森实业有限公司
7）深圳康佳视讯系统工程有限公司
8）深圳蓝普科技有限公司
9）深圳洲明科技股份有限公司
10）深圳金立翔光电科技有限公司
11）深圳联腾科技有限公司
12）深圳雷曼光电科技股份有限公司
13）深圳科伦特科技有限公司

### 2. 华东地区（5家）

1）上海三思科技发展有限公司
2）南京洛普股份有限公司
3）南京汉德森电子有限公司
4）福建科维光电科技有限公司
5）福建富顺电子有限公司

### 3. 华北地区（4家）

1）北京利亚得电子科技有限公司
2）北京世纪澄通电子有限公司
3）河北金立翔电子科技有限公司
4）北京太极鹏发电子科技有限公司

### 4. 西南、西北及华中地区（3 家）

1）西安青松科技股份有限公司

2）四川九洲光电科技有限公司

3）武汉华灿光电有限公司

### 5. 东北地区（2 家）

1）大连世纪长城光电科技有限公司

2）大连路明光电工程有限公司

## 五、发展总结

### 1. 产业总体发展达到了规模化水平

我国 LED 显示行业的主要产品不仅在国内占有绝对的市场地位，同时已走向国际市场，在全球也占据了一定的市场份额，形成了稳定的出口。产品质量和可靠性总体上有了显著的提升，产品市场需求和应用领域不断扩展。行业内有影响力的品牌企业成长较快，形成了一批规模骨干企业，具备了较强的综合实力。国内 LED 显示应用企业在重大项目和重点工程建设中表现出色，在国际市场竞争、大型显示系统工程承接实施等方面的能力显著提高。

### 2. 行业技术进步明显

科技创新对行业发展起到了积极的引领和推动作用，使行业技术进步明显。LED 显示应用行业总体技术水平基本与国际同步发展，近两年创新产品推陈出新，行业内技术创新活跃，产品技术开发能力不断加强。适应特殊应用需求的技术开发、技术支持和技术保证能力得到增强，重点技术和主流产品发展比较成熟。




### 3. 上游产业发展对显示应用产业发展的促进明显

由于 LED 产业链上下游之间良性互动和促进发展，LED 显示应用新产品、新技术推广应用迅速。基于 LED 芯片材料、驱动 IC、控制等技术的发展，行业内许多企业在 LED 综合应用、LED 照明、灯饰亮化工程等方面形成了一定的技术基础和生产工程基础。在传统 LED 大屏幕显示技术和产品的基础上，LED 显示应用产品在行业市场中的份额逐年增加。

### 4. 产业发展的规范化、集约化趋势凸现

LED 显示应用行业协会多年积极推动的产品技术交流和标准化工作，通过产品技术标准、产品技术检测等有效促进了行业技术产品的规范化发展。规范化、标准化带动产业化水平提升，产业布局的聚积效应有所体现，如深圳地区集中了较多的规模企业。近年我国 LED 显示应用行业发展中的一个重要特点是规模型企业数量明显增加，中等规模企业数量有所递减，小规模企业数量也有增加。产业总体上由以往的“橄榄型”在向“哑铃型”转变。

### 5. 重大活动对产业发展提升的带动效果明显

2008—2010 年的产业增长中，北京奥运会、国庆 60 周年庆典活动、上海世博会等重大活动的拉动因素不容忽视。对此，一方面要有理性认识，另一方面要以此为契机，认真总结经验和技术创新成果，积极推广应用和拓展新市场，方能保持行业的持续发展。

### 6. 产业布局逐步合理，分工日趋明显

产业格局在调整中不断完善和合理化，行业内的专业化分工日趋明显，LED 显示应用产品的产业链雏形基本形成，为产业不断提升奠定了良好的基础。在竞争的同时，专业化生产、技术开发、工程服务等环节的分工合作在行业内有所体现，细分市场和突出核心竞争力，成为许多企业新的关注点。

## 六、发展展望

第一，我国政府拉动内需的巨大投资和一系列产业振兴规划的实施，直接带动了交通、能源等基础产业以及电子信息、物流等产业的发展，这对LED显示应用产业发展具有积极的促进作用。

第二，LED显示应用行业受到资本市场的高度关注，企业并购重组、改制上市等资本运营活动日益活跃。随着LED照明的发展，资本市场对LED产业空前关注，也惠及LED显示应用行业，为产业格局调整、行业总体规模提升带来新的发展机遇。近两年，已有几家上市公司对行业内的企业进行了并购和重组，还有一些风险投资公司已经投资或正准备投资业内的企业。股票市场方面，中小板和创业板的迅速发展，为LED显示应用企业上市和融资提供了有利的环境条件，业内部分企业已就上市进行了积极有效的基础工作。

第三，我国城市化进程的加快、全社会信息化水平的不断提高，为LED显示应用产业带来更大的发展空间。城市化和信息化对LED显示应用产品的需求带动非常明显，传统意义上的LED显示屏应用领域不断得到拓展，已经深入到社会经济活动的许多方面。现代城市景观营造、新媒体、广告宣传、城市数字化、低碳社会等，将进一步推动各种LED显示应用产品的迅速发展。

# LED 显示技术及创新应用的最新进展

程德诗
上海三思科技发展有限公司

伴随着 LED 外延技术、芯片技术、封装技术的持续进步以及成本的不断下降，LED 显示应用领域呈现出技术进步、工艺提升、产品形态创新的繁荣发展景象。诸多新的产品形态、新的应用技术、新的应用领域经过多年探索、改进及市场培育，近两年逐步得到了市场的认可。尤其是国产的显示用小功率 LED 芯片及封装技术取得了令世人瞩目的进步，并在国内、国际重大项目中获得了成功应用。

## 一、镂空态模条 LED 显示屏

在 LED 显示屏发展的 20 多年历史进程中，传统 LED 显示屏的架构基本采用了若干个像素矩阵 $M \times N$（$M$、$N$ 通常取值 4 ~ 32）构成模块，若干个模块矩阵 $X \times Y$（$X$、$Y$ 通常取值 2 ~ 8）构成箱体，若干个箱体矩阵 $U \times V$（$U$、$V$ 通常取值 2 ~ 100）构成屏体（见图 5.2-19）。为了提高显示屏的稳定性及延缓 LED 的衰减，大多数情况下还会给显示屏配上密封外壳，并辅以空调来降温。这种先把发热源包起来再用空调进行降温的方式显然不是最优方案。同时传统显示屏还存在体态笨、重量大、风阻大、不透光等一系列弊端。因而，多年来业内一直在探索新的产品形态以推动 LED 显示屏的应用不断地向更多领域发展。

图 5.2-19　传统 LED 显示屏

2001 年日本的 AVIX 公司在东京的涉谷创建了世界上第一块以模条为基本显示单元，模条之间留有空隙（形态似百叶窗）的 LED 显示屏（见图 5.2-20，以下简称“模条显示屏”）。这种创新型产品形态克服了传统显示屏一系列不足，具有许多诱人的积极元素。但是由于技术上还存在一些固有的缺陷，产品及市场的成熟度还远远不够，也阻碍了其在市场的推广普及。

图 5.2-20　镂空态模条 LED 显示屏

### 1. 技术特点及优势

1）超薄设计：采用条状形态、无箱体、简易框架连接，整个屏体部分超薄（约 3 ~ 5cm）；

2）通透式设计：屏体部分镂空率通常可达 50% ~ 90%，应用于户内环境更可以实现既不影响采光，又不影响视野。用于户外可大大降低显示屏的风阻、提高安全性；

3）重量轻：与传统显示屏的屏体加支撑钢结构的重量相比，模条显示屏的总重量只有传统显示屏的10%～25%；

4）安装简便：便于运输、安装、拆卸、移动及维护；

5）成本低：支撑钢结构成本大大降低，免除了空调，节约了能耗，并节省了运营费用；

6）倾角工艺实施便捷：通过开模可便捷、精确地实现显示屏的光轴下倾，并确保光轴下倾角的一致性，实现降低能耗及改善图像均匀性的双重功效；

7）散热佳：克服传统显示屏将发热元件堆积在一起，并包裹起来，再用空调强行散热的弊端，而采用将屏体拆开，进行分体散热，大大提高了散热的有效性和合理性；

8）适应全天候工作环境：全密封，防雨、防尘、防潮、防盐雾，支持全天候工作环境。

### 2. 阻碍普及的因素

1）对比度弱：由于模条之间为镂空状态，显示屏存在背景杂色图案。造成显示屏对比度弱、信噪比低。此状态为影像工作者之大忌；

2）像素密度低：模条间留有空隙，像素间距较大，像素密度较低，整屏分辨率难以提高；

3）信号传输可靠性差：模条之间的信号传输及驱动电源的连接需要使用大量的接插件。由于接插件数量巨大，接触不良在所难免，因而显示屏整体可靠性难以保证。

### 3. 扬长避短，积极推广

通过上述分析，我们看到该产品尽管拥有众多重要的积极元素，但是也存在若干固有的缺陷。因而，在产品问世后的很长一段时间产品的市场推广极其缓慢，甚至一度停止发展。但是产业人士仍然在技术探索及市场培育方面进行着持之以恒的努力。

（1）技术改进

在模条间距不宜缩小的情况下，缩小模条内的像素间距，以提高整屏的分辨率。并通过在图像控制器中调节图像的纵横比，或在节目制作过程中进行纵横比的预校正，从而实现图像的无失真；在模条间增设遮光板，从而提高图像对比度、改善信噪比。但是此技术路线同时也使户外模条显示屏风阻小，户内模条显示屏采光、不遮挡视野等优势荡然无存；通过环路双线热备技术大大提高信号传输的可靠性；通过改变信号的数据结构，并在模条内增强智能数据处理能力以及数据处理速度，大大缩小模条间的数据传输宽度，大幅度降低接插件的数量，从而减少接插件失效的几率。

（2）市场培育

玻璃幕墙现已成为都市大型楼宇的主流外立面，玻璃幕墙的优势就是采光、透明。然而，传统显示屏的封闭性是都市中这一最大的应用市场不可接受的。而模条显示屏通透等特性恰恰吻合了这一市场的迫切需求；当今都市中的许多场合，如电视塔、高大建筑的顶端、山坡建筑等的显示屏受众距离通常比较远（几百米之外，甚至几千米之外）。这种远眺型显示屏对显示屏的像素间距要求极低。而传统显示屏有一个特点就是当像素间距较大时（≥25mm），显示屏成本基本不随像素间距的增大而降低。而模条显示屏则遵循成本随像素间距的增大而相应降低这一原则。因此，在这一应用领域模条显示屏的价格只有传统显示屏价格的10%～30%，市场前景不言而喻；传统显示屏由于其笨重、风阻大使得许多建筑无法承受。而模条显示屏的轻盈、低风阻的技术优势则带来了巨大的市场优势。

经过技术上不断改进探索和积极的市场培育，近两年来，尤其是进入2010年后，该产品在我国市场上终于找准了方向，得到了极大的推广普及，大有成为大型LED显示屏主流的趋势。

### 4. 改进方向

模条显示屏虽然经过多年的持续改进，取得了上述积极的成效。但仍然存在一对难以回避的矛盾困惑着业内，即“通透性＋低风阻”与“对比度＋信噪比”的矛盾，并阻碍着其市场的进一步成长。现在一些企业采取的“增设遮光板”的方案虽然提高了对比度、改善了信噪比。但是，模条显示屏的通透性＋低风阻的优势也同时消失殆尽。相信在业界同仁的共同努力下，不久的将来一定可以找到一个合理的解决方案。

## 二、户外表贴三合一 LED 显示屏

20 世纪 90 年代初，户外插灯式 LED 显示屏问世，受当时 LED 的发光效率的制约，业内采取了压缩 LED 视角（尤其是压缩垂直方向视角）的技术路线，使有限的光能集中于光轴方向，从而实现了提高显示屏光轴方向亮度的目的，并促进了户外 LED 显示屏的持续发展。但是，该方法带来的两大弊端长期以来一直困扰着业界：首先是受众范围大大缩小；其次是亮度均匀性严重受损。因而，业界也一直在积极寻找解决之道。

进入 21 世纪，LED 从外延材料生长、芯片制作到器件封装均取得了巨大的技术进步，LED 综合光效已提高了 3 ~4 倍。因此通过压缩视角而提高光轴方向亮度的技术方法已不再成为唯一的技术路线。满足显示屏亮度需求的同时扩大受众范围并大幅改善亮度均匀性已成为可能。由此，户外表贴三合一 LED 显示屏应运而生。户外表贴三合一 LED 显示屏首先在美国问世，但是直到 2009 年末该产品才开始真正进入我国市场，并在上海世博会获得了大量的应用（共有 40 多块户外表贴 LED 全彩屏投入使用）。

### 1. 技术和应用优势

采用角度大、配光特性平滑、装配精度高的 PLCC 表贴 LED 三合一应用于户外显示屏，具有诸多技术和应用优势：

1）可在水平和垂直两个方向获得较大的视角，使得显示屏的受众范围更大；

2）表贴 LED 的配光特性曲线斜率变化小，较为平滑，可大大改善显示屏均匀性（减低灰尘效应及马赛克现象）；

3）配光特性曲线函数近似于余弦函数〔$I(\theta)=\cos\theta$〕，可使显示屏亮度不随观察者视角的不同而改变；

4）缩小红绿蓝 LED 物理位置的离散性，改善近距离观察时图像的混色性能；

5）全自动装配、焊接，提高装配精度及效率。

### 2. 存在的不足

PLCC 表贴三合一 LED 应用于室外显示屏虽然具有诸多优势，但在技术上也存在相当的实施难度，使得市场的推广应用受到阻碍。

（1）防护性能

PLCC 表贴三合一 LED 的封装结构主要由基座（材料为 PPA）、金属支架（铜铁合金）以及环氧树脂等构成。但是，这些材料在户外条件下的耐候性存在极大的不确定性。

1）防水、防潮：PPA（基座材料）是一种吸湿性、吸水性均较大的材料（吸湿性 1.4%——测试条件 23℃/50% rh；吸水性 4.0 %——测试条件 23℃/50% rh）。同时，PPA 基座、金属支架及环氧树脂三种主要材料的热膨胀系数也存在差异，因此在环境冷热变化以及显示屏工作温升变化的过程中这三种材料之间的密封性仍存在疑问。因此，该产品的防水、防潮性能是户外表贴显示屏设计中的核心；

2）防紫外线：基座 PPA 材料在长期的紫外线照射下其物性会发生一些变化，而这些变化可能是作为 LED 基座材料所不能接受的。

（2）散热性能

PLCC 表贴三合一 LED 由于其支架大大小于传统直插式 LED，而且红绿蓝三颗芯片封装在同一个壳体内，其 LED 器件自身的散热性能明显下降，这就对显示模块的散热提出了很高的要求。因此，“散热设计”成为确保产品可靠性及寿命的重中之重。

### 3. 技术及市场现状

对于户外表贴 LED 显示屏目前业内有两种不同的技术路线。

（1）LED 面板 + 防水罩壳

该方案在LED的外表面包覆了采用透明并抗紫外线材料制成的防水罩壳，从根本上解决户外表贴显示屏防水、抗紫外线的难题，模块正面的防护等级可达IP67。但是由于表面覆盖了罩壳使得LED模块的散热措施变得尤为重要，并增加了散热的技术难度以及成本。目前，世界上第一流的显示屏知名品牌均采用该方案。例如，美国DAK、比利时BARCO、日本松下、日本赤见、中国香港Light House和上海三思等。

(2) LED面板+防水硅胶

此方案通过将LED管腿以及面板涂覆防水硅胶进行保护，使得产品设计简单、工艺实施方便、散热难度降低、整体成本下降。但是由于LED表面直接暴露在户外环境，其防水、防紫外线性能均存在隐患，模块正面的防护等级只能实现IP64，使用一段时间后防护等级更是存在进一步下降的危险。而该路线由于具有技术实施难度低和综合成本低的诱人之处，因此受到了绝大多数国内企业的青睐。

### 4. 未来展望

上述两条截然不同的技术路线实际上体现了两种不同的产品设计理念和不同的设计能力，并产生了不同的结果。其中第一条路线产品稳定、使用可靠、寿命有保障，但是技术难度大、综合成本高。而第二条路线则技术简单、实施方便、成本低廉，却在防护性能上存在隐患。

展望未来，找到一条同时具有上述两条技术路线优点的新的方法成为业界共同努力的方向。

## 三、国产LED芯片及封装的真正崛起

自从2002年大连路美公司将GaN基蓝绿芯片技术引入我国，"制造世界第一流的显示屏发光二极管"就成了业界同仁的共同梦想。经过近10年的奋斗，我们从无到有、从小到大、从大到强。自2003年开始业内只能在一些小型显示产品及一般的场合尝试使用国产LED芯片；直到2009年国庆60周年天安门庆典500㎡户外全彩色显示屏国产LED芯片及封装的成功应用；再到2010年上海世博会开幕式、闭幕式巨型背景显示屏国产芯片及封装的巨大成功。中国人自己的LED芯片及封装进入了大规模成熟应用的新时代。

### 1. 国庆庆典

2009年10月1日国庆60周年的天安门庆典活动举世瞩目，人民英雄纪念碑两侧两块250㎡的巨型LED户外全彩屏绚丽夺目。这两块显示屏从LED芯片及器件，到显示屏体及控制系统全部为我国制造。2010年8月这两块显示屏成为天安门广场的固定设施。这两块显示屏气势恢宏、屏体明亮清晰、画面绚丽多彩，宣告着国产LED及器件的真正崛起，出色的品质成为中国制造的骄傲。

### 2. 世博会开闭幕式

上海世博会开幕式背景中的LED大屏幕所展现的画卷令整个舞台熠熠生辉，献给全世界一场视觉盛宴和科技嘉年华。开幕式共配置了9块像素间距为6mm户内全彩色显示屏，面积达530㎡，其中4416万颗LED芯片制造、PLCC表贴三合一的封装、屏体及控制系统均由国内企业承担完成。世博开幕式导演组在显示屏核心器件的选择、屏体及系统的设计上格外严谨，提出了近乎苛刻的要求：

1）要全力做到全屏4416万颗LED芯片为零失效率。

2）显示及播放系统的所有环节都必须实现双机热备，一旦某一环节出现故障，备份立即实现无缝切换。

3）主屏的清晰度、刷新频率、灰度处理、色彩校正、均匀性等技术方面必须满足现场及电视转播中无像素颗粒带来的窗格效应、无摩尔纹和水波纹、无低灰画面的等高线现象、无色彩失真、无灰尘效应和马赛克效应。

上述要求，即使选用国际上知名品牌的发光芯片及器件并由国际上技术水平最高的显示屏制造商进行屏体及系统的打造，也具有极高的难度。然而，经过全部由国产品牌组成的上下游产业链的共同努力，完全做到了活动期间整个庞大系统中的每一个细小环节的零故障，全面实现了导演组的创想，

出色地完成了这一壮举，用一流的产品实力向世人彰显了“中国制造”的巨大魅力。

### 3. 技术进步、品质提升

近两年以武汉华灿公司、杭州士兰明芯公司为代表的芯片企业以及以杭州美卡乐公司、佛山国星公司为代表的封装企业，在显示用LED芯片及LED封装上均取得了令人瞩目的进步，部分性能指标方面接近国际先进水平，个别重要性能上达到国际先进水平（见表5.2-17）。

**表5.2-17 国产显示用LED芯片及封装与国际先进水平的对比**

| 序号 | 项目 | 早期水平 | 当前水平 | 备注 |
|---|---|---|---|---|
| ☆LED芯片 | | | | |
| 1 | 静电放电敏感度 | 人体模式：500V | 人体模式：4000～5000V | 接近国际水平 |
| 2 | 发光效率 | 蓝色：5～6mW（20mA）<br>绿色：3～4mW（20mA） | 蓝色：15～18mW（20mA）<br>绿色：10～12mW（20mA） | 接近国际水平 |
| 3 | 芯片外观品质 | 电极污染、划伤、氧化、裂纹等现象严重 | 业内一流品牌已基本消除此类现象 | 接近国际水平 |
| 4 | 一致性 | ☆发光强度：1:1.4；<br>☆波长：5nm/档；<br>☆管压降：0.3V/档 | ☆发光强度：1:1.1；<br>☆波长：1.25～2.5nm/档；<br>☆管压降：0.1V/档 | 国际先进水平 |
| ☆LED封装 | | | | |
| 1 | 失效率 | （10～30）/万 | （1～10）/百万 | 国际先进水平 |
| 2 | 衰减 | 衰减小于15%<br>（测试条件：30mA，25℃室温，1000h老化） | 衰减小于5%<br>（测试条件：30mA，25℃室温，1000h老化） | 接近国际水平 |
| 3 | 配光特性 | 光形毛糙、凸凹不平、角度小 | 光形圆润、平滑、角度大 | 接近国际水平 |
| 4 | RGB光形拟合度 | 60% | 90% | 国际先进水平 |
| 5 | 产品 | 目前，在以下两类产品的技术性能和产能上国产LED居于国际先进水平：<br>1. COB高填充因子全彩色点阵模块；<br>2. 用于高密度全彩屏（≤P4）的PLCC表贴三合一LED（20×20） | | |

### 4. 亟待改进之处及努力方向

虽然我们在国产化芯片及封装上取得了上述进步，但是仍然有以下问题亟待提高。

1）目前显示用高亮度图形衬底技术（PSS）的外延片（蓝色、绿色）国产化率还很低，性能也有待提高；

2）作为全彩色显示三基色之一的超高亮红色LED芯片，无论在技术指标还是稳定性都与国际一流水平存在差距；

3）高品质的封装辅材（例如，环氧、银胶等）目前还不能自给；

4）不应总是模仿国际品牌的产品形态、结构、工艺方法、性能特点等，而应深入分析、精确把握显示屏的应用特点及需求，探索新的产品形态，达到改善显示屏画质、降低应用能耗、提高生产效率、简化工艺流程及降低综合成本的目的。

## 四、其他热点技术

近两年还有很多高新技术从萌芽期步入成熟期、成为了常态化技术。

### 1. 逐点亮度及色度校正技术

该技术在21世纪初由国际知名品牌倡导并应用。2003年上海三思公司攻克该技术，并于2004年首先在户内全彩屏项目付诸实施。2007年美国Radiant Imaging公司将该技术由显示屏制造商的自有技术打包成标准技术，并到我国进行推广，但是由于该设备与技术费用极高，因此在国内难以迅速普及。2009年以来，该设备与技术迅速被我国企业学习吸收，并制成标准设备在我国低价格推广，在不到两年的时间内迅速普及，成为了常态化技术。然而，该技术在克服亮度色度不均匀的痼疾上并非万能，在许多条件下该技术还会带来一系列副作用。

**2. 监控中心高密度LED显示屏技术**

2009年以来，随着像素密度不断提高、工艺上不断成熟、稳定性不断改善以及价格的快速下降，该产品已成功地迈过门槛进入到了电力、交通、电信、部队等大中型监控指挥中心，并受到了高度而广泛的好评。目前进入大中型监控中心（前排视距≥5m为中型，≥7m为大型）的产品以P4mm为主要规格，采用国产LED价格在10万元/$m^2$左右，而采用进口LED价格则高达20万元/$m^2$左右。随着高密度LED显示屏技术及市场应用进一步向纵深发展，当像素中心距进入到≤3mm时代，而价格依然控制在10万元左右甚至更低时，LED显示屏取代DLP投影组合墙占据更大市场份额的时代将自然而至。

## 五、结束语

近年来LED显示技术逐步走向成熟，尤其是我国的显示屏制造商、LED芯片和器件制造商整体上呈现快速成长。国际品牌显示屏在我国的市场占有率逐年降低，而我国企业在国际市场的占有率却不断提高。我国不再仅仅是LED显示屏应用大国，已经成为全球LED显示屏制造中心，不远的未来还将成为LED显示屏的研发中心，进而成长为LED显示屏制造、研发及应用的真正强国。

### 参考文献

[1] 卢伟. 守正出奇. LED户外屏新概念[J]. 现代显示，2010 (6).
[2] 程德诗. 从LED器件技术进步看户外显示屏发展趋势[J]. 现代显示，2010 (6).

# 中国 LED 检测设备行业概况与最新进展

万永波
杭州远方光电信息股份有限公司

随着高亮度 LED 和白光 LED 技术的日趋成熟和成本的快速下降，LED 已从目前的道路照明、景观照明、平板显示和背光等应用领域加快进入普通照明领域，并成为全球投资热点。LED 检测设备行业作为 LED 产业的重要支撑，也受到专业投资机构的青睐，被认为是 LED 产业最具投资价值的环节之一，迎来了快速发展的大好机遇。

## 一、LED 检测设备发展概况

LED 检测设备对于普通人而言，还较为陌生。LED 检测设备被广泛用于 LED 新产品的研发、生产全过程的品质控制以及终端产品的检验，根据检测场所的差异，可概括为 LED 实验室检测设备和 LED 在线检测设备两大类。

### 1. LED 实验室检测设备

LED 产品与传统钨丝热辐射光源、气体放电光源在光、电、热、寿命等方面差异较大，传统的照明检测手段和设备不能满足检测需求，因此需要专业 LED 实验室检测设备为 LED 产品研发、进出厂检验提供支持。

目前，LED 实验室检测设备能够检测 LED 芯片、LED 荧光粉、LED 封装、LED 模块等元器件/原材料以及 LED 显示屏、LED 背光源和 LED 灯具等应用产品，检测项目涉及光色、电参数、热学、寿命、安全等方面。

LED 实验室检测设备包括光谱辐射计（光谱仪）、分布光度计、LED 光强分布测试仪、LED 标准光源、LED 老炼仪、LED 热电分析仪、LED 温度控制器、LED 芯片计数、LED 芯片显微装置、LED 荧光粉激发装置、亮度计、积分球、精密电源、EMC 测试仪等数十类。通常情况下，需要根据具体的检测需求，对以上设备进行适宜配置，形成检测精度高、操控方便、扩展性强的检测系统，如封装 LED 光、色、电检测系统，LED 芯片光、色、电检测系统等。

### 2. LED 在线检测设备

LED 应用产品一般都是由数十颗甚至数百颗 LED 构成，为了保证产品在光色上具有较好的均匀性，就要求这些 LED 等级相同。实验室检测设备虽然精度高，但面对年产量超过千亿只的 LED 封装生产来说，速度和效率远不能满足要求，LED 在线检测设备应运而生。

国内现有 LED 在线检测设备主要是针对 LED 封装的半自动或全自动 LED 分光机。LED 分光机主要由高速光谱仪、电测量仪和机械传送装置组成，其中高速光谱仪为核心部件。LED 分光机根据 LED 的颜色（主波长）、光强、电参数等将 LED 分为不同等级，并将其归入不同的料箱。对于不同种类的 LED，检测的速度从 4k/h 到 16k/h 不等。

受各项技术和标准的制约，LED 分光机设备还不成熟，现有设备主要针对小功率 LED，真正能够满足照明用大功率 LED 检测要求的设备极少或尚属起步阶段。

### 3. 发展趋势与最新进展

LED 产业的发展对 LED 检测设备提出了更多要求，使检测设备研发呈现以下趋势：

（1）检测向 LED 产业链上游和配套产业拓展。

LED 产业链较长，包括上游外延生长、中游芯片制造以及下游芯片封装和应用产品制造，配套产业包括单晶硅、荧光粉、驱动电路等。现有的 LED 检测设备主要针对 LED 产业链的中下游，尤其是 LED 在线检测设备仅针对 LED 芯片封装，远远不能满足实际检测需求。

针对上游外延生长和配套产业的实验室检测设备以及针对 LED 芯片、LED 封装（大功率等）、LED 模块、LED 应用产品的在线检测设备成为 LED 检测设备企业研发的关注点。杭州远方光电信息股份有限公司已完成大功率 LED 全自动在线检测设备的样机试验，开始着手 LED 芯片和 LED 应用产品在线检测设备的研制，有望较快投入量产。

（2）LED 标准体系不断完善，检测设备专业化程度更高。

LED 产业标准体系尚未完善，相关标准缺失，一直是制约 LED 产业快速发展的突出问题。近几年，国际照明委员会（CIE）、美国、欧盟、日本和我国都在加紧 LED 标准化研究，因此 LED 检测设备不断专业化更是大势所趋。对传统照明光电检测设备稍加改变以形成的较为低端的 LED 检测设备必将被市场淘汰。

## 二、LED 检测设备市场状况

### 1. LED 实验室检测设备子市场

LED 实验室检测设备市场随 LED 产业发展而产生和壮大，从 2007 年起进入快速发展阶段，年平均增长率超过 35%。图 5. 2-21 所示为 2007—2011 年国内 LED 实验室检测设备的年销售总额，其中 2007—2009 年为国内主要厂商的统计值，2010 年、2011 年为业内专家的预测。

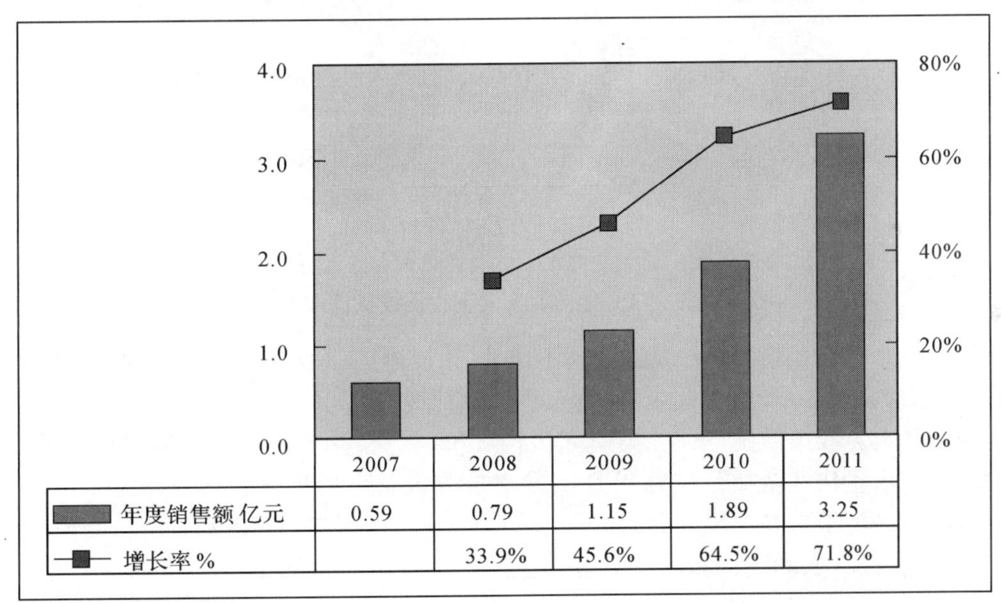


图 5. 2-21　国内 LED 实验室检测设备市场 2007—2011 年销售额统计与预测

从 2010 年上半年的市场情况和 LED 行业的投资热度来看，这一预测显得有些保守，原因如下：

（1）全球 LED 产业投资火爆，从业企业数量爆发式增长。

据国家半导体照明工程研发及产业联盟不完全统计，2007 年底，国内主要 LED 企业在 2000 家左右，包括封装企业约 600 家，应用生产企业约 1000 家；而目前，国内主要 LED 企业数量已超过 4000 家，其中封装企业约 1000 家，应用生产企业 2500 家以上。据 LEDinside 的最新统计，国内 LED 产业年产值上亿的企业已超过 140 家。

2009 年我国科技部启动了“十城万盏”半导体照明试点示范应用工程，随后，各地方政府相继推出 LED 产业规划和发展策略，出台一系列政策鼓励国际资本和民间资本的投入。广东省提出 2015 年 LED 照明和显示产业对 CDP 的贡献达 2000 亿元，温州市提出 2015 年全市 LED 产业销售额达 150 亿元，江门市计划在 2025 年全市 LED 产业发展到 3000 亿元……

目前，我国 LED 产业利润主要集中在 LED 封装和应用企业，在未来 5 ~ 10 年内，LED 产业将进入高速成长期，封装和应用企业以投入少、技术壁垒低、风险小等优势，还将继续引领 LED 投资方向。由于国内 LED 市场处于起步阶段，尚未出现绝对的龙头企业，市场竞争充分，绝大多数企业可以找到自己的生存空间，依靠自身力量扩大规模，很少有企业相互兼并情况，因此 LED 企业尤其是下游企业数量将呈井喷式增长。

LED 产业掀起的不仅是国内投资热潮，更是一股强劲的全球性趋势，欧司朗公司、飞利浦公司和通用公司三大照明巨头通过收购、兼并或创建子公司不断扩大 LED 业务比重，美国、欧洲、日本和韩国纷纷出台各种鼓励性政策，促进 LED 研发和投资。仅就 LED 照明而言，据报道，飞利浦公司预测 2020 年全球照明市场将突破 800 亿欧元（1094 亿美元），LED 照明市场将大于传统光源市场。

经过近三年的快速发展，我国 LED 检测设备水平已经接近甚至部分超过国际同行，出口比重不断提高。最新调查数据显示，LED 检测设备主要制造企业的出口收入已上升至总收入比重 15% 以上。随着国内 LED 检测仪器技术的不断进步，将占据更大的国际市场空间。

（2）LED 检测重视程度升高，实验室检测设备投入加大。

图 5.2-22 为 2009 年和 2010 年国内主要 LED 企业对实验室检测设备的投入情况，不难看出，LED 企业在实验室检测设备上的投入在不断增大，这一变化的主要原因在于 2010 年国内先后颁布并实施了多项与 LED 有关的国家、行业标准以及联盟技术规范，对 LED 市场具有一定的规范和引导作用。

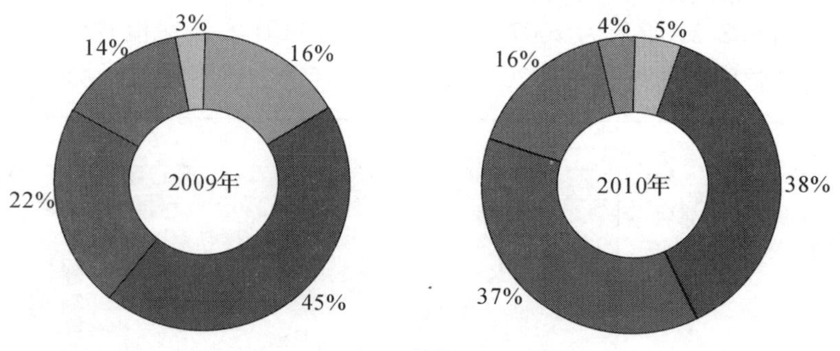


图 5.2-22　LED 企业对实验室检测设备投入的对比

未来几年，LED 产业还将出台一大批重要的标准，此外，LED 企业的研发能力和产品质量将逐渐成为核心竞争力，将进一步增加企业对于实验室检测设备的投入。

在市场刺激和地方政策鼓励下，各类研究机构、第三方检测实验室和区域性检测平台对 LED 实验室检测设备的需求量快速增加，成为 LED 实验室检测设备市场不容忽视的一股力量。上述单位与企业相比，检测设备要求更高，投入更大。根据 LED 企业数量和对 LED 实验室检测设备的投入比重估算，到 2015 年，LED 实验室检测设备市场的总量将达到 20 亿 ~ 30 亿元。

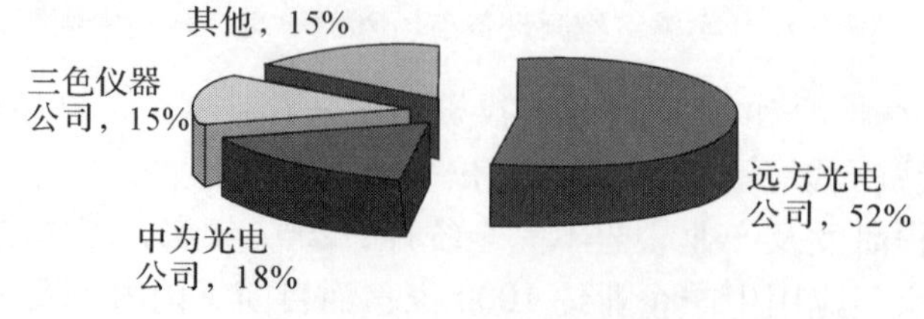


图 5.2-23　2009 年 LED 实验室检测设备市场分布

LED 实验室检测设备由于涉及光、色、电、热等诸多方面，具有较高的行业技术壁垒，国内 LED 实验室检测设备生产企业总数不超过 15 家，年产值超过 3000 万以上的规模型企业仅有 3 家。与 LED 实验室检测设备的需求不匹配的是，主要 LED 检测设备的供应能力严重不足，LED 实验室检测设备完全处于供方市场。图 5.2-23 为 2009 年国内 LED 实验室检测设备市场概况，杭州远方公司

(52%)、杭州中为公司（18%）和杭州三色公司（15%）等3家主要企业占据了总市场的85%，其他各家总和约占15%。

### 2. LED在线检测设备市场

与LED实验室检测设备相比，国内LED在线检测设备市场尚处于成长初期，主要产品为针对小功率LED封装的LED分光机。

2009年，国内LED分光机市场的总销售量在750台左右，年总销售额超过1.6亿元；就2010年上半年情况来看，全年总销售量有望超过1000台，年销售额突破2.5亿元。

LED在线检测设备市场被业内人士普遍看好，市场容量有望快速突破100亿元。从技术发展和实际需求来看，LED在线检测设备市场将与LED实验室检测设备市场并驾齐驱，甚至创造出更大的市场财富：

1）与实验室检测相比，尽管在线检测存在准确度不足，但其速度快、不存在抽样漏检问题，在生产过程质量控制方面优势明显；

2）随着检测技术的飞速发展，成熟的大功率LED、白光LED、LED芯片、LED模块以及LED应用产品在线检测设备指日可待；

3）LED产业投资热不断加剧，各项标准加紧制定，也将带动在线检测设备市场的发展。

国内LED分光机市场主要企业有：台湾长裕欣业公司、苏州嘉大公司、深圳大赢数控、深圳大族光电公司以及杭州中为光电公司，其中，台湾长裕欣业公司占据了市场40%左右，其他几家相差不大。

## 三、LED检测设备行业主要企业发展状况

### 1. 杭州远方光电信息有限公司

杭州远方光电信息有限公司（远方光电）前身为杭州远方测试系统研究所，创建于1993年，是国内最早的专业照明光电检测设备制造商之一，也是业内龙头企业，其产品线涵盖了LED和传统照明检测的光、色、电、磁、安全等各个方面，在高精度快速光谱仪、LED实验室检测、分布光度计等方面处于国际领先水平。公司先后承担多项国家863计划以及省市科技项目，具有丰富的光电检测设备研发经验和极强的技术创新能力，申请专利60余项。远方光电除加紧LED在线检测设备的研发外，还将大力投入光谱仪尤其是高精度快速光谱仪的研发和生产，以期突破国内LED在线检测的发展瓶颈。



### 2. 杭州中为光电技术有限公司

杭州中为光电技术有限公司（中为光电）成立于2005年，主营业务为LED测试设备的研发、生产和销售，产品包括LED分光机、LED灯具测试系统、芯片荧光粉测试系统等，其中SMD LED全自动分光机、包装机等产品具有一定的市场竞争优势，近期开发出的大功率LED自动检测设备也已取得初步成功。

中为光电作为LED检测设备市场后起之秀，具有一定的技术创新能力。2009年，中为光电与北京大学光电系达成战略合作，建设“北京大学-中为光电半导体照明测试中心”及“杭州北大中为半导体照明测试与生产装备研究所”，以望在光电领域进行深入研究。

### 3. 杭州浙大三色仪器有限公司

杭州浙大三色仪器有限公司（三色仪器）成立于2001年，主要从事光与颜色检测设备的研发、生产和销售，产品主要用于平板显示检测、传统照明检测和LED实验室检测。经过多年的积累，有一定的照明光电检测设备研发基础，是国内较有影响的LED实验室检测设备供应商。三色仪器公司的品牌取得一定的市场地位，能够追踪LED检测的前沿动态。

### 4. 大赢数控设备（深圳）有限公司

大赢数控设备（深圳）有限公司（大赢数控）成立于2003年，主营业务为PCB生产设备的研

发、生产和销售，目标是成为一流品质的 PCB 生产设备的专业制造商。大赢数控曾研发和生产出国内第一台全自动 LED 分光机，其产品线几乎涵盖了 LED 封装所需全部设备，主要有：固晶机、焊线机、喷胶机、分光机、灌胶机、一切机，其中在 LED 分光机市场有一定的影响力。

5. 深圳市大族光电设备有限公司

深圳市大族光电设备有限公司（大族光电）成立于 2007 年，为上市公司大族激光（股票代码：002008）的控股子公司，主营业务为 SMD LED 装带机、SMD LED 分光机、高速平面固晶机和划片机的研发、生产和销售。大族光电正在进行 LED 焊线机的自主研发与测试，希望发展成为 LED 全套封装测试设备提供商。

# 中国LED舞台灯具的创新与应用

广州市雅江光电设备有限公司

## 一、LED舞台灯替代传统光源已成国际潮流

LED技术是目前国际上公认的21世纪最前沿的尖端科技，特别是在灯光照明领域，被业内人士称之为“光的革命”。LED作为一种新型半导体固态发光器件，具有节能、环保、低温、长寿命、体积小、易控制等特点，被广泛应用于各种指示、显示、装饰、背光源、普通照明、景观亮化和专业舞台照明等领域。

由于传统舞台灯具采用的光源主要是卤钨灯及气体放电灯（包括低压放电的荧光灯和高强度气体放电的金卤灯、氙灯）等，存在光效低、寿命短、耗电量大、工作不稳定等弱点。因而，对于具有显著优点的LED技术，从其诞生起就备受专业灯光行业的关注。事实上，早在20世纪90年代，LED照明技术就已经应用于舞台演艺。

与传统光源相比，LED舞台灯具还拥有以下特点：①LED灯以鲜艳的色彩能把空间装点得更加绚丽；②LED在现代环境艺术设计、舞台艺术设计和室内装饰等方面，能够达到与艺术的完美融合；③LED舞台灯产品安装快捷、安全，能以快速的光效组合变化，达到完美的灯光气氛效果，给观众带来全新的视觉享受。

随着大功率LED技术的不断深入，国际上将LED产品应用于专业照明已经取得了突破性的进展，这也使得舞台灯光行业呈现出了使用LED作为照明光源的趋势。目前，国际上应用于电视演播室、剧场、文艺演出等领域的LED照明产品，主要为大功率LED泛光照明产品、投光照明产品和电脑摇头灯。而这些大功率的LED专业照明产品，在光照强度、显色性、稳定性、变色、变焦等方面，已逐渐能够满足舞台中特定功能性照明需求，比如可以替代传统照明光源的天幕灯、地排灯、柔光灯、螺纹聚光灯、建筑泛光灯等。此外，全色谱的LED灯具（即LED灯珠为红、橙、黄、绿、青、蓝、紫七种色彩）由于能在较宽的可见光谱范围准确还原舞台上需要的各种彩色光线，适用于各种场合，因而受到了业界的普遍关注，显现了LED舞台灯具应用技术发展的一个趋势。

由于LED专业灯具与生俱来的节能环保、色彩丰富、便于控制等特性，LED灯具已大量应用于舞台剧院、文艺演出、电视台演播室等场所。据了解舞台功能性大功率LED灯具在荷兰电视台、英国电视台、中国中央电视台的新闻演播室已得到规模应用。

## 二、国内LED舞台灯具行业现状

虽然LED的核心技术被科锐公司、欧司朗公司、飞利浦公司、日亚公司等国际巨头所控制，但是伴随着我国文化演艺事业的发展和半导体照明产业的突飞猛进，我国LED舞台灯具在创新与应用方面也获得了长足发展。许多企业纷纷立足于自主研发创新，积极引进、吸收国际先进技术，不断加大科研投入，注重研发人才的培育和技术积累，保持自身进步与国际化接轨，并在全球化市场竞争中赢得领先优势。

如今，我国LED舞台灯光产品已打破传统灯具一统天下的局面，其所表现出来的光照度、柔光度、光斑均匀度、色彩渲染度等方面已获得大多数专家的认可，并在替代传统光源的天地排、成像灯、PAR灯等方面表现出色。例如，在2008年北京奥运开闭幕式、2009—2010年中央电视台春节联欢晚会、上海世博会主题馆及闭幕式、五大洲文化广场、中央电视台新闻演播室、广州亚运会开幕式

中，国产 LED 灯具都得到全面的应用和展示。可以预见，未来国产 LED 舞台灯光产品将被更多地应用于演艺、电视演播厅、大型赛事开闭幕式当中。

具体来说，我国 LED 舞台灯具的创新与应用主要体现在以下几个方面。

### 1. 适应市场需求的产品种类越来越丰富

舞台中灯光的种类主要有聚光灯、成像灯、天排灯、地排灯、追光灯、泛光灯等。目前，这些种类的传统灯具在市场上基本上都能找到相对应的 LED 灯具。这还可以从今年的国际专业音响灯光展上得到印证。今年国际专业音响灯光展览会的一个显著特点是，90% 以上的舞台灯光企业都推出了 LED 产品，其中以雅江光电公司为代表的 LED 企业，更在其展厅中全部展示的都是 LED 产品。琳琅满目的产品涵盖了 LED 电脑摇头灯、LED 染色灯、LED 投光灯等，也给灯光设计师提供了更多选择，以实现各种奇思妙想的灯光效果。

### 2. LED 变焦类灯具的应用

以前传统的舞台灯具大多是固定焦距的灯型，在舞台上使用不太灵活，现在 LED 灯具用一块聚光透镜可方便地调节焦距，改变光束角度。由于 LED 功率很小，一个舞台灯具需要使用几十个 LED，每个 LED 配一个聚光杯，几十个 LED 加聚光杯的组合固定在一个平面。LED 变焦灯具可变的光束角更加符合舞台演出的需求，工艺上也很精致，调节过程遥控操作，通过推动控制台上的滑杆，光束角度变化十分灵活流畅。

### 3. 国际先进元器件在国产灯具中同步使用

目前，我国已经成为国际上 LED 专业灯具生产数量最多的国家。由于我国市场的巨大发展潜力，包括欧司朗公司、科锐公司、飞利浦公司在内的 LED 芯片领军企业，都加强了对我国市场的关注与投入，并通过将最新技术和产品提供给国内优秀 LED 灯光企业等方法，强化与这些优秀企业的合作。这使我国 LED 专业照明在世界先进技术的应用领域与国际先进水平十分接近，改变了以前国内企业所采用的技术滞后的状况，对加快我国 LED 舞台灯具发展步伐，尽快超越国际先进水平，创建了一个极为有利的环境。

### 4. 产品的节能性和专业性日渐突出

2010 年 9 月 23 日开幕的第十九届北京国际广播电影电视设备展览会（BIRTV2010）上，国内舞台灯企业展出多款自主研发生产的大功率 LED 灯具，包括 AM722XWT、YG－LED321W、YG－LED321WW、YG－LED308（为奥运会开、闭幕式应用产品）等。其中 AM722XWT 和 YG－LED321WW 更是舞台和景观照明灯具上的革新，可望取代 2000W 以上的传统灯具。

（1）传统光源与 LED 的对比（见表 5.2-18、表 5.2-19）

**表 5.2-18 光源的性能对比 1**

| 光源名称 | 光效/（lm/W） | 显色性（CRI） | 寿命（HRS）/h | 灯具光路效率（%） | 换色效率（%） |
|---|---|---|---|---|---|
| 卤素泡 | 16～22 | 97～99 | 100 | 30～50 | 5～30 |
| 放电泡 | 85～95 | 60～90 | 750 | 30～50 | 5～30 |
| LED（白） | 30～100 | 50～93 | 30000 | 70～90 | 100 |

**表 5.2-19 光源的性能对比 2**

| 光源名称 | 功率/W | 光通量/lm | 色温/K | 使用寿命（HRS）/h |
|---|---|---|---|---|
| 卤素灯 | 1000 | 28000 | 3200 | 100 |
| | 1250 | 35000 | 3200 | 100 |
| | 2000 | 50000 | 3200 | 100 |
| 放电灯 | 575 | 49000 | 4900 | 750 |
| | 1200 | 110000 | 6500 | 750 |
| | 2500 | 220000 | 7200 | 750 |

（续）

| 光源名称 | 功率/W | 光通量/lm | 色温/K | 使用寿命（HRS）/h |
|---|---|---|---|---|
| LED | 1 | 100 | 2600～9000 | 30000 |
| | 3 | 180 | 2600～9000 | 30000 |
| | 5 | 240 | 2600～9000 | 30000 |

（2）传统2000W螺纹聚光灯与大功率白光LED灯的对比（见图5.2-24、表5.2-20、表5.2-21、表5.2-22）

螺纹聚光灯

功率：2000W
光源：石英卤钨灯泡
光角：26°～50°
色温：3200K
显色性：97~99

YG-LED321WW

功率：200W
光源：48×3WLED(白)
光角：15°/30°
色温：2800~5600K
显色性：93

图5.2-24 传统2000W螺纹聚光灯与大功率白光LED灯

**表5.2-20 螺纹聚光灯（2000W）与LED321WW LED染色灯30°照度对比**

| 灯具名称 | 6M照度 | 10M照度 | 12M照度 |
|---|---|---|---|
| 螺纹聚光灯 | 960 | 350 | 210 |
| LED321WW | 400 | 150 | 98 |

**表5.2-21 照度均衡时的光性能的参数对比**

| 灯具名称 | 光源 | 色温 | 显色性 |
|---|---|---|---|
| 螺纹聚光灯 | 2000W石英卤素灯 | 3200K | 97～99 |
| LED321WW | 48×3W白LED | 2800～5600K | 93 |

注：5×螺纹聚光灯（2000W）＝12×LED321WW

**表5.2-22 实际运行费用对比**（以一年主计算周期）

| 灯具名称 | 灯具费用/元 | 配套设备/元 | 电能消耗/元 | 光源消耗/元 | 总额/元 |
|---|---|---|---|---|---|
| 螺纹聚光灯 | ￥1500 | 晶闸管￥1200 ¢<br>调光台￥800 *<br>电缆￥X△ | ￥4380 | ￥9600<br>（48个灯泡） | ￥17480 |
| LED321WW | ￥19920（Π＝2.4pcs） | / | ￥1051 | / | ￥20971 |

注：1. ¢－灯具费用为多输出晶闸管费用除以灯具总数；
2. *－该项费用为多输出调光台费用除以灯具总数；
3. △－表示额外费用，在此未列出；
4. Π－灯具费用基于照度均衡；
5. 一台灯具一年的费用（6h/天，￥1/（kW·h））。

（3）传统2000W螺纹聚光灯＋换色器与LED彩光的对比（见图5.2-25、表5.2-23、表5.2-24）

2000W螺纹聚光灯+换色器

- 功率：2000W
- 光源：石英卤钨灯泡
- 光角：26° ~50°
  颜色：换色器

YG-LED321W

- 功率：200W
- 光源：48×3WLED(RGBW)
- 光角：15° /30°
  颜色：RGBW混色

图 5.2-25　传统 2000W 螺纹聚光灯＋换色器与 LED 彩光灯

注：螺纹灯通过换色器换色，每增加一种颜色，其亮度也就跟着减少，是递减法，LED 灯本身由红、绿、蓝三色组成，每增加一种颜色其亮度也就增加，是递增法。

**表 5.2-23　螺纹聚光灯（2000W）＋换色器与 LED321W LED 染色灯 30°照度对比**

| 灯具名称 | 颜色 | 6M | 10M | 12 M |
|---|---|---|---|---|
| 螺纹聚光灯＋换色器 | 红色 | 148 | 53 | 23 |
| | 绿色 | 261 | 95 | 65 |
| | 蓝色 | 18.5 | 7 | 4.5 |
| LED321W | 红色 | 102 | 34 | 19 |
| | 绿色 | 194 | 60 | 42 |
| | 蓝色 | 25 | 8 | 4 |




**表 5.2-24　实际运行费用对比**（以一年为计算周期）

| 灯具名称 | 灯具费用/元 | 配套设备/元 | 电能消耗/元 | 光源消耗/元 | 总额/元 |
|---|---|---|---|---|---|
| 螺纹聚光灯 | ￥1500 | 晶闸管￥1200 ¢<br>调光台￥800 ＊<br>换色器￥500<br>电缆￥X△ | ￥4380 | ￥9600（48 个灯泡） | ￥17980 |
| LED321WW | ￥8800 | / | ￥328 | / | ￥9128 |

注：1.、¢ －灯具费用为多输出晶闸管费用除以灯具总数；

2. ＊－该项费用为多输出调光台费用除以灯具总数；

3. △－表示额外费用－在此未列出；

4. 一台灯具一年的费用（6h/天，￥1/（kW · h））

（4）传统建筑泛光灯与大功率 LED 泛光灯的对比（见表 5.2-25）

**表 5.2-25　传统建筑泛光灯与大功率 LED 泛光灯的对比**

| 产品型号 | YX312A（建筑泛光照明） | AM722XWT（演艺建筑通用） |
|---|---|---|
| 电压 | AC220～240V 50/60Hz | AC100～240V 50/60Hz |
| 功率 | 2950W | 580～600W |
| 光源 | HMI 2500W | 180×3W RGBW LED |
| 照度 | 28350lx（2m） | 58000lx（2m） |
| 色温 | 6100K | 可调 |
| 调光效果 | 线性调解 | 可调 |
| 体积/$mm^3$ | 825×590×760 | 719×252×563 |
| 重量/kg | 62.4 | 35 |
| 防护等级 | IP54 | IP65 |
| 使用寿命/h | 500 | 约 5 万 |
| 耗电/（kW · h/年） | 5694 | 1489 |
| 减排 | | 1.6t 标准煤/年 |

## 三、LED 舞台灯具存在的问题或难点

LED 舞台灯具与传统舞台灯具相比虽然有很大的优势和进步，同时也正是由于 LED 照明的巨大潜力和发展前景，国内很多企业纷纷投入 LED 相关产业当中，由此也产生了众多 LED 舞台灯具生产厂商，致使 LED 舞台灯具产品质量良莠不齐，给 LED 舞台灯具的发展带来多方面的问题。

### 1. 产品雷同，品种单一

目前国内多数 LED 舞台灯具生产企业的产品大致相似，最明显的是外形类似，如同一个模具成型。有的甚至直接照抄其他企业的产品，既严重侵害了企业的利益，也给消费者造成很大的损失。

目前 LED 灯具品种单一，主要表现在各种产品都是一种光学结构，即多个 LED 加聚光杯在一个平面排列而成的方形或圆形的发光面，组成 LED 光束灯。这样的 LED 灯具作为泛光灯或要求不高的光束灯尚可，要适应舞台演出对光束的不同要求，例如要求边缘清晰的硬光斑场合，或在光区要求严格、光束要成像切割控制的场合难以适用。一般舞台聚光灯具（除了 PAR 灯）都有一个光束角大小或光斑柔硬可调节的范围，上述光学结构的 LED 光束灯就无法实现了。如果作为泛光灯具，舞台常用的天幕云灯中的碘钨灯管加非对称反光板可在舞台天幕上方或下方向天幕投射均匀的光线，而 LED 模组平面布置的灯具均为对称配光，所以 LED 灯具作为天幕灯也有欠缺。

### 2. 产品价格高，应用还未普及

目前，LED 舞台灯具的使用受到限制，与传统舞台灯具价格上的较大差距是推广的一个重要阻力。LED 灯具成本较高主要有以下原因：高质量的 LED 管芯主要来源于美国、日本等国外生产厂商，需要进口，价格较高；新灯具光路和灯具结构开发费用、高性能材料产生的成本也很高；将常用的 220V 交流市电在灯具内部高效地转换为 LED 所需要的低压直流电所用开关电源、为调节灯内各路 LED 的色彩亮度需要的调光控制电路以及与控制台连接的 DMX512 信号接收与解码处理的电路等，在增加了功能的同时，也增加了灯具的成本。LED 灯具目前还属于一种高技术的产品，在尚未大批量得到应用的状况下，成本的大幅下降有待时日。

### 3. 产品质量参差不齐

随着国内外的 LED 灯具生产企业大幅增加，一时间 LED 灯具产品铺天盖地。目前，生产 LED 的国内外企业很多，产品质量、价格差别很大。有许多厂商生产或仿制聚光杯，还有一些厂商不加设计，只是采购元器件，组装成灯具。因此，同样的 LED 灯具，外形相似，由于采用不同的生产工艺、元器件，发光效率差别很大，造成市场上 LED 灯具的质量良莠不齐。

### 4. 技术还有待提高

从行业整体发展的程度来看，大型企业已经投入科研力量进行研发，但很多生产厂商还仅仅是从市场上采购零件进行简单的装配生产，很少考虑新产品的研究和开发。这反映出国内生产企业在研发方面还十分薄弱。另外，散热问题直接影响 LED 的使用寿命。目前优质的 LED 灯具从设计上和工艺上解决了散热问题，可以有 3 万小时以上的寿命，但是设计或工艺差的 LED 灯具则可能只有几千小时甚至更短的寿命。专业的研制、设计，严格的生产管理，企业从元器件、材料的选用，从先进的自动化操作机械到生产过程的严格质量控制（包括中间部件的老化处理），每个环节都影响着 LED 灯具的质量。

## 四、LED 舞台灯具产业状况

自 2005 年我国舞台灯光市场一扫 21 世纪初的阴霾，开始迅速反弹。2006—2007 年我国舞台灯光市场销售额增长率均在 10% 以上。2008 年虽受世界金融危机的冲击，但仍然保持了 9% 以上的增长，我国舞台灯光市场规模达到了空前的 25.6 亿人民币。2009 年受金融危机影响，市场规模增幅不大，但到 2010 年受上海世博会、广州亚运会等国内大型照明工程项目的推动，市场规模增长 20% 以上。

### 1. 总体概况

（1）市场概况与规模

随着北京奥运会、上海世博会、广州亚运会的成功举办，以及大大小小的文艺演出与日俱增，KTV 盛行于大江南北，很大程度上带动了我国舞台灯光行业的快速发展，舞台灯光产业迎来了一个广阔的市场发展空间。在国内文化娱乐事业空前发展的大好环境下，专业灯光产品的应用增长较快。随着 LED 技术的进一步发展，LED 产品越来越多地被业内人士认识、认同、认可。根据公开的数据预测 2009—2015 年 LED 在演艺文化市场的位置将产生较大的变化，并将保持每年 20% 以上的增长率（见表 5. 2-26、图 5. 2-26、图 5. 2-27）。

**表 5. 2-26　2009—2015 年我国 LED 在演艺文化应用的市场预测**

| 应用领域 | 市场预测 | 规模/亿元 |
|---|---|---|
| 电视台演播室 | 5000 个 | 250 |
| 剧场舞台、礼堂 | 10000 个 | 100 |
| 娱乐场所 | 30000 个 | 45 |

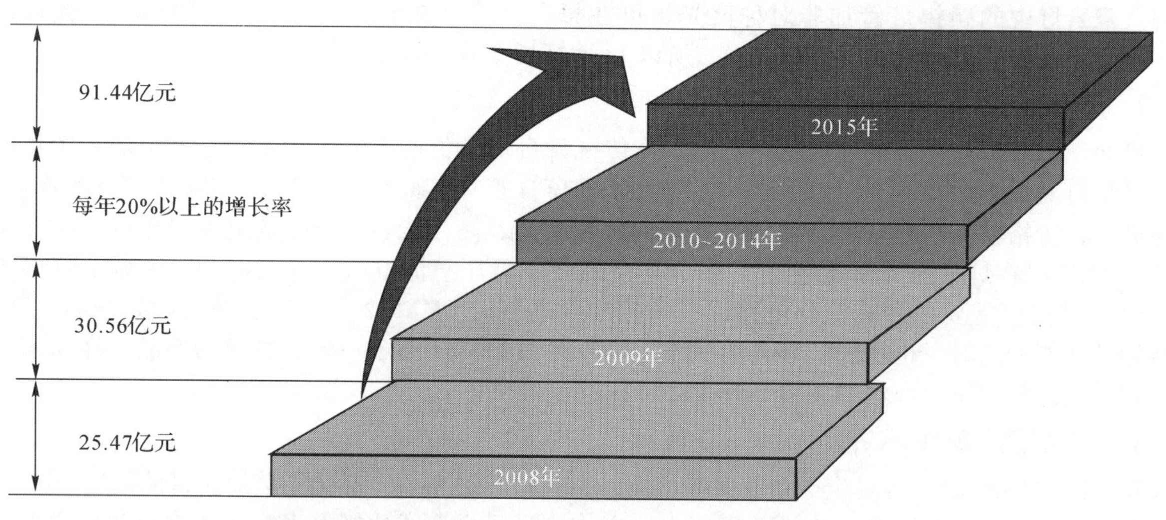


图 5. 2-26　2008—2015 年 LED 在演艺文化应用的市场增长趋势

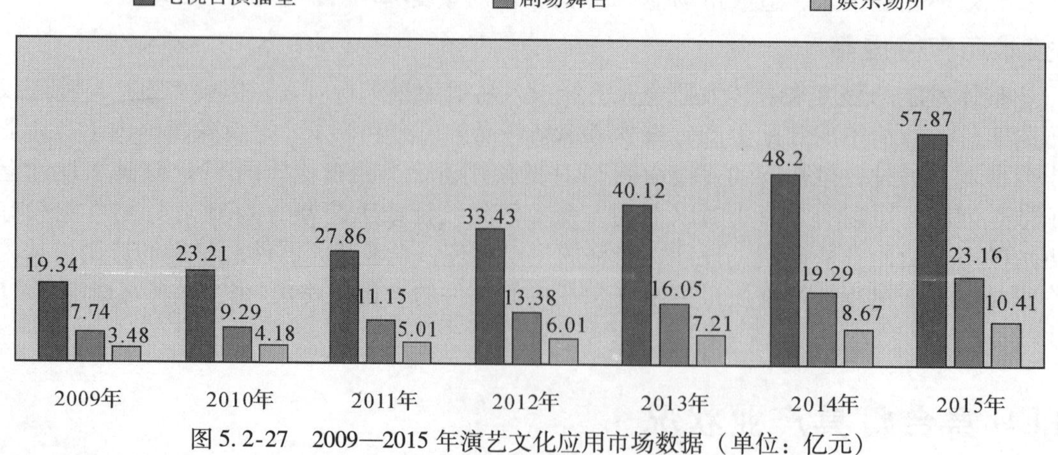


图 5. 2-27　2009—2015 年演艺文化应用市场数据（单位：亿元）

（2）区域竞争特点

与 2007 年相比，近两年华北、华中、华东区域舞台灯光市场受金融危机影响较小，成为增长率较快区域；华南区域消费市场趋于饱和，在金融危机的影响下，2008 年增长缓慢；西南地区由于受特大自然灾害的影响整体娱乐消费水平大幅减缓，舞台灯光市场出现了负增长，但随着灾区重建、教育文化等基础设施的大量恢复重建，2008年年底至2009年年初西南区出现了快速反弹，到2010年随着上海世博会和广州亚运会的举办更是呈现飞速增长态势。由于各个区域细分市场的不同消费特征，华北和华东市场的竞争偏重于利用广告等方式提高品牌关注度，厂商在营销推广上投入较多；西南和西北市场的竞争偏重于低价策略，厂商一般以降价促销的方式来吸引消费者；在华南等品牌林立的地区，厂商之间的竞争就更为激烈，除了广告等促销手段会频繁使用外，厂商之间还经常打价格战来占领市场，市场竞争较为激烈。

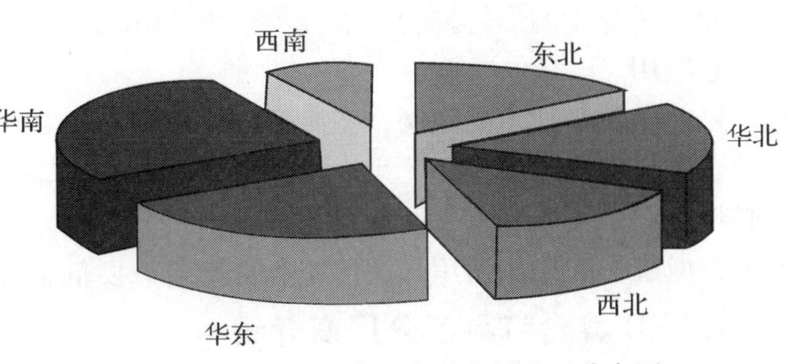

图5.2-28　舞台灯产业产品产量地区分布图

(3) 产业分布特点

从舞台灯产业产品产量地区分布图（见图5.2-28）明显看出，我国舞台灯市场行业主要集中在华南、华东和西北，其中近50%以上的市场份额属于产业较集中的华南、华东区域，其他区域市场份额相对比较低。市场销量前三位的企业/品牌占有30%以上的市场份额，在主要品牌中又以国内品牌为主，雅江、珠江、彩熠位居市场前三位。近年来一个显著的变化是更多有着较强实力的国内专业灯光品牌跨入市场主要品牌行列，国内品牌在迅速发展壮大。

## 2. 我国灯光市场发展现状分析

(1) 技术水平

与专业音响相比，舞台灯光的技术含量较低，行业门槛也相对较低，所以我国舞台灯光发展要早于专业音响的发展，同样我国舞台灯光的发展也是从模仿国际舞台灯光技术，从代工生产开始。但由于自身的特点，在20世纪90年代中后期出现第一轮的飞速发展，一些中小型企业得到了迅速成长，无论从产品品质还是从市场份额上都有了显著的提高，国内市场上形成了国内品牌与国际品牌相竞争的格局，至2000年左右我国舞台灯光市场基本处于平稳增长状态，市场处于调整期。

我国专业灯光自从20世纪90年代引入以后，其发展与国外的水平基本上是接轨的，国内厂商产品技术之间没有太大的距离。但这又恰恰是专业灯光生产企业面临的最大的问题，很多企业研发无投入，产品无从创新，因此难以形成自己的核心竞争力。

(2) 竞争水平

经过20余年的发展，特别是近几年的快速成长，我国国内专业灯光企业得到了前所未有的发展，市场竞争力显著提高。每年国内专业灯光市场销量结构都有较大的变化，2009年专业灯光市场销售量前10位企业，几乎全部为国内企业。雅江公司、珠江公司、彩熠公司、星光公司等一大批中国专业灯光企业，近几年竞争力也都得到了显著的提高，迅速崛起，不仅在国内市场上占有优势，产品还远销世界各地。

## 3. 我国LED灯光市场发展现状分析

LED以节能、环保、长寿命的显著特点已从最初的手机、交通信号、显示屏等特殊照明领域，开始进入中大尺寸液晶背光、汽车前大灯、路灯等公共基础设施用照明，此外，农业、医疗、影视舞台等众多新兴的应用市场也开始逐渐起步。其中LED影视舞台照明灯具因其节能减排的巨大潜力和广阔的市场空间已经吸引了一批厂商投入开发和推广。

目前影视舞台灯具所使用的光源主要是卤钨灯及气体放电灯（包括低压放电的荧光灯和高强度气体放电的金卤灯、氙灯）等。上述光源虽然在发光性能上能满足影视照明的需要，但存在光效低、寿命短、耗电量大、工作不稳定等弱点。随着大功率LED技术的不断深入，国际上将LED产品应用于功能性照明，已经取得了突破性的进展，使得影视舞台照明光源呈现出了以LED为主要照明光源的发展趋势，但由于产品比较单一，适用面还不是很广。在国外电视演播室、剧场、体育馆等专业照明领域目前已经出现了大功率LED为照明光源的天幕灯、地排灯、柔光灯等泛光照明产品。据了解，飞利浦公司开发的影视舞台功能性大功率 LED 灯具在荷兰电视台新闻演播室、英国电视台新闻演播室已有应用。

目前由于受技术的限制，产品还不够成熟，LED 舞台灯具价格还比较昂贵，市场上普及率较低，还没有进行大规模的市场化生产与销售，但相信随着 LED 光源、灯具技术的不断突破，LED 舞台灯具必将走向平民化，从而取代现有灯光。目前 LED 舞台灯具的初期安装成本还是要比传统灯具贵出不少，但维护和使用费用却比传统影视舞台灯要低很多。

### 4. LED 舞台灯具部分厂商介绍

（1）珠江公司（PR）

珠江灯光音响实业有限公司创立于 1984 年，是一家专业从事智能化舞台灯光、建筑灯光和 LED 产品的研发、生产和销售一体化的国家高新技术企业。2000 年开始，珠江灯光以自主品牌 PR 进军国际市场，产品被运用到北京奥运会开闭幕式、中国中央电视台等大量具有国际影响力的项目和单位，在国际市场具有较高的品牌影响力。随着国内经济的快速发展，在国内文化娱乐事业空前发展的大好环境下，舞台灯光行业迎来了更大的发展空间，珠江灯光已经是行业内主流品牌，有着更广的市场前景与机遇，目前在国内市场上主流品牌市场份额仅为 55. 5%，珠江灯光还有更多的发展潜力。但是随着舞台灯光市场的不断发展，竞争也日趋激烈，珠江灯光公司也面临着多方面的竞争威胁。近几年国内舞台灯光厂商发展迅猛，不断抢占渐已发展起来的市场份额，市场份额连年攀升，价格战越演越烈，混乱的市场环境对珠江灯光公司构成较大的威胁。另外珠江灯光公司在国内高端舞台灯光市场上面对国际知名品牌的竞争压力，在国际市场上同样也面临着国际品牌的激烈竞争。

（2）彩熠公司（FINE ART）

广州彩熠灯光有限公司创办于 2000 年，前身是华熠灯光有限公司。彩熠公司通过自主研发，形成了自己特色产品，其中 FINE2000WASH 是业界有较大影响力的摇头灯，各项功能指标已经达到了国际同类产品先进水平。彩熠灯光公司比珠江灯光公司成立时间晚，但发展基础较好。经过 10 余年的发展，彩熠灯光公司也已经成为舞台灯光行业的知名品牌，在舞台灯光行业占有一定市场份额。较高的行业内生产经营经验以及较高的品牌知名度成为彩熠灯光主要的市场竞争优势。日趋增长的庞大国内市场是彩熠灯光的最大发展机会，同国内其他舞台灯光企业一样彩熠灯光正处在一个高速发展的时期。与珠江灯光公司相比，彩熠灯光将面临更大的威胁与挑战，随着国内其他舞台灯光企业的不断崛起，市场竞争白热化，价格战不可避免，这对彩熠灯光公司是一个较大的威胁，同时彩熠灯光公司也与国内其他企业一样，因原材料价格的不断上涨和人力成本的不断提高，将面临较大竞争压力。

（3）雅江公司（silverstar）

广州市雅江光电设备有限公司是国内一家专业 LED 照明生产厂商，集科研、生产、销售、工程、服务为一体的高科技外向型民营企业，是最大的专业灯光企业之一。公司成立于 1984 年，经过了 20 多年的发展，雅江公司在业界拥有良好声誉，产品质量均达到国际同类产品先进水平，远销海内外。2003 年雅江光电公司推出自主品牌 silverstar，迅速占领国内外较高的市场份额，成为行业内的知名品牌之一。2008 年，随着雅江光电公司一系列重点工程项目的实施，在国内市场份额进一步提高，成为我国舞台灯光市场上领导品牌之一。

## 五、LED 舞台灯具未来发展情况

虽然目前 LED 舞台灯具还存在一些问题，但是随着技术的不断发展和国家节能减排政策的不断深入，LED 舞台灯具的前景还是被业内一致看好。

### 1. LED 光效不断提高，价格不断降低

LED 的功率和发光效率在不断提高，实验室中已经达到 208lm/W，商品化的产品也达到 100lm/W 以上。发光效率和功率的提高有助于灯具中 LED 数量的减少，进一步提高灯具的光效。随着技术的发展和应用的不断扩展，LED 的成本和价格也将不断下降。

虽然LED舞台灯具价格较高，但却是今后发展的趋势：一是节能符合我国的国家战略；二是LED光源的长寿命将有效降低后期使用成本；三是减少了外围器件（调光器、换色器）的使用，节约了初始成本；四是维护工作量减少，降低了使用成本。综合分析比较而言，LED灯具的高价格主要体现在一次性的投资上，从长期使用和使用效果的角度看还是有一定优势的。国家政策的扶持和用户观念的更新，会扩大LED灯具的应用面；随着应用的扩大和LED灯具产业的发展，大量的生产将进一步促使成本和价格的下降；成本的下降和应用的扩大相互促进形成一个良性循环，将产生积极的作用。当然，这需要厂商和用户的共同合作和努力。

### 2. 新的组合式管芯的出现，单个LED的功率不断提高

“单个LED光源的功率”的提法目前看来有些模糊，原来的LED是单个芯片制成，由于电流、发热、出光效率等限制，单个LED的功率不可能做得很大，影响到LED的光通量。为此，已有厂商将多个LED芯片组合做在一个散热基片上，内部串联或并联成为一个更大功率的模块。目前，已经可以看到20 W、60 W甚至300W的组合芯片LED，组合芯片的LED模块的总光通量大大增加。

组合大功率LED模块虽然功率增大，总光通量变大，但是由于众多芯片高度集中，散热问题的解决更加困难，发光效率也有所降低。另外，多个芯片排列成一个平面，发光面积也增大，面发光的光源在灯具设计过程中，光线的汇聚和控制将变得困难，光的利用率也会降低。目前人们对这类组合管芯进行研究和开发，一是解决好大功率光源的散热问题和发光效率，二是开发新的光学结构，提高灯具效率。由于单一的光源和聚光镜结构，调节两者的相对位置，可以方便地改变光束角度的大小和光斑边缘的虚实，满足舞台布光的要求，LED在舞台灯具方面的应用将有新的突破。

### 3. 新型光学设计的突破，新灯种的开发

舞台演出多种多样，各种风格的舞台演出形式对光区的控制要求各不相同，舞台灯具从条灯、天幕泛光灯、柔光灯、光束灯、舞台聚光灯、成像灯、追光灯对灯具的聚光效果要求逐渐严格。目前，LED舞台灯具的聚光性能可部分满足从条灯到光束灯的要求，尚不能满足舞台聚光灯到追光灯的要求。

LED与聚光杯模组的组合方式，光效较高，但是光束形式单一，难以如常规舞台灯具般对光束进行控制和调节。科研人员还需进一步改进光学设计，即“三次设计”。相信未来的LED新灯具将不断创新，更适合舞台演出的需要。

### 4. 控制软件的改进使得LED舞台灯具使用更加便利

LED亮度和功率的不断提高，以及灯具光路结构的改进，使得现有灯具的亮度和光学性能将更好，在控制方面，调光和调色也会更方便。未来的LED灯具可产生更加丰富的色彩，在红、绿、蓝的混合过程，国内外已经有超过三色的LED组成的灯具，多色混合后的色彩更加丰富。调光模式是将由一种颜色的LED构成的一个调光通道，改为经过灯具内部编码由色度（H）、饱和度（S）和亮度（B）三个通道调制的更便于使用的模式。国内也有厂商作了类似的尝试，增加了配色的LED种类，增加了多种调光模式。但如何使灯具设计更为科学合理、使用更方便，还有待进一步的改进。相信随着技术的进步和应用的普及，LED灯具的控制技术还可进一步改进。

## 六、结语

从以上几点来看，随着LED光效的提高、成本的降低以及全球节能减排的大趋势，LED舞台灯具的发展前景将非常广阔，新型节能、绿色环保的LED舞台灯具将是今后发展的主流。近年来我国舞台灯光行业正处在快速发展期，在国内文化娱乐事业空前发展的大好环境下，LED专业灯光产品的应用将得到蓬勃发展。

**参 考 文 献**

[1] 陈国义. 我国LED舞台灯具现状及相关思考 [J]. 演艺科技，2010，45（5）：3~7.
[2] 刘力. 中国舞台灯光的发展与繁荣//王勇，王亚勋. 发展与繁荣 [M]. 北京：文化艺术出版社，2009.

# LED 医疗照明市场的现状和发展

鲁广洲
重庆天海医疗设备有限公司

## 一、国内外医疗照明现状及市场情况

当前世界各国医院使用的照明灯主要分为两类：一是医疗专用照明，主要包括医院检查与手术治疗过程中所使用的具有特殊功能性要求的专用照明设备，如手术无影灯、医疗检查灯、医用头灯以及紫外消毒灯等；二是医院室内通用照明，如病房、办公室和楼道使用的荧光灯或节能灯以及大空间的公共场所使用的投光灯，应急照明使用的储能灯、指示灯和外墙装饰使用霓虹灯、白炽灯等照明灯具。

### 1. 医疗专用照明现状

目前医院手术照明和检查照明灯等医疗专用照明的光源基本上都使用卤素灯，尽管其主要技术指标基本满足临床手术的要求，但仍然存在一些缺陷，主要表现如下：

1）工作状态下温度高，采用红外线过滤器后手术和检查区域温升最高时仍可达 12℃；

2）色温不可调，不能满足手术中不同组织显色特性的客观要求；

3）功耗较大（平均功率达 1000W）；

4）体积大，阻碍洁净空气流向，手术部位净化效果差、需增加净化等级和成本。

### 2. 医院通用照明现状

在医院通用照明，如病房、办公场所、走廊照明方面多以荧光灯、白炽灯及气体放电灯为主，这些光源存在的主要问题如下：

1）镇流器产生的谐波干扰、严重频闪等缺陷，容易引起视觉疲劳；

2）功耗较大（功耗超过 40W）；

3）报废易造成汞扩散到空气中，危害人体健康，污染环境。

可见，长期以来以卤素灯和荧光灯为主要光源的医疗照明灯具在手术和医疗检查质量以及节能降耗和环保要求越来越高的今天已暴露出其技术的局限性。虽然国内外各大照明公司都在不断地对光源加以改进，然而在医院照明方面基本上都没有引起足够的重视，近年来才出现少数几个国内外公司开始起步研究 LED 在医疗照明方面的应用。

## 二、全球 LED 医疗照明市场行业发展

### 1. 全球 LED 医疗照明行业发展现状

大功率 LED 的问世，对上百年传统照明理论实现了颠覆性的技术创新，其低能耗、长寿命、绿色环保的优点使其当之无愧地成为了最具发展潜力的照明新光源，对此人们已有了清楚的认识并给予了充分的肯定。LED 作为一种新型的照明技术，其应用前景举世瞩目，尤其是自从白光 LED 出现，无论是发光原理还是功能等方面都具有其他传统光源无法匹敌的优势。因此，LED 照明已成为 21 世纪照明领域的一种趋势且发展迅速。

目前，在全球 LED 通用照明领域内虽已形成了以美国、亚洲、欧洲三大区域为主导的三足鼎立的产业分布与竞争格局，而且 Cree、Philips Lumileds、Nichia、Toyoda Gosei、OSRAM 等大型企业基本

垄断了高端产品的市场。但是因LED医疗照明属于医疗器械范畴，具有严格的法律法规要求，在规格、规范及认证方面也十分严谨，需要医疗照明设备系统的整合能力与经验，时至今日也仅有欧美少数发达国家以及我国的少数LED照明企业在研发类似项目。因此，国内外的差距相对较小，正可谓方兴未艾、中外同步且机会均等。

**2. 医疗照明市场分析**

据国家卫生部《2008年我国卫生事业发展统计公报》统计，我国有27.8万家医疗卫生机构，床位403万张，各级医院8万家。医疗或医院应用的照明产品市场情况如下：

1）我国在用的手术室无影灯约10万台，各类医疗检查灯、头灯等60万台，年耗电接近3.52亿千瓦时；若全部采用LED预计可实现节电75%，则全国每年可节电2.64亿千瓦时。

2）全国手术无影灯的年需求量约1.85万台、检查灯10万台，且每年以15%速度增加。目前卤素灯平均6万元/台，年市场容量达11.1亿元；若按LED手术无影灯市场售价15万元/台（德国iLED 60万元/台），LED检查灯市场售价0.5万元/台计算，则市场年总需求可达32.7亿元。

3）市场调研结果显示，目前国内一家县级医院实际配置的40W荧光灯（T8管含镇流器）约2000只，各类筒灯约200只，其他通用照明灯具如装饰灯具、广告灯箱、指示灯、应急照明灯等若干。仅以医疗房间内照明和公共场所所用的荧光灯、筒灯计算，一家县级医院的灯具总价值约为10万元。我国现有县级及以上医院近2万家，社区服务中心、卫生院近6万家。若社区服务中心、卫生院的通用照明灯具用量按县级医院的1/10计算，全国卫生院以上医疗机构在使用的荧光灯数量超过5720万支，则我国医院的荧光灯和筒灯市场总容量可以达到26亿元。按现用传统光源的荧光灯和筒灯的使用寿命推算，其中每年需更换超过1/3的灯具，即每年有1900万支的市场需求量，且其年增长率超过15%，若采用LED照明则年市场容量超过40亿元。

5720万支荧光灯每年消耗电能约为82亿千瓦时，若全部采用LED照明节省电能50%，则每年可节约电能41亿千瓦时，为三峡电站发电量的4.8%。



**3. 发展机遇与挑战**

市场对LED灯具寄予厚望，世界LED照明领域目前已形成了美国、日本、德国为龙头，韩国、我国台湾地区、我国大陆地区奋起直追的竞争格局。但是，在LED医院照明产品，特别是在医疗专用照明方面因其规格、规范及认证的要求严谨，需要医疗设备系统的整合能力与经验，至今仅有欧美少数发达国家在研发类似项目，国内外差距较小。同时，因目前LED的成本仍较高，在普通民用领域推广仍较困难，而医院对照明技术和功能要求高，成本要求却相对较低。因此，我国以LED医院照明产业化作为LED低碳节能照明的切入点和突破口是理想而现实的，并具有前瞻性和针对性，也是缩小我国LED照明技术水平与欧美发达国家之间差距的契机和重要途径，对于抢占国际LED医疗照明研究、产业和市场的制高点具有巨大社会经济效益，同时对带动和促进我国LED产业链的形成与快速发展具有重要意义。专家预测，预计在未来的3~5年内，全球将会出现医院选用LED医疗照明灯具替代传统灯具的发展期和高峰期。

但是，从总体上看，我国目前仍存在LED芯片成本较高、大功率LED集成医疗照明芯片的封装技术及工艺装备相对落后，LED芯片的发光效率、散热等关键技术问题以及LED医疗照明产品的规模化生产工艺和产业链支撑等保障条件比较薄弱的困难。然而，在“十一五”期间通过我国少数几家单位的探索、技术攻关和经验积累，已初步摸索并掌握了攻克上述技术难关的途径，如重庆邦桥公司自主开发的LED手术无影灯产品已开始出口美国、德国、日本、澳大利亚等世界发达国家，表明我国在LED医疗照明领域的技术及产品已可跻身世界一流行列。

## 三、LED医疗照明产业发展存在的主要问题

**1. 医院照明整体化方案需要提升及全面优化**

医院照明的要求主要是具有明亮、舒心的光环境，满足医疗诊断、抢救治疗和病人恢复休息的需

要，从医疗诊治的角度需要用显色性好的光源。

LED 医疗照明整体化解决方案包括：LED 手术无影灯、LED 外科手术灯、LED 检查灯、LED 头灯、LED 医用床头灯、LED 医用房间照明灯等。该方案是在充分利用 LED 的节能、高效、环保、长寿命、可控制等特点基础上，系列化地设计研制基于 LED 技术的手术无影灯、外科手术灯、医用房间照明灯等医疗照明设备，设计并推广临床医院的 LED 医疗照明系统的安装、使用、维护和更新的技术标准与方案。该方案可以成功解决医疗机构长期以来存在的照明系统不规范、经常维修、频繁更换照明设备、需配备庞大的维护工程师队伍、年耗电量巨大等问题。通过使用该方案，可以有效地提高临床医疗的照明质量和手术室净化质量，并能节约电耗，同时也减轻照明系统大量繁琐的日常维护工作。

LED 被认为是 21 世纪一种新型固态冷光源和最具发展前景的高新技术之一，具有众多突出的优点，代表着未来照明光源发展的方向。将 LED 应用在医院照明整体解决方案中，具有如下独特的优点：

1）冷光源：由于 LED 是冷光源，使得在医院各种检查、化验、诊断等区域温升较小，改善工作环境和光源紫外辐射，避免了对诊断、化验结果的影响，减小了误差；

2）色温、亮度可以连续调节：通过红、绿、蓝混色可实现 LED 灯光色温在 3500～6500K 范围内和全亮度段连续可调。可根据医院不同照明场所，例如根据诊断室、化验室、病房等在不同时间的照明功能进行调节；可根据各种应用环境、季节和天气变化调整照明区域的色温，给医生和患者提供良好舒适的光照环境，使患者保持心情放松和愉快，减轻心理压力和促进康复；

3）超长寿命：在医院这样良好的环境下 LED 可达到 30000h 的工作寿命，目前荧光灯寿命为 6000h，经常需要检修和维护，而医院照明系统大部分需要常年工作，维护给日常工作带来不便和不必要的风险，采用 LED 照明则不需要经常维护并能降低风险；



4）节能环保：LED 照明耗电量仅为荧光灯的 45%，卤素灯的 25%，没有铅、汞以及废弃物污染；



5）医院环境更加干净舒适：白光 LED 无红外和紫外辐射，不容易吸引昆虫，使医院环境更加干净和舒适；

6）可实现智能化节能照明：由于 LED 可不间断开关，并且瞬间启动，容易调节亮度，因而可以实现医院部分区域的智能化节能照明，如地下车库可采用移动感应技术，在有车或人员出入时自动识别并将车库对应部分亮度调整到正常照明水平，在没有车辆和人员出入时将亮度降低到最低水平，可以实现节电 80% 以上；

### 2. LED 医疗应用需要加强基础性研究、扩大应用面

LED 具有安全、可靠、体积小、光电转换效率高、光谱覆盖面广、易操作等优点。在相干性、光强、波长等方面，LED 以它固有的优势，完全有可能在未来的生物医学领域代替目前的激光，并有希望形成一个专门服务于生物医学领域的新产业。

在医疗领域，除了手术无影灯外，局部检查照明灯具，如口腔灯、内窥镜灯；用于区域照明的手术间照明灯、手术准备照明灯；用于特殊病症治疗的光治疗设备，如光动力治疗仪、新生儿黄疸治疗仪、紫外消毒灯等，都适宜推广 LED 医疗照明。

但是在现有的资料文献多集中在蓝光、红光、近红外等波段的 LED 疗效，而对其他波段 LED 的医疗研究较少。LED 应用在这些领域还未见有相关报道，还需要生物医学领域的科学家大量的基础研究工作，掌握各种条件下光疗对人体细胞的作用规律及其参数、机理。随着 LED 技术的不断发展，LED 应用于医疗领域的发展前景广阔，各种实用、新型、简便、安全易推广的 LED 系列医疗器械将更加广泛地服务于生物、医学领域。

### 3. 缺乏自主研发能力、产品同质化严重

一些国外企业已经开始把重心从生产 LED 灯、安装 LED 灯，逐渐转向智能控制开发、光源控制优化设计等方向上，力图通过 LED 和光的调控，来满足人们从照明到情感、生物生长、学习、生理

调节等多个方面的需求。

国内企业在技术创新及自主研发上能力不足，仅仅依照国外已有的先进技术“仿照”或“复制”某件产品和某项技术，致使国产医疗设备总是重复国外技术，也很难超越国外技术。以手术无影灯为例，目前手术无影灯光源主要采用卤素灯，在亮度和无影方面基本达到了要求。但因其工作原理的限制，存在如下问题：

1）功耗大；

2）超高的红外热辐射，使手术区域产生较高温升，采用滤光措施后温升仍可达12℃，造成患者伤口失水而影响伤口愈合并增加感染风险；

3）色温不可调节，不利于医生迅速、准确地分辨各种组织，易造成医疗事故。不同人体组织或不同新鲜程度的相同组织对不同波长的光的反射率不同，人眼对各种组织在不同波长光照下具有不同敏感度，对不同组织采用相应色温光照可以提高医生对组织的分辨力；

4）庞大的灯具结构阻扰了净化空气的正常流通、降低了净化效果，需提高手术室净化等级来满足手术区域的洁净度要求，大幅度增加了净化系统的建设和运行成本。

目前国内大型医院的手术无影灯全部采用来自欧洲的进口品牌，尤其是德国、法国；国内的手术无影灯绝大多数没有核心技术，还以模仿为主，由欧司朗公司或飞利浦公司提供芯片，照抄德国创乎公司及美国照明公司的产品，产地主要集中在上海、山东、台湾。国外品牌占据了国内中高端医院，而国内产品由于技术与品牌差异等原因仅仅分布在中小医院，且价格低于国外品牌高达10多倍。因此企业需要侧重基础研究，在早期的科学技术发展基本上先提出科学概念、原理，然后构建模型、原型器件和应用，再进一步延伸到技术路线，通过工程化、产业化的过程，最后形成产品，这样才能走出“仿制”道路，改变国产医疗设备一直落于进口医疗设备的状况。

### 4. 缺乏行业标准

目前已有的灯具标准在安全、性能、电磁兼容和能效方面都适用于LED医疗照明，只是LED医疗照明灯具的一些已知的特性在现有标准中尚无具体体现，所以为保证LED医疗照明灯具具有良好的性能和能效，在现有标准的基础上，针对LED医疗照明灯具的特性，制定LED灯具特殊的性能和能效标准是一项急需解决的课题，从而形成科学的统一的技术评价平台，为技术和贸易服务。

目前由于LED医疗照明产品尚无标准，故标准编制、发布及相应检测设备、检测方法确定工作亟待完善，才能对LED医疗照明产品进行质量评价或认证。

### 5. 专利和知识产权情况

影响LED医疗照明发展的众多因素中，技术问题是目前横在国内LED企业面前的首要障碍。行业技术进步缓慢、产品创新程度低、技术含量不够等导致LED产业核心竞争力缺乏。国内外经验证明，LED企业通过产业园进行聚集，合力攻关核心技术是实现发展的重要途径。

## 四、对LED医疗照明产业发展前景的预测

在全球呼唤低碳节能的背景下，LED医疗照明产业的发展前景有以下几点。

### 1. 产业发展预期乐观

目前LED医疗照明产品的成本在国内相对较高，但是对国外尤其是欧美等发达国家来讲价格和传统医疗照明产品相差不大，随着社会对医疗健康、医疗事故以及环保、能耗等方面的重视，LED医疗照明越来越引起社会的关注和重视，从2010年全球最大的医疗器械展会——“杜塞尔多夫医疗展”来看，LED医疗照明需求猛增，而传统卤素光源的医疗照明产品则几乎无人关注。众多的厂商表示将积极研发LED医疗照明产品以替代目前的产品，因而LED医疗照明将是国际医疗照明发展的趋势，并将迅速大量的应用到临床中。

### 2. 产业布局近期分散整合为主，国外企业登陆压力与动力并存

在未来几年，企业间兼并整合将成为常态。芯片封装环节企业间的整合幅度可能会比较大，因为

LED 是一个很大的产业，但是现有企业的规模都很小，即使国内很好的企业与国外企业也有明显的差距，为了提高竞争力，迫切需要通过整合培育具有国际竞争力的实力型龙头企业。在我国庞大市场的吸引下，跨国巨头纷纷登陆国内，国外企业携资本和技术优势在国内攻城略地，会极大挤压国内企业的生存空间。

### 3. 制约 LED 医疗照明产业发展的瓶颈是技术、标准与专利

技术不仅是降低 LED 成本的根本途径，同时也是目前制约国内产业发展的最主要瓶颈，其次是标准与政策。目前国家政策比较开放，制约国内产业发展的瓶颈主要是缺少具有知识产权的原创技术。目前国家对半导体照明产业发展的支持力度非常大，市场需求也很大，最主要问题还在于技术，尤其是上游的关键核心技术。对与技术紧密相关的专利问题，原创是最好的，也是最根本的解决方式。然而目前面临国际专利壁垒，坚持原创的同时，通过专利授权也是行之有效的手段，不过要想获得专利授权也有一定的条件，原创和授权常常是相依相存的，没有技术原创也很难获得专利授权。

# LED在农业领域的应用现状与发展战略

杨其长
中国农业科学院农业环境与可持续发展研究所

“万物生长靠太阳”，光照是地球上生物赖以生存与繁衍的基础，作物的光合作用离不开光照，动物的生长发育与生理活动过程也都与光照有着密切的关系，光照条件的好坏直接影响农业生物的产量和品质。自然界中，太阳的光照随地理纬度、季节和天气状况的不同而变化，高纬度地区冬季日长变短以及其他地区冬春季节连阴、雨、雪、雾等特定气候条件下，光照强度和光照时间不足的现象时有发生，因此在现代农业生产系统中（如温室、大棚等）人工补光已经成为高效生产的重要手段。此外，在密闭式人工光生产系统，如植物工厂、组培车间、育苗工厂以及集约化畜禽舍、微藻繁育车间等，都离不开人工照明光源的协助。人工光源在现代农业发展过程中，正发挥着越来越重要的作用。

长期以来，在农业照明领域使用的人工光源主要有高压钠灯、荧光灯、金属卤素灯、白炽灯等，这些光源的突出缺点是能耗大、运行成本高，能耗费用约占系统运行成本的40%～60%。因此，开发高光效、低能耗的节能光源一直是农业领域人工光照明应用的重要课题。近年来，随着LED技术的快速发展，使低能耗、高光效光源在农业领域的应用成为可能。与传统人工光源相比，LED不仅节能效果显著，而且还可进行光量、光质（红/蓝光比例或红/远红光比例等）的任意调整，以满足动植物生产的各种生理需求，实现高效化生产。因此，LED被认为是21世纪农业领域最有前途的人工光源，具有良好的发展前景。



## 一、LED农业照明领域研究进展

### 1. LED植物照明研究进展

长期的研究表明，植物光合作用在可见光光谱（380～760nm）范围内所吸收的光能约占其生理辐射光能的60%～65%，其中主要以波长610～720nm（波峰为660nm）的红、橙光（约占生理辐射的55%）以及波长400～510nm（波峰为450nm）的蓝、紫光（约占生理辐射的8%）为吸收峰值区域。因此，开发出以这两个波段（特别是波峰）为主体的植物人工光源将会大大提高光能利用效率。近年来，随着LED技术的不断进步，为实现这一目标提供了可能。LED能够发出植物生长所需要的单色光（如波峰450nm的蓝光、波峰660nm的红光等），光谱域宽仅为±20nm，而且红、蓝光LED组合后，还能形成与植物光合作用与形态建成基本吻合的光谱，光能利用效率达80%～90%，节能效果极为显著。LED光源这种独特的性能，为其在植物生产系统，如温室大棚、植物组培、遗传育种、植物工厂等领域人工照明的应用提供了广阔的发展空间。

多年来，国内外学者围绕LED植物照明应用进行了不懈的探索。1991年，Bula等利用660nm红光LED与蓝色荧光灯组合，进行了莴苣的栽培试验，获得成功。2001年，以色列卡纳塔克邦大学设施技术发展研究中心用红光、蓝光及其组合LED对百合属植物的幼芽分化再生进行研究，结果表明红蓝光组合LED与其他光源相比更能促进花芽分化，更适合幼芽生长，植株大小和干、鲜重都有明显增长。1996年，Yanagi等使用红光LED与蓝光LED来探讨光质与光量对莴苣生长与光形态建成的影响，将莴苣栽培于纯蓝光LED（170$\mu$mol·$m^{-2}$·$s^{-1}$）的环境中，证实可分化生长，虽然干物重小于纯红光或红蓝光组合下的植株，但纯蓝光下的植株显得更加矮壮和健康。1999年，Kozai等使用LED脉冲光对莴苣的生长以及光合成反应的影响进行研究，结果表明在周期为100$\mu$s以下的脉冲光条件下，莴苣生长比连续光照射条件下的促进效果提高了20%，从而证实了采用不同频率脉冲光照射莴苣可以加速其生长的设想。1994 年 Tanaka 等通过对 LED 植物栽培的实用化研究，探讨了脉冲光照射周期与占空比对植物生长的影响，结果表明占空比达 25% ~50% 时，可加速植物生长。2002 年，Heo 等研究发现，荧光灯 + 红色 LED、荧光灯 + 远红外 LED 复合光照处理，比单一荧光灯处理能显著提高万寿菊的气孔数量。1996 年，Okamoto 等使用超高亮度红光 LED 与蓝光 LED，在红蓝光比值（R/B）为 2：1 时，可以正常培育莴苣。1992 年，美国航空航天局（NASA）针对宇宙基地闭锁式生命维持系统（Controlled Ecological Life Support System，CELSS）的植物生产特点，把 LED 光源列为空间植物栽培系统首选光源，并委托 Wisconsin 大学等单位开展研究，探索利用最小面积生产出可供一个人在太空中生活的必需食物，目前已经研究出利用 6 ~ 14$m^2$ 就能提供一个人需要的面粉、豆、薯、菜、番茄、玉米等食物的生产模式。2003 年，郭双生等在模拟空间舱内环境温度控制在 22℃、相对湿度 70%、$CO_2$ 浓度 500mol/L、光照周期 24h（亮）/0h（暗）的条件下，利用红、蓝光 LED 的 4 种不同组合作为照明光源，在多孔管和多孔陶瓷颗粒无土栽培装置下进行植物栽培试验，结果表明红蓝光 LED 组合下的植株生长基本正常，90% 红光 LED + 10% 蓝光 LED 更为适宜。这一结果对太空农业 LED 的应用也具有重要的参考价值。2007 年，魏灵玲等利用红色 LED（660nm）+ 蓝色 LED（450nm）进行了黄瓜的育苗试验，结果表明 LED 的红蓝光比值（R/B）为 7：1 时，黄瓜苗的各项生理指标最优，LED 的能耗与荧光灯相比为 1：2.73，节能效果显著。到目前为止，LED 已成功用于多种植物的栽培试验，包括莴苣、胡椒、胡瓜、小麦、菠菜、虎头兰、草莓、马铃薯、白鹤芋以及藻类等。上述研究表明，LED 作为植物照明光源可以广泛应用于设施栽培、组培培养、植物工厂等众多领域，具有促进植物生长、调节植物形态以及节能环保等多方面优势。

### 2. LED 养殖业照明研究进展

人工照明是畜禽养殖业尤其是集约化畜禽舍环境控制的重要手段之一，长期以来，养殖业领域使用的人工光源主要有白炽灯、荧光灯等，不仅能耗较大，而且也难以实现针对畜禽的生理需求进行光质调控，影响畜禽生产效率的提高。近年来，随着 LED 等单色节能光源的出现，国内外学者围绕畜禽对光色、光强与光周期等光环境指标与生长性能的关系进行了深入研究，探明了畜禽对光环境需求的相关参数。通过研究发现，AA 肉鸡生长前期采用绿光 LED 或蓝光 LED 照射，生长后期采用蓝光 LED 照射，能显著促进肉鸡的生长发育，提高生产性能；肉鸡生长早期（0 ~ 7d）选用绿光 LED 照明，可不同程度地改善肉鸡小肠黏膜结构，提高小肠对营养物质的吸收能力，从而促进肉鸡生长发育；蓝、绿光 LED 照明可使视网膜面积、视网膜节细胞（RGCs）总数增加；从视网膜的中央区到周边部，绿光组的 RGCs 密度梯度下降幅度和蓝光组的 RGCs 大小梯度增大幅度最明显。也有学者研究发现，蓝光可在一定程度上抑制肉鸡因注射脂多糖（LPS）刺激引起的体重下降以及应激激素和细胞因子 IL-1β 水平的升高，并可提高细胞免疫和体液免疫功能。采用绿光 LED、蓝光 LED 及其组合对 Anak 肉鸡生长影响的研究结果表明，4 天后绿光下鸡增重最大，10 天后用蓝光也有进一步促进肉鸡增重的效果。我国学者通过 LED 光源的光色、光强与光周期优化指标对种鸡影响的系统研究，确定了调控光色、光强和光周期来改善鸡的生理节律、摄食行为、生长发育、繁殖性能的技术指标体系，消减了禽产品“污染”（如药物残留、激素残留等）的负面影响，大大提高了鸡的生产潜力。以上这些研究表明，LED 在畜牧业中的实际应用是可行的。通过适当的 LED 光照调节，能够显著促进畜禽生长，提高其免疫力，大大提高畜禽养殖的生产潜力。

## 二、LED 农业照明应用现状

人工补光与照明是 LED 农业领域最重要的应用方式，根据动植物发育的不同需求，采用不同波长的单色光组合起来形成农用照明光源，并通过对光强、光质和光周期的灵活调整，实现节能与高效生产，已经成为现代农业的重要应用方向。目前，LED 在农业上的应用已经扩展到植物照明、畜禽养殖照明、食用菌生产、微藻繁殖、害虫诱捕、诱鱼等众多领域，前景极为诱人。

### 1. LED 植物照明应用现状

植物照明是 LED 农业应用最为广阔的领域之一，温室大棚、植物组培、植物工厂以及食用菌生产等众多场合均可采用 LED 代替传统光源。目前，LED 植物照明光源主要应用场合包括：

1）温室补光：光是作物生长最重要的环境因子之一，荷兰学者认为 1% 的光照就是 1% 的产量，可见光照在作物生产中的重要程度。温室本身的光照比露地要低得多，尤其在冬春季节和连阴、雨、雪、雾等天气条件下，光照不足的状况会更加明显，常常会限制温室作物的产量和品质，人工补光已经成为温室高效生产的重要手段。目前，温室的人工补光光源主要有高压钠灯、低压钠灯、金属卤化物灯和荧光灯等，这些光源的红外和绿光等光谱成分较大，作物光合作用所需的红、蓝光谱成分相对较少，光能利用率低、耗能大、运行成本高。近年来，随着 LED 光源的快速发展，尤其是大功率 LED 芯片产品的开发成功，为温室补光提供了新的手段。常用的 LED 温室补光光源主要有两种：一种是垂直照射的 LED 点光源，灯具采用类似于高压钠灯的圆头灯结构；另一种是穿插于植株之间进行侧面照射的 LED 带光源，灯具常常采用柔性灯带。目前，LED 光源用于温室人工补光仍处于小规模示范阶段。

2）植物工厂：植物工厂是通过计算机对设施内植物生育过程的温度、湿度、光照、$CO_2$ 浓度和营养等环境条件进行高精度控制，实现农作物周期连续生产的高效农业系统，被认为是 21 世纪农业取得革命性突破的重要技术手段之一。目前，植物工厂有两种主要形式：一种是以温室为主体的太阳光和人工光并用型植物工厂，其光源系统与温室补光完全一致；另一种是以封闭的隔热空间为主体的人工光完全控制型植物工厂。这种植物工厂是在完全人工环境下进行植物生产的方式，受外界气候影响小，可全年连续生产，空间利用率和单位面积产量高，但空调和照明耗电大、运行成本高也是限制其发展的重要瓶颈。因此，节能降耗已经成为人工光完全控制型植物工厂的重要课题。

高效率人工光源的应用是解决植物工厂能耗问题的重要手段，目前植物工厂的人工照明光源主要有高压钠灯和荧光灯等，能耗高、散热量大、空调运行成本高，LED 的出现为解决植物工厂能耗问题提供了重要手段。1994 年以来，日本开始试用 LED 作为植物工厂的照明光源，使用波长为 660nm 的红色 LED 加上 5% 的蓝色 LED 的组合光源进行人工植物工厂栽培生菜和水稻作物，获得成功。1997 年，渡边博之采用水冷模板 LED 光源在植物工厂内种植蔬菜，栽培方式为营养液膜法（NFT），作物选用生菜、芹菜等，蔬菜定植 2 周后即可收获，在 $800m^2$（8m × 10m × 10 层）的栽培面积上，每天生产蔬菜 5900 株，年产蔬菜 150 万株，植物培育效率（光合成所用的光能/灯管投入的电力）为 0.01，光能利用效率极高。2009 年 2 月，日本 FairyAngel 公司宣布，开始与 LED 照明厂商 CCS 联手，开发使用 LED 照明的蔬菜工厂“AngelFarm 福井”。2009 年 9 月，中国农业科学院农业环境与可持续发展研究所成功研制出了国内第一例智能型 LED 植物工厂，建筑面积为 $200m^2$，采用 LED 进行人工光育苗生产，取得了良好的运行效果。

3）植物组培育苗：植物组织培养是一项可以通过规模化生产，在短时间内获得大量同品质种苗的快速繁育技术。由于组培育苗繁育速度快，不受外界气候、地域和时间等条件的约束，目前已经成为遗传育种、种质资源保护和脱毒快繁的重要手段。但传统的组培光源多为荧光灯，光效低、发热量大，能耗成本占其运行费用的 40% ~50%。应用新型节能光源、减少能耗一直是植物组培领域的一大热点。20 世纪 90 年代以来，世界各国都在积极应用 LED 作为组培光源。

2000 年，Nhut 等开发出了光照强度（$45\mu mol \cdot m^{-2} \cdot s^{-1}$、$60\mu mol \cdot m^{-2} \cdot s^{-1}$、$75\mu mol \cdot m^{-2} \cdot s^{-1}$）可调，光质比例为 80% 红光 LED +20% 蓝光 LED 与 90% 红光 LED +10% 蓝光 LED 的两种香蕉组培光源，经过试验，认为 80% 红光 LED +20% 蓝光 LED（$60\mu mol \cdot m^{-2} \cdot s^{-1}$）的组培光源具有明显的优势。2004 年，饶瑞佶、方炜等使用超高亮度红光与蓝光 LED 开发出可调整光量、光质、发光频率与占空比的组培光源系统，可实现在不提高耗电成本条件下提高马铃薯组培苗的生长速率。2008 年，徐志刚等针对组培的特殊需求，开发出了专门用于植物组培的“LED 植物培育智能光控系统”和“LED 生物智能光照培养箱”。2010 年，台湾亿光电子工业股份有限公司与中国农业科学院合作，开发出了直接采用市电驱动，并与 T8 或 T5 荧光灯管无缝对接的 LED 灯管，以替代目前在植物组培领域广泛使用的荧光灯。

### 2. LED 养殖照明应用现状

现代养殖业普遍采用人工照明促进生产，尤其在规模化设施养殖场这种需求更加明显。由于人工光源的颜色、强度、时长及间断控制等都会对畜禽的行为习性、生理特性、生长发育等产生影响，最终会影响到畜禽的生产性能。因此，养殖业生产中的照明不仅要低能耗、寿命长，而且还应具备光环境参数的可调控性能。目前，畜牧业养殖生产中的人工光源主要为白炽灯和节能荧光灯，这些光源的缺陷一方面是仅能为畜禽活动提供必需的可视光线，无法胜任对照明颜色、强度、时长及间断控制的调控要求；另一方面，节能荧光灯还含有汞和其他一些有害物质，遗弃后会造成严重的环境污染。欧盟已对节能灯中所含有害物质提出了较严格的限制要求，实行谁生产谁负责的办法。淘汰白炽灯和节能荧光灯已经成为必然趋势，这就为LED在畜牧养殖上的应用提供了一个非常广阔的空间。近年来，我国学者通过红色、蓝色和白色LED光源对家禽生产性能影响的研究，推出了智能化养鸡LED光源系统，并在养鸡场投入使用。2010年2月，在亚特兰大国际家禽养殖设备展上，ONCE公司推出了AGRISHIFT™渐变式禽类养殖LED灯，采用定时器来实现对光周期的控制，比较简易，但缺乏对光色、光强和光周期的实时控制，仍有待于进一步改进。

目前，畜牧养殖业专用LED照明灯具的产品相对较少，但应用潜力巨大。据有关方面统计，仅我国的集约化蛋鸡场，就需要100W的白炽灯泡370万只，加上其他畜禽养殖业的照明需求，整个畜禽养殖产业需要照明灯泡数量在2100万只以上。如果用10W LED产品替代这些灯具的话，不仅可节约60%以上的电能，而且还可带动照明市场60多亿元的产值，前景广阔。

## 三、LED农业照明潜力分析

LED光源在农业领域的应用刚刚起步，但发展潜力巨大。其独特的光源特征、显著的节能效果以及新型光源的替代需求，为LED光源的农业应用提供了广阔的市场空间。

### 1. 庞大的农业照明市场需求

LED光源农业照明与民用市场相比相对滞后，但其潜在的巨大市场极为惊人。人工补光是温室大棚的常用手段，人工光源尤其是连栋温室不可缺少的环境调控设备。目前，世界上温室大棚面积达283.5万公顷，其中我国约占世界总面积的86%以上。有关专家统计，以高压钠灯为人工光源的温室补光系统，每公顷耗电功率约为200kW，电能消耗极大。采用LED作为温室大棚的补光光源，节能效果显著，据估计节能幅度在50%～60%，而且还能够改善温室的光谱分布，促进植物生长，提高产量和品质，市场前景极为看好。植物组培育苗也是农业照明的主要应用领域之一，传统的组培人工光源主要为荧光灯，每平方米培养面积的耗电功率约为500～600W，占整个运行费用的30%～40%。近年来，我国植物组培育苗产业发展迅速，已经成为是全球最大的组培生产基地和组培苗消费市场。据农业部统计，截止到2007年年底，全国年产大于1000万株种苗的组培企业就有300多家，小型组培车间和实验室有5000余家，植物组培的总面积在2000万平方米以上，年产值200亿元左右。LED在组培领域的研究起步较早，技术较为成熟，随着LED成本的进一步降低，全面普及LED组培专用光源逐渐成为可能。植物工厂，尤其是人工光植物工厂对LED光源也有巨大的市场需求。目前，植物工厂主要采用高压钠灯和荧光灯为人工光源，耗电功率为800～1200W/m$^2$，约占系统运行费用的45%～55%，迫切需求节能光源。商业化的植物工厂目前主要分布在日本，其总数达50家，计划到2012年发展到150家。我国也是植物工厂潜在应用国家之一，LED光源的应用将会大大促进植物工厂产业的快速发展。

除植物照明外，LED在农业领域其他方面也存在着很大的应用空间，如规模化养殖场，可以根据不同的养殖目的（如产肉、产蛋、产奶等），采用特定波长的LED进行人工照明促进畜禽生产率、节约能耗，同时还可减少饲料添加剂及激素的使用，实现绿色高效生产；在微生物生产领域，可以采用可促进有益微生物繁殖增殖的特定波长的LED实施光照，实现高效率、高密度的微生物反应过程；在能源作物——微藻的生产过程中，可以利用LED光质的可调性实现对微藻生长和次生代谢产物积累过程的控制，促进微藻生长，从而提高产量；在农业害虫防治方面，可以采用特定波长的LED光源，引诱并灭杀害虫，减少农药施用量，做到安全绿色生产。

与传统光源相比，LED优势极为明显，农业领域的市场需求极为广阔。

### 2. 具有传统光源无法比拟的优势

与传统光源相比，LED具有无法比拟的优势，具体表现在：

1）生物能效高。研究表明，植物光合作用主要是利用波长为610～720nm（波峰660nm）的红橙光，以及波长为400～510nm（波峰450nm）的蓝紫光。而传统光源的辐射光谱中除了红蓝光之外，往往还存在着大量的绿光及红外光成分，后者对植物光合作用的效益不大。此外，传统光源的辐射光谱对植物需求而言往往是不平衡的，如荧光灯的蓝光成分过多、红光缺乏，高压钠灯的红光过多、蓝光偏少等，这些都降低了植物对传统光源辐射能量的利用效率。而LED为单色光源，完全可以控制其辐射光谱在植物需要的红蓝光波段，而且还可以根据不同植物的需求精确调整其红蓝光（R/B）比例，使其辐射能完全为植物所吸收利用，提高光源的生物能效。

2）可大大提高植物栽培密度。由于LED光源结构紧凑，与传统光源相比其体积大大减小。此外，由于传统光源均具有发热特征，使用其作为植物补光光源时，必须与植物表面保持一定的间隔，如高压钠灯须与植物保持1m以上间隔，而LED属于冷光源，其辐射光谱对植物的热效应远远小于传统光源，即使近距离照射也不会造成植物灼伤，因此，可实现对植物的近距离照射。由于上述特征，当LED应用于植物工厂或组培系统中时，可使栽培层架之间的距离大大缩短，显著提高植物生产系统的空间利用效率。

### 3. 显著的节能效果

人工光照明是设施农业耗能的重要组成部分。有关资料显示，在荧光灯组培生产中，照明能耗约占系统总能耗的30%～40%，而在荧光灯植物苗工厂中，这一能耗更是高达82%。利用LED替代传统的照明光源可以大大减少农业系统的能耗。如荷兰在温室中使用LED进行补光，可比传统的高压钠灯和金属卤素灯节能50%～80%；在植物工厂，使用传统光源每平方米需要配备0.50kW的光源，而使用LED仅需要0.27kW，可以降低能耗约50%；在组培领域，如果按光照时间16h/d、每年300个生产日计算，全国2000万平方米组培产业用荧光灯的年耗电总量在1075亿kW·h以上，如果采用LED光源，则全年的耗电总量仅为518亿kW·h，年节电总量在560亿kW·h以上，节能效果极为显著。

综上所述，LED被认为是21世纪农业领域最有前途的人工光源，对解决环境污染，提高资源利用率，减少温室效应都具有十分重要的意义。



## 四、限制LED农业照明应用的因素分析

### 1. 成本偏高

成本是一个产品能否取得市场竞争优势的关键因素，对于LED农业照明光源来说，价格偏高也是限制其大规模普及的重要原因。一个功率400W的高压钠灯成本为300～400元，一个功率28W的普通荧光灯管成本仅为20元左右，而一个功率40W的白色LED灯管售价就高达140～160元。虽然LED光源的价格在以每年20%～30%的速度直线下降，但是与传统光源相比仍然高得多，这在很大程度上限制了LED农业照明光源的应用与推广。近年来，国内一些地区新上了很多芯片产能，目前正处于建设期，预计2～3年后，通过这些产能的释放，将会大大降低芯片价格，高成本问题有望得到化解。

### 2. 技术成熟度还有待提高

近年来，我国各级政府相继出台了一系列政策措施推动和鼓励半导体照明产业的发展，其中政府研发资金的投入为我国半导体照明产业的发展发挥了巨大的作用。但是，投入资金的项目中涉及农业领域还很少。“十一五”期间，国家仅在863计划中安排了一个LED农业应用的课题，研究经费仅有100万元。研发经费的不足，严重滞后于现实对LED农用照明技术的需求，迫切需要国家加大支持力度，完善农用LED技术体系。

### 3. 产业化与标准化程度仍较低

农用LED光源目前仍处于试验研究阶段，还没有形成完善的标准化技术体系，光源的开发和使用仅仅限于科研院所，缺乏能够将研究成果转化的专业性生产企业，也未能形成相应的产业集群。此外，对于LED农用光源的生产和使用缺乏专业化和标准化的管理，这对农业LED光源健康、合理、

有序的发展也会产生不利的影响。

4. **缺乏有效的政策扶持**

作为一种新型节能光源，LED 照明应用在初期的发展很大程度上是依靠政府政策推动，实际上，国家已经制定实施了一系列促进 LED 照明产业发展的政策措施，显著推动了该产业的发展。然而相比较而言，LED 农业照明领域还未得到国家的重视，缺乏有效的科技支撑和政策支持，这也是 LED 农业照明虽然前景广阔，但仍未得到广泛应用的重要原因。

## 五、发展战略与政策建议

1. **加快低成本农业专用 LED 光源的研发**

目前 LED 照明产品的价格相对偏高，成本是制约 LED 光源农业应用的瓶颈，降低成本是其能够大面积应用推广的关键。由于农业照明主要是为动植物生产服务的，对照明光源的光强、光质都有一定的特殊需求，普通的民用和居室照明 LED 灯具并不适于农业照明。为促进 LED 农业照明光源的发展，必须结合农业照明的特殊环境要求，设计出专门的 LED 灯具。如温度高、湿度大的环境下，LED 补光灯具必须密封性良好，具有防水防腐蚀功能。另外，在满足功能的前提下尽可能降低制造成本，如市场上红色 637nm、蓝色 460nm 的 LED 灯珠价格比 660nm、450nm 低得多，而应用效果差距不大，就可以选择低成本的 LED 灯珠。此外，农业照明灯具在外观上更多的是注重实用，因此也可减少在这方面的设计及生产投入，降低制造成本。

2. **加大农用 LED 技术研发的投入**

LED 农用光源的应用，一方面离不开半导体照明技术的突破，另一方面也离不开 LED 光源与农业生物结合的技术支持。由于农业生物的特殊性要求，必须针对动植物的特定需求研制出相应的 LED 照明光源。目前，LED 光源在农业领域的应用研究还处于起步阶段，国家在该领域的投入相对不足，难以满足日益增长的社会需求。建议国家加大 LED 农用光源的研发和经费支持力度，全方位提升 LED 农业应用的自主创新能力。




3. **加快农用 LED 光源标准化的构建**

产品标准化是实现产业快速发展的关键，对于农用 LED 光源产业也是如此。目前，LED 光源在组培育苗、植物工厂、畜禽养殖、食用菌等领域的应用已经基本成熟，可以制定出一系列相应的标准，温室补光以及其他领域的应用在条件成熟时也可建立相应的标准。通过标准化体系的建立，使一大批农用 LED 光源的制造企业参与新产品的开发，从而推动行业的快速发展。

4. **推动农用 LED 示范工程建设**

由于农业投入的特殊性，靠农业企业自身来完成 LED 光源的投入，困难较大。建议国家扶持一部分资金，在国内建立若干 LED 农用光源示范工程，形成农业与生物领域不同应用方向，如温室补光、组培育苗、植物工厂、中药种植以及禽类养殖等 LED 示范的产业化基地，并通过政府主导、企业主体、市场配置“三力合一”的试验示范，扩大农用 LED 光源的示范推广力度。

5. **加大农用 LED 的政策扶持**

LED 光源对于农业领域来说，应用成本还相对偏高，为进一步加快 LED 光源的推广应用力度，建议国家加大对农用 LED 的政策扶持力度，包括增加科研立项支持、农用 LED 产品补贴等，甚至可以将 LED 农用光源纳入国家农机装备购置补贴目录，确保农业生产单位在购置 LED 农用灯时能够直接享受到国家 30% ~50% 政策性支农财政补贴。这些政策的制定和实施将有助于加快农用 LED 光源的普及，促进农用 LED 产业的健康发展。

致谢：在本文完成过程中南京农业大学徐志刚教授、杭州汉徽科技光电有限公司周泓技术总监提供了很多有价值的资料，本单位同事魏灵玲博士、刘文科博士、程瑞锋博士和研究生闻婧、周晚来等也给予了大力协助，在此一并表示感谢!

# LED在汽车灯具上的应用

朱明华
上海小糸车灯有限公司

## 一、前言

发光二极管（Light - Emitting Diode，LED）是一种半导体光源，它能产生光谱纯度很高的单色光。最早它被用作仪器仪表的指示光源，后来随着高亮度LED材料GaInN和GaAlInP的发明，LED的光效以及单颗LED的功率都有了很大的提高，通过荧光粉技术和双色或多色光混合的方法又制成发白光的LED。这样，LED逐渐在汽车信号灯和照明灯上得到广泛的应用。

用于汽车灯具的传统光源有白炽灯、卤素灯以及气体放电灯。与这些光源相比，LED有许多杰出的优点。首先，LED的寿命很长，在实验室环境下可达到10万小时。LED又十分坚实，因此采用LED作为光源，可靠性比传统光源高很多，几乎可以免维护。其次，LED的颜色丰富，既有白色的LED，也有发各种单色光的LED，而且颜色的饱和度高，在需要色光的场合不再需要滤色片来进行滤光，有利于节约电能，比如一个制动灯，LED的用电量是白炽灯泡的30% ~50%。再则，LED的发光范围控制在一定的角度内，使光的利用效率大为提高。另外，LED的光线中不含紫外线和红外线，可以减缓车灯塑料零件的老化。正是由于以上这些原因，LED已成为人们最看好的汽车灯具光源，在汽车照明中有十分光明的应用前景。除了以上优点，LED还有几个特性使之特别适合于汽车照明。第一是响应速度快，只有60ns，约是白炽灯的百万分之一。因此，当采用LED作为汽车尾灯时，可以使后续汽车的驾驶员更早反应，制动或减速。第二是尺寸小，因而采用LED作为光源的汽车尾灯可以设计得更薄、更紧凑，从而可以为汽车后车厢节省很多空间。第三是能使汽车灯具的设计具有更多的灵活性，使汽车整车的造型产生明亮的新视点。

## 二、LED汽车灯具的基本要素

LED灯具一般包括LED电路板总成、LED控制模块、二次光学结构、散热结构以及机械连接结构。

### 1. LED电路板总成一般包括LED和电路板

(1) 用于汽车灯具市场的LED分类

按照颜色来分有白色LED、红色LED、琥珀色（或叫黄色）LED。白色LED可以使用于前照灯中的近光、远光、日间行车灯、前位置灯、前雾灯以及转弯照明灯等，后灯中的倒车灯以及牌照灯具。另外还可以使用于汽车室内灯，如阅读灯、地图灯、踏步灯以及地板灯等。如果通过配光镜配色的话，白光LED可以使用于所有功能的汽车灯。红色LED一般使用于高位制动灯、制动灯、尾灯、后雾灯。琥珀色LED一般使用于前后转向灯、侧转向灯以及侧标志灯。

按照功率来分有低功率LED、中功率LED、高功率LED。0.1W左右的LED一般用于高位制动灯、尾灯、制动灯等。0.5W左右的LED一般用于制动灯、后雾灯、后转向灯、侧标志灯等。1W以上的LED一般使用于前转向灯、日间行车灯、倒车灯等。5W以上的LED可以使用于前雾灯、远光、近光灯。当然，如果使用光导等光损失比较大的光学系统时，.功率需要相应提高。

按照与电路板的结合方式来分有波峰焊式 LED、回流焊式 LED、铆接式 LED、COB（Chip On Board）式 LED 等。波峰焊一般使用于插脚式 LED，如 5mm 或 3mm 的圆头 LED 以及食人鱼（Piranha LED）；回流焊使用于贴片 LED；铆接式主要使用于飞利浦流明公司的 SNAPLED 及类似的 LED 形式；COB 是芯片与电路板一体的形式，但使用范围受限。

（2）适用于汽车灯具的 LED 电路板一般有 FR4（玻璃纤维板）、FPC（柔性电路板）、铝基板、铜基板等

FR4 一般只能使用于平面化的电路板（见图 5. 2-29），如高位制动灯、倾斜度很小的尾灯以及发光中心轴朝向反射面的反射型配光场合，小功率的插脚式 LED、表贴式 LED 以及 COB 等不需要额外散热结构的都可采用 FR4，优点是定位准、可靠性高、制造方便、制造资源丰富，缺点是适用范围较小，只能做平面电路板，而且不适合大功率使用。

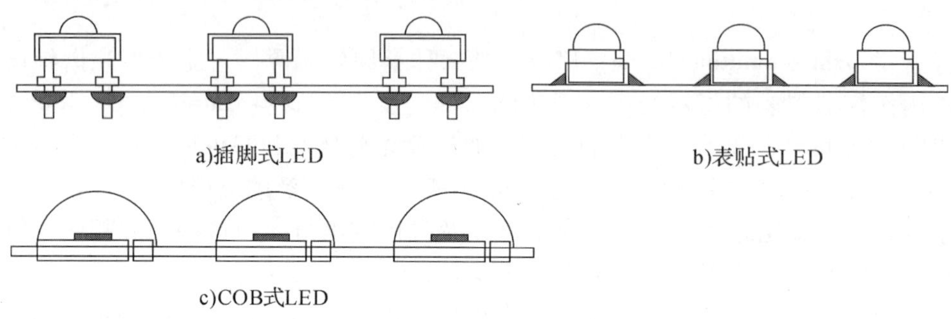


图 5. 2-29　FR4 电路板

FPC 和铜板一般使用于电路板有落差的地方（见图 5. 2-30），大多数符合车身流线型设计的灯具都需要用到。FPC 适用于各种功率的表贴 LED，当然大功率的场合需要专门的散热结构；铜板适用于类似 SNAPLED 的 LED，功率不大于 0. 5W 的场合。优点是适用于各种结构和功率，缺点是定位难度大，制造工序多，特别是铜板型电路板的设备投入较大，需要专用的制造设备。

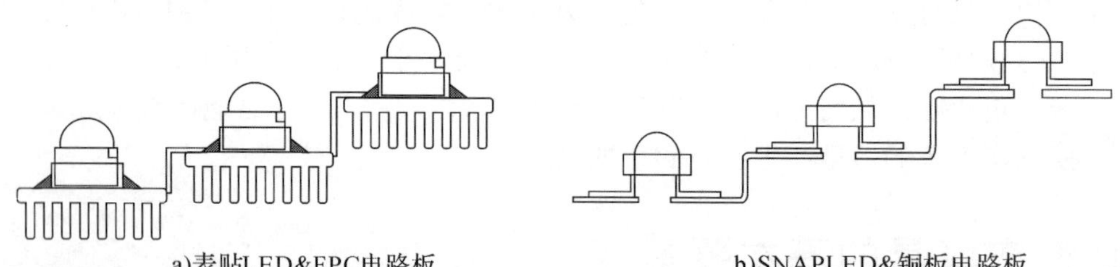


图 5. 2-30　有落差的电路板

## 2. LED 控制模块有电阻降压式、PWM 控制方式开关电源

（1）电阻降压式

汽车上的电源一般为 12V，超过一般 LED 的应用正向电压，需要将电压降低到合适的范围，最简单的方法就是使用电阻降压（见图 5. 2-31），目前大量产品都是采用这种驱动方式。采用电阻降压，再加上一个稳压二极管稳压，向 LED 供电，这种驱动的最大优势是成本低、驱动体积小而灵活，可以应用于各种复杂的车灯形状。但是用电阻驱动 LED 的方式存在重大缺陷。首先是效率低，在降压电阻上消耗大量电能，甚至有可能超过 LED 所消耗的电能，且无法提供大电流驱动，因为电流越大，消耗在降压电阻上的电能就越大，所以很多产品的 LED 不敢采用并联方式，均采用串联方式降低电流。其次是稳定电压的能力极差，无法保证通过 LED 的电流不超过其正常工作要求，设计产品时都会采用降低 LED 两端电压来供电驱动，这样是以降低 LED 亮度为代价的。采用电阻降压方式驱动 LED，LED 的亮度不能稳定，当供电电源（输入）电压低时，LED 的亮度变暗，供电电源电压高时，LED 的亮度变亮，但 LED 又易损坏减少使用时间。

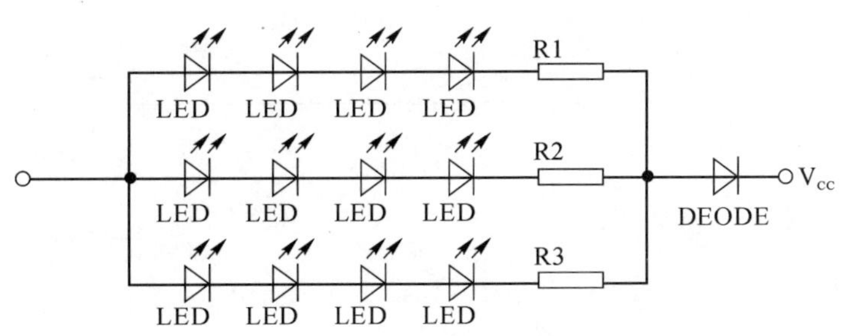


图 5.2-31　电阻降压式 LED 控制模块

（2）PWM 控制方式开关电源

PWM 控制方式开关电源主要由 4 部分组成：输入整流滤波部分、输出整流滤波部分、PWM 稳压控制部分、开关能量转换部分。PWM 开关稳压的基本工作原理就是在输入电压、内部参数及外接负载变化的情况下，控制电路通过被控制信号与基准信号的差值进行闭环反馈，调节主电路开关器件导通的脉冲宽度，使得开关电源的输出电压或电流稳定（即相应稳压电源或恒流电源）。

升压电路工作方式（见图 5.2-32）：此电路图是由 Q1（N－MOSFET）、电感 L1、电容 C1、二极管 D1 组成开关电源，完成把电源 $V_s$ 升压到 $V_o$ 的功能。R 为负载，加一个 PWM 控制即可。

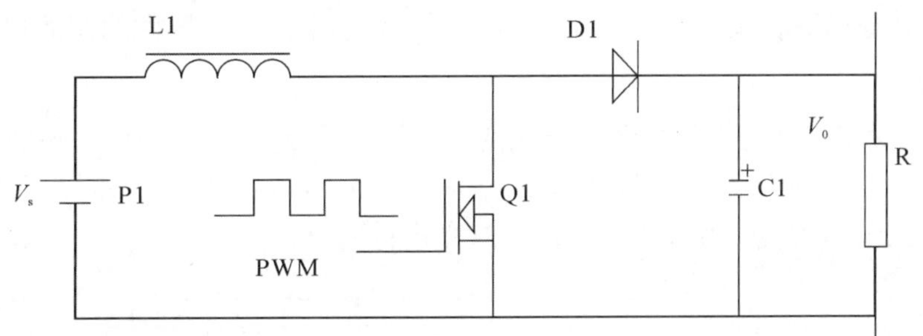


图 5.2-32　升压电路工作方式

工作过程：当 Q1（MOSFET）工作时，Q1 导通（见图 5.2-33），电流 $i_L$ 流过电感线圈 L1，在电感线圈未饱和前，电流线性增加，电能以磁能形式储存在电感线圈 L1 中。这时，电容 C1 放电，R 上流过电流 $I_o$，R 两端为输出电压 $V_o$。由于 Q1 导通，二极管阳极接 $V_s$ 负极，二极管承受反向，电容不能通过 Q1 放电。Q1 关断时，构成电路（图 5.2-34）由于线圈 L1 中的磁场将改变线圈 L1 两端的电压极性，以保持电流不变。这样线圈 L1 磁能转化成的电压与电源 $V_s$ 串联，以高于 $V_o$ 电压向电容 C1 负载供电。高于 $V_o$ 时，电容有充电电流；等于 $V_o$ 时，充电电流为零；当 $V_o$ 有降低时，电容向负载 R 放电，维持 $V_o$ 不变。

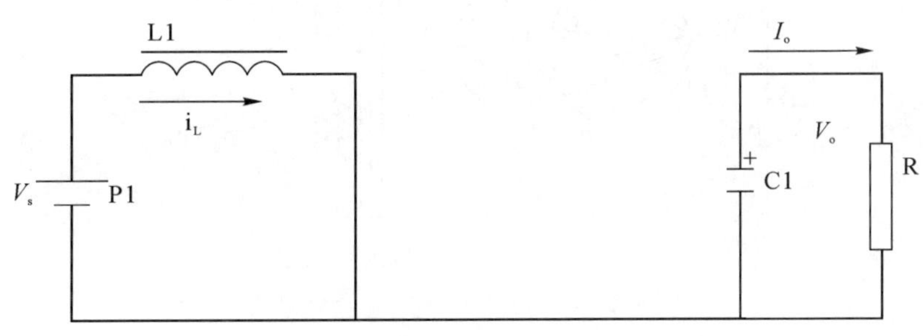


图 5.2-33　Q1 导通时电路

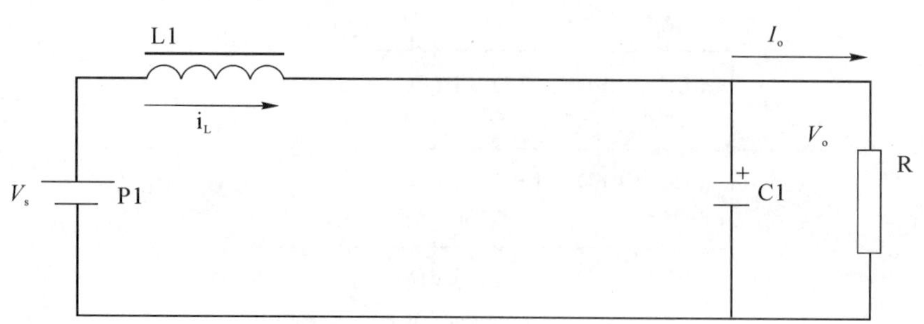


图 5.2-34　Q1 关断时电路

由于电感电压加上 $V_s$ 向负载 R 供电时，$V_o$ 高于 $V_s$，所以称为升压变换器。工作中输入电流于电感的电流是连续的并相等。但流经二极管 D1 的电流却是脉动的。由于有 C1 的存在，负载 R 上仍有稳定、连续的负载电流 $I_o$。PWM 芯片的制造厂商非常多，应用也各不相同，但基本原理一致，也有一些电源厂商，直接制作成电源模块，可以直接选用，在设计车灯驱动的时候，有时可以选用合适的模块来节省设计成本。PWM 控制方式开关电源的优点是这种驱动方式电源效率极高，一般可以做到 90% 以上，输出电压、电流稳定。一般这种电路都有完善的保护措施，属高可靠性电源。可以设计成恒流式或稳压式，在电源不稳定的情况下对 LED 提供最高的保护，提高了 LED 的实际使用寿命。缺点是这种驱动方式成本高，另外虽然芯片体积较小，但其外围电路中用到的电感电阻等元器件仍占用一定的空间，在设计电路时，要充分考虑车灯内的空间大小来设计元器件的摆放位置。

### 3. 光学结构

1）直射型：直射型又分为直接式和间接式两种，直接式就是利用 LED 自身的光学分布直接完成光学系统的任务，是 LED 光学系统的最初级形式（见图 5.2-35）。间接式是在直接式的基础上增加一道或多道带折射花纹的透镜（见图 5.2-36），对光进行再分布，以达到汽车灯具的光学要求。

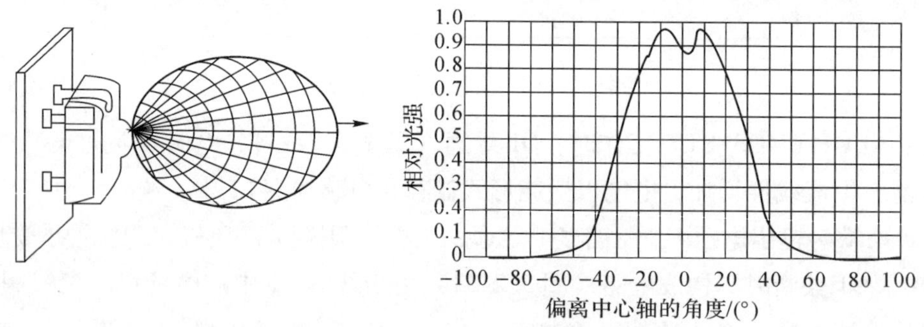


图 5.2-35　直接式 LED 直射型配光

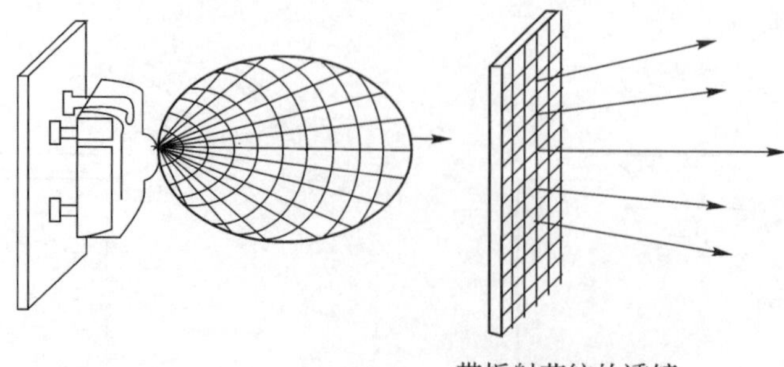


图 5.2-36　间接式 LED 直射型配光

2）反射型：就是 LED 发出的光经过反射面的反射对光进行再分布，以达到光学要求（见图 5.2-37）。

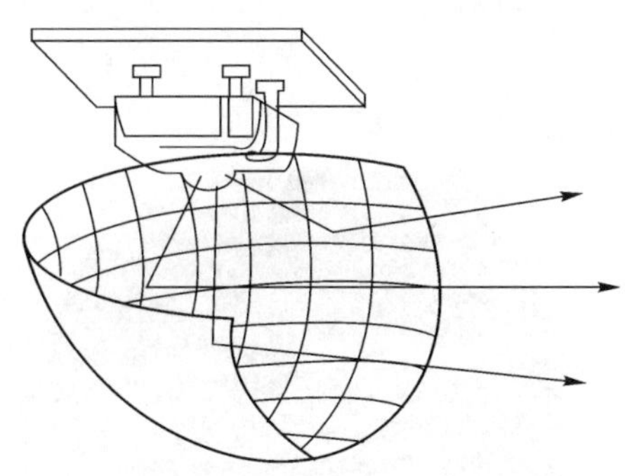

图 5. 2-37　LED 反射型配光

3）混合型：就是 LED 发出的光经过反射后再经过一道或多道带折射花纹的透镜后进行光的再分布（见图 5. 2-38）。

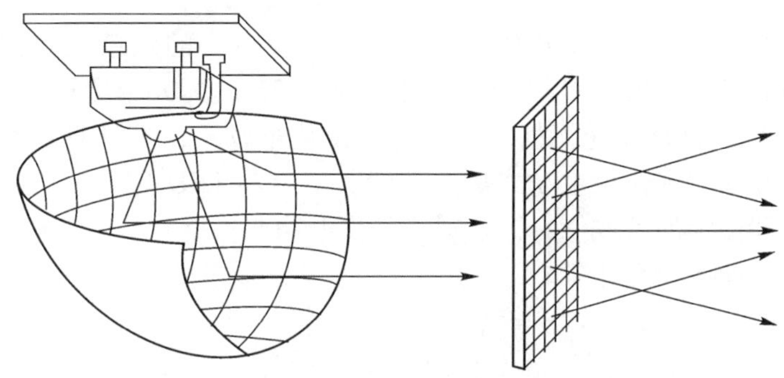

图 5. 2-38　LED 混合型配光

4）光导型：就是 LED 发出的光进入光导零件后利用全反射的原理进行光的传导和再分布（见图 5. 2-39）。

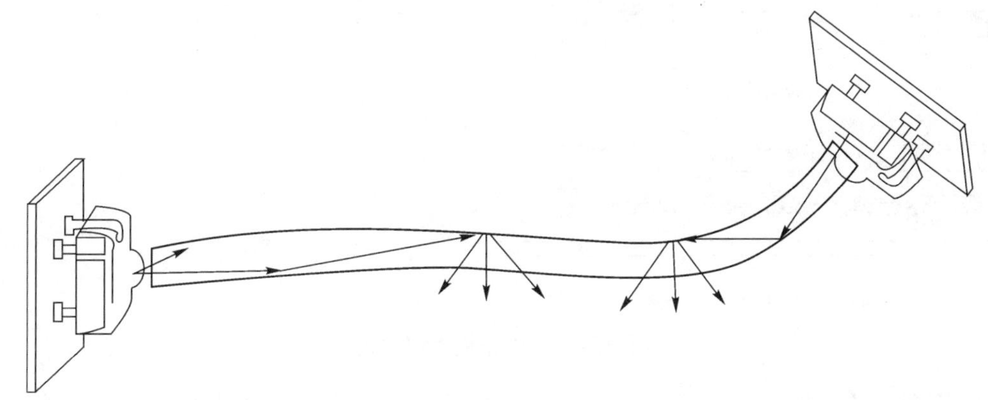

图 5. 2-39　LED 光导型配光

## 4. 散热结构

热是任何光源工作时必然会伴随的，只不过传统灯丝光源本身就是靠把灯丝加热到一定温度后发光，所以它除了内热之外还往外辐射大量的热，这个对周边的塑料零件会造成较大的影响。而 LED 是电致发光，因此热是集中在光源内部，需要靠导热模块把热量分散掉，这个就需要考虑选用什么样的材料和结构散热效果最好，同时还要满足灯具对导热模块空间尺寸的限制。

LED 的散热或者热管理有被动式和主动式两种。所谓被动式就是只靠散热片及其辅助结构进行散热的方式。主动式就会在被动式的基础上增加风扇或者调节载荷进行散热或热管理的方式。无论哪种，基本的散热片是必须具备的。

铜的导热系数接近铝合金的两倍，但是因为铝合金压铸件的成本低，比重约为铜的 1/3，而且制造方便，可以实现较复杂的结构，所以目前 LED 车灯的导热模块材料还是采用铝合金为主（见图 5.2-40）。

图 5.2-40　铝合金散热模块

LED 的工作温度必须保证芯片在能承受的结温下。即使较小的热量集中到芯片大小的器件上去传导和发散，因装置的热容量小也会引起 LED 温度大幅上升。对散热问题有多种解决方案，一是在一个灯具中使用数目较多的 LED 发光元件，让单件的发热量较小，再把它们布置在较大的空间内使其易于散热；二是设置冷却风扇作为主动式散热装置；三是为 LED 灯具设定一种确保安全的工作模式，即当灯具的温度升到预定的警戒值时，自动降低供电功率。据称，这种供电功率降低对灯光的亮度影响甚微，但却能显著地减少发热量。

**5. 机械连接结构**

LED 电路板总成安装到灯具中一般先要固定到一个支架上，固定方法一般有倒扣固定、螺钉固定和热烫固定三种，如图 5.2-41 所示。





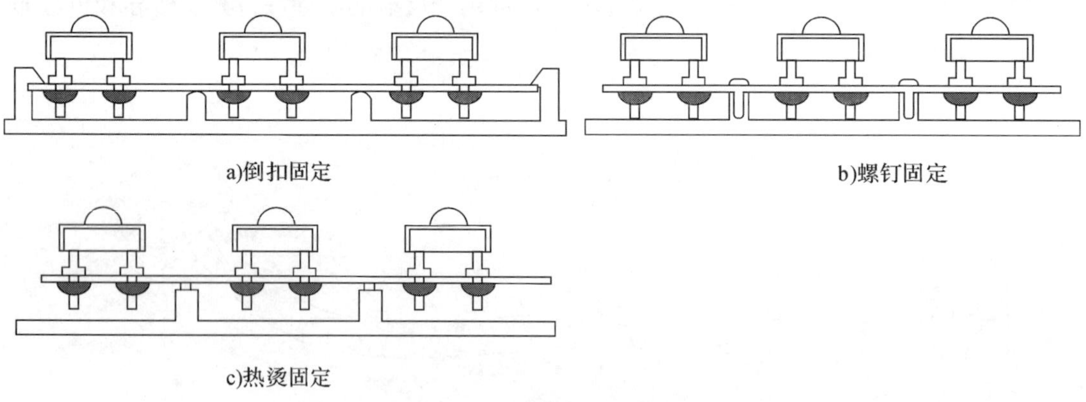


图 5.2-41　电路板固定方式

倒扣固定简单方便，但只适用于接近于平面的简单电路板总成；螺钉固定比较牢固且可拆卸返修，但是会增加工序时间、灯具重量；热烫固定节奏快，但需制造专用设备。目前这三种方式都在普遍采用。

## 三、LED 在汽车灯具中的应用趋势

从 20 世纪 90 年代后期到大约 4 年前，LED 的应用范围已经涵盖了高位制动灯、尾灯、制动灯、转向灯以及后雾灯等所有汽车信号灯功能，而在最近的几年，LED 更是迅猛延伸到了包括日间行车灯、前雾灯甚至是前照灯以及 AFS 前照灯等照明功能，如图 5.2-42 所示。

在汽车前照灯中安装 LED 日间行车灯，是奥迪首开先河后整个行业新车型的一大配置亮点。特别是在奥迪的全新旗舰车型 A8 中，LED 在前照灯中的应用更为广泛，不仅日间行车灯采用了 LED 光

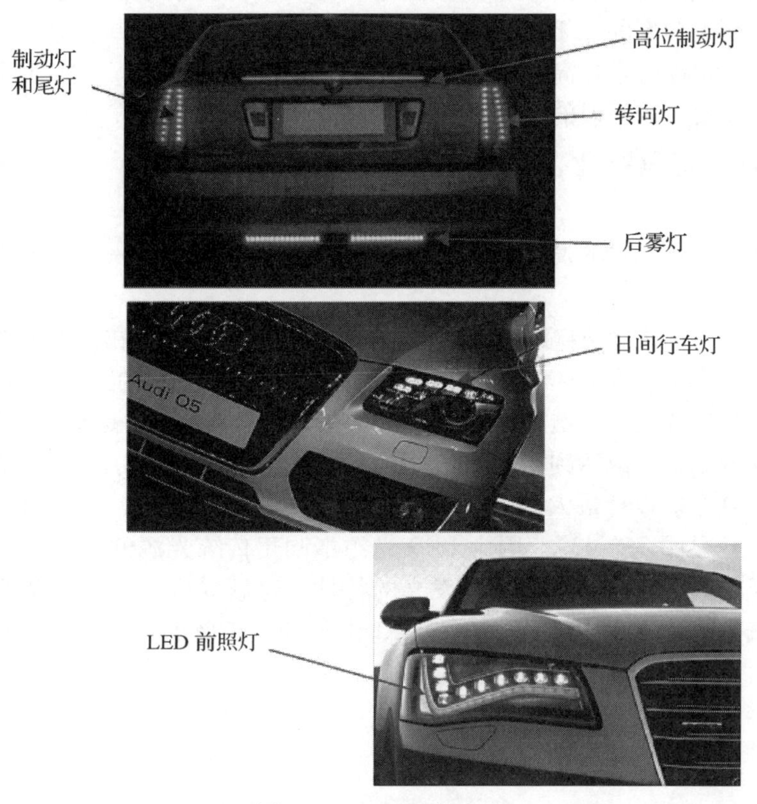


图 5.2-42　LED 的应用

源，转向灯、远光灯和近光灯以及全天候功能等特殊照明也都采用了 LED 光源，技术方面有显著的进步。




### 1. 目前汽车灯具用 LED 存在的一些难题

（1）亮度问题

目前 LED 行业的整体发展水平，还无法在实际生产中让 LED 的亮度分布约束在一个很小的范围，小到无须分选的地步，在同一个亮度档内还是有较大的离散性，主要表现是同一批次内部 LED 相互之间亮度的离散性以及不同批次之间的亮度离散性，但是使用者可能使不同的亮度档采用同一控制电路，所以主要的缺陷是会导致一个灯的模组中 LED 相互之间有亮度差。由于这种亮度差比较容易为眼睛所感知，所以是 LED 汽车灯具行业售后投诉的一个问题。

（2）色度问题

由于 LED 的单色性好，其使用于汽车灯具本身很有优势，但是目前 LED 行业的整体发展水平，还无法在实际生产中让 LED 的色度分布约束在一个很小的范围，小到无须分选的地步，尤其是白光 LED 的色度分布，更是在分选之后还有很大的离散性，给使用带来不小的麻烦。

主要表现是同一档位内部 LED 相互之间色度的离散性以及不同档位之间的色度离散性，由此会导致一个灯的模组中 LED 相互之间有色差，同一台车的左右灯之间有色差以及同一车型的不同批次之间有色差。前面两种情况又是比较容易为眼睛所感知的。

（3）散热问题

对于 LED 来说，散热问题主要体现在封装中从芯片到焊脚再到环境的热阻大小。热阻是物体对热量传导的阻碍效果。热阻的单位为℃/W，即物体持续传热功率为 1W 时，导热路径两端的温差。LED 的热阻是指 LED 点亮后，热量传导稳定时，芯片表面每 1W 的耗散。PN 结点的温度与连线的支架或散热基板之间的温度差就是 LED 的热阻。LED 芯片架构与原物料是影响 LED 热阻大小的因素之一，减少 LED 本身的热阻是先期条件，不同导热系数的热沉材料，如铜、铝等对于 LED 热阻大小的影响也很大，因此选取合适的热沉材料也是降低 LED 元件热阻的方法之一。一般小功率的 LED 因为封装简单，特别是插脚式的 LED，热阻很大，但是因为使用时功率小，所以一般不需要什么散热结构，也能正常工作。而大功率的 LED 虽然热阻小，但是由于使用时功率较高，导致最终芯片的结温会承受高温。一般可以根据灯具在高温试验时的环境温度加上周边光源点灯时增加的温度再加上热阻所产生的温度来推算需要多少结温的 LED。

### 2. 目前 LED 汽车灯具行业存在的一些难题

（1）亮度问题

这里撇开由于整个行业本身的发展水平决定的 LED 光效的问题，来说说汽车灯具实际设计中面临的跟亮度相关的问题。

使用 LED 作光源的中高档车型对灯具的发光均匀性要求很高，现在已经从几年前的可以直接看到点点星光转变为不能直接看到 LED 的条状或片状发光面，这就需要在 LED 前面增加更多的细碎的配光花纹或用于把光打散的皮纹，这样视觉上发光是均匀了，但伴随的是整体光强下降得很厉害，会造成满足法规要求变困难了，或达到相同的光学要求而须采用功率更高成本更贵的 LED。

很多情况下，LED 车灯设计最大的障碍往往并不是中心亮度不够，而是汽车灯具法规要求的最小几何可见角的要求（见图 5.2-43）。因为 LED 光源不同于传统光源的是光强的分布并不是 360°均匀分布，而是围绕光轴的正弦分布，有定向发光的特性，这就导致沿着光轴的中心光强要求容易达到，而光形的边沿偏离 LED 光轴角度较大的光线，由于处于正弦的边沿而强度很小，因此设计上难度高。

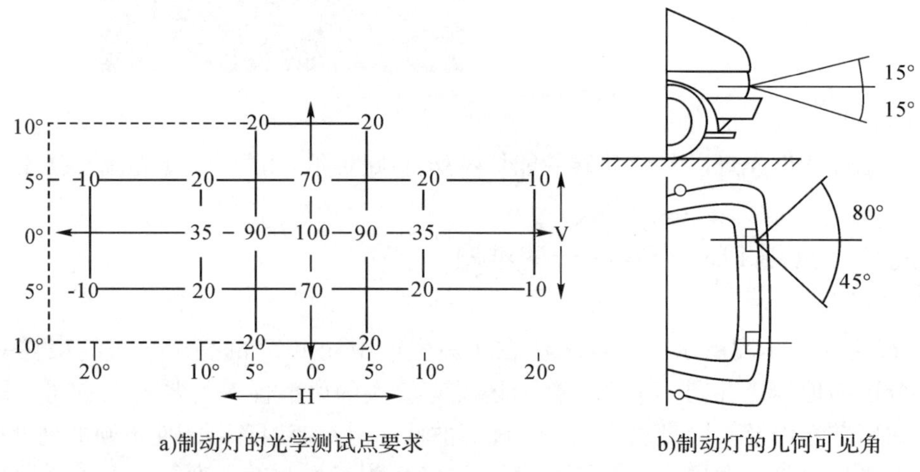

a)制动灯的光学测试点要求　　b)制动灯的几何可见角

图 5.2-43　汽车制动灯的光学要求

（2）散热问题

灯具内部除了 LED 功能之外，还有其他传统光源，在工作的时候都是热源，特别是前照灯内，近光和远光都采用 55～60W 的卤素灯泡时，发热更加厉害，另外前照灯处于发动机舱内，外部环境也很恶劣，这些都是其他 LED 应用行业所没有的，使得 LED 的散热难度增加不少。

（3）定位问题

由于 LED 光源尺寸小，所以和 LED 配套的反射镜或透镜的尺寸相对焦距都很小，所以光源的定位误差产生的对光学分布的影响就会大大增加。跟传统光源不同，从 LED 到二次配光元素之间的定位环节增加很多，比如 LED 焊接或铆接到电路板上会产生第一级的误差，电路板安装到塑料或铝合金支架上则产生第二级的误差，支架安装到灯体上会产生第三级误差，然后配光镜或反射镜安装到灯体上时又产生第四级误差，如果配光镜或反射镜是先安装在其他零件上再与灯体装配的话，更会增加第五级误差。所以这么多环节下来，要做到 LED 定位精确需要大量的工装夹具和检具来保证，否则 LED 的定位很可能会偏到与周边零件干涉，造成 LED 受伤或在使用过程中振动脱落。

## 四、LED 汽车灯具法规

在过去的几年里，欧盟和我国都没有出台跟 LED 汽车灯具相关的专门法规，对 LED 也没有像白炽灯那样提出单独认可的要求，都是在已经有的法规里穿插针对 LED 的要求，比如 LED 灯具进行配光测量时，在点灯 1min 时要测量中心点的光强度，在点灯 30min 时进行全部测量点的测量，然后根据比例关系推算点灯 1min 时所有测量点的值，在这两个时间点的测量值都必须满足法规要求。2006 年，ECE R48 法规增加了 LED 前照灯的条款。2007 年，全国汽车标准化技术委员会 LED 前照灯标准研究工作组成立。2009 年，LED 汽车前照灯的国标法规送审。2010 年，欧盟 ECE 法规专家组提交了一份提案，提出了在 ECE R37 和 R99 两个法规中增加与 LED 单品和 LED 灯具相关的内容，在不久的将来，可能会正式制定规范，对这个领域进行约束。

## 五、LED 车用市场现状

LED 车用市场概况如图 5. 2-44、表 5. 2-27 所示。

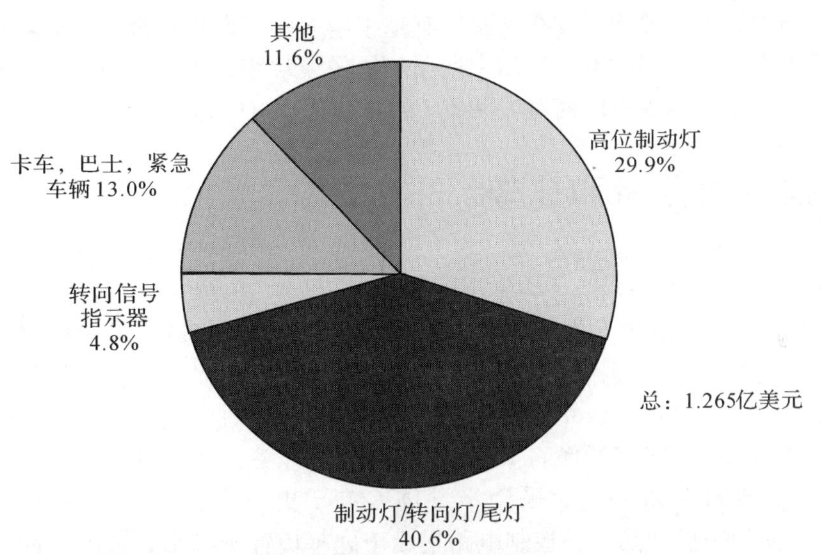


图 5. 2-44 按功能区分的汽车信号灯市场中 LED 的使用比例

**表 5. 2-27 2009 年全球乘用车外部灯具使用 LED 情况**

| 区域 | 乘用车产量（百万） | 高位制动灯① | | 制动灯/转向灯/尾灯① | |
|---|---|---|---|---|---|
| | | 套（百万） | 比例 | 套（百万） | 比例 |
| 美国/加拿大 | 7. 15 | 3. 57 | 50% | 0. 66 | 9. 2% |
| 西欧 | 11. 29 | 10. 2 | 90% | 2. 4 | 21. 3% |
| 日本 | 7. 79 | 6. 2 | 80% | 2. 3 | 29% |
| 韩国 | 3. 11 | 1. 56 | 50% | 0. 3 | 10% |
| 其他② | 27. 6 | 6. 76 | 23% | 1. 8 | 6. 25% |
| 全球 | 57. 0 | 28. 3 | 49. 7% | 7. 4 | 12. 9% |

① 包含该功能的车辆数量。对于制动灯/转向灯/尾灯功能，灯的数量是这个数字的两倍。

② 包括其他亚洲国家（包括中国）、东欧地区国家、墨西哥和南美地区国家。

# 微投影技术的机遇与挑战

陈建龙　刘颖　蔡振荣
香港应用科技研究院有限公司

自微投影光机量产化以来，所应用的相关技术也越来越受关注。这些技术可按照显示元件的不同约分为三大类：德州仪器（TI）公司所主导的DLP；以3M公司为代表的LCOS，LCOS显示元件的供应商主要有Micron（Displaytech）公司、Syndiant公司、OV（Aurora）公司、Himax公司；以Microvision公司为主导的MEMS激光扫描。以市场占有率来看，目前三大主流技术中以DLP暂时领先，TI公司新推出的DLP芯片已基本解决了封装尺寸大、外围驱动电路复杂及高功耗等问题，且利用其多媒体芯片在嵌入式市场的占有率，提供一体化系统方案；自Micron公司和OV公司相继并购Displaytech公司和Aurora公司后，LCOS的阵营得以壮大，与3M公司一起为LCOS的发展打了一剂强心针。而激光扫描技术也随着激光光源的开发在这两年有越来越多的厂商积极投入。业界相信嵌入式微投光机在便携市场的潜力不久可与移动电子产品中所用的摄像模块相媲美，尤其是Micron公司和OV公司这两个在手机摄像模块市场的主力厂商对LCOS厂的收购行动进一步增加了其可能性。

## 一、微投影技术的分析和比较




### 1. 微型显示元件

LCOS与DLP都属于空间光调制器（Spatial Light Modulator，SLM），可通过改变光波的大小、相位、极化性等来进行光信号的处理；LCOS与DLP的差异则主要在光路组件和控制方法上。DLP的核心是数字微镜装置（Digital Micromirror Device，DMD），DMD是一个微镜阵列，每个微镜对应一个离散像素。微镜通过倾向或者背离光源倾斜12°时，实现光的开关，并通过开关的频率实现色彩的混合和灰度的控制。LCOS即硅基液晶，它采用半导体CMOS集成电路芯片作为反射式LCD的基片，CMOS芯片上涂有薄薄的一层液晶硅，控制电路集成于硅基板置于显示装置的背面，可以提高光反射率，从而实现更大的光输出和更高的分辨率，LCOS可采用场序彩色成像技术（Field Sequential Color，FSC），利用LED提供RGB色源，可以摒弃目前的彩色滤光片（color filter）LCOS面板结构，有效缩小其结构尺寸及提升整体光机效率。至于激光扫描则是以微机械（MEMS）扫描镜为核心，一般是由两个单轴或者一个双轴的扫描镜构成，RGB激光束经过镜面的振动偏转扫描出所需画面。

### 2. 光源

随着固态光源技术的飞速发展，更因为其快速开关的特性，可以代替色轮，使LED逐渐取代传统灯泡进入投影领域，但是LED与传统近似点光源灯泡不同，LED可以被看作是二维的面光源，单位面积的芯片发光能力有限，增加发光面积才能够增加出光量，对于尺寸有限的微型投影仪来说，光源的展度就成为不得不考虑的问题了。展度为光学系统的孔径和可接受的立体角的乘积（$E_c=\pi A_1\sin^2\theta_{1/2}$），微型显示元件的展度可以近似为$A_d\sin^2\theta_d$，其中$A_d$为微显示元件的面积，$\theta_d$为器件可接受的孔径角；LED的展度可以近似为$A_1\sin^2\theta_1$，其中$A_1$为芯片的面积，$\theta_1$为LED的发光角，根据光学系统展度匹配法则，系统中下一个器件的展度要大于等于前一个器件的展度，光才能全部通过，所以就要满足式（5-2-1）：

$$A_1\sin^2\theta_1\leqslant A_d\sin^2\theta_d \tag{5-2-1}$$

所以并非芯片尺寸越大，投影仪的亮度越高，只有大小和形状与微型显示元件相匹配才能实现光能的优化利用。目前LED的芯片尺寸以及封装大多针对照明市场而定，所提供的芯片以方形为主，而甚少有为迎合投影需要而设计的长方形芯片，因此在微投这种对系统效率要求近乎苛刻的应用上，经常因为找不到匹配的 LED 而被迫在功耗和亮度间作取舍，这尤其在 16:9 宽屏显示的设计中特别明显。

激光扫描投影一般使用固体激光器，因为绿色激光源目前没有适合微投的方案，芯片价格相当高昂，而且还有安全性和散斑等一些问题，近年来，KAAI、CORNING、欧司朗等公司相继发布了绿光激光器，但是大量应用仍然需要一些时间。

### 3. 光机系统和光学器件

根据所用的微型显示元件的不同，投影光机系统架构和所采用的关键器件也各不相同，因为 DLP 靠阵镜的偏转实现光的开关，属于偏轴光路，暗场时光不会进入投影系统，所以不需要额外的光转折器件，光机系统器件主要有光源、合色器件（x－cube 、dichroic filter）、DMD、投影镜头，如图 5. 2-45 所示。

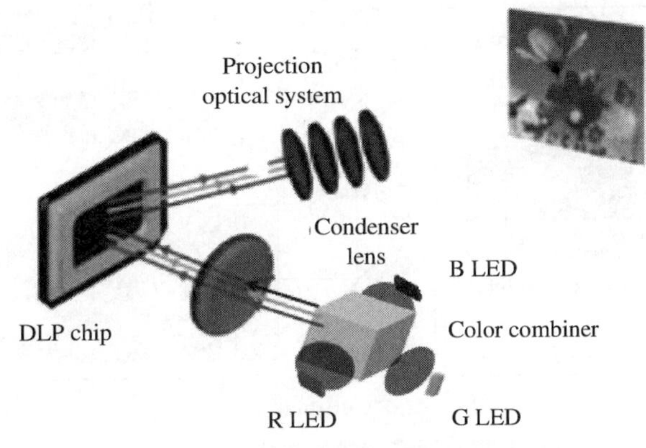


图 5. 2-45　DLP 微投影的光路示意图

LCOS 采用液晶旋光实现亮暗场和灰度的变化，两个正交偏振光需要偏振分光器（PBS）分离，光路属于同轴光路系统，光机系统的器件中光源、合色器件、投影镜头与 DLP 系统分别不大，主要区别在于需要 PBS 分离入射和出射光路，另外因为只有一个偏振态的光能被利用，若想提高光效，偏振回收器件（polarization recycler）也被经常采用，如图 5. 2-46 所示。

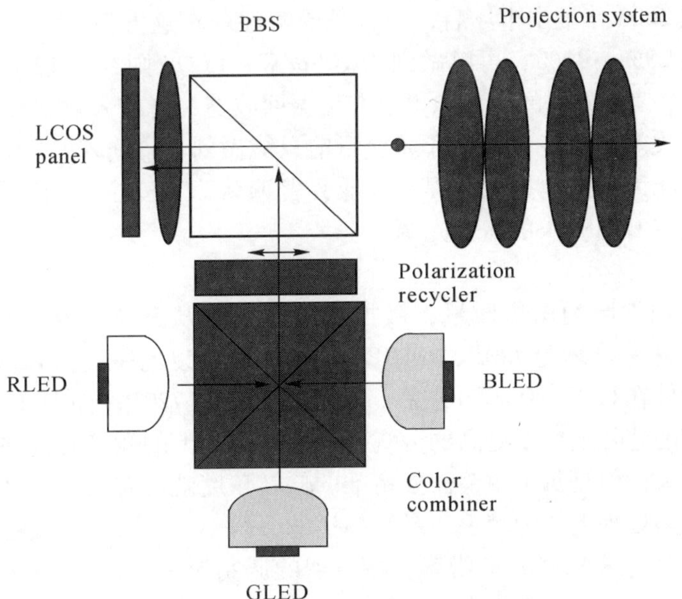


图 5. 2-46　LCOS 微投影的光路示意图

理想的 PBS 应该是宽波带、小 F 数、光透过率高的分偏振器件，目前以 3M 公司的二相色多层光学膜（MOF）PBS 效果最好，来回程透过率为 0. 92，F 数小于 *f*/1. 5；其次为 Moxtek 的光栅式 PBS，来回程透过率为0.78，F数大约$f/1.7$；MacNeille偏振分光棱镜在小角度入射时透过率可达0.95以上，但是因为其使用角度范围很小，F数一般不宜小于$f/2.0$，来回程透过率为0.86。3M的PBS较少提供给其他厂商使用，所以除了3M的产品外，业界较多采用后两种PBS，所以光机光效较之3M光机低10%～20%，这使得光回收器件的采用较为普遍，但是光回收器件由于镀偏振膜的技术要求也较高，且不利于系统展度的控制，价格也不低。

激光扫描的光路相对比较简单，如图5.2-47所示，包括RGB激光光源和相应的准直镜、合色器件、MEMS扫描镜，激光扫描不需要投影镜头，所以光学器件除了光源之外成本非常低，但是装配调整的精度要求较前两种高。

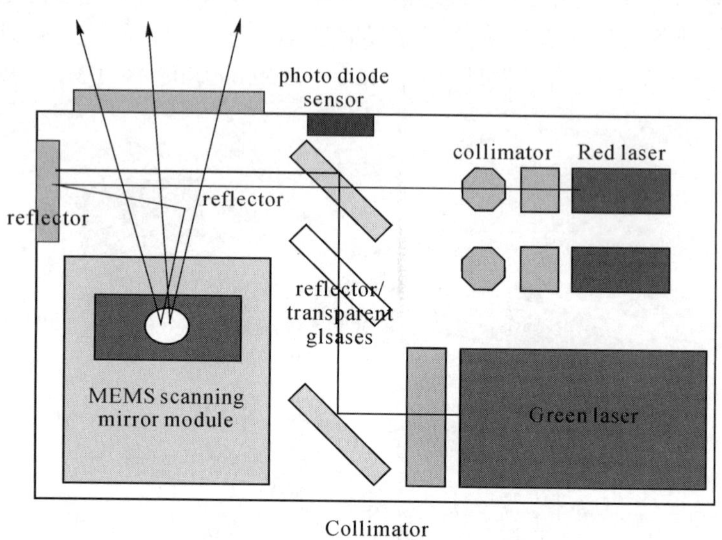


图5.2-47　激光扫描微投影的光路示意图




### 4. 微投影技术的比较

微投影技术发展至今，虽然DLP市场占有率较高，主要是因为传统投影仪厂商采用DLP较多，对其他技术缺乏经验，其实三种技术各有长短，主要体现在亮度、分辨率、对比度、均匀度等几个方面。

（1）亮度

亮度自微投产品在2008年推出市场后，一直备受关注。在这方面，DLP稍微占优势，主要是整体系统效率较高，约在25%～30%，可以做到约10lm/W；LCOS则约在12%～20%之间，主要原因在于LCOS只能利用一个偏振方向的光，如果没有偏振回收器，光在入射到显示元件之前就已经损失一半，偏振回收器的回收效率最多30%～40%，目前只能做到8～9lm/W；激光扫描的亮度则受限于驱动功耗和安全性，不能无限制地把能量提高；业界普遍认为在安全使用范围内，亮度为10～20lm左右，所以只能限于使用CLASS 1的激光光源。

（2）分辨率

为了提供给客户更加细腻的图像质量，微投影的分辨率从开始QVGA逐渐发展为目前主流的VGA、WSVGA、XGA，未来会增至720P、1080P。分辨率目前以场序式的LCOS较为领先，在尺寸受限的情况下，如显示元件在0.22～0.37in左右，仍能达到高清720P；而DLP则有一定难度，主要是因为如果要在同等面积的芯片上实现更高的分辨率，DLP芯片上的微镜要进一步缩小，MEMS技术虽然在尺寸实现上困难不大，但是每个微镜需要精准的偏转角度就没有那么容易了，而且太小的微镜阵列会产生光栅效应，光路处理上较为棘手。激光扫描的分辨率主要取决于微镜振动的角度、频率和激光器的调制频率，如果要显示WVGA分辨率，激光器的调制频率要在25MHz以上，同时，振镜扫描的角度和激光束的大小也要合适，角度太大，像素分离有暗区，太小光点重叠影响图像对比度。

（3）对比度

DLP的对比度可以达到1000:1（开/关），而LCOS的则普遍只有200:1，有些用彩色滤光式的LCOS光机，甚至连150:1都不到。原因是LCOS靠旋转液晶实现光的偏振态改变，系统中所有偏振元件的偏振漏光都会降低对比度，而且对比度亦直接受系统 F 数影响，F 数越小，对比度会越差。在 LCOS 光机设计中，经常为了增加收光效率需要使用小的 F 数；而 DLP 由于振镜偏转 ±12°，一般只能用到 F2.4，偏轴的设计使暗场时光被反射到镜头孔径之外而被吸收，对比度就很容易到 1000:1 以上的水平。激光扫描因为激光光源的开关对应到每一个像素，暗场时只要关闭光源，对比度理论上可以非常高。至于均匀度方面，主要看光机的光学系统设计，各技术间没有太大的差异。

各种微投影技术的对比如表 5.2-28。

**表 5.2-28　微投影技术的比较**

| | LCOS（C/F）硅基液晶（彩色滤光） | LCOS（F/S）硅基液晶（场序） | Scanning Mirror 激光扫描 | DLP 数字光源处理 |
|---|---|---|---|---|
| 分辨率 | △ | ⊙ | ○ | △ |
| 色彩饱和度 | △ | ○ | ⊙ | △ |
| 光效/（lm/W） | ○ | ○ | ○ | ⊙ |
| 对比度 | △ | ○ | ⊙ | ⊙ |
| 均匀度 | ○ | ⊙ | ⊙ | ⊙ |
| 尺寸 | △ | ○ | ○ | ⊙ |
| 价格 | ⊙⊙ | ⊙ | △△ | ○ |
| ⊙ 好　○ 普通　△ 差 | | | | |

## 5. 微投影技术的发展分析

微投影技术在未来几年的发展重心仍是如何在尺寸和功耗受限的情况下，进一步提高上述的几个基本指标，如图 5.2-48 所示。

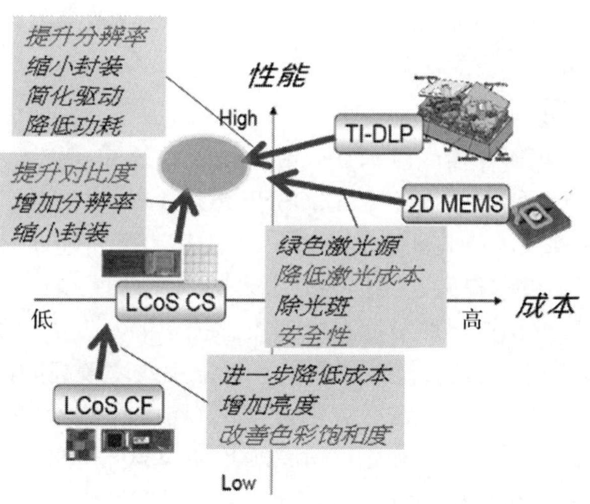


图 5.2-48　微投影的技术发展方向

DLP 的重点在于提升分辨率，缩小显示元件的封装尺寸，简化外围的驱动电路和降低功耗；激光扫描仍是在绿色光源、成本、散斑和安全性的改善；而 LCOS 则是在保持在分辨率优势的基础上，进一步缩小封装和提升对比度，逐步拉近与 DLP 和激光扫描的距离，详见表 5.2-29，当然预测还存在很多不确定的因素，不单单在于技术的本身，还有相关供应链的完整性和领军企业在这方面的资源投入。

**表 5.2-29　微投影技术的发展趋势**

| | LCOS（C/F）硅基液晶（彩色滤光） | LCOS（F/S）硅基液晶（场序） | Scanning Mirror 激光扫描 | DLP 数字光源处理 |
|---|---|---|---|---|
| 分辨率 | △ | ⊙⊙ | ○→⊙ | △→? |
| 色彩饱和度 | △→? | ○ | ⊙ | ○ |

（续）

| | LCOS（C/F）硅基液晶（彩色滤光） | LCOS（F/S）硅基液晶（场序） | Scanning Mirror 激光扫描 | DLP 数字光源处理 |
|---|---|---|---|---|
| 光效/（lm/W） | ○ | ○→⊙ | ○ | ⊙ |
| 对比度 | △→○ | ○→? | ⊙ | ⊙ |
| 均匀度 | ○ | ⊙ | ⊙ | ⊙ |
| 尺寸 | △→○ | ○→⊙ | ○→⊙ | ⊙ |
| 价格 | ⊙⊙ | ⊙ | △△→△ | ○→⊙ |
| ⊙ 好 ○ 普通 △ 差 | | | | |

## 二、我国微投影市场的机遇和挑战

对于我国厂商而言，在竞逐微投影市场时，下列机会与挑战不容忽视。

### 1. 光源

国内 LED 芯片厂起步较晚，在质量、性能上短期内亦难于与国外或我国台湾地区相关厂商抗衡，但这正意味着极大发展空间与市场竞争力。世界级 LED 厂商目前只有欧司朗公司有微投影相应的 LED 光源，国内 LED 封装厂商可以抓住这一契机发展适合微投影的 LED 封装，谋求新产品发展初期的利润高点及产品开发主导权。

此外，就中长期光源技术发展而言，RGB 激光光源为一可能关注焦点。此部分国内激光厂商的激光技术发展并不亚于国外厂商，不过以往在应用上较偏向于军工、通信及高功率激光显示，对于微型投影市场关注及发展相对而言明显落后于国外厂商，RGB 激光光源在微型投影应用中的技术开发与产业化亦不容忽视，值得进一步关注与发展。

### 2. 微投影技术的采用

激光扫描使用激光作光源所存在的成本高、散斑和安全等问题还有待解决，在 1 ~ 2 年内能大量普及到消费类产品的可能性不高；故 DLP 和 LCOS 及 RGB LED 光源应是短期内决定微投市场发展的关键所在。由于 TI 公司初期只支持几家大型 OEM/ODM 厂，且价位也较高，国内厂商较少使用，随着 TI 公司对国内厂商支持力度的提升，相信会有更多国内厂商投入 DLP 微型投影技术的开发。LCOS 由于可选择芯片厂较多，因此国内厂商早期在微型投影技术的开发中大部分以 LCOS 为主。特别像奇景光电的彩色滤光 LCOS 式方案因光机设计较简易且可采用效率较高的白光 LED，虽然在色彩、对比度、亮度等方面都有不足，但其价格非常有竞争力。在 LCOS 厂商竞相推动下，微型光机的成本预期将不断下滑，对于进入内嵌于手机及数码相机所要求成本（20 ~ 30 美元以下）看来不是遥不可及的目标了，市场规模和经济效益也渐次浮现。

### 3. 光机委外设计加工（OEM/ODM）

随着产业分工的进一步发展，品牌公司一般只做部分开发，生产甚至全部由代工厂负责，微型光机也不例外，主要是因为光学设计的门槛较高，传统的消费类产品生产厂在这方面没什么积累，这也正缔造了一个不可多得的良机给国内企业，这良机不止在于提供好的商机，更是产业升级，因为劳动力价格较低，目前大多数代工厂都设在中国，但是部分正向东盟或其他拥有更低廉劳动力的发展中国家转移，所以发展微投特别是微投影光机是在劳动密集型产业中注入高技术含量的绝佳机会。

### 4. 人才和核心光学器件的发展

国内有不少的教育机构和研发单位，如长春光机所、成都光电所、浙江大学在光电方面培养了不少人才，但是我国的精密光学在较长的一段时间主要局限于军工企业，用于消费产品的光学起步较晚，随着越来越多的光学产品转移到国内生产，目前全球有 60% ~ 70% 的光学组件是在国内生产加工的，且国内的精密光学、镀膜技术也不弱，增加了国内光学技术人员的相关经验的积累。

目前微投影的核心器件主要还是掌握在国外厂商手中，例如3M公司的PBS，这些器件的精度要求较高，非一般的光学厂可以轻易掌握的。国内企业需要在技术和设备上投入资源，思考自主开发或进一步垂直整合核心器件（如LCOS，DLP）、关键的光学器件（如PBS，PCS，X-CUBE）及定制化LED光源模块的能力。我国的微投产业要想全面铺开，需要有更多的国内企业切入供应链的上游，当初我国台湾地区厂商从替日本的相机厂加工镜片做起，到今天成为光学设计领域的一个主力，相比之下，国内企业有成本的优势，相信能够在关键的光学器件研发和生产中占据重要的地位。

## 三、结论

由目前业界开发的状况与市场调研机构的相关预测，微型投影仪的未来市场是相当令人期待的，无论在嵌入式手机的应用、独立式与笔记本电脑的结合、亦或是超小型口袋投影仪，都是相当吸引人的产品。微投影显示亦将成为崭新应用技术开发平台，在建立相关技术后所衍生的新产品或新兴产业（如3D立体投影显示、交互式微投显示系统、车载抬头显示器、3D扫描检测、生物特征检测），更是充满巨大的发展潜力。

# 半导体照明信息网技术的发展展望

段靖远
中国科学院半导体研究所

## 一、半导体照明信息网简介

半导体照明信息网（Solid State Lighting Information Network，S2－Link），指采用半导体照明作为通信光源，兼具照明与通信功能的可见光通信技术。半导体照明信息网技术的发展依赖于半导体照明时代的来临。

半导体照明以其节能（相对于传统白炽灯、荧光灯照明在相同照度下节省50%以上的电能消耗）、长寿命（LED的寿命约为50000h，比传统白炽灯、荧光灯的寿命约高10倍）、环境友好（不含汞、铅等有毒物质）等优点已被广泛用于液晶显示屏背光照明、全彩大屏幕显示、汽车头尾灯、交通信号灯、景观照明等。随着LED发光效率的不断提高及制造成本的逐步降低，LED正逐步取代传统白炽灯、荧光灯而成为室外照明和室内照明的主体（见图5.2-49）。由于LED光源的广泛应用，半导体照明时代的来临为将通信网络嵌入到照明网络提供了良好的机遇。



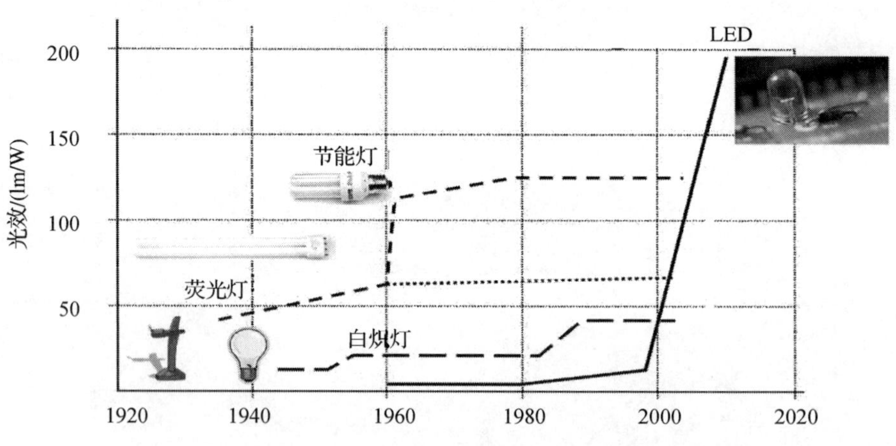


图5.2-49　LED发光效率与传统灯具的比较

### 1. 光纤通信与因特网技术全面发展

以光子为携带信息的载体、以光纤为传输媒质、以激光器和探测器为发射和接收信号设备的光纤通信已广泛应用于社会生活的各个方面。目前，在北美、日本、欧洲等发达国家和地区已普遍采用128信道，单信道传输速率为10Gbit/s或者64信道，单信道传输速率为40Gbit/s的波分复用系统。我国在发达地区省级骨干网中也已经采用了40信道、单信道传输速率为10Gbit/s的波分复用系统（见图5.2-50）。光纤通信的各项技术日趋成熟和完善，使得因特网技术以及众多的衍生概念极大地改变了人们的生产与生活方式。光纤通信与因特网的飞速发展为构建无处不在的通信网络提供了强有力的支持和保障。

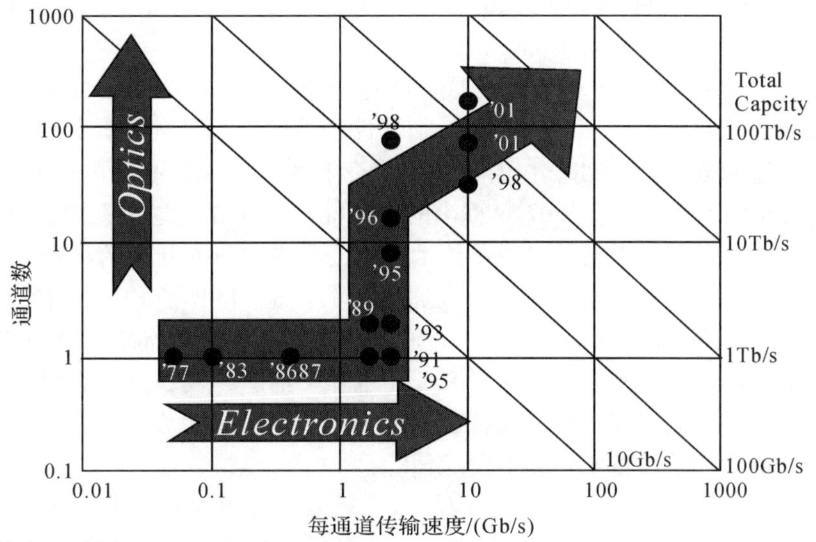

图 5.2-50 通信网络传输容量发展示意图

### 2. 照明与网络通信的有机结合将开辟照明和信息交叉的新领域

半导体照明光源与传统照明光源相比，具有高速调制的优势，将照明光源作为信息发射源，实现空间自由通信，具有很强的应用前景。同时，基于半导体照明的可见光通信技术以其带宽高、无电磁污染、安全性好、功耗低、无须新增专用网络和频率许可证、具有一定的移动性，以及与半导体照明相结合所带来的节能和环保等优点，将成为网络用户终端的接入方式之一，并且随着半导体照明技术的进一步发展和半导体照明的日渐普及，有可能成为网络终端的主要接入方式。



## 二、半导体照明信息网原理及国内外研究进展

目前白光 LED 的实现途径有两种：一种是由红绿蓝三基色合成；另一种是由蓝光 LED 发光激发黄色荧光粉。前一种封装及驱动复杂、价格昂贵，很少用作照明；后一种是目前主流的大功率白光 LED 采用的方案。但由于荧光粉余晖的影响，基于荧光粉的白光 LED 调制带宽约 2～3MHz。结合黄光滤除蓝光探测技术，带宽提升至约 12MHz。通过均衡技术，带宽可进一步提高到 40MHz 以上。考虑到室内照明光源发射功率较高，通信链路信噪比较好，可采用高频谱利用率的多载波调制方式，如离散多音频调制（DMT）和正交频分复用（OFDM），通信速度可达到 100Mbit/s。

目前，美国、欧洲、日本和韩国等发达国家和地区都投入了人力和物力从事相关技术的研究与开发工作。

美国在半导体照明方面的研究处于世界前列，但在半导体照明通信方面的研究起步较晚。美国为了建立其在半导体照明通信领域的优势，成立了由波士顿大学（负责发光二极管通信、计算机网络系统技术研究）、伦斯勒理工学院（负责新材料器件技术与系统应用研究）、新墨西哥大学（负责纳米材料、器件、生物成像和显示的测试平台建设）组成的智能照明中心。其研究经费来源于国家科学基金（NSF）、纽约州、伦斯勒市以及 18 家企业合作伙伴。其中，来自 NSF 的资金 5 年共投入 1850 万美元，纽约州政府第一年的经费投入为 70 万美元，伦斯勒市政府第一年的经费投入为 50 万美元，来自 18 家企业合作伙伴第一年的经费投入为 100 万美元，预计今后 10 年累计的经费投入将达到 5000 万美元。目前，波士顿大学已经研制出了通过两个装配有发光二极管灯的手电筒实现两台笔记本电脑之间数据传输的演示系统，该中心原计划在 2009 年实现速率为 1～10Mbit/s 的点对点数据传输演示系统。波音公司也在从事基于半导体照明的机上多媒体娱乐系统的研究与开发[1]。

欧洲在这方面也开展了大量的研究与开发工作，代表性的研究单位包括英国牛津大学、剑桥大学、帝国理工学院、德国西门子公司、法国电信公司等。如英国牛津大学提出了采用预加重和均衡技术提高数据传输速率的方法，并且研制出了点到点的音乐播放演示系统（数据传输速率小于 1Mbit/s）

以及传输距离为2m的2.5 Mbit/s单向通信；西门子公司利用小功率白光LED实现了速率大于10Mbit/s的点到点数据传输[2]。

日本庆应义塾大学发起并于2003年10月成立了产、学、研相结合的战略联盟——可见光通信联盟（VLCC），其成员是来自通信、照明系统设计和器件制造等方面的公司，其目的是通过市场研究、推广和技术标准化，建立安全、无处不在的可见光通信网络。VLCC不仅重视先进技术的研究与开发，也很注重行业标准的研究工作。2007年提出的两项标准（可见光通信系统标准CP－1221及可见光ID系统标准CP－1222）被日本电子与工业技术联合会采纳。目前开展的研究工作涉及可见光通信的多个方面，其中部分研究工作与半导体照明光通信有关。他们利用LED阵列实现了单管传输速率为5Mbit/s的数据传输并制作了用于仓储管理系统的光学标签（数据传输速率为4.8kbit/s）[3]。

韩国在半导体照明智能通信系统方面的研究工作也非常活跃，代表性的研究单位是韩国三星公司和韩国电子通信研究院。它们实现了移动设备之间的点对点通信，以及利用RGB三基色的光波分复用技术实现了固定设施和移动设备之间的单向通信[4]。

在国际标准化工作方面，2007年12月，应韩国三星电子公司等的要求，国际通信与电子工程师协会成立了IEEE802.15委员会，以推进近距离通信技术标准化的工作，设立了新的研究小组——可见光通信研究小组（IGvlc）。

在国内，2008年，中国科学院半导体研究所根据半导体照明通信技术的特点，结合各种网络用户终端的不同要求，提出了半导体照明信息网（S2－Link）的概念。根据链路的特性，S2－Link分为半导体照明控制和半导体照明通信。前者是用LED做单向广播式通信，可传递控制、数据等信号；后者须结合其他光学技术，构建双向光学链路，可实现互联网接入等双向业务。

半导体照明控制系统利用LED灯在照明的同时实现对办公设备、安全防范设备、家用电器等控制终端的光学无线控制以及计算机之间数据传输和远程控制。典型应用如半导体照明智能化数字家居。它以住宅为平台，涵盖网络通信、信息家电、设备自动化等功能，集系统、结构、服务、管理为一体的高效、舒适、安全、环保的居住环境。智能化数字家居所需网络传输速率相对较低，但涉及众多不同类型的数字化信息设备。半导体照明智能通信网利用家庭环境内的照明灯作为通信光源，与中央电脑进行数据传输，构建信息传感和控制网络，在低功耗的情况下保证较好的通信质量，满足智能化数字家居的要求。2010年，中科院半导体所在其半导体照明与信息化示范馆内安装了智能家居演示系统，利用手机通过照明灯实现了对电视机和空调等家用电器的光学无线控制，如图5.2-51所示。

图5.2-51　半导体照明控制系统（智能家居）

半导体照明通信系统结合红外技术，采用特定的调制手段，实现了LED照明灯无闪烁高速数据传输和双向光学无线通信。2008年，中科院半导体所以白光LED作为网络接入点，实现了单台计算机互联网接入，网络下行速率为73kbit/s。这是国内首次实现基于半导体照明的双向通信，国际上半导体照明接入因特网还未见报道。该系统的结构及网络接入演示如图5.2-52所示。2010年研制成功半导体照明通信系统第三代样机，网络下行速率提升至2Mbit/s。

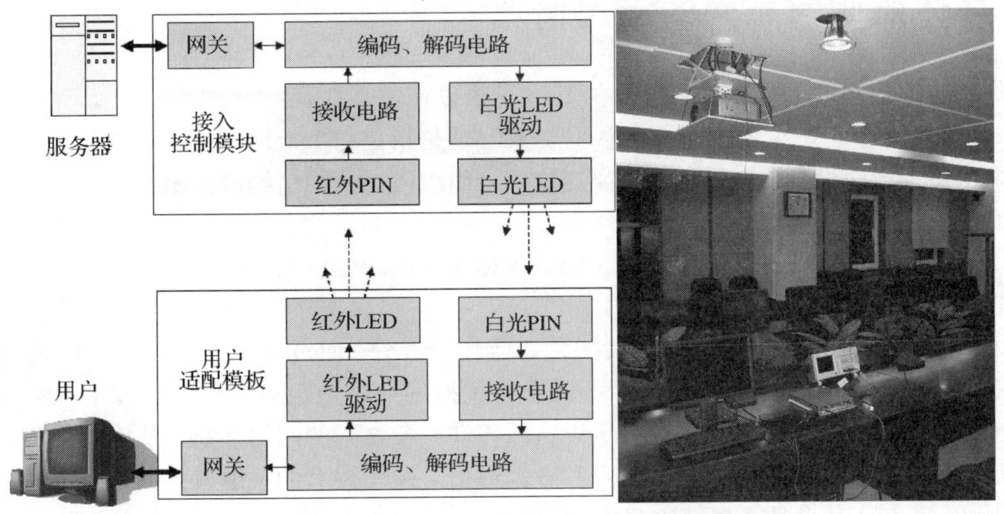


图5.2-52　第一代半导体照明通信系统构架和照片

中科院半导体所研制的半导体照明控制与通信系统，在2010年上海世界博览会的航空馆和“沪上·生态家”展示。其中智能家居系统的展示部分如图5.2-53所示，半导体照明通信系统的展示如图5.2-54所示。

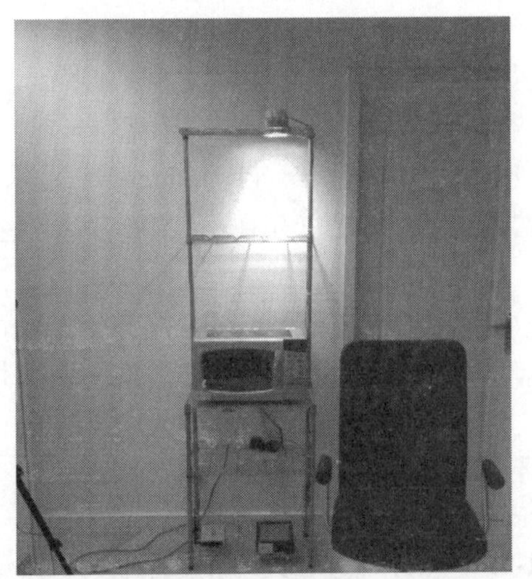

图5.2-53　沪上生态家展区的半导体照明智能家居控制子系统

图5.2-54　半导体照明通信系统在世博会航空馆

## 三、半导体照明信息网的应用情况

目前的室内通信网络主要指覆盖范围在10m半径以内的短距离无线网络，即所谓无线个人局域网络（Wireless Personal Area Network，WPAN）。WPAN是指是在个人周围空间形成的无线网络，能在便携式消费电器和通信设备之间进行短距离连接的自组织网。从网络构成上来看，WPAN位于整个网络架构的底层，用于很小范围内的终端与终端之间的连接，即点到点的短距离连接。WPAN是基于计算机通信的专用网，工作在个人操作环境，把需要相互通信的装置构成一个网络，且无需任何中央管理装置及软件。

用于无线个人局域网的通信技术有很多，如蓝牙、红外、HomeRF等。蓝牙是由爱立信、英特尔、诺基亚、IBM和东芝等公司于1998年5月联合主推的一种短距离无线通信技术，它可以用于在较小的范围内通过无线连接的方式实现固定设备或移动设备之间的网络互连，从而在各种数字设备之间实现灵活、安全、低功耗、低成本的语音和数据通信。蓝牙技术的一般有效通信范围为10m，强的可以达到100m左右，其最高速率可达1Mbit/s。

IrDA是国际红外数据协会的英文缩写，IrDA技术是一种利用红外线进行点对点短距离通信的技术。IrDA技术的主要特点有：利用红外传输数据，无须专门申请特定频段的使用执照；具有体积小、功率低的特点；由于采用点到点的连接，数据传输所受到的干扰较小，数据传输速率高，速率可达16Mbit/s。IrDA技术缺陷主要是：受视距影响其传输距离短；要求通信设备的位置固定；其点对点的传输连接，无法灵活地组成网络等。

HomeRF是在家庭区域范围内的计算机和电子设备之间实现无线数字通信的开放性工业标准，为家庭用户建立具有交互操作性的音频和数据通信网带来了便利。它工作在开放的2.46Hz频段，室内覆盖范围约45m，最高数据传输速率为10Mbit/s。目前HomeRF技术仅获得了少数公司的支持，并且由于在抗干扰能力等方面与其他技术标准相比也存在不少缺陷，这些使得HomeRF技术的应用和发展前景受到限制。




与上述技术相比，半导体照明信息网有突出的特点：

1）采用光学链路传输数据，无需频率许可，无电磁污染，对人体健康没有危害；

2）利用照明网络进行通信；

3）用来传输信号的可见光不能穿透墙壁和门窗，私密性强，安全性高。

具体参数比较见表5.2-30所示。

**表5.2-30　半导体照明接入与射频无线接入方式的比较**

| 属性 | 射频无线接入 | 半导体照明接入 |
|---|---|---|
| 传输媒体 | 2.4GHz、5GHz等射频 | 380~760nm光波 |
| 数据速率 | 一般低于100Mbit/s | 预期100Mbit/s |
| 通信机制 | DSSS，PBCC，OFDM，CCK等 | OOK、PPM等 |
| 传输距离 | 几十到几百米 | 室内，10m之内 |
| 发射功率 | 一般小于100mW | 利用照明的能量 |
| 干扰来源 | 该频段电磁波（微波炉辐射等） | 自然光、室内反射 |
| 安全性能 | 穿透力强，易于偷听、破坏 | 局限在光照区域 |
| 频率许可 | 需要 | 不需 |
| 建设成本 | 适中 | 适中（通信与照明一体） |
| 其他 | —— | 节能省电，绿色环保 |

半导体照明信息网符合“节能减排”的要求，以更低的能耗和更低的成本（通信与照明一体）为代价，提供更高的安全性、可靠性和更快的数据传输速率。在应用领域方面，其需求来自射频敏感区域、信息安全性应用、汽车工业、交通信息管理、办公室照明和互联网接入、数字家庭等多个方

面。半导体照明信息网将成为一个重要的工业领域。

根据半导体照明信息网的特点，目前其主要应用为射频敏感区域场景，包括飞机内无线网络系统、医疗场所内有移动性要求的无线接入等方面，后者为室内应用。因为半导体照明信息网在安全性方面的优势，其在信息安全性应用领域，如军事基地等场所预计也会得到广泛的应用。

## 四、存在的问题和挑战

目前半导体照明信息网的发展还存在一些瓶颈。

1）在技术方面，半导体照明信息网还有多径效应、多点接入协议等关键科学和技术问题需要突破。

半导体照明信息网络中通信功能的实现，有赖于可高速调制的 LED 及相应的可见光探测器（PD）。LED 的出光功率选择、PD 的灵敏度要求取决于该通信系统的数据率和误码率要求、可见光传输通道的链路损耗、多径效应以及噪声水平等多种因素。该问题需要通过建立合适的数学模型来分析光传输通道的链路损耗和多径效应，评估噪声水平，得到一定比特误码率下的最佳通信速率。

另外，LED 照明通信系统与目前有线和无线局域网技术在传输媒体上的显著不同，必然导致 MAC 层和物理层协议的差异。无线局域网的射频无方向性、覆盖范围大；LED 通信系统上下行是均以 LED 为发射源，方向性较强、覆盖范围有限。这意味着，无线局域网内各终端较为容易监听到彼此的发射信号，而 LED 照明系统各站相互探测发现要困难很多。信道共享技术一般分为有两种，静态划分信道和动态媒体接入控制。静态划分信道，分为频分复用、时分复用、波分复用和码分复用等。用户只要分配到了信道就不会和其他用户发生冲突。动态信道划包含随机接入方法，如载波监听多点接入碰撞避免 CSMA/CA 协议，较适合于用户数目变化较大的局域网。

2）在国家标准方面，针对基于 LED 的可见光通信系统，国外已开始标准制订，而我国目前尚未开展相关工作。标准的缺失，严重影响了半导体照明信息网技术和产业的发展。

## 五、展望和建议

半导体照明以其节能、长寿命、环境友好等优点，正逐步取代传统白炽灯、荧光灯而成为室内外照明的主体。同时 LED 的高速调制特性，使其还具备发射信号的能力。半导体照明信息网（S2 - Link）就是把半导体照明和通信结合的一项新技术。它具有带宽高、无电磁污染和保密好等优势，适合应用于医院、飞机等射频敏感区。目前国内外专家在 LED 通信速率的提升、环境干扰消除、误码率降低和通信标准协议的研讨制定等方面开展着更深入的研究。随着技术难题的逐个突破，S2 - Link 将有更广阔的市场空间。

### 参 考 文 献

[1] http://smartlighting.rpi.edu.

[2] ICT - OMEGA Deliverable D4.1 " State of the art HWO," November 2008, http://www.ict-omega.eu/publications/deliverables.html.

[3] http://www.vlcc.net.

[4] http://www.ecma-international.org.

# 台湾地区LED照明市场应用状况

储于超
集邦科技LEDinside绿能事业部

由于LED照明的前景看好，我国台湾地区厂商也积极投入这个明星产业，虽然2010年LED照明产品数量与应用比例有明显增长，不过仍属于导入期或早期采用阶段。LED照明产品目前对于消费者而言单价还是过高。放眼全球，除了日本因为政府的环保积分政策补贴，使得LED球泡灯在日本有大量需求外，其余市场对住宅照明需求量不高。而台湾地区也面临相同的状况，LED在照明市场还是以用电量高的商用空间照明以及相关部门所主导的标案市场为主。

## 一、室内/商用照明

室内照明主要以LED球泡灯、LED灯管等取代性灯具为代表。以LED球泡灯为例，可分为可调光与不可调光，根据色温不同，以白光、暖白光及自然白光为主。LED球泡灯比传统灯泡省电70%～80%，目前全球的球泡灯市场规模约为年用量40亿个。台湾地区因为电费相对便宜，LED球泡灯价格比传统灯泡高10倍以上，对于LED球泡灯并无补助计划，所以市场接受度并不高，多数LED球泡灯厂商在台湾地区内销市场的出货数量皆不如预期。

而由于受限于台湾地区照明内需市场规模小，因此台湾LED照明产业以外销为发展主力，产品以MR-16LED射灯、6～7W LED球灯泡、T8灯管、LED冷冻照明灯、LED手电筒、矿工灯等照明产品为主。隆达电子、台达电、泰金宝、能缇LED等厂商，都在LED灯泡代工领域取得较好成绩。

LED灯管不含汞、不闪烁、指向光不浪费、寿命比传统荧光灯管长10～20倍、比T5荧光灯省电32%～48%、比T8荧光灯省电58%～72%。荧光灯的全球市场规模约为年用量20亿支。台湾地区在商业用途上使用灯管较多，也因为商用照明每天使用时间超过8h以上，LED灯管省电的特性能较好地发挥，加上LED灯管与传统T8灯管相似性高，只需将启动器拔除即可取代，无须购买新的灯具，所以有许多台湾地区企业安装了LED灯管，如联电在台南科技园区的新厂区大多采用LED灯管。许多LED厂商也纷纷在LED灯管领域加大研发力度，隆达电子最近就研发一系列LED灯管的产品，希望抢占商用照明的市场。

## 二、户外照明

户外照明部分以建筑照明与公共设施照明为主。建筑照明方面，目前台湾地区LED建筑照明的市场几乎都是标案，不容易标准化，系统架构也不同，故需要厂商花较多的心力来处理。尤其是LED建筑照明是在户外呈现的，需要克服防水、热插入、EMI等问题。即使LED在建筑照明方面需要厂商花较多心力，但因为建筑照明市场对LED接受度较高，而且利润相较于其他取代性灯具也较好，因此吸引很多厂商投入。

LED路灯、交通信号灯以及隧道照明皆属于公共工程的范围。台湾地区自2008年起展开一系列的示范工程计划，初期目标选定三个领域，包括LED路灯、LED交通信号灯以及LED标示牌。在交通信号灯及LED标示牌部分，目前已经大量换用LED信号灯。台湾地区目前交通信号灯达70万盏，至2010年年底，台湾地区交通信号灯替换率已经达到92%，预计至2011年10月以前，交通信号灯将可完全替换。LED标示牌部分，目前仍处于评估阶段，现阶段仅于三个城市设立大型LED标示牌示范应用系统，并搜集交通安全等相关数据，为将来做准备。

台湾地区在 LED 路灯方面发展快速，2008 年年底便推出了全球第一个 LED 路灯标准，去年更是通过“台湾地区路灯联盟”推动，制定了 LED 路灯的相关标准，并于 2011 年起开始大量淘汰原有路灯。台湾地区约有 147 万盏路灯，其中耗电的水银灯占一半，其余则是高压钠灯和金卤灯。从 2009 年开始 LED 路灯示范计划，至 2011 年 10 月已经替换了 5353 盏 LED 路灯。LEDinside 估计台湾累计 LED 路灯安装数量 2010 年年底已达 2 万盏左右。2010 年年底我国台湾地区能源部门提出 LED 路灯试用评估报告，预计 2011 年下半年开始，台湾将开始大量替换 LED 路灯。我国台湾地区 LED 路灯安装数量如图 5. 2-55 所示。

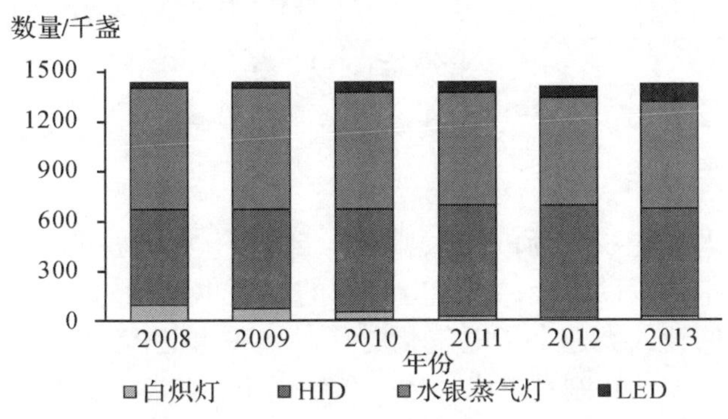


图 5. 2-55 台湾地区 LED 路灯安装数量（数据来源：LEDinside）

## 三、台湾地区 LED 照明趋势与展望

2010 年大功率 LED 价格大幅下降，加上各国政府政策的推广，LED 照明的前景看好，我国台湾地区厂商也积极投入。由于市场还在萌芽阶段，与传统光源的价格还有很大差异，使得目前市场的需求量无法有效打开，呈现利基市场的需求形态。比较明显的市场增长则是在 LED MR－16 射灯、LED 灯泡、LED 加油站照明及配合 LED 建筑和景观照明等项目的市场需求。现阶段我国台湾地区厂商在 LED 照明方面仍以代工为主，而目标多半锁定我国大陆市场，并且多半在我国大陆地区设厂，希望抢占我国大陆地区照明商机。

我国台湾地区目前有许多厂商投入 LED 产业或是灯具的开发，但是 LED 中上游的部分专利往往掌控在国际大厂手中，对于未来的布局会有很大的影响。至于在 LED 下游模块应用部分，国际上仍未出现明确的 LED 灯具开发相关标准规范，仅有一般 UL 及 CE 等安全检验认证，造成不同的规格，但是相信不久的将来通过整合与淘汰会有一番新的气象。

# 第三章　工程案例

## 半导体照明在2010上海世博园区的创新应用

郝洛西　杨秀
同济大学建筑与城市规划学院

世博会历来被看作是人类科技创新的最大盛会。自1851年伦敦第一届世博会开始的160年来，人类几乎所有的重要发明都始于世博会，人工电光源的发展也不例外。正是1873年在多瑙河畔的维也纳世博会，电动机的发明让人类迎来了电气化时代。1889年巴黎世博会，因为爱迪生的诸多发明而精彩，明亮的白炽灯泡被安装在刚刚落成的埃菲尔铁塔上，将整个世博会园区照得晶莹透亮，从此人工光源点亮了世界。1939年在纽约和洛杉矶举行的世博会上，展示了第一个实用荧光灯，从那以后，荧光灯的效率逐步提高并得以大规模应用。而2010年中国上海世博会，观众看到继白炽发光和气体发光之后的又一次照明技术革命——半导体发光，世博园区首次形成目前世界上规模最大的LED照明技术的集成应用。通过世博场馆的建设和展示设计，参观者可以直接领略到世博会如何用照明科技与灯光艺术诠释“城市，让生活更美好”这一主题，更可领略到对其人类科学、技术、文化、艺术、教育等各个领域产生的直接推动。



### 一、上海世博园区夜景照明总体规划与半导体照明应用

对世博园区进行夜景照明的专项规划可以追溯到1915年旧金山巴拿马太平洋世博会，由通用电气公司（General Electric，GE）负责整个世博园区的照明。他们的夜景设计成就了那届世博会，使世博会的精彩得以在日落后继续。2005年日本爱知世博会的夜景照明规划由资深照明设计师石井干子负责，园区的夜景通过现代照明技术，力图传递日本传统的光文化，强调绿色照明、节能环保、与自然共生的规划理念。2010年中国上海世博园区的夜景照明总体规划工作由同济大学承担，设计团队自2006年开始介入世博会的工作。世博园区夜景照明规划工作以先期开展的一系列世博科研成果为基础，通过对世博园区夜间功能定位的分析与研究，提出了世博园区夜景照明的规划原则。规划中重点解决了世博园区景观光环境实现高效节能的途径和手段、体现上海世博特征的景观艺术照明的原则和方法、制定世博园区光环境建设的相关设计标准和管理准则。

世博会历来都是世界各国展示技术实力、文化形象与美学理念的一个重要窗口。在夜景照明总体规划中，着重解决如何演绎上海世博主题，构建高效节能的园区夜景照明系统，夜景照明的分区，功能照明和景观照明的关系，场馆主题诠释与夜景形象塑造，科技与创新理念应用，视觉舒适与光污染控制，世博会开闭幕、会中和会后的照明模式及分级等问题。

照明总体规划完成了世博园区夜景照明分区与场馆建筑物照明亮度分级、世博园区色温及色光动态照明控制。为了更好地指导上海世博园区夜景照明设计，除了完成世博园区的总体照明规划之外，还进行了各部分的分项规划，并形成了世博园区照明创新技术应用、高效节能照明技术应用、道路系统照明、场馆建筑夜景照明、公共空间照明、绿地景观照明、标识系统照明、城市最佳实践区照明等8项分项规划及导则，用于指导上海世博园区夜景照明设计方案阶段、工程招标阶段和方案深化阶段的工作开展。

世博园区夜景照明的规划与实施，具有以下显著的特点：①策略层面：高效节能的城市照明示

范；②文化层面：世博园区历史遗迹的生态保护型照明模式；③技术层面：第一次大规模的在世博园区集成应用半导体照明技术；④人文层面：通过灯光艺术与人的互动体验，让参观者享受照明科技所带来的创意生活；⑤产业层面：对“中国制造”产品的最大化应用。

## 二、园区场馆的半导体照明科技与灯光艺术

2010 年上海世博会是一个设计创新和科技应用的大舞台，各场馆通过设计的创新以及科技的亮点来展示企业、城市乃至国家的技术实力与文化特色。当夜幕降临之时，各个场馆的夜景渐渐被点亮，各具特色的场馆竞相展示着自己的“光”魅力，其中不乏构思巧妙的创意，更有各种新技术的应用，恰如其分地演绎了“用技术的手段实现艺术的效果”这一照明科技的真谛（见图 5. 3-1）。

图 5. 3-1 世博园区远景

### 1. 场馆的主题演绎与 LED 灯光表达

世博场馆的建筑设计表现了企业、城市和国家的技术实力与文化特色，而场馆的夜景照明，特别是半导体照明技术的应用则更好地强化了主题，演绎了内涵。

荷兰馆的“欢乐街（Happy Street）”概念，将 LED 点光源直接装饰在建筑的表面，通过明亮闪烁的视觉效果来表达荷兰馆在夜间“张灯结彩”的欢乐气氛。而波兰馆建筑表皮民间剪纸艺术的运用，结合在“剪纸”的背面设置 LED 光源，通过丰富的色彩变化，凸显出了光影艺术。诸如此类的与半导体照明技术相结合的场馆主题演绎还有世博文化“飞碟”外壳的 LED 投光表达与 LED 发光孔效果，以及文化中心户外飞碟造型的草坪灯和步道灯、世界气象馆的 LED 灯光与喷雾的结合、丹麦馆的童话般灯光、比利时馆中用 LED 灯对“脑细胞”概念的表达等。

### 2. 半导体照明技术的建筑化应用

半导体照明是继白炽灯、荧光灯之后照明光源的又一次革命，近年来半导体照明技术的迅速崛起，促进了 LED 在建筑中的应用，给创新设计带来更大的空间。基于半导体照明技术的建筑化应用是最受设计师推崇，也是最具艺术表现力的方向。

如被称为“种子圣殿”的英国馆，是由 60686 根长 7. 5m 的亚克力棒“触须”组成，在每根触须中都安装有一个细小的 LED 光源，所有的发光触须在风中轻微摇动，营造出璀璨迷人的光影盛宴。世博中心的外立面竖向构件，暗藏 LED 光源，配合媒体视频的播放实现了动态变幻，入口大厅的巨大 LED 显示屏采用 P18 结构的透视技术，在功能性照明中也尝试了在一个 $1800m^2$ 大空间会议厅中使用了 LED 线性灯具替代传统荧光灯。世博轴中大量采用了 LED 照明技术，其中张拉膜结构中采用的 LED 智能投光灯，阳光谷表面上集成安装了 LED 智能星光灯，并集合大型 LED 分布式控制系统——LED BusY 总线技术，达到了较为丰富的视觉效果。另外，主题馆、世博文化中心（见图 5. 3-2）、台湾馆、香港馆、澳门馆和诸多外国馆也都有不同集成程度的半导体照明建筑化设计。

图 5.3-2　世博文化中心

3. **半导体照明与新材料的集成应用**

近年来有许多建筑师热衷于具有独特光线传输特性的新材料，作为建筑设计中的创意元素，使得整个设计工作变得更具挑战性。上海世博会的场馆建筑尝试采用了多种新材料，营造出了丰富的视觉效果。

如爱尔兰馆的外装饰材料采用阳光板，这种高分子有机材料在光线的穿透和承载方面有很大的优势，阳光板的一端安装有体积很小的线性 LED 灯具，通过控制 LED 颜色的组合和变化，实现了爱尔兰馆“城市空间”的多样性。上海企业联合馆利用回收的废旧光盘，用经过再加工造出新的聚碳酸酯塑料颗粒制成半透明塑料管，并在该半透明塑料管中安装 LED 灯具，形成了空间的网络排布，特殊的光影视觉效果构成了夜间建筑虚幻隐约的外立面。另外还有城市最佳实践区中部展馆 B3 馆采用的阳光板、世界气象馆采用的白色 PVC 膜与喷雾的结合、挪威馆采用帐膜材料、太空家园馆采用的通透性织物幕墙以及石油馆浅蓝色的 PC 管道等。

4. **数字媒体界面与互动技术**




半导体照明及相关技术的快速发展，使得基于 LED 的数字媒体界面与互动技术更加容易实现，更具优势。LED 光源色彩的丰富性、显示的数字化控制等特点是传统光源所无法比拟的。数字媒体界面是一种媒体艺术传播的载体，它通过软件程序的数字化编排以及与 LED 显示模块的结合，对图形、视屏等视觉内容进行显示和表达，更具艺术性和技术性。互动技术则是基于触发与感应装置以及控制系统的技术，更强调参与性和互动性。如世博轴阳光谷的基于 Bus Y 总线控制技术的智能 LED 星光灯点阵，可以实现“手势互动”和实时视频信号播放、庆典广场的 498 套压力感应交互式 LED 光砖、世博文化中心西和南两个入口大厅的带有光介质层的 LED 数字媒体界面、石油馆的数字信息灯光立面、信息通信馆采用的 6400 块六边形配有 LED 的“蜂窝外衣”、国家电网馆“魔盒”的 112 块 LED 模块构成的六面体全屏幕空间、德国馆的由 40 万颗 LED 构成带有磁力感应的“金属球”互动装置、我国台湾馆的 100 万颗 LED 组成的“天灯”球状显示屏、瑞士馆的太阳能智能 LED 帷幕以及“和谐塔”的气象跟踪 LED 灯光等。

上海世博会场馆建筑的半导体照明技术与创意设计的结合，不仅仅局限于以上所述的几个方面，还有多种基于半导体照明技术的光艺术表现，如上海世博会开幕式中运用到黄浦江边的 LED 大屏幕、场馆建筑间的人行集散广场上采用的 LED 高杆灯等。

## 三、世博数字媒体界面的创新设计与实现

基于半导体照明技术的媒体界面是近年来在建筑设计领域兴起的一种具有数字化、可变化、可交流互动的当代艺术形式。LED 作为照明领域最具数字媒体特征的照明技术，已成为媒体界面设计的首选。上海世博园区夜景照明总体规划、世博文化中心的室内外照明设计中位于世博文化中心西、南两个入口大厅的 LED 数字媒体界面的创新设计，成为最具特点和挑战性的工作。

1. **实验性设计——以科研带动教学，注入创新理念**

根据世博文化中心的照明设计概念，西、南入口大厅作为主要的集散区域，从视觉与光照的角度希望给予观众明确的方向感和空间界定，并使用一些彩色光调节氛围。设计的出发点是以 LED 屏幕

构成艺术界面作为大厅的视觉焦点。

本研究课题涉及多个交叉学科领域，包括半导体技术、材料科学、建筑构造方法、视觉与视知觉理论、图像显示技术、媒体技术以及建筑一体化等。研究的主攻关键是将半导体照明技术和图像动态组合技术应用于建筑设计中，建立一套独具创新的媒体界面的建筑化集成方法。为了提升媒体界面的建筑化设计水平，改变目前LED媒体界面的单一表达方式，加强LED与建筑构造做法的有机结合，丰富建筑界面的视觉设计，通过实验研究提出：①基层LED发光点阵像素间距、光学参数及控制方式；②光介质层材料的构造形式和光学特性；③成像界面的亮度、色度等光度特性；④优化动态图像媒体界面的像质和视觉艺术效果。

### 2. 生成方法及构造系统——以建造实现设计，探索创新实践

在进入世博文化中心的西入口观众可以看到大型数字媒体作品——“东方之梦”。该媒体界面构造系统是由均质LED基层、塑料薄膜光介质层以及磨砂玻璃图像承载层构成。LED基层是由间距为40mm×40mm的LED发光点阵构成，LED发光点阵的功率为200W/m$^2$，刷新频率大于或等于1920Hz，LED的出光角（水平视角与垂直视角）均大于或等于120°，然后通过LED控制器控制LED发光点阵的亮度、色彩变化；塑料薄膜光介质层是由白色半透明塑料薄膜与黑色塑料薄膜（作品中实际使用黑白垃圾袋）共同铺置，黑白相间的纹理则可根据表达的艺术效果而定，其面积应与LED基层覆盖区域保持一致；磨砂玻璃图像承载层是普通玻璃经过磨砂处理。LED屏幕变幻的动画以及塑料袋自身形成的图案，两者有机结合，并经过磨砂玻璃使得影像产生朦胧美，仿如中国传统的水墨画。

在南入口观众可以看到另一数字媒体艺术作品——“绽放”。该界面的LED基层与玻璃承载面与上述相同，而光介质层使用马口铁刻模压制。马口铁本身不透光，刻制后拉伸花纹中心，使其凸出0~5cm形成缝隙，光从背面透过缝隙射出，最终在磨砂玻璃上呈现出绽放的玫瑰花图案。

不同于现有的媒体界面，该设计采用低像素、大间距LED为基层，增加一个中间构造层次——光介质以及表面的成像材料，共计三个构造层次，进行建筑化设计和组合。该设计打破了平面媒体LED显示屏单一的界面模式，使显示内容更丰富，整体效果更好，屏幕造价更经济，制造工艺和控制系统便捷，也克服LED灯点直接暴露于屏幕表面、表面亮度高、容易产生眩光等缺点。该媒体界面的构造系统具有全彩色、可靠性高、亮度可调节、可拼接使用、寿命长、环境适应能力强、功耗小、耐冲击、性能稳定等优点，能创造出更加富有艺术气息的视觉效果。

“创新，点亮梦想”非凡的创意设计和极富魅力的技术理念演绎，将带给参观者前所未有的视觉体验。科技与艺术结合的现代视觉传播手段和大量互动性参与，上海世博之光将让参观者充分享受半导体照明科技带给人类的创意生活。上海世博会也将是一本生动的教科书，告诉世人饕餮的视觉景象背后是人类伟大的科技进步。与此同时，上海世博会也将肩负重任，助力中国城市照明开创低碳照明、绿色环保、高效节能的新纪元。

# 科技支撑文化，LED 助《复兴之路》奏响时代强音

梁静
中国半导体照明网

2010 年 1 月 15 日，新中国迄今为止表现历史跨度最长、内容最丰厚、规模最宏阔的舞台史诗巨作《复兴之路》在国家大剧院隆重上演。全剧将多元化的艺术形式有机融合，以恢弘壮阔的舞台气象结合现代多媒体手段，打造出极为震撼的视听效果，呈现出深厚的历史情怀与新鲜的时代气象。而此剧最主要的表现道具——大型 LED 显示屏及控制系统的使用为表演的巨大成功营造出更为诗化的空间和更加美轮美奂的舞台效果。

《复兴之路》此前曾在人民大会堂上演，但道具 LED 显示屏存在分辨率低、画面效果不清晰等技术问题，中央有关领导特别批示要尽快解决相关问题。为了用国内最好的 LED 产品和技术烘托出这部史诗巨著震撼人心的力量，在国家科技部的领导和指挥下，国家半导体照明工程研发及产业联盟（以下简称“联盟”）组织企业向国家大剧院捐赠了“大型音乐舞蹈史诗《复兴之路》国家大剧院版 LED 显示屏及控制系统”。不但为演出方提供了高质量的产品，还做到了从系统到服务的全面支持，为国家大剧院版《复兴之路》的演出成功提供了良好的技术支撑与保障。

国家大剧院版《复兴之路》LED 显示屏及控制系统设计要求十分复杂，并且面临着时间紧、安装周期短、控制同步差异等一系列困难的挑战。为此，联盟及时组织国内权威专家针对系统方案进行有效论证，为确保按时顺利完成，决定优势互补，联合有较强技术优势的几家 863 计划成果单位，在国家科技部领导下，以联盟组织、联合捐赠、统一协作的方式共同完成此项任务。按照协议，东莞勤上光电股份有限公司（以下简称“东莞勤上”）与长春希达电子技术有限公司（以下简称“长春希达”）作为联合赞助方，北京星光影视设备科技股份有限公司（以下简称“北京星光”）作为协作方，联盟作为项目组织的协调组织方共同形成工程联合体。其中，演出用辅屏幕及控制系统由东莞勤上赞助，演出用主屏幕由长春希达赞助。



此次由东莞勤上、长春希达联合捐赠的显示屏，采用高亮度、高精度的集成三合一形式，使用了高刷新率、高精度的逐点一致化校正技术，产品具有完全的自主知识产权，特别是针对舞台结构需求设计的近 300$m^2$ 的异形屏，在国家大剧院、生产企业、舞美、导演组的积极配合和各方的团结努力下，仅用一个月从设计、生产到安装、调试一气呵成，顺利实现了首演的成功，圆满地完成了捐赠和演出播放任务。

东莞勤上从 2009 年 12 月 6 日接受任务，到 2010 年 1 月 6 日进场安装，全部设计生产时间仅仅 1 个月。特别是阶梯屏为异形屏，需要根据舞美设计的钢结构阶梯来设计专门的显示屏箱体。公司把这次任务当成一件必须完成的重大政治任务，参加人员加班加点，终于在不到一个月时间内生产出了全部箱体。安装调试同样时间紧任务重，为了不影响演员排演，最后 5 天只能在晚上 12 点演员离开以后才能做显示屏调试，工作到次日早上 9 点演员入场，演员彩排过程中还要坚守岗位观察显示屏运作情况，发现问题晚上调试修正，全部都是连续奋战。而负责此次 LED 屏幕舞台控制与播放的是北京星光影，这家企业曾是奥运会开幕式灯光及舞台效果提供方。由于《复兴之路》第二轮公演时正好赶在春节期间，控制与播放团队的工作人员放弃了春节与家人团聚的时间，始终坚守在工作岗位上以保障演出的顺利。此次承建的“集成异形 LED 显示屏”首次从设计理念上独辟蹊径，利用模块式封装工艺，使产品显示效果达到国际领先水平，堪称我国 LED 显示屏行业的一次“破冰”之举。

此 LED 主屏幕完全是自主知识产权产品，从管芯到驱动芯片，所有材料、器件全部国产化，达到世界顶级水平，而且与国外同类产品相比，价格要便宜一半。对于整个制作、安装、调试效果，科技部、国家大剧院等都非常满意。对于希达公司来说，这意味着一个新的起点，下一步希达公司将进

入规模化、批量化生产。国家大剧院 LED 显示屏项目是一项重要的民族工程，既体现了勤上光电倾力支持国家重大科技工程、振兴民族科技产业的信心和决心，也彰显出勤上光电雄厚的综合实力。勤上光电将以此作为一个新的里程碑，继续坚持责任与实力并重，努力推动、引领整个国内 LED 行业实现新的跨越。

“《复兴之路》国家大剧院版 LED 显示屏及控制系统”是继 2008 年北京奥运会开幕式、国庆 60 周年庆典国产户外显示屏成功应用后，国产户内显示屏应用的又一成功案例，其展现出的声、光、电的立体效果，让观众又一次感受到了 LED 高科技的魅力，也将《复兴之路》奏响的中华民族厚积薄发的强音以更加震撼、完美的高科技手段传递给国人，进一步加强了爱国主义教育的感染力。此外，LED 显示屏比传统型显示屏节能 50% 以上，现场不需安装空调等辅助散热设备，更符合节能环保要求。

国家大剧院是首都北京标志性现代建筑的杰出典范，位于北京市心脏地带，西长安街沿线，与人民大会堂和天安门广场相邻，占地面积 11.89 万平方米，总建筑面积 21.75 万平方米（包括地下车库近 4.66 万平方米）。本次项目为大剧院《复兴之路》演出节目制作的 LED 显示方案，分三部分组成：

1）中间高清全彩显示屏（主屏），点距 8.5mm；

2）两侧楼梯屏，点距 10mm；

3）两屏集中控制系统。

其中箱体和显示模组如图 5.3-3 所示，主屏体技术参数见表 5.3-1，阶梯屏体技术参数见表 5.3-2。

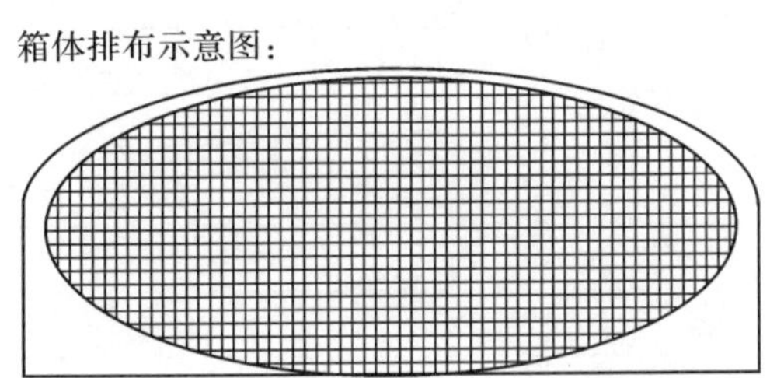


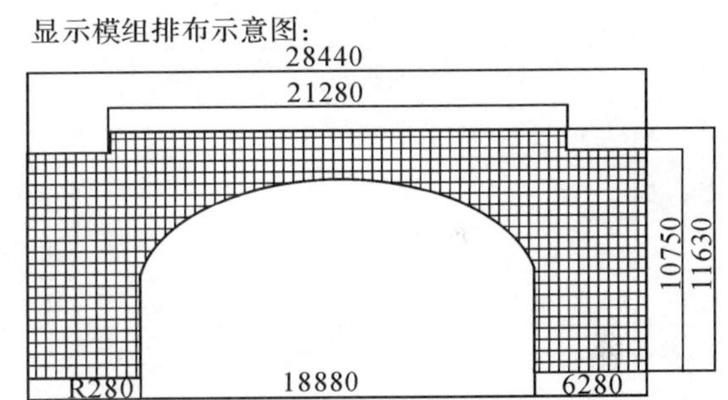


图 5.3-3 箱体及显示模组排布示意图

**表 5.3-1 主屏体技术参数**

| No. | 项目 | 技术参数 |
|---|---|---|
| 1 | 屏体像素总数 | 显示像素共 1835008 点，点距 8.5mm |
| 2 | 控制有效控制像素 | 2048 点 × 896 点，宽 17.5m，高 7.62m |
| 3 | LED 驱动/扫描方式 | 动态恒流、MBI5042 器件驱动、1/8 扫描 |
| 4 | 最佳视距 | 7M ~ 100M |
| 5 | 灰度等级 | 红、绿、蓝各 4096 级 |
| 6 | 亮度 | ≥1300cd |
| 7 | 可视角度 | 水平/垂直 120 度 |
| 8 | 换帧频率 | 60Hz |
| 9 | 刷新频率 | ≥1000Hz |
| 10 | 最大功耗 | 500W/m$^2$ |
| 11 | 平均功耗 | 200W/m$^2$ |
| 12 | 使用寿命 | ≥10 万小时 |
| 13 | 盲点率 | <1/10000（离散分布） |
| 14 | 工作环境温度 | −20℃ ~ 50℃ |

（续）

| No. | 项目 | 技术参数 |
|---|---|---|
| 15 | 输入工作电压 | AC220V/380V ±10%，50Hz（三相五线制） |
| 16 | 屏体重量 | ≤45kg/m$^2$ |
| 17 | 平均无故障时间 | ≥5000 小时 |
| 18 | 抗电强度 | 50Hz/1500V（交流有效值）/1min |
| 19 | 温升 | 热平衡后，金属≤40K，绝缘≤65K |
| 20 | 防护等级 | 正面 IP32 |
| 21 | 对地漏电电流 | <3mA |
| 22 | 输入信号 | S-Video；VGA；RGB；Composite Video；SDI 等 |
| 23 | 控制方式 | WIN、XP 计算机 + 控制软件硬件 + 播放软件及硬件 |

**表 5.3-2 阶梯屏体技术参数**

| No. | 项目 | 技术参数 |
|---|---|---|
| 1 | 屏体像素总数 | 显示像素共 1519616 点，点距 10mm |
| 2 | 控制有效控制像素 | 3800 点 ×1080 点 |
| 3 | LED 驱动/扫描方式 | 动态恒流、MBI5042 器件驱动、1/8 扫描 |
| 4 | 最佳视距 | 10M ~ 100M |
| 5 | 灰度等级 | 红、绿、蓝各 4096 级 |
| 6 | 亮度 | ≥700cd |
| 7 | 可视角度 | 水平/垂直 120 度 |
| 8 | 换帧频率 | 60Hz |
| 9 | 刷新频率 | ≥1000Hz |
| 10 | 最大功耗 | 340W/m$^2$ |
| 11 | 平均功耗 | 135W/m$^2$ |
| 12 | 使用寿命 | ≥10 万小时 |
| 13 | 盲点率 | <1/10000（离散分布） |
| 14 | 工作环境温度 | -20℃ ~50℃ |
| 15 | 输入工作电压 | AC220V/380V ±10%，50Hz（三相五线制） |
| 16 | 屏体重量 | ≤45kg/m$^2$ |
| 17 | 平均无故障时间 | ≥5000 小时 |
| 18 | 抗电强度 | 50Hz/1500V（交流有效值）/1min |
| 19 | 温升 | 热平衡后，金属≤40K，绝缘≤65K |
| 20 | 防护等级 | 正面 IP32 |
| 21 | 对地漏电电流 | <3mA |
| 22 | 输入信号 | S-Video；VGA；RGB；Composite Video；SDI 等 |
| 23 | 控制方式 | WIN、XP 计算机 + 控制软件硬件 + 播放软件及硬件 |

全彩显示屏采用国内生产厂家士兰明芯生产的 LED 优质管芯制作。此芯片主要特点是，视角大、功耗小、色彩鲜艳、亮度、色度、平整度一致、故障率低。

本次任务主要难点为时间紧，任务重，全部设计生产时间仅仅 1 个月。特别是阶梯屏为异形屏，需要根据舞美设计的钢结构阶梯来设计专门的显示屏箱体。

# 天安门广场大型 LED 显示系统工程综述

关积珍
中国光学光电子行业协会 LED 显示应用分会
国家半导体照明工程研发及产业联盟

天安门广场 LED 显示系统工程是近年 LED 显示应用具有重要意义的代表性项目。项目由北京市天安门地区管理委员会负责建设，显示屏体由东莞勤上光电股份有限公司和深圳洲明科技股份有限公司、北京利亚德电子科技有限公司联合承担。该大屏幕系统在圆满完成建国 60 周年大庆庆典任务后，现作为永久性设施摆放在天安门广场，用于播放宣传影视资料和标语等，成为首都天安门广场新的景观，为天安门广场增添了科技元素。

## 一、建设概要

图 5.3-4 天安门广场 LED 显示屏

2009 年，在国庆 60 周年即将到来之际，北京市天安门地区管理委员会建设了天安门广场 LED 显示系统工程。在天安门广场人民英雄纪念碑北端两侧设置了 2 组超宽、高清的 LED 电子显示屏，每块显示屏面积 $250m^2$，宽 50m，高 7.5m（含基座），采用了点间距 16mm 的全彩色 LED 像素，整屏分辨率达到 3072 点 ×320 点，采用远程同步控制，高清数字显示，其横向 3072 点像素成为世界上广场 LED 显示屏之最（见图 5.3-4）。在功能方面，它不仅具有文字、视频和图像显示功能，而且可以实现单画面全屏显示，多屏同步显示和多画面分屏显示。国庆庆典上，出席活动的党和国家领导人能从天安门城楼上，正面观看到这组大型 LED 显示屏上的内容。显示系统建设完成后，即在 2009 年的国庆阅兵仪式和游行中大放异彩。国庆当日，随着阅兵仪式和巡游彩车方阵的进行，LED 显示屏变换显示相关的标语和图像等内容，为丰富和提升庆典的整体效果，烘托环境效果，发挥了重要的作用。国庆庆典中 LED 显示系统的成功运用，受到了各级领导和社会各界的一致好评，国内外媒体对此进行了大量的报道。

2010 年，有关部门决定将天安门广场 LED 显示系统在广场永久性摆放。建设单位和显示系统的承担单位对系统进行了整体的优化，于 2010 年国庆前夕完成了全部项目工程的实施。目前摆放的两块全彩色 LED 显示屏，每块显示屏面积近 $200m^2$，宽 40m，高 5m（不含基座），采用点间距 12mm 的全彩色 LED 像素，整屏分辨率达到了 3360 点 ×400 点。相对 2009 年 60 年大庆时摆放的显示屏，虽然整体面积有所减少，但由于采用了更高的像素密度，显示屏的实际像素数量增加不少，显示的色彩、画面和整体效果也有新的提升。天安门广场 LED 显示系统自投入使用以来，每天播放国家社会经济发展成就、祖国风光等宣传视讯，超亮高清画面气势恢宏、绚丽多彩，缤纷图案和醒目标语不仅吸引了众多游客，成为了天安门广场新的人文景观，而且在各项重大活动中发挥了重要的作用。

## 二、工程特点

天安门广场 LED 显示系统，是建设单位与相关的参加单位共同努力的成果，显示系统工程具有以下特点：

### 1. 民族品牌，中国制造

鉴于天安门广场特殊的位置，在国庆60年庆典设计LED显示系统时，天安门管委会组织专家进行了反复论证，决定采用国产民族品牌产品。LED显示屏选用了杭州士兰明芯的LED芯片材料，由深圳雷曼光电科技股份有限公司统一进行LED灯管的封装，两块显示屏的制造商分别是东莞勤上光电股份有限公司和深圳洲明科技股份有限公司、北京利亚德电子科技有限公司，显示系统的主要技术和器件等也都选用了国产品牌。天安门广场LED显示系统的成功，使国产LED产品的应用得到充分认可，市场地位显著提升，弘扬了民族品牌，对推动LED产业发展具有积极的意义。

### 2. 统筹设计，系统实施

作为永久性设施，天安门广场LED显示系统是复杂的系统工程。天安门广场具有特殊的整体环境要求，LED显示系统的外观效果必须与天安门广场的总体风格基调保持一致；广场地域开阔，环境风力和温度等复杂；特殊的位置和巨大的人流，对显示屏的工作运行和播放内容等也有非常高的要求。为此，天安门广场LED显示系统工程的建设，从外观、结构、运行监控、可靠性保障、安全防范，以及播放管理等诸多方面进行了系统的设计，在系统总体设计的基础上进行了大量的专业深化设计。建设工程包含了十几项分项工程，近20家不同类型的施工单位参与工程实施，施工现场和施工时间也有特别的规定。在工程建设中按照系统工程进行施工组织，保证了项目工程的顺利完成。

### 3. 品质保障，效果彰显

天安门广场LED显示系统的两块LED显示屏分别由两家制造商完成，并列排放在广场中央，这对于LED显示产品来说具有很大的挑战性。不同厂家在驱动和控制等方面的具体技术设计不会完全一致，白平衡、色彩还原、亮度等方面的细微差异都会直接影响LED显示系统的整体显示效果。项目实施中，在对关键的LED芯片材料统一把控的基础上，天安门广场LED显示屏的所有灯管都在同一封装厂完成；在允许显示屏制造厂家保持各自技术特点的同时，对主要关键技术指标在出厂前进行统一要求，并通过产品小样进行标定；为保证质量，显示屏在生产过程中实行了严格的第三方和业主监造，对关键工序进行现场控制。一系列措施确保了显示屏最终显示效果的一致性。





天安门广场LED显示系统工程也从一个侧面反映出我国LED显示屏行业在制造、控制等技术领域达到了新的高度，开创了不同厂家的同规格显示屏在一个工程场景下应用的先例。不同厂家联合承担大型LED显示系统的建设，应该说已经具备了良好的技术条件。

## 三、技术创新

天安门广场LED显示系统在设计上根据特定的用途和要求，充分体现了成熟、可靠、合理、先进、经济的基本原则。显示系统采用目前成熟领先的技术和产品，同时也根据使用要求进行了创新，主要有以下方面：

### 1. 超宽、高清晰度画面显示

采用两块等尺寸形状的全彩色LED显示屏，像素点间距12mm，每个像素由1红、1绿、1蓝LED灯管组成。显示屏体由单元箱体组成，两块屏体的箱体规格和显示像素布设、面罩等力求完全一致。每块显示屏分辨率为3360（W）×400（H）=1344000点，点阵密度为6944点/㎡。设计上每块屏幕可分为6组独立的显示屏，分辨率为560（W）×400（H）；6组显示屏可多画面显示，也可单画面全屏同步显示。显示屏单画面全屏显示时近10:1的画面比例与常规显示屏4:3或16:9的比例差异很大。为此，在节目摄录时专门采用了横向像素为4000的高清摄像机，所有播放的画面在编辑处理时充分考虑了10:1显示比例的特殊播放要求。显示屏高清晰度显示的画面色泽艳丽，没有任何变形。

### 2. 逐点校正，确保两块屏的色彩一致性

对于不同厂家生产的两块显示屏，要求同步显示同样的画面时效果无差异，为此设计上通过亮度

校正技术保证整屏亮度的均匀性，通过色度校正技术保证视频播放时优质的色彩还原度。两个厂家采用同样的校正设备对 LED 单点亮度和色度进行了校正，白平衡点和各基色的色坐标点设为一致保证两块屏的显示效果完全一致。同时，为了配合电视台转播，LED 显示屏的扫描速率达到 1000Hz 以上，充分确保电视台转播、摄影、摄像的时候屏幕没有抖动。

### 3. 可靠、节能的电源设计

天安门广场 LED 显示系统在产品中选用的电源，除具有过电压、过电流、短路保护等基本功能以外，还具有 PFC（功率因数校正）功能。带 PFC 功能电源的功率因数一般都在 0.95，而不带 PFC 功能电源的功率因数一般都在 0.7 左右。为了保证显示屏供电可靠性，单元箱体采用电源备份技术，即由外部引入两路交流电，分别给两个 PFC 电源供电，这两个电源经过电源备份板同时给箱体内同一组显示模块供电。由于一组显示模块由两个电源同时供电，大大降低了风险，保证了整屏的不间断运行。此外，在设计上还考虑了电源容量冗余，当外部一路供电时，每个箱体的直流 +5V 电源装机容量依然保证大于最大功耗的 50%。

### 4. 系统的高可靠性

作为永久性的设施，天安门广场 LED 显示系统对可靠性有非常高的要求。广场中心夏季受到阳光直射，地表温度可达 60℃以上，昼夜温差非常大，历史最高风力达到 9 级。LED 显示系统须满足广场的环境、温度、湿度、风力、冲击振动等要求，具备应对北京可能出现的极端恶劣气候的能力，另外还应具备防水、防尘、防锈、抗震和抗干扰等能力，同时有应对各种意外故障的措施。

整体上显示系统在广场特定环境、系统不间断运行的条件下，系统的平均无故障时间大于 10000h；在重大活动期间，整屏显示画面不应出现模组级以上显示故障。为了避免系统因为部件的损坏而挡机或者 LED 黑屏，系统在信号传输、供电、控制等关键环节中采用了热备份技术方案，信号传输链路还采用了双路自愈结构。同时，为确保系统运行时即时发现问题，解决问题，系统还设计了故障在线自动检测、告警和日志管理等功能。为了确保 LED 显示屏的可靠性，主要部件的设计、加工和安装均借鉴了相关高可靠性标准的要求。

### 5. 优良、安全的外观和结构

外观大方、雄伟、美观，色调与周围建筑和环境协调，是天安门广场 LED 显示系统外观结构的基本要求。显示屏的结构设计和施工，充分考虑了天安门广场特殊的安全性要求，对显示屏的风荷载、散热等主要安全性问题进行了反复的计算机模拟仿真。建成后的显示屏，在 10 级狂风条件下不会出现倾翻事故，在 9 级烈风条件下不移动错位。显示系统具有接地、防雷击、漏电保护等功能措施，外观结构部件无尖锐棱角。外形 42m，高 7.5m 的显示屏结构在实施过程中，突破了单组拼装施焊、整体预拼装精调的工艺技术难题，把焊接变形误差量控制在最小，实际达到水平度、垂直度 +1/10000mm。

### 6. 系统控制、综合监测

天安门广场 LED 显示屏控制系统包括了视频播放控制子系统、视频同步控制子系统、系统状态监控子系统等部分，由控制中心对显示屏进行远程控制并进行实时状态监测。

视频播放控制子系统对系统的播放任务进行控制，可进行定时播放、自动播放和循环播放等。视频同步控制子系统有效解决多播放器多屏幕播放画面的同步问题，避免因为数据传输延时而造成各个箱体显示不同步的问题。状态监控子系统实现对系统的电力、温度、湿度、空调以及显示屏的运行状态的主要参数进行实时监测，包括通信状态、开关电源、箱体温度、环境亮度、定时开关机、烟感、空调、开关门报警等。

天安门广场 LED 显示系统的建设和应用效果，受到了社会各界的普遍好评。矗立在天安门广场的巨大 LED 显示屏，每天不间断地播放着悠扬的音乐和精美壮阔的画面，不仅是天安门广场亮丽的风景，也彰显了我国 LED 行业的发展成就。

# 广州亚运会海心沙夜景工程设计案例

李涛　王燕
北京良业照明工程有限公司

广州亚运会既是体育盛会也是LED照明盛会。在亚运会景观照明中，大量应用了LED照明产品，展示出美轮美奂的夜景效果。其中北京良业照明工程有限公司（良业照明）所承接的亚运会开闭幕式场地海心沙夜景工程，让全国以及全亚洲人民真切地领会到“千年羊城，水中明珠”的真正魅力。广州傍江而生，因水而兴，将开幕式场馆锁定在珠江边的海心沙举办，恰如亚运之舟，扬帆起航。

## 一、工程内容与整体照明设计

海心沙位于珠江内航道，北邻珠江新城，南望广州新电视塔，西邻二沙岛，建设用地面积约17hm$^2$（公顷）（长800余m，宽200余m），自然环境优越，是珠江游线上珍稀的自然生态空间，景观资源丰富，是观赏建筑夜景、体验自然的绝佳地点（见图5.3-5）。

图5.3-5　海心沙远景

广州亚运会第一次把大型国际运动会的开、闭幕式现场设置在开敞的水面上。“以珠江为舞台，以城市为背景”，海心沙岛正处于广州新中轴和珠江两条城市空间轴线的交点，举行大型盛典，是理想的舞台所在地。

与以往的建筑设计理念不同，海心沙整体照明设计以“表演”为主题，定位为“立足中华文化、融合亚洲文化、彰显岭南文化”，结合珠江、新中轴整体照明设计，寓意立足东方，面向世界，驶向太阳升起的和谐之地。海心沙景观照明工程主要难点集中在施工工期短，灯具开发制作技术难，现场缺乏实际试灯条件，而且作为2010广州亚运会开幕式场馆，其照明系统要满足演出效果的灯光要求。

## 二、准备阶段

### 1. 照明方式

海心沙采用综合照明方式，顶部采用大功率6°窄光束金卤投光灯E1与特制大功率LED投光灯L4相结合，以实现多姿多彩的动态照明效果，以满足航拍要求。尤其是特制大功率LED条形投光灯实际上是三灯一体（见图5.3-6），两侧大功率条形投光灯采用两排LED，发光角度50°，灯具上下可调水平角度，还有独特的防眩光挡板设计。灯具顶采用200mm宽半圆数码管，用于遮盖投光灯体本身的暗区，让看台顶棚形成一条条连贯的发光带。该灯具采用优质高亮度美国Cree彩屏级5MM LED及大功率LED。灯具内置控制IC，顶部实现8段流水独立变化，两侧4段独立流水变化，能结合

DMX 主分控制系统，实现细腻的变化效果。

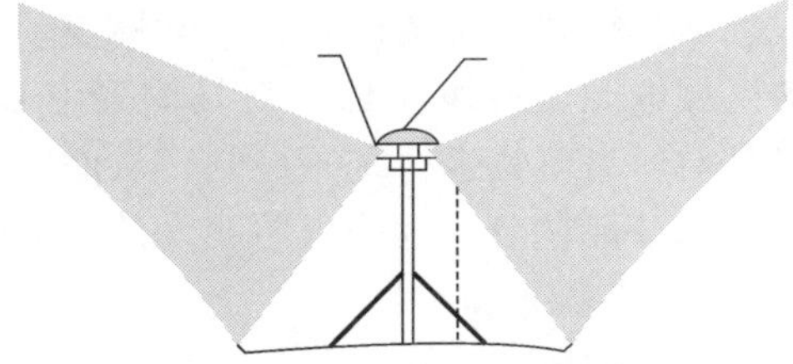

图 5. 3-6　LED 三合一灯具

看台立面将超大尺寸 LED 显示系统与 LED 投光灯 L2、特制宽线条灯 L3 相结合。其中 LED 投光灯为两排灯珠 8 像素可用 DMX 单独控制各像素动态变化，可实现细腻的效果要求。特制宽线条灯采用铝合金底座结构，高分子树脂封装，使用更安全，更防水，更耐用。外观线条流畅，与建筑飘板末端结合成一个整体，包括外形尺寸及材质颜色都是经过数次试验才通过的，形态美观亮丽。南北两翼则采用两种规格 LED 投光灯进行泛光照明。布灯位置及安装结构示意如图 5. 3-7。

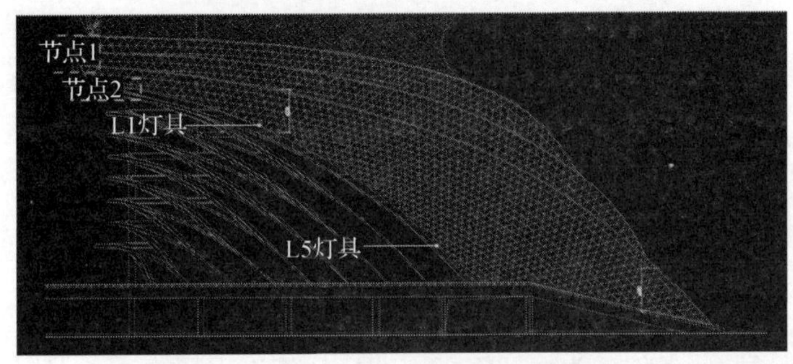


图 5. 3-7　布灯位置及安装结构示意图

## 2. 硬件指标

在夜景照明中，灯具产品的种类和质量是决定一个工程成功的硬性指标之一。因此，对 LED 产品的选择和质量要求在海心沙照明项目实施中成了举足轻重的环节之一。在选用灯具时，主要从以下三个方面进行了控制：第一，灯具的节能指标，尽量使用发光效率高的灯具，图 5. 3-8 是所使用的 80w/m 的 LED 线形灯具；第二，在合理的功率密度和亮度指标下，避免大量使用大功率 LED 和一味追求亮度；第三，通过有效的控光和用光，合理利用光与影的关系，避免光的浪费和减少眩光的产生，这也突出了节能减排和绿色亚运的环保主题。

图 5. 3-8　80w/m 的 LED 线形灯具

其次，灯具的硬件指标要能够满足照明效果的要求。主要表现在确定灯具的配光和控光控制，一些重要的场景，还对灯具的出光颜色和亮度控制提出了更高的要求。此外，还要满足环境对灯具的要求，包括灯具的防护等级、散热要求。最终要经过多次现场灯具试验，反复论证，确保效果满足业主和设计单位的要求。

### 3. 控制

海心沙场景可分为亚运模式、节日模式、庆典模式、平常模式。采用智能模块，可根据各种区域亮度需要切换各种动态场景和各区域电源。另外各LED灯具均采用DMX信号系统，既是以单灯单像素作为控制单元来独立控制，又是对所有灯具进行统一控制，从而实现科技与节能并重的照明设计方案。根据各时段照明要求，进行动态节能调节，远超出照明设计常见的场景控制。

### 4. 样品测试

灯具样品测试即对每一款、每一种灯具的效果进行测试评估。因看台部分不具备现场测试条件，只能在室内模拟现场情况对灯具效果作评估。随后，在飘板特制宽线条灯L3到现场试装后，发现在现场的效果与室内模拟效果有所区别。针对灯具的不同安装位置，在现场采用多种手段进行反复试验，由设计师和业主现场确定效果，对实验效果进行比较后，调整灯具的配光及功率。

## 三、项目实施

### 1. 施工阶段

因现场情况多变与最终设计图样不尽相符，需要采取很多临时应变措施调整，因此项目组需要根据实际情况提出多个应变方案图样。照明项目实施中，先后对屋顶灯具功率、安装方式、数量进行变更，并根据现场变化情况对飘板灯具安装方式进行优化设计，并在看台膜顶底部加装大功率金卤投光灯。增加灯具导致用电负荷增加，致使原设计配电箱用电量不足，随之需要调整配电系统，增大开关和电源进线。

为了配合广州亚运会灯光照明项目的总体进度，统筹项目中与其他专业交叉施工的困难，加之大部分景观照明不具备现场调研条件，为保证施工周期，从施工现场摸查，编制施工计划，施工团队利用积累的奥运项目的施工和管理经验，结合项目现状，对项目的进度和质量、安全等方面进行控制。




### 2. 灯具安装

海心沙四周均填满了淤泥，水流最快达2m/s，小船无法稳定在水里，无法平稳的钻孔，在这种特定施工条件限制下，想要加快安装速度并保证安装工作的安全性，同时尽量减少对周边设备及行人的影响，不得不寻求其他的辅助安装工具。因此，在海心沙项目岸线施工中曾采用双人浮船、平推车、单边挂梯等方式，解决快速安装的问题，在抢工阶段起到了重要的作用。

### 3. 效果试调

在项目施工的过程中，遇到了不少灯光效果、灯具安装等问题。看台南北两翼L5安装处为非规则弧线，投光区域顶部暗区需补光，经现场多次试灯论证确定灯具功率、数量、发光角度、安装高度和位置等问题，决定在外围立杆加装LED投光灯。为保证看台后部视区在无演艺时段无暗区，看台膜顶底部加装大功率金卤投光灯。测试灯光总控制机房通信，后期按亚组委要求进行开幕式节目调整并实施。当时场馆内灯光的试验效果如图5.3-9。

图5.3-9　亚运场馆内灯光试验效果

为配合亚运会开幕式的整体灯光表演，海心沙的灯光调试工作也面临很大挑战。整个场景的设定要在整个灯光表演的时间安排下同步进行，积极响应开幕式灯光表演要求。

## 四、呈现

“舟行只凭夜色，阅尽江风塔影”，千年羊城，水中明珠，以水为源，以光为环，披万丈光芒，向朝阳之地，乘风而行。海心沙亚运场馆的最终夜景照明效果如图 5. 3-10。

图 5. 3-10　海心沙亚运场馆夜景

斑斓五彩于其表，通透璀璨在其中，在良业照明 LED 照明技术的支撑下，扁舟生辉，增亚运之激情，还城市以生态，亚运之舟，扬帆起航。

# 京杭大运河夜景照明工程中的创新突破

谭永朝　陈骏
京杭大运河（杭州段）综合保护委员会

京杭大运河杭州主城区段夜景工程从2007年12月着手设计到2009年2月9日正式亮灯历时一年。该工程由杭州市运河综合保护委员会组织并部署实施，国际城市夜景规划和景观照明设计大师ROGER NARBONI主持设计，中泰照明集团配合设计，杭州市路灯管理所施工。

工程共涉及杭州市拱墅、下城、江干三个区，含21km长的绿化带、人行道、河堤，19座不同时代、体量、造型、材质和色彩的桥梁，100多幢现代建筑，60多个亭台楼阁，是一个庞大的照明工程。纵观运河夜景照明工程，从设计到实施，实现了多项理念、技术的创新和突破。

## 一、“光之乐章，水墨丹青”的设计概念创新

2008年之前，京杭大运河杭州主城区段的夜景设计也在全国范围内进行过招标，但由于运河沿岸的景观在这两年内进行了快速、集中式的改造，很多区域的景观与当年设计时的状况大相径庭，在设计的主题思想表现和两岸10km的夜景整体和谐度上明显不足，再加上当初在方案的实施过程中，涉及政府多个部门的管理与协调，也给最终的实现效果打了折扣。经过反复多次的实地考察和勘测后，发现之前的照明主要存在以下问题：

1）缺乏整体性、统一性和延续性。例如，沿河桥梁用不同的照明方法和手段处理、沿岸的植物照明采用琥珀、绿色、黄色等色彩各异的灯光、人行道灯造型各异，至少有10多种款式、两岸高层建筑“穿靴戴帽”，整体感觉杂乱无章。

2）灯具的安装方式和灯具选型方面处理不当，造成大量的眩光。例如，桥梁的细节和柱头上的雕塑没有被表现，而桥体下方安装了大功率的投光灯，在水面上产生强烈的反射，植物照明的灯具照得行人头昏目眩。

3）夜色中，运河的优美轮廓线不能辨识，景观的纵深感缺失，人们无法看到运河背后的众多支流和庞大的水系。

经过上述分析和研究，最终确定了如今已经被实现的“光之乐章，水墨丹青”的夜景概念。即从不同的高度、景深、层次和视角考虑，在表现京杭大运河杭州段独有的婉约气质和特点的同时，满足游客和市民，甚至车行而过的路人的观赏需求。

1）表现了京杭大运河杭州段独有的气质和特点。京杭大运河蜿蜒1794km，沿河景观风貌迥异，烟雨江南、秀丽山水才是杭州段所独有。所以，整个设计的基调定位在“水墨丹青”对于杭州这个城市独有的特质匹配度上是再恰当不过，也正符合了杭州市政府对于城市亮灯的口号“亮”、“富”、“秀”、“美”。

2）从运河亮灯到杭州城市水系的夜景规划策略提出。通过在所有支流汇入的节点安装上特殊的水中灯杆的标记，以及在支流的桥梁后景补充灯光，创造景深的方式，杭州这一庞大水系的独特氛围首次被加以表现，这也为杭州长期的、以围绕城市水系而展开的夜景策略奠定了基础。

3）“舒缓、悠扬、美妙又富有节奏”的光的乐章。例如，京杭大运河杭州段两岸的景观蜿蜒连续，采用均匀的蓝绿色光（可以根据季节变换），用定制的蓝绿LED和加特殊蓝绿色玻璃的金卤灯制造薄雾，创造唯美的薄雾视觉效果。薄雾的色彩可以从冬天的冰蓝色转变为夏天温暖的蓝绿色。部分邻近水面的树木和水岸，用静态的暖白色光打亮。

亭台楼阁等传统建筑是大运河景观不可分割的部分，将这些建筑全用金色的白光照亮，主要表现

出建筑美丽的塔形屋顶，在夜间突显这些建筑。柱子和墙也被照亮，以在晚上表现出这些结构的材质感，并充分考虑置身其中的市民的需求。

## 二、项目实施方法创新

除概念的创新之外，在项目的实施工程中采取了与以往市政亮灯工程不同的方法。

### 1. 采用试验段亮灯是21km项目成功的关键

为印证ROGER NARBONI的设计理念，选择了映月桥一带作为试验段进行亮灯，该范围含有300m的景观带、2座古建筑、1座桥梁、3幢高层建筑、1处河流交汇处，基本涵盖了ROGER NARBONI的设计亮点。

为保证效果，综合保护委员会和设计团队请勘测院实地勘测，设计师也一棵一棵树地进行测量，深化方案、设计施工图、定制灯具的深化和寻找厂商制作，产品选型和试验，安装方式的研究，现场调试。经过这一过程，试验段亮灯后，获得了极高的评价和认可，有了试验段的经验，确定了最适合方案效果的照明设备，21km施工和实现中的问题被逐一解决，对接下来的工作安排、进度控制和整体效果有了把握。

### 2. 设计方紧密配合施工，保证最终灯光效果

在实施过程中，21km被分为了4个标段。由于现场情况复杂，时间紧，为杜绝出现施工方赶进度，施工人员不按照设计图样施工，任意安装灯具的现象，在施工单位进场前，组织设计人员对所有施工人员进行培训，介绍方案，讲解图样和照明设备施工和安装的注意事项，强调标准定灯位的重要性，以保证灯具严格按试验段的方式进行安装和施工。



## 三、项目中的技术创新

### 1. 节能、环保

整个运河项目的设计原则是将能耗减到最小。传统的亮灯方案多采用高压钠灯，能耗大。此次照明工程采用了LED灯具以及节能灯，同样的亮灯效果，耗能却是高压钠灯的1/3，寿命也更长。

运河照明工程完成的运河主城区两岸共有古建筑和构筑物77座（如桥西历史街区、小河直街历史街区、富义仓），支流桥梁9座（如华光桥、黑桥），跨运河的主要桥梁及桥下空间19座（如潮王桥、江涨桥、城东桥），沿河高层建筑39幢，其中人行道灯1766杆、蓝绿灯杆1169组、栏杆灯近5951盏、瓦片灯约25000盏、中国灯笼780盏、植物埋地灯和雕塑灯1761盏，还有建筑和桥梁小型投光灯1101盏、T5线型灯961支、线性类LED投光灯约7500支、LED建筑蓝绿灯约1600支、威尼斯灯柱100余杆，里程计9根。

本次亮灯工程共完成各类灯具安装50000余套，总功率约4200kW。而原有亮灯总功率为5000多kW，但灯具数量仅20000余套，整个项目的总耗电仅为3182kW，达到2.6 W/m$^2$。换言之，用以前3/4的电量，点亮了以前两倍多的灯具，节能环保可见一斑。

### 2. 生态与可持续发展

运河夜景的设计原理是以创造高品质的环境为目标，以尊重项目环境为前提，贯彻节能为原则，并且提出如下标准：

1）对空间和使用功能进行全面和详尽的分析，避免不必要的耗电；

2）优化照度水平以适应人们真正的需求；

3）对地面的处理和必要的照度之间达成一致；

4）选择容易施工和方便维护的照明设备；

5）控制并优化能源的消耗量；

6）不产生任何有害的光环境和光污染，关注运河景观环境中的人、生物；

7）在设计之初就考虑到了日后维护的方便和光源更换的便利。整个夜景工程是基于至少使用10年以上考虑的，这是符合可持续性发展的原则的。

### 3. 产品创新

（1）里程计

人们来观看运河时往往对这个人工建造体令人难以置信的历史和规模完全没有概念。很难想象得到运河的第一段是建于2500年前，这条河可以载着人们从杭州到达1794km以外的北京。为了将游客的注意力集中到运河的历史上，设计了这个运河杭州段所独有的里程计。

这个灯具是用不锈钢网罩制成的金属高杆灯，网罩上镶嵌LED面，在晚上交替用红色和绿色的LED显示从钱塘江到北京的距离。这些距离以千米和古代的计量单位“里”交替表示，也意在勾起外国游客探究这段历史的兴趣。

（2）水中灯柱

为了表现运河背后的庞大水系，增加夜景照明的趣味性，在有支流汇入到运河的水域设计了一款独特的灯具，来标志这些美丽的地方。

这些发光灯柱是被直接安装在水里，由一个金属外框和一个发光的圆柱体构成。圆柱体内安置了12颗LED（6×3W蓝色，6×3W琥珀色），在水中漫射出光晕，光色还可以随着季节变换。金属外框用来支撑灯体，在黑暗的水面上创造出非常美丽的倒影。每当船只开过，内部面的发光灯柱就会随着水位飘浮起落。

（3）高层建筑的发光外框

发光框是运河的符号，矗立在杭州的天际线。它们由48颗LED（24×1W蓝色，24×1W绿色）灯具组成。设计之初考虑到对大楼内居民的眩光影响，所以对灯具的光束角进行了控制，保证灯光不会进入到大楼内的住家，同时灯具都能调光，能轻松控制亮度。最后在实施工程中，还在灯具上进行增加遮光片的改进，进一步控制眩光。

（4）人行道灯和古建筑的中国元素灯具

当初在设计时就考虑到要通过灯光来表现项目本身所具有的中国元素的特点，例如大量的古建筑。同时，还可适当的增加一些有中国特色的设计元素在方案中。结合当时为运河沿岸所有人行道灯的设计，将人行道灯、古建筑和运河在建的漕舫船上的灯具在形式上进行统一，将中国元素进行到底。最终在几十个图案中选择了由最常见横线和竖线组合而成的图案，这种图案有着“步步锦”的美称，寓意着人们渴望不断进取，一步步走上锦绣前程的美好愿望。

## 四、长效管理的新思路

像运河这么大体量的项目，如何维护现有的照明效果，保证大量的照明设备的正常运行和管理将是一个艰巨的任务和难题。运河综合保护委员会初步考虑借鉴欧洲一些国家的做法，将日后的维护和运营管理进行市场化的运作，公司化经营，即成立专门的亮灯管理单位（公司），一般由该公司同政府相关部门签订10年以上的管理维护合同，签订较长时间的合同才能保证管理公司的专业素养。建议业主在与管理公司的维护合同中需要约定专人、专项维护和管理，并且要有相应的惩罚体制，允许小范围的效果误差率。所有维护人员必须充分理解方案的设计意图，了解产品和设备的性能和特点，特别是对于灯具的调校方向、角度和相关注意事项，必须经过专业的培训。同时，业主方也需要加强监督体制，以敦促维护单位持续、有效的管理。

# 石家庄科技中心节能照明系统应用示范工程

王文辉[1]　朱晓东[2]　任志刚[1]　夏明颖[2]　丛军[3]　王恒文[3]　闫永生[2]　贾慧军[1]
1 石家庄科技创业投资有限公司　2 河北立德电子有限公司　3 河北省建筑设计研究院

石家庄科技中心工程是由石家庄科技局投资兴建的高新技术产业孵化园主体建筑。为推进 LED 产品的应用，在石家庄科技中心工程建设初期，石家庄市科技局总工李新启先生提出了初步构想：抓住这次难得的机遇，为加速石家庄半导体照明产业化基地建设做些事情，并对其具体实施做了规划性部署，提出了“与基建同步、做示范工程”的目标。为此，由建设单位石家庄科技创业投资有限公司牵头组织河北立德电子有限公司、河北省建筑设计研究院成立了专门的课题小组，分别负责课题进度、现场协调、系统设计与研发、规范性符合等工作，同时吸纳石家庄的四家相关公司参与灯具的研制开发。

工程历时一年多，共签订各种商务合同 23 份，合同额 700 余万元，召开研讨会 10 余次，研发各类灯具近 20 种 3000 余盏，涵盖 15 个功能区域，涉及 4 种照明类别。2009 年 9 月完成全部灯具安装调试并通过了初步验收，初步显露出“示范工程”的社会效应，体现了石家庄科技局下属的高新技术产业孵化园引导科技、服务科技、加速科技的时代风采。同时，为了充分利用太阳能为应急照明系统提供电力，实现节能减排的目标，本次示范内容还包括一座 20kW 太阳能光伏电站以及集中供电式应急照明系统改造。此外，工程重点对集中供电式应急照明系统进行突破性改造设计，实现分散储能、低压充放，降低电池用量、减少逆变环节，实现综合节能。

以下将从不同功能分区的设计理念、LED 封装形式、示范目的、项目内容等方面具体介绍其实施措施。




## 一、地下变配电室照明（见图 5.3-11）

### 1. 设计理念

根据变配电室照明装桥架多、风管多的固有特点，选用高效 LED COB 光源组装成便于隐形的“桥架灯”，分别贴装在桥架、风管底部，采用应急系统的低压集中供电方式，解决地下重要设备 24h 连续照明问题，同时兼顾与消防应急系统的联动，简化了传统设计中的应急照明与功能照明线路多、灯型多的问题，工作面照度也满足了传统设计要求。

### 2. 使用 COB 封装形式

### 3. 示范目的

LED 光源用于室内照明的可能性。LED 光源与现场环境相结合优势明显，突破传统“灯具”概念的束缚，扩展应用前景。做 LED 光源的光衰跟踪测试。

### 4. 分项内容（见表 5.3-3）

表5.3-3　地下变配电室使用LED灯具数量及性能

| 序号 | 技术指标 | LED灯 | 传统荧光灯 | LED/荧光灯 |
|---|---|---|---|---|
| 1 | 布灯数量 | 50 | 50 | 1 |
| 2 | 单盏额定功率/W | 24 | 36 | 0.67 |
| 3 | 发光效率/(lm/w) | 100 | 90 | 1.11 |
| 4 | 光源全寿命/h | 50000 | 18000 | 2.78 |
| 5 | 总额定功率/W | 1200 | 1800 | 0.67 |
| 6 | 控制方式 | 手动+自动+消防联动 | 分别布灯，手动+联动 | |

图 5.3-11　地下变配电室照明

## 二、地下设备间照明（见图 5. 3-12）

### 1. 设计理念

地下设备间包括空调机房、换热站、水泵房等，空间管道密布，原设计为吸顶式防水防爆荧光灯。本次选用高效 LED 光源组装成灯管直接替换荧光灯管，避开了半导体照明企业在灯具制作方面的弱势，规避了特种灯具在工程报验上的麻烦，常规交流供电，简单易行，实际使用效果良好。

### 2. 使用 COB 封装形式

### 3. 示范目的

LED 光源用于室内照明的可能性。LED 光源组装成与传统光源外形尺寸相同的新光源，便于直接替换，适合旧工程改造，非常有利于产品推广普及。并做 LED 光源的光衰跟踪测试以及 LED 光源在潮湿环境下的寿命和可靠性测试。

### 4. 分项内容（见表 5. 3-4）

表5. 3-4　地下设备间使用LED灯具数量及性能

| 序号 | 技术指标 | LED灯 | 传统荧光灯 | LED/荧光灯 |
|---|---|---|---|---|
| 1 | 布灯数量 | 110 | 110 | 1 |
| 2 | 单盏额定功率/W | 16 | 36 | 0.44 |
| 3 | 发光效率/(lm/w) | 100 | 90 | 1.11 |
| 4 | 光源全寿命/h | 50000 | 18000 | 2.78 |
| 5 | 总额定功率/W | 1760 | 3960 | 0.44 |
| 6 | 控制方式 | 手动开关 | 手动开关 | |

图 5. 3-12　地下设备间照明





## 三、地下车库照明（见图 5. 3-13）

### 1. 设计理念

地下车库有停车位 67 个，车位灯、车道灯、出入口坡道灯共计 120 盏，原设计均采用单管荧光灯，手动控制。本次方案保留原布灯、布线方式不变，供电方式不变。其中，车位、车道部分研发专用的车库灯直接吊装，每个灯都独立设置红外探测器实现自我管理，具有常亮与休眠两种状态，其中休眠状态功耗仅 1W，照度满足电视监控要求。出入口部分专门研发具有群控功能的坡道灯，通过超声波探测器对整组灯控制，完美实现车库内、外光线的渐变过渡，增强驾驶人员舒适性，减少不必要的事故发生。

### 2. 使用 SMD32020 封装形式

### 3. 示范目的

探索地下车库照明节电的最佳方式。示范工程兼顾电视监控系统对环境最低照度的要求，摆脱了开灯亮、关灯黑的痼疾，具有良好的推广前景。

### 4. 分项内容（见表 5. 3-5）

## 四、走廊照明（见图 5. 3-14）

### 1. 设计理念

在建筑物内，走廊属于公共照明区，有其固有的特点：位于建筑的中间，很难利用自然光；人员会不定期出现在走廊上，逗留时间短；为了安防的需要，需要加装监控设备。传统照明为了满足以上要求，通常采用长明灯（尤其是在工作时间）。我们充分利用LED启动速度快、易控制的特点，将公共照明区的走廊（共22层）采用LED灯具，不同楼层照明灯具有不同的设计，其中有传统筒灯，也有与石棉板结合的“满天星”灯具。通过智能控制，在有人通行时保持100%的亮度，无人时保持10%的照度，确保满足监控系统的需求。

表5.3-5　地下车库使用LED灯具数量及性能

| 序号 | 技术指标 | LED灯 | 传统荧光灯 | LED/荧光灯 |
|---|---|---|---|---|
| 1 | 布灯数量 | 120 | 120 | 1 |
| 2 | 单盏额定功率/W | 14 | 18 | 0.78 |
| 3 | 休眠功率/W | 1 | 不亮 | - |
| 4 | 发光效率/(lm/w) | 100 | 90 | 1.11 |
| 5 | 光源全寿命/h | 50000 | 18000 | 2.78 |
| 6 | 总额定功率/W | 1680 | 2160 | 0.78 |
| 7 | 控制方式 | 智能控制 | 手动开关 | |

图5.3-13　地下车库照明

2. **使用SMD32020封装形式**

3. **示范目的**

探索走廊等公共区域的照明节电的最佳方式。兼顾监控系统对环境最低照度的要求，最大限度实现节能目标，具有良好的推广前景。

4. **分项内容**（见表5.3-6、表5.3-7）

图5.4-14　走廊照明

表5.3-6　走廊(共20个楼层 )使用筒型LED灯具数量及性能

| 序号 | 技术指标 | LED灯 | 传统荧光灯 | LED/荧光灯 |
|---|---|---|---|---|
| 1 | 布灯数量 | 1131 | 1131 | 1 |
| 2 | 单盏额定功率/W | 7 | 18 | 0.39 |
| 3 | 休眠功率/W | 1 | 不亮 | - |
| 4 | 发光效率/(lm/w) | 100 | 90 | 1.11 |
| 5 | 光源全寿命/h | 50000 | 18000 | 2.78 |
| 6 | 总额定功率/W | 8000 | 20000 | 0.4 |
| 7 | 控制方式 | 智能控制 | 手动开关 | |

表5.3-7　11层~15层走廊使用满天星LED灯具数量及性能

| 序号 | 技术指标 | LED灯 | 传统荧光灯 | LED/荧光灯 |
|---|---|---|---|---|
| 1 | 布灯数量 | 332(块矿棉板) | 110 | - |
| 2 | 单盏额定功率/W | 2/块 | 18 | - |
| 3 | 休眠功率/W | 1 | 不亮 | - |
| 4 | 发光效率/(lm/w) | 90 | 90 | 1 |
| 5 | 光源全寿命/h | 50000 | 18000 | 2.78 |
| 6 | 总额定功率/W | 664 | 1980 | 0.33 |
| 7 | 控制方式 | 智能控制 | 手动开关 | |

## 五、中庭炫彩顶（见图5.3-15）

1. **设计理念**

科技中心17~19层设有四周封闭的中空大厅，建筑设计师的理念是用透光软膜加荧光灯的方式模拟自然采光天窗的效果。根据经验，采用荧光灯总功率过大无法散热，不仅影响灯具及软膜寿命，同时带来消防隐患。经反复验算，研制低压供电双色 LED 灯具，通过软件控制，实现模拟真实天空早晨、中午、黄昏的色温变化和白云漂浮的效果，增强了装饰效果并同时解决了中庭照明问题。

**2. 使用功率封装，SMD32020 封装形式**

**3. 示范目的**

与传统光源相比，LED 光源光谱单一、热量少，可用于密闭空间，减缓了透光软膜高温老化问题。通过仔细选择膜的透光系数，实现装修与照明的完美结合。LED 照明颠覆了“有照明必有灯”的传统观念，开拓了建筑照明设计新思路，在高档场所具有良好的推广前景。

**4. 分项内容**（见表 5.3-8）

表5.3-8 中庭炫彩顶使用LED灯具数量及性能

| 序号 | 技术指标 | LED灯 | 传统荧光灯 | LED/荧光灯 |
|---|---|---|---|---|
| 1 | 布灯数量 | 410 | 410 | 1 |
| 2 | 单盏额定功率/W | 16 | 36 | 0.44 |
| 3 | 休眠功率/W | 可调 | 不亮 | - |
| 4 | 发光效率/(lm/w) | 100 | 90 | 1.11 |
| 5 | 光源全寿命/h | 50000 | 18000 | 2.78 |
| 6 | 总额定功率/W | 6560 | 14760 | 0.44 |
| 7 | 控制方式 | 智能控制 | 手动开关 | |

图 5.3-15 中庭炫彩顶

## 六、首层大堂油画灯（见图 5.3-16）





**1. 设计理念**

科技中心首层大堂装饰有 20m 高大型油画，照明灯具只能设置在大堂天花部位，按照效果设计，只能采用传统的金卤灯具，这种光源因含有大量的红外辐射，极易造成油画颜料和基底材料的老化变色，同时带来消防隐患。经反复验算，采用进口高光效芯片、国内封装技术研制专用窄光束 LED 投光灯照明，常规供电、开关控制，较好地解决了这一问题。

**2. 使用大功率封装形式**

**3. 示范目的**

与传统光源相比，LED 光源光谱单一发热少，可用于文物保护等特殊用途，在特殊场所具有良好的推广前景。

**4. 分项内容**（见表 5.3-9）

表5.3-9 首层大堂油画灯使用LED灯具数量及性能

| 序号 | 技术指标 | LED灯 | 传统荧光灯 | LED/荧光灯 |
|---|---|---|---|---|
| 1 | 布灯数量 | 8 | 8 | 1 |
| 2 | 单盏额定功率/W | 16 | 70 | 0.23 |
| 3 | 发光效率/(lm/w) | 110 | 90 | 1.22 |
| 4 | 光源全寿命/h | 50000 | 8000 | 6.25 |
| 5 | 总额定功率/W | 128 | 560 | 0.23 |
| 6 | 控制方式 | 手动开关 | 手动开关 | |

图 5.3-16 首层大堂油画灯

## 七、夜景照明（见图 5.3-17）

### 1. 设计理念

LED 照明技术是一个实用化的系统技术，必须通过具体的产品设计、工程设计和实际建设，才能推动技术的发展。LED 在照明领域的推广工作也必须通过典型工程的示范来带动，特别是具有影响力的典型工程实例。结合工程实际需要设计 LED 光源、灯具、驱动电路和控制系统，并建设完成一个具有典型意义的实用工程，才能充分发挥 LED 在照明领域应用的示范作用。一个完整的照明系统将是根据使用的需要对光源组进行优化设计、安装和运行控制，使其安全、高效的发挥作用，满足使用要求的完备系统。

### 2. 使用功率封装、SMD32020 封装等形式

### 3. 示范目的

根据建筑特点和周边环境，研究和设计建筑景观照明工程的技术途径和实现手段；研究 LED 光源、灯具、控制系统和供电系统的设计和制造技术；建设符合艺术表现和工程实际要求的景观照明工程；体现 LED 照明的安全、节能、稳定、可精确控制变化图像、易与建筑构件结合的综合技术优势。

### 4. 分项内容（见表 5.3-10）

表5.3-10　夜景照明灯具清单

| 序号 | 名称 | 数量 | 安装位置 |
|---|---|---|---|
| 1 | 蓝白双色线条灯 | 1179 | 立面竖向线条 |
| | | 29 | 立面竖向线条 |
| 2 | 白色线条灯 | 72 | 裙楼退步灯 |
| | | 2 | 裙楼退步灯 |
| | | 18 | 裙楼退步灯 |
| 3 | 黄色线条灯 | 40 | 西立面竖向线条 |
| | | 16 | 西立面竖向线条 |
| | | 8 | 西立面竖向线条 |
| | | 16 | 西立面竖向线条 |
| 4 | 七彩集成功率点状灯 | 120 | 西北立面玻璃幕 |
| 5 | 七彩集成功率点状灯组 | 2 | 西北立面玻璃幕 |
| 6 | 点状灯具 | 216 | 楼顶竖向柱头灯 |
| | | 8 | 西立面理石柱头灯 |
| 7 | 白色大功率条形投光灯 | 14 | 玻璃幕天花向下照明灯具 |
| | | 2 | 玻璃幕天花向下照明灯具 |
| | | 1 | 玻璃幕天花向下照明灯具 |
| 8 | 黄色大功率条形投光灯 | 27 | 顶层塔楼照明灯具 |
| 9 | 地埋灯 | 22 | 裙楼大理石柱底部 |

图 5.3-17　夜景照明



## 八、集中供电式应急照明系统改造

### 1. 设计理念

在符合建筑设计规范的前提下，通过使用光伏发电、蓄电池组蓄能、LED 作光源的应急灯、低压供电等技术措施，对大楼原来的集中供电式应急照明系统进行改造和优化，将走廊等疏散通道中的功能照明灯具（筒灯、吸顶灯、斗胆灯）与消防疏散指示灯具合并设计，通过智能探测及控制技术，最大限度提高设备利用率并节约投资。引入调光功能，根据使用条件不同自动调整照度。

2. **示范目的**

根据LED发光器件便于组装、集分的特点，分层研制筒灯、牛眼灯、满天星等不同概念的照明模式，尽可能体现LED光源的自身特点，尝试突破传统灯具理念。降低系统灯具功耗，大幅度减少铅酸电池用量，降低污染，提高了系统的可靠性和安全性，开创了高层建筑应急照明系统设计的新模式，实为新型光源与建筑照明相结合的典范。采用低压供电技术，一定程度上解决了光伏发电系统电力逆变的次数，提高了系统效率。对高层建筑应急照明设计提供了有益的尝试，有很好的业内推广价值。

3. **项目内容**（见表5.3-11）

表5.3-11 应急照明系统改造内容及性能

| 序号 | 技术指标 | LED灯 | 传统节能灯 | LED/节能灯 |
|---|---|---|---|---|
| 1 | 布灯数量 | 1800 | 1800 | 1 |
| 2 | 单盏额定功率/休眠功率/W | 5/2 | 1/3 | 0.38/0.15 |
| 3 | 发光效率/(lm/w) | 90 | 90 | 1 |
| 4 | 光源全寿命/h | 50000 | 18000 | 2.78 |
| 5 | 总额定效率/W | 9000 | 23400 | 0.38 |
| 6 | 控制方式 | 智能控制+联动 | 手动控制+联动 | |

## 九、太阳能光伏电站与应急照明的结合



1. **设计理念**

通过低压供电技术、低压充放电技术，对原设计中的集中式应急供电系统进行改造，改光伏电站为主供电源，提供昼间照明电力和储能电力，市电备用。在LED与太阳能结合的项目中，目前国内常见于道路照明，尚未有成系统、成规模地应用于建筑物内的实例。而LED照明与太阳能光伏最佳的结合方式不在于存储多少来自太阳的电力，而在于其低压输出与LED的低压供电能够很好地结合。通过直接变换（不储能或尽量少储能）给终端昼间常亮的LED灯具供电，如地下车库、公共走廊、电梯厅等区域。本项目的实施，将会给LED灯具与太阳能光伏发电的应用进行一次完美对接，起到示范的作用，推动国家节能减排、开发新能源目标的实现，此乃一大亮点。

2. **设计内容**

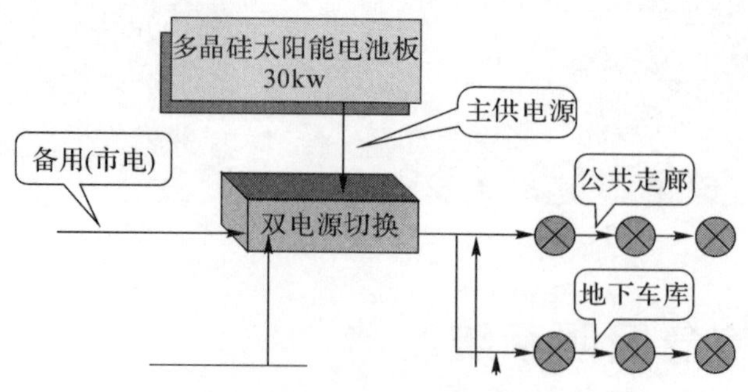


图5.3-18 太阳能光伏电站与应急照明结合设计内容

本项目把太阳能发电、储能、LED光源、智能控制等这些目前已经比较成熟的元素与高层建筑内传统的低压配电、室内照明、集中供电式应急照明等元素进行有机结合，使其成为一个完整的新系统（见图5.3-18）；研究了半导体照明产业在产品研发、系统集成、推广应用中的关键技术问题，对建筑照明设计中的新理念、新方法进行了探索，实现了节能减排“示范工程”的目的，为石家庄半导体照明产业化基地的建设搭建了新平台。

# 第六部分

# 标准与检测篇

半导体照明产业发展年鉴（2010—2011）

半导体照明产业发展年鉴（2010—2011）

# 第一章　标准化进展

## 2009—2010年国内外半导体照明标准化进展情况

李艳　李倩　潘建根
杭州远方光电信息股份有限公司

## 一、概述

半导体照明无疑是当今世界最热门的产业之一，在行业发展之初，标准和检测对于规范市场秩序、建立用户信心是十分重要的。由于半导体照明产品光色性能特殊，传统照明的标准和检测方法不能完全适用，亟需建立新的评估体系。国际相关标准化组织，如国际照明委员会（CIE）、国际电工委员会（IEC）以及一些发达国家（美国、日本等）都纷纷着手半导体照明标准和检测的研究工作。我国也极为重视半导体照明的标准和检测工作，已通过国家863计划等科技项目，深入研究了半导体照明产品的特性及其检测技术，为相关标准的制定奠定了基础。同时，经规划和协调，国内相关标准化组织联合编制了半导体照明标准化体系的草案，并在该体系框架内相继制定了一批国家或行业标准，这些标准大部分都会在近两年内出台和实施。值得一提的是，我国的半导体照明标准化工作得到了国际社会的肯定，在2009年举办的CIE光和照明大会上，中美两国代表分别应邀介绍本国的半导体照明标准化进展情况[1]。



## 二、国际及国外先进国家的LED标准化工作

### 1. 国际照明委员会（CIE）

CIE是国际照明领域最权威的学术组织，也是国际标准化委员会（ISO）的成员之一，侧重基础和方法的研究。CIE从20世纪90年代就开始关注LED了，最近几年的CIE学术大会和专家论坛都将LED作为核心讨论的内容之一。

CIE第二分部（D2）专门负责光和辐射测量的研究，在2010年的年会上，CIE D2对LED光辐射测量的标准化研究工作做了初步部署和规划：将LED产品分为小功率LED、大功率LED、LED模块、LED灯具和OLED，分别由对应的技术委员会负责，其中的LED模块包括介于封装LED和LED灯具之间的LED产品。CIE D2中，与LED相关的其他研究工作还包括LED辐射亮度测量方法、中间视觉光度测量等。与此同时，CIE其他分部也积极开展了LED相关的标准化研究工作。目前CIE直接针对LED产品的技术委员会和研究报告如下：

1）TC2-46：CIE/ISO standards on LED intensity measurements；

2）TC2-50：Measurement of the optical properties of LED clusters and arrays；

3）TC2-58：Measurement of LED radiance and luminance；

4）TC2-63：Optical measurement of High-Power LEDs；

5）TC2-64：High speed testing methods for LEDs；

6）TC2-66：Terminology of LEDs and LED assemblies；

7）R2-42：Measurement methods for LED luminaires；

8）R2-43：Measurement of Integrated LED Light Source；

9）TC3-50：Lighting quality measures for interior lighting with LED lighting systems；

10）TC4-47：Application of LEDs in Transport Signaling and Lighting；

11）TC6-55：Light Emitting Diode（photobiological safety）。

## 2. 国际电工委员会（IEC）

IEC 较为注重产品的电气特性及安全性，对产品性能也较为关注。IEC 近年出台的与 LED 相关的标准如下：

1）IEC/PAS 62612：2009，Self-ballasted LED-lamps for general lighting services-performance requirements；

2）IEC 62031：2008，LED modules for general lighting-Safety specifications ；

3）IEC 62384-am1：2009，Amendment 1-DC or AC supplied electronic control gear for LED modules-Performance requirements；

4）IEC 62386-207：2009，Digital addressable lighting interface-Part 207：Particular requirements for control gear-LED modules（device type 6）；

5）IEC 62504 TS Ed. 1：2009，Terms and definitions for LEDs and LED modules in general lighting；

6）IEC 62560：2010，Self-ballasted LED-lamps for general lighting services ＞ 50 V-Safety specifications；

7）IEC 60838-2-2：2006，Miscellaneous Lampholders-Part 2-2：Particular requirements-Connectors for LED Modules；

8）IEC 61347-2-13：2006，Lamp controlgear-Part 2-13：Particular requirements for d. c. or a. c. supplied electronic controlgear for LED modules 。

目前 IEC 仍有多项 LED 相关的标准和技术文件正在制修订过程中，内容覆盖了 LED 的分类、自镇流和非自镇流的 LED 灯、OLED 平板、LED 模块、LED 控制器、LED 光通维持率、LED 光生物安全标识、高亮度 LED 电路板、LED 灯具等。其中仅与 LED 灯具相关的标准或技术文件制修订项目就包括以下 6 项：

1）IEC/PAS：LED Luminaire Performance；

2）34D/919/DC：IEC 60598-1：Limits for accessible SELV voltage in luminaire other than ordinary opened for lamp（LED）replacement；

3）34D/950/NP：LED luminaires with sensors-Safety requirements；

4）34D/949/NP：LED luminaires with sensors-Performance requirements；

5）34D/948/NP：Portable LED luminaires-Performance requirements；

6）34D/936/RVN：Recessed LED luminaires-Performance requirements。

## 3. 美国的 LED 标准化动态

美国一直非常重视半导体照明产业的发展，也特别强调 LED 的标准化工作。参与美国 LED 标准化工作的主要组织和机构包括北美照明学会（IESNA）、美国国家标准组织（ANSI）、美国电气制造商协会（NEMA）、美国能源部（DOE）、美国环保署（EPA）和固态照明科技联盟（ASSIST）等。近两三年来，各部门和组织的工作内容有[2]：

（1）北美照明协会（IESNA）

IESNA 已发布了两个国际著名的技术规范：

1）IESNA LM-79-2008：Approved Method for the Electrical and Photometric Measurements of LED Light Sources；

2）IESNA LM-80-2008：Approved Method For Measuring Lumen Maintenance of LED Light Sources。

其中 LM-79 是在全球率先发布的关于 LED 产品光电性能检测方法的技术标准之一，也是目前美国能源部开展“能源之星”认证中的主要依据标准。该标准适用对象为 LED 灯具和一体化的 LED

灯。主要包括 LED 产品的总光通量（单位：lm）、光视效能（单位：lm/W）、发光强度分布（单位：cd）、平均颜色和颜色分布等的检测方法。

目前 IESNA 还有多项技术规范正在制订之中：

1）IESNA LM：High Power LED Measurements；

2）IESNA LM：LED Light Engine Measurements；

3）IESNA TM-21：LED Lumen Maintenance Prediction；

4）IESNA LM：OLED Testing；

5）IESNA LM：AC LED Measurements；

6）IESNA LM：Luminaire Level Lumen Maintenance。

（2）美国能源部（DOE）

美国能源部（DOE）在历经了 3 次草案后，发布了一体化 LED 灯的“能源之星”标准最后确认版本 ENERGY STAR® Program Requirements for Integral LED Lamps ENERGY STAR Eligibility Criteria（2009），并于 2010 年 8 月 31 日生效。

除此之外，DOE 正根据半导体照明产品的特性，修改其原有的对灯和灯具的技术要求，使这些技术规范更具通用性。例如，在 ENERGY STAR® Program Requirements for Luminaires 中，结合 LED 灯具的特性，修改了对光视效能、色温、显色指数的要求，并且增加了最小光输出、区域流明输出、区域流明密度、颜色随角度的均匀性、颜色维持特性等指标，该标准计划于 2011 年 6 月发布。

（3）美国电气制造商协会（NEMA）

NEMA 单独发布的关于半导体照明的技术规范包括：

1）NEMA SSL-3-2010：High-power white LED Binning for General Illumination；

2）NEMA LSD-44-2009：SSL – The Need for a New Generation of Sockets & Interconnects；

3）NEMA LSD-45-2009：Recommendations for SSL Sub-Assembly Interfaces for Luminaires；

4）NEMA LSD-49-2010：SSL for Incandescent Replacement – Best Practices for Dimming；

5）NEMA/ALA LSD-51-2009：SSL-Definitions for Functional and Decorative Applications；

6）NEMA SSL-1-2010：Electronic Drivers for LED，Arrys，or Systems National Electrical Manufacturers Association；

7）NEMA SSL-6：Solid State Lighting for lncandescent Replacement dimming（with errata）Provides Guidance for those Seeking to Designand Buitd or Work。

（4）美国国家标准组织（ANSI）

ANSI 发布了两个标准如下：

1）ANSI/IESNA RP-16-05：Addendum b. Nomenclature And Definitions for Illuminating Engineering（2010）；

2）ANSI_ NEMA_ ANSLG C78. 377-2008：American National Standard for electric lamps-Specifications for the Chromaticity of Solid State Lighting Products。

ANSI_ NEMA_ ANSLG C78. 377-2008 将半导体产品的颜色分为 8 个相关色温，实际上对色温的要求是比荧光灯放宽了，该颜色划分方法也被中国有关 LED 性能要求的标准采用。

ANSI 正在准备之中的标准还包括：

1）ANSI Proposal：Standardized LED Package Footprint；

2）ANSI Proposal：Standardized LED Datasheet；

3）ANSI Proposal：Standardized LED Testing Method。

### 4. 日本的 LED 标准化工作

日本近年来非常重视照明用白光 LED 标准化的推动，他们成立了“白光 LED 测试研究委员会”专门研究照明用白光 LED 的测试方法和技术标准。2004 年，出版了由日本照明学会（JIES）、日本照明委员会（JCIE）、日本照明器具工业会（JIL）、日本全球工业会（JEL）等四大团体联合制定的共同标准规范《照明用白光 LED 测光方法通则》，且在 2006 年推出修订版本，此通则详细定标标准白光 LED 的规格，并以标准 LED 作为测量的比较标准。

近两年日本发布的 LED 标准主要有如下几种：

1）JIS C8121-2-2-2009：Miscellaneous lampholders – Part 2-2 Particular requirements-Connectors for printed circuit board based LED-modules（IEC 60838-2-2-2006）；

2）JIS C8153-2009：DC or AC supplied electronic control gear for LED modules-Performance requirements；

3）JIS C8154-2009：LED modules for general lighting-Safety specifications；

4）JIS C8147-2-13-2008：Lamp controlgear-Part 2-13：Particular requirements for d. c. or a. c. supplied electronic controlgear for LED modules；

5）JIS C8152-2007：Measuring methods of white light emitting diode for general lighting。

### 5. 韩国的 LED 标准化工作

韩国技术标准局（KATS）于 2007 年宣布，在 3 年内建立 15 项国家标准，并宣告建立测试方法《LED 照明标准化计划》。2009 年发布 9 项标准，内容以安全和性能为主：

1）KSC7651-2009：LED lamps using internal converter-Safety and Performance Requirements；

2）KSC7652-2009：LED lamps using external converter-Safety and Performance Requirements；

3）KSC7653-2009：Recessed and fixed LED luminaries-Safety and performance requirements；

4）KSC7655-2009：DC or AC supplied electronic controlgear for LED modules-Safety and Performance requirements；

5）KSC7656-2009：Portable LED luminaries-Safety and Performance requirements；

6）KSC7657-2009：LED sensor luminaries-Safety and Performance requirements；

7）KSC7658-2009：LED luminaries for road and street lighting-Safety and perf-ormance requirements；

8）KSC7659-2009：LED module for channel letter signs-Safety and performance requirements。





## 三、我国的标准化工作

我国在大力发展半导体照明产业的同时，也把标准和检测工作放到了十分重要的位置。目前国内的半导体照明标准化组织及其所制修订的标准如下：

### 1. 国家半导体照明工程研发及产业联盟（CSA）

CSA 于 2007 年成立了“联盟标准化协调推进工作组”，一方面协调中国的 LED 标准化进度；另一方面考虑到半导体照明产业发展十分迅猛，亟需标准指导，而出台正式的国家标准周期较长，因此也组织业内专家，制定半导体照明技术规范，供企业参考使用，也为相关标准的出台提供技术积累。在该方针思想的指导下，联盟率先制定了一批技术规范，其中包括：

1）LB/T 001—2009：整体式 LED 路灯的测量方法　推荐性技术规范（第二版）；

2）LB/T 002—2009：LED 道路照明产品技术规范；

3）LB/T 003—2009：LED 隧道灯；

4）LB/T 004—2010：LED 道路和隧道照明现场检测验收实施细则；

5）寒地 LED 道路照明产品技术规范；

6）照明用 LED 驱动电源通用规范（征求意见稿）；

7）反射型自镇流 LED 照明产品（征求意见稿）；

8）LED 筒灯（征求意见稿）。

### 2. 全国照明电器标准化技术委员会（SAC/TC224）

SAC/TC224 主要负责照明相关的标准化工作，下设 4 个分技术委员会，其中灯具和电光源分技术委员会对应于 IEC 的 TC34，照明基础与光辐射测量分技术委员会对应于 CIE。SAC/TC224 及时追踪半导体照明技术的进展和产品质量，起草了多项半导体照明的相关标准，这些标准都在近两年发布和实施，具体见表 6. 1-1。

表 6.1-1　2009—2010 年全国照明电器标准化技术委员会出台的 LED 标准

| 标准号 | 名称 | 发布日期 | 实施日期 |
|---|---|---|---|
| GB 24906—2010 | 普通照明用 50V 以上自镇流 LED 灯安全要求 | 2010-06-30 | 2011-02-01 |
| GB/T 24907—2010 | 道路照明用 LED 灯 性能要求 | 2010-06-30 | 2011-02-01 |
| GB/T 24908—2010 | 普通照明用自镇流 LED 灯 性能要求 | 2010-06-30 | 2011-02-01 |
| GB/T 24823—2009 | 普通照明用 LED 模块 性能要求 | 2009-12-15 | 2010-05-01 |
| GB/T 24824—2009 | 普通照明用 LED 模块测试方法 | 2009-12-15 | 2010-05-01 |
| GB/T 24825—2009 | LED 模块用直流或交流电子控制装置 性能要求（MOD IEC62384:2006） | 2009-12-15 | 2010-05-01 |
| GB/T24826—2009 | 普通照明用 LED 和 LED 模块术语和定义 | 2009-12-15 | 2010-05-01 |
| GB 24819—2009 | 普通照明用 LED 模块 安全要求（IDT IEC62031:2008） | 2009-12-15 | 2010-11-01 |
| GB 19510.14—2009 | 灯的控制装置 第 14 部分：LED 模块用直流或交流电子控制装置的特殊要求（IDT IEC61347-2-13:2006） | 2009-10-15 | 2010-12-01 |
| GB/T 19651.3—2009 | 杂类灯座　第 2-2 部分：LED 模块用连接器的特殊要求（IDT IEC60838-2-2:2006） | 2008-12-30 | 2010-04-01 |
| GB/T 24909—2010 | 装饰照明用 LED 灯 | 2010-06-30 | 2011-02-01 |
| QB/T 4057—2010 | 普通照明用发光二极管 性能要求 | 2010-04-22 | 2010-10-01 |

### 3. 全国稀土标准化技术委员会（SAC/TC229）

全国稀土标准化技术委员会制定了 LED 荧光粉系列标准，包括总的产品标准和系列试验方法标准。值得一提的是，该系列标准除了考察荧光粉常规性能参数外，还专门考虑了热猝灭性能，即荧光粉在高温状态下的表现，更加符合荧光粉的实际工作状态。表 6.1-2 列出了 2009—2010 年 SAC/TC229 出台的相关标准。

表 6.1-2　2009—2010 年全国稀土标准化技术委员会出台的相关标准

| 标准 | 名称 | 发布日期 | 实施日期 |
|---|---|---|---|
| GB/T 24982—2010 | 白光 LED 灯用稀土黄色荧光粉 | 2010-08-09 | 2011-05-01 |
| GB/T 23595.7—2010 | 白光 LED 灯用稀土黄色荧光粉试验方法 第 7 部分：热猝灭性的测定 | 2010-08-09 | 2011-05-01 |

### 4. 工业和信息化部半导体照明技术标准工作组

工业和信息化部半导体照明技术标准工作组着重于器件、材料的标准化工作，由该工作组牵头起草的 9 项部级标准已由工业和信息化部批准发布，并于 2010 年 1 月起实施。表 6.1-3 为工业和信息化部出台的相关标准。

表 6.1-3　工业和信息化部出台的相关标准

| 标准号 | 名称 | 发布日期 | 实施日期 |
|---|---|---|---|
| SJ/T 11393—2009 | 半导体光电子器件　功率发光二极管空白详细规范 | 2009-11-17 | 2010-01-01 |
| SJ/T 11394—2009 | 半导体发光二极管测试方法 | 2009-11-17 | 2010-01-01 |
| SJ/T 11395—2009 | 半导体照明名词术语 | 2009-11-17 | 2010-01-01 |
| SJ/T 11396—2009 | 氮化镓基发光二极管用蓝宝石衬底片 | 2009-11-17 | 2010-01-01 |
| SJ/T 11397—2009 | 半导体发光二极管用荧光粉 | 2009-11-17 | 2010-01-01 |
| SJ/T 11398—2009 | 功率半导体发光二极管芯片技术规范 | 2009-11-17 | 2010-01-01 |
| SJ/T 11399—2009 | 半导体发光二极管芯片测试方法 | 2009-11-17 | 2010-01-01 |
| SJ/T 11400—2009 | 半导体光电子器件　小功率发光二极管空白详细规范 | 2009-11-17 | 2010-01-01 |
| SJ/T 11401—2009 | 半导体发光二极管产品系列型谱 | 2009-11-17 | 2010-01-01 |

## 四、现有半导体照明标准的分类整理

表 6.1-4 中对已出台的 CIE、IEC、中国、美国标准做了简单的分类整理，希望能够起到一定的

梳理作用。

表 6.1-4　近两年 CIE、IEC、中国、美国标准分类一览表

| 类别 | 性能要求 | 安全要求 | 检测方法 |
|---|---|---|---|
| LED 芯片和荧光粉 | GB/T24982—2010<br>SJ/T 11396—2009<br>SJ/T 11397—2009<br>SJ/T 11398—2009 | | GB/T23595. 7—2010 |
| 封装 LED | QB/T 4075—2010<br>SJ/T 11393—2009<br>SJ/T 11400—2009<br>SJ/T 11401—2009 | | CIE 127：2007<br>IES LM 80—2008<br>SJ/T 11394—2009 |
| LED 灯<br>LED 模块 | IEC/PAS 62612—2009<br>ENERGY STAR<br>NEMA LSD—49<br>GB/T 24823—2009<br>GB/T24907—2010<br>GB/T24908—2010<br>GB/T24909—2010 | IEC 62031：208<br>IEC 62560：2010<br>GB 24906—2010<br>GB 24819—2009 | IES LM 79-2008<br>IES LM 80-2008<br>GB/T 24824-2009 |
| LED 灯具 | LB/T 002—2009<br>LB/T 003—2009 | | IES LM-79—2008<br>LB/T 001—2009 |
| LED 控制装置 | IEC 62384-am1：2009<br>IEC 62386-207：2009<br>IEC 61347-2-13：2009<br>NEMA SSL-6<br>NEMA LSD-1<br>GB/T 24825—2009<br>GB19510. 14—2009 | | |
| LED 连接器 | IEC 60838-2：2006<br>NEMA LSD-44<br>NEMA LSD-45<br>GB/T 19651. 3—2009 | | |
| LED 色度学 | CIE 177-2007<br>ANSI_ NEMA_ ANSLG C78. 377—2008 | | |
| LED 术语和定义 | IEC 62504 TS Ed. 1<br>GB/T24826-2009<br>ALA/NEMA LSD-51<br>ANSI/IESNA RP-16-05<br>SJ/T 11395—2009 | | |

## 五、我国半导体照明检测技术的进展情况

检测是与标准息息相关的，科学的检测方法和设备是保证标准贯彻落实的基础。2009 年，国家发改委联合科技部、财政部等 6 个部委发布的《半导体照明节能产业发展意见》中也将检测放到了极为重要的位置。目前已有多家研究机构、龙头企业和公共检测平台建设半导体照明检测实验室，为进一步建成全国的网络检测平台打下基础。

LED 产品特殊的光色特性对其检测技术和设备都提出了更高的要求[3,4]。在国家 863 计划等课题的支持下，我国已经开发出一批具有自主知识产权的半导体照明检测设备，为公共检测平台和高端实验室的建设提供了设备保障，使我国告别高端设备的进口依赖，而且还依托自身先进的技术将设备出

口至欧美等多个国家和地区。以下仅举两种典型设备加以说明。

**1. 全空间快速分布光度计**

分布光度计是光辐射测量中的关键设备之一，用于测量光源和灯具的空间光分布信息。全空间快速分布光度计是我国自主研发的新一代分布光度计。利用它可实现各种光源和灯具的基准级总光通量、高精度发光强度分布、空间颜色分布和亮度分布等的测量，而且因为有创新性的控制系统，全空间快速分布光度计具有高角度精度和测量速度。该光度计采用了十余项专利技术，其中ZL200710068057.5同步反射分布光度计获得了国家知识产权局颁发的中国专利优秀奖。德国光和照明专业权威学术期刊《LITCH（光）》刊登并介绍了该分布光度计的工作原理（《LICHT》，11—12/2009，P818），这对于我国测光产品而言是史无前例的。

**2. 高精度快速光谱辐射计**

高精度快速光谱辐射计（HAAS）能在毫秒级时间内完成一次测量，特别适用于LED产品的瞬态光色参数测量，以及与分布光度计结合测量LED产品的空间光谱分布。在国际半导体照明标准中，HAAS的应用越来越广泛。目前我国已拥有了具有完全自主知识产权的HAAS，成为第三个拥有该项技术的国家。通过自主创新，我国的HAAS实现了前所未有的$5\times10^{-5}$极低杂散光水平（A光源条件下）和0.3%全动态光度线性性能。目前相应产品已被入选国家首批“国家自主创新产品”，2010年又获得了“国家重点新产品称号”。

虽然近年来我国LED检测技术取得了长足的进步，但LED作为一个新型光源，给传统的照明带来了冲击。随着LED技术的进一步发展，需要更全面、精确地检测和评估LED产品以及与之相关的光环境等。比如，CIE中间视觉光度学系统的出台为LED制造商根据低亮度照明应用优化LED的开发提供了基础[5]，但如何测量和评估中间视觉下的光度量还需要进一步的研究。又例如，由于LED可能会出现局部过亮的现象，从而造成眩光污染，因此有必要研究开发LED亮度分布的检测方法和设备。目前我国科研人员已经在跟进这些课题，并已组织人员开展LED检测技术的工作，争取尽早攻关，更好地为半导体照明产业发展服务。




## 六、小结

为顺应半导体照明产业迅速发展的需要，相关国际组织和欧美日等发达国家都把半导体照明标准的制定放在了极其重要的位置，近年来相继出台了多项半导体照明标准或技术规范。我国也在相关国家机构的组织协调下，开展了大量研究工作，自主制定了一系列标准，且这些标准均绝大部分已颁布和实施。值得一提的是，近年来，我国把半导体照明作为突破口，利用国内标准化研究成果，积极参与国际标准的研究与制定工作，在掌握国际最新资讯的同时，努力争取国际标准话语权。

LED检测方面，在前期863计划课题的支持下，我国实现了一批具有自主知识产权、具有国际领先水平的高端检测设备。然而，半导体照明技术正高速发展，对相关检测的要求也越来越高，尤其是LED光辐射测量领域仍然面临挑战，目前我国正在积极地迎接挑战。此外，为了保障半导体照明产业健康良性发展，充分发挥标准的规范作用，建议加大公共LED检测平台的建设和认证工作的力度，建立检测体系网络。在这方面，美国CALiPER等计划的成功案例很值得借鉴。

### 参考文献

[1] Jun Ruan, Suhui Qu, Qian Li and Jiangen Pan. Solid State Lighting Standardization in China. Proc. 2009 CIE, Budapest: 27-29 May 2009, 38~42.

[2] Yoshi Ohno Standardization Activities for Solid State Lighting in the USA. Proc. 2009 CIE, Budapest: 27-29 May 2009, 36~37.

[3] IESNA LM-79: 2008 Approved Method for the Electrical and Photometric Measurements of LED Light Sources.

[4] GB/T 24824—2009 普通照明用LED模块测试方法

[5] CIE191: 2010 Recommended System for Mesopic Photometry Based on Visual Performance.

# LED国际标准及检测技术的进展

牟同升　虞建栋　王建平
浙江大学光电工程系　杭州浙大三色仪器有限公司

## 一、背景

地球上生命的起源、生物的进化，植物（自养式吸收－光合作用）、动物（异养式吸收）的营养获取和生命节律的维持等都离不开光。光促进了生物的演变，使其能更好地适应环境。

光对人的影响是多方面的。首先，光的视觉功能，人类3/4的信息是通过光获取的，由于照明的发展，人类的生活不再仅仅依赖于自然界的太阳光。照明和显示是人工光源视觉功能的两大主要应用方向。光的非视觉效应越来越受到关注，如光的能量效应；LED的蓝光能对婴儿黄疸病的胆红素进行分解；适当波长的光辐射可调节细胞的代谢功能。此外，光还能对生理节律进行调节，人体每天24h的生命节律、免疫活动过程都受到光的刺激、抑制而维持正常的状态。

原始社会的摩擦生火开始了人类照明领域的第一次革命，人类夜间可继续活动，并能保护生命的安全。1897年爱迪生发明的白炽灯被公认为照明领域的革命，使人类进入电气时代，光和照明进入生活的每一个角落。随后的荧光灯、各种高强度气体放电灯的发展，丰富了照明光源的种类，并在节约能源方面有了巨大的进步。近几年，基于LED发光的半导体照明，不仅在节能方面有进一步的提升，而且结合现代的微电子技术、数字和网络技术，使光和照明与人的生命、环境的要求更加融合，使人类回归自然照明成为现实，这无疑将引领人类照明领域的又一次革命。

美国能源部提出的截至2012年的第一个LED五年发展计划值得我们借鉴和思考。LED的产业刚刚起步，当前我们用LED光源“取代”传统照明产品，已经看到了LED应用的曙光，但LED产品的许多优点还没有很好地发挥，许多应用领域还有待于进一步开拓。LED是一种小功率、子光源型的固态发光器件，具有良好的定向出光特性，易于数字化集成控制。我们如何“以人为本”，基于人的视觉、健康、环保的需求，发挥LED的特点，是未来半导体照明产业发展的重大问题。因此如何突破基于传统光源形成的现有照明标准，是国际标准化组织非常关注的问题。

标准与检测技术是引领产业发展的重要杠杆。最近两年，随着LED产业的发展，LED从器件模块，到照明和显示等应用产品的标准都有较快的发展。国际相关标准化组织已陆续发布相关的标准。国际电工委员会（IEC）也有多个技术委员会涉及LED产品的国际标准化；国际照明委员会（CIE）也非常关注LED国际标准化的研究，尤其在推动未来半导体照明标准化方面发挥着重要作用。我国从跟踪、参与到积极主导国际相关标准，在LED国际标准化领域中的地位不断提高，对我国LED产业的全球化发展将产生重大的影响。

## 二、LED国际标准

国际电工委员会（IEC）和国际标准化组织（ISO）是国际上的两大标准化机构。IEC成立于1906年，是世界上最早的国际性电工标准化机构，总部设在日内瓦。1947年ISO成立后，IEC曾作为电工部门并入ISO。根据1976年ISO与IEC的新协议，IEC负责有关电工、电子领域的国际标准化工作，其他领域则由ISO负责。

IEC的宗旨是促进电工、电子领域中的标准化及有关方面问题的国际合作，增进相互了解，出版包括国际标准在内的各种出版物，并希望各国家委员会在其本国条件许可的情况下，使用这些标准。

目前占全球95%以上的人口的国家和地区都采用IEC国际标准，因此IEC标准是全球贸易中的主导性文件。IEC是联合国的一级咨询机构，中华人民共和国是IEC的成员国，也是理事会成员。

IEC的技术委员会（TC）是承担标准制定、修订工作的技术机构，下设有分技术委员会（SC）、工作组（WG）和项目组（PT）。

目前涉及LED标准的IEC技术委员会如下：

1）IEC TC34　Lamps and related equipment（灯和相关设备）；

2）IEC TC110　Flat panel display devices（平板显示器件）；

3）IEC TC76　Optical radiation safety and laser equipment（光辐射安全和激光设备）。

国际照明委员会（CIE）是国际照明工程领域的非政府间多学科的世界性学术组织，是技术、科学、文化方面的非营利性组织，总部设在维也纳。至今CIE已经出版了180多份技术报告；也有近20份的标准，通过IEC和ISO两大国际标准化机构发布的标准将成为国际正式标准。CIE与IEC的组织形式有较大的差异，每个国家和地区都可以以“国家”成员参加。目前，中国台湾和香港也是CIE成员。

目前，CIE有7个分部（Division）：

第1分部：视觉和颜色；

第2分部：光与辐射测量；

第3分部：室内环境和照明设计；

第4分部：照明及运输信号；

第5分部：户外照明和其他应用；

第6分部：光生物学和光化学；

第7分部：影像技术。

**1. IEC TC34**

IEC TC34“灯和相关设备”(Lamps and related equipment）技术委员会主要制定工作光源、灯具及相关配件等方面的国际标准，已发布的LED相关标准如下：

1）IEC 62031：2008，LED modules for general lighting -Safety specifications；

2）IEC 62384：2006，Performance of control gear for LED modules d. c. or a. c.，supplied electronic control gear for LED modules -performance requirements；

3）IEC 60838-2-2：2006，Miscellaneous lamp holders-Part 2-2：Particular requirements-Connectors for LED modules；

4）IEC 61347-2-13：2006，Lamp controlgear -Part 2-13：Particular requirements for d. c. or a. c. supplied electronic control gear for LED modules；

5）IEC 62560：2010，Self-Ballasted LED Lamps for general lighting services >50V-Safety specifications；

6）IEC 62504 TS Ed. 1：2009，Terms and definitions for LEDs and LED modules in general lighting。

IEC TC34制定的许多灯和灯具的标准，事实上也包括了对LED照明产品的要求。值得关注的是，IEC 60598系列标准包括了灯具的一般安全要求和LED产品的特殊要求；IEC 62386系列标准涉及各种数字寻址照明接口标准等，LED照明产品在新型数字照明中将发挥更大的优势。

根据IEC的预测，至2020年，LED将成为主要的照明产品，因此IEC TC34的国际标准化工作的重点正逐步转入LED照明产品的标准化。随着全球工业化过程中对环保重要性的重视，在IEC 109指南框架下，照明产品也要考虑相应的环保要求（无毒、可再生、无铅等），同时为了改善由于能源消耗对自然界生态环境的影响，世界各国也相继提出了对照明产品的节能、能效标识要求，因此IEC也非常重视制订照明产品的性能要求的国际标准，包括LED产品的光视效能、色温、显色性、光分布等要求。另外，LED照明产品的寿命与传统光源有较大差别，对寿命试验和评估提出了新的挑战，因此IEC TC34也着手制订LED照明产品的试验标准，并从光通量维持性和失效率两方面综合评估。

**2. IEC TC110**

IEC TC110“平板显示器件”（Flat panel display devices）技术委员会是制定新型平面型显示器件的测量和试验方法、性能规范、安全要求等国际标准的。目前的第五工作组（WG5）和 PT6 项目组正在分别起草 OLED 和 LED 背光源方面的标准。正在起草的 OLED 标准如下：

1）IEC 62341-1-1：Generic Specifications；

2）IEC 62341-1-2：Terminology and Letter Symbols；

3）IEC 62341-6-1：Measuring methods of optical and electro-optical parameters；

4）IEC 62341-5：Environmental testing methods；

5）IEC 62341-6-2：Measuring Methods of Visual Quality；

6）IEC 62341-6-3：Measuring Methods of Image Quality。

在 IEC TC110 WG5 中，中国负责两项国际标准项目，清华大学邱勇和杭州浙大三色仪器有限公司弁同升分别担任了 IEC 62341-6-1 和 IEC62341-6-3 的项目组长单位；同时中国专家也参与了 OLED 的其他所有国际标准的起草工作，并在其中发挥了重要作用。

目前，LED 背光源正在起草的测试标准 PT 62595-1“Electro-optical measurement methods of LED backlight unit for liquid crystal Displays”的项目组长由韩国担任，中国是参与起草的五个核心国之一。

我国青岛海信集团刘卫东博士负责“液晶显示用 LED 背光源——性能规范”标准的制订。近两年，基于 LED 动态背光技术的液晶显示器发展迅速，有关 LED 背光的 LCD 动态性能参数（包括动态能效、图像质量及光学性能等参数）的评估、测试是 IEC 关注的重点内容之一，我国杭州浙大三色仪器有限公司和韩国 LG 公司的专家已在 IEC 会议上进行了三轮的提案论证，都在积极争取国际标准制订的主导权。

**3. IEC TC76**





IEC TC76“光辐射安全和激光设备”（Optical radiation safety and laser equipment）技术委员会是专门制定光辐射安全国际标准的机构。从 1997 年开始，LED 就作为“类激光”产品纳入 IEC 60825-1 及系列标准中。近年来高功率 LED 不断发展，尤其是基于 GaN 技术的蓝光 LED 和白光 LED 在照明和显示中的应用越来越广泛。波长 460nm 左右的高亮度蓝光辐射将对人眼视网膜产生潜在的光化学危害，因此，光生物辐射危害性受到国际上的高度关注。LED 产品的光生物辐射安全标准也已成为 IEC TC76 的热点议题。欧盟法规已将 LED 产品的光辐射安全纳入强制性的要求，欧盟 LED 产品的 CE 认证中包含光辐射安全检测项目。

IEC TC76/WG9 是专门制定非激光类光源的光辐射安全标准的工作组。目前正在起草 IEC 62471 系列标准。而 LED 毕竟与激光有较大的差别，因此 2007 年发布的 IEC 60825-1 已将 LED 产品从该标准中拿出。目前 LED 产品的光辐射安全要求和等级分类方法完全纳入了 IEC 62471 系列标准。中国专家参加了 IEC TC76/ WG9 的所有国际标准的起草。

目前 IEC 涉及 LED 产品的光辐射安全标准如下：

1）IEC 62471：Photobiological safety of lamps and lamp systems；

2）IEC TR62471-2：Guidance on manufacturing requirements relating to non-laser optical radiation safety。

IEC 62471 标准是 2006 年发布的，完全等同 CIE S009:2002。最近，来自 IEC TC76 和 CIE D6 分部的专家小组对该标准进行了修改，预计新版标准 IEC 62471-1 将在 2011 年发布。随着光生物学基础研究的进展，在 IEC 62471 新版标准中，对光生物辐射安全的部分阈值、加权光谱函数、测量条件及评估方法做了相应的调整。我国专家作为特别小组成员参与了该标准的修改，提出的修改提案也已纳入到新标准中。

IEC TR62471-2 标准对制造商如何对产品进行分类、标识提供了相应的方法。2010 年在美国西雅图 IEC 国际标准会议上，中国向 IEC TC76 委员会提出了牵头制订“灯和灯系统光生物安全——测试方法”的国际标准提案，得到了与会各国专家的认可。因此，我国有望在 LED 产品的光生物辐射安全领域牵头国际标准的制订。

在西雅图IEC大会上，为建立LED照明产品的光生物安全国际标准，IEC TC34和IEC TC76进行了密切的合作，两个委员会互派专家磋商LED照明产品的光生物安全标准。会议决定，对二类危害“RISK 2”的LED产品必须标注明晰的光辐射危害提示。此外，在IEC TC34制订的以下三份涉及LED产品安全要求的国际标准中加入光生物辐射安全要求。

1）IEC 62560：Self-ballasted LED-lamps for general lighting services >50V -Safety specifications；

2）IEC 62031：LED Modules for General Lighting -Safety Specifications；

3）IEC 60598-1：Luminaries -Part 1：General requirements and tests。

### 4. 国际照明委员会（CIE）

国际照明委员会（CIE）有多个分部涉及LED照明及照明产品的技术文件及规范的制订。

第一分部已颁布了“白光LED的显色性”技术报告，第二分部颁布了“LED 127的测量”技术报告，第六分部颁布了“灯和灯系统的光生物安全”（LED已纳入该标准范畴）标准。

本文将结合作者在CIE第二分部“光与辐射的物理测量”和CIE第六分部“光生物和光化学”的工作介绍这两个分部在LED光辐射测量及未来LED产品在光生物学应用方面的发展。

（1）CIE第二分部（D2）

CIE“光与辐射的物理测量”分部非常重视LED产品的光学测量文件的制订，有多个技术委员会涉及LED产品如下：

1）CIE TC2-50：Measurement of the optical properties of LED clusters and arrays；

2）CIE TC2-58：Measurement of LED radiance and luminance；

3）CIE TC2-46：CIE/ISO standards of measuring the averaged Intensity of Light Emitting Diodes（LEDs）；

4）CIE TC2-23：Photometry of Street-Lighting Luminiaires；

5）CIE TC2-63：Optical Measurement of High-Power LEDs；

6）CIE TC 2-64：High Speed Testing Methods for LEDs。

另外，值得关注的平面形（OLED）光源光度测量方法、曲面形光源光度测量方法已成为CIE的重要议题；CIE R2-46“照明产品的光生物测量方法”也是CIE十分重视的议题，在2010年瑞士泊尔尼会议上，提议成立新的技术委员会（TC）。

（2）CIE第六分部（D6）

CIE“光生物和光化学”分部主要研究光和辐射对人体、植物等各类生物的作用关系，包括光的危害（负面）和有益（正面）作用效应。该分部开展的光生物学的前瞻性工作对半导体照明的未来发展将产生重要影响。

有关LED光辐射安全的标准化工作如下：

1）CIE TC6-55：Photobiological Safety of LEDs；

2）CIE TC6-47：Photobiological Safety of Lamps and Lamp System。

其中CIE TC6-47制订了非常重要的国际标准IEC 62471/CIE S009：2002，该标准已成为LED产品的强制性安全标准。

CIE第六分部一直在推动“健康照明”的发展，LED具有光谱可变、光强度可调及数字化控制方便等特点，将成为未来健康照明的主角。CIE第六分部有多个分部涉及LED健康照明的研究，例如：

1）CIE TC6-11：Systemic Neuroendocrine Effects of Optical Radiation on the Human；

2）CIE TC6-63：Photobiological Strategies for Adjusting Circadian Phases to Minimize the Impact of Shift Work and Jet Lag；

3）CIE TC6-44：Illuminators for Treatment of Infant Hyperbilirubinemia。

研究LED光辐射对人的神经内分泌的影响，调节生理节律以减少倒班和时差影响，治疗婴儿高胆脂症，调节情绪等，再结合数字控制技术，这将形成新一代的照明。

如技术报告 CIE 158：2004 Ocular Lighting Effects on Human Physiology and Behaviour，阐述了人体生理节律、褪黑色素和皮质醇浓度与光照的关系，如图 6.1-1 所示。相关的标准化工作正在发展之中。

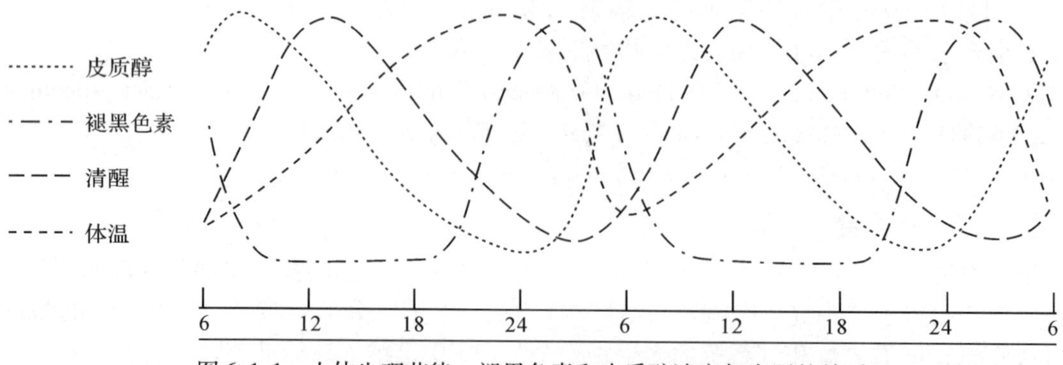


图 6.1-1 人体生理节律、褪黑色素和皮质醇浓度与光照的关系

## 三、LED 检测技术的发展

在 LED 检测技术方面，近几年，国际上有较快的进展。由于 LED 产品的特性与传统光源有较大差别，LED 的发光与结温有密切的关系，在 LED 产品的光学和光电参数测试中，环境温度、散热器或壳体温度的变化都会改变 LED 的结温，从而影响光输出。在 LED 灯具的光度测试中，发光器件与灯具壳件一般是不可分离的，需要一体测试，因此通常采用绝对光度测量方法。某些高亮度 LED 的蓝光会引起人眼视网膜光化学损伤，根据 IEC 62471“灯和灯系统的光生物安全”系列标准，对 LED 产品的光化学损伤的测试，也是目前产业界关注的热点之一。此外，由于 LED 产品具有长寿命的特点，因此我们无法像普通照明产品那样进行长期燃点试验，必须采用一定的加速测试方法，预测 LED 产品的有效寿命，美国“能源之星”采用 LM80 标准，我国的 LED 寿命试验方法标准正在制订中，并已列为 LED 产业的重要标准之一。IEC TC34 标准委员会也正在制订 LED 产品的寿命试验方法标准。





针对上述国际上关注的热点测试技术，相应的检测设备也有了较大的进展。

### 1. LED 产品的光学和能效检测

在 LED 产品测试中，温度控制十分重要。根据目前的国际标准，LED 器件一般控制结温或壳体热点温度；功率 LED 模块，则控制模块的热沉温度；而 LED 应用产品，以环境温度为基准。图6.1-2 所示是我国为美国国家标准与技术研究院（NIST）研制的 LED 标准测试恒温积分球，能实现 LED 器件、LED 模块、LED 应用产品的恒温测试。美国 NIST 在推动国际 LED 标准测试方法标准方面走在了世界的前列，对测试设备也提出了极高的要求。

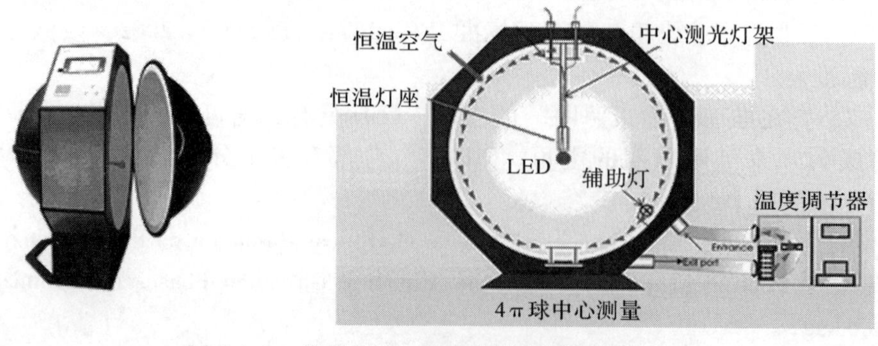


图 6.1-2 美国 NIST LED 标准测试恒温积分球

## 2. LED灯和灯具的空间光分布检测

分布光度计是测量光源和灯具空间发光强度分布的光度测量设备。图6.1-3所示是国际照明委员会CIE 70技术文件中推荐的一种反光镜分布光度计的结构原理。这种中心旋转的分布光度计因具有较好的消杂散光性能，已被全球一百多个实验室采用，使用量居第一。我国有多个国家实验室也采用了这种反光镜分布光度计。

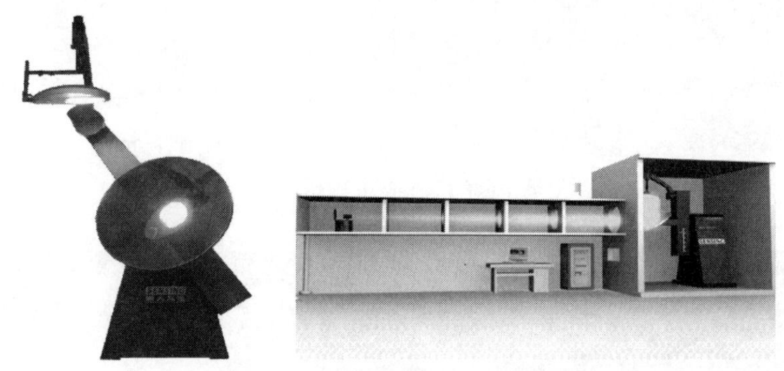

图6.1-3　反光镜分布光度计的原理

近年来，随着LED技术的快速发展，LED产品的空间光分布测量越来越受到国际国内的关注。与传统光源及灯具相比，LED照明产品往往存在较复杂的光束分布，可能有一定的空间色度差异，因此对LED产品的空间光分布测量提出了新的要求，不仅要测试LED的空间光强分布，同时要测量空间色度不均匀性分布。

图6.1-4所示的追踪反光镜式分布光度计是我国自主研制的大型光度测试设备。它借鉴了在液晶电视运动伪像测量中光学追踪测量的思想，解决了以前几种圆周运动反光镜式分布光度计中的测量光束轴线不固定、探测器圆周运动、消杂散光差等一系列问题。同时结合了中心旋转反光镜式分布光度计和圆周运动反光镜式分布光度计的优点，测量中灯具的位置保持不变，测量光束垂直入射探测器，光电探测器的位置保持固定；测量光路中设置多个消杂散光光阑，能够完全消除测试室地面、墙面杂散光。同时通过专门设计的新型高精度色度测量系统，可以实现准确快速地测得LED模块或灯具的空间光色分布。该分布光度计测试范围广，占地面积小，测量准确度高，满足CIE NO.70、CIE 121以及BS EN13032等国际标准的测量要求。

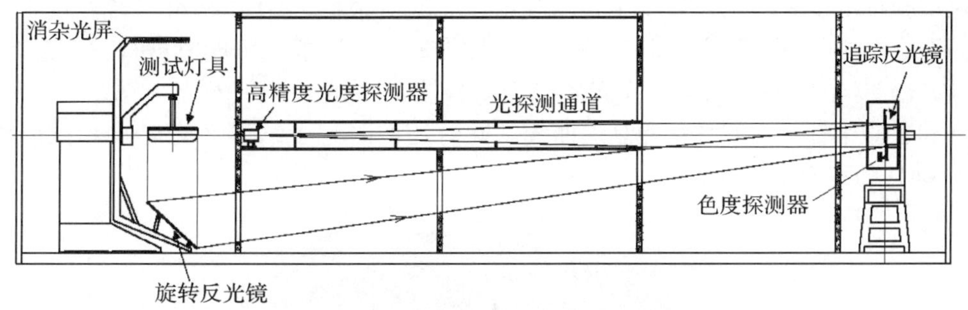


图6.1-4　追踪反光镜式分布光度计

## 3. LED产品的光生物辐射安全检测和评估

随着光生物学研究的发展，光辐射安全问题越来越引起人们的关注。尤其是近几年迅速发展的半导体照明，芯片的功率和外量子效率大幅度提高，大功率蓝光LED芯片已广泛应用于普通照明领域；高功率多芯片集成及二次光学技术的发展，使LED的光辐射危害性更加令人关注。对人眼视网膜光辐射损伤的安全评估，需要测量300~700nm的蓝光光化学危害的辐射亮度和380~1400nm的视网膜热危害的辐射亮度，并需符合类似于人眼结构的测量条件，对测试技术和装备都提出了较高要求。图6.1-5是我国在美国国家标准与技术研究院NIST建立的基于人眼视网膜辐射亮度计的LED光生物辐射安全测试装置。图6.1-6是我国具有自主知识产权的LED光生物辐射安全检测和评估系统，主要用于非激光类光源、灯具及电器产品中的光辐射源的光辐射安全测试和等级评估。

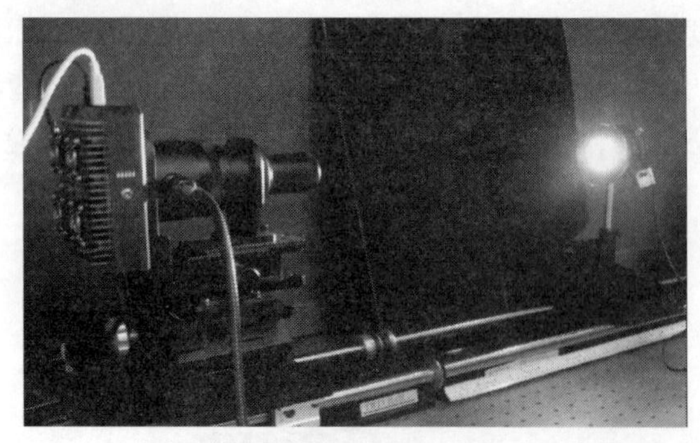

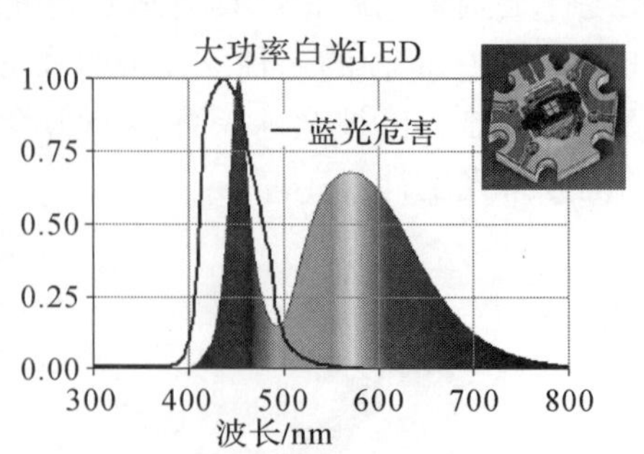


图 6. 1-5　美国 NIST LED 光生物辐射安全测试装置

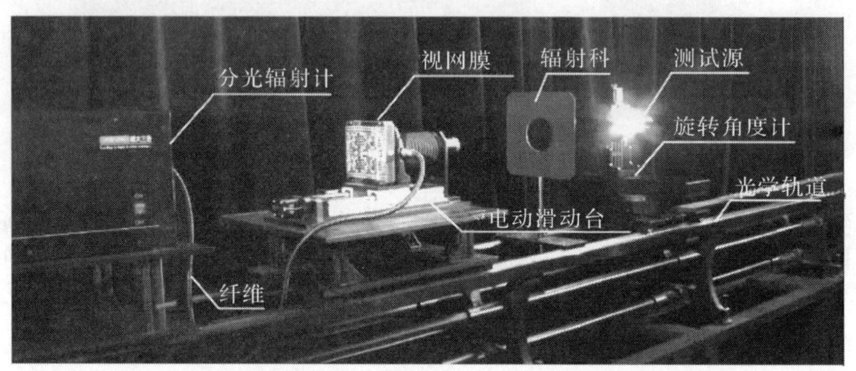


图 6. 1-6　我国研制的光生物辐射安全检测和评估系统



我国不仅牵头 LED 光生物辐射安全测量方法的国际标准化活动，而且相应的检测设备也走在了国际领先行列。

## 4. LED 寿命加速试验

LED 产品的寿命可达到数万小时，如何进行产品的寿命评估，全球 LED 产业界都非常关注。可行的方法是基于 LED 结工作温度的加速热应力试验。美国 LM-80 标准规定了三种试验温度：85℃、55℃和自定义（25℃），获得 LED 在几种温度下的光衰退曲线，试验时间为 6000h。我国正在起草的 LED 寿命加速试验标准没有对试验温度作具体规定，一般需根据 LED 结构材料特性选定加速试验热应力。图 6. 1-7 是我国自主研发的 LED 寿命和可靠性加速试验装置，可同时进行三个温度区的试验，每个温度区可进行 30 个样品的试验。检测系统实时检测每一试验 LED 样品在规定电参数（正向电流）下的光强和色品坐标随时间变化的衰退曲线。同时还实时记录结温（壳温）和试验中的电学参数，自动给出 LED 的有效寿命等参数。

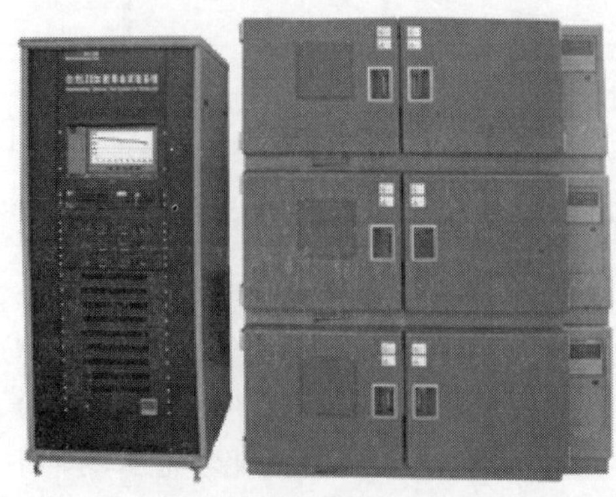

图 6. 1-7　LED 寿命和可靠性加速试验装置

## 四、结论

LED 的潜力和优势不断地被开发出来，未来 5 ~ 15 年将是半导体照明从传统（替代型）照明进入革命性（人性化）照明的发展时期，产业界应关注国际标准的动向，迎接新产业的发展机遇和挑战。

在国际标准化活动中，我国从早期的跟踪和等同采用国际标准，以及本世纪初开始积极参与国际标准的制订，到今天开始部分主导国际标准。经过国际金融危机的动荡，中国在国际舞台上的地位正在发生新的变化，我国在半导体照明国际标准中的话语权也在不断增强，这对我国在未来国际贸易中将产生重要影响。

我国在半导体照明检测技术和装备方面有了重大进展，在国际上的地位日益提高，尤其在 LED 检测技术标准的制订中，我国在某些关键性国际标准方面的主导地位已得到肯定。

我国部分有较强实力的半导体照明企业正在从加工制造型往品牌型转变，建议应更多地关注国际标准的发展，形成具有全球竞争力的国际知名品牌，使我国企业从价格优势、规模优势，发展成为具有品牌优势的国际化大企业。

# 我国半导体照明标准制定概况

黄杰

国家半导体器件质量监督检验中心

随着LED产业的蓬勃发展，我国已经形成了从衬底、芯片、封装到应用的完整的LED产业链，LED标准规范的制定，在LED产业发展中具有十分重要的作用，世界发达国家为了抢占LED研究的制高点，在LED标准和测试方面都投入了大量的人力物力。

LED是半导体发光器件，因其具有长寿命、免维护、易控制、环保等优点，决定了它未来必然会快速发展的趋势，21世纪将进入以LED为代表的新型照明光源时代。LED具有半导体和传统光源的共性，所以其相关标准规范基本是在现有的半导体器件和传统光源的基础上而制订的。下面对与LED相关的标准规范目录进行了收集，主要有LED芯片、LED光源、应用产品、颜色、场所照明设计、灯具的安全性、电磁兼容、光辐射安全几个方面。LED外延片、芯片及荧光粉的标准规范见表6.1-5。

**表6.1-5　LED外延片、芯片及荧光粉的标准规范**

| 序号 | 标准名称 | 标准号 |
|---|---|---|
| 1 | 蓝宝石单晶抛光衬底片 | GB/T 13843—1992 |
| 2 | 硅-蓝宝石外延片 | GB/T14015—1992 |
| 3 | 《蓝宝石单晶硅抛光衬规范》系列标准 | SEMI M3 |
| 4 | 氮化镓基发光二极管用蓝宝石沉底片 | SJ/T 11396—2009 |
| 5 | 功率半导体发光二极管芯片技术规范 | SJ/T 11398—2009 |
| 6 | 半导体发光二极管芯片测试方法 | SJ/T 11399—2009 |
| 7 | 白光LED灯用稀土黄色荧光粉试验方法 | GB/T 23595—2009 |
| 8 | 半导体发光二极管用荧光粉 | SJ/T 11397—2009 |

LED光源的标准规范主要以器件为主（见表6.1-6），2009年工信部发布实施了较为全面的半导体发光二极管标准规范，2010年国家质量监督检验检疫总局和国家标准化管理委员会发布实施了LED模块的相关标准，这两个标准的发布，无论对LED光源企业还是灯具的生产企业，都可谓是一场及时雨。在LED光源寿命试验方面，可参考的标准有IES LM-80：2008和CNS15247，我国目前还没有LED寿命方面的标准。

**表6.1-6　LED光源的标准规范**

| 序号 | 标准名称 | 标准号 |
|---|---|---|
| 1 | 半导体光电子器件功率发光二极管空白详细规范 | SJ/T 11393—2009 |
| 2 | 半导体发光二极管测试方法 | SJ/T 11394—2009 |
| 3 | 半导体照明术语 | SJ/T 11395—2009 |
| 4 | 半导体光电子器件小功率发光二极管空白详细规范 | SJ/T 11400—2009 |
| 5 | 半导体发光二极管产品系列型谱 | SJ/T 11401—2009 |

（续）

| 序号 | 标准名称 | 标准号 |
| --- | --- | --- |
| 6 | MEASUREMENT OF LEDS | CIE 127—2007 |
| 7 | Measuring Lumen Maintenance of LED Light Sources | IES LM-80—2008 |
| 8 | 半导体二极管热阻抗测试方法 | SJ 20788—2000 |
| 9 | 普通照明用 LED 模块安全要求 | GB 24819—2009 |
| 10 | 普通照明用 50V 以上自镇流 LED 灯安全要求 | GB 24906—2010 |
| 11 | 普通照明用 LED 模块测试方法 | GB/T 24824—2009 |
| 12 | 道路照明用 LED 灯性能要求 | GB/T 24907—2010 |
| 13 | LED 模块用直流或交流电子控制装置性能要求 | GB/T 24825—2009 |
| 14 | 普通照明用 LED 和 LED 模块术语和定义 | GB/T 24826—2009 |
| 15 | 半导体器件 光电子器件分规范 | GB 12565—1990 |
| 16 | 半导体器件 第 12-3 部分：光电子器件 显示用发光二极管空白详细规范 | GB/T 18904. 3—2002 |
| 17 | 半导体器件 分立器件和集成电路 第 5 部分：光电子器件 | GB/T15651—1995 |
| 18 | 半导体器件 分立器件及集成电路 第 5-1 部分：光电子器件 总则 | GB/T 15651. 1—2003 |
| 19 | 半导体分立器件和集成电路 第 5-3 部分：光电子器件 测试方法 | GB/T 15651. 3—2003 |
| 20 | 照明用发光二极管元件与模组之一般寿命试验方法 | CNS15247 |
| 21 | LED Modules for General Lighting | IEC 62031：2008 |
| 22 | Particular requirements connectors for LED-modules | IEC 60838-2-2：2006 |

LED 应用产品标准规范方面，发展最迅速的应该是 LED 路灯，故人们对 LED 路灯标准的关注最高，2010 年发布了路灯性能要求标准，此前有几个省份发布了地方标准，LED 路灯检测方面较为全面的标准是由国家半导体照明工程研发及产业联盟发布的 LB/T 001-2009。LED 灯具检测标准见表 6. 1-7。

**表 6. 1-7 LED 灯具检测标准**

| 序号 | 标准名称 | 标准号 |
| --- | --- | --- |
| 1 | 整体式 LED 路灯的测量方法 | LB/T 001—2009 |
| 2 | 投光照明灯具光度测试 | GB 7002—1986 |
| 3 | 道路与街路照明灯具性能要求 | GB/T 24827—2009 |
| 4 | 反射中心光强和光束角的测量方法 | GB/T 19658—2005 |
| 5 | 室内灯具光度测试 | GB 9467—1988 |
| 6 | 道路照明灯具光度测试 | GB 9468—1988 |
| 7 | 视觉工效学原则室内工作系统照明 | GB/T 13379—1992 |
| 8 | 道路交通信号灯 | GB 14887—2003 |
| 9 | LED 显示屏测试方法 | SJ/T 11281—2003 |
| 10 | 城市客车发光二极管显示屏 | CJ/T 229—2006 |
| 11 | Electrical and Photometric Measurements of Solid-State Lighting Products | IES LM-79-08 |
| 12 | Electrical and Photometric Measurements of Fluorescent Lamps | IES LM-9-09 |
| 13 | Electrical and Photometric Measurements of Single-Ended Compact Fluorescent Lamps | IES LM-66-00 |
| 14 | Electrical and Photometric Measurements of General Service Incandescent Filament Lamps | IES LM-45-00 |
| 15 | Electrical and Photometric Measurements of HID Lamps | IES LM-51-00 |

（续）

| 序号 | 标准名称 | 标准号 |
| --- | --- | --- |
| 16 | Lamp Seasoning | IES LM-54-99 |
| 17 | Electrical and Photometric Measurement of Low Pressure Sodium Lamps | IES LM-59-00 |
| 18 | Lift Testing of Fluorescent Lamps | IES LM-40-01 |
| 19 | Life Testing of High Intensity Discharge (HID) Lamps | IES LM-47-02 |
| 20 | Life Testing of General Lighting Incandescent Filament Lamps | IES LM-49-01 |
| 21 | Life Testing of Low Pressure Sodium Lamps | IES LM-60-01 |
| 22 | Life Testing of Single-Ended Compact Fluorescent Lamps | IES LM-65-01 |
| 23 | Guide to Spectroradiometric Measurements | IES LM-58-94 |
| 24 | Total Luminous Flux Measurement of Lamps Using an Integrating Sphere Photometer | IES LM-78-06 |
| 25 | Approved Method for Photometric Testing of Indoor Fluorescent Luminaires | IES LM-41-98 |
| 26 | Photometric Testing of Indoor Luminaires Using HID or Incandescent Filament Lamps | IES LM-46-04 |
| 27 | Photometric Testing of Outdoor Fluorescent Luminaires | IES LM-10-96 |
| 28 | Photometric Testing of Roadway Luminaires Using Incandescent Filament and HID lamps | IES LM-31-95 |
| 29 | Photometric Testing of Floodlights Using High Intensity Discharge or Incandescent Filament Lamps | IES LM-35-02 |
| 30 | Photometric Testing of Searchlights | IES LM-11-97 |
| 31 | Goniophotometer Types and Photometric Coordinates | IES LM-75-01 |
| 32 | Standard File Format for the Electronic Transfer of Photometric Data and Related Information | IES LM-63-02 |

表6.1-8所示为光源颜色测量方法的标准规范。

**表6.1-8　光源颜色测量方法的标准规范**

| 序号 | 标准名称 | 标准号 |
| --- | --- | --- |
| 1 | 颜色术语 | GB/T 5698—2001 |
| 2 | 照明光源颜色的测量方法 | GB/T 7922—2003 |
| 3 | 光源显色性评价方法 | GB/T 5702—2003 |
| 4 | 光源显色性评价方法 | GB 5702—1985 |
| 5 | 均匀色空间和色差公式 | GB/T 7921—1997 |
| 6 | 颜色的表示方法 | GB/T3977—2008 |
| 7 | Color rendering | CIE TC1—1969 |
| 8 | Color Rendering of White LED Light Sources | CIE 177-2007 |
| 9 | for electric lamps——Specifications for the Chromaticity of Solid State Lighting Products | ANSI C78. 377-2008 |

关于场所照明设计标准规范及照明效果的测量标准，我国主要测量标准见表6.1-9，因为LED路灯应用较广，故CJJ 45—2006引用较多。

**表6.1-9　场所照明设计标准规范及照明效果的测量标准**

| 序号 | 标准名称 | 标准号 |
| --- | --- | --- |
| 1 | 体育场馆照明设计及检测标准 | JGJ 153—2007 |
| 2 | 城市夜景照明设计规范 | JGJ/T 163—2008 |
| 3 | 建筑照明设计标准 | GB 50034—2004 |
| 4 | 城市道路照明设计标准 | CJJ 45—2006 |
| 5 | 照明测量方法 | GB/T 5700—2008 |

关于LED灯具的安全性能目前还没有标准，LED灯具的安全性能检测大多采用传统光源的安全检测标准，见表6.1-10。

表 6.1-10　传统光源的安全检测标准

| 序号 | 标准名称 | 标准号 |
|---|---|---|
| 1 | 灯具外壳防护等级分类 | GB 7001—1986 |
| 2 | 灯具一般安全要求与实验 | GB 7000.1—2002 |
| 3 | 灯具 第1部分：一般要求与试验 | GB 7000.1—2007 |
| 4 | 应急照明灯具安全要求 | GB 7000.2—1996 |
| 5 | 庭院用的可移动式灯具安全要求 | GB 7000.3—1996 |
| 6 | 道路与街路照明灯具安全要求 | GB 7000.5—2005 |
| 7 | 投光灯具安全要求 | GB 7000.7—2005 |
| 8 | 儿童感兴趣的可移式灯具安全要求 | GB 7000.4—1996 |
| 9 | 内装变压器的钨丝灯灯具的安全要求 | GB 7000.6—1996 |
| 10 | 游泳池和类似场所用灯具安全要求 | GB 7000.8—1997 |
| 11 | 灯串安全要求 | GB 7000.9—1998 |
| 12 | 固定式通用灯具安全要求 | GB 7000.10—1999 |
| 13 | 可移式通用灯具安全要求 | GB 7000.11—1999 |
| 14 | 嵌入式灯具安全要求 | GB 7000.12—1999 |
| 15 | 手提灯安全要求 | GB 7000.13—1999 |
| 16 | 通风式灯具安全要求 | GB 7000.14—2000 |
| 17 | 舞台灯光、电视、电影及摄影场所（室内外）用灯具安全要求 | GB 7000.15—2000 |
| 18 | 医院和康复大楼诊所用灯具安全要求 | GB 7000.16—2000 |
| 19 | 限制表面温度灯具安全要求 | GB 7000.17—2003 |
| 20 | 灯具 第2-1部分：特殊要求 固定式通用灯具 | GB 7000.201—2008 |
| 21 | 灯具 第2-2部分：特殊要求 嵌入式灯具 | GB 7000.202—2008 |
| 22 | 钨丝灯用特低电压照明系统安全要求 | GB 7000.18—2003 |
| 23 | 外壳防护等级（IP代码） | GB 4208—2008 |
| 24 | 外壳防护等级（IP代码） | GB 4208—1993 |

目前在LED灯具，尤其是路灯的安全检测方面，为了减少灯具对电网的干扰，电磁兼容检测已成为招标项目的必检项目，电磁兼容检测标准见表6.1-11。

表 6.1-11　电磁兼容检测标准

| 序号 | 标准名称 | 标准号 |
|---|---|---|
| 1 | 一般照明用设备电磁兼容抗扰度要求 | GB/T 18595—2001 |
| 2 | 电气照明和类似设备的无线电骚扰特性的限值和测量方法 | GB 17743—1999 |
| 3 | 低压电气及电子设备发出的谐波电流限值（设备每相输入电流≤16A） | GB 17625.1—1998 |
| 4 | 电磁兼容 试验和测量技术 阻尼振荡磁场抗扰度试验 | GB/T 17626.10—1998 |
| 5 | 电气照明和类似设备的无线电骚扰特性的限值和测量方法 | GB 17743—2007 |
| 6 | 电磁 兼容限值谐波电流发射限值（设备每相输入电流≤16A） | GB 17625.1—2003 |
| 7 | 电磁兼容 限值 对每相额定电流≤16A且无条件接入的设备在公用低压供电系统中产生的电压变化、电压波动和闪烁的限值 | GB 17625.2—2007 |
| 8 | 电磁兼容 限值 对额定电流大于16A的设备在低压供电系统中产生的电压波动和闪烁的限制 | GB/Z 17625.3—2000 |
| 9 | 电磁兼容限值中、高压电力系统中畸变负荷发射限值的评估 | GB/Z 17625.4—2000 |
| 10 | 电磁兼容限值中、高压电力系统中波动负荷发射限值的评估 | GB/Z 17625.5—2000 |
| 11 | 电磁兼容 限值 对额定电流大于16A的设备在低压供电系统中产生的谐波电流的限制 | GB/Z 17625.6—2003 |

（续）

| 序号 | 标准名称 | 标准号 |
|---|---|---|
| 12 | 电磁兼容 试验和测量技术 抗扰度试验总论 | GB/T 17626. 1—2006 |
| 13 | 电磁兼容 试验和测量技术 静电放电抗扰度试验 | GB/T 17626. 2—2006 |
| 14 | 电磁兼容 试验和测量技术 射频电磁场辐射抗扰度试验 | GB/T 17626. 3—2006 |
| 15 | 电磁兼容 试验和测量技术 电快速瞬变脉冲群抗扰度试验 | GB/T 17626. 4—2008 |
| 16 | 电磁兼容 试验和测量技术 浪涌（冲击）抗扰度试验 | GB/T 17626. 5—2008 |
| 17 | 电磁兼容 试验和测量技术 射频场感应的传导骚扰抗扰度 | GB/T 17626. 6—2008 |
| 18 | 电磁兼容 试验和测量技术 供电系统及所连设备谐波、谐间波的测量和测量仪器导则 | GB/T 17626. 7—2008 |
| 19 | 电磁兼容 试验和测量技术 工频磁场抗扰度试验 | GB/T17626. 8—2006 |
| 20 | 电磁兼容 试验和测量技术 脉冲磁场抗扰度试验 | GB/T17626. 9—1998 |
| 21 | 电磁兼容 试验和测量技术 阻尼振荡磁场抗扰度试验 | GB/T17626. 10—1998 |
| 22 | 电磁兼容 试验和测量技术 电压暂降、短时中断和电压变化的抗扰度试验 | GB/T17626. 11—2008 |
| 23 | 电磁兼容 试验和测量技术 振荡波抗扰度试验 | GB/T17626. 12—1998 |
| 24 | 电磁兼容 试验和测量技术 交流电源端口谐波、谐间波及电网信号的低频抗扰度试验 | GB/T17626. 13—2006 |
| 25 | 电磁兼容 试验和测量技术 电压波动抗扰度试验 | GB/T17626. 14—2005 |
| 26 | 电磁兼容 试验和测量技术 0～150kHz 共模传导骚扰抗扰度试验 | GB/T17626. 16—2007 |
| 27 | 电磁兼容 试验和测量技术 直流电源输入端口文波抗扰度试验 | GB/T17626. 17—2005 |
| 28 | 电磁兼容 试验和测量技术 三相电压不平衡抗扰度试验 | GB/T17626. 27—2006 |
| 29 | 电磁兼容 试验和测量技术 工频频率变化抗扰度试验 | GB/T17626. 28—2007 |
| 30 | 电磁兼容 试验和测量技术 直流电源输入端口电压暂降、短时中断和电压变化的抗扰度试验 | GB/T17626. 29—2006 |





LED 灯具的寿命主要由光源寿命和控制装置寿命决定，就目前做寿命试验而言，灯具控制装置成为影响 LED 灯具寿命的关键因素。灯具控制装置的寿命标准见表 6. 1-12。

**表 6. 1-12　灯具控制装置寿命标准**

| 序号 | 标准名称 | 标准号 |
|---|---|---|
| 1 | 灯的控制装置第 4 部分：荧光灯用交流电子镇流器的特殊要求 | GB 19510. 4—2005 |
| 2 | 灯的控制装置第 5 部分：普通照明用直流电子镇流器的特殊要求 | GB 19510. 5—2005 |
| 3 | 灯的控制装置第 6 部分：公共交通运输工具照明用直流电子镇流器的特殊要求 | GB 19510. 6—2005 |
| 4 | 灯的控制装置第 7 部分：航空器照明用直流电子镇流器的特殊要求 | GB 19510. 7—2005 |
| 5 | 灯的控制装置第 8 部分：应急照明用直流电子镇流器的特殊要求 | GB 19510. 8—2005 |
| 6 | 灯的控制装置第 9 部分：荧光灯用镇流器的特殊要求 | GB 19510. 9—2004 |
| 7 | 灯的控制装置第 10 部分：放电灯（荧光灯除外）用镇流器的特殊要求 | GB 19510. 10—2004 |
| 8 | 灯的控制装置第 11 部分：高频冷启动管形放电灯（霓虹灯）用电子换流器和变频器的特殊要求 | GB 19510. 11— 2004 |
| 9 | 灯的控制装置第 12 部分：与灯具联用的杂类电子线路的特殊要求 | GB 19510. 12—2005 |
| 10 | 灯的控制装置第 13 部分：放电灯（荧光灯除外）用直流或交流电子镇流器的特殊要求 | GB 19510. 13—2007 |
| 11 | Lamp controlgear - Part 1：General and safety requirements | IEC 61347-1：2007 |
| 12 | Lamp controlgear - Part 2-1：Particular requirements for starting devices（other than glow starters） | IEC 61347-2-1：2006 |
| 13 | Lamp controlgear - Part 2-2：Particular requirements for d. c. or a. c. supplied electronic step-down convertors for filament lamps | IEC 61347-2-2：2000 |
| 14 | Lamp controlgear - Part 2-3：Particular requirements for a. c. supplied electronic ballasta for fluorescent lamps | IEC 61347-2-3：2000 |

（续）

| 序号 | 标准名称 | 标准号 |
|---|---|---|
| 15 | Lamp controlgear - Part 2-4：Particular requirements for d. c. supplied electronic ballasts for general lighting | IEC 61347-2-4：2000 |
| 16 | Lamp controlgear - Part 2-5：Particular requirements for d. c. supplied electronic ballasts for public transport lighting | IEC 61347-2-5：2000 |
| 17 | Lamp controlgear - Part 2-6：Particular requirements for d. c. supplied electronic ballasts for aircraft lighting | IEC 61347-2-6：2000 |
| 18 | Lamp controlgear - Part 2-7：Particular requirements for d. c. supplied electronic ballasts for emergency lighting | IEC 61347-2-7：2000 |
| 19 | Lamp controlgear - Part 2-3：Particular requirements for ballasta for fluorescent lamps | IEC 61347-2-8：2000 |
| 20 | Lamp controlgear - Part 2-9：Particular requirements for ballasts for discharge lamps（excluding fluorescent lamps） | IEC 61347-2-9：2000 |
| 21 | Lamp controlgear - Part 2-10：Particular requirements for electronic invertors and convertors for high-frequency operation of cold start tubular discharge lamps（neon tubes） | IEC 61347-2-10：2000 |
| 22 | Lamp controlgear - Part 2-11：Particular requirements for miscellaneous electronic circuits used with luminaires | IEC 61347-2-11：2001 |

随着人类对光环境要求的提高，光辐射安全越来越受到重视，相应的标准已开始制订，见表6. 1-13。

**表 6. 1-13　正在制定的光辐射安全标准**

| 序号 | 标准名称 | 标准号 |
|---|---|---|
| 1 | Safety of laser products -Part 1：Equipment classification and requirements | IEC 60825-1：2007 |
| 2 | Photobiological safety of lamps and lamp systems | IEC 62471：2006 |
| 3 | Photo biological Safety of Lamps and Lamp Systems | CIE S 009/E—2002 |
| 4 | 灯和灯系统的光生物安全性 | GB/T 20145—2006 |

自从 LED 作为照明光源应用以来，其发展非常迅速，使得标准的制订远跟不上其应用的步伐，为了适应 LED 的快速发展，我国标准的制订及认证机构正在为 LED 标准的制订而努力工作，并取得了一定的成果。标准的制订主要是为了服务于企业，相信在标准规范的指导下，我国 LED 企业将生产出更优质的产品，占领国际市场。

# 台湾地区半导体照明标准制定概况

储于超
集邦科技 LEDinside 绿能事业部

目前，随着节能减排的深入，各种 LED 灯具已大量用于公共建设、住家建筑及商用等的照明中，因此各国对于 LED 灯具或灯泡也陆续制定出规范，以期能提升 LED 产品质量及加速产业发展。台湾地区对于发光二极管（LED），自上游的外延、中游的芯片，至下游的组件、模块、支架及应用也开始有了规格与规范。下面对台湾地区制定的道路照明灯具及一般照明灯具的标准作一介绍。

## 一、发光二极管道路照明灯具标准

半导体照明产业着眼于全球市场，以标准规范的制定与国际接轨，落实节能减排政策及公共工程采购的需要，“经济部标准检验局”于 2008 年 12 月 4 日公布了 CNS 15233《发光二极管道路照明灯具标准》，并于 2009 年 7 月正式公告符合 CNS 15233 的 LED 道路照明灯具产品为正字标记品目，鼓励台湾地区 LED 厂商积极接受检测。由财团法人台湾大电力研究测试中心、财团法人金属工业发展中心及财团法人工业技术研究院量测中心 3 家正字标记认可实验室执行该项产品抽样检验。本验证制度系自愿实行性质，但台湾地区正字标记对于 LED 灯具的规范非常严格，准予使用正字标记的要求如下：

（1）工厂质量管理经评鉴取得“标准检验局”指定品管制度（目前为台湾地区标准 CNS 12681（ISO 9001））的认可登录。

（2）产品经检验符合台湾地区标准。目前实行的产品检验是从工厂抽样或市场购样后，由“标准检验局”或其受托机关（构）、认可机构依 CNS 规定实施检验的。必要时亦可于工厂实施监督试验。

（3）确保产品质量稳定持久的措施。本验证制度为确保正字标记产品质量的稳定性及持久性，实施每年至少一次不定期产品追查及不定期产品抽验，并辅以不定期市场抽验加以监督，同时工厂的生产线因对应 CNS 修订而变更以及停止生产制造等事项皆纳入管理。

总计，进行验证须为期半年，一旦当中有一条件不符，所有程序将重新进行。目前已有亿光电子工业股份有限公司、浩然科技股份有限公司、玉晶光电股份有限公司相继获准使用“发光二极管道路照明灯具”正字标记，并有厂商陆续将其产品送检。获准使用“发光二极管道路照明灯具”正字标记不仅借由正字标记的信誉提升产品形象，争取顾客信赖，而且地区机构在采购时若以标准作为依据，也会选择这些具有较好公信力及可行性，可提供公共工程优良品质的正字标记 LED 路灯产品。此外，“行政院公共工程委员会”于 2002 年 1 月 29 日已发文明示“各机关如使用正字标记产品，其就该产品已依规定办理之检验事项，机关可免重新检验。”对这些产品验收时只需查验生产厂商所送交的产品是否具有正字标记证书即可，无需逐项检验，可减少产品送验的人力、物力、财力和时间。

其中，2010 年 11 月 12 日“经济部标准检验局”公布了修订完成的 CNS 15233，即以 LED 为光源的道路照明灯具标准。本次修订着重于光色（色温）的区分与试验方法的改进。在光色方面，除修订色温的量测方法外，更将色温的区分简化为三大类，色温介于 2700 ~ 3500 K 为低色温、4000 ~ 5000 K 为中色温、5700 ~ 6500 K 为高色温，以便于采购单位选择。由于 CNS 15233 整体测试时间长达 6 个月，约为 4000 h。而 LED 模块的发光效率提升快速，特别在新版标准中提供“系列形式”的做法，新型灯具凡搭载发光效率更高的 LED 模块者，且符合 A. 2 系列形式认定原则的产品，试验时间可大幅缩短为 1000 h。但若是标案业主有特别要求须符合原本应有的测试时间，则“系列形式”

的做法不适用。

## 二、发光二极管交通信号灯灯具标准

LED 标示牌部分，目前仍处于评估阶段，现阶段仅于三个城市设立大型 LED 标示牌示范应用系统，并搜集交通安全等相关数据，为将来作准备。

“经济部标准检验局”在 2007 年修订《发光二极管交通号志灯灯面及灯箱》标准，2009 年 8 月正式实施。标准规定对发光二极管交通信号灯灯面及灯箱必须经过干热、耐温湿、连续开关动作等一系列试验。此外，对于消耗功率、色度及功率因素也都有相应的要求；在光学设计上，规定最高亮度与最低亮度相差不得超过 10 倍；机构设计上，防水防尘、抗紫外线、操作温度、易燃性等级、耐冲击性等都做了相应的要求。

业界建议在 LED 交通信号灯上的改良如下：降低 LED 芯片的热阻系数、提升光学设计、缩短散光距离将可缩小灯罩的厚度、延长寿命、降低成本。为提升夜间开车安全，降低红色与绿色 LED 信号灯过亮的问题，可加上传感器与可调光功能，以符合夜间使用。

目前 12 in 的 LED 信号灯耗电量在 10 ~ 20 W 之间，未来随着 LED 芯片发光效率提升 20% ~ 50%，LED 信号灯将可随之节省更多电量。全台湾地区目前交通信号灯达 70 万盏，至 2010 年年底，全台湾交通信号灯替换率已经达到 92%，预计至 2011 年 10 月以前，全台湾交通信号灯将可完全替换。

## 三、发光二极管一般照明灯具标准

对于一般照明用灯泡，以变压器内藏式 LED 灯泡为主的安全性项目要求，其适用范围为核定功率在 60W 以下，电压为 50 ~ 250 V，核定频率为 60 Hz。对于灯泡的耐热性、耐燃性及灯帽的可互换性也都有明确的标准规范。加上对于某些采用 B22d 和 E27 灯帽的 60 W 烛形或球形 LED 灯泡，其点灯方向也有限定。

除此之外，灯管型 LED 照明（LED T-bar）灯具标准也在 2010 年 11 月 18 日公告，对于发光效率、温度循环、开关次数等进行一连串的试验。例如，初始发光效率须达 50 lm/W 以上，开关次数达 8000 次循环测试仍能正常操作等。

# 第二章　检测机构

## 构建检测体系　推进产业发展

赵璐冰　陈炳欣　王美

国家半导体照明工程研发及产业联盟

### 一、中国半导体照明产品检测机构现状

半导体照明技术的提升使其应用范围不断扩大，对人们日常生活的影响不断增加。另外由于LED既是半导体器件，又是一种新型光源，检测中要对它的电学参数、光学参数、热量参数等进行全面测量具有一定的难度。我国虽然是照明产品生产大国，但国内相关企业的规模都不太大，在切入半导体照明产品生产时，多数企业很难在企业内部进行独立的半导体照明产品的检测，因此要在公共检测与评估平台上进行检测，所以，同时进行测试方法和仪器的研究是非常关键的。在此情况下，国内很多城市和地区都把建立本地检测机构作为发展半导体照明产业的重要一环加以扶持，短短几年国内就迅速出现一批半导体照明检测机构。



尽管各地纷纷投入检测机构的建设，部分地方甚至投入上亿元，虽然也取得了一定的成效，但依然存在大量问题。首先，各地方检测机构存在一定的恶性竞争，设备重复投入，缺乏国家层面的统筹协调；其次，产品检测方法不统一，国家、地方各类检测机构对同一产品测出的结果不一致；第三，各地方检测机构在硬件设备方面大量投入，但普遍缺乏有经验的技术人员，导致检测能力和持续发展能力方面存在困难。因此，可以说目前国内还没有形成能够支撑产业发展的系统的检测力量，还难以满足产业快速发展的需要。

**1. 检测能力**

由于半导体照明产品越来越多地进入了人们的日常生活，无论是政府采购、工程招标，还是民众日常购买，都需要对半导体照明产品进行检测认证和评估，因此其中的需求非常巨大。但是由于各地检测机构的资质、人员素质、检测设备各不相同，因此不同机构的检测能力也有很大差别。如按检测能力划分，当前国内检测机构大体可分为以下四类：一是已有一定工作基础的国家级检测中心，这些国家级检测机构建成时间较长，已经开展了大量半导体照明产品的检测工作，在半导体照明产品检测方面具有丰富的经验和人员配备；二是新筹建的专门针对半导体照明进行检测的机构，这类检测机构大多是在近几年由国家和地方投入大量资金建立起来的，大多具有较好的硬件条件，但目前在人员技术水平和检测能力方面还需进一步加强；第三类是在原有传统灯具检测机构的基础上，新设立的半导体照明产品检测项目，这类机构具有一定的传统灯具产品检测基础，但在半导体照明产品检测设备和能力建设方面尚显不足；第四类是依托企业或研究院所实验室的检测平台，这些检测平台一般设在企业和院校的实验室，具有一定的产品检测能力，但在规模和人员方面受依托单位影响很大，发展具有不稳定性。图 6.2-1 给出了半导体照明检测机构按检测能力分布的概况。

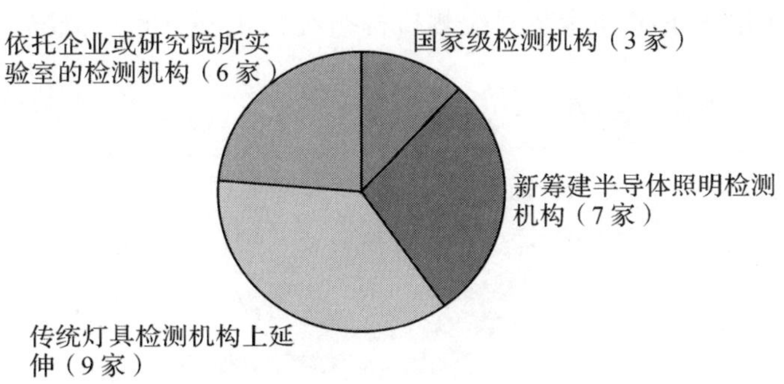


图6.2-1　半导体照明检测机构概况（按检测能力）

## 2. 资产规模

由于地方政府对检测机构重视程度不同，检测机构的原有基础也不同，因此目前国内不同检测机构的发展情况也是千差万别。这体现在检测机构拥有的检测设备、工作条件等方面，如平台检测条件是否完善，检测设备配置是否达到了国际先进、国内领先水平，是否基本覆盖了半导体照明产业链和应用产品所需的检测项目，是否可对LED器件、LED光源、LED灯具等各类半导体照明产品进行包括光度特性、色度特性、电学特性、热学特性、老化特性、可靠性、光辐射安全性等综合特性的检测分析与评估，是否可以实现对道路及隧道照明、建筑室内外照明、景观装饰照明、汽车照明、工矿照明和特种行业照明等领域的产品进行检测等。上述情况通过检测机构的资产规模指标可以做一管窥。达到亿元规模的检测机构大约占16%，资产规模在千万到亿元之间的检测机构大约占52%，资产规模在千万以下的机构大约占32%。图6.2-2给出了半导体照明检测机构按资产规模分布的概况。

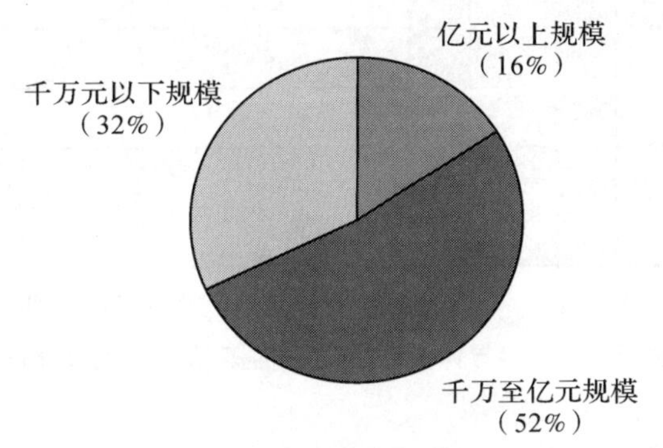


图6.2-2　半导体照明检测机构概况（按资产规模）



## 3. 经费来源

从检测机构的运营模式和经费来源上也可看出目前国内检测行业仍然比较混乱。有的检测机构经费完全来自财政拨款，此类机构占到17%，有的则是私人投资，此类机构占到4%。有的则是政府与企业、学院等机构联合投入，同时也依靠收取检测服务费用，此类机构是主流，占比达到79%。这导致有的检测机构完全是市场导向，有的仍然依赖政府，有的开始从完全依赖政府转向逐渐依靠市场。图6.2-3给出了半导体照明检测机构按经费来源分布的概况。

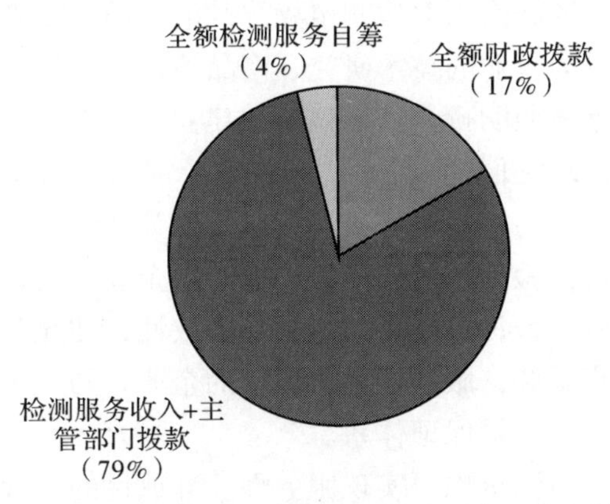


图6.2-3　半导体照明检测机构概况（按经费来源）

## 4. 经营机制

检测机构发展的不均衡在经营机制上也可以反映出来，有的检测机构已经取得独立的第三方地位，但有些机构由于历史、实力等原因仍然挂靠在企业、学院之下。图 6. 2-4 给出了半导体照明检测机构按经营机制分布的概况。

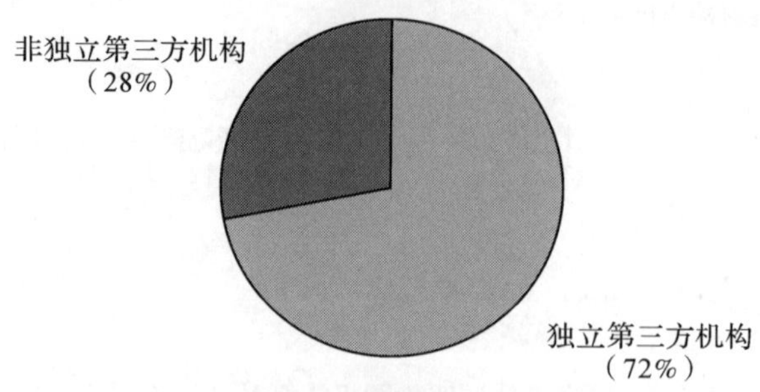


图 6. 2-4　半导体照明检测机构概况（按经营机制）

**5. 分布区域**

中国经济发展的不均衡也反映到半导体照明检测机构上来，不同地区检测机构的数量也各不相同。按区域划分，华东、华南地区检测机构各 6 家，华北地区检测机构有 5 家，华中、东北、西南、西北地区检测机构各 2 家。可以发现检测机构更多地分布在华东、华南和华北等地，这反映上述地区半导体照明产业集中度高，企业众多，半导体照明产品市场渗透较广，需求较大，未来将会有更好的发展。图 6. 2-5 给出了半导体照明检测机构按地域分布的概况。

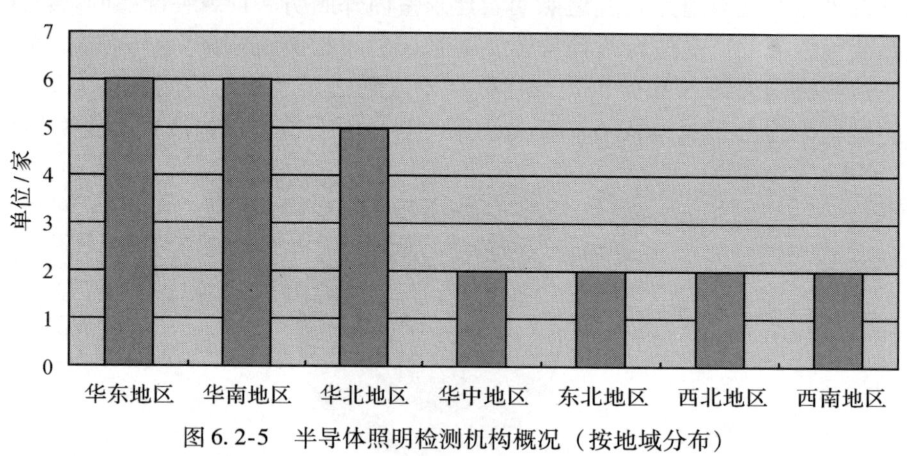


图 6. 2-5　半导体照明检测机构概况（按地域分布）



## 二、构建网络化的半导体照明检测体系

要解决当前检测市场混乱的局面，首先有必要建立一批具有权威性、公信力的检测机构。它们不仅可为行业的技术研究、产品评估、交易过程的技术裁定提供服务，同时还可通过这些服务推进整个半导体照明行业良好秩序的建立，促进可持续发展。能否建立起有公信力的检测机构的关键就在于如何体现它们的服务性与开放性。从服务性上看，检测机构的目标定位是检测与评估，它体现在为企业服务、为行业服务，尤其侧重于为初创的中小型的企业提供试验、检测等服务功能，同时具备产品的质量检验和评估功能，降低中小企业的运营成本，提高企业的市场竞争力。从开放性上看，作为一个检测平台，建成后应当具有开放性，在充分了解市场需求和技术发展趋势的基础上，为企业做好检测配套服务，服务于周边地区的企业，乃至全国的半导体照明行业，鼓励企业充实和完善检测手段，建立健全质量保证体系。

检测机构要实现服务性、开放性的发展目标，一方面需要政府的政策和资金支持，企业的积极参与配合，另一方面也要注重机构内部的自身建设，注重人才培养和专业特色的形成，加强对检测人员的专业技能培训，注重对新增人员检测能力和分析能力的提高。对传统灯具检测机构向半导体照明领域的业务扩展，要加强对半导体照明产品特殊性的重视，补充和完善技术力量，保障业务转移的准确性。

其次，打造权威的检测机构固然重要，但是相对于中国辽阔的国土面积、多样的市场需求来说，仅靠少数几家检测机构仍然无法为企业和用户有效地提供贴身式、一站式的服务，在国内构建一个统一完善、网络化的半导体照明产品检测体系势在必行。检测体系的构建，一是要从国家层面统筹规划平台的建设。根据不同区域经济和产业发展的需要，从半导体照明产品检测平台建设的顶层设计上做好规划，有效整合资源，加大平台建设的投入，明确国家平台与地方平台的任务分工，进行差异化、互补化发展。国家平台可以发挥其在专业权威性和技术前沿性方面的优势，引领技术发展的方向，加快针对半导体照明产品的测试方法和标准规范的建立，向地方平台提供设备采购、测试方法、人员培训等方面的帮助，为国家财政补贴提供技术支撑。地方平台根据本区域经济发展的特点，完善配套检测能力建设，承接地方企业产品检测任务，保障地方的产品采购与工程实施顺利进行，同时为企业提供检测服务。二是要引导测试标准和测试方法的统一。半导体照明获得良性发展的前提之一是建立和健全我国照明器具的技术标准和测试方法评估体系，使不同企业的产品依据统一的测试方法检测，只有这样才能真正推动我国半导体照明工业的技术进步，促进行业发展。因此在形成国家、区域和地方检测平台体系，并形成相互间的衔接与互动的基础上，应协调建立网络式的检测平台，做好国家平台与地方平台测试条件比对工作，实现测试方法和标准的统一。

此外，开展行业数据发布对形成良性产业环境、促进平台建设也非常重要。国家半导体照明工程研发及产业联盟联合国家标准与检测机构，定期发布相关产品的抽查、检测数据，可以规范半导体照明器件开发和应用产品市场推广，树立消费者对半导体照明产品的信心，指导半导体照明产品标准检测流程与方法的开发、改进和采用，为消费者提供准确、有效的产品采购和设计指导，保持制造商与检测机构间信息交流渠道的畅通，推动产品质量的提高，并为政府招标提供技术信息，引导行业健康发展。

# 国内部分检测机构简介

## 国家电光源质量监督检验中心（北京）

国家电光源质量监督检验中心（北京）（National Lighting Test Centre，NLTC）是国家质量技术监督局依法授权的国家电光源质量监督检验中心，作为国家照明电器成果鉴定检测中心、中国照明电器产品（北京）认证检测站、中国产品强制认证（CCC）指定实验室和节能认证委托会指定实验室的同时，NLTC 还是美国标准技术研究院（NIST）实验室认可组织（NVLAP）的认可实验室、EST 认可实验室、全球环境基金会（GEF）和国际金融公司（IFC）指定的国际高效照明（ELI）认证检测实验室。2006 年，NLTC 被美国环境保护署和澳大利亚绿色办公室指定为节能光源监督检查机构，NLTC 还是瑞典、新西兰和古巴等国政府指定的节能光源监督检查机构。自 2003 年以来，NLTC 关注并开展 LED 相关的检测和研究工作，并不断加强与国际知名照明研究机构的合作，在此过程中，NLTC 逐步建立了较为完善的软硬件研究资源。近三年来，NLTC 承担了包括中国-欧盟能源环境项目、可再生能源和能源效率伙伴经费支持项目、世界银行发起的离网照明检测和技术服务项目、美国国家能源基金会项目等多项 LED 检测和测试方法的研究项目。这些项目在为各相关部门提供技术服务的同时，也进一步增强了 NLTC 的检测研究实力。与此同时，NLTC 还多次组织了国际领域的照明产品实验室检测能力对比，包括 2008 年 12 月由澳大利亚政府提供经费支持的比对测试项目、2004 年由 GEF/UNDP 照明产品比对测试项目等，在该过程中，NLTC 凭借自己的技术和能力优势顺利完成了对比的组织和测试工作。在提供技术服务、不断增强自身监测和研究能力的同时，NLTC 还多次组织行业专家和相关照明领域国际专家对企业提供包括照明设计、照明应用等在内的各种类型的技术培训，均收到了良好的效果。




## 上海时代之光照明电器检测有限公司

上海时代之光照明电器检测有限公司是由上海市质量监督检验技术研究院和上海市照明灯具研究所共同投资组建的照明电器专业检测机构。上海时代之光照明电器检测有限公司的主体由国家电光源质量监督检验中心（上海）和国家灯具质量监督检验中心组成。上海时代之光照明电器检测有限公司现有员工 36 名，其中教授级高工 3 人、高工 11 人、工程师 12 人（具有博士 1 人、硕士 4 人），中级及以上职称人员比例达 70%。实验室面积 1948m$^2$。国家电光源质量监督检验中心（上海）和国家灯具质量监督检验中心是经中国合格评定国家认可委员会认可的实验室、国家认证认可监督管理委员会指定的照明电器 CCC 认证检测机构，并承担全国照明电器标准化技术委员会灯具标准化分技术委员会秘书处和 IEC/SC34D 灯具标准的国内归口工作，研究分析国际照明电器的标准和检测动态，负责制定、修订灯具国家标准、行业标准，是灯具、镇流器国家标准的起草单位，也是 CNCA TC05 技术组组长和秘书处所在单位，也是照明电器 CCC 认证技术疑难问题的唯一解答单位。

## 国家半导体器件质量监督检验中心

国家半导体器件质量监督检验中心依托于中国电子科技集团第十三研究所，拥有一支专业的科研队伍，并且相关人员已经成为 LED 行业内专家，全程参与 LED 测试标准的制修订工作。近年来主要完成的工作有，功率型白光 LED 的加速寿命试验研究；2004 年按国家质检总局要求进行的全国 LED 质量状况监督抽查；先后两次承担国家半导体照明工程“十五”攻关项目评测；2009 年承担了“十一五”863 重大项目评测；2007—2008 年，作为牵头方，为国家游泳中心（水立方）建筑物 LED 景观照明做质量保证，从芯片制造、封装到灯具进行全程质量控制；完成了北京市科委组织的LED攻关项目评测，并且为国内多家半导体照明企业生产的LED光源和应用产品提供检测服务；2009年根据科技部开展的“十城万盏”半导体照明试点示范工程的要求，国家半导体器件质量监督检验中心成为指定的第三方检验机构之一。2009年起草了由工业和信息化部发布的电子行业标准SJ/T 11398—2009《功率半导体发光二极管芯片技术规范》、SJ/T 11400—2009《半导体光电子器件小功率发光二极管空白详细规范》。国家半导体器件质量监督检验中心具有国内外先进的试验仪器和检测设备，以及专业的测试人员，测试结果可直接溯源到中国计量院。中心拥有LED器件可靠性评估方面的专家，通过加速寿命试验，运用数理统计及外推的方法，获得有效的可靠性特征数据，该方法将作为行业标准进行推广。

## 厦门市产品质量监督检验院

厦门市产品质量监督检验院拥有“国家半导体发光器件（LED）应用产品质量监督检验中心”，已建成LED应用产品光电性能、安全与环境适应性能、材料性能和电磁兼容等4大实验室，总面积约10000$m^2$，共有仪器设备300多台套，总价值6700万元，已投入使用的仪器设备主要有德国Instrument Systems公司的LED光学性能测量系统、美国Westar公司的平板显示器测量系统、匈牙利Mired公司的LED热性能测量系统、德国LMT公司的灯具空间光分布测量系统、德国LMT公司的汽车灯具配光性能测量系统、芬兰Endeas公司的太阳电池测量系统等，检测能力涵盖了LED荧光粉、单管、模块、光源、灯具、显示屏、背光源、汽车灯具、交通信号灯、太阳能光伏产品及其他各类照明产品。中心已经形成一支较强的检测技术队伍，其中有博士2人、硕士10人、本科11人（有5人获得高级技术职称、12人获得中级技术职称）。已完成的科研项目：①国家863项目“半导体照明评价与测试系统建设”；②国家质检总局科技计划项目“应用于LED显示器及灯具检测的高精度五维运动台”；③福建省质量技术监督局科研项目“LED背光源测试方法的研究”。





## 东莞市质量监督检测中心

东莞市质量监督检测中心现有人员200人，其中博士5名、硕士21名。测试场地3.7万$m^2$，固定资产2亿元。检测仪器设备2800多台套，设备原值逾亿元人民币，如966电波暗室、大型分布式光度测试系统、光谱分析系统等。东莞质检中心于2010年6月获批筹建“国家半导体光源产品质量监督检验中心（广东）”，预计于2011年10月底完成国家中心的筹建。目前东莞质检中心通过外部引进和内部培养的方式，在光电检测领域建立了一支以电子专业博士、硕士为核心的LED产品检测技术团队，为企业提供检测、整改、质量提升等全方位的技术服务。根据新颁布相关国家标准的要求，研发了LED灯具寿命测试系统。系统的主要组成部分有路灯寿命测试系统、路灯试验架、三相稳压电源、基础配电设施。路灯寿命测试系统采用高精度的采样设备，通过分布式计算机进行电流、电压数值的采集；测试工作站与主控计算机采用INTERNET网络协议进行通信，同时使用双路主控站进行备份，提供故障冗余设计；测试结果传输到主控室的中心计算机上进行集中的处理、显示及结果打印。东莞质检中心承担了2009年广东省科技重大专项《安全环保消费电子类线缆及线束共性技术研究与产业化》，牵头成立信息传输线缆省部产学研创新联盟，联合了8家企业、5家科研院校，通过构建省部产学研创新联盟，将教育部属高校优势科技资源系统地注入广东支柱产业、新兴产业的发展中。

## 常州市产品质量监督检验所

常州市产品质量监督检验所是江苏省常州质量技术监督局下属的具有独立法人资格的综合性产品质量监督检验机构。目前，所内建有国家办公用品设备质量监督检验中心、江苏省工矿及民用灯具产品质量监督检验中心及江苏省地板检测中心，正在筹建国家半导体照明及背光应用产品质量监督检验中心。现有实验及检测用房 8900m$^2$，各种检验仪器和专用测量设备 1000 余台（套）。在灯具检测方面，建有灯具光度分布性能、灯具配件、紫外辐射、电光源、环境、电磁兼容、安全等实验室。主要检测设备有大型反射式分布光度计、岛津 EDX 荧光光谱仪、汽摩灯具配光曲线测试系统、紫外辐射系统、谐波分析仪、电磁兼容 EMI 检测设备、瓦立安气质联用仪、安捷伦气相色谱等 47 台套，价值 800 多万元。常州质检所涉及灯具的测试能力为固定式灯具、可移式灯具、投光灯具、道路与街道照明灯具、嵌入式灯具、灯串、手提灯、应急灯具，电感式、电子式气体放电灯镇流器，荧光灯系列和 HID 高强度气体放电灯系列、卤钨灯等电光源产品，汽车摩托车灯具等 70 项照明灯具及配件产品，灯具的产品安全、性能标准均通过国家实验室认可、省级资质的认定。

## 广州半导体照明检测技术服务中心

广州半导体照明检测技术服务中心是广州市批准建立的首家半导体照明专业检测单位，依托广州市光机电技术研究院建立。中心重点面向半导体照明领域，可对各类 LED 器件、光源、灯具和应用产品提供检测服务和检测技术服务。中心的资产规模近 2000 万元，检测场地达 1500m$^2$，拥有国际和国内先进检测仪器设备几十台。中心先后与香港科技园公司、华南师范大学等单位达成合作意向，资源共享开放，联合开展交互式 LED 检测服务。中心现拥有管理人员 8 人、专业检测人员 20 人、检测技术研发人员 10 多人。另外中心还拥有国家实验室认可外审员 2 名、内审员 9 名。

中心可开展的 LED 照明检测项目包括 LED 用荧光粉的荧光性能，LED 用光学材料的光学性能，LED 器件、LED 光源、LED 灯具等各类半导体照明产品的电学特性、光度特性、色度特性、热学特性、光辐射安全性和老化特性等，基本覆盖了主要的 LED 性能检测项目。可对 LED 路灯、LED 舞台灯、太阳能 LED 灯具等特殊照明产品进行全面的性能检测与分析评估，可对 LED 照明的主要应用场所，包括道路、体育场馆、室内场所、公共场所、地铁隧道等进行照明效果的检测分析，并可为产业界提供较为全面完善的半导体照明测试解决方案与技术服务支持。





## 成都市计量监督检定测试院

成都市计量监督检定测试院是成都市质量技术监督局依法设置的国家法定计量检定机构，系成都市行政事业单位，测试院建立的社会公用计量标准是统一成都市量值的依据，在社会上实施计量监督具有公证作用。目前正在计量院的基础上组建“国家城市能源计量中心（成都）”。成都市计量监督检定测试院承担了成都市“十城万盏”半导体照明产品应用检测平台建设任务。2009 年自筹资金已经建立了“LED 路灯道路照明工程现场检测（验收）能力平台”。

测试院现有在职职工 324 人，其中具有高级技术职称 28 人，中级技术职称 58 人。测试院占地面积 1.64 万平方米，房屋建筑面积 4.69 万 m$^2$，其中实验室面积 1.44 万 m$^2$，恒温实验室面积 3200m$^2$，拥有仪器设备 2763 台件，固定资产达 4500 万元。目前拥有国内先进的照明检测设备包括照度计、亮度计、光谱仪、电参数测量仪、红外线测温仪等。检测主要参数包括平均照度、照度均匀度、平均亮度、显色指数、色温、电压、电流、电功率、功率因数、照明功率密度等。

照明工程检测采用的国家标准有 LB/T002—2009 半导体照明试点示范工程 LED 道路照明产品技术规范、LB/T003—2009LED 隧道灯、GB/T5700—2008 照明测量方法、CJJ45—2006 城市道路照明设计标准等。

## 大连半导体照明检测服务平台

大连半导体照明检测服务平台是大连市科技局重点立项支持依托于大连工业大学照明工程实验室建设的 LED 半导体照明专业检测单位。检测平台的实验室建设严格按照 CNAS ISO17025 的规定实施，拥有在半导体照明产品测试和使用现场测试领域的各类设备，基本覆盖了 LED 产业链和应用产品所需的检测项目，可对 LED 器件、LED 光源、LED 灯具等各类半导体照明产品，进行包括光度特性、色度特性、电学特性、热学特性、老化特性、可靠性、光辐射安全性等综合特性的检测分析与评估。

目前在检测平台从事研究工作的高级职称人员 12 人、中级职称人员 6 人、初级职称人员 5 人（具有博士学位 10 人，硕士学位 12 人）。另外，客座教授 8 人（含外籍客座教授 3 名）。大连工业大学原有照明工程实验室拥有固定资产 1100 万元。围绕检测平台建设，大连工业大学已提供 1500 平方米实验室用房和实验设备 600 万元，国家财政部投入“中央与地方共建优势与特色实验室”经费 300 万元，大连市政府已投入第一批专项经费 100 万元。到目前为止，大连半导体照明产品公共检测与服务平台拥有固定资产约 2200 万。

大连半导体照明检测服务平台目前还处在筹建的初级阶段，正积极申请获得省级计量认证，在此基础上争取获得国家实验室认证和质检认证。

## 哈尔滨照明检测中心

哈尔滨照明检测中心是全国照明电器标准化技术委员会光辐射测量委员会委员单位。检测中心现有使用面积 1000m$^2$，配备了各种仪器设备，所有仪器设备均通过“中国计量院”标定，实现了从光源→灯具→驱动控制器等照明电器主要构成部分的光谱分析、光分布分析、能效认定等方面的完整检测能力。

检测中心的主要检测业务是针对以 LED 为主的照明电器产品进行节能认证、验货检验、委托检验，承担政府部门下达的照明产品质量抽查、统检、水平论证、新产品技术鉴定、产品质量仲裁等检验任务。同时，也为照明工程实施单位、照明设计监理单位、照明产品技术研发企业提供“照明效果模拟预判”和“标准符合性分析”等方面技术服务工作。

检测中心现有工作人员 14 名（其中高级工程师 2 名、副高级工程师 5 名），设立主任 1 名、副主任 2 名、质量负责人 1 名、技术负责人 1 名、质量体系内审员 4 名。





## 杭州市质量技术监督检测院

杭州市质量技术监督检测院是杭州市质量技术监督局依法设置的技术检测机构，现有在职职工 304 人，其中科技人员 234 人，高、中级职称占 61 %。检测院设有十一个检测中心，至 2009 年年底，有 2420 个项目（参数）通过实验室国家认可、计量认证，建立计量标准 126 项。杭州市质检院拥有一大批进口的精密仪器设备，例如紫外-可见-近红外光谱分析系统，可用全光谱法测量各种光源及半导体发光器件的光谱功率分布、色品坐标、色温、显色指数、色容差、色偏差、颜色纯度和主波长、光通量、发光效率等参数，广泛应用于荧光灯、高强度气体放电灯、卤钨灯、半导体发光器件等光色分析；阵列式光谱仪采用背照式 CCD 阵列，具有高动态范围、低噪声等特点，可以获得光源样品完整的辐射度、光度参数，并可实现多通道和实时检测；光辐射安全测试系统包括表观光源测量、有效辐射照度测量、视网膜损伤有效辐射亮度测量、光辐射时间特性测量、光谱辐射特性测量以及光安全等级分类和评估等功能，可按照欧盟 CE 认证要求、EUP 指令、IEC62471：2006（CIE S009/E：2002）、IEC 62471-1、IEC60598-1、IEC60335-2-27 等标准检测 LED 产品、紧凑型荧光灯 CFL、卤素灯、金卤灯等一系列带有紫外-可见-红外辐射的电器产品的有效辐射值，并进行光辐射安全性评估和安全等级的评定；同步追踪反光镜式分布光度计，可对投光灯具、道路照明灯具、室内照明灯具的空间光强分布及各种光度参数进行测量，是荧光灯、LED 等温度敏感、光束分布陡峭灯具的最佳测量系统；另外还有主要用于电子镇流器、各类荧光灯的输入输出电性能全面分析测试的电子镇流器分析系统，灯具类产品的机械安全测试、IP 等级测试等检测仪器，至 2009 年年底，全院设备固定资产超过 1. 1 亿元，总资产超过 2. 2 亿元。

目前，正在积极筹建浙江省半导体节能光源检测中心。至 2010 年，在 LED 检测方面已经投入 500 余万资金进行 LED 专项检测设备购置和实验室内部设施建设，检测实验室净面积达到 500 余平方米，LED 检测实验室已经具备一定的规模。2010 年 5 月已经向国家实验室认可委申请 LED 检测项目实验室认可，向浙江省质监局申请计量认证。

## 绵阳市半导体照明公共检测平台

绵阳市半导体照明公共检测平台由绵阳市质量技术监督局、四川省电子产品监督检验所、九洲光电科技公司等单位联合组建，挂靠四川九洲光电。目前，各类检测仪器、设备，价值约680万元。

绵阳市半导体照明检测平台以九洲光电科技有限公司为主体，主要仪器设备包括LED光学性能测量系统、LED热性能测量系统、LED变角光度测量系统、灯具空间光分布测量系统、LED荧光粉检测系统、LED芯片显微测试台、自动推拉力测试设备、ROHS检测设备高精度热像仪、环境适应性测量系统，实现了芯片、荧光粉、器件、灯具等产品的综合检测能力，并建有大型暗室，检测范围包括电学、光学、色度、温度。

目前，检测机构人员近20人，具有本科及以上学历人员14人，专业涉及电子与信息工程技术、无线电技术、电气工程、电子仪器及测量、光信息科学、材料及封装、微电子技术等多个学科领域。

九洲光电科技公司是九洲集团公司的子公司，其环境实验中心具有中国合格评定国家认可委员会实验室认可证书。

## 天津工业大学半导体照明工程研发中心

天津工业大学半导体照明工程研发中心实验室面积1600m$^2$以上，设备总值443万元。涉及LED照明产品的检测设备价值180万元。中心下辖五个实验室：大功率发光芯片工艺实验室、大功率照明产品设计实验室、测试中心、智能照明控制实验室、可靠性实验室。配有进口光刻机、PECVD、电子束蒸发台、德国FINERTECH倒装焊台、RTA快速退火仪、半自动压焊机、Keithley半导体特性测试系统、奥林巴斯显微镜、原子力显微镜、扫描电子显微镜、LED光色电综合分析系统、LED光热电性能测试仪、旋转式分布光度计、半导体特性系统、电器安全性能综合测试仪等诸多完备的器件制备及测试线。




中心可对LED灯具安全性能、电磁兼容（EMC）、灯具的光强、光通量、照度、亮度等参数、配光曲线、颜色特性、发热特性、电性能等进行测试。还可对室内、内外场馆、道路、建筑物等的照明参数进行测试。中心对LED各种照明产品测试已有1年以上时间。目前有检测人员18名（含硕士以上学位16名）。

## 天津市产品质量监督检测技术研究院

天津市产品质量监督检测技术研究院是经市政府批准设立的社会公益型专业质检机构。包括有8个检测中心，其中3个中心为国家检验中心。天津市质检院电器检测中心的照明电器检验中心是国家认监委指定的灯具3C认证检测机构。具有全套的灯具安规检测设备及与其配套的满足标准要求的实验室；电磁兼容检测设备及与其配套的满足标准要求的实验室；大型环境检测设备、光学测试设备、LED管全性能测试设备、高精度照度与亮度测试仪、灯具与光源寿命试验设备、LED灯具与光源温度测试设备等。以上检测设备均通过国家级计量校准，并全部在有效期内。实验室面积16000m$^2$以上，设备总值四千多万元，涉及半导体照明产品的检测设备价值近千万元。

研究院可对LED灯具安全性能、电磁兼容（EMC）、灯具的光强、光通量、照度、亮度等参数、配光曲线、颜色特性、寿命特性、发热特性、电性能等进行测试。对室内、内外场馆、道路、建筑物等的照明参数进行测试。对LED照明产品（包括LED路灯、LED投光灯、LED洗墙灯及各种LED模块）测试已有4年以上时间，已检测几百个批次。

研究院现有从事照明电器检测专职工作15年以上的高级工程师5名、8年以上的工程师8名（其中硕士2名，其余全为本科学历），其中含有全国照明电器标准化委员会灯具标委会委员。天津市质检院是天津市政府批准设立的社会公益型的专业质检机构，整体通过国家级计量认证CMA（证书编号2009020037Z）、国家级资质认定（证书编号2009国认监验11号）、中国合格评定国家认可委实验室认可（No. CNASL0219）。

## 武汉地区半导体照明检测平台

武汉地区半导体照明检测平台是在武汉市产品质量监督检验所原有技术能力基础上建立的，针对LED照明产品，已具备对LED模块、LED照明产品的光、电、色等参数的精确检测能力，主要为生产企业的生产、研发进行相关的委托检验。

武汉产品质量监督检验所通过CNAS认可的灯具、电光源相关的检测项目有29项，涉及照明产品的安全、性能要求，并具备相关的材料试验、环境试验的检验能力。新颁布的10项LED照明产品相关国家标准的资质正在申请认证过程中。

武汉产品质量监督检验所内设国家红外及工业电热产品质量监督检验中心、国家电线电缆产品质量监督检验中心（武汉）等三个国家质检中心和化工、电器、红外、光学、电线电缆等10个检测中心。

武汉产品质量监督检验所现有检验技术人员109人，其中高级职称24人、中级职称44人（含硕士生13人、本科生39人、大专生32人）。检验所先后参加了由国家认监委、认可委、亚太实验室组织的各种能力验证和实验室间比对160多项，均取得满意效果。目前拥有资产2600多万元，仪器设备2140台（套）。

武汉产品质量监督检验所的灯具、电光源检测能力是在原国家轻工业电光源/家用电器产品质量监督检测武汉站、湖北省电光源/家用电器产品质量监督检验站的基础上建立的，已开展灯具、电光源产品检测工作20余年，具有对各类灯具、电光源、镇流器产品的安全、性能检测能力。2009年年底购置了杭州远方公司的整套检测设备，2010年购置了光辐射安全检测系统，开展LED照明产品的辐射安全检测。



## 国防科技工业光学一级计量站

国防科技工业光学一级计量站成立于1986年11月，是国防科工委批准、授权的国防光学一级计量技术机构，挂靠在中国兵器工业第二〇五研究所。同时，也是陕西省技术监督局授权的法定计量检定机构。计量站已通过了国家实验室认可委员会（CNAS）认可、国防科技工业实验室认可委员会（DILAC）的认可、总装备部军用实验室认可、国家国防计量技术机构行政许可。

国防科技工业光学一级计量站拥有实验室面积3000m$^2$，大型精密检测仪器50多台套。现有专业技术人员59人，其中研究员级高工6人、高级工程师25人、工程师15人（具有博士学位6人、硕士学位15人）。光学一级计量站已建立国防最高计量标准17项，在建标准9项；已认可校准能力项目25项，检测能力项目12项；正在研制、建立校准、检测能力项目10余项。

## 国家轻工业电光源产品质量监督检测宝鸡站

国家轻工业电光源产品质量监督检测宝鸡站暨陕西省电光源工业产品质量监督检验站通过陕西省质量技术监督局资质认定和国家认证认可监督管理委员会资质认定，是德国南德公司（中国）授权的汽车灯泡E-mark认证检测实验室、中国质量认证中心（CQC）委托检测实验室。

国家轻工业电光源产品质量监督检测宝鸡站是国内能够依照国家标准全项检测汽车灯泡且经国家计量认证、授权的权威质检机构。曾历次承担电光源产品的全国评比、生产许可证发放、国家统检等检测任务。目前，国家轻工业电光源产品质量监督检测宝鸡站面向全国开展汽车灯泡、普灯、荧光灯、节能灯、高压汞灯、钠灯及其他各种电光源产品的性能检测、质量检验工作，并接受各质检机构对汽车灯泡的检测分包。

## 福建省半导体照明工程技术研究中心

福建省半导体照明工程技术研究中心挂靠在厦门大学物理与机电工程学院。可实现对 LED 器件、芯片及显示屏的光、电、色、热的综合测试。目前已通过了国家半导体照明相关计量认证，并参与工业和信息产业部“半导体照明标准工作组”相关标准制定。

中心拥有匈牙利 Micred T3ster/Teraled LED 热阻测试系统、德国 IS 公司的 Spectro320 光谱系统、LumiCam1300 显示屏测试系统、Research N2 高精度热像仪、高低温箱等设备。可对 LED 器件及相关材料的光学、电学、热学、色度学及可靠性等方面进行测试。中心获得认证资质的项目涉及半导体材料和发光二极管光、电、色、热性能的 13 个国际标准、国家标准及行业标准。并于 2009 年 7 月，再次通过复审和扩项评审，新增认证资质项目扩展到荧光粉、显示屏及灯具的 11 个国家及行业标准。

## 扬州光电产品检测中心

扬州光电产品检测中心（简称光电中心）于 2007 年 10 月 10 日经江苏检验检疫局批准开始筹建国家级光电产品检测重点实验室。2008 年 1 月 29 日，光电中心被国家质量监督检验检疫总局批准建设“国家级光电产品检测重点实验室”。2008 年 4 月 18 日，扬州光电产品检测中心经扬州市政府批准正式成立，主要从事 LED 产品和光伏从原料到成品的全系列检测服务。

光电中心计划用 3 ~ 5 年时间，引进 LED 辐射安全性能测量系统、LED 照明现场环境测量系统、高低温湿热环境试验箱、盐雾腐蚀试验机 、扫描电子显微镜、LED 可靠性和寿命加速测试系统等核心检测设备，从事 LED 产品从单个 LED 到照明灯具的系列检测工作。

光电中心除项目负责人外，拥有技术顾问两名，配备专业检测人员 10 余名。光电中心正式通过了中国合格评定国家认可委员会（CNAS）实验室认可，计量认证评审和 TUV 南德集团技术评审。同时，光电中心通过了中国质量认证中心（CQC）的考核，正式成为 CQC 签约实验室。



## 郑州市半导体照明检测认证中心

郑州市半导体照明检测认证中心建成后将拥有半导体照明应用产品和中上游产品检测能力，检测对象包括普通照明用 50V 以上自镇流 LED 灯、道路照明 LED 灯、装饰照明 LED 灯、普通照明用 LED 模块、LED 背光源、LED 显示屏、道路交通信号 LED 灯等各种 LED 应用产品，以及 LED 器件和模块检测。拟搭建的检测平台包括光学性能测试实验室、安规测试实验室、电磁兼容测试实验室、可靠性及能耗测试实验室等。目前实验仪器和设备正在陆续采购中。

## 保定市大正太阳能光电设备制造有限公司检测中心

保定市大正太阳能光电设备制造有限公司检测中心有固定资产 100 余万元，仪器设备 18 台套，其中大型精密仪器 4 台套，总工作面积 180m$^2$，专职检测科研人员 5 人。检验设备主要有 WY3010 精密数显直流稳压电源、PF9802 交直流电参数测量仪、GO-2000B 分布光度计、PMS-50（增强型）光谱分析系统、1500mm 积分球、300mmLED 专用积分球、QTH-3P-C 可程式恒温恒湿试验箱等，可开展半导体照明及光电产品的电学性能、光学性能、温度和寿命等技术指标的检测工作。检测中心依托保定市科技局和保定市新能源产业联盟。检测中心此前只是产业联盟的公开检测结构，服务于“十城万盏”示范项目的内部检测。现正在办理国内检测资质认定工作。保定市大正太阳能光电设备制造有限公司检测中心除满足本公司日常检测任务外，还积极与保定市新能源产业联盟配合，对产业联盟成员单位的半导体照明及光电产品进行初级检测和研究工作。

# 第三章　测试结果

## 重庆半导体照明产品质量现状分析

刘显明　陈伟民　王福权　赖伟　曾海鹏　张毅　高晓霞
重庆大学 光电技术及系统教育部重点实验室 光电工程学院
重庆 LED 产业与研发联盟

根据重庆市“十城万盏”试点方案，试点工作包括了室外照明、室内照明和特种照明三大领域，囊括几乎所有的日常照明场合，涉及的照明灯具也多种多样。为及时掌握这些照明灯具的质量特性水平，确保试点工程的质量，在重庆市科委的支持下，依托重庆大学光电工程学院，建设了重庆市 LED 照明研发与产业联盟的公共性光学设计与检测服务平台——重庆大学 LED 光学设计与检测中心，针对 LED 应用领域的共性关键技术与应用问题，为企业进行 LED 灯具的质量检测、改进优化与验证测试，以及室内照明、道路照明和隧道照明等应用配光设计及照明效果验证。自 2009 年 11 月—2010 年 6 月期间完成重庆、上海、浙江、广东、西安、大连等省市 36 家企业 15 种共 100 款灯具产品的测试，为“十城万盏”工程建立了产品目录库。这些数据虽然只是重庆市的局部情况，但也可以借鉴经验、发现问题，为推动半导体照明产品及产业的发展提供一定的参考依据，也为各兄弟城市、各 LED 照明企业的发展提供一定参考。



### 一、LED 灯具分类情况分析

本次所测 LED 灯具共有 100 款，大部分为配合“十城万盏”工程的送检灯具，只有少部分来自企业自身新产品设计或技术升级验证的测试。这 100 款送检 LED 灯具包含室外、室内、特种三大类 15 种（见图 6.3-1），几乎囊括了当今 LED 功能照明的所有种类与品种，在产品类别上具有较好的代表性。

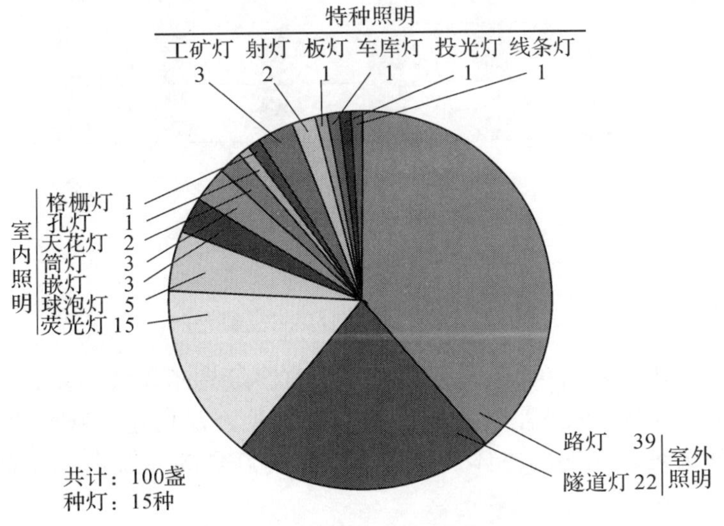


图 6.3-1　LED 灯具分类情况

由图 6.3-1 可看出，送检的 LED 灯具中，室外照明产品达到 61%、其中道路照明又占了 LED 室外照明产品的 64%。相对而言 LED 室内照明灯具有 30 盏、特种照明只有 9 盏，远远低于 LED 室外照明产品的数量。室外、室内、特种灯具产品的比例为 6∶3∶1，这虽然仅仅是重庆的情况，但它实际上也是全国“十城万盏”工程的一个缩影，充分体现出了道路照明在“十城万盏”工程中的被重视程度，也是“十城万盏”工程被过分片面地误解为道路照明的缩影与真实写照。

从图 6. 3-1 还可以看出，30 盏室内照明灯具虽然只有室外照明灯具的一半，在数量上远少于室外照明灯具产品，但 LED 荧光灯、LED 球泡灯分别有 15 盏、5 盏，占了其中的 50%、16. 6%，这在一定程度上反映出当前 LED 室内照明的主流产品形式为 LED 荧光灯和 LED 球泡灯，这也可作为企业决定自己产品发展方向的一个依据。

另外从经济、技术上看，LED 室内照明除了在价格、成本这一个经济因素上要求比室外照明苛刻外，在芯片、散热、配光、驱动、寿命、可靠性、互换性、可维护性等各个环节上，室外照明的技术难度都远高于室内照明，其对企业的人才、技术、资金等实力的要求就必然高许多。因此室外照明与室内照明产品的比例不应该是 6∶3。目前这种 6∶3 的现象既说明在国内 LED 功能照明领域中室外照明的竞争远大于室内照明，也说明有相当一部分从事室外照明产品的企业在做超出自己能力的事情。

## 二、室外照明情况

### 1. 道路照明

(1) 光学参数

送检灯具中 LED 路灯的总光通量分布如图 6. 3-2 所示，39 盏路灯的平均总光通量为 9846 lm。按 CJJ45—2006 《城市道路照明设计标准》中对路面规定的亮度要求进行计算，支路和次干路所需的路灯最小总光通为 2800 ~ 6800 lm，主干路所需路灯最小总光通为 13700 lm（四车道）和 23800 lm（八车道）。虽然具体情况应视灯具排列方式而异，以上计算数据亦可反映平均指标情况。按以上计算结果，在总光通量方面，目前的 LED 道路照明产品已能满足支路和次干路的照明应用需求，而在主干路照明方面还需要努力。

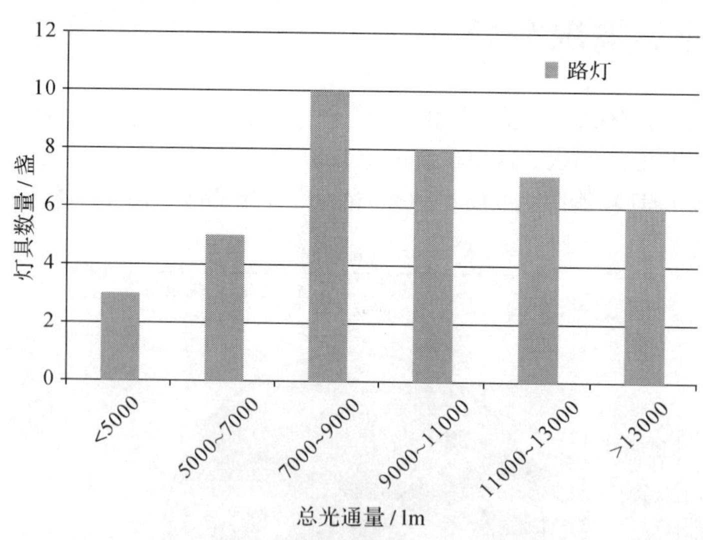


图 6. 3-2 送检 LED 路灯总光通量分布

LED 道路灯具的光效水平如图 6. 3-3 所示。整体而言，灯具光效水平参差不齐，道路照明灯具的平均光效为 72. 3 lm/W。仅从光效水平来看，目前 LED 照明产品已达到甚至超过一些传统的照明产品，满足应用要求。作为道路照明的主体，LED 室外照明灯具的光效水平分布呈现中间高两头低，整体分布比较合理。

由国家标准对普通照明光效的要求，以及传统高压钠灯、低压钠灯和金卤灯的光效（见表 6. 3-1），可见大部分 LED 路灯的光效已经能够满足国家标准对于普通照明的基本要求，少数产品甚至已经达到高压钠灯、金卤灯的光效水平，但就总体而言，目前 LED 路灯平均光效水平与传统路灯相比并没有明显优势。但是若考虑到 LED 灯具定向光源在配光上的天然优势，再加上 LED 光源可以通过选择 LED 灯珠的数量、灵活地实现灯具总功率与总光通量的合理控制，因此只要在道路照明的应用配光设计时，充分利用 LED 光源的上述独特优点，就完全可以在现有 LED 光源的光效水平上，用比传统光源更低的功率消耗保证道路照明的全部照明指标要求，达到或超过高压钠灯等传统光源的节能效果。

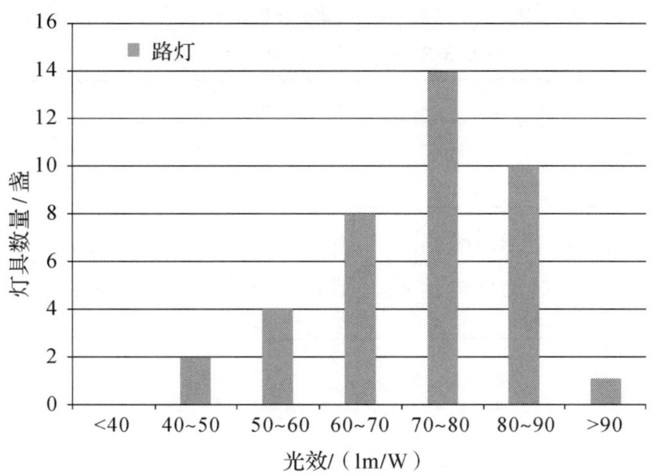


图 6. 3-3　送检路灯光效分布

**表 6. 3-1　传统道路照明灯具光效状况**　（单位：lm/W）

| 国标要求 | 高压钠灯 | 低压钠灯 | 金属卤灯 |
|---|---|---|---|
| >60 | >80 | >140 | >90 |

另外，将实测的 LED 灯具光效与厂家标称的光效进行比较，发现若以灯具实际光效为标准值，±10% 作为允许误差范围，39 盏路灯中有 7 盏灯标称光效比实测值低，有 16 盏灯标称光效偏高，仅有 16 盏灯标称指标符合误差要求，不合格率高达 59%。对于产品光效值的标志，目前一些小企业并无 LED 灯具光学测试手段，根本无法对其产品的光学性能进行检测，但有些厂家仅凭经验猜测光效，有些厂家甚至直接根据市场需求随意填写其光效指标，造成 LED 产品光效值错标乱写情况严重。在如今 LED 照明产业激烈竞争的态势下，如果企业都不知自己产品的实际指标水平，就不可能保证产品质量的不断提高，不可能在市场上站住脚。



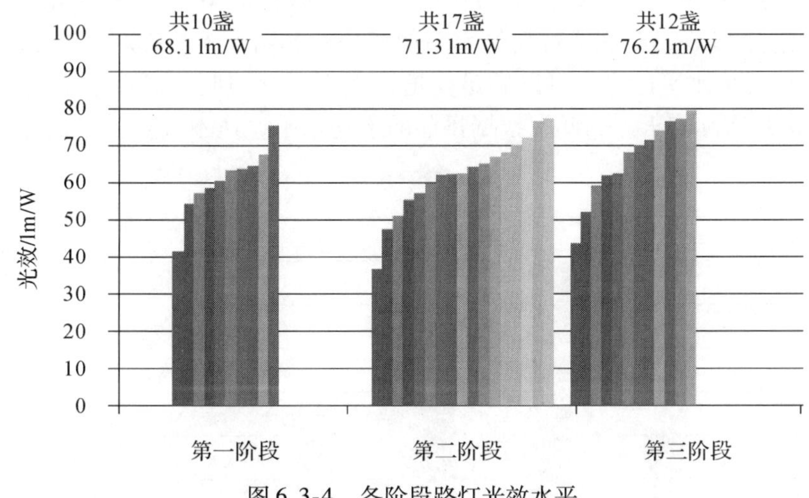


图 6. 3-4　各阶段路灯光效水平

从灯具光效水平发展上看，我们将灯具送检时间按先后顺序分成了三个阶段，即 2009 年 11 月—2010 年 2 月为第一阶段，2010 年 3—4 月为第二阶段，5—6 月为第三阶段，对各阶段的灯具光效进行了汇总分析。以灯具数量最多的 LED 路灯为例，这三个阶段的路灯数量和平均光效水平如图 6. 3-4 所示，可见 LED 灯具的光效水平提高趋势明显，说明 LED 照明技术水平正稳步提高，其发展速度令人振奋。

（2）电学参数

功率因数是电学参数中最为重要的参数之一，它表示交流电路中电压与电流之间相位差的余弦，体现了电气设备运行的效率。国内外的电气设备标准有关功率因数的指标见表 6. 3-2。单就功率因数指标而言，国内标准并未按产品功率进行区分，且部分标准指标要高于国外水平。

**表 6. 3-2　功率因数的国内外指标**

| 美国 UL1993 | CE | 能源之星 | | 国内部分地方标准 | |
|---|---|---|---|---|---|
| | | 小功率 | 大功率 | 广东 | 深圳 |
| >0. 9 | >0. 85 | >0. 5 | >0. 9 | >0. 92 | >0. 95 |

图 6. 3-5 为送检 LED 路灯的功率因数分布，绝大部分的路灯产品都符合功率因数要求。在标称值与实测值的差异方面，仅有一盏的标称值低于实测值 0. 05，有三盏没有提供功率因数指标。

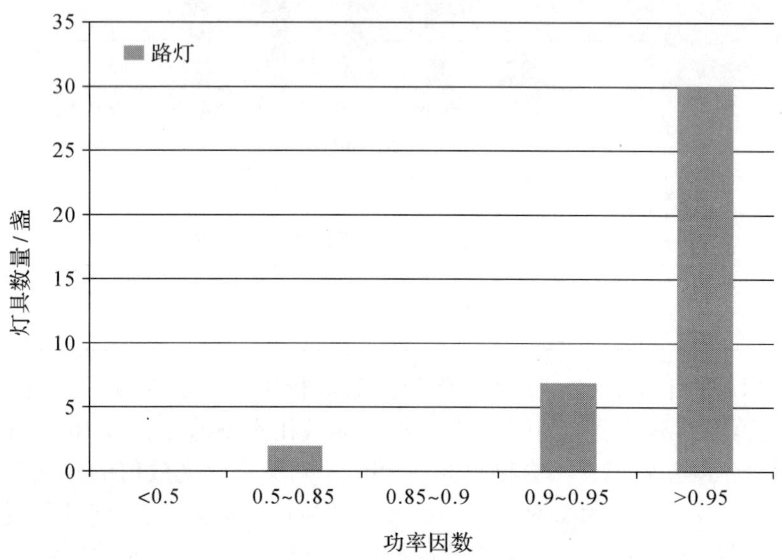


图 6. 3-5　送检 LED 路灯的功率因数分布

电功率方面，假设照明灯具平均光效为 75lm/W，按 CJJ45—2006《城市道路照明设计标准》中规定的路面照度需求计算，用于支道和次干道的灯具最低功率标准在 70 ~ 130W 之间，而用于主干道的照明则需达到 200W 以上。LED 道路照明灯具的实测功耗分布如图 6. 3-6 所示，其平均功率为 133. 8W，可见目前 LED 灯具的功率水平已完全可以满足支道、次干道的照明，而在主干道的照明方面还需要进一步努力，才可满足实际需求。因此，根据目前的平均水平，还不宜在主干道照明冒进推广。

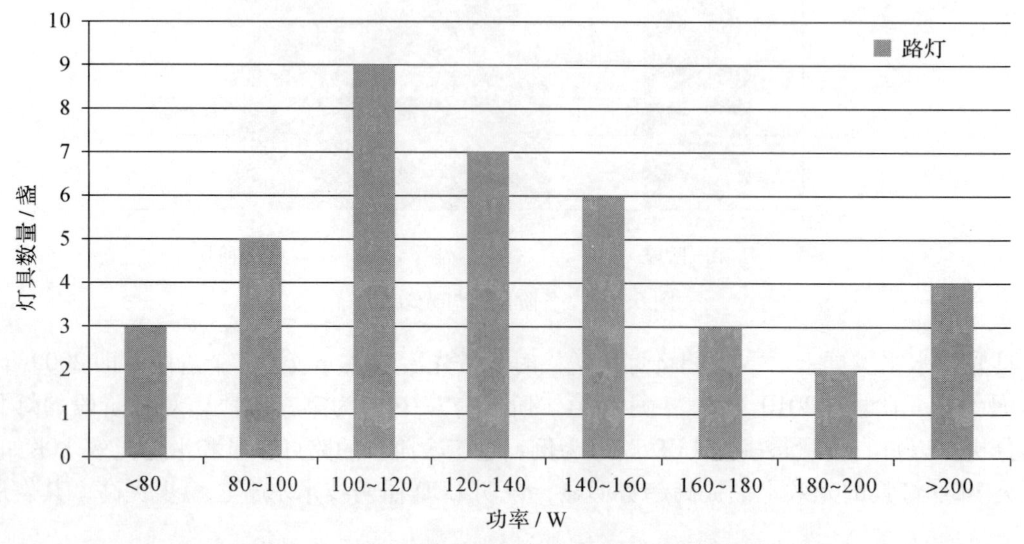


图 6. 3-6　LED 道路照明灯具的实测功耗分布

### 2. 隧道照明

（1）光学参数

送检灯具中LED隧道灯的总光通量分布如图6.3-7所示，22盏LED隧道灯的平均总光通量为5208lm。按《公路隧道通风照明设计规范》中对隧道中间段照明的要求，所需隧道灯的最小总光通为2000～4400 lm。根据以上统计结果，单从总光通量角度看，不管从总平均水平，还是个案而言，目前的LED隧道照明产品已能满足隧道中间段照明应用的需求。

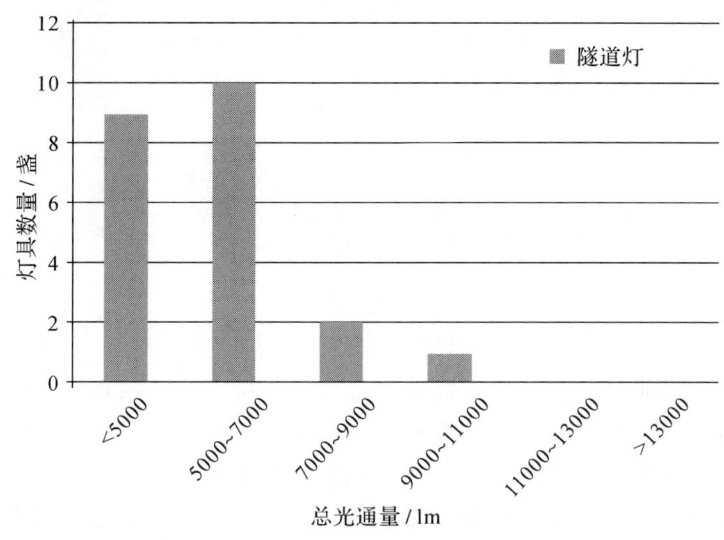


图6.3-7　送检灯具中LED隧道灯的总光通量分布

LED隧道照明灯具的光效水平如图6.3-8所示，其平均光效为66.3 lm/W，低于LED路灯的平均水平，光效分布的离散性也比LED路灯大。这说明光效水平参差不齐，还有很大提升潜力。

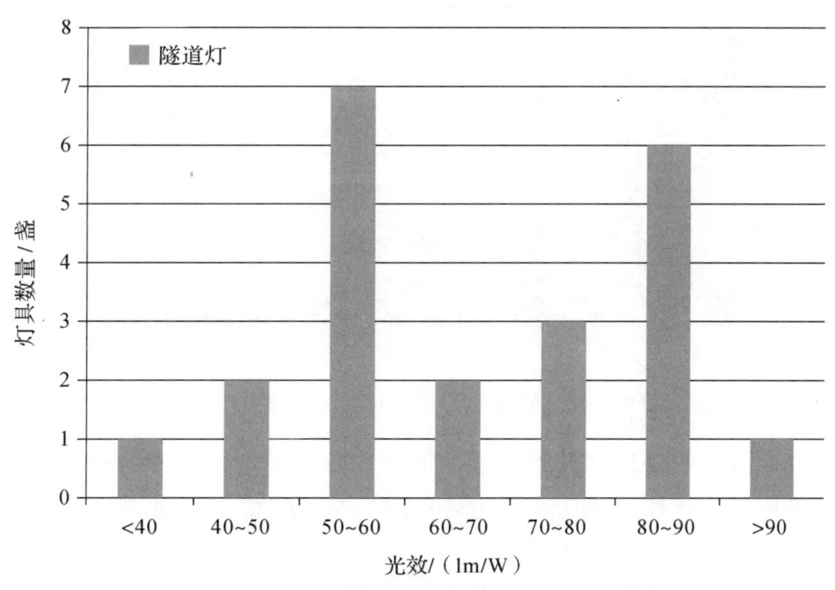


图6.3-8　LED隧道照明灯具的光效水平分布

LED隧道灯的光效误标现象也很普遍。22盏隧道灯中，仅有9盏灯的标称误差在±10%以内。其中有2盏灯标称光效比实测值低，有11盏灯标称光效偏高，即有一半的LED隧道灯高标了产品光效指标。个别产品光效标称值甚至超过实测值60%，此类虚标尤其是高标的行为必须引起检测及监管部门的足够重视。

（2）电学参数

送检LED隧道灯的功率因数分布如图6.3-9所示，可见绝大部分的LED隧道灯产品都符合功率因数要求，仅有两盏灯具的功率因数低于0.85。在性能标志方面，有两盏灯具虚标了功率因数指标，一盏灯具没有提供功率因数指标。总体来说，结合路灯水平，室外照明在功率因数方面的达标情况明显优于光效水平，即国内的LED室外照明灯具产品的电气性能水平要高于产品的光学性能水平。

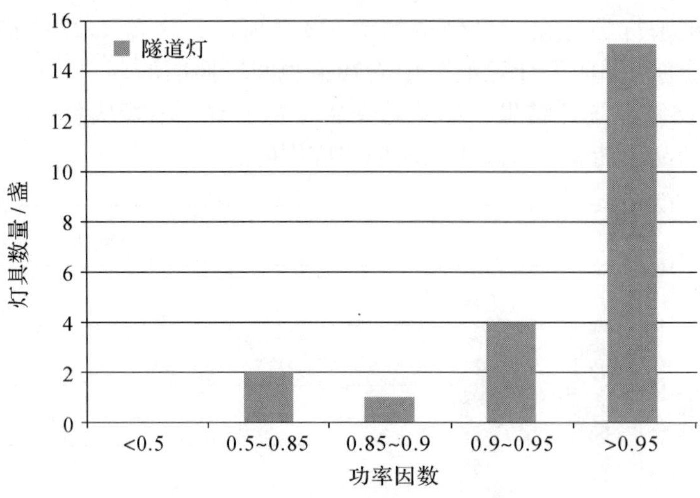


图6.3-9　送检LED隧道灯的功率因数分布

电功率方面，同样假设照明灯具平均光效为75lm/W，按照CJJ45—2006《城市道路照明设计标准》中规定的路面照度需求计算，用于隧道中间段照明灯具所需功率约为60W。图6.3-10所示为隧道照明灯具的实测功耗分布，其平均功率为81W，可见目前隧道灯的功率水平已完全可以满足隧道中间段的照明，而在隧道入口段的照明方面，只要在隧道照明的应用配光设计时，通过合理的技术组合，并发挥LED光强可控的优势，也完全可以满足入口段的实际照明需求，并能适应洞外亮度的变化。



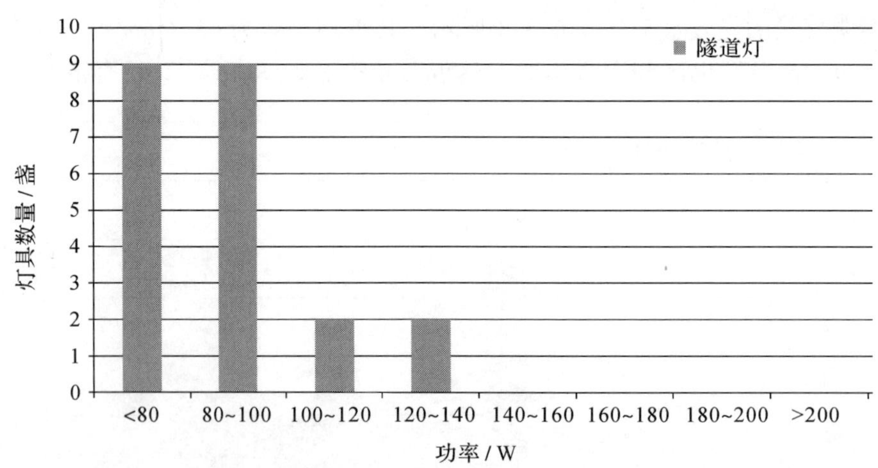


图6.3-10　隧道LED照明灯具的实测功耗分布

此外，在灯具功率方面，LED灯具能够根据道路实际情况选择最佳的组合方式，突破目前高压钠灯仅有几个规格的限制。此外，LED灯具还具有调光控制的特长，因此LED灯具在隧道照明中更加灵活有效。

## 三、室内照明情况

### 1. 光学参数

图6.3-11所示为室内LED照明灯具光效分布，其平均光效为62.6 lm/W，低于室外LED照明灯具水平。相比室外灯具光效分布，小功率的室内LED照明产品的光效水平分散性较大，测量的最高光效达102 lm/W，而大于90 lm/W的高光效产品有5盏、占室内照明产品总量的1/6，但整体而言，中、低光效的产品偏多，这是因为小功率产品的技术门槛较低，介入的生产厂家多，但总体水平

偏低。

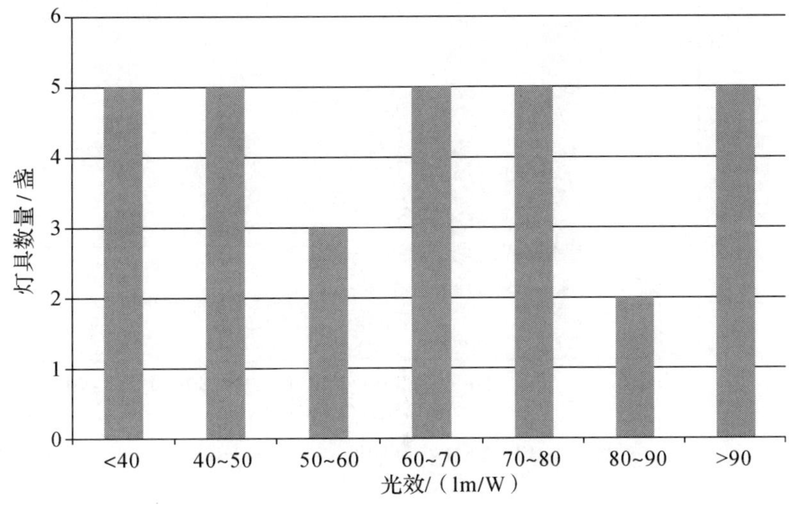


图 6.3-11 室内 LED 照明灯具光效分布

**2. 电学参数**

图 6.3-12 所示为室内 LED 照明功率因数分布情况，在室内照明部分，即使按“能源之星”中的小功率标准水平（>0.5），室内 LED 照明产品在功率因数方面的不合格率仍有 23.3%，而按 CE 标准（>0.85），不合格率高达 53.3%。另外，有 11 盏灯具虚标功率因数，指标超过 0.05，其中 3 款产品标称值甚至超过了实测值 0.4，是严重虚标行为。而有两盏灯具的指标说明中没有功率因数指标。在电学参数上，室内 LED 照明灯具测试结果远逊于室外 LED 照明灯具。

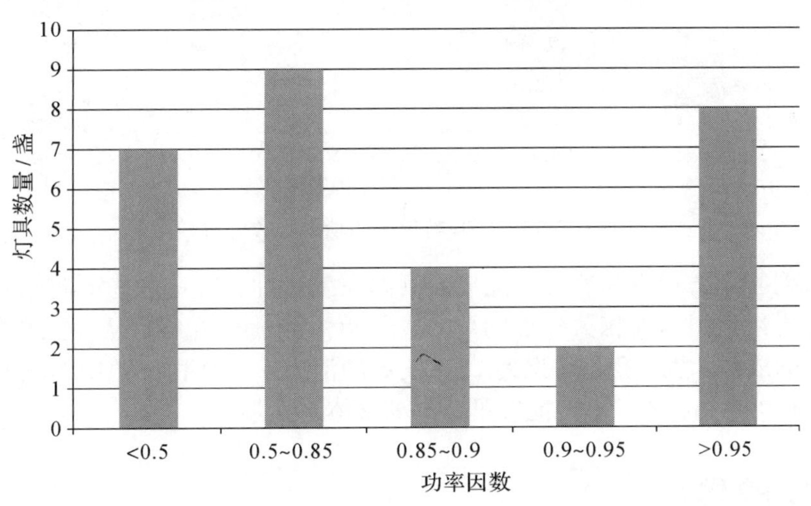


图 6.3-12 室内 LED 照明灯具功率因数分布

## 四、特种照明情况

我们将除常规室外 LED 照明和室内 LED 照明之外的其他产品归为 LED 特种灯具，由于应用领域相对较小，生产厂家不多，没有激烈的竞争，因此产品质量远逊于室外和室内 LED 照明灯具。

图 6.3-13 和图 6.3-14 分别给出了特种 LED 照明灯具的光效和功率因数的分布情况。9 盏特种照明灯具的平均光效为 53 lm/W，远低于室外灯和室内灯的平均水平，其中仅有两盏灯的光效高于 60 lm/W。功率因数方面，按 CE 标准，不合格率达 55.6%。另外，9 盏灯中有 4 盏在此数据上虚标，其中两盏虚标超过 0.4。

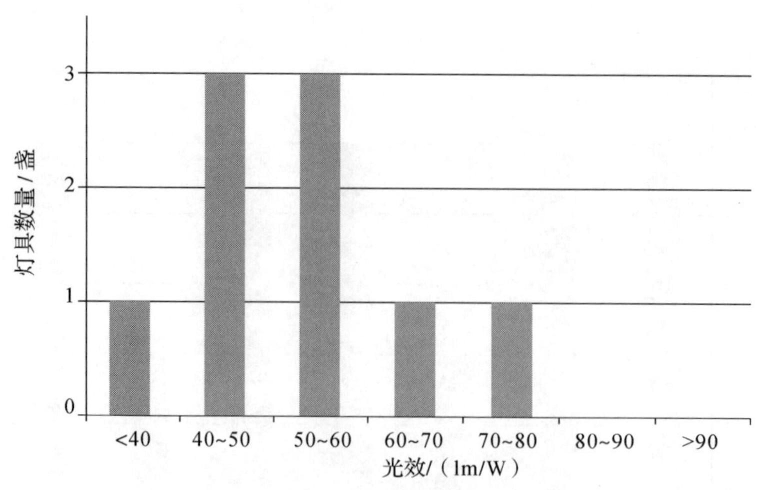


图 6.3-13　LED 特种照明灯具光效分布

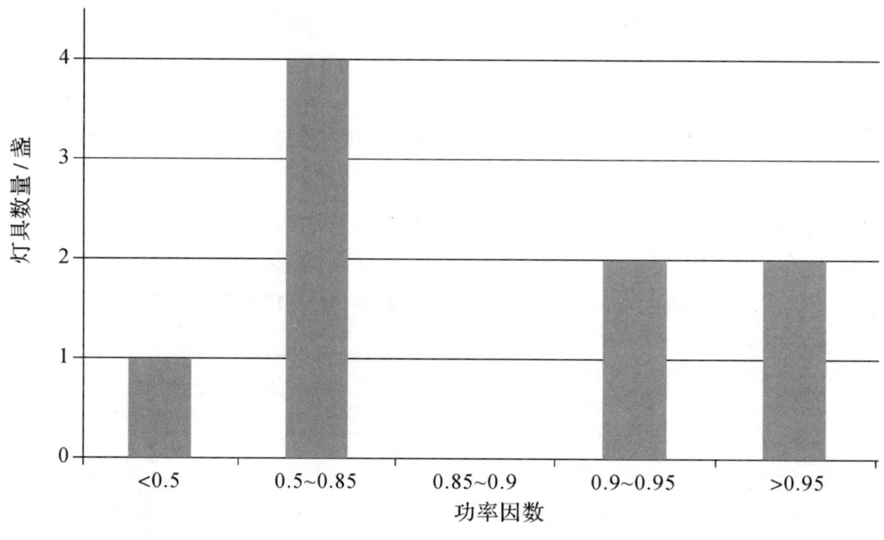


图 6.3-14　LED 特种照明功率因数分布



虽然 LED 在特种照明方面有其独特的优势，例如在工矿灯、射灯这些定向照明中的应用，但如果在产品质量上不能达到国内外相关标准的要求，就得不到使用许可，从而无法打开广阔的市场。LED 室外照明取得的成绩，也让我们认识到 LED 发展的潜力，LED 特种照明领域若能吸取教训，严把质量关，引入成熟可靠的技术，一定能够迅速提高整体水平。

## 五、检测工作的思考

以上的测量结果反映了目前半导体照明产品的发展现状，但仔细分析还可以揭示出一些更深层次的问题，需要引起重视。

**1. 光效问题**

就光效、总光通量、功率而言，目前半导体照明灯具的平均水平已达到一般室内、室外照明的需求，进一步的发展不应再将提高光效作为唯一的重点，否则会带来一系列的问题。如有些厂家一味地追求光效提高，在自身技术不成熟的条件下采取了提高驱动电流的方法，即使 LED 在超过其额定电流的条件下工作，虽然短期内将带来光效、总光通量的提高，但直接后果是产品的加速老化（见图 6.3-15），缩短其使用寿命。

另一方面，光效的提高往往伴随着色温的增加、显色性变差，虽然对室外照明应用影响不大，但在室内照明领域，高光效所伴随的低显色性将使得被照物体严重“变色”，脱离了室内照明的本质需求。另外，半导体照明是点光源，如果光效过高，就意味着发光体亮度过高，这样会在小空间范围的室内应用时产生严重眩光，使人感到刺眼或产生目眩，多只高亮度LED照射在一个细小的物体会产生重影，反而无法看清被照体的细微特征，还会使眼睛所承受的负担加重，产生眼睛疲劳。图6.3-11中的某些室内照明产品，就是因为采用透明管而获得超过其他产品的光效，但却比其他产品的眩光要强烈得多，使用的舒适性远逊于光效较低的其他产品。

因此，在今后的室内照明方面，绝不能过分追求高光通量、高光效，而应该综合考虑高光通量、高光效、高显色性、多点分布照明、柔和照明等多方面的效果，均衡发展，即要将健康照明作为其发展的主流。

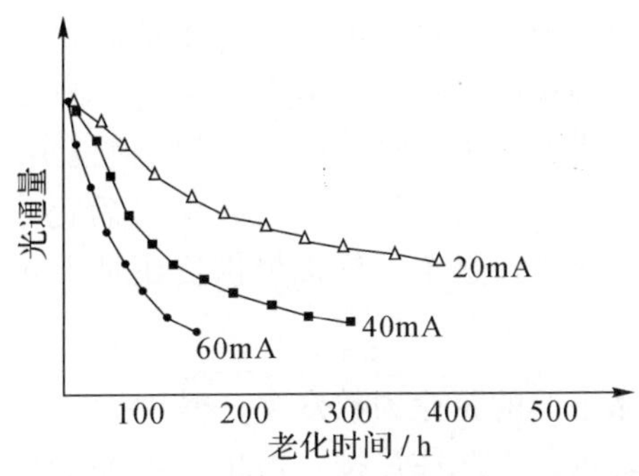


图6.3-15　某LED灯不同工作电流下光通量随时间变化的规律

## 2. 光衰问题

在测量中我们并未对送检灯具进行寿命检测，主要因时间紧迫，一般需要在一周甚至更短的时间内提交检测报告，无法在实验室内进行长达6000h（整整250天）的寿命测试，也难以按照《IESNA LM-80》和国内标准的规定、在老化1000h后测试初始参数。我们只是在开灯几小时，待光源及环境温度都基本稳定后，就开始测量。但在测量工作中我们仍发现个别灯具存在光衰迅速的问题，甚至出现工作8h后就光衰一半的极端情况。图6.3-16给出了某款路灯产品工作8h前后的总光通量和实际功耗，仔细分析发现该产品的光衰主要因电源质量导致。而这种劣质产品一旦流入市场，将会损害消费者对半导体照明节能长寿的信心，对行业的危害极大。

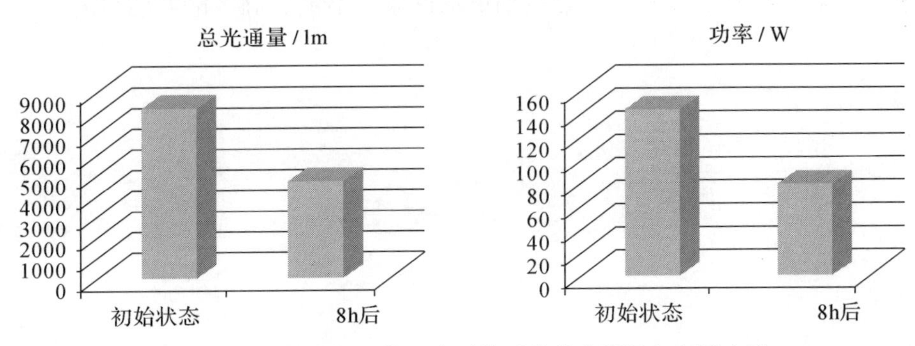


图6.3-16　某路灯工作8小时前后的总光通量和实际功耗

## 3. 寿命测量问题

北美照明学会（IESNA）制定的光源光衰特性测试方法《IESNA LM-80 Lumen Maintenance》和我国现行的国家标准GB/T 24824—2009《普通照明用LED模块测试方法》中均提出用外推计算的方法确定LED器件的有效寿命，即以LED在工作1000h的光通量相对值为外推起始值，利用1000～6000h的光通量相对值数据，外推出LED照明产品光通量衰减到一定程度时所需的时间。由于光衰6000h意味着产品测试至少需要250天，因此测量时间长，只适合计量检验部门的产品抽检。但即使如此，企业从产品送检到获得检测报告至少需要8～9个月的时间，这既不利于指导企业改进产品质量和国家的权威部门及时评估当前的LED产品质量水平，也不利于用户根据测试结果挑选合格的产品，同时也会使企业忽视标准的存在，虚标产品寿命。因此，对半导体照明产品寿命的测量评估方法进行创新，以使标准更加具有实时性、可操作性，是一个亟待解决的新问题。

**4. 检测产品抽样问题**

本次检测工作是重庆市“十城万盏”项目的一部分，检测的灯具全部为企业和应用机构送测，有些样品是企业为打造品牌形象或为了能在试点项目中达标而精心准备的。而按 Caliper 的方式，所测样品是在市场上购买的，样灯的制造企业事先根本不知自己的产品被抽检，这样的抽样测量方式才更具代表性。但由于目前市场上 LED 灯具产品还不多，尤其是大功率产品，在超市很难买到，对于路灯和隧道灯更是如此；此外 LED 产品本身的成本就较高，即使能够在市场上购买，其价格也很高。因此在本次测量中未能如 Caliper 方式那样进行抽样。对于同一厂家同一型号的产品，送测的样品一般会比实际大批量生产时的产品质量要好，这样的检测并不能满足抽样检测的合理性和公平性要求，不能代表实际的市场水平。在本次测量中有灯具光效甚至超过 100 lm/W，显然这样的数据只具有一定的象征意义。而近期国家有关部委进行的 LED 灯试点招标中也出现了类似的现象，虽然所有企业与研究机构都抱怨招标的指标定得太高、无法达到标准，但最后仍有 10 余家达标，而这些达标企业仅仅是将其作为一种荣誉的象征，能否按这个指标批量供货还是个问题。

**5. 企业技术背景**

目前国内参与半导体照明产品生产的企业为数众多，其中大部分为电子或其他产品生产厂家，这些企业大多没有照明产品的生产背景，因此往往按一般电子产品的生产模式进行简单的设计和组装，甚至脱离了照明产品应有的功能需求。也正因如此，送检产品的电气指标要明显优于光学指标，这对照明行业的发展是不利的。因此，这类企业应充分重视产品的照明性能，从客户实际应用的角度出发，在充分了解照明需求的情况下，从光学、色度学等指标上对产品进行针对性的设计与改进，这样才能在竞争中获得先机。飞利浦公司专门立项对中国的道路照明需求与特点进行了深入研究，并根据中国道路的实际特点，将中国的道路细分为 70 余种、20 类，并按照不同类别的道路需求，进行了最佳节能的道路照明配光设计，根据不同道路配光设计的结果、形成不同的灯具性能要求，再根据这个要求开发了 20 种 LED 道路照明产品。这种细致的有针对性的研发不仅有利于企业自身的市场开拓，也有利于行业的健康发展，更有利于道路照明的安全节能。

对比传统的照明技术，半导体照明有其独特的优势，但也存在诸多问题需要解决。只有充分挖掘和利用其优良的光电特性，扬长避短，才能达到更加健康、节能、高效的照明目的。

# 深圳 LED 路灯测试稳定性数据分析

吴春海
深圳市灯光环境管理中心



深圳 LED 路灯及其他路灯测试从 2009 年 3 月 18 日开始，至今已两年。测试分现场测试和实验室测试两部分，数据繁多。从数据的重要性来看，稳定性数据无疑是关键指标，期间我们对高新中一道、科技中三路现场路灯寿命进行了近两年的跟踪测试，相关数据有一定的研究价值。因此，本文对 LED 路灯的稳定性数据进行分析，包括寿命、光衰、色温漂移等内容。

## 一、寿命

表 6. 3-3、表 6. 3-4、图 6. 3-17 为寿命的测试数据记录及对比。

**表 6. 3-3　现场 LED 路灯**（共 63 盏，分属 27 家企业）**灭灯情况**

| 灭灯情况 | 亮灯时间 | | | | | | | |
|---|---|---|---|---|---|---|---|---|
| | 436 天 | | 506 天 | | 619 天 | | 718 天 | |
| | 数量 | 比例 | 数量 | 比例 | 数量 | 比例 | 数量 | 比例 |
| 部分灭/盏 | 4 | 6.4% | 6 | 9.5% | 6 | 9.5% | 7 | 11.1% |
| 整灯灭/盏 | 5 | 7.9% | 8 | 12.7% | 9 | 14.3% | 10 | 15.9% |
| 合计/盏 | 9 | 14.3% | 14 | 22.2% | 15 | 23.8% | 17 | 27.0% |
| 涉及企业/家 | 7 | 25.9% | 9 | 33.3% | 10 | 37.0% | 11 | 40.7% |

**表 6. 3-4　现场 CosmoPlis、钠路灯**（共 6 盏，由飞利浦提供）**灭灯情况**

| 灭灯情况 | 亮灯时间 | | | | | | | |
|---|---|---|---|---|---|---|---|---|
| | 436 天 | | 506 天 | | 619 天 | | 718 天 | |
| | 数量/盏 | 比例 | 数量/盏 | 比例 | 数量/盏 | 比例 | 数量/盏 | 比例 |
| 部分灭 | 0 | 0 | 0 | 0 | 0 | 0 | 0 | 0 |
| 整灯灭 | 0 | 0 | 0 | 0 | 0 | 0 | 0 | 0 |
| 合计 | 0 | 0 | 0 | 0 | 0 | 0 | 0 | 0 |

注：表 6. 3-3、表 6. 3-4 首次测试为 2009 年 3 月 18 日，436 天对应时间为 2010 年 8 月 5 日，506 天对应时间为 2010 年 10 月 14 日，619 天对应时间为 2010 年 11 月 26 日，718 天对应时间为 2011 年 3 月 5 日，现场测试路灯每天正常开关灯。

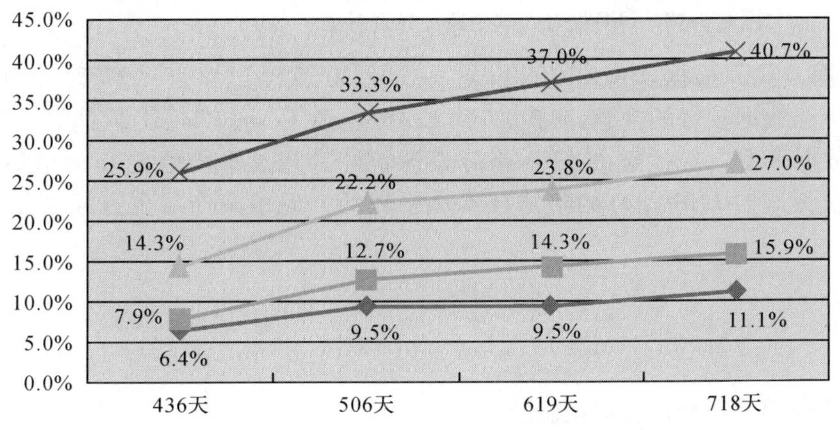


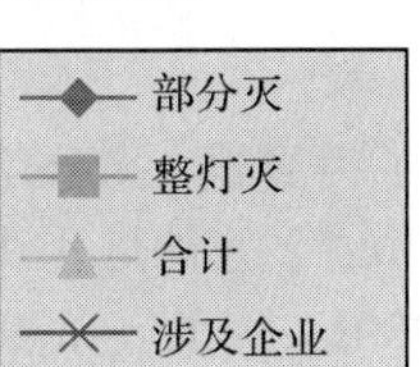


图 6. 3-17　LED 路灯灭灯情况

从以上寿命数据可看出，LED 路灯的整体稳定性相比传统路灯有明显差距。6 盏 CosmoPlis、钠路灯运行 718 天还正常亮灯，故障率为零，但 LED 路灯故障率达到 27.0%。如从涉及企业来看，比例更高达 40.7%，已属不可接受的范围，这也充分回答了目前国内 LED 路灯示范项目所遇到的困境和问题。虽然测试 LED 路灯是两年前的产品，但也应引起我们的高度重视。国内 LED 路灯行业良莠不齐的技术水平还给不了使用者足够的信心，严重影响 LED 路灯的进一步推广应用。

## 二、光衰

表 6.3-5 和图 6.3-18 为光衰测试的数据记录及对比。

**表 6.3-5　实验室 LED 路灯及其他路灯光衰情况**

| 路灯类型 | 2000h | 5000h | 6000h |
|---|---|---|---|
| LED-1 | 4.5% | 7.2% | 11.6% |
| LED-2 | 3.1% | 4.8% | 10.4% |
| LED-3 | 1.2% | 5.2% | 6.0% |
| LED-4 | 3.3% | 7.9% | 14.7% |
| LED-5 | 2.7% | 5.4% | 8.7% |
| LED-6 | 5.2% | 8.4% | 10.3% |
| LED-7 | 4.0% | 5.1% | 7.7% |
| 7 款 LED 平均 | 3.4% | 6.3% | 9.9% |
| CosmoPlis | 1.9% | 4.7% | 8.2% |
| 150W 钠灯 | 5.1% | 11.7% | 16.1% |

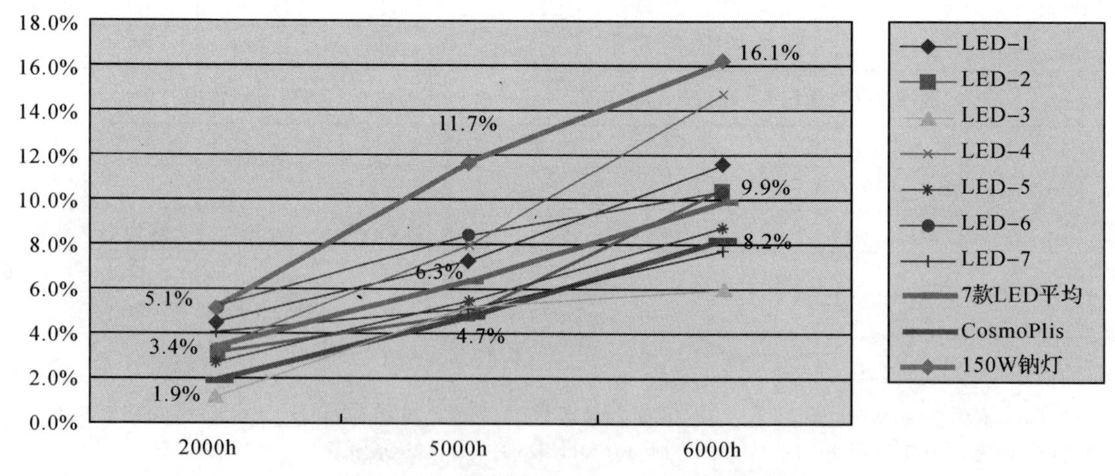


图 6.3-18　LED 路灯及其他路灯光衰对比

为了得到进一步的数据，我们根据实验室 2000h 数据，从 30 款测试路灯（27 款 LED，1 款 CosmoPlis，2 款钠灯）中挑选数据较好的 9 款路灯（7 款 LED，1 款 CosmoPlis，1 款钠灯）继续测试到 6000h。从以上光衰数据来看，经挑选的 LED 路灯表现较好，光衰平均值比 CosmoPlis 稍差，但远好于 150W 的钠灯。虽然国内 LED 路灯的整体技术水平较低，但很多产品也有较高品质，值得信赖。

## 三、色温漂移

表 6.3-6 和图 6.3-19 为色温漂移测试数据记录及对比。

表 6.3-6　实验室 LED 路灯色温漂移情况

| 路灯序号 | 初始色温（K） | 2000h | | 6000h | |
|---|---|---|---|---|---|
| | | 色温/K | 漂移幅度 | 色温/K | 漂移幅度 |
| LED-1 | 5554 | 5547 | -0.1% | 5869 | 5.7% |
| LED-2 | 5986 | 5812 | -2.9% | 5627 | -6.0% |
| LED-3 | 8281 | 7967 | -3.8% | 7483 | -9.6% |
| LED-4 | 5644 | 5612 | 0.6% | 5562 | -1.5% |
| LED-5 | 5729 | 5637 | -1.6% | 5853 | 2.2% |
| LED-6 | 6317 | 6136 | -2.9% | 6342 | 0.4% |
| LED-7 | 5986 | 5833 | -2.6% | 5601 | -6.4% |

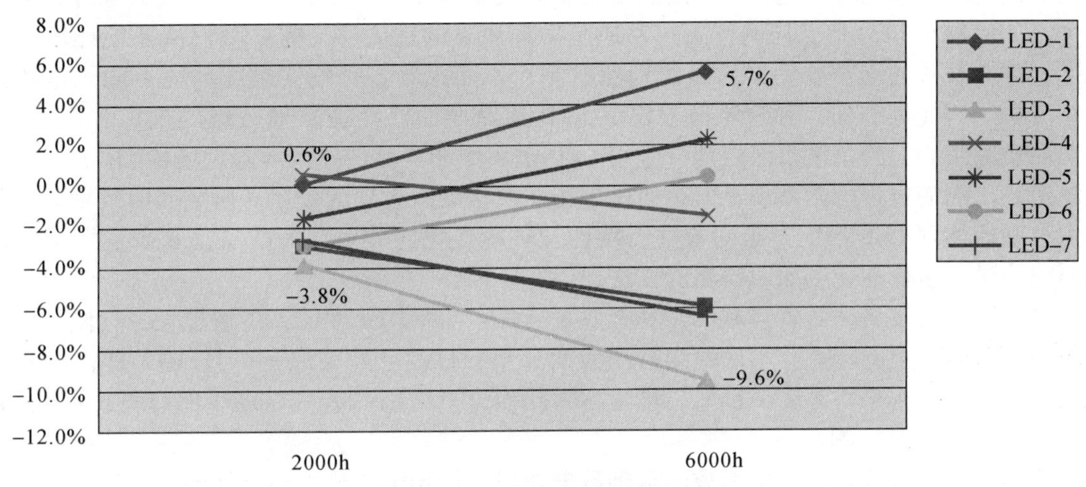


图 6.3-19　LED 路灯色温漂移

从图 6.3-19 可以看出，7 款 LED 路灯中，LED-3 的 6000h 色温漂移幅度为 -9.6%，绝对值为 798K，尚在人的眼睛的接受范围内。但考虑到 7 款 LED 路灯的 2000h 色温漂移幅度为 -3.8% ~ -0.6%，6000h 扩大到 -9.6% ~5.7%，变化趋势加速，应引起业界高度重视。

## 四、结语

综上所述，国内 LED 路灯质量参差不齐，整体稳定性不理想，尚有很大的提升空间。不过，部分优秀产品质量令人满意，在寿命、光衰、色温漂移等方面有不俗的表现。

# 寒地 LED 道路照明现场检测数据分析报告

平立　陈谦
哈尔滨照明检测中心

近年来，LED 光源高效、长寿、绿色环保的特点被人们所认识和重视，随着 LED 技术突飞猛进的发展，采用 LED 替换现有城市道路照明光源已经成为趋势。道路照明现场环境复杂恶劣，对 LED 道路照明产品的耐久性和稳定性有着更高的要求。尤其是在北方寒冷地区，不仅气候寒冷，而且冷热温差极大，如何提高 LED 道路照明产品在寒地恶劣环境下的适应性，需要我们从寒地环境下的现场检测入手，建立长效的（至少一年）跟踪检测机制，不断采集各种气候温度环境下的光电数据，并进行总结分析。以此为基础，有效地指导规范 LED 道路照明产品在寒地区域的推广和应用。为此，哈尔滨照明检测中心对哈尔滨市区内部分应用 LED 道路照明产品的路段实施现场检测。

现场道路检测的过程虽然繁琐，但是通过现场照明检测采集到的数据对研究照明效果更具有客观性，能更直观地体现 LED 照明产品的参数、特性与环境变化的关系，为产品技术研发提供宝贵的数据，同时也为进一步探索现场照明检测的方法提供实际经验。

哈尔滨是我国纬度最高的省会城市，具有昼短夜长，年平均温度低，冬季漫长，气候干燥，年霜冻期可达到五个月以上的特点。本次检测行动为期一年，目前已经完成三个月（12 月、1 月、2 月）的数据采集。检测过程平均温度 -15℃，且为冰雪路面，平均每 420h（按冬季路灯每日点燃 14h × 30 天计算）对同样路段进行测试。

现场检测的第一步骤是对环境参数的基础数据建模，依据国家相关标准和测试环境的要求，在选择测量地段中对灯具的间距、高度、悬挑、仰角等安装规整性等方面进行了现场勘测，采用中心布点法进行数据采集。



## 一、总体评价

根据上述的测试方法历时三个月的时间，从 10 条路段，每条路段采集相同区域数据的测试方案中得到了 LED 道路照明产品在包括道路类型、安装高度、排布方式、产品类型等不同的，且具有代表性的应用环境中的 1000 多个监测点数据。通过平均照度、灯下点照度和均匀度数据衡量路灯的照明效果，并针对温度的变化对于照度的影响进行了归纳分析。根据 CJJ45—2006《城市道路照明设计标准》对机动车道路照明效果的要求和测试数据，这 10 条路段的总体照明效果情况见表 6.3-7。

**表 6.3-7　10 条路段总体照明效果**

| 测试路段编号 | 应用路段 | 平均照度/lx | | 照度均匀度 | |
|---|---|---|---|---|---|
| | | 参考值 | 测试值 | 参考值 | 测试值 |
| 1 | 主干路 | 20 | 13.5 | 0.4 | 0.67 |
| 2 | 主干路 | 20 | 12.4 | 0.4 | 0.67 |
| 3 | 次干路 | 10 | 21.2 | 0.35 | 0.24 |
| 4 | 次干路 | 10 | 23.1 | 0.35 | 0.13 |
| 5 | 次干路 | 10 | 19.6 | 0.35 | 0.66 |
| 6 | 次干路 | 10 | 19.6 | 0.35 | 0.6 |
| 7 | 次干路 | 10 | 14.7 | 0.35 | 0.55 |
| 8 | 次干路 | 10 | 14.9 | 0.35 | 0.54 |

（续）

| 测试路段编号 | 应用路段 | 平均照度/lx | | 照度均匀度 | |
|---|---|---|---|---|---|
| | | 参考值 | 测试值 | 参考值 | 测试值 |
| 9 | 次干路 | 10 | 11.2 | 0.35 | 0.45 |
| 10 | 次干路 | 10 | 10.5 | 0.35 | 0.38 |

从表6.3-7中可以看出，测试路段中的LED路灯的平均照度大多在10～20lx这一区间，基本符合在次干路及以下等级路段上的照明效果要求。编号1和编号2的路段是LED路灯应用于主干路上的照明，虽然LED路灯的平均照度在主干路上的效果与标准有一定的差距。但是得益于LED路灯的高显色性，以及高色温白光容易引起大脑兴奋的原因，更多人主观评价的照明效果优于传统路灯。

在照度均匀度上，编号1、2的灯具高度在12m，编号5、6、7、8的灯具的安装高度在10～12m之间，编号3、4、9、10的灯具安装高度在10m以下，在照度达到一定要求的前提下，提高灯具的安装高度将极大地改善照度均匀度。均匀度的测试值普遍大于0.4，整体高于传统路灯。

## 二、时间、温度与光参数的对应关系

### 1. 平均照度和时间变化的关系（见图6.3-20）

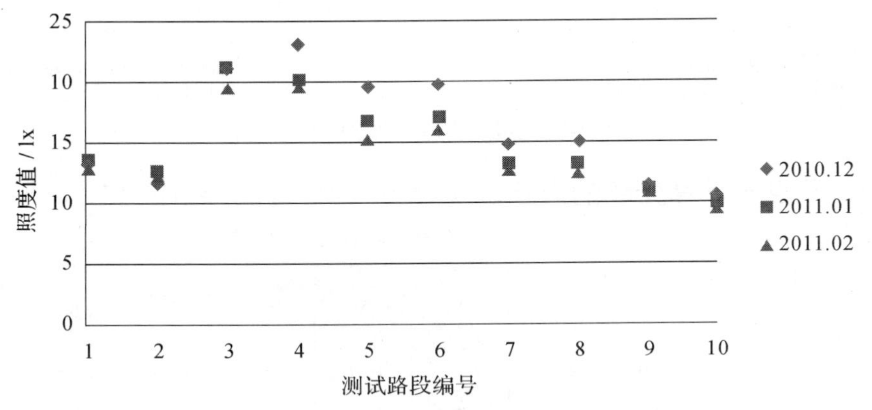


图6.3-20　平均照度和时间变化关系

### 2. 平均照度和温度变化的关系（见图6.3-21）

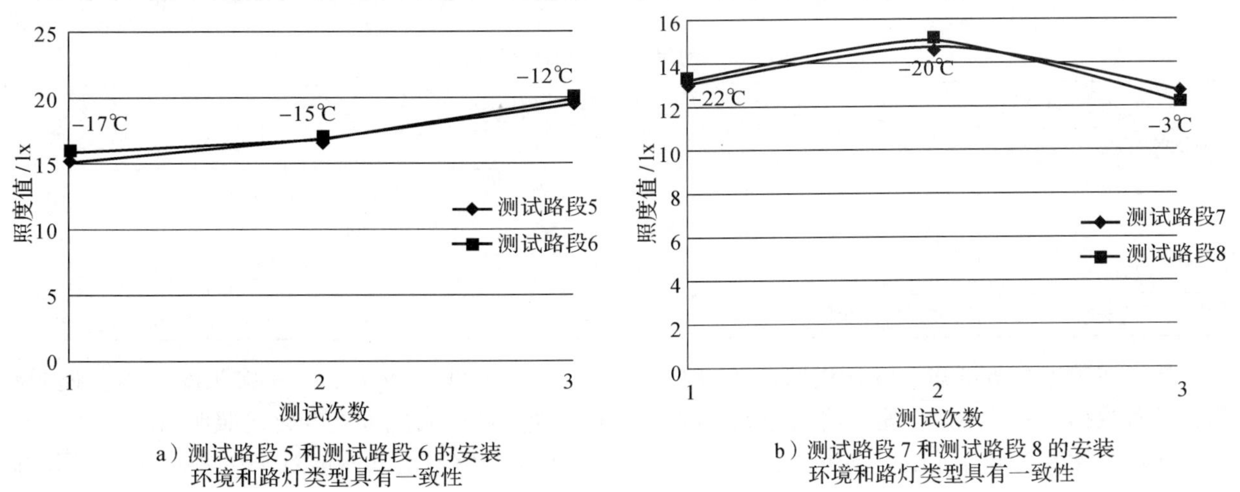


a）测试路段5和测试路段6的安装环境和路灯类型具有一致性

b）测试路段7和测试路段8的安装环境和路灯类型具有一致性

图6.3-21　平均照度和温度变化关系

### 3. 均匀度和时间变化的关系（见表 6.3-8）

**表 6.3-8　均匀度和时间变化关系**

| 测试时间＼测试路段 | 1 | 2 | 3 | 4 | 5 | 6 | 7 | 8 | 9 | 10 |
|---|---|---|---|---|---|---|---|---|---|---|
| 2010.12 | 0.67 | 0.67 | 0.24 | 0.13 | 0.66 | 0.6 | 0.55 | 0.54 | 0.45 | 0.38 |
| 2011.01 | 0.52 | 0.64 | 0.24 | 0.15 | 0.6 | 0.65 | 0.54 | 0.53 | 0.46 | 0.31 |
| 2011.02 | 0.62 | 0.57 | 0.26 | 0.15 | 0.53 | 0.56 | 0.55 | 0.57 | 0.37 | 0.31 |

### 4. 照度均匀度和温度变化的关系（见图 6.3-22）

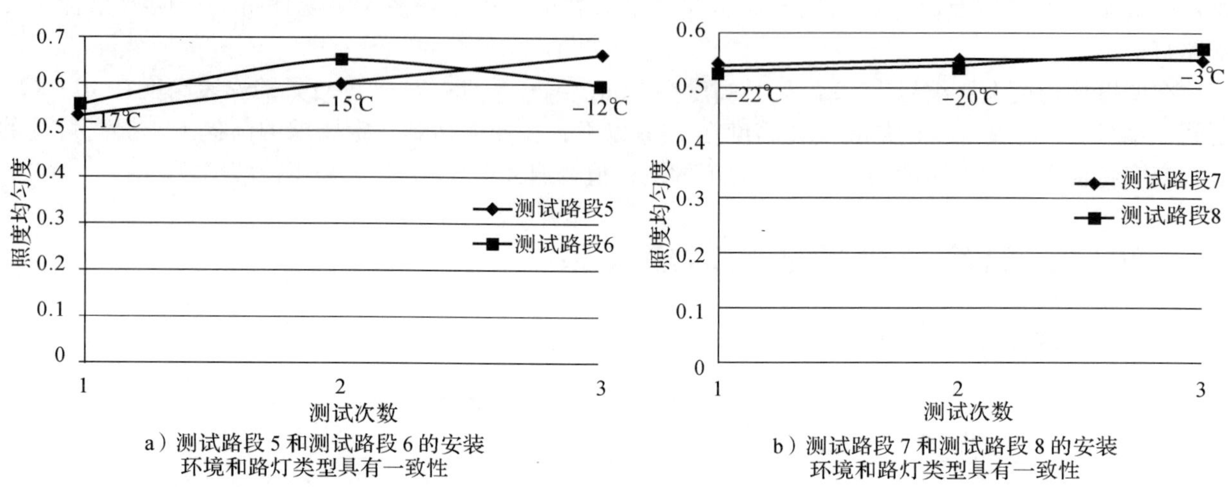


a）测试路段 5 和测试路段 6 的安装环境和路灯类型具有一致性

b）测试路段 7 和测试路段 8 的安装环境和路灯类型具有一致性

图 6.3-22　照度均匀度和温度变化关系



### 5. 照度和灯下点对计算光衰的影响（见表 6.3-9、表 6.3-10 和图 6.3-23）

**表 6.3-9　利用平均照度计算得到的光衰**

| 测试时间＼测试路段 | 1 | 2 | 3 | 4 | 5 | 6 | 7 | 8 | 9 | 10 |
|---|---|---|---|---|---|---|---|---|---|---|
| 2010.12 | 13.5 | 12.02 | 21.2 | 23.1 | 19.6 | 19.6 | 14.7 | 14.9 | 11.2 | 10.5 |
| 2011.01 | 13.4 | 12.4 | 21.1 | 20 | 16.8 | 17 | 13.07 | 13.2 | 10.9 | 9.75 |
| 2011.02 | 12.94 | 12.24 | 19.5 | 19.65 | 15.15 | 16 | 12.7 | 12.3 | 10.95 | 9.6 |
| 光衰率 | 4% | -2% | 8% | 15% | 23% | 18% | 14% | 17% | 2% | 9% |

**表 6.3-10　利用灯下点计算得到的光衰**

| 测试时间＼测试路段 | 1 | 2 | 3 | 4 | 5 | 6 | 7 | 8 | 9 | 10 |
|---|---|---|---|---|---|---|---|---|---|---|
| 2010.12 | 22 | 22 | 42 | 45 | 27 | 28 | 28 | 28 | 24 | 24 |
| 2011.01 | 18 | 18 | 42 | 45 | 26 | 26 | 25 | 25 | 24 | 24 |
| 2011.02 | 20 | 20 | 40 | 43 | 24 | 25 | 26 | 24 | 22 | 23 |
| 光衰率 | 9% | 9% | 5% | 4% | 11% | 11% | 7% | 14% | 8% | 4% |

从上述数据分析可知，LED 道路照明灯具在 -18 ~ 0℃ 的低温环境中，平均照度基本呈递减状态，随着数据收集的不断丰富，将清楚地反映出 LED 道路照明灯具随温度变化的照明情况。

在均匀度和时间变化的关系中，虽然照度均匀的变化趋势略有波动，但对于在测试环境的影响因素而引起的误差是可以接受的。这使得在照度逐渐衰减过程中保持着相近的均匀程度，这不难看出 LED 道路照明灯具在光衰过程中，光辐射量在整体地衰减。

通过平均照度计算光衰的方式和灯下点照度计算光衰的方式有着较大的差距。平均照度计算光衰参数具有较好的数据稳定性。因此，建议现场检测的光衰参数定义应建立在平均照度的计算基础之上。

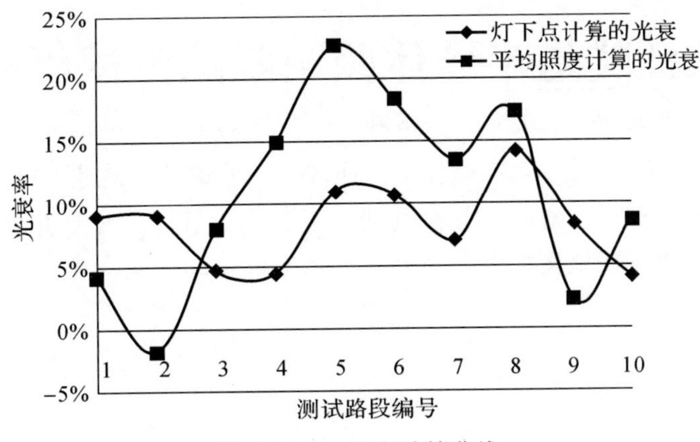


图 6. 3-23　光衰计算曲线

# 上海长江隧道半导体照明跟踪测试研究总结

沈海平[1]　朱旭[1]　郝静如[1]　赵启蒙[1]　刘木清[1]
刘千伟[2]　姜允肃[2]　孙峻[2]　傅铭[3]　沈蓉[3]
1 复旦大学电光源研究所 先进照明技术教育部工程研究中心
2 上海长江隧桥建设发展有限公司 3 上海市隧道工程轨道交通设计研究院

## 一、课题背景

上海长江隧桥（崇明越江通道）工程位于上海东北部长江口南港、北港水域，采用南隧北桥方案，按双向六车道的高速公路标准设计，其中穿越南港的上海长江隧道工程全长 8.95km，设计时速 80km/h，是特大型隧道，为国家“十一五”重大建设项目[1]。为响应国家节能减排大业，决定该隧道中的主照明采用 LED 作为光源。

上海长江隧桥于 2009 年 10 月 31 日通车至今已运营了一年多的时间，在这个时间节点上对照明效果进行评估是很有意义的。测试方案分为两块：一是进行客观物理测试，以考核照明指标是否能满足国家标准和技术规范的要求；二是进行主观视觉评估实验，以考察 LED 照明在驾驶安全性和视觉舒适性方面对人体的影响。



## 二、测试方案设计

### 1. 客观物理测试

为全面监测运行情况，在通车之前即 2009 年 9 月 12 日进行过装灯后的第一次全面测试。运行期间也进行过多次测试，其中 2009 年 12 月 24 日是完整的测试。这两次测试都包括照度、温度等。为了更好地指导今后的隧道照明系统设计，并为了考查新型光源 LED 在隧道照明中的应用情况，2010 年 7 月 26 日晚 10 时，对上海长江隧道浦东至长兴岛上行线管段进行了一次系统的隧道照明测试。此次测试的区段有浦东入口加强照明、隧道上行线 3430 环处的基本照明（前两次都在这里测试，为保证数据的可比性，要求在同一地方、采用同一测试方法）以及长兴岛侧出口加强照明。在 3430 环处测试了在 50%、60%、70%、80%、90%、100% 各调光等级下的各项指标。

（1）照度测试方案

在隧道中间段 3430 环处的相邻两灯正下方路面布置横纵数量为 8×7 的测试网格，网格线交点为照度采集测试点，测试点布置图如图 6.3-24 所示。

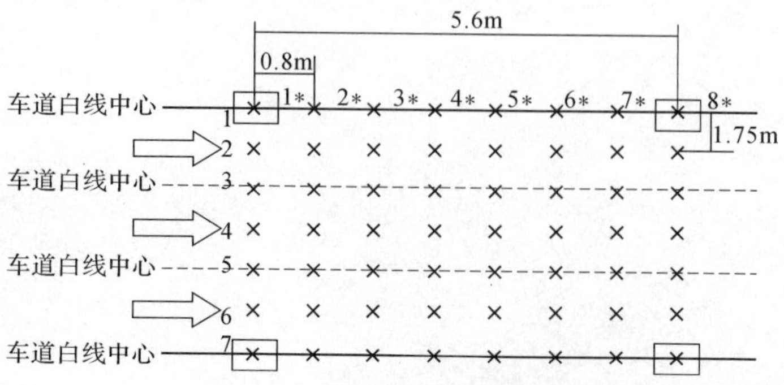


图 6.3-24　测试段测试点布置示意图

主要测试指标包括：路面测试网格点照度、现场温度。

统计分析指标包括：路面平均照度、路面照度总均匀度、路面照度纵向均匀度、温度变化记录。

（2）维护系数测试方案

为考察LED将近一年来的光衰情况，同时进行了灯具维护系数的测试，根据测试结果可计算灰尘的遮光比系数，对最终的光衰值进行修正，以期得到科学、严谨的结论。测试方案如下：

1）测试人员通过登高车接近灯具的位置；

2）将照度计探头固定在登高车的某一固定平面上，使读数稍大但不溢出为宜；

3）擦拭灯具，保持探头位置不变，再次读数、记录；

4）一共测试6只灯，左右车道各3只，测试灯具为1-L-1、1-L-3、1-L-5和1-R-2、1-R-4、1-R-6（间隔分布）。

### 2. 主观视觉评价实验

为了检验LED照明在驾驶安全性和视觉舒适性方面对人体的影响，同时也为了从司机的主观角度对上海长江隧道内的LED照明效果作个体评价调查，还进行了关于LED照明主观评价的问卷调查实验。

（1）实验方法

本课题研究的是长江越江隧道LED照明工程，其使用者对评价对象的主观感受视为一个必须了解的本源问题，进而将主观反馈与客观物理测量量相对照，形成完整而全面的评估。主观实验选择封闭式问卷形式。

为收集数据和计算的方便，问卷采用基于5点等级法的语意差别量表。例如在本次调研使用的问卷中，关于亮度的调查，用语意差别量表见表6.3-11。

**表6.3-11 语意差别量表**

| 昏暗 | -2 | -1 | 0 | 1 | 2 | 明亮 |
|---|---|---|---|---|---|---|

此外，本次调研采用封闭式问卷与开放式评价相结合的方式，在最后设置了开放式评价项目，避免了关键信息被过滤的风险。

（2）实验内容

根据使用者对隧道照明的需求：①安全行驶；②及时察觉紧急情况；③看清路标及指示系统；④防止视觉疲劳与眩光影响；⑤视觉舒适度和自然度。在问卷中将5个需求分解细化为12个变量以衡量中间段LED照明：地面照明清晰度、地面亮度纵向均匀度、墙面亮度视觉舒适度、顶棚空间视觉可见度、前车情况可察觉度、光环境安全感评价、灯具眩光程度、频闪影响、光环境亮度构成评价、光环境颜色评价、光环境显色性评价、照明设施满意度。

问卷分为5个部分：①行车经验与背景；②隧道基本段照明基本指标评估；③视觉舒适性评估；④照明安全性评估；⑤整体评估。

## 三、结果分析

### 1. 客观物理测试

（1）照明效果分析

2009年9月12日对隧道内的照明效果进行了测试，上行线3430环处的地面照度测试结果如图6. 3-25所示，其平均照度为160. 36 lx，总均匀度和纵向均匀度均为0. 94，照明效果非常优良。2009年12月24日对同一地点进行复测，结果如图6. 3-26所示，其平均照度为154. 45 lx，总均匀度和纵向均匀度均为0. 93。2010年7月26日对同一地点进行第三次测试结果如图6. 3-27所示，其平均照度为135. 3 lx，总均匀度0. 88，纵向均匀度为0. 91。因此从照明效果来看，上海长江隧道LED照明应用非常成功。

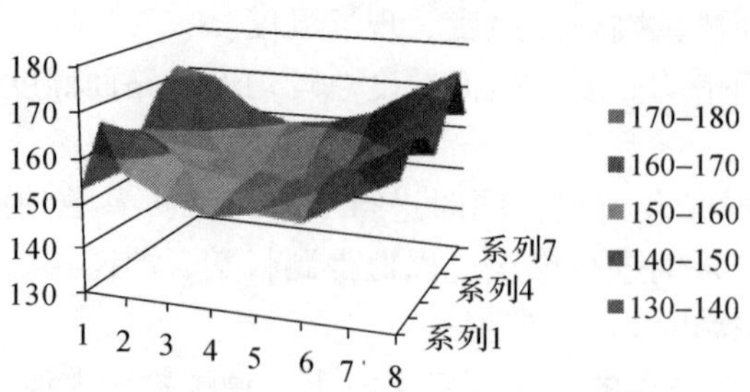


图 6. 3-25　3430 环 2009. 9. 12 测试结果

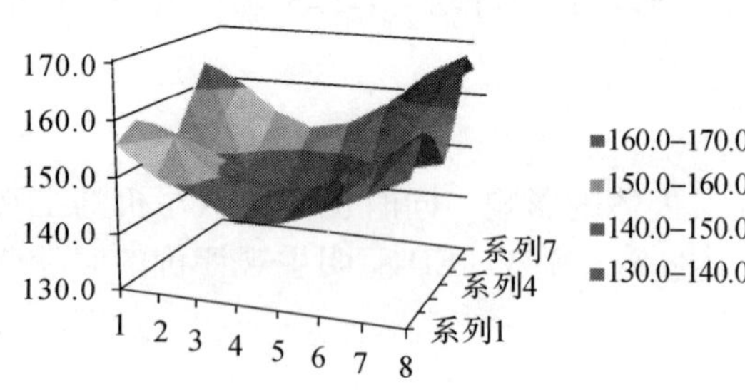


图 6. 3-26　3430 环 2009. 12. 24 测试结果

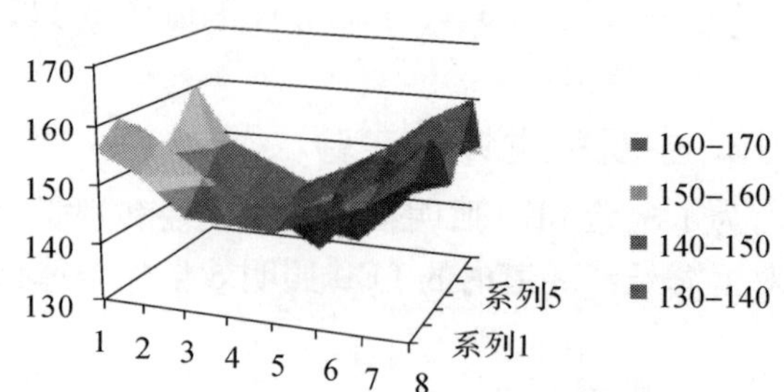


图 6. 3-27　3430 环 2010. 7. 26 测试结果

（2）光衰情况分析

LED 光源的光衰特性至关重要，因为 LED 的光衰特性将直接影响到 LED 灯具的寿命，故而进一步影响到 LED 灯具的综合性能指标。光衰数据分析需在同等条件下进行，因此本次测试仍选在前两次测试的位置进行测试，测试布点及方案均相同，路面照度取值标准均为当 LED 为完全光输出时所得，从而使数据具有可比性。





考核 LED 的光衰特性，除了需要所测得的照度数据外，还需除去非灯具本身因素引起的光输出衰减，本次分析考虑了环境温度和灯具表面积灰对灯具光输出的影响，并均相应做了温度和灰尘影响的修正。其中对灯具光输出影响最大的为灯具表面积灰的影响，现场对该部分也进行了测试：在该区段每侧随机选取 3 个灯具，对擦灰前与擦灰后的固定点处的照度值分别进行记录，表 6. 3-12 所列为第三个时间点的测试数据。

**表 6. 3-12　维护系数测试数据表（灰尘影响）**

| 灯号 | 擦灰前照度 $E_b$/lx | 擦灰后照度 $E_a$/lx | 灰尘遮光比 = （$E_a$-$E_b$）/ $E_b$（%） |
|---|---|---|---|
| 1-L-1 | 1683 | 1758 | 4. 46 |
| 1-L-3 | 1103 | 1172 | 6. 26 |
| 1-L-5 | 1125 | 1176 | 4. 53 |
| 1-R-2 | 1341 | 1406 | 4. 85 |
| 1-R-4 | 1382 | 1464 | 5. 93 |
| 1-R-6 | 1005 | 1040 | 3. 48 |
| 平均灰尘遮光比 | | | 4. 92 |

去除环境温度和灯具表面积灰的影响后，三个时间点所测结果经修正后的最终光衰值见表 6. 3-13。

**表 6. 3-13　光衰情况分析表**

| 测试时间 \ 指标 | 实测照度值/lx（环境温度） | 温度修正值（26℃） | 平均照度比 | 光衰值 | 平均灰尘遮光比 | 最终光衰值 |
|---|---|---|---|---|---|---|
| 2009-9-12 | 160. 36（26℃） | 160. 36 | 100% | 0 | 0 | 0 |
| 2009-12-24（2472h） | 154. 45（10℃） | 148. 3 | 92. 5% | 7. 5% | 1. 34% | 6. 16% |
| 2010-7-27（7632h） | 135. 3（26℃） | 135. 3 | 84. 4% | 15. 6% | 4. 92% | 10. 68% |

由表 6. 3-13 可看出，LED 灯具在前期的光衰比较厉害，仅三个月时间就衰减了 6. 16%，平均每

1000h 光衰 2.5%；这主要是从第一次测试的 9 月 12 日到第二次测试期间，前半段实际未完全通车，且有大量的施工造成隧道内空间灰尘很多，使得所测得的地面照度值偏低。但是之后的七个月时间内（第二次与第三次比较）LED 光输出总共仅衰减了 4.52%，平均每 1000h 光衰为 0.9%，而 LED 光衰幅度为 1%/1000h 是可以接受的。如以第一次测试跟第三次测试比较，则平均每 1000h 光衰为 1.39%。LED 灯具的光衰也比传统光源小得多，说明到目前为止本隧道的 LED 照明灯具是比较可靠的。

（3）调光效果分析

2010 年 7 月 26 日的测试对调光控制系统的调光效果也进行了测试，六级调光的照度变化测试结果见表 6.3-14，修正后的照度变化趋势如图 6.3-28 所示，可以发现照度基本随调节级别呈线性变化，因而可以比较精确地调节隧道内照度，从而达到节电和照明效果双赢的目的。

表 6.3-14　不同调光幅度下的路面照明指标

| 指标 / 调光幅度 | 路面实测值/lx | 照度比（%） | 整体均匀度 | 纵向均匀度 |
|---|---|---|---|---|
| 50% | 61.5 | 45.5 | 0.88 | 0.93 |
| 60% | 74.5 | 55.1 | 0.87 | 0.94 |
| 70% | 90.8 | 67.1 | 0.89 | 0.94 |
| 80% | 104.2 | 77.0 | 0.88 | 0.87 |
| 90% | 118.3 | 87.4 | 0.89 | 0.93 |
| 100% | 135.3 | 100 | 0.88 | 0.91 |
| 规范要求值[4] | 99 | – | ≥0.4 | ≥0.7 |
| 设计初始值 | 152.3 | – | ≥0.7 | ≥0.8 |

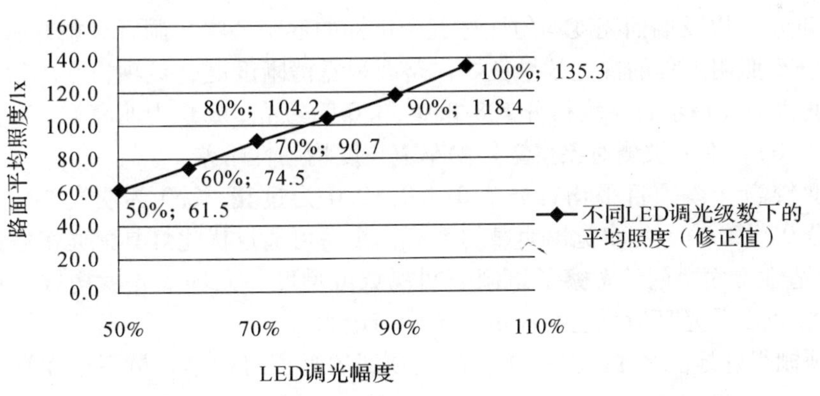


图 6.3-28　不同 LED 调光级数下的路面平均照度（修正值）

根据以上变化曲线可知，路面平均照度与 LED 调光幅度基本上呈线性关系。可见，通过对 LED 照明进行调光，隧道照度均匀变化，而整体均匀度及纵向均匀度均保持在很高的水平，照明效果不受影响。

该隧道通车初期，运营单位将中间段照明 LED 调光至 70%，当时地面平均照度值大于 99 lx，满足《公路隧道通风照明设计规范》[4]要求，约节约 39% 的用电量。经过最近一次测试，70% 对应的照度值已不能满足要求，因此需调高至 80%，地面平均照度值可达 104 lx，满足规范要求，约节约 27% 的用电量。

其实，根据该规范要求，半夜车流量较小时，隧道可实行半夜灯控制，将中间段照明照度值调至正常的 50%，即路面平均照度大于 50 lx。通过本次测试，已建议运营单位在半夜车流量较小时可将中间段照明调至 50%，约可节约 60% 的用电量，节能效果显著。

**2. 主观视觉评价实验**

本次主观测试调研问卷的各个项目平均得分，可视为使用者对此次 LED 照明工程的主观评价结果，按照问卷调查语意差别量表的五级数值单位，平均得分如图 6. 3-29 所示。

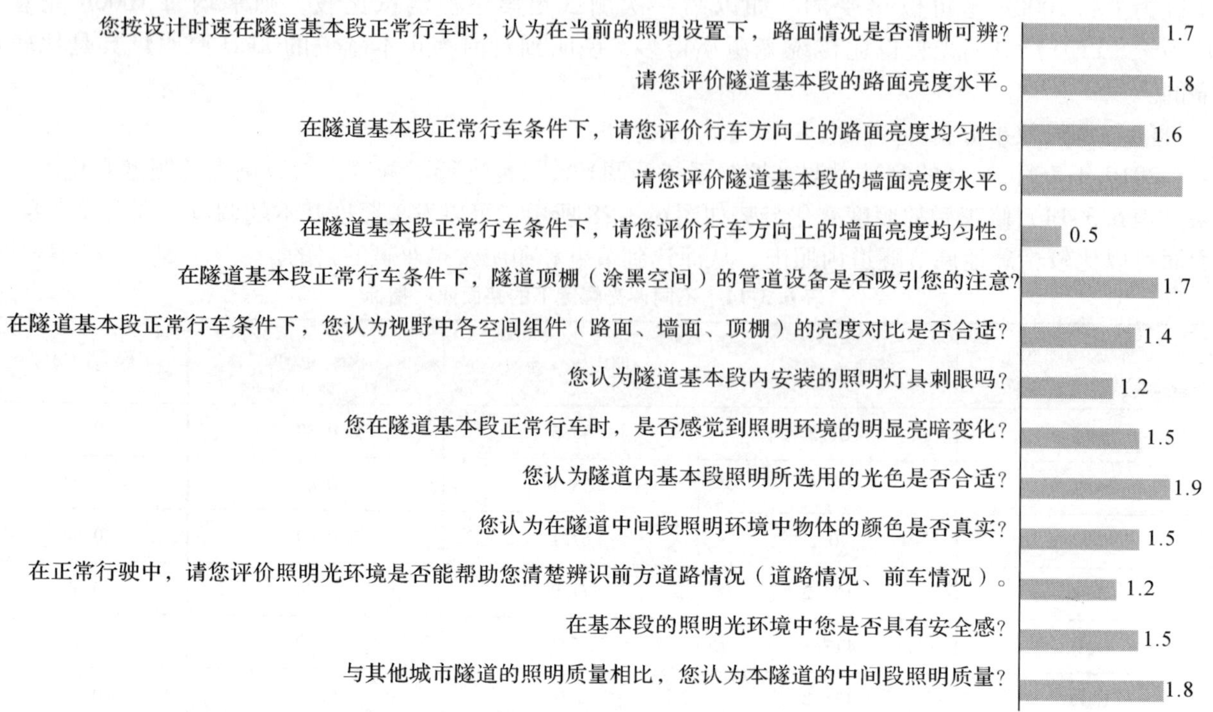


图 6. 3-29　主观评价实验各分项平均得分

从图 6. 3-29 中统计得到的各分值可分析总结得出：

（1）隧道基本段照明基本指标，在问卷中细化为对路面视觉清晰度、路面亮度水平、路面亮度均匀性、墙面亮度水平以及墙面亮度均匀性这五个指标的逐个考察。调研对象普遍认为：

1）本隧道 LED 照明工程的视觉效果良好，路面视觉清晰度高（该项目平均得分 1. 7/2. 0）。

2）路面亮度适中（该项目平均得分 1. 8/3. 0。3. 0 为过亮，2. 0 为明亮），亮度均匀性佳（该项目平均得分 1. 6/2. 0），部分被测对象察觉外侧车道亮度均匀性略差。

3）墙面亮度较高（该项目平均得分 2. 0/3. 0。3. 0 为过亮，2. 0 为明亮），但墙面均匀度偏低（该项目平均得分 0. 5/2. 0），能察觉出明显的光斑，今后可通过优化灯具配光来解决。

（2）视觉舒适性方面，问卷考察了顶棚空间视觉可见度、光环境亮度构成、灯具眩光程度、频闪影响、光环境颜色以及光环境显色性评价。统计结论为：

1）涂黑的顶棚很好地隐藏了管道设施，隧道顶部的管道对行车人员不存在视觉干扰（该项目平均得分 1. 7/2. 0）。

2）视野中各空间组件的亮度对比平均得分 1. 4/2. 0，主要反映的问题为墙面亮度偏高，镜面反射效果不显著。

3）正常行车视角不存在严重的灯具眩光干扰（该项目平均得分 1. 2/2. 0），部分测试对象反映在灯下方直视光源时有不舒适的眩光感受。

4）对于频闪问题统计结果表明本照明工程的频闪控制较好（该项目平均得分 1. 5/2. 0）。

5）隧道中光源色温选择适中（该项目平均得分 1. 9/2. 0），光源对物体颜色的还原能力好（该项目平均得分 1. 5/2. 0）。

（3）照明安全性方面，问卷从客观视觉和主观感受两个方面进行考察评估：

受测者普遍反映本隧道的 LED 照明为行车人提供了良好的视觉环境（该项目平均得分 1. 2/2. 0）和安全舒适的道路氛围（该项目平均得分 1. 5/2. 0）。

（4）最后，相比其他城市隧道的照明，受访对象普遍认为本隧道的照明质量良好（该项目平均得分 1.8/2.0）。

## 四、结论

上海长江隧道内照明效果优良，各项照明指标满足设计要求；经过一年多的运营，光衰情况符合预期；节能效果显著且提供的安全性和舒适性较好。

### 参考文献

[1] 姜允肃，刘千伟，孙俊等．长江隧道 LED 照明工程［J］．中国照明电器，2009.
[2] 刘世英．高等学校校园道路照明研究［D］．重庆：重庆大学，2005.
[3] 杨公侠．视觉与视觉环境（修订版）［M］．上海：同济大学出版社，2002.
[4] JTJ026.1—1999. 公路隧道通风照明设计规范［S］．1999.
[5] LB/T 003—2009. LED 隧道灯［S］．2009.

# 第七部分

# 专利篇

半导体照明产业发展年鉴（2010—2011）

半导体照明产业发展年鉴（2010—2011）

# 第一章 专利战略

## 半导体照明专利战略研究

王国宏 刘喆

中国科学院半导体研究所

### 一、国内外专利布局及战略分析

美国学者理纳德·玻克维兹认为“专利战略是保证你能保持获得竞争优势的工具。”专利权是法律赋予的保护技术发明并激励创新的机制。我国半导体照明技术近几年的发展十分迅速，面临的专利纠纷也日益增多，特别是最近两年来，遭遇专利诉讼的我国 LED 企业明显增多。而国内 LED 企业在专利诉讼中经常处于比较被动的局面，为此我们已经付出了高额的学费。其中两家深圳 LED 企业在遭遇美国“337 法案”的专利诉讼。与此同时，LED 技术发达国家正在利用专利武器，抢占我国市场，“外围内堵”的趋势对我国 LED 企业形成了巨大的压力。因此必须积极制定符合我国发展特点的灵活的专利战略并付诸实施，充分地利用专利情报信息，研究分析竞争状况，推进专利技术的开发。



如何有效地进行专利分析和布局，需要从 LED 产业链来分析。LED 产业链包括衬底、外延、芯片、封装、应用等环节。专利技术作为整个 LED 产业的基石，竞争非常激烈，竞争者包括了几乎所有的顶级 LED 厂商，如美国的科锐（Cree）、日本的日亚（Nichia）、德国的欧司朗（Osram）、荷兰的飞利浦（Philips）、日本的丰田合成（Toyoda Gosei）、韩国的首尔半导体（Seoul Semiconductor）等公司。

知识产权（IP）在 LED 产业的创新和竞争中发挥了重要的作用。许多国家、地区和公司都鼓励在主要市场中获得专利，保护与 LED 相关的知识产权。例如，过去 5 年已颁布的与 LED 技术相关的 6714 项美国专利中，美国以 2422 项处于领先地位，其次是日本 1090 项、中国台湾 972 项、韩国 700 项、德国 279 项、中国大陆 114 项、荷兰 65 项、加拿大 61 项、法国 51 项和英国 47 项，如图 7. 1-1 所示。

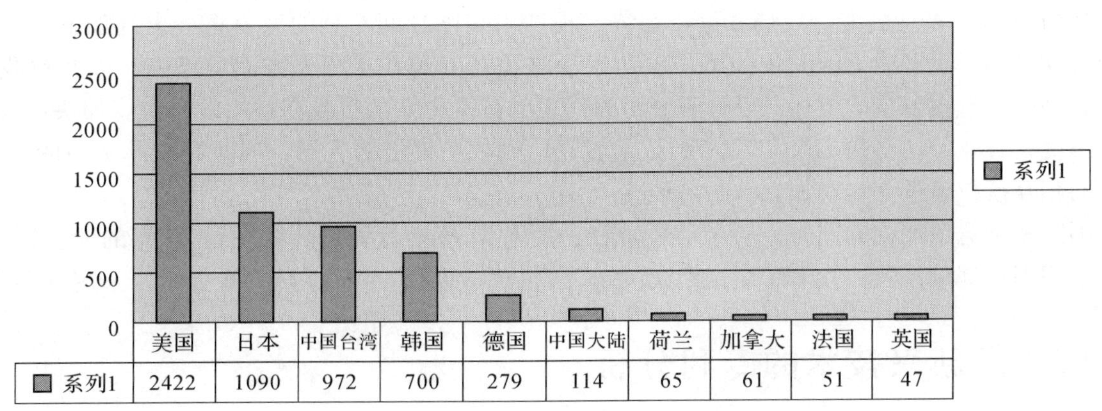


| | 美国 | 日本 | 中国台湾 | 韩国 | 德国 | 中国大陆 | 荷兰 | 加拿大 | 法国 | 英国 |
|---|---|---|---|---|---|---|---|---|---|---|
| 系列1 | 2422 | 1090 | 972 | 700 | 279 | 114 | 65 | 61 | 51 | 47 |

图 7. 1-1 过去 5 年已公布美国专利国家和地区分布

2000—2010 年，每年颁布的美国专利数在不断增加，具体数量分别为 505、610、636、803、875、896、1237、1277、1362、1496 和 1342（截至 2010 年 8 月）。由于截止日期是 2010 年 8 月，因

此2010年的数量应该更高。这些数据显示了专利申请的趋势仍是向上发展的，未来在LED产业中将有更多的创新。美国公布专利数量趋势如图7.1-2所示。

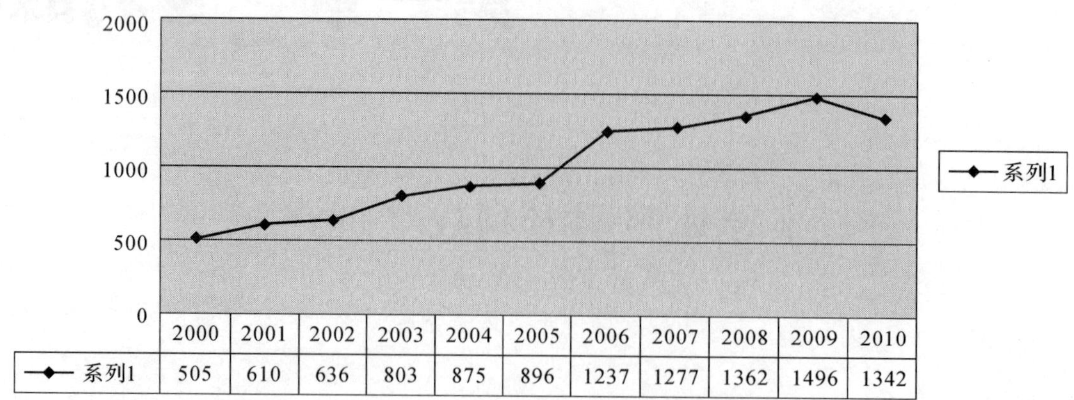


|  | 2000 | 2001 | 2002 | 2003 | 2004 | 2005 | 2006 | 2007 | 2008 | 2009 | 2010 |
|---|---|---|---|---|---|---|---|---|---|---|---|
| 系列1 | 505 | 610 | 636 | 803 | 875 | 896 | 1237 | 1277 | 1362 | 1496 | 1342 |

图7.1-2　美国公布专利数量趋势

将LED行业的优秀企业作为分析目标，可以看到，三星（Samsung）公司以536项美国专利而名列首位，其次是飞利浦公司286项、伊斯特曼柯达（Eastman Kodak）公司209项、日亚公司152项、欧司朗公司140项、施乐（Xerox）公司117项、晶电（Epistar）公司115项、国际商用机器（IBM）公司112项、科锐公司110项、罗姆（Rohm）公司92项、鸿海（Hon Hai）公司92项、丰田合成公司78项、冲电气（Oki）公司57项、通用电气（GE）公司53项、建兴（Lite on）公司45项和首尔半导体公司32项。这些公司近来很多专利的交叉授权进一步表明了LED技术领域在优质专利拥有的重要性。各大公司拥有美国专利情况如图7.1-3所示。



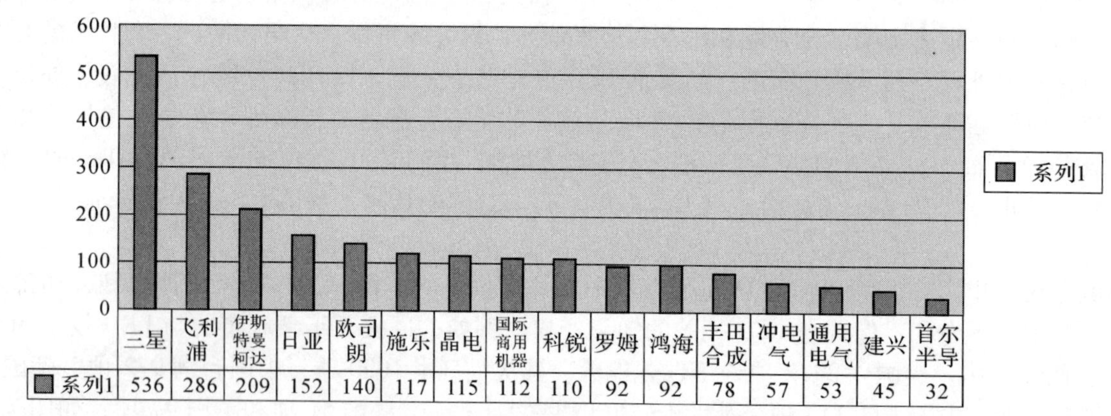


|  | 三星 | 飞利浦 | 伊斯特曼柯达 | 日亚 | 欧司朗 | 施乐 | 晶电 | 国际商用机器 | 科锐 | 罗姆 | 鸿海 | 丰田合成 | 冲电气 | 通用电气 | 建兴 | 首尔半导 |
|---|---|---|---|---|---|---|---|---|---|---|---|---|---|---|---|---|
| 系列1 | 536 | 286 | 209 | 152 | 140 | 117 | 115 | 112 | 110 | 92 | 92 | 78 | 57 | 53 | 45 | 32 |

图7.1-3　各大公司拥有美国专利情况

纵观当前LED产业的专利布局和竞争态势，预计未来国际间专利的竞争将会出现如下特点和趋势：随着欧司朗、飞利浦Lumileds公司等强劲竞争对手在专利技术积累方面的增强，以及对我国台湾地区和韩国企业授权量的增加，以日亚公司为代表的日本企业从自身利益出发，也将加快对外专利授权的速度；日亚公司将是未来LED专利技术转让、授权、诉讼的主导，同时有雄厚实力的LED厂商之间的相互授权将进一步增加。

在国际专利竞争加剧的同时，从今年开始有一批LED核心专利将陆续度过20年的专利保护期，而这其中相当一部分涉及白光LED，这给我国缺乏核心专利技术的部分LED企业带来一定的契机。

## 二、核心及新兴技术的专利分析

### （一）自支撑衬底专利分析

有关HVPE研制氮化镓（GaN）衬底的专利，大都围绕三个问题展开：一是GaN厚膜的晶体质量（主要包括位错、应力和开裂）；二是 GaN 厚膜和衬底的分离；三是关于 HVPE 设备。

在专利申请方面，美国、中国、韩国、日本、欧洲各国申请 HVPE 相关的专利总计达上百项之多，包括如下：设备，如 TDI 公司的多片水平生长设备、NGK 公司多片生长水平衬底向下设备、MIT 的垂直衬底向上设备、Florida 大学和住友电工公司的 MO-HVPE 设备；剥离技术，如丰田合成公司的 cavity 剥离、RFMD 公司的氧化牺牲层剥离、Sony 公司的激光剥离、CBL 公司的金属层辅助剥离等；衬底制备和应用，这类专利的申请分布更加广泛，许多公司都有相关的专利。

由于许多外国公司都在我国对一些关键技术进行了专利申请，因此这些 HVPE 相关专利也在向我国扩展。随着我国氮化物研究和生产的加速发展，其申请速度和数量必然也在加快、加大。目前北京大学、南京大学、中国科学院半导体研究所和苏州纳米研究所从外延设备、生长工艺到后端的激光剥离、表面处理等都广泛申请了专利，数量超过 60 项，但这些基本都是国内专利，在国外申请的专利数量还比较少。这就促使我们必须以更快的速度进行发展，同时要在专利上进行战略性布局，才能在未来的氮化物市场中占据有利位置。

## （二）外延结构方面的专利

在 LED 外延结构设计方面，2009—2010 年出现了一些有价值的专利，例如用于提高发光效率或减少 Droop 的 WO2010059132-A1、US 7842939、US 7772588、US 208/0149917A1、US 7804100 等。另外，用于背光源的量子阱与量子点共同发光的专利也是一个亮点，如在堆叠不同发光波长的 QWs 中引入 QDs，在 LED 上涂覆其他材料 QDs 的 US7719015B2、US7737430B2、US7745814B2、US2009/0206320A1、US2009/0302308A1、US2010/0224857A1 等。

## （三）垂直结构 LED 专利

垂直结构 LED 专利在全球的分布主要集中在科锐、飞利浦 Lumileds、LG、三星、旭明及我国大陆的一些企业，如图 7.1-4 所示。





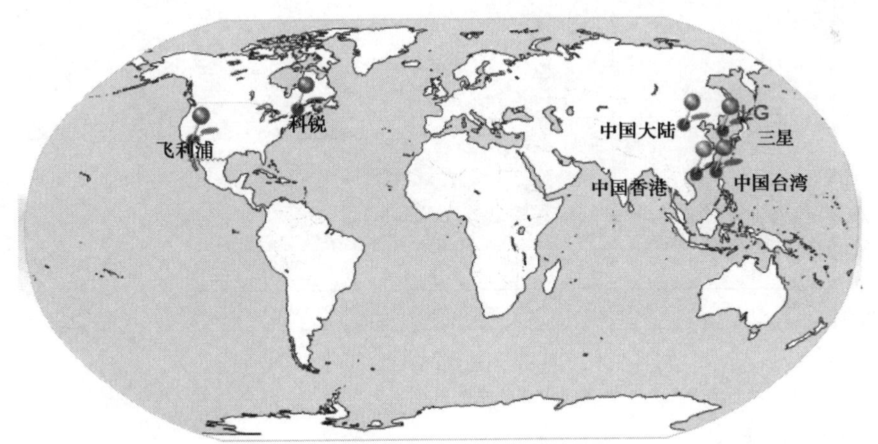


图 7.1-4　垂直结构 LED 专利全球分布图

1）科锐公司垂直结构 LED 的专利特点：立足于科锐公司特有 SiC 衬底外延技术，在外延材料方面大量申请专利，例如在外延材料中引入非掺杂覆盖层（US6800876、US7692209）、多量子阱结构（US7312474、US6906352）、超晶格结构（US6717185）等；同时科锐公司在垂直结构的器件结构上也申请了一定量的专利，例如基于导电 SiC 衬底的垂直结构 LED（US7170097），并以此为母版衍生出一系列的专利，如基于导电 SiC 衬底，通过引入电流限制层和表面粗化提高 LED 流明效率（US7335920），利用微结构提高光输出（US6410942），利用新型电流扩展结构改善 LED 性能（US7795623）。

2）LG 公司垂直结构 LED 的专利特点：LG 公司可以说是垂直结构 LED 的后起之秀，从 2006 年开始申请垂直结构 LED 专利（US0164298），一直到 2010 年（US7687811、US7816705），每年都有美国专利申请。LG 公司的专利主要集中在垂直结构 LED 工艺和制造方法上，也有一些是在垂直结构

LED 中通过引进光子晶体结构提高光效上（US7687811）。

3）三星公司垂直结构 LED 的专利特点：三星公司的专利是基于 Si 基衬底的垂直结构 LED（US6818531）、在 N 面引入电流阻挡层的垂直结构（US7372078）。

4）飞利浦 LumiLeds 公司垂直结构 LED 的专利特点：飞利浦 LumiLeds 公司的专利主要集中在垂直结构 LED 的集成化（US7256483、US7488621），其中重要的部分是它申请了一系列采用光子晶体应用到包括垂直结构 LED 上的专利，包括了从 2002 年的 US6429199 到 2006 年的 US7697584，再到 2007 年的 US7642108、US2008/0070334。

5）我国台湾地区垂直结构 LED 的专利特点：我国台湾地区垂直结构 LED 的专利主要集中在 SemiLeds 公司，此外还有 United Epitaxy 公司（US6455343）、Advanced Epitaxy Technology 公司（US7026181，US6969626）等。SemiLeds 公司最基本的专利是 2005 年基于导电衬底的垂直结构（US7432119），然后依次申请了外延层引入 space 层来优化反射镜的专利（US7615789）、阵列 LED 的制造方法（US7378288）、关于垂直结构表面粗化专利（US7563625、US7186580、US7524686），以及 2010 年授权的电流疏导结构提高垂直结构 LED 的 ESD 的专利（US7758670）。

6）中国垂直结构 LED 专利分布：我国香港应用科技研究院通过机械剥离制造垂直结构 LED 的专利（US2009/0039383），北京大学专利（CN200510011135），杭州士兰明芯（CN 200810033972）、厦门三安光电（CN 200910018377）、武汉迪源光电（CN 200610124447）等公司都有一些关于垂直结构 LED 的专利。

通过 Derwent 专利数据库检索 2008 年 1 月到 2010 年 12 月全球垂直结构 LED 专利，主要分布在三星、LG、SemiLeds、科锐、飞利浦 LumiLeds、欧司朗等公司。其中三星公司以 37 项居首，申请范围以韩国国家专利为主，还有美国、欧洲专利。而 LG 公司申请数量为 20 项，SemiLEDs 公司申请数量为 9 项，如图 7.1-5 所示。





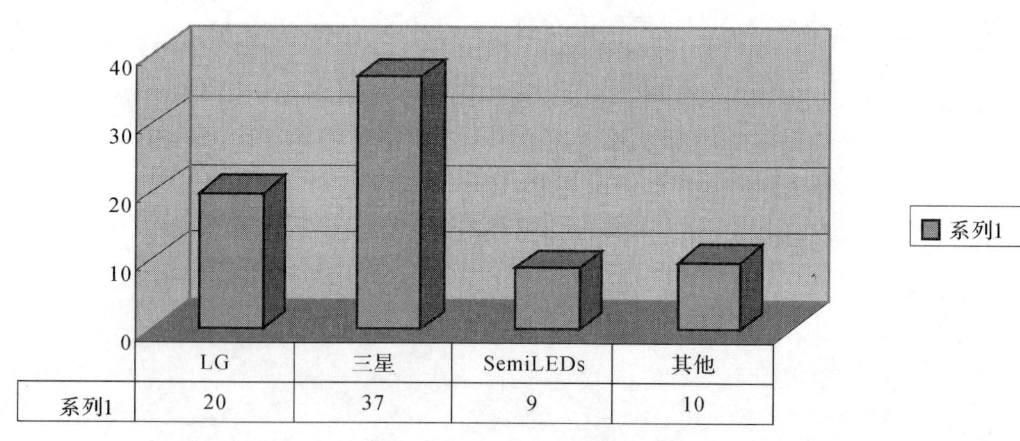


图 7.1-5　垂直结构专利分布

## （四）AC LED 技术

除了提高单个 LED 芯片的发光效率、扩大 LED 外延尺寸来扩大产能外，AC LED（Alternating Current Light Emitting Diode，交流发光二极管）技术是半导体照明降低成本的重要方向之一。AC LED 技术舍弃了交直流转换及 LED 整流电路，以限流电阻的方式实现高压交流电源直接驱动 LED，使得 LED 器件小型化，节约了空间，同时延长了 LED 的使用寿命，从而降低了成本。由于 AC LED 技术多采用串联电路连接各个微小发光单元，故 LED 可以工作在高电压、小电流的状态下，LED 在大电流下的 Droop 效应得以缓解，从而提高了 LED 的发光效率，另外 LED 的散热问题也会得到有效改善。AC/HV LED 近年来逐渐成为各企业及机构的研究热点。目前，台湾工研院、晶元光电、首尔半导体、科锐等都在进行 AC LED 的研发工作，并已掌握大量专利。通用公司也在进行 AC LED 方面的研发工作。台湾工研院拥有多项 AC LED 的重要技术，其中包括高桥式 AC LED 芯片技术（US 2007/0131942 A1）以及低热阻立体导热插拔 LED 封装技术。2010 年，台湾工研院又提出基于倒装焊技术的 Wheatstone Bridge AC LED 技术（US 2010/0303347 A1）来提高 LED 的发光效率和散热性能，并在 Wheatstone Bridge 中加入了电容、肖特基二极管、ESD 保护电路等元器件来提高 AC LED 的工作寿命和可靠性。同时，台湾工研院基于整流桥电路技术，将数量相等、反并联的两颗或多颗 LED 发光单元集成在 AC LED 芯片上，用串联、并联、桥接等方式连接各 LED 发光单元，实现了新型 AC LED 发光模组（US 2010/0006868 A1）。2010 年，晶电公司在名为“Vertical AC LED”（TW 097141302）专利基础上，申请了美国专利（US 2010/0109028 A1），强化了其对垂直结构 AC LED 技术的保护。晶电公司利用晶片键合、芯片键合以及倒装焊等技术将两颗芯片上下重叠放置，并用 Anti-parallel 方式连接，实现垂直式 AC LED。由于两颗芯片上下重叠放置，从而节约了空间，也改善了 LED 的散热特性和可靠性。另外，他们在芯片上集成蓝光、红光 LED 阵列，并在上面涂覆黄色荧光粉，配以保护性电子元器件，实现高可靠性暖白光 AC LED（WO 2010/088823 A1）。首尔半导体公司提出非极性外延生长 GaN 材料，以提高 LED 的内量子效率，进而补偿 AC LED 损失的发光面积，从而提高 LED 的发光效率（US 2009/0085048 A1）。另外，空气桥焊接 AC LED 也是其重要核心技术（US 7615793 B2 / Nov. 102009）。2010 年，首尔半导体公司申请了可直接连接交流电源的单个集成化 AC LED 芯片技术专利（US 7732825 B2 / Jun. 82010）。通用公司也研发出新型 AC OLED 模组技术（US 7576496 B2 / Aug. 182009）。

## （五）封装专利分析

目前无论是大功率还是小功率白光 LED 产品都还存在着封装方面的问题，如一致性、成本、寿命，也包括新功能等方面，还没有满足人们的要求，因此针对白光 LED 封装方面的改善及相关研究也受到相当的重视，有关专利也逐年增加。下面主要从荧光粉的涂覆方式、提高器件出光效率和显色性、大功率散热设计这 3 个比较主要的方面介绍相关专利。

### 1. 荧光粉的涂覆方式

LED 封装中荧光粉的涂覆方式对 LED 的寿命、均匀性、一致性、出光效率等都有很大的影响。国内近期有比较多的专利申请，比如奇瑞汽车股份有限公司申请的专利 CN200910138656. 9 提供一种白光 LED 的荧光粉涂覆方法，包括将荧光粉分散在聚乙烯醇透明感光胶中形成荧光粉粉浆，将荧光粉粉浆涂覆到 LED 芯片表面，曝光，显影。该专利的涂覆方法利用聚乙烯醇基感光胶的光敏固化特性，使荧光粉涂覆的均匀性好，同一批次涂覆的粉层一致性好，能保证色温的一致性并得到均匀一致的白光。江苏日月照明电器有限公司申请的专利 CN200920232446. 1 提供了一种 LED 与荧光粉空间隔离装置，解决了传统白光 LED 封装复杂结构带来的系列问题。该专利中 LED 照明结构由 LED、发光罩、驱动器三部分组成，其特征在于发光罩包覆在 LED 周围，且与 LED 有空间隔离，发光罩与 LED 之间是真空或填充有导热保护性气体，荧光粉涂覆于发光罩表面或与发光罩均匀掺和。海洋王照明技术有限公司申请的 CN201010100821. 4 中的照明装置包括 LED 芯片和后壳组件，透光板与后壳组件固定连接并形成可容置 LED 芯片的容置腔，LED 芯片固定设于后壳组件上，透光板的表面涂覆有荧光粉层。该专利由于荧光粉置于透光板上，不易老化，可防止光衰，明显地改善了产品的发光效率。

### 2. 提高器件出光效率和显色性

通过对封装结构和封装方法的改良设计，可提高 LED 的出光效率和显色性。科锐公司近年来申请了一些封装方面的专利，如专利 WO2010096288A1 公开了一种包含发光器件封装体具体实例的发光器件封装形成方法，该方法定义一个两维色度空间的色度区域，并将所定义的色度区域细分为至少三个色子区域，并提供一个能够发出在定义的色度区域内的光的光发射器。至少在光发生设备封装体上安装三个这样的光发射器，每个光发射器发射来自不同的色度子区域的光。科锐公司的专利 WO2010081403A1 介绍了一种多元光发射器封装形式，这种形式能够增加光保真度和热扩散，提高电流控制，增加封装组件的刚度。在一个具体实例中，封装包括一个表面贴装设备、一个具有从主要表面延伸到内部凹洞的腔室、一个至少部分被腔室盖住的引脚架。该引脚架包括带有线性排列的 LED 的多个导电部分。导电部分中，与带 LED 部分独立的部分具有一个连接板，在其中，LED 通过例如焊线的方式被电耦合到连接板。该引脚架允许对各个 LED 输入独立的电信号。专利 CN200910201685.5 涉及一种提高 LED 出光效率的固晶方法，包括如下步骤：在金属基座上带有反光层的 LED 晶粒固定凹坑的底部固晶面上首先涂布一层适当范围的接着材料，再将底面具有金属层的 LED 晶粒置于基座点有接着材料的固晶位置处，压实后升温到共晶温度，使 LED 晶粒底面的金属与基座通过锡膏实现共晶焊接。国内如苏州中泽光电科技有限公司申请的专利 CN200780016035.2 提供了一种 LED 提取器，其具有适于与 LED 晶粒的发射面光学耦合的输入面，并且由折射率至少为 2 或 2.2 的玻璃（包括玻璃陶瓷）材料构成，也能起到提高发光效率的作用。

**3. 大功率散热设计**

随着 LED 功率的提高，热流密度相应增加，致使芯片内的 PN 结温升高，这样会使芯片的发射光谱发生偏移，如果波长偏移过多，偏离了荧光粉的吸收峰，将导致荧光粉量子效率降低，影响出光效率，从而使辐射波长发生变化，引起白光 LED 色温、色度的变化，加速荧光粉及 LED 的老化，缩短使用寿命，甚至导致 LED 烧毁。因此，由于温度升高而产生的各种热效应会严重影响到 LED 的使用寿命和可靠性。为了解决大功率 LED 的封装散热难题，国内外器件的设计者和制造者分别在结构和材料等方面对器件的热系统进行优化设计。丰田合成公司申请了一种新型 LED 灯组件专利，如 200910007681.3 所述，该组件包括金属基底、安装在金属基底上并且具有通孔的柔性板以及表面安装型 LED 灯，其中表面安装型 LED 灯包括在背面上具有凸出部的陶瓷封装体、安装在陶瓷封装体上的 LED 芯片和光输出表面。其中凸出部通过通孔与金属基底热连接，并且 LED 灯在除了凸出部之外的部分处通过导电构件与柔性板电连接。LED 灯组件包括覆盖 LED 灯除了光输出表面之外的部分和柔性板，并且挤压 LED 灯的覆盖体。华南理工大学申请的专利 CN200810029570.8 公开了一种大功率 LED 相变热沉结构，该结构热沉本体为带有空腔的圆形或方形结构，空腔内有沸腾结构和低温沸腾传热工质，密封端盖置于热沉本体上端，与热沉本体紧密相连，形成密闭空腔。该发明利用工质液气相变实现热沉本体的热等温效应，以减少热沉上下端的温差，把大功率 LED 芯片产生的热量有效地导出。武汉华灿光电有限公司申请的专利 CN200910062024.9 通过在蓝宝石衬底的背面蒸镀铝或银作为反光层并淀积多层金属，与表面带有钎焊层的热沉在有超声、压力、加温的情况下进行共晶绑定，这样 LED 芯片背面绑定一个相当于自身面积至少 3 倍的热沉，从而增加了导热面积，改善了 LED 的散热，有效地降低了 LED 的光衰，保证了 LED 的可靠性、一致性和使用寿命。



除了以上传统的封装形式外，还有一些公司推出了新颖的封装方式。如日亚化学公司近年来关于封装方面的新专利较少，但值得注意的是，该公司申请的“光半导体装置及其制造方法”、“半导体发光装置及半导体发光装置的制造方法”等，是一种在正面备有载置发光器件的窗口部的封装和从所述封装的底面凸出的外部引线电极的发光装置，其特征是封装在底面具有设于侧面的侧面凸部和形成于中央部的中央凸部，外部引线电极被收纳在由侧面凸部与中央凸部所形成的凹部，在侧面凸部的侧面具有槽部。根据该发明的发光装置在制造工序中能够稳定地支承封装，能够提供薄型、小型的发光装置。此外，该发明的发光装置在将发光装置贴装到基板等上时，能够抑制贴装不良。

## 三、对未来发展的展望及建议

综合以上分析，未来专利仍将是 LED 产业发展的重要议题。2006 年 5 月美国 Intematix 公司及 BridgeLux 公司提出了一个解决方法：组成知识产权安全照明业联盟（IPSLA）。IPSLA 为半导体照明的零配件供应商提供了一个网络平台，联盟成员的产品及工艺都经由资格专利律师检查证明其在任何方面都不侵权，以保证成员之间购买的零配件不会有违权行为。预计此类的知识产权联盟会在全球范围内得到发展，以保证半导体照明稳步发展成为一个成熟的行业，并促进其在各个相关领域的应用。我国国家半导体照明工程研发及产业联盟于 2007 年 8 月组建专利池工作组，以专利池这种国内外普遍采用的形式探索成员单位集体应对专利诉讼的机制。作为一种知识产权使用和保护领域中的一种组织形式，专利池自出现以来，一直就受到广泛的关注。专利池使企业与研究机构加强产学研合作，技术和资金相结合、研发能力和生产能力相结合，以研发出更多的核心技术和专利，并促进科研机构的创新成果向企业转移，有效避免知识产权风险，推动我国 LED 产业升级。从专利池成立以来取得的成绩和经验来看，下一步仍需要继续探索专利池组织模式和专利平台建设机制。

注：337 条款是美国针对进口贸易中的不公平做法进行调查的立法，因最初规定于《1930 年关税法》（the tariff and trade act）的第 337 条而得名。其涉及有关知识产权的不正当贸易，针对在美国进口或进口后销售属于侵犯了美国法律保护的版权、专利权、商标权、集成电路布图设计权和设计方案权的产品的行为。被调查产品所使用的技术只要未在美国获得知识产权，即使在出口国具有知识产权，也侵犯了美国的相关知识产权，而且应诉费几乎没有低于百万美元的。

# 台湾地区LED专利策略探究

余昱辰
台湾工业技术研究院　电子与光电研究所

LED产业正在高速成长，照明、背光、车灯、显示屏的应用都已如火如荼，但同时也面临巨大的专利威胁，一方面国际大厂因相互之间已完成交互授权或策略联盟，形成巨大的专利壁垒，另一方面专利商业单元（Non-Practicing Entity，NPE）也开始进行骚扰，台湾半导体照明产业面临极大压力，需要更全面性的整合和应对策略。

## 一、目前台湾地区LED产业专利现况简述

由于台湾LED厂商目前市值规模仍不如国际大厂，例如比较著名的Philips、Nichia、Osram、Cree、Toyoda Gosei、Toshiba、Panasonic、GE等，这些国际大厂不仅市值规模远大于台湾厂商，且其在专利申请、诉讼所需的能量与商业技巧的熟练度方面都优于台湾厂商，因此在台湾LED产业迅速成长而登上国际舞台之际，这些国际大厂为了卡住正在蓬勃成长的LED白光照明市场与LED背光市场，经常使用IP手段，包括专利诉讼、警告信函干扰、高额权利金索求、禁制令等打压台湾LED厂商。近三年来，除传统的国际大厂威胁外，专利商业单元开始出现，例如2008年Rothschild教授向美国ITC提起的“337”调查席卷整个LED供应链，2010年韩国专利授权公司Bluestone对晶电、璨圆、广镓、泰谷等LED厂商提起的专利诉讼事件使台湾地区厂商受到两面围攻。近两年来，由于规模较大的台湾地区厂商已陆续扩编本身的专利能量，并与台湾工业技术研究院（简称工研院）加强技术与专利的合作，晶元光电已开始突破国际大厂的专利封锁，取得与Toyoda Gosei的交互授权以及发展与Philips的策略合作伙伴关系，亿光电子与Osram亦达成全面性的交互授权，台湾地区厂商已逐渐开始发展与各大国际大厂的合作关系，摆脱专利的束缚。但这种合作与授权仅止于少数公司，要全面解决问题，甚至防止专利商业单元的侵扰，仍需要很大的努力。



## 二、台湾地区专利能量的盘点

为了分析专利能量的落差，我们进行了以下的分析。从图7.1-6中可以看出，国际大厂在美国专利的公告数量相对于台湾地区的A、B公司以及扣除已转让专利数量后的工研院要大很多。单就市场发展重心的美国而言，台湾地区的专利数量确实落后国际大厂甚多。

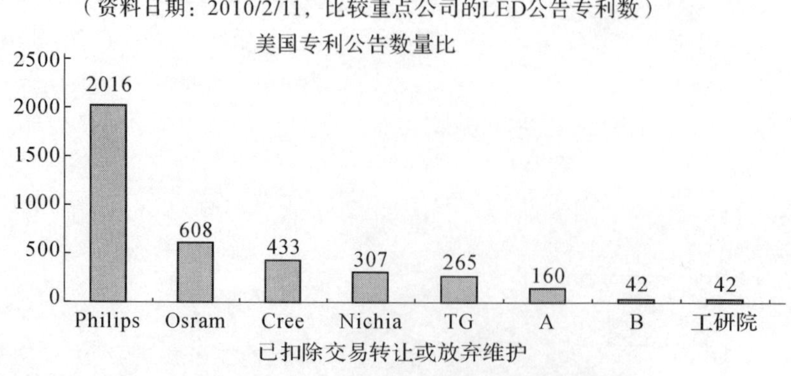


图7.1-6　重点厂商美国专利公告数量比较

台湾地区的重点科研机构以前在LED产业上的投入也远远不足，多数学校单位都以申请台湾地区专利为主，对于台湾企业在全球竞争力的提升，台湾专利发挥的作用极为有限。因此，目前台湾地区企业若要凭借现有的研究机构能量与国际大厂一搏，恐怕还需要更多的时间。台湾地区研究单位LED专利能量统计分析见表7.1-1。

**表7.1-1　台湾地区研究单位LED专利能量统计分析**

| 公司 | 中国台湾（公开/公告） | 中国大陆（公开/公告） | 美国（公开/公告） | 新型（中国台湾/中国大陆） | 新式样（中国台湾/中国大陆/美国） | 总数量 | 加权指标 |
|---|---|---|---|---|---|---|---|
| "工研院" | 111/74 | 74/41 | 80/42 | 13/3 | 2/2/2 | 444 | 1140 |
| 甲校 | 10/21 | 1/0 | 3/7 | 0/0 | 0/0/0 | 42 | 140 |
| 乙校 | 21/15 | 3/0 | 9/3 | 0/0 | 0/0/0 | 51 | 105 |
| 丙校 | 10/4 | 3/4 | 8/1 | 0/0 | 0/0/0 | 30 | 66 |
| 丁校 | 3/8 | 0/0 | 2/2 | 0/0 | 0/0/0 | 15 | 47 |

注：1. "工研院"的专利数已扣除让兴、停止维护、放弃答辩者。

2. 加权指标计算标准：公开案×1＋新型×1.25＋新式样×1.5＋中国台湾发明×3＋中国大陆发明×6＋美国发明×9（注：中国台湾发明、中国大陆发明、美国发明均为公告已获证专利）。

3. 统计日期：2010/2/11。

另外，对台湾地区主要公司申请LED专利的统计分析，可以观察得知，即便位于台湾地区LED专利首位的公司，其专利的申请量和蕴含能量，相较于国际大厂而言，仍有所不足。台湾地区前十大LED专利企业的美国专利已公告数量总和仍排不进世界前四强，由此可以看出这个问题的严重性。台湾地区近几年虽然强化专利的布局，各项政府补助计划也强化专利申请查核，但是仍需要更多质与量的增进。台湾地区LED企业前十大LED专利能量排行榜见表7.1-2。

**表7.1-2　台湾地区LED企业前十大LED专利能量排行榜**

| 公司 | 中国台湾（公开/公告） | 中国大陆（公开/公告） | 美国（公开/公告） | 新型（中国台湾/中国大陆） | 新式样（中国台湾/中国大陆/美国） | 总数量 | 加权指标 |
|---|---|---|---|---|---|---|---|
| A | 98/225 | 137/29 | 125/160 | 3/1 | 0/0/0 | 778 | 2654 |
| B | 49/37 | 13/24 | 75/42 | 54/30 | 6/10/6 | 346 | 908 |
| C | 74/20 | 64/28 | 35/7 | 86/94 | 25/39/9 | 481 | 799 |
| D | 7/69 | 18/31 | 25/14 | 22/14 | 1/1/1 | 203 | 619 |
| E | 13/39 | 44/7 | 31/27 | 5/0 | 0/0/0 | 166 | 496 |
| F | 18/41 | 3/8 | 6/20 | 65/2 | 0/0/0 | 163 | 462 |
| G | 119/1 | 116/3 | 117/3 | 0/0 | 3/3/10 | 375 | 424 |
| H | 3/4 | 0/5 | 43/14 | 78/28 | 4/6/1 | 186 | 363 |
| I | 8/19 | 6/13 | 1/13 | 0/1 | 0/0/0 | 61 | 268 |
| J | 21/32 | 7/7 | 3/9 | 0/0 | 2/0/0 | 81 | 253 |

## 三、国际大厂的专利授权与市场卡位

从1998年Nichia与Toyoda Gosei在日本的专利侵权之争到2000年Cree集团（包括Sumitomo、Rohm等公司）与Nichia间的专利大战开始，到近期首尔半导体接连面对Nichia和Philips的专利诉讼，LED产业的专利纠纷越演越烈。首尔半导体也借这些诉讼的机会和Nichia达成交互授权的和解协议进而取得组件大厂准第六强的地位。首尔半导体在专利能量上，虽然数量不足以与现有组件五大厂匹配，但是在策略的灵活度和诉讼应诉的气魄上，有其值得学习之处。因此，韩国的做法值得借鉴。而在2004—2010年这些国际大厂纷纷达成和解交互授权后，台湾地区LED产业在这些专利集团当中的弱势情形就变得十分明显，如图7.1-7所示。虽然部分台湾厂商试图努力突破所面临的专利困境，但是由于缺乏产业的一致性，导致成效相当有限。而不时受到的专利商业单元的侵权警告骚扰也削弱了台湾地区整体 LED 产业的竞争力。因此，台湾 LED 产业若要继续成长，除了自身技术的提升外，必须加强台湾地区 LED 产业的专利能量，优先解决这些国际大厂的专利束缚，并拟定有效的策略反击专利商业单元，才能摆脱目前台湾地区 LED 产业所面临的瓶颈。

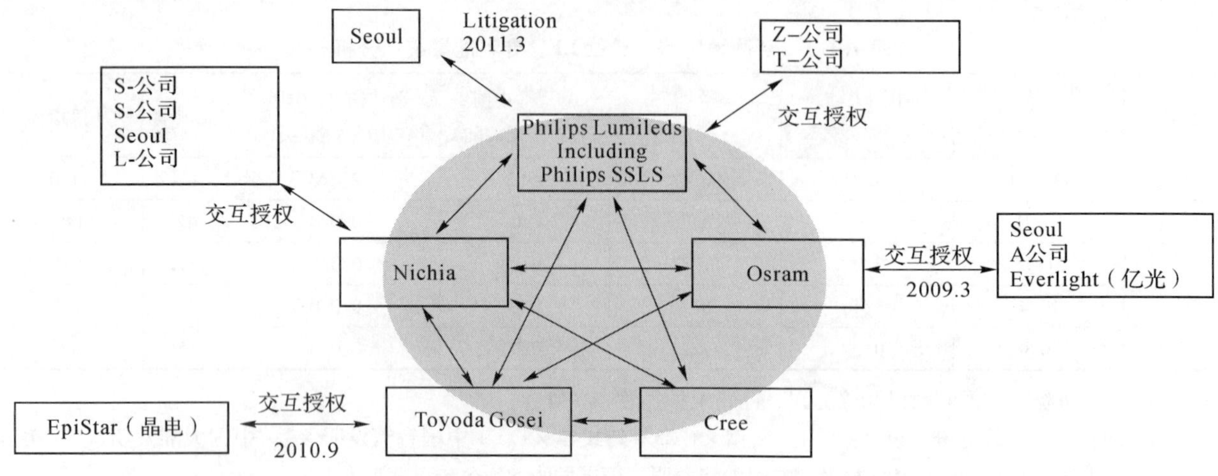


图 7.1-7　国际大厂交互授权关系图

## 四、专利问题与解决对策

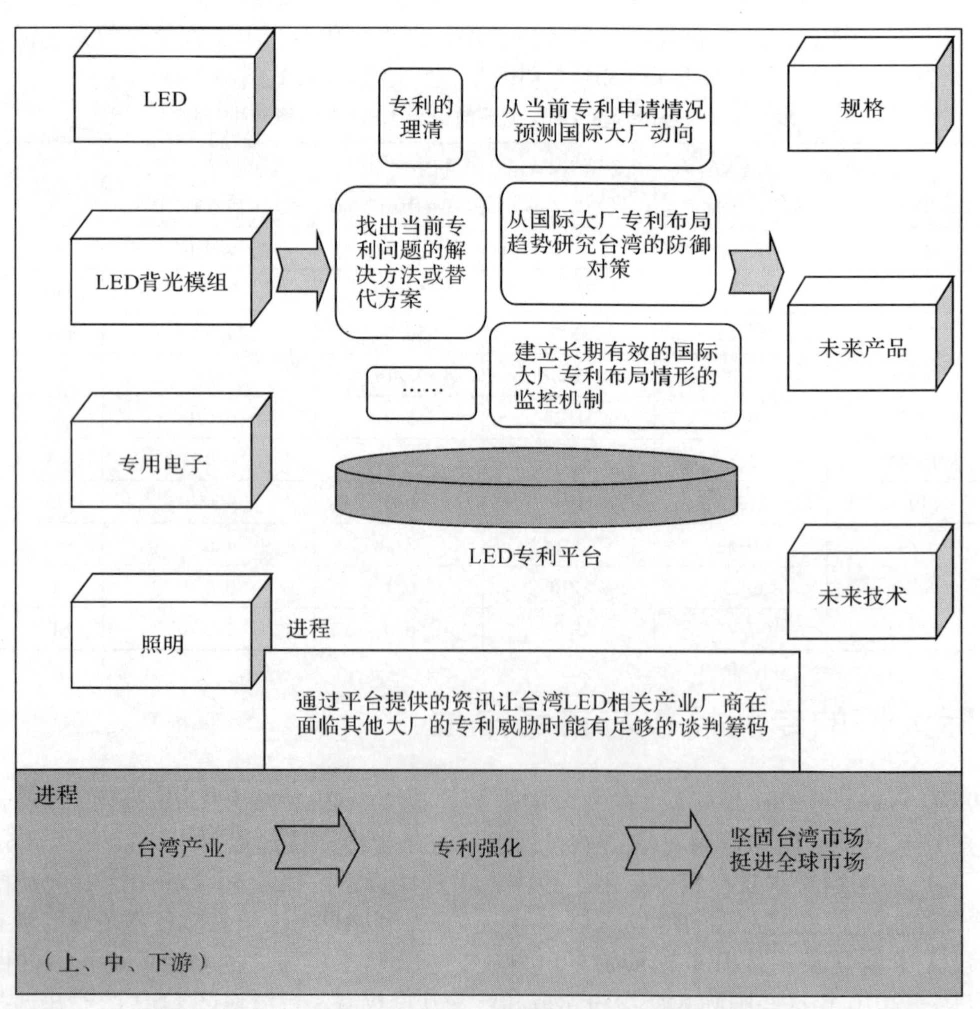


图 7.1-8　台湾地区 LED 产业当前在专利上应采取的整体策略

近年在扶植台湾地区 LED 产业，加强台湾地区厂商专利能量以突破专利困境的目标下，台湾工研院将 LED ITO 专利与 AC LED 专利转让给 LED 晶粒大厂晶元光电。随后即有日本 LED 大厂 Nichia 愿意与晶元光电进行专利和解、和 Toyoda Gosei 的全面性交互授权、与 Philips 在 HV LED 的策略合作等。同时由于早先与国联以及元砷、连勇的合并，除了扩大晶元光电原本的生产规模外，也使得这些公司在 LED 四元专利与 ITO 专利上的实力产生综合效应。因此，未来如能再扩大整合台湾地区科研机构的专利能量，才有机会化解国际大厂相关的专利束缚，同时促进台湾地区 LED 产业与国际大厂交流合作的机会。

着眼于以上现状，台湾地区 LED 相关产业在专利问题上应凝聚产业内厂商对相关议题的共识以形成具体的共同策略（见图 7.1-8）。

### 1. 理清当前专利问题

研究部分国际大厂会提起诉讼的专利内容，可以发现这些专利在实际的专利强度上可能都存在一些缺点，搭配新的判例实务见解，重新检视现有专利的瑕疵，多半都能归纳出相应的策略；另外，由于台湾地区 LED 厂商直接面临的是与国际各厂商竞争的压力，在目前国际各厂商（特别是国际大厂）对照明、LCD TV 与 LED 车用电子产业中的关键组件 LED 背光源、LED 车灯等都在进行大量专利申请的情形下，单一公司很难搞清楚国际范围内有哪些新的重要专利掌握在哪些竞争者或专利商业单元的手上，这也使得台湾地区 LED 厂商面临可能随时发生的与其他厂商的专利诉讼问题，不利于台湾地区在 LED 相关应用产业尤其是车用、背光与照明产业上的未来发展。

### 2. 短期防御对策

如前所述，在研究国际大厂部分专利时，可以看出“工研院”的 ITO 专利在某些地方的确可以回避大厂 GaN LED 电极专利限制的效果，同时 AC LED 的专利对国际大厂的策略操作上也造成一定程度的影响。但这部分专利优势对台湾 LED 厂商来说，仍解决了当前专利上的问题。因此要想在短期内使台湾地区 LED 厂商有足够的专利防御能力，需要透过聚集台湾 LED 专利的能量，甚至整合两岸共同的能量，在现有的专利中找出具有取代性或威胁性的关键专利，并经过群组化的包装和整理，重新进行完整的申请策略取代现今散弹打鸟型的布局方式。另外，对目前 LED 照明产业而言，如何从研究全球 LED 产业相关专利布局中尽早掌握可能具有影响力的专利以提早应对潜在的专利威胁，也是目前的当务之急。

### 3. 长期防御策略

除了尽快解决台湾地区 LED 厂商当前所面临的问题，长期而言，仍需要有属于台湾地区 LED 厂商自己的一套防御技术与做法，因此通过研究找出可能具有影响力的专利以进行相关回避与发展具有竞争力的下一代技术与专利布局是不可或缺的。除此之外，如前面问题所述，由于 LED 照明产业将占有庞大的利益，国际各厂商或专利商业单元已到处收集专利资产，广邀各路“英雄好汉”，连创投业近期也开始评估许多投资专利商业单元。预计在未来几年，这些威胁势必将随市场的发展不断出现，尤其是专利商业单元（如 Acacia，美股代号 ACTG）获利与股价突破新高，势必鼓舞许多相关人员竞相投入，一些新的营运模式与操作手法令人防不胜防，因此建立起一套完整的 LED 专利数据库与专利的监控机制就变得非常重要。此外，还必须发展一套完整的回避机制，以避免台湾地区 LED 厂商面对国际大厂与专利商业单元的双重剥削。

## 五、结语

LED 产业目前正面临 30 年以来空前的繁荣，然而在繁荣的背后也面临着空前的危机，国际大厂彼此之间已完成交互授权，在积极拓展市场的同时，无法避免与台湾或大陆厂商捉对厮杀，届时，专利纠纷势必搬到台面上来。目前台湾地区厂商涉及国际诉讼的次数虽属有限，但并不代表风浪不会接踵而来。那时，LED 厂商既要面对客户的质疑，还要面对高额诉讼费用的压力；既要面对冗长的行政调查程序，造成公司运作上的沉重负担，还要应付专利商业单元的骚扰。因此，四面楚歌的情况将可能吞噬厂商在高速发展市场的成长力。目前唯有强化企业本身的研发，整合学术与研究机构的专利能量，建立长期有效的监控机制，研究出一套反击专利商业单元的机制，方能掌握到成长的契机，享受丰硕的成果。

# 第二章　专利分析

## 2009—2010 年国内公开的 LED 荧光粉专利技术进展浅析

徐鑫[1]　杨力勋[1]　毛建[2]
1 中国科学技术大学材料科学与工程系、中国科学院能量转换材料重点实验室
2 北京宇极科技发展有限公司

本文综述了近两年国内 LED 荧光粉专利技术的最新进展，希望能帮助业界人士了解目前国内 LED 荧光粉市场，并为今后的发展方向提供参考，具体介绍以当前在白光 LED 照明显示上应用的铝酸盐、硅酸盐和氮氧化物荧光粉为主线。

### 一、铝酸盐系列荧光粉

自从日本日亚公司以（$Y_{1-x}Ce_x)_3Al_5O_{12}$黄色荧光粉与蓝光 LED 结合获得白光以来，铝酸盐系列荧光粉的研究成为研究的热点之一，在国内市场上铝酸盐系列荧光粉仍然是主流产品，对其改性和优化也是国内专利申请的一个热点方向。

为了提高 YAG 荧光粉的性能（提高发光强度或者红光部分的发射强度），原子取代的方法被广泛地采用（见表 7.2-1）。

**表 7.2-1　原子取代法提高 YAG 的性能的专利**

| 专利号 | 技术点 | 专利所属 |
|---|---|---|
| CN101348719 | 在 YAG 中添加 $Cl^{-1}$、$N^{-3}$ | 罗维鸿、朱哲毅 |
| CN101475800 | 添加 $F^{-1}$离子及 $N^{-3}$离子取代 $O^{2-}$ | 罗维鸿 |
| CN101358133 | 用 S 取代 Al 和 O | 罗文渊 |
| CN101368102 | 用 Br 部分取代 O | 罗文渊 |
| CN101475799 | 以（$BF_4$）$^{-1}$替换部分的（$AlO_4$）$^{-5}$ | 罗维鸿 |
| CN101368100 | 用 Pb 部分取代 Y 来提高发光强度和红光发射 | 中国科学院长春光学精密机械与物理研究所 |
| CN101376522 | 用 Ba 部分取代 Y 来提高发光强度 | 天津大学 |
| CN101560391 | 加入 Tb 来提高红光的发射 | 中国地质大学（武汉） |
| CN101914381A | 用 Sb、Gd 共同取代 Y | 西安创联电气科技（集团）有限责任公司 |
| CN101838536A | 用 Sb、Bi 部分取代 Y | 佛山市南海区大沥朗达荧光材料有限公司 |
| CN101781562A | Ce、Eu 共掺的 YAG 粉 | 上海交通大学 |
| CN101694862A | 用 Li 部分取代 Y | 罗维鸿 |
| CN101418219 | 用多种离子同时取代 Y 和 O | 罗维鸿 |
| CN101445729 | 用多种离子同时取代 Y 和 Al | 江门市科恒实业股份有限公司 |
| CN101486911 | 用不同离子同时取代 Y、Al 和 O | 李瑞 |
| CN101712871A | 碘和硅以及某些稀土离子共掺 | 罗维鸿 |

除了取代，也可以采用改变各个离子比例的办法来调整 YAG 荧光粉的性能，如三星 SDI 株式会社合成通式为 $Y_{3-x-k}Ce_kM'_xAl_{a-y}M''_yO_{(1.5a+4.5)}$ 的荧光粉（CN101503620）以及（$Y_{3-x}Ce_x)_aAl_bO_c$

（CN101497788）。

另外，在合成方法上亦有多项专利被公布出来（见表 7.2-2）。

**表 7.2-2　铝酸盐系列荧光粉合成方法相关专利**

| 专利号 | 技术点 | 专利所属 |
|---|---|---|
| CN101497790 | 用硫酸铵加尿素共沉淀金属盐溶液制前躯体 | 彩虹集团公司 |
| CN101597494 | 柠檬酸盐法 | 陕西师范大学 |
| CN101831298A | 柠檬酸盐法 | 厦门大学 |
| CN101602944 | 超声雾化前躯体溶液 | 宁波大学 |
| CN101851510A、CN101851509A | 共沉淀法和溶胶凝胶法 | 厦门大学 |
| CN101724400A | 共沉淀法和溶胶凝胶法 | 青岛科技大学 |
| CN101760196A | 加入表面活性剂并球磨 | 四川大学 |
| CN101760197A | 高温自加压烧结 | 李瑞 |
| CN101787280A | 低温还原工艺 | 佛山市南海区大沥朗达荧光材料有限公司 |
| CN101503622 | 固体溶液形态荧光材料 $Ba_x(Y_{1-y-z}Gd_yCe_z)_3Al_{5+2x}O_{12+4x}$ | 罗维鸿 |

除了 YAG 荧光粉，其他可在近紫外光或蓝光激发的铝酸盐系列荧光粉也有报道（见表 7.2-3）。

**表 7.2-3　在近紫外光或蓝光激发的铝酸盐系列荧光粉的专利**

| 专利号 | 技术点 | 专利所属 |
|---|---|---|
| CN101402860 | 发出白光的 $La_{1-a}AlO_3$：$Eu_a$，$Li_b^+$ 荧光粉 | 天津理工大学 |
| CN101899302A | $CaY_{1-z}Gd_zAl_3O_7$：$x$Ce，$y$Tb | 浙江大学 |
| CN101812294A | $Ca_{12-x}Al_{14}O_{33}$：$Dy_x$ | 东北师范大学 |
| CN101486906 | 红色荧光粉（$R^1_{3-x-1.5y}R^2_y$）（$R^3$）$_2O_6$：$Eu_x$ | 江苏苏博特新材料股份有限公司 |
| CN101613601 | $Sr_{3-x-3y/2}Al_2O_{6-3m/2}N_m$：$xRe_1^{2+}$，$yRe_2^{3+}$，$Re_1^{2+}$、$Re_2^{3+}$ | 长春理工大学 |
| CN101747893A | $SrAl_{12-2x}Mn_xMg_xO_{19}$ | 彩虹集团公司 |
| CN101818058A | 发出橘黄色的光 $Sr_{3-x-y-z}M_zAl_2O_5Cl_2$：$Eu_x^{2+}$，$Dy_y^{3+}$ | 中国科学院长春光学精密机械与物理研究所 |
| CN101497791 | 蓝色荧光粉 $Mg_{1-x-y}Sr_yAl_2O_4$：$Eu_x$ | 陕西师范大学 |
| CN101824318A | $Ca_{12-x}Al_{14}O_{33}$：$Ce_x$ | 东北师范大学 |
| CN101705094A | 蓝绿色荧光粉 $CaYAl_3O_7$：$x$Ce，yTb | 浙江大学 |
| CN101775284A | $Ba_xSr_yMg_{1-x-y-z}Al_2O_4$：$Eu_z$ | 陕西师范大学 |

铝酸盐系列荧光粉的热衰和光衰一直是其在高性能发光显示器件上应用的障碍，中国科学技术大学最近公开了一种近紫外光可激发的蓝色荧光粉（CN101560392）$Eu_xF^1_{1-x}F^2Al_{10-y}Si_yO_{17-y}N_y$。其中，$F^1$ 为选自 Ba、Sr 和 Ca 中的至少一种元素，$F^2$ 为 Mg 和/或 Zn。该荧光粉由于用部分 Si-N 键取代了 Al-O 键，具有了部分氧氮化物的优点，显著地提高了发光效率，特别是高温和发光的稳定性。

对于铝酸盐系列荧光粉的专利申请，虽然数量比较多，但大部分仍然集中于对 YAG 荧光粉的改进上，真正具有应用潜力的荧光粉很少，要想打开新的局面就必须要研究其他类型的荧光粉。

## 二、硅酸盐系列荧光粉

由于铝酸盐系列荧光粉可发掘的空间已经越来越小，硅酸盐作为庞大的荧光粉基质类型，得到了人们越来越多的关注。

## （一）蓝色荧光粉（见表 7.2-4）

**表 7.2-4　蓝色荧光粉**

| 专利号 | 技术点 | 专利所属 |
| --- | --- | --- |
| CN101440283<br>CN101735803A<br>CN101735804A<br>CN101717637A | 可与近紫外光 LED 组合并发出蓝光的<br>$Ca_{1-x}MgSi_2O_6: xEu^{2+}$、$Ca_{1-x}SiO_3: xEu^{2+}$ | 四川大学 |
| CN101575511 | 可以吸收近紫外光和蓝光发出蓝绿光的<br>$xBaO-yBaX_2-2SiO_2: zEu^{2+}$ | 北京工商大学 |
| CN101760191A | 可以在近紫外光被激发发出蓝绿光的<br>$(Ba_{1-x}A_x)_2Si_3O_8: yEu, zRe$ | 浙江大学 |
| CN101701155A | $(Sr_{4-x-y}Zn_xEu_y)Si_3O_8Cl_4$ | 南昌大学 |
| CN101410480 | 近紫外光可激发的黑色金属碱土金属混合硅酸盐蓝色荧光粉 | 丰田合成株式会社，利泰克-LLL 有限公司 |
| CN101522860<br>CN101522861 | 铕为发光中心的<br>$aM^1O \cdot bM^2O_2 \cdot cM^3O_2$ | 住友化学株式会社 |





## （二）绿色及黄绿色荧光粉（见表 7.2-5）

**表 7.2-5　绿色及黄绿色荧光粉**

| 专利号 | 技术点 | 专利所属 |
| --- | --- | --- |
| CN101379164 | 可用蓝光激发的绿色荧光粉<br>$(M^{I}_{(1-x)}M^{II}_{x})_{\alpha}SiO_{\beta}$ | 三菱化学株式会社 |
| CN101878280A | 在近紫外光到蓝光范围可激发的 $M_xEu_yMgSi_zO_aX_b$ 荧光粉 | 日亚化学工业株式会社 |
| CN101851508A | $Ba_{(2-x-y-p)}Sr_xM_pSi_qO_{(2+2q)}: Eu_y$ | 江苏博睿光电有限公司 |
| CN101805607A | 组成为 $aCaO\text{-}MgO\text{-}2SiO_2\text{-}bCaCl_2: xEu$ 的荧光粉 | 南昌大学 |
| CN101519591 | 蓝光激发的 $Ca_{3-x-2y-z}[M^+Ce^{3+}]_yZn_zSiO_4Cl_2: Eu_x^{2+}$ 绿色荧光粉 | 中国科学院长春光学精密机械与物理研究所 |
| CN101475804 | 含有多种离子共掺的 $M_2SiO_4$ | 罗维鸿、张为昕 |
| CN101486910 | 组成通式为<br>$(A_{9-m-u-v}B_m)(Si_{4-n}M_n)O_{16-m/2-n/2}X_2: uEu, vR$ | 李瑞 |
| CN101812297A | 黄绿色荧光粉<br>$Li_2Sr_{1-z}(SiO_4)_{1-0.75x-0.5y}(M1O_4)_x(M2O_4)_y: zEu^{2+}$ | 南昌大学 |

## （三）黄色及橙色荧光粉（见表 7.2-6）

**表 7.2-6　黄色及橙色荧光粉**

| 专利号 | 技术点 | 专利所属 |
| --- | --- | --- |
| CN101560390 | 蓝光激发的黄色荧光粉 $(Ca_{3-x-y}Lu_xCe_y)(Sc_{2-z}Mg_z)Si_3O_{12+\delta}$ | 中国科学院长春光学精密机械与物理研究所 |
| CN101586025 | 光谱从黄色到红色可调的铕激活的 $(Sr_{1-x}, Ba_x)_3SiO_5$ | 索尼株式会社 |
| CN101531902 | $Ba_xSr_{3-x-2y}SiO_5$：$yCe^{3+}$、$yLi^+$ | 中国计量学院 |
| CN101838535A | 发出 590nm 左右橙红色光的 $Sr_{(3-x-y-z)}Ba_xMe_pSi_qO_{(3+2q+p/2)}$：$Eu_y$，$R_z$ | 江苏博睿光电有限公司 |

## （四）红色荧光粉（见表 7.2-7）

**表 7.2-7　红色荧光粉**

| 专利号 | 技术点 | 专利所属 |
| --- | --- | --- |
| CN101818062A | 可被蓝光激发的 $Li_2Sr_{1-x-y}SiO_4$：$xEu^{2+}$，$yPr^{3+}$ | 南昌大学 |
| CN101747892A | 近紫外光到蓝光可激发的二价铕激活的 $Sr_{3-x-y-z}Ba_yA_zB_mSi_nO_{5-h}F_h$：$xRe$ | |

## （五）同时发出多种波长的光的荧光粉（见表 7.2-8）

**表 7.2-8　同时发出多种波长的光的荧光粉**

| 专利号 | 技术点 | 专利所属 |
| --- | --- | --- |
| CN101565620 | 近紫外光激发下发出蓝光和黄光的 $Sr_{5-m-n}Zn_n(SiO_4)_2Cl_2$：$Eu_m^{2+}$ | 中国科学院长春光学精密机械与物理研究所 |
| CN101531901 | 可在紫外光 LED 激发下发出蓝光和红光的 $Sr_{6-x-a}M_xMg_{1-b}(PO_4)_y(SiO_4)_{3.5-0.75y}$：$Eu_aMn_b$ | 复旦大学，江西和泰新光源材料有限公司 |
| CN101880528A | 近紫外光激发下发出蓝光和黄光的 $Ba_{(3-m-n-a)}A_aLu_{2-b}R_bSi_3O_{12}$：$mEu^{2+}$，$nMn^{2+}$ | 江西理工大学 |
| CN101892048A，CN101892049A，CN101892054A | 可以发出若干波长光合成白光的 $Ca_{10}(Si_2O_7)_3Cl_2$：$xEu^{2+}$，$yMn^{2+}$ 和 $Ca_2SiO_3Cl_2$：$xEu^{2+}$，$yMn^{2+}$ | 陕西科技大学 |
| CN101824321A | 可在 450nm 激发同时发出黄绿光和红光的荧光粉 $Ca_{3(1-x)}Sc_{2(1-y)}Si_3O_{12}$：$3xCe^{3+}$，$2yMn^{2+}$ | 中国科学院长春光学精密机械与物理研究所 |

除了上面提到的，还有一些关于硅酸盐荧光粉性能的专利（见表 7.2-9）。

**表 7.2-9　关于硅酸盐荧光粉性能的专利**

| 专利号 | 技术点 | 专利所属 |
| --- | --- | --- |
| CN101473014 | 组分表示摩尔比为 a: b: c: d: e: f 的 Sr、Ca、Eu、Mg、Si 氧化物以及卤素元素的硅酸盐材料 | 住友化学株式会社，独立行政法人产业技术综合研究所 |
| CN101597493 | 可被近紫外光和蓝光激发且发射谱从蓝光到橙红的 $M_{3-x-y}(PO_4)_2SiO_4$：$Eu_xR_y$ | 孙德春 |
| CN101781561A | 可以在近紫外光被激发的 $M_xSr_{0.37}Ba_{0.1}Al_{0.1}Eu_ySiO_4$ | 广州聚晶能源科技股份有限公司 |

关于硅酸盐合成方法的专利见表 7.2-10。

**表 7.2-10　关于硅酸盐合成方法的专利**

| 专利号 | 技术点 | 专利所属 |
|---|---|---|
| CN101583689 | 金属盐溶液加 TEOS 制备前躯体以及溶胶凝胶法制备前躯体 | LG 伊诺特有限公司 |
| CN101591535 | | 彩虹集团公司 |
| CN101885966A | | 深圳大学 |
| CN101775283A | 微波法 | 长春理工大学 |

硅酸盐体系种类繁多，各种波长需求的荧光粉几乎都能找到，但是其仍然存在稳定性不足以及与LED 组合得到的光源显色指数不高等问题。

## 三、氧氮化物荧光粉

几年来氧氮化物荧光粉由于其独特且优异的性能，如高稳定性、环保、发射波长涵盖几乎全部的可见光范围等，得到了越来越多的青睐。这个系列荧光粉所占的市场份额也在逐年提升。氧氮化物荧光粉已经成为了一个新兴的荧光粉发展方向。

从基质结构上，关于氧氮化物荧光粉的专利主要可以分成以下 6 大类：

### （一）$M_2Si_5N_8$

这类荧光粉可在紫外光到可见光范围内激发，主要发出橙色或红色光，公开专利见表 7.2-11。

**表 7.2-11　$M_2Si_5N_8$ 专利**

| 专利号 | 技术点 | 专利所属 |
|---|---|---|
| | $\{M_{(1-x)}Eu_x\}_aSi_bO_cN_d$ 红色荧光粉（$0<x<1$，$1.8<a<2.2$，$4.5<b<5.5$，$0\leqslant c<8$，$0<d\leqslant 8$，$0<c+d\leqslant 8$） | 三星电机株式会社 |
| CN101565612 | 通过二次烧结的方法提高了荧光粉的亮度 | 彩虹集团公司 |
| CN101798510A | 用碳热还原法合成 $M_{2-x}Si_{5-y}Z_yN_8$：$x$Eu | 彩虹集团公司 |
| CN101760194A | 掺 F 的 $A_{2-x-2m}Y_mLi_mSi_{5-n}Al_nN_{8-p}F_p$：$x$Eu | 李瑞 |

### （二）$MAlSiN_3$

这类荧光粉可在紫外光到可见光范围内激发，主要发出橙色或红色光，公开专利见表 7.2-12。

**表 7.2-12　$MAlSiN_3$ 专利**

| 专利号 | 技术点 | 专利所属 |
|---|---|---|
| CN101628711 | 以 $CaSiAlN_3$ 为基质的荧光粉 | 独立行政法人物质・材料研究机构和三菱化学株式会社 |
| CN101805610A | 多种离子取代的具有 $MAlSiN_3$ 类似组成的红色荧光粉 | 江苏博睿光电有限公司 |

### （三）α-SiAlON

这类荧光粉可在紫外光到可见光范围内激发，调整含氮量可以调整发射谱的位置，公开专利见表 7.2-13。

**表 7.2-13　α-SiAlON 专利**

| 专利号 | 技术点 | 专利所属 |
|---|---|---|
| CN101490210 | $M1_{(x1)}M2_{(x2)}M3_{12}(O, N)_{16}$ | 昭和电工株式会社 |
| CN101712868A | 经过表面修饰的 α-SiAlON | 电气化学工业株式会社 |
| CN101712869A | 低氧含量的 α-SiAlON | |

（续）

| 专利号 | 技术点 | 专利所属 |
|---|---|---|
| CN101755030A | $(M0)_x$ $(M1)_y$ $(M2)_z$ $(Si)_{12-(m+n)}$ $(Al)_{m+n}$ $(O)_n$ $(N)_{16-n}$ | 昭和电工株式会社和独立行政法人物质·材料研究机构 |
| CN101668829 | $Lu_p$ (Si, Al)$_{12}$ (O, N)$_{16}$: $Eu_q$ | 藤仓株式会社和独立行政法人物质·材料研究机构 |
| CN101443432 | 具有特定比表面积的 α-SiAlON | 电气化学工业株式会社 |
| CN101864311A | 碳热合成 α-SiAlON 的方法 | 上海应用技术学院 |
| CN101698800A | 自蔓延法合成 α-SiAlON | 聊城大学 |

## （四）β-SiAlON

这类荧光粉可以吸收紫外光到蓝光范围的光，发出绿光，相关专利见表 7.2-14。

**表 7.2-14　β-SiAlON 专利**

| 专利号 | 技术点 | 专利所属 |
|---|---|---|
| CN101688115 | 具有一定粒径范围的 β 型 SiAlON 粒子组 | 夏普株式会社 |
| CN101821356A | | 宇部兴产株式会社 |
| CN101466813 | | 电气化学工业株式会社 |

## （五）$MSi_2O_2N_2$

这类荧光粉可以在紫外光到可见光范围内被激发，发光范围从绿光到黄光，相关专利见表 7.2-15。

**表 7.2-15　$MSi_2O_2N_2$ 专利**

| 专利号 | 技术点 | 专利所属 |
|---|---|---|
| CN101368099 | 绿色 $x$BaO－$y$MO－$Si_3N_4$－$SiO_2$－$zEu_2O_3$ | 中国科学院长春光学精密机械与物理研究所 |
| CN101497789 | (Ba, Sr) $Si_2O_2N_2$ 绿色粉体 | 彩虹集团公司 |
| CN101525536 | $CaSi_2O_2N_2$: $Eu^{2+}$, $Y^{3+}$ 黄绿色荧光粉 | 东华大学 |
| CN101775292A | $MSi_2O_2N_2$ | 厦门大学 |
| CN101698799A | 多孔球形的 $CaSi_2O_2N_2$: $Eu^{2+}$ 荧光粉 | 东华大学 |

## （六）其他类型（见表 7.2-16）

**表 7.2-16　其他类型专利**

| 专利号 | 技术点 | 专利所属 |
|---|---|---|
| CN101575513 | 绿色荧光粉 $Ba_{3-x-y}M_xEu_ySi_6O_9N_4$ 或 $Ba_{3-y}Eu_ySi_{6-m}Al_mO_{9+m}N_{4-m}$ | 中国科学技术大学 |
| CN101348715 | 蓝绿光荧光粉 $(Y_{1-x1-y1}, Tb_{x1}, Ce_{y1})_aSi_bO_cN_d$ | 东芝株式会社 |
| CN101379163 | 发绿光的 $M1_xBa_yM2_zL_uO_vN_w$ | 三菱化学株式会社 |
| CN101522859 | 发蓝光的 $M_mA_aB_bO_oN_n$: Z | 同和电子科技有限公司 |
| CN101864300A, CN101885965A | 发绿光的 $A_{1-x}Si_yO_zN_{2/3+4/3y-2/3z}$: $x$Re | 彩虹集团公司 |
| CN101781558A | 发红光的 $M_{2-w}Si_xA_yN_z$: $w$R | 北京有色金属研究总院，有研稀土新材料股份有限公司 |
| CN101796157A | 发射谱可调的 $M(0)_aM(1)_bM(2)_{x-(vm+n)}M(3)_{(vm+n)-y}O_nN_{z-n}$ | 昭和电工株式会社，独立行政法人物质·材料研究机构 |

（续）

| 专利号 | 技术点 | 专利所属 |
| --- | --- | --- |
| CN101864309A | 发射从黄光到红光的 $Ca_{3-3n/2}Sc_2Si_3O_{12-6x}N_{4x}: nCe^{3+}$ | 中国科学院长春光学精密机械与物理研究所 |
| CN101899304A | 可同时发出多种波长光的 $(Sr_{1-y}Eu_yAl_{2-x}Si_{2+x}O_{8-x}N_x) \cdot (Sr_{2-y}Eu_yAl_{2-x}Si_{1+x}O_{7-x}N_x)$ | 深圳大学 |
| CN101831295A | $L_xM_yN_z: R$ | 江苏博睿光电有限公司 |
| CN101781560A | $M_{6-a-c}X_{2a}Al_{4-b}Si_bN_bO_{12-b}$ | 中国计量学院 |
| CN101760190A | $A_{1-x}B_yO_zN_{2/3+4/3y-2/3z}: xRe$ | 彩虹集团公司 |
| CN101410478 | 用杂质离子和有机物进行表面改性的第 13 族氮化物半导体纳米粒子荧光体 | 夏普株式会社 |

在合成工艺上，关于氧氮化物也有不少专利报道（见表 7.2-17），如针对氧氮化物合成温度高，对起始原料要求苛刻，中国科学技术大学采用硅粉取代氮化硅为起始粉料，通过氮化的方法制备氧氮化物，从而达到简化工艺并降低成本的目的（CN101818063A）等。

**表 7.2-17　关于氧氮化物的专利**

| 专利号 | 技术点 | 专利所属 |
| --- | --- | --- |
| CN101818063A | 采用硅粉取代氮化硅为起始粉料，通过氮化的方法制备氧氮化物，从而达到简化工艺并降低成本的目的 | 中国科学技术大学 |
| CN101629077 | 溶胶凝胶与气相还原相结合 | 上海芯光科技有限公司，华东师范大学 |
| CN101775291A | 以金属氨氰化物来制备氧氮化物荧光粉 | 华东理工大学 |
| CN101914379A | 超声处理前躯体的方法 | 中国计量学院 |
| CN101735815A | 氮化还原氧化物的方法合成掺杂有稀土元素的Ⅲ族氮化物 | 苏州纳维科技有限公司 |



## 四、其他金属盐类荧光粉

除了提到的硅酸盐、铝酸盐两大系列以外，其他体系的金属盐 LED 荧光粉专利也有一些报道。硼酸盐类荧光粉的专利见表 7.2-18。

**表 7.2-18　硼酸盐类荧光粉的专利**

| 专利号 | 技术点 | 专利所属 |
| --- | --- | --- |
| CN101608117 | 近紫外光激发而发出蓝黄混合光的 $A_xCa_{2-x}BO_3Cl: mCe^{3+}$、$nEu^{2+}$ | 华中科技大学 |
| CN101798506A | 近紫外光激发而发出蓝光的 $M_{2-x}B_5O_9Cl: Eu_x^{2+}$ | |

锗酸盐类荧光粉专利见表 7.2-19。

**表 7.2-19　锗酸盐类荧光粉专利**

| 专利号 | 技术点 | 专利所属 |
| --- | --- | --- |
| CN101633842 | 近紫外光到蓝光范围可激发发射范围从蓝光到黄绿光可调的 $A_m(B_{1-x}Ce_x)_nGe_yO_z$ | 财团法人交大思源基金会 |
| CN101463254 | 蓝光激发发出橙黄光的 $(Ca_xM_y^{I})_2(Ge_aM_b^{II})O_4: mCe^{3+}$、$mA^+$、$nMn^{2+}$ | 兰州大学 |
| CN101705090A | 近紫外光到蓝光激发的红色荧光粉 | 东南大学 |

硅铝酸盐荧光粉专利见表 7.2-20。

**表 7.2-20　硅铝酸盐荧光粉专利**

| 专利号 | 技术点 | 专利所属 |
|---|---|---|
| CN101412911<br>CN101735807A | 近紫外光激发发出蓝光的<br>$Ba_{1-x}Al_2Si_2O_8$：$xEu^{2+}$ 和 $M_{1-x-y}A_yAl_2Si_2O_8$：$xEu^{2+}$ | 四川大学 |
| CN101671560 | 异式固溶体 $(\sum Ln)_3Al_5O_{12} \cdot Me_3^{II}Me_2^{III}Si_3O_{12}$ | 罗维鸿 |

磷酸盐荧光粉专利见表 7.2-21。

**表 7.2-21　磷酸盐荧光粉专利**

| 专利号 | 技术点 | 专利所属 |
|---|---|---|
| CN101538468 | $AB_2(PO_4)_3$：$xEu^{2+}$、$yR$ | 华中科技大学 |
| CN101787282A | $Ca_xEu_yAlMg(PO_4)_2$ | 广州聚晶能源科技股份有限公司 |
| CN101696357A | 近紫外光激发发出蓝光和红光的 $Sr_{2-m}Mg_{3-n}P_4O_{15}$：$mEu^{2+}$、$nMn^{2+}$ | 华中科技大学 |

其他专利见表 7.2-22。

**表 7.2-22　其他专利**

| 专利号 | 技术点 | 专利所属 |
|---|---|---|
| CN101781555A | 一种 $Pr^{3+}$ 为发光离子的红色荧光粉 $AT_{1-x-y}(MO_4)_2$：$Pr_x$，R | 中国科学院福建物质结构研究所 |
| CN101437922 | 一种在紫外光到蓝光区域可激发并发出白光的荧光粉<br>$Sr_aS_bMg_cZn_dSi_eO_f$：$Eu^{2+}$ | 三井金属矿业株式会社 |
| CN101775286A | 被 390～570nm 的紫外光、可见光激发并发射 590～630nm 的橙红色光的 $Sr_xCa_yCO_3$：$zEu$ | 中国地质大学（武汉） |

三价 $Eu^{3+}$ 由于可以在 394nm 和 465nm 左右被激发，所以也有部分专利报道三价铕激活的 LED 红色荧光粉（见表 7.2-23）。

**表 7.2-23　三价铕激活的 LED 红色荧光粉专利**

| 类型 | 专利号 | 技术点 | 专利所属 |
|---|---|---|---|
| 三价铕激活的钛酸盐类荧光粉 | CN101376523<br>CN101775287A | 溶胶凝胶法合成的 $CaTiO_3$：$Eu^{3+}$ | 东华大学 |
| | CN101619211<br>CN101775288A | $Ca_{1-x-y}TiO_3$：$Eu_x^{3+}$、$Sm^{3+}$ $(Y^{3+})_y$ | |
| | CN101619213 | $La_{1-x}TiO_{7/2}$：$x\ Eu^{3+}$ | |
| | CN101864305A | $La_2Ti_2O_7$：$Eu^{3+}$、$Sm^{3+}$ | |
| | CN101824320A | $Ln_xM_2O_7$：$xEu$ | 北京大学 |
| 三价铕激活的钒酸盐类荧光粉 | CN101338195 | Tb 和 Sm 共掺的 $YVO_4$：Eu | 索尼株式会社 |
| | CN101368098 | $YVO_4$：$Eu^{3+}/YPO_4$ 核壳结构纳米荧光粉 | 浙江理工大学 |
| | CN101434411 | $LuVO_4$：$Eu^{3+}$ | 中国科学院长春应用化学研究所 |
| 三价铕激活的钼酸盐以及钨酸盐类荧光粉 | CN101358129 | $NaLa(MoO_4)_2$：$Eu^{3+}$ | 同济大学 |
| | CN101619214 | $LiKGd_{2-x}Eu_x(MoO_4)_4$ | 中国地质大学（武汉） |
| | CN101812296A | $(M_{1-x}Eu_x)_{10}W_2O_{21}$ | 哈尔滨师范大学 |
| | CN101906301A | $aA_2O \cdot bA'O \cdot cSiO_2 \cdot dMoO_3$：$xEu$、$yLn$ | 四川新力光源有限公司 |
| | CN101698798A | $Na_{0.5-y}Li_yGd_{0.5-x}Eu_xMoO_4$ | 中国地质大学（武汉） |
| | CN101343541 | $R_2^1R_{1-x}^2(R^3O_4)(R^4O_4)$：$xEu^{3+}$ | 江苏技术师范学院 |
| | CN101503621 | $AgGd_{1-y}Eu_y(W_{1-x}Mo_x)_2O_8$ | 陕西师范大学 |
| | CN101519589 | $LiEu_{1-x}Y_x(WO_4)_y(MoO_4)_{2-y}$ | 中国地质大学（武汉） |

此外，还有一些关于合成方法的专利（同济大学 CN101514288，聊城大学 CN101864306A）。还有一些其他类型的三价铕激活的荧光粉，如 $(M_{1-x}Eu_x)In_2O_4$（上海交通大学 CN101774634A）。

## 五、氧化物和氟化物荧光粉

由于氧（氟）化物的激发波长往往较短，不适于LED，且其稳定性较差，所以并非研究的热点方向。声称可以用于LED的硫氧化物荧光粉的专利主要有：$Ln_{2(1-x)}Eu_{2x}O_3$［中国地质大学（武汉）CN101619215］，基于氧化锌的$ZnCd_xO_{(1+x)}$：$S_y$荧光粉（上海师范大学CN101555405），$Mn^{4+}$激活的复合氟化物（美国照明有限责任公司CN101646747）。

## 六、其他类型荧光粉

国立大学法人广岛大学·可乐丽璐密奈丝株式会社公开了一种不含激活离子，可被LED激发，发射谱可调的BCNO荧光粉（CN101679861）。中国计量学院公开的蓝光芯片用量子点，发橙光和红光（CN101571242）。福建华映显示科技有限公司·中华映管股份有限公司公开了$(M_{1-x-y}N_xCe_y)_2(CN_2)_3$（CN101735812A）。

## 七、结束语

虽然几年来国内LED荧光粉的专利增长速度有所提高，但是与国外相比，差距依然十分明显。国内的专利以高校申请居多，导致申请的技术往往不能迅速在产业上得到应用，而且由于缺乏器件应用的检验，很多专利荧光粉的发光特性、量子效率，特别是稳定性使其根本不具有在白光LED上应用的价值。国内企业最近开始重视荧光粉的研发工作，专利数量上也具有一定的规模，但是由于缺乏光学理论以及晶体结构解析方面的专业人才，因此研发基本上仍然是对已知结构荧光粉进行改进，自己的原创荧光粉很少。

在严峻的形势下，国内企业以及高等院校必须转变思路，强强联合，将理论研究与实际产品应用有机结合起来。也希望国内相关机构在新的荧光粉领域投入更多的资源，如方兴未艾的硅基氧氮化物荧光粉领域，目标是形成具有我国完全自主知识产权的新型荧光粉核心产品和工艺。

# 中国知识产权局公布的LED封装专利分析报告

余彬海
佛山市国星光电股份有限公司

## 一、检索说明

### （一）数据来源

本次分析数据全部来源于中国知识产权网专利检索中心，通过验证，其数据与中国知识产权局公开的数据一致，网址为http//www.cnipr.com/。

### （二）检索范围

本分析报告数据检索的时间段为2008年7月1日到2010年6月30日；检索专利类型包括：发明、实用新型和外观设计。

### （三）逻辑检索式

本分析报告的逻辑检索式为（（LED or 发光二极管 or 半导体发光）not（灯 or 有机 or 显示屏 or 模块 or 控制器 or 发光棒 or 广告 or 手电））/TI and（2008.07—2010.06）/PD。

因为半导体封装并无具体的IPC（国际分类号），为做到全面检索，所以我们并未在逻辑式中限定IPC，并通过剔除显示屏、控制器、手电等明显与封装无关的一些关键词，来避免过多无用数据出现在检索结果中。



## 二、数据分析

通过对数据的筛选和整理，本分析报告共获得有效封装专利信息1352条，包括封装结构827条、封装部件455条、封装工艺138条、设备48条。

表7.2-24、图7.2-1及图7.2-2显示：2008.07—2010.06我国公开的LED封装专利中，关于封装结构的数量最多，占总量的48%。第二年（2009.07—2010.06）公开的专利数量与第一年（2008.07—2009.06）相比，与封装结构和设备有关的专利数量有所下降，而与封装部件和封装工艺有关的专利公开数量呈上升趋势。尤其是封装部件，增长了约100%。

**表7.2-24　封装专利按类分布数据**

| 封装分类 | 封装结构 | 封装部件 | 封装工艺 | 设备 | 总数 |
|---|---|---|---|---|---|
| 2008.07—2009.06 | 372 | 150 | 61 | 26 | 609 |
| 2009.07—2010.06 | 339 | 305 | 77 | 22 | 743 |
| 总数 | 827 | 455 | 138 | 48 | 1352 |

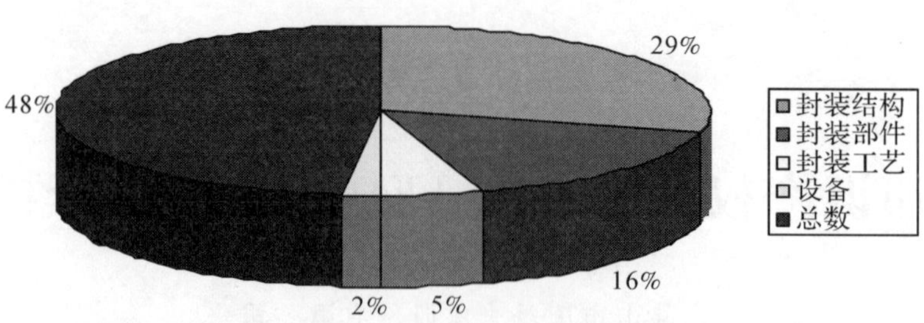


图 7.2-1　封装专利按类分布饼图

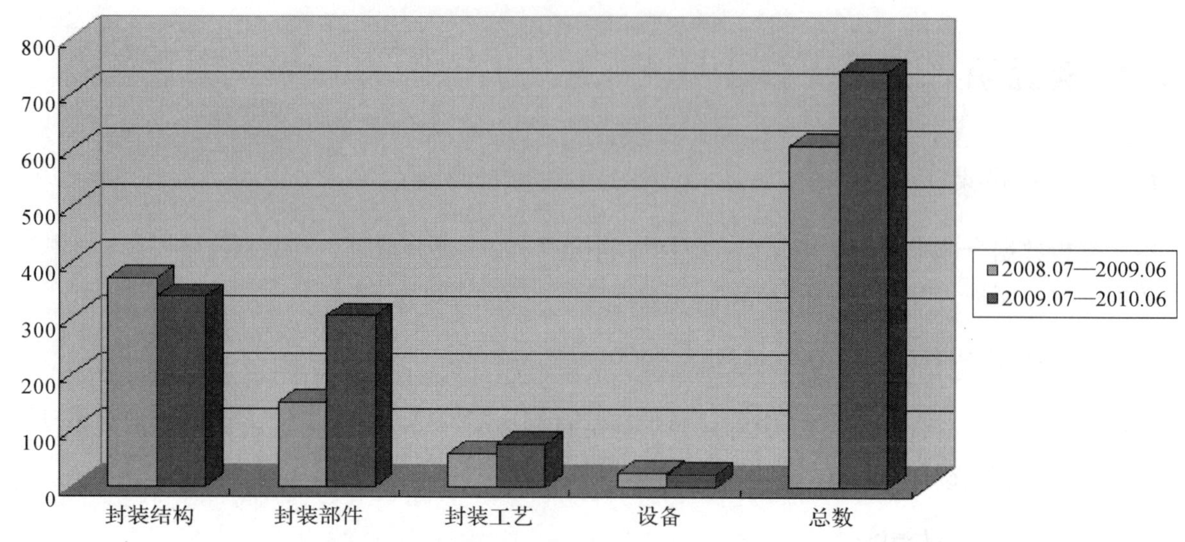


图 7.2-2　封装专利按类公开趋势图



## （一）LED 封装专利详细分类分析

### 1. 封装结构分析

1）根据器件形状和解决问题的不同，将封装结构专利分为白光封装结构（含荧光粉涂布结构）、倒装结构、多芯片封装结构、散热结构、胶体封装结构和新型结构进行统计。各种结构的申请数量、占有比例情况及趋势详见表 7.2-25、图 7.2-3 和图 7.2-4。

**表 7.2-25　封装结构按类分布数据一**

| 封装结构分类一 | 白光封装结构 | 倒装结构 | 多芯片封装结构 | 散热结构 | 新型结构 | 胶体封装结构 | 总数 |
|---|---|---|---|---|---|---|---|
| 2008.07—2009.06 | 53 | 3 | 50 | 75 | 173 | 18 | 372 |
| 2009.07—2010.06 | 60 | 6 | 18 | 85 | 149 | 21 | 339 |
| 总数 | 113 | 9 | 68 | 160 | 322 | 39 | 711 |

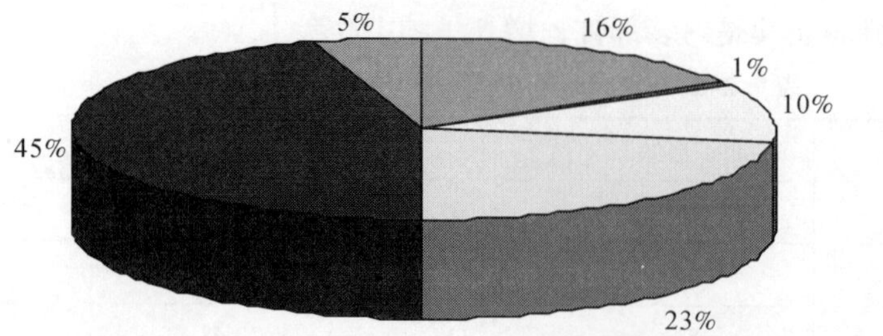


图 7.2-3　封装结构按类分布饼图一

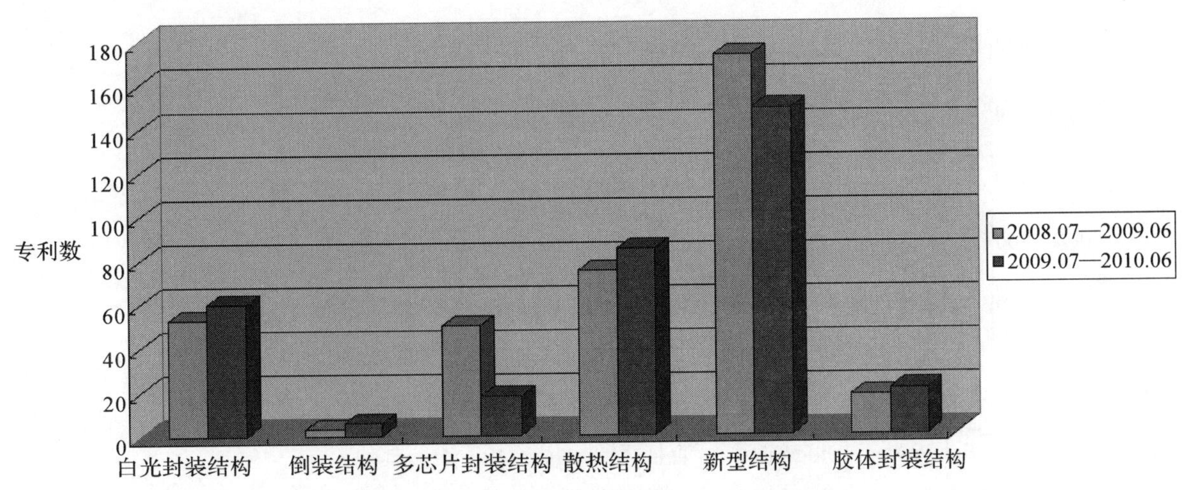


图 7.2-4　各类封装结构专利公开趋势图一

表 7.2-25、图 7.2-3 及图 7.2-4 显示：在 LED 封装的结构功能改进上，以新型结构的封装专利最多，其次是散热结构、白光封装结构和多芯片封装结构；公开趋势是散热结构、白光封装结构、胶体封装结构和倒装结构的专利公开数量都有所上升，新型结构和多芯片封装结构的专利公开数量有所下降。

以上数据表明：散热结构和白光封装结构越来越受到 LED 封装企业的关注。因分类时，我们将基于传统支架（如 TOP、Side View）的改进和与应用产品相结合的器件结构都归在新型结构，这个新型结构公开量呈下降趋势说明基于传统支架（如 TOP、Side View）改进的专利量下降，封装结构基本稳定。

2）根据基座的形状与出光方向不同，将封装结构分为五类进行统计：High Power（大功率管）、Side View（侧发光管）、TOP（顶部出光管）、直插式、其他。各种结构的申请数量、分布比例及发展趋势详见表 7.2-26、图 7.2-5 及图 7.2-6。

表 7.2-26　封装结构按类分布数据二

| 封装结构分类二 | High Power | Side View | 直插式 | TOP | 其他 | 总数 |
|---|---|---|---|---|---|---|
| 2008.07—2009.06 | 84 | 128 | 34 | 22 | 104 | 372 |
| 2009.07—2010.06 | 82 | 27 | 35 | 81 | 114 | 339 |
| 总数 | 166 | 155 | 69 | 103 | 218 | 711 |

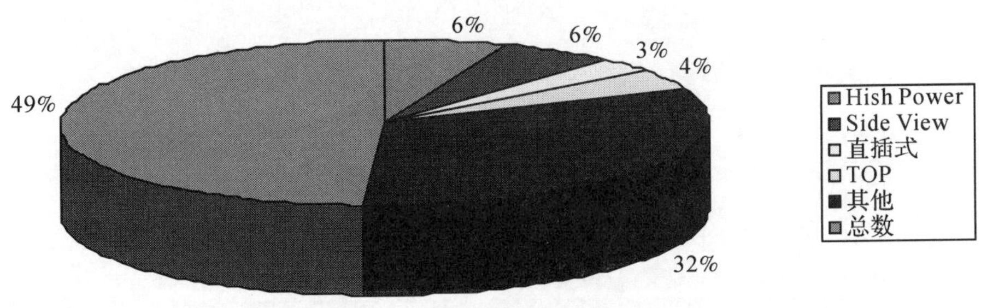


图 7.2-5　封装结构按类分布饼图二

表 7.2-26、图 7.2-5 及图 7.2-6 显示：在 LED 种类中，High Power 的专利公开量最多，占总数的 49%，其次是 Side View 和 TOP；按类专利公开趋势是 TOP 和其他类上升明显，Side View 类下降明显，High Power、直插式基本保持稳定。

以上数据表明：High Power 是中国 LED 封装企业的研发重点，TOP 公开专利申请量的明显攀升与目前 LED 电视背光和户内外大型 LED 显示屏市场热潮有关，其他类的上升表明 LED 基板结构仍在持续不断地改进，而 Side View 的基板改进空间已越来越小。

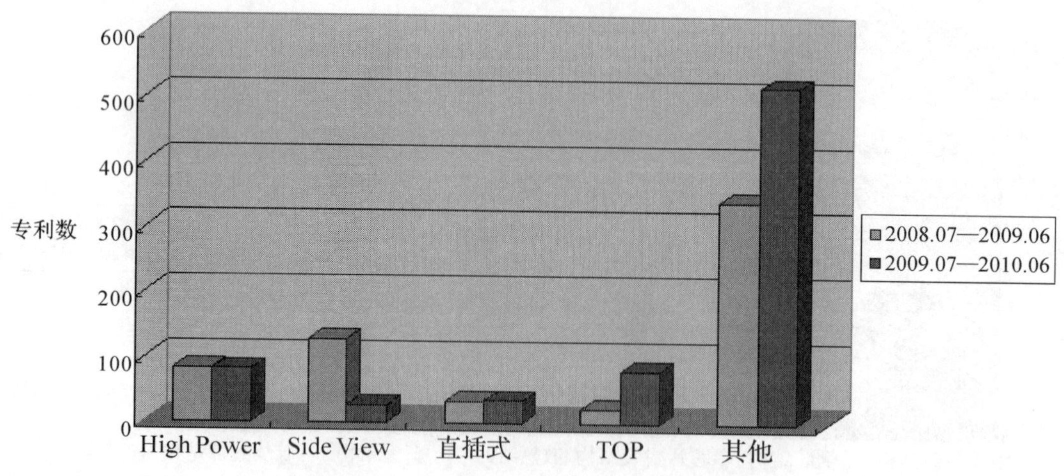


图 7.2-6　各类封装结构专利公开趋势图二

## 2. 封装部件分析

根据封装器件的改进点不同，将封装部件分为 LED 支架、基板、LED 透镜和封装树脂。各种部件的申请数量及分布比例详见表 7.2-27、图 7.2-7 及图 7.2-8。

**表 7.2-27　封装部件分类情况**

| 封装部件分类 | LED 透镜 | LED 支架 | 基板 | 封装树脂 | 总数 |
|---|---|---|---|---|---|
| 2008. 07—2009. 06 | 26 | 83 | 37 | 4 | 150 |
| 2009. 07—2010. 06 | 75 | 163 | 58 | 9 | 305 |
| 总数 | 101 | 246 | 95 | 13 | 455 |




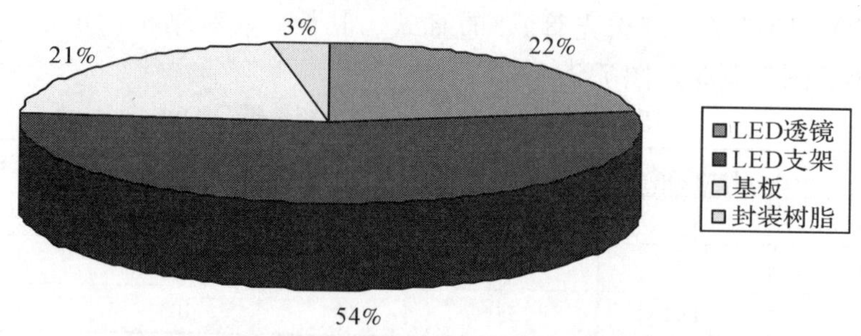


图 7.2-7　封装部件按类分布饼图

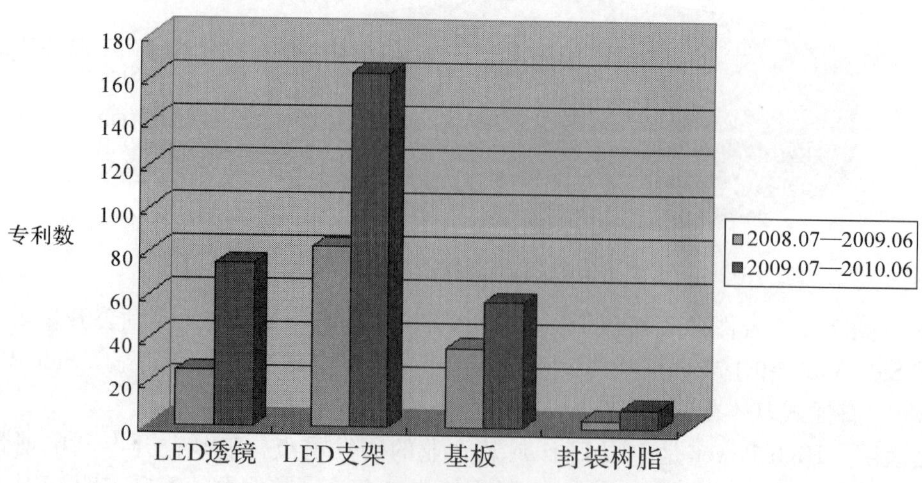


图 7.2-8　各类封装部件公开趋势图

表 7.2-27、图 7.2-7 及图 7.2-8 显示：在封装部件的改进上，对 LED 支架改进的专利公开量最

多，占总数的 54%，其次是 LED 透镜和基板；封装部件的专利公开量总体呈上升趋势。上述数据表明：在 LED 封装方面，各厂商越来越注重对各部件的细微改进，提高器件的整体光效和可靠性。

### 3. 封装工艺分析

根据工艺的不同，将封装工艺分为白光封装工艺、点 Die 工艺、胶体封装工艺、新工艺。各种工艺的申请数量及分布比例详见表 7.2-28、图 7.2-9。

表 7.2-28 封装工艺分类情况

| 封装工艺 | 白光封装工艺 | 点 Die 工艺 | 新工艺 | 胶体封装工艺 | 总数 |
|---|---|---|---|---|---|
| 2008.07—2009.06 | 17 | 7 | 26 | 11 | 61 |
| 2008.06—2009.06 | 25 | 2 | 39 | 11 | 77 |
| 总数 | 42 | 9 | 65 | 22 | 138 |

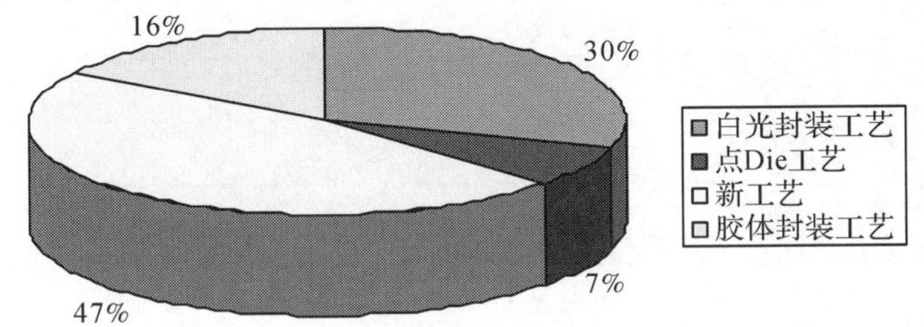


图 7.2-9 封装工艺按类分布饼图

表 7.2-28 及图 7.2-9 显示：在封装工艺方面，以新工艺公开量最多，占总数的 47%，其次是白光封装工艺，占总数的 30%，第三是胶体封装工艺，占总数的 16%。上述数据表面，近两年研究的热点是白光封装及透镜成型；新工艺所占比重较大，主要有两方面来源：

1）部分新型结构采用制造工艺的专利申请保护；

2）改进型基板的加工工艺。

## （二）专利申请人所在地区分布情况分析

### 1. 各地区专利申请情况（见表 7.2-29）

表 7.2-29 各地区在中国公开专利申请情况

| 地区分类 | 中国大陆 | 中国台湾 | 中国香港 | 美国 | 日本 | 韩国 | 德国 | 其他 | 总数 |
|---|---|---|---|---|---|---|---|---|---|
| 2008.07—2009.06 | 344 | 171 | 5 | 14 | 36 | 23 | 2 | 14 | 609 |
| 2009.07—2010.06 | 486 | 154 | 13 | 20 | 33 | 28 | 3 | 6 | 743 |
| 总数 | 830 | 325 | 18 | 34 | 69 | 51 | 5 | 20 | 1352 |

表 7.2-29、图 7.2-10 及图 7.2-11 显示：中国大陆和中国台湾是在中国公开 LED 封装专利最多的地区，分别占总数的 62% 和 24%，其次是日本和韩国，分别占总数的 5% 和 4%，之后是美国，仅占总数的 3%；从趋势来看，中国大陆、韩国、美国、中国香港在国家知识产权局公开的专利都有上

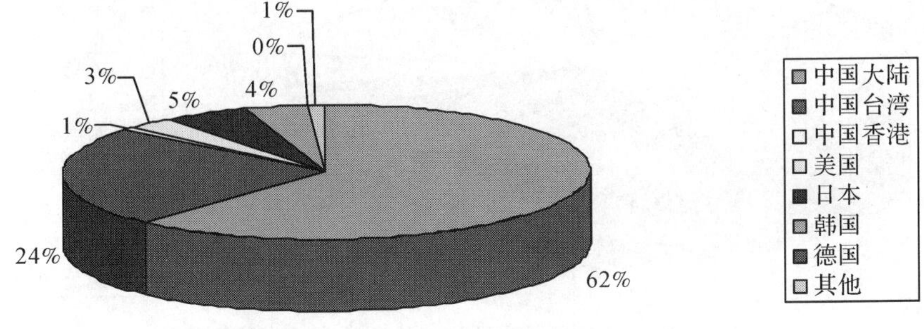


图 7.2-10 各地区在中国公开专利分布饼图

升趋势，其中中国大陆公开量同比增长40%左右。上述数据表明：近两年，国内封装企业越来越注重专利的申请，自主创新能力有所增强；韩国、美国等LED强国也越来越关注中国专利的申请，表明两国LED企业越来越重视中国市场。总体而言，中国台湾LED企业视中国大陆为重要市场，更是中国大陆LED封装企业的强大市场竞争者。

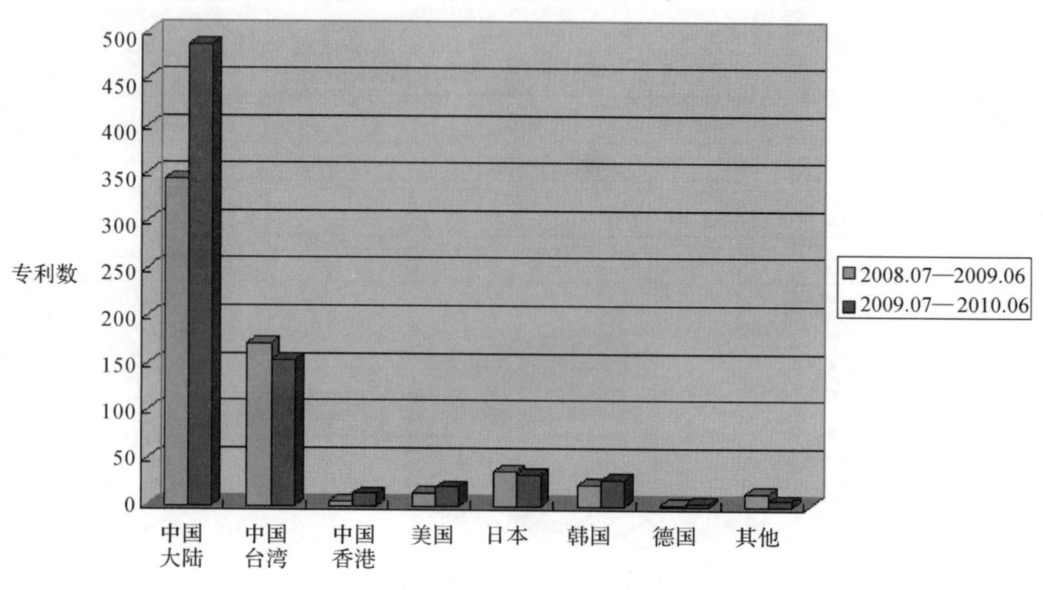


图7.2-11　各地区在中国公开专利趋势图

## 2. 中国台湾




中国台湾主要公司专利申请情况见表7.2-30。

**表7-2-30　中国台湾主要公司专利申请情况**

| 中国台湾公司 | 亿光 | 宏齐 | 一诠精密 | 财团法人 | 东贝 | 光宝 | 其他 | 总计 |
|---|---|---|---|---|---|---|---|---|
| 2008.07—2009.06 | 38 | 18 | 8 | 5 | 5 | 4 | 93 | 171 |
| 2009.07—2010.06 | 23 | 7 | 9 | 5 | 2 | 1 | 107 | 154 |
| 总数 | 61 | 25 | 17 | 10 | 7 | 5 | 154 | 325 |

表7.2-30、图7.2-12及图7.2-13显示：亿光和宏齐公司是在中国大陆公开LED封装专利最多的中国台湾企业，分别占总数的19%和8%，其次是一诠精密工业股份有限公司，占总数的5%；从公开趋势来看，除一诠精密工业股份有限公司外，其他企业在国家知识产权局公开的LED封装专利量都有所下降。上述数据表明：亿光和宏齐公司在中国大陆关于LED封装专利申请的一个高峰期过去，第一轮专利布局基本完成，有可能在开发新的专利点进行下一轮专利布局；一诠精密工业股份有限公司公开的专利关注重点在LED支架改进及新型支架的开发，公开量虽有所上升，但趋势并不明显，意味着支架结构基本成型，创造空间有限。

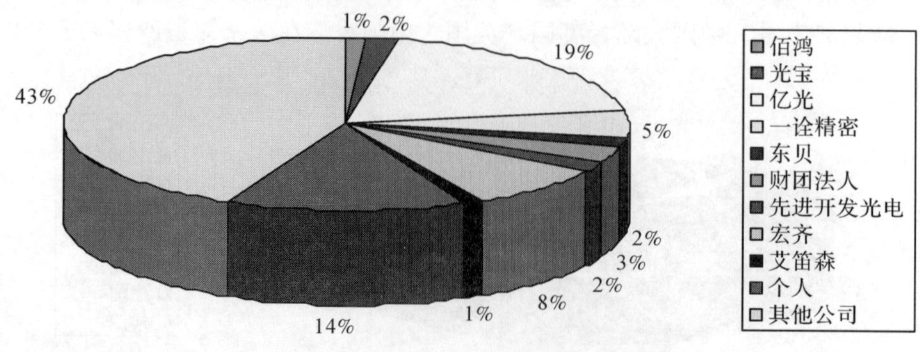


图7.2-12　中国台湾各公司公开专利分布饼图

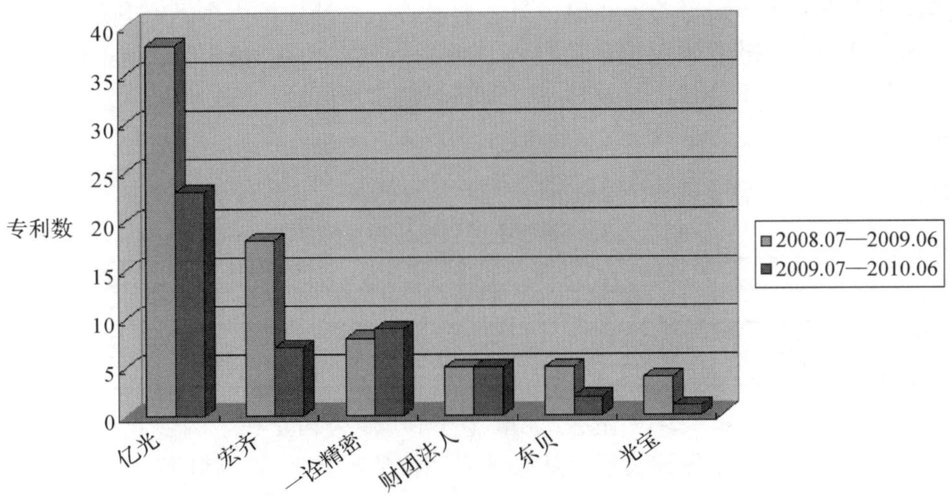


图 7.2-13　中国台湾各公司公开专利趋势图

## 3. 日本

日本主要公司专利申请情况见表 7.2-31。

**表 7.2-31　日本主要公司专利申请情况**

| 日本公司 | 西铁城 | 夏普 | 松下 | 日亚 | 斯坦雷 | 丰田 | 东芝 | 其他 | 总数 |
|---|---|---|---|---|---|---|---|---|---|
| 2008.07—2009.06 | 6 | 8 | 4 | 5 | 2 | 0 | 1 | 10 | 36 |
| 2009.07—2010.06 | 7 | 3 | 2 | 0 | 3 | 3 | 2 | 16 | 33 |
| 总数 | 13 | 11 | 6 | 5 | 5 | 3 | 3 | 26 | 69 |

表 7.2-31、图 7.2-14 及图 7.2-15 显示：西铁城和夏普公司是在中国公开 LED 封装专利最多的日本企业，分别占总数的 18% 和 15%，其次是松下和日亚公司；从公开专利量的趋势来看，日本企业在中国公开的专利量并不多，而且近两年专利公开量总体趋势有所下降。日亚公司是 LED 行业的

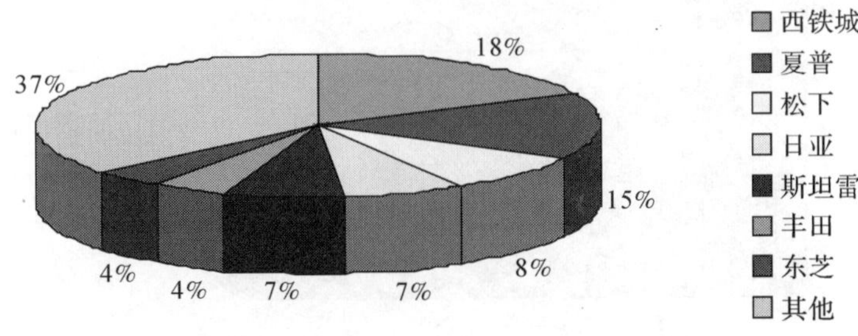


图 7.2-14　日本主要公司专利公开饼图

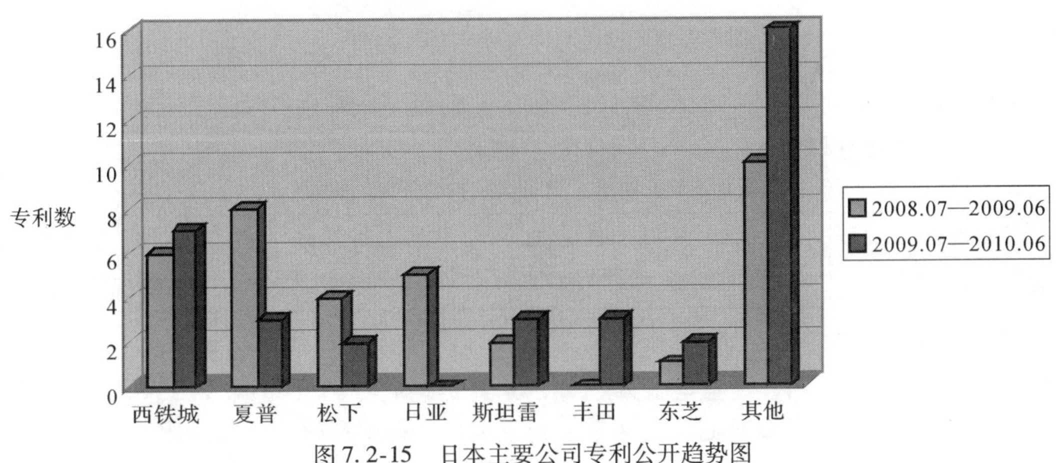


图 7.2-15　日本主要公司专利公开趋势图

龙头企业，然而其中国专利申请量并不突出，且主要以外观设计保护为主。究其原因是中国大陆并非其主要销售市场，且中国大陆专利保护环境还不成熟，故其在中国大陆的专利布局与资金投入也较少。上述数据表明，中国并不是日本封装企业专利布局的重点区域。

### 4. 韩国

韩国主要公司公开专利情况见表7.2-32。

表7.2-32　韩国主要公司公开专利情况

| 韩国公司 | Alti电子 | LG伊诺特 | 三星 | 首尔半导体 | 其他 | 总数 |
|---|---|---|---|---|---|---|
| 2008.07—2009.06 | 5 | 8 | 3 | 2 | 5 | 23 |
| 2009.07—2010.06 | 14 | 4 | 3 | 5 | 2 | 28 |
| 总数 | 19 | 12 | 6 | 7 | 7 | 51 |

表7.2-32、图7.2-16及图7.2-17显示：Alti电子和LG公司是在中国公开LED封装专利最多的韩国企业，其次是三星和首尔半导体公司；从公开专利量的趋势来看，韩国企业在中国公开专利量总体呈上升趋势；通过对专利的具体分析，可以发现韩国企业在中国申请的专利大多涉及Side View等背光专用器件。上述数据表明：中国市场是韩国封装企业关注的重点之一，尤其是LED背光市场，是其未来关注的一个重点。

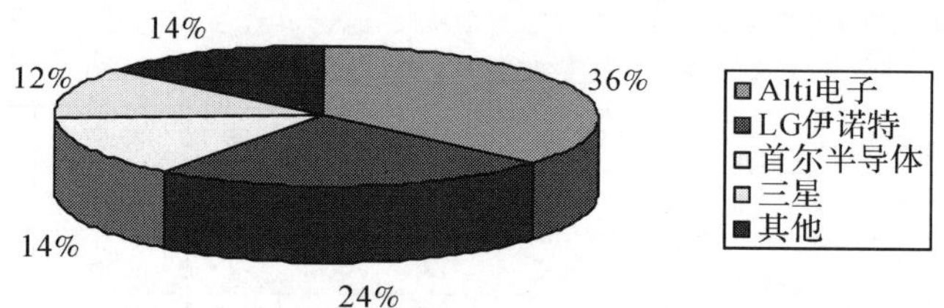


图7.2-16　韩国主要公司公开专利分布饼图





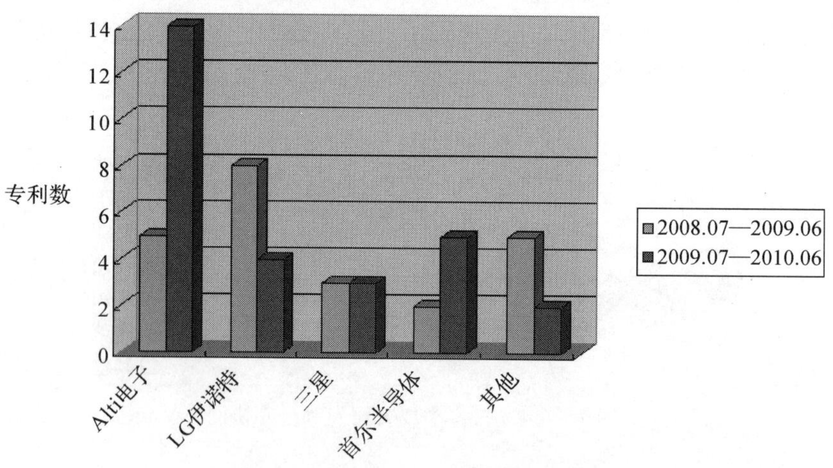


图7.2-17　韩国主要公司专利公开趋势图

### 5. 中国大陆

（1）各类机构公开专利分析

表7.2-33　中国大陆各类机构公开专利情况

| 中国大陆 | 公司 | 个人 | 高校 |
|---|---|---|---|
| 2008.07—2009.06 | 234 | 87 | 13 |
| 2009.07—2010.06 | 369 | 93 | 24 |

表7.2-33、图7.2-18及图7.2-19显示：企业是LED封装专利申请的主力军，占总数的70%，中国大陆各类机构近两年专利公开量呈上升趋势，尤其是企业专利公开量增长趋势明显，同比增长57.6%。上述数据表明：中国LED封装企业越来越重视自主知识产权的开发，成绩喜人。

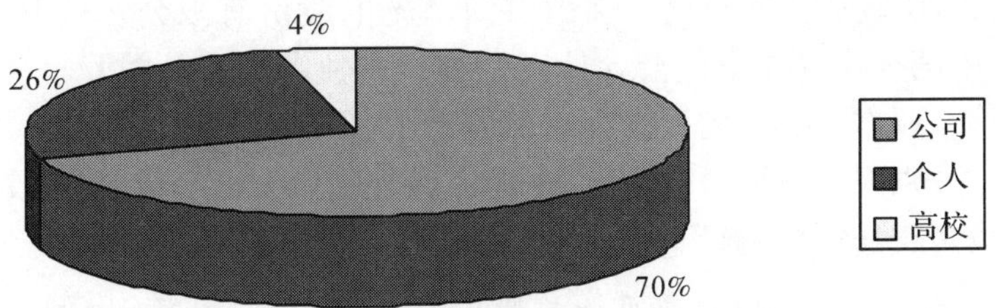


图 7.2-18　中国大陆各类机构公开专利分布饼图

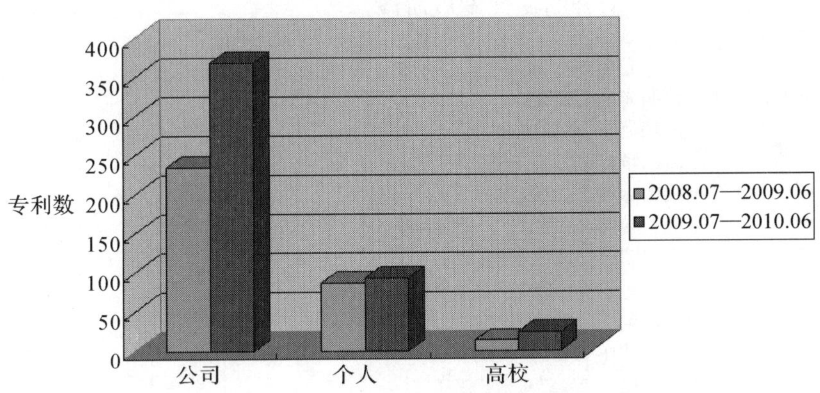


图 7.2-19　中国大陆各类机构公开专利趋势图

（2）主要企业公开专利分析

**表 7.2-34　中国大陆主要 LED 封装企业公开专利情况**

| 公司 | 专利数 | | 总数 |
|---|---|---|---|
| | 2008.07—2009.06 | 2009.07—2010.06 | |
| 佛山市国星光电股份有限公司 | 23 | 11 | 34 |
| 富准精密工业（深圳）有限公司，鸿准精密工业股份有限公司 | 2 | 27 | 29 |
| 东莞市宏磊达电子塑胶有限公司 | 9 | 7 | 16 |
| 广州市鸿利光电子有限公司 | 13 | 0 | 13 |
| 深圳市九洲光电子有限公司 | 6 | 7 | 13 |
| 深圳市聚飞光电股份有限公司 | 4 | 9 | 13 |
| 深圳市龙岗区横岗光台电子厂今台电子股份有限公司 | 9 | 3 | 12 |
| 博罗冲压精密工业有限公司，冲压精密工业股份有限公司 | 2 | 9 | 11 |
| 旭丽电子（广州）有限公司，光宝科技股份有限公司 | 2 | 9 | 11 |
| 和谐光电科技（泉州）有限公司 | 10 | 0 | 11 |
| 广东昭信光电科技有限公司 | 6 | 3 | 9 |
| 富士迈半导体精密工业（上海）有限公司，沛鑫半导体工业股份有限公司 | 5 | 2 | 7 |
| 鹤山丽得电子实业有限公司 | 7 | 0 | 7 |
| 山东华光光电子有限公司 | 5 | 3 | 8 |
| 深圳市瑞丰光电子有限公司 | 5 | 2 | 7 |
| 中外合资江苏稳润光电有限公司 | 0 | 5 | 5 |
| 深圳市量子光电子有限公司 | 4 | 0 | 4 |
| 其他 | 232 | 389 | 621 |
| 总数 | 344 | 486 | 830 |

表7.2-34及图7.2-20显示：近两年，佛山市国星光电股份有限公司公开的LED封装专利量最多，为34件，在所有中国企业（不含港澳台地区企业）中独占鳌头；撇开一些外资主导企业，接下来公开量比较多的本土企业有东莞市宏磊达电子塑胶有限公司、广州市鸿利光电子有限公司、深圳市九洲光电子有限公司，分别有16件、13件和13件；另外，广东昭信光电科技有限公司近两年专利申请势头迅猛，公开数量跃居鹤山丽得电子实业有限公司、宁波安迪公司之上。以上数据表明：国内LED封装行业专利龙头优势逐步形成，有强者更强的发展趋势；同时，也涌现了像广东昭信光电科技有限公司、深圳市聚飞光电股份有限公司等知识产权新兴企业，专利公开量后来居上，跃居前列；国内整个LED封装行业处于一种上升的良性发展阶段。

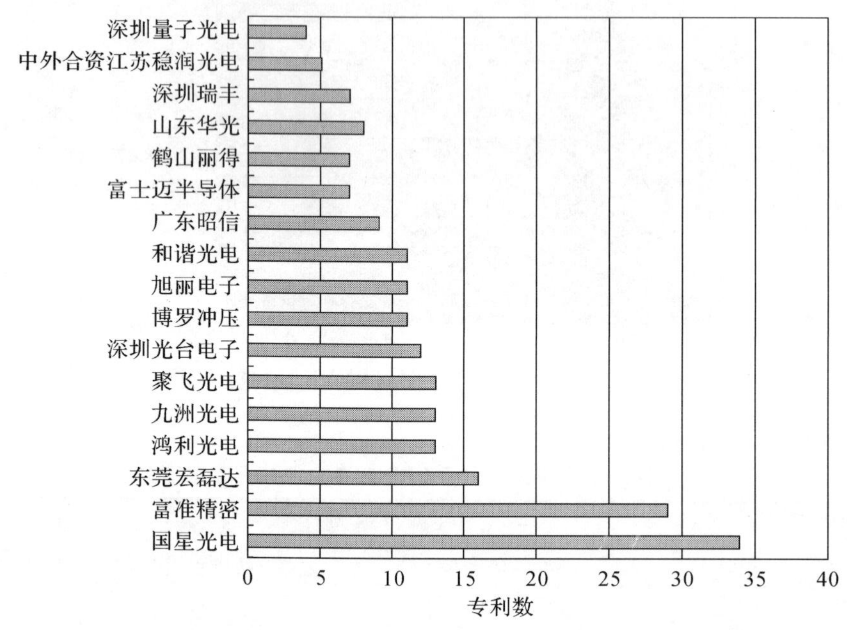


图7.2-20　中国大陆主要LED封装企业（简称）公开专利饼图

## 三、总结

通过对中国知识产权局公开的LED封装专利检索分析发现：

1）从各地区、各企业LED封装专利公开情况来看，中国大陆、韩国、美国、中国香港公开LED封装专利数量总体呈上升趋势，表明这些地区越来越关注中国LED封装市场，韩国、美国的一些LED企业对中国市场的冲击有加大趋势。而日本和欧洲的一些企业，近年来对中国进行LED封装专利布局的力度较弱，这可能是由于日本企业更多关注的是芯片方面，而欧洲企业更多关注的是LED应用产品。

2）从国内企业LED封装专利公开情况来看，中国大陆LED封装企业近两年专利公开量增长趋势明显，同比增长57.6%；同时涌现出了国星光电、广州鸿利、深圳九洲光、广东昭信等一批知识产权优势企业，行业专利龙头优势逐步形成，有强者更强的发展趋势。专利数据表明：国内LED封装行业正处于一种上升的良性发展阶段。

3）从封装的技术层面来看，过去两年，中国公开的专利所关注的热点结构为散热结构、High Power结构、白光封装结构及TOP结构；关注的热点工艺是白光封装工艺，关注的重点部件是LED支架和基板。通过对这些专利分类的交叉分析，我们发现，中国公开的专利，研究最多的还是High Power，包括大功率的白光封装、大功率的散热结构、大功率的基板结构及制造。另外，一种多芯片的大功率封装结构也逐渐兴起，近两年公开的多芯片封装结构专利亦有70余件，这种技术很有可能是未来功率LED封装的重点形式。

# 美国专利局公布的LED封装专利分析报告

余彬海
佛山市国星光电股份有限公司

## 一、查找说明

### （一）数据来源

为保证数据的准确与可信赖度，本次分析数据全部来源于美国专利商标局专利申请公开数据库，网址为 http：//appft. uspto. gov/netahtml/PTO/search-adv. html。

### （二）检索时间范围

本分析报告数据检索的时间段为2008年7月1日到2010年6月30日。

### （三）逻辑检索式

本分析报告的逻辑检索式为 TTL/（（LED or“light emitting diode”or“light emitting device”or“semiconductor light”）and not（liquid or system $ or driver or len or optical or control or circuit or organic or lamp $ or tube or strip））and PD/（7/1/2008- >6/30/2010）and not abst/（nitride or gallium or p-type or n-type）。

因为半导体封装并无具体的IPC（国际分类号），为做到全面检索，所以我们并未在逻辑式中限定IPC，并通过剔除tube、organic、control等明显与封装无关的一些关键词，来避免过多无用数据出现在检索结果中。

## 二、数据分析

通过对数据的筛选和整理，本分析报告共获得LED封装领域的公开专利共769件，包括封装结构580件、封装部件141件、封装工艺44件、设备4件，如图7. 2-21所示。

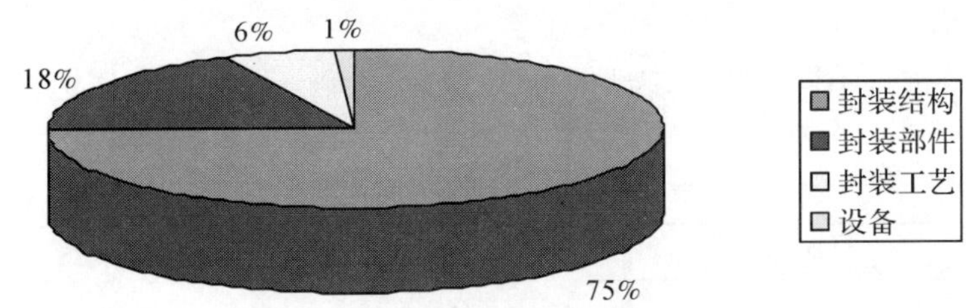


图7. 2-21　封装专利按类分布饼图

### （一）LED封装专利详细分类分析

**1. 封装结构分析**

1）根据器件形状和解决问题的不同，将封装结构专利分为白光封装结构（含荧光粉涂布结构）、倒装结构、多芯片封装结构、散热结构、胶体封装结构和新型结构进行统计。各种结构的申请数量及占有比例情况详见表 7. 2-35 和图 7. 2-22。

**表 7. 2-35　封装结构分类情况一**

| 白光封装结构 | 倒装结构 | 多芯片封装结构 | 散热结构 | 胶体封装结构 | 新型结构 | 合计 |
|---|---|---|---|---|---|---|
| 138 | 11 | 72 | 69 | 35 | 255 | 580 |

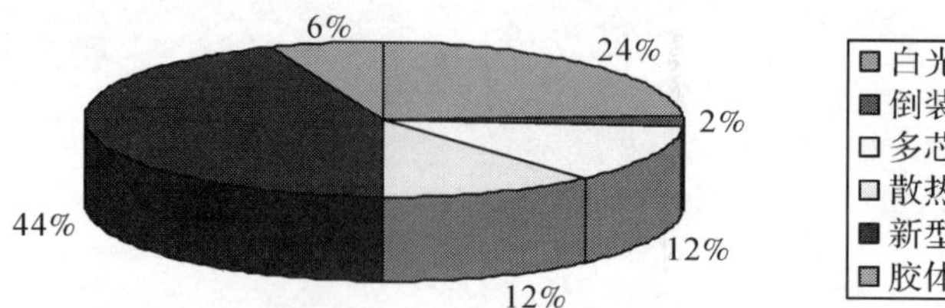


图 7. 2-22　封装结构分类一分布饼图

表 7. 2-35 及图 7. 2-22 显示：新型结构在美国公开的 LED 封装专利中所占比例最大，为 44%；其次是白光封装结构，占 24%；多芯片封装结构和散热结构都占 12%。这里的新型结构除了包含一些针对应用产品开发的新的器件结构之外，还包含了一些在传统支架上的出光结构改进，所以所占比重颇大。由此可以看出，白光封装结构是近两年来 LED 行业研究的一个重点领域，而多芯片封装结构是一个新的封装趋势。

2）根据不同产品类型，将封装结构分为五类进行统计：High Power（大功率管）、Side View（侧发光管）、TOP（顶部出光管）、直插式、其他，各种结构的申请数量及分布比例详见表 7. 2-36 及图 7. 2-23。

**表 7. 2-36　封装结构分类情况二**

| High Power | Side View | 直插式 | TOP | 其他 | 合计 |
|---|---|---|---|---|---|
| 48 | 34 | 26 | 158 | 314 | 580 |

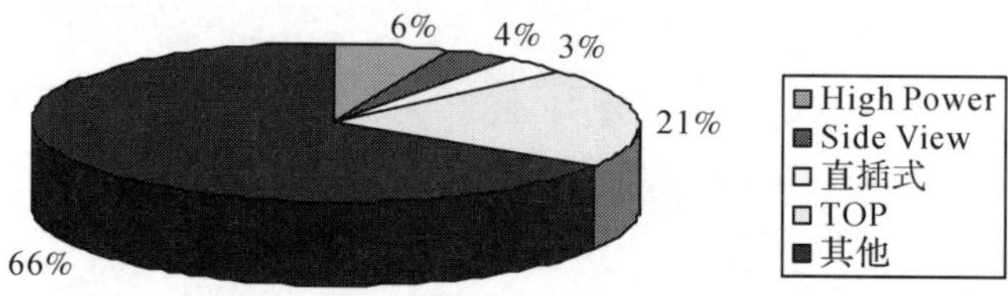


图 7. 2-23　封装结构分类二分布饼图

表 7. 2-36 及图 7. 2-23 显示：其他结构的专利所占比重最大，为 66%；其次是 TOP 形式的封装专利，占 21%；然后是 High Power 封装专利，占 6%。由此可以看出，近两年，在基座结构上的研发重点在于对 TOP 支架形式的改进，而开发大功率 LED 新型支架已然兴起，并初具规模。

## 2. 封装部件分析

根据封装器件的改进点不同，将封装部件分为 LED 支架、基板、LED 透镜和封装树脂，各种部件的申请数量及分布比例详见表 7. 2-37 及图 7. 2-24。

**表 7. 2-37　封装部件分类情况**

| LED 透镜 | LED 支架 | 基板 | 封装树脂 | 合计 |
|---|---|---|---|---|
| 33 | 53 | 46 | 9 | 141 |

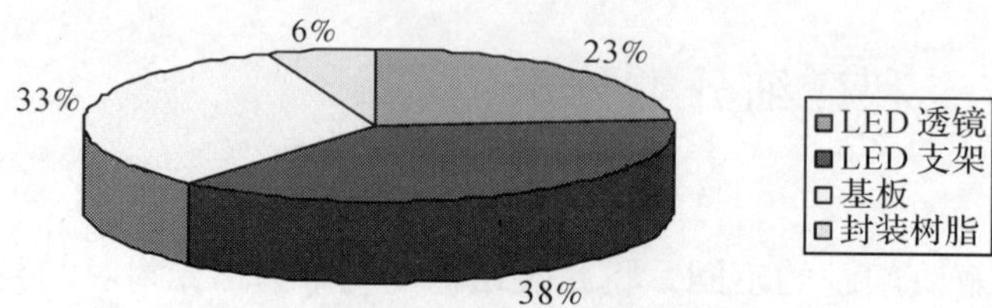


图 7. 2-24　封装部件分类饼图

表7.2-37和图7.2-24显示：LED支架所占比重最大，为38%；其次是基板，占33%；LED透镜占23%。由此可以看出，在封装部件的改进方面，LED封装的基座结构（含LED支架和基板）是近两年封装领域最为关注的开发点。

### 3. 封装工艺分析

根据工艺的不同，将封装工艺分为白光封装工艺、点Die工艺、荧光粉涂敷工艺、新工艺，各种工艺的申请数量及分布比例详见表7.2-38及图7.2-25。

表7.2-38和图7.2-25显示：新工艺所占比例最大，为43%；其次是白光封装工艺和荧光粉涂敷工艺分别为34%和18%。由此可以看出，在工艺开发方面，与白光封装有关的工艺（含白光封装工艺和荧光粉涂敷工艺）是这两年关注的重点。

**表7.2-38 封装工艺分类情况统计表**

| 白光封装工艺 | 点Die工艺 | 荧光粉涂敷工艺 | 新工艺 | 合计 |
|---|---|---|---|---|
| 15 | 2 | 8 | 19 | 44 |

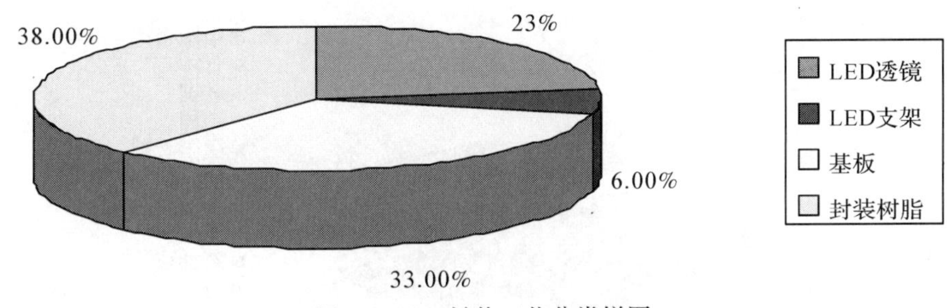


图7.2-25 封装工艺分类饼图

## （二）各企业专利申请情况分析

表7.2-39显示：在美国公开封装专利数量最多的是韩国三星公司和韩国首尔半导体公司，分别是61件和36件；其次是中国台湾的富士康公司、美国科锐公司和荷兰飞利浦公司（含lumileds公司的7件），分别为24、18、17件，接下来是日本的日亚、罗姆、夏普、西铁城等公司。

**表7.2-39 企业在美国公开LED封装专利数量排名情况**

| 名次 | 公司名称及申请人所在地区 | 数量 |
|---|---|---|
| 1 | SAMSUNG ELECTO-MECHANICS CO., LTD.; KR | 61 |
| 2 | SEOUL SEMICONDUCTOR CO., LTD.; KR | 36 |
| 3 | FOXCONN TECHNOLOGY CO., LTD.; China TW | 24 |
| 4 | Cree LED Lighting Solutions, Inc.; US | 18 |
| 5 | PHILIPS LUMILEDS LIGHTING COMPANY, LLC; US<br>KONINKLIJKE PHILIPS ELECTRONICS, N. V.; EINDHOVEN; NL | 17 |
| 6 | NICHIA CORPORATION.; JP | 16 |
| 7 | ROHM CO., LTD.; JP | 15 |
| 8 | SHARP KABUSHIKI KAISHA.; JP | 15 |
| 9 | CITIZEN ELECTRONICS CO., LTD.; JP | 13 |
| 10 | Industrial Technology Research Institute.; China TW | 12 |
| 11 | EVERLIGHT ELECTRONICS CO., LTD.; China TW | 11 |
| 12 | TOYODA GOESEI CO., LTD.; JP | 11 |
| 13 | ADVANCED ANALOG TECHNOLOGY, INC.; China TW | 10 |
| 14 | KABUSHIKI KAISHA TOSHIBA; JP | 9 |
| 15 | SONY CORPORATION; JP | 5 |
| 16 | Unity Opto Technology Co., Ltd. US | 4 |
| 17 | Avago Technologies ECBU IP (Singapore) Pte. Ltd. | 4 |

由此可以看出：韩国三星公司近两年加大了封装专利在美国的布局力度，其器件结构在美国市场将具有越来越强的竞争力；富士康公司专利申请势头迅猛，下一步很有可能会在美国大力推广它的产品，提高市场占有率。

### （三）专利申请地区分布情况分析

表7.2-40和图7.2-26显示：近两年在美国申请封装专利最多的地区是中国台湾，为254件，占总比的33.0%；其次是日本、韩国和美国，分别占总比的27.4%、18.7%和13.9%；接下来是中国大陆，申请公开量为14件，仅占总比的1.8%。由此可以看出，中国大陆在美国申请LED封装专利的数量十分有限，中国大陆的封装企业要想在美国取得知识产权竞争优势还有较长的路要走。

**表7.2-40 各地区在美国公开LED封装专利数量情况**

| 中国台湾 | 日本 | 韩国 | 美国 | 中国大陆 | 马来西亚 | 新西兰 | 荷兰 | 德国 | 新加坡 | 其他 |
|---|---|---|---|---|---|---|---|---|---|---|
| 254 | 211 | 144 | 107 | 14 | 12 | 6 | 5 | 5 | 3 | 8 |

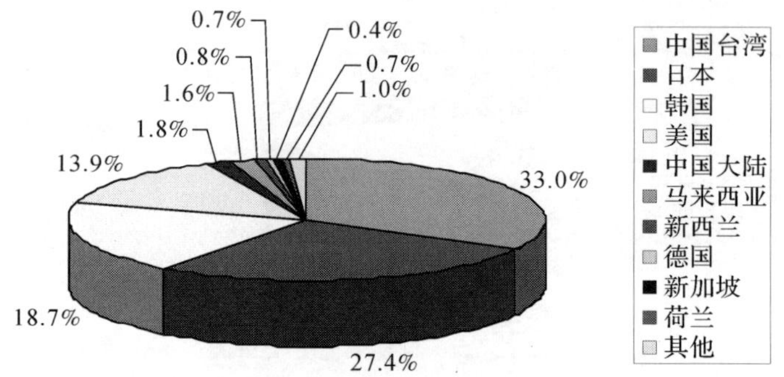


图7.2-26 各地区在美国公开LED封装专利数量分布饼图




## 三、总结

通过这次对美国专利商标局公开的LED封装专利检索分析发现：

1）从各地区、各企业专利申请公开情况来看，日本、韩国、美国的企业仍在专利申请方面具有数量上的优势；新兴的申请地区有中国台湾、中国大陆、马来西亚等。值得关注的是中国台湾近两年在美国申请的LED封装专利数量占各地区之首，但中国大陆在美国申请的封装专利仍十分有限，申请量前17家单位更无一家中国大陆企业。

2）从封装的技术层面来看，过去两年，企业关注较多的封装结构是白光封装结构，关注较多的封装形式是PLCC型TOP支架形式的改进，关注较多的工艺为白光封装工艺；而近两年也兴起了多芯片封装结构、功率LED的新型基板结构、与应用产品相结合的新型封装结构，这些正是封装企业未来发展的一些重点方面。

# 应用专利最新进展

郭伟玲
北京工业大学

本文对2005—2010年的LED应用领域相关的国内外专利进行了查询，主要查询领域包括LED路灯、背光源、室内照明及其他应用，并针对专利在国内外的分布状况进行了简要分析。

## 一、LED路灯

### （一）国内

#### 1. 检索说明

（1）数据库

本次检索是对2005年至今在中国公开的关于LED路灯技术方面的专利检索。检索的数据库是中华人民共和国国家知识产权局，范围包括中国大陆、中国台湾地区以及外国企业及个人在中国大陆申请的专利。

（2）检索方法

本次检索使用的方法主要是标题含“路灯”、摘要含“LED or 发光二极管”。共检索并整理出发明专利、新型实用专利以及外观设计专利1434个。

#### 2. 专利分析

2005—2010年在国内申请的关于LED路灯的专利分类统计和分析见表7.2-41和图7.2-27。

表7.2-41　2005—2010年在国内申请的关于LED路灯的专利分类统计

| 时间/年 | 发明专利 | 实用新型专利 | 外观设计专利 | 总计 |
|---|---|---|---|---|
| 2005 | 0 | 14 | 0 | 14 |
| 2006 | 13 | 46 | 1 | 60 |
| 2007 | 66 | 117 | 4 | 187 |
| 2008 | 95 | 237 | 3 | 335 |
| 2009 | 109 | 435 | 98 | 642 |
| 2010 | 70 | 74 | 52 | 196 |
| 总计 | 353 | 923 | 158 | 1434 |

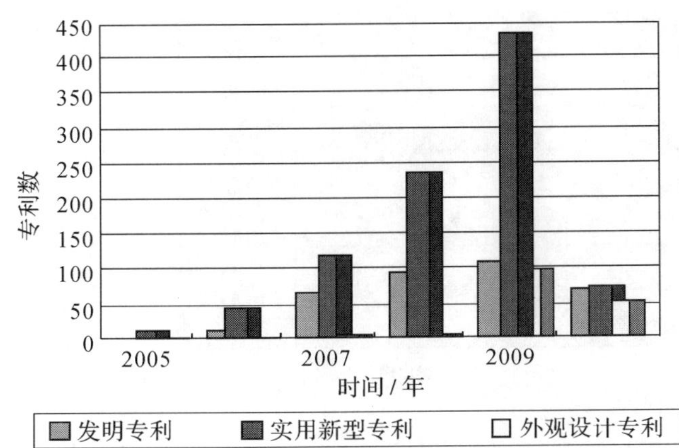


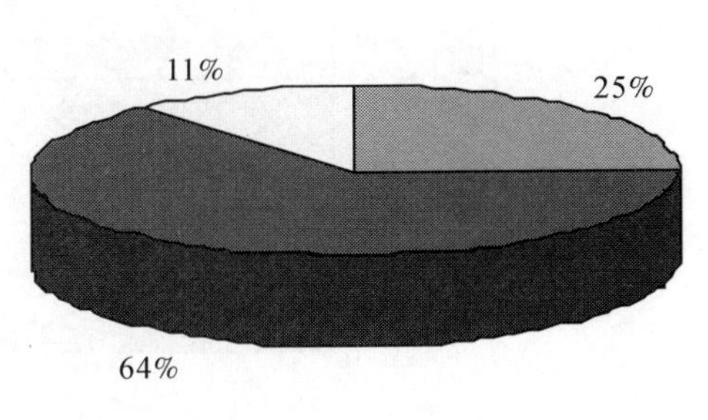


图7.2-27　2005—2010年国内LED路灯专利分析

由表 7. 2-41 和图 7. 2-27 分析可知，2005—2010 年在国内公开的关于 LED 路灯的专利总数为 1434 个。其中实用新型专利的数量最多，占总数的 64%，其次是发明专利，占 25%，外观设计专利占 11%。2005—2009 年，在国内公开的 LED 路灯专利是逐年增加的，从 2005 年的 14 个增加到 2009 年的 642 个。从 2010 年 1 月至今，公开的专利数量不多，主要原因可能是因为时间较短，很多专利还没有公开。

对 2010 年申请的关于 LED 路灯的发明专利分析发现，专利的内容主要分为三种：

1）散热设计。散热设计包括散热器的形状和大小、散热器与 LED 光源的结合方式。散热器的设计，首先要求散热性能好，其次要求美观，还要考虑到灰尘对散热效果的影响以及安装方便。

2）二次配光。对于 LED 光源，一次光学系统以提高出光率为设计目标，而二次光学系统则是根据相应的应用，对配光进行设计。由于 LED 的发光角度窄、眩光，作为路灯的光源时，必须进行二次光学设计，其设计目的包括两点：最大的能量利用率和在目标道路上形成特定的照度分布。对于路灯而言，道路上一般希望得到长方形、照度均匀的配光方式，形成蝙蝠翼状配光曲线。实现的方式主要包括透镜的设计、LED 分布和安装角度的设计、反光罩的设计。

3）驱动电源设计。驱动电路的品质直接决定了 LED 路灯的性能。由于路灯在室外使用，环境恶劣，对于电子元器件提出了很高的要求。LED 所要求的是恒流驱动，与一般电器使用恒压方式不同。确保驱动的可靠性，除了元器件的选择外，还有一点就是提高驱动器的效率。效率越高，驱动自身消耗的功率就越少，发热量就会降低，这就增加了驱动电源的可靠性和使用寿命。

## （二）国外

### 1. 检索说明

（1）数据库

本次检索是在 2005 年至今在 Derwent Innovations Index［德温特，收录来自全球 40 多个专利机构（涵盖 100 多个国家或地区）的一千多万条基本发明专利］专利信息数据库公开的关于 LED 路灯技术方面的专利检索。

（2）检索词

本次检索主要是在标题中限定“street lamp or street light”，在主题词中限定“LED or light emitting diode”。

### 2. 专利分析

国外 2005—2010 年公开的 LED 路灯相关专利统计和分析见表 7. 2-42 和图 7. 2-28。

表 7. 2-42　国外 2005—2010 年公开的 LED 路灯相关专利统计

| 时间/年 | 2005 | 2006 | 2007 | 2008 | 2009 | 2010 |
|---|---|---|---|---|---|---|
| 专利数 | 14 | 19 | 30 | 276 | 598 | 677 |

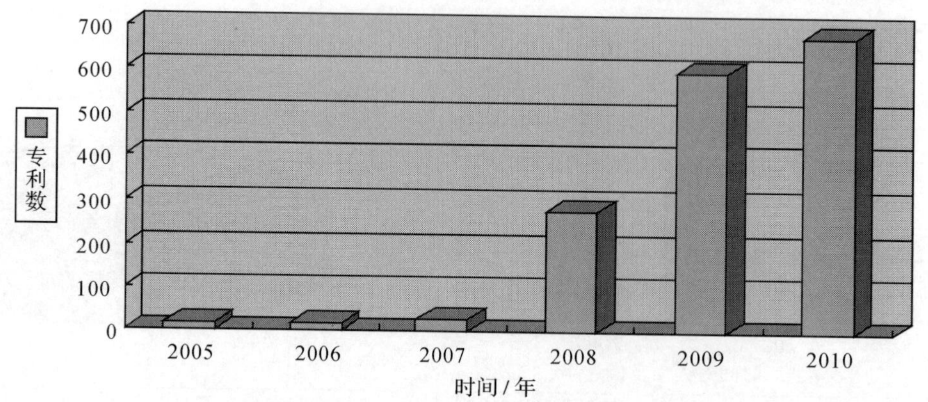


图 7. 2-28　2005—2010 年国外关于 LED 路灯专利分析

由表 7. 2-42 和图 7. 2-28 可见，2005—2010 年，关于 LED 路灯的专利是逐年增加的，从 2005 年的 14 个增加到 2010 年的 677 个。

小结：通过对在国内公开的 LED 路灯以及国外关于 LED 路灯的专利分析发现，LED 在路灯方面的应用发展迅速。从 2005 年开始，由于世界范围内 LED 的技术水平有限，LED 的光效和可靠性还达不到路灯的使用要求，在路灯上的应用也属于试验阶段，因此申请的专利很少。到了 2008 年，随着大功率 LED 光效的提高，再加上 LED 节能、环保、寿命长等优点，大功率 LED 在路灯上的应用也开始增多，关于 LED 路灯的专利也开始迅速增加。但是，LED 路灯还存在着许多有待解决的问题，包括散热问题、二次配光问题、驱动电源的问题等，这需要工程师们不断地摸索和总结。一个国家专利公开数量的多少，代表了本国在这个领域的研究成果和知识产权保护意识。从 2005 年至今，我国关于 LED 路灯的专利公开数有了很大的提高，说明我国 LED 路灯生产厂家的研发能力逐年增强，知识产权保护意识增强。

## 二、背光源

### （一）国内

#### 1. 检索说明

（1）数据库

本次查找是对在 2005 年至今在中国公开的关于 LED 背光源技术方面的专利检索。查找的主要数据库是中华人民共和国国家知识产权局，范围包括中国大陆、中国台湾地区以及外国企业及个人在中国大陆申请的专利。

（2）检索方法

本次查找使用的算法主要是标题含“背光”、摘要含“LED or 发光二极管 not 有机”。共查找并整理出发明专利、新型实用专利以及外观专利 1726 个。

#### 2. 专利分析

主要地区在 2005—2010 年在中国公开的专利统计见表 7. 2-43，2005—2010 年在国内申请的关于 LED 背光的专利分类统计见表 7. 2-44。

**表 7. 2-43　主要地区在 2005—2010 年在中国公开的 LED 背光相关专利统计**

| 地区<br>时间/年 | 中国大陆 | 中国台湾 | 日本 | 韩国 | 欧美 | 总数 |
|---|---|---|---|---|---|---|
| 2005—2006 | 101 | 70 | 36 | 64 | 6 | 277 |
| 2006—2007 | 134 | 88 | 39 | 73 | 10 | 344 |
| 2007—2008 | 203 | 81 | 36 | 45 | 12 | 377 |
| 2008—2009 | 293 | 54 | 19 | 34 | 6 | 409 |
| 2009—2010 | 210 | 25 | 6 | 15 | 0 | 256 |
| 2010 至今 | 50 | 9 | 3 | 1 | 0 | 63 |
| 总数 | 991 | 327 | 139 | 232 | 34 | 1726 |

由图 7. 2-29 可知：中国大陆和中国台湾从 2005 至今在中国大陆公开的关于 LED 背光源的专利数是最多的，分别占总数的 57. 2% 和 19%，其次是韩国和日本；2008—2009 年在中国大陆公开的关于 LED 背光源专利，中国大陆占主要部分，而中国台湾、日本和韩国在中国大陆公开的专利在 2006—2008 年最多，欧美国家（主要是美国）在中国大陆公开的专利则较少。2009 年以后所有国家的专利数有所下降。由表 7. 2-44 分析可知，关于 LED 背光源的发明专利在 2005—2007 年所占的比例比较大，近两年有所下降，说明 LED 背光源技术趋于成熟。

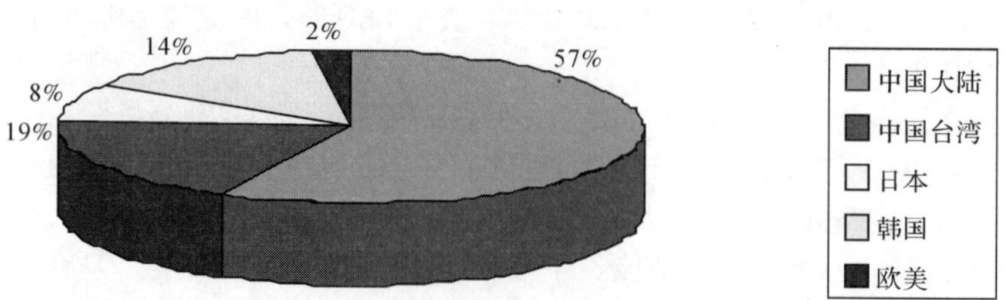


图 7. 2-29　主要地区在 2005—2010 年在中国公开的专利比例图

**表 7. 2-44　2005—2010 年在国内申请的关于 LED 背光的专利分类统计**

| 时间/年 | 发明专利 | 实用新型专利 | 外观设计专利 | 总计 |
|---|---|---|---|---|
| 2005 | 220 | 57 | 0 | 277 |
| 2006 | 267 | 77 | 0 | 344 |
| 2007 | 271 | 106 | 0 | 377 |
| 2008 | 235 | 171 | 3 | 409 |
| 2009 | 126 | 128 | 2 | 256 |
| 2010 | 38 | 23 | 2 | 63 |
| 总计 | 1157 | 562 | 7 | 1726 |

由表 7. 2-45 和图 7. 2-30 分析可知，中国大陆以外的地区在中国大陆公开的专利都以发明专利为主，2005 年至今公开的发明专利和新型实用专利分别为 67% 和 23%；发明专利中也是中国大陆和中国台湾最多，分别为 28. 5% 和 15. 1%，韩国和日本仅次于中国台湾，而欧美国家（主要是美国）也是比较少的。在中国大陆公开的新型实用专利中，绝大部分来自中国大陆，中国台湾只占很小一部分，而其他地区则没有新型实用专利和外观专利。



**表 7. 2-45　主要地区在 2005—2010 年在中国大陆公开的关于 LED 背光源专利分类统计**

| 类型＼地区 | 中国大陆 | 中国台湾 | 日本 | 韩国 | 欧美 | 总数 |
|---|---|---|---|---|---|---|
| 发明专利 | 492 | 260 | 139 | 232 | 34 | 1157 |
| 新型实用专利 | 495 | 67 | 0 | 0 | 0 | 562 |
| 外观专利 | 4 | 0 | 0 | 0 | 0 | 4 |
| 总数 | 991 | 327 | 139 | 232 | 34 | 1723 |

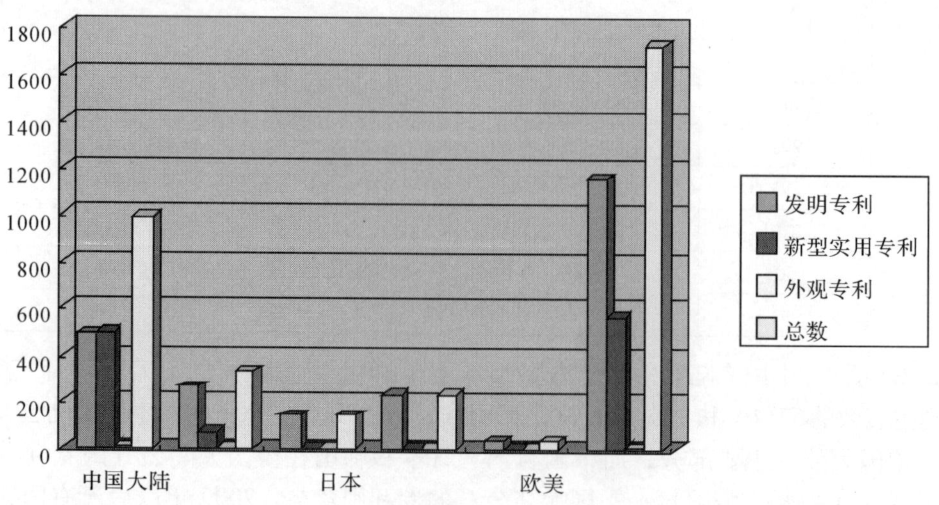


图 7. 2-30　2005—2010 年主要地区在中国大陆公开的关于 LED 背光源专利统计比较

## （二）国外

### 检索说明

（1）数据库

本次检索是2005年至今在Derwent Innovations Index（德温特）专利信息数据库公开的关于LED背光源技术方面的专利检索。

（2）检索词

本次搜索主要是在标题中限定“backlight＊”，在主题词中限定“LED or light emitting diode”。

由表7.2-46和图7.2-31分析可知，从2005年开始世界各地区关于LED背光源的专利逐年增多，成倍增长，在2008—2009年间达到高峰，2009年以后有递减趋势。

**表7.2-46 国外2005—2010年公开的LED背光相关专利统计**

| 时间/年 | 2005—2006 | 2006—2007 | 2007—2008 | 2008—2009 | 2009—2010 | 2010至今 |
|---|---|---|---|---|---|---|
| 专利数 | 352 | 741 | 1432 | 1982 | 1881 | 820 |

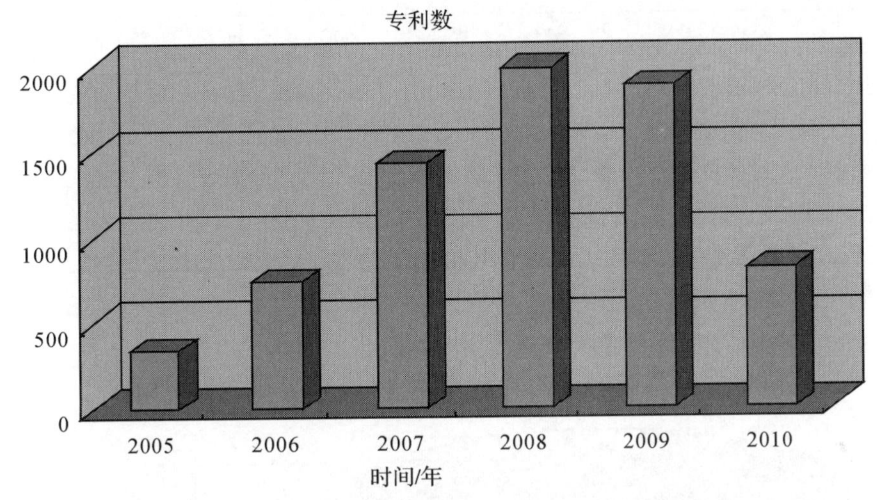


图7.2-31 2005—2010年国外关于LED背光专利分析

小结：在中国大陆公开的LED背光源的专利中，除中国大陆以外，中国台湾最多，其次是日本和韩国，而欧美等西方国家则较少，这些地区在2005—2008年在中国大陆公开的专利最多，而中国大陆在2008—2009年才达到最多，这说明中国大陆是中国台湾、日本和韩国在亚洲的主要LED背光产品销售和竞争市场，专利先进入中国大陆。世界其他地区公开的专利中，也是2008—2009年最多，说明关于LED背光源的研究和应用在此期间达到高峰。

中国大陆公开的专利中，从2005年逐年增多，并且在2007—2009年的比例远大于中国台湾、日本和韩国，说明中国大陆企业的研发能力逐渐加强，产权意识增强，为继后的销售战略奠定了坚实的基础。但是，中国大陆的发明专利和新型实用专利数量相当，分别为492件和495件，相对于其他地区而言，发明专利数量偏少，这要求中国大陆的企业还要坚持自主创新。

# 三、室内照明及其他应用

## （一）国内

### 1. 检索说明

（1）数据库

本次查找是对2005年至今在中国大陆公开的关于LED室内外照明及其他方面（不包括LED路灯）的专利检索。查找的主要数据库是中华人民共和国国家知识产权局，范围包括中国大陆、中国

台湾地区以及外国企业及个人在中国大陆申请的专利。

（2）检索方法

本次检索使用的方法主要是，标题含“灯 not 路灯”、摘要含“LED or 发光二极管 not 有机”、“LED or 发光二极管 and 照明 and 室内”。共查找并整理出发明专利、新型实用专利以及外观专利20627个。

## 2. 专利分析

LED的应用比较广泛，除了路灯和背光两大部分外，在室内照明、汽车、航天、医疗等行业都有应用。本次检索排除了LED路灯和背光方面的专利，按应用的广泛程度分为室内外照明、汽车应用以及其他。

**表7.2-47　主要地区在2005—2010年在中国大陆公开的其他LED应用专利统计**

| 地区<br>时间/年 | 中国大陆 | 中国台湾 | 日韩 | 欧美 | 总数 |
|---|---|---|---|---|---|
| 2005—2006 | 1552 | 199 | 58 | 66 | 1875 |
| 2006—2007 | 2349 | 313 | 50 | 55 | 2767 |
| 2007—2008 | 3595 | 465 | 47 | 51 | 4158 |
| 2008—2009 | 5732 | 497 | 81 | 44 | 6354 |
| 2009—2010 | 3978 | 222 | 75 | 19 | 4294 |
| 2010至今 | 1111 | 38 | 25 | 5 | 1179 |
| 总数 | 18317 | 1734 | 336 | 240 | 20627 |





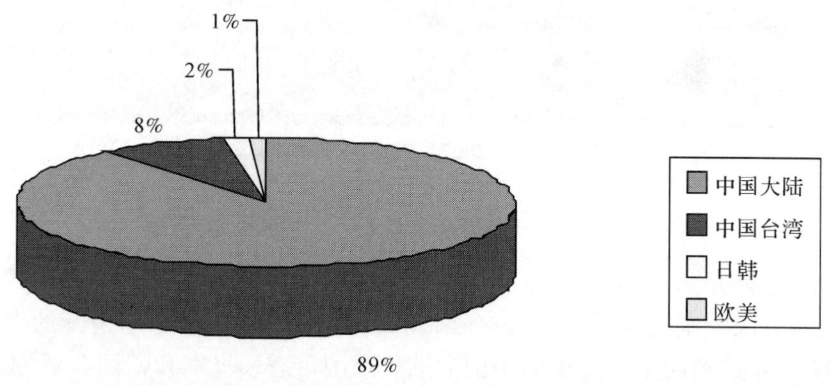


图7.2-32　2005—2010年主要地区在中国大陆公布的其他LED应用专利比例图

由表7.2-47和图7.2-32分析可知，2005年至今，中国大陆申请的专利占89%，中国台湾的只有8%，而日韩（主要是日本）和欧美（主要是美国）在中国大陆申请的专利更少，并且这些专利中LED在汽车上的应用专利偏多，几乎没有关于LED灯具方面的专利。

**表7.2-48　2005—2010年在中国大陆公开的LED应用专利分类统计**

| 分类<br>时间/年 | 室内照明 | 汽车应用 | 其他 | 总数 |
|---|---|---|---|---|
| 2005—2006 | 475 | 116 | 1284 | 1875 |
| 2006—2007 | 775 | 170 | 1822 | 2767 |
| 2007—2008 | 1189 | 233 | 2736 | 4158 |
| 2008—2009 | 2048 | 354 | 3952 | 6354 |
| 2009—2010 | 1596 | 228 | 2470 | 4294 |
| 2010至今 | 520 | 48 | 611 | 1179 |
| 总数 | 6603 | 1149 | 12875 | 20627 |

由表 7. 2-48、表 7. 2-49、图 7. 2-33、图 7. 2-34 分析可知，LED 室内外照明的专利从 2005 年至今逐年增多，从 2005 年的 25. 3% 增长到 2010 年的 44%，而且室内照明的专利中，外观设计专利从 2008 年起比例递增，到 2010 年已达到 60%，说明 LED 室内照明灯具正在广泛进入市场，并且正在取代传统照明，在照明上的应用还有增加的趋势；LED 在汽车上应用的专利逐年减少，说明这方面已经趋于饱和。

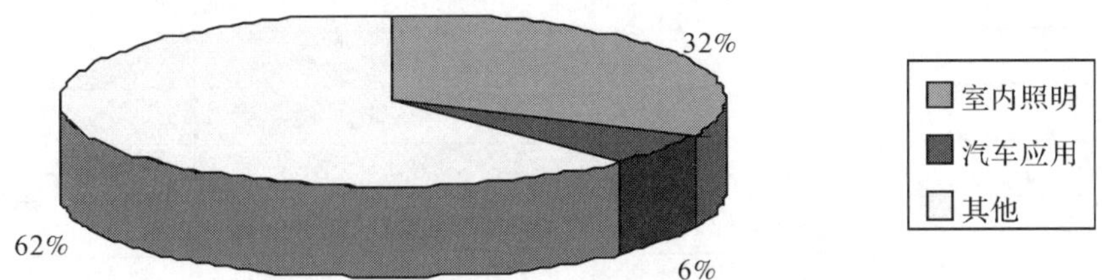


图 7. 2-33　2005—2010 年在中国大陆公开的 LED 应用专利比例图

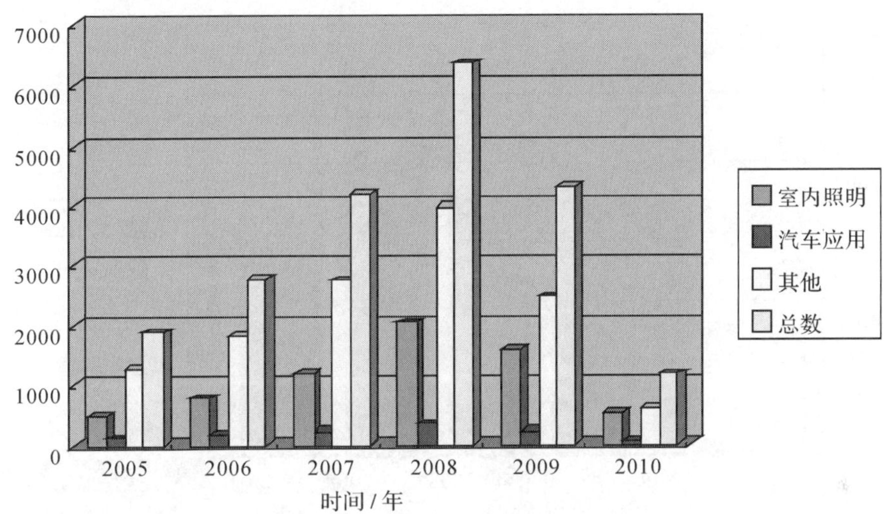


图 7. 2-34　2005—2010 年主要地区在中国大陆公开的其他 LED 应用专利统计比较

**表 7. 2-49　2005—2010 年在中国大陆申请的关于室内照明的专利分类统计**

| 时间/年 | 发明专利 | 实用新型专利 | 外观设计专利 | 总计 |
|---|---|---|---|---|
| 2005 | 97 | 376 | 2 | 475 |
| 2006 | 158 | 614 | 3 | 775 |
| 2007 | 223 | 957 | 9 | 1189 |
| 2008 | 272 | 1481 | 295 | 2048 |
| 2009 | 242 | 788 | 566 | 1596 |
| 2010 | 86 | 123 | 311 | 520 |
| 总计 | 1078 | 4339 | 1186 | 6603 |

## （二）国外

### 1. 检索说明

（1）数据库

本次检索是 2005 年至今在 Derwent Innovations Index 专利信息数据库公开的关于 LED 室内外照明及其他方面（不包括 LED 路灯）的专利检索。

（2）检索词

本次检索主要是在标题中限定“lamp * not street”，在主题词中限定“LED or light emitting diode and illumination *”。

### 2. 专利分析

表 7.2-50　国外 2005—2010 年公开的 LED 应用专利统计

| 时间/年 \ 分类 | 室内照明 | 其他 | 总数 |
|---|---|---|---|
| 2005—2006 | 225 | 1034 | 1259 |
| 2006—2007 | 268 | 1334 | 1602 |
| 2007—2008 | 582 | 3526 | 4108 |
| 2008—2009 | 1320 | 7343 | 8663 |
| 2009—2010 | 1990 | 9271 | 11261 |
| 2010 至今 | 1085 | 4678 | 5763 |
| 总数 | 5470 | 27186 | 32656 |

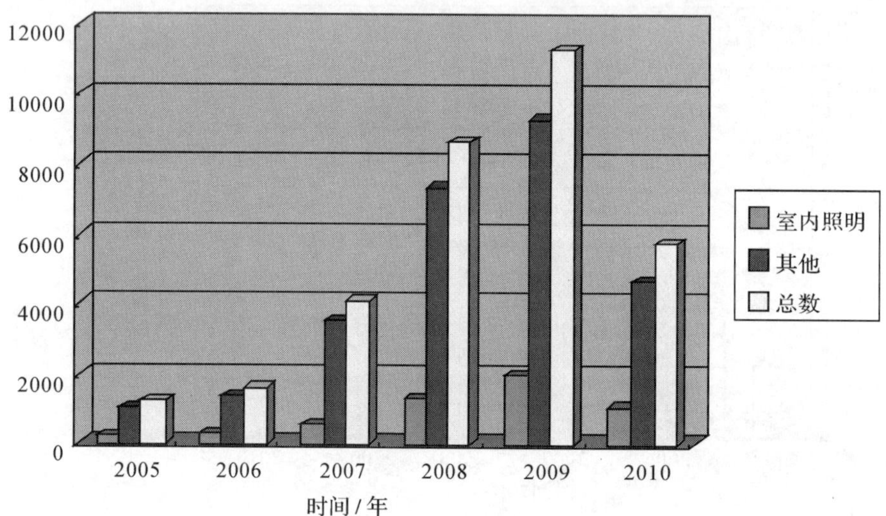


图 7.2-35　2005—2010 年国外关于 LED 室内照明及其他应用专利分析

由表 7.2-50 和图 7.2-35 分析可知，世界各地的关于 LED 应用的专利在 2009—2010 年数量最多，在照明方面的虽然有增加，但是不明显，比例只由 2005 年的 17.8%增长到 2010 年的 18.8%，这也是由于欧美等发达国家的 LED 灯具有很大比例是来自中国大陆和东南亚地区，其在 LED 照明灯具方面的专利自然会减少，而将精力投入到其他应用中。

小结：2008—2009 年申请的专利数量最多，近两年有所减少。说明在 LED 照明方面中国大陆的企业比较占优势，因劳动力成本较低，使大陆企业在 LED 下游应用产业中有一定竞争力，并且从近两年的专利数量减少来看，LED 的某些应用已经成熟。在中国公开的 LED 应用方面的专利中，关于室内照明的专利数量近两年猛增，说明 LED 照明正在取代传统照明，并且在照明上的应用还有增加的趋势；LED 在汽车上应用的专利逐年减少，说明这方面部分技术可能比较成熟，已大量产业化，LED 正在被应用到其他行业领域中。

从国外关于 LED 应用方面的专利数量来说，虽然各方面的总数增加，但是比例基本不变，说明 LED 在国外的应用比较早，在某些行业中趋于稳定，而国内正处在试用阶段。

# 第八部分

# 索 引 篇

半导体照明产业发展年鉴（2010—2011）

半导体照明产业发展年鉴（2010—2011）

# 第一章　专家索引

## 专业组织专家

（按姓氏拼音排序）

### 陈伟民

陈伟民，男，52 岁，博士。重庆大学光电工程学院教授、博士生导师，享受政府特殊津贴专家。现为重庆大学“985”平台光电与测控技术及系统研究中心主任、重庆大学半导体照明工程研究中心常务副主任，并兼任国际光学与光电子学会（SPIE）会员、中国光学学会理事、中国仪器仪表学会光机电一体化及系统集成分会常委、重庆市光学学会理事长、重庆市电子学会光电子专委会主任、重庆半导体照明产业联盟负责人等职务。

长期从事光电技术及系统、测试技术及仪器的研究，先后主持完成了数十项国家与部省级科研项目，在光纤传感器技术、结构状态监测方面获部省级奖 5 项，申请专利 20 余项（其中授权 10 余项），共发表 250 余篇学术论文。

自 2005 年起又开始涉足 LED 照明技术的研究以来，先后主持、完成、承担了《LED 应用系统开发及产业化》、《半导体照明产品关键技术及工程应用研究》、《LED 装饰照明灯质量检测方法及标准研究》、《LED 照明系统光学设计与综合测评通用技术平台》等多项省部级重大攻关项目，发起成立了重庆半导体照明产业联盟，带领其研究团队取得一系列相关研究成果：提出了 LED 芯片质量非接触测量的新思路，并取得突破性技术进展、研制出样机、申请国家专利；主持完成了“LED 装饰照明灯质量检测方法及标准研究”，并已经作为重庆市地方标准正式颁布实施；提出了“LED 户外显示屏亮度的环境自适应方法”，并开发出了样机，还申请了发明专利；获得授权的“高速公路 LED 光电地图”专利已经在北京、上海等地的城市主干道、高速路广泛使用；主持的“LED 照明系统光学设计与综合测评通用技术平台”已经为多家企业的产品完成配光设计与测试；此外还获得“LED 五官照明手电”、“公共汽车 LED 报站显示系统”等多项实用新型专利。

### 陈燕生

陈燕生，男，1950 年 5 月出生，1969 年参加工作，研究生学历，高级工程师。1975 年毕业于西北工业大学，留校任教；1978—1981 年原三机部 303 所研究生；1982—1989 年原航空工业部 634 所工程师，历任研究室副主任、主任；1989—1994 年原轻工业部科技司副处长；1994—1996 年中国照明电器协会秘书长；1996—1999 年中国照明电器协会常务副理事长兼秘书长；1999 年至今中国照明电器协会理事长；2003 年 6 月至今国家半导体照明工程协调领导小组成员。

### 储于超

储于超，男，集邦科技绿能事业处部门主管/首席分析师。储于超先生目前任职于集邦科技绿能事业处，负责 LED 产业的市场研究，对 LED、照明、背光等终端应用厂商都有相当程度的涉及。除此之外，集邦科技绿能事业处也开始进入电池及太阳能领域的研究。储于超先生曾任集邦科技 DRAM 分析师，并曾担任华南永昌投信研究员，群茂管理顾问公司储备经理人。过去主要研究领域包括 DRAM、封装测试等电子产业之研究。

### 甘子光

甘子光，中国照明学会名誉理事长，中国绿色照明工程专家组组长。北京理工大学工程光学系毕业，并留校任教 19 年。曾在轻工业部电光源处、轻工业部科技局、轻工业部科技发展司工作。曾任轻工业科技发展基金会主任（正局级），曾多次参加 IEC 标准化工作会议及 CIE 照明学术会议，曾受聘复旦大学电光源与照明工程系兼任教授，受聘东南大学电光源研究中心兼职教授。曾任中国照明学会秘书长、理事长。CIE 第 24 届执委会委员。

**郭延生**

郭延生，中共党员，1960 年 12 月生，1982 年毕业于华东化工学院化工机械系，2006 年获得华东理工大学、堪培拉大学 MBA 硕士学位。先后历任：上海吴泾化工厂机械动力科科员、副科长、党支部书记、科长；上海市经济委员会技术改造处副主任科员、主任科员；上海南汇县政府挂职县长助理；上海市经济委员会高新技术产业办公室副主任、技术进步处副处长；上海市科学技术委员会高新技术产业化处处长；上海半导体照明工程技术研究中心主任。

推动上海 LED 产业的发展，组织编制了《上海市“十二五”半导体照明产业发展规划》。成立上海半导体照明工程技术协会和上海半导体照明产业孵化器。

领导组建了上海半导体照明工程技术研究中心的 7 个分中心，成立 LED 光学、热学设计与应用联合实验室。中心承担的“面向生活的半导体照明技术应用集成”项目获得了 2009 中国国际工业博览会创新奖。

全力推动 LED 世博会应用，提供全方位技术保障。充分利用世博会的历史机遇，不遗余力推广 LED 节能低碳理念。2010 年 12 月，获上海市“上海世博工作优秀个人”荣誉称号。





**何开钧**

何开钧，男，教授级高工。现任厦门市 LED 促进中心主任、厦门市光电工程技术研究中心主任、中国照明协会半导体照明专委会副主任、福建省光电行业协会副会长、厦门市光电子行业协会副会长、厦门市留学生联谊会副会长、厦门市人大科技参事等职务。现具体负责厦门国家半导体照明工程产业化基地的组织、实施与管理，从事生理、心理光学效应及半导体照明测试技术研究等工作。

1960 年 9 月—1965 年 7 月南开大学物理系学习；1965 年 8 月—1966 年 12 月中国科学院长春光机所技术员；1967 年 1 月—1989 年 5 月新天精密光学仪器公司技术员、副总工程师兼研究所所长、总经理，德国福利德利希－阿利桑达大学应用光学研究所访问学者（师从于世界光学学会主席罗曼教授，从事光学概念新应用和眼睛光学研究）；1990 年 11 月—2001 年 1 月期间担任厦门火炬公司法人代表、厦门火炬高新区管委会副主任、创业中心主任等职。

**刘　杰**

刘杰博士（Dr. Daniel Lau）主要研究有关光电元器件及系统的课题，于 1987 年获得 University of Glasgow 颁发相关的硕士学位。英国电机工程师学会资深会员，2005 年获美国马里兰州大学颁发六西格玛黑带专业资格，2006 年获香港城市大学颁发工程学博士学位。2002 年发起成立香港光电协会，担任创会会长，香港光电协会已受国际及国内的广泛认可。

**刘升平**

刘升平，女。中国照明电器协会副理事长兼秘书长、高级经济师。1957 年生于北京，中国社会科学院研究生班毕业；1990 年始，在原轻工业部行业管理指导司工作；1990—1998 年在原轻工业部、中国轻工总会任主任科员、处长；1994—1999 年在中国照明电器协会任副秘书长；1999 年至今任中国照明电器协会副理事长兼秘书长。参与组织我国照明电器行业“九五”、“十五”、“十一五”发展规划的编制和专家审定工作；主持召开第 11 届至第 24 届“全国照明电器材料大会”；组织召开各类“全国灯具质量分析会”、“电光源发展研讨会”、“全国道路照明论坛”、“2008 北京奥运工程照明论坛”等系列活动；撰写了 1994—2008 年《中国轻工业年鉴－照明电器行业篇》；在多家综合类及专业类报刊、杂志上发表几十篇署名文章。

**刘世平**

刘世平，男。中国照明学会副秘书长、教授级高工。1962 年入中国科学技术大学无线电电子学系学习。毕业后到北京市机电研究院，从事晶闸管及其测试仪器的研制、数控机床的机电调试工作。1975 年到北京电光源研究所，从事卤钨灯、氙灯、紫外线灯、金属卤化物灯等新光源的研制并多次获奖。1994 年到中国照明学会，负责国内外照明科技和学术交流工作，多次赴国外参加照明会议和考察，1999 年获国际照明委员会（CIE）主席表彰证书。参加国内重大项目的评审和评标工作；参加中国工程院“我国固态白光照明技术及产业研究”咨询项目专家组；参与 CIE 第 26 届大会的成功申办、筹备、召开等组织工作。

**陆荣庆**

陆荣庆，男，1961 年出生，上海人，高级工程师。中国光学光电子行业协会副秘书长、中国光学光电子行业协会 LED 显示应用分会秘书长、南京汉德森科技股份有限公司副总裁、上海 LED 半导体照明研发应用中心专家指导委员会成员、LED 显示屏行业协会专家组成员、原国家信息产业部平板显示技术标准工作组成员。1984

年毕业于中国纺织大学自动化系，1984—1992年在中国科学院上海冶金研究所第十二室从事电子技术的研究工作。从1992年起进入LED显示屏行业，参与组织实施了多个省市级项目，在国内专业刊物上发表三十多篇论文（第一作者），是LED显示屏国家行业标准《LED显示屏通用规范》、《LED显示屏测试方法》的主要起草人之一。

**马承柏**

马承柏，福州大学应用物理本科毕业。现任厦门市光电子行业协会专职秘书长、福建省节能灯具出口基地商会专职秘书长、福建省光电行业协会专职副秘书长和厦门市光电产业技术创新联盟专职秘书长，长期从事厦门市及福建省LED产业及光电产业的促进、策划、组织、实施和对台LED业界合作、交流等工作，多次被评为福建省和厦门市相关工作的先进工作者。2009年曾组织策划和实施厦门市重大科技攻关项目（LED芯片和LED路灯联合攻关两个项目），参与2005年LED夜景工程和2010年LED功能照明有关产品和工程的11项地方技术规范编写工作。

**牛萍娟**

牛萍娟，女，1973年9月生，中共党员，研究生学历，博士学位，教授、硕士生导师，中国电子学会高级会员，天津市真空学会常务理事，天津市真空学会薄膜专业委员会委员，天津市青联委员，现任天津市半导体照明工程研发及产业联盟秘书长，天津工业大学半导体照明工程研发中心，大功率半导体照明应用系统教育部工程研究中心，天津市半导体照明技术工程中心主任，天津工业大学电气工程与自动化学院院长。

牛萍娟教授多年从事硅基和化合物基光电器件及应用系统集成技术的研究工作。她组建了新型半导体光电子材料与器件的科研队伍，完成了采用新型电镀工艺和倒装焊工艺相结合的瓦级功率型发光LED的研制，并应用于天津工业大学三千亩新校区道路建设中，成为目前世界上规模最大的半导体照明示范工程，研究成果经鉴定已达到国际先进水平。此外，她还参与了多个国家级项目的研究。2004年获得香港桑麻奖，2005年被评为天津工业大学师德先进个人，2006年获天津工业大学优秀研究生导师、河东区“首届青年技能节状元”称号，被评为天津市2007年度新长征突击手，2008年获得天津市五一劳动奖章，2009年获得天津市科学技术进步三等奖，2010年被评为全国先进工作者。在国内外核心期刊上发表论文70多篇，被三大索引收录36篇，申请和获得专利30项。2009年还成功组织申报成立了全国首个光源与照明专业。

**彭万华**

彭万华，男，教授级高级工程师。1963年复旦大学物理系毕业，现任工业和信息化部半导体照明技术标准工作组副组长、福建省光电行业协会秘书长、中国光协光电器件协会顾问，曾在中国科学院半导体研究所从事科研工作，任原电子工业部七四六厂总工程师，并长期担任厦门华联电子有限公司总工程师。一直从事集成电路、光电子器件和LED技术研发工作，主持六项国家级项目和几十项省、市新产品开发项目，并获省、市科技进步奖和优秀新产品奖20多项，撰写论文30多篇在相关科技杂志和专业会议论文集上发表，担任《国内外半导体光电器件实用手册》一书的副主编。

**平　立**

平立，男，1971年出生，哈尔滨工业大学集成电路工程硕士，高级工程师，现任哈尔滨照明检测中心副主任、哈尔滨市电子计算技术研究所副所长、黑龙江省半导体照明产业联盟副理事长。

1994年开始从事LED应用技术研究工作，承担黑龙江省半导体照明重大科技攻关项目3项，承担国家科技支撑计划项目2项；作为主要起草人参与制定了LED领域2项国家标准、2项国家行业标准、2项地方标准；作为项目负责人获LED领域授权专利10余项，其中发明专利3项；先后在国内期刊发表论文二十余篇。

**任奉波**

任奉波，女，1952年出生，经济师。毕业于中国人民大学企业管理、经济管理专业。曾任宁波市电子仪表工业局投资发展处处长；现任宁波电子信息集团有限公司处长；1995年至今，中国建设银行宁波分行电子行业专家、交通银行宁波分行电子行业顾问；2002年至今，宁波电子行业协会秘书长、宁波半导体照明分会秘书长、宁波半导体照明产学研技术创新战略联盟秘书长；2006年至今，宁波市科技局创新基金评审专家。参与宁波电子产业“八五”、“九五”、“十五”、“十一五”

发展规划，以及“宁波半导体照明产业发展战略研究”。

**阮　军**

阮军，男，1973 年 12 月生，博士，高级工程师。1996 年获合肥工业大学粉末冶金专业工学学士学位，2003 年获清华大学经管学院工商管理硕士学位，2009 年获中科院材料物理与化学工学博士学位。现任北京半导体照明科技促进中心副主任，兼任国家半导体照明工程研发及产业联盟常务副秘书长，中国照明学会半导体照明专业委员会、新能源照明专业委员会副主任委员，中国照明电器标准化委员会光辐射测量委员会委员。曾参与国家“十五”科技攻关计划半导体照明产业化技术开发重大项目，“十五”中国半导体照明工程标准体系、发展战略研究及知识产权战略研究；参与“十一五”863 计划新材料领域“半导体照明工程”重大项目的可行性研究、立项论证、指南编制，以及项目的组织和实施等工作；承担国家发改委绿照办（PILESLAMP 项目）“半导体照明产品替代低效照明产品的技术路线与政策建议研究”；承担能源基金会“中国半导体照明产业发展政策研究”课题；参与科技部半导体照明科技战略“十二五”专项规划及发改委半导体照明节能产业“十二五”专项规划研究编制工作。

**眭世荣**

眭世荣，1962 年出身，中共党员。1983 年毕业于南京师范大学计算数学专业，1989 年获中山大学计量经济硕士学位，2005 年获清华大学经管学院高级工商管理硕士学位，目前中国社会科学院金融学博士在读。现任深圳市 LED 产业联合会常务副会长兼秘书长，国家半导体照明工程研发及产业联盟副秘书长，《广东 LED》杂志社总编。

2008 年，眭世荣走访了数百家 LED 企业并深入调研。在此基础上，2009 年 4 月，深圳市 LED 产业联合会正式成立，眭世荣担任联合会法人代表、常务副会长、秘书长。协会成立之初，就协助政府出台了《深圳市 LED 产业发展规划（2009—2015 年）》、《深圳市推广高效节能半导体照明（LED）产品示范工程实施方案》、《深圳市促进半导体照明产业发展若干措施》等政策文件。

目前，眭世荣以及他的团队正在积极地推动和建设深圳市 LED 八大公共服务平台，为实现深圳市 LED 产业经济、产业链商业模式和产业服务的成功转型而努力。

**唐国庆**

唐国庆，男，中共党员。先后历任：上海仪表电讯工业局团委书记、上海半导体器件公司副总经理、国家“909”工程金桥（集团）公司首席代表、三井高科技（上海）公司总经理特别助理、上海大晨光电科技有限公司董事总经理。在三井高科技（上海）公司任职期间曾被派往日本三井高科技公司任研修生。上海市劳动模范、上海仪表局十佳党委书记之一、上海市新长征突击手等荣誉称号获得者。

现任上海市光电子行业协会社团法人代表兼常务副理事长、中国照明电器协会半导体照明专业委员会主任、美国 CREE 公司中国市场总经理、上海科锐光电发展有限公司董事总经理。

策划编辑出版《半导体照明》等著作，现被聘任为山西省新材料研究中心研究员、上海市经济与信息化委员会专家组成员等。

**王锦燧**

王锦燧，男，研究员。1963 年 1 月毕业于清华大学精密仪器及制造系。1963 年 2 月—1990 年 4 月在北京工业大学机械工程系任教，助教、讲师、副教授。其中，1985 年 2 月—1990 年 1 月在中国驻英国大使馆教育处任一等秘书。1990 年 5 月—1999 年 10 月在原轻工业部、中国轻工总会及国家轻工业局工作，历任国际合作司、教育司副司长、人事教育部副主任（正局级）。其中，1994 年 8 月—1998 年 12 月兼任中国轻工业管理干部学院院长。1999 年 11 月至今，在中国照明学会担任第三届理事会副理事长兼秘书长，第四、五届理事会理事长，从事照明科技与工程管理工作。中国科协七大全委会委员，国际照明委员会（CIE）第 25 届、26 届执行委员会执委。

**王康平**

王康平，浙江宁波人，毕业于复旦大学，高级工程师。1980—1997 年在上海市科学技术委员会工作；1997—2006 年任上海材料研究所维安公司副总经理；2006—2010 年任上海半导体照明工程技术研究中心副主任。现为上海半导体照明工程技术协会副会长兼秘书长。

曾负责上海市光电子行业中激光、光通信的技术攻关工作，熟悉上海光电子领域的技术力量分布状况，在 LED 技术发展中 20 世纪 90 年代初就成功组织红光 LED 在交通信号灯、高位制动灯的应用。目前负责编写了《上海半导体照明产业“十一五”发展规划》，近年来，又作为项目负责人组织完成了上海市科委的半导体照明专项《蓝光 LED 芯片 ITO 电极的研究与开发》、《半导体照明产业化关键技术研究》、《高亮度 LED 白光在汽车灯具上的应用》、《汽车用 LED 灯的封装产业化关键技术》、《半导体光源在矿工帽灯上的应用》、《超高亮度 LED 汽车灯具在清洁能源汽车上的应用》等课题。研制成功超高亮度 LED 汽车前照灯，已应用在上汽 RoVer75 车型上。在国内申请了多项专利。

**吴初瑜**

教授级高工，北京照明学会理事长，中国照明学会副理事长，1957—1962年，在南京工学院（现东南大学）无线电系电真空专业学习；1963年毕业后分配到北京灯泡厂，曾任总工程师。1973年调至北京电光源研究所，任副所长兼总工程师，30多年来一直从事电光源行业的科研和生产工作，具有丰富的实践经验，完成了数十项科研课题，为北京亚运会体育场馆照明和毛主席纪念堂的照明都做出了很大贡献。

**吴春海**

吴春海，男，高级工程师。深圳市灯光环境管理中心规划设计室主任，华南理工大学本科毕业，在职获得天津大学建筑光环境硕士。毕业后一直在深圳市灯光环境管理中心从事道路照明、景观照明的规划设计、施工、维护管理等技术工作，在城市照明节能、LED道路照明等方面较有研究。参编《深圳经济特区道路照明系统专项规划》获广东省城乡优秀规划设计二等奖，主持深圳市科研项目《LED路灯的应用研究》，在路面反射性能和配光方面取得一定成果。

**吴　玲**

吴玲，女，1982年毕业于哈尔滨医科大学；1992年留学加拿大攻读工商管理专业并获硕士学位；1998任美国宏桥信托投资集团董事及驻华首席代表、“中国技术与投资网”CEO。2002年任北京麦肯桥资讯有限公司总经理及中国投资协会信息专业委员会秘书长，2003至今任国家新材料行业生产力促进中心主任，国家半导体照明工程协调领导小组办公室副主任及863半导体照明重大项目管理办公室主任，国家半导体照明工程研发及产业联盟秘书长。2010年被推选为国际半导体照明联盟主席。曾组织编写科技部“十五”中国材料领域中长期科技发展战略研究、“十一五”中国半导体照明产业发展战略研究、半导体照明科技战略“十二五”专项规划、主持发改委半导体照明节能产业“十二五”专项规划等。

**徐　淮**

高级工程师，中国照明学会常务副理事长兼秘书长。1965年9月—1970年8月，在北京轻工业学院（现北京工商大学）化工二系硅酸盐专业学习；1970年8月—

1981年11月，内蒙古呼和浩特市灯泡厂工人、技术员、助工、科研室负责人；1981年11月—1985年1月，轻工业部部长办副主任、党组秘书；1988年8月—1994年10月，轻工总会规划发展部副主任；1998—2000年，国家轻工业局规划发展司司长；2000—2003年，国家经贸委规划发展司副司长（正司级）；2003—2007年，国务院国资委规划发展局副局长（正局级）；2007年12月中国照明学会常务副理事长兼秘书长。

**杨卫桥**

杨卫桥，男，博士，高级工程师。毕业于中国科学院上海光学精密机械研究所。2002—2004年，留所在激光与光电子材料研究中心工作，任助理研究员。主要从事III族氮化物衬底材料生长和缺陷研究、光学晶体窗口材料研究等工作。

2005年至今，任职于上海半导体照明工程技术研究中心。2002年开始参与上海半导体照明工程技术研究中心筹建工作，并在2005年中心成立时加入，历任项目部经理、主任助理、副主任。主要从事半导体照明技术发展路线研究、上海半导体照明产业发展规划（十一五、十二五）制订、上海市科技攻关项目的组织协调和管理、上海市半导体照明公共研发和服务平台建设等工作。作为课题组长承担并完成863项目一项，作为主要研究人员完成863项目一项、科学技术部支撑计划项目在研一项；作为项目负责人承担了上海市标准专项、科技攻关专项及世博科技专项5项，已完成4项，在研一项。

获得2003年度国家科技进步二等奖，2009年度上海市科技进步二等奖，2010上海世博会先进个人。是2010年度上海市新型显示产业技术预见专家。在国内外学术刊物上发表50余篇科技论文，申请40余项专利，作为第二起草人制订国家行业标准一项。

**章海骢**

教授级高级工程师，上海照明学会理事长，中国照明学会顾问。1965年复旦大学光学专业毕业，40多年来活跃在中国照明的前沿领域。1990年获得享受国务院津贴待遇，1991年成为国家人事部突出贡献青年专家。曾任中国照明学会灯具专业委员会主任。国家和上海市突出贡献中青年专家，享受国务院突出贡献专家津贴。

熟悉照明基础理论和照明设计，长期从事灯具产品的设计研究和测量。主要成果：荣获轻工业部、上海市科技进步奖共14项。

# 科研机构专家

（按姓氏拼音排序）

## 鲍　超

鲍超，男，浙江大学光电系教授。从事光电转换、探测和光电系统设计及光度和色度学的教学和科研工作，从事生物医学光子学和正电子发射层析术及其应用研究。20世纪80年代曾在德国卡尔斯卢卮大学照明工程研究所从事照明视觉基础研究；90年代开展和日本滨松光子学株式会社的国际科技合作项目，筹建并负责双方共建的浙江大学国际光子学实验室。

申请、参与多项国家和省自然科学基金研究工作和国防科研项目，发表论文六十余篇，开发了一批光电测试仪器，曾担任中国光学光电子行业协会光电器件专业分会理事和学术委员，参加半导体照明标准工作组工作，起草了“半导体发光二极管测试方法”和“发光二极管芯片测试方法”。

## 曹　镛

曹镛，华南理工大学教授，博士生导师，中国科学院院士，高分子光电材料及器件研究所所长。1941年10月14日生于湖南长沙。1965年毕业于前苏联列宁格勒大学化学系。1987年获日本东京大学理学博士学位。曾任中国科学院化学研究所研究员，是国内最早从事导电高分子研究的科学家之一，2001年当选为中国科学院院士。

在用有机质子酸掺杂聚苯胺制备可溶性聚合物的基础上，提出“对阴离子诱导加工性”的概念，解决了导电高分子的高导电性与加工性不能兼容的难题，其研究结果已得到实际应用。此外，成功地研制出可弯曲的塑料片基发光二极管，使铝阴极LED的电荧光量子效率达到甚至超过钙阴极器件等。在国际上首次报道电致发光与光致发光之比可高达50%，表明单重态的形成率可以超出公认的25%的概念，提出大幅度提高聚合物发光效率的一个新途径。曾获国家自然科学奖二等奖等。

## 蔡树军

蔡树军，男。美国加州大学洛杉矶分校电子工程系博士毕业。现任中国电子科技集团公司第十三研究所副所长，研究员级高工。兼北京理工大学教授，华中科技大学教授，电子科技大学教授和香港科技大学助理教授、博士生导师；主要研究领域为硅、砷化镓和氮化镓等新型材料器件和电路。在国内外刊物发表专业文章近百篇。

## 蔡振荣

蔡振荣，男。1995于台湾大学取得博士学位。香港应用科技研究院材料与构装技术群组显示系统组总监。2005年加入香港应用科技研究院材料与构装技术群组发光二极管技术组，负责固态光源在显示领域的创新应用研发，研发范围包括大尺寸LED背光、高动态范围显示技术、微型投影、激光扫描显示、多重触控技术、智能互动显示技术的开发与研究。加入应用科技研究院之前，拥有超过十年从事半导体电子构装、光电构装及光电精密测量方面的研发及生产经验，并曾联合指导硕士生与博士生从事相关学位论文研究。刊出超过50份期刊及研讨会论文，合编3本书籍，并取得超过30项美国、中国台湾及中国大陆专利。

## 陈　忠

陈忠，男，博士，教授，博士生导师。厦门大学物理与机电工程学院副院长、福建省半导体照明检测工程研究中心主任。主要从事精密仪器的研制和信号与图像处理，以及温差发电与半导体照明的应用。主持了包括国家自然科学基金重点项目和美国NIH科学基金子课题在内的20余项研究课题；在国内外正式学术刊物上发表论文150余篇，其中80篇为SCI收录、30余篇为EI收录；获授权美国发明专利2项和中国实用新型专利1项；合作出版电子信息类国家统编教材3部。2000年获全国波谱学奖，2002年获福建省青年科技奖，2003年获福建省科学技术奖二等奖（第一完成人）和教育部优秀青年教师资助计划，2004年入选教育部新世纪优秀人才培养计划。

**陈皓明**

陈皓明，男，现任清华大学教授。1964 年入清华大学，1970 年毕业留校在清华大学无线电系半导体教研室和激光教研室工作。从事单晶生长、激光器研究等。1979 年到丹麦哥本哈根大学留学。1981 年后在清华大学应用物理系任教，历任副系主任、系主任之职。科研方面以新型功能薄膜材料和先进表征技术研究为方向。设计和研制成功扫描隧道显微镜、原子力显微镜、扫描荧光光谱仪、衰减全反射谱仪等。1996 年受科学技术部聘任担任国家 863 计划专家委员会委员，2001 年任光电子主题专家组组长，自 2000 年以来受科学技术部聘任担任 973 计划新材料咨询专家组专家。1998—2006 年任清华大学研究生院常务副院长，现任北京市学位委员会委员，全国学位与研究生教育学会副秘书长，清华大学校务委员会委员。

曾获得国家级教学成果特等奖（2005 年），国家级教学成果一等奖（2009 年）。

**陈弘达**

陈弘达，男，1960 年出生，研究员，博士生导师。现任中国科学院半导体研究所副所长、国家 863 计划新材料领域专家组成员、中国科学院研究生院教授、《半导体科学与技术丛书》副主编、中国材料研究学会青年委员会常务理事。

1978—1982 年天津大学电子工程系获学士学位，1987—1990 年天津大学电子工程系获硕士学位，1993—1996 年天津大学精密仪器与光电子工程学院获博士学位，1982—1993 年天津市仪表无线电工业学校讲师，1996—1998 年中国科学院半导体研究所博士后，1998 年博士后出站后留所工作。1998 年曾赴日本名古屋工业大学做访问学者，2003 年曾赴德国维尔茨堡大学做高级访问学者。

长期从事光电子与微电子学方面的科研和教学工作，目前研究方向为光电子与微电子集成器件、集成电路与系统。“九五”以来，负责承担多项国家 863 项目和国家自然科学基金项目，成功研制出 64 × 64 SEED 与 CMOS 电路倒装焊光电子集成面阵器件；基于垂直腔面发射激光器（VCSEL）多信道光发射接收模块；提出了与 CMOS 工艺兼容的硅基发光器件模型；用标准 CMOS 工艺实现了硅基发光二极管和显示阵列；用标准 CMOS 工艺研制成功光电子集成回路芯片，芯片单片集成了发光二极管、光波导、光电探测器，以及相关集成电路，实现了芯片内光互连；开展了半导体照明信息智能传感研究，率领团队研制出半导体照明通信系统和智能家居系统，在上海“世博会”上展示了半导体照明在信息领域的应用。

在国内外学术刊物和会议上发表论文 60 余篇，编著有《甚短距离光传输技术》、《微电子与光电子集成技术》2 本专著，授权发明专利 10 项。

**陈良惠**

陈良惠，男，1939 年生，福建省福州人，半导体光电子学家。1963 年毕业于复旦大学物理系，同年到中国科学院半导体研究所工作至今。曾任中国科学院半导体研究所副所长、863 计划光电子主题专家组副组长。现任中国科学院半导体研究所研究员、博士生导师、纳米光电子实验室主任，光电子器件国家工程研究中心名誉主任、首席科学家，中国工程院信息电子学部副主任，中国电子学会光电子专业委员会主任，中国通信学会光通信专业委员会副主任。

我国光电子领域的开拓者之一，在国内率先实现量子阱激光器的突破，并开拓不同波长、不同功率、不同应用目标的量子阱激光器和其他光电子器件的研制、开发与工程化。主持并出色完成中国科学院重大项目，国家攻关、863、自然科学基金等多项国家任务，在 980nm 应变量子阱大功率激光器、高亮度 AlGaInP LED、高功率量子线激光器、垂直腔面发射激光器和 GaN 基蓝光激光器等项目上都取得出色的成果。由于高速硅雪崩光敏二极管、极低阈值和高速超短脉冲量子阱激光器、大功率量子阱激光器和红光量子阱激光器等成果，获中国科学院科技进步奖一等奖三项，国家科技进步奖二等奖两项，国家科技进步奖三等奖两项。他主持筹建光电子器件国家工程研究中心，通过国家验收成为我国国家级光电子器件的研究、开发和工程化产业化基地。他目前在光电子领域的专业兴趣在于：纳米光子学和新型量子阱光电子器件及其在光通信、光存储、光显示、固态照明和激光医疗等方面的应用。

1999 年当选为中国工程院院士。

**陈泽澎**

陈泽澎，男，台湾“清华大学”材料科学与工程博士。晶元光电资深副总（2005 年至今），“国联光电科技股份有限公司”总经理、技术总监，恒嘉光电科技股份有限公司总经理，联钧光电股份有限公司董事长，工业技术研究院光电工业研究所经理、副组长，并曾担任“光电半导体工业技术发展咨询委员会”及“电子显示屏委员会”执行秘书。

**陈哲艮**

陈哲艮，男，研究员。现任中国照明学会常务理事、浙江省照明学会理事长、浙江省可再生能源协会会长。

所学专业：理论物理；现从事专业：光电子学与技术。曾任中国光电技术发展中心常务副主任、浙江省能源研究所所长等职。先后完成电致发光显示、PDP显示、光伏发电和LED照明技术方面的研究课题三十余项，主持完成的科研项目曾获全国科学大会奖，国家科技进步奖二等奖，浙江省科学技术奖一等奖各一项和浙江省科学技术奖二等奖四项。被授予“国家级有突出贡献的专家”称号、全总“五一”劳动奖章和“全国优秀科技工作者”称号等。2008年受全国照明电器标准化技术委员会委托，担任《道路照明LED灯》等两项国家标准的起草组组长兼主要执笔人完成标准的起草工作。

**陈志忠**

陈志忠，男，1971年出生，副教授，理学博士。2000—2002年北京大学物理学院博士后，2002年留校至今，从事III族氮化物器件及其物理研究。主要研究方向包括大功率LED外延结构设计与生长，激光剥离、垂直结构LED芯片的制备，功率型LED的封装，LED老化和可靠性分析等。作为负责人，承担并完成2项863课题，完成1项国家自然科学基金课题，在研973课题和国家自然科学基金各1项。近年来共发表SCI论文70余篇，申请专利20余项。同时积极进行863成果产业化项目，2001—2002年参与了上海蓝光科技有限公司的建设，建成蓝绿光LED芯片生产线。

**段靖远**

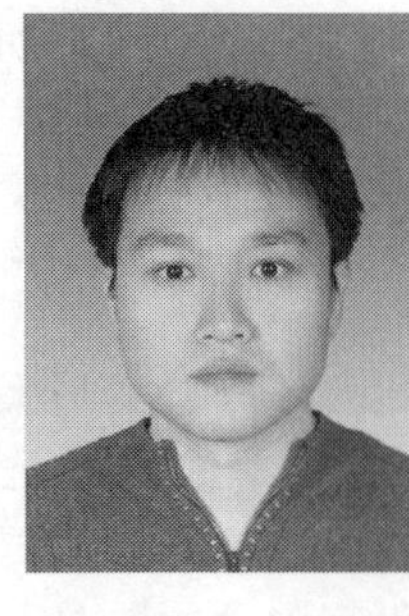

段靖远，男，博士，助理研究员：2001年毕业于华中科技大学电气控制与工程专业学士学位，2008年3月毕业于北京航空航天大学，获得精密仪器及机械专业博士学位。2008年至今在中国科学院半导体研究所光电系统实验室工作，主要从事半导体照明通信、光电系统等领域的研究。

**段瑞飞**

段瑞飞，男，博士，副研究员。1997年获得内蒙古大学应用物理专业学士学位，2000年获得北京科技大学材料学院材料物理与化学专业工学硕士学位，2003年获中国科学院半导体研究所材料物理与化学专业工学博士学位。2003年8月—2005年4月在中国电子科技集团公司南京电子器件研究所工作，2005年5月在中国科学院半导体研究所工作。主要从事化合物半导体材料的外延和器件工艺，熟悉MBE、MOCVD、SiC CVD和HVPE生长设备和相关材料分析表征方法。使用自行研制的HVPE设备，获得了高速、高性能的GaN外延材料。带领HVPE课题小组首次获得m面蓝宝石上生长m面GaN。在国内外学术期刊上发表研究论文二十余篇，申请专利7项。

目前主要研究方向为：HVPE生长氮化物厚膜材料和GaN同质外延LED器件研究。

**方志烈**

方志烈，男，1938年2月出生，复旦大学教授。曾任五届中国发光学会理事，南昌大学兼职教授。自1973年长期从事半导体发光材料和器件及其应用的研究工作，主持了20余项国家和上海市重点攻关项目，投产后获得了很好效益。

1996年后从事研制LED道路交通信号灯、机场LED助航灯具、功率型LED和功率LED射灯，全部投入生产。近来已完成国家863高科技项目“LED高功率组件-50W”、“智能型功率LED灯具”以及省市级项目“高光效功率LED（>100lm/W）”和“功率型LED器件化模块的整体开发”的研制工作，已经通过验收。

共获得国家部委、上海市的科技成果进步二等奖四项，三等奖两项，1992因多项军品成果获得光华科技基金三等奖。曾获中国光电协会颁发的建设贡献奖和高工LED—中照协半导体照明委员会2010年颁发的卓越成就奖。

编著了“半导体发光材料和器件”一书，与他人合编了“半导体材料”、“半导体照明”。担任“光子学技术和应用”第十二篇“光照明技术”主编。2009年5月编著出版了“半导体照明技术”一书，至2010年9月已印刷三次。发表学术论文70余篇，获得国家专利十六项。

**甘子钊**

甘子钊，男，北京大学物理学院教授，中国科学院院士。1959年10月毕业于北京大学物理系，1959年12月—1963年1月在北京大学物理系攻读研究生，毕业后留校任教至今。现任中国人民政治协商会议第九届常委、北京大学理学部学术委员会主任、北京现代物理中心副主任、国家超导技术专家委员会首席科学家、国家超导实验室学术委员会主任、《中国物理快报》（《Chinese Physics Letter》）主编、国务院学位委员会物理学科组成员、国家自然科学基金委员会物理学科评议组成员、《Solid State Communication》中国编委、《Modern Physics Letter B》中国编委、中国物理学会出版委员会副主任、中国物理学会学术交流委员会副主任、中国材料科学学会常务理事。

**郭伟玲**

郭伟玲，女，博士，副教授。1988年毕业于天津大学半导体器件与物理专业，1993年和2003年在北京工业大学分别获得硕士和博士学位。1998—2001年在香港大学电子工程系从事半导体光电子器件研究工作。主要从事的研究方向为半导体LED和半导体激光器、半导体光电子器件及系统可靠性，最近主要致力于AlGaInP LED的研究和LED灯具及可靠性评价。先后承担了国家支撑计划、863计划和北京市科委重大产业化项目等关于半导体照明器件及可靠性的研究课题，在国内外发表论文80余篇，获得省部级科技进步奖三项。

**郭永兴**

郭永兴，男，1958年10月出生于宁夏回族自治区隆德县，中共党员，研究员级高级工程师。1982年自西安交通大学金属材料专业毕业后到中国电子科技集团公司第四十五研究所工作，期间先后在上海外国语学院、德国西柏林工业大学进修学习两年。1996年3月—1999年4月在中华人民共和国驻德国大使馆任一等秘书。2000年3月—2006年1月任四十五所副所长，2006年2月至今任四十五所所长。

**韩　平**

韩平，男。南京大学物理系教授、博士生导师。1984年、1987年于南京大学物理学系获得理学学士、硕士学位，1991年于中国科学院上海技术物理研究所获得理学博士学位。

1991年起在南京大学物理学系微电子学与固体电子学学科从事教学与科研工作，研究内容包括Si基异质结构材料与器件、GaN基异质结构材料与器件、Si基半导体材料的CVD外延生长设备，先后赴瑞典林彻平大学物理与测量技术系、日本东北大学电气通信研究所开展合作研究。

**郝洛西**

郝洛西，女，教授，博士生导师。目前在同济大学建筑与城市规划学院任教。同时担任中国照明学会常务理事、中国照明电器协会照明工程工作委员会主任、国

家低碳照明研究中心视觉与照明研究室主任、《照明工程学报》副主编等职，主要从事光、颜色、视觉与照明领域的科研、教学和研究性工程设计工作。作为负责人承担了国家自然科学基金、863高技术课题、科技攻关项目等多项国家重点科研工作。作为中国2010上海世博园区夜景照明规划的项目负责人，为实现高效节能、绿色环保的园区低碳照明系统以及半导体照明的创新集成应用，做出了突出贡献。完成了四川映秀镇、都江堰壹街区灾后重建、世博文化中心等三十余项研究性照明工程设计。获得学术研究表彰和奖励共21项，2010年荣获“全国优秀科技工作者”荣誉称号和“上海世博工作优秀个人”称号；2009年获得上海市科教系统三八红旗手。在国内外核心期刊、国内外重要会议及刊物上共发表近60篇论文，并撰写出版了《中国2010上海世博园区夜景照明规划与设计研究》、《城市照明设计》、《光+设计：照明教育的实践与发现》等学术专著。

**华树明**

华树明，男。现任国家电光源质量监督检验中心（北京）站长，高级工程师。中国照明标准基础委员会副主任兼秘书长、中国照明学会新能源照明委员会主任、中国照明测试委员会副主任、中国国家认可实验室评审专家、中国绿色照明专家组成员等。

从业29年来一直投身于照明行业，先后参与起草50余项国家标准，开发多种照明产品测试设备，如分布光度计、光谱仪等。

所获奖项：《单端荧光灯性能要求》等6个国家标准，获得国家标准贡献奖；“灯用稀土三基色荧光粉配粉系统”获部级科技进步三等奖；《双光路探测器和差分放大电路在辐射照度测量中的应用》获优秀科技论文三等奖；《紫外辐照度计》获优秀发明奖。

论文情况：Performance of LED lighting products and its development strategy in China，Recommendations for LED lighting products in China，Test data analysis for LED indoor lighting products，2010年；中国节能灯质量与发展状况，中国CFL光源技术发展趋势，2007年；中国实验室能力的提高，2005年；照明LED技术标准和检测方法探讨，2004年；质量监督抽检在中国节能灯产业发展中的拉动作用，2004年；紫外杀菌灯性能测试，2003年；太阳能直流光源质量分析，2002年；LED测试方法，2001年；单端荧光灯和普通照明用自镇流荧光灯标准宣贯教材，1998年；灯具安全要求与试验强制性国家标准宣贯教材，1997年；荧光粉配粉系统，1986年；等用稀土三基色荧光粉最佳配比的计算，1985年；卤磷酸钙荧光粉发

射光谱分析，1984年。

**黄　杰**

黄杰，男，1969年6月出生，高级工程师。1990年7月毕业于中北大学自动化仪表专业，现任国家半导体器件质量监督检验中心主任、质量与可靠性专家、科学技术部863专家组成员。

1990年8月—2000年1月在中国电子科技集团公司第十三研究所（简称中电十三所）质量处工作，2000年2月至今在中电十三所检测中心即国家半导体器件质量监督检验中心工作，任副主任、主任，多年从事质量保证体系、标准化工作、实验室管理、质量可靠性研究工作，担任国家重点工程的质量师，多次组织全国电子产品质量监督抽查，取得了多项质量与可靠性科研成果，是国家游泳中心（水立方）景观照明质量保证总体负责人。

**江风益**

江风益，男，1963年出生。中国科学院长春物理所研究生毕业，现任南昌大学教授、博导、教育部发光材料与器件工程研究中心主任，晶能光电（江西）有限公司董事长；兼任中国物理学会发光学会副理事长，中国光学光电子行业协会光电器件分会副理事长，《半导体学报》、《发光学报》、《物理》等杂志编委。

潜心于GaN基蓝光LED材料与器件研发十多年，研制成功硅衬底GaN基蓝光、绿光LED外延材料生长及芯片制造技术，并实现了小批量生产。先后主持863计划课题3项、国家自然科学基金课题3项等20余项研究课题，曾入选国家百千万人才工程（第一、二层次），曾获江西省科技进步一等奖，中国优秀青年科技创新奖，被评为全国先进工作者、全国优秀教师，国家有突出贡献的中青年专家，获中组部、中宣部、人事部和科技部联合授予的“全国杰出专业技术人才”称号。10余次应邀在国内外学术会议上作特邀报告，在国内外刊物上发表学术论文60余篇。申请国家发明专利16项，发表SCI、EI收录论文40多篇。

**蒋大鹏**

蒋大鹏，男，1963年出生，研究员。现任中新光电子有限责任公司副总经理，曾任中国科学院长春光学精密机械与物理研究所发光材料与器件研究室主任、政协吉林省第九届委员会委员、吉林省政府决策咨询委员会委员、吉林省照明学会副理事长。1978—1983年中国科学技术大学，1983—1999年中国科学院长春物理研究所，1999—2003年中国科学院长春光学精密机械与物理研究所，2003—2006年长春中新光电子有限责任公司经理。主持和承担国家级项目十余项、获得国家教委科技进步奖1项、获得中国科学院自然科学奖1项、吉林省青年科学技术奖1项、申请和授权专利10余项。

**蒋民华**

蒋民华，男，1935年8月生于浙江临海。1956年毕业于山东大学。曾任山东大学晶体材料研究所所长、晶体材料国家重点实验室主任、国家高技术研究发展计划（863）新材料领域第三届专家委员会首席科学家等职。1991年当选为中国科学院院士。现为晶体材料国家重点实验室学术委员会主任、中国硅酸盐学会晶体生长与材料分会理事长和中国仪器仪表材料分会理事长、全国人大代表。国际晶体生长组织（IOCG）理事和执委会委员、美国光学学会资深会员（Fellow）。

蒋民华从事功能晶体研究50余年，发表学术论文300余篇，出版了《晶体物理》、《功能材料科学概论》等专著，在DKDP晶体亚稳相生长理论和方法方面取得了有影响的创新成果；在KTP晶体的助熔剂生长方面取得重大突破，开创了用助熔剂法批量生长非线性光学晶体的先河；首次探索并生长出新的非线性光学晶体LAP，并在此基础上形成了有特色的半有机非线性光学材料的新方向。他主持研制了数十种高技术单晶，先后获国家发明一等奖、国家科技进步二等奖及多项省部级奖。由于在晶体材料方面的贡献，曾获得全国“五一”劳动奖章（1987）、全国先进工作者称号（1989）、1996年获何梁何利科学技术进步奖、2003年获得首届山东省科学技术最高奖、2007年获求是杰出科技成就集体奖。

**金国藩**

金国藩，男，1929年出生，教授，中国工程院院士。现任世界光学学会副主席，美国光学学会（OSA）、国际光学工程学会（SPIE）、中美光电子学会资深会员；曾任清华大学精密仪器与机械学系主任，国家自然科学基金委员会副主任，国家教委科学与技术部副主任，中国光学学会副理事长，亚太区仪器与控制学会主席等职。简历：1950年毕业于北京大学机械系并留校任教，1952年到清华大学机械系工作，1983年晋升为教授，1994年当选中国工程院院士，2002年当选世界光学学会副主席，曾先后赴美国、英国、德国、芬兰等国多所院校任客座教授并讲授多门课程。

主持并参加国防工业重点项目“劈锥三坐标光栅测量机”，获全国科学大会奖；率先开展光信息处理及微光学领域的研究，先后完成国家863、973等多项重大项目；出版专著3本、译著2本，获第四届国家图书奖提名奖、全国优秀科技图书奖暨科技进步奖二等奖、国家教委科技进步二等奖、国家科技进步三等奖等奖项；提出应用双折射实现频率分裂的新技术，获国内及美国专利各一项、获国家教委科技进步一等奖。

**金尚忠**

金尚忠，男，1963年出生，教授，博士。中国计量学院光电学院院长、国际计量联合会光电子技术部理事、浙江省计量仪器重点实验室主任、省重大应用电子专家组成员、全国照明电器标准光辐射测量分会主任、中国光学学会理事、杭州市LED行业技术顾问。主持完成省重大专项白光功率型LED用高效荧光材料研究；主持863项目RGB白光LED制造技术和省重大科技专项功率型LED模块整体开发的研究。发表论文50余篇、专利授权15项、获省科技二等奖等五项。

**康俊勇**

康俊勇，男，博士，教授（博士生导师）。长期从事化合物半导体材料制备及其特性表征的教学和科研工作。2000年兼任日本东北大学学际科学国际高等研究中心（Institute for Interdisciplinary Advanced Research）客座教授、2004年兼任日本东北大学材料科学国际前沿中心（International Frontier Center for Advanced Materials）客座教授。现为厦门大学“物理学”一级学科博士点、“微电子学与固体电子学”二级学科工科博士点学术带头人、“凝聚态物理”国家重点学科主要学术带头人。

主持过国家863计划课题、国防基础、国家自然科学基金重点专项、省部级重点项目等研究20多项，主要开展宽禁带半导体薄膜和量子结构材料制备、测试、理论设计，及发光二极管和光电探测器制备等研究工作。首次研发出了强磁场垂直温度梯度凝固晶体生长设备、Laplace缺陷谱仪、纳米级空间分辨率应变和电荷测试方法、增强中紫外光的Zn - Zn2SiO4异质纳米同轴线制备方法、超薄InN/GaN应变量子阱结构紫外LED、Mg和Si共掺超晶格p型AlGaN结构材料、稳定光发射波长的Mg掺杂的InGaN/GaN量子阱结构、树叶脉络形大功率氮化镓基LED电极、Si（111）7×7表面二维晶格等。在国内外重要学术刊物上发表论文180多篇，申请发明专利9项，其中5项已被授权；先后应邀在国际和全国会议上作邀请报告。目前，任厦门大学半导体光子学研究中心主任、半导体微纳光电子材料与器件教育部工程研究中心负责人、福建省半导体材料及应用重点实验室主任。兼任国家自然科学基金委员会专家评审组专家、中国物理学会半导体专业委员会委员、表面与界面物理专业委员会委员、发光分会委员、中国真空学会理事、表面与纳米专业委员会委员、中国电子显微镜学会扫描探针与微束分析专业委员会委员、中国光学光电子行业协会光电器件分会专家委员会成员、福建省光电行业协会第1届副理事长、厦门市物理学会副理事长。先后担任亚太宽带隙半导体国际研讨会（APWS2009）程序委员会委员、第18届国际真空大会应用表面科学分会程序委员会委员、第6届ZnO及其相关材料国际研讨会组织委员会委员。

**李 农**

李农，男，光环境博士（教授）。北京工业大学建筑与城市规划学院教授、北京工业大学城市照明规划设计研究所所长；中国照明界第一位海外光环境博士，兼任北京市城市照明专家组成员及国内若干城市市长建设顾问，北京照明学会副秘书长，中国照明学会常务理事、高级会员，中国照明学会教育与培训工作委员会常务副主任，中国照明设计师职业资格考评工作执行委员会负责人，中国建筑物理委员会理事，日本照明学会会员，《照明工程学报》杂志编委会副主任，《照明技术与管理》杂志编委会副主任。圆满完成了包括国家863重大项目在内的多项科研课题，以及国内包括省会城市在内的十几个城市的城市照明规划和三十几个城市的夜景照明设计项目近四十余项。

**李晋闽**

李晋闽，男，博士，研究员，博士生导师。1982年在西安交通大学电子工程系半导体物理与器件专业获得工学学士学位；1984年在原信息产业部电子第十三研究所获得半导体材料与器件物理专业工学硕士学位；1991年在中国科学院西安光学精密机械研究所获得光学专业理学博士学位，同年进入半导体研究所从事博士后研究工作；1993任半导体研究所副研究员；1995年被中国科学院破格晋升为研究员，同年被评为享受政府特殊津贴专家；1995—2002年，任半导体研究所所长助理、所学术委员会委员、材料科学中心主任；2000—2002年作为高级访问学者在美国加州大学洛杉矶分校电机工程系从事研究工作；2002—2004年任中国科学院半导体研究所常务副所长，2004年至今任中国科学院半导体研究所所长。

李晋闽研究员的主要社会兼职包括：2002年至今，中国科学院微电子总体专家组成员；2003年至今，中国材料研究学会常务理事；2004年至今，国家半导体照明工程研发及产业联盟执行主席；2006年起担任“十一五”863重大项目“半导体照明工程”总体专家组组长职务。

李晋闽研究员主要从事新型半导体材料与器件的研究工作，主持并完成了国家“九五”重大科技攻关项目“北方微电子基地”的“国家新型半导体材料研究基地建设”以及“新型半导体材料”项目，包括亚微米、深亚微米CMOS电路用薄层外延Si材料项目，双异质SOI材料项目，高温MESFET用GaN外延材料，高温功率器件用MBE SiC材料。2002～2005年，主持并完成了国防技改项目“496工程砷化镓单晶材料建设项目”，以及国家863计划重大专项“直径6英寸半绝缘GaAs单晶生长技术”。2006年起主持“十一五”863计划重点项目“5kW全固态激光器及其应用”的研究工作；2007年起主持科学技术部国际合作重点项目“半导体照明重大科学前沿研究”。在国内外学术刊物和会议上发表有关论文90余篇并由科学出版社出版了一本专著，已授权国际发明专利2项、国内发明专利14项。

**李克健**

李克健，男，1939年出生，研究员。1965年毕业于清华大学工程化学系，1965—1973年在天津大学化工系从事教学和科研工作。1973年调原燃化部从事国防化工新材料生产管理，1978年调原国家科委从事新材料科技管理，1981年调国防科委（国防科工委）从事军用材料协作和重大国防技术预先研究。1987年转业到新成立的国家自然科学基金委员会，先后担任计划局副局长、工程与材料科学部常务副主任，长期担任《新型炭材料》、《材料导报》、《高科技纤维与应用》等杂志编委、顾问，1999—2001年担任《材料导报》常务副主编，2001年任北京麦肯桥咨询公司顾问、国家新材料产业发展战略咨询委员会委员、副秘书长，参加多项地区、企业新材料规划调查、制定工作。2003年任中国新材料生产力促进中心专家委员会委员，参与国家中长期科技规划新材料发展战略研究，同时参加中国科学院“未来20年技术预见研究新材料专家组”，参与课题征集和起草。另外，还担任《新材料产业》指导委员会副主任、国家开发银行新材料专家咨询委员会秘书长、中国生物材料委员会顾问、贵州省政府科技顾问、国家现代材料科技信息网络中心副理事长等。先后发表科技管理类文章20余篇，参与《新材料年度报告》、《中国材料发展现状及迈入新世纪对策》、《新材料年鉴》等的编写。曾获科学技术部科技进步一等奖、二等奖各一项，科学技术部863计划管理三等奖一项。

**李铁楠**

李铁楠，男，中国建筑科学研究院研究员，中国照明学会理事兼灯具专业委员会副主任，《照明设计》副主编。

从事建筑照明、道路照明和城市景观照明的研究设计工作，内容包括科研、工程设计、技术咨询、标准规范编制等。

完成工作包括人民大会堂大礼堂舞台改造工程照明设计、唐山体育场照明设计、深圳市深南大道景观照明规划、计算机自动控制分布式光度计系统研制、中国古典建筑夜景照明的研究、城市道路照明设计标准等。出版书籍《景观照明创意和设计》、《建筑照明设计及案例分析》、《光与色的环境设计》、《城市道路照明设计》等。

**梁秉文**

梁秉文，男，博士。1983年毕业于吉林大学半导体系，1986年在中国科学院上海冶金所获半导体物理化学硕士学位，1993年获美国UCSD电子工程系博士学位，毕业后在美国HP/Agilent公司工作，从事半导体超高亮度发光二极管（LED）以及激光器（LD）的材料生长和器件设计制作，曾经担任工艺工程师、设计工程师、高级工程师、研究员以及项目负责人、项目经理和研发部经理，是HP公司高亮度LED产业化创始人之一。于2000年起先后任AXT光电公司技术总监、总经理和总裁，领导开发、生产超高亮度LED和VCSEL及LD等产品，在世界范围创建了一个新的品牌。2004年，梁博士创建了Handson半导体照明公司，领导开发了一大批先进的LED照明产品，包括大功率封装产品、LED投光灯、LED路灯以及COB照明和显示光源、二维智能照明系统等。在大功率LED封装及照明应用方面做了大量开拓性的工作，为大功率LED的市场推广做出了巨大的贡献。先后发表各种学术论文60余篇，持有美国专利6项，中国专利30多项。多次担任国际会议主席和国家重大项目评审专家。参与撰写美国《光学元器件及工程手册》并主笔《半导体激光器》一章。作为第一副主编参与了《半导体照明》一书的编写修正工作。梁博士是《中国半导体照明产业发展年鉴（2006）》的编委、编审和主要撰稿人之一，在半导体发光材料外延生长和器件设计制作上有着很深的造诣，具有多年的高科技企业管理经验和在美国成功创办新兴高技术企业的经历。2004年作为国家半导体照明产业技术发展战略研究专家组组长，负责制订国家半导体照明产业中长期技术发展规划。2005—2006年参与制定“十一五”国家863半导体照明重大专项。2007年荣获中国侨联颁发的“科技创新人才奖”，他所领导的研发小组在“首届国家半导体照明产品及研发设计创新大赛”中获奖。2008年被评为“第八届中国优秀创新企业家”。梁博士现任苏州纳晶光电公司董事长，苏州纳方科技发展公司总经理，中国科学院苏州育成中心执行主任，中国科学院苏州纳米所研究员、博士生导师，复旦大学客座教授，上海光电子行业协会专家委员会顾问组专家，中国光电产业高层论坛顾问委员会委员，中国光学光电子行业协会光电器件分会专家委员会委员，《中国照明》、《电气照明》和《高工LED》等杂志的编委，上海半导体照明应用研发工程中心兼职副主任。

**林燕丹**

林燕丹，女，副教授。复旦大学光源与照明工程系物理电子学专业和德国达姆斯塔特技术大学（TU－Darmstadt）照明研究所联合培养博士。任国际照明委员会（CIE）第四分部（交通照明与信号）中国代表、中国照明学会教育培训工作委员会副主任委员、中国照明学会国际交流委员会委员、中国照明学会学术工作委员会委员、《国家照明设计师职业资格培训教程》编委会副主编。主要从事照明的人体功效学；新光源在室内外照明应用的视觉和人体工效学评价的研究和教学工作，在国内外重要期刊杂志上发表论文五十余篇。目前主持承担国家自然科学基金、上海教委近视眼专项研究和中国商用飞机照明系统等多项重大课题项目。负责广东省交通厅项目“高速公路大型桥梁照明设计规范的研究”，该项目作为广东省崖门大桥成套项目获广东省科技一等奖。

**刘　慧**

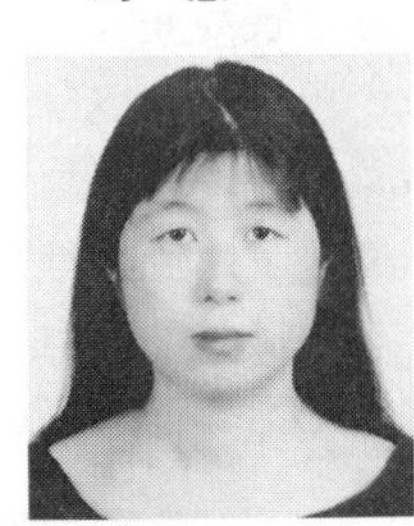

刘慧，女。1991年7月获得浙江大学光学仪器工程学系学士学位，1997年4月年获得浙江大学光电与科学仪器工程学系硕士学位。1997年4月至今就职于中国计量科学研究院光学处，现为光度国家基准、总光通量国家基准技术负责人，担任光度室室主任、副研究员；中国照明学会理事，中国建筑学会建筑物理分会理事。

长期从事光度基准量值的复现、保存和传递方法研究工作，先后完成了多项基标准改造课题。参加过CCPR组织的两次国际比对，并在比对中取得了好的比对结果，为比对结果与国际平均值最接近的五个实验室之一。作为负责人组织过国内发光强度量值比对，现正作为主导实验室技术负责人主持亚太国际计量组织的总光通量比对，这是我国在该领域的国际比对中首次作为主导实验室主持比对。

目前正在进行建立LED专用计量标准和LED光、色参数测量方法的研究工作，同时还承担了国家科技支撑项目复现坎德拉新技术的研究。

在国内计量刊物上发表论文数十篇，起草多项计量标准。为《体育场馆用LED显示屏测试规范》的主要起草人（第二起草人）。

**刘纪美**

刘纪美，女，教授。香港科技大学电子及计算机工程学系讲座教授。国际电气和电子工程师协会（IEEE）院士，刘纪美教授是光电技术中心的创立者和现任主管，明尼苏达大学（University of Minnesota at Minneapolis）物理学士和硕士，得克萨斯州莱斯大学（Rice University）电机工程博士。曾在微波联合通讯公司（M/A－COM）从事于砷化镓微波器件的外延生长；1982年加入马萨诸萨大学（University of Massachusetts at Amherst）电机工程系，开始了金属有机物气相外延（MOCVD）化合物半导体材料和器件等科研项目；1989年工作于麻省理工学院林肯国家实验室（MIT Lincoln Lab）；1995年在特拉华州的杜邦实验室（DuPont Central R&D Lab）主持声学传感器的开发；2000年加入了香港科技大学电子学系并创建光电技术中心，从事于氮化镓器件和半导体照明的研究。曾获美国国家科学基金会（NSF）杰出女性科学家和工程师奖（FAW）。1996—2002年度担任国际电气和电子工程师协会电子器件学报（IEEE Transactions of Electron Devices）编辑。

**刘木清**

刘木清，男，教授，博士。复旦大学教授，博士生导师，教育部先进照明工程技术研究中心主任。曾任复旦大学电光源研究所所长、光源与照明工程系系主任，目前社会兼职包括国际电光源委员会执行委员、国际白光LED会议执行委员、第十一届国际电光源会议本地委员会秘书长、国家863重大项目半导体照明工程总体专家组成员、中国照明学会理事、中国照明学会学术委员会副主任、上海照明学会副理事长、《中国照明电器》杂志副主编等。研究方向包括LED照明应用技术，包括驱动技术研究、二次光学技术研究、散热技术研究、LED的分析测试与评估技术、LED的照明控制技术的研究与系统开发。曾完成或正在承担国家863项目、科技支撑项目、上海市科技攻关项目、国际合作项目、国内合作项目等数十项。获得上海市科技进步奖等多项。拥有LED等相关专利70余项。多次受邀在国内外作LED及相关报告或主持国内国际会议，发表论文五十余篇。

**刘颂豪**

刘颂豪，教授，光学和激光专家，博士生导师，中国科学院院士。1951年起，先后在中国科学院长春、上海和安徽光学精密机械研究所从事光学和激光研究。20世纪50年代初参加建立中国光学玻璃研制基地，系统研究稀土玻璃成分与性质的关系，发明了稀土光学玻璃新品种，获原国家科委发明奖和中科院优秀奖。60年代初

至70年代研究激光与物质相互作用，发现受激克尔散射效应，对激光武器研究提出了重要发展方向，研究了激光对靶材和光电器件的相互作用效应，为国防科学研究提供了重要参数和宝贵资料，获国防科委重大科研成果奖。80年代初创建我国第一个激光光谱开放实验室，率先建立超声分子束激光光谱学实验方法并与交叉分子束、半导体激光探测光谱技术结合，用于化学反应动力学和基础物理研究。率先在国内开展激光生命科学研究，首次探测到蛋白质分子产生的双光子诱发荧光，取得多项具有国际水平的科研成果，获国家、中国科学院和军队科技进步奖。近十多年来在广东建成激光与光电子学产学研结合的高新技术基地，建立我国第一个激光生命科学实验室及光孤子实验室，科研成果卓著，在光纤通信新技术、激光加工、纳米材料等方面取得重要进展。1996年获广东省自然科学一等奖和高教厅科技进步一等奖，1998年获广东省科技突出成果奖一等奖。先后在国内外重要学术刊物及国际会议上发表论文400多篇、专著3部。

刘颂豪院士曾任中国科学院安徽光学精密机械所所长、中国科学院合肥分院副院长、华南师范大学校长、全国政协委员、广东省科协副主席。现为中国光学学会常务理事、美国光学学会资深会员、华南师范大学信息光电子科技学院院长。

**刘容生**

刘容生，教授，美国康乃尔大学应用物理博士和台湾大学物理学士，现任职台湾“清华大学”－台湾联合大学系统副校长（系统包括台湾“清华大学”、“交通大学”、“中央大学”及阳明大学）、旺宏讲座教授。历任光电工程研究所所长暨光电研究中心主任（2006—2009年），台湾工业技术研究院副院长暨光电工业研究所所长（2000—2006年）、副所长（1998—2000年）、美国GE公司研发中心资深研究员（1972—1998年），美国国防研究总署（DARPA）计划主持人（1992—1997年）、RPI（Troy，NY）物理系兼任教授（1995—1997年）。

刘容生教授为台湾半导体照明产业协会、台湾光通信产业协会创始会长，光学工程学会理事长、北美华人光电学会会长、台湾区电子电机公会理事及光电委员会召集人、电机工程学会理事及光电委员会召集人。刘容生教授是国际光学学会会士，美国光学学会会士、工业技术研究院专家、国际电机电子工程学会资深会员，发表论文近百篇，获得美国专利及发明共28件。

**刘　胜**

刘胜，男，1963年出生，长江学者特聘教授。1992年在美国斯坦福（Stanford）大学获得博士学位；1992—1995年在佛罗里达理工学院任教；1995—2001年任美国Wayne州立大学机械工程系和制造研究所终身教职，电子封装实验室主任；2004年5月至今任长江学者特聘教授、华中科技大学特聘教授、微系统研究中心主任、武汉光电国家实验室（筹）微光机电系统研究部负责人；2002年5月—2006年受聘为科学技术部微机电系统重大专项总体专家组成员；2006年11月至今受聘为科学技术部半导体照明重大项目总体专家组成员。2009年首批入选中组部“千人计划”，2009年当选为ASME Fellow。

主要研究方向为微电子、光电子、LED、MEMS、汽车电子系统封装和组装、快速可靠性评估及设计，微电子机械系统的微尺度检测和计算机辅助设计，IC及PCB设计，先进材料及力学等。所做研究一直得到美国NSF、SRC和中国NSFC重点基金、863项目、973项目、国家IC装备重大专项以及国内外工业界的大力支持。

在国内国际发表文章400多篇，申请和授权中国发明专利、美国专利达到110多项，组织和主办国际会议6次，主笔、参与编写专著7本。先后获得美国白宫总统教授奖（1995）、美国ASME青年工程师奖（1996年）、国际微电子及封装学会（IMAPS）技术贡献奖（1997年）、中国杰出青年基金（B）（1999）、NSF青年科学家奖（1995）、长江学者特聘教授（2004），IEEE CPMT杰出技术成就奖（2009）、中国电子学会电子制造与封装技术分会电子封装技术特别成就奖（2009）、中国物流与采购联合会一等奖（2009）、中国电子学会电子信息科学技术二等奖（2009）。

**陆　卫**

陆卫，男，1962年出生。现任红外物理国家重点实验室主任，博士生导师、研究员。复旦大学物理系激光专业学士，上海技术物理研究所凝聚态物理博士，1991年获德国洪堡基金会的洪堡学者计划资助在德国布伦端克技术大学从事科研工作。

从事IV族、II－VI族、III－V族、IV－VI族半导体材料和反铁磁材料的光学性质研究20多年。近10多年来主要从事分子束外延半导体材料生长及其GaN基材料的特性研究，将量子点概念引入到了GaN基的LED器件设计软件中，发展了进行GaN基LED灯具在空间应用时，进行材料器件筛选用的结温非接触式精确测量方法。发表论文150多篇，国家发明专利授权55项，国家和省部级科技奖等6项，光电子学领域专著1本。

**罗 毅**

罗毅，男，1960年出生，工学博士，教授。1983年毕业于清华大学无线电电子学系电子物理与激光专业，1990年在日本东京大学工学部电子工学科获工学博士学位。1990年4月—1992年3月在日本国光计测技术开发株式会社中央研究所任研究员；1997年起担任集成光电子学国家重点联合实验室主任，现为清华信息国家实验室副主任和教育部长江特聘教授；1996—1998年担任国际电机电子工程师学会量子电子学杂志编委（Associate Editor of IEEE Journal of Quantum Electronic），现为Japanese Journal of Applied Physics编委。

长期从事新一代高性能光纤通信用有源光电子器件、信息显示、半导体照明的器件物理设计、GaN基、InP基和GaAs基材料的外延生长、新型器件结构工艺实现等的研究工作。开创了增益耦合分布反馈（DFB）半导体激光器的研究领域，并将其应用于光子集成中，从而为高速、密集波分复用光纤通信提供了新一代优异光源。曾获山东省科技进步一等奖，总计发表各类论文200余篇，分别被SCI收录50篇，SCI他人引用次数总计316次以上。申请与获得国内外发明专利30余项，其中与半导体照明有关的专利10余项。

**马东阁**

马东阁，男，1967年10月出生，博士，研究员，博士生导师。中国科学院2000年度“百人计划”获得者、2002年获得了吉林省第七届青年科技奖和吉林省杰出青年基金、2003获得了国家杰出青年基金、2004年获得了吉林省“创业先锋”荣誉称号、2004年“百人计划”终期评估被评为优秀、2005年被评为吉林省高级专家、2006年被评为长春市十大杰出青年、2007年获吉林省科学技术进步一等奖和国务院政府津贴、2009年获国家自然科学奖二等奖（排名第二）、2009年“新世纪百千万人才工程”国家级人选、2010年吉林省第十一批有突出贡献中青年专业技术人才。

中国光学学会吉林省光学分会理事、吉林省高级专家协会会员、吉林省照明学会理事、国家自然科学基金委员会第十二届评审专家组成员、长春市重大工业项目规划咨询专家、长春市第十一届政协委员、吉林省汽车电子协会学术专家、中国能源学会高级会员、“中国物理快报”特约评审专家、“物理化学学报”特邀审稿专家、“液晶与显示”编委。

1995年于吉林大学电子工程系半导体光电子学专业获理学博士学位，1995—1997年在中国科学院长春应用化学研究所作博士后，1998年为中国科学院长春应用化学研究所副研究员；1998年9月—2000年1月在巴西Parana联邦大学物理系作访问教授；2000年2月—2001年1月分别访问英国Durham大学和St. Andrews大学物理系从事合作研究员；2001年5月—2001年9月访问香港城市大学材料科学与物理系超金刚石与先进薄膜中心；日本东京工业大学［日本学术振兴会（JSPS）资助］短期访问学者；现任中国科学院长春应用化学研究所先进有机光电材料与器件研究中心器件物理组组长。

主要从事半导体光电子器件与器件物理的研究工作。近年来在有机光电子材料与器件及其物理特性等方面，如有机半导体的电子运输过程、有机发光显示器件、照明用白光有机电致发光材料与器件、近红外有机光子材料与器件、有机晶体管和有机激光器等方面作出了显著成绩。从2001年，主持了国家杰出青年基金，国家自然科学基金面上、重点、重大国际合作基金，国家重点基础研究发展计划973项目，科学技术部863项目，中国科学院“百人计划”项目，中国科学院知识创新工程方向性项目，吉林省杰出青年基金，国家教育部和原人事部留学回国人员科研启动基金项目等项目。自1996年以来，在有机光电子材料与器件领域在国内外核心期刊如Adv. Mater.，Appl. Phys.，Lett.，J. Appl. Phys.等上共发表论文200余篇，其中国际期刊180余篇，论文被他人引用500余次，多次在国际、国内学术会议上做邀请报告，申请中国发明专利13项，授权专利8项。





**茆学华**

茆学华，男，1963年出生，研究员。浙江大学浙大之光光电研究所。从事散热材料及半导体照明产品的研发和生产近20年，先后参与发明了国内首款LED霓虹灯，直接取代传统霓虹灯应用于亮化工程；攻克了大功率LED的散热难题，发明了多种声子散热合金材料、导热胶，发明了多款大功率LED灯的导散热器件和二次光学系统，应用于大功率LED路灯、隧道灯、泛光灯；集成封装大功率LED照明系统及智能控制软件；金属表面高导热绝缘陶瓷技术等。参与了2008年浙江省重大科技专项——超高亮度LED线性光源研发及产业化项目；2009年浙江省文物局重大科技专项——博物馆光环境的无线控制网络及文物环境保护研究课题攻关任务；2010年杭州市信息服务业发展专项课题，定向配光LED光源及智能照明系统；2010年国家文物局重大科技专项——文物光环境保护研究课题攻关任务。参与完成城市照明规划杭州市2007重点工程——杭州吴山景区城隍阁照明规划，北京市2008重点工程——天安门广场东南区照明改造工程及规划，上海市2009世博工程——上海外滩亮灯改造，外滩12号浦发银行总部大楼，外滩上海市国有资产管理总部大楼，上海市张江高新科技园区照明规划，复旦大学新闻学院照明规划，上海市南京路沿街景观亮化改造工程等。发表各种论文10余篇，专利8项。

**牛憨笨**

牛憨笨，男，山西人。中共党员，研究员，中国工程院院士，博士生导师，光电子学专家。1993年被国务院学位委员会评为中国科学院西安光学精密机械研究所“电子、离子与真空物理”（现“物理电子学”）学科首批博士生导师。1979年8月—1981年11月作为访问学者在英国帝国理工学院物理系从事皮秒和飞秒超快诊断技术研究工作，后应邀到英国、前苏联、法国、美国和我国台湾省进行合作研究或讲学。长期从事微光夜视、变像管超快诊断和生物医学成像等方面的研究工作，发展了光谱覆盖近红外到X射线、时间分辨从纳秒到亚皮秒、增益达6个量级的不同类型的变像管和变像管相机，为我国国防建设和高科技发展做出了重大贡献，曾获国家发明奖二等奖2项、三等奖1项、国家科技进步特等奖（主要参加者）1项、三等奖2项，中国科学院科技进步一等奖5项，二等奖1项，发表论文200余篇。1991年获国务院特殊津贴，1992年被评为国家级有突出贡献中青年专家，1993年获第二届王丹萍科学奖，1996年被评为西安市劳动模范，1997年被评为陕西省先进工作者和中国科学院优秀研究生导师，同年当选为中国工程院院士，2001年被评为广东省教书育人先进个人。1999年9月从中国科学院西安光学精密机械研究所调入深圳大学后先后组建了深圳大学光电子研究所和光电工程学院；建成了从工艺到测试的光电子学实验室；建立了光学工程博士点，物理电子学、电路与系统和光学工程硕士点，测控技术与仪器和光电信息工程两个本科专业；同时还建立了光电子器件与系统教育部重点实验室、广东省光电子器件与系统重点实验室以及863-804光电诊断技术重点实验室，开展研究和培养人才。近年来，他主持了多项国家和省市项目，并指导硕士和博士研究生围绕生物光子学、超快诊断、光电子材料与器件开展了深入的研究工作。

**秦国刚**

秦国刚，男，1934年生，中共党员。北京大学物理学院教授、博士生导师、中国科学院院士。长期从事半导体材料与器件物理研究，获得中国物理学会2000—2001年度叶企孙物理奖。1961年2月于北京大学物理学专业研究生毕业，1961—1962年于山东海洋学院从事教学工作，1962—1979年于北京大学无线电系从事科研、教学工作，1979年至今于北京大学物理系从事科研、教学工作，1986年至今担任北京大学物理系博士生导师，2001年当选中国科学院院士。

**邱　勇**

邱勇，男，清华大学教授，长江学者特聘教授，“国家杰出青年科学基金”获得者。1988年本科毕业于清华大学化学系，1994年获得清华大学理学博士学位，毕业后留校任教，从事有机光电材料及器件的研究工作。目前的研究工作包括有机半导体材料及传输机理、有机发光显示材料和器件、有机晶体管等。主持建设了我国第一条OLED中试生产线和OLED大规模生产线。现任清华大学副校长、有机光电子与分子工程教育部重点实验室主任、科学技术部“十一五”863“新型平板显示技术”重大项目总体专家组组长、中国信息显示学会副理事长、中国感光学会副理事长。

**饶海波**

饶海波，男，工学博士，教授，博士生导师。现从事光学工程、物理电子学领域的教学与科研。2003—2004年，美国Georgia Institute of Technology访问学者。“高亮度高分辨率YAG显示管”项目获1996年原电子工业部科技进步一等奖，1998年获国家技术发明二等奖，排名第五；2005年完成单片式被动调Q微激光器样品的研制，为国内首创；2006年完成30mm×38mm分辨率达到128×160线全彩色显示PMOLEDs屏的研制工作，器件性能指标处于国内一流，并在PMOLEDs技术上与当时国际先进水平接轨；2008年完成了863半导体照明工程重大课题“功率型白光LED封装关键技术——荧光粉涂层技术的研究”；2010年完成了四川省白光LED荧光粉平面涂层技术的应用基础项目。已有五十多篇论文发表于国内外一级学术刊物如Journal of Display Technology、Journal of Crystal Growth、SPIE（invited paper）、物理学报等上，发明专利授权五项。

**荣浩磊**

荣浩磊，男，博士，高级工程师。北京清华城市规划设计研究院光环境设计研究所所长、生态与绿色建筑研究中心副主任、中国照明学会理事、北京照明学会副秘书长、《照明设计》杂志社编委会副主任。

以城市照明、建筑照明、居住建筑天然光环境为主要研究方向。为国家标准《城市照明规划规范》的主要编制人，着重于提出城市照明规划的工作方法，以及对规划成果的规范要求；作为主要编制人之一参与了地方标准《北京夜景照明技术规范》、《北京城市照明标准体系》的编制；专业技术工作主要涉及城市照明总体规划、街区照明详细规划、建筑照明设计、景观照明设计、天然光模拟分析等方面，作为项目负责人参与了包括主持北京、广州、深圳、温州等城市照明总体规划；北京市商务中心区、中关村西区、长安街等照明详细规划；国家博物馆、中国科技馆、武汉东站以及奥林匹克森林公园等多项景观与建筑照明设计等多项照明设计；并作为国家863计划“天元景观半导体照明”课题组副组长。曾在国际CIE会议和全国性会议上作多次主题发言，发表论文多篇，作为主要译者之一参与了《建筑照明设计》、《照明设计基础》的翻译，并翻译了多篇照明专业文章。

**邵春林**

邵春林，男，博士。江苏南通市人。1980年先后在名古屋工业大学和名古屋大学深造，1986年3月获日本帝国大学——名古屋大学工学博士学位，2002年获名古屋工业大学博士生导师资格。曾在世界一流的日本“先端研究中心”和大型企业中央研究所从事过包括化合物半导体材料、光电器件和半导体工艺的研发和教学工作。著译书6册，发表论文及科研报告100多篇次，主持和参与科研项目20多项。现任上海半导体照明工程技术研究中心技术委员会专家、上海LED半导体照明研发应用中心专家指导委员会专家、扬州新光源科技开发有限公司总工程师、山西省新材料工程技术研究中心研究员、中国太原理工大学客座教授、曾任上海宇体光电有限公司首席科学家。

**沈　波**

沈波，男，1963年出生，教授。曾担任“十五”863计划新材料领域光电子主题项目验收专家，现为北京大学物理学院长江特聘教授、分管科研工作的副院长。1985年毕业于南京大学物理系半导体专业，1995年于日本东北大学材料科学研究所获博士学位。1998—1999年任日本东京大学产业技术研究所客座研究员，2000—2004年任南京大学物理系教授，2003年获国家杰出青年基金，曾短期担任日本东京大学先端科技研究中心、千叶大学电子学与光子学研究中心客座教授。

1995年以来一直从事GaN基宽禁带半导体材料、物理与器件研究，先后主持和作为核心成员参加国家973计划项目、国家863计划项目、国家自然科学基金重点项目、国防科工委重大基础研究计划项目、教育部重大研究计划项目、教育部优秀青年教师基金、北京市自然科学基金等10多项科研项目。迄今在国际刊物上发表学术论文90多篇，论文被引用超过300次，在国际学术会议上做邀请报告4次，获国际学术会议“最佳论文奖”1次和全国学术会议“优秀论文奖”3次，获得国家发明专利3项、申请5项，获国家自然科学二等奖（2004年）、国家技术发明三等奖（1999年）以及省部级科技进步奖2项。

**沈　辉**

沈辉，男，1956年出生。深圳市太阳能学会理事长，中山大学太阳能系统研究所所长，教授、博士生导师，德国德累斯顿大学材料科学博士。

研究方向：太阳能材料：包括光热转换材料、太阳光谱选择性吸收材料与产业化技术；太阳电池与光伏理论：包括多晶硅薄膜太阳电池结构与高效太阳电池的试验与理论研究；太阳能技术：包括光伏建筑集成（BIPV）、太阳能半导体照明、光伏并网发电技术；纳米功能材料：包括磁性液体、光电致变色材料与器件。

近年承担十几项国家级和省部级科研项目。

**沈光地**

沈光地，男，1939年出生，博士，教授，博士生导师。现任北京工业大学电子信息与控制工程学院院学术委员会主任，北京光电子技术实验室室主任，北京工业大学固态电子学研究所所长。教育部国家重点实验室北京光电子技术实验室首席科学家、实验室主任。中国物理学会理事，半导体器件与集成技术分会委员。

1962年北京大学物理系大学毕业，1966年中国科学院半导体所研究生毕业，毕业后留所工作。1981—1985年兼任中国科技大学半导体专业主任，1985—1992年在瑞典等欧美国家留学讲学。回国后，创建北京市光电子技术实验室和北京工业大学半导体器件与集成电路博士点。在国内外从事光电子学和超高速微电子学研究30余年，在国内外主持过40多项重大科研课题研究，已发表学术论文200多篇，其中被SCI、EI收录100多篇，出版专著1部，国家发明专利4项获得授权，10多项正在审查；获国家级科技奖励3项，省部级科技奖3项；已培养近百名硕士、博士研究生。2003年被授予“全国模范教师”的荣誉称号，培养了一名“教育部百篇优秀博士论文”获得者。

**沈海平**

沈海平，男，讲师，博士。2003年本科毕业于浙江大学光电系，而后直接攻读浙江大学光学工程专业博士，研究领域包括LED光辐射测试、可靠性预测和二次光学

设计，曾在杭州远方光电信息有限公司从事LED相关研究工作4年，2008年博士毕业后进入复旦大学电光源研究所工作。作为课题负责人主持完成上海市科委科研计划项目1项，作为主要参加人员参与完成国家863项目4项、省部级项目5项，发表学术论文近50篇，多次在国际国内学术会议上作报告，申请发明专利10项，实用新型10项。

**沈家骢**

沈家骢，男，1931年9月出生，高分子化学家，中国科学院院士。现任吉林大学化学学院教授、超分子结构与材料教育部重点实验室学术委员会副主任、兼任浙江大学材料与化学工程学院院长。于1993年创建超分子结构与材料教育部重点实验室，并先后任实验室主任、学术委员会主任和副主任。沈家骢院士的研究领域为聚合反应微观动力、超分子组装体系、有机高分子光电信息材料、生物医用材料等。在超分子化学、组装与自组装深入研究基础上，他与他的研究集体开展了有机/高分子光电信息材料与器材，突破荧光发光的局限，提出磷光发光的思路，开展了磷光发光机理及宽禁带半导体的研究，为高效电致发光铺平道路；从有机发光体的凝聚态有序结构出发，提出了设计高传输性发光材料的理念，从而开拓了有机发光晶体的新思路。从2001年起他一直担任国家自然科学基金委员会光电信息材料与器件重大计划的专家组组长。共发表文章400余篇，出版专著3部，于1989年和2004年两次获得国家自然科学二等奖。

**师昌绪**

师昌绪，男，1920年出生，河北徐水县人。金属学及材料科学专家。1945年毕业于国立西北工学院，1948—1955年留学美国，获欧特丹大学冶金博士，而后在麻省理工学院做博士后研究。1955—1985年在中国科学院金属研究所从事高温合金及高合金钢研究，领导研制出我国第一代空心气冷铸造镍基高温合金涡轮叶片等多项成果，并得到推广应用。曾获国家级奖10项、光华工程科技成就奖、国际实用材料创新奖等。曾任金属研究所所长、中国科学院技术科学部主任、国家自然科学基金委员会副主任、中国工程院副院长等，现为基金委特邀顾问、金属所名誉所长、中国材料研究学会名誉理事长、中国生物材料委员会主席、国家科技图书文献中心理事长、两院资深院士联谊会会长等。

1980年当选为中国科学院院士，1994年当选为中国工程院院士，1995年当选为第三世界科学院院士。

**宋贤杰**

宋贤杰，男，副教授。1977年毕业于复旦大学电光源专业，现任复旦大学光源与照明工程系教学系主任和电光源研究所副所长，同时兼任中国照明学会交通运输照明和光信号专委会主任及中国照明电器协会人才培训工作委员会主任。

曾经承担多项国家863重大课题及省部道路照明相关研究课题。还参与编写绿色照明丛书——《高效照明系统设计指南》一书和参与多项国家标准的审核。

最近，在开发和研究大功率LED路灯领域中，参与了二次配光、透镜设计及在光电检测方面都具有较高质量的学术论文，并培养了相关领域的研究生。

**苏　锵**

苏锵，中科院院士、教授、博士生导师。1952年从北京大学毕业后，到中国科学院长春应用化学研究所工作，1983年任研究员，1995年当选为中国科学院院士，1999年受聘中山大学，任化学与化学工程学院教授。曾任第二届国际稀土光谱讨论会主席，第三届巴黎国际f元素会议国际科学委员会委员，2001年巴西国际稀土会议国际顾问委员会委员，2003年波兰第四届国际稀土光谱、结构与合成讨论会议国际顾问委员会委员。兼任《化学学报》、《高等学校化学学报》、《Chinese Journal of Chemistry》、《Chemical Research in Chinese Universities》、《无机化学学报》、《应用化学》、《中国稀土学报》、《稀土》等刊物的编委，《发光学报》副主编。中国物理学会发光分科学会名誉主任，中国稀土学会发光专业委员会名誉主任。

主要研究方向：稀土发光材料，特别是固体照明发光二极管，长余辉夜光材料和显示材料。

**孙　卓**

孙卓，男，1967年出生，博士。华东师范大学终身教授及新加坡南洋理工大学客座教授、教育部“跨世纪”优秀人才基金及上海市“浦江”和“优秀学科带头人”人才基金获得者、“紫江”学者特聘教授、博士生导师。目前担任纳光电集成与先进装备教育部工程研究中心主任、上海市真空学会理事长、兼任上海市光电子协会半导体照明（LED）专业委员会主任和上海市半导体照明工程技术研究中心技术委员会副主任。创办了多家纳米科技公司（美国Nanocs、上海纳晶科技、上海芯光科技、苏州晶能科技等）。长期从事纳米薄膜材料与器件及装备系统的研究和产业化应用。主持了新加坡和中国上海市纳米光电子及先进装备等方向的二十多项重点攻关项目，成果转化已达数千万美元。1989 年毕业于兰州大学物理系半导体器件专业，1992 年获固体电子学硕士学位，1995 年获核物理专业博士学位；随后为上海交通大学材料系博士后，新加坡南洋理工大学微电子系博士后及研究员（1996—2003 年）。作为执行主席在中国首次成功举办了国际信息显示学会（SID）的“Asia Display’07”大型国际会议，并获得 SID2007 年度“AD07”杰出领导与贡献奖；并担任了国际电气电子工程学会（IEEE）主办的“Nanoelectronics2008 纳米电子学”、中德真空技术应用（AVT2010）等国际会议的执行主席。近年来在纳米光电材料与器件如半导体照明、平板显示、薄膜太阳电池（LED/FED/TFPV）等的研究和应用方面取得突破，荣获上海市科教党委系统首届青年科技创新人才奖、上海市“IT 青年十大新锐”和上海光电子产业贡献奖、中国侨界创新成果贡献奖等多个奖项和荣誉称号。在国内外已申请了 50 多项发明专利。在国际学术刊物及会议上共发表论文 200 余篇，其中 SCI 收录 100 余篇、EI 收录 100 余篇，被引用 1000 余次。

**王　悦**

王悦，男，教授，1962 年 12 月出生。现在吉林大学超分子结构与材料国家重点实验室工作。1991 年于吉林大学获得博士学位，2002 年获国家杰出青年基金，2007 年入选教育部长江学者“特聘教授”。在有机光电材料的设计、合成、组装及性能方面开展了一系列研究，已经在国内外核心学术期刊（包括 Angew. Chem. Int. Ed.，J. Am. Chem. Soc.，Adv. Mater.，Adv. Fun. Mater.，Chem. Commun.，J. Phys. Chem. B，Chem. Mater. 等）发表 SCI 研究论文 150 余篇。主要研究方向包括以下几个方面：①有机光电材料的超分子组装及性能；②有机电致发光材料的设计与合成；③有机传感材料；④有机光伏材料与器件。

**王　钢**

王钢，男，教授，博士生导师，教育部新世纪人才支持计划入选者。2001 年 4 月毕业于日本国立名古屋工业大学，取得工学博士学位。2001 年 4 月—2004 年 4 月，就职于日本富士通量子器件公司，主要从事应用于 10Gp/s、40Gp/s 超高速光通信系统的 InP 基光敏二极管芯片与探测器模块的研究开发工作。2004 年 5 月至今，作为中山大学“百人计划”引进人才，受聘于中山大学，主要从事 GaN 基化合物半导体材料生长及相关光电子器件制备方面的研究工作。现任中山大学（理科）学术委员会委员、光电材料与技术国家重点实验室主任助理、中山大学半导体照明系统研究中心主任、中山大学佛山研究院院长、科学技术部“863”重大项目“半导体照明工程”总体专家组成员、广东半导体照明工程省部产学研创新联盟理事长。

**王海波**

王海波，男，研究员级高工，硕士生导师。南京工业大学电光源材料研究所所长，中国照明电器协会副理事长、材料专业委员会主任，江苏省照明学会副理事长，江苏省照明电器协会副理事长。江苏省“333”工程科技领军人才，江苏省科技成果转化专项评审专家，《中国照明电器》杂志编委。长期从事电光源材料的研究，重点研究方向为稀土发光材料、白光 LED 封装和制造。近年来，先后主持并完成国家“十五”攻关项目、国家科技支撑计划项目、中俄总理会晤科技项目、江苏省“十五”攻关项目和国际合作项目等 21 项，在发光材料，半导体照明领域取得或已公开发明专利 21 项，发表论文 50 余篇，SCI、EI 各收录 2 篇，培养研究生 18 人。

**王军喜**

王军喜，男，博士，研究员，博士生导师。分别于 1998 年和 2000 年获得西北大学学士学位和硕士学位，2003 年获得中国科学院半导体研究所工学博士学位，自 2003 年至今在中国科学院半导体研究所工作。目前研究方向主要为氮化镓材料的 MOCVD 生长研究及器件制备。从事氮化物材料生长和器件研制工作 8 年，熟悉 MOCVD 、MBE 和 HVPE 生长设备和相关材料分析表征方法。负责自主设计并制备了一台 HVPE 厚膜 GaN 材料生长设备，获得了厚膜 GaN 材料生长速率超过了每小时 200μm，晶体质量位于国内领先水平；在“十一五”期间，负责引进了一台 MOCVD 生长设备，用于 GaN 基 LED 材料生长研究和紫外 LED 材料研究。负责国家 863 重大专项子课题“紫外 LED 用 AlGaN 材料生长研究”和中国科学院“硅基 GaN 外延材料”课题研究工作，同时主持承担国家自然科学基金项目“GaN 基气敏传感器材料和器件研究”课题，目前课题进展顺利。多次参加国内外学术会议，在国内外高质量学术期刊上发表研究论文 40 余篇。

**王俊朝**

王俊朝，男，1963 年 2 月出生，研究员。1983 年 7 月毕业于西北电讯工程学院，国务院政府特殊津贴获得者。现任中国电子科技集团第四十八研究所副所长，中

国电子专用设备工业协会副理事长，SEMI 中国光伏委员会委员。国家“863”计划新材料领域专家，科学技术部国家技术前瞻（先进制造领域）研究组专家，国家中长期科技规划（装备业）专家组成员。长期从事微电子、光电子、太阳能光伏设备的研究，曾承担并组织实施过多项国家军事型谱攻关、863 等重大科技项目并多次获得省部级以上科技进步奖项，发表相关论文 10 多篇。

**王良臣**

王良臣，男，研究员。中国科学院半导体研究所博士生导师。近 40 年来，主要从事半导体器件（包括微电子、光电子、有源及无源）及其集成电路的设计和制备技术等多项研究工作。20 世纪 90 年代初，作为高级访问学者在美国 UCSB 从事激光器的研究。作为课题主要负责人曾承担国家基金委、国家 863 和 973、军工及国家攻关项目等多项科研任务，多次获得中国科学院科技进步奖及科学技术部重大成果奖。申请多项国际与国家发明专利，在国内外期刊发表文章 30 余篇，培养博士研究生十多名。现任中国科学院研究生院和北京邮电大学客座教授，具有丰富的教学与科研经验。“九五”和“十五”期间开展了 GaN 基功率型 LED 的研制，在国家半导体照明中心办公室和北京科委组织的多次评比考核中均位居前列，该成果在 2006 年 2 月通过中国科学院的院级鉴定。目前正围绕“十一五”国家半导体照明规划积极开展工作。

**王启明**

王启明，半导体光电器件学家。1934 年生，福建省泉州人。1956 年毕业于上海复旦大学。1985—1994 年曾任中国科学院半导体研究所所长，国家“863”计划信息领域专家委员会委员。1991 年当选为中国科学院院士。20 世纪 70 年代以来，一直致力于半导体与光电子学的研究，先后主持多项国家重点攻关任务和“863”高科技研究任务，率先在国内研制成功短波长半导体激光器，双隐态半导体激光器和硅雪崩光电探测器。多次获国家、中国科学院科技进步奖。1999 年，获何梁何利科学与技术进步奖，现主持“半导体光子集成基础研究”重大基金研究项目，并致力于硅基光电子学的开拓。多次被授予国家有突出贡献中青年专家称号，在国内外学术界先后担任多项职位，是中国电子学会、中国光学学会理事，中国通信学会会士，中国半导体学会委员及信息光电子专业委员会主任，以及《中国科学院院刊》、《半导体学报》、《光学学报》等学术杂志编委，《世界科技研究与发展》杂志顾问。以第一作者身份在国内外发表科技论文近百篇。

**王文新**

王文新，男，中国科学院物理研究所表面物理国家重点实验室主任工程师。自 1986 年参加工作以来先后在中国科学院长春物理研究所从事铅盐半导体材料的生长和 GaP: N 发光动力学的研究，在中国科学院物理研究所从事 GaAs 基、GaN 基的微电子材料和光电子材料的生长工作，包括量子阱 Laser、P－HEMT、MMHEMT、RTD、发光二极管、量子阱红外焦平面探测器、自旋电子学材料、GaAs 光阴极材料等生长研究。其间曾在日本理化学研究所做访问学者，从事 ZnCdSe/ZnSe 量子点的生长和发光特性研究；在香港科技大学做访问学者，从事 InAs/GaSb 的外延材料生长和共振隧穿二极管的研究。

**王　圩**

王圩，半导体光电子学专家，中国科学院院士。1937 年 12 月生于河北。1960 年毕业于北京大学物理系。早期从事无位错硅单晶和Ⅲ－Ⅴ族化合物异质结液相外延研究，为使我国砷化镓基激光器从液氮温度提高到室温工作作出了贡献。1979 年开始从事长波长镓铟砷磷四元双异质结激光器和动态单频激光器研究，其中代表性成果包括应变层多量子阱分布反馈激光器、反位相增益耦合型分布反馈激光器及其与扇形放大器单片集成的主振功放器件、电吸收调制器和分布反馈激光器单片集成器件等，为我国光纤通信用半导体光电子器件的发展作出了贡献。1997 年当选为中国科学院院士。

**王晓亮**

王晓亮，男，博士，研究员，博士生导师。中国科学院半导体研究所科技开发处处长、材料中心半导体信息功能材料与器件课题组负责人、中国科学院半导体研究所第八届学术委员会委员、西安交通大学兼职教授、中国科学院研究生院教授、中国电子学会理事、中国电子学会半导体与集成技术分会委员会委员、中国电子学会半导体与集成技术分会秘书长、中国材料研究学会青年委员会理事、全国半导体设备和材料标准化技术委员会材料分技术委员会委员、中国光学学会光电技术专业委员会委员、中国电子科技集团公司“砷化镓微波毫米波单片和模块电路国防科技重点实验室”学术委员会委员、“陕西省信息光

子技术重点实验室”学术委员会委员。

长期从事半导体材料和器件的研究工作，主持多项有关氮化镓材料和器件的国家项目。“九五”期间在国内率先研制成功压电极化效应诱导的高质量 AlGaN/GaN 二维电子气结构材料。“十五”期间，作为课题负责人在 GaN 基高频大功率电子材料领域取得突破性重大进展，在蓝宝石和 SiC 衬底上研制出具有自主知识产权、性能为国内领先和国际先进水平的 AlGaN/GaN HEMT 结构材料，所主持的“高性能氮化镓外延材料”项目已通过中国科学院组织的专家鉴定［中科院鉴字（2006）第 020 号］，鉴定结果认为氮化镓外延材料为国内领先、达到国际先进水平，二维电子气结构材料性能为国际领先水平。用所研制的材料与中电集团十三所合作研制出我国第一支氮化物高温 HEMT 器件和第一支国产 X 波段微波功率器件，与中电集团 55 所合作研制出 8GHz 下连续波输出功率超过 110W 的微波功率器件和国内第一块 X 波段 GaN 基 MMIC。

从 20 世纪 90 年代至今在国内外主要学术刊物上发表研究论文 90 余篇，申请国家发明专利 20 余项（已授权 11 项），2006 年获中国科学院国防预研先进个人荣誉称号。目前负责国家 863“半导体照明工程”项目“MOCVD 生长等关键设备”课题。

**王占国**

王占国，男，1938 年 12 月出生，半导体材料及材料物理学家。1962 年毕业于南开大学物理系，同年到中国科学院半导体研究所工作。现任中国科学院半导体研究所研究员、半导体材料科学重点实验室学委会荣誉主任、中国电子学会半导体和集成技术分会主任、国家 973 计划材料领域咨询专家组组长、北京市人民政府第八届专家顾问团顾问、天津市人民政府特聘专家和多个国际会议顾问委员会委员。曾任中国科学院半导体研究所副所长，国家高技术新材料领域专家委员会委员、常委、功能材料专家组组长，国家 S-863 计划纲要建议软课题研究新材料技术领域专家组组长和中国材料研究学会副理事长。1995 年当选为中国科学院院士，现任中国科学院信息科学部副主任。

长期从事半导体材料和材料物理研究。其中，人造卫星用硅太阳电池辐照效应和电子材料、器件和组件的静态、动态和核瞬态辐照实验结果，为我国的两弹一星事业发展做出了贡献。在半导体深能级物理和光谱物理研究方面取得多项国际先进水平的成果。近年来，他领导的实验组又在半导体低维结构材料（如量子点、线、量子阱以及量子点、线、量子阱超晶格材料）生长、性质和量子器件研制方面获得突破。上述研究成果先后获国家自然科学二等奖和国家科技进步三等奖，中国科学院自然科学一等奖和中国科学院科技进步一、二和三等奖以及何梁何利科学与技术进步奖多项，在国际著名学术刊物发表论文 200 余篇，编著 3 部；培养博士、硕士研究生和博士后近百名。

**文尚胜**

文尚胜，男，生于 1964 年，湖北省黄冈市人，博士，教授，硕士生导师。华南理工大学信息显示与光电技术专业主任、广东省照明电器协会副会长、广东省照明电器协会半导体照明（LED）专业委员会主任；科学技术部 863 计划专家库专家、科学技术部 863 计划半导体照明工程重大项目主持人、广东省科技厅半导体照明专题项目主持人。20 世纪 90 年代中期就开始从事高亮度 LED 的 MOCVD 外延生长研究工作，之后主要开展 LED 实用技术和 OLED 前沿技术的研究工作。主要包括 LED 照明灯具的驱动技术、散热设计技术、光学设计技术、动态 LED 背光源技术、LED 专利检索分析、高效白光 OLED 器件喷墨打印制备技术、白光 OLED 背光源技术、3D OLED 显示技术的研究。主编出版一部学术专著、二部本科教材。发表学术论文 60 余篇、申请及获得授权国家发明专利 10 余项。

**吴恩柏**

吴恩柏，男，博士。于 2005 年加入香港应用科技研究院。作为研究院的副总裁、群组总监及材料与构装群组的创建人，吴博士创建研究团队，制定材料与构装群组的研发策略，开展平台技术并进行产品开发及产业化。包括 LED 芯片和封装、LED 在室内和室外照明以及在 LCD 背光和微型投影方面的应用，风能、压电能和光伏太阳能，锂电池，CMOS 图像传感器、三维构装和微型相机模块，喷印电子，医疗保健电子，半导体封装，微机电系统。此期间，吴博士率领团队，建立了超过 150 项申请中美专利的技术平台，并进行了逾百项的技术授权予中国香港及内地企业，以及成功分拆防抖动摄像机专利技术及研发团队于香港科学园成立公司。吴博士同时在多个中央、省及地方机构及协会担任专家顾问，指导产业发展策略及技术。

在香港应用科技研究院之前，作为台湾工业技术研究院电子所的副所长，吴博士建立了电子所的半导体先进电子封装技术中心和管理了平板显示技术中心，带领这两个台湾最庞大的应用研究团队，为台湾打造世界级的电子构装产业和平板显示产业，提供技术授权和技术与高阶管理人才孵化。

吴博士于美国加州大学（伯克利校区）获得应用力学博士学位，职业生涯始于 1982 年美国硅谷 Nutech、Impell 及 Bechtel 三家公司，以及加州大学（伯克利校区）材料博士后研究。1989 年起，吴博士担任台湾大学教授逾 15 年、台湾“中央研究院”顾问 5 年，并全职借调及担任顾问至台湾工业技术研究院 6 年。吴博士在微电子、光电子、医疗电子、材料、精密测量、信号处理、波动、振动、断裂、控制与优化等领域发表超过 150 篇期刊及会议论文，合著三本学术书籍，并拥有超过 20 项专利；获台湾“教育部”颁发教学特优奖章，台湾科学委员会两度颁发研究优秀奖，台湾工程师学会工程论文奖，以及多项最佳学术论文奖。吴博士同时是美国机械工程师学会（ASME）的 Fellow。

**吴以成**

吴以成，男，1946 年 11 月出生。1969 年毕业于中国科学技术大学近代化学系，中国科学院理化技术研究所研究员、中国工程院院士。光电功能晶体是光电子技术领域的重要基础材料，在信息、能源、医疗、国防等领域有重大应用价值。主要研究新型非线性光学材料探索，晶体生长及非线性光学特性研究，晶体结构与非线性光学性能关系研究及无机非线性光学晶体分子设计，其他光电功能晶体材料。

**夏冠群**

夏冠群，男，1941 年出生，研究员。现任职于上海半导体照明工程技术研究中心和中国科学院上海微系统与信息技术研究所。

1966 年毕业于北京钢铁学院冶金过程物理化学专业，1977 年毕业于复旦大学半导体专业研究生班。主持与参加过有关“化合体半导体材料、器件与电路”、“汽车电子产品”和“LED 灯具自主研发”等多项原国家科委、国家自然科学基金、中国科学院和上海市研究开发项目。近年来，主持与参加世博沪上·生态家的 LED 照明示范工程和上海豫园 LED 景观照明工程。先后获得中国科学院和省部级科技成果奖 20 多项，发明专利和实用新型专利 20 多项，发表论文 150 多篇，获国务院授予的政府特殊津贴与证书。

**夏建白**

半导体物理专家。1939 年生于上海，原籍江苏苏州。1965 年北京大学物理系研究生毕业。中国科学院半导体研究所研究员。2001 年当选为中国科学院院士。

在低维半导体微结构电子态的量子理论及其应用方面进行了系统的研究。提出量子球空穴态的张量模型，获得重轻空穴混合的本征态，并给出正确的光跃迁选择定则。提出介观系统的一维量子波导理论，对任意复杂的一维介观系统给出了直观、简单的物理图像和解析结果。提出（11N）取向衬底上生长超晶格的有效质量理论，解决了一大类非（001）取向衬底生长超晶格的空穴子带的理论问题。提出计算超晶格电子态的有限平面波展开方法，用赝势理论研究了长周期超晶格，解决了用平面波方法计算大元胞晶体电子态的困难。提出半导体双势垒结构的空穴隧穿理论，发展了多通道的传输矩阵方法。

**徐建中**

徐建中，男，研究员，中国科学院院士。1963 年毕业于中国科学技术大学，1967 年中国科学院力学研究所研究生毕业。先后在中国科学院力学所、工程热物理所从事叶轮机械气动热力学、计算流体力学、多相流动、燃气轮机、分布式能源系统、能源清洁高效利用、风能利用等领域的应用基础研究、应用和开发工作，在国内外发表论文 100 余篇，曾获国家自然科学二等奖、中国科学院重大科技成果一等奖等多项奖励。1984 年被批准为首批国家级“有突出贡献中青年科技专家”，1995 年当选为中国科学院院士。曾任中国科学院技术科学部主任，现为中国科学院工程热物理研究所研究员、中国工程热物理学会理事长、《工程热物理学报》主编、《中国科学：技术科学》副主编。

长期从事内部流动气动热力学基础研究与应用研究，提出了叶轮机械三维激波关系，发展了三元流动理论，提出了一系列行之有效的跨声速流动和黏性流动的数值解法，如跨声速流函数方法、非等熵势函数方法、拟流函数方法、相干黏性层模型、略微简化 Navier - Stokes（SRNS）方程等；将科研成果成功地用于工程实践。近年来，在风能叶片研发和航空航天动力方面取得一些成果。现承担国家重大基础研究发展规划项目、国家安全重大基础研究项目、863 高技术项目，以及国家自然科学基金重点项目与有关部门委托课题。

**徐现刚**

徐现刚，男，1965 年 1 月出生，山东人，1992 年获得山东大学博士学位。自 1989 以来一直从事化合物半导体外延材料（包括砷、磷、锑和氮化物）的 MOCVD 生长和器件制作，并于 2000 年开始从事大直径 SiC 单晶的生长及其衬底加工。迄今已发表相关论文 150 多篇。1995—2000 年先后留学德国、加拿大和美国，继续从事 MOCVD 的研究与产业化工作。获得德国洪堡奖学金、英国 IEE 最佳论文奖、美国 IEEE 杰出论文奖等。自 2000 年被山东大学聘为长江学者奖励计划特聘教授，并在山东华光光电子有限公司担任副总经理。

**徐志刚**

徐志刚，男，1967 年出生，博士（后），教授，博士生导师。南京农业大学农学院农学系副主任、农业生物光源研究室主任、实验室主任。入选为南京农业大学“133 人才工程”。1994—1996 年，在东南大学电光源研究中心做合作研究；2002 年获博士学位。主要研究领域：光生物学与 LED 生物光源、设施农业与植物工厂、生物光电信息技术与生物仪器研发。先后主持研究国家“863”项目、国家自然科学基金项目、江苏省自然科学基金项目、国家支撑计划项目和国家博士后科研基金等科研课题。发表论文 30 篇，获得国家发明授权专利 4 项，主编教材 2 部，参编教材 3 部。

**杨富华**

杨富华，男，1961 年出生，博士，研究员，博士生导师。中国科学院半导体研究所集成技术研究中心主任、半导体超晶格国家重点实验室副主任（兼）、中国微米纳米技术学会理事、中国纳米技术学会分会常务理事。法国图鲁兹 Paul Sabatier 大学博士毕业，主要从事半导体低维结构的物理和器件研究。作为半导体所集成技术研究中心的主任，主要负责了大型设备的调研、选型以及其他配套设备的方案确定，参与了集成技术研究中心的整体建设，带领中心朝气蓬勃的技术团队发展了专业化和集成化的半导体工艺和表征测试技术，开展了所内外广泛的科研合作，得到了同仁的肯定和认可。发表论文 60 余篇，专利 20 余项。在以下科研工作方面取得了较好的成绩：共振隧穿二极管的物理及其分立器件和集成电路；量子阱和量子点平面微腔的物理研究；半导体光子存储器的研究；APD 雪崩二极管和红外单光子探测系统研制；单电子晶体管及其电路，大功率 LED 的芯片研发。

**杨克武**

杨克武，男，汉族，中共党员。1955 年 7 月 15 日生，陕西省乾县人。1982 年 2 月毕业于西安电子科技大学技术物理系半导体专业，获工学学士学位。1982 年 2 月在中国电子科技集团公司第十三研究所参加工作至今，现任所长，研究员级高级工程师。

长期从事硅功率、砷化镓器件研制工作，曾负责和参加了“SZ 系列四种 GaAs VHSIC 产品”、“GaAs 2”工艺技术和“VHSIC”、“GaAs VHSIC”等重大课题，获部级科技进步一等奖、二等奖和“七五”国家科技攻关荣誉证书。曾被多次评为所级先进工作者、优秀共产党员、优秀科技人才。在《半导体技术》、《半导体情报》等刊物及学术会议上发表论文 10 多篇。任中国半导体行业协会分立器件分会理事长、中国光学光电子行业协会光电器件分会理事长。

**杨其长**

杨其长，男，1963 年 8 月出生，安徽无为人。中国农业科学院农业环境与可持续发展研究所研究员、博士生导师，中国农业科学院设施农业研究中心主任、“设施农业方向”杰出岗位人才，农业部有突出贡献中青年专家。1996 年 3 月获中国农业大学生物环境工程专业工学博士学位，1998 年 9 月—1999 年 3 月在以色列国家农业研究中心合作研究，2005 年 4 月—2006 年 4 月在荷兰瓦赫宁根大学做访问学者。先后主持国家 863、科技支撑、自然基金等项目 35 项，发表论文 107 篇、专著 3 部，获国家科技进步二等奖 1 项（第 1）、三等奖 1 项（第 4），省部级奖 5 项，申请专利 42 项（发明 12 项）。重点研究领域为“设施园艺工程”，是国内最早从事和倡导 LED 在农业领域应用的专家。目前的研究方向：①植物工厂；②LED 在设施园艺的应用；③设施园艺节能工程。

**杨志坚**

杨志坚，男，1965 年出生。现任北京大学物理学院高级工程师。2002 年北京大学物理系研究生毕业，获理学博士学位。长期从事 III/V 族半导体发光材料、器件结构生长及相关研究。

**叶关荣**

叶关荣，男，教授。浙江大学信息学院教授、博士生导师。中国光学学会颜色专业委员会主任、中国照明学会顾问、视觉与颜色专业委员会主任、中国流行色协会副会长、浙江省照明学会理事长；国家中青年具有突出贡献专家、浙江省劳动模范、全国高校优秀科技工作者；国际颜色学会（AIC）执行委员、国际照明学会（CIE）D1 视觉与颜色分部中国代表。主要从事光电技术、光度学、色度学、光辐射计量标定技术和仪器研究。

**俞安琪**

俞安琪，男，教授级高工。致力于照明电器、电光源、灯具领域28年。国家认证委CCC认证TC05照明电器技术组组长、中国照明学会电光源专业委员会委员、上海市照明学会理事、国家电光源质量监督检验中心（上海）副主任、上海时代之光照明电器检测有限公司副总经理及技术负责人、上海市质量技术监督局学科带头人。

国家质量体系（ISO9000）注册高级审核员、全国照明电器标准化技术委员会委员、CCC高级检查员。

从1987年起，应中国照明学会、中国照明学会电光源专业委员会、中国照明学会灯具专业委员会等相关行业组织的邀请，在相关单位组织的专业会议上，先后进行过三十多次的专题讲课。还应复旦大学电光源系的邀请，对复旦大学电光源系组织的电光源专业的培训班进行过专题讲课。另外还应飞利浦照明电子（上海）有限公司、欧司朗（佛山）照明有限公司、通用电器（中国）技术中心等30多家企、事业单位邀请，对这些单位进行过各类专题的学术讲课。

从1984年至今，在全国各类照明电器杂志及论文集中发表过40多篇论文。





**袁有学**

袁有学，男，博士，副研究员。1982年1月毕业于北京大学化学系，1984年年底在中国科学院化学研究所获硕士学位，1996年年底获德国Tuebingen大学博士学位。1998年10月回国后在中国科学院化学研究所任副研究员，工作至今。

回国后的科研工作主要涉及“瞬干胶”、“环氧树脂封装材料”、“有机硅封装材料”等领域，申请专利5项，有3项已获授权。自2005年以来，分别两次承担国家“863”白光LED封装材料方面的研究项目，任项目组长。现被国家科学技术部聘为新材料领域中半导体封装材料方面的专家。

**袁宗南**

袁宗南，男，台湾“中原大学”研究所助理教授。北京清华大学建筑学院光环境博士研究生。1991年投入照明领域，除照明设计外，也参与照明设备规划施工过程，2005年主持西安大雁塔及北广场的照明设计，将中国的传统人文思想结合现代化照明设备进行照明设计，近年更积极将LED设备运用到建筑外观照明中，如上海世博台湾馆外观照明设计、王功景观桥照明设计等。

**曾一平**

曾一平，男，1961年出生，研究员。现任中国科学院半导体研究所材料科学中心主任、中国科学院半导体照明研发中心副主任。1978—1983年，在中国科学技术大学电子系学习、1983年至今在中国科学院半导体研究所工作。

长期从事化合物半导体材料的研究工作，包括：GaAs及InP基微结构材料的研究；高应变、大失配材料的生长及性能研究；ZnO外延材料的生长及性能研究；HVPE厚膜GaN材料的研究等。曾在国内首次研制出室温连续激射的AlGaAs/GaAs量子阱激光器材料和具有室温光双稳性能的自电光效应器件材料；研制出实用化的、具有国际先进水平的GaAs和InP基微电子材料；先后发表论文40余篇，曾获国家科技进步二等奖2项，中国科学院科技进步一等奖2项、三等奖1项，“八五”攻关个人成果奖1项。

**詹庆旋**

詹庆旋，男，1936年出生，山东聊城人。1959年清华大学建筑系毕业后留校任教，清华大学建筑学院教授，博士生导师，国家一级注册建筑师，《照明设计》及《低碳照明》杂志主编。现兼任住房和城乡建设部专家委员会委员（城市照明）、中国照明学会顾问、北京照明学会顾问、中国建筑学会建筑物理专业委员会名誉理事、中国照明电器协会行业专家组专家、国家低碳照明研究中心专家顾问。

在清华从事建筑光环境的教学、科研和设计工作40余年，是我国建筑光环境研究、设计领域的开拓者之一。研究工作的重点为光环境质量评价，天然采光、照明应用技术与设计方法，照明节能，城市与建筑环境照明的美学与物理规律，城市照明规划设计、建筑照明设计等。

近年来完成了20多个国家和部级以及国际合作科研项目，其中有三项获部级科技进步奖。在国内外刊物及学术会议上发表论文50余篇，《建筑光环境》等专著3本（两本为合著），专著均获原建设部优秀科技图书二等奖。主持完成了50余项城市景观照明规划与建筑照明设计，并担任“城市照明规划规范”主编（国标，待批）。结合研究工作培养博士后1名，博士生7名，硕士生18名。

**詹益仁**

詹益仁，博士，现为台湾工业技术研究院电光所所长。曾任“中央大学”电机系主任，IEEE电子组件期刊编辑，日本固态组件与材料（SSDM）国际会议主持人。

2009年以超薄纸喇叭前瞻技术荣获华尔街日报（The Wall Street Journal）科技创新奖的肯定，为全球12项革命性创新科技之一，更是亚洲惟一获奖技术。专长是高速半导体组件、微波集成电路设计与制作、次微米技术及半导体制程，发表论文达百余篇、专利12项。是目前台湾在电子先进半导体领域杰出的科技专家。在电光所内致力推动软性电子计划，建置完成台湾第一个领先全球具量产开发技术能量的软性量产开发实验室，加速台湾软性电子产业的发展。以优异表现担任芯片系统计划分项计划共同召集人、纳米计划重点计划召集人、软性电子等科技项目主持人，领导团队进行LED及半导体下世代相关技术开发。

**张 荣**

张荣，男，博士。南京大学物理系教授、江苏省光电信息功能材料重点实验室主任，1999年被评为教育部“长江学者奖励计划”特聘教授，2000年获国家杰出青年研究基金。近年来，主要从事宽禁带半导体材料和器件研究，在大尺寸高质量GaN衬底、类自然光谱白光LED、高偏振度非极性Ⅲ族氮化物LED等方面取得一系列创新研究成果，先后发表SCI论文200余篇，主编国际学术论文集1部，获得/申请国家专利40余项，获国家自然科学二等奖、国家技术发明三等奖和省部级奖励多项。现任国家863半导体照明重大项目总体专家组副组长、国家自然科学基金信息学部第五届咨询委员会委员、第十二届半导体学科专家评审组成员、国家973计划“半导体固态照明用超高效率氮化物LED芯片基础研究”项目首席科学家。

**张国旗**

张国旗，博士，荷兰Delft大学教授，DIMES固体照明技术中心主任，飞利浦公司固体照明院士，飞利浦固体照明开放创新规划高级总监。已发表、出版了学术论文、专著170多篇（部），获得若干奖项。同时还担任多个国际学术会议的主席或副主席以及3个国际学术期刊副主编和编委。主要研究方向为“超越摩尔”、“超越照明”及系统集成技术；微/纳米电子及固体照明技术、工艺、产品及应用可靠性；多尺度和多物理场计算模拟和虚拟设计。

长期从事微/纳米电子和固体照明相关的国际技术及产业战略、创新及研发规划。国际知名微/纳米电子和固体照明技术战略专家，“超越摩尔”和“超越照明”战略的主要创始者和关键推动者，领导的欧洲“超越摩尔”战略研发议程已被国际主导半导体工业技术路线图采纳。还领导并参与了多个欧共体以及荷兰政府研发规划以及项目的制定和执行。同时也担任欧洲微/纳米可靠性中心（EUCEMAN）副主任，荷兰国家微/纳米电子、嵌入系统和高科技系统战略创新规划（Point One）学术委员会共同主席，中国电子封装技术理事会副理事长，中国半导体照明工程研发及产业联盟国际专家咨询小组成员，国际半导体照明联盟专家咨询委员会共同主席。

**张国义**

张国义，男，理学博士。现任北京大学物理学院教授，半导体光电子学专业博士生导师，北京大学宽禁带半导体联合研究中心主任，兼任中国物理学会发光分科学会理事，中国电子学会信息光电子分会理事，中国物理学会半导体专业委员会委员，中国光学协会LED行业协会咨询委员会委员，《半导体学报》、《发光学报》、《液晶和显示》编委，硅材料国家重点实验室学术委员会委员，集成光电子联合国家重点实验室学术委员会委员。

长期从事半导体物理与器件物理、半导体光电子学、MOCVD生长技术的研究。自1993年至今，从事Ⅲ-Ⅴ氮化物宽禁带半导体材料、器件和物理性能的研究。领导的课题组承担并完成了与上述研究领域相关的国家863高技术计划重大项目，并于2001年获得国家科学技术部863计划先进集体和先进个人奖、获得2000年香港国际发明展览会银奖、2005年全国发明展览会银奖，发表论文100多篇；作为会议主席，在1998年、2001年、2009年、2010年4次在中国主持召开了中美、中日Ⅲ-Ⅴ氮化物半导体专题研讨会，亚太地区宽禁带半导体学术会议（APWS-2009），半导体发光国际会议（ISSLED-2010）；两次组织全国氮化物半导体讲习班，均获好评。作为第一发明人，曾获得国家发明四等奖、国家教委科技进步二等奖。先后在美国堪萨斯州立大学、日本千叶大学、澳大利亚新南威尔士大学、比利时鲁汶大学开展合作研究。

**张家骅**

张家骅，男，1965年出生，博士。中国科学院长春光机与物理所研究员、博士生导师，中国物理学会发光分会委员，中国稀土学会发光专业委员会委员，《中国稀土学报》常务编委。长期从事稀土发光材料与物理研究，在国际上首先研制出室温稀土光谱烧孔材料，被国际同行称为光谱烧孔用于高密度光存储研究的里程碑；利用发光学与能量传递原理设计并制备出半导体照明用多种新型荧光粉、量子效率大于1的量子剪裁发光材料和红色长余辉材料等。先后主持国家级研究项目10项，授权国家发明专利5项，发表SCI论文110余篇，被SCI他引1100余次。研究成果“基于能量传递原理的先进发光材料研究”获2010年度吉林省科技进步一等奖（排名第一）。

**张万生**

张万生，男，研究员，中国电子科技集团公司第十三研究所。1962年毕业于成都电子科技大学半导体器件设计与制造专业，一直在河北半导体所（中国电子科技集团公司第十三研究所）工作至今。主要从事半导体光电器件研制。曾任光电专业部主任，负责InGaAsP光电器件的研制和生产，获长波长发光管国家科技进步二等奖和国家发明三等奖，被评为享受国务院特殊津贴的专家，1996年曾为河北汇能公司负责引进国内第一台生产型MOCVD设备（2400型），1998年负责筹建国内第一条InGaAlP超高亮度LED芯片生产线，建立河北立德公司，曾任河北立德公司总工程师、副总经理。2000年被派往厦门三安电子公司筹建国内规模最大的超高亮度LED生产线。曾发表论文多篇，现主要从事超高亮度功率型LED光源的研制，现为中国光协光电器件（LED）分会专家组成员。

**赵建平**

赵建平，男，研究员。现任中国建筑科学研究院建筑物理研究所副所长、中国建筑科学研究院建筑与环境节能研究院副院长、国家建筑工程质量监督检验中心采光照明质检部主任。参加的学术组织及担任的职务：中国建筑学会建筑物理分会采光照明专业委员会主任委员、中国照明学会副理事长、中国照明学会室外照明专业委员会主任委员、中国照明学会教育培训工作委员会主任委员、北京照明学会副理事长、中国照明学会高级会员、住房和城乡建设部高级专业技术职务任职资格评审委员会委员、中国建筑节能协会理事。

长期从事建筑照明的标准制订、科研课题研究以及照明节能的设计、评估及诊断，作为主编完成了《建筑照明设计标准》（GB50034—2004）、《体育场馆照明设计及检测标准》（JGJ 153—2007）、《城市夜景照明技术规范》（JGJ/T 163—2008）、《建筑照明术语标准》（JGJ/T119—2009）、《室外作业场所照明设计标准》（GB50582—2010）以及《博物馆照明设计标准》（GB/T 23863－2009）。

科研成果获奖情况：科研成果获国家级科技进步二等奖1项，部级科技进步二等奖1项、三等奖1项，北京市夜景照明工程多项工程奖，中国建筑科学研究院多项工程奖。

主要著作及论文：《夜景照明设计手册》副主编；《绿色照明实施手册》副主编。

完成了国家863课题“国家游泳中心半导体照明规模化系统集成技术研究”；目前正在负责国家“十一五”科技支撑计划课题《人居环境改善与保障关键技术研究》中的“居住区与室内光环境优化保障技术研究”（2006BAJ02A03）科研课题以及《城市地下空间建设技术研究与工程示范》课题“城市地下空间环境质量保障技术研究”的子课题“城市地下空间的采光及照明设计技术研究”（2006BAJ27B03－7）科研课题。

**赵 英**

赵英，女，1967年4月出生，高级工程师。工业和信息化部半导体照明技术标准工作组秘书长、工业和信息化部平板显示技术标准工作组秘书长。1989年毕业于浙江大学信息与电子工程系光电子技术专业；1996年至今在工业和信息化部电子工业标准化研究所，从事半导体器件和光电子器件的标准化工作。

曾承担国家科学技术部重要技术标准研究项目“光电子技术标准研究”，撰写《光电子技术标准体系》研究报告；参加科学技术部重要技术标准研究项目“高清晰度平板显示技术标准研究”，撰写《平板显示技术标准体系》研究报告；承担工业和信息化部电子发展基金项目“半导体照明标准体系建设及标准制定”，撰写《半导体照明技术标准体系》研究报告；作为主要起草人，编写了国家标准、国家军用标准、电子行业标准、电子行业军用标准30余项；负责“IEC/TC110平板显示器件技术委员会”中国国家委员会技术对口工作，组织相关国际标准的制定工作，曾获2009年度IEC 1906大奖。

是“海峡两岸信息产业技术标准论坛”中“半导体照明分论坛”和“平板显示分论坛”的主持人、大陆窗口联络人。组织编写了《海峡两岸信息产业技术标准论坛——半导体照明术语对照表》和《海峡两岸信息产业技术标准论坛——液晶显示器件术语和定义》。

**郑晓光**

郑晓光，男，1963年出生，高级工程师。现任中国电子科技集团公司第十三研究所副所长，负责该所光电子方面的科研管理工作，并担任该所的半导体照明研究中心主任和光电专业部主任。1985年毕业于北京理工大学电子工程系半导体物理与器件专业，2004年美国得克萨斯大学奥斯汀分校电气与计算机工程系光电子学博士。

长期从事化合物半导体材料与器件的研究工作，1991年完成了国内第一支砷化镓超高速模-数转换电路的设计及制造。2002年在世界上首先报道了超低噪声的铝镓砷雪崩光电探测器，并提出相应的物理模型。2004年实现了高增益（-29.5dBmatBER1E-10）铟镓砷/铟铝砷（InGaAs/InAlAs）雪崩光电探测器光接收机的世界领先结果。曾获得1996年原电子工业部颁发的“科学技术进步奖”一等奖；1996年原电子工业部颁发的“国家八五科技攻关奖”。发表国际期刊论文30余篇，国际会议文章10余篇。

**郑有炓**

郑有炓，男，1935年出生。南京大学物理系教授、博士生导师，中国科学院院士。1953—1956年，南京大学物理系学习；1956—1957年，北京大学物理系五校联合半导体专业学习、毕业。1984—1986年，美国纽约州立大学（Buffalo）物理系访问学者。

主持国家863、国家自然科学重点基金等科研项目，从事宽禁带半导体、IV族半导体异质结构材料与器件物理研究。发表学术论文400余篇；获发明专利4项，申请受理发明专利10多项；主编“宽禁带半导体及其应用”（中国材料工程大典第11卷：信息功能材料工程上册第六篇）；获国家自然科学奖二等奖1项、国家技术发明奖三等奖1项、省部级奖8项及国防科工委光华科技基金一等奖、国家863计划先进工作者一等奖、江苏省人才培养教学成果一等奖。

**周炳琨**

周炳琨，男，1936年生于四川成都，激光与光电子科学与技术专家。1956年毕业于清华大学无线电系并留校任教，现为清华大学电子工程系教授、中国光学学会理事长。1960—1962年在前苏联列宁格勒电工学院进修，1983—1984在美国斯坦福大学做访问学者并任访问副教授，1991年当选中国科学院院士，2001年当选第三世界科学院院士，2006年当选曾兼任国家863计划“光电子器件与集成技术”专家组组长，1987—1996年任中国科学院半导体研究所副所长、国家光电子工艺中心主任，1996—2003年任国家自然科学基金委员会副主任，2002—2009年兼任教育部科技委员会副主任，2003—2004年任中国科学院技术科学部主任，2004—2006年任中国科学院信息技术科学部主任。1994—2002年任何梁何利基金评选委员会委员。他是中国电子学会会士，美国光学学会（OSA）会士（Fellow）。

周炳琨教授长期从事激光与光电子学的研究与教学工作。1984年在国际上率先研制出高效率、长寿命、窄线宽、频率稳定的“半导体激光泵浦固体激光器”，从而开辟了固体激光器的新领域。20世纪80年代以后，周炳琨带领研究团队和学生们在信息光电子学领域取得了一系列成果，包括晶体纤维生长及晶纤器件研究，半导体激光器泵浦NYAB自倍频绿光激光器、光纤高温传感器、窄线宽可调谐半导体外腔激光器、光纤环行腔及其应用，光纤激光器和放大器等研究。

**周均铭**

周均铭，男，1943年出生，研究员，博士生导师。1965年毕业于上海复旦大学物理系半导体专业，1983年1月获东京大学博士学位。1967年至今工作于中国科学院物理研究所，1984—2004年任物理所化合物半导体研究组组长。

长期从事用MBE和MOCVD方法生长化合物半导体异质结和量子阱材料的研究，以及电性、光学性的研究和在器件上的应用。研制成功了中国第一台分子束外延设备，获1985年国家科学技术进步二等奖；“MBE-1V分子束外延和金属有机分子束外延”获1992年中国科学院科技进步一等奖（1993年评为国家科学技术进步二等奖）；研制成功国内第一支红外探测器，“多量子阱红外探测器单管与阵列”获1993年中国科学院科学技术进步一等奖（1995年国家科技进步三等奖）；为表彰他在量子霍尔效应作为电阻标准项目中样品材料国产化方面的贡献，授予其2008年国家科技进步一等奖。1998年起研究GaN的外延生长，曾承担“十五”国家863项目“氮化镓基发光二极管外延片和器件制备的产业化关键技术”、中国科学院知识创新项目（紫外LED的研究）及国家重大基础研究“973”项目“用于高温大功率微波器件用的GaN基异质结材料”、“十一五”国家863“大功率发光二极管外延生长技术”及“氮化铝衬底制备及LED外延技术研究”等。1991年获原国家人事部及教育委员会颁发的“在工作中作出突出贡献的回国留学人员”称号，1992年获“中国科学院有突出贡献中青年专家”称号。在SCI收录的杂志上发表论文200余篇。

**周 廉**

周廉，教授、博士生导师，1940年3月出生，吉林省舒兰市人，任法国约瑟夫傅立叶大学名誉博士，著名的材料学家，西北工业大学教授，中国工程院首批院士，兼任国际材料联合会主席，中国材料研究学会理事长，中国工程院化工、冶金与材料工程学部主任等职。曾是1988—2000年中国超导专家委员会首席科学家，中国钛业协会首任会长，第九、十届全国人大代表。

40多年来，致力于超导和稀有金属材料的研究发展工作，近年来研究方向还涉及钛及钛合金、材料加工和制备技术，以及生物工程材料等多个领域。先后荣获国家发明奖、国家科技进步奖等奖励21项、发明专利14项。长期活跃在国内外材料学术界。领导和参与了多项政府间科技合作项目。发表论文400余篇，已培养博士17名，正在培养23名。

先后被授予“全国先进工作者”、“国家有突出贡献的中青年专家”、“有色金属工业特等劳动模范”、“何梁何利基金科学与技术进步奖”等荣誉称号。

**周太明**

周太明，男，教授。自复旦大学物理系毕业后，一直从事光源与照明的研究和教学工作。曾在日本松下公司照明研究所和美国加州（伯克利）大学劳伦兹实验室进修。先后担任过原中国轻工业部中国照明电器专家组成员、上海市汽车工程学会理事、中国照明学会理事以及上海市光电子行业协会专家委员会专家，2001年起至今担任上海市政府采购咨询专家。

周太明教授先后在国内外杂志上发表多篇论文，并有几本专著。他编著了《光源原理与设计》，还与同事合编了《电气照明设计》和《高效照明系统设计指南》。上述书籍都是复旦大学光源与照明工程系本科生的教材。

周太明教授曾经给本科生和研究生讲授过“光源原理”和“照明设计”等课程。为表彰他在教书育人中的杰出表现，被授予“上海市育才奖”；参与和领导过不少科研项目，获得多项省部级奖励；2007年荣获中照照明“教育与学术贡献奖”一等奖和特殊贡献奖。

**朱健强**

朱健强，研究员，男，1964年5月生，江苏省苏州市人。1993年获得博士学位，1996年开始至今培养了研究生56人（其中硕士生18人，博士生37人，博士后1人）。现任中国科学院GY总体部主任，高功率激光物理国家实验室主任。任国家重大专项副总设计师、国家高技术863主题专家组副组长等职。

作为项目负责人先后承担和完成了国家高技术863项目、国家重大科技专项、中国科学院创新工程重要方向项目、科学技术部国际合作项目、创新团队国际合作伙伴计划等重要研究工作。曾获国家科学技术进步奖二等奖、军队科技进步一等奖、上海市科技进步一等奖、中科院杰出成就奖、中国青年科技奖、中科院青年科学家奖、“首次月球探测工程贡献奖”等奖项，以及863计划先进个人、“上海市优秀发明人”、“上海市优秀青年科技启明星”等称号，并入选首批“新世纪百千万人才工程国家级人选”。

已发表学术论文200余篇，申请国内外专利120个。担任2009年亚太CLEO会议组委会主席，在国际学术会议上受邀做特邀报告5次。

研究方向：高功率激光器设计；光束传输与控制；光学图像处理与光电控制；光学精密机械设计与制造工艺；先进光学测试技术与仪器；高功率激光元器件特种工艺及检测。

**朱慕道**

目前担任台湾工研院电光所光电组件与系统应用组组长，在科技产业有多年经验，同时也是“经济部”科技项目光电半导体计划计划主持人、“工业局”LED照明产业推动计划计划主持人、台湾光电半导体产业协会（TOSIA）执行秘书，并曾经荣获2008年“行政院”杰出科技贡献奖（ITO专利族群产业加值应用）、第24届“十大杰出经理奖”得奖人、“经济部”科专计划优良计划主持人奖、On－Chip ACLED lighting Technology获得美国R&D 100 Award（2008）、“标准检验局”第十届团体标准化奖等奖项。

**朱晓东**

朱晓东，男，1962年4月出生，硕士，高级工程师。河北立德电子有限公司总经理。

曾任国家军用电子元器件可靠性专家组成员、国家半导体器件标准化技术委员会委员；任国家科技进步奖评奖专家、河北省建设厅专家、LED行业协会技术工作组成员；IEC SC47/MT6专家组成员；石家庄市专家咨询团——城市管理服务中心专家。

曾承担核聚变试验装置微波加热系统、星弹通信系统微波组件等多项国家重点工程科研任务，成果获部科技成果一等奖。

近期承担的相关课题有，主持了国家863计划，半导体照明工程课题《集成功率LED封装技术研究》的研究；参加了国家863计划《国家游泳中心半导体照明规模化系统集成技术研究》课题；参加了国家科技支撑计划《奥林匹克多功能演播塔工程LED夜景照明系统集成技术研究》课题；主持了国家科技攻关计划半导体照明产业化技术开发项目《功率型二极管封装产业化关键技术》课题；主持了国家863计划《四元系UHB LED芯片规模生产技术研究》课题的研究工作，并完成了课题验收；主持了国家863计划《超高亮度发光管产业化基地》课题的研究工作，并完成了课题验收；超高亮度四元LED芯片系列产品完成了产品设计定型鉴定；组织了大功率AlGaInP UHB LED专用芯片的研制工作，产品已完成了设计和批量制造，并成功地在集成化光源使用；

主持了“十五”《国家半导体照明工程封装产业化技术研究》课题；参加了国家电子发展基金项目《半导体照明功率型高亮度发光二极管封装》；主持了国家电子发展基金项目《半导体照明功率型高亮度发光二极管封装》；参加了“九五”863－715项目AlGaInP橙光、黄光高亮度LED外延片研制课题工作；参加了“十五”国家半导体照明工程应用示范工程研究课题；参加了北京铁路局LED铁路信号灯研究课题以及特殊设备LED信号灯研究课题等，产品已达到实用化程度并推向市场；主持开发和设计了大型LED照明控制系统；参与建设了多项大型建筑、景观和道路照明工程；参与了厦门三安电子LED项目的策划和前期建设工作。

在《半导体情报》、《国际光电与显示》及有关专业年会上发表学术论文数篇。

根据市场的需要，以独特的理念和多项相关技术集成主持设计了集成功率LED光源和灯具产品。解决了设计、批量生产、实际应用中存在众多问题，使其产品达到了国内领先水平。

# 企业专家

（按姓氏拼音排序）

**曹殿生**

曹殿生，男，博士。鑫谷光电股份有限公司董事长、创始人，在美国犹他大学材料工程系取得博士学位。在美国独立地创办了 CAO GROUP，INC. 从事医疗、齿科、刑侦、光电、标识、照明行业的产品研发、生产和营销。拥有 100 多项专利。对 LED 照明技术有独特创新。最先提出三维 LED 光源的设计并推出产品。现任美国能源部 LED 照明联盟成员、国家半导体照明办公室顾问。洞悉整个产业的国际发展状况、拥有广泛的同业资源。

**陈家强**

陈家强，男，1946 年 3 月出生，广州人。现任广州市雅江光电设备有限公司董事长兼总经理，曾担任广州市鸦岗五金灯饰电子厂厂长、广州市鸦岗舞台设备有限公司总经理、广州市慈善协会第一届理事、连续三届担任广州市白云区石井镇人大代表、连续两届担任广州市白云区人大代表，现任中国演出物资技术协会常务理事、中国照明学会理事、中国标准化协会理事、广东省 LED 产业联盟副主席、广东省光学学会常务理事、广东省照明电器协会副主任、花都区工商联合会、花都区总商会常务委员。任职期间，领导企业通过了 ISO9001：2000 系列认证，主管技术部门所有产品均通过欧盟的 CE 认证，组织研究开发工作，申请专利 80 多项。在雅江公司带领技术人员通过数百次的反复试验，成功研发出多款先进畅销的 LED 照明产品。参与研发的 YG－LED 轮廓灯荣获中国第二届舞台美术展览会“舞台科技产品奖”；参与研发的 YX－313A 都市之光荣获中国舞台美术展览会“优秀科技产品奖”；参与研发的振静电机（实用）获得国家专利金奖；参与研发的 LED 电子幕布及控制系统成功申请科学技术成果鉴定证书；研发的 LED 电脑灯获得“2008 中国照明电器产品大赛”的“室内灯具类”二等奖殊荣；研发的“LED 大功率泛光电脑摇头灯（LED603）”和“LED 大功率泛光灯及控制系统（YG－LED312A）”，在“第二届国家半导体照明产品及应用创新大赛”中，分别荣获“产品创新奖”、“入围奖”。具有丰富的管理经验和专业知识，是企业不可缺少的核心技术人才。

**程德诗**

程德诗，男，1959 年出生，高级工程师。1982 年 1 月毕业于南京工学院（现东南大学）工业电气化专业，获工学学士学位，现任上海三思科技发展有限公司总经理，多年从事视频技术、光电子技术及计算机控制系统的研究，现主要从事 LED 显示系统技术、经营及企业管理工作。主持及参与多项行业标准的制定，担任中国光学光电子行业协会 LED 显示屏分会专家组常务副组长和近几年 LED 显示屏学术研讨会技术委员会主任及副主任等职务。

**邓电明**

邓电明，曾任福建三明钢铁集团副董事长、总工程师，厦门三安电子有限公司总经理，2006 年 2 月起在厦门乾照光电股份有限公司任职，现任厦门乾照光电股份有限公司董事长、扬州乾照光电有限公司董事长。

**董志江**

董志江，男，1963 年出生。1987 年获复旦大学电子工程系理学硕士学位、高级工程师。武汉迪源光电科技有限公司董事总经理、华中科技大学兼职教授、国家半导体照明工程研发及产业联盟指导委员会委员。

1987—1995 年在武汉邮电科学研究院中美合资企业武汉电信器件公司从事技术研发工作，先后主持多项国家攻关、863 计划及原邮电部重点研发项目，在此期间担任 863 计划“1550nm 高速分布反馈激光器（DFB）产业化”课题负责人，并在国内首次成功将高速分布反馈激光器产业化。多次获得国家 863 计划先进工作者奖和原邮电部科技进步一等奖，1995 年被原邮电部授予有突出贡献的科学、技术、管理专家。

1995 年作为研究专家受加州大学邀请赴美。曾任美国 Alpha Photonics 股份有限公司氮化物发光二极管项目首席科学家。归国前任美国上市公司 AXT 股份有限公司高级经理，主管蓝绿光高亮度氮化物发光二极管的开发和生产。

2003—2006年任上海蓝光科技有限公司常务副总经理、代总经理，全面负责公司经营管理。

2006年创立迪源光电并担任公司董事总经理。

**杜姬芳**

杜姬芳，女。中山市鸿宝电业有限公司总经理、广东省半导体光源（LED）产业协会副会长、广东省照明电器协会半导体照明专业委员会副主任、中山市半导体照明行业协会会长、中山市首届十大创新人物。

在杜姬芳女士的带领下，公司已通过广东省民营科技企业的评审，成为广东省绿色照明示范城市LED路灯标杆企业，所负责项目获得了科技型中小企业创新基金项目的立项支持；带领公司研发的大功率LED路灯获得国家科技奖励办正式批准的中国照明领域唯一的科技奖项——中照照明奖科技创新奖；公司产品入选《广东省绿色照明示范城市推荐采购产品目录》，多次被列入中山市科技计划项目、广东省高新技术产品目录，荣获广东省科技厅的“广东省重点新产品”、“广东省自主创新产品”、“广东省节能标志产品”、“广东省市政道路照明工程优质服务单位”、“2009年度中国照明灯饰行业新能源杰出品牌”、“2010年度中国照明灯饰行业LED十强企业”等殊荣，荣获2009年度中山市科技进步奖一等奖。

**樊邦扬**

樊邦扬，1956年2月出生于台湾，是香港真明丽集团的执行董事之一。长期担任集团下属全资子公司鹤山市银雨照明有限公司、鹤山丽得电子实业有限公司等多家子公司的董事长及法人代表一职。樊邦扬先生于1990年开始投身LED灯饰照明行业，致力于LED半导体照明的研究开发及产业化推广工作，是最早将LED引进我国的代表人物之一。经过十几年的勤奋耕耘，真明丽集团已成为全球重要的LED生产基地。

江门五邑地区优秀台商代表的典范，任职广东省LED产业联盟副会长、江门市政协委员、江门市台商协会会长、江门市LED产业联盟会长、被誉为全球LED灯饰行业的开拓者之一。热心公益，致力于慈善事业的发展，多次捐助建立学校，支援灾区建设等，获得江门市荣誉市民的称号。

**范玉钵**

范玉钵，男，高级经济师，1965年8月毕业于哈尔滨军事工程学院无线电通信专业。

1984—2006年，一直担任厦门华联电子有限公司总经理之职，2007年起担任公司董事长和法人。全面负责公司经营管理工作，其间多次获得省市先进个人、优秀

企业家等称号。多年来通过不断创新，赢得了企业二十余年的持续稳定发展，使公司发展成为全国极具实力的半导体光电器件和微电脑控制器生产厂家。范玉钵同志也因个人的出色业绩而先后担任中国光电器件协会理事长、名誉理事长、国家半导体照明工程研发及产业联盟产业执行主席、厦门市光电子行业协会会长、厦门市总商会副会长、厦门市企业家协会副会长、厦门市内联企业协会会长等社会职务，并当选为厦门市政协委员，为厦门特区、福建省光电子行业发展做出了突出贡献。

**高嵩岳**

高嵩岳，男，1962年，博士，现任千才科技股份有限公司、中宏光电股份有限公司董事长。2003年曾任前鼎光电总经理；2010年起担任台湾光通信产业联盟（TOCIA）会长，2011年起任尖端LED医疗群聚理事长。

**耿　伟**

耿伟，男，1965年出生，高级工程师，硕士。利亚德光电股份有限公司常务副总裁兼总工程师，北京世贸天阶天幕项目、苏州天幕项目技术专家，北京软件行业协会常务理事。1989年毕业于清华大学电子工程系，1992年获中国科学院研究生院硕士学位。主持完成国内、国际项目上千项，项目遍及美、英、德、日等30多个国家和地区，包括国庆60周年大型LED显示屏及视频控制系统、北京奥运开幕式梦幻五环、画轴地屏等国家重点项目。共有11项专利成果，其中6项发明专利。2008年科技奥运优秀工作者，获2008年奥运会工作荣誉奖，2010年海淀区突出贡献专家。

**关积珍**

关积珍，男，1965年出生，高级工程师。北京四通智能交通系统集成有限公司董事长、总经理；中国光学光电子行业协会副理事长、LED显示应用分会理事长，中国电子学会量子电子与光电子学分会委员，《现代显示》编委，国家半导体照明工程研发及产业联盟副秘书长、指导委员会委员，中国ITS协会理事、专家委员会委员。长期从事LED显示应用和智能交通领域的研究和实践工作，负责实施了北京市道路交通诱导室外LED显示系统等多项国内代表性的LED显示项目和ITS项目，承担完成科学技

术部“十五”半导体照明攻关计划“高亮度LED在交通信息显示中的应用”、北京市科委“大功率LED及其在ITS中的应用”等课题研究，主持和参加科学技术部和北京市的攻关计划、自然科学基金、863项目、973项目、支撑计划等20余项，获北京市科技进步二等奖1项，在相关刊物和会议公开发表论文50余篇。

**胡爱华**

胡爱华，女。1982年毕业于西北工业大学电气工程专业，工学学士，教授级高工，现任厦门华联电子有限公司照明事业部总工程师、中国光电器件协会副秘书长，兼任厦门市高级职称评审委员会委员、福建省创新基金评审专家组成员。先后供职于南昌飞机制造公司、国营第七四六厂和厦门华联电子有限公司，在半导体器件行业工作27年，从事COMS集成电路版图设计和封装工艺、结型场效应晶体管设计和芯片制造工艺、光电器件设计等工作，熟悉半导体集成电路、光电器件设计和生产工艺、行业技术标准。承担主持多项国家重点新产品和国家火炬计划项目，取得两项国家专利，发表多篇论文，并多次获福建省优秀新产品奖和厦门市科技进步奖。

**华桂潮**

华桂潮，男，博士。国家千人计划专家，获美国弗吉尼亚理工大学电子工程博士学位和教授级高工职称。在开关电源领域造诣深厚，曾在国际上发表学术研究论文60多篇，拥有17项美国发明专利。

旅美期间，曾担任CPES（目前全球最大的开关电源技术研究中心）研究员并作为合伙人创办了研发航空航天及军用电源的VPT公司。1999年，放弃了美国VPT副总裁的职位和优越的生活，回国创建了伊博电源；2007年，创办了英飞特电子，并在3年内带领企业成为全球LED驱动器领航者；2009年，当我们跨入了一个以“绿色、低碳”为技术创新和发展主旋律的新时代同时，华博士也开始了自己新的创业征程——英飞特光电，一家颠覆传统照明概念的LED照明灯具制造厂商，华博士将一如既往，带领英飞特光电的优秀团队，秉承富于创新、勇于开拓的精神，致力于将英飞特光电打造为LED照明行业中的王者。

**黄振春**

黄振春，男，1963年出生，博士。现任江苏奥雷光电有限公司CEO、南京大学校董、科学技术部火炬高新技术海外咨询专家、中国侨商总会常务理事、江苏省光电子技术中心主任、江苏省半导体照明技术和产业联盟副理事长。1987年毕业于南京大学物理系，1993年获美国纽约州立大学布法罗分校电子工程博士学位、1994

年美国马里兰大学电子工程系博士后；1995—2001年就职于美国宇航局哥达飞行中心，回国前任美国雷神信息系统公司首席科学家。

2001年回国创办江苏奥雷光电有限公司，从事光器件和半导体照明产品的研发和生产，先后获得原国家计委光电子产业化示范工程，负责承担了国家863项目、国家重大科技攻关项目、江苏省重大科技成果推广项目等。发表各种论文60余篇，专利7项。1997年获得国家杰出青年科学家基金奖励；2003年获得“江苏省青春创业风云人物”荣誉称号；2005年获得国务院侨办华侨华人专业人士杰出创业奖；2006年获得“中国十大魅力英才”；2007年获得“江苏省十大创业新侨”。

**贾　强**

贾强，男，1969年生，1991年毕业于西安交通大学，2005年获厦门大学工商管理硕士。民盟盟员。1995年创办萤火虫集团（厦门市东林电子有限公司），任公司董事长至今。专业从事节能型电光源产品的研究、开发、生产。创建“萤火虫”、“FIREFLY”品牌，产品遍布全球。任厦门市政协委员、福建省陕西商会常务副会长、中华儿女董事会董事、中国照明协会常务理事、厦门市中小企业协会会长、厦门市企业信用促进会会长、厦门国际商会副会长、云宵光电产业协会会长、福建省光电产业协会副会长、福建省出口基地商会副会长等社会职务。2000年，应对欧盟对中国节能灯生产企业的反倾销诉讼和裁决调查，捍卫民族产业利益。2004年，抵制西门子欧司朗在欧洲18国抢注“萤火虫”品牌，为中国民企成功维护知识产权首例。2009年成功抵制行业不正当竞争，维护中国企业在海外的集体荣誉。2003年入选“中国百名优秀企业家奋斗史”，2004年度厦门经济十大影响人物，2005年“感动厦门”年度人物提名奖、“中国首届照明行业十大杰出人物”，2006年入选“中国优秀企业家数据库”、“厦门市首届十大杰出创业青年”、“特区建设青年突击手标兵”，2007年“厦门市优秀中国特色社会主义建设者”，2009年度“十大风云陕商”。

**简奉任**

简奉任，男，现任璨圆光电股份有限公司、江苏璨扬光电有限公司董事长。于2000年，参加与光电所签订合作开发契约书及技术授权书。并于2002年，担任光电半导体工业技术发展咨询委员会（OSTDA）召集人，同年荣获第三届企业金奖（杰出企业类）。2003年间，担任次世代LED照明研发联盟总计划主持人。于2004年，

获得LGIT最佳供货商荣誉、产业科技发展奖之卓越科技创新奖。2006年荣获业界参与科技项目绩优计划奖，2007年参与车用先进环保光源技术开发联盟计划，并担任台湾光电半导体产业协会（TOSIA）理事。2008担任照明公会光电委员会主任委员、与“中华光电产业协会”常务副理事长。2009年参与以单晶氮化镓基板上同质芯片成长近紫外光发光二极管研究（固本精进计划）；大功率GaN-LED用基板铝酸锂外延芯片开发计划；荣获98年度（2009）出进口绩优厂商前500名，并且在2010年兼任LED路灯产业联盟副会长一职。

**江忠永**

江忠永，男，总经理。1984年毕业于西安交通大学电子工程系，先后就职于绍兴华越微电子有限公司、杭州友旺电子有限公司、丹东安顺微电子有限公司，在芯片生产线从事技术和管理工作。后又创建杭州士兰微电子公司，随后担任杭州士兰集成电路有限公司的执行副总经理，现任士兰明芯科技有限公司总经理。江忠永在近20年的工作经历中，一直从事半导体芯片生产线的工艺技术管理和行政管理工作。

**蒋国忠**

蒋国忠，男，1961年出生。1982年7月毕业于南京大学物理系晶体物理专业，获学士学位；1990年7月南京大学物理系固体物理专业研究生毕业，获理学硕士学位。现为江西联创光电科技股份有限公司副总裁兼总工程师、江西省政府特殊津贴获得者。

长期从事声表面波器件、压电晶体材料、半导体发光材料与器件的研究开发工作。承担过“聚片多畴BNN晶体的生长及电畴组态研究”863计划项目；组织实施过国防科工委军事电子“双加”工程、原信息产业部移动通信配套元器件本地化技术改造项目、总装备部“核弹引爆系统用贮能电容器预先技术”等研究项目。承担了“紫光、绿光高亮度发光二极管外延材料芯片及器件”863计划引导项目，组织实施了原国家计委“铟镓氮LED外延片及芯片产业化项目”，原国家经贸委“高亮度、超高亮度及片式发光二极管”重点技术改造项目。正在承担江西省科技厅“半导体照明用LED芯片、器件和光源技术攻关”项目；江西省科技厅“功率型LED器件封装技术攻关”项目。

**江文兴**

江文兴，男，台达电子工业（股）公司固态照明事业部处长，毕业于台湾“清华大学”，取得材料科学与工程硕士后，任职于投资银行界，于2000年转职至台达电子工业（股）公司总公司担任全球策略规划部经理，2001年转调至零组件事业群策略营销处资深经理，2005年起担任零组件事业群研发中心主任。近年来台达电积极投资绿色能源领域，江文兴于2007年担任聚光型太阳能事业部处长，自2008年兼任台达电子工业（股）公司固态照明事业部担任处长，2009年后改为专任，结合台达电在“光、机、热、电”耕耘数十年的技术，也是台达电能在LED发展领域中的优势，致力发展新世纪绿色光源，为消费者提供“健康舒适新照明”，并以此作为台达电LED照明产品的趋势发展宗旨。同时，江文兴还兼任台湾光电协进会（PIDA）监察人，台湾照明联盟（CIE-TAIWAN）委员会委员与台湾电机电子工业同业工会LED与照明委员会委员。

**靳彩霞**

靳彩霞，女，1969年出生。1997年获复旦大学理学博士学位，美国德州技术大学电子工程系博士后。

2001—2003年，任美国AXT外延高级研发专家，负责GaN高亮度蓝绿发光二极管（LED）的金属有机化学气相沉积（MOCVD）的生长及新产品研发。在高失配的InGaN/GaN多量子阱器件结构的设计和外延生长方面有精深的研究和丰富的经验。

2003—2006年，任上海蓝光科技有限公司副总经理兼总工程师，负责高亮度LED MOCVD外延和芯片产业化的技术和管理。

2006年共同创立迪源光电，并担任董事副总经理兼总工程师，负责技术研究和新产品开发。多次主持国家科学技术部863半导体照明工程重大专项。

2008年获得湖北省最佳“创业奖”，在国际学术刊物及会议上共发表论文25篇，其中SCI收录21篇。

**康玛水**

康玛水，男，汉族，民革党员，高级工程师。1954年11月6日生，美国西南国际大学MBA毕业，现任生茂光电科技股份有限公司董事长、中国侨联委员、河南省侨联副主席、河南省政协委员、郑州市政协常委。

具有丰富的管理经验和LED行业运作经验，一直致力于我国的LED产业发展，1994年即成立深圳市超亮电子有限公司，专业从事LED器件业务；1996年在河南郑州成立生茂光电科技股份有限公司，专业从事智能交通及LED系列产品的开发、生产、销售及系统集成。现已将生茂光电科技股份有限公司发展为国家高新技术企业、河南省50户高成长性高新技术企业、河南省重点转型升级企业、河南省规模最大的侨资企业。公司技术中心被认定为省级企业技术中心和河南省LED光源工程技术研究中心。主持开发的LED芯片、LED交通信号灯等项目产品被评为“河南省高新技术产品”、“河南省名牌产品”。公司投资20亿元建设集研发、外延、芯片、封装及应用于一体的全产业链的郑州固态照明产业化应用示范基地一期应用项目已建成投产，二期外延芯片项目正在建设，预计2012年底全面建成，届时公司产值将突破100亿元。

**李秉杰**

李秉杰，男，博士，晶元光电股份有限公司董事长。李秉杰先生于1985年毕业于台湾“清华大学”，取得化学工程研究所博士，同年进入台湾工研院材料所光电半导体实验室，担任研究员。于1989年担任工研院材料所光电半导体实验室计划主持人，1992年进入工研院光电所，担任光电模块部经理/正研究员。1994年成为工研院光电所光电材料与组件组组长，并于1996进入晶元光电股份有限公司，担任总经理。2007年成为晶元光电董事长兼总经理，现任晶元光电股份有限公司董事长兼策略长。李秉杰先生专长于生产光电半导体组件，包括发光二极管、激光二极管及检光二极管。李秉杰先生希望晶元光电成为LED芯片全系列提供者，通过公司经营策略的执行，为客户提供一站式服务。

**李国平**

李国平，男。广州市鸿利光电股份有限公司董事长、广东省江西商会副会长、广东省平板显示产业促进会副会长、广东省LED产业联盟副主席、广东省半导体光源产业协会副会长、广州市花都汽车协会副会长、广州市花都区赣商商会会长。

2004年，李国平创办广州市鸿利光电子有限公司。在李国平的带领下，公司不断壮大。2008年，李国平率领公司积极应诉美国国际贸易委员会“337调查”；2010年，当中国西南5省遭遇大旱、青海玉树发生地震、甘肃舟曲泥石流爆发时，李国平积极带领公司全体员工捐款捐物贡献力量。被广东经济发展论坛组委会评为“2008年推动广东经济发展百名杰出贡献人物”；被江西省工商业联合会、江西省社会科学院、江西日报社评为“庆祝新中国成立60周年，为国争光杰出赣商60人”；被广东经济学家企业家联谊会和广东企业家理事会评为“广东省企业家”；被广东民营科技企业协会授予“广东优秀民营科技企业家”称号。

**李　军**

李军，男，1964年出生，中共党员，高级经济师，博士。利亚德光电股份有限公司董事长兼总裁；曾任全国青年联合会常委、中国青年企业家协会副会长、北京市海淀区政协委员、中关村外商投资企业协会副会长、中关村企业家咨询委员会特邀委员。1985年毕业于华中理工大学，1987年获中国人民大学经济管理系硕士学位，2001年获人民大学博士学位。1995年创立北京利亚德电子科技有限公司，是北京市最知名的LED显示屏企业，中关村科技园区内的龙头企业，先后获得2008、2009中国LED应用示范工程优秀奖、中关村“瞪羚计划”重点培育企业等荣誉。2008年海淀科技园区优秀青年企业家，2009年度中国信息产业年度经济人物。

**李盛远**

深圳市邦贝尔电子有限公司董事长，企业创始人，高级经济师。1992年开始研究LED行业，从LED发光器件开始，经过多年的研究和积累，在LED照明领域和LED封装应用领域有着丰富的经验和独到的见解，对整个行业的发展有深刻的认识和高度的前瞻性。在他的领导下，公司的LED路灯产品模块一体化设计、优良的散热设计和先进的配光系统引领了整个LED行业的发展，参与了多项国家标准的制定，拥有40多项专利。

**李小红**

李小红，女，高级工程师。现任厦门华联电子有限公司光电总工。毕业于华中科技大学半导体物理与器件专业。长期从事半导体集成电路与光电器件封装设计、工艺研究、产品测试分析及可靠性研究工作。承担过多项国家级重点新产品、科技攻关及技改项目任务。是LED行业专家、国家863计划专家库专家、工业和信息化部半导体照明标准化工作组成员、全国专业标准化技术委员会光电子器件分技术委员会委员。获得多项厦门市和福建省科技进步奖。在《全国LED产业研讨与学术会议》和《半导体照明国际论坛》上发表《功率型LED封装技术》等多篇论文。

**李旭亮**

李旭亮，男，1966年9月出生，籍贯广东东莞，工商管理硕士。现任东莞勤上光电股份有限公司董事长。

1986年9月—1988年7月就读于广东省建材学校机械设计专业，1988年7月—1993年5月在东莞兴华标准实业有限公司工作。1993年5月创建东莞勤上五金塑胶制品有限公司。2007年完成股改成立东莞勤上光电股份有限公司。

作为勤上光电的创始人和领头人，一直孜孜不倦地工作和学习，1991年9月—1996年7月曾在华南理工大学工业工程管理专业学习；1996年9月—1998年7月在中山大学进修世界经济专业研究生；2005—2007年攻读亚洲（澳门）国际公开大学MBA，获工商管理硕士学位。

在此期间，李旭亮还先后被东莞市授予"'三业'教育活动百名优秀青年"、"东莞市优秀民营企业家"、"东莞市思想道德建设优秀青年"、"广东青年五四奖章"、"东莞市非公有制企业支持工会工作、爱员工的优秀经营者"、"爱员工、支持工会工作优秀企业家"等荣誉称号，并前后担任过广东省民营企业商会副会长、广东省工商联合会执委、东莞市工商业联合会副会长、东莞市青年企业家协会会长、东莞市人大代表等社会职务。

**梁　毅**

梁毅，男，EMBA高级工商管理学硕士。现任北京良业照明工程有限公司董事长。

2001年荣获人民大会堂颁发的照明工程荣誉证书，2007年荣获"2006中国产品质量信用年度品牌"，2007年荣获原建设部、中国建筑业协会联合颁发的"中国建筑工程鲁班奖"。

2008年，良业照明在北京奥运会场馆建设领域力拔头筹，荣膺国家体育场（鸟巢）照明系统指定供应商，同时承担了国家体育馆、奥林匹克公园中心区演播塔、国家会议中心（奥运会击剑馆）、中国科技馆（奥林匹克公园中心区新馆）、奥林匹克体育中心、北京工业大学体育馆（奥运会羽毛球馆）、北京大学体育馆（奥运会乒乓球馆）等一系列场馆的灯光工程。

同年，荣获第二届国家半导体照明产品及应用创新大赛"工程应用创新奖"等多项大奖（国家体育馆LED立面照明系统、奥运中心区科技馆LED立面照明系统、奥林匹克公园中心区演播塔照明系统等项目）。

**林洺锋**

林洺锋，男，1974年出生，深圳市洲明科技有限公司CEO。

曾任职于香港通用电器（深圳）有限公司担任品质部技术员。1996年转入IT行业，从事联想电脑经营。2003年开始涉足LED行业。既精通技术，又有优秀的管理、经营和指挥才能，有强烈的创新及商业意识、深邃的洞察力、判断力及果断的决策能力。

**林秀成**

林秀成，男，1955年出生于福建泉州，中共党员，高级经济师，大学学历。任三安光电股份有限公司董事长，兼任福建三安集团公司董事长、总经理；厦门三安电子有限公司董事长；厦门安美光电有限公司董事长等职。曾任福建省光电行业协会会长，福建省人大代表，福建省企业与企业家联合会副会长，福建省慈善总会名誉副会长，安溪县慈善总会会长等社会职务。2000年创立厦门三安电子有限公司，2003年成为国内半导体照明龙头企业，2008年经过重组成立了三安光电股份有限公司在上海证券交易所成功上市（证券代码：600703）。先后荣获2006、2008年国家半导体示范工程、2009、2010年中国LED最具成长性企业、中国LED创新技术奖、2010年工业和信息化部重大技术发明奖等荣誉。2008年福建省杰出企业家，2010年度安徽省年度经济人物，2010年中国LED行业领军人物。

**刘　镇**

刘镇，男，1974年出生，大学本科学历，高级工程师。深圳量子光电有限公司总经理，国家半导体照明工程研发及产业联盟"专利池工作组"成员，广东省照明电器协会半导体照明专业委员会副主任，深圳市照明电器行业协会副会长，深圳市半导体产业促进会副会长、评审专家，深圳市照明学会专家组高级专家，深圳太阳能协会理事，深圳市专家联合会专家，2008深圳市照明行业优秀企业家，《国际光电与显示》专栏顾问，历届中国国际半导体照明论坛特邀专题报告嘉宾。

主要科研成果：2003年度"深圳市优秀照明新科技和新节能产品"，2004年深圳市优秀照明新科技、新节能产品奖，2005年深圳市优秀照明新科技产品奖，2006年深圳市优秀照明新科技产品奖，2006国家半导体照明工程创新大赛优秀奖，2007年深圳市优秀照明新科技产品奖，2008年深圳市优秀照明新科技产品奖，国家"十一五"、863半导体照明项目承接单位，已申请相关21项新型发明专利。

自1993年起，一直致力于LED产业材料、器件及应用产品的研究和产业化工作。

**刘定林**

刘定林，男，硕士研究生，高级工程师。现任四川九洲电器集团公司总经理助理，四川九洲光电科技有限公司常务副总经理。1984年9月—1988年7月，在西北

工业大学航海工程系电子检测技术本科专业学习，获得学士学位。1999年8月—2002年6月，四川大学电子与信息工程硕士专业学习，获硕士学位。

1988年7月—1998年2月，历任国营第七八三厂设计二所技术员、副所长、所长；1998年2月—2007年10月，历任四川九洲电器集团有限责任公司技术中心副主任、四川九洲电子科技股份有限公司技术开发中心主任、副总工程师；主持开发了GFS750－4、5 DFB光发射机、GFD1550－1、2系列化光放大器国家重点技术攻关项目；2002年，主持开发了新一代HFC传输系统，参与国家标准“光工作站”“HFC网管系统”的制定。先后在各类专业期刊发表论文十余篇，并编写了《光纤有线电视设备与工程实践》、《宽带信息网络设备手册》讲义，多次参加各类技术研讨会。2010年至今任LED技术研究中心常务副主任，负责LED产品研发和经营管理。承担、主持完成多项国家和省部科技研究专项。

**刘　力**

刘力，男，1963年生，高级舞台灯光师、一级项目经理、经济师。广州市雅江光电设备有限公司国内营销中心副总经理。1988年7月毕业于华南师范大学，并获得了学士学位。从1998年进入广州市雅江光电设备有限公司至今，致力于国内照明事业的发展，参与过多项国内外知名照明项目的设计、安装，为雅江光电在2008年北京奥运会开、闭幕式、中央电视台春节联欢晚会、首都国庆60周年联欢晚会、第十一届全运会开闭幕式、上海世博会、2010年广州亚运亮化工程等灯光工程中获得多项荣誉。同时个人也获得了上海世博会事务协调局颁发的荣誉证书，上海照明学会奖三等奖，2009年/2011年中国照明学会颁发的中照科技创新奖二等奖等多项荣誉。

**刘乃涛**

刘乃涛，男，1976年5月出生。1997年毕业于东南大学物理系，获学士学位，现任南京汉德森科技股份有限公司技术总监。长期从事半导体照明技术研发工作，在大功率LED封装、大功率LED灯具技术和产业化工程方面具有多年丰富的经验。

**刘文弟**

刘文弟，男，1963年12月12日出生，中共党员，研究生学历，高级工程师。现任上海蓝光科技有限公司总经理。历任彩虹彩色显像管总厂产品设计所工艺开发组组长、彩虹集团公司技术中心设计开发室主任、彩虹集团公司电子枪厂厂长助理、副厂长、第一副厂长（主持工作）等职，自2005年10月—2007年8月任彩虹集团电子股份有限公司电子枪厂厂长。2007年8月—2008年8月任上海蓝光科技有限公司董事长兼总经理；2008年8月起，任上海蓝光科技有限公司总经理。

主承担上海市软件和集成电路产业发展专项基金项目“ITO透明电极高亮度蓝光芯片的研究与产业化”、上海市科研计划项目（科技攻关）“蓝光LED芯片ITO电极的研究与开发”、上海市浦东新区科技发展基金科技专项资助资金项目“准照明级LED光源产业化关键技术攻关”、上海市科委科研计划项目“半导体照明用外延片开发及产业化”等项目。

**楼满娥**

楼满娥，女，1967年出生于浙江省富阳市新登镇，大专学历，经济师。现富阳市政协委员，数年来从事“星火计划”工作。现任浙江迈勒斯照明有限公司（原杭州富阳新颖电子有限公司）董事长、总经理，杭州创元光电科技有限公司总经理，其个人曾先后获得“富阳市巾帼建功标兵”、富阳市“三八”红旗手、“浙江省新世纪巾帼发明者”等称号。楼满娥同志创办的浙江迈勒斯照明有限公司，多年来从事空间能源的探索和应用及大功率LED的研发，现已成为一家太阳能光电应用领域集科、工、贸为一体的电子企业。

楼满娥同志经过数年艰苦创业之路，在太阳能LED产品的研发和应用上得到了丰厚的回报。同时个人和公司也受到了省、市领导及有关部门的一致好评。

**鲁广洲**

鲁广洲，男，教授。现任重庆照明学会半导体照明专委会副主任、重庆市生物医学工程学会副理事长、重庆市新的社会阶层专业人士联合会副会长、重庆海外交流协会常务理事、兰州大学兼职教授、重庆邮电大学客座教授、重庆理工大学兼职教授。所学专业：生物医学工程；现从事专业：生物医学工程、LED照明技术应用。20多年来，鲁广洲先生先后参加了多项重大课题。在其主持、参与开发的多项高技术产品中，5项被国家科学技术部列入国家重点新产品计划、国家火炬计划；荣获重庆市科技进步二等奖1次、三等奖2次。2004年被评为“重庆市软件行业十佳英才”，2008 年被评选为重庆市“十大渝商”，2009 年被评为重庆市十大“智商”。

**孟昭渊**

孟昭渊，男，1947 年出生，大专文化，高级工程师。2002 年起在尚德公司先后任产品工程部副经理、经理，系统集成部经理，副总工程师等职；在光伏行业内任中国照明学会新能源照明专业委员会副主任、江苏省照明学会理事；被无锡科技职业学院聘请为客座教授。曾经在省部级以上刊物以及国际会议上发表论文 30 余篇，参加编写《光伏照明手册》，正在主编《太阳能光伏应用技术与产品》与《光伏电站的设计与安装——世博经典工程》。参加江苏省以及国家标准的编写，系多项国家标准的主要编写人，其中《J 11496—2009 太阳能光伏与建筑一体化应用技术规程》《JGJ203－2010 民用建筑光伏系统应用技术规范》已发布实施，还有多项正在申报中的国家标准。2006 年，在第 15 届国际太阳能大会论文《New Energy Storage Method For Stand-alone PV System》的基础上，获世界银行赞助，完成世界银行项目《超级电容器与蓄电池混合储能》并顺利通过验收。获职务发明 5 项。

**牟同升**

牟同升，男，1963 年出生。1986 年毕业于浙江大学光电系，获硕士学位，曾任浙江大学光电子所副所长。现任浙江大学光电工程系副教授、杭州浙大三色仪器有限公司董事长。2010 年获 IEC 国际标准化杰出贡献大奖“IEC 1906 奖”。美国国家标准与技术研究院 NIST 客座研究员，2009 年和 2010 两次赴美国 NIST 从事 LED 测量技术研究。

现担任国际电工委员会 IEC 62341－6－3 国际标准项目组组长，IEC PT62595 LED 背光源国际标准项目组专家，IEC TC110/WG2 液晶显示国际标准专家组成员，IEC TC110/WG5 有机发光显示 OLED 国际标准专家组成员，IEC TC76/WG9 光生物辐射安全国际标准专家组成员。国际照明委员会 CIE 第二分部成员，国际照明委员会 CIE 第六分部成员；国际照明委员会 CIE Div2 与国际电工委员会 IEC TC110 之间 OLED 国际标准协调官。国际照明委员会 CIE R2－46“照明产品光生物辐射安全测量”项目负责人。

同时，担任全国光辐射安全、电光源及附件、照明灯具、半导体照明 LED 以及平板显示 FPD 等五个标准化组织的技术委员。中国照明学会高级会员，国际信息显示学会 SID 会员，国际显示计测量试标准起草组专家。

1986 年至今，一直从事照明、半导体照明和平板显示等测量技术及仪器的研究。特别是在 LED 灯具的空间光分布和色度测量、LED 光生物辐射安全测量，以及相应的标准化方面有卓越的成就。2001 年创建了“浙江大学三色仪器有限公司”。

近几年，参与了十多项光电测量方面的国际标准起草并起草完成了多项国家标准的制订；目前牵头负责 LED、OLED 等方面的五项国家标准的起草。

**潘建根**

潘建根，男，1965 年 3 月出生，教授级高级工程师。杭州远方光电信息股份有限公司董事长兼技术总监，兼任国际照明委员会（CIE）光和辐射测量分部中国代表和技术委员会委员，中国照明学会常务理事兼测试计量专委会副主任、半导体照明专业委员会副主任，全国照明电器标委会光辐射测量标准化分会（SAC/TC224/SC3）副主任委员兼秘书长，国家 863 计划半导体照明工程总体专家组成员，浙江省照明学会副理事长。2008 年任美国国家标准技术研究院（NIST）客座研究员。

自 1985 年开始至今，一直从事光学、颜色、电子和 EMC 等光电测试技术研究和仪器设备设计工作。近年来潘建根教授及其所领导的科研团队专注于半导体照明测试技术和标准化的研究，他主持了多项国家 863 高科技计划项目和各级政府的科技攻关课题，获国家级重点新产品证书 3 项，国家自主创新产品证书 1 项，发明专利技术 80 余项，发表论文 40 余篇，主持开发新产品百余个，主持和参与起草了多项国际和国内半导体照明和光辐射测量标准。2009 年受到 CIE 嘉奖，2010 年获得国家发明专利优秀奖，并被评为全国优秀科技工作者。

**彭　晖**

彭晖，男，博士。曾在国内外多家 LED 公司工作，包括美国 AXT 和 Bridgelux 公司以及南京 Handson 公司和秦皇岛光电子科技有限公司。现在亚威朗光电（中国）有限公司任职。专注于 LED 芯片设计和制造，特别是垂直结构 LED 芯片和无需打金线的 3 维垂直结构 LED 芯片。拥有多项中国和美国专利以及专利申请，其中多项是关于垂直结构 LED 芯片和无需打金线的 3 维垂直结构 LED 芯片。

**裴小明**

裴小明，男，高级工程师。1987 年毕业于武汉大学物理系半导体专业，学士学位。曾任珠海市国华电子厂有限公司总经理、珠海市力丰光电实业有限公司总经理、深圳市量子光电有限公司技术总监、广州市鸿利光电子有限公司技术总监、台湾光磊科技股份有限公司技术顾问，现任广东德豪润达电气股份有限公司光电集团副总经理、LED产业技术研究院副院长。从事LED封装的研发和技术管理工作二十余年，实际工作经验丰富、理论基础扎实，近年来发表了多篇有关LED封装的技术论文。

**戚运东**

戚运东，男。1997—2002年在美国University of Massachusetts at Amherst攻读博士期间开展了氮化镓材料外延生长的基础研究，协助开发了液态$CP_2Mg$金属有机物源。2002—2005年在香港科技大学做博士后，参与了光电子技术中心实验室的建设和运行，从事蓝绿光LED材料外延生长的研究工作。2005年2月加入方大国科光电技术有限公司，历任副总工程师和副总经理、主管高亮度蓝绿光LED外延及芯片的技术开发和生产管理，先后参与完成或正在承担国家“十五”科技攻关重大项目“功率型芯片产业化关键技术”，“十一五”863计划半导体照明“100lm/W功率型LED制造技术开发”，深圳市和广东省科技计划项目，深圳市高技术产业化示范工程等项目，其中“功率型芯片产业化关键技术”获得2007年度深圳市科技创新奖和2008年广东省科学技术三等奖。2010年4月加入湘能华磊光电股份有限公司，任总经理特别助理，负责照明及背光用氮化镓基LED外延芯片和封装的技术开发，并组织申请相关专利，目前已申请外延芯片及封装专利15项。

**秦碧芳**

秦碧芳，女。1980年毕业于厦门大学物理系半导体发光物理专业，1993年开始从事照明行业工作，现任厦门通士达照明有限公司总工程师。

《半导体光源——照明行业新的挑战和机遇》、《普通照明对LED的要求》、《照明用LED光源求解五大难题》、《安全环保是节能照明产业发展的基础》等多篇论文在《中国照明电器》、《灯与照明》、《中国电子报》等全国性报刊发表。

负责起草制定《普通照明用自镇流LED灯性能要求》、《普通照明用自镇流LED灯安全要求》、《太阳能光伏照明用荧光灯》等国家标准，参与起草《报废照明产品回收处理规范》、《废弃荧光灯回收再利用技术规范》、《普通自镇流荧光灯安全要求》等国家标准以及《景观装饰用LED灯具》等福建省地方标准。

作为项目主要负责人负责组织国家科技攻关课题《白光LED照明产品的开发与应用》、《蓝光激发白光LED照明光源用YAG荧光粉》、《紧凑型节能灯水涂粉工艺技术改进》、《T3、T5螺旋灯技术改造项目》等项目，获厦门市技术改造革新项目一等奖、三等奖，厦门市科学技术进步三等奖等。

被聘为“厦门市政府采购评审专家”、“厦门优质品牌评价专家库成员”、“厦门市科技咨询评估专家”、“厦门市半导体照明专家组副组长”、“福建省光电行业协会副会长”、“厦门市光电产业技术创新联盟副理事长”、“全国照明电器标准化技术委员会电光源及其附件分技术委员会（SAC/TC224/SC1）委员”、“《中国照明电器》编委”等社会职务。

**邵运蒸**

邵运蒸，男。宁波燎原工业集团有限公司董事长、宁波市人大代表、余姚市灯具协会会长、余姚市优秀企业经营者、余姚市慈善之星、余姚市企业家协会副会长、宁波市企业文化研究会副会长。他将一个默默无闻的村办小厂发展成为国内规模最大的道路照明灯具和特种钢杆生产企业，同时带动了梁弄灯具之乡的发展，为中国的室外灯具行业作出了重大贡献。燎原公司2007年实现销售收入5亿元，2008年预计实现销售收入7亿元。

**沈锦祥**

沈锦祥，男，浙江省桐乡市人，中共党员。美国加利福尼亚大学企业管理EMBA，经济师职称。1992年8月—2000年1月在嘉兴市照明器材厂工作，2000年2月至今任桐乡市生辉照明电器有限公司董事长兼总经理，2005年4月至今任浙江生辉照明有限公司总经理。

多次获得省市级科学技术奖，是桐乡市劳动模范，嘉兴市十大杰出青年，嘉兴市第六届人大代表。担任国家照明电器标准化技术委员会电光源及其附件分技术委员会委员，浙江省照明电器协会第四届理事会常务理事，中国城市科学研究会国家低碳照明研究中心室内半导体照明研究室主任，国家半导体照明工程研发及产业联盟指导委员会委员，浙江省照明学会LED照明技术专业委员会副主任。

2000年创立桐乡市生辉照明电器有限公司，主要生产全系列卤素灯产品，2004年创立浙江生辉照明有限公司，涉足LED照明领域。经过多年的发展壮大，两公司现有员工2000多人，2010年总营业收入5亿元，出口创汇6650万美元。

累计申请国内专利86项，国际专利2项，授权36项，其中发明专利1项，桐乡市生辉照明电器有限公司是浙江省专利示范企业。参与了国家电光源、半导体照明领域25项国家标准的制定。主持或参与的国家级、省级、市级科技项目近20项。浙江生辉照明有限公司是国家级高新技术企业。

**石 修**

石修，1966年台南成功大学物理专业毕业。1968年赴德国求学，1976年获阿亨工业大学理学博士。1976－1978年荷兰玉特烈大学做博士后研究，1978年回台南成功大学任副教授。

1995年赴美国史丹福研究院（SRI）接受技术预测学程结业。1998—2002年在台北金融研究发展基金会授企业金融课程。1979—1990年任新竹万邦电子公司顾问、副总兼厂长、总经理、高级顾问、董事，从事小信号硅晶体管、发光二极管、太阳电池组件设计、制造及销售，并担任台湾工业技术研究院工业材料所化合物半导体部门筹备委员，1986年任光电半导体产业技术发展咨询委员会（光咨会）发起召集人，历任委员。1995年在担任南投环隆电气公司高级顾问期间启动微机电感测组件实验室。1998年在新竹科学园区光磊科技公司建立微机电事业部，并自美国福特微电子（FMI）公司购得微机电整厂设备、具知识产权技术及产品。2003年自光磊公司分出独立为新磊微制造股份有限公司，任董事长。

1986年起参与台湾区电机电子工业同业公会，历任常务理、监事，光电及微机电专业委员会主任委员，会策顾问。

**施毓灿**

施毓灿，男。香港大学工程系理学学士学位及香港中文大学工商管理硕士。

科锐香港有限公司副总裁、中国区总经理，现任上海市普陀区政协港澳委员，2006年香港青年工业家奖获得者，中国照明电器协会理事，国家半导体照明工程研发及产业联盟常务理事，香港贸易发展局电子及家电业咨询委员会委员，“香港科技园友导计划”导师。

**史 杰**

史杰，男，高级经济师。现任江苏史福特光电股份有限公司董事长、中国照明协会常务理事、中国照明电器协会半导体照明专业委员会副主任。所学专业：企业管理；现从事专业：企业管理、LED照明工程与技术研究。主持并承担了国家重点新产品项目“HID120W高效泛光灯”、“应用三腔体结构设计的LED路灯（120×1W）”、江苏省重大科技成果转化项目“高效节能LED路灯产业化”项目、国家火炬计划“风光互补三腔体LED路灯产业化”项目、“十一五”国家高新技术研究发展计划（863计划）“国产芯片室内LED照明灯具及系统开发”项目、“十二五”国家科技支撑计划“室内大空间、高光通量LED照明灯具开发”等项目的科研任务。被授予江苏省“十佳青年企业家”、江苏省“优秀民营企业家”、中国火炬江苏省创业导师等称号。

**宋恒毅**

宋恒毅，男，汉族，出生于湖北，高级工程师，工商管理博士。现任帝光国际发展有限公司集团董事长兼CEO，旗下有深圳帝光电子有限公司、盛豪行有限公司、帝光科技（香港）有限公司、武汉帝光电子有限公司、东莞帝光电子科技有限公司、扬州帝豪电子有限公司等多家控股子公司。集团公司于2006年3月在美国上市。

宋恒毅先生于1996年创立深圳帝光电子有限公司，先后担任中国LED产业联盟常务理事，深圳光学光电子行业协会副会长和广东省LED产业联盟副主席。帝光电子是一家专门从事LED/CCFL背光源，LED灯具和LED平板显示器生产和销售的高新技术企业，2008年被深圳市政府授予“自主创新龙头企业”称号。

宋恒毅先生现有自主知识专利54项，其研究成果“TV用LED背光源”曾荣获全国LED大奖之创新奖；曾先后担任四个国家级课题组组长或副组长，负责总体设计和技术指导；先后荣获“中小企业创新奖”、“优秀中小企业家”等多项荣誉。宋先生还曾荣获深圳市科技进步奖一项，公司产品多次被评为国家重点新产品和省市重点新产品。

**苏峯正**

苏峯正，男，隆达电子董事长。苏峯正博士1982年毕业于台湾“清华大学”材料工程系，1986年取得美国纽约州立大学石溪分校材料工程所博士。同年进入美国奇异（G.E.）公司从事TFT-LCD航空电子应用研究。1990年回台湾后进入联友光电，并参与台湾地区第一座TFT-LCD厂房的规划建设。1995—2001年担任联友光电产品开发副总经理，2001年担任友达光电视讯显示器事业单位副总经理，2003年转接任电视显示器事业单位，2005年担任消费电子显示器事业群总经理，2007年担任电视显示器事业群及消费产品显示器事业群总经理。2008年友达光电投资成立LED研发制造公司隆达电子，由苏峯正博士担任总经理。2010年9月担任隆达电子董事长，并兼总经理职务。

2006 年苏峯正博士曾获社团法人企业经理协进会十大杰出经理奖，同年度当选台湾“清华大学”杰出校友。

**孙润光**

孙润光，男，日本东京大学博士。2002 年从美国杜邦公司归国，先后任上海大学材料科学与工程学院教授，博士生导师，新型显示技术与应用集成教育部重点实验室（上海大学）主任，从事平板显示与半导体材料与器件的教学与研究工作；2004 年兼任京东方科技集团股份有限公司技术副总监、中央研究院副院长。2006 年出任上海广电 NEC 液晶显示器有限公司研发部部长，负责公司的 TFT - LCD 显示器与电视的设计与开发，业绩包括 EDA（电子设计自动化）实验室建设，国内第一款 47 英寸高清液晶电视的开发等。2007 年获江苏省创业创新人才计划“液晶显示 LED 背光与 LED 照明产业化”资助，成立江苏激蓝科技有限公司，出任总经理、技术总监。2010 年起负责 LED 外延芯片生产线建设。

在上海大学培养博士后 3 名（任职京东方、天马、河海大学），博士 2 名（任职上海交通大学、复旦大学），硕士 6 名（任职台积电、华虹 NEC、美国 Cree、上广电 NEC、美国田纳西大学等），发表学术论文 60 余篇，综合引用率 200 次以上。获中国专利 3 项，美国专利 4 项，还有多项中国专利和国际专利申请/审查中。

孙润光博士参与了我国第一条（上海）与第二条（北京）TFT - LCD 五代线建设。拥有跨国公司工作经验（美国杜邦、日本 NEC）；平板显示、LED 等技术开发与生产经验；锂动力电池开发与量产经验；高新技术企业创建、融资与管理经验（中国人民大学 EMBA）；高等学校（上海大学）与研究所（中国科学院）教学与科研经验。

**王　刚**

王刚，男，博士。现任京东方科技集团股份有限公司 CTO，组织未来显示技术总监。1999 年获得博士学位，期间主要从事有源矩阵寻址的液晶显示器的阵列设计制作与研究工作，2000 年 9 月进入长春应用化学研究所高分子物理与化学国家重点实验室开始博士后研究工作，主要从事有机薄膜晶体管（OTFT）的相关基础研究工作及其在有源矩阵显示和有机逻辑电路方面的应用研究工作。期间参与了国家自然科学基金、科学技术部 863、九五重大科研课题等六项国家各部委的重大科研项目。2003 年 3 月博士后出站后，就职于京东方科技集团股份有限公司，参与了京东方北京 TFT - LCD 五代线的筹建及产品开发工作。近几年主要负责集团未来显示技术研发工作，如 LED B/L 技术、AMOLED 技术、EPAPER 技术、3D 显示技术、TOUCH PANEL 技术、氧化物/有机 TFT 显示器件、柔性显示器件等新型显示技术的研究开发工作。在学习和工作期间，负责并参与国家级及省市级政府研究开发项目十余项，在各种学术刊物及会议上发表学术论文十余篇，在 TFT - LCD 领域、有机 TFT 显示器件领域以及未来显示技术领域等共发表发明专利 20 余项，并荣获 2007 年度北京电控杰出创新人才奖，以及 2008 年度北京市科学技术奖二等奖，入选 2010 年度北京市新世纪百千万人才工程。

**王国华**

王国华，男，1955 年出生，研究员。享受国务院特殊津贴专家。现任北京高科能光电技术有限公司总经理、中国可再生能源学会光伏委员会委员，中国照明学会新能源专委会副主任。并列入科学技术部、国家发展和改革委员会、商务部、住房和城乡建设部及北京市等政府招标专家库专家。曾任新疆新能源研究所所长，北京市太阳能研究所副所长。承担国家科技攻关、世界银行 REDP 项目及“863”项目 9 项并任课题组长。从事太阳能发电系统设计 20 余年，在新疆、西藏、四川等地设计大型太阳能电站 100 余座。发明专利 7 项。国内外发表论文 40 余篇。2002 年就开始太阳能与半导体照明研究，同年配合北京援藏太阳能项目推广 LED 灯数千套。起草国内多项大功率 LED 路灯与太阳能 LED 路灯招标条件与验收标准，具有丰富的理论水平与实践经验。

**王海嵩**

王海嵩，男，1975 年 8 月出生于辽宁省沈阳市。2003 年毕业于吉林大学电子科学与工程学院获理学博士学位。2004 年赴日本物质材料研究机构进行博士后研究，2007 年回国进入北京宇极科技发展有限公司任职副总工程师，进行半导体发光材料与器件相关产品研发工作，在半导体光电子器件特性研究和封装产品开发方面有丰富的理论和实践经验。2008 年 5 月起任北京宇极芯光光电技术有限公司总经理。

主要成就：在十余年的科研和开发经历中，共发表学术论文 20 余篇，申请发明专利 5 项，2004 年获吉林省科技进步二等奖。2008 年、2010 年分别在国家半导体照明产品创新大赛上获得研发创新奖。

**王向武**

王向武，研究生学历，教授级高级工程师，半导体光电领域的著名技术专家，曾获“厦门市产业科技功臣

大奖”、厦门市“五一劳动奖章”。曾任中国电子科技集团公司第55研究所材料中心副主任，厦门三安电子有限公司副总经理、总工程师；2006年11月起在公司任职，现任公司董事、总经理，扬州乾照光电有限公司董事、总经理，乾宇光电执行董事。

**王垚浩**

王垚浩，男，博士，1964年10月15日出生，河南新野人，中共党员，教授级高工。1981—1988年在兰州理工大学（原甘肃工业大学）攻读机械工程，获本科学士及研究生硕士学位，1993—1996年在西安交通大学攻读管理工程，获工学博士学位。现任佛山市国星光电股份有限公司董事长、总经理，并担任广东省人大代表，佛山市人大代表，佛山市科协副主席，佛山市博士联谊会会长。2003年被国家半导体照明工程办公室聘为国家半导体照明工程专家组成员，2005年被原国家人事部和全国博士后管委会评为全国优秀博士后，2006年被科学技术部聘为“十一五”国家863计划重大项目“半导体照明工程”总体专家组成员。2007年被佛山市人民政府聘为政府专家顾问团成员。

**王鹰华**

王鹰华，男，副总经理，高级经营师，硕士学历。1988.9—1992.7西安交大机械系机电一体化专业本科毕业；1992.9—1995.3上海大学机械系机器人专业硕士研究生毕业；1995.3—1998.12就职于上海施尔华控制系统有限公司，担任项目经理；1999.3至今就职于上海三思电子工程有限公司，任副总经理。

长期以来致力于LED显示、LED照明应用技术研究、产品开发及工程项目的实际应用。其参与负责完成了国家科学技术部“863”计划项目——“室内LED照明灯关键技术研究与产品开发”研究课题；主持并起草了《公路LED照明灯具》JT2008-06行业标准，共申请国内外专利43项，其中授权专利30项，发表论文有《LED光源的片状透镜设计方法》（《半导体照明》，2010.8）、《LED显示屏像素黑区影响浅析》（《现代显示》，2005.7）、《浅谈发光二极管护栏路灯在城市道路的应用》（《光源与照明》，2010.4）。

**温 源**

温源，全球顶尖的LED光艺术作品价值架构师，新加坡南洋理工大学工科博士，现师从恽为民博士研究LED光艺术作品设计理论。博学多才，善悟土地之灵气、建筑之理念，善舞艺术、科技与工程。已架构水立方、迪拜跑马场、深圳大运中心等世界里程碑LED光艺术作品，其中水立方获得中国第一个世界照明界奥斯卡IALD奖。

**吴建荣**

吴建荣，男，艾笛森光电董事长。吴建荣先生1994年毕业于台湾“中山大学”化学研究所，2001年意识到LED将成为未来照明发展的趋势，遂投身LED产业并从事研发工作。2001年10月与郑森焜及孙宗鼎先生创立艾笛森光电，为目前台湾地区LED封装厂中第一家专攻大功率LED照明的公司，艾笛森也是目前全球大功率LED照明组件的领先品牌之一。公司取名“艾笛森”，盼能以爱迪生发明灯泡的精神应用于照明革命上。

吴建荣先生在工作上投入的程度，足为公司全体同仁的表率，他对产品质量及研发技术的要求永无止境，这点可由公司快速累积庞大的客户资源及取得超过百件以上的专利为证。公司于2005年取得“经济部”科专计划补助；在2009年又率先推出LDMS的照明整合服务概念，证明了吴建荣先生眼光的独到及对技术与市场的预测能力。2010年公司已顺利在台湾证交所挂牌上市，未来他将会带领公司团队攀向另一个高峰，在LED照明起飞时让艾笛森遍地开花。

**吴启保**

吴启保，男，华南理工大学材料加工工程博士，华南师范大学博士后流动站、深圳企业博士后工作站博士后。现任深圳日海通讯技术股份有限公司投资证券部经理。2000—2009年，获授权7件发明专利，7件实用新型专利，26件外观设计专利。2004—2005年，参与承担国家“十五”科技攻关“功率型芯片产业化关键技术”，获2008年广东省科学技术奖三等奖、2007年深圳市科技创新奖。2008—2010年，主持广东省重大科技专项“LED日光灯关键制造技术研究与应用示范工程”。2006—2008年，负责组建深圳市半导体照明工程大功率芯片技术与应用工程技术研究开发中心。此外多次参与承担国家863课题及省市科研项目研究。

**武祥瑞**

武祥瑞，男，博士，光宝科技股份有限公司光电事业群先端光源事业部总经理。先端光源事业部主要营运项目为设计开发并销售发光二极管产品，致力于信号显示、液晶背光、固态光源等市场的开拓。

武博士除了担任台湾照明委员会副主席，在台湾光电半导体协会，武博士亦兼任智权及标准规范委员会主任委员。在此之前，武博士担任光宝科技执行长办公室特别助理及网络与通讯电源事业部协理。无论在电力电子领域或光电零组件产业，武博士在产品开发及市场营运方面皆拥有相当的专业知识及经验。

**吴文锋**

吴文锋，男，汉族，1962年9月出生，大学学历。1981年5月入党，1982年7月参加工作，现任广东亚一照明科技有限公司董事长。

2000年创立广东亚一半导体应用科技有限公司，响应国家关于绿色照明科技战略号召，应用LED作为照明光源，研发、生产和销售LED照明产品。2004年向广州市科技局提出了在广州建立国家级“LED工业研究开发基地”的构想。2004年11月与华南师范大学合作建立“广州市LED工业研究开发基地”，进行照明级LED芯片及半导体照明、显示应用技术的开发研究和产品生产，从而填补广州地区没有LED芯片技术和生产能力的空白。2005年5月，在荔湾区坑口电子数码基地投资建立绿色照明研发基地和生产中心，研发中心担负着广州地区半导体照明战略研究、技术开发和科研任务，并从国内外引进大量的高级科研技术人才，成为广州乃至华南地区的LED技术平台，为提升广州地区半导体照明产业化水平作出了重要贡献，为地区经济和技术发展起到示范作用。

近年来，利用丰富的生产实践经验和高超的专业技能，一直致力于LED应用产品方面研究开发和生产销售，在技术改造、工艺革新、技术攻关和解决关键性的技术难题等方面成绩显著，取得了近30多项技术专利，被中国社会科学院聘为特约研究员。2005年完成了“十五”国家科技攻关计划“半导体照明产业化技术开发”项目“功率型高亮度LED封装产业化关键技术”课题研究。2009年承担广州市“TV-LED背光源模组技术产业化”项目研究开发任务。2006年被推选担任广东省照明协会LED专业委员会副主任、广州市荔湾区民营科技协会副会长等职务，被广州生产力发展研究会和广州企业评价协会评为“2006年广州经济年度百杰人物”，当选广州市荔湾区第十三届政协委员。2009年被评为“广州市经济年度十大领军人物”。

**肖国伟**

肖国伟，男，1968年6月出生，博士。现任微晶先进光电科技有限公司董事总经理。于西安交通大学获工学学士、硕士学位，获陕西省优秀毕业研究生；于香港科技大学获博士学位。在半导体先进封装、微电子制造工艺、光电半导体、材料及可靠性分析领域拥有17年的专业经验。曾任职于西安交通大学电子工程系讲师，担任国家自然科学基金项目、省自然科学基金项目主要研究人员。曾担任校团委常委、团工委书记。曾担任香港科技大学大陆学生学者联谊会主席。获得香港首期“优秀人才输入计划”，于香港科技大学担任高级研究员，担任多项香港创新科技署科研项目主要研究人员和负责人，担任广东省/市重大科研项目负责人，国家863半导体照明重大项目专家库成员。2003年与香港科技大学几位教授共同创办微晶公司，兼任公司董事、首席技术官。2005年，任公司董事总经理至今。作为主要经营管理和技术负责人，带领香港微晶技术团队完成了大功率、高亮度LED芯片、晶片级倒装焊、凸点制造技术等一系列技术的开发。同时，负责在香港地区和内地建立了高亮度LED大功率芯片和模组规模化生产线，建立了生产、技术、销售等完整的企业团队，顺利实现了有关技术的产业化和市场营销。是20余项美国、中国及香港地区专利发明人（含合作），已发表专业学术论文30余篇。

**肖志国**

肖志国，男，1962年出生，教授级高级工程师。1988年毕业于中国科学院长春物理研究所固体物理专业，取得硕士学历。1994年成立大连路明光源有限公司，担任总工程师兼总经理；1998年成立大连路明科技集团有限公司，担任总工程师兼总经理；2003年成立中美合资的大连路美芯片科技有限公司，担任总工程师兼总经理；2005年成立中美合资的大连美明外延片科技有限公司，担任总工程师兼总经理。

多年来一直致力于稀土蓄光自发光材料、新型白光LED用荧光粉技术的研究，并将研究领域不断拓宽。1992年在国际上首创发明了无害、无放射性的多种稀土离子激活的碱土铝酸盐蓄光型发光材料，使我国在这一行业处于国际领先水平。现已申请国内外专利68项，授权48项，其中国内发明专利31项，授权19项，国际发明专利9项，授权7项，形成了从发光材料到应用的知识产权保护网。发表论文25篇，专著一部。2006年获国家技术发明二等奖《新型稀土激活新型硅酸盐发光材料及应用》；辽宁省科技进步一等奖《高亮度GaN基芯片产业化》。

**许福贵**

许福贵，男，汉族，山西省临汾市人，1955年生，大学文化程度，高级工程师，现任山西光宇集团公司董事长。

2006年开发了代替银胶的新型超导热LED封装材料，解决了LED光源的散热问题，被山西省科技厅及全国照明学会的专家一致认定为国际先进水平。旗下山西光宇半导体照明有限公司荣获2010年度中国LED照明应用百强企业，被评为国家质量监督检测合格—全国质量信得过产品重点宣传单位。拥有LED技术方面国家专利70多项；先后两次承担国家863重大科技攻关项目，并且是国家十二五科技支撑计划课题承担单位，现任中国照明学会新能源照明专业委员会第五届理事会委员、国家半导体照明工程研发及产业联盟指导委员会委员、中国建筑装饰与照明设计师联盟联盟副主席，并兼任山西省工商联执委、区工商联常委、临汾市市长联络员、临汾市人大代表等社会职务。2008年曾为汶川地震捐资达200多万元。

**徐连城**

徐连城，男，1954年出生，大学学历，经济管理专业。1970年12月效力于（南京三乐电气总公司）例行试验室，高级技工，负责军品及民品气体放电灯照明产品的相关试验工作，现任浙江一点神照明科技有限公司CEO。2006年3月受聘于南京汉德森科技股份有限公司照明事业部总经理、产品总监。2007受聘于浙江求是信息电子有限公司照明总经理，带领技术团队做出中国第一代LED行业内户外路灯照明等系列产品。受聘于广东昭信灯具有限公司副总经理兼技术总监，是该企业LED应用产品创始人。

还受聘于中国半导体照明工程研发及产业联盟杂志编委、中国半导体照明产业发展2010年年鉴编委、高工LED杂志编委委员。

参与国家LED路灯标准研讨及测试方法起草制定。主要著名产业论文及采访：《半导体路灯制作中需关注的问题与思考》、《浅议半导体路灯制作的思路》、《浅议地方标准》、《LED电源的新概念》、《灯具结构及散热的设计探讨与实用解决方案》、《浅议LED路灯目前的制作现状及发展方向》等20余篇。

主要参与应用行业发明、实用新型、外观专利约三十余项，有两项专利入选2009年度最具投资价值项目，并被中国技术创业协会授予著名行业专家暨全国发明创新优秀人才。

**姚志图**

姚志图，男。伟志集团执行董事长，美国Newport University MBA，担任香港经贸商会副会长、香港内坑镇联乡总会常务副会长、广东省博罗县政协委员、广东省工商联晋江商会副会长、深圳市宝安区企业联合会常务副会长、深圳市专家工作委员会副主任、晋江市内坑镇归国华侨联合会顾问。

荣获8项国家专利，包括“双面发光背光源”、“平面上置光源”、“底侧两用高效LED白灯”、“色变换型亚白色LED背光源”、“扩散型LED照明光源”、“带散热功能的LED”、“手拉式充电式电筒”、“新型医用观片灯”。

**闫春辉**

闫春辉，男，1963年4月17日生，美国内布拉斯加州大学林肯分校电子工程学博士，亚威朗光电（中国）有限公司CEO。2010年荣获嘉兴市精英引领计划A类称号，2011年荣获浙江省千人计划称号。有20年以上半导体电子工程研发经验，先后发表专业学术论文30多篇，现拥有相关专利20多项。2008年至今，任美国纳斯达克上市公司AXT、美国路美公司、亚威朗集团等多家国内外公司的核心技术负责人或者经营管理负责人。2005—2007年任大连美明外延片科技有限公司常务副总经理。2004—2005年任美国路美光电公司CTO，从事氮化镓蓝绿光高亮度LED研发工作，设计并开发出分别适用于蓝光和绿光LED的复合型缓冲层结构，并申报了相关专利技术。2003—2004年任美国载裴科思宽禁带半导体公司LED研发总监。2000—2003年任美国AXT公司LED分公司发光二极管研发部部长，参与开发和创建了芯片加工和终测分检工艺线，并发表了多篇论文，包括SPIE大会上的特邀报告。1995—2000年任美国内布拉斯加林肯大学电子工程系助理研究员，主要致力于GaN相关材料的光学性能研究，建立了一套全新的非破坏性材料与器件分析方法，包括微探针拉曼散射技术结合普适椭圆光谱分析技术。1993—1995年任美国加州大学圣地亚哥分校电子及计算机工程系访问学者，设计并率先在世界上首次实现了应变补偿的高In组分（>0.3）的厚层InGaAs沟道。1988—1993年任中科院半导体所副研究员，参与了中国第四代MBE和第一代CBE外延系统的设计与制造，并领导MBE课题组作出了国内最高电子迁移率的AlGaAs/GaAs和InGaAs/InP HEMT器件，同时领导课题组承担了我国最早的红光激光器攻关项目，并在1992年获得中国科学院科技进步一等奖。

**杨海峰**

杨海峰，男，1967年11月11日生，汉族，中共党员，高级工程师。1990年7月毕业于复旦大学光源与照明工程系，2000年7月获得河海大学管理学硕士学位。1990年8月—2004年6月，在南京华东电子集团工作，历任电光源研究所所长、集团光源技术中心主任、集团副总工程师、新华东电子公司总经理兼总支书记、华东电子信息科技股份有限公司副总经理。期间，主持设计完成激光泵浦源－S3020型脉冲氙灯、磁力探潜仪的核心部件——高纯氦电发光灯、高纯氦电发光室等多项核心器件研制工作，荣获电子工业部科技进步三等奖1项。组织完成30余项军用电子元器件的研制任务。2004年7月—2006年3月担任意大利百家丽亚太有限公司中国项目总监、江苏史福特照明电器有限公司总经理。2006年4月至今，任南京汉德森科技股份有限公司常务副总裁。兼任南京照明学会副理事长、江苏省照明学会副理事长。发表了《脉冲氙灯及泵浦性能评价》、《管形脉冲氙灯特性与应用》、《HGZ34.5－50高纯氦电发光室技术报告》、《HBY19.5－60高纯氦电发光灯技术报告》、《照明设计程序及经济实用性探析》、《大功率LED在功能型照明中的应用探讨》等多篇论文。

**叶寅夫**

叶寅夫，男，亿光电子工业股份有限公司董事长，从事LED产业近30年，以精准的经营理念和全球化视野，使亿光电子从LED封装代工，一路发展成为LED光电产品研发、销售的大型企业，产品更营销全球，亿光电子已成为世界LED产业的领导品牌之一。

叶寅夫董事长长期关注台湾地区LED产业的发展，参与各产业团体，为LED产业发展贡献心力，现分别担任LED路灯产业联盟副会长、海峡两岸商务协调会副会长、台湾区电机电子同业公会理事、台湾光电半导体产业协会理事、台湾区照明灯具输出业同业公会顾问等。亦为财团法人华聚产业共同标准推动基金会、台湾光电协进会、旭晶能源科技股份有限公司、福聚太阳能股份有限公司、华创车电技术中心等公司董事。

**余彬海**

余彬海，男，1965年7月出生，工学博士，教授级高级工程师。中国光学光电子行业协会光电器件分会技术委员会委员、广东省电子学会常务理事、广东省电子高级工程师评审委员、广东省机电第四高评委副主任委员、佛山市电子学会理事长、佛山市电子工程师评审委员会主任委员，现任佛山市国星光电股份有限公司副董事长。目前主要研究领域：半导体器件封装及器件可靠性。主持或作为主要研究人员参加包括国家863计划项目在内的重大项目40余项，发表科技论文30余篇、授权或申请各类专利70余项。

**张国华**

张国华，男，1960年出生，工程技术应用研究员。现任青岛杰生电气有限公司董事长兼总经理。1982年毕业于西安交通大学机械工程系，1998年作为访问学者到

美国南卡罗莱纳州大学光电子实验室工作，在著名的Asif Khan教授的氮化镓研究小组负责MOCVD设备反应器的设计与制造。2001年回国创办青岛杰生电气有限公司。领导的研制小组于2002年成功地研制出2英寸单片GaN－MOCVD设备，在此基础上，2005年又成功研制出2英寸3片生产型GaN－MOCVD设备。所设计的独特的超高立式反应器获得两项国家发明专利（发明专利号：ZL03135064.X；ZL200710013820.4），2006年作为课题负责人承担了国家高技术研究发展计划（863计划）新材料技术领域重大项目“半导体照明工程”2006年度课题：GaN－MOCVD深紫外LED材料生长设备。目前该课题已经完成，各项指标均达到课题指标。所研制生产的GaN－MOCVD设备2009年获得科学技术部认定的国家首批自主创新产品。2010年他所领导的技术团队用自主研发的GaN－MOCVD设备，建成了国内首条深紫外LED生产线，已成功地研制生产出波长280nm深紫外LED产品，批量生产技术指标达到CW条件下20mA，超过2mW，电压低于6.5V。技术水平在国内领先，达到国际先进水平。

**张九六**

张九六，男，安徽桐城人，现任杭州中为光电技术有限公司总经理。2002年毕业于中国计量学院机械电子专业，现于浙江大学攻读工商管理硕士。2005年4月开始创业，成立了杭州中为光电技术有限公司。通过四年的努力，公司现已发展成为集光电测试和自动化生产装备、机器视觉自动测量、计算机影像分析处理等软硬件产品研发、生产、销售、售后服务于一体的高科技企业。现为中国照明协会会员，通过ISO9001:2000版质量体系、国家“双软”企业认证，并承担国家级创新基金项目。

**张　明**

张明，男，长江商学院EMBA，经济师、工程师职称。四川新力光源有限公司法定代表人、董事长、总裁。《深圳地铁一期工程建设与管理实践》编委会委员，四川省工商联合会四川省商会第七、八、九届执行委员会执行委员，稀土长余辉发光材料863计划攻关小组副组长，中国中小企业协会副会长。

“长余辉无机发光材料的制备方法”的发明人，新力超长余辉蓄光发光粉产品2002年获得了国家863重点

新产品项目立项开发，于2003年获四川省科技进步三等奖、成都市科技进步一等奖。

在张明先生领导下，新力光源秉承“为人类增光添彩”的使命，专注于LED照明与稀土发光材料领域，致力于成为LED照明行业的领军企业。

**张日光**

张日光，男，1967年出生，浙江大学半导体专业毕业，高级工程师。宁波升谱光电半导体有限公司董事总经理。国家半导体照明工程企业单位专家成员、宁波市电子行业协会半导体照明分会理事长、中国光电子行业协会常务理事。1999—2002年负责实施原信息产业部“数字移动通信产品国产化专项表面贴装高亮度发光二极管国产化项目”；2004—2005年底负责实施科学技术部“十五”半导体照明工程重大攻关项目“功率型发光二极管封装产业化关键技术”；2006—2009年负责实施国家“十一五”半导体照明工程863计划“RGB三基色白光LED制造技术”项目；2008—2010年负责实施国家半导体照明工程863计划“高效室内LED应急照明应用集成技术开发与示范”项目；2008—2010年负责实施国家发展和改革委员会“高效集成及表面贴装照明专用LED白光光源产业化”项目；发表多篇论文，申请和获得20多项专利技术，多次荣获宁波市科技进步奖。

**郑铁民**

郑铁民，男，汉族，1961年10月生，应用研究员，山东寿光人，1983年7月毕业于合肥工业大学电子工程系半导体器件专业。山东浪潮华光光电子有限公司总经理，兼任山东华光光电子有限公司董事长、总经理。

作为主要研究人员，参与了“计算机-激光汉字排版系统”项目的科研开发，该项目被评为我国“十大科技成就”。主持了激光照排机的开发，并具体承担了总体设计和电路设计工作，其中两项技术填补国内空白，3种型号的照排机在报社、出版社和印刷厂得到广泛应用。改造进口激光印字机，使之可以反复使用激光印字机的复印机构，大大降低了使用成本。领导了华光LED和LD的科研和推广应用，2005年华光红光LED性能指标位居国内领先水平，808nm LD性能达到了国际先进水平。作为项目负责人，分别于2002年和2009年主持了“动力电池”、“锰酸锂材料”和“激光显示”等3个“863”项目的开发。从科研开发开始，创建了潍坊华光电池有限公司，建立了中国第一条现代化的锂离子电池生产线。领导了潍坊富维塑胶有限公司聚酯薄膜的销售工作，国内市场占有率达12%以上，巩固了国内市场并建立了美国、印度等国际销售渠道。担任山东华光光电子有限公司总经理后，使公司扭亏为盈进入了良性发展阶段。

**郑喜凤**

郑喜凤，女，1965年生，中共党员，研究员，博士，中国科学院长春光学精密机械与物理研究所博士生导师，现任长春希达电子技术有限公司副总经理。1988年毕业于吉林工业大学（现吉林大学）电子工程系，1988—1989年在中国科学院及中国科技大学研究生院学习，1991年于中国科学院长春光机物理所获得硕士学位，2000年于中国科学院长春光机物理所获得博士学位。2001年起，任长春希达电子技术有限公司研究开发部部长，带领研发团队致力于LED显示技术的研究与开发。2004年完全自主研发取得的“逐点一致化校正”技术，且为国内首创。2007年“高清晰LED全彩集成三合一显示屏”研制成功，并被国家年度《科学发展报告》收录，报告称“该成果使我国第一次站在世界LED显示应用领域的最前沿”。共申请专利25项，其中发明专利15项，在国内外学术期刊发表论文50余篇，承担并完成重大科研项目6项，参与完成11项。

**周凤英**

周凤英，女，毕业于天津大学电气工程系，研究生学历，1971年2月进入北京电视配件三厂（现北京吉乐电子集团有限公司）参加工作至今，历任车间主任、支部书记、党委副书记、副厂长、党委书记、厂长，1999年企业整体改制后，任北京吉乐电子集团有限公司党委书记、总经理，现任集团公司董事长、总经理。多次荣获“北京市劳动模范”、“爱国立功标兵”、“三八红旗手”、“优秀创业企业家”、“首都劳动奖章”、“优秀共产党员”等光荣称号。

**周　鸣**

周鸣，男，1968年生，硕士研究生，南京汉德森科技股份有限公司董事长兼总裁，曾任南京市人大代表，区政协委员。1990年毕业于电子科技大学无线电技术计算机通信专业，北京大学EMBA。1999年创立汉德森科技公司，是国内规模最大的专业从事LED照明产品及LED显示产品研发生产的厂商之一，获得“国家高新技术企业”、“国家火炬计划重点高新技术企业”、“国家LED照明产品标准起草单位”、“国家半导体照明工程研发及产业联盟突出贡献奖”等荣誉。2006年荣获“全国关爱员工优秀企业家”、“全国优秀民营科技企业家”等荣誉称号，并当选江苏省海外交流协会第四届理事会理事。长期从事高新技术的研究及管理，在企业管理方面，具有从科研开发、组织生产到市场营销的丰富实践经验，同时具有丰富的大型项目管理经验。作为汉德森公司的核心人物和创始人，对市场有着敏锐的眼光，坚持以市场为导向，以技术为核心，以服务为宗旨，以敏锐的洞察力和清醒的分析力努力捕捉商机，开拓市场。

**周　详**

周详，男。1990年毕业于复旦大学电子物理学专业，2003年获得荷兰马斯特里赫特管理学院工商管理硕士。具有20年以上的照明研发、生产管理、技术及项目管理经验。在生产管理上，所管理的工厂达到飞利浦全球生产效率最高水平，4年中生产成本降低50%；在环保项目中，成功实现将固汞引入节能灯的技术，出色完成了低汞化的目标；并且成功完成了节能灯小型化技术的开发。在雷士工作的3年时间内，从零开始创建了国内一流的研发中心，建立了传统光源、电子和LED的研发体系，在LED研发上，建立一支由多名精通光学、热管理、驱动等工程技术组成的研发团队，开发出多款具有自由知识产权的室内照明产品。发表论文数十篇。

1990—1992年在上海电子管二厂任技术员，1992—1994在上海亚明灯泡厂任工程师，1994—2002年在飞利浦亚明照明有限公司任技术主管、生产经理、工程技术部经理，2003—2007年在飞利浦照明亚太研发中心任主任工程师、高级技术经理，2007年起任雷士光电上海研发中心总经理。

**周学军**

周学军先生现为Philips Lumileds亚洲区市场总监，主要负责LUXEON®功率型LED在亚洲地区的推广和拓展工作。在市场营销领域拥有超过15年的经历，其中在飞利浦照明（中国）从事市场营销管理工作5年，对中国照明行业有深入的认识。在照明品牌建设、产品管理、分销渠道的建立以及营销流程改进等方面拥有广泛的实践经验和深入的研究。在2008年加入Philips Lumileds之前，还曾在一家全球最大的家电企业担任高级营销管理工作多年，拥有丰富的B2B和B2C市场营销管理工作经验。

**朱明华**

朱明华，男，高级工程师，硕士。1997年3月毕业于上海大学精密仪器及机械专业，同年在上海小糸车灯

有限公司参加工作，担任技术开发工程师，2003年担任技术开发部副经理，2004任电子技术部经理，主要负责与灯具相关的电子技术的开发。1999年负责开发了国内第一个为汽车（桑塔纳）OEM配套的LED高位制动灯。2003—2005年，承担了国家科技攻关项目“半导体照明系统与应用产品产业化关键技术”，并顺利通过验收。2006—2009年，负责上海通用新君越的AFS（自适应前照灯系统）的开发，成功打破了国际巨头的垄断。作为主要起草人，参与制定的汽车灯具类国家标准有《汽车用气体放电光源前照灯》及《前照灯清洗器》，已经于2008年6月1日正式实施。

**朱晓飚**

朱晓飚，男。1991年杭州商学院电子系毕业，2007年获得复旦大学EMBA学位。现任浙江中宙光电股份有限公司董事长总经理、杭州市能源学会副理事长、杭州市LED行业协会常务副会长兼秘书长。

1991年起从事电子产品设计开发，历任杭州乘风电器集团研究所助理工程师，上海兰迪电子有限公司部门经理、副总经理等职。

2004年起自主创业，先后成立杭州中宙科技有限公司、杭州中宙光电有限公司、杭州倍丽光电有限公司等企业，专业从事LED及其应用产品的开发和生产销售，主持完成了多项国家和省市级的技术研发和产业化项目，获得各种专利25项。

**祝炳忠**

祝炳忠，男，1968年10月出生，籍贯广东肇庆，中共党员，工程师，毕业于亚洲（澳门）国际公开大学工商管理专业，研究生学历。现任勤上光电股份有限公司副总裁、勤上半导体照明技术研究院副院长、广东省半导体照明联盟副秘书长、东莞市质量协会专家等。

作为勤上科研项目负责人，主要负责公司科研项目的统筹规划和组织管理，个人主要从事半导体照明光学系统的研究，先后主持及参与了国家科学技术部863项目，工业和信息化部“电子基金招标项目”，广东省重大科技专项等多项国家、省市科技项目，取得了众多成果，先后开发出适用各种道路类型的对称配光、非对称配光、低位照明配光等照明光学系统，解决了困扰半导体道路照明的光学问题。

2010年被评为东莞市科协先进工作者。2004年至

今，先后申请发明专利5项，其中授权2项，授权实用新型专利5项，发表各类技术、学术论文10篇。2009年6月，参与研发的“大功率LED路灯”获得中华全国工商联合会“科技进步二等奖”、“基于新型三维二次光学系统的高效LED路灯”获广东省科技进步一等奖、“基于无线网络的LED照明智能集控系统”获得东莞市科技进步二等奖。2010年被评为东莞市科协先进工作者。

**庄卫东**

庄卫东，男，教授级高级工程师，博士生导师，享受国务院政府特殊津贴专家。北京有色金属研究总院责任教授，中国稀土学会发光专业委员会副主任委员，《中国稀土学报》（中、英文版）编委。十多年来一直从

事新型无机功能材料、材料物理化学的研究和开发工作，共主持20余项课题的工作，取得部级科技进步一等奖1项、二等奖3项，发表论文108篇，在国际学术会议上作邀请报告12次，获中国发明专利授权18项，美国发明专利授权1项，入选首批“新世纪百千万人才工程国家级人选”，曾被评为中央企业“杰出青年岗位能手”。在稀土发光材料方面，尤其是半导体照明用荧光材料方面，做出了重要贡献。发明了5种半导体照明用荧光粉，获得相关授权发明专利12项，突破了国外的专利封锁，发明了3种等离子显示用荧光粉，2种稀土长时发光材料，获得相关授权发明专利5项。

# 第二章　机构索引

## 政府机构

### 发展和改革委员会高技术产业司

电话：010-68501529
传真：010-68501529
地址：北京市西城区月坛南街 38 号
邮编：100824

### 科学技术部高新技术产业司材料处

电话：010-58881575
传真：010-58881576
地址：北京市复兴路乙 15 号
邮编：100862

### 工业和信息化部科技司

电话：010-66014765
传真：010-66089046
地址：北京市西长安街 13 号
邮编：100804

### 住房和城乡建设部建筑节能与科技司

电话：010-58934548　58933151
传真：010-58933151
地址：北京市海淀区三里河路 9 号
邮编：100835

### 教育部科学技术司

电话：010-66097382　66096358
传真：010-66096733
地址：北京市西单大木仓胡同 37 号
邮编：100816

### 中科院高技术研究与发展局综合规划处

电话：010-68597216
传真：010-68597218
地址：北京市海淀区三里河路 52 号
邮编：100864

### 中国轻工业联合会科技办

电话：010-68396445
传真：010-68396445
地址：北京市西城区阜成门外大街乙 22 号
邮编：100833

### 北京市科学技术委员会高新技术产业化处

电话：010-66153395
传真：010-66114875
地址：北京市西城区西直门南大街 16 号
邮编：100035

### 天津市科委高新处

电话：022-27124351
传真：022-27123357
地址：天津市和平区和平路 287 号
邮编：300041

### 河北省科技厅高新处

电话：0311-85891859
传真：0311-85891859
地址：石家庄市东风路 159 号
邮编：050021

### 河北省石家庄市科技局高新处

电话：0311-85089718
传真：0311-85089718
地址：石家庄市中山东路 452 号
邮编：050031

### 河北省保定市科技局

电话：0312-3312060
传真：0312-3312077
地址：保定市裕隆街 83 号
邮编：071051

### 山西省科技厅高新处

电话：0351-4048940/4069298

传真：0351-4069298
地址：太原市迎泽大街 336 号
邮编：030001

## 辽宁省科技厅高新处

电话：024-23983459
传真：024-23983533
地址：沈阳市和平区三好街 24 号
邮编：110004

## 辽宁省大连市科技局高新处

电话：0411-83635353
传真：0411-83684522
地址：大连市西岗区人民广场 1 号
邮编：116012

## 吉林省长春市科技局高新处

电话：0431-88777255
传真：0431-88987752
地址：长春市人民大街 10111 号（市政府 1448 室）
邮编：130056

## 黑龙江省科技厅高新处

电话：0451-82634913
传真：0451-82634913
地址：哈尔滨市南岗区中山路 204 号
邮编：150001

## 黑龙江省哈尔滨市科技局工业处

电话：0451-82363435
传真：0451-82363435
地址：哈尔滨市红旗大街 251 号
邮编：150090

## 上海市科学技术委员会高新处

电话：021-50801818
传真：021-50273098
地址：上海市人民大道 200 号
邮编：200003

## 江苏省科学技术厅高新处

电话：025-83359254
传真：025-57715440
地址：南京市北京东路 39 号
邮编：210008

## 江苏省扬州市科技局高新处

电话：0514-87365186
传真：0514-87938525
地址：扬州市文昌中路 403 号
邮编：225001

## 浙江省科技厅高新处

电话：0571-87054025
传真：0571-87054024
地址：杭州市环城西路 33 号
邮编：310006

## 浙江省杭州市科技局高新处

电话：0571-87060744
传真：0571-87023872
地址：杭州市惠兴路 2 号科技大厦
邮编：310001

## 浙江省宁波市科技局高新处

电话：0574-87186850
传真：0574-87283033
地址：宁波市解放北路 91 号
邮编：315010

## 福建省科技厅高新处

电话：0591-87881523、87881686
传真：0591-87881686
地址：福州市北环西路 108 号
邮编：350003

## 福建省福州市科技局

电话：0591-83350561
传真：0591-83365394
地址：福州市乌山路 56 号
邮编：350001

## 福建省厦门市科技局高新处

电话：0592-2020373
传真：0592-2024555
地址：厦门市虎园路 2 号
邮编：361003

## 江西省科学技术厅高新处

电话：0791-6285364
传真：0791-6265355
地址：南昌市省府大院北 1 路 014 号
邮编：330046

## 江西省南昌市科技局高新处

电话：0791-3884249
传真：0791-3884238
地址：南昌市红谷滩政府大楼四楼

邮编：330038

## 江西省信息产业厅

电话：0791-6301588

地址：南昌市省府大院北2路102号

邮编：330046

## 山东省科技厅高新处

电话：0531-66777037

传真：0531-66777200

地址：山东省济南市舜华路607号

邮编：250101

## 山东省潍坊市科技局

电话：0536-8233820

传真：0536-8233820

地址：山东省潍坊市胜利东街318号

邮编：261041

## 河南省科技厅高新处

电话：0371-65908073

传真：0371-65952825

地址：郑州市政三街4号

邮编：450003

## 河南省郑州市科技局

电话：0371-67185359

传真：0371-67186596

地址：郑州市工人路55号

邮编：450000

## 湖北省科技厅高新处

电话：027-87135815

传真：027-87135815

地址：湖北武汉八一路

邮编：430071

## 广东省广州市科技局高新处

电话：020-83124646

传真：020-83124644

地址：广州市政府大院4号楼

邮编：510030

## 广东省科技厅高新处

电话：020-83516617

传真：020-83163688

地址：广州市连新路171号科技信息大楼

邮编：510033

## 广东省深圳市科技工贸和信息化委员会高新处

电话：0755-82107983

传真：0755-82001360

地址：深圳市福中三路市民中心C区3楼

邮编：518035

## 广东省东莞市科技局

电话：0769-22831307

传真：0769-22831304

地址：东莞市鸿福路99号市行政办事中心十三楼

邮编：523888

## 四川省科技厅高新处

电话：028-86723782

传真：028-86723782

地址：成都市学道街39号

邮编：610016

## 四川省成都市科技局高新处

电话：028-61881732

传真：028-61881732

地址：成都市高新区蜀锦路68号

邮编：610042

## 四川省绵阳市科技局

电话：0816-2332900

传真：0816-2332900

地址：绵阳市临园路东段76号

邮编：621000

## 重庆市科学技术委员会高新处

电话：023-67606001

传真：023-67605932

地址：重庆市渝北区龙溪华莹路380号

邮编：401147

## 陕西省科技厅高新处

电话：029-87294225

传真：029-87294225

地址：西安市雁塔路南段99号

邮编：710061

## 陕西省西安市科技局高新处

电话：029-86786638

传真：029-88405324

地址：西安市凤城八路市政府院内2号楼7，8层东侧

邮编：710007

# 科研机构

## 北京大学宽禁带半导体研究中心

地址：北京大学物理大楼461室
邮编：100871
电话：010-62752585
传真：010-62752585
电子邮件：gyzhang@ pku. edu. cn

## 北京工业大学北京光电子技术实验室

地址：北京市朝阳区平乐园100号北京工业大学信息学院
邮编：100022
电话：010-67391641
传真：010-67392390
电子邮件：gdshen@ bjpu. edu. cn

## 北京有色金属研究总院 国家有色金属复合材料工程技术研究中心

地址：北京市新街口外大街2号
邮编：100088
电话：010-62014488
传真：010-62015019
电子邮件：xiangy@ grinm. com
网址：www. grinm. com

## 清华大学电子工程系集成光电子学国家重点实验室

地址：北京市海淀区清华园1号清华大学电子工程系
邮编：100084
电话：010-62782734
传真：010-62784900
电子邮件：luoy@ mail. tsinghua. edu. cn

## 中国电子科技集团公司第四十五研究所

地址：北京市东燕郊经济技术开发区海油大街20号
邮编：065201
电话：010-61598218
传真：010-61598228
电子邮件：sales@ cetc-45inst. com
网址：www. 45inst. com

## 中国科学院半导体照明研发中心

地址：北京市海淀区清华东路甲35号
邮编：100083
网址：www. semi. ac. cn

## 中国科学院物理研究所

地址：北京市海淀区中关村南三街8号
邮编：100190
电话：010-82649361
传真：010-82649531
电子邮件：hchen@ aphy. iphy. ac. cn
网址：www. iop. cas. cn

## 中国电子科技集团公司第四十六研究所

总部地址：天津市河西区陈塘庄岩峰路1号
分部地址：天津市南开区新技术产业园区科研西路20号
电话：022-88111259
传真：022-88111026
电子邮件：plan@ emri. com. cn
网址：www. emri. com. cn

## 中国电子科技集团公司第十三研究所试验中心

地址：石家庄市合作路113号
邮编：050051
电话：0311-87045523
传真：0311-87045695
网址：www. cetc13. cn

## 吉林大学

地址：长春市前进大街2699号
邮编：130012
电话：0431-85168484
传真：0431-85193421
电子邮件：yuewang@ jlu. edu. cn
网址：www. jlu. edu. cn

## 中国科学院长春光学精密机械与物理研究所

地址：长春市东南湖大路3888号
邮编：130033
电话：0431-85686367
传真：0431-85682346
电子邮件：ciomp@ ciomp. ac. cn
网址：www. ciomp. ac. cn

## 中国科学院长春应用化学研究所

地址：长春市人民大街5625号
邮编：130022
电话：0431-85687300
传真：0431-85685653
电子邮件：ciac@ ciac. jl. cn
网址：www. ciac. cas. cn

## 复旦大学光源与照明工程系
## 复旦大学电光源研究所

地址：上海市邯郸路220号
邮编：200433
网址：http：//light. fudan. edu. cn




## 同济大学

地址：上海市四平路1239号建筑与城市规划学院
邮编：200092
电话：021-65982873
传真：021-65986707
电子邮件：xzxx@ mail. tongji. edu. cn
网址：www. tongji-caup. org

## 中国科学院上海光学精密机械研究所

地址：上海市嘉定区清河路390号
邮编：201800
电话：021-69918000
传真：021-69918800
电子邮件：siom@ mail. shcnc. ac. cn
网址：www. siom. cas. cn

## 江苏省光电信息功能材料重点实验室

地址：南京市汉口路22号南京大学物理系
邮编：210093
电话：025-83685367
传真：025-83685476
电子邮件：rzhang@ nju. edu. cn
网址：www. nju. edu. cn

## 南京农业大学

地址：南京市卫岗1号南京农业大学
邮编：210095
电话：025-81581355
电子邮件：xuzhigang@ njau. edu. cn
网址：www. njau. edu. cn

## 杭州师范大学有机硅化学及材料技术教育部重点实验室

地址：杭州市文一路222号
邮编：310012
电话：0571-28868081
传真：0571-28865135
电子邮件：catalyst88@ 163. com
网址：http：//yjg. hznu. edu. cn

## 中国计量学院信息工程学院

地址：杭州市下沙高教园区学源街
邮编：310018
电话：0571-86914573
传真：0571-86914573
网址：http：//xxgcxy. cjlu. edu. cn

## 厦门大学

地址：厦门市思明南路422号厦门大学物理系
邮编：361005
电话：0592-2183408
传真：0592-2183408
电子邮件：std@ xmu. edu. cn
网址：www. xmu. edu. cn

## 山东大学晶体材料国家重点实验室

地址：济南市山大南路27号山东大学（科技处）晶体材料研究所
邮编：250100
电话：0531-88366329
传真：0531-88364260
电子邮件：xxu@ sdu. edu. cn
网址：www. sklcm. sdu. edu. cn

## 武汉光电国家实验室

地址：武汉市华中科技大学珞瑜路1037号
邮编：430074
电话：027-87542604
传真：027-87557074
电子邮件：hustqiqi@ gmail. com
网址：http：//wnlo. hust. edu. cn

## 中国地质大学（武汉）纳米材料研究所

地址：武汉市洪山区鲁磨路中国地质大学（武汉）材料科学与化学工程学院
邮编：430074
电话：027-62885682
传真：027-62885682
电子邮件：xmyuan@ foxmail. com

## 华南理工大学高分子光电材料与器件研究所

地址：广州市天河区五山路 381 号
邮编：510641
电话：020-87114346
传真：020-87110606
网址：www. scut. edu. cn

## 中山大学佛山研究院

地址：佛山市南海软件园区信息大道研发楼 A 栋三楼
邮编：528222
电话：0757-86687988
传真：0757-86687982
网址：www. sysu-fs. com

## 中山大学化学与化学工程学院

地址：广州市海珠区新港西路 135 号
邮编：510275
电话：020-84111038
传真：020-84111038
电子邮件：ceswj@ mail. sysu. edu. cn
网址：http：//ce. sysu. edu. cn

## 电子科技大学

地址：成都市建设北路二段四号
邮编：610054
电话：028-83202108
传真：028-83201745
电子邮件：rhb@ uestc. edu. cn
网址：www. uestc. edu. cn

## 台湾工业技术研究院电子与光电研究所

地址：新竹市光复路二段 321 号
电话：+886-3-5820100

# 中介机构

## 国家半导体照明工程研发及产业联盟

地址：北京市海淀区中关村南大街2号数码大厦B座602室（100086）
电话：010－51626417 51626477
传真：010－51727120
邮箱：CSA@ china-led. net
网址：www. china-led. net

## 中国照明电器协会

地址：北京市东长安街6号230室（100740）
电话/传真：010-65135873/65234757
邮箱：wenqidong@ chineselighting. org
网址：www. cali-light. com

## 中国照明学会

地址：北京市朝阳区光华路12号1号楼（100020）
电话：010-65815905
传真：010-65812194
网址：www. lightingchina. com. cn

## 北京半导体照明科技促进中心

地址：北京市海淀区中关村南大街2号数码大厦B座602室（100086）
电话：010-51626417　51626477
传真：010-51727120
邮箱：CSA@ china-led. net
网址：www. china-led. net

## 北京麦肯桥资讯有限公司

地址：北京市海淀区中关村南大街2号数码大厦B座702室（100086）
电话：010-82512801-807
传真：010-82512803
邮箱：mkq@ mail. bjmkq. com
网址：www. bjmkq. com

## 黑龙江省半导体照明产业技术创新战略联盟

电话：0451-53642267
传真：0451-53627163

## 上海半导体照明工程技术研究中心

地址：上海市张江高科技园区祖冲之路887弄78号5楼（201203）
电话：021-50806699-526
传真：021-50806699-522
网址：www. shled. org. cn

## 上海市光电子行业协会

地址：上海市张江高科技园碧波路518号B座205室（201203）
电话：021-50805489
传真：021-50805486
邮箱：sota@ chinasoia. org
网址：www. chinasoia. org

## 宁波电子行业协会

地址：宁波市海曙区龙湾新村27号
联系人：任奉波
电话：0574-87294643
传真：0574-87292158
邮箱：nbdzhyxh@ 163.　com
网址：www. nbdz.　org

## 余姚市灯具行业协会

地址：余姚市北滨江路115号百花宾馆208室（315400）
联系人：叶奕
电话：0574-22673018　66251712
网址：www. cnyydjw. com

## 浙江省照明电器协会

地址：杭州市长明寺巷2号三楼（310009）
电话：0571-87811204
传真：0571-87803287
邮箱：qjq3612@ 163. com
网址：www. zmcsj. com

## 中国光学光电子行业协会光电器件分会

地址：厦门市火炬开发区华联电子大厦（361006）
联系人：胡爱华
电话：0592-6037472

传真：0592-6021191

邮箱：huaihua@ xmhl. com. cn

## 厦门市现代半导体照明产业化促进中心

## 厦门市 LED 促进中心

地址：厦门市思明区龙山南路 191 号 G3 创意空间 216 室（361006）

联系人：洪莹　卢铃

电话：0592-2028649-805/806

传真：0592-2028645

邮箱：ledxm@ ledxm. com

网址：www. ledxm. com

## 广东省照明电器协会

## 广东省照明电器协会半导体照明（LED）专业委员会

地址：广州市珠江新城花城大道 1 号七楼

电话：020-22223380

传真：020-22223398

## 深圳市半导体照明产业发展促进会

地址：深圳市南山区西丽龙井方大城

电话：0755-26788571-7787

传真：0755-26798696

## 深圳市太阳能学会

电话：0755-82099563　82099436

传真：0755-82099436

邮箱：szsolar@ szsolar. org

网址：www. szsolar. org

## 深圳市照明电器行业协会

地址：深圳市罗湖区宝岗路祥福雅居彩云阁 2419 室（518023）

电话：0755-25979960　25979740

传真：0755-25979814

邮箱：szzmxh@ 163. com

网址：www. lightingtec. com（中国照明科技网）

## 深圳市照明学会

电话：0755-25979740

传真：0755-25979814

邮箱：szzmxh@ 163. com

## 重庆市 LED 照明研发与产业联盟

地址：重庆大学国家大学科技园二楼

电话：023-65111173

传真：023-65111174

邮箱：office@ cqled. com

网址：www. cqled. com

## 西安国家光电子成果转化及产业化基地

地址：西安市高新技术产业开发区科技二路 77 号（710075）

电话：029-88452500　88452600

传真：029-88452600

网址：www. westoe. com

## 台湾财团法人光电科技工业协进会

地址：台北市中正区罗斯福路二段 9 号 5 楼

联系人：蔡镇懋

电话：00 886-2-23967780 Ext.　804

传真：00 886-2-23968513

邮箱：bon@ mail. pida. org. tw

网址：www. pida. org. tw

## 台湾区照明灯具输出业同业公会

地址：新北市三重市重新路五段 609 巷 14 号九楼之 3

电话：00 8862-29997739

传真：00 8862-29996489

邮箱：lighting@ lighting. org. tw

# 第九部分

# 纪 事 篇

半导体照明产业发展年鉴（2010—2011）

半导体照明产业发展年鉴（2010—2011）

2010 年

［12 月］

**● 雷曼光电刊登招股意向书，首次公开发行 1680 万股**

12 月 24 日，深圳雷曼光电科技股份有限公司刊登招股意向书，公司拟首次公开发行人民币普通股（A 股）1680 万股，发行后总股本为 6700 万股，将在深圳证券交易所创业板挂牌交易。12 月 27 日至 12 月 29 日，雷曼光电在深圳、上海、北京三地进行路演推介，2011 年 1 月 4 日正式申购。本次发行股票募集资金主要投资于“高亮度 LED 封装器件扩建项目”、“高端 LED 显示屏及 LED 照明节能产品扩建项目”的建设。

**● 比亚迪斥资 12 亿元人民币全面进军 LED 产业链**

惠州比亚迪实业有限公司投资 12 亿元人民币全面涉足从 LED 外延片、封装到照明应用的 LED 上中下游的完整产业链。生产基地现已订购了数十台 MOCVD，已有 5 台到货。比亚迪 LED 研发生产基地全部设在惠州。其中，一期工厂已投产，投资额在 3 亿元左右，二期厂房正在建设中。

**● Philips LumiLeds 率先量产 6 英寸晶圆**

12 月 17 日，Philips LumiLeds 宣布成为首家量产 150mm（6 英寸）晶圆的功率型 LED 制造商，并在这种大型衬底上，每周生产数百万颗基于氮化镓材料的 LED。每片 150mm 的晶圆可制造 4 倍于目前 3 英寸晶圆数量的 LED。因照明工业的要求并确保供应链支持的可靠性，这种向大尺寸晶圆的转变普遍被认为是提高 LED 产量的一个关键途径。

**● 日本家电零售商采用“以旧换新”推广 LED 灯泡**

12 月，日本家电联锁企业野岛电器宣布，该公司 5 家门店将率先开展环保点补贴 LED 灯泡以旧换新活动，推动 LED 灯泡淘汰白炽灯泡消费普及进程。此次活动法则为，通过环保点倍增计划，即将 1 点等于 1 日元的换算率提高 1 倍至 2 日元，吸引消费者拿白炽灯泡等来以旧换新。2010 年 2 月，神奈川县野岛电器宣布所有约 90 家县内门店全面停售白炽灯泡，成为日本家电联锁业内首家推广和普及 LED 灯泡的商家。

**● 科锐北美外第一家芯片生产基地在惠州落成**

12 月 8 日，惠州科锐半导体照明有限公司开业庆典在广东省惠州市仲恺高新区隆重举行。该基地是美国科锐在北美以外地区建立的第一家芯片生产基地。目前惠州科锐承担 LED 封装前的晶圆片切割、测试及分级工艺。该项目的落成进一步整合了科锐的 LED 产业链。

［11 月］

**● 三部委就半导体照明产品应用示范工程组织联合招标**

8 月 30 日，国家发展和改革委员会办公厅、住房和城乡建设部办公厅及交通运输部办公厅联合发布了《关于组织申报半导体照明产品应用示范工程项目的通知》。拟在不同气候条件的地区，选择 20 个半导体照明室内应用项目、15 个半导体照明路灯应用项目和 15 个半导体照明隧道灯应用项目开展示范。11 月 10 日，由中国电子进出口总公司代理的半导体照明（LED）产品应用示范工程产品入围招标项目在美泉宫饭店开标，吸引了来自全国各地的共 94 家照明生产企业参与角逐，28 家企业最终入围。

- **LED 登上广州亚运会舞台**

11 月 12 日，广州亚运会拉开帷幕。本届亚运会上 LED 绿色照明技术、节能照明产品得到全面应用。海心沙、广州塔、广州中轴线城市景观照明等重点工程项目，亚运城、大学城等数十个场馆和设施，处处都闪耀着 LED 绿色照明、节能照明产品的光芒。开幕式采用 10 万盏 LED 灯来装扮灯影效果；在海心沙岛附近的珠江江面上，交替闪烁着亚奥理事会会徽和本届亚运会会徽的巨大 LED 光网使用了 50 万个 LED 光点；主场馆“亚运之舟”也采用了大型折叠升降风帆 LED 显示屏；广州亚运会的基础建设大量使用了 LED 户外照明灯，其中亚运主场馆以及周边道路共新建了 70 000 盏 LED 路灯。

[10 月]

- **863 计划“高效半导体照明关键材料技术研发”重大项目国拨经费 3 亿元**

10 月 26 日，科学技术部发布《国家高技术研究发展计划（863 计划）新材料技术领域“高效半导体照明关键材料技术研发”重大项目申请指南》。国家高技术研究发展计划（863 计划）新材料技术领域“高效半导体照明关键材料技术研发”重大项目分解为 15 个研究课题，公开发布课题申请指南，本次发布的课题申请国拨经费控制额为 3 亿元。

- **国务院发文加快培育和发展战略性新兴产业**

10 月 18 日国务院办公厅正式发文《国务院关于加快培育和发展战略性新兴产业的决定》，明确了现阶段要重点培育和发展的节能环保产业、新一代信息技术产业、生物产业、高端装备制造产业、新能源产业、新材料产业、新能源汽车产业等 7 大战略性新兴产业，半导体照明位列其中。除了《决定》外，此前已有《半导体照明节能产业发展意见》、《关于组织申报半导体照明产品应用示范工程项目的通知》等政策措施出台，支持我国的半导体照明产业的发展。

- **第七届中国国际半导体照明论坛暨展览会顺利举办**

2010 年 10 月 15 ~ 17 日，第七届中国国际半导体照明论坛暨展览会（CHINA SSL 2010）顺利举办。来自 11 个国家和地区的 1570 位代表注册参加论坛，140 余位海内外专家、学者和企业高管们登台演讲，263 家国内外企业参展，吸引了 1 万余名专业观众到场参观与采购，展览面积达到 15000 平方米。

- **国际半导体照明联盟正式宣布成立**

在 2010 年 10 月 15 ~ 17 日举办的第七届中国国际半导体照明论坛上，全球首个新兴产业的国际联盟——国际半导体照明联盟（International SSL Alliance，简称 ISA）正式宣布成立。ISA 定位为非营利性的非政府组织，使命是通过全球范围内的进取精神、资源与力量的联合与合作，来促进全球固态照明产业和应用的快速发展以及创造绿色和可持续发展的人类社会。今后，ISA 将在国际固态照明领域担当产业科研服务者的角色，加强与促进地区间的技术、人才、标准以及检测方法等方面的交流，加强公众对固态照明产品的认知，以加快其推广速度。

ISA 将主要吸纳有独立法人资格的、在固态照明产业及研究领域具有一定影响力的协会、学会、企业、大学、科研院所成为联盟成员。现有成员组织主要包括中国国家半导体照明工程研发及产业联盟（CSA）、中国台湾地区光电半导体产业协会（TOSIA）、美国光电产业发展协会（OIDA）、韩国光产业振兴会（KAPID）、澳大利亚和新西兰照明工程学会（IESANZ）。

- **以资本为手段，晶元合纵连横动作不断**

中国台湾 LED 芯片厂晶元光电与中国电子信息产业集团联合宣布投资 7000 万美元在厦门合资成

立开发晶照明公司，将主要研发、生产及销售LED外延芯片、光源模组与照明产品。目前，晶元光电在中国大陆投资的LED事业包括常州的晶品光电、厦门的晶宇光电（晶电100%持股）、广州的晶科电子（晶电持股为16.7%）等，而山东的冠铨则是与联电集团合作，晶元光电只投入资金不参与营运。此外，今年晶元光电的资本整合动作还包括：5月份与广铨结盟，晶元光电持有其47.88%的股份，成为第一大股东；6月份与亿光、冠捷共同出资成立亿冠晶（福建）光电有限公司，业务范围包括设计、销售、生产及供应LED灯条、LED封装及其他LED相关部件及模组，以及在中国提供售后服务；9月份与丰田合成宣布合资成立丰晶光电，允许双方可使用各自的专利；11月与艾迪森科技合作，开发室内照明。

[9月]

- **丰田合成与晶元光电签署交叉许可协议**

晶元光电与丰田合成签署了一项交叉许可协议，对于特定的LED技术，此协议允许双方可使用各自的专利。该协议包含III-V族化合物半导体LED，其中包括氮化镓基（蓝光和绿光）LED和铝镓铟磷基（红光和黄光）LED，另外，还包括两家公司的子公司。丰田合成此前分别与夏普、昭和电工、日亚、飞利浦LumiLeds、欧司朗、科锐和首尔半导体签署了协议。

- **国家“十二五”半导体照明科技计划启动**

9月7日，科学技术部高新司在北京组织召开了“十二五”国家863计划新材料领域“高效半导体照明关键材料技术研发”重大项目实施方案可行性论证会。该项目根据我国半导体照明技术的发展现状，对半导体照明上中游产业发展的核心关键共性技术，从前沿技术研究、产业化关键技术等方面进行了具体部署，确定了大尺寸硅衬底白光LED制备技术、150lm/W白光LED技术研究、高可靠低成本白光LED产业化关键技术、白光OLED照明关键技术等重点研究任务。

9月5日，“十二五”国家科技支撑计划“半导体照明应用系统技术集成与示范”项目也通过了可行性论证。项目主要针对当前白光LED光源与照明灯具可靠性低、性价比不高、非标准化、检测方法与手段缺乏等问题，解决高效、低成本、标准化LED室内外照明光源、灯具及系统集成技术，高功率、多用途、特殊照明领域技术，智能化、网络化控制系统技术，高效、高可靠LED驱动电源技术，LED光源及灯具失效机理与可靠性问题研究，半导体照明测试方法研究及检测与质量认证平台建设等综合技术问题。

- **北京精装修住宅9月起禁用白炽灯**

黏土砖等39种建材将禁止在北京使用。2010年9月6日，北京市住房和城乡建设委员会公布了新版《北京市推广、限制、禁止使用的建筑材料目录》。其中，白炽灯从9月1日起，禁止在新建公共建筑和精装修住宅中使用，节能灯、LED灯等绿色照明产品均可作为替代产品。

- **中国台湾新世纪光电与昆山市合资建新厂，首期规划50台MOCVD**

中国台湾新世纪光电与大陆昆山市合资建设LED新厂，新世纪光电（昆山）于2010年9月正式动土。该公司对外表示，昆山市持股为51%、新世纪持股49%，新世纪光电昆山厂面积达28000 $m^2$。新世纪董事长钟宽仁指出，首期生产规模已经规划了约50台MOCVD将在2011年第三季度投产。

- **乾照光电5.5亿元投资红黄光LED芯片**

乾照光电决定将募资项目“其他与主营业务相关的营运资金”8.22亿元资金中的5.51亿元用于投资“主营业务扩大产能的项目”，项目建成后将达到年产360亿粒AlGaInP高亮度红黄光LED芯片的生产能力。该项目位于扬州经济开发区，占地40亩，固定资产投资3.91亿元，无形资产投资440万元，流动资金1.56亿元。项目主要设备为16台四元MOCVD外延炉和相应芯片生产设备。项目年产销售额为6.91亿元，计划在2011年12月前正式投产。

[8月]

• 合肥彩虹蓝光百亿元LED项目奠基开工

8月30日，合肥彩虹蓝光LED项目在合肥市新站综合开发试验区工业园奠基。合肥彩虹蓝光全色系高亮度LED外延片和芯片项目是由彩虹集团公司控股的上海蓝光科技有限公司与合肥鑫城国有资产经营有限公司共同投资建设的高科技产业化项目，总体规划投资约100亿元人民币，总用地面积516亩，计划用3年时间建成。届时，合肥彩虹蓝光将形成年产外延1020万片、年产芯片2000亿颗、年产值115亿元的产业规模。

• 《半导体照明产品替代低效照明产品的技术路线及政策建议研究》项目启动

8月16日，《半导体照明产品替代低效照明产品的技术路线及政策建议研究》项目启动。此项目是由国家发展和改革委员会（NDRC）、联合国开发计划署（UNDP）、全球环境基金（GEF）共同发起的中国逐步淘汰白炽灯/加快推广节能灯（PILESLAMP）系列项目中的重要课题之一。

• 乾照光电在创业板上市

乾照光电经深圳证券交易所批准，于8月12日起在创业板上市，公司首次公开发行中上网定价发行的2360万股股票12日起开始上市交易。公司本次发行股票的发行价为45元/股，对应市盈率为70.31倍。公司本次发行股票数量为2950万股，发行后总股本为1.18亿股。

• 清华同方30亿元投建南通LED产业基地

8月8日，清华同方南通LED半导体产业基地一期工程正式奠基开建。这是继在北京和沈阳建立LED芯片和液晶电视LED背光源产业基地之后，清华同方在南通开发建设的高亮度LED应用综合性的产业基地，总投资为29亿元。项目实施后，南通同方科技园有限公司将形成年产17.06亿粒外销高亮度LED芯片（192万片高亮度蓝绿光LED外延片）、200万片LED背光模组、200万台LED液晶电视、100万台LCD液晶电视和50万台蓝光DVD、1600万套LED灯具和960万套线材与电源板加工的产能，同时可以安置员工4500人。

• LED光源灯具“能源之星”标准生效实施

由美国政府主导的“能源之星”是一项主要针对消费性电子产品的能源节约计划。在经过了3次的草案发布后，美国能源部在2009年12月3日发布了LED光源灯具能源之星标准的确认版本，并于2010年8月31日生效实施。使用对象包括非标准灯、装饰灯及反射灯，未来将会加入其他类灯种，目前主要针对替换灯。能源之星标准对整体式LED灯提出了光效、光通、光强、色温、显色性、包装、噪声、光通维持率等多方面的要求，还要求整体式LED灯进行快速循环压力测试。

[7月]

• 佛山国星光电挂牌上市

7月16日，佛山市国星光电股份有限公司在深圳证券交易所正式挂牌上市。国星光电首次公开发行A股的发行价确定为28元/股，对应市盈率为53.85倍。本次发行数量为5500万股，拟募集资金总额为5.04亿元，主要用于投资新型表面贴装发光二极管技术改造项目、功率型LED及LED光源模块技术改造项目、LED背光源技术改造项目和半导体照明灯具关键技术及产业化4个项目。

• 科学技术部启动“十城万盏”试点城市调研工作

为进一步了解各试点城市的工作进展情况，支撑下一阶段“十城万盏”半导体照明应用工程试点工作，国家半导体照明工程研发及产业联盟受科学技术部高新司委托，于2010年7~9月对“十城万盏”试点城市的试点工作进展情况进行分析调研。联盟会同有关专家，组成专项调研工作组，深入各试点城市开展调研。调研工作采取座谈会、调查问卷、示范工程与重点企业现场参观相结合的方式进行。

**● 潍坊国家级半导体照明工程产业基地获批**

科学技术部下发《关于认定有关国家高新技术产业化基地和现代服务业产业化基地的通知》，潍坊国家半导体照明工程高新技术产业化基地获批，成为山东省首家获批的国家级半导体照明特色产业基地。据悉，潍坊市已安装LED路灯3万多盏，到2011年将达到10万盏，潍坊市成为全国“十城万盏”半导体照明应用工程试点城市，是山东省半导体照明产业发展规划中重点扶持的四个基地之一，同时也是山东省两个半导体照明产业聚集区和应用区之一。

**● 日本政府拟将国道照明灯更换为LED照明灯**

日本国土交通部将制定相关指导方针，计划将日本全国国道的照明灯更换为LED照明灯。日本国土部计划于2010年11月率先在东京都江东区的国道约1km的区间内设置约40盏LED照明灯，之后于2011年3月在九州岛地区国道设置50~60盏LED照明灯，借此对LED照明灯进行测试。

[6月]

**● 东芝支援法国卢浮宫博物馆LED照明改造工程**

东芝宣布与法国卢浮宫博物馆签订了合作协议，以帮助其进行LED照明改造工程。根据此协议，东芝将为卢浮宫博物馆的部分公共区域提供LED照明改造，包括金字塔、拿破仑广场和卡利庭院。东芝还将提供4500件LED照明设备。此次合作协议的期限为2010年6月30日至2023年12月31日。拿破仑广场和金字塔的照明改造和安装工作将于2011年内完成，而卡利庭院的照明改造有望于2012年内完成。

**● 两岸半导体照明产业搭桥会议在京召开**

两岸半导体照明产业搭桥会议于6月25日下午在北京举行。本次会议签署了三项合作意向书，至此，两岸将在检测方法、信息共享、研发合作方面取得实质性的进展。其中，国家半导体照明工程研发及产业联盟（CSA）与中国台湾光电半导体产业协会（TOSIA）签署两岸半导体照明产业信息交流平台合作意向书；中国科学院半导体研究所与中国台湾工业技术研究院电子与光电研究所签署两岸LED照明在特殊气候条件下的可靠性研究合作意向书；两岸半导体照明合作项目工作小组将与中国台湾LED照明协调工作小组签署开展半导体照明试点示范工程合作意向书。这些合作意向书的签订将为两岸半导体照明产业的进一步合作奠定良好的基础。

**● 淘汰低效照明产品国际研讨会在京召开**

6月24~25日，由国家发展和改革委员会、联合国开发计划署驻华代表处联合主办的淘汰低效照明产品国际研讨会在北京召开。本次会议包括主会、分会、展览三个部分，其中主会围绕淘汰低效照明产品的相关政策措施展开研讨；分会围绕节能灯汞污染控制及废旧灯管回收、半导体照明在替代低效照明产品中的作用进行交流；展览展示了我国绿色照明工程的主要进展。会议汇集了中国、美国、日本、澳大利亚、荷兰、菲律宾等国直接从事照明行业的政府官员、专家、学者的最新资讯及研究成果，为中国乃至全球照明行业的发展提供了有益的借鉴。

**● 国家半导体照明工程研发及产业联盟设立南海分支机构**

2010年6月10日，国家半导体照明工程研发及产业联盟与佛山市南海区人民政府在广州举行了战略合作签约仪式，南海因此也成为首个联盟设立分支机构的地区。

国家半导体照明工程研发及产业联盟是国内最有凝聚力和影响力的行业组织，有丰富的资源优势和较强的专业服务能力和团队，而南海区在区位、产业基础和支撑能力等方面具有优势，双方建立战略合作关系，将对南海区积极对接国家政策和措施，培育产业集中度高、特色鲜明、具有龙头品牌企业和竞争力强的半导体照明产业集聚区发挥有效的推动作用。

**• 广东拟提供 6 亿元补贴 LED 照明**

根据《广东省人民政府关于加快发展 LED 产业的若干意见（征求意见稿）》，2010 年 7 月起，广东拟连续 3 年安排专项资金补贴全省 LED 照明应用，补贴总额将达 6 亿元。2010 年 7 月至 2011 年 6 月，广东将按照经核定 LED 灯具价格的 30% 给予补贴，补贴总额约 3 亿元，每个城市不超过 5000 万元。2011 年 7 月至 2012 年 6 月，按 LED 灯具价格的 20% 补贴，补贴总额约 2 亿元，每个城市不超过 3000 万元。2012 年 7 月至 2013 年 6 月，则按 LED 灯具价格的 10% 补贴，每个城市不超过 2000 万元。

**• 国内首条 AMOLED 中试生产线建成**

国内首条 AMOLED 中试生产线在昆山建成。该生产线由北京维信诺公司和昆山工研院共同投资的昆山工研院新型平板显示技术中心主持建设。未来这条 AMOLED 中试生产线将完成从 TFT 背板到 OLED 器件的 AMOLED 全套技术开发，实现从中小尺寸到大尺寸 AMOLED 的小批量生产，最大可开发 17 英寸的 TV 用 AMOLED 显示屏。

**[5 月]**





**• 美国能源部推广照明标签，提供消费者 LED 灯泡选购依据**

为有效地推广高品质、高效率的 LED 照明产品，包括提供确实产品信息让消费者作为购买时的选择依据，美国能源部下一代照明行业联盟推出固态照明品质倡导计划（SSL Quality Advocates Program），要求业者必须将固态照明产品的重要规格清楚及确实地标示在照明标签上。照明标签除需标示出厂商及产品等名称外，5 项产品重要规格，包括显色性、色温、流明数、耗电瓦特数及效率等也一定要明确标示出来。根据该计划，成为品质倡导计划者，即能将照明标签印制于产品包装盒上供消费者做选购依据。

**• LED 点亮世博，实现世界最大规模 LED 集成应用**

2010 年的上海世博会上，半导体照明技术的大规模、创新性应用，成为最大的亮点之一。2800 多种应用，10.3 亿颗 LED 芯片，“一轴四馆”乃至整个园区绚丽多变的夜景灯光均依赖这项新技术营造，实现了世界上首次最大规模的 LED 照明技术集成应用，更向世界展示了 LED 照明的璀璨前景。本次世博会上 LED 最有代表性的应用领域包括室外景观照明、信息显示、室内功能照明、指示等。在公园、场馆、绿地、广场、重大活动等场所应用 LED 灯具达到 20 万盏以上，LED 照明总造价在 5 亿 ~7 亿元之间。据初步估算，整个世博园区内 80% 以上的夜景照明光源采用 LED 技术，综合节能效率可达 70% 以上。世博场馆室内照明光源中约有 80% 采用了 LED 绿色光源，相较于普通白炽灯省电达 90% 左右。通过创意设计和技术理念的演绎，LED 照明带给了参观者前所未有的视觉体验。

**[4 月]**

**• 晶元光电 LED 外延片和芯片制造项目——晶品光电（常州）正式开工**

4 月 8 日，总投资 6 亿美元的晶元光电 LED 外延片和芯片制造项目——晶品光电（常州）有限公司在江苏武进出口加工区开工建设。项目将分期建设。一期总投资 3.6 亿美元，注册资本 1.2 亿美元，将投入 30 台 MOCVD 外延炉，预计 2010 年 10 月完成主体工程建设，2011 年 2 月进行设备安装调试并试产，4 月正式生产。

- 日本 LED 球泡灯销量占零售店照明灯泡的 56%

东芝宣布终止了普通白炽灯的生产业务，并推出亮度相当于白炽灯 40W 的 5.5W LED 灯。松下电工于 2010 年 3 月 8 日发布了住宅用新产品“LED FreePa 筒灯”和“LED 筒灯”等。7 月，夏普推出 6 款 LED 灯泡。在日本照明巨头的带动下，2010 年日本半导体照明市场特别是 LED 球泡灯有了非常快速的增长。截止 2010 年 4 月，LED 球泡灯的销售额已经占到日本零售店照明灯泡的 56%，按照数量计算，也已经占到 18%，比 2010 年 1 月份上涨了 9%。

[3 月]

- 台积电 LED 研发中心举行开工仪式

3 月 25 日，中国台湾台积电位于新竹科学工业园区的 LED 研发中心及 200mm 外延片量产线开工建设。其中，量产线将分两个阶段增设。此次开始建设的是第一阶段的厂房，根据计划 2010 年第四季度导入制造装置，2011 年第一季度量产。第一阶段用于厂房、无尘室及制造装置等方面的投资额为 5.5 亿元台币（约合人民币 1.16 亿元）。第二阶段的投资额将视业务需求而定。

[2 月]

- 科锐白光大功率 LED 光效达到 208lm/W

2 月 6 日，美国 LED 芯片制造商科锐公司宣布其白光大功率 LED 芯片光效突破 208lm/W。该测试是在 350mA 电流和标准测试环境下进行的，相关色温为 4579K。科锐计划在 2013 年实现量产。

[1 月]

- 国家半导体照明工程研发及产业联盟指导委员会成立

2010 年 1 月 19 日，“国家半导体照明工程研发及产业联盟指导委员会暨《半导体照明》杂志及中国半导体照明网指导委员会”（简称“指导委员会”）成立大会在北京召开。指导委员会首批委员 69 位，其中有 16 位院士，还有 20 多位来自材料、金融等领域的知名学者和 20 多位来自骨干企业的老总。指导委员会将在更高层面上对半导体照明产业发展过程中的重大问题进行探讨，提供政府决策依据和企业发展建议，引领半导体照明产业这一战略性新兴产业的健康发展。

- 科学技术部认定 6 家半导体照明相关高新技术产业化基地

1 月 6 日，科学技术部发布《关于认定 2009 年度国家高新技术产业化基地和现代服务业产业化基地的通知》，认定 77 家国家高新技术产业化基地，认定 9 家国家现代服务业产业化基地。其中，包括 6 家半导体照明相关高新技术产业化基地。依次为天津国家半导体照明工程高新技术产业化基地、杭州国家半导体照明工程高新技术产业化基地、武汉国家半导体照明工程高新技术产业化基地、东莞国家半导体照明工程高新技术产业化基地、西安国家半导体照明工程高新技术产业化基地、宁波国家新能源与节能照明高新技术产业化基地。

2009 年

[12 月]

- 科学技术部组织捐赠国家大剧院《复兴之路》LED 显示屏及控制系统

2009 年 12 月，在科学技术部的领导下，国家半导体照明工程研发及产业联盟组织国内权威专家，联合有较强技术优势的863计划成果单位，以联合捐赠、统一协作的方式，共同完成对国家大剧院《复兴之路》LED显示屏系统的技术开发与制作，并全程给予技术保障与咨询。该项目仅用了一个月的时间，含有大量异形结构的近300$m^2$的室内全彩LED显示屏系统，从设计、生产到安装、调试一气呵成，顺利实现了国家大剧院首演的圆满成功。

**• 国家标准化管理委员会发布8项LED相关国家标准**

12月15日，国家标准化管理委员会颁布了《中华人民共和国国家标准批准发布公告2009年第15号（总第155号）》。公告显示，此前由全国照明电器标准化技术委员会主导的6项LED相关标准送审稿成为国家标准。加上此前出台的2项强制性国家标准，共计8项。新标准的出台将有助于促进我国半导体照明产业的发展和技术创新，实现企业的优胜劣汰，促进LED照明行业规范快速地发展，引导行业走向有序、有标准的状态。

**• 欧司朗第二间LED芯片工厂在马来西亚槟城建成投产**

12月10日，欧司朗第二间LED芯片工厂在马来西亚槟城建成投产，这座新落成的尖端LED芯片制造工厂投资数千万欧元，工厂面积达35000 $m^2$，并可提供超过220个全新的就业机会。随着建设阶段已经完成，基于4英寸圆片的氮化铟镓（InGaN）半导体芯片也已经确立了制造工艺流程，新工厂目前已投入日常生产。这些芯片是构成蓝色、绿色和白色LED的基础，主要用于建筑和普通照明、显示器背光照明和移动终端设备。

**• 日本2000日元LED灯泡上市**

夏普推出了4000日元左右的LED灯泡，各大公司竞相追随，使得LED灯泡的低价格化迅速推进。2009年12月，价格更便宜的2000日元左右LED灯泡便相继上市。其中之一就是日本好利旺电机与Doshisha共同开发并于2009年12月14日上市的Luminous系列。功耗为6.6W、总光通量为420lm（白色款）、相当于60W白炽灯的产品售价2480日元（含税）；功耗为4.7W、总光通量为310lm（白色款）、相当于40W白炽灯的产品售价1980日元（含税）。12月22日，日本大塚商会以2380日元（含税）的价格上市了由韩国FAWOO Technology开发的LED灯泡Lumidas－CL系列，该系列包括功耗为5W、总光通量为292lm（白色款）的产品。




**[11月]**

**• 璨圆等几大公司在扬州合资建LED外延厂**

由璨圆、东贝光电、瑞轩和韩国LGD，结合内地家电厂成立江苏璨扬公司，在扬州建立LED外延生产基地，项目总投资金额约为48亿元新台币。江苏璨扬初期的资本额约为7200万美元，由璨圆持51%的股份。璨圆计划添购50台MOCVD，扬州市政府有望为其补贴5亿元人民币。

**[10月]**

**• 六部委联合发布《半导体照明节能产业发展意见》通知**

国家发展和改革委员会、科学技术部、工业和信息化部、财政部、住房和城乡建设部、国家质检总局六部委联合发布了《半导体照明节能产业发展意见》。《意见》要求各地大力实施绿色照明工程，以增强自主创新能力和扩大绿色消费需求为主线，以抢占未来竞争制高点为目标，以市场为导向、以企业为主体、以试点示范工程为依托，以改善制约产业发展环境为手段，形成一批拥有自主知识产权、知名品牌和较强市场竞争力的骨干企业，实现技术上的重点突破和产业上的重点跨越，培育振兴我国半导体照明节能产业，推动节能减排，促进经济平稳较快发展。《意见》还明确了半导体照明节能产业发展的7大政策措施，包括统筹规划、促进产业健康有序发展、继续加大半导体照明技术创新支持力度、积极实施促进半导体照明节能产业发展的鼓励政策等。

**• LED 再放光彩，为国庆 60 周年华诞献礼**

在祖国 60 周年国庆庆典中，LED 扮演了重要角色，营造喜庆、欢乐、祥和的国庆气氛，打造璀璨亮丽的北京之夜，为祖国 60 周年华诞献礼。期间，北京市新建和改造了 21 处节能环保的夜景照明景观，并在天安门广场东西两侧和纪念碑两侧，各安置了一个超大的 LED 屏幕；在国庆 60 周年联欢晚会上，“光立方”表演区的 LED 景观树成为晚会的三大亮点之一；此外，国庆 60 周年群众游行彩车上也普遍使用了 LED 显示屏。

[9 月]

**• LG 投资 33.4 亿美元建造 LED 新厂**

LG 计划投资 4 万亿韩元（约 33.4 亿美元）建立一个制造 LCD 玻璃基板和 LED 的新工厂，该工厂将设立在韩国京畿道，面积将达到 840000$m^2$，预计 2011 年开始生产 LED 器件和材料，2012 年生产 LCD 玻璃。LG 建立新工厂的关键目的是快速提升下一代显示和照明产品的产能，满足市场需求。新工厂将可以把 LG Innotek 现有的 LED 产能提升 4 倍，估计每年会产生 1.5 万亿韩元（约 12.5 亿美元）的 LED 收入。

**• 晶能光电成功研制硅衬底高功率 InGaN LED**

江西晶能光电开发出一种生长于硅衬底的高功率、倒装焊（Flip-Chip）、立式精密注塑（Vertical Injection）薄膜蓝光和白光 InGaN/GaN LED。晶能光电此次演示的冷白光 LED 在 350mA 电流下光输出超过 100lm，采用 1mm×1mm 芯片。目前绝大多数 LED 的生产是在一个蓝宝石或碳化硅衬底上沉淀多层 GaN 薄膜，而晶能光电认为，基于硅衬底生长的 LED 在成本节约和控制上将能发挥更大潜力，并且性能丝毫不亚于传统工艺制作的 LED。

**• 国家发展和改革委员会公布电子信息产业技术改造投资方向，LED 获支持**

国家发展和改革委员会公布了电子信息产业技术进步和技术改造投资方向。其中，半导体发光二极管赫然在列，将重点支持大功率、高亮度半导体发光二极管的外延片和芯片制造、封装、光源模块及相关材料等；支持半导体照明相关标准的制定与公共检测平台的建设，这对整个半导体照明产业将产生积极的推动作用。此外，在平板显示和彩电领域，LED 背光源和 OLED 显示产品也将获得重点支持。

[8 月]

**• 美国能源部宣布成立城市固态照明路灯组织**

美国能源部宣布成立城市固态照明路灯组织，解决众多城市 LED 路灯照明标准分歧的问题。主要任务是协调各相关城市、电力供应商和政府部门的运作，减少重复工作，并分散相关风险。除此之外，组织还将与能源部合作确认新的技术资讯需求，满足能源部或其他单位的需要。

[7 月]

**• “中国逐步淘汰白炽灯、加快推广节能灯”合作项目启动**

7 月 24 日，国家发展和改革委员会与联合国开发计划署（UNDP）、全球环境基金（GEF）合作的“中国逐步淘汰白炽灯、加快推广节能灯”项目签字仪式在北京举行。该项目执行期为 2009—2012 年，GEF 赠款 1400 万美元。项目主要内容是研究提出中国淘汰白炽灯、推广节能灯的路线图和专项规划，加快推进中国白炽灯生产企业转型，推广普及节能灯。项目总体效果是在项目结束后的10年间，实现累计节电1600亿~2160亿千瓦时，减排二氧化碳1.75亿~2.37亿吨。

**• 麻省理工学院研发出新量子点LED，可覆盖所有可见光谱**

美国麻省理工学院的研究员演示了一个用来产生有机量子点LED器件的通用结构，发射光谱在整个可视波长范围内。这种量子点LED（QD-LED）有望用在RGB平板显示领域。

**• 《广东LED路灯地方标准》正式实行**

《广东省LED路灯地方标准》正式获得广东省质监局审核通过，7月1日起正式施行。

[6月]

**• 中关村半导体照明产业技术联盟成立**

6月30日，中关村半导体照明产业技术联盟成立大会在北京创业大厦正式召开。北京市市委常委赵凤桐同志等相关领导出席了此次大会。会议由中关村半导体照明产业技术联盟理事长吴玲主持。此外，20余家中关村半导体照明产业技术联盟成员单位负责人参加了此次大会。中关村半导体照明产业技术联盟的成立将形成北京LED产业协同创新、合作发展的新局面。

[5月]

**• 海信、清华同方相继推出LED背光电视**

三星、LG、索尼等国际电视品牌大厂纷纷投入LED背光源液晶电视领域，国内厂商也不例外。康佳、创维、TCL等均已开发出LED背光模块。海信的42英寸LED电视已于2008年北京奥运会前上市，目前正进入第二阶段LED背光模块投产。清华同方的LED背光模块也于2009年5月投产、7月量产。

[4月]

**• 科学技术部组织开展“十城万盏”半导体照明应用试点示范**

3月16日，科学技术部在北京友谊宾馆组织召开了“十城万盏”半导体照明应用试点示范城市方案座谈会，来自上海、深圳、武汉、黑龙江、河北等21个省市科技厅（局）的领导70余人参加。4月，经科技部研究，同意在21个城市开展半导体照明应用试点示范工作。

**• 松下电工上市340款LED照明灯具**

松下电工上市约340款EVERLEDS系列LED照明器具新产品，以扩大产品群。其中，住宅用灯具约130款，非住宅用灯具210款。加上原产品群的410款，总品种已达750款。松下电工计划把LED照明器具从家用推广到店铺和街灯等各领域。

[3月]

**• 胡锦涛等党和国家领导人参观节能减排科博会半导体照明展台**

3月19日和20日，胡锦涛、吴邦国、温家宝、贾庆林、习近平、李克强、贺国强、周永康等党和国家领导人分别来到北京展览馆，参观正在这里举办的2009年中国国际节能减排和新能源科技博览会。19日，胡锦涛主席一行来到半导体照明展台，听取了国家半导体照明工程研发及产业联盟吴玲秘书长对半导体照明技术特点和产业发展情况的介绍。

● **新款 OLED 照明器具亮相东京照明技术和照明器具展**

在 3 月 3 日 ~6 日举办的东京照明技术和照明器具展“Lighting Fair 2009”上，特别设立了 OLED 照明专区，透明、窗形、超薄的 OLED 等照明器具备受瞩目，展示了多样化的 OLED 未来照明应用。有机电子研究所以 OLED 照明器具为主题，展示了各种款式的 OLED 照明器具。其中一款试制品的亮度高达 5000cd/$m^2$，而耗电量却仅为 15W，还展出了除布线外几乎全透明的 OLED 照明器具。此外，NEC Lighting、Lumiotec、罗姆、松下电工、飞利浦等公司也都展示了最新的 OLED 照明器具。但仅有 Lumiotec 公布了样品供货时间。

[2 月]

● **洛杉矶启动 LED 路灯改造工程**

美国前总统克林顿宣布了“克林顿气候提案（CCI）”的户外照明计划，届时，美国洛杉矶将成为迄今为止最大规模 LED 路灯改造工程的城市。按照计划，在未来 5 年的时间里，洛杉矶市路灯局将把洛杉矶现有的 14 万盏路灯更换成 LED 路灯，这样不仅改善了洛杉矶的照明质量并减少耗电量，而且在改造过程中将有助于该城节省资金。“克林顿气候提案（CCT）”与合作伙伴城市间开展的户外照明计划，通过结合技术、采购和项目援助，用以提高街道和交通信号灯系统的能源效率。

● **日亚将 LED 发光效率提升至 249lm/W**

在 Photonics West 展会上，日亚展示了最新的实验室结果：将 LED 的发光效率提高至 249lm/W@20mA。然而，当驱动电流为 350mA 时，这个值降至 145lm/W。与之相比较，科锐和欧司朗最近宣布 LED 的发光效率实验值分别是 161lm/W@350mA 和 136lm/W@350mA。

[1 月]

● **彩虹投建 OLED 生产线，首期总投资约 2.55 亿元**

彩虹集团与深圳虹阳工贸公司共同出资设立彩虹（佛山）平板显示有限公司，并投资建设 OLED 生产线项目。合资公司注册资本为 1 亿元，其中彩虹以现金方式出资 5100 万元，占注册资本的 51%，深圳虹阳以现金方式出资 4900 万元，占注册资本的 49%。合资公司主要从事平板显示器件、电子产品及零部件的制造、开发、经营等业务。OLED 生产线项目首期总投资约为 2.55 亿元，建设期为 1 年，该生产线投产后将形成年产 OLED 显示屏（以 2.2 英寸产品计）1200 万片的生产规模。

# 附　录

半导体照明产业发展年鉴（2010—2011）
半导体照明产业发展年鉴（2010—2011）

**表 1　2009—2010 年半导体照明产业产值及增长率**

| 产业链环节 | | 2009 年产值/亿元 | 2010 年产值/亿元 | 年增长率（%） |
|---|---|---|---|---|
| 外延芯片 | | 23 | 50 | 117 |
| 封装 | | 204 | 250 | 23 |
| 应用 | | 600 | 900 | 50 |
| 应用领域 | 通用照明 | 75 | 190 | 153 |
| | 背光应用 | 60 | 160 | 167 |
| | 景观照明 | 140 | 210 | 50 |
| | 显示屏 | 120 | 150 | 25 |
| | 信号及指示 | 60 | 65 | 8 |
| | 汽车照明 | 12 | 15 | 25 |
| | 其他 | 68 | 110 | 110 |
| 合计 | | 827 | 1200 | 45 |

**表 2　2010 年半导体照明产品进出口情况**

| 海关统计名称 | 海关编码 | 单位 | 2010 年进口数量 | 2010 年进口金额/美元 | 2010 年出口数量 | 2010 年出口金额/美元 |
|---|---|---|---|---|---|---|
| 发光二极管 | 85414010（00） | 个 | 56913490143 | 3493096343 | 48542769165 | 1581351576 |
| 品目 8541 所列货品的零件 | 85419000（00） | 千克 | 13343788 | 3766639536 | 41297170 | 642374540 |
| 装有液晶装置或发光二极管的显示板 | 85312000 | 个 | 121216274 | 291696834 | 448016551 | 602200335 |
| 其他有机 - 无机化合物 | 29310000（90） | 千克 | 39683483 | 213720756 | 451248042 | 1264018047 |
| 测试或检验半导体晶片或元器件用仪器及装置 | 90308200（00） | 台 | 19132 | 955193273 | 4392 | 255785665 |
| 其他彩色监视器 | 85285910（90） | 台 | 292431 | 94137470 | 11555971 | 2069610474 |
| 品目 901380 所列货品的零件、附件 | 9013909000 | 千克 | 28913168 | 3860077641 | 32114879 | 911984236 |
| 未列名电灯及照明装置 | 94054090（00） | 千克 | 2895772 | 193511766 | 539765918 | 3408927542 |
| 机动车辆用电气照明装置 | 85122010 | 个 | 19852052 | 395361280 | 189447869 | 731031266 |

（资料来源：CSA 整理，数据来自海关信息网）

注：目前海关编码中还没有针对 LED 行业的进出口编码，LED 产品都包含在其他商品中，CSA 根据专家和企业意见整理出部分与 LED 相关的进出口数据供企业和专业人士参考。

**表3　2009—2010 年中国 LED 行业区域发展情况**

| 区域 | 2009 年产值/亿元 | 2009 年全国所占比例（%） | 2010 年产值/亿元 | 2010 年全国所占比例（%） | 年产值增长率（%） | 企业数量在全国所占比例（%） |
|---|---|---|---|---|---|---|
| 闽三角 | 72 | 8.7 | 90 | 7.5 | 25 | 7~8 |
| 珠三角 | 310 | 37.5 | 550 | 45.8 | 77.4 | ~55 |
| 长三角 | 290 | 35.1 | 354 | 29.5 | 22.1 | ~24 |
| 北方 | 100 | 12.1 | 120 | 10 | 20 | ~7 |
| 中西部 | 50 | 6.0 | 80 | 6.7 | 60 | 6~7 |
| 其他 | 5 | 0.6 | 6 | 0.5 | 20 | ~3 |
| 总计 | 827 | | 1200 | | 45.1 | 100 |

注：闽三角包括福建、江西两省；长三角包括上海市、江苏省、浙江省；珠三角指广东地区；北方包括东北三省、山东、北京、天津、河北；中西部包括湖南、湖北、四川、重庆、陕西、安徽、河南等七省市；其他即除此外的其他省、自治区。

**表4　2009—2010 年中国 MOCVD 设备数量统计**

| MOCVD 数量 | 2009 年/台 | 2010 年/台 | 增长率（%） |
|---|---|---|---|
| GaN | 117 | 270 | 131 |
| AlGaInP | 18 | 30 | 67 |
| 合计 | 135 | 300 | 122 |

**表5　2009—2010 年度中国 LED 产量、芯片产量及国产率统计**

| 种类 | LED 产量/亿只 | | 芯片产量/亿只 | | 芯片国产率（%） | |
|---|---|---|---|---|---|---|
| | 2009 | 2010 | 2009 | 2010 | 2009 | 2010 |
| GaN LED | 400 | 600 | 182 | 390 | 46 | 65 |
| AlGaInP LED | 386 | 475 | 200 | 270 | 51 | 57 |
| GaAs/AlGaAs LED | 260 | 260 | 170 | 170 | 65 | 65 |
| 合计 | 1056 | 1335 | 552 | 830 | 52 | 62 |

**表6　2010 年中国 LED 封装生产经营情况统计**

| | 2009 年 | 2010 年 | 同比增长（%） |
|---|---|---|---|
| 法人企业数 | 1080 | 1100 | 1.9 |
| 产量 | 1056 亿只 | 1335 亿只 | 26.4 |
| 销售额 | 204 亿元 | 250 亿元 | 22.5 |
| 器件进口量 | 448 亿只 | 569 亿只 | 27 |
| 器件进口额 | 23.3 亿美元 | 34.9 亿美元 | 49.8 |
| 器件出口量 | 403 亿只 | 485 亿只 | 20.3 |
| 器件出口额 | 11.6 亿美元 | 15.8 亿美元 | 36.2 |
| GaN 芯片　国产需求量 | 182 亿只 | 390 亿只 | 114.2 |
| 进口需求量 | 214 亿只 | 210 亿只 | -1.9 |

**表7　2009—2010 年试点示范城市应用情况统计**

（单位：盏）

| 城市 | 计划实施情况 | | 目前主要应用情况（截至 2010 年 8 月） | | | | |
|---|---|---|---|---|---|---|---|
| 名称 | 试点应用 | 规划目标 | 户外应用 | 路灯 | 隧道灯 | 室内应用 | 景观应用 |
| 福州 | 10400 | 12500 | 6200 | | 2600 | 4200 | 15000 |
| 成都 | 6900 | 400000 | 3000 | 3004 | | 3282 | |
| 东莞 | 20000 | 80000 | 20000 | 20000 | | | |
| 杭州 | 300000 | 100000 | 3500 | 3000 | 500 | | 296000 |
| 绵阳 | 100260 | 完成城市建设 | 11000 | 9500 | 1600 | 4280 | 84533 |

（续）

| 城市 | 计划实施情况 | | 目前主要应用情况（截至 2010 年 8 月） | | | | |
|---|---|---|---|---|---|---|---|
| 名称 | 试点应用 | 规划目标 | 户外应用 | 路灯 | 隧道灯 | 室内应用 | 景观应用 |
| 南昌 | 2100 | 100000 | 2100 | 2100 | | | |
| 宁波 | 518000 | 320000 | 18000 | 18000 | | 500000 | |
| 潍坊 | 113000 | 100000 | 76000 | 76000 | | 7000 | 30000 |
| 保定 | 13000 | 50000 | 6000 | 6000 | | | 7000 |
| 天津 | 111600 | 300000 | 28000 | 5500 | | 83000 | 8600 |
| 大连 | 8600 | 100000 | 1850 | 1850 | | 5850 | 8000 |
| 武汉 | 14495 | 36000 | 6800 | 6800 | | 4044 | |
| 西安 | 12041 | 59000 | 3081 | 3081 | | | 8960 |
| 扬州 | 24000 | 50000 | 4000 | 4794 | | | 6000 |
| 重庆 | 20500 | 13000 | 7000 | 3500 | 3500 | 13500 | |
| 石家庄 | 17500 | 120000 | 5500 | 5500 | | 12000 | |
| 上海 | 222000 | 突破核心技术 | 6000 | | 6000 | 1680 | 216000 |
| 厦门 | 11039 | 20896 | 2551 | 396 | 1863 | 8488 | |
| 哈尔滨 | 57000 | 104000 | 2000 | 2000 | | 15000 | 40000 |
| 深圳 | 6000 | | 2742 | 2634 | 108 | | |
| 郑州 | 13500 | 120000 | 13500 | 12850 | 300 | | 350 |
| 总计 | 1606035 | 2085396 | 229424 | 187109 | 16471 | 662324 | 720443 |

说明：绵阳以完成灾区城市建设为目标；上海以突破关键技术为目标；深圳目标以广东省总体规划为准。

由于部分城市没有进行细分室内户外灯具统计，并且少量城市对统计数据进行了取整，所以本次统计部分城市室内和室外数据为地方主要示范工程数据累加得出，所以累加总数与地方上报总数存在小幅差值。

# 后记

在经历金融危机的严冬后，半导体照明产业率先复苏。作为全球半导体照明产业的重要力量，中国半导体照明产业在近两年走过了一段不平凡的历程。为了记录这一段历史，同时给蓬勃发展的产业界提供一些参考，我们历时几个月，联合海峡两岸产业链不同环节企业界和科研界的专家，在大量调研、走访的基础上，终于让《半导体照明产业发展年鉴（2010—2011）》面世了。回顾这部《年鉴》的编纂过程，仍感压力在背，此非对工作的倦怠，而是因产业发展日新月异，这部需要呈现历史，提供信息与参考的年鉴承载了众多殷切的期待，因此唯诚惶诚恐，全力以赴。

两年来，六部委联合发布《半导体照明节能产业发展意见》、科技部启动“十城万盏”试点示范工程、国务院审议并原则通过《国务院关于加快培育和发展战略性新兴产业的决定》，国家对半导体照明产业的支持和推动力度前所未有；两年来，半导体照明在前沿性技术探索和产业化关键技术开发方面取得阶段性进展，产业以超过30%的速度增长，产业规模达到1200亿元；两年来，我们亲历了国庆60周年、上海世博会、广州亚运会等盛世华章的喜悦，更体验了每一次重大事件中半导体照明带来的科技震撼力；两年来，一批有实力和发展潜力的LED企业登陆资本市场，并成为投资热点……

太多的成就和进步让我们每个半导体照明产业中人为之骄傲和激动，但在我们欢欣鼓舞的同时，还需正视来自全球竞争者和我们产业自身的严峻挑战。世界各国从国家战略的高度加大对半导体照明研发的支持力度，全球范围内的专利、标准、人才竞争日趋激烈。而我国的半导体照明研发力量分散，科研投入不足，应用创新、产业化水平、上游总体的研发实力和水平与国外差距仍有加大的趋势，此番不足也成为我国抢占这项新兴产业战略制高点，由照明大国向照明强国转变的软肋。

跳出半导体照明，看那些曾经的辉煌，彩电、DVD行业的发展过程都有中国高技术产业发展中的深刻教训。因此，在这部年鉴中我们除了记录辉煌与成就，更想让读者看到一些有用的信息，同时也能起到一点警醒的作用。前事不忘，后事之师。但愿年鉴中的每一篇文字、每一个数据在读者眼中都能有两面的寓意，这就算此年鉴不负众望了。

在此书的编纂过程中，不仅得到了科技部和发改委领导的关怀和支持，还得到海峡两岸众多企业、科研院所领导和专家的无私帮助，在此深表感谢！

由于产业发展速度很快，而时间紧迫，参与编撰的人员精力有限，书中难免有差错和纰漏；同时由于撰稿人研究所限，对产业的概括与呈现也非完全尽如人意。将缺憾化为动力，我们的目标是与产业共成长，相信业界同仁会看到产业的进步，也会看到我们的进步。

**《年鉴》编辑部**

# 广东中龙交通科技有限公司

GuangDong Zhonglong Communications Technology Co., Ltd.

## 节能/长效/环保

## 交通领域专业的LED照明灯具制造商

广东中龙交通科技有限公司（原广州中龙交通科技有限公司）成立于2004年9月，是国家半导体照明工程研发及产业联盟成员单位，也是国内较早专业从事公路LED照明产品开发的高新技术企业。公司本着环保、节能理念，积极投入到公路行业“绿色照明”事业中，研究和推广新一代LED光源技术和照明灯具。经过多年的研究开发，已拥有十多项LED照明产品专利，并已通过ISO9001:2000质量体系认证。目前主要产品有：LED隧道灯、LED顶棚灯、LED路灯、LED格栅灯、LED条形灯等。

2005年12月，中龙LED隧道灯成功应用于贵黄公路东苗冲隧道（国际上较早将LED应用于隧道照明实体工程）和贵开公路蔡家关隧道，运行效果良好，节能效益突出，受到用户一致好评。同时，中龙还参与建设了贵州镇胜高速乌龙山隧道、上海长江隧道、福建泉三高速曹源隧道、湖北沪蓉西高速公路隧道等多个实体隧道照明工程，是国际上参与的实体隧道LED照明工程较多的企业，积累了丰富的实际应用经验，也为产品的实用性研发提供了有力的保障。

中龙LED隧道灯采用大功率白光LED作为光源，是我公司历时多年开发的高科技产品，也是国际上较早成功应用于隧道实体工程的LED隧道照明灯具。中龙LED隧道灯与传统的灯具相比，具有高显色性、节能、长寿命等优点，是一种环保、节能的绿色照明灯具。目前与同类产品相比，具有应用广泛、性能可靠，并一直保持着技术领先的优势。

上海长江隧桥工程是我国长江口沿海一项特大型交通建设项目。隧道工程全长8.9km，在基本照明中全部采用了带智能调光控制的80W LED条形隧道灯具，灯具数量6000套。此工程灯具在满足规范要求照明效果的同时，还实现了灯具的九级调光，灯具的自动故障检测以及灯具的自动光衰检测三大功能。这三大功能的实现，充分的发挥了LED隧道照明灯具的技术特点，进一步提高了LED隧道灯具的节能效果，同时也大大的降低了业主的维护成本，为今后的特长隧道照明的智能化应用提供了新的发展思路。

上海长江隧道

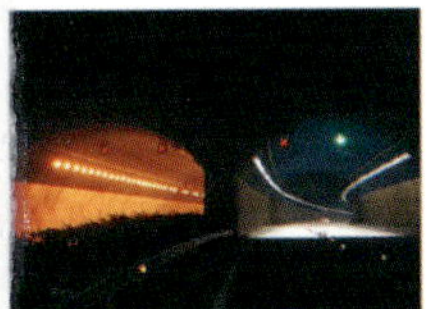

2005年：中龙LED隧道灯应用于贵州贵黄高速东苗冲隧道，成为全球较早全部使用LED照明的隧道照明工程。该隧道长420m，双向4车道，设计行车时速80Km/h。

2006年：中龙LED隧道灯应用于贵州贵开公路蔡家关隧道，成为国内较早完全根据LED隧道灯参数进行灯具排布、功率及光学设计的隧道照明工程。

2008年：中龙LED隧道灯应用于福建泉三高速曹源隧道。隧道长941m，单向两车道，设计行车时速80Km/h。

2009年，广州市珠江新城临江大道新中轴隧道全部采用中龙LED隧道灯。

2009年：贵州贵黄高速黄果树隧道全面改造采用中龙LED隧道灯，同比原有钠灯照明显色性大大提高，节能效果明显。

2009年：上海长江隧道全部采用中龙LED隧道灯，同时中龙还实现了灯具的无级调光、灯具的自动故障检测、灯具的自动光衰检测等三项功能，为隧道照明提供了新的发展思路。

佛山总部

地址：佛山市平洲南港大道昭信广场501室
邮编：528251
总机：0757-81810399 81810198
传真：0757-86766177
网址：www.zlled.com

广州办事处

地址：广州市珠江新城华强路3号富力盈力大北塔1105室
邮编：510623
总机：020-38013289 38013279
传真：020-38013291

We dedicate to Energy Sav

SUNFOR

新力光源

LED线条型面光源灯

LED面光源灯

地址：中国四川成都市高新西区新达路2号　邮编：611731

HTTP://www.sunfor.com.cn　电话：028-87827799　传真：028-87826661

ng and Emission Reduction

# 做LED照明的领军企业

我们致力于LED照明科技的不断发展
是为人类增光添彩

LED球泡灯

LED T5灯管

节能减排 新力量

We dedicate to Energy Saving and Emission Reduction

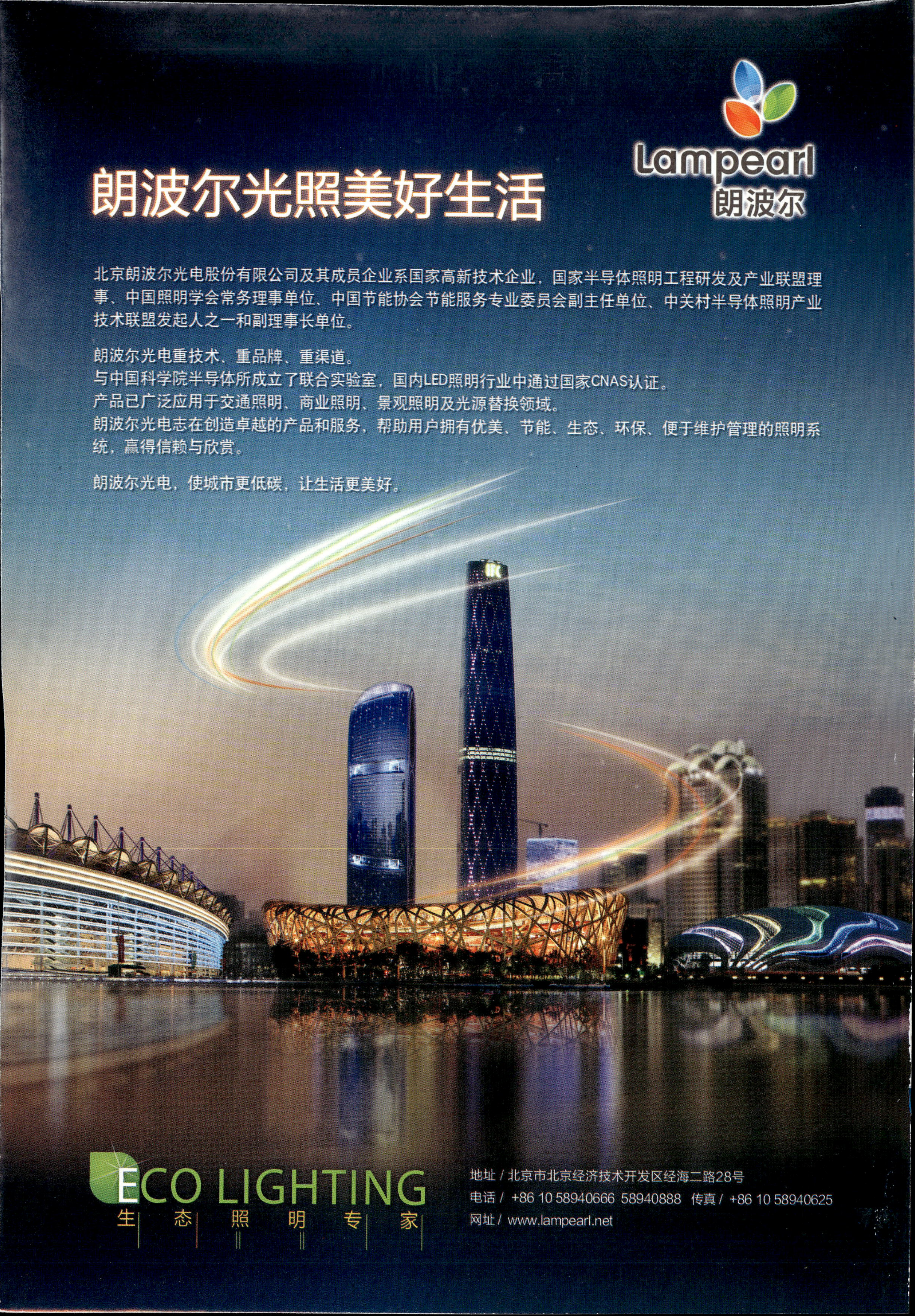

# 朗波尔光照美好生活

北京朗波尔光电股份有限公司及其成员企业系国家高新技术企业，国家半导体照明工程研发及产业联盟理事、中国照明学会常务理事单位、中国节能协会节能服务专业委员会副主任单位、中关村半导体照明产业技术联盟发起人之一和副理事长单位。

朗波尔光电重技术、重品牌、重渠道。
与中国科学院半导体所成立了联合实验室，国内LED照明行业中通过国家CNAS认证。
产品已广泛应用于交通照明、商业照明、景观照明及光源替换领域。
朗波尔光电志在创造卓越的产品和服务，帮助用户拥有优美、节能、生态、环保、便于维护管理的照明系统，赢得信赖与欣赏。

朗波尔光电，使城市更低碳，让生活更美好。

地址 / 北京市北京经济技术开发区经海二路28号
电话 / +86 10 58940666 58940888 传真 / +86 10 58940625
网址 / www.lampearl.net

# 宜兴市精新粉体机械设备有限公司

——无污染超微粉碎、分级、改性专家

宜兴市精新粉体机械设备有限公司是专业无污染粉碎机械设备研发生产的高新企业，20多年来为荧光材料、电子半导体材料、军工材料等高端材料设计制造了很多自动化粉碎生产线。特别是在长余辉荧光粉、三基色荧光粉、近几年更高端的LED荧光粉等各种发光材料的粉碎做了很大贡献。公司在不断研究、开发、更新适合荧光材料粉碎的各种无污染粉碎机，欢迎咨询合作!

陶瓷无污染柱式粉碎机

集世界一流技术 造世界一流产品

产品质量精益求精 服务质量跟踪到位

立式无污染超微粉碎机

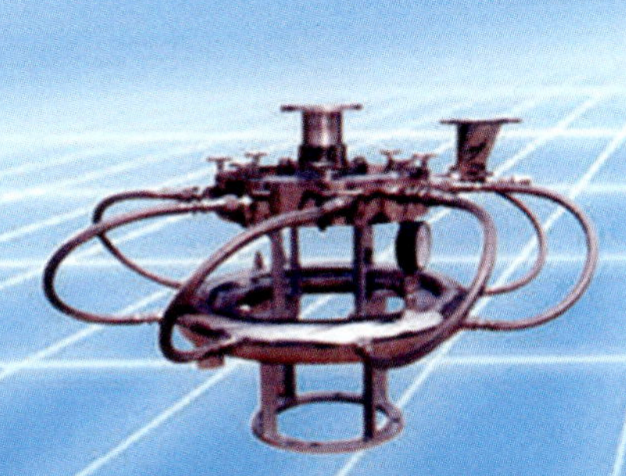
GTM系列扁平式超音速气流粉碎机

GTJ系列流化床气流粉碎机

LSG-400卧式无污染亚微米搅拌磨

CO型实验室气流粉碎机组

陶瓷颚式破碎机

GP-230型陶瓷辊式破碎机

GJX-230型无污染双腔层压破碎机

ZGJ-300高精度自动给料机

地址：宜兴市 丁蜀镇 川埠路30号　电话：0510-87499201　传真：0510-87499202

联系人：夏桂梅13915383544　网址：www.yxjxft.com　邮箱：yxjxft@sina.com

LUXEON LED正在改变我们照亮生活，购物和娱乐空间的方式。LUXEON LED以其卓越的光效，品质及可靠性，通过简单的途径革新照明方式并改善我们的环境状况。

无论是为一家餐厅，一条道路还是为一项建筑杰作提供照明，您都可以信赖LUXEON，在减少能耗的同时创造长久且高品质的白光照明。

欲了解LUXEON如何帮助您实现照明方式的变革，改变光的世界，敬请登录：
www.philipslumileds.com/chinese

或拨打以下号码，致电我们的合作伙伴富昌电子(Future Lighting Solution)

| 北京 | 上海 | 广州 | 深圳 |
| --- | --- | --- | --- |
| (010)6418-2335 | (021)2412-2222 | (020)3887-8766 | (0755)8366-9286 |

LUXEON

PHILIPS
LUMILEDS
sense and simplicity